"책 표지 한번 별나네?"

책의 얼굴이라는 표지에 책에 대한 정보가 없으니 당황스러우셨죠?

우리 함께 공부하는 별님들의 꿈은 무엇인가요?
꿈은 명사가 아닌 동사여야 합니다.
제가 동사의 꿈을 여러분과 함께 꾸고자 합니다.

많은 사람들이 쓰는 책의 얼굴에 선한 메시지가 담겨진다면 얼마나 아름다울까?

이 작은 움직임이 큰 몸짓으로 바뀌어 나간다면 우리는 얼마나 더 따스해질까?

그래서 과감하게 책의 얼굴을 바꿔 보기로 했습니다.
누군가에게 도움을 주는 삶.
저도 사실은 익숙하진 않습니다.

우리 함께 해봐요.
삶 속에서, 그냥 평범한 일상 속에서
나도 누군가에게 도움을 '지금' 주고 있다는 느낌을 가져 보죠.

별똥별을 보고 소원을 빌면 이루어진다고 하죠?

큰별쌤과 함께 한국사를 공부한 별님들의 따뜻한 마음,
그 마음이 모여 간절한 바람이 있는 곳에 별똥별이 되어 날아갑니다.

이 책을 통해 나오는 수익금의 일부가
누군가에게 희망의 빛으로 다가가길 소망합니다.
이 책을 통해 우리는 서로를 기대고 있는 '사람(人)'이라는 사실을
공유하길 소망합니다.

이 책을 통해 당신은 '지금' 누군가의 별똥별이 되어줄 수 있습니다.
이미 누군가의 꿈을 '지금' 응원하고 있는 겁니다.

우리 별님들은 그런 사람입니다.

집필 및 검토

최태성

모두의 별★별 한국사 연구소장

EBS 한국사 대표 강사, ETOOS 한국사 강사

성균관대학교 사학과 졸업

중·고등학교 한국사 교과서 및 역사부도 집필

EBS 평가원 연계 교재 집필 및 검토

2013년 국사편찬위원회 자문위원

2011~2012년 EBS 역사 자문위원

MBC 〈무한도전〉 '문화재 특강' 진행

KBS 1 TV 〈역사저널 그날〉 패널 출연

KBS 라디오 FM 대행진 〈별별 히스토리〉 코너 진행

EBS1 〈미래교육 플러스〉 진행

tvN STORY 〈벌거벗은 한국사〉 진행

2022~2024년 국가 보훈부 정책 자문 위원

모두의 별★별 한국사 연구소 곽승연 이상선 김혜진 권혜성

Staff

발행인 정선욱

퍼블리싱 총괄 남형주

기획·개발 김태원 김경대 김인겸 정명희 조정연

디자인 김정인 퓨리티디자인

유통·마케팅 서준성 김지희

제작 김한길 김경수

큰별쌤 최태성의 별★별 한국사 시대별 기출문제집 한국사능력검정시험 | 심화(1·2·3급) 202506 제4판 1쇄

펴낸곳 이투스에듀(주) 서울시 서초구 남부순환로 2547

고객센터 1599-3225 **등록번호** 제2007-000035호 **ISBN** 979-11-389-3294-3 [13910]

2025년 한국사능력검정시험 심화 시험 일정

여러분의 합격을 기원합니다. ^^

구분		원서 접수 기간	시험일	시험 결과 발표
제73회	정기	1월 14일(화) 10:00 ~ 1월 21일(화) 17:00	2월 16일(일)	2월 28일(금) 10:00
	추가	1월 27일(월) 10:00 ~ 1월 31일(금) 17:00		
제74회	정기	4월 22일(화) 10:00 ~ 4월 29일(화) 17:00	5월 24일(토)	6월 5일(목) 10:00
	추가	5월 6일(화) 10:00 ~ 5월 9일(금) 17:00		
제75회	정기	7월 8일(화) 10:00 ~ 7월 15일(화) 17:00	8월 9일(토)	8월 22일(금) 10:00
	추가	7월 22일(화) 10:00 ~ 7월 25일(금) 17:00		
제76회	정기	9월 16일(화) 10:00 ~ 9월 23일(화) 17:00	10월 18일(토)	10월 31일(금) 10:00
	추가	9월 30일(화) 10:00 ~ 10월 3일(금) 17:00		

* 추가 접수는 원서 접수 기간 종료 후 잔여 좌석에 한함.

큰별쌤 최태성의

별★별한국사

큰별쌤 최태성의

별★별한국사

시대별
기출문제집

한국사능력검정시험
심화(1·2·3급)

최태성 지음

한국사능력검정시험이란?

한능검 접수
가이드 영상

한국사능력검정시험은 국사편찬위원회에서 개발한 다양한 유형의 문항을 통해 우리 역사에 대한 관심을 제고하고, 한국사 전반에 걸쳐 역사적 사고력을 평가할 수 있는 시험입니다. 이를 통해 한국사 교육의 올바른 방향을 제시하고 자발적 역사 학습을 통한 고차원적 사고력과 문제해결 능력 배양을 목적으로 하고 있습니다.

시험 목적

1. 우리 역사에 대한 관심을 확산·심화시키는 계기를 마련함
2. 고차원적 사고력과 문제해결 능력을 육성함
3. 균형 잡힌 역사의식을 갖도록 함
4. 역사 교육의 올바른 방향을 제시함

🏛 **시험 주관 및 시행 기관**
국사편찬위원회

✏ **응시 대상**
한국사에 관심 있는 대한민국 국민
(외국인도 가능)

※ 출처 : 국사편찬위원회 한국사능력검정시험

시험 종류 및 인증 등급

시험 종류	심화	기본
인증 등급	1급(80점 이상)	4급(80점 이상)
	2급(70~79점)	5급(70~79점)
	3급(60~69점)	6급(60~69점)
문항 수	50문항(5지 택1형)	50문항(4지 택1형)

💬 배점 : 100점 만점 (문항별 1점~3점 차등 배점)

심화 시험 시간

시간	내용	소요 시간
10:00~10:10	오리엔테이션(시험 시 주의 사항)	10분
10:10~10:15	신분증 및 수험표 확인(감독관)	5분
10:15~10:20	문제지 배부	5분
10:20~11:40	시험 실시(50문항)	80분

평가 내용

시험 종류	평가 내용
심화	한국사 심화 과정으로 한국사에 대한 체계적인 이해를 바탕으로 한국사의 주요 사건과 개념을 종합적으로 이해하고, 역사 자료를 분석하고 해석하는 능력, 한국사의 흐름 속에서 시대적 상황 및 쟁점을 파악하는 능력
기본	한국사 기본 과정으로 기초적인 역사 상식을 바탕으로 한국사의 필수 지식과 기본적인 흐름을 이해하는 능력

여기서 잠깐!

1급을 받기 위해서는 80점 이상을 받아야 합니다. 그러나 "심화" 시험의 난도는 기존 고급과 비슷한 수준이고, 문제 유형도 바뀌지 않았기 때문에 걱정할 필요가 전혀 없어요. 지금처럼 큰별쌤을 믿고 중요한 개념들 위주로 학습하면 합격할 수 있습니다.

🔍 시험 합격 비법

유튜브 최태성 1TV(인강 전문 채널)

모두의 별★별 한국사 (http://www.etoos.com/bigstar)

⬇ 원서 접수 및 자세한 시험 정보

한국사능력검정시험(http://www.historyexam.go.kr)

큰별쌤의 결론은?

1

초등부터 성인까지
한국사 필수 시대!

한국사를
손 놓을 수는 없죠!

2

한국사는 계속된다!
쭈~욱!

공무원 시험,
교원임용 시험,
승진 시험 등

4

도전해
볼 만한 수준!

한 달 정도만 투자해서
필수 개념만 익히면
합격할 수 있어요.

3

한국사능력검정시험은
선발 시험이 아닌
인증 시험!

80점 이상이면 1급
70~79점이면 2급
60~69점이면 3급

전체적인 흐름을 파악하고, 개념을 꼼꼼히 확인하세요.
사진, 자료 등은 시대와 꼭 연결하여 익숙하게 만들어 두세요.

시험 합격도 중요하지만 한국사 공부를 통해 역사 속의 사람들을 만나 소통해 보고
한 번의 인생 어떻게 살아갈 것인가를 생각해 보는 계기가 되기를 바랄게요.

이 책의 **구성**

기출문제 풀어보기

기출문제 792문항을 시대순, 주제별로 선별하여 수록하였어요.
차근차근 기출문제를 풀면서 한국사의 전체적인 흐름을 잡아보세요.

기출 선택지로 **개념 다지기**

기출 선택지를 자연스럽게 익힐 수 있도록 문제를 구성하였어요.
한국사능력검정시험에는 반복해서 나오는 선택지가 많기 때문에
기출 선택지를 익혀두면 답을 찾기가 훨씬 쉬워집니다.
자주 보면서 눈에 익혀주세요.

정답과 해설

정답 잡는 키/워/드
문제풀이의 핵심, 키워드를 보여 줍니다.
어떻게 키워드를 유추하는지 확인해 보세요.

상세한 해설
문제풀이를 위한 자세한 해설이 실려 있어요.
꼼꼼히 읽어주세요.

오답 ▶ 피하기
왜 정답이 아닌지 꼭 확인해 보고
확실히 알고 있는 내용인지 점검해 보세요.

이 책의 차례

I

선사 시대~여러 나라의 성장

선사 시대에 해당하는 주제는 매회 2문항 정도가 제일 앞에 나옵니다. 첫 문제인 만큼 대체로 쉽게 출제됩니다.

큰별쌤의 학습 포인트

- 구석기 시대, 신석기 시대, 청동기 시대의 생활 모습을 정리하고 차이점을 알아두세요.

- 고조선의 발전 과정을 정리하세요. 특히 위만 집권 이후의 사실을 잘 정리해 두세요.

- 철기 문화를 배경으로 등장한 부여, 고구려, 옥저, 동예, 삼한의 사회 모습 및 풍습을 정리하고 핵심 키워드를 꼭 기억하세요.

최근 6회차 단원별 출제 비중

[문항 수]

73회 ※시대 통합 : 1문항

청동기 시대의 생활 모습, 옥저와 삼한

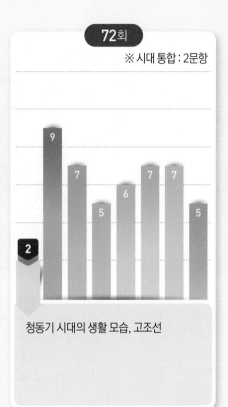

72회 ※시대 통합 : 2문항

청동기 시대의 생활 모습, 고조선

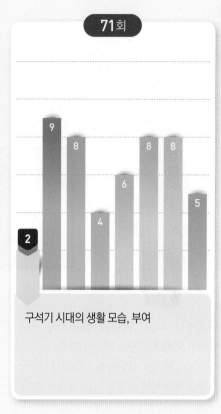

71회 ※시대 통합 : 2문항

구석기 시대의 생활 모습, 부여

[문항 수]

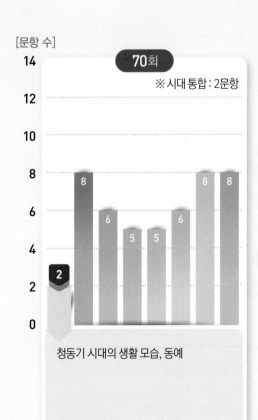

70회 ※시대 통합 : 2문항

청동기 시대의 생활 모습, 동예

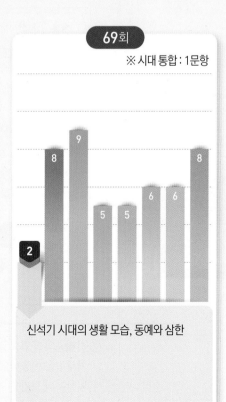

69회 ※시대 통합 : 1문항

신석기 시대의 생활 모습, 동예와 삼한

68회 ※시대 통합 : 3문항

청동기 시대의 생활 모습, 고조선, 부여

정답과 해설 002쪽

1 선사 시대

001

제63회 **01**번

밑줄 그은 '이 시대'의 생활 모습으로 옳은 것은? [1점]

이 그림은 한 미군 병사가 경기도 연천군 전곡리에서 이 시대의 대표적인 유물인 주먹도끼 등을 발견하고 그린 것입니다. 그가 발견한 아슐리안형 주먹도끼는 이 시대 동아시아에는 찍개 문화만 존재하고 주먹도끼 문화는 없었다는 모비우스(H. Movius)의 학설을 뒤집는 증거가 되었습니다.

① 소를 이용하여 깊이갈이를 하였다.
② 빗살무늬 토기에 식량을 저장하였다.
③ 지배층의 무덤으로 고인돌을 만들었다.
④ 거푸집을 사용하여 세형 동검을 제작하였다.
⑤ 주로 동굴이나 강가의 막집에서 거주하였다.

002

제59회 **01**번

밑줄 그은 '이 시대'의 생활 모습으로 옳은 것은? [1점]

충청북도 청주시 오송읍에서 주먹도끼, 찍개 등 이 시대의 대표적 유물인 뗀석기가 다수 발굴되었습니다. 이번 발굴로 청주시 일대에 이 시대의 유적이 다수 분포되어 있음을 알 수 있습니다.

청주시 오송읍에서 뗀석기 다수 발굴

① 철제 무기로 정복 활동을 벌였다.
② 주로 동굴이나 막집에서 거주하였다.
③ 명도전을 이용하여 중국과 교역하였다.
④ 반달 돌칼을 사용하여 벼를 수확하였다.
⑤ 빗살무늬 토기를 제작하여 식량을 저장하였다.

003

제64회 **01**번

밑줄 그은 '이 시대'의 생활 모습으로 옳은 것은? [1점]

화면 속 갈돌과 갈판, 빗살무늬 토기는 이 시대의 대표적인 유물로 알려져 있습니다.

농경과 정착 생활이 시작된 이 시대의 사람들은 토기를 만들어 곡식을 저장하고 음식을 조리하기도 하였습니다.

① 소를 이용하여 깊이갈이를 하였다.
② 반량전, 명도전 등의 화폐를 사용하였다.
③ 청동 방울 등을 의례 도구로 이용하였다.
④ 거푸집을 이용하여 세형 동검을 제작하였다.
⑤ 가락바퀴와 뼈바늘을 이용하여 옷을 만들었다.

004

제48회 **01**번

(가) 시대의 생활 모습으로 옳은 것은? [1점]

특별 기획전

(가) **시대, 새로운 도구를 사용하다**

우리 박물관에서는 농경과 정착 생활이 시작된 (가) 시대 특별전을 마련하였습니다. 당시 사람들이 사용하였던 도구를 통해 그들의 생활 모습을 살펴보는 기회가 되길 바랍니다.

◆ 기간 : 2020. ○○. ○○.~○○. ○○.
◆ 장소 : △△ 박물관 기획 전시실
◆ 주요 전시 유물

① 주로 동굴이나 강가의 막집에서 살았다.
② 지배층의 무덤으로 고인돌을 축조하였다.
③ 거푸집을 이용하여 세형 동검을 제작하였다.
④ 빗살무늬 토기를 만들어 식량을 저장하였다.
⑤ 쟁기, 쇠스랑 등의 철제 농기구를 사용하였다.

005

(가) 시대의 생활 모습으로 옳은 것은? [1점]

강원도 양양군 오산리에서 (가) 시대 마을 유적이 발굴되었습니다. 약 8천 년 전에 형성된 집터에서는 (가) 시대를 대표하는 유물인 빗살무늬 토기와 덧무늬 토기를 비롯하여 이음낚시, 그물추 등이 출토되었습니다.

① 주로 동굴이나 막집에 거주하였다.
② 고인돌, 돌널무덤 등을 축조하였다.
③ 명도전을 이용하여 중국과 교역하였다.
④ 농경과 목축을 통하여 식량을 생산하였다.
⑤ 비파형 동검과 거친무늬 거울 등을 제작하였다.

007

(가) 시대의 생활 모습으로 옳은 것은? [1점]

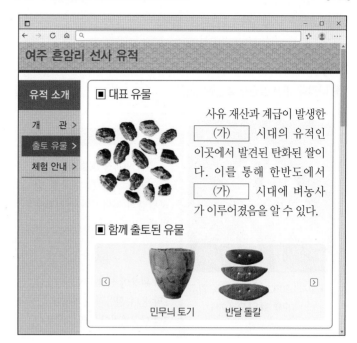

여주 흔암리 선사 유적

유적 소개
개 관 >
출토 유물 >
체험 안내 >

■ 대표 유물

사유 재산과 계급이 발생한 (가) 시대의 유적인 이곳에서 발견된 탄화된 쌀이다. 이를 통해 한반도에서 (가) 시대에 벼농사가 이루어졌음을 알 수 있다.

■ 함께 출토된 유물

민무늬 토기   반달 돌칼

① 주로 동굴이나 강가의 막집에서 살았다.
② 지배층의 무덤으로 고인돌을 축조하였다.
③ 농경과 목축을 시작하여 식량을 생산하였다.
④ 호미, 쇠스랑 등의 철제 농기구를 제작하였다.
⑤ 주먹도끼, 찍개 등의 뗀석기를 처음 제작하였다.

006

(가) 시대의 생활 모습으로 옳은 것은? [1점]

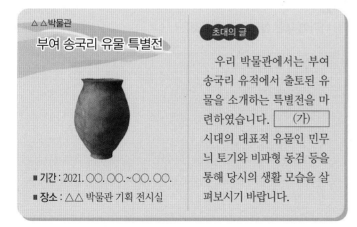

△△박물관
부여 송국리 유물 특별전

■ 기간 : 2021. ○○. ○○.~○○. ○○.
■ 장소 : △△ 박물관 기획 전시실

초대의 글

우리 박물관에서는 부여 송국리 유적에서 출토된 유물을 소개하는 특별전을 마련하였습니다. (가) 시대의 대표적 유물인 민무늬 토기와 비파형 동검 등을 통해 당시의 생활 모습을 살펴보시기 바랍니다.

① 주로 동굴이나 강가의 막집에서 살았다.
② 계급이 없는 평등한 공동체 생활을 하였다.
③ 오수전, 화천 등의 중국 화폐로 교역하였다.
④ 실을 뽑기 위해 가락바퀴를 처음 사용하였다.
⑤ 의례 도구로 청동 거울과 청동 방울 등을 제작하였다.

008

(가) 시대의 생활 모습으로 옳은 것은? [1점]

이곳은 유네스코 세계 유산으로 등재된 화순 고인돌 유적입니다. 여기에는 계급이 발생한 (가) 시대의 고인돌이 밀집되어 있고, 인근에서는 덮개돌을 캐낸 채석장이 발견되어 고인돌의 축조 과정을 살펴볼 수 있습니다.

① 소를 이용하여 깊이갈이를 하였다.
② 주로 동굴이나 바위 그늘에서 살았다.
③ 반달 돌칼을 사용하여 곡물을 수확하였다.
④ 빗살무늬 토기를 제작하여 식량을 저장하였다.
⑤ 주먹도끼, 찍개 등 뗀석기를 만들기 시작하였다.

정답과 해설 003쪽

2 여러 나라의 성장

009
제59회 02번

(가) 나라에 대한 설명으로 옳은 것은? [2점]

모시는 글

우리 역사상 최초의 국가인 ___(가)___ 을/를 건국한 단군왕검의 이야기가 뮤지컬로 탄생하였습니다.

– 순서 –

1막 환웅이 신단수에 내려오다
2막 웅녀, 환웅과 혼인하다
3막 단군왕검이 나라를 세우다

- 일시 : 2022년 ○○월 ○○일
  오후 3시 / 오후 7시
- 장소 : △△아트홀

① 무천이라는 제천 행사를 열었다.
② 신성 지역인 소도가 존재하였다.
③ 남의 물건을 훔쳤을 때는 12배로 갚게 하였다.
④ 왕 아래 상가, 대로, 패자 등의 관직이 있었다.
⑤ 전국 7웅 중 하나인 연과 대립할 만큼 강성하였다.

010
제52회 02번

(가) 인물에 대한 설명으로 옳은 것은? [2점]

연(燕)의 ___(가)___ 이/가 망명하여 오랑캐의 복장을 하고 동쪽으로 패수를 건너 준왕에게 항복하였다. …… ___(가)___ 이/가 망명자들을 꾀어내어 그 무리가 점점 많아지자, 준왕에게 사람을 보내 "한의 군대가 열 갈래로 쳐들어오니 [왕궁에] 들어가 숙위하기를 청합니다."라고 속이고 도리어 준왕을 공격하였다. – "삼국지" 동이전 –

① 한 무제가 파견한 군대와 맞서 싸웠다.
② 진번과 임둔을 복속하여 세력을 확장하였다.
③ 빈민을 구제하기 위해 진대법을 실시하였다.
④ 지방의 여러 성에 욕살, 처려근지 등을 두었다.
⑤ 연의 장수 진개의 공격을 받아 영토를 빼앗겼다.

011
제50회 02번

(가) 나라에 대한 설명으로 옳은 것을 〈보기〉에서 고른 것은? [2점]

아들을 거쳐 손자 우거 때 이르러서는 …… 주변의 여러 나라들이 글을 올려 천자를 알현하고자 하였으나, 또한 가로막고 통하지 못하게 하였다. …… 좌장군이 두 군대를 합하여 맹렬히 ___(가)___ 을/를 공격하였다. 상 노인, 상 한음, 니계상 참, 장군 왕협 등이 서로 [항복을] 모의하였다. …… [우거]왕이 항복하려 하지 않았다. 한음, 왕협, 노인이 모두 도망하여 한에 항복하였는데, 노인은 도중에 죽었다. – "사기" –

보기

ㄱ. 22담로에 왕족을 파견하였다.
ㄴ. 빈민을 구제하기 위해 진대법을 실시하였다.
ㄷ. 진번과 임둔을 복속시켜 세력을 확장하였다.
ㄹ. 살인, 절도 등의 죄를 다스리는 범금 8조가 있었다.

① ㄱ, ㄴ ② ㄱ, ㄷ ③ ㄴ, ㄷ
④ ㄴ, ㄹ ⑤ ㄷ, ㄹ

012
제58회 02번

(가) 나라에 대한 설명으로 옳은 것은? [2점]

○ 좌장군은 ___(가)___ 의 패수 서쪽에 있는 군사를 쳤으나 이를 격파해서 나가지는 못했다. …… 누선장군도 가서 합세하여 왕검성의 남쪽에 주둔했지만, 우거왕이 성을 굳게 지키므로 몇 달이 되어도 함락시킬 수 없었다.

○ 마침내 한 무제는 동쪽으로는 ___(가)___ 을/를 정벌하고 현도군과 낙랑군을 설치했으며, 서쪽으로는 대완과 36국 등을 병합하여 흉노 좌우의 후원 세력을 꺾었다.

① 동맹이라는 제천 행사를 열었다.
② 신지, 읍차라 불린 지배자가 있었다.
③ 도둑질한 자에게 12배로 배상하게 하였다.
④ 읍락 간의 경계를 중시하는 책화가 있었다.
⑤ 왕 아래 상, 대부, 장군 등의 관직을 두었다.

013

밑줄 그은 '이 나라'에 대한 탐구 활동으로 가장 적절한 것은? [2점]

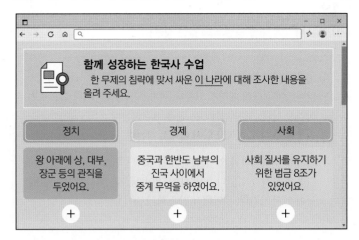

함께 성장하는 한국사 수업

한 무제의 침략에 맞서 싸운 이 나라에 대해 조사한 내용을 올려 주세요.

정치	경제	사회
왕 아래에 상, 대부, 장군 등의 관직을 두었어요.	중국과 한반도 남부의 진국 사이에서 중계 무역을 하였어요.	사회 질서를 유지하기 위한 범금 8조가 있었어요.
+	+	+

① 임신서기석의 내용을 분석한다.
② 칠지도에 새겨진 명문을 해석한다.
③ 수도 왕검성의 위치에 대한 자료를 검색한다.
④ 10월에 지냈던 제천 행사인 동맹을 살펴본다.
⑤ 국가의 중대사를 논의한 화백 회의에 대해 조사한다.

014

다음 자료에 해당하는 나라에 대한 설명으로 옳은 것은? [2점]

> ○ 산릉과 넓은 못[澤]이 많아서 동이 지역에서는 가장 넓고 평탄한 곳이다. …… 사람들은 체격이 크고 성품은 굳세고 용감하며, 근엄·후덕하여 다른 나라를 쳐들어가거나 노략질하지 않는다.
>
> ○ 은력(殷曆) 정월에 지내는 제천 행사는 국중 대회로 날마다 마시고 먹고 노래하고 춤추는데, 그 이름을 영고라 했다.
>
> — "삼국지" 위서 동이전 —

① 신성 지역인 소도가 존재하였다.
② 혼인 풍습으로 민며느리제가 있었다.
③ 여러 가(加)들이 각각 사출도를 주관하였다.
④ 특산물로 단궁, 과하마, 반어피가 유명하였다.
⑤ 왕 아래 상가, 대로, 패자 등의 관직이 있었다.

015

(가)에 들어갈 내용으로 옳은 것은? [2점]

> 지도에 표시된 쑹화강 유역을 중심으로 성장한 이 나라는 평원과 구릉, 넓은 못이 많았습니다. 농업과 목축을 생업으로 하며 12월에 영고라는 제천 행사를 열었습니다. 이 나라에 대해 알고 있는 내용을 대화창에 올려 주세요.

ON 대화창

명마, 적옥, 담비 가죽 등이 생산되었어요.

형이 죽으면 형수를 아내로 삼는다는 기록도 있어요.

(가)

글쓰기

① 정사암에 모여 재상을 선출하였어요.
② 여러 가(加)가 별도로 사출도를 다스렸어요.
③ 읍락 간의 경계를 중시하는 책화가 있었어요.
④ 사회 질서를 유지하기 위해 범금 8조를 두었어요.
⑤ 제사장인 천군과 신성 지역인 소도가 존재하였어요.

016

(가) 나라에 대한 설명으로 옳은 것은? [2점]

> (가) 왕 해부루가 늙도록 아들이 없자 산천에 제사 지내어 대를 이을 자식을 구하였다. 그가 탄 말이 곤연에 이르러 큰 돌을 보더니 마주 대하며 눈물을 흘렸다. 왕이 이를 괴상히 여겨 사람을 시켜 그 돌을 옮기니 어린아이가 있었는데 금색의 개구리 모양이었다. …… 이름을 금와라 하고, 장성하자 태자로 삼았다.
>
> — "삼국사기" —

① 혼인 풍습으로 서옥제가 있었다.
② 12월에 영고라는 제천 행사를 열었다.
③ 정사암에 모여 국가의 중대사를 논의하였다.
④ 철이 많이 생산되어 낙랑과 왜에 수출하였다.
⑤ 특산물로 단궁, 과하마, 반어피가 유명하였다.

017

제57회 03번

(가), (나) 나라에 대한 설명으로 옳은 것은? [2점]

> (가) 그 나라에는 왕이 있고, 벼슬로는 상가·대로·패자·고추가·주부·우태·승·사자·조의·선인이 있으며, 신분의 높고 낮음에 따라 각각 등급을 두었다. …… 10월에 지내는 제천 행사는 국중 대회로 이름하여 동맹이라 한다.   – "삼국지" 동이전 –
>
> (나) 그 나라의 풍속은 산천을 중요시하여 산과 내마다 각기 구분이 있어 함부로 들어가지 않는다. …… 해마다 10월이면 하늘에 제사를 지내는데, 주야로 술을 마시고 노래를 부르며 춤추니 이를 무천이라 한다. 또 호랑이를 신으로 여겨 제사를 지낸다.   – "삼국지" 동이전 –

① (가) - 낙랑과 왜에 철을 수출하였다.
② (가) - 서옥제라는 혼인 풍습이 있었다.
③ (나) - 연의 장수 진개의 공격을 받았다.
④ (나) - 가(加)들이 별도로 사출도를 다스렸다.
⑤ (가), (나) - 골품에 따라 관등 승진에 제한이 있었다.

018

제48회 02번

밑줄 그은 '이 나라'에 대한 설명으로 옳은 것은? [2점]

> 이 나라에는 왕이 있고 벼슬로는 상가·대로·패자·고추가·주부·우태·승·사자·조의·선인이 있으며, 존비(尊卑)에 따라 각각 등급을 두었다. 모든 대가들도 스스로 사자·조의·선인을 두었는데, 그 명단은 모두 왕에게 보고하여야 한다. …… 범죄자가 있으면 제가들이 모여 회의하여 즉시 사형에 처하고, 그 처자는 노비로 삼는다.   – "삼국지" 동이전 –

① 집집마다 부경이라는 창고가 있었다.
② 12월에 영고라는 제천 행사를 열었다.
③ 혼인 풍습으로 민며느리제가 있었다.
④ 읍락 간의 경계를 중시하는 책화가 있었다.
⑤ 제사장인 천군과 신성 지역인 소도가 존재하였다.

019

제55회 02번

(가), (나) 나라에 대한 설명으로 옳은 것은? [2점]

> (가) 여자의 나이가 열 살이 되기 전에 혼인을 약속하고, 신랑 집에서 맞이하여 장성할 때까지 기른다. 여자가 장성하면 여자 집으로 돌아가게 한다. 여자 집에서는 돈을 요구하는데, 신랑 집에서 돈을 지불한 후 다시 데리고 와서 아내로 삼는다.
>
> (나) 읍마다 우두머리가 있어 세력이 강대하면 신지라 하고, …… 그 다음은 읍차라 하였다. 나라에는 철이 생산되는데 예(濊), 왜(倭) 등이 와서 사간다. 무역에서 철을 화폐로 사용한다.

① (가) - 신성 지역인 소도가 존재하였다.
② (가) - 삼로라 불린 우두머리가 읍락을 다스렸다.
③ (나) - 여러 가(加)들이 별도로 사출도를 주관하였다.
④ (나) - 단궁, 과하마, 반어피 등의 특산물이 유명하였다.
⑤ (가), (나) - 한 무제가 파견한 군대의 공격으로 멸망하였다.

020

제66회 02번

다음 자료에 해당하는 나라에 대한 설명으로 옳은 것은? [2점]

> 호의 수는 5천인데 대군왕은 없으며 읍락에는 각각 대를 잇는 우두머리가 있다. …… 여러 읍락의 거수(渠帥)들은 스스로를 삼로라 일컬었다. …… 장사를 지낼 때에는 큰 나무 곽을 만든다. 길이가 10여 장이나 되며 한쪽을 열어 놓아 문을 만든다. 사람이 죽으면 임시로 매장한다. 겨우 시체가 덮일 만큼 묻었다가 가죽과 살이 다 썩은 다음에 뼈만 추려 곽 속에 넣는다. 온 집 식구를 하나의 곽 속에 넣어 두는데, 죽은 사람의 숫자만큼 나무를 깎아 생전의 모습과 같이 만들었다.   – "삼국지" 동이전 –

① 신성 지역인 소도가 존재하였다.
② 혼인 풍습으로 민며느리제가 있었다.
③ 범금 8조를 통해 사회 질서를 유지하였다.
④ 여러 가(加)들이 각각 사출도를 주관하였다.
⑤ 정사암에 모여 국가의 중대사를 논의하였다.

021

밑줄 그은 '이 나라'에 대한 탐구 활동으로 가장 적절한 것은? [2점]

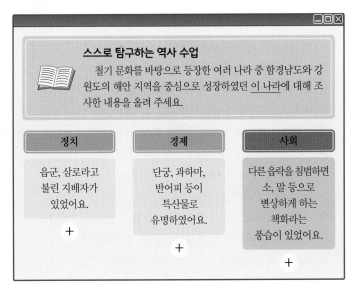

스스로 탐구하는 역사 수업

철기 문화를 바탕으로 등장한 여러 나라 중 함경남도와 강원도의 해안 지역을 중심으로 성장하였던 이 나라에 대해 조사한 내용을 올려 주세요.

정치	경제	사회
읍군, 삼로라고 불린 지배자가 있었어요.	단궁, 과하마, 반어피 등이 특산물로 유명하였어요.	다른 읍락을 침범하면 소, 말 등으로 변상하게 하는 책화라는 풍습이 있었어요.

① 신성 지역인 소도의 역할을 알아본다.
② 포상 8국의 난 진압 과정을 찾아본다.
③ 삼국유사에 실린 김알지 신화를 분석한다.
④ 무천이라는 제천 행사를 개최한 이유를 파악한다.
⑤ 마가, 우가, 저가, 구가 등이 다스렸던 지역을 조사한다.

022

다음 자료에 해당하는 나라에 대한 설명으로 옳은 것은? [2점]

대군장이 없고 관직으로는 후·읍군·삼로가 있다. …… 해마다 10월이면 하늘에 제사를 지내는데, 밤낮으로 술 마시고 노래 부르며 춤추니 이를 무천이라 한다. …… 낙랑의 단궁이 그 지방에서 산출되고 무늬 있는 표범이 많다. 과하마가 있으며 바다에서는 반어가 난다.
– "후한서" –

① 신성 지역인 소도가 존재하였다.
② 혼인 풍습으로 민며느리제가 있었다.
③ 읍락 간의 경계를 중시하는 책화가 있었다.
④ 제가 회의에서 나라의 중대사를 결정하였다.
⑤ 여러 가(加)들이 별도로 사출도를 주관하였다.

023

(가) 나라에 대한 설명으로 옳은 것은? [1점]

〈한국사 발표 대회〉
여러 나라의 성장 : (가)

5월과 10월에 제천 행사를 지냈습니다.

신지, 읍차 등으로 불리는 지배자가 있었습니다.

목지국, 사로국, 구야국 등 여러 소국으로 이루어졌습니다.

① 신성 지역인 소도가 존재하였다.
② 연의 장수 진개의 공격을 받았다.
③ 혼인 풍습으로 민며느리제가 있었다.
④ 여러 가(加)들이 별도로 사출도를 주관하였다.
⑤ 특산물로 단궁, 과하마, 반어피가 유명하였다.

024

밑줄 그은 '이 나라'에 대한 설명으로 옳은 것은? [2점]

이 나라에는 제사장인 천군과 신성 지역인 소도가 존재했어.

5월과 10월에 하늘에 제사 지내는 풍습도 있었어.

① 신지, 읍차 등의 지배자가 있었다.
② 혼인 풍습으로 서옥제가 존재하였다.
③ 여러 가(加)들이 별도로 사출도를 주관하였다.
④ 남의 물건을 훔쳤을 때에는 12배로 갚게 하였다.
⑤ 부족 간의 경계를 중시하는 책화라는 풍속이 있었다.

1 구석기 시대에 대한 설명으로 옳으면 ○표, 틀리면 ×표를 하시오.

(1) 반달 돌칼로 벼를 수확하였다. ( )

(2) 반량전, 명도전 등 화폐를 사용하였다. ( )

(3) 주로 동굴이나 강가의 막집에서 살았다. ( )

(4) 청동 방울 등을 의례 도구로 사용하였다. ( )

(5) 대표적인 무덤으로 고인돌을 축조하였다. ( )

(6) 거푸집을 이용하여 세형 동검을 만들었다. ( )

(7) 계급이 없는 평등한 공동체 생활을 하였다. ( )

(8) 사냥을 위해 슴베찌르개를 처음 제작하였다. ( )

(9) 가락바퀴와 뼈바늘을 이용하여 옷을 지었다. ( )

(10) 주먹도끼, 찍개 등의 뗀석기를 만들기 시작하였다. ( )

2 신석기 시대에 대한 설명으로 옳으면 ○표, 틀리면 ×표를 하시오.

(1) 고인돌, 돌널무덤 등을 만들었다. ( )

(2) 소를 이용하여 깊이갈이를 하였다. ( )

(3) 빗살무늬 토기에 식량을 저장하였다. ( )

(4) 명도전을 이용하여 중국과 교역하였다. ( )

(5) 가락바퀴와 뼈바늘로 옷을 만들어 입었다. ( )

(6) 주로 동굴이나 강가의 막집에서 거주하였다. ( )

(7) 농경과 목축을 시작하여 식량을 생산하였다. ( )

(8) 거푸집을 이용하여 청동 무기를 제작하였다. ( )

(9) 쟁기, 쇠스랑 등의 철제 농기구가 이용되었다. ( )

(10) 정착 생활을 하게 되면서 움집이 처음 만들어졌다. ( )

3 청동기 시대에 대한 설명으로 옳으면 ○표, 틀리면 ×표를 하시오.

(1) 철제 무기로 정복 활동을 벌였다. ( )

(2) 소를 이용한 깊이갈이가 일반화되었다. ( )

(3) 반달 돌칼을 사용하여 곡물을 수확하였다. ( )

(4) 계급이 없는 평등한 공동체 생활을 하였다. ( )

(5) 오수전, 화천 등의 중국 화폐로 교역하였다. ( )

(6) 많은 인력을 동원하여 고인돌을 축조하였다. ( )

(7) 거푸집을 이용하여 비파형 동검을 제작하였다. ( )

(8) 주로 동굴이나 강가에 막집을 짓고 거주하였다. ( )

(9) 주먹도끼, 찍개 등의 뗀석기를 처음 제작하였다. ( )

(10) 의례 도구로 청동 거울과 청동 방울 등을 제작하였다. ( )

(11) 가락바퀴와 뼈바늘을 이용하여 옷을 만들기 시작하였다. ( )

4 고조선에 대한 설명으로 옳으면 ○표, 틀리면 ×표를 하시오.

(1) 무천이라는 제천 행사를 열었다. ( )

(2) 마립간이라는 왕의 칭호를 사용하였다. ( )

(3) 왕 아래 상, 대부, 장군 등의 관직을 두었다. ( )

(4) 여러 가(加)들이 별도로 사출도를 다스렸다. ( )

(5) 진번과 임둔을 복속시켜 세력을 확장하였다. ( )

(6) 빈민을 구제하기 위한 진대법을 시행하였다. ( )

(7) 왕 아래 상가, 대로, 패자 등의 관직이 있었다. ( )

(8) 남의 물건을 훔쳤을 때는 12배로 갚게 하였다. ( )

(9) 사회 질서를 유지하기 위해 범금 8조를 두었다. ( )

(10) 전국 7웅 중 하나인 연과 대립할 만큼 강성하였다. ( )

(11) 부족 간의 경계를 중시하는 책화라는 풍속이 있었다. ( )

5 다음 고조선과 관련된 사실들을 순서대로 나열하시오.

> (가) 한 무제가 파견한 군대에 맞서 싸웠다.
> (나) 진번과 임둔을 복속하여 영토를 확대하였다.
> (다) 연의 장수 진개의 공격을 받아 영토를 빼앗겼다.

( )

6 다음 설명에 해당하는 나라를 〈보기〉에서 골라 쓰시오.

> 보기
>
> 부여, 고구려, 옥저, 동예, 삼한

(1) 동맹이라는 제천 행사를 열었다. ( )

(2) 신성 지역인 소도가 존재하였다. ( )

(3) 서옥제라는 혼인 풍습이 있었다. ( )

(4) 신지, 읍차 등의 지배자가 있었다. ( )

(5) 대가들이 사자, 조의 등을 거느렸다. ( )

(6) 집집마다 부경이라는 창고가 있었다. ( )

(7) 혼인 풍습으로 민며느리제가 있었다. ( )

(8) 12월에 영고라는 제천 행사를 열었다. ( )

(9) 10월에 무천이라는 제천 행사를 열었다. ( )

(10) 제가 회의에서 국가 중대사를 결정하였다. ( )

(11) 읍락 간의 경계를 중시하는 책화가 있었다. ( )

(12) 여러 가(加)들이 별도로 사출도를 주관하였다. ( )

(13) 단궁, 과하마, 반어피 등의 특산물이 유명하였다. ( )

(14) 가족의 유골을 한 목곽에 안치하는 풍습이 있었다. ( )

7 다음 자료의 내용에 해당하는 나라를 쓰시오.

(1) (   )

나라에는 군왕이 있고 가축 이름으로 벼슬 이름을 정하여 마가, 우가, 저가, 구가 등이 있다. 제가들은 별도로 사출도를 나누어 맡아본다. 큰 곳은 수천 가이고 작은 곳은 수백 가이다. …… 가뭄이나 장마가 계속되어 오곡이 영글지 않으면 그 허물을 왕에게 돌려 "왕을 마땅히 바꾸어야 한다."라고 하거나 "죽여야 한다."라고 하였다.

(2) (   )

그 나라의 풍속은 산천을 중시하였으며, 산천마다 각각의 구분이 있어 함부로 서로 건너거나 들어갈 수 없었다. …… 읍락이 서로 침범하면 항상 생구(生口 : 노비)·우마(牛馬 : 소·말)로 죄를 처벌하도록 하였는데, 이를 책화(責禍)라고 한다.

(3) (   )

10월에 지내는 제천 행사는 국중 대회로서 동맹이라고 한다.

(4) (   )

사람이 죽으면 시체는 모두 가매장을 하되 …… 뼈만 추려 곽 속에 안치한다. 온 집 식구를 모두 하나의 곽 속에 넣어 두는데, 죽은 사람의 숫자대로 살아 있을 때와 같은 모습으로 나무에 모양을 새긴다.

(5) (   )

나라마다 각각 별읍(別邑)이 있으니 이를 소도라고 한다. 큰 나무를 세우고 방울과 북을 매달아 놓고 귀신을 섬긴다.

(6) (   )

여자 나이 10살이 되기 전에 혼인을 약속한다. 신랑 집에서는 여자를 맞이하여 클 때까지 길러 아내로 삼는다. 여자가 어른이 되면 친정으로 돌려보낸다. 친정에서는 돈을 요구하는데, 신랑 집에서 돈을 지불한 뒤 다시 신랑 집으로 돌아온다.

(7) (   )

은력(殷曆) 정월에 하늘에 제사를 지내며 나라에서 대회를 열어 연일 마시고 먹고 노래하고 춤추는데, 영고라고 한다. 이때 형옥(刑獄)을 중단하여 죄수를 풀어 주었다.

(8) (   )

낙랑의 단궁이 그 지역에서 산출된다. 바다에서는 반어피가 나며, 땅은 기름지고 무늬 있는 표범이 많고, 과하마가 나온다.

(9) (   )

혼인할 때는 미리 약속하고 신부 집 뒤편에 작은 별채를 짓는다. 이것을 서옥이라고 한다. …… 아들을 낳아서 장성하면 남편은 아내를 데리고 자기 집으로 돌아간다.

(10) (   )

해마다 10월이면 하늘에 제사를 지내고, 밤낮으로 술 마시고 노래 부르며 춤춘다. 이를 무천이라 한다.

(11) (   )

그 나라에는 왕이 있고 벼슬로는 상가·대로·패자·고추가·주부·우태·승·사자·조의·선인이 있으며, 존비(尊卑)에 따라 각각 등급을 두었다. 모든 대가들도 스스로 사자·조의·선인을 두었다. …… 범죄자가 있으면 제가들이 모여 회의하여 즉시 사형에 처하고, 그 처자는 노비로 삼는다.

(12) (   )

왕 해부루가 늙도록 아들이 없자 산천에 제사 지내어 대를 이을 자식을 구하였다. 그가 탄 말이 곤연에 이르러 큰 돌을 보더니 마주 대하며 눈물을 흘렸다. 왕이 이를 괴상히 여겨 사람을 시켜 그 돌을 옮기니 어린아이가 있었는데 금색의 개구리 모양이었다. …… 이름을 금와라 하고, 장성하자 태자로 삼았다.

정답

1. (1) ×(청동기 시대) (2) ×(철기 시대) (3) ○ (4) ×(청동기 시대)
   (5) ×(청동기 시대) (6) ×(철기 시대) (7) ○ (8) ○ (9) ×(신석기 시대)
   (10) ○

2. (1) ×(청동기 시대) (2) ×(철기 시대 이후) (3) ○ (4) ×(철기 시대)
   (5) ○ (6) ×(구석기 시대) (7) ○ (8) ×(청동기 시대) (9) ×(철기 시대)
   (10) ○

3. (1) ×(철기 시대) (2) ×(고려 시대) (3) ○
   (4) ×(구석기 시대, 신석기 시대) (5) ×(철기 시대) (6) ○ (7) ○
   (8) ×(구석기 시대) (9) ×(구석기 시대) (10) ○ (11) ×(신석기 시대)

4. (1) ×(동예) (2) ×(신라) (3) ○ (4) ×(부여) (5) ○ (6) ×(고구려)
   (7) ×(고구려) (8) ×(부여) (9) ○ (10) ○ (11) ×(동예)

5. (다)-(나)-(가)

6. (1) 고구려 (2) 삼한 (3) 고구려 (4) 삼한 (5) 고구려 (6) 고구려 (7) 옥저
   (8) 부여 (9) 동예 (10) 고구려 (11) 동예 (12) 부여 (13) 동예 (14) 옥저

7. (1) 부여 (2) 동예 (3) 고구려 (4) 옥저 (5) 삼한 (6) 옥저 (7) 부여
   (8) 동예 (9) 고구려 (10) 동예 (11) 고구려 (12) 부여

II

고대

고대에서는 정치와 문화에 관한 문항이 다수 출제됩니다. 삼국 간 경쟁이 치열하였던 4~6세기에 각국에서 있었던 사실, 신라의 통일 과정, 남북국의 정치 조직과 지방 행정 제도, 삼국 및 가야와 남북국의 문화유산을 묻는 문항이 자주 출제되고 있습니다.

큰별쌤의 **학습 포인트**

- 삼국 시대 주요 왕들의 업적과 삼국 통일의 과정을 정리하세요.

- 통일 신라와 발해가 정비한 통치 체제의 특징을 비교하여 정리하세요.

- 후백제를 세운 견훤, 후고구려를 세운 궁예의 활동을 정리하고 후삼국의 통일 과정을 알아두세요.

- 신라, 발해의 경제·사회와 관련된 주요 키워드를 정리하세요.

- 원효, 의상, 혜초 등 신라 승려의 활동을 정리하고, 사진 자료를 통해 각 나라의 불탑과 불상을 숙지하세요.

최근 6회차 단원별 출제 비중

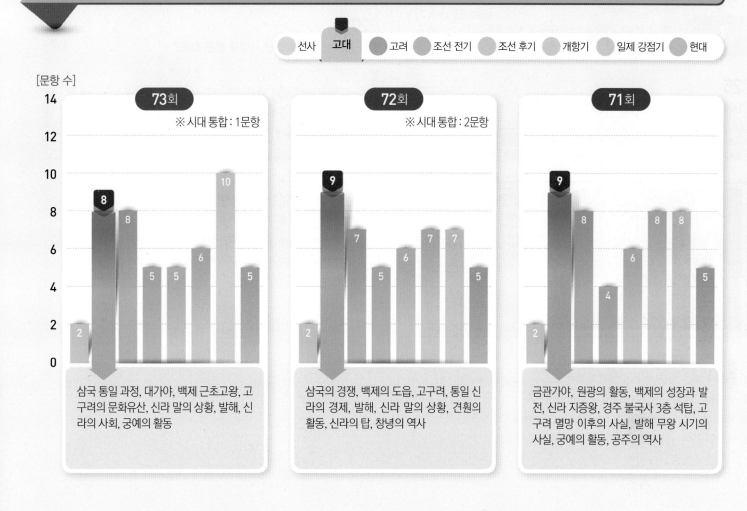

선사　고대　고려　조선 전기　조선 후기　개항기　일제 강점기　현대

73회

※ 시대 통합 : 1문항

삼국 통일 과정, 대가야, 백제 근초고왕, 고구려의 문화유산, 신라 말의 상황, 발해, 신라의 사회, 궁예의 활동

72회

※ 시대 통합 : 2문항

삼국의 경쟁, 백제의 도읍, 고구려, 통일 신라의 경제, 발해, 신라 말의 상황, 견훤의 활동, 신라의 탑, 창녕의 역사

71회

※ 시대 통합 : 2문항

금관가야, 원광의 활동, 백제의 성장과 발전, 신라 지증왕, 경주 불국사 3층 석탑, 고구려 멸망 이후의 사실, 발해 무왕 시기의 사실, 궁예의 활동, 공주의 역사

70회

※ 시대 통합 : 2문항

삼국의 경쟁, 소수림왕 재위 시기의 사실, 삼국 시대 도교, 원효의 활동, 발해, 최치원의 활동, 신라 말의 상황, 후삼국 통일 과정

69회

※ 시대 통합 : 1문항

진흥왕의 업적, 백제 무령왕, 수·당의 침략과 고구려의 항쟁, 금동 연가 7년명 여래 입상, 삼국 통일 과정, 통일 신라의 경제, 발해, 신문왕의 업적

68회

※ 시대 통합 : 3문항

백제의 문화유산, 삼국 통일 과정, 신라 말의 상황, 금관가야, 소수림왕의 업적, 발해의 문화유산, 삼국 시대 사람들의 학습 활동

정답과 해설 006쪽

1 고구려, 가야

025
(가)에 들어갈 내용으로 가장 적절한 것은?

제64회 03번 [2점]

> 지금 보시는 자료는 안악 3호분 벽화 중 일부로, 무덤 주인공과 호위 군사 등의 행렬 모습을 자세히 보여 줍니다. 이 벽화를 남긴 나라에 대하여 알고 있는 내용을 대화창에 올려 주세요.

대화창
- 책을 읽고 활쏘기를 익히는 경당을 설치하였어요.
- 제가 회의에서 국가 중대사를 결정하였어요.
- (가)

① 연의 장수 진개의 공격을 받았어요.
② 골품에 따른 신분 차별이 엄격하였어요.
③ 빈민을 구제하기 위해 진대법을 실시하였어요.
④ 사회 질서를 유지하기 위한 범금 8조가 있었어요.
⑤ 왕족인 부여씨와 8성의 귀족이 지배층을 이루었어요.

026
다음 사실이 있었던 시기를 연표에서 옳게 고른 것은?

제46회 06번 [2점]

> 전진 왕 부견이 사신과 승려 순도를 파견하여 불상과 경문을 보내왔다. 왕이 사신을 보내 답례로 방물(方物)을 바쳤다. 태학을 세우고 자제를 교육시켰다. - "삼국사기" -

246		313		371		427		475		554
	(가)		(나)		(다)		(라)		(마)	
관구검의 환도성 함락		낙랑군 축출		고국원왕 전사		평양 천도		개로왕 전사		관산성 전투

① (가) ② (나) ③ (다) ④ (라) ⑤ (마)

027
다음 상황 이후에 있었던 사실로 옳은 것은?

제65회 05번 [2점]

> 10월에 백제 왕이 병력 3만 명을 거느리고 평양성을 공격해 왔다. 왕이 군대를 출정시켜 백제군을 막다가 날아온 화살에 맞아 이 달 23일에 세상을 떠났다.

① 유리왕이 졸본에서 국내성으로 천도하였다.
② 미천왕이 낙랑군을 축출하여 영토를 확장하였다.
③ 소수림왕이 불교를 공인하고 율령을 반포하였다.
④ 고국천왕이 을파소를 등용하고 진대법을 실시하였다.
⑤ 유주자사 관구검이 이끄는 군대가 환도성을 함락하였다.

028
밑줄 그은 '왕'의 업적으로 옳은 것은?

제68회 08번 [1점]

> ○ 왕은 이름이 구부이고, 고국원왕의 아들이다. 신체가 장대하고, 웅대한 지략이 있었다.
> ○ 진(秦) 왕 부견이 사신과 승려 순도를 보내 불상과 경문을 주었다. 왕이 사신을 보내 답례로 방물(方物)을 바쳤다. - "삼국사기" -

① 태학을 설립하여 인재를 양성하였다.
② 도읍을 국내성에서 평양으로 옮겼다.
③ 서안평을 점령하여 영토를 확장하였다.
④ 영락이라는 독자적인 연호를 사용하였다.
⑤ 을파소를 등용하고 진대법을 시행하였다.

029

다음 검색창에 들어갈 왕에 대한 설명으로 옳은 것은? [2점]

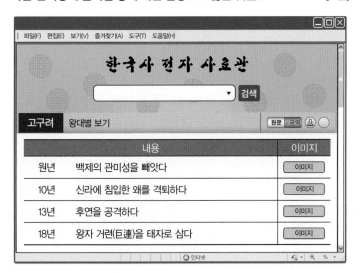

① 영락이라는 연호를 사용하였다.
② 태학을 설립하여 인재를 양성하였다.
③ 낙랑군을 축출하여 영토를 확장하였다.
④ 을파소를 등용하고 진대법을 시행하였다.
⑤ 당의 침입에 대비하여 천리장성을 축조하였다.

030

밑줄 그은 '왕'에 대한 설명으로 옳은 것은? [2점]

왕은 18세에 왕위에 올라 칭호를 영락 대왕이라 하였다. 은택(恩澤)은 하늘까지 미쳤고 위무(威武)는 사해(四海)에 떨쳤다. …… 이에 비를 세워 그 공훈을 기록하여 후세에 전한다.

① 국내성에서 평양으로 도읍을 옮겼다.
② 낙랑군을 축출하여 영토를 확장하였다.
③ 전진의 순도를 통해 불교를 수용하였다.
④ 당의 침입에 대비하여 천리장성을 쌓았다.
⑤ 신라에 군대를 파견하여 왜를 격퇴하였다.

031

다음 자료를 활용한 탐구 활동으로 가장 적절한 것은? [2점]

> 경자년에 왕이 보병과 기병 5만 명을 보내어 신라를 구원하게 하였다. [고구려군이] 남거성을 거쳐 신라성에 이르니, 그곳에 왜적이 가득하였다. 고구려군이 막 도착하니 왜적이 퇴각하였다. 그 뒤를 급히 추격하여 임나가라의 종발성에 이르니 성이 곧 항복하였다. …… 예전에는 신라 매금이 몸소 [고구려에 와서] 보고를 하며 명을 받든 적이 없었는데, …… 신라 매금이 …… 조공하였다.

① 백강 전투의 전개 과정을 살펴본다.
② 안동도호부가 설치된 경위를 찾아본다.
③ 백제가 사비로 천도한 원인을 알아본다.
④ 나·당 연합군이 결성된 계기를 파악한다.
⑤ 가야 연맹의 중심지가 이동한 배경을 조사한다.

032

(가)~(다)를 일어난 순서대로 옳게 나열한 것은? [3점]

① (가) - (나) - (다)　　　② (가) - (다) - (나)
③ (나) - (가) - (다)　　　④ (나) - (다) - (가)
⑤ (다) - (나) - (가)

033

다음 검색창에 들어갈 왕의 업적으로 옳은 것은? [2점]

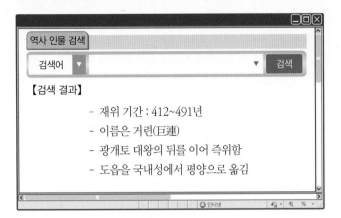

① 수의 군대를 살수에서 크게 물리쳤다.
② 서안평을 공격하여 영토를 확장하였다.
③ 전진의 순도를 통해 불교를 수용하였다.
④ 백제의 한성을 공격하여 개로왕을 전사시켰다.
⑤ 당의 침략에 대비하여 천리장성을 축조하였다.

034

다음 검색창에 들어갈 왕에 대한 설명으로 옳은 것은? [2점]

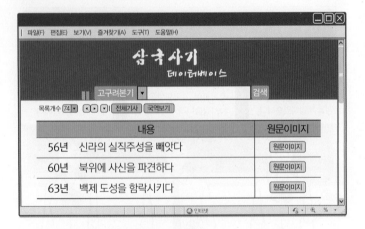

① 도읍을 국내성에서 평양으로 옮겼다.
② 낙랑군을 몰아내고 영토를 확장하였다.
③ 을파소의 건의로 진대법을 실시하였다.
④ 영락이라는 독자적 연호를 사용하였다.
⑤ 전진의 순도를 통해 불교를 수용하였다.

035

(가)~(다)를 일어난 순서대로 옳게 나열한 것은? [3점]

(가) 온달이 왕에게 아뢰기를, "신라가 한강 이북 땅을 빼앗아 군현으로 삼았습니다. …… 저에게 군사를 주신다면 단번에 우리 땅을 반드시 되찾겠습니다."라고 하였다.

(나) 10월에 백제 왕이 병력 3만 명을 거느리고 평양성을 공격해 왔다. 왕이 군대를 내어 막다가 날아온 화살에 맞아 이달 23일에 서거하였다.

(다) 9월에 왕이 병력 3만 명을 거느리고 백제를 침략하여 도읍 한성을 함락하였다. 백제 왕 부여경을 죽이고 남녀 8천 명을 포로로 잡아 돌아왔다.

① (가) - (나) - (다)   ② (가) - (다) - (나)
③ (나) - (가) - (다)   ④ (나) - (다) - (가)
⑤ (다) - (나) - (가)

036

(가), (나) 사이의 시기에 있었던 사실로 옳은 것은? [3점]

(가) 고구려 왕 거련(巨璉)이 군사 3만 명을 이끌고 와서 왕도인 한성을 포위하였다. 왕이 성문을 닫고서 나가 싸우지 못하였다. 고구려 군사가 네 길로 나누어 협공하고, 바람을 타고 불을 놓아 성문을 불태웠다. 사람들이 매우 두려워하여 나가서 항복하려는 자들도 있었다. 왕이 어찌할 바를 몰라 수십 명의 기병을 거느리고 성문을 나가 서쪽으로 달아나니, 고구려 군사가 추격하여 왕을 해쳤다.

(나) 여러 장수가 안시성을 공격하였다. …… 60일 동안 50만 명의 인력을 동원하여 밤낮으로 쉬지 않고 토산을 쌓았다. 토산의 정상은 성에서 몇 길 떨어져 있고 성 안을 내려다 볼 수 있었다. 도중에 토산이 허물어지면서 성을 덮치는 바람에 성벽의 일부가 무너졌다. …… 황제가 여러 장수에게 명하여 안시성을 공격하였으나, 3일이 지나도록 이길 수 없었다.

① 미천왕이 서안평을 점령하였다.
② 을지문덕이 살수에서 수의 군대를 물리쳤다.
③ 고국원왕이 백제의 평양성 공격으로 전사하였다.
④ 관구검이 이끄는 위의 군대가 고구려를 침략하였다.
⑤ 광개토 대왕이 군대를 보내 신라에 침입한 왜를 격퇴하였다.

037

(가), (나) 사이의 시기에 있었던 사실로 옳은 것은? [2점]

> (가) 을지문덕이 우중문에게 시를 보내 이르기를, "신묘한 계책은 천문을 다 헤아렸고 기묘한 계획은 지리를 모두 통달하였도다. 싸움에 이겨 이미 공로가 드높으니 만족할 줄 알고 그치기를 바라노라."라고 하였다.
>
> (나) 안시성 사람들이 황제의 깃발과 일산을 멀리서 바라보고, 곧장 성에 올라가 북을 치고 소리를 질렀다. 황제가 화를 내자, 이세적은 성을 함락하는 날에 남자를 모두 구덩이에 묻어 죽이자고 청하였다. 안시성 사람들이 이를 듣고 더욱 굳게 지키니, 오래도록 공격하여도 함락되지 않았다.

① 관구검이 환도성을 공격하여 함락하였다.
② 계백이 이끄는 군대가 황산벌에서 항전하였다.
③ 연개소문이 정변을 일으켜 권력을 장악하였다.
④ 광개토 대왕이 신라에 침입한 왜를 격퇴하였다.
⑤ 미천왕이 낙랑군을 축출하여 영토를 확장하였다.

038

(가) 인물에 대한 설명으로 옳은 것은? [2점]

> 이 그림은 명 대 간행된 소설에 실린 '막리지비도대전'입니다. 그림에서 당 태종을 향해 위협적으로 칼을 날리고 있는 모습으로 묘사된 인물이 (가) 입니다.

> (가) 은/는 영류왕을 시해하고 대막리지가 되어 권력을 장악한 뒤, 당의 침략을 격퇴하였습니다. 이 그림을 통해 당시 중국인들이 그를 어떤 존재로 인식하고 있는지 엿볼 수 있습니다.

① 천리장성 축조를 감독하였다.
② 살수에서 수의 군대를 막아 냈다.
③ 등주를 선제공격하여 당군을 격파하였다.
④ 황산벌에서 계백이 이끄는 군대를 물리쳤다.
⑤ 안승을 왕으로 추대하고 부흥 운동을 전개하였다.

039

밑줄 그은 '전투'가 벌어진 시기를 연표에서 옳게 고른 것은? [2점]

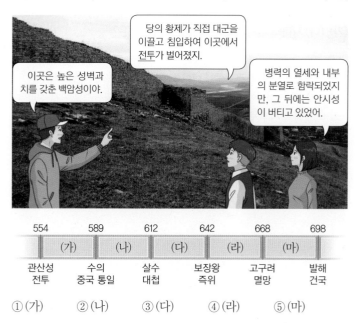

554	589	612	642	668	698
	(가)	(나)	(다)	(라)	(마)
관산성 전투	수의 중국 통일	살수 대첩	보장왕 즉위	고구려 멸망	발해 건국

① (가)　② (나)　③ (다)　④ (라)　⑤ (마)

040

다음 사건이 일어난 시기를 연표에서 옳게 고른 것은? [2점]

> 검모잠이 국가를 다시 일으키기 위하여 당을 배반하고 왕의 외손 안순[안승]을 세워 임금으로 삼았다. 당 고종이 대장군 고간을 보내 동주도(東州道) 행군총관으로 삼고 병력을 내어 그들을 토벌하니, 안순이 검모잠을 죽이고 신라로 달아났다.
>
> - "삼국사기" -

581	612	645	668	675	698
	(가)	(나)	(다)	(라)	(마)
수 건국	살수 대첩	안시성 전투	평양성 함락	매소성 전투	발해 건국

① (가)　② (나)　③ (다)　④ (라)　⑤ (마)

041

제56회 05번

(가), (나) 사이의 시기에 있었던 사실로 옳은 것은? [3점]

(가) 왕은 당과 신라 군사들이 이미 백강과 탄현을 지났다는 소식을 듣고 장군 계백에게 결사대 5천 명을 거느리고 황산으로 가서 신라 군사와 싸우게 하였다. 계백은 4번 싸워서 모두 이겼으나 군사가 적고 힘이 모자라서 마침내 패하였다.

(나) 사찬 시득이 수군을 거느리고 소부리주 기벌포에서 설인귀와 싸웠는데 연이어 패배하였다. 그러나 이후 크고 작은 22번의 싸움에서 승리하여 4천여 명을 죽였다.

① 김흠돌이 반란을 꾀하다 처형되었다.
② 의자왕이 신라를 공격하여 대야성을 함락시켰다.
③ 을지문덕이 살수에서 수의 군대를 크게 물리쳤다.
④ 대조영이 고구려 유민을 이끌고 동모산에서 건국하였다.
⑤ 검모잠이 안승을 왕으로 추대하고 부흥 운동을 전개하였다.

042

제73회 02번

(가), (나) 사이의 시기에 있었던 사실로 옳은 것은? [3점]

(가) 연개소문은 왕의 조카인 장을 왕으로 세우고 스스로 막리지가 되었다. 그 관직은 당의 병부상서 겸 중서령의 직임과 같다.

(나) 검모잠은 남은 백성을 모아 궁모성에서 패강 남쪽으로 내려와 당나라 관인 및 승려 법안 등을 죽이고 신라로 향하였다. 사야도에 이르러 고구려 대신 연정토의 아들 안승을 알현하고, 한성으로 모셔와 임금으로 받들었다.

① 을지문덕이 살수에서 대승을 거두었다.
② 사찬 시득이 기벌포에서 당군을 격파하였다.
③ 관구검이 이끄는 군대가 환도성을 함락하였다.
④ 김춘추가 당으로 건너가 군사 동맹을 체결하였다.
⑤ 장문휴가 자사 위준이 관할하는 당의 등주를 공격하였다.

043

제50회 06번

(가) 나라에 대한 설명으로 옳은 것은? [2점]

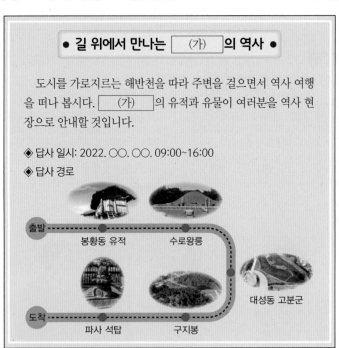

문화재청이 김해 대성동과 양동리 고분에서 출토된 목걸이 3점에 대해 보물 지정을 예고했습니다. 이 유물은 김수로왕이 건국했다고 전해지는 (가) 의 수준 높은 공예 기술을 보여 줍니다. 또한, 출토지가 명확하고 보존 상태가 온전하여 학술 및 예술적 가치가 높은 것으로 평가됩니다.

대성동과 양동리 출토 목걸이, 보물로 지정 예고

① 골품에 따라 관등 승진에 제한이 있었다.
② 만장일치제로 운영된 화백 회의가 있었다.
③ 여러 가(加)들이 별도로 사출도를 주관하였다.
④ 박, 석, 김의 3성이 교대로 왕위를 계승하였다.
⑤ 철이 많이 생산되어 낙랑과 왜 등에 수출하였다.

044

제62회 03번

(가) 나라에 대한 설명으로 옳은 것은? [2점]

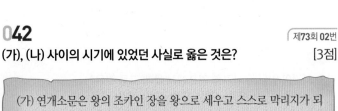

● 길 위에서 만나는 (가) 의 역사 ●

도시를 가로지르는 해반천을 따라 주변을 걸으면서 역사 여행을 떠나 봅시다. (가) 의 유적과 유물이 여러분을 역사 현장으로 안내할 것입니다.

◆ 답사 일시: 2022. ○○. ○○. 09:00~16:00
◆ 답사 경로

출발 — 봉황동 유적 — 수로왕릉
도착 — 파사 석탑 — 구지봉 — 대성동 고분군

① 덩이쇠를 화폐처럼 사용하였다.
② 한 무제의 공격으로 멸망하였다.
③ 혼인 풍속으로 민며느리제가 있었다.
④ 골품에 따라 관등 승진에 제한이 있었다.
⑤ 빈민을 구제하기 위해 진대법을 시행하였다.

045

(가) 나라에 대한 설명으로 옳은 것은? [2점]

① 법흥왕 때 신라에 복속되었다.
② 유학 교육 기관으로 주자감을 두었다.
③ 지방에 22담로를 두어 왕족을 파견하였다.
④ 화백 회의에서 국가의 중대사를 논의하였다.
⑤ 단궁, 과하마, 반어피 등의 특산물이 있었다.

046

(가) 나라에 대한 탐구 활동으로 가장 적절한 것은? [2점]

① 범금 8조의 의미를 살펴본다.
② 임신서기석의 내용을 분석한다.
③ 안동도호부가 설치된 경위를 찾아본다.
④ 22담로에 왕족이 파견된 목적을 알아본다.
⑤ 가야 연맹의 중심지가 이동한 과정을 조사한다.

047

(가) 나라에 대한 설명으로 옳은 것은? [2점]

이 그림은 (가) 의 시조인 이진아시왕의 표준 영정입니다. 신증동국여지승람 등의 기록에 따르면 수로왕과 형제인 그는 고령 일대를 중심으로 나라를 세웠다고 합니다.

① 진흥왕 때 신라에 복속되었다.
② 집사부를 비롯한 14부를 설치하였다.
③ 지방 장관으로 욕살, 처려근지 등을 두었다.
④ 여러 가(加)들이 별도로 사출도를 주관하였다.
⑤ 왕족인 부여씨와 8성의 귀족이 지배층을 이루었다.

048

(가) 나라에 대한 탐구 활동으로 가장 적절한 것은? [3점]

진흥왕이 이찬 이사부에게 명령하여 (가) 을/를 공격하게 하였다. 이때 사다함은 나이가 15~16세였는데 종군하기를 청하였다. …… (가) 사람들이 뜻하지 않은 병사들의 습격에 놀라 막아 내지 못하였고, 대군이 승세를 타서 마침내 멸망시켰다.

① 안동도호부가 설치된 경위를 찾아본다.
② 22담로에 왕족이 파견된 목적을 알아본다.
③ 중앙 관제가 3성 6부로 정비된 계기를 파악한다.
④ 최고 지배자의 호칭인 이사금의 의미를 검색한다.
⑤ 고령 지역이 연맹의 중심지로 성장하는 과정을 조사한다.

2 백제, 신라

정답과 해설 011쪽

049
제73회 05번

밑줄 그은 '왕'에 대한 설명으로 옳은 것은? [2점]

○ 고구려가 군사를 일으켜 쳐들어왔다. 왕이 듣고 군사를 패하(浿河)가에 매복시켜 그들이 이르기를 기다렸다가 급히 치니 고구려 군사가 패배하였다.

○ 옛 기록에 이르기를, "백제는 나라를 연 이래 문자로 일을 기록한 적이 없는데 이 왕 때에 이르러 박사 고흥을 얻어 처음으로 서기가 있게 되었다."라고 하였다.

① 금마저에 미륵사를 창건하였다.
② 윤충을 보내 대야성을 함락하였다.
③ 사비로 천도하고 국호를 남부여로 고쳤다.
④ 평양성을 공격하여 고국원왕을 전사시켰다.
⑤ 동진에서 온 마라난타를 통해 불교를 수용하였다.

050
제38회 07번

(가), (나) 사이의 시기에 있었던 사실로 옳은 것은? [3점]

(가) [장수왕] 15년, 평양으로 도읍을 옮겼다. - "삼국사기" -

(나) 고구려 왕 거련이 몸소 군사를 거느리고 백제를 공격하였다. 백제 왕 경(慶)이 아들 문주를 [신라에] 보내 구원을 요청하였다. 왕이 군사를 내어 구해 주려 하였으나 미처 도착하기도 전에 백제가 이미 [고구려에] 함락되었고, 경(慶) 역시 피살되었다. - "삼국사기" -

① 광개토 대왕이 신라에 침입한 왜를 물리쳤다.
② 진흥왕이 화랑도를 국가 조직으로 개편하였다.
③ 소수림왕이 태학을 설립하고 율령을 반포하였다.
④ 개로왕이 고구려를 견제하고자 북위에 국서를 보냈다.
⑤ 근초고왕이 평양성을 공격하여 고국원왕을 전사시켰다.

051
제61회 06번

다음 상황이 나타난 배경으로 옳은 것은? [3점]

연흥 2년에 여경[개로왕]이 처음으로 사신을 보내 표를 올렸다. "신의 나라는 고구려와 함께 부여에서 나왔으므로 우호가 돈독하였는데, 고구려의 선조인 쇠[고국원왕]가 우호를 가벼이 깨트리고 직접 군사를 지휘하여 우리의 국경을 짓밟았습니다. 신의 선조인 수[근구수왕]는 군대를 정비하고 공격하여 쇠의 머리를 베어 높이 매다니, 이후 감히 남쪽을 엿보지 못하였습니다. 그런데 고구려가 점점 강성해져 침략하고 위협하니 원한이 쌓였고 전쟁의 참화가 30여 년 이어졌습니다. …… 속히 장수를 보내 구원하여 주십시오." - "위서" -

① 을지문덕이 살수에서 승리하였다.
② 동성왕이 나·제 동맹을 강화하였다.
③ 성왕이 관산성 전투에서 전사하였다.
④ 계백의 결사대가 황산벌에서 패배하였다.
⑤ 장수왕이 평양으로 천도하고 남진을 추진하였다.

052
제72회 03번

(가), (나) 사이의 시기에 있었던 사실로 옳은 것은? [2점]

(가) 겨울에 백제 왕이 태자와 함께 정병 3만 명을 거느리고 고구려를 침입하여 평양성을 공격하였다. 고구려 왕 사유가 힘껏 싸우며 막다가 날아오는 화살을 맞고 죽었다.

(나) 정월에 백제는 고구려의 도살성을 쳐서 빼앗았다. 3월에는 고구려가 백제의 금현성을 함락시켰다. 신라 왕이 양국의 병사가 지친 틈을 타 이찬 이사부에게 명하여 병사를 내어 쳐서 두 성을 빼앗아 증축하고 갑사 1천 명을 두어 지키게 하였다.

① 신라가 기벌포에서 당군을 격파하였다.
② 고구려가 국내성에서 평양으로 천도하였다.
③ 계백이 이끈 결사대가 황산벌에서 패배하였다.
④ 연개소문이 정변을 일으켜 권력을 장악하였다.
⑤ 김춘추가 당으로 건너가 군사 동맹을 체결하였다.

053

다음 상황이 전개된 배경으로 옳은 것은? [2점]

자네 들었는가? 백제의 동성왕이 사신을 보내 혼인을 청하셨다더군.

들었네. 우리 마립간께서 이벌찬 비지의 딸을 보내신다고 하네.

① 법흥왕이 금관가야를 병합하였다.
② 장수왕이 한성을 공격하여 함락시켰다.
③ 김유신이 비담과 염종의 반란을 진압하였다.
④ 영양왕이 온달을 보내 아단성을 공격하였다.
⑤ 김춘추가 당으로 건너가 군사 동맹을 성사시켰다.

054

(가) 왕의 업적으로 옳은 것은? [2점]

이 동상은 여러 번 고구려를 격파하여 다시 강국이 되었다는 내용의 국서를 양나라에 보내는 (가) 의 모습을 형상화한 것입니다. 또한, 동상 앞 석상은 중국 남조의 영향을 받아 벽돌로 축조한 (가) 의 무덤에서 출토된 진묘수 모형입니다.

① 익산에 미륵사를 창건하였다.
② 사비로 천도하고 국호를 남부여로 고쳤다.
③ 지방에 22담로를 두어 왕족을 파견하였다.
④ 평양성을 공격하여 고국원왕을 전사시켰다.
⑤ 동진에서 온 마라난타를 통해 불교를 수용하였다.

055

(가) 왕의 재위 기간에 있었던 사실로 옳은 것은? [2점]

백제 제25대 왕인 (가) 의 무덤 발굴 50주년을 기념하는 행사가 공주시에서 열립니다. (가) 은/는 백가의 난을 평정하고 22담로에 왕족을 파견하였습니다. 그의 무덤은 피장자와 축조 연대가 확인된 유일한 백제 왕릉입니다.

① 익산에 미륵사를 창건하였다.
② 중국 남조의 양과 교류하였다.
③ 고흥에게 서기를 편찬하게 하였다.
④ 마라난타를 통해 불교를 수용하였다.
⑤ 사비로 천도하고 행정 조직을 재정비하였다.

056

(가), (나) 사이의 시기에 있었던 사실로 옳은 것은? [2점]

(가) 고구려 병사는 비록 물러갔으나 성이 파괴되고 왕이 죽어서 [문주가] 왕위에 올랐다. …… 겨울 10월, 웅진으로 도읍을 옮겼다.
                                                            - "삼국사기" -

(나) 왕이 신라를 습격하고자 몸소 보병과 기병 50명을 거느리고 밤에 구천(狗川)에 이르렀는데, 신라 복병을 만나 그들과 싸우다가 살해되었다.
                                                            - "삼국사기" -

① 익산에 미륵사가 창건되었다.
② 흑치상지가 임존성에서 군사를 일으켰다.
③ 동진에서 온 마라난타를 통해 불교가 수용되었다.
④ 지방을 통제하기 위하여 22담로에 왕족이 파견되었다.
⑤ 계백이 이끄는 결사대가 황산벌에서 신라군에 맞서 싸웠다.

057

제64회 06번

밑줄 그은 '이 왕'에 대한 설명으로 옳은 것은? [2점]

① 금마저에 미륵사를 창건하였다.
② 수도를 웅진에서 사비로 옮겼다.
③ 윤충을 보내 대야성을 함락하였다.
④ 고흥으로 하여금 서기를 편찬하게 하였다.
⑤ 북위에 사신을 보내 고구려 공격을 요청하였다.

059

제71회 05번

(가)~(다) 학생이 발표한 내용을 일어난 순서대로 옳게 나열한 것은? [2점]

① (가) - (나) - (다) ② (가) - (다) - (나)
③ (나) - (가) - (다) ④ (나) - (다) - (가)
⑤ (다) - (나) - (가)

058

제50회 07번

밑줄 그은 '이 왕'의 업적으로 옳은 것은? [2점]

① 익산에 미륵사를 창건하였다.
② 동진으로부터 불교를 수용하였다.
③ 윤충을 보내 대야성을 함락하였다.
④ 고흥에게 서기를 편찬하게 하였다.
⑤ 진흥왕과 연합하여 한강 하류 지역을 되찾았다.

060

제44회 07번

밑줄 그은 '이 왕'의 재위 시기에 있었던 사실로 옳은 것은? [2점]

> 소정방이 당의 내주에서 출발하니, 많은 배가 천 리에 이어져 물길을 따라 동쪽으로 내려왔다. …… 무열왕이 태자 법민을 보내 병선 100척을 거느리고 덕물도에서 소정방을 맞이하게 하였다. 소정방이 법민에게 말하기를, "나는 백제의 남쪽에 이르러 대왕의 군대와 만나서 이 왕의 도성을 격파하고자 한다."라고 말하였다.

① 백제가 사비로 천도하였다.
② 백제가 대야성을 점령하였다.
③ 고구려가 낙랑군을 축출하였다.
④ 신라가 매소성에서 당군을 물리쳤다.
⑤ 신라가 안승을 보덕국 왕으로 임명하였다.

061

제42회 08번

밑줄 그은 '왕'의 재위 기간에 있었던 사실로 옳은 것은? [2점]

> 왕이 장군 윤충을 보내 군사 1만 명을 거느리고 신라의 대야성을 공격하게 하였다. 성주 품석이 처자를 데리고 나와 항복하자 윤충이 그들을 모두 죽이고 품석의 목을 베어 왕도(王都)에 보냈다. 남녀 1천여 명을 사로잡아 서쪽 지방의 주·현에 나누어 살게 하고 군사를 남겨 그 성을 지키게 하였다.
> - "삼국사기" -

① 익산에 미륵사를 창건하였다.
② 사비로 천도하고 국호를 남부여로 고쳤다.
③ 수와 외교 관계를 맺고 친선을 도모하였다.
④ 평양성을 공격하여 고국원왕을 전사시켰다.
⑤ 계백의 결사대를 보내 신라군에 맞서 싸웠다.

062

제63회 04번

다음 상황이 나타난 시기를 연표에서 옳게 고른 것은? [2점]

> [당의] 고종이 소정방을 신구도대총관(神丘道大摠管)으로 삼아 군사를 이끌고 바다를 건너 신라와 함께 백제를 정벌하도록 하였다. 계백은 장군이 되어 죽음을 각오한 군사 5천 명을 뽑아 이들을 막고자 하였다. …… 황산의 벌판에 이르러 세 개의 군영을 설치하였다. 신라군을 만나 전투를 시작하려고 하자, [계백은] 여러 사람 앞에서 맹세하며 "지난날 구천(句踐)은 5천 명으로 오(吳)의 70만 무리를 격파하였다. 오늘 마땅히 힘써 싸워 승리함으로써 나라의 은혜에 보답하자."라고 하였다. 드디어 격렬히 싸우니, 일당천(一當千)이 아닌 자가 없었다.
> - "삼국사기" -

	612	642	660	668	676	698
	(가)	(나)	(다)	(라)	(마)	
	살수 대첩	대야성 전투	사비성 함락	안동도호부 설치	기벌포 전투	발해 건국

① (가) ② (나) ③ (다) ④ (라) ⑤ (마)

063

제58회 06번

(가), (나) 사이의 시기에 있었던 사실로 옳은 것은? [3점]

> (가) 백제의 남은 적군이 사비성으로 진입하여 항복해 살아남은 사람들을 붙잡아 가려고 하였으므로, 유수(留守) 유인원이 당과 신라 사람들을 보내 이를 쳐서 쫓아냈다. …… 당 황제가 좌위중랑장 왕문도를 웅진도독으로 삼았다.
>
> (나) 손인사, 유인원과 신라 왕 김법민은 육군을 거느려 나아가고, 유인궤와 별수(別帥) 두상과 부여융은 수군과 군량을 실은 배를 거느리고 백강으로 가서 육군과 합세하여 주류성으로 갔다. 백강 어귀에서 왜국 군사를 만나 …… 그들의 배 4백 척을 불살랐다.

① 사찬 시득이 기벌포에서 당군을 격파하였다.
② 의자왕이 윤충을 보내 대야성을 함락시켰다.
③ 복신과 도침이 부여풍을 왕으로 추대하였다.
④ 계백이 이끄는 군대가 황산벌에서 항전하였다.
⑤ 안승이 신라에 의해 보덕국 왕으로 책봉되었다.

064

제57회 07번

(가)~(다)를 일어난 순서대로 옳게 나열한 것은? [3점]

> (가) 백제의 장군 윤충이 군사를 거느리고 대야성을 공격하여 함락하였다. 이때 도독인 이찬 품석과 사지(舍知) 죽죽, 용석 등이 죽었다.
>
> (나) 신라와 당의 군사들이 의자왕의 도성을 에워싸기 위하여 소부리 벌판으로 나아갔다. 소정방이 꺼리는 바가 있어 전진하지 않자 김유신이 그를 달래서 두 나라의 군사가 용감하게 네 길로 일제히 떨쳐 일어났다.
>
> (다) 흑치상지가 도망하여 흩어진 무리들을 모으니, 열흘 사이에 따르는 자가 3만여 명이었다. …… 흑치상지가 별부장 사타상여를 데리고 험준한 곳에 웅거하여 복신과 호응하였다.

① (가) - (나) - (다) ② (가) - (다) - (나)
③ (나) - (가) - (다) ④ (나) - (다) - (가)
⑤ (다) - (나) - (가)

065

제42회 05번

다음 검색창에 들어갈 왕에 대한 설명으로 옳은 것은? [2점]

파일(F) 편집(E) 보기(V) 즐겨찾기(A) 도구(T) 도움말(H)

삼국사기
데이터베이스

신라본기 ▼ | 검색

목록개수 21 ▼ ◀ ▶ | 전체기사 | 국역보기   ◀◀ 1 ▶▶

내용	원문이미지
3년 순장을 금지하고, 처음으로 우경을 하였다.	원문이미지
4년 '신라'를 국호로 삼고, '신라국왕'이라 칭하였다.	원문이미지
6년 국내의 주·군·현을 정하였다.	원문이미지

● 인터넷

① 첨성대를 세워 천체를 관측하였다.
② 대가야를 정복하여 영토를 확장하였다.
③ 거칠부에게 국사를 편찬하도록 하였다.
④ 건원이라는 독자적인 연호를 사용하였다.
⑤ 시장을 감독하는 관청인 동시전을 설치하였다.

066

제51회 03번

밑줄 그은 '왕'의 업적으로 옳은 것은? [2점]

여러 신하들이 아뢰기를 "…… 신(新)은 '덕업이 날로 새로워진다'
는 뜻이고, 라(羅)는 '사방(四方)을 망라한다'는 뜻이므로 이를 나라 이
름으로 삼는 것이 마땅하다고 여겨집니다. 또 살펴보건대 옛날부터
국가를 가진 이는 모두 제(帝)나 왕(王)을 칭하였는데, 우리 시조께서
나라를 세운 지 지금 22대에 이르기까지 방언으로만 부르고 높이는
호칭을 정하지 못하였으니, 이제 여러 신하들이 한마음으로 삼가 신
라국왕(新羅國王)이라는 칭호를 올립니다."라고 하였다. 왕이 이를 따
랐다.
- "삼국사기" -

① 병부를 설치하고 율령을 반포하였다.
② 이사부를 보내 우산국을 복속시켰다.
③ 대가야를 병합하여 영토를 확장하였다.
④ 국학을 설립하여 유학 교육을 진흥시켰다.
⑤ 자장의 건의로 황룡사 구층 목탑을 건립하였다.

067

제54회 04번

밑줄 그은 '이 왕'에 대한 설명으로 옳은 것은? [2점]

이것은 국보 제242호인 울진 봉평리 신라비로 병부를 설치하고 율령을 반포한
이 왕 때 건립되었습니다. 이 비석에는 신라 6부의 성격과 관등 체계, 지방 통치
조직과 촌락 구조 등 당시 사회상을 알려주는 내용이 담겨 있습니다.

① 이사부를 보내 우산국을 복속하였다.
② 관료전을 지급하고 녹읍을 폐지하였다.
③ 이차돈의 순교를 계기로 불교를 공인하였다.
④ 인재 등용을 위해 독서삼품과를 시행하였다.
⑤ 거칠부에게 명하여 국사를 편찬하게 하였다.

068

제35회 03번

밑줄 그은 '왕'의 업적으로 옳은 것은? [2점]

왕께서 불교를 일으키려 하시므로
저 이차돈도 불법(佛法)을 위해 목숨을
버리려 합니다. 하늘이시여, 상서로운
일을 백성에게 보여 주소서.

① 병부와 상대등을 설치하였다.
② 중앙 관청을 22부로 확대하였다.
③ 거칠부에게 국사를 편찬하게 하였다.
④ 이사부를 보내 우산국을 복속시켰다.
⑤ 지방에 담로를 두고 왕족을 파견하였다.

069

밑줄 그은 '왕'의 업적으로 옳은 것은?   [3점]

금관국의 김구해가 세 아들과 함께 나라의 보물을 가지고 와서 항복하였다고 하네.

나도 들었네. 우리 왕께서 그들을 예로써 대접하여 높은 벼슬을 주고, 그가 다스리던 금관국을 식읍으로 삼게 하였다는군.

① 관료전을 지급하고 녹읍을 폐지하였다.
② 건원이라는 독자적인 연호를 제정하였다.
③ 지방에 22담로를 두어 왕족을 파견하였다.
④ 독서삼품과를 시행하여 인재를 등용하였다.
⑤ 자장의 건의로 황룡사 구층 목탑을 건립하였다.

070

밑줄 그은 '왕'의 재위 기간에 있었던 사실로 옳은 것은?   [2점]

거칠부가 왕의 명령을 받들어 국사를 편찬했다고 하네.

나라 안의 문사(文士)들이 많이 참여했다고 하더군. 거칠부는 그 공으로 파진찬에 올랐다고 하네.

① 중앙군으로 9서당이 편성되었다.
② 대가야를 병합하여 영토가 확장되었다.
③ 지방관 감찰을 위하여 외사정이 파견되었다.
④ 최고 지배자의 칭호가 마립간으로 변경되었다.
⑤ 시장을 관리하기 위하여 동시전이 설치되었다.

071

밑줄 그은 '왕'의 재위 시기에 있었던 사실로 옳은 것은?   [2점]

○ 왕이 다시 명령을 내려 좋은 가문 출신의 남자로서 덕행이 있는 자를 뽑아 명칭을 고쳐서 화랑이라고 하였다. 처음으로 설원랑을 받들어 국선(國仙)으로 삼으니, 이것이 화랑 국선의 시초이다.
- "삼국유사"

○ 왕이 이찬 이사부에게 명령하여 가라국(加羅國)을 습격하게 하였다. 이때 사다함은 나이가 15~16세였는데 종군하기를 청하였다. … … 그 나라 사람들은 뜻하지 않은 병사들의 습격에 놀라 막아내지 못하였다. 대군이 승세를 타서 마침내 그 나라를 멸망시켰다.
- "삼국사기"

① 거칠부가 국사를 편찬하였다.
② 김헌창이 웅천주에서 반란을 일으켰다.
③ 이차돈의 순교를 계기로 불교가 공인되었다.
④ 최고 지배자의 호칭이 마립간으로 바뀌었다.
⑤ 자장의 건의로 황룡사 9층 목탑이 건립되었다.

072

다음 검색창에 들어갈 왕에 대한 설명으로 옳은 것은?   [2점]

파일(F) 편집(E) 보기(V) 즐겨찾기(A) 도구(T) 도움말(H)

삼국사기
데이터베이스

신라본기 ▼ [   ] 검색

목록개수 57 ▼ 전체기사 국역보기

내용	원문이미지
6년	거칠부가 국사를 편찬하다	원문이미지
11년	이사부가 도살성과 금현성을 점령하다	원문이미지
27년	황룡사를 완공하다	원문이미지

① 불국사 삼층 석탑을 건립하였다.
② 첨성대를 세워 천체를 관측하였다.
③ 마운령, 황초령 등에 순수비를 세웠다.
④ 금관가야를 복속하여 영토를 확대하였다.
⑤ 시장을 감독하는 관청인 동시전을 설치하였다.

073

밑줄 그은 '이 왕'의 업적으로 옳은 것은? [2점]

이 비석은 원래 도선국사비, 무학대사비 등으로 알려져 있었지.

맞아. 그런데 조선 후기에 김정희가 금석과안록에서 이 왕이 건립한 순수비임을 고증하였어.

① 관료전을 지급하고 녹읍을 폐지하였다.
② 인재 등용을 위해 독서삼품과를 실시하였다.
③ 이차돈의 순교를 계기로 불교를 공인하였다.
④ 지방관을 감찰하기 위해 외사정을 파견하였다.
⑤ 대아찬 거칠부에게 명하여 국사를 편찬하였다.

074

밑줄 그은 '왕'에 대한 설명으로 옳은 것은? [2점]

왕 6년 가을 7월에 이찬 이사부가 아뢰기를, "국사(國史)라는 것은 군주와 신하의 선악을 기록하여 만대에 포폄(襃貶)*을 보여 주는 것이니 편찬하지 않으면 후대에 무엇을 보이겠습니까?"라고 하였다. 이에 왕이 진실로 그렇다고 여겨서 대아찬 거칠부 등에게 명하여 널리 문사들을 모아서 [이를] 편찬하도록 하였다.

– "삼국사기" –

*포폄(襃貶) : 칭찬과 비판을 하거나 또는 시비와 선악을 판단하여 결정함

① 백성에게 정전을 지급하였다.
② 국가적인 조직으로 화랑도를 개편하였다.
③ 국학을 설립하여 유학 교육을 실시하였다.
④ 최고 지배자의 칭호를 마립간이라 하였다.
⑤ 지방관 감찰을 위하여 외사정을 파견하였다.

075

(가), (나) 사이의 시기에 있었던 사실로 옳은 것은? [3점]

(가) 고구려 왕이 "마목현과 죽령은 본래 우리나라 땅이니 만약 이를 돌려주지 않는다면 돌아가지 못하리라."라고 말하였다. 김춘추가 "국가의 영토는 신하가 마음대로 할 수 있는 것이 아니므로 신은 감히 명령을 따를 수 없습니다."라고 대답하니, 왕이 분노하여 그를 가두었다.

(나) 관창이 "아까 내가 적진에 들어가서 장수를 베고 깃발을 빼앗지 못한 것이 심히 한스럽다. 다시 들어가면 반드시 성공하리라."라고 말하였다. 관창은 적진에 돌입하여 용감히 싸웠으나, 계백이 그를 사로잡아 머리를 베어 말 안장에 매달아서 돌려보냈다. 이를 본 신라군이 죽음을 각오하고 진격하니 백제 군사가 대패하였다.

① 안승이 보덕국 왕으로 임명되었다.
② 신라가 당과 군사 동맹을 체결하였다.
③ 관산성 전투에서 백제 왕이 피살되었다.
④ 흑치상지가 임존성에서 군사를 일으켰다.
⑤ 부여풍이 백강에서 왜군과 함께 당군에 맞서 싸웠다.

076

(가), (나) 사이의 시기에 있었던 사실로 옳은 것은? [3점]

(가) 김춘추가 무릎을 꿇고 아뢰기를, "…… 만약 폐하께서 당의 군사를 빌려주어 흉악한 무리를 잘라 없애지 않는다면 저희 백성은 모두 포로가 될 것이며, 산 넘고 바다 건너 행하는 조회도 다시는 바랄 수 없을 것입니다."라고 하였다. 태종이 매우 옳다고 여겨서 군사의 출동을 허락하였다. – "삼국사기" –

(나) 계필하력이 먼저 군사를 이끌고 평양성 밖에 도착하였고, 이적의 군사가 뒤따라 와서 한 달이 넘도록 평양을 포위하였다. …… 남건은 성문을 닫고 항거하여 지켰다. …… 5일 뒤에 신성이 성문을 열었다. …… 남건은 스스로 칼을 들어 자신을 찔렀으나 죽지 못했다. [보장]왕과 남건 등을 붙잡았다. – "삼국사기" –

① 당이 안동도호부를 요동 지역으로 옮겼다.
② 신라와 당의 연합군이 백강에서 왜군을 물리쳤다.
③ 신라가 당의 군대에 맞서 매소성에서 승리하였다.
④ 고구려 안승이 신라에 의해 보덕국 왕으로 임명되었다.
⑤ 고구려가 당의 침입에 대비하여 천리장성을 완성하였다.

077

(가), (나) 사이의 시기에 있었던 사실로 옳은 것은? [2점]

(가) 당의 손인사, 유인원과 신라 왕 김법민은 육군을 거느려 나아가고, 유인궤 등은 수군과 군량을 실은 배를 거느리고 백강으로 가서 육군과 합세하여 주류성으로 갔다. 백강 어귀에서 왜의 군사를 만나 …… 그들의 배 4백 척을 불살랐다.

(나) 이근행이 군사 20만 명을 이끌고 매소성에 머물렀다. 신라군이 공격하여 달아나게 하고 말 3만여 필을 얻었는데, 노획한 병장기의 수도 그 정도 되었다.

① 장문휴가 당의 등주를 공격하였다.
② 원광이 왕명으로 걸사표를 작성하였다.
③ 을지문덕이 살수에서 대승을 거두었다.
④ 김춘추가 당과의 군사 동맹을 성사시켰다.
⑤ 검모잠이 안승을 왕으로 세워 부흥 운동을 벌였다.

078

(가)~(라)를 일어난 순서대로 옳게 나열한 것은? [2점]

(가) 의자왕은 당과 신라 군사들이 이미 백강과 탄현을 지났다는 소식을 듣고 장군 계백을 시켜 결사대 5천 명을 거느리고 황산으로 가서 신라 군사와 싸우게 하였다.

(나) 유인원과 신라 왕 김법민은 육군을 거느려 나아가고, 유인궤와 부여융은 수군과 군량을 실은 배를 거느리고 …… 백강으로 가서 육군과 합세하여 주류성으로 갔다. 백강 어귀에서 왜의 군사를 만나 …… 그들의 배 4백 척을 불살랐다.

(다) 이근행이 군사 20만 명을 이끌고 매소성에 진을 쳤다. 신라군이 (이근행의 군사를) 공격하여 패주시키고, 말 3만여 필과 그만큼의 다른 병기를 얻었다.

(라) 검모잠이 남은 백성들을 모아서 …… 당의 관리와 승려 법안 등을 죽이고 신라로 향하였다. …… 안승을 한성 안으로 맞아들여 받들어 왕으로 삼았다.

① (가) - (나) - (다) - (라)
② (가) - (나) - (라) - (다)
③ (나) - (가) - (라) - (다)
④ (나) - (다) - (가) - (라)
⑤ (다) - (라) - (나) - (가)

---

3 통일 신라, 발해

079

(가) 왕의 업적으로 옳은 것은? [3점]

답사 계획서

■ 주제 : ＿＿(가)＿＿ 의 자취를 따라서
■ 개관 : 삼국 통일의 위업을 달성한 ＿＿(가)＿＿ 의 발자취를 찾아가는 일정입니다.
■ 일시 : 2022년 6월 ○○일 09:00~17:00
■ 주요 답사지 소개

월성(반월성)	동궁과 월지
왕이 거처한 궁성	왕이 건설한 별궁

감은사지	대왕암
왕을 기리기 위해 아들 신문왕이 완성한 사찰의 터	왕의 수중릉으로 알려진 곳

① 국가적인 조직으로 화랑도를 개편하였다.
② 지방관을 감찰하고자 외사정을 파견하였다.
③ 이차돈의 순교를 계기로 불교를 공인하였다.
④ 인재 등용을 위해 독서삼품과를 실시하였다.
⑤ 자장의 건의로 황룡사 구층 목탑을 건립하였다.

080

(가) 왕의 업적으로 옳은 것은? [2점]

대왕암이 내려다 보이는 이곳은 경주 이견대입니다. 선왕을 기리며 감은사를 완공한 ＿＿(가)＿＿ 은/는 이곳에서 용을 만나는 신묘한 일을 겪었고, 이를 통해 검은 옥대와 만파식적의 재료가 된 대나무를 얻었다고 합니다.

① 향가 모음집인 삼대목을 편찬하였다.
② 관료전을 지급하고 녹읍을 폐지하였다.
③ 인사를 담당하는 위화부를 창설하였다.
④ 건원이라는 독자적인 연호를 사용하였다.
⑤ 시장을 감독하기 위해 동시전을 설치하였다.

081

밑줄 그은 '왕'에 대한 설명으로 옳은 것은?　　　[2점]

> 용이 검은 옥대를 바쳤다. …… 왕이 놀라고 기뻐하여 오색 비단·금·옥으로 보답하고, 사람을 시켜 대나무를 베어서 바다로 나오자, 산과 용은 홀연히 사라져 보이지 않았다. 왕이 감은사에서 유숙하고 …… 행차에서 돌아와 그 대나무로 피리를 만들어 월성의 천존고에 보관하였다. 이 피리를 불면 적병이 물러가고 병이 나으며, 가물 때 비가 오고 비올 때 개며, 바람이 잦아들고 파도가 평온해졌다. 이를 만파식적(萬波息笛)이라 부르고 국보로 삼았다.
> 　　　　　　　　　　　　　　　　　　　　 - "삼국유사" -

① 병부와 상대등을 설치하였다.
② 이사부를 보내 우산국을 복속하였다.
③ 마립간이라는 칭호를 처음 사용하였다.
④ 매소성 전투에서 당의 군대를 격파하였다.
⑤ 김흠돌을 비롯한 진골 귀족 세력을 숙청하였다.

082

(가)에 들어갈 내용으로 옳은 것은?　　　[2점]

① 백성에게 정전을 지급하였어요.
② 건원이라는 독자적인 연호를 사용하였어요.
③ 독서삼품과를 실시하여 관리를 채용하였어요.
④ 지방 행정 제도를 9주 5소경으로 정비하였어요.
⑤ 시장을 감독하는 관청인 동시전을 설치하였어요.

083

교사의 질문에 대한 학생의 답변으로 옳은 것은?　　　[3점]

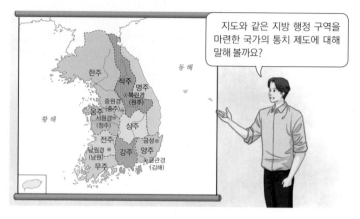

① 중앙군을 2군 6위로 조직했습니다.
② 지방관으로 안찰사를 파견했습니다.
③ 중앙 관제를 3성 6부로 정비했습니다.
④ 관리 감찰을 위해 사정부를 두었습니다.
⑤ 유학 교육 기관으로 주자감을 설치했습니다.

084

교사의 질문에 대한 학생의 답변으로 옳은 것은?　　　[2점]

> 이와 같은 중앙 통치 체제를 운영한 국가의 지방 통치에 대해 발표해 볼까요?

> **〈중앙 통치 체제〉**
> - 집사부, 병부, 위화부 등 총 14개의 중앙 부서 운영
> - 집사부의 장관인 시중이 왕명을 받들어 국정 수행
> - 감찰 기구인 사정부를 두어 관리의 비리 방지
> - 중앙 교육 기관으로 국학 설치

① 전국의 주요 지역에 12목을 설치했어요.
② 경재소를 설치하여 유향소를 통제했어요.
③ 국경 지역인 양계에 병마사를 파견했어요.
④ 상수리 제도를 실시하여 지방 세력을 견제했어요.
⑤ 각 도에 관찰사를 보내 관할 고을의 수령을 감독했어요.

085

제56회 08번

지도와 같이 행정 구역을 정비한 국가에 대한 설명으로 옳은 것을 〈보기〉에서 고른 것은? [3점]

보기

ㄱ. 9서당 10정의 군사 조직을 운영하였다.
ㄴ. 욕살, 처려근지 등을 지방관으로 파견하였다.
ㄷ. 상수리 제도를 실시하여 지방 세력을 견제하였다.
ㄹ. 북계에 병마사를 파견하여 적의 침입에 대비하였다.

① ㄱ, ㄴ　　② ㄱ, ㄷ　　③ ㄴ, ㄷ
④ ㄴ, ㄹ　　⑤ ㄷ, ㄹ

086

제39회 07번

다음 자료에 나타난 시기의 사실로 옳은 것은? [2점]

당나라 19대 소종이 중흥을 이룰 때에 전쟁과 흉년의 재앙이 서쪽[중국]에서는 멈추었으나 동쪽으로 오니, 악 중의 악이 없는 곳이 없었고 굶어 죽고 싸우다 죽은 시체가 들판에 즐비하였다. 해인사의 별대덕(別大德)인 승훈(僧訓)이 이를 애통해 하더니 도사(導師)의 힘을 베풀어 미혹한 무리들의 마음을 이끌며 각자 벼 한 줌을 내게 하여 함께 옥돌로 삼층을 쌓았다. ……

해인사 묘길상탑기

최치원 지음

① 복신과 도침 등이 주류성에서 군사를 일으켰다.
② 묘청 등이 중심이 되어 서경 천도를 주장하였다.
③ 신라군이 당의 군대에 맞서 매소성에서 승리하였다.
④ 지방에서 호족들이 반독립적인 세력으로 성장하였다.
⑤ 요세가 법화 신앙에 중점을 둔 백련 결사를 주도하였다.

087

제73회 07번

밑줄 그은 '시기'에 있었던 사실로 옳은 것은? [3점]

이것은 보령 성주사지 대낭혜화상탑비로, 진성 여왕의 명을 받아 최치원이 비문을 작성했습니다. 혜공왕 피살 이후 왕위 쟁탈전이 치열했던 시기에 당에서 수행하고 돌아와 9산 선문 중 하나인 성주산문을 개창한 낭혜화상의 행적이 기록되어 있습니다.

① 김흠돌 등 진골 세력이 숙청되었다.
② 김헌창이 웅천주에서 반란을 일으켰다.
③ 거칠부가 왕명에 의해 국사를 편찬하였다.
④ 복신과 도침이 부여풍을 왕으로 추대하였다.
⑤ 자장의 건의로 황룡사 구층 목탑이 건립되었다.

088

제67회 08번

다음 상황 이후에 전개된 사실로 옳은 것은? [2점]

이찬 김지정이 반역하여 무리를 모아 궁궐을 에워싸고 침범하였다. 여름 4월에 상대등 김양상이 이찬 경신과 함께 군사를 일으켜 김지정 등을 죽였으나, 왕과 왕비는 반란군에게 살해되었다. 양상 등이 왕의 시호를 혜공왕이라 하였다.

– "삼국사기" –

① 김흠돌이 반란을 도모하였다.
② 이사부가 우산국을 복속하였다.
③ 김대성이 불국사 조성을 주도하였다.
④ 장보고가 왕위 쟁탈전에 가담하였다.
⑤ 거칠부가 왕명에 의해 국사를 편찬하였다.

089

다음 가상 대화 이후에 있었던 사실로 옳은 것은? [2점]

며칠 전에 웅천주 도독 김헌창이 난을 일으켜 나라 이름을 장안이라 하고 연호를 경운으로 정했다더군.

그의 아버지가 왕이 되지 못한 것에 불만을 품은 모양이야.

① 거칠부가 국사를 편찬하였다.
② 이사부가 우산국을 정복하였다.
③ 관료전이 지급되고 녹읍이 폐지되었다.
④ 원종과 애노가 사벌주에서 봉기하였다.
⑤ 이차돈의 순교를 계기로 불교가 공인되었다.

090

(가) 시기에 있었던 사실로 옳은 것은? [2점]

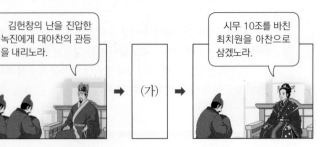

김헌창의 난을 진압한 녹진에게 대아찬의 관등을 내리노라.

(가)

시무 10조를 바친 최치원을 아찬으로 삼겠노라.

① 이차돈의 순교로 불교가 공인되었다.
② 원종과 애노가 사벌주에서 봉기하였다.
③ 관료전을 지급하고 녹읍을 폐지하였다.
④ 거칠부가 왕명을 받들어 국사를 편찬하였다.
⑤ 최고 지배자의 칭호가 마립간으로 바뀌었다.

091

다음 검색창에 들어갈 왕의 재위 기간에 있었던 사실로 옳은 것은? [1점]

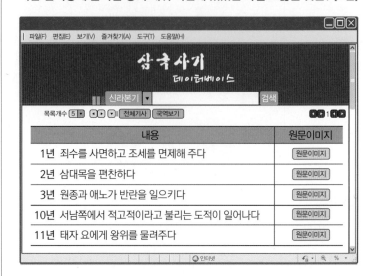

삼국사기 데이터베이스

신라본기 ▼ [   ] 검색

목록개수 5 ▼ ◀ ◀ | 전체기사 | 국역보기   ▶▶ 1 ▶ ▶

내용	원문이미지
1년 죄수를 사면하고 조세를 면제해 주다	원문이미지
2년 삼대목을 편찬하다	원문이미지
3년 원종과 애노가 반란을 일으키다	원문이미지
10년 서남쪽에서 적고적이라고 불리는 도적이 일어나다	원문이미지
11년 태자 요에게 왕위를 물려주다	원문이미지

① 왕의 장인인 김흠돌이 반란을 도모하였다.
② 강조가 정변을 일으켜 김치양을 제거하였다.
③ 거칠부가 왕명을 받들어 국사를 편찬하였다.
④ 최치원이 왕에게 시무 10여 조를 건의하였다.
⑤ 복신과 도침 등이 부여풍을 왕으로 추대하였다.

092

(가)~(다)를 일어난 순서대로 옳게 나열한 것은? [3점]

(가) 도적들이 나라의 서남쪽에서 일어났는데, 붉은색 바지를 입어 모습을 다르게 하였기 때문에 적고적(赤袴賊)이라고 불렸다. 그들은 주와 현을 도륙하고, 수도의 서부 모량리까지 와서 민가를 노략질하고 돌아갔다.

(나) 웅천주 도독 헌창은 그의 아버지 주원이 임금이 되지 못하였다는 이유로 반란을 일으켜 국호를 장안이라 하고, 연호를 세워 경운 원년이라 하였다.

(다) 아찬 우징은 청해진에 있으면서 김명이 왕위를 빼앗았다는 소식을 듣고 청해진 대사 궁복에게 말하였다. "김명은 임금을 죽이고 스스로 왕이 되었으니, …… 장군의 군사를 빌려 임금과 아버지의 원수를 갚고자 합니다." - 『삼국사기』-

① (가) - (나) - (다)
② (가) - (다) - (나)
③ (나) - (가) - (다)
④ (나) - (다) - (가)
⑤ (다) - (가) - (나)

093

(가) 인물에 대한 설명으로 옳은 것은? [2점]

① 공산 전투에서 고려군을 크게 무찔렀다.
② 귀순한 김순식에게 왕씨 성을 하사하였다.
③ 폐정 개혁을 목표로 정치도감을 설치하였다.
④ 청해진을 근거지로 해상 무역을 전개하였다.
⑤ 광평성을 설치하고 광치나, 서사 등의 관원을 두었다.

094

(가) 인물에 대한 설명으로 옳은 것을 〈보기〉에서 고른 것은? [3점]

> (가) 은/는 상주 가은현 사람이다. …… [왕의] 총애를 받
> 던 측근들이 정권을 마음대로 휘둘러 기강이 문란해졌다. 기근까지
> 겹쳐 백성들이 떠돌아다니고, 여러 도적들이 봉기하였다. 이에
> (가) 이/가 몰래 [왕위를] 넘겨다보는 마음을 갖고 …… 드디
> 어 무진주를 습격하여 스스로 왕이 되었으나, 아직 감히 공공연하게
> 왕을 칭하지는 못하였다. …… 서쪽으로 순행하여 완산주에 이르니
> 그 백성들이 환영하였다.
> – "삼국사기" –

보기

ㄱ. 후당, 오월에 사신을 파견하였다.
ㄴ. 광평성을 비롯한 각종 정치 기구를 마련하였다.
ㄷ. 신라의 금성을 습격하여 경애왕을 죽게 하였다.
ㄹ. 정계와 계백료서를 지어 관리의 규범을 제시하였다.

① ㄱ, ㄴ ② ㄱ, ㄷ ③ ㄴ, ㄷ
④ ㄴ, ㄹ ⑤ ㄷ, ㄹ

095

(가) 인물에 대한 설명으로 옳은 것은? [2점]

① 훈요 10조를 남겼다.
② 경주의 사심관으로 임명되었다.
③ 금마저에 미륵사를 창건하였다.
④ 완산주를 도읍으로 삼아 나라를 세웠다.
⑤ 광평성을 비롯한 정치 기구를 마련하였다.

096

(가) 인물에 대한 설명으로 옳은 것은? [2점]

① 공산 전투에서 전사하였다.
② 금마저에 미륵사를 창건하였다.
③ 후당과 오월에 사신을 파견하였다.
④ 김흠돌 등 진골 세력을 숙청하였다.
⑤ 국호를 마진으로 바꾸고 철원으로 천도하였다.

097

(가) 인물에 대한 설명으로 옳은 것은? [3점]

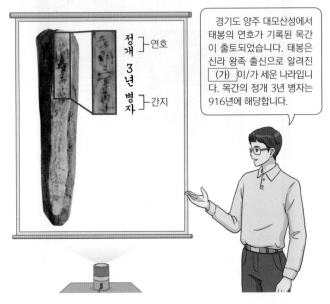

경기도 양주 대모산성에서 태봉의 연호가 기록된 목간이 출토되었습니다. 태봉은 신라 왕족 출신으로 알려진 ___(가)___ 이/가 세운 나라입니다. 목간의 정개 3년 병자는 916년에 해당합니다.

① 경주의 사심관으로 임명되었다.
② 12목에 지방관을 처음으로 파견하였다.
③ 폐정 개혁을 목표로 정치도감을 설치하였다.
④ 광평성을 비롯한 각종 정치 기구를 마련하였다.
⑤ 오월(吳越)에 사신을 보내고 검교태보의 직을 받았다.

098

(가)에 들어갈 인물에 대한 설명으로 옳은 것은? [2점]

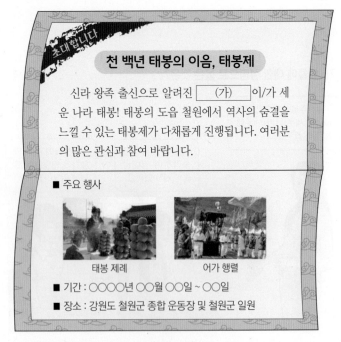

초대합니다

천 백년 태봉의 이음, 태봉제

신라 왕족 출신으로 알려진 ___(가)___ 이/가 세운 나라 태봉! 태봉의 도읍 철원에서 역사의 숨결을 느낄 수 있는 태봉제가 다채롭게 진행됩니다. 여러분의 많은 관심과 참여 바랍니다.

■ 주요 행사

태봉 제례   어가 행렬

■ 기간 : ○○○○년 ○○월 ○○일 ~ ○○일
■ 장소 : 강원도 철원군 종합 운동장 및 철원군 일원

① 발해를 멸망시킨 거란을 적대시하였다.
② 미륵불을 자처하며 왕권을 강화하였다.
③ 신라를 공격하여 경애왕을 죽게 하였다.
④ 노비안검법을 시행하여 재정을 확충하였다.
⑤ 청해진을 설치하여 해상 무역을 장악하였다.

099

(가) 인물의 활동으로 옳은 것은? [2점]

○ ___(가)___ 이/가 스스로 왕이라 칭하며 말하기를, "지난날 신라가 당에 군사를 청하여 고구려를 격파하였다. 그래서 평양 옛 도읍은 잡초만 무성하게 되었으니, 내가 반드시 그 원수를 갚겠다."라고 하였다.
 – "삼국사기" –

○ ___(가)___ 이/가 미륵불을 자칭하였다. 머리에 금책(金幘)을 쓰고 몸에는 가사를 걸쳤으며 큰아들을 청광보살, 막내아들을 신광보살이라고 불렀다.
 – "삼국사기" –

① 임존성에서 당군을 격퇴하였다.
② 일리천 전투에서 신검에게 승리하였다.
③ 광평성을 비롯한 여러 관서를 설치하였다.
④ 청해진을 통하여 해상 무역을 전개하였다.
⑤ 오월(吳越)에 사신을 보내고 검교태보의 직을 받았다.

100

다음 대화에 나타난 인물에 대한 설명으로 옳은 것은? [2점]

신라 왕족의 후예로 알려져 있으며, 송악을 도읍으로 나라를 세운 인물에 대해 말해 보자.

광평성 등 여러 정치 기구를 마련했어.

미륵불을 자칭하며 폭정을 일삼기도 했지.

① 후당, 오월에 사신을 보냈다.
② 금산사에 유폐된 후 고려에 귀부하였다.
③ 지방관을 감찰하고자 외사정을 파견하였다.
④ 청해진을 설치하여 해상 무역을 전개하였다.
⑤ 마진이라는 국호와 무태라는 연호를 사용하였다.

101

(가), (나) 사이의 시기에 있었던 사실로 옳은 것은? [2점]

(가) 날이 밝아오자 (여러 장수들이) 태조를 곡식더미 위에 앉히고는 군신의 예를 행하였다. 사람을 시켜 말을 달리며 "왕공(王公)께서 이미 의로운 깃발을 들어 올리셨다."라고 외치게 하였다. …… 궁예가 이 소식을 듣고는 어찌할 바를 몰라 미복(微服) 차림으로 북문을 빠져나갔다. - "고려사절요" -

(나) 여름 6월 견훤이 막내아들 능예와 딸 애복, 애첩 고비 등과 더불어 나주로 달아나 입조를 요청하였다. …… 도착하자 그를 상보(尙父)라 일컫고 남궁(南宮)을 객관(客館)으로 주었다. 지위를 백관의 위에 두고 양주를 식읍으로 주었다. - "고려사" -

① 견훤이 후백제를 건국하였다.
② 김흠돌이 반란을 도모하였다.
③ 장보고가 청해진을 설치하였다.
④ 신숭겸이 공산 전투에서 전사하였다.
⑤ 신검이 일리천에서 고려군에게 패배하였다.

102

다음 상황 이후에 있었던 사실로 옳은 것은? [3점]

파진찬 신덕, 영순 등이 신검에게 견훤을 금산사에 유폐하고 사람을 보내 금강을 죽이도록 권하였다. 신검이 대왕을 자칭하고 국내에 대사면령을 내렸다. 교서에 이르기를, "…… 왕위를 어리석은 아이에게 줄 뻔하였다. 다행스러운 것은 상제께서 진정한 마음을 내리시니 군자들이 허물을 고쳤고 맏아들인 나에게 명하여 이 한 나라를 다스리게 하셨다는 점이다. ……"라고 하였다.

① 궁예가 광평성을 설치하였다.
② 장문휴가 당의 등주를 공격하였다.
③ 신숭겸이 공산 전투에서 전사하였다.
④ 왕건이 일리천 전투에서 승리하였다.
⑤ 김헌창이 웅천주에서 반란을 일으켰다.

103

(가), (나) 사이의 시기에 있었던 사실로 옳은 것은? [3점]

(가) 태조는 정예 기병 5천을 거느리고 공산(公山) 아래에서 견훤을 맞아서 크게 싸웠다. 태조의 장수 김락과 신숭겸은 죽고 모든 군사가 패배했으며, 태조는 겨우 죽음을 면하였다. - "삼국유사" -

(나) [태조를] 신검의 군대가 막아서자 일리천(一利川)을 사이에 두고 대치하였다. 태조가 견훤과 함께 병사들을 사열한 후 …… 신검이 양검, 용검 및 문무 관료들과 함께 항복하여 오니, 태조가 그를 위로하였다. - "고려사절요" -

① 최승로가 시무 28조를 건의하였다.
② 경순왕 김부가 경주의 사심관이 되었다.
③ 대공이 난을 일으키자 귀족들이 동참하였다.
④ 궁예가 국호를 마진에서 태봉으로 바꾸었다.
⑤ 쌍기의 건의를 받아들여 과거제가 시행되었다.

104

(가)~(라)를 일어난 순서대로 옳게 나열한 것은? [3점]

(가) 견훤이 크게 군사를 일으켜 고창군(古昌郡)의 병산 아래에 가서 태조와 싸웠으나 이기지 못하였다. 전사자가 8천여 명이었다.

(나) 태조는 정예 기병 5천을 거느리고 공산(公山) 아래에서 견훤을 맞아서 크게 싸웠다. 태조의 장수 김락과 신숭겸은 죽고 모든 군사가 패하였으며, 태조는 겨우 죽음을 면하였다.

(다) [태조가] 뜰에서 신라 왕이 알현하는 예를 받으니 여러 신하가 하례하는 함성으로 궁궐이 진동하였다. …… 신라국을 폐하여 경주라 하고, 그 지역을 [김부에게] 식읍으로 하사하였다.

(라) 태조가 …… 일선군으로 진격하니 신검이 군사를 거느리고 막았다. 일리천을 사이에 두고 대치하였다. …… 후백제의 장군들이 고려 군사의 행세가 매우 큰 것을 보고, 갑옷과 무기를 버리고 항복하였다.

① (가) - (나) - (다) - (라)   ② (가) - (나) - (라) - (다)
③ (나) - (가) - (다) - (라)   ④ (나) - (가) - (라) - (다)
⑤ (다) - (가) - (나) - (라)

105
제61회 10번
다음 시나리오에 등장하는 왕의 업적으로 옳은 것은? [2점]

> #36. 궁궐 안
>
> 왕이 분노에 찬 표정으로 대문예에게 말하고 있다.
>
> 왕 : 흑수 말갈이 몰래 당에 조공하였으니, 이는 당과 공모하여 앞뒤로 우리를 치려는 것이다. 군대를 이끌고 가서 흑수 말갈을 정벌하라.
>
> 대문예 : 당에 조공하였다 하여 그들을 바로 공격한다면 이는 당에 맞서는 것입니다. 하루아침에 당과 원수를 지면 멸망을 자초할 수 있습니다.

① 장문휴를 보내 등주를 공격하였다.
② 9서당 10정의 군사 조직을 갖추었다.
③ 사비로 천도하고 국호를 남부여로 고쳤다.
④ 지방관을 감찰하고자 외사정을 파견하였다.
⑤ 고구려 유민을 모아 동모산에서 나라를 세웠다.

106
제37회 08번
(가) 왕에 대한 설명으로 옳은 것을 〈보기〉에서 고른 것은? [2점]

이곳은 산둥반도의 등주성입니다. (가) 이/가 이 지역에 장문휴를 보내 당의 군대를 격파하였습니다.

보기
ㄱ. 중경 현덕부에서 상경 용천부로 천도하였다.
ㄴ. 고구려 유민을 이끌고 동모산에서 건국하였다.
ㄷ. 인안(仁安)이라는 독자적인 연호를 사용하였다.
ㄹ. 대문예로 하여금 흑수 말갈을 정벌하게 하였다.

① ㄱ, ㄴ   ② ㄱ, ㄷ   ③ ㄴ, ㄷ
④ ㄴ, ㄹ   ⑤ ㄷ, ㄹ

107
제63회 08번
(가) 왕에 대한 설명으로 옳은 것은? [3점]

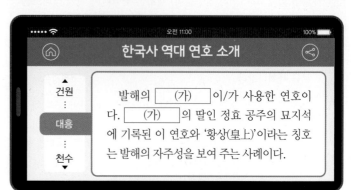

한국사 역대 연호 소개

건원
대흥
천수

발해의 (가) 이/가 사용한 연호이다. (가) 의 딸인 정효 공주의 묘지석에 기록된 이 연호와 '황상(皇上)'이라는 칭호는 발해의 자주성을 보여 주는 사례이다.

① 북연의 왕을 신하로 봉하였다.
② 지린성 동모산에서 나라를 세웠다.
③ 신라에 군대를 파견하여 왜를 격퇴하였다.
④ 수도를 상경 용천부로 옮겨 체제를 정비하였다.
⑤ 5경 15부 62주의 지방 행정 조직을 확립하였다.

108
제72회 07번
밑줄 그은 '이 국가'에 대한 설명으로 옳은 것은? [2점]

정혜 공주 무덤의 구조도   정혜 공주 묘지석

지린성 둔화에서 발견된 이 국가의 정혜 공주 무덤은 모줄임천장 구조의 굴식 돌방무덤으로 고구려 양식을 계승하고 있다. 또한, 내부에서 출토된 묘지석에 '황상'이라는 칭호가 사용된 점을 통해 이 국가의 자주성을 확인할 수 있다.

① 서경을 북진 정책의 기지로 삼았다.
② 정당성의 대내상이 국정을 총괄하였다.
③ 영락이라는 독자적인 연호를 사용하였다.
④ 군사 조직으로 9서당 10정을 편성하였다.
⑤ 관리 선발을 위해 독서삼품과를 시행하였다.

109

(가) 국가에 대한 설명으로 옳은 것은? [1점]

① 중정대를 두어 관리를 감찰하였다.
② 군사 조직으로 9서당 10정을 편성하였다.
③ 내신좌평 등 6좌평의 관제를 정비하였다.
④ 상수리 제도를 시행하여 지방 세력을 견제하였다.
⑤ 왕족인 부여씨와 8성의 귀족이 지배층을 이루었다.

110

(가) 국가에 대한 설명으로 옳은 것은? [2점]

> ### 명문(名文)으로 만나는 한국사
>
> ······ 신이 삼가 ▢(가)▢의 원류를 살펴보건대, 고구려가 멸망하기 이전에는 본디 이름도 없는 조그마한 부락에 불과하였는데, ······ 걸사[비]우와 대조영 등이 측천무후가 임조(臨朝)할 즈음에 이르러, 영주에서 반란이 일어나자 그곳에서 도주하여 황구(荒丘)를 차지하고 비로소 진국(振國)이라고 칭하였습니다. ······
>
> [해설] 이 글은 최치원이 작성한 사불허북국거상표(謝不許北國居上表)의 일부입니다. 이를 통해 북국으로 표현된 ▢(가)▢의 건국 과정 등을 파악할 수 있습니다.

① 정사암 회의에서 나라의 중대사를 결정하였다.
② 지방의 여러 성에 욕살, 처려근지 등을 두었다.
③ 도병마사에서 변경의 군사 문제 등을 논의하였다.
④ 서적 관리, 주요 문서 작성 등을 위해 문적원을 두었다.
⑤ 골품에 따라 관등 승진, 일상생활 등을 엄격히 제한하였다.

111

다음 제도를 운영한 국가에 대한 설명으로 옳은 것은? [2점]

> [그 나라의] 관제에는 선조성이 있는데, 좌상·좌평장사·시중·좌상시·간의가 소속되어 있다. 중대성에는 우상·우평장사·내사·조고사인이 소속되어 있다. 정당성에는 대내상 1명을 좌·우상의 위에 두었고, 좌·우정 각 1명을 좌·우평장사의 아래에 배치하였다.
> – "신당서" –

① 교육 기관으로 주자감을 두었다.
② 신라에 침입한 왜구를 격퇴하였다.
③ 9서당 10정의 군사 조직을 갖추었다.
④ 개국, 태창이라는 연호를 사용하였다.
⑤ 왕족인 부여씨와 8성의 귀족이 지배층을 이루었다.

112

(가) 국가에 대한 설명으로 옳은 것은? [1점]

> 신라고기(新羅古記)에 이르기를 "고(구)려의 옛 장수 조영의 성은 대씨(大氏)니 남은 군사를 모아 태백산 남쪽에서 나라를 세우고 나라 이름을 ▢(가)▢(이)라고 하였다." ······ 지장도(指掌圖)에 보면 "▢(가)▢은/는 만리장성 동북쪽 모서리 밖에 있다."라고 하였다.

① 군사 조직으로 9서당 10정을 편성하였다.
② 정사암에 모여 국가 중대사를 논의하였다.
③ 광평성을 비롯한 각종 정치 기구를 갖추었다.
④ 5경 15부 62주의 지방 행정 제도를 마련하였다.
⑤ 상수리 제도를 시행하여 지방 세력을 견제하였다.

113
제65회 07번

밑줄 그은 '이 나라'에 대한 설명으로 옳은 것은? [1점]

○ 조영이 죽으니, 이 나라에서는 고왕이라 하였다. 아들 무예가 왕위에 올라 영토를 크게 개척하니, 동북의 모든 오랑캐들이 겁을 먹고 그를 섬겼다.

○ 처음에 이 나라의 왕이 자주 학생들을 경사의 태학에 보내어 고금의 제도를 배우고 익혀 가더니, 드디어 해동성국이 되었다. 그 땅에는 5경 15부 62주가 있다.
- "신당서" -

① 정사암 회의를 개최하였다.
② 9서당 10정의 군사 조직을 갖추었다.
③ 욕살, 처려근지 등의 지방관을 두었다.
④ 인안, 대흥 등 독자적인 연호를 사용하였다.
⑤ 광평성을 비롯한 각종 정치 기구를 마련하였다.

114
제73회 08번

(가) 국가에 대한 설명으로 옳지 않은 것은? [2점]

오전 10:20

(가) 의 불교문화에 대해 알려 줘.

🔵 역사 챗봇

1. 불교의 유행
상경 용천부 등 (가) 의 5경에서 발굴되는 절터, 불상, 석등 등을 통해 당시 불교문화가 발전하였음을 알 수 있어요.

○ 영광탑은 벽돌을 쌓아 만든 누각 형태의 전탑으로, 탑 아래에는 정효 공주 묘와 비슷한 지하 공간이 있어 무덤으로 보기도 해요.

○ 동경 용원부 유적에서 출토된 이불병좌상은 석가불과 다보불이 나란히 앉아 있는 모습을 조각한 불상이에요.

2. 관련 사진

영광탑 　　　　이불병좌상

① 교육 기관으로 주자감을 설립하였다.
② 감찰 업무를 담당하는 중정대가 있었다.
③ 인안, 대흥 등 독자적인 연호를 사용하였다.
④ 거란도, 영주도 등을 통해 주변국과 교역하였다.
⑤ 내신좌평, 내두좌평 등 6좌평의 관제를 마련하였다.

4 경제, 사회

115
제38회 08번

(가)~(라)를 시행한 순서대로 옳게 나열한 것은? [2점]

삼국사기로 보는 통일 신라의 토지 제도

(가) 교서를 내려 문무 관료전을 지급하되 차등을 두었다.

(나) 내외(內外) 관료의 녹읍을 폐지하고, 해마다 조(租)를 차등 있게 하사하고 이를 항식(恒式)*으로 삼았다.

(다) 처음으로 백성에게 정전을 나누어 주었다.

(라) 내외(內外) 관료에게 매달 지급하던 녹봉을 없애고 다시 녹읍을 주었다.

*항식(恒式): 항상 따라야 하는 형식이나 정해진 법식

① (가) - (나) - (다) - (라)　　② (가) - (다) - (라) - (나)
③ (나) - (라) - (가) - (다)　　④ (다) - (나) - (가) - (라)
⑤ (라) - (가) - (나) - (다)

116
제58회 07번

밑줄 그은 '시기' 신라의 경제 모습으로 옳은 것은? [2점]

이것은 일본의 귀족들이 신라에서 들어온 물품을 매입하고자 그 수량과 가격을 기록하여 일본 정부에 제출한 '매신라물해(買新羅物解)'라는 문서입니다. 통일을 이루고 9주 5소경을 설치한 이후의 시기에 일본과 교역하던 모습을 알 수 있습니다.

① 벽란도가 국제 무역항으로 번성하였다.
② 조세 수취를 위해 촌락 문서를 작성하였다.
③ 철이 많이 생산되어 낙랑군 등에 수출하였다.
④ 농업 생산력 증대를 위해 우경을 처음으로 시작하였다.
⑤ 수도에 도시부(都市部)라는 관청을 설치하여 시장을 관리하였다.

117

다음 문서를 제작한 국가의 경제 상황에 대한 설명으로 옳은 것은? [3점]

이 문서는 1933년 일본 도다이사(東大寺) 쇼소인(正倉院)에서 발견되었다. 이 문서에는 촌락마다 호(戶)의 등급과 변동 상황, 성별·연령별 인구의 규모가 파악되어 있으며, 논·밭의 면적 등이 기록되어 있다.

① 모내기법이 전국적으로 확산되었다.
② 빈민 구제를 위한 진대법이 실시되었다.
③ 시장을 감독하는 관청인 동시전이 있었다.
④ 감자, 고구마 등의 구황 작물이 재배되었다.
⑤ 우리 풍토에 맞는 농법을 기록한 농사직설이 편찬되었다.

118

(가) 국가의 경제 상황으로 옳은 것은? [2점]

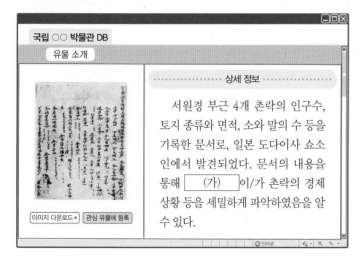

국립 ○○ 박물관 DB

유물 소개

상세 정보

서원경 부근 4개 촌락의 인구수, 토지 종류와 면적, 소와 말의 수 등을 기록한 문서로, 일본 도다이사 쇼소인에서 발견되었다. 문서의 내용을 통해 (가) 이/가 촌락의 경제 상황 등을 세밀하게 파악하였음을 알 수 있다.

이미지 다운로드 ▼ 관심 유물에 등록

① 은병이 화폐로 제작되었다.
② 집집마다 부경이라는 창고가 있었다.
③ 목화, 담배 등이 상품 작물로 재배되었다.
④ 울산항, 당항성이 무역항으로 번성하였다.
⑤ 현직 관리를 대상으로 직전법이 실시되었다.

119

(가) 국가의 경제 상황으로 옳은 것은? [2점]

이 문서는 일본의 도다이사 쇼소인에서 발견된 것으로, (가) 의 5소경 중 하나인 서원경 주변 촌락을 포함한 4개 촌락의 인구 현황, 토지의 종류와 면적 등이 상세히 기록되어 있습니다.

① 경성과 경원에 무역소를 두었다.
② 수도에 서시와 남시를 설치하였다.
③ 주전도감에서 해동통보를 발행하였다.
④ 독점적 도매상인인 도고가 출현하였다.
⑤ 감자, 고구마 등을 구황 작물로 재배하였다.

120

(가)에 들어갈 내용으로 가장 적절한 것은? [1점]

통일 신라의 경제
한국사 교양 강좌

◆ 강좌 주제 ◆
제1강 촌락 문서에 나타난 수취 체제의 특징
제2강 서시와 남시 설치를 통해 본 상업 발달
제3강 (가)

■ 일시 : 2024년 10월 △△일 △△시 ~ △△시
■ 장소 : ○○대학교 대강당

① 상평창과 물가 조절
② 은병이 화폐 유통에 미친 영향
③ 진대법으로 알아보는 빈민 구제
④ 덩이쇠 수출을 통해 본 낙랑과의 교역
⑤ 울산항을 통한 아라비아 상인들과의 교류

121

밑줄 그은 '이 인물'에 대한 설명으로 옳은 것은? [2점]

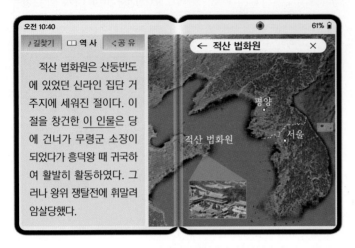

① 구법 순례기인 왕오천축국전을 지었다.
② 진성 여왕에게 시무책 10여 조를 올렸다.
③ 청해진을 중심으로 해상 무역을 전개하였다.
④ 9산 선문 중의 하나인 가지산문을 개창하였다.
⑤ 한자의 음과 훈을 차용한 이두를 체계적으로 정리하였다.

122

다음 자료에 나타난 시기의 경제 상황으로 옳은 것은? [2점]

> 장보고가 귀국 후 왕을 알현하여, "온 중국이 우리나라 사람을 노비로 삼고 있습니다. 바라옵건대 청해에 진을 설치하여 해적이 사람을 중국으로 잡아가는 것을 막으십시오."라고 아뢰었다. 왕이 장보고에게 군사 1만 명을 주어서 지키게 하였다.

① 은병이 화폐로 제작되었다.
② 낙랑과 왜에 철을 수출하였다.
③ 집집마다 부경이라는 창고가 있었다.
④ 덕대가 광산을 전문적으로 경영하였다.
⑤ 울산을 통해 아라비아 상인들이 왕래하였다.

123

(가) 국가에 대한 설명으로 옳은 것을 <보기>에서 고른 것은? [2점]

> **〈한국사 온라인 강좌〉**
>
> 우리 연구소에서는   (가)   의 역사적 의미를 조명하기 위해 온라인 강좌를 마련하였습니다. 관심 있는 분들의 많은 참여 바랍니다.
>
> ▣ 강좌 주제 ▣
>
> 제1강 일본에 보낸 외교 문서에 나타난 역사의식
> 제2강 정혜 공주 무덤의 구조로 알 수 있는 고분 양식
> 제3강 장문휴의 등주 공격을 통해 본 대외 인식
> 제4강 인안, 대흥 연호 사용에 반영된 천하관
>
> ▪ 일시 : 2021년 6월 매주 목요일 19:00~21:00
> ▪ 방식 : 화상 회의 플랫폼 활용
> ▪ 주관 : △△ 연구소

보기

> ㄱ. 철전인 건원중보를 발행하였다.
> ㄴ. 솔빈부의 말이 특산물로 거래되었다.
> ㄷ. 지방관을 감찰하고자 외사정을 파견하였다.
> ㄹ. 거란도, 영주도 등을 통해 주변국과 교류하였다.

① ㄱ, ㄴ   ② ㄱ, ㄷ   ③ ㄴ, ㄷ
④ ㄴ, ㄹ   ⑤ ㄷ, ㄹ

124

밑줄 그은 '이 나라'의 경제 상황에 대한 설명으로 옳은 것은? [2점]

> 이 나라는 영주(營州)*에서 동쪽으로 2천 리 밖에 위치하며 …… 동쪽은 멀리 바다에 닿았고, 서쪽으로는 거란[契丹]이 있었다. …… 귀중히 여기는 것은 태백산의 토끼, 남해의 다시마, 책성의 된장, …… 막힐의 돼지, 솔빈의 말, 현주의 베, 옥주의 면, 용주의 명주, 위성의 철, 노성의 벼, 미타호의 붕어이다. …… 이 밖의 풍속은 고구려, 거란과 대개 같다.   - "신당서" -
>
> *영주(營州) : 지금의 랴오닝성 차오양

① 신라도라는 교통로를 통해 신라와 교역하였다.
② 감자, 고구마 등의 구황 작물을 널리 재배하였다.
③ 해동통보를 발행하여 금속 화폐의 통용을 추진하였다.
④ 농사직설을 간행하여 우리 풍토에 맞는 농법을 정리하였다.
⑤ 삼포를 열어 일본과의 무역을 허용하고 계해약조를 체결하였다.

125

(가) 국가에 대한 설명으로 옳은 것은?　　[2점]

> ### (가) 　의 무왕이 일본에 보낸 국서
>
> 속일본기에 "　(가)　의 왕 대무예가 고인의(高仁義) 등을 보내어 국서와 선물을 보냈다."라고 기록되어 있다.
>
> …… 고인의, 덕주, 사나루 등 24명에게 서신을 가지고 가도록 하였고, 아울러 담비 가죽 300장을 정중히 보냅니다. 때때로 소식을 보내 우의를 두텁게 하고자 합니다.
>
> - "해동역사" -

① 지방의 22담로에 왕족을 파견하였다.
② 교육 기관으로 태학과 경당을 두었다.
③ 골품에 따라 관등 승진에 제한이 있었다.
④ 화백 회의에서 국가의 중대사를 논의하였다.
⑤ 거란도, 영주도 등을 통해 주변 국가와 교류하였다.

126

(가) 제도를 시행한 국가에 대한 설명으로 옳은 것은?　　[1점]

> ○ 풍월주(風月主), 원화(源花)의 법이 폐하여진 지 이미 여러 해였다. 왕은 나라를 일으키려면 풍월도를 먼저 하여야 한다고 생각하여 다시금 영(令)을 내려 귀인과 양가의 자제 중에서 얼굴이 아름답고 덕행이 있는 자를 선발해서 분장을 시켜 (가) 또는 국선(國仙)이라 이름하였다.
>
> ○ 좋은 가문 출신의 남자로서 덕행이 있는 자를 뽑아 (가) (이)라 하였다. 처음 설원랑을 받들어 국선으로 삼았는데 이것이 시초이다.

① 태학과 경당을 두어 인재를 양성하였다.
② 유랑민을 구휼하는 활인서를 설치하였다.
③ 정사암 회의에서 국가 중대사를 결정하였다.
④ 도병마사에서 변경의 군사 문제 등을 논의하였다.
⑤ 골품에 따라 관등 승진, 일상생활 등을 엄격히 제한하였다.

127

밑줄 그은 '이 인물'에 대한 설명으로 옳은 것은?　　[2점]

> 이곳은 중국 양저우에 있는 이 인물의 기념관입니다. 그는 당에 유학하여 빈공과에 급제하였고, 황소의 난이 일어나자 '격황소서(檄黃巢書)'를 지어 이름을 떨쳤습니다. 또한, 당에서 쓴 글을 모은 계원필경을 남겼습니다.

① 당으로 건너가 군사 동맹을 체결하였다.
② 진성 여왕에게 시무책 10여 조를 올렸다.
③ 외교 문서 작성에 능하여 청방인문표를 지었다.
④ 진골 귀족 출신으로 화랑세기, 고승전 등을 저술하였다.
⑤ 한자의 음훈을 빌려 우리말을 표기한 이두를 정리하였다.

128

(가) 인물에 대한 설명으로 옳은 것은?　　[3점]

> **대한민국 방방곡곡 – 함양 상림**
>
> 史 한국사 채널　　　　조회 수 220,212
>
> 이번에 소개할 곳은 함양 상림입니다. 이 숲은 당에서 귀국한 (가) 이/가 천령군(현 함양군) 태수로 부임하였을 때 홍수 피해를 막기 위해 조성하였다고 합니다. 백성들의 삶을 직접 살펴본 (가) 은/는 개혁 방안을 담은 시무책 10여 조를 진성 여왕에게 올렸습니다.

① 유식의 교의를 담은 해심밀경소를 저술하였다.
② 외교 문서 작성에 능하여 청방인문표를 작성하였다.
③ 한자의 음훈을 빌려 우리말을 표기한 이두를 정리하였다.
④ 신라 말의 사회상을 보여 주는 해인사 묘길상탑기를 남겼다.
⑤ 종파 간의 사상적 대립을 해소하기 위해 십문화쟁론을 지었다.

정답과 해설 026쪽

5 문화

129

제65회 08번

밑줄 그은 '이 인물'에 대한 설명으로 옳은 것은? [3점]

이곳은 이 인물을 제사하는 경주의 서악 서원. 그는 한자의 음과 훈을 빌려 우리말을 표기하는 이두를 체계적으로 정리함. 우리말로 유학 경전을 풀이하여 후학들을 가르침. 원효의 아들임.

① 향가 모음집인 삼대목을 편찬하였다.
② 진성 여왕에게 시무책 10여 조를 올렸다.
③ 화랑도의 규범으로 세속 5계를 제시하였다.
④ 외교 문서 작성에 능하여 청방인문표를 지었다.
⑤ 국왕에게 조언하는 내용인 화왕계를 집필하였다.

130

제34회 06번

다음 검색창에 들어갈 인물에 대한 설명으로 옳은 것은? [3점]

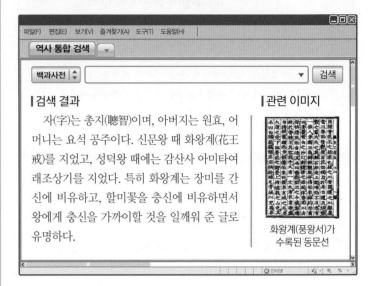

① 진골 귀족 출신으로 화랑세기 등을 저술하였다.
② 외교 문서 작성에 능하여 청방인문표를 집필하였다.
③ 인도와 중앙아시아를 순례하고 왕오천축국전을 지었다.
④ 명망 높은 승려들의 전기를 정리한 해동고승전을 남겼다.
⑤ 한자의 음과 훈을 차용한 이두를 체계적으로 정리하였다.

131

제70회 05번

강연자의 질문에 대한 청중의 답변으로 가장 적절한 것은? [2점]

① 간경도감에서 경전이 간행되었습니다.
② 연개소문이 당에 도사 파견을 요청하였습니다.
③ 과거 시험의 교재로 사서집주가 채택되었습니다.
④ 범일이 9산 선문 중 하나인 사굴산문을 개창하였습니다.
⑤ 주요 경전의 이름이 새겨진 임신서기석이 만들어졌습니다.

132

다음 기획전에 전시될 문화유산으로 적절한 것을 〈보기〉에서 고른 것은?

[1점]

특별 기획전

문화유산을 통해 보는 백제의 도교 문화

도교는 삼국 시대에 전래되어 우리나라 문화에 많은 영향을 주었습니다. 우리 △△박물관에서는 백제의 도교 문화를 살펴볼 수 있는 특별 기획전을 마련하였습니다. 많은 관람 바랍니다.

■ **기간** : 2019년 ○○월 ○○일~○○월 ○○일
■ **장소** : △△박물관 기획 전시실

보기

ㄱ.   ㄴ.

ㄷ.   ㄹ.

① ㄱ, ㄴ   ② ㄱ, ㄷ   ③ ㄴ, ㄷ
④ ㄴ, ㄹ   ⑤ ㄷ, ㄹ

133

(가) 인물에 대한 설명으로 옳은 것은?

[3점]

왕이 고구려가 자주 국경을 침략하는 것을 걱정하여 수에 군사를 요청해 고구려를 치고자 하였다. 이에 (가) 에게 명하여 걸사표를 짓도록 하였다. (가) 이/가 말하기를, "자기가 살고자 남을 멸하는 것은 출가한 승려로서 적합한 행동은 아니지만, 제가 대왕의 땅에서 살고 대왕의 물과 풀을 먹고 있으니 어찌 감히 명을 따르지 않겠습니까."라고 하면서 글을 써서 올렸다.

① 구법 순례기인 왕오천축국전을 남겼다.
② 황룡사 구층 목탑의 건립을 건의하였다.
③ 무애가를 지어 불교 대중화에 기여하였다.
④ 사군이충 등을 포함한 세속 5계를 제시하였다.
⑤ 풍수지리 사상이 반영된 송악명당기를 저술하였다.

134

(가) 인물에 대한 설명으로 옳은 것은?

[1점]

 (가) 은/는 설총을 낳은 이후 속인의 옷으로 바꾸어 입고 스스로 소성거사라고 하였다. 우연히 광대들이 갖고 놀던 큰 박을 얻었는데 그 모양이 괴이하였다. 그 모양을 따라서 도구로 만들어 화엄경의 구절에서 이름을 따와 '무애(無㝵)'라고 하고, 노래를 지어 세상에 퍼뜨렸다.

① 부석사를 창건하였다.
② 백련 결사를 주도하였다.
③ 왕오천축국전을 남겼다.
④ 금강삼매경론을 저술하였다.
⑤ 신편제종교장총록을 편찬하였다.

135

(가) 인물의 활동으로 옳은 것은?

[1점]

이곳은 (가) 의 생애와 활동을 주제로 한 전시실입니다. 그는 금강삼매경론, 대승기신론소 등을 저술하여 불교 교리 연구에 힘썼으며, 무애가를 짓고 정토 신앙을 전파하여 불교 대중화에 앞장섰습니다.

① 일심 사상과 화쟁 사상을 주장하였다.
② 구법 순례기인 왕오천축국전을 남겼다.
③ 황룡사 구층 목탑의 건립을 건의하였다.
④ 왕명으로 수에 군사를 청하는 걸사표를 지었다.
⑤ 승려들의 전기를 정리한 해동고승전을 편찬하였다.

136

밑줄 그은 '이 승려'의 활동으로 옳은 것은?　　[2점]

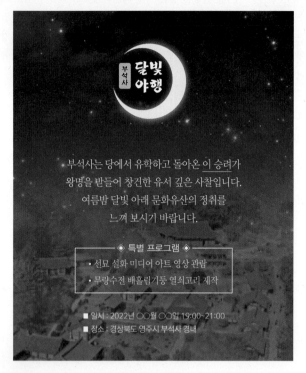

부석사는 당에서 유학하고 돌아온 이 승려가
왕명을 받들어 창건한 유서 깊은 사찰입니다.
여름밤 달빛 아래 문화유산의 정취를
느껴 보시기 바랍니다.

◆ 특별 프로그램 ◆
• 선묘 설화 미디어 아트 영상 관람
• 무량수전 배흘림기둥 열쇠고리 제작

■ 일시 : 2022년 ○○월 ○○일 19:00~21:00
■ 장소 : 경상북도 영주시 부석사 경내

① 무애가를 지어 불교 대중화에 기여하였다.
② 화랑도의 규범으로 세속 5계를 제시하였다.
③ 구법 순례기인 왕오천축국전을 저술하였다.
④ 승려들의 전기를 담은 해동고승전을 집필하였다.
⑤ 화엄일승법계도를 지어 화엄 사상을 정리하였다.

137

(가) 인물에 대한 설명으로 옳은 것은?　　[2점]

> 　(가)　은/는 열 곳의 절에서 교(敎)를 전하게 하니 태백산의 부석사, …… 남악의 화엄사 등이 그것이다. 또한, 법계도서인(法界圖書印)을 짓고 아울러 간략한 주석을 붙여 일승(一乘)의 요점을 모두 기록하였다. …… 법계도는 총장(總章) 원년 무진(戊辰)에 완성되었다.
> － "삼국유사" －

① 황룡사 구층 목탑의 건립을 건의하였다.
② 무애가를 지어 불교 대중화에 노력하였다.
③ 보현십원가를 지어 불교 교리를 전파하였다.
④ 인도와 중앙아시아를 다녀와서 왕오천축국전을 남겼다.
⑤ 현세의 고난에서 구제받고자 하는 관음 신앙을 강조하였다.

138

(가) 인물에 대한 설명으로 옳은 것은?　　[1점]

다큐멘터리 공모 신청서

공모 분야	역사 - 인물 탐사 다큐멘터리
작품명	(가)　의 저서, 위대한 역사 기록이 되다
기획 의도	8세기 인도와 중앙아시아의 실상을 전해 주는 중요한 기록을 남긴 신라 승려가 있다. 글로벌 시대를 맞아 　(가)　의 기록이 우리에게 남긴 의미를 재조명한다.
차별화 전략	기존에 간과해 왔던 이슬람 세계와 비잔틴 제국에 대한 기록까지도 현지답사를 통해 고증하고자 한다.
주요 촬영국	중국, 인도, 이란, 아프가니스탄, 우즈베키스탄 등

① 향가 모음집인 삼대목을 편찬하였다.
② 화랑도의 규범인 세속 5계를 제시하였다.
③ 무애가를 지어 불교 대중화에 기여하였다.
④ 구법 순례기인 왕오천축국전을 저술하였다.
⑤ 화엄일승법계도를 지어 화엄 사상을 정리하였다.

139

밑줄 그은 '이 종파'에 대한 설명으로 옳은 것은?　　[2점]

> 이것은 전라남도 화순군 쌍봉사에 있는 국보 제57호 철감선사 승탑입니다. 승려의 사리를 봉안하는 승탑은 이 종파가 수용된 이후 9세기부터 유행하였습니다. 이 종파는 도의선사가 가지산문을 개창한 이래 9산 선문을 형성하였습니다.

① 동경대전을 경전으로 삼았다.
② 단군을 숭배의 대상으로 하였다.
③ 대성전을 세워 옛 성현에 제사를 지냈다.
④ 참선과 수행을 통해 깨달음을 얻고자 하였다.
⑤ 마음속에 한울님을 모시는 시천주를 강조하였다.

140

밑줄 그은 '이 불상'으로 옳은 것은?　[3점]

국보 제78호인 이 불상은 반가의 자세로 깊은 생각에 잠긴 모습을 형상화한 것입니다. 6세기 중후반에 제작된 것으로 추정되며, 삼국 시대 금동 불상 중 대표적인 작품입니다.

141

밑줄 친 '이 불상'으로 옳은 것은?　[1점]

국보 제119호인 이 불상은 고구려의 승려들이 만들어 유포한 천불(千佛) 중의 하나로, 경상남도 의령에서 출토되었습니다. 연가(延嘉) 7년이라는 명문이 새겨져 있어 제작 연대를 추정할 수 있습니다.

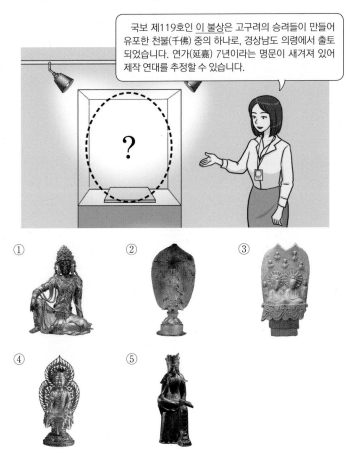

142

(가)에 해당하는 문화유산으로 옳은 것은?　[2점]

국보로 지정된 이 마애불은 둥근 얼굴 윤곽에 자비로운 인상을 지녀 '백제의 미소'라고 불립니다. 6세기 말에서 7세기 초, 중국을 오가던 사람들의 안녕을 기원하고자 교통로에 만들어진 것으로 보입니다.

한국의 마애불

(가)

① 　② 　③

④ 　⑤

143

(가)에 해당하는 문화유산으로 옳은 것은? [2점]

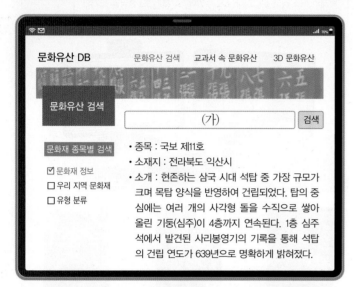

종목 : 국보 제11호
소재지 : 전라북도 익산시
소개 : 현존하는 삼국 시대 석탑 중 가장 규모가 크며 목탑 양식을 반영하여 건립되었다. 탑의 중심에는 여러 개의 사각형 돌을 수직으로 쌓아 올린 기둥(심주)이 4층까지 연속된다. 1층 심주석에서 발견된 사리봉영기의 기록을 통해 석탑의 건립 연도가 639년으로 명확하게 밝혀졌다.

①  ②  ③

④ 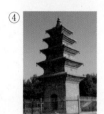 ⑤

144

(가)에 해당하는 문화유산으로 옳은 것은? [3점]

국보로 지정된 (가) 은 현존하는 신라 탑 중에 가장 오래된 것으로 평가받습니다. 이 탑은 돌을 벽돌 모양으로 다듬어 쌓았다는 특징이 있으며, 선덕 여왕 3년에 건립된 것으로 추정됩니다.

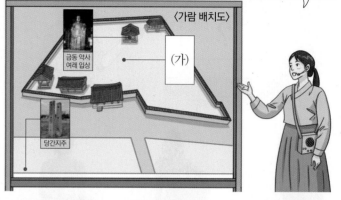

①  ②  ③

④  ⑤

145

밑줄 그은 '이 탑'으로 옳은 것은? [2점]

유물로 보는 한국사

[해설]

경주 불국사에 있는 이 탑의 해체 보수 과정에서 발견된 금동제 사리 외함이다. 2층 탑신부에 봉안되어 있던 이 유물 안에는 은제 사리 내·외합과 무구정광대다라니경 등이 함께 놓여 있었다. 이를 통해 당시의 뛰어난 공예 기술 및 사리장엄 방식과 특징을 알 수 있다.

①

②

③

④

⑤

146

(가) 국가의 문화유산으로 옳은 것은? [2점]

□□신문

제△△호 ○○○○년 ○○월 ○○일

[특집] 우리 역사를 찾아서 – 영광탑

영광탑은 중국 지린성 창바이조선족자치현에 있으며, 벽돌로 쌓아 만든 누각 형태의 전탑이다. 지하에는 무덤으로 보이는 공간이 있는 것이 특징이다. 1980년대 중국 측의 조사에서 (가) 의 탑으로 확정하였다.

①

②

③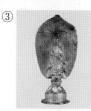

④

⑤

147

다음 특별전에 전시될 사진으로 적절하지 <u>않은</u> 것은? [1점]

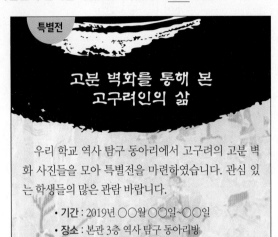

특별전

고분 벽화를 통해 본 고구려인의 삶

우리 학교 역사 탐구 동아리에서 고구려의 고분 벽화 사진들을 모아 특별전을 마련하였습니다. 관심 있는 학생들의 많은 관람 바랍니다.

- **기간** : 2019년 ○○월 ○○일~○○일
- **장소** : 본관 3층 역사 탐구 동아리방

①  ②

③  ④

⑤

148

다음 문화유산에 대한 설명으로 옳은 것을 〈보기〉에서 고른 것은? [2점]

- **위치** : 충청남도 공주시
- **소개** : 1971년 송산리 6호분의 침수를 막기 위한 배수로 공사 중 도굴의 피해를 전혀 입지 않은 상태로 발견됨

발굴 당시 모습

보기

ㄱ. 모줄임천장 구조로 되어 있다.
ㄴ. 중국 남조의 영향을 받아 조성되었다.
ㄷ. 고구려 장군총과 유사한 돌무지무덤이다.
ㄹ. 무덤의 주인을 알 수 있는 묘지석이 출토되었다.

① ㄱ, ㄴ   ② ㄱ, ㄷ   ③ ㄴ, ㄷ
④ ㄴ, ㄹ   ⑤ ㄷ, ㄹ

149

(가) 문화유산에 대한 설명으로 옳은 것은? [3점]

 학술 대회 안내

올해는 백제의 고분 중 피장자와 축조 연대가 확인되는 유일한 무덤인 (가) 발굴 50주년이 되는 해입니다. 우리 학회는 이를 기념하여 ' (가) 출토 유물로 본 동아시아 문화 교류'를 주제로 학술 대회를 개최합니다.

◆ 발표 주제 ◆
- 진묘수를 통해 본 도교 사상
- 금동제 신발의 제작 기법 분석
- 금송으로 만든 관을 통해 본 일본과의 교류

- **일시** : 2021년 ○○월 ○○일 13 : 00~17 : 00
- **장소** : □□ 박물관 강당
- **주최** : △△ 학회

① 서울 석촌동 고분군에 위치하고 있다.
② 나무로 곽을 짜고 그 위에 돌을 쌓았다.
③ 국보로 지정된 금동 대향로가 출토되었다.
④ 무덤의 둘레돌에 12지 신상을 조각하였다.
⑤ 중국 남조의 영향을 받아 벽돌로 축조하였다.

150

(가)~(마) 문화유산에 대한 설명으로 옳지 <u>않은</u> 것은? [2점]

답사 계획서

◈ 주제 : 신라 천년의 고도, 경주
◈ 일자 : 2020년 ○○월 ○○일
◈ 경로 : 천마총 → 첨성대 → 동궁과 월지 → 분황사지 → 불국사

① (가) - 내부에서 천마도가 수습되었다.
② (나) - 자장의 건의로 건립되었다.
③ (다) - 나무로 만든 14면체 주사위가 출토되었다.
④ (라) - 돌을 벽돌 모양으로 다듬어 쌓아 올린 탑이 남아 있다.
⑤ (마) - 경내의 삼층 석탑에서 무구정광대다라니경이 발견되었다.

151

(가) 나라의 문화유산으로 옳은 것은? [2점]

이곳은 김해 대성동 고분군 108호분 발굴 조사 설명회 현장입니다. 대형 덩이쇠 40매와 둥근고리큰칼, 화살촉 등 130여 점의 철기 유물이 출토되었습니다. 이번 발굴로 김수로왕이 건국하였다고 전해지는 (가) 에 대한 연구가 활발하게 이루어질 전망입니다.

①  ②   ③

④  ⑤

152

(가) 나라의 문화유산으로 옳은 것은? [2점]

고령군은 본래 (가) (으)로 시조 이진아시왕에서 도설지왕까지 모두 16대에 걸쳐 520년간 이어졌던 곳이다. 진흥왕이 공격하여 멸망시키고 그 땅을 군(郡)으로 삼았다. 경덕왕이 이름을 고쳐 지금(고려)에 이르고 있다. - "삼국사기" -

①  ②   ③

④   ⑤

1 다음 정책을 실시한 고구려 왕을 〈보기〉에서 골라 쓰시오.

> 보기
>
> 태조왕, 고국천왕, 미천왕, 소수림왕

(1) 낙랑군을 몰아냈다. ( )
(2) 태학을 설립하여 인재를 양성하였다. ( )
(3) 서안평을 공격하여 영토를 확장하였다. ( )
(4) 진대법을 실시하여 빈민을 구제하였다. ( )
(5) 옥저를 정복하고 동해안으로 진출하였다. ( )
(6) 율령을 반포하여 통치 체제를 정비하였다. ( )

2 고구려 광개토 태왕에 대한 설명으로 옳으면 ○표, 틀리면 ×표를 하시오.

(1) 평양으로 도읍을 옮겼다. ( )
(2) 영락이라는 연호를 사용하였다. ( )
(3) 후연을 격파하고 백제를 공격하였다. ( )
(4) 낙랑군을 축출하여 영토를 확장하였다. ( )
(5) 전진의 순도를 통해 불교를 수용하였다. ( )
(6) 신라에 군대를 파견하여 왜를 격퇴하였다. ( )

3 고구려 장수왕에 대한 설명으로 옳으면 ○표, 틀리면 ×표를 하시오.

(1) 도읍을 국내성에서 평양으로 옮겼다. ( )
(2) 수의 군대를 살수에서 크게 물리쳤다. ( )
(3) 서안평을 점령하여 영토를 확장하였다. ( )
(4) 을파소를 등용하고 진대법을 시행하였다. ( )
(5) 당의 침입에 대비하여 천리장성을 축조하였다. ( )
(6) 백제의 한성을 공격하여 개로왕을 전사시켰다. ( )

4 다음 고구려의 발전 과정에서 있었던 사실들을 순서대로 나열하시오.

> (가) 장수왕이 국내성에서 평양으로 천도하였다.
> (나) 미천왕이 서안평을 공격하여 영토를 넓혔다.
> (다) 고국원왕이 백제의 평양성 공격으로 전사하였다.
> (라) 관구검이 이끄는 위의 군대가 고구려를 침략하였다.
> (마) 광개토 태왕이 군대를 보내 신라에 침입한 왜를 격퇴하였다.

( )

5 다음 사실들을 순서대로 나열하시오.

> (가) 안승이 보덕국의 왕으로 임명되었다.
> (나) 안시성의 군사와 백성이 당군을 물리쳤다.
> (다) 영양왕이 온달을 보내 아단성을 공격하였다.
> (라) 을지문덕이 살수에서 수의 대군을 격파하였다.
> (마) 연개소문이 정변을 일으켜 권력을 장악하였다.

( )

6 다음 설명에 해당하는 백제 왕을 〈보기〉에서 골라 쓰시오.

> 보기
>
> 근초고왕, 침류왕, 무령왕

(1) 고흥으로 하여금 서기를 편찬하게 하였다. ( )
(2) 지방에 22담로를 두어 왕족을 파견하였다. ( )
(3) 평양성을 공격하여 고국원왕을 전사시켰다. ( )
(4) 동진에서 온 마라난타를 통해 불교를 수용하였다. ( )
(5) 사신을 보내 중국 남조의 양과 외교 관계를 강화하였다. ( )

7 백제 성왕에 대한 설명으로 옳으면 ○표, 틀리면 ×표를 하시오.

(1) 국호를 남부여로 개칭하였다. ( )
(2) 금마저에 미륵사를 창건하였다. ( )
(3) 중앙 관청을 22부로 확대하였다. ( )
(4) 수도를 웅진에서 사비로 옮겼다. ( )
(5) 윤충을 보내 대야성을 함락하였다. ( )
(6) 북위에 사신을 보내 고구려 공격을 요청하였다. ( )
(7) 진흥왕과 연합하여 한강 하류 지역을 차지하였다. ( )

8 다음 백제의 발전 과정에서 있었던 사실들을 순서대로 나열하시오.

> (가) 문주왕이 웅진으로 천도하였다.
> (나) 동성왕이 나·제 동맹을 강화하였다.
> (다) 성왕이 한강 하류 지역을 수복하였다.
> (라) 개로왕이 고구려를 견제하고자 북위에 국서를 보냈다.

( )

9 다음 설명에 해당하는 신라 왕을 〈보기〉에서 골라 쓰시오.

> 보기
>
> 지증왕, 법흥왕

(1) 병부와 상대등을 설치하였다. ( )
(2) 이사부를 보내 우산국을 복속시켰다. ( )
(3) 시장을 감독하는 동시전을 설치하였다. ( )
(4) 건원이라는 독자적인 연호를 제정하였다. ( )
(5) 이차돈의 순교를 계기로 불교를 공인하였다. ( )

10 신라 진흥왕에 대한 설명으로 옳으면 ○표, 틀리면 ✕표를 하시오.

(1) 매소성에서 당의 군대를 격파하였다. ( )
(2) 개국, 태창이라는 연호를 사용하였다. ( )
(3) 마운령, 황초령 등에 순수비를 세웠다. ( )
(4) 관료전을 지급하고 녹읍을 폐지하였다. ( )
(5) 대가야를 정복하여 영토를 확장하였다. ( )
(6) 국가적인 조직으로 화랑도를 개편하였다. ( )
(7) 지방관을 감찰하기 위해 외사정을 두었다. ( )
(8) 독서삼품과를 마련하여 인재를 등용하였다. ( )
(9) 병부 등을 설치하여 지배 체제를 정비하였다. ( )
(10) 자장의 건의로 황룡사 9층 목탑을 건립하였다. ( )
(11) 대아찬 거칠부에게 명하여 국사를 편찬하였다. ( )

11 신라의 삼국 통일 과정에서 있었던 사실들을 순서대로 나열하시오.

(1) ( )

> (가) 안승이 보덕국의 왕으로 임명되었다.
> (나) 신라가 당과 군사 동맹을 체결하였다.
> (다) 신라군이 기벌포에서 적군을 격파하였다.
> (라) 신라와 당의 연합군이 백강에서 왜군을 물리쳤다.

(2) ( )

> (가) 나·당 연합군이 사비성을 함락하였다.
> (나) 당이 안동도호부를 평양에 설치하였다.
> (다) 신라가 매소성에서 당군을 격파하였다.
> (라) 복신과 도침이 부여풍을 왕으로 추대하였다.

12 밑줄 그은 '왕'을 〈보기〉에서 골라 쓰시오.

> 보기
> 소수림왕, 광개토 태왕, 장수왕, 근초고왕, 성왕, 법흥왕, 진흥왕

(1) ( )

> • 고구려가 군사를 일으켜 쳐들어왔다. 왕이 듣고 군사를 패하(浿河)가에 매복시켜 그들이 이르기를 기다렸다가 급히 치니 고구려 군사가 패배하였다.
> • 옛 기록에 이르기를, "백제는 나라를 연 이래 문자로 일을 기록한 적이 없는데 이 왕 때에 이르러 박사 고흥을 얻어 처음으로 서기가 있게 되었다."라고 하였다.

(2) ( )

> • 왕 16년 봄, 사비로 도읍을 옮기고 국호를 남부여라고 하였다.
> • 왕 31년 7월에 신라가 동북쪽 변경을 빼앗아 신주(新州)를 설치하였다. …… [이듬해] 7월에 왕이 신라를 습격하려고 몸소 보병과 기병 50명을 거느리고 밤에 구천(狗川)에 이르렀다. 신라의 복병이 일어나 더불어 싸웠으나 [적의] 병사들에게 살해되었다.

(3) ( )

> • 왕은 이름이 구부이고, 고국원왕의 아들이다. 신체가 장대하고, 웅대한 지략이 있었다.
> • 진(秦) 왕 부견이 사신과 승려 순도를 보내 불상과 경문을 주었다. 왕이 사신을 보내 답례로 방물(方物)을 바쳤다.

(4) ( )

> 왕이 보병과 기병 5만 명을 보내 신라를 구원하게 하였다. (고구려군이) 남거성을 통해 신라성에 이르렀는데, 그곳에 왜적이 가득하였다. 고구려군이 도착하자 왜적이 퇴각하였다.

(5) ( )

> • 담당 관청에 명하여 월성의 동쪽에 새 궁궐을 짓게 하였는데, 그곳에서 황룡이 나타났다. 왕이 이것을 기이하게 여기고는 [계획을] 바꾸어 사찰을 짓고, '황룡'이라는 이름을 내려 주었다.
> • 왕이 다시 명령을 내려 좋은 가문 출신의 남자로서 덕행이 있는 자를 뽑아 명칭을 고쳐서 화랑이라고 하였다. 처음으로 설원랑을 받들어 국선(國仙)으로 삼으니, 이것이 화랑 국선의 시초이다.

(6) ( )

> • 왕 18년 4월에 이찬 철부를 상대등으로 삼아 나라의 일을 총괄하게 하였다. 상대등의 관직은 이때 처음 생겼는데, 지금(고려)의 재상과 같다.
> • 왕 19년 금관국의 왕 김구해가 왕비와 세 아들, 즉 큰아들은 노종이라 하고, 둘째 아들은 무덕이라 하고, 막내아들은 무력이라 하였는데, 함께 나라의 재산과 보물을 가지고 와 항복하였다. 왕이 예로써 그들을 대우하고 높은 관등을 주었으며 본국을 식읍으로 삼도록 하였다.

(7) ( )

> 9월에 왕이 병력 3만 명을 거느리고 백제를 침략하여 도읍 한성을 함락하였다. 백제 왕 부여경을 죽이고 남녀 8천 명을 포로로 잡아 돌아왔다.

13 (가)~(다)를 일어난 순서대로 나열하시오.

(1) (　　　　　　　)

> (가) 전진 왕 부견이 사신과 승려 순도를 파견하여 불상과 경문을 보내왔다. 왕이 사신을 보내 답례로 방물(方物)을 바쳤다. 태학을 세우고 자제를 교육시켰다.
>
> (나) 10월에 백제 왕이 병력 3만 명을 거느리고 평양성을 공격해 왔다. 왕이 군대를 출정시켜 백제군을 막다가 날아온 화살에 맞아 이달 23일에 세상을 떠났다.
>
> (다) 고구려 왕 거련(巨璉)이 군사 3만 명을 이끌고 와서 왕도인 한성을 포위하였다. …… 왕이 어찌할 바를 몰라 수십 명의 기병을 거느리고 성문을 나가 서쪽으로 달아나니, 고구려 군사가 추격하여 왕을 해쳤다.

(2) (　　　　　　　)

> (가) 왕 16년 봄, 도읍을 사비로 옮기고 국호를 남부여라고 하였다.
>
> (나) 고구려 병사는 비록 물러갔으나 성이 파괴되고 왕이 죽어서 [문주가] 왕위에 올랐다. …… 겨울 10월, 웅진으로 도읍을 옮겼다.
>
> (다) 신라를 습격하기 위해 왕이 직접 보병과 기병 50명을 거느리고 구천(狗川)에 이르렀는데, 신라 복병을 만나 그들과 싸우다가 살해되었다. 시호를 성(聖)이라 하였다.

(3) (　　　　　　　)

> (가) 금관국의 왕 김구해가 왕비와 세 아들, 즉 큰아들은 노종이라 하고, 둘째 아들은 무덕이라 하고, 막내아들은 무력이라 하였는데, (이들과) 함께 나라의 재산과 보물을 가지고 와 항복하였다. 왕이 예로써 그들을 대우하고 높은 관등을 주었으며 본국을 식읍으로 삼도록 하였다.
>
> (나) 여러 신하들이 아뢰기를 "…… 신(新)은 '덕업이 날로 새로워진다'는 뜻이고, 라(羅)는 '사방(四方)을 망라한다'는 뜻이므로 이를 나라 이름으로 삼는 것이 마땅하다고 여겨집니다. 또 살펴보건대 옛날부터 국가를 가진 이는 모두 제(帝)나 왕(王)을 칭하였는데, …… 이제 여러 신하들이 한마음으로 삼가 신라국왕(新羅國王)이라는 칭호를 올립니다."라고 하였다. 왕이 이를 따랐다.
>
> (다) 왕 6년 가을 7월에 이찬 이사부가 아뢰기를, "국사(國史)라는 것은 군주와 신하의 선악을 기록하여 만대에 포폄(褒貶)을 보여 주는 것이니 편찬하지 않으면 후대에 무엇을 보이겠습니까?"라고 하였다. 이에 왕이 진실로 그렇다고 여겨서 대아찬 거칠부 등에게 명하여 널리 문사들을 모아서 [이를] 편찬하도록 하였다.

(4) (　　　　　　　)

> (가) 흑치상지가 도망하여 흩어진 무리들을 모으니, 열흘 사이에 따르는 자가 3만여 명이었다. …… 흑치상지가 별부장 사타상여를 데리고 험준한 곳에 웅거하여 복신과 호응하였다.
>
> (나) 왕이 장군 윤충을 보내 군사 1만 명을 거느리고 신라의 대야성을 공격하게 하였다. 성주 품석이 처자를 데리고 나와 항복하자 윤충이 그들을 모두 죽이고 품석의 목을 베어 왕도(王都)에 보냈다.
>
> (다) 왕은 당과 신라 군사들이 이미 백강과 탄현을 지났다는 소식을 듣고 장군 계백에게 결사대 5천 명을 거느리고 황산으로 가서 신라 군사와 싸우게 하였다. 계백은 네 번 싸워서 모두 이겼으나 군사가 적고 힘이 모자라서 마침내 패하였다.

(5) (　　　　　　　)

> (가) 을지문덕이 우중문에게 시를 보내 이르기를, "신묘한 계책은 천문을 다 헤아렸고 기묘한 계획은 지리를 모두 통달하였도다. 싸움에 이겨 이미 공로가 드높으니 만족할 줄 알고 그치기를 바라노라."라고 하였다.
>
> (나) 안시성 사람들이 황제의 깃발과 일산을 멀리서 바라보고, 곧장 성에 올라가 북을 치고 소리를 질렀다. 황제가 화를 내자, 이세적은 성을 함락하는 날에 남자를 모두 구덩이에 묻어 죽이자고 청하였다. 안시성 사람들이 이를 듣고 더욱 굳게 지키니, 오래도록 공격하여도 함락되지 않았다.
>
> (다) 여러 대인과 왕은 몰래 [연개소문을] 죽이고자 논의하였는데 일이 새어나갔다. [연개]소문은 부병을 모두 모아놓고 마치 군대를 사열할 것처럼 꾸몄다. …… 손님이 이르자 모두 살해하니, 1백여 명이었다. [그리고] 말을 달려 궁궐로 들어가 왕을 시해하였다. …… [연개소문은] 왕의 조카인 장을 세워 왕으로 삼고 스스로 막리지가 되었다.

(6) (　　　　　　　)

> (가) 사찬 시득이 수군을 거느리고 소부리주 기벌포에서 설인귀와 싸웠는데 연이어 패배하였다. 그러나 이후 크고 작은 22번의 싸움에서 승리하여 4천여 명을 죽였다.
>
> (나) 당의 손인사, 유인원과 신라 왕 김법민은 육군을 거느려 나아가고, 유인궤 등은 수군과 군량을 실은 배를 거느리고 백강으로 가서 육군과 합세하여 주류성으로 갔다. 백강 어귀에서 왜의 군사를 만나 …… 그들의 배 4백 척을 불살랐다.
>
> (다) 춘추가 무릎을 꿇고 아뢰기를, "…… 만약 폐하께서 천조(天朝)의 군사를 빌려주시어 흉악한 무리를 없애 주지 않으신다면 저희 백성은 모두 포로가 될 것이니, 그렇다면 산 넘고 바다 건너 행하는 술직(述職)도 다시는 바랄 수 없을 것입니다."라고 하였다. 당 태종이 매우 옳다고 여겨서 군사의 출정을 허락하였다.

14 다음 설명에 해당하는 국가를 〈보기〉에서 골라 쓰시오.

> 보기
>
> 고구려, 백제, 신라, 가야

(1) 정사암에 모여 재상을 선출하였다. ( )
(2) 관리 감찰을 위해 사정부를 두었다. ( )
(3) 골품제라는 신분 제도를 마련하였다. ( )
(4) 조세를 관장하는 품주를 설치하였다. ( )
(5) 태학과 경당을 두어 인재를 양성하였다. ( )
(6) 전진의 순도를 통해 불교를 수용하였다. ( )
(7) 철이 많이 생산되어 왜 등에 수출하였다. ( )
(8) 동진의 마라난타를 통해 불교를 수용하였다. ( )
(9) 제가 회의에서 국가의 중대사를 결정하였다. ( )
(10) 지방을 통제하기 위해 22담로를 설치하였다. ( )
(11) 박, 석, 김의 3성이 교대로 왕위를 계승하였다. ( )
(12) 당의 침략에 대비하여 천리장성을 축조하였다. ( )
(13) 왕족인 부여씨와 8성의 귀족이 지배층을 이루었다. ( )
(14) 내신좌평, 위사좌평 등 6좌평의 관제를 마련하였다. ( )
(15) 만장일치제인 화백 회의를 통해 국정을 운영하였다. ( )
(16) 수도에 도시부라는 관청을 설치하여 시장을 관리하였다.

( )

15 신라 신문왕에 대한 설명으로 옳으면 ○표, 틀리면 ×표를 하시오.

(1) 백성에게 정전을 지급하였다. ( )
(2) 이사부를 보내 우산국을 복속하였다. ( )
(3) 관료전을 지급하고 녹읍을 폐지하였다. ( )
(4) 건원이라는 독자적인 연호를 사용하였다. ( )
(5) 국학을 설립하여 유학 교육을 실시하였다. ( )
(6) 독서삼품과를 마련하여 인재를 등용하였다. ( )
(7) 지방 행정 제도를 9주 5소경으로 정비하였다. ( )
(8) 김흠돌을 비롯한 진골 귀족 세력을 숙청하였다. ( )

16 통일 신라에 대한 설명으로 옳으면 ○표, 틀리면 ×표를 하시오.

(1) 예성강 이북에 패강진을 설치하였다. ( )
(2) 12목을 설치하고 지방관을 파견하였다. ( )
(3) 9서당 10정의 군사 조직을 운영하였다. ( )
(4) 청해진을 중심으로 해상 무역을 전개하였다. ( )
(5) 욕살, 처려근지 등을 지방관으로 파견하였다. ( )
(6) 상수리 제도를 실시하여 지방 세력을 견제하였다. ( )
(7) 북계에 병마사를 파견하여 적의 침입에 대비하였다. ( )
(8) 전시과 제도를 마련하여 관리에게 토지를 지급하였다.

( )

(9) 집사부를 비롯한 14부를 두어 행정 업무를 분담하였다.

( )

17 혜공왕 이후 신라의 상황으로 옳으면 ○표, 틀리면 ×표를 하시오.

(1) 이차돈의 순교로 불교가 공인되었다. ( )
(2) 장보고가 왕위 쟁탈전에 가담하였다. ( )
(3) 원종과 애노가 사벌주에서 봉기하였다. ( )
(4) 웅천주 도독 김헌창이 반란을 일으켰다. ( )
(5) 거칠부가 왕명에 의해 국사를 편찬하였다. ( )
(6) 왕의 장인인 김흠돌이 반란을 도모하였다. ( )
(7) 김춘추가 진골 출신 최초로 왕위에 올랐다. ( )
(8) 최치원이 왕에게 시무 10여 조를 건의하였다. ( )
(9) 지방에서 호족들이 반독립적인 세력으로 성장하였다. ( )

18 다음 활동을 한 인물을 〈보기〉에서 골라 쓰시오.

> 보기
>
> 견훤, 궁예

(1) 양길의 휘하에서 세력을 키웠다. ( )
(2) 후당, 오월에 사신을 파견하였다. ( )
(3) 미륵불을 자처하며 왕권을 강화하였다. ( )
(4) 완산주를 도읍으로 삼아 나라를 세웠다. ( )
(5) 공산 전투에서 고려군에 대승을 거두었다. ( )
(6) 금산사에 유폐된 후 왕건에게 귀부하였다. ( )
(7) 국호를 마진으로 바꾸고 철원으로 천도하였다. ( )
(8) 신라의 금성을 습격하여 경애왕을 죽게 하였다. ( )
(9) 광평성을 비롯한 각종 정치 기구를 마련하였다. ( )
(10) 송악을 도읍으로 정하고 후고구려를 건국하였다. ( )

19 다음 사실들을 순서대로 나열하시오.

> (가) 신숭겸이 공산 전투에서 전사하였다.
> (나) 궁예가 정변으로 왕위에서 축출되었다.
> (다) 왕건이 고창 전투에서 견훤에게 승리하였다.
> (라) 신검이 일리천 전투에서 고려군에 패배하였다.
> (마) 경순왕 김부가 경주의 사심관으로 임명되었다.
> (바) 견훤이 경주를 습격하여 경애왕을 죽게 하였다.

( )

20 발해에 대한 설명으로 옳으면 ○표, 틀리면 ×표를 하시오.

(1) 중정대를 두어 관리를 감찰하였다. 　　　　　 (　)

(2) 서경을 북진 정책의 기지로 삼았다. 　　　　　 (　)

(3) 3성 6부의 중앙 관제를 정비하였다. 　　　　　 (　)

(4) 인안, 대흥 등의 연호를 사용하였다. 　　　　　 (　)

(5) 전성기에 해동성국이라고도 불렸다. 　　　　　 (　)

(6) 광군을 창설하여 외침에 대비하였다. 　　　　　 (　)

(7) 교육 기관으로 주자감을 설립하였다. 　　　　　 (　)

(8) 9서당 10정의 군사 조직을 갖추었다. 　　　　　 (　)

(9) 정당성의 대내상이 국정을 총괄하였다. 　　　　 (　)

(10) 골품제라는 엄격한 신분제를 마련하였다. 　　　 (　)

(11) 5경 15부 62주의 지방 행정 제도를 갖추었다. 　 (　)

(12) 내신좌평, 위사좌평 등 6좌평의 관제를 마련하였다. (　)

(13) 서적 관리, 주요 문서 작성 등을 위해 문적원을 두었다. (　)

21 다음 설명에 해당하는 발해 국왕을 〈보기〉에서 골라 쓰시오.

> 보기
> 무왕, 문왕, 선왕

(1) 대흥이라는 연호를 사용하였다. 　　　　　　 (　)

(2) 장문휴를 보내 등주를 공격하였다. 　　　　 (　)

(3) 중앙 관제를 3성 6부로 정비하였다. 　　　　 (　)

(4) 인안이라는 독자적인 연호를 사용하였다. 　　 (　)

(5) 대문예로 하여금 흑수 말갈을 정벌하게 하였다. (　)

(6) 수도를 상경 용천부로 옮겨 체제를 정비하였다. (　)

(7) 5경 15부 62주의 지방 행정 제도를 확립하였다. (　)

22 신라의 경제 상황으로 옳으면 ○표, 틀리면 ×표를 하시오.

(1) 수도에 서시와 남시를 설치하였다. 　　　　　 (　)

(2) 삼한통보와 해동통보를 발행하였다. 　　　　　 (　)

(3) 솔빈부의 말이 특산물로 유명하였다. 　　　　　 (　)

(4) 독점적 도매상인인 도고가 출현하였다. 　　　　 (　)

(5) 울산항, 당항성이 무역항으로 번성하였다. 　　　 (　)

(6) 시장을 감독하는 관청인 동시전이 있었다. 　　　 (　)

(7) 서적점, 다점 등의 관영 상점이 운영되었다. 　　 (　)

(8) 청해진을 중심으로 해상 무역이 전개되었다. 　　 (　)

(9) 광산을 전문적으로 경영하는 덕대가 등장하였다. (　)

(10) 거란도, 영주도 등을 통해 주변 국가와 교류하였다. (　)

(11) 조세 수취를 위해 3년마다 촌락 문서를 작성하였다. (　)

23 다음 활동을 한 학자를 〈보기〉에서 골라 쓰시오.

> 보기
> 설총, 강수, 김대문, 최치원

(1) 진성 여왕에게 시무 10여 조를 올렸다. 　　　　 (　)

(2) 외교 문서 작성에 능하여 청방인문표를 지었다. (　)

(3) 국왕에게 조언하는 내용인 화왕계를 집필하였다. (　)

(4) 진골 귀족 출신으로 화랑세기, 고승전 등을 저술하였다.
　　　　　　　　　　　　　　　　　　　　　 (　)

(5) 한자의 음과 훈을 차용한 이두를 체계적으로 정리하였다.
　　　　　　　　　　　　　　　　　　　　　 (　)

(6) 신라 말의 사회상을 보여 주는 해인사 묘길상탑기를 지었다.
　　　　　　　　　　　　　　　　　　　　　 (　)

24 다음 활동을 한 승려를 〈보기〉에서 골라 쓰시오.

> 보기
> 원효, 의상, 자장, 혜초, 원광

(1) 금강삼매경론을 저술하였다. 　　　　　　　 (　)

(2) 영주에 부석사를 창건하였다. 　　　　　　　 (　)

(3) 황룡사 9층 목탑의 건립을 건의하였다. 　　　 (　)

(4) 대승기신론소, 십문화쟁론을 저술하였다. 　　 (　)

(5) 무애가를 지어 불교 대중화에 기여하였다. 　　 (　)

(6) 구법 순례기인 왕오천축국전을 저술하였다. 　 (　)

(7) 사군이충 등을 포함한 세속 5계를 제시하였다. (　)

(8) 왕명으로 수에 군사를 청하는 걸사표를 지었다. (　)

(9) 화엄일승법계도를 지어 화엄 사상을 정리하였다. (　)

(10) 현세의 고난에서 구제받고자 하는 관음 신앙을 강조하였다.
　　　　　　　　　　　　　　　　　　　　 (　)

25 백제의 문화유산으로 옳으면 ○표, 틀리면 ×표를 하시오.

(1) 　(2) 　(3)

(　)　　　　　(　)　　　　　(　)

(4) 　(5)

(　)　　　　　(　)

26 다음 문화유산을 남긴 나라를 〈보기〉에서 골라 쓰시오.

고구려, 백제, 신라, 가야, 발해

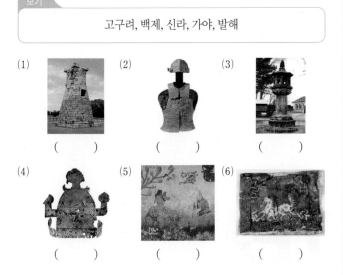

(1) (　　　)　(2) (　　　)　(3) (　　　)

(4) (　　　)　(5) (　　　)　(6) (　　　)

27 다음 불탑을 남긴 나라를 〈보기〉에서 골라 쓰시오.

백제, 신라, 가야, 발해

(1) (　　　)　(2) (　　　)　(3) (　　　)

(4) (　　　)　(5) (　　　)　(6) (　　　)

28 신라의 문화유산으로 옳으면 ○표, 틀리면 ×표를 하시오.

(1) (　　　)　(2) (　　　)　(3) (　　　)

(4) (　　　)　(5) (　　　)　(6) (　　　)

1. (1) 미천왕 (2) 소수림왕 (3) 미천왕 (4) 고국천왕 (5) 태조왕
(6) 소수림왕
2. (1) ×(장수왕) (2) ○ (3) ○ (4) ×(미천왕) (5) ×(소수림왕) (6) ○
3. (1) ○ (2) ×(을지문덕, 영양왕) (3) ×(미천왕) (4) ×(고국천왕)
(5) ×(영류왕~보장왕) (6) ○
4. (라)-(나)-(다)-(마)-(가)
5. (다)-(라)-(마)-(나)-(가)
6. (1) 근초고왕 (2) 무령왕 (3) 근초고왕 (4) 침류왕 (5) 무령왕
7. (1) ○ (2) ×(무왕) (3) ○ (4) ○ (5) ×(의자왕) (6) ×(개로왕) (7) ○
8. (라)-(가)-(나)-(다)
9. (1) 법흥왕 (2) 지증왕 (3) 지증왕 (4) 법흥왕 (5) 법흥왕
10. (1) ×(문무왕) (2) ○ (3) ○ (4) ×(신문왕) (5) ○ (6) ○ (7) ×(문무왕)
(8) ×(원성왕) (9) ×(법흥왕) (10) ×(선덕 여왕) (11) ○
11. (1) (나)-(라)-(가)-(다) (2) (가)-(라)-(나)-(다)
12. (1) 근초고왕 (2) 성왕 (3) 소수림왕 (4) 광개토 태왕 (5) 진흥왕
(6) 법흥왕 (7) 장수왕
13. (1) (나) - (가) - (다) (2) (나) - (가) - (다) (3) (나) - (가) - (다)
(4) (나) - (다) - (가) (5) (가) - (다) - (나) (6) (다) - (나) - (가)
14. (1) 백제 (2) 신라 (3) 신라 (4) 신라 (5) 고구려 (6) 고구려 (7) 가야
(8) 백제 (9) 고구려 (10) 백제 (11) 신라 (12) 고구려 (13) 백제 (14) 백제
(15) 신라 (16) 백제
15. (1) ×(성덕왕) (2) ×(지증왕) (3) ○ (4) ×(법흥왕) (5) ○
(6) ×(원성왕) (7) ○ (8) ○
16. (1) ○ (2) ×(고려) (3) ○ (4) ○ (5) ×(고구려) (6) ○ (7) ×(고려)
(8) ×(고려) (9) ○
17. (1) ×(법흥왕) (2) ○ (3) ○ (4) ○ (5) ×(진흥왕) (6) ×(신문왕)
(7) ×(태종 무열왕) (8) ○ (9) ○
18. (1) 궁예 (2) 견훤 (3) 궁예 (4) 견훤 (5) 견훤 (6) 견훤 (7) 궁예 (8) 견훤
(9) 궁예 (10) 궁예
19. (나)-(바)-(가)-(다)-(마)-(라)
20. (1) ○ (2) ×(고려) (3) ○ (4) ○ (5) ○ (6) ×(고려) (7) ○
(8) ×(통일 신라) (9) ○ (10) ×(신라) (11) ○ (12) ×(백제) (13) ○
21. (1) 문왕 (2) 무왕 (3) 문왕 (4) 무왕 (5) 무왕 (6) 문왕 (7) 선왕
22. (1) ○ (2) ×(고려) (3) ×(발해) (4) ×(조선 후기) (5) ○ (6) ○
(7) ×(고려) (8) ○ (9) ×(조선 후기) (10) ×(발해) (11) ○
23. (1) 최치원 (2) 강수 (3) 설총 (4) 김대문 (5) 설총 (6) 최치원
24. (1) 원효 (2) 의상 (3) 자장 (4) 원효 (5) 원효 (6) 혜초 (7) 원광 (8) 원광
(9) 의상 (10) 의상
25. (1) ○ (2) ○ (3) ×(발해) (4) ○ (5) ×(고구려)
26. (1) 신라 (2) 가야 (3) 발해 (4) 가야 (5) 고구려 (6) 신라
27. (1) 백제 (2) 백제 (3) 신라 (4) 발해 (5) 신라 (6) 신라
28. (1) ○ (2) ×(발해) (3) ○ (4) ×(백제) (5) ○ (6) ○

III 고려

고려 시대에서는 대체로
8문항 내외가 출제되고 있어요.
고려 초기 국왕의 업적,
경제 상황, 불상과 불탑을
묻는 문항이 꼭 출제된다는
점을 기억하세요.

큰별쌤의 **학습 포인트**

- 태조, 광종, 성종의 업적과 통치 체제를 꼭 정리하세요.

- 서경 천도 운동에서 제기된 주장을 알아두고 무신 집권기에 일어난 사실을 최충헌 집권을 기준으로 구분하여 정리하세요.

- 고려와 거란, 여진, 몽골(원)과의 전쟁을 시기 순으로 정리하세요.

- 원의 내정 간섭과 이를 극복하기 위해 공민왕이 추진한 개혁 정책을 파악해 두세요.

- 건원중보와 활구, 벽란도, 경시서 등을 키워드로 이용한 문항이 출제되고 있음을 기억하세요.

- 의천과 지눌을 비롯한 여러 승려의 활동, 관학 진흥책, 삼국사기를 비롯한 여러 역사서의 특징을 정리하고 사진 자료를 통해 불탑과 불상을 숙지하세요.

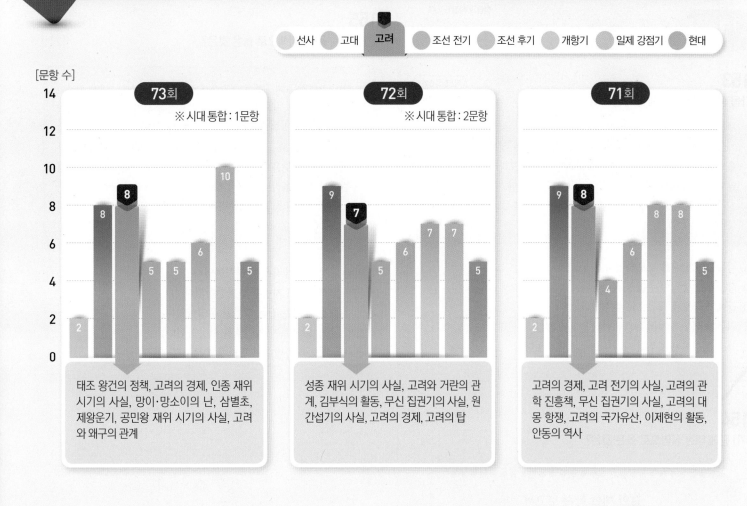

● 선사 ● 고대 ■ 고려 ● 조선 전기 ● 조선 후기 ● 개항기 ● 일제 강점기 ● 현대

[문항 수]

73회 ※ 시대 통합 : 1문항

2, 8, 8, 5, 5, 6, 10, 5

태조 왕건의 정책, 고려의 경제, 인종 재위 시기의 사실, 망이·망소이의 난, 삼별초, 제왕운기, 공민왕 재위 시기의 사실, 고려와 왜구의 관계

72회 ※ 시대 통합 : 2문항

2, 9, 7, 5, 6, 7, 7, 5

성종 재위 시기의 사실, 고려와 거란의 관계, 김부식의 활동, 무신 집권기의 사실, 원 간섭기의 사실, 고려의 경제, 고려의 탑

71회

2, 9, 8, 4, 6, 8, 8, 5

고려의 경제, 고려 전기의 사실, 고려의 관학 진흥책, 무신 집권기의 사실, 고려의 대몽 항쟁, 고려의 국가유산, 이제현의 활동, 안동의 역사

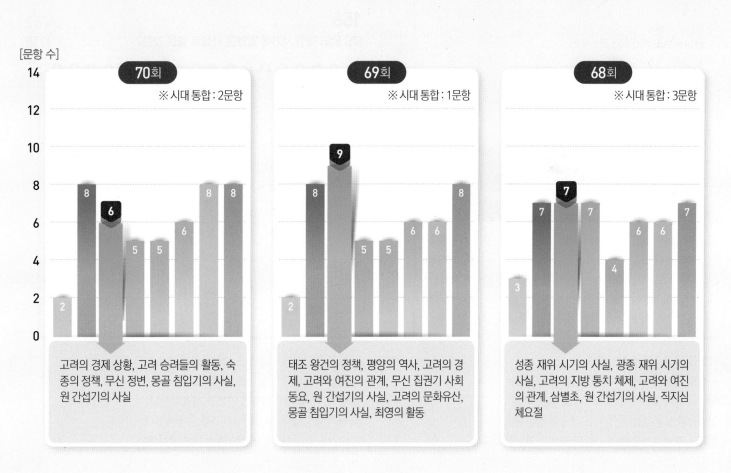

[문항 수]

70회 ※ 시대 통합 : 2문항

2, 8, 6, 5, 5, 6, 8, 8

고려의 경제 상황, 고려 승려들의 활동, 숙종의 정책, 무신 정변, 몽골 침입기의 사실, 원 간섭기의 사실

69회 ※ 시대 통합 : 1문항

2, 8, 9, 5, 5, 6, 6, 8

태조 왕건의 정책, 평양의 역사, 고려의 경제, 고려와 여진의 관계, 무신 집권기 사회 동요, 원 간섭기의 사실, 고려의 문화유산, 몽골 침입기의 사실, 최영의 활동

68회 ※ 시대 통합 : 3문항

3, 7, 7, 7, 4, 6, 6, 7

성종 재위 시기의 사실, 광종 재위 시기의 사실, 고려의 지방 통치 체제, 고려와 여진의 관계, 삼별초, 원 간섭기의 사실, 직지심체요절

정답과 해설 030쪽

1 초기 정치

153

제58회 09번

다음 상황 이후에 전개된 사실로 옳은 것은? [2점]

> 왕이 구원을 요청하자, 태조는 장수에게 명하여 정예 병사 1만 명을 보내 구원하게 하였다. 견훤은 구원병이 아직 도착하지 않은 것을 알고, 겨울 11월에 갑자기 왕경(王京)에 침입하였다. 왕은 비빈, 종실 친척들과 포석정에 가서 연희를 즐기느라 적병이 이르는 것도 깨닫지 못하였다.
> ─ "삼국사기" ─

① 김흠돌이 반란을 도모하였다.
② 장문휴가 당의 등주를 공격하였다.
③ 궁예가 국호를 태봉으로 바꾸었다.
④ 원종과 애노가 사벌주에서 반란을 일으켰다.
⑤ 경순왕 김부가 경주의 사심관으로 임명되었다.

154

제73회 11번

(가) 왕에 대한 설명으로 옳은 것은? [2점]

교외 체험 학습 보고서

△학년 △반 △△번 이름 □□□

◉ 날짜 : 2025년 ○○월 ○○일
◉ 장소 : 경상북도 안동 태사묘
◉ 학습 내용

안동 태사묘는 고창 전투에서 　(가)　을/를 도와 견훤을 물리치는 데 공을 세워 향직을 수여 받은 권행, 김선평, 장길(장정필)의 위패를 봉안하고 있는 사당이다. 이번 체험 학습을 통해 안동이라는 지명이 고창 전투에서 승리한 　(가)　이/가 고창군을 안동부로 승격시킨 데서 유래하였다는 것을 알 수 있었다.

① 한양을 남경으로 승격시켰다.
② 주전도감을 설치하여 해동통보를 발행하였다.
③ 쌍기의 건의를 받아들여 과거제를 실시하였다.
④ 청연각과 보문각을 두어 학문 연구를 장려하였다.
⑤ 정계와 계백료서를 지어 관리의 규범을 제시하였다.

155

제62회 10번

밑줄 그은 '왕'의 정책으로 옳은 것은? [2점]

> 왕이 천덕전에 거둥하여 백관을 모아놓고 말하기를, "내가 신라와 굳게 동맹을 맺은 것은 두 나라가 길이 우호를 유지하고 각자의 사직(社稷)을 보전하기 위해서였다. 지금 신라 왕이 굳이 신하로 있겠다고 요청하고 그대들도 그것이 옳다고 하니, 나의 마음이 매우 부끄러우나 여러 사람의 뜻을 거스르기가 어렵다."라고 하였다. 이에 신라 왕이 뜰에서 예를 올리니 여러 신하가 하례하여 함성이 궁궐을 진동하였다. …… 신라국을 없애 경주라 하고, 그 지역을 김부의 식읍으로 하사하였다.

① 빈민 구제 기관인 흑창을 설치하였다.
② 12목을 설치하고 지방관을 파견하였다.
③ 국자감에 7재라는 전문 강좌를 운영하였다.
④ 광덕, 준풍 등의 독자적 연호를 사용하였다.
⑤ 전시과 제도를 마련하여 관리에게 토지를 지급하였다.

156

제65회 10번

(가) 왕의 재위 시기에 있었던 사실로 옳은 것은? [2점]

<탐구 활동 보고서>

○학년 ○반 이름 : △△△

1. 주제 : 　(가)　, 안정과 통합을 꾀하다
2. 방법 : "고려사" 사료 검색 및 분석
3. 사료 내용과 분석

사료 내용	분석
명주의 순식이 투항하자 왕씨 성을 내리다.	지방 호족 포섭
"정계"와 "계백료서"를 지어 반포하다.	관리의 규범 제시
흑창을 두어 가난한 백성에게 곡식을 빌려주다.	민생 안정

① 개국 공신에게 역분전을 지급하였다.
② 외침에 대비하여 광군을 조직하였다.
③ 광덕, 준풍 등의 독자적 연호를 사용하였다.
④ 관학 진흥을 목적으로 양현고를 운영하였다.
⑤ 주전도감을 설치하여 해동통보를 발행하였다.

157

밑줄 그은 '이 왕'의 재위 시기에 있었던 사실로 옳은 것은? [2점]

안성 망이산성에서 '준풍 4년(峻豊四年)'이라는 글씨가 새겨진 기와가 발견되었습니다. 준풍이라는 연호를 사용하였던 이 왕은 백관의 공복을 정하고 개경을 황도로 명명하는 등 국왕 중심의 통치 체제 확립을 도모하였습니다.

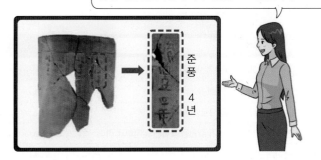

준풍 4년

① 12목에 지방관이 파견되었다.
② 쌍기의 건의로 과거제가 시행되었다.
③ 대장도감에서 팔만대장경이 간행되었다.
④ 안우, 이방실 등이 홍건적을 격파하였다.
⑤ 신돈이 전민변정도감의 책임자가 되었다.

159

(가) 왕의 재위 시기에 있었던 사실로 옳은 것은? [2점]

◆ 우리 고장의 유적 ◆

충주 숭선사지

유적 발굴 현장

숭선사는 (가) 이/가 어머니인 신명 순성 왕후의 명복을 빌기 위하여 세운 절로, 현재 그 터만 남아 있다. 이곳에서는 '숭선사(崇善寺)'라는 명문이 새겨진 기와 등 다양한 고려 시대 유물이 출토되었다.

 (가) 은/는 치열한 왕위 쟁탈전 속에서 외가인 충주 유씨 세력 등 여러 호족의 도움으로 왕위에 올랐다. 하지만 즉위 이후 노비안검법 등 호족을 견제하는 정책을 펼쳤다.

① 최승로가 시무 28조를 건의하였다.
② 광덕, 준풍 등의 연호가 사용되었다.
③ 관리의 규범을 제시한 계백료서가 반포되었다.
④ 쌍성총관부를 공격하여 철령 이북을 수복하였다.
⑤ 지방 세력 견제를 목적으로 한 상수리 제도가 실시되었다.

158

밑줄 그은 '왕'의 재위 기간에 볼 수 있는 모습으로 가장 적절한 것은? [1점]

얼마 전 왕께서 친히 위봉루에 나가 과거 급제자를 발표하셨다더군.

한림학사 쌍기가 이번에 처음 치러진 과거의 지공거를 맡았다네.

① 녹과전을 지급받는 관리
② 만권당에서 책을 읽는 학자
③ 주전도감에서 화폐를 주조하는 장인
④ 노비안검법에 의해 양인으로 해방된 노비
⑤ 금속 활자로 직지심체요절을 인출하는 기술자

160

다음 검색창에 들어갈 왕의 재위 기간에 있었던 사실로 옳은 것은? [2점]

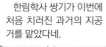

고려시대 DATABASE	검색	

고려사	왕대별 보기	원문 / 국역

시기	내용	원문 이미지
1년	연호를 광덕으로 정하다	원문 이미지
3년	후주에 토산물을 보내다	원문 이미지
11년	백관의 공복을 정하다	원문 이미지
19년	혜거와 탄문을 국사와 왕사로 삼다	원문 이미지

① 전국에 12목을 설치하고 관리를 파견하였다.
② 주전도감을 설치하여 해동통보를 발행하였다.
③ 왕권을 강화하기 위해 노비안검법을 실시하였다.
④ 거란 침입에 대비하여 개경에 나성을 축조하였다.
⑤ 국자감에 서적포를 두어 출판을 담당하게 하였다.

161

제38회 12번

(가), (나) 사이의 시기에 있었던 사실로 옳은 것은? [2점]

> (가) 쌍기가 처음으로 과거 제도의 실시를 건의하였고, 마침내 지공거가 되어 시(詩)·부(賦)·송(頌)·책(策)으로써 진사 갑과에 최섬 등 2인, 명경업(明經業)에 3인, 복업(卜業)에 2인을 선발하였다.
>
> (나) 최승로가 상서하기를, "…… 지금 살펴보면 지방의 세력가들은 매번 공무를 핑계 삼아 백성을 침탈하므로 백성이 그 명을 감당하지 못합니다. 청컨대 외관(外官)을 두소서."라고 하였다.

① 국가 주도로 해동통보가 발행되었다.
② 인사 행정을 담당하던 정방이 폐지되었다.
③ 관학 진흥을 위해 전문 강좌인 7재가 개설되었다.
④ 호구의 정확한 파악을 위해 호패법이 실시되었다.
⑤ 처음으로 직관·산관 각 품의 전시과가 제정되었다.

162

제54회 11번

밑줄 그은 '왕'의 업적으로 옳은 것은? [1점]

> 왕이 "중앙의 5품 이상 관리들은 각자 봉사를 올려 시정(時政)의 잘잘못을 논하라."라고 명령하였다. 최승로가 상소하였는데 대략 다음과 같은 내용이었다. "…… 이제 앞선 5대 조정의 정치와 교화에 대해서 잘되고 잘못된 행적들을 기록하고, 거울로 삼거나 경계할 만한 것들을 삼가 조목별로 아뢰겠습니다. …… 신이 또 시무(時務) 28조를 기록하여 장계와 함께 따로 봉하여 올립니다." — "고려사절요" —

① 빈민을 구제하기 위해 흑창을 처음 설치하였다.
② 왕권을 강화하기 위해 노비안검법을 실시하였다.
③ 청연각과 보문각을 두어 학문 연구를 장려하였다.
④ 권문세족을 견제하기 위해 전민변정도감을 운영하였다.
⑤ 전국의 주요 지역에 12목을 설치하여 지방관을 파견하였다.

163

제72회 11번

다음 검색창에 들어갈 왕의 재위 기간에 있었던 사실로 옳은 것은? [2점]

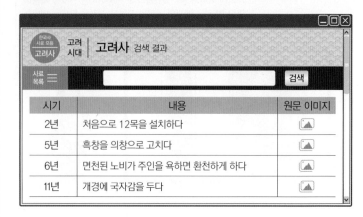

시기	내용	원문 이미지
2년	처음으로 12목을 설치하다	
5년	흑창을 의창으로 고치다	
6년	면천된 노비가 주인을 욕하면 환천하게 하다	
11년	개경에 국자감을 두다	

① 관학을 진흥하고자 양현고를 설치하였다.
② 광덕, 준풍 등의 독자적 연호를 사용하였다.
③ 주전도감을 설치하여 해동통보를 발행하였다.
④ 정계와 계백료서를 지어 관리의 규범을 제시하였다.
⑤ 최승로의 시무 28조를 받아들여 통치 체제를 정비하였다.

164

제56회 15번

다음 교서를 내린 왕의 정책으로 옳은 것은? [3점]

> 우리 태조께서 흑창을 두어 가난한 백성에게 진대(賑貸)하게 하셨다. 지금 백성들이 점차 늘어나고 있는데 저축한 바는 늘어나지 않았으니, 미(米) 1만 석을 더하고 이름을 의창(義倉)으로 고친다. 또한, 모든 주와 부에도 각각 의창을 설치하도록 하라.

① 한양을 남경으로 승격시켰다.
② 국자감에 서적포를 설치하였다.
③ 12목을 설치하고 지방관을 파견하였다.
④ 인사 행정을 담당하던 정방을 폐지하였다.
⑤ 개경에 귀법사를 세우고 균여를 주지로 삼았다.

165

다음 장면에 등장하는 왕이 추진한 정책으로 옳은 것은? [2점]

몇 해 전에 설치한 12목에 경학박사와 의학박사를 각 1명씩 파견하여 지방의 인재를 가르치고 깨우칠 수 있도록 하라. 아울러 지방관들은 지역의 인재를 중앙으로 천거하도록 하여 이것을 항구적인 법식으로 삼도록 하라.

① 지방 세력 통제를 위해 향리제를 정비하였다.
② 주전도감을 설치하여 해동통보를 발행하였다.
③ 쌍기의 건의를 받아들여 과거제를 실시하였다.
④ 정계와 계백료서를 지어 관리의 규범을 제시하였다.
⑤ 국자감을 성균관으로 개칭하고 유학 교육을 강화하였다.

166

(가)~(다)를 일어난 순서대로 옳게 나열한 것은? [3점]

(가) 왕규가 광주원군을 옹립하려고 도모하였다. 왕이 깊이 잠든 틈을 타서 그의 무리로 하여금 침실에 잠입시켜 왕을 해하려 하였다.

(나) 왕이 교서를 내려 말하기를, "경전에 통하고 전적(典籍)을 널리 읽은 자들을 선발하여 경학박사와 의학박사로 삼아, 12목에 각각 1명씩 파견하여 돈독하게 가르치고 깨우치게 하라."라고 하였다.

(다) 왕이 한림학사 쌍기를 지공거로 임명하고, 시(詩)·부(賦)·송(頌)과 시무책을 시험하여 진사를 뽑게 하였다. 위봉루에 친히 나가 급제자를 발표하여, 갑과에 최섬 등 2명, 명경에 3명, 복업에 2명을 합격시켰다.

① (가) - (나) - (다)
② (가) - (다) - (나)
③ (나) - (가) - (다)
④ (나) - (다) - (가)
⑤ (다) - (나) - (가)

167

다음 군사 제도를 운영한 국가에 대한 설명으로 옳은 것은? [2점]

목종 5년에 6위의 직원을 마련하여 두었는데, 뒤에 응양군(鷹揚軍)과 용호군(龍虎軍)의 2군을 설치하고, 6위의 위에 있게 하였다. 뒤에 또 중방을 설치하고, 2군·6위의 상장군과 대장군이 모두 회합하게 하였다.

① 중정대를 두어 관리를 감찰하였다.
② 9주 5소경의 지방 제도를 운영하였다.
③ 고관들의 합좌 기구인 도병마사를 설치하였다.
④ 인재를 등용하기 위하여 독서삼품과를 시행하였다.
⑤ 왕족인 부여씨와 8성의 귀족이 지배층을 이루었다.

168

(가) 기구에 대한 설명으로 옳은 것은? [2점]

역사 용어 해설

(가)

1. 개요

고려의 관청으로 정치의 잘잘못을 가리고 풍속을 교정하며, 관리들의 부정을 감찰하고 탄핵하는 일을 담당함.

2. 관련 사료

유사(有司)에서 아뢰기를, "중광사 조성도감의 책임자 정장이 관리 감독하는 물품을 이서(吏胥) 승적과 함께 도둑질하였으니, 법에 따라 장형에 처하고 유배 보내길 청합니다."라고 하자, 왕이 가벼운 형벌을 적용하라고 명령하였다. 하지만 (가) 에서 논박하기를, "법에 의거하여 판결하기를 청합니다."라고 하자, 이를 윤허하였다.
                                                        - 「고려사」 -

① 무신 집권기 최고 권력 기구였다.
② 원 간섭기에 첨의부로 격하되었다.
③ 고려 말에 도평의사사로 개편되었다.
④ 관직 임명에 대한 서경권을 행사하였다.
⑤ 서얼 출신의 학자들이 검서관으로 기용되었다.

169

㉠~㉤ 기구에 대한 설명으로 옳은 것은? [2점]

인물의 생애로 보는 고려의 정치 기구

윤관

• 출생년 미상
• 1095년 ㉠ 상서성 좌사낭중
• 1101년 ㉡ 추밀원(중추원) 지주사
• 1102년 ㉢ 어사대 어사대부
• 1103년 ㉣ 한림원 학사승지
• 1108년 ㉤ 중서문하성 문하시중
• 1111년 별세

---

① ㉠ - 학술 기관으로 경연을 관장하였다.
② ㉡ - 실록을 보관하고 관리하는 업무를 맡았다.
③ ㉢ - 관리의 비리를 감찰하고 풍기를 단속하였다.
④ ㉣ - 수도의 치안과 행정을 주관하였다.
⑤ ㉤ - 화폐와 곡식의 출납에 대한 회계를 담당하였다.

170

(가) 시대의 지방 통치 체제에 대한 설명으로 옳은 것은? [2점]

개경으로 가는 주요 길목인 혜음령에 세워졌던 혜음원에는 행인의 안전한 통행을 위한 숙소와 사원이 있었습니다. 혜음원지를 통해 개경 외에 남경, 동경 등이 설치되었던 (가) 시대 원(院)의 모습을 유추할 수 있습니다.

고지도와 항공 사진을 통해 본 혜음원지

파주 혜음원지

① 22담로에 왕족을 파견하였다.
② 전국에 9주 5소경을 설치하였다.
③ 특수 행정 구역으로 향, 부곡, 소가 있었다.
④ 지방관을 감찰하기 위하여 외사정을 두었다.
⑤ 지방 행정 구역을 8도에서 23부로 개편하였다.

---

2 중기 정치~무신 정변

171

밑줄 그은 '왕'의 재위 기간에 있었던 사실로 옳은 것은? [2점]

중군(中軍) 김부식이 아뢰기를, "윤언이는 정지상과 결탁하여 생사를 함께하기로 맹세한 당(黨)이 되어 크고 작은 일마다 실제로 함께 의논하였습니다. 또한, 임자년에 왕께서 서경으로 행차하실 때, 글을 올려 연호를 세우고 황제로 칭하기를 청하였습니다. …… 이는 모두 금나라를 격노하게 하여 이때를 틈타 방자하게도 자기 당이 아닌 사람을 처치하고 반역을 도모한 것이니 신하의 마음이 아니었습니다."라고 하였다.

– "고려사" –

① 원종과 애노가 사벌주에서 봉기하였다.
② 경순왕 김부가 경주의 사심관이 되었다.
③ 웅천주 도독 김헌창이 반란을 일으켰다.
④ 강조가 정변을 일으켜 김치양을 제거하였다.
⑤ 왕실의 외척인 이자겸이 권력을 독점하였다.

172

밑줄 그은 '왕'의 재위 기간에 있었던 사실로 옳은 것은? [2점]

백관을 소집하여 금을 섬기는 문제에 대한 가부를 의논하게 하니 모두 불가하다고 하였다. 유독 이자겸, 척준경만이 "금이 …… 정치를 잘하고 병력도 강성하여 날로 강대해지고 있습니다. 또 우리와 서로 국경이 맞닿아 있어 섬기지 않을 수 없는 상황입니다. 게다가 작은 나라로서 큰 나라를 섬기는 것은 선왕의 도리이니, 사신을 보내 먼저 예를 갖추어 찾아가는 것이 옳습니다."라고 하니 왕이 이 말을 따랐다.

– "고려사" –

① 최충헌이 봉사 10조를 올렸다.
② 명학소의 망이·망소이가 봉기하였다.
③ 최무선의 건의로 화통도감이 설치되었다.
④ 강조가 정변을 일으켜 김치양을 제거하였다.
⑤ 묘청이 수도를 서경으로 옮길 것을 주장하였다.

173

다음 검색창에 들어갈 왕의 재위 시기에 있었던 사실로 옳은 것은? [2점]

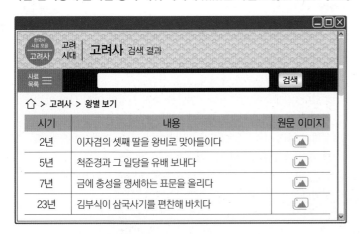

시기	내용	원문 이미지
2년	이자겸의 셋째 딸을 왕비로 맞아들이다	
5년	척준경과 그 일당을 유배 보내다	
7년	금에 충성을 맹세하는 표문을 올리다	
23년	김부식이 삼국사기를 편찬해 바치다	

① 최충헌이 봉사 10조를 올렸다.
② 동북 9성이 여진에 반환되었다.
③ 국자감이 성균관으로 개칭되었다.
④ 묘청 등이 서경에서 난을 일으켰다.
⑤ 광덕, 준풍 등의 독자적 연호가 사용되었다.

174

다음 대화에 나타난 사건에 대한 설명으로 옳은 것은? [2점]

① 국왕이 나주까지 피란하였다.
② 초조대장경 간행의 계기가 되었다.
③ 김부식 등이 이끈 관군에 의해 진압되었다.
④ 이성계가 정권을 장악하는 결과를 가져왔다.
⑤ 여진 정벌을 위한 별무반 편성에 영향을 주었다.

175

(가)에 들어갈 내용으로 적절한 것은? [2점]

① 봉사 10조를 국왕에게 올렸습니다.
② 관군을 이끌고 묘청의 난을 진압하였습니다.
③ 만권당에서 원의 유학자들과 교유하였습니다.
④ 불씨잡변을 저술하여 불교를 비판하였습니다.
⑤ 9재 학당을 설립하여 유학 교육에 힘썼습니다.

176

(가)~(다)를 일어난 순서대로 옳게 나열한 것은? [3점]

(가) 왕이 보현원 문에 들어서자 …… 이고 등이 왕을 모시던 문관 및 대소 신료, 환관들을 모두 살해하였다. …… 정중부 등이 왕을 모시고 환궁하였다.

(나) 이자겸과 척준경이 왕을 위협하여 남궁(南宮)으로 거처를 옮기게 하고 안보린, 최탁 등 17인을 죽였다. 이 외에도 죽인 군사가 헤아릴 수 없을 정도였다.

(다) 묘청이 서경을 근거지로 삼고 반란을 일으켰다. …… 국호를 대위, 연호를 천개, 그 군대를 천견충의군이라 불렀다.

① (가) - (나) - (다)
② (가) - (다) - (나)
③ (나) - (가) - (다)
④ (나) - (다) - (가)
⑤ (다) - (가) - (나)

177

제62회 16번

다음 사건의 배경으로 가장 적절한 것은? [2점]

> 조위총이 동·북 양계(兩界)의 여러 성에 격문을 돌려 군사를 불러 모아 말하기를, "소문에 따르면 개경의 중방(重房)에서 '북계의 여러 성은 거칠고 사나운 무리를 많이 거느리고 있으니 토벌해야 한다.'고 논의하고 이미 많은 병력을 동원했다고 하니 어찌 가만히 앉아서 스스로 죽을 수 있겠는가? 각자 군사와 말을 규합하여 빨리 서경으로 달려와야 한다."라고 하였다.

① 노비 만적이 반란을 모의하였다.
② 정중부, 이의방 등이 정변을 일으켰다.
③ 신돈이 전민변정도감의 판사가 되었다.
④ 망이, 망소이 등이 명학소에서 봉기하였다.
⑤ 최충헌이 교정도감을 설치하여 국정을 총괄하였다.

178

제49회 14번

(가), (나) 사이의 시기에 있었던 사실로 옳은 것은? [2점]

> (가) 동북면병마사 간의대부 김보당이 동계(東界)에서 군대를 일으켜, 정중부와 이의방을 토벌하고 전왕(前王)을 복위시키려고 하였다. …… 동북면지병마사 한언국이 장순석 등에게 거제(巨濟)로 가서 전왕을 받들어 계림에 모시게 하였다.
>
> (나) 만적 등이 노비들을 불러 모아서 말하기를, "장군과 재상에 어찌 타고난 씨가 있겠는가? 때가 되면 누구나 할 수 있는 것이다."라고 하였다. …… 만적 등 100여 명이 체포되어 강에 던져졌다.

① 웅천주 도독 김헌창이 반란을 일으켰다.
② 최우가 인사 행정 담당 기구로 정방을 설치하였다.
③ 이자겸과 척준경이 반란을 일으켜 궁궐을 불태웠다.
④ 최충헌이 봉사 10조를 올려 시정 개혁을 건의하였다.
⑤ 김부식이 서경의 반란군을 진압하기 위해 출정하였다.

179

제66회 14번

다음 자료에 나타난 상황 이후의 사실로 옳은 것은? [2점]

> 경대승이 정중부를 죽이자, 조정 신하들이 대궐에 나아가 축하하였다. 경대승이 말하기를, "임금을 죽인 사람이 아직 살아 있는데, 무슨 축하인가?"라고 하였다. 이의민은 이 말을 듣고 매우 두려워하여 날랜 사람들을 모아서 대비하였다. 또한, 경대승의 도방(都房)에서 자기들이 싫어하는 사람을 죽일 것을 모의한다는 말을 들었다. 이의민이 더욱 두려워하여 마을에 큰 문을 세워 밤마다 경계하였다.

① 묘청 등이 서경 천도를 주장하였다.
② 최충헌이 왕에게 봉사 10조를 올렸다.
③ 강조가 정변을 일으켜 왕을 폐위하였다.
④ 이자겸과 척준경이 반란을 일으켜 궁궐을 불태웠다.
⑤ 김보당이 폐위된 왕의 복위를 주장하며 군사를 일으켰다.

180

제50회 15번

다음 검색창에 들어갈 인물에 대한 설명으로 옳은 것은? [2점]

시기	내용	원문 이미지
명종 26년 4월	이의민을 제거하다	원문 이미지
명종 26년 5월	봉사 10조를 지어 바치다	원문 이미지
신종 3년 12월	도방을 설치하다	원문 이미지
희종 2년 3월	진강후로 책봉되다	원문 이미지

① 서경에서 난을 일으키고 국호를 대위로 하였다.
② 화약과 화포 제작을 위한 화통도감 설치를 건의하였다.
③ 삼별초를 이끌고 진도로 이동하여 대몽 항쟁을 펼쳤다.
④ 교정별감이 되어 인사, 재정 등 국정 전반을 장악하였다.
⑤ 전민변정도감의 책임자로 임명되어 권문세족을 견제하였다.

181

다음 상황 이후에 있었던 사실로 옳은 것은? [2점]

청교역(靑郊驛) 서리 3인이 최충헌 부자를 죽일 것을 모의하면서, 거짓 공첩(公牒)을 만들어 여러 사원의 승려들을 불러 모았다. 공첩을 받은 귀법사 승려들은 그 공첩을 가져온 사람을 잡아서 최충헌에게 고해바쳤다. [최충헌은] 즉시 영은관에 교정별감을 둔 후 성문을 폐쇄하고 대대적으로 그 무리를 색출하였다.

① 김부식이 묘청의 난을 진압하였다.
② 원종과 애노가 사벌주에서 봉기하였다.
③ 이자겸이 금의 사대 요구를 수용하였다.
④ 정중부 등이 정변을 일으켜 권력을 차지하였다.
⑤ 최우가 인사 행정 담당 기구로 정방을 설치하였다.

182

(가), (나) 사이의 시기에 있었던 사실로 옳은 것은? [2점]

(가) 최충헌 형제가 왕을 협박하여 창락궁에 유폐하고 태자 왕숙은 강화도로 유배 보냈다.

(나) 유경이 최의를 죽인 뒤, 왕에게 아뢰어 정방을 편전 옆에 두어 인사권을 장악하고, 국가의 주요 사무를 모두 결정하였다.

① 강조가 정변을 일으켜 김치양을 제거하였다.
② 배중손이 이끄는 삼별초가 진도에서 항전하였다.
③ 만적이 개경에서 노비를 모아 반란을 모의하였다.
④ 조위총이 군사를 일으켜 정중부 등의 제거를 도모하였다.
⑤ 김보당이 의종 복위를 주장하며 동계에서 군사를 일으켰다.

183

다음 사건이 일어난 시기를 연표에서 옳게 고른 것은? [2점]

○ 명학소의 백성 망이·망소이 등이 무리를 모아서 산행병마사라고 자칭하고는 공주를 공격하여 함락하였다.

○ 망이의 고향인 명학소를 충순현으로 승격시키고 양수탁을 현령으로, 김윤실을 현위로 임명하여 그들을 달래었다.

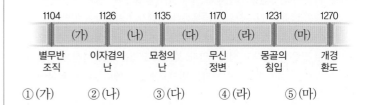

1104	1126	1135	1170	1231	1270
	(가)	(나)	(다)	(라)	(마)	
별무반 조직	이자겸의 난	묘청의 난	무신 정변	몽골의 침입	개경 환도

① (가)　② (나)　③ (다)　④ (라)　⑤ (마)

184

(가)~(다)를 일어난 순서대로 옳게 나열한 것은? [3점]

(가) 왕이 먼저 나라 안의 신하들을 권유하여 개경으로 환도하게 하였다. 여러 신하들이 말하기를 "임금의 명령인데, 감히 따르지 않을 수 있겠는가?"라고 하였으므로, 임유무가 화가 나서 어떻게 해야 할지를 알지 못하였다.

(나) 조위총이 군사를 일으키자, 이의방이 이의민을 정동 대장군 지병마사로 임명하였다. 이의민이 군사를 거느리고 전투에 나섰다가 날아오는 화살에 눈을 맞았으나, 철령으로 진군하여 사방에서 북을 치고 고함을 지르면서 급습하여 크게 격파하였다.

(다) 백관이 최우의 집에 나아가 정년도목(政年都目)을 올렸다. 최우가 청사에 앉아 그것을 받았다. 6품 이하는 당하(堂下)에서 두 번 절하고 땅에 엎드려 감히 고개를 들고 보지 못하였다. 이때부터 최우는 정방을 그의 집에 두고 백관의 인사 행정을 처리하였다.

① (가) - (나) - (다)　　② (가) - (다) - (나)
③ (나) - (가) - (다)　　④ (나) - (다) - (가)
⑤ (다) - (나) - (가)

정답과 해설 037쪽

3 외교

185
제64회 11번

(가), (나) 사이의 시기에 있었던 사실로 옳은 것은? [3점]

(가) 거란에서 사신을 파견하여 낙타 50필을 보냈다. 왕은 거란이 일찍이 발해와 지속적으로 화목하다가 갑자기 의심하여 맹약을 어기고 멸망시켰으니, 이는 매우 무도하여 친선 관계를 맺어 이웃으로 삼을 수 없다고 생각하였다. 드디어 교빙을 끊고 사신 30인을 섬으로 유배 보냈으며, 낙타는 만부교 아래에 매어두니 모두 굶어 죽었다.

(나) 양규가 흥화진으로부터 군사 7백여 명을 이끌고 통주까지 와서 군사 1천여 명을 수습하였다. 밤중에 곽주로 들어가서 지키고 있던 적들을 급습하여 모조리 죽인 후 성 안에 있던 남녀 7천여 명을 통주로 옮겼다.

① 외침에 대비하여 광군이 조직되었다.
② 강감찬이 귀주에서 대승을 거두었다.
③ 화통도감이 설치되어 화포를 제작하였다.
④ 김윤후가 처인성에서 살리타를 사살하였다.
⑤ 철령위 설치에 반발하여 요동 정벌이 추진되었다.

186
제55회 13번

(가), (나) 사이의 시기에 있었던 사실로 옳은 것은? [2점]

(가) 왕이 서경에서 안북부까지 나아가 머물렀는데, 거란의 소손녕이 봉산군을 공격하여 파괴하였다는 소식을 듣자 더 가지 못하고 돌아왔다. 서희를 보내 화의를 요청하니 침공을 중지하였다.

(나) 강감찬이 수도에 성곽이 없다 하여 나성을 쌓을 것을 요청하니 왕이 그 건의를 따라 왕가도에게 명령하여 축조하게 하였다.

① 사신 저고여가 귀국길에 피살되었다.
② 화통도감이 설치되어 화포를 제작하였다.
③ 강조가 정변을 일으켜 목종을 폐위시켰다.
④ 나세, 심덕부 등이 진포에서 왜구를 물리쳤다.
⑤ 공주 명학소에서 망이·망소이가 난을 일으켰다.

187
제60회 14번

(가) 시기에 있었던 사실로 옳은 것은? [3점]

 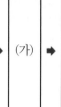

이주정이 김치양과 결탁한 것 같소. 그를 서북면 도순검부사로 보내고 강조를 개경으로 불러 짐을 호위하게 하시오.

(가)

귀주에서 외적을 크게 무찌른 강감찬과 장수들을 맞이할 연회를 준비하라.

① 화통도감이 설치되어 화포가 제작되었다.
② 신돈이 전민변정도감의 설치를 건의하였다.
③ 거란이 침입하여 왕이 나주까지 피난하였다.
④ 노비안검법의 실시로 국가 재정이 확충되었다.
⑤ 신기군, 신보군, 항마군 등으로 구성된 별무반이 조직되었다.

188
제65회 12번

(가) 국가에 대한 고려의 대응으로 옳은 것은? [2점]

이곳은 전라남도 나주시에 있는 심향사입니다. (가) 의 침입으로 나주로 피난한 고려 현종이 나라의 평안을 위해 이곳에서 기도를 올렸다고 전해집니다. 이 왕 때 부처의 힘으로 국난을 극복하고자 초조대장경의 조성이 시작되었습니다.

① 박위를 보내 근거지를 토벌하였다.
② 조총 부대를 나선 정벌에 파견하였다.
③ 개경을 방어하기 위해 나성을 축조하였다.
④ 압록강 상류 지역을 개척하여 4군을 설치하였다.
⑤ 국방 문제를 논의하기 위해 비변사를 신설하였다.

189

(가)에 대한 고려의 대응으로 옳은 것은? [2점]

이 자료는 초조대장경의 일부입니다. (가) 의 침입으로 현종이 피란을 가고 개경이 함락되자 부처의 힘으로 나라를 지키려는 마음을 담아 조판하기 시작하였습니다.

① 윤관을 보내 동북 9성을 개척하였다.
② 화통도감을 두어 화포를 제작하였다.
③ 광군을 조직하여 침입에 대비하였다.
④ 박위를 파견하여 근거지를 토벌하였다.
⑤ 철령위 설치에 반발해 요동 정벌을 추진하였다.

190

다음 대화에 등장하는 왕의 재위 기간에 있었던 사실로 옳은 것은? [3점]

강조가 김치양 일파를 제거하고 옹립한 왕에 대해 말해 보자.

거란이 침략했을 때 개경을 떠나 나주까지 피란을 가는 등 위기를 겪기도 했어.

이 왕 때 초조대장경 조판을 시작했어.

① 강감찬이 귀주에서 대승을 거두었다.
② 사신 저고여가 귀국길에 피살되었다.
③ 별무반을 창설하여 군사력을 강화하였다.
④ 거란을 배척하여 만부교 사건이 일어났다.
⑤ 서희가 외교 담판으로 강동 6주를 확보하였다.

191

(가)~(라)를 일어난 순서대로 옳게 나열한 것은? [3점]

(가) 양규가 무로대에서 거란군을 습격하여 2천여 명을 죽이고, 포로가 되었던 남녀 3천여 명을 되찾았다.

(나) 거란이 장차 침입하려 하므로 군사 30만 명을 선발하여 광군이라 부르고 광군사를 설치하였다.

(다) 왕이 소손녕의 봉산군 공격 소식을 듣고 서희를 보내 화의를 요청하니 소손녕이 침공을 중지하였다.

(라) 강감찬 등이 귀주에서 거란군을 맞아 싸웠다. 고려군이 맹렬하게 공격하니 거란군이 북으로 도망쳤다.

① (가) - (나) - (다) - (라)
② (가) - (나) - (라) - (다)
③ (나) - (가) - (라) - (다)
④ (나) - (다) - (가) - (라)
⑤ (다) - (라) - (나) - (가)

III
고려

192

(가)에 대한 고려의 대응으로 옳은 것은? [1점]

이 그림은 윤관이 (가) 을/를 정벌하고 동북 9성을 설치한 후 고려의 경계를 알리는 비석을 세우는 장면을 그린 척경입비도입니다.

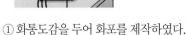

① 화통도감을 두어 화포를 제작하였다.
② 박위를 파견하여 근거지를 토벌하였다.
③ 연개소문을 보내어 천리장성을 축조하였다.
④ 대장도감을 설치하여 팔만대장경을 간행하였다.
⑤ 신기군, 신보군, 항마군 등으로 구성된 별무반을 조직하였다.

193

제54회 12번

(가) 부대에 대한 설명으로 옳은 것은? [2점]

이곳은 오연총 장군을 모신 덕산사입니다. 원래 함경도 경성에 있던 사당을 지금의 전라남도 곡성으로 옮겨 왔습니다. 그는 신기군, 신보군, 항마군으로 편성된 (가) 의 부원수로 활약하였습니다.

① 4군 6진을 개척하여 영토를 확장하였다.
② 원의 요청으로 일본 원정에 참여하였다.
③ 여진을 정벌하여 동북 9성을 축조하였다.
④ 처인성에서 몽골 장수 살리타를 사살하였다.
⑤ 최씨 무신 정권의 군사적 기반 역할을 하였다.

194

제57회 11번

다음 자료의 상황이 나타난 시기를 연표에서 옳게 고른 것은? [2점]

행영병마별감 승선 최홍정과 병마사 이부상서 문관이 여진 추장 거위이 등에게 타일러 말하기를, "너희가 9성의 반환을 요청했으니 마땅히 이전에 했던 약속처럼 하늘에 대해 맹세하라."라고 하였다. 추장 등은 함주 성문의 밖에 단을 설치하고 하늘에 맹세하기를, "지금 이후 대대손손 악한 마음을 품지 않고 해마다 조공을 바칠 것입니다. 이 맹세에 변함이 있으면 우리 나라[蕃土]는 멸망할 것입니다."라고 하였다. 맹세를 마치고 물러갔다. 최홍정 등은 길주부터 시작하여 차례로 9성의 전투 장비와 군량을 내지(內地)로 들여왔다.　── "고려사" ──

947		1019		1044		1104		1126		1174
	(가)		(나)		(다)		(라)		(마)	
광군사 설치		귀주 대첩		천리장성 완공		별무반 편성		이자겸의 난		조위총의 난

① (가)　　② (나)　　③ (다)　　④ (라)　　⑤ (마)

195

제61회 17번

(가)에 대한 고려의 대응으로 옳은 것은? [2점]

김윤후가 충주산성 방호별감이 되었는데 (가) 의 군대가 쳐들어 와 충주성을 70여 일간 포위하였다. 군량이 거의 바닥나자 김윤후가 군사들에게 "만약 힘내 싸운다면 귀천을 가리지 않고 모두 관작을 내리겠다."라고 하였다. 마침내 관노비의 문서를 불태우고 노획한 소와 말을 나누어 주었다. 사람들이 모두 죽음을 무릅쓰고 싸우니 적의 기세가 꺾여 남쪽으로 침략하는 것을 막을 수 있었다.

① 윤관을 보내 동북 9성을 축조하였다.
② 박위로 하여금 쓰시마섬을 정벌하게 하였다.
③ 서희가 외교 담판을 통해 강동 6주를 획득하였다.
④ 최우가 강화도로 수도를 옮겨 장기 항전에 대비하였다.
⑤ 최영이 철령위 설치에 반발하여 요동 정벌을 추진하였다.

196

제66회 13번

(가)의 침입에 대한 고려의 대응으로 옳은 것을 <보기>에서 고른 것은? [2점]

강화중성은 (가) 의 침략에 맞서 고려가 강화도로 천도한 이후 건립한 내성, 중성, 외성 중 하나입니다. 강화중성은 당시 수도를 둘러싼 토성(土城)으로, 이번 발굴 조사에서 방어를 위해 성벽의 바깥에 돌출시킨 대규모 치성(雉城)으로 확인되었습니다.

성벽 바깥　치성
성벽
성벽 안

보기

ㄱ. 양규가 무로대에서 적군을 물리쳤다.
ㄴ. 김윤후가 충주성 전투에서 활약하였다.
ㄷ. 송문주가 죽주성에서 적군을 격퇴하였다.
ㄹ. 윤관이 별무반을 이끌고 동북 9성을 쌓았다.

① ㄱ, ㄴ　　② ㄱ, ㄷ　　③ ㄴ, ㄷ
④ ㄴ, ㄹ　　⑤ ㄷ, ㄹ

197

제49회 16번

(가) 국가의 침입에 대한 고려의 대응으로 옳은 것은? [2점]

이곳 죽주산성은 송문주 장군이 (가) 의 침입을 격퇴한 장소입니다. 사신 저고여의 피살을 빌미로 (가) 이/가 쳐들어오자, 송문주 장군은 귀주성과 이곳에서 거듭 물리쳤습니다.

① 화통도감을 두어 화포를 제작하였다.
② 진관 체제를 실시하여 국방을 강화하였다.
③ 별무반을 편성하고 동북 9성을 축조하였다.
④ 삼수병으로 구성된 훈련도감을 설치하였다.
⑤ 대장도감을 설치하여 팔만대장경을 간행하였다.

198

제70회 15번

(가), (나) 사이의 시기에 있었던 사실로 옳은 것은? [2점]

(가) 최우가 녹전거(祿轉車) 100여 대를 빼앗아 집안의 재물을 강화도로 옮기니, 수도가 흉흉하였다. …… 또 사자(使者)를 여러 도에 나누어 보내어, 백성을 산성과 섬으로 옮겼다.

(나) 김방경과 흔도(忻都), 홍차구, 왕희, 왕옹 등이 3군을 거느리고 진도를 토벌하여 크게 격파하고, 승화후 왕온을 죽였다. 김통정이 남은 무리를 이끌고 탐라로 도망하여 들어갔다.

① 양규가 곽주성을 급습하여 탈환하였다.
② 최무선이 진포에서 왜구를 격퇴하였다.
③ 강조가 정변을 일으켜 국왕을 폐위하였다.
④ 김윤후가 처인성에서 살리타를 사살하였다.
⑤ 이자겸과 척준경이 반란을 일으켜 궁궐을 불태웠다.

199

제42회 16번

(가) 국가의 침입에 대한 고려의 대응으로 옳지 않은 것은? [3점]

○ (가) 의 장수 합진과 찰랄이 군사를 거느리고 …… 거란을 토벌하겠다고 말하면서 화주, 맹주, 순주, 덕주의 4개 성을 공격하여 격파하고 곧바로 강동성으로 향하였다. …… 조충과 김취려가 합진, 완안자연 등과 함께 병사를 합하여 강동성을 포위하니 적들이 성문을 열고 나와 항복하였다. - "고려사" -

○ (가) 에서 조서를 보내 이르기를, "…… 너희들이 모의하여 [우리 사신] 저고여를 죽이고서는 포선만노의 백성들이 죽였다고 한 것이 세 번째 죄이다. ……"라고 하였다. - "고려사" -

① 강화도로 도읍을 옮겨 항전하였다.
② 김윤후가 처인성 전투에서 활약하였다.
③ 화포를 이용하여 진포에서 대승을 거두었다.
④ 다인철소 주민들이 충주 지역에서 저항하였다.
⑤ 대장도감을 설치하여 팔만대장경판을 만들었다.

200

제62회 17번

(가) 군사 조직에 대한 설명으로 옳은 것은? [1점]

처음에 최우가 나라 안에 도적이 많음을 근심하여 용사들을 모아 매일 밤 순행하면서 포악한 짓들을 금하였는데, 이로 인하여 이름을 야별초(夜別抄)라고 하였다. 도적들이 여러 도에서도 일어났으므로 별초를 나누어 보내 이들을 잡게 하였다. 그 군사가 매우 많아 마침내 나누어 좌우로 삼았다. 또 우리나라 사람으로서 몽골로부터 도망쳐 돌아온 자들을 한 부대로 삼아 신의군(神義軍)이라고 불렀는데, 이들이 (가) 이/가 되었다.

① 광군사의 통제를 받았다.
② 정미7조약에 의해 해산되었다.
③ 4군 6진을 개척해 영토를 확장하였다.
④ 개경 환도 결정에 반발하여 항쟁하였다.
⑤ 유사시에 향토방위를 담당하는 예비군이었다.

201

제73회 15번

(가) 군사 조직에 대한 설명으로 옳은 것은? [2점]

> 항파두리성은 개경 환도 결정에 반발하여 강화도에서 봉기한 **(가)** 이/가 진도를 거쳐 제주도로 옮겨와 항쟁했던 곳인데요, 최근 발굴 조사에 대해 알려주세요.

> 이번 조사로 성문의 규모와 주요 건물지 등이 처음으로 확인되었습니다. 이 항파두리성 외에 제주도의 환해장성도 **(가)** 와/과 관련된 기록이 남아 있어, 앞으로 발굴 조사를 통한 연구가 기대됩니다.

〈제주 항파두리성 발굴 현장〉

① 거란의 침입에 대비하여 설치되었다.
② 최씨 무신 정권의 군사적 기반이었다.
③ 원의 요청으로 일본 원정에 참여하였다.
④ 신기군, 신보군, 항마군으로 편성되었다.
⑤ 최영의 지휘 아래 홍산에서 왜구를 격퇴하였다.

202

제57회 14번

다음 자료에 나타난 상황 이후에 전개된 사실로 옳은 것은? [2점]

> 지원(至元) 7년, 원종이 강화에서 송경(松京)으로 환도할 적에 장군 홍문계 등이 나라를 그르친 권신 임유무를 죽이고 왕이 정권을 되찾을 수 있도록 하였다. 권신의 가병, 신의군 등의 부대가 승화후(承化侯)를 옹립하고 반역을 도모하면서, 미처 강화를 떠나지 못한 신료와 군사들을 강제로 이끌고 남쪽으로 항해하여 가니 배의 행렬이 길게 이어졌다.

① 김윤후가 처인성에서 몽골군을 격퇴하였다.
② 묘청이 칭제건원과 금국 정벌을 주장하였다.
③ 김방경의 군대가 탐라에서 삼별초를 진압하였다.
④ 최충헌이 봉사 10조를 올려 시정 개혁을 건의하였다.
⑤ 경대승이 정중부 등을 제거하고 권력을 장악하였다.

203

제50회 11번

밑줄 그은 '이 시기'에 있었던 사실로 옳은 것은? [2점]

> 이곳은 김방경의 묘입니다. 그는 개경 환도 이후 몽골의 간섭이 본격화된 이 시기에 여·몽 연합군의 고려군 도원수로 일본 원정에 참여하였습니다.

① 삼수병으로 구성된 훈련도감이 창설되었다.
② 삼군부가 부활하여 군국 기무를 전담하였다.
③ 중서문하성과 상서성이 첨의부로 개편되었다.
④ 인재를 양성하기 위한 초계문신제가 시행되었다.
⑤ 국방 문제를 논의하기 위한 비변사가 설치되었다.

204

제67회 14번

(가), (나) 사이의 시기에 있었던 사실로 옳은 것은? [2점]

> (가) 윤관이 포로 346구와 말 96필, 소 300여 마리를 바쳤다. 의주와 통태진·평융진에 성을 쌓고, 함주·영주·웅주·길주·복주, 공험진과 함께 북계 9성이라 하였다.

> (나) 그해 12월 16일에 처인부곡의 작은 성에서 적과 싸우던 중 화살로 적의 괴수인 살리타를 쏘아 죽였습니다. 사로잡은 자들이 많았으며 나머지 무리는 무너져 흩어졌습니다.

① 외침에 대비하여 광군을 조직하였다.
② 서희의 활약으로 강동 6주를 획득하였다.
③ 이제현이 만권당에서 유학자들과 교유하였다.
④ 묘청 등이 칭제건원과 금 정벌을 주장하였다.
⑤ 압록강에서 도련포까지 천리장성을 축조하였다.

205

다음 상황이 나타난 시기에 볼 수 있는 모습으로 적절한 것은? [2점]

> 기철의 친척 기삼만이 권세를 믿고 불법으로 남의 토지를 빼앗았기에 정치도감에서 그를 잡아 장(杖)을 치고 하옥하였는데 20여 일 만에 죽었다. …… 그러자 정동행성 이문소에서 정치도감 관리들을 잡아 가두었다.

① 농사직설을 편찬하는 학자
② 초량 왜관에서 교역하는 상인
③ 도평의사사에서 회의하는 관리
④ 규장각 검서관으로 근무하는 서얼
⑤ 빈공과 응시를 준비하는 6두품 유학생

206

다음 서술형 평가의 답안에 들어갈 내용으로 가장 적절한 것은? [2점]

서술형 평가 ○학년 ○○반 · 이름 : ○○○

◎ 아래의 인물들이 활동한 시기에 볼 수 있는 사회 모습에 대해 서술하시오.

○ 윤수는 응방을 관리하였는데 권력을 믿고 악행을 행하여 사람들로부터 비난받았다.
○ 유청신은 몽골어를 익혀 여러 차례 원에 사신으로 가서 공을 세우고 충렬왕의 총애를 받아 장군이 되었다.
○ 기철과 형제들은 누이동생이 원 순제의 황후가 된 후 국법을 무시하고 횡포를 부렸다.

답안

① 왕조 교체를 예언하는 정감록이 유포되었습니다.
② 대각국사 의천이 해동 천태종을 개창하였습니다.
③ 지배층을 중심으로 변발과 호복이 유행하였습니다.
④ 가혹한 수탈에 저항하여 망이·망소이가 봉기하였습니다.
⑤ 상민층이 납속과 공명첩을 활용하여 신분 상승을 꾀하였습니다.

207

다음 자료에 나타난 시기의 사회 모습으로 옳은 것은? [2점]

> 인후는 …… 처음 이름은 훌랄대였다. 제국 공주의 겁령구였는데, 겁령구는 중국 말로 사적으로 소속된 사람이다. 제국 공주를 따라 와서 중랑장에 임명되었다. 왕이 그를 장군으로 임명하고 싶어 이름을 바꾸라고 명령하자, 훌랄대가 대장군 인공수에게 말하기를 "내가 당신과 친한 사이이니 그대의 성을 빌리면 어떻겠소?"라고 하고, 드디어 성명을 바꾸어 인후라고 하였다. [인후는] 장순룡 및 차신과 더 좋은 저택을 짓기 위해 경쟁했는데, 사치스러움과 분수에 넘치는 것이 극에 달하였다.

① 최충이 9재 학당을 설립하였다.
② 빈민 구제를 위해 흑창이 설치되었다.
③ 대각국사 의천이 천태종을 개창하였다.
④ 만적이 개경에서 신분 해방을 도모하였다.
⑤ 지배층을 중심으로 변발과 호복이 유행하였다.

208

다음 상황 이후에 전개된 사실로 옳은 것은? [2점]

> 왕이 이분희 등에게 변발을 하지 않았다고 책망하였더니 그들이 대답하기를 "신 등이 변발하는 것을 싫어해서가 아니라 오직 뭇사람들이 그렇게 하여 상례(常例)가 되기를 기다렸을 뿐입니다."라고 하였다. …… 왕은 입조(入朝)하였을 때에 이미 변발하였지만, 나라 사람들이 아직 하지 않았기 때문에 이를 책망한 것이다.

① 만적이 개경에서 반란을 모의하였다.
② 왕실의 외척인 이자겸이 권력을 독점하였다.
③ 유인우, 이인임 등이 쌍성총관부를 수복하였다.
④ 최충이 9재 학당을 설립하여 유학을 교육하였다.
⑤ 국정을 총괄하는 기구로 교정도감이 설치되었다.

209

제66회 15번

밑줄 그은 '왕'의 재위 기간에 볼 수 있는 모습으로 가장 적절한 것은?

[1점]

> 이자춘이 쌍성 등지의 천호들을 거느리고 내조하니 왕이 맞이하며 말하기를, "어리석은 민(民)을 보살펴 편안하게 하느라 얼마나 노고가 많았는가?"라고 하였다. 그때 어떤 사람이 '기철이 쌍성의 반민(叛民)들과 몰래 내통하여 한패로 삼아 역모를 도모하려 한다.'고 밀고하였다. 왕이 이자춘에게 이르기를, "경은 마땅히 돌아가서 우리 민을 진정시키고, 만일 변란이 일어나면 마땅히 내 명령대로 하라."라고 하였다. …… 이자춘이 명령을 듣고 곧 행군하여 유인우와 합세한 후 쌍성총관부를 공격하여 격파하였다.

① 초량 왜관에서 교역하는 상인
② 내의원에서 동의보감을 읽는 의원
③ 주자감에서 유학을 공부하는 학생
④ 전민변정도감에 억울함을 호소하는 농민
⑤ 황룡사 구층 목탑의 건립에 참여하는 장인

210

제73회 17번

(가) 왕의 재위 시기에 있었던 사실로 옳은 것은?

[2점]

(가) 께서 돌아가신 뒤 어린 왕을 새로 옹립한 이인임이 원과의 관계 회복에 나섰다는군.

나도 들었네. 기철 세력을 숙청하고, 쌍성총관부를 수복했던 (가) 의 정책이 중단될까 염려되네.

① 대각국사 의천이 천태종을 개창하였다.
② 신돈을 중심으로 전민변정 사업이 추진되었다.
③ 만적이 개경에서 노비를 모아 반란을 모의하였다.
④ 최충이 문헌공도를 설립하여 유학 교육에 힘썼다.
⑤ 이규보가 고구려 계승 의식을 강조한 동명왕편을 지었다.

211

제73회 18번

(가)에 대한 고려의 대응으로 옳은 것은?

[2점]

> **특별 기획**
>
> ### 최무선과 화포 이야기
>
>
>
> 우리 박물관은 화약과 화기를 제조한 최무선 탄생 700주년 기념 특별전을 개최합니다. 특히 진포 대첩에서 나세, 심덕부 등과 함께 화포를 이용해 (가) 을/를 물리친 장면을 실감 영상으로 만나보실 수 있습니다. 많은 관람 바랍니다.
>
> • 기간 : 2025년 ○○월 ○○일~○○월 ○○일
> • 장소 : △△ 박물관 특별 전시실

① 광군을 조직하여 침입에 대비하였다.
② 경성과 경원에 무역소를 설치하였다.
③ 박위를 파견하여 근거지를 토벌하였다.
④ 어영청을 중심으로 북벌을 추진하였다.
⑤ 대장도감을 설치하여 팔만대장경을 간행하였다.

212

제69회 18번

(가) 인물의 활동으로 옳은 것은?

[2점]

이것은 명의 철령위 설치에 반발하여 팔도도통사로서 요동 정벌을 추진하였던 (가) 의 초상입니다. 그는 요동 정벌에 반대한 이성계가 위화도 회군으로 정권을 장악하면서 죽임을 당하였습니다.

① 홍산 전투에서 왜구를 물리쳤다.
② 화통도감의 설치를 건의하였다.
③ 정변을 일으켜 목종을 폐위하였다.
④ 의종 복위를 도모하여 군사를 일으켰다.
⑤ 교정별감이 되어 국정 전반을 장악하였다.

213

제65회 18번

다음 대화 이후에 전개된 사실로 옳은 것은? [2점]

이번에 왕이 최영에게 명하여 요동을 정벌한다고 하네.

명 황제가 철령 이북을 일방적으로 명의 영토로 귀속시키려 한 것이 원인이라더군.

① 윤관이 별무반을 이끌고 동북 9성을 축조하였다.
② 서희가 외교 담판을 벌여 강동 6주를 획득하였다.
③ 이성계가 위화도에서 회군하여 정권을 장악하였다.
④ 배중손이 이끄는 삼별초가 용장산성에서 항전하였다.
⑤ 최우가 강화도로 도읍을 옮겨 장기 항전을 준비하였다.

214

제63회 17번

(가)~(다)를 일어난 순서대로 옳게 나열한 것은? [2점]

(가) 우왕이 요동을 공격하는 일을 최영과 은밀하게 의논하였다. ······ 마침내 8도의 군사를 징발하고 최영이 동교에서 군사를 사열하였다.

(나) 대군이 압록강을 건너서 위화도에 머물렀다. ······ 이성계가 회군한다는 소식을 듣고 앞다투어 모여든 사람이 천여 명이나 되었다.

(다) 도평의사사에서 글을 올려 과전을 지급하는 법을 정할 것을 청하니, 그 의견을 따랐다. ······ 경기는 사방의 근본이므로 마땅히 과전을 설치하여 사대부를 우대하여야 한다. 무릇 수도에 거주하며 왕실을 지키는 자는 현직, 산직(散職)을 불문하고 각각 과(科)에 따라 받게 한다.

① (가) - (나) - (다)
② (가) - (다) - (나)
③ (나) - (가) - (다)
④ (나) - (다) - (가)
⑤ (다) - (나) - (가)

정답과 해설 043쪽

4 경제, 사회

215

제40회 13번

(가), (나)에 해당하는 토지 제도에 대한 설명으로 옳은 것을 〈보기〉에서 고른 것은? [2점]

(가) 경종 원년(976) 11월, 처음으로 직관(職官)과 산관(散官) 각 품의 전시과를 제정하였다.

(나) 공양왕 3년(1391) 5월, 도평의사사가 글을 올려 과전을 주는 법을 정하자고 요청하니 왕이 따랐다.

보기

ㄱ. (가) - 전지와 시지를 지급하여 수취의 권리를 행사하게 하였다.
ㄴ. (가) - 관리의 사망 시 유가족에게 수신전과 휼양전을 지급하였다.
ㄷ. (나) - 지급 대상 토지를 원칙적으로 경기 지역에 한정하였다.
ㄹ. (나) - 관리의 인품과 공복을 기준으로 하여 토지를 지급하였다.

① ㄱ, ㄴ
② ㄱ, ㄷ
③ ㄴ, ㄷ
④ ㄴ, ㄹ
⑤ ㄷ, ㄹ

216

제48회 16번

다음 제도가 시행된 국가의 경제 상황으로 옳은 것은? [2점]

○ 경종 원년, 처음으로 직관(職官)과 산관(散官) 각 품의 전시과를 제정하였다.

○ 문종 30년, 양반 전시과를 다시 고쳤다. 제1과는 중서령, 상서령, 문하시중으로 전지 100결과 시지 50결을 주며, ······ 제18과는 한인(閑人), 잡류(雜類)로 전지 17결을 주었다.

① 솔빈부의 말이 특산물로 거래되었다.
② 청해진이 국제 무역 거점으로 번성하였다.
③ 시장을 감독하는 관청인 동시전이 설치되었다.
④ 건원중보가 발행되어 금속 화폐의 통용이 추진되었다.
⑤ 설점수세제의 시행으로 민간의 광산 개발이 허용되었다.

217
제59회 11번
다음 대화에 등장하는 왕이 추진한 정책으로 옳은 것은? [3점]

신이 싸움에서 진 이유는 적들은 기병인데 우리는 보병이라 대적할 수가 없었기 때문입니다. 새로운 부대의 창설이 필요합니다.

그렇다면 그대의 의견대로 별무반을 창설하여 여진과 맞서도록 하라.

① 천수라는 독자적 연호를 사용하였다.
② 관학을 진흥하고자 양현고를 설치하였다.
③ 주전도감을 설치하여 해동통보를 발행하였다.
④ 호족 세력을 견제하기 위해 노비안검법을 실시하였다.
⑤ 국자감을 성균관으로 개칭하고 유학 교육을 장려하였다.

218
제51회 13번
다음 상황이 나타난 시기에 볼 수 있는 모습으로 가장 적절한 것은? [2점]

일전에 왕께서 화폐를 주조하여 재추와 문무 관료 및 군인에게 지급하라는 명을 내리셨습니다. 이에 따라 주전도감에서 해동통보를 발행하였습니다.

주전도감에서 해동통보 발행

① 구황촬요를 읽고 있는 지방관
② 시장을 감독하는 동시전의 관리
③ 초량 왜관에서 인삼을 판매하는 내상
④ 벽란도에서 물품을 거래하는 송의 상인
⑤ 낙랑군에 수출할 덩이쇠를 주조하는 장인

219
제61회 16번
(가) 국가의 경제 상황으로 옳은 것은? [1점]

이 작품은 이규보가 예성강 하구의 정경을 묘사한 시입니다. 이곳에 있던 벽란도는 (가) 의 국제 무역항으로 송과 아라비아 상인들이 왕래할 정도로 번성했습니다.

조수가 들고나니
오고 가는 배의 꼬리가 이어졌구나
아침에 이 누각 밑을 떠나면
한낮이 되지 않아
돛대는 남만(南蠻)에 이르도다
사람들은 배를 보고
물 위의 역마라고 하지만
바람처럼 달리는 준마도
이보다 빠르지는 못하리

① 송상이 전국 각지에 송방을 두었다.
② 활구라고 불리는 은병을 주조하였다.
③ 동시전을 설치하여 시장을 감독하였다.
④ 담배, 면화, 생강 등 상품 작물을 널리 재배하였다.
⑤ 일본과 교역을 위해 부산포, 염포, 제포를 개항하였다.

220
제52회 15번
다음 자료에 나타난 시기의 경제 상황으로 옳은 것은? [1점]

○ 주전도감에서 아뢰기를, "백성들이 비로소 동전 사용의 이로움을 알아 편리하게 여기고 있습니다."라고 하였다. 또한, 이 해에 은병을 화폐로 삼았다. 은 1근으로 만들되 우리나라 지형을 본떠 만들었으며 속칭 활구라 하였다.

○ 저포, 은병으로 가치를 표준하여 교역하고 작은 일용품은 쌀로 가격을 계산하여 거래한다. 백성들은 그런 풍속에 익숙하여 편하게 여긴다.

① 책문 후시를 통한 교역이 활발하였다.
② 송상이 전국 각지에 송방을 설치하였다.
③ 감자, 고구마 등이 구황 작물로 재배되었다.
④ 경시서의 관리들이 수도의 시전을 감독하였다.
⑤ 광산을 전문적으로 경영하는 덕대가 나타났다.

221

다음 정책이 추진된 시기의 경제 상황으로 옳은 것은? [1점]

○ 왕 2년 교서를 내리기를, "…… 짐은 선왕의 업적을 계승하여 장차 민간에 큰 이익을 일으키고자 주전(鑄錢)하는 관청을 세우고 백성들에게 두루 유통시키려 한다."라고 하였다.

○ 왕 6년 주전도감(鑄錢都監)에서 아뢰기를, "백성들이 비로소 동전 사용의 이로움을 알아 편리하게 여기고 있으니 종묘에 고하소서."라고 하였다. 또한, 이 해에 은병(銀瓶)을 사용하여 화폐로 삼았다.

① 집집마다 부경이라는 창고가 있었다.
② 청해진을 중심으로 해상 무역이 전개되었다.
③ 서적점, 다점 등의 관영 상점이 운영되었다.
④ 감자, 고구마 등의 구황 작물을 널리 재배하였다.
⑤ 일본과의 무역을 허용하고 계해약조를 체결하였다.

222

다음 대화가 이루어진 시기의 경제 상황으로 옳은 것은? [1점]

몇 해 전 주전도감을 설치하고 화폐를 유통시켜 나라의 부강과 백성의 편익을 꾀하였으나, 널리 활용되지 못하고 있사옵니다.

주현에 명령하여 주식점(酒食店)을 열고 백성들에게 화폐를 활용해 음식을 사 먹을 수 있게 하여 그 이로움을 알게 하라.

① 활구라고 불리는 은병이 유통되었다.
② 특산품으로 솔빈부의 말이 유명하였다.
③ 송상이 전국 각지에 송방을 설치하였다.
④ 청해진을 설치하여 해상 무역을 전개하였다.
⑤ 시장을 감독하는 관청인 동시전이 설치되었다.

223

(가) 국가의 경제 상황으로 옳은 것은? [2점]

이것은 양산 통도사 국장생 석표입니다. 통도사의 경계를 표시하기 위해 세운 석표 중 하나로 '상서호부(尙書戶部)의 승인으로 세웠다'는 내용이 새겨져 있습니다. 국사·왕사 제도를 두어 불교를 장려했던 (가) 시대에 국가와 사찰의 관계를 파악할 수 있는 문화유산입니다.

① 삼한통보, 해동통보 등이 발행되었다.
② 특산품으로 솔빈부의 말이 유명하였다.
③ 만상이 대청 무역으로 부를 축적하였다.
④ 시장을 감독하는 관청인 동시전이 설치되었다.
⑤ 광산을 전문적으로 경영하는 덕대가 등장하였다.

224

다음 상황이 나타난 국가의 경제 모습으로 옳은 것은? [2점]

무릇 장마·가뭄·병충해·서리 피해로 작황이 부실한 경작지를 촌전(村典)*이 수령에게 보고하면 수령이 직접 검사하여 호부에 신고하고, 호부에서는 다시 삼사에 보낸다. 삼사에서는 넘겨받은 문서를 조사한 뒤에 다시 그 지역 안찰사로 하여금 따로 사람을 보내 자세히 살펴 조사하게 하여 재해로 피해를 입었다면 조세를 감면한다.

* 촌전 : 촌의 대표

① 벽란도가 국제 무역항으로 번성하였다.
② 고추, 담배 등이 상품 작물로 재배되었다.
③ 시장을 감독하는 관청인 동시전이 설치되었다.
④ 광산을 전문적으로 경영하는 덕대가 활동하였다.
⑤ 삼남 지방의 농법을 소개한 농사직설이 보급되었다.

225

제72회 16번

(가) 국가의 경제 상황으로 옳은 것은? [2점]

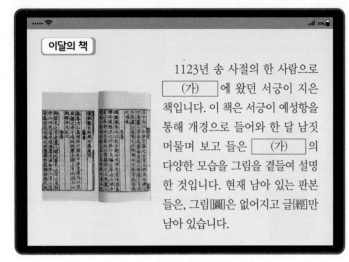

이달의 책

1123년 송 사절의 한 사람으로 (가) 에 왔던 서긍이 지은 책입니다. 이 책은 서긍이 예성항을 통해 개경으로 들어와 한 달 남짓 머물며 보고 들은 (가) 의 다양한 모습을 그림을 곁들여 설명한 것입니다. 현재 남아 있는 판본들은, 그림[圖]은 없어지고 글[經]만 남아 있습니다.

① 솔빈부의 말이 특산품으로 유명하였다.
② 송상이 전국 각지에 송방을 설치하였다.
③ 서적점, 다점 등의 관영 상점을 운영하였다.
④ 집집마다 부경이라고 불리는 창고가 있었다.
⑤ 광산을 전문적으로 경영하는 덕대가 나타났다.

226

제60회 13번

밑줄 그은 '시기'의 경제 상황으로 옳은 것은? [1점]

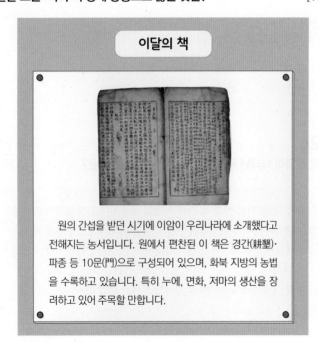

이달의 책

원의 간섭을 받던 시기에 이암이 우리나라에 소개했다고 전해지는 농서입니다. 원에서 편찬된 이 책은 경간(耕墾)·파종 등 10문(門)으로 구성되어 있으며, 화북 지방의 농법을 수록하고 있습니다. 특히 누에, 면화, 저마의 생산을 장려하고 있어 주목할 만합니다.

① 모내기법이 전국적으로 확산되었다.
② 초량 왜관을 통해 일본과 무역하였다.
③ 감자, 고구마 등의 작물이 재배되었다.
④ 광산을 전문적으로 경영하는 덕대가 활동하였다.
⑤ 경시서의 관리들이 시전의 상행위를 감독하였다.

227

제73회 14번

다음 사건에 대한 탐구 활동으로 가장 적절한 것은? [1점]

> 망이 등이 홍경원에 불을 지르고 절에 있던 승려 10여 인을 죽였으며, 주지승을 위협하여 개경으로 서신을 가져가게 하였다. 그 서신에 대략 이르기를, "이미 우리 고을을 현으로 승격시키고 또 수령을 두어 안무하더니, 돌이켜 다시 군대를 내어 토벌하러 와서 우리 어머니와 아내를 옥에 가두었으니 그 뜻은 어디에 있는가? 차라리 칼날 아래 죽을지언정 끝내 항복하여 포로가 되지 않을 것이며, 반드시 개경까지 가고야 말겠다."라고 하였다.

① 안동도호부가 설치된 경위를 알아본다.
② 특수 행정 구역인 소에 대한 차별을 조사한다.
③ 신라 말 호족 세력이 성장하게 된 계기를 살펴본다.
④ 통청 운동을 통해 청요직으로 진출한 인물을 검색한다.
⑤ 경기에 한하여 설치된 과전이 농민에게 미친 영향을 파악한다.

228

제46회 18번

다음 자료에 나타난 시기의 사회 모습으로 옳은 것은? [2점]

> 왕이 명하기를, "개경 내의 백성들이 역질에 걸렸으니 마땅히 구제도감을 설치하여 이들을 치료하고, 또한 시신과 유골은 거두어 묻어서 비바람에 드러나지 않게 할 것이며, 관리들을 나누어 보내 동북도와 서남도의 굶주린 백성을 진휼하라."라고 하였다.

① 을파소의 건의로 진대법이 실시되었다.
② 기근에 대비하기 위해 구황촬요가 발간되었다.
③ 우리 풍토에 맞는 농법을 소개한 농사직설이 편찬되었다.
④ 국산 약재와 치료 방법을 정리한 향약집성방이 간행되었다.
⑤ 기금을 모아 그 이자로 빈민을 도와주는 제위보가 운영되었다.

229

(가) 시대의 정책으로 옳은 것을 <보기>에서 고른 것은? [2점]

역사 용어 해설

구제도감

1. 기능

(가) 시대에 재해가 발생했을 때 설치한 임시 기구로서 전염병 퇴치, 병자 치료 등의 임무를 수행하며 백성을 구호하였다.

2. 관련 사료

왕이 명하기를, "도성 내의 백성들이 역질에 걸렸으니 구제도감을 설치하여 이들을 치료하고, 시신과 유골은 거두어 비바람에 드러나지 않게 매장하라."라고 하였다.

보기

ㄱ. 기근에 대비하기 위하여 구황촬요를 간행하였다.
ㄴ. 개경에 국립 의료 기관인 동·서 대비원을 설치하였다.
ㄷ. 호조에서 정한 사창절목에 따라 사창제를 시행하였다.
ㄹ. 기금을 모아 그 이자로 빈민을 구휼하는 제위보를 운영하였다.

① ㄱ, ㄴ   ② ㄱ, ㄷ   ③ ㄴ, ㄷ
④ ㄴ, ㄹ   ⑤ ㄷ, ㄹ

230

(가)에 들어갈 내용으로 옳지 않은 것은? [2점]

① 물가 조절을 위해 상평창을 설치하였어.
② 병자에게 의약품을 제공하는 혜민국이 있었어.
③ 환자 치료와 빈민 구제를 위해 동·서 대비원을 두었어.
④ 국산 약재와 치료 방법을 정리한 향약집성방이 간행되었어.
⑤ 기금을 모아 그 이자로 빈민을 구제하는 제위보를 운영하였어.

---

5 문화

231

(가)에 들어갈 내용으로 옳은 것은? [1점]

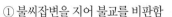

<고려 시대 유학자>

유학자	주요 활동
최승로	(가)
최충	9재 학당을 설립하여 유학 교육에 힘씀
김부식	유교 사관에 입각하여 삼국사기를 편찬함
안향	고려에 처음으로 성리학을 도입함
이제현	만권당에서 원의 학자들과 교류함

① 불씨잡변을 지어 불교를 비판함
② 인재 등용을 위해 현량과 실시를 제안함
③ 시무 28조를 올려 국가 운영 방안을 제시함
④ 지부복궐척화의소를 올려 왜양일체론을 주장함
⑤ 해주 향약을 시행하여 향촌 교화를 위해 노력함

232

(가)에 들어갈 내용으로 옳은 것은? [2점]

〈한국사 강좌〉

고려 시대의 교육

우리 학회에서는 고려의 교육 제도를 재조명하는 교양 강좌를 마련하였습니다. 많은 참여 바랍니다.

■ 강좌 내용 ■

제1강 관학의 정비
 – 개경에 국자감을 두다
 – 12목에 경학박사를 파견하다
제2강 사학의 융성
 – 문헌공도가 설립되다
 – 사학 12도가 번창하다
제3강 관학 진흥책
 – 국자감에 서적포를 설치하다
 – (가)

• 일시 : 2020년 ○○월 ○○일 14:00~17:00
• 장소 : □□ 박물관 대강당
• 주최 : △△ 학회

① 당에 유학생을 파견하다
② 전문 강좌인 7재를 개설하다
③ 사액 서원에 서적과 노비를 지급하다
④ 글과 활쏘기를 가르치는 경당을 설립하다
⑤ 관리 채용을 위해 독서삼품과를 시행하다

233

제63회 13번

(가)에 들어갈 내용으로 옳은 것은? [1점]

한국사 교실

최충의 9재 학당을 비롯한 사학이 융성하였던 시기에 위축된 관학을 진흥하기 위해 정부가 추진한 정책을 대화창에 올려 주세요.

ON 대화창

서적포를 두어 출판을 담당하게 하였어요.

국자감에 전문 강좌인 7재를 개설하였어요.

(가)

보내기

① 독서삼품과를 통해 인재를 등용하였어요.
② 사액 서원에 서적과 노비를 지급하였어요.
③ 중등 교육 기관으로 4부 학당을 설립하였어요.
④ 양현고를 설치하여 장학 기금을 마련하였어요.
⑤ 초계문신제를 시행하여 문신을 재교육하였어요.

234

제51회 18번

(가)~(마)에 들어갈 내용으로 옳은 것은? [3점]

〈한국사 교양 강좌〉

인물로 보는 고려의 성리학

우리 박물관에서는 '인물로 보는 고려의 성리학'을 주제로 한국사를 이해하는 자리를 마련하였습니다. 관심 있는 분들의 많은 참여 바랍니다.

◈ 강좌 순서 ◈

제1강. 안향,	(가)
제2강. 이제현,	(나)
제3강. 이색,	(다)
제4강. 정몽주,	(라)
제5강. 정도전,	(마)

■ 기간 : 2021년 ○○월 ○○일 ~ ○○월 ○○일
■ 장소 : □□대학교 대강당
■ 주최 : △△박물관

① (가) - 봉사 10조를 올려 시정 개혁을 제안하다.
② (나) - 만권당에서 원의 학자들과 교유하다.
③ (다) - 9재 학당을 세워 유학 교육에 힘쓰다.
④ (라) - 경제문감을 저술하고 재상 중심의 정치를 주장하다.
⑤ (마) - 성학십도에서 군주의 도를 도식으로 설명하다.

235

제56회 17번

밑줄 그은 '나'에 대한 설명으로 옳은 것은? [2점]

그리운 벗에게
연경에 도착해 이제야 소식을 전하네. 예전에 충선왕이 원의 화가를 불러 그리게 한 나의 초상을 기억하는가? 잃어버렸던 그 그림을 오늘 찾았다네. 그림을 보니 만권당에서 원의 학자들과 함께 공부하던 나의 젊은 시절이 생각 난다네. 혼탁한 세상 편치만은 않지만 곧 개경에서 볼 수 있기를 바라네.
영원한 벗, 익재

① 역사서인 사략을 저술하였다.
② 불씨잡변을 지어 불교를 비판하였다.
③ 9재 학당을 세워 유학 교육에 힘썼다.
④ 봉사 10조를 올려 시정 개혁을 건의하였다.
⑤ 예안 향약을 시행하여 향촌 교화를 위해 노력하였다.

236

제54회 13번

밑줄 그은 '역사서'에 대한 설명으로 옳은 것은? [1점]

이번에 왕명을 받아 편찬한 역사서에 대해 설명해 주세요.

이 책은 묘청의 난을 진압한 뒤, 우리나라의 역사를 좀 더 잘 알아야 한다는 폐하의 말씀에 따라 유교 사관을 바탕으로 삼국의 역사를 충실히 기록하였습니다.

① 남북국이라는 용어를 처음 사용하였다.
② 사초, 시정기 등을 바탕으로 편찬되었다.
③ 단군의 고조선 건국 이야기를 수록하였다.
④ 본기, 열전 등 기전체 형식으로 서술되었다.
⑤ 고구려 건국 시조의 일대기를 서사시로 표현하였다.

237

교사의 질문에 대한 학생의 답변으로 옳은 것은?　　[2점]

신라, 고구려, 백제가 기틀을 잡고 세 세력이 서로 대립하면서 …… 삼가, 본기 28권, 연표 3권, 지(志) 9권, 열전 10권을 찬술하였습니다. 여기에 표문(表文)을 붙여 성상께 올립니다.

－ '진삼국사표(進三國史表)' －

이 글은 왕명을 받들어 역사서 편찬을 주도한 인물이 왕에게 올린 진삼국사표입니다. 이 글과 함께 올린 역사서에 대해 발표해 볼까요?

① 기전체 형식으로 서술하였습니다.
② 조선 건국의 정통성을 강조하였습니다.
③ 남북국이라는 용어를 처음 사용하였습니다.
④ 단군 조선에서 고려까지의 역사를 정리하였습니다.
⑤ 불교사를 중심으로 고대의 민간 설화 등을 수록하였습니다.

238

(가) 역사서에 대한 설명으로 옳은 것은?　　[2점]

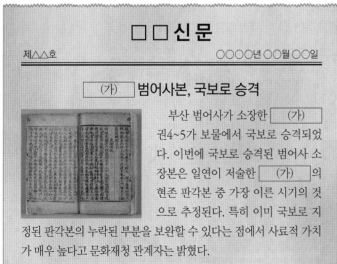

□□신문

제△△호　　　　　　　○○○○년 ○○월 ○○일

(가) 범어사본, 국보로 승격

부산 범어사가 소장한 (가) 권4~5가 보물에서 국보로 승격되었다. 이번에 국보로 승격된 범어사 소장본은 일연이 저술한 (가) 의 현존 판각본 중 가장 이른 시기의 것으로 추정된다. 특히 이미 국보로 지정된 판각본의 누락된 부분을 보완할 수 있다는 점에서 사료적 가치가 매우 높다고 문화재청 관계자는 밝혔다.

① 단군의 건국 이야기를 수록하였다.
② 사초, 시정기 등을 바탕으로 편찬되었다.
③ 왕명에 의해 고승들의 전기를 기록하였다.
④ 본기, 열전 등 기전체 형식으로 서술되었다.
⑤ 서사시 형태로 고구려 계승 의식이 반영되었다.

239

밑줄 그은 '이 책'에 대한 설명으로 옳은 것은?　　[2점]

승려 일연이 편찬한 이 책에 대해 말씀해 주십시오.

이 책은 왕력편, 기이편, 흥법편 등 5권 9편으로 구성되어 있으며, 불교 중심의 역사적 사실과 함께 민간 설화 등이 수록되어 있습니다.

① 기전체 형식으로 서술되었다.
② 남북국이라는 용어를 처음 사용하였다.
③ 사초, 시정기 등을 바탕으로 편찬되었다.
④ 단군왕검의 건국 이야기가 기록되어 있다.
⑤ 현존하는 우리나라 최고(最古)의 역사서이다.

240

다음 검색창에 들어갈 역사 자료에 대한 설명으로 옳은 것은?　　[2점]

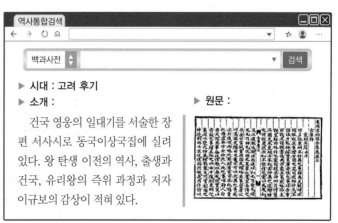

역사통합검색

백과사전　　　　　　검색

▶ 시대 : 고려 후기
▶ 소개 :

건국 영웅의 일대기를 서술한 장편 서사시로 동국이상국집에 실려 있다. 왕 탄생 이전의 역사, 출생과 건국, 유리왕의 즉위 과정과 저자 이규보의 감상이 적혀 있다.

▶ 원문 :

① 고구려 계승 의식이 반영되었다.
② 남북국이라는 용어가 처음 사용되었다.
③ 사초, 시정기 등을 바탕으로 편찬하였다.
④ 단군의 고조선 건국 이야기를 수록하였다.
⑤ 현존하는 우리나라 최고(最古)의 역사서이다.

III
고려

241

밑줄 그은 '이 책'에 대한 설명으로 옳은 것은? [3점]

오늘 소개해 주실 책은 무엇인가요?

이 책은 이규보의 문집으로 전집 41권, 후집 12권으로 구성되었습니다. 시, 가전체 소설 등 다양한 작품이 실려 있어 그의 문학 세계와 역사의식을 살펴볼 수 있습니다.

① 신라와 발해를 남북국으로 지칭하였다.
② 단군을 우리 역사의 기원으로 기록하였다.
③ 연대순으로 기록하는 편년체로 서술되었다.
④ 고구려의 건국 서사시인 동명왕편이 실려 있다.
⑤ 중국과 우리나라의 역대 왕의 계보가 수록되었다.

242

다음 검색창에 들어갈 역사서에 대한 설명으로 옳은 것은? [3점]

○○ 박물관   소장품 검색   관람 정보   박물관 소개

⌂ ＞ 전시 ＞ 상설 전시 ＞ 중·근세관

소장품명 ⬍   검색

▶ 시대 : 고려 후기
▶ 소개 : 이승휴가 중국과 우리의 역사를
  칠언시와 오언시의 운문으로 엮
  은 책으로, 상권은 중국사, 하권
  은 우리의 역사에 관한 내용으
  로 구성되어 있다. 하권의 동국
  군왕개국연대에 쓰인 '별도의 천하'라는 표현을 통해 중
  국과 구별되는 역사 인식을 엿볼 수 있다.

① 남북국이라는 용어가 처음 사용되었다.
② 불교사를 중심으로 민간 설화를 담았다.
③ 단군의 고조선 건국 이야기가 수록되었다.
④ 왕명에 의해 고승들의 전기가 기록되었다.
⑤ 본기, 열전 등으로 구성된 기전체 형식으로 서술되었다.

243

(가) 인물에 대한 설명으로 옳은 것은? [2점]

이것은 문종의 아들인 (가) 이/가 '송·요·일본 등 동아시아 각지의 불교 서적을 수집하여 그 목록을 정리한 신편제종교장총록(新編諸宗敎藏總錄)의 일부입니다.

① 국청사를 중심으로 해동 천태종을 창시하였다.
② 법화 신앙에 중점을 둔 백련 결사를 주도하였다.
③ 정혜사를 결성하여 불교계를 개혁하고자 하였다.
④ 유불 일치설을 주장하여 심성의 도야를 강조하였다.
⑤ 승려들의 전기를 정리하여 해동고승전을 편찬하였다.

244

밑줄 그은 '그'에 대한 설명으로 옳은 것은? [3점]

이것은 개경 흥왕사 터에서 출토된 대각국사의 묘지명 탁본입니다. 여기에는 문종의 넷째 아들인 그가 송에 유학하고 돌아온 후 국청사를 중심으로 천태종을 개창한 내용이 기록되어 있습니다.

① 정혜쌍수와 돈오점수를 주장하였다.
② 무애가를 지어 불교 대중화에 힘썼다.
③ 황룡사 구층 목탑의 건립을 건의하였다.
④ 백련사 결사를 통해 불교 정화 운동을 전개하였다.
⑤ 교장도감을 설치하여 불교 경전 주석서를 편찬하였다.

245

밑줄 그은 '그'에 대한 설명으로 옳은 것은? [2점]

이 목판의 글은 '불일보조국사'라는 시호를 받은 그가 지은 것입니다. 그는 화두를 바탕으로 수행하는 참선법을 강조하고 돈오점수를 주장하였습니다.

원돈성불론·간화결의론 합각 목판

① 화왕계를 지어 국왕에게 바쳤다.
② 천태종을 개창하여 불교 통합에 힘썼다.
③ 정혜결사를 통해 불교 개혁에 앞장섰다.
④ 심성의 도야를 강조한 유불 일치설을 제창하였다.
⑤ 불교 관련 설화를 중심으로 삼국유사를 저술하였다.

246

(가) 인물에 대한 설명으로 옳은 것은? [2점]

이곳은 (가) 이/가 불교계 개혁 운동을 전개한 순천 송광사입니다. 그는 수행 방법으로 돈오점수를 주장하였습니다.

보조국사 감로탑   국사전

① 승려들의 전기를 담은 해동고승전을 집필하였다.
② 화엄일승법계도를 지어 화엄 사상을 정리하였다.
③ 권수정혜결사문을 작성하여 정혜쌍수를 강조하였다.
④ 불교 경전에 대한 주석서를 모아 교장을 편찬하였다.
⑤ 보현십원가를 지어 불교 교리를 대중에게 전파하였다.

247

(가) 인물에 대한 설명으로 옳은 것은? [3점]

이것은 전라남도 강진군 월남사지에 있는 (가) 의 비입니다. 비문에는 지눌의 제자인 그가 수선사의 제2대 사주가 된 일, 당시 집권자인 최우가 그에게 두 아들을 출가(出家)시킨 일 등이 기록되어 있습니다.

① 화엄일승법계도를 지어 화엄 사상을 정리하였다.
② 해동 천태종을 개창하여 불교 교단 통합에 힘썼다.
③ 선문염송집을 편찬하고 유불 일치설을 주장하였다.
④ 권수정혜결사문을 작성하여 정혜쌍수를 강조하였다.
⑤ 보현십원가를 지어 불교 교리를 대중에게 전파하였다.

248

(가)에 들어갈 내용으로 가장 적절한 것은? [2점]

이곳은 강진의 만덕산에 위치한 백련사입니다. 고려 무신 정권기 최우의 후원으로 절의 규모가 크게 확장되었는데, 특히 이 절에서 (가)

① 의천이 불교 통합을 위해 해동 천태종을 개창하였습니다.
② 요세가 법화 신앙을 바탕으로 신앙 결사를 이끌었습니다.
③ 지눌이 정혜사를 결성하고 불교 개혁 운동을 전개하였습니다.
④ 각훈이 해동고승전을 저술하여 승려들의 전기를 기록하였습니다.
⑤ 일연이 삼국유사를 집필하여 불교 중심의 설화, 야사 등을 정리하였습니다.

249

(가)에 들어갈 불상으로 옳은 것은? [2점]

문화유산 카드

(가)

- 종목 : 보물
- 소장처 : 국립 중앙 박물관
- 소개 : 경기도 하남시 하사창동에서 발견된 철불이다. 고려 초기 호족의 후원을 받아 제작되었으며, 석굴암 본존불의 양식을 이어받았다.

①  ② ③

④  ⑤

250

다음 사진전에 전시될 사진으로 적절하지 <u>않은</u> 것은? [2점]

 불상으로 보는 불교문화 사진전

제3전시실

이 실에서는 ○○ 시대 불상의 사진을 전시합니다. ○○ 시대에는 대형 철불이 유행하였으며, 논산 관촉사 석조 미륵보살 입상처럼 거대한 불상이 조성되기도 하였습니다.

①  ② 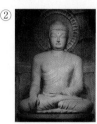 ③

④  ⑤

251

(가) 국가의 탑으로 옳은 것은? [1점]

이 탑은 원래 개성에 있었는데 지금은 국립 중앙 박물관에 옮겨져 새로운 영상 기법으로 전시되고 있습니다. (가) 시대에 만들어진 이 탑은 이후 원각사지 십층 석탑에 영향을 주기도 하였습니다.

①  ②  ③

④  ⑤

252

다음 구성안의 소재가 된 탑으로 옳은 것은? [1점]

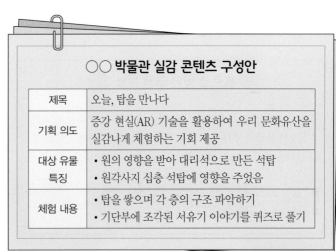

○○ 박물관 실감 콘텐츠 구성안

제목	오늘, 탑을 만나다
기획 의도	증강 현실(AR) 기술을 활용하여 우리 문화유산을 실감나게 체험하는 기회 제공
대상 유물 특징	• 원의 영향을 받아 대리석으로 만든 석탑 • 원각사지 십층 석탑에 영향을 주었음
체험 내용	• 탑을 쌓으며 각 층의 구조 파악하기 • 기단부에 조각된 서유기 이야기를 퀴즈로 풀기

①  ②  ③

④  ⑤

III
고려

253

제58회 16번

다음 기획전에 전시될 문화유산으로 적절한 것은? [1점]

🏵 **흙으로 빚은 푸른 보물** 🏵

이번 기획전에서는 고려 시대 귀족 문화를 보여 주는 비색의 순청자와 음각한 부분에 백토나 흑토를 채워 화려하게 장식한 상감 청자가 전시됩니다. 관심 있는 분들의 많은 관람 바랍니다.

■ 기간 : 2022년 ○○월 ○○일 ~ ○○월 ○○일
■ 장소 : △△ 박물관

---

①  ②  ③

④  ⑤

254

제54회 16번

(가)에 대한 설명으로 옳은 것은? [2점]

국외 소재 우리 문화유산을 찾기 위해 헌신한 박병선 박사를 조명하는 다큐멘터리가 방영될 예정입니다. 그녀는 청주 흥덕사에서 금속 활자로 간행된 (가) 을/를 프랑스 국립 도서관에서 발견하였습니다. 또한, 외규장각 의궤의 반환을 위해서도 노력하였습니다.

① 군주의 도를 도식으로 설명하였다.
② 세금 수취를 위해 3년마다 작성되었다.
③ 유네스코 세계 기록 유산으로 등재되었다.
④ 거란의 침략을 물리치기 위해 제작하였다.
⑤ 충신, 효자, 열녀를 알리기 위해 간행하였다.

255

제59회 15번

(가)에 들어갈 사진 자료로 적절한 것은? [2점]

△△ 시대 문화유산 사진전

우리 학교 역사 동아리에서 △△ 시대에 만들어진 문화유산을 소개하는 사진전을 개최합니다. 학생 여러분의 많은 관심과 참여 바랍니다.

청자 상감 운학문 매병   (가)   수월관음도

■ 일자 : 2022년 ○○월 ○○일   ■ 장소 : 본관 2층 동아리실

---

①  ② ③

금동 연가 7년명   서산 용현리 마애   경주 분황사 모전
여래 입상   여래 삼존상   석탑

④  ⑤

영주 부석사 무량수전   보은 법주사 팔상전

256

제57회 15번

다음 대화에 해당하는 문화유산으로 옳은 것은? [3점]

우리나라에 현존하는 가장 오래된 목조 건축물에 대해 이야기해 보자.

공민왕 때 지붕을 크게 수리했다는 상량문의 기록을 통해 건축 연대를 추정할 수 있지.

공포가 기둥 위에만 있는 주심포 양식의 건물로, 지붕의 형태는 맞배지붕이야.

①  ② ③

안동 봉정사 극락전   보은 법주사 팔상전   구례 화엄사 각황전

④  ⑤

예산 수덕사 대웅전   영주 부석사 무량수전

257

(가)에 들어갈 문화유산으로 옳은 것은? [1점]

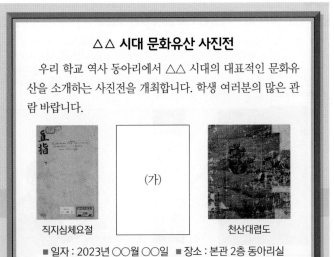

△△ 시대 문화유산 사진전

우리 학교 역사 동아리에서 △△ 시대의 대표적인 문화유산을 소개하는 사진전을 개최합니다. 학생 여러분의 많은 관람 바랍니다.

(가)

직지심체요절   천산대렵도

■ 일자 : 2023년 ○○월 ○○일 ■ 장소 : 본관 2층 동아리실

①
금동 대향로

②
호우총 청동 그릇

③
청자 상감 모란문
표주박모양 주전자

④
이불병좌상

⑤
인왕제색도

258

(가) 국가의 문화유산으로 옳은 것을 〈보기〉에서 고른 것은? [2점]

미(美)·색(色)
벨기에 소장 우리 문화유산 특별전

■ 기간 : 2022. ○○. ○○. ~ ○○. ○○.
■ 장소 : △△ 박물관 기획 전시실

초대의 글

우리 박물관에서는 국내에 들여와 보존 처리를 마친 벨기에 왕립예술역사박물관 소장 (가) 의 공예품 8점을 공개하는 특별전을 개최합니다.

이번 전시에서는 (가) 의 대표적 문화유산인 상감 청자 6점을 비롯하여 청동 정병, 금동 침통 등을 자세히 감상할 수 있도록 전시 공간을 연출하였으니 많은 관심 바랍니다.

보기

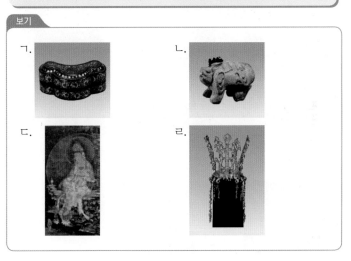

ㄱ.

ㄴ.

ㄷ.

ㄹ.

① ㄱ, ㄴ   ② ㄱ, ㄷ   ③ ㄴ, ㄷ
④ ㄴ, ㄹ   ⑤ ㄷ, ㄹ

259

밑줄 그은 '문화유산'으로 옳지 않은 것은?

제61회 18번

[3점]

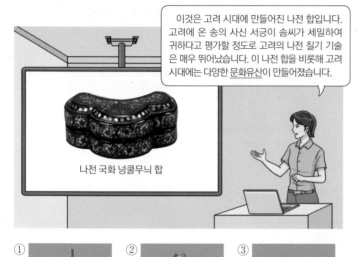

이것은 고려 시대에 만들어진 나전 합입니다. 고려에 온 송의 사신 서긍이 솜씨가 세밀하여 귀하다고 평가할 정도로 고려의 나전 칠기 기술은 매우 뛰어났습니다. 이 나전 합을 비롯해 고려 시대에는 다양한 문화유산이 만들어졌습니다.

나전 국화 넝쿨무늬 합

①
청동 은입사
포류수금문 정병

②
부석사
소조 여래 좌상

③
청자 상감 운학문
매병

④
월정사
팔각 구층 석탑

⑤
법주사
팔상전

260

밑줄 그은 '국가'의 문화유산으로 옳지 않은 것은?

제69회 16번

[2점]

이것은 왕실의 종친인 신안공 왕전이 몽골의 침략을 받던 시기에 국가의 태평을 기원하며 발원한 법화경서탑도(法華經書塔圖)입니다. 감색 종이에 금가루 등으로 법화경 수만 자를 한 자씩 써서 칠층 보탑을 형상화한 것이 특징입니다.

①

②

③

④

⑤

1 고려 태조의 업적으로 옳으면 ○표, 틀리면 ×표를 하시오.

(1) 개국 공신에게 역분전을 지급하였다. ( )

(2) 빈민 구제 기관인 흑창을 설치하였다. ( )

(3) 12목에 지방관을 처음으로 파견하였다. ( )

(4) 관학 진흥을 위해 양현고를 설치하였다. ( )

(5) 서경을 북진 정책의 전진 기지로 삼았다. ( )

(6) 신돈을 등용하고 전민변정도감을 두었다. ( )

(7) 정계와 계백료서를 지어 관리의 규범을 제시하였다. ( )

(8) 전시과 제도를 처음 마련하여 관리에게 토지를 지급하였다.

( )

2 고려 광종의 업적으로 옳으면 ○표, 틀리면 ×표를 하시오.

(1) 훈요 10조를 남겼다. ( )

(2) 과거제를 도입하였다. ( )

(3) 한양을 남경으로 승격시켰다. ( )

(4) 삼국사기 편찬을 명령하였다. ( )

(5) 국자감에 서적포를 설치하였다. ( )

(6) 광덕, 준풍 등의 독자적인 연호를 사용하였다. ( )

(7) 개경에 귀법사를 세우고 균여를 주지로 삼았다. ( )

(8) 왕권을 강화하기 위해 노비안검법을 실시하였다. ( )

3 고려 성종에 대한 설명으로 옳으면 ○표, 틀리면 ×표를 하시오.

(1) 12목을 설치하고 지방관을 파견하였다. ( )

(2) 국자감에 7재라는 전문 강좌를 개설하였다. ( )

(3) 국자감을 설립하여 유학 교육 진흥에 힘썼다. ( )

(4) 지방 세력 통제를 위해 향리제를 정비하였다. ( )

(5) 주전도감을 설치하여 해동통보를 발행하였다. ( )

(6) 빈민을 구제하기 위해 흑창을 처음 설치하였다. ( )

(7) 청연각과 보문각을 두어 학문 연구를 장려하였다. ( )

(8) 최승로의 시무 28조를 받아들여 통치 체제를 정비하였다. ( )

4 다음 설명에 해당하는 정치 기구를 〈보기〉에서 골라 쓰시오.

보기

중서문하성, 추밀원, 도병마사, 식목도감, 어사대, 삼사

(1) 군사 기밀과 왕명 출납을 담당하였다. ( )

(2) 국정을 총괄하는 최고 중앙 관서였다. ( )

(3) 원 간섭기에 도평의사사로 개편되었다. ( )

(4) 화폐와 곡식의 출납 회계를 담당하였다. ( )

(5) 관리의 비리를 감찰하고 풍기를 단속하였다. ( )

(6) 소속 관원이 낭사와 함께 서경권을 행사하였다. ( )

(7) 재신, 추밀 등으로 구성되어 법제를 논의하였다. ( )

5 고려에 대한 설명으로 옳으면 ○표, 틀리면 ×표를 하시오.

(1) 전국 8도를 23부로 개편하였다. ( )

(2) 지방관으로 안찰사를 파견하였다. ( )

(3) 중앙군으로 2군 6위를 설치하였다. ( )

(4) 국경 지역인 양계에 병마사를 파견하였다. ( )

(5) 특수 행정 구역으로 향, 부곡, 소가 있었다. ( )

(6) 지방 장관으로 욕살, 처려근지 등을 두었다. ( )

(7) 지방을 통제하기 위해 22담로를 설치하였다. ( )

(8) 지방 행정 제도를 9주 5소경으로 정비하였다. ( )

6 다음 사실들을 순서대로 나열하시오.

(1) ( )

(가) 쌍기의 건의로 과거제가 시행되었다.
(나) 경순왕 김부가 경주의 사심관이 되었다.
(다) 전국에 12목이 설치되고 지방관이 파견되었다.
(라) 처음으로 직관·산관 각 품의 전시과가 제정되었다.

(2) ( )

(가) 왕실의 외척인 이자겸이 난을 일으켰다.
(나) 묘청이 수도를 서경으로 옮길 것을 주장하였다.
(다) 정중부 등이 정변을 일으켜 권력을 장악하였다.
(라) 만적을 비롯한 노비들이 신분 해방을 도모하였다.
(마) 묘청 일파가 김부식이 이끄는 관군에 의해 토벌되었다.

7 고려 무신 집권기에 있었던 사실로 옳으면 ○표, 틀리면 ×표를 하시오.

(1) 정지가 관음포에서 승리를 거두었다. ( )

(2) 웅천주 도독 김헌창이 반란을 일으켰다. ( )

(3) 공주 명학소에서 망이·망소이가 봉기하였다. ( )

(4) 최충이 9재 학당을 세워 유학 교육을 실시하였다. ( )

(5) 만적이 개경에서 노비를 모아 반란을 모의하였다. ( )

(6) 최충헌이 봉사 10조를 올려 시정 개혁을 건의하였다. ( )

(7) 김사미와 효심이 가혹한 수탈에 저항하여 봉기하였다. ( )

(8) 조위총이 군사를 일으켜 정중부 등의 제거를 도모하였다. ( )

8 다음 설명에 해당하는 기구를 〈보기〉에서 골라 쓰시오.

보기

교정도감, 정방, 삼별초

(1) 무신 집권기 최고 권력 기구였다. ( )
(2) 최씨 무신 정권의 군사적 기반 역할을 하였다. ( )
(3) 최우에 의해 설치되어 인사 행정을 처리하였다. ( )

9 다음 사실들을 순서대로 나열하시오.

(1) ( )

(가) 강감찬이 귀주에서 대승을 거두었다.
(나) 외침에 대비하여 광군이 조직되었다.
(다) 강조가 정변을 일으켜 목종을 폐위하였다.
(라) 이자겸이 금의 사대 요구 수용을 주장하였다.

(2) ( )

(가) 여진을 정벌하여 동북 9성을 축조하였다.
(나) 거란이 침입하여 왕이 나주까지 피난하였다.
(다) 서희가 외교 담판을 벌여 강동 6주를 획득하였다.

10 몽골의 침입에 대한 고려의 대응으로 옳으면 ○표, 틀리면 ×표를 하시오.

(1) 처인성에서 살리타를 사살하였다. ( )
(2) 강화도로 도읍을 옮겨 항전하였다. ( )
(3) 양규가 무로대에서 적군을 물리쳤다. ( )
(4) 박위를 파견하여 근거지를 토벌하였다. ( )
(5) 김윤후가 충주성 전투에서 활약하였다. ( )
(6) 다인철소 주민들이 충주에서 항전하였다. ( )
(7) 송문주가 죽주성에서 적군을 격퇴하였다. ( )
(8) 대장도감을 설치하여 팔만대장경을 간행하였다. ( )
(9) 선물 받은 낙타를 만부교에서 굶어 죽게 하였다. ( )
(10) 철령위 설치에 반발하여 요동 정벌을 추진하였다. ( )
(11) 신기군, 신보군, 항마군 등으로 구성된 별무반을 조직하였다.
( )

11 원 간섭기에 있었던 사실로 옳으면 ○표, 틀리면 ×표를 하시오.

(1) 권문세족이 도평의사사를 장악하였다. ( )
(2) 원종과 애노가 사벌주에서 봉기하였다. ( )
(3) 일본 원정을 위해 정동행성이 설치되었다. ( )
(4) 만적이 개경에서 신분 해방을 도모하였다. ( )
(5) 대각국사 의천이 해동 천태종을 개창하였다. ( )
(6) 철령위 설치 문제로 요동 정벌이 추진되었다. ( )
(7) 중서문하성과 상서성이 첨의부로 개편되었다. ( )
(8) 이제현이 만권당에서 유학자들과 교류하였다. ( )
(9) 지배층을 중심으로 변발과 호복이 유행하였다. ( )
(10) 국난 극복을 기원하며 초조대장경이 조판되었다. ( )

12 고려 공민왕 재위 시기의 사실로 옳으면 ○표, 틀리면 ×표를 하시오.

(1) 국자감이 성균관으로 개칭되었다. ( )
(2) 경기에 한하여 과전법이 실시되었다. ( )
(3) 대표적 친원 세력인 기철이 숙청되었다. ( )
(4) 인사 행정을 담당하던 정방이 폐지되었다. ( )
(5) 빈민 구제를 위한 흑창이 처음 설치되었다. ( )
(6) 신돈을 중심으로 전민변정 사업이 추진되었다. ( )
(7) 유인우, 이자춘 등이 쌍성총관부를 수복하였다. ( )
(8) 나세, 심덕부 등이 진포에서 왜구를 격퇴하였다. ( )
(9) 이규보가 고구려 계승 의식을 강조한 동명왕편을 지었다.
( )

13 이성계의 활동으로 옳으면 ○표, 틀리면 ×표를 하시오.

(1) 의종 복위를 도모하여 군사를 일으켰다. ( )
(2) 여진을 정벌하여 동북 9성을 축조하였다. ( )
(3) 위화도에서 회군하여 최영을 제거하였다. ( )
(4) 화포를 이용하여 진포에서 대승을 거두었다. ( )
(5) 삼별초를 이끌고 진도로 이동하여 대몽 항쟁을 펼쳤다. ( )
(6) 내륙까지 쳐들어와 약탈하던 왜구를 황산에서 물리쳤다. ( )

14 고려 시대의 경제 상황으로 옳으면 ○표, 틀리면 ×표를 하시오.

(1) 관리에게 전지와 시지를 지급하였다. ( )
(2) 활구라고 불리는 은병이 유통되었다. ( )
(3) 솔빈부의 말이 특산품으로 유명하였다. ( )
(4) 서적점, 다점 등의 관영 상점을 운영하였다. ( )
(5) 시장을 관리하는 관청인 동시전이 설치되었다. ( )
(6) 광산을 전문적으로 경영하는 덕대가 등장하였다. ( )
(7) 해동통보를 발행하여 화폐의 통용을 추진하였다. ( )
(8) 일본과의 교역 규모를 규정한 계해약조를 체결하였다. ( )
(9) 예성강 하구의 벽란도가 국제 무역항으로 번성하였다. ( )
(10) 설점수세제의 시행으로 민간의 광산 개발이 허용되었다.

15 고려 시대의 사회 모습으로 옳으면 ○표, 틀리면 ×표를 하시오.

(1) 유랑민을 구휼하는 활인서를 두었다. ( )

(2) 빈민 구제를 위해 의창이 설치되었다. ( )

(3) 적장자 위주의 상속 제도가 확립되었다. ( )

(4) 물가 조절을 위해 상평창을 설치하였다. ( )

(5) 특수 행정 구역인 소의 주민들이 차별을 받았다. ( )

(6) 백성들에게 곡식을 빌려주는 진대법을 실시하였다. ( )

(7) 거란도, 영주도 등을 통해 주변 국가와 교류하였다. ( )

(8) 기근에 대비하기 위해 구황촬요를 간행하여 보급하였다.

( )

(9) 우리 풍토에 맞는 농법을 소개한 농사직설이 편찬되었다.

( )

(10) 기금을 모아 그 이자로 빈민을 구제하는 제위보를 운영하였다.

( )

16 밑줄 그은 '왕'을 〈보기〉에서 골라 쓰시오.

> 보기
>
> 태조, 광종, 경종, 성종, 숙종, 인종, 공민왕

(1) ( )

> 왕이 천덕전에 거둥하여 백관을 모아놓고 말하기를, "내가 신라와 굳게 동맹을 맺은 것은 두 나라가 길이 우호를 유지하고 각자의 사직(社稷)을 보전하기 위해서였다. 지금 신라 왕이 굳이 신하로 있겠다고 요청하고 그대들도 그것이 옳다고 하니, 나의 마음이 매우 부끄러우나 여러 사람의 뜻을 거스르기가 어렵다."라고 하였다. 이에 신라 왕이 뜰에서 예를 올리니 …… 신라국을 없애 경주라 하고, 그 지역을 김부의 식읍으로 하사하였다.

(2) ( )

> • 왕이 교서를 내려 말하기를, "경전에 통하고 전적(典籍)을 널리 읽은 자들을 선발하여 경학박사와 의학박사로 삼아, 12목에 각각 1명씩 파견하여 돈독하게 가르치고 깨우치게 하라."라고 하였다.
> • 12년 2월에 양경과 12목에 상평창을 설치하였다. 그리고 왕이 교서를 내려 말하기를, "한서 식화지에 '그해가 풍년인지 흉년인지에 따라 곡식을 풀거나 거두어들이는 것을 행한다.'라고 하였다. …… 경시서에서 조적하게 하되, 대부시(大府寺)와 사헌대(司憲臺)에서 그 출납을 관리하게 한다. …… 주군의 창은 그 지방 관원에게 맡겨 이를 관리하여 빈민을 구제하게 하라."라고 하였다.

(3) ( )

> 왕이 한림학사 쌍기를 지공거로 임명하고, 시(詩)·부(賦)·송(頌)과 시무책을 시험하여 진사를 뽑게 하였다. 위봉루에 친히 나가 급제자를 발표하여, 갑과에 최섬 등 2명, 명경에 3명, 복업에 2명을 합격시켰다.

(4) ( )

> 백관을 소집하여 금을 섬기는 문제에 대한 가부를 의논하게 하니 모두 불가하다고 하였다. 유독 이자겸, 척준경만이 "금이 …… 정치를 잘하고 병력도 강성하여 날로 강대해지고 있습니다. 또 우리와 서로 국경이 맞닿아 있어 섬기지 않을 수 없는 상황입니다. 게다가 작은 나라로서 큰 나라를 섬기는 것은 선왕의 도리이니, 사신을 보내 먼저 예를 갖추어 찾아가는 것이 옳습니다."라고 하니 왕이 이 말을 따랐다.

(5) ( )

> 왕이 제서(制書)를 내리기를, "백성을 부유하게 하고 국가를 이롭게 하는 것으로 전화(錢貨)만큼 중요한 것이 없다. …… 이제 처음으로 화폐를 주조하는 법을 제정하고, 이에 따라 주조한 동전 15,000관(貫)을 재추(宰樞)와 문무 양반 및 군인에게 나누어 하사하여 화폐 사용의 시작점으로 삼고자 한다. 전문(錢文)은 해동통보라고 한다."라고 하였다.

(6) ( )

> • 왕이 원의 제도를 따라 변발과 호복을 하고 전상(殿上)에 앉아 있었다. 이연종이 말하기를, "변발과 호복은 선왕의 제도가 아니옵니다. 원컨대 전하께서는 본받지 마소서."라고 하였다. 왕이 기뻐하며 즉시 변발을 풀고, 이연종에게 옷과 이불을 하사하였다.
> • 이자춘이 쌍성 등지의 천호들을 거느리고 내조하니 왕이 맞이하며 말하기를, "어리석은 민(民)을 보살펴 편안하게 하느라 얼마나 노고가 많았는가?"라고 하였다. …… 왕이 이자춘에게 이르기를, "경은 마땅히 돌아가서 우리 민을 진정시키고, 만일 변란이 일어나면 마땅히 내 명령대로 하라."라고 하였다. …… 이자춘이 명령을 듣고 곧 행군하여 유인우와 합세한 후 쌍성총관부를 공격하여 격파하였다.

(7) ( )

> 묘청 등이 왕에게 말하기를, "신들이 보건대 서경의 임원역은 음양가들이 말하는 대화세(大華勢)이니 만약 이곳에 궁궐을 세우고 옮기시면 천하를 병합할 수 있을 것이요, 금이 공물을 바치고 스스로 항복할 것입니다."라고 하였다.

(8) ( )

> 발해가 거란의 군사에게 격파되자 그 나라 세자인 대광현 등이 우리나라가 의(義)로써 흥기하였으므로 남은 무리 수만 호를 거느리고 밤낮으로 길을 재촉하여 달려왔습니다. 왕께서는 이들을 더욱 가엾게 여기시어 영접과 대우가 매우 두터웠고, 성과 이름을 하사하시기까지 이르렀습니다.

(9) ( )

> 왕이 "중앙의 5품 이상 관리들은 각자 봉사를 올려 시정(時政)의 잘잘못을 논하라."라고 명령하였다. 최승로가 상소하였는데 대략 다음과 같은 내용이었다. "…… 이제 앞선 5대 조정의 정치와 교화에 대해서 잘되고 잘못된 행적들을 기록하고, 거울로 삼거나 경계할 만한 것들을 삼가 조목별로 아뢰겠습니다. …… 신이 또 시무(時務) 28조를 기록하여 장계와 함께 따로 봉하여 올립니다."

(10) ( )

> 왕 원년 11월에 처음으로 직관(職官)·산관(散官)의 각 품(品)의 전시과를 제정하였는데 관품(官品)의 높고 낮은 것은 논하지 않고 다만 인품(人品)만 가지고 전시과의 등급을 결정하였다. 자삼(紫衫) 이상은 18품(品)으로 나누었다. …… 이하 잡직 관리에게도 각각 인품에 따라서 차이를 두고 나누어 주었다. 그리고 이 해 전시과 등급에 들지 못한 자는 모두 전지 15결을 주었다.

(11) ( )

> 왕이 지정(至正) 연호의 사용을 중지하고 교서를 내려 말하기를, "…… 기철 등이 군주의 위세를 빙자하여 나라의 법도를 뒤흔들었다. 자신의 기분에 따라 관리를 마음대로 임명하여 정령(政令)이 원칙 없이 바뀌었다. 남이 토지를 가지고 있으면 그것을 차지하고, 노비를 가지고 있으면 빼앗았다. …… 이제 다행히도 조종(祖宗)의 영령에 기대어 기철 등을 처단할 수 있었다."라고 하였다.

17 (가)~(다)를 일어난 순서대로 나열하시오.

(1) ( )

> (가) 경종 원년 11월에 처음으로 직관(職官)·산관(散官)의 각 품의 전시과를 제정하였다. …… 자삼(紫衫) 이상은 18품으로 나누었다.
> (나) 쌍기가 의견을 올리니 처음으로 과거를 시행하였다. 시(詩)·부(賦)·송(頌) 및 시무책으로 시험하여 진사를 뽑았으며, 겸하여 명경업·의업·복업 등도 뽑았다.
> (다) 역분전을 제정하였는데, 통일할 때의 조신(朝臣)이나 군사들은 관계(官階)를 따지지 않고 그 사람의 성품과 행동의 선악과 공로의 크고 작음을 보고 차등 있게 지급하였다.

(2) ( )

> (가) 왕이 말하기를, "비록 내 몸은 궁궐에 있지만 마음은 언제나 백성에게 치우쳐 있다. …… 이에 지방 수령들의 공(功)에 의지해 백성들의 소망에 부합하고자 12목 제도를 시행한다."라고 하였다.
> (나) 혜종이 병으로 자리에 눕자 왕규는 다른 뜻을 품었다. 이에 정종이 은밀하게 왕식렴과 함께 변란에 대응할 계획을 세웠다. 왕규가 난을 일으키자, 왕식렴은 평양에서 군대를 거느리고 (개경으로) 들어와 지켰다.
> (다) 이자겸과 척준경이 왕을 위협하여 남궁(南宮)으로 거처를 옮기게 하고 안보린, 최탁 등 17인을 죽였다. 이 외에도 죽인 군사가 헤아릴 수 없을 정도였다.

(3) ( )

> (가) 정지상 등이 왕에게 아뢰기를, "대동강에 상서로운 기운이 있으니 신령스러운 용이 침을 토하는 형국으로, 천 년에 한 번 만나기 어려운 일입니다. 천심에 응답하고 백성들의 뜻에 따르시어 금을 제압하소서."라고 하였다.
> (나) 왕이 보현원 문에 들어서자 …… 이고 등이 왕을 모시던 문관 및 대소 신료, 환관들을 모두 살해하였다. …… 정중부 등이 왕을 모시고 환궁하였다.
> (다) 청교역(靑郊驛) 서리 3인이 최충헌 부자를 죽일 것을 모의하면서, 거짓 공첩(公牒)을 만들어 여러 사원의 승려들을 불러 모았다. 공첩을 받은 귀법사 승려들은 그 공첩을 가져온 사람을 잡아서 최충헌에게 고해바쳤다. [최충헌은] 즉시 영은관에 교정별감을 둔 후 성문을 폐쇄하고 대대적으로 그 무리를 색출하였다.

(4) (   )

> (가) 만적 등이 노비들을 불러 모아서 말하기를, "장군과 재상에 어찌 타고난 씨가 있겠는가? 때가 되면 누구나 할 수 있는 것이다."라고 하였다. …… 만적 등 100여 명이 체포되어 강에 던져졌다.
>
> (나) 묘청이 서경을 근거지로 삼고 반란을 일으켰다. …… 국호를 대위, 연호를 천개, 그 군대를 천견충의군이라 불렀다.
>
> (다) 경대승이 정중부를 죽이자, 조정 신하들이 대궐에 나아가 축하하였다. 경대승이 말하기를, "임금을 죽인 사람이 아직 살아 있는데, 무슨 축하인가?"라고 하였다. 이의민은 이 말을 듣고 매우 두려워하여 날랜 사람들을 모아서 대비하였다. 또한, 경대승의 도방(都房)에서 자기들이 싫어하는 사람을 죽일 것을 모의한다는 말을 들었다. 이의민이 더욱 두려워하여 마을에 큰 문을 세워 밤마다 경계하였다.

(5) (   )

> (가) 거란이 장차 침입하려 하므로 군사 30만 명을 선발하여 광군이라 부르고 광군사를 설치하였다.
>
> (나) 왕이 서경에서 안북부까지 나아가 머물렀는데, 거란의 소손녕이 봉산군을 공격하여 파괴하였다는 소식을 듣자 더 가지 못하고 돌아왔다. 서희를 보내 화의를 요청하니 침공을 중지하였다.
>
> (다) 거란에서 사신을 파견하여 낙타 50필을 보냈다. 왕은 거란이 일찍이 발해와 지속적으로 화목하다가 갑자기 의심하여 맹약을 어기고 멸망시켰으니, 이는 매우 무도하여 친선 관계를 맺어 이웃으로 삼을 수 없다고 생각하였다. 드디어 교빙을 끊고 사신 30인을 섬으로 유배 보냈으며, 낙타는 만부교 아래에 매어두니 모두 굶어 죽었다.

(6) (   )

> (가) 최우가 왕에게 아뢰어 속히 대전(大殿)에서 내려와 서쪽 강화도로 행차할 것을 청하였으나, 왕이 망설이고 결정하지 못하였다. 최우가 녹전거(祿轉車) 100여 대를 빼앗아 집안의 재물을 강화도로 옮기니, 수도가 흉흉하였다.
>
> (나) 강조의 군사들이 궁문으로 마구 들어오자, 목종이 모면할 수 없음을 깨닫고 태후와 함께 목 놓아 울며 법왕사로 옮겼다. 잠시 후 황보유의 등이 대량원군(大良院君) [순(詢)]을 받들어 왕위에 올렸다. 강조가 목종을 폐위하여 양국공으로 삼고, 군사를 보내 김치양 부자와 유행간 등 7인을 죽였다.
>
> (다) 김방경과 흔도(忻都), 홍차구, 왕희, 왕옹 등이 3군을 거느리고 진도를 토벌하여 크게 격파하고, 승화후 왕온을 죽였다. 김통정이 남은 무리를 이끌고 탐라로 도망하여 들어갔다.

(7) (   )

> (가) 윤관이 포로 346구와 말 96필, 소 300여 마리를 바쳤다. 의주와 통태진·평융진에 성을 쌓고, 함주·영주·웅주·길주·복주, 공험진과 함께 북계 9성이라 하였다.
>
> (나) 송문주는 귀주에서 종군하였던 사람인데 그 공으로 낭장(郎將)으로 초수(超授)되었다. 이후 죽주 방호별감이 되었을 때, 몽골이 죽주성에 이르러 보름 동안이나 다방면으로 공격하였으나 성을 빼앗지 못하고 물러갔다.
>
> (다) 거란의 병사가 귀주를 지나자 강감찬 등이 동교(東郊)에서 맞아 싸웠다. …… 아군이 추격하여 석천을 건너 반령에 이르니 시신이 들을 덮고 사로잡은 사람과 노획한 말·낙타, 갑옷·무기는 모두 헤아릴 수 없었다.

(8) (   )

> (가) 대군이 압록강을 건너서 위화도에 머물렀다. …… 이성계가 회군한다는 소식을 듣고 모여든 사람이 천여 명이나 되었다.
>
> (나) 최영이 백관(百官)과 함께 철령 이북의 땅을 떼어 줄지 여부를 논의하자 관리들이 모두 반대하였다. 우왕은 홀로 최영과 비밀리에 요동을 공격할 것을 의논하였는데, 최영이 이를 권하였다.
>
> (다) 도평의사사에서 글을 올려 과전을 지급하는 법을 정할 것을 청하니, 그 의견을 따랐다. …… 경기는 사방의 근본이므로 마땅히 과전을 설치하여 사대부를 우대하여야 한다. 무릇 수도에 거주하며 왕실을 지키는 자는 현직, 산직(散職)을 불문하고 각각 과(科)에 따라 받게 한다.

18 다음 설명에 해당하는 학자를 〈보기〉에서 골라 쓰시오.

> 보기
>
> 쌍기, 최충, 이제현, 이색

(1) 과거제의 시행을 건의하였다.   (   )

(2) 역사서인 사략을 저술하였다.   (   )

(3) 지공거 출신으로 9재 학당을 설립하였다.   (   )

(4) 만권당에서 조맹부, 요수 등의 문인들과 교유하였다. (   )

(5) 성균관의 대사성이 되어 정몽주 등을 학관으로 천거하였다.

                                                (   )

19 다음 설명에 해당하는 서적을 〈보기〉에서 골라 쓰시오.

> 보기
> 삼국사기, 해동고승전, 삼국유사, 동국이상국집, 제왕운기

(1) 왕명에 의해 고승들의 전기를 기록하였다. ( )
(2) 현존하는 우리나라 최고(最古)의 역사서이다. ( )
(3) 고구려의 건국 서사시인 동명왕편이 실려 있다. ( )
(4) 불교사를 중심으로 민간 설화 등을 수록하였다. ( )
(5) 김부식 등이 왕명으로 편찬한 기전체 사서이다. ( )
(6) 중국과 우리나라의 역대 왕의 계보가 수록되었다. ( )

20 의천에 대한 설명으로 옳으면 ○표, 틀리면 ×표를 하시오.

(1) 수심결을 지어 돈오점수를 강조하였다. ( )
(2) 국청사의 주지가 되어 해동 천태종을 개창하였다. ( )
(3) 백련사 결사를 통해 불교 정화 운동을 전개하였다. ( )
(4) 교장도감을 설치하여 불교 경전 주석서를 편찬하였다.
( )
(5) 인도와 중앙아시아를 순례하고 왕오천축국전을 남겼다.
( )
(6) 이론의 연마와 수행을 함께 강조하는 교관겸수를 제시하였다.
( )

21 다음 활동을 한 승려를 〈보기〉에서 골라 쓰시오.

> 보기
> 균여, 지눌, 혜심, 요세

(1) 참선을 강조하고 돈오점수를 주장하였다. ( )
(2) 법화 신앙에 중점을 둔 백련 결사를 주도하였다. ( )
(3) 선문염송집을 편찬하고 유불 일치설을 주장하였다. ( )
(4) 권수정혜결사문을 작성하여 정혜쌍수를 강조하였다. ( )
(5) 수선사 결사를 제창하여 불교계를 개혁하고자 하였다. ( )
(6) 보현십원가를 지어 불교 교리를 대중에게 전파하였다. ( )

22 직지심체요절에 대한 설명으로 옳으면 ○표, 틀리면 ×표를 하시오.

(1) 현존하는 최고(最古)의 금속 활자본이다. ( )
(2) 거란의 침략을 물리치기 위해 제작되었다. ( )
(3) 유네스코 세계 기록 유산으로 등재되었다. ( )
(4) 현재 프랑스 국립 도서관에 보관되어 있다. ( )
(5) 청주 흥덕사에서 금속 활자본으로 간행되었다. ( )
(6) 불국사 3층 석탑을 보수하는 과정에서 발견되었다. ( )

23 고려의 불상으로 옳으면 ○표, 틀리면 ×표를 하시오.

(1) ( ) (2) ( ) (3) ( )
(4) ( ) (5) ( ) (6) ( )

24 고려의 문화유산으로 옳으면 ○표, 틀리면 ×표를 하시오.

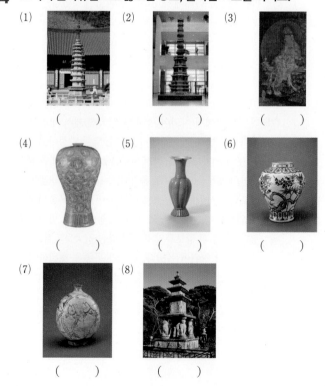

(1) ( ) (2) ( ) (3) ( )
(4) ( ) (5) ( ) (6) ( )
(7) ( ) (8) ( )

25 고려의 건축물로 옳으면 ○표, 틀리면 ×표를 하시오.

(1)

▲ 안동 봉정사 극락전
(　　　)

(2)

▲ 보은 법주사 팔상전
(　　　)

(3)

▲ 예산 수덕사 대웅전
(　　　)

(4)

▲ 구례 화엄사 각황전
(　　　)

(5)

▲ 영주 부석사 무량수전
(　　　)

(6)

▲ 성불사 응진전
(　　　)

1. (1) ○ (2) ○ (3) ×(성종) (4) ×(예종) (5) ○ (6) ×(공민왕) (7) ○
 (8) ×(경종)

2. (1) ×(태조) (2) ○ (3) ×(문종) (4) ×(인종) (5) ×(숙종) (6) ○
 (7) ○ (8) ○

3. (1) ○ (2) ×(예종) (3) ○ (4) ○ (5) ×(숙종) (6) ×(태조) (7) ×(예종)
 (8) ○

4. (1) 추밀원 (2) 중서문하성 (3) 도병마사 (4) 삼사 (5) 어사대 (6) 어사대
 (7) 식목도감

5. (1) ×(조선, 제2차 갑오개혁) (2) ○ (3) ○ (4) ○ (5) ○ (6) ×(고구려)
 (7) ×(백제) (8) ×(통일 신라)

6. (1) (나)-(가)-(라)-(다) (2) (가)-(나)-(마)-(다)-(라)

7. (1) ×(고려 우왕) (2) ×(신라 헌덕왕) (3) ○ (4) ×(고려 문종) (5) ○
 (6) ○ (7) ○ (8) ○

8. (1) 교정도감 (2) 삼별초 (3) 정방

9. (1) (나)-(다)-(가)-(라) (2) (다)-(나)-(가)

10. (1) ○ (2) ○ (3) ×(거란) (4) ×(왜구) (5) ○ (6) ○ (7) ○ (8) ○
 (9) ×(거란) (10) ×(명) (11) ×(여진)

11. (1) ○ (2) ×(신라, 진성 여왕) (3) ○ (4) ×(무신 집권기)
 (5) ×(고려 숙종) (6) ×(고려 우왕) (7) ○ (8) ○ (9) ○
 (10) ×(고려 현종)

12. (1) ○ (2) ×(공양왕) (3) ○ (4) ○ (5) ×(태조) (6) ○ (7) ○
 (8) ×(우왕) (9) ×(명종)

13. (1) ×(김보당) (2) ×(윤관) (3) ○ (4) ×(최무선, 나세 등)
 (5) ×(배중손) (6) ○

14. (1) ○ (2) ○ (3) ×(발해) (4) ○ (5) ×(신라) (6) ×(조선 후기) (7) ○
 (8) ×(조선 전기) (9) ○ (10) ×(조선 후기)

15. (1) ×(조선) (2) ○ (3) ×(조선 후기) (4) ○ (5) ○ (6) ×(고구려)
 (7) ×(발해) (8) ×(조선 전기) (9) ×(조선 전기) (10) ○

16. (1) 태조 (2) 성종 (3) 광종 (4) 인종 (5) 숙종 (6) 공민왕 (7) 인종
 (8) 태조 (9) 성종 (10) 경종 (11) 공민왕

17. (1) (다) - (나) - (가) (2) (나) - (가) - (다) (3) (가) - (나) - (다)
 (4) (나) - (다) - (가) (5) (다) - (가) - (나) (6) (나) - (가) - (다)
 (7) (다) - (가) - (나) (8) (나) - (가) - (다)

18. (1) 쌍기 (2) 이제현 (3) 최충 (4) 이제현 (5) 이색

19. (1) 해동고승전 (2) 삼국사기 (3) 동국이상국집 (4) 삼국유사
 (5) 삼국사기 (6) 제왕운기

20. (1) ×(지눌) (2) ○ (3) ×(요세) (4) ○ (5) ×(혜초) (6) ○

21. (1) 지눌 (2) 요세 (3) 혜심 (4) 지눌 (5) 지눌 (6) 균여

22. (1) ○ (2) ×(초조대장경) (3) ○ (4) ○ (5) ○
 (6) ×(무구정광대다라니경)

23. (1) ○ (2) ○ (3) ○ (4) ×(백제) (5) ○ (6) ×(통일 신라)

24. (1) ○ (2) ○ (3) ○ (4) ○ (5) ○ (6) ×(조선) (7) ×(조선)
 (8) ×(통일 신라)

25. (1) ○ (2) ×(조선 후기) (3) ○ (4) ×(조선 후기) (5) ○ (6) ○

IV 조선 전기

조선 건국 초기 국왕의 업적 및 정치 조직, 임진왜란의 전개 과정을 묻는 문항이 자주 출제됩니다. 정치와 문화가 연계되어 출제되는 경우도 종종 있음을 꼭 기억하세요.

큰별쌤의 **학습 포인트**

- 태조, 태종, 세종, 세조, 성종이 추진한 주요 정책을 꼭 정리하세요.

- 연산군~명종 대에 일어난 사화의 원인과 관련 인물을 알아두세요.

- 중앙 정치 기구의 업무와 주요 관직을 파악하세요.

- 명, 여진, 일본에 대한 외교 정책을 구분하고 임진왜란의 전개 과정을 정리하세요.

- 경제 및 사회는 출제 빈도가 비교적 낮지만, 토지 및 수취 제도와 유향소를 알아두세요.

- 세종 때 발명된 여러 과학 기구와 편찬된 서적을 꼭 정리하세요.

- 이황과 이이의 저서와 활동을 정리하고, 사진 자료를 통해 15~16세기 대표적인 문화유산을 숙지하세요.

최근 6회차 단원별 출제 비중

선사　고대　고려　조선 전기　조선 후기　개항기　일제 강점기　현대

[문항 수]

73회 ※ 시대 통합 : 1문항

정도전, 세종의 업적, 조선과 명의 관계, 연산군 재위 시기의 사실, 경재소

72회 ※ 시대 통합 : 2문항

태종의 정책, 집현전, 성종 재위 시기의 사실, 을사사화, 고사관수도

71회 ※ 시대 통합 : 2문항

태조 재위 시기의 사실, 비변사, 을사사화, 처용무

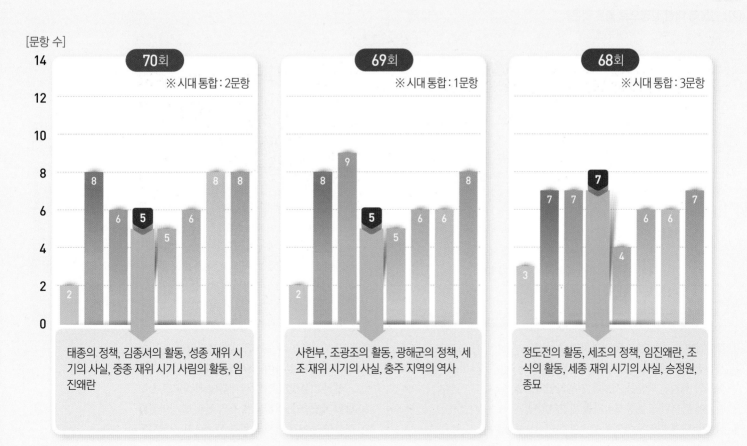

[문항 수]

70회 ※ 시대 통합 : 2문항

태종의 정책, 김종서의 활동, 성종 재위 시기의 사실, 중종 재위 시기 사림의 활동, 임진왜란

69회 ※ 시대 통합 : 1문항

사헌부, 조광조의 활동, 광해군의 정책, 세조 재위 시기의 사실, 충주 지역의 역사

68회 ※ 시대 통합 : 3문항

정도전의 활동, 세조의 정책, 임진왜란, 조식의 활동, 세종 재위 시기의 사실, 승정원, 종묘

정답과 해설 051쪽

1 정치

261

제47회 18번

(가)~(다)를 일어난 순서대로 옳게 나열한 것은?

[2점]

조선의 건국 과정

(가)	(나)	(다)
이성계가 위화도에서 회군하여 정권을 장악하였다.	한양을 도읍으로 정하고 경복궁을 건설하였다.	조준 등의 건의로 과전법을 제정하여 토지 제도를 개혁하였다.

① (가) - (나) - (다)
② (가) - (다) - (나)
③ (나) - (가) - (다)
④ (나) - (다) - (가)
⑤ (다) - (나) - (가)

262

제73회 20번

(가) 인물에 대한 설명으로 옳은 것은?

[2점]

사료로 보는 한국사

임금의 자질에는 어리석은 자질도 있고 현명한 자질도 있으며 강한 자질도 있고 유약한 자질도 있어서 한결같지 않으니, 재상은 임금의 아름다운 점은 순종하고 나쁜 점은 바로잡으며, 옳은 일은 받들고 옳지 않은 것은 막아서, 임금으로 하여금 가장 올바른 경지에 들게 해야 한다.

[해설] 이 글은 이성계를 도와 조선 건국을 주도한 (가) 이/가 저술한 조선경국전의 일부입니다. 그는 국가 운영을 위한 종합적인 통치 규범을 제시하고, 재상의 역할을 강조하였습니다.

① 불씨잡변을 지어 불교를 비판하였다.
② 계유정난을 계기로 정계에서 축출되었다.
③ 최초의 서원인 백운동 서원을 건립하였다.
④ 일본에 다녀와서 해동제국기를 편찬하였다.
⑤ 성리학의 개념을 도식으로 설명한 성학십도를 지었다.

263

제48회 19번

다음 글을 쓴 인물에 대한 설명으로 옳은 것은?

[2점]

선유(先儒)가 불씨(佛氏)의 지옥설을 논박하여 말하기를, "…… 불법(佛法)이 중국에 들어오기 전에도 죽었다가 다시 살아난 사람들이 있었는데, 어째서 한 사람도 지옥에 들어가 소위 시왕(十王)*이란 것을 본 자가 없단 말인가? 그 지옥이란 없기도 하거니와 믿을 수 없음이 명백하다."라고 하였다.

– "삼봉집" –

* 시왕(十王) : 저승에서 죽은 사람을 재판하는 열 명의 대왕

① 계유정난을 계기로 정계에서 축출되었다.
② 일본에 다녀와서 해동제국기를 편찬하였다.
③ 기축봉사를 올려 명에 대한 의리를 내세웠다.
④ 군주의 도를 도식으로 설명한 성학십도를 지었다.
⑤ 조선경국전을 저술하여 통치 제도 정비에 기여하였다.

264

제71회 19번

밑줄 그은 '임금'의 재위 시기에 있었던 사실로 옳은 것은?

[2점]

임금이 무악에 이르러서 도읍을 정할 땅을 물색하였다. 좌시중 조준, 우시중 김사형에게 말하였다. "고려 말에 서운관에서 송도의 지덕이 이미 쇠했다는 이유로 여러 번 글을 올려 한양으로 도읍을 옮기자고 하였다. 근래에는 계룡이 도읍할 만한 곳이라 하기에 백성을 공사에 동원하여 힘들게 하였다. 이제 또 여기가 도읍할 만한 곳이라 하여 와서 보니, 유한우 등이 도리어 무악보다는 송도가 더 명당이라고 고집한다. 그대들은 도읍할 만한 곳을 서운관 관리에게 다시 보고받도록 하라."

① 독창적 문자인 훈민정음이 반포되었다.
② 수도 방어를 위하여 금위영이 창설되었다.
③ 조선의 기본 법전인 경국대전이 완성되었다.
④ 왕위 계승을 둘러싸고 왕자의 난이 발생하였다.
⑤ 성삼문 등이 상왕의 복위를 꾀하다가 처형되었다.

265

다음 시나리오의 상황 이후에 전개된 사실로 옳은 것은? [2점]

#12. 이성계의 집

이방원이 정몽주를 죽였다고 말하자 이성계가 크게 화를 낸다.

이성계 : 대신을 함부로 살해하였으니, 나라 사람들이 내가 몰랐다고 하겠느냐? 우리 가문은 평소 충효로 소문났는데, 네가 감히 불효를 저질러 이렇게 되었구나.

이방원 : 정몽주 등이 우리 가문을 무너뜨리려 하는데, 어찌 앉아서 망하기만을 기다리겠습니까? 이것이야말로 효입니다.

① 최승로가 시무 28조를 올렸다.
② 권근 등의 건의로 사병이 혁파되었다.
③ 안우, 이방실 등이 홍건적을 격파하였다.
④ 망이·망소이가 공주 명학소에서 봉기하였다.
⑤ 쌍기의 의견을 수용하여 과거제가 시행되었다.

266

(가) 인물에 대한 설명으로 옳은 것은? [2점]

이것은 마천목을 좌명공신에 봉한다는 녹권입니다. 마천목은 제2차 왕자의 난 당시 회안공 이방간과의 치열한 전투에서 (가) 이/가 승리할 수 있도록 앞장섰습니다. 이후 왕위에 오른 (가) 은/는 마천목을 3등 공신으로 책봉하였습니다.

① 과전을 혁파하고 직전을 설치하였다.
② 최무선의 건의로 화통도감을 두었다.
③ 어영청을 중심으로 북벌을 추진하였다.
④ 왕권 강화를 위해 6조 직계제를 실시하였다.
⑤ 궁중 음악을 집대성한 악학궤범을 편찬하였다.

267

다음 대화에 등장하는 왕에 대한 설명으로 옳은 것은? [2점]

일전에 좌정승 하륜이 나에게 국정의 처리를 육조에서 직계하자고 건의하였다. 지금까지는 겨를이 없어 논의하지 못했으나, 이제 경들이 의논하도록 하라.

전하의 뜻을 받들겠습니다.

① 금속 활자인 갑인자를 제작하였다.
② 삼수병으로 구성된 훈련도감을 창설하였다.
③ 인재 양성을 위해 초계문신제를 시행하였다.
④ 경국대전을 완성하여 통치 체제를 정비하였다.
⑤ 문하부를 폐지하고 낭사를 사간원으로 독립시켰다.

268

밑줄 그은 '임금'에 대한 설명으로 옳은 것은? [2점]

자네 들었는가? 임금께서 민무구, 민무질에게 자결을 명하셨다더군. 몇 해 전 어린 세자를 이용해 권세를 잡으려 했다는 죄로 귀양을 보내셨었지.

나도 들었네. 중전마마의 동생으로 임금께서 정도전을 숙청할 때 공을 세웠던 사람들이었지.

① 공신들에게 역분전을 지급하였다.
② 주자소를 두어 계미자를 주조하였다.
③ 정치도감을 설치하여 개혁을 추진하였다.
④ 구황촬요를 간행하여 기근에 대비하였다.
⑤ 유자광의 고변을 계기로 남이를 처형하였다.

269

밑줄 그은 '이 사건' 이후의 사실로 옳은 것은? [2점]

이 작품은 두만강 유역의 여진을 정벌하고 6진을 개척한 김종서가 지은 시조로, 장수로서의 호방한 기개를 보여 주고 있습니다. 그는 수양 대군, 한명회 등이 주도한 이 사건으로 죽임을 당하였습니다.

삭풍은 나모 긋티 불고 명월은 눈 속에 춘디
만리변성에 일장검 집고 서서
긴 포람 큰 흔 소릐에 거칠 거시 업세라

① 최영에 의해 이인임 일파가 축출되었다.
② 최무선의 건의로 화통도감이 설치되었다.
③ 정도전 등이 요동 정벌 계획을 추진하였다.
④ 성삼문 등이 상왕의 복위를 꾀하다가 처형되었다.
⑤ 이종무가 왜구의 근거지인 쓰시마섬을 정벌하였다.

270

다음 상황이 전개된 배경으로 옳은 것은? [1점]

교지를 내려 이르기를, "전날 성삼문 등이 상왕(上王)도 그 모의에 참여하였다고 인정하자, 백관들이 상왕도 종사(宗社)에 죄를 지었으니 편안히 도성에 거주하는 것은 마땅치 않다고 하였다. …… 상왕을 노산군(魯山君)으로 낮추고, 궁에서 내보내 영월에 거주시키도록 하라."라고 하였다.

① 인조반정으로 북인 세력이 몰락하였다.
② 인현 왕후가 폐위되고 남인이 권력을 차지하였다.
③ 계유정난을 통해 수양 대군이 정권을 장악하였다.
④ 이인좌를 중심으로 한 소론 세력이 난을 일으켰다.
⑤ 폐비 윤씨 사사 사건으로 인해 김굉필 등이 처형되었다.

271

(가) 왕의 재위 시기에 있었던 사실로 옳은 것은? [2점]

□□신문

제△△호　　　　　　　　　　○○○○년 ○○월 ○○일

원각사 창건 당시 작성된 계문(契文) 공개

원각사의 낙성을 축하하는 경찬회 때 (가) 이/가 조정 신하와 백성에게 수륙재 참여를 권하는 내용이 담긴 원각사 계문이 공개되었다. 조선의 임금과 왕실이 불교 행사를 직접 후원하였다는 기록이 희소하기에 의미가 있다.
한명회, 권람 등의 조력으로 김종서, 황보인 등을 제거하고 왕위에 오른 (가) 은/는 간경도감을 설치하여 불경을 한글로 번역, 간행하고 원각사를 창건하는 등 불교를 후원하였다.

① 주자소에서 계미자를 주조하였다.
② 국가의 의례를 정비한 국조오례의를 완성하였다.
③ 삼남 지방의 농법을 소개한 농사직설을 편찬하였다.
④ 현직 관리에게만 수조지를 지급하는 직전법을 시행하였다.
⑤ 우리나라와 중국의 의서를 망라한 동의보감을 간행하였다.

272

다음 대화가 이루어진 시기에 볼 수 있는 모습으로 가장 적절한 것은? [2점]

며칠 전 전하께서 과전을 혁파하고 직전을 설치하라는 명을 내리셨다고 하네.

이제 현직 관원들만 수조권을 지급받게 되겠군.

① 왕에게 직계하는 이조 판서
② 임꺽정 무리를 토벌하는 관군
③ 동몽선습을 공부하는 서당 학생
④ 동의보감을 요청하는 중국 사신
⑤ 시장에 팔기 위해 담배를 재배하는 농민

273

[제46회 21번]

밑줄 그은 '왕'에 대한 설명으로 옳은 것은? [3점]

성삼문이 아버지 성승 및 박팽년 등과 함께 상왕의 복위를 모의하여 중국 사신에게 잔치를 베푸는 날에 거사하기로 기약하였다. …… 일이 발각되어 체포되자, 왕이 친히 국문하면서 꾸짖기를 "그대들은 어찌하여 나를 배반하였는가?"하니 성삼문이 소리치며 말하기를 "상왕을 복위시키려 했을 뿐이오. …… 하늘에 두 개의 해가 없듯이 백성에게도 두 임금이 있을 수 없기 때문이오."라고 하였다.

① 유자광의 고변을 계기로 남이를 처형하였다.
② 변급, 신류 등을 파견하여 나선 정벌을 단행하였다.
③ 함길도 토착 세력이 일으킨 이시애의 난을 진압하였다.
④ 인목 대비 유폐와 영창 대군 사사를 명분으로 폐위되었다.
⑤ 유능한 인재를 양성하기 위해 초계문신제를 시행하였다.

274

[제70회 19번]

밑줄 그은 '전하'의 재위 시기에 있었던 사실로 옳은 것은? [2점]

며칠 전 전하께서 예문관에서 옛 집현전의 직제를 분리하여 홍문관으로 이관하는 것을 명하셨다고 하네. 이제 홍문관이 옛 집현전의 기능을 대신한다는 것이지.

홍문관원들이 경연관을 겸한다고 하니 앞으로 경연이 더욱 활성화되겠군.

① 국왕의 친위 부대인 장용영이 설치되었다.
② 백운동 서원이 사액을 받아 소수 서원이 되었다.
③ 국가의 의례를 정비한 국조오례의가 완성되었다.
④ 통치 체제를 정비하기 위해 속대전이 편찬되었다.
⑤ 수조권이 세습되던 수신전과 휼양전이 폐지되었다.

275

[제60회 20번]

밑줄 그은 '전하'의 재위 기간에 있었던 사실로 옳은 것은? [2점]

세종 대왕께서는 집현전 유신(儒臣)들에게 명하여 오례의를 상세히 정하게 하셨다. …… 예종 대왕과 우리 주상 전하께서 선왕의 뜻을 이어 이 방대한 책을 완성하게 하셨다. …… 예(禮)를 기술한 것은 3,300가지나 되지만, 그 요점은 길례·흉례·군례·빈례·가례 다섯 가지일 뿐이다.

① 국가의 기본 법전인 경국대전이 완성되었다.
② 성삼문 등이 상왕의 복위를 꾀하다가 처형되었다.
③ 육의전을 제외한 시전 상인의 금난전권이 폐지되었다.
④ 반정 공신의 위훈 삭제를 주장한 조광조가 사사되었다.
⑤ 이조 전랑 임명을 둘러싸고 김효원과 심의겸이 대립하였다.

276

[제57회 18번]

(가) 사건에 대한 설명으로 옳은 것은? [2점]

김종직의 자는 계온이고 호는 점필재며, 김숙자의 아들로 선산 사람이다. …… 효행이 있고 문장이 고결하여 당시 유학자의 으뜸으로 추앙받았는데, 후학들에게 학문을 장려하여 많은 사람이 학문을 성취하였다. 후학 중에 김굉필과 정여창 같은 이는 도학으로 명성이 있었고, 김일손, 유호인 등은 문장으로 이름을 알렸으며 그 밖에도 명성을 얻은 이가 매우 많았다. 연산군 때 유자광, 이극돈 등이 주도한 ___(가)___ 이/가 일어났을 당시 김종직은 이미 세상을 떠났지만, 화가 그의 무덤까지 미치어 부관참시를 당하였다.

① 계유정난의 배경이 되었다.
② 조의제문이 발단이 되어 일어났다.
③ 반정 공신의 위훈 삭제를 주장하였다.
④ 윤임 일파가 제거되는 결과를 가져왔다.
⑤ 동인이 남인과 북인으로 나뉘는 계기가 되었다.

277

제63회 20번

다음 상황이 나타난 시기를 연표에서 옳게 고른 것은? [2점]

> 왕이 전지하기를, "김종직은 보잘것없는 시골의 미천한 선비였는데, 선왕께서 발탁하여 경연에 두었으니 은혜와 총애가 더없이 컸다고 하겠다. 그런데 지금 그의 제자 김일손이 사초에 부도덕한 말로써 선왕 대의 일을 거짓으로 기록하고, 또 스승인 김종직의 조의제문을 싣고서 그 글을 찬양하였으니, 형명(刑名)을 의논하여 아뢰어라."라고 하였다.

```
        1468      1494      1506      1518      1545      1589
         |  (가)   |  (나)   |  (다)   |  (라)   |  (마)   |
        남이의    연산군    중종      소격서    명종      기축
        옥사      즉위      반정      폐지      즉위      옥사
```

① (가)   ② (나)   ③ (다)   ④ (라)   ⑤ (마)

278

제73회 23번

(가)에 들어갈 내용으로 가장 적절한 것은? [2점]

> [역사 다큐멘터리 기획안]
>
> ### 폭정으로 흔들리는 조선
>
> ■ 기획 의도
>   국왕이 대신, 삼사 등과 함께 국정을 운영한 선왕 대의 정치 구조를 깨고 폭정을 일삼다가 폐위된 ○○○. 그의 재위 시기에 일어난 정치적 혼란을 살펴본다.
>
> ■ 구성 내용
>   1부. 선왕 대에 성장한 삼사와 대립하다
>   2부. 조의제문을 구실로 사림을 탄압하다
>   3부. (가)
>   4부. 반복된 폭정으로 반정이 일어나 폐위되다

① 이괄의 난이 일어나 공주로 피란하다
② 단종의 복위를 꾀한 성삼문 등을 처형하다
③ 영창 대군을 죽이고 인목 대비를 유폐하다
④ 위훈 삭제를 주장한 조광조 일파를 제거하다
⑤ 폐비 윤씨 사사 사건을 빌미로 신하들을 숙청하다

279

제61회 21번

(가), (나) 사이의 시기에 있었던 사실로 옳은 것은? [3점]

> (가) 윤필상, 유순 등이 폐비(廢妃) 윤씨의 시호를 의논하며 "시호와 휘호를 함께 의논하겠습니까?"라고 아뢰니, "시호만 정하는 것이 합당하겠다."라고 하였다. …… 승정원에 전교하기를 "폐비할 때 의논에 참여한 재상, 궁궐에서 나갈 때 시위한 재상, 사약을 내릴 때 나가 참여한 재상 등을 승정원일기에서 조사하여 아뢰라."라고 하였다.
>
> (나) 의정부에 하교하기를 "조광조 등이 서로 결탁하여, 자신들에게 붙는 자는 천거하고 자신들과 뜻이 다른 자는 배척해서 …… 후진을 유인하여 궤격(詭激)*이 버릇되게 하고, 일을 의논할 때에도 조금만 이의를 세우면 반드시 극심한 말로 배척하여 꺾어서 따르게 하였다. …… 조광조·김정 등을 원방(遠方)에 안치하라."라고 하였다.
>
> * 궤격(詭激) : 언행이 정상을 벗어나고 격렬함

① 성삼문 등이 단종의 복위를 꾀하였다.
② 외척 간의 대립으로 윤임이 제거되었다.
③ 이괄이 난을 일으켜 한양을 점령하였다.
④ 성희안 일파가 반정을 통해 연산군을 몰아내었다.
⑤ 조의제문이 발단이 되어 김일손 등이 화를 입었다.

280

제70회 20번

다음 자료에 대한 탐구 활동으로 가장 적절한 것은? [2점]

> ○ 조광조 등이 아뢰기를, "소격서가 요사하고 허탄함은 이미 경연에서 다 아뢰었고 전하께서도 그것이 허탄함을 환히 아시니 지금 다시 말할 것이 없습니다. ……"라고 하였다.
>
> ○ 신광한이 아뢰기를, "지난번에 조광조가 아뢰었던 천거로 인재를 뽑는 일은 여럿이 의논한 일입니다. 각별히 천거하는 것은 한(漢)에서 시행한 현량과와 효렴과를 따르는 것이 가합니다. 이것은 자주 할 수는 없으나 지금은 이를 시행할 만한 기회입니다. ……"라고 하였다.

① 호포제를 실시한 배경을 조사한다.
② 기해예송의 전개 과정과 결과를 파악한다.
③ 중종 때 사림과 언관들이 제기한 주장을 검색한다.
④ 정여립 모반 사건을 계기로 동인이 입은 피해를 찾아본다.
⑤ 인현 왕후가 폐위되고 남인이 권력을 차지한 사건을 알아본다.

281

제55회 19번

다음 검색창에 들어갈 왕이 추진한 정책으로 옳은 것은? [2점]

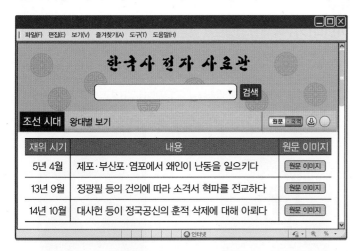

① 조총 부대를 나선 정벌에 파견하였다.
② 4군 6진을 설치하여 북방 영토를 개척하였다.
③ 단종 복위 운동을 계기로 집현전을 폐지하였다.
④ 국가의 의례를 정비한 국조오례의를 편찬하였다.
⑤ 신진 인사를 등용하기 위한 현량과를 실시하였다.

282

제49회 19번

밑줄 그은 '이 사건'에 대한 설명으로 옳은 것은? [2점]

① 김종직의 조의제문이 빌미가 되었다.
② 서인이 정권을 장악하는 계기가 되었다.
③ 윤임 일파가 제거되는 결과를 가져왔다.
④ 상왕의 복위를 목적으로 성삼문 등이 일으켰다.
⑤ 위훈 삭제에 대한 훈구 세력의 반발이 원인이었다.

283

제62회 26번

밑줄 그은 '임금'의 재위 기간에 있었던 사실로 옳은 것은? [3점]

① 사림이 동인과 서인으로 나뉘었다.
② 외척 간의 대립으로 을사사화가 일어났다.
③ 서인이 반정을 일으켜 정권을 장악하였다.
④ 김종직 등 사림이 중앙 정계에 진출하기 시작하였다.
⑤ 폐비 윤씨 사사 사건의 전말이 알려져 김굉필 등이 처형되었다.

IV

조선
전기

284

제48회 21번

(가)~(라) 사건을 일어난 순서대로 옳게 나열한 것은? [3점]

(가) 갑자년 봄에, 임금은 어머니가 비명에 죽은 것을 분하게 여겨 그 당시 논의에 참여하고 명을 수행한 신하를 모두 대역죄로 추죄(追罪)하여 팔촌까지 연좌시켰다.

(나) 정문형, 한치례 등이 의논하기를, "지금 김종직의 조의제문을 보니, 차마 읽을 수도 볼 수도 없습니다. ...... 마땅히 대역의 죄로 논단하고 부관참시해서 그 죄를 분명히 밝혀 신하들과 백성들의 분을 씻는 것이 사리에 맞는 일이옵니다."라고 하였다.

(다) 정유년 이후부터 조정 신하들 사이에는 대윤이니 소윤이니 하는 말들이 있었다. ...... 자전(慈殿)*은 밀지를 윤원형에게 내렸다. 이에 이기, 임백령 등이 고변하여 큰 화를 만들어 냈다.

(라) 언문으로 쓴 밀지에 이르기를, "조광조가 현량과를 설치하자고 청한 것도 처음에는 인재를 얻기 위해서라고 생각했더니 ...... 경들은 먼저 그를 없앤 뒤에 보고하라."라고 하였다.

* 자전(慈殿) : 임금의 어머니

① (가) - (나) - (다) - (라)
② (가) - (나) - (라) - (다)
③ (나) - (가) - (라) - (다)
④ (나) - (다) - (가) - (라)
⑤ (다) - (라) - (나) - (가)

2 조직

정답과 해설 056쪽

285

밑줄 그은 '이 기구'에 대한 설명으로 옳은 것은?

제62회 20번 [2점]

> 이 책은 1870년에 편찬된 은대조례입니다. 서문에서 흥선 대원군은 은대라고 불린 이 기구의 업무 처리 규정을 일목요연하게 정리하였으니 앞으로 승지들의 사무에 나침반이 될 것이라고 밝혔습니다.

① 왕명의 출납을 관장하였다.
② 사간원, 사헌부와 함께 3사로 불렸다.
③ 천문 연구, 기상 관측 등의 일을 맡았다.
④ 실록을 보관하고 관리하는 업무를 담당하였다.
⑤ 국왕 직속 사법 기구로 강상죄, 반역죄 등을 처결하였다.

286

(가) 기구에 대한 설명으로 옳은 것은?

제58회 20번 [1점]

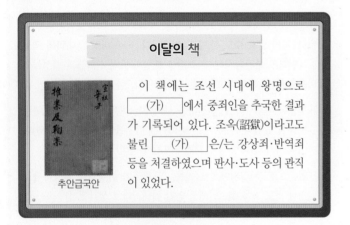

이달의 책

이 책에는 조선 시대에 왕명으로 [(가)]에서 중죄인을 추국한 결과가 기록되어 있다. 조옥(詔獄)이라고도 불린 [(가)]은/는 강상죄·반역죄 등을 처결하였으며 판사·도사 등의 관직이 있었다.

추안급국안

① 국왕 직속의 특별 사법 기구였다.
② 사림의 건의로 중종 때 폐지되었다.
③ 사헌부, 사간원과 함께 삼사로 불리었다.
④ 5품 이하의 관원에 대한 서경권을 행사하였다.
⑤ 서얼 출신의 학자들이 검서관으로 기용되었다.

287

(가), (나) 기구에 대한 설명으로 옳은 것은?

제34회 26번 [3점]

> 나는 [(가)]의 도사(都事)입니다. 반역죄, 강상죄 등을 저지른 죄인을 추국할 때 왕명을 받들어 죄인을 압송하고, 형을 집행하기도 합니다.

> 나는 [(나)]의 주서(注書)입니다. 도승지의 지휘를 받아 문서의 기록과 관리를 담당하고, 매일 국왕을 수행하면서 날짜별로 그 언행을 기록합니다.

① (가) - 5품 이하의 관원에 대한 서경권을 가졌다.
② (가) - 왕에게 경서와 사서를 강론하는 경연을 주관하였다.
③ (나) - 정책을 심의·결정하면서 국정을 총괄하였다.
④ (나) - 왕명 출납을 담당하는 왕의 비서 기관이었다.
⑤ (가), (나) - 소속 관원을 대간이라고도 불렀다.

288

(가) 기구에 대한 설명으로 옳은 것은?

제49회 18번 [2점]

> 이것은 악장가사에 실린 상대별곡(霜臺別曲)으로 '상대'는 관리를 감찰하고 풍속을 바로잡는 임무를 맡은 [(가)]을/를 의미합니다. [(가)]의 대사헌을 역임한 권근은 이 가사에서 관원들이 일을 끝내고 연회를 즐기는 장면 등을 흥미롭게 묘사하였습니다.

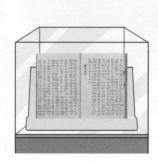

① 은대(銀臺)라고도 불렸다.
② 집현전의 학문 연구 기능을 계승하였다.
③ 서얼 출신 학자들이 검서관에 등용되었다.
④ 임진왜란을 거치면서 국정 최고 기구로 성장하였다.
⑤ 5품 이하의 관리 임명 과정에서 서경권을 행사하였다.

289

제61회 22번

(가) 기구에 대한 설명으로 옳은 것은?
[2점]

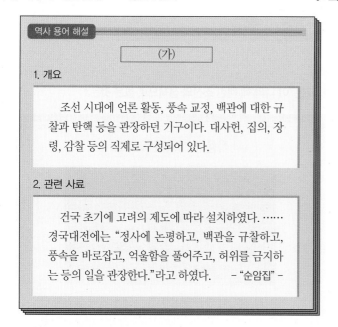

역사 용어 해설

_____
         (가)
_____

1. 개요

조선 시대에 언론 활동, 풍속 교정, 백관에 대한 규찰과 탄핵 등을 관장하던 기구이다. 대사헌, 집의, 장령, 감찰 등의 직제로 구성되어 있다.

2. 관련 사료

건국 초기에 고려의 제도에 따라 설치하였다. …… 경국대전에는 "정사에 논평하고, 백관을 규찰하고, 풍속을 바로잡고, 억울함을 풀어주고, 허위를 금지하는 등의 일을 관장한다."라고 하였다. - "순암집" -

① 업무 일지인 내각일력을 작성하였다.
② 고려의 삼사와 같은 기능을 수행하였다.
③ 은대(銀臺), 후원(喉院)이라고도 불리었다.
④ 임진왜란을 거치면서 국정 전반을 총괄하였다.
⑤ 5품 이하의 관리 임명에 대한 서경권을 행사하였다.

290

제56회 22번

(가) 기구에 대한 설명으로 옳은 것은?
[2점]

이 그림은 중종 때 그려진 미원계회도(薇垣契會圖)입니다. '미원'은 (가) 의 별칭으로 간쟁과 논박을 담당한 관청이었습니다. 소나무 아래에는 계회를 하고 있는 모습이 보이고, 하단에는 참석자들의 관직, 성명, 본관 등이 기록되어 있습니다.

① 왕명의 출납을 관장하였다.
② 수도의 행정과 치안을 담당하였다.
③ 사헌부, 홍문관과 함께 3사로 불렸다.
④ 실록을 보관하고 관리하는 업무를 맡았다.
⑤ 반역죄, 강상죄 등을 범한 중죄인을 다스렸다.

291

제54회 19번

(가) 기구에 대한 설명으로 옳은 것은?
[2점]

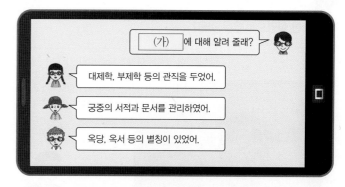

(가) 에 대해 알려 줄래?

대제학, 부제학 등의 관직을 두었어.

궁중의 서적과 문서를 관리하였어.

옥당, 옥서 등의 별칭이 있었어.

① 수도의 행정과 치안을 맡아보았다.
② 사헌부, 사간원과 함께 3사로 불렸다.
③ 을묘왜변을 계기로 상설 기구화되었다.
④ 왕의 비서 기관으로 왕명의 출납을 담당하였다.
⑤ 국왕 직속 사법 기구로 반역죄, 강상죄 등을 처결하였다.

292

제40회 23번

(가)에 대한 설명으로 옳은 것은?
[2점]

이것은 영조가 세손을 데리고 (가) 에 거둥하여 해당 관원들에게 내린 사언시입니다. 집현전을 계승한 이 기구는 사진에서 보이듯이 옥당이라는 별칭으로 불리기도 하였습니다.

① 수도의 행정과 치안을 담당하였다.
② 고려의 삼사와 같은 기능을 수행하였다.
③ 실록을 보관하고 관리하는 업무를 관장하였다.
④ 왕에게 경서와 사서를 강론하는 경연을 주관하였다.
⑤ 국왕 직속 사법 기구로 반역죄, 강상죄 등을 처결하였다.

293
제50회 21번
(가)에 대한 설명으로 옳은 것은? [2점]

이 그림은 평양에 새로 부임한 (가) 을/를 환영하는 모습을 묘사한 부벽루연회도입니다. (가) 은/는 감사 또는 방백이라고도 불리었는데, 대개 종2품 이상의 고위 관리가 임명되었습니다.

① 간관으로서 간쟁과 봉박을 담당하였다.
② 6조 직계제의 실시로 권한이 약화되었다.
③ 호장, 기관, 장교, 통인 등으로 분류되었다.
④ 관내 군현의 수령을 감독하고 근무 성적을 평가하였다.
⑤ 출신지의 경재소를 관장하고 유향소 품관을 감독하였다.

294
제42회 21번
(가), (나)에 대한 설명으로 옳은 것은? [2점]

나는 8도의 부·목·군·현에 파견되는 (가) 입니다. 경국대전에 의하면 임기는 1,800일이고, 원칙적으로 상피제의 적용을 받고 있습니다.

나는 지방 관아에서 행정 실무를 담당하는 (나) 입니다. 고려 때와는 달리 요즘은 외역전도 지급받지 못하고 직무를 수행하고 있습니다. 우리들의 수장을 호장이라고도 부릅니다.

① (가) - 단안(壇案)이라는 명부에 등재되었다.
② (가) - 지방의 행정·사법·군사권을 행사하였다.
③ (나) - 감사, 도백으로도 불렸다.
④ (나) - 장례원(掌隷院)을 통해 국가의 관리를 받았다.
⑤ (가), (나) - 잡과를 통해 선발되었다.

정답과 해설 058쪽

3 외교

295
제50회 19번
밑줄 그은 '이 나라'에 대한 조선의 정책으로 옳은 것은? [2점]

작품명 : 의순관영조도

이 나라 사신이 만력제(신종)의 등극을 알리기 위해 압록강을 건너 의주에 있던 의순관에 도착하는 모습을 그렸다. 조선의 관리들이 예를 갖추어 의순관 앞에서 사신 일행을 맞이하고 있다.

① 광군을 조직하여 침입에 대비하였다.
② 한성에 동평관을 두어 무역을 허용하였다.
③ 정도전을 중심으로 요동 정벌을 추진하였다.
④ 기유약조를 체결하고 부산에 왜관을 설치하였다.
⑤ 포로 송환을 위하여 유정을 회답 겸 쇄환사로 파견하였다.

296
제73회 22번
(가) 국가에 대한 조선의 정책으로 옳은 것은? [2점]

그림 속 장소는 창덕궁에 있었던 대보단으로, 임진왜란 때 조선에 원군을 보낸 (가) 의 황제를 기리고자 숙종 대에 건립한 제단입니다. 조선은 이곳에서 제사를 지내 이미 멸망한 (가) 에 대한 의리를 지키고자 하였습니다.

① 나선 정벌에 조총 부대를 파견하였다.
② 하정사, 천추사 등 사절단을 보냈다.
③ 백두산정계비를 세워 국경을 획정하였다.
④ 한성에 동평관을 두어 무역을 허용하였다.
⑤ 공녀를 보내기 위해 결혼도감을 설치하였다.

297

제39회 19번

밑줄 그은 ㉠에 대한 조선의 대외 정책으로 옳은 것을 〈보기〉에서 고른 것은? [2점]

이 작품은 야연사준도로 김종서가 ㉠ <u>두만강 일대</u>에 흩어져 살던 야인들을 몰아내고 동북면의 6진을 개척한 뒤의 일화를 그린 것이다. 그림 속에는 연회 중 갑자기 화살이 날아와 큰 술병에 꽂히자, 다른 장수들은 겁을 먹었지만 김종서는 침착하게 연회를 진행하였다는 이야기가 묘사되어 있다.

보기

ㄱ. 강경책의 일환으로 대마도를 정벌하였다.
ㄴ. 경성과 경원에 무역소를 설치하여 회유하였다.
ㄷ. 초량에 왜관을 설치하고 개시 무역을 실시하였다.
ㄹ. 한양에 북평관을 개설하여 조공 무역을 허용하였다.

① ㄱ, ㄴ   ② ㄱ, ㄷ   ③ ㄴ, ㄷ
④ ㄴ, ㄹ   ⑤ ㄷ, ㄹ

298

제46회 19번

밑줄 그은 '이 왕'의 재위 기간에 있었던 사실로 옳은 것은? [2점]

이만주 정벌도

그림은 <u>이 왕</u>의 명을 받은 최윤덕 장군 부대가 올라산성에서 여진족을 정벌하는 장면입니다. 그 결과 조선은 압록강 유역을 개척하고 여연·자성·무창·우예 등 4군을 설치하였습니다.

① 어영청을 중심으로 북벌이 추진되었다.
② 국왕의 친위 부대인 장용영이 설치되었다.
③ 강홍립 부대가 사르후 전투에 참전하였다.
④ 에도 막부의 요청에 따라 통신사가 파견되었다.
⑤ 제한된 범위의 무역을 허용한 계해약조가 체결되었다.

299

제58회 18번

(가)에 대한 조선의 정책으로 옳은 것은? [2점]

이달의 인물

우리 외교를 빛낸 인물, 이예

■ 생몰 : 1373년~1445년
■ 경력 : 통신부사, 첨지중추원사, 동지중추원사

울산의 아전 출신으로 호는 학파(鶴坡), 시호는 충숙(忠肅)이다. 수십 차례 (가) 에 파견되어 외교 문제를 해결하려고 노력하였다. 특히 조선과 (가) 사이에 세견선의 입항 규모를 정한 계해약조 체결에 기여하였다.

① 하정사, 성절사 등을 파견하였다.
② 경성, 경원에 무역소를 설치하였다.
③ 광군을 조직하여 침입에 대비하였다.
④ 부산포, 제포, 염포의 삼포를 개항하였다.
⑤ 사절 왕래를 위하여 북평관을 개설하였다.

IV 조선 전기

300

제55회 26번

(가) 국가에 대한 조선의 정책으로 옳은 것을 〈보기〉에서 고른 것은? [2점]

그림으로 보는 조선사

외교

이것은 기유약조로 교역이 재개된 (가) 와/과의 무역 중심지인 초량 일대를 그린 그림이다. 그림 아래 부분의 동관 지역은 (가) 상인들과 관리들의 집단 거주지였으며, 거류민 관리와 조선과의 교섭 등을 담당하던 관수의 관사(官舍)도 위치해 있었다.

보기

ㄱ. 막부의 요청에 따라 통신사를 파견하였다.
ㄴ. 한성에 동평관을 두어 무역을 허용하였다.
ㄷ. 하정사, 성절사, 동지사 등 사절단을 보내었다.
ㄹ. 어윤중을 서북 경략사로 임명하여 사무를 관장하였다.

① ㄱ, ㄴ   ② ㄱ, ㄷ   ③ ㄴ, ㄷ
④ ㄴ, ㄹ   ⑤ ㄷ, ㄹ

301

제55회 23번

다음 기사에 보도된 전투 이후의 사실로 옳지 <u>않은</u> 것은?   [3점]

> # 역 사 신 문
>
> 제△△호   ○○○○년 ○○월 ○○일
>
> ## 신립, 탄금대에서 패배
>
> 삼도 순변사 신립이 이끄는 관군이 탄금대에서 적군에게 패배, 충주 방어에 실패하였다. 신립은 탄금대에 배수진을 쳤으나, 고니시 유키나가가 이끄는 적군에게 둘러싸여 위태로운 상황에 놓였다. 신립은 종사관 김여물과 최후의 돌격을 감행하였으나 실패하자 전장에서 순절하였다.

① 김시민이 진주성에서 항쟁하였다.
② 조·명 연합군이 평양성을 탈환하였다.
③ 이순신이 한산도에서 대승을 거두었다.
④ 송상현이 동래성 전투에서 항전하였다.
⑤ 권율이 행주산성에서 적군을 격퇴하였다.

302

제60회 25번

다음 전쟁 중 있었던 사실로 옳은 것은?   [2점]

> 적군은 세 길로 나누어 곧장 한양으로 향했는데, 산을 넘고 물을 건너 마치 사람이 없는 곳에 들어가듯 했다고 한다. 조정에서 지킬 수 있다고 믿은 신립과 이일 두 장수가 병권을 받고 내려와 방어했지만 중도에 패하여 조령의 험지를 잃고, 적이 중원으로 들어갔다. 이로 인해 임금의 수레가 서쪽으로 몽진하고 도성을 지키지 못하니, 불쌍한 백성들은 모두 흉적의 칼날에 죽어가고 노모와 처자식은 이리저리 흩어져 생사를 알지 못해 밤낮으로 통곡할 뿐이었다.   – "쇄미록" –

① 김상용이 강화도에서 순절하였다.
② 임경업이 백마산성에서 항전하였다.
③ 최영이 홍산 전투에서 크게 승리하였다.
④ 곽재우가 의병장이 되어 의령 등에서 활약하였다.
⑤ 신류가 조총 부대를 이끌고 흑룡강에서 전투를 벌였다.

303

제54회 23번

밑줄 그은 '이 전쟁' 중에 있었던 사실로 옳지 <u>않은</u> 것은?   [2점]

> 이 자료는 <u>이</u> 전쟁에서 공을 세운 김시민을 선무 2등 공신으로 책봉한 교서입니다. 그는 진주성 전투에서 대승을 거두어 왜군의 보급로를 끊었으며 전라도의 곡창 지대를 지키는 데 기여하였습니다.

① 임경업이 백마산성에서 항전하였다.
② 조·명 연합군이 평양성을 탈환하였다.
③ 권율이 행주산성에서 크게 승리하였다.
④ 조헌이 금산에서 의병을 이끌고 활약하였다.
⑤ 이순신이 한산도 앞바다에서 학익진을 펼쳐 승리하였다.

304

제51회 23번

다음 가상 뉴스 이후에 전개된 상황으로 옳은 것은?   [2점]

> 며칠 전 우리 군사들이 명군과 연합하여 일본군으로부터 평양성을 탈환하였습니다. 이번 승리는 불리했던 전세를 역전시킬 계기가 될 것으로 보입니다.
>
> **조·명 연합군, 평양성을 탈환하다**

① 이순신이 명량에서 대승을 거두었다.
② 최무선이 진포에서 왜구를 격퇴하였다.
③ 신립이 탄금대에서 배수의 진을 치고 싸웠다.
④ 김종서가 6진을 개척하여 영토를 확장하였다.
⑤ 배중손이 삼별초를 이끌고 진도에서 항전하였다.

305

다음 전투 이후에 전개된 사실로 옳은 것은? [2점]

> 권율이 정병 4천 명을 뽑아 행주산 위에 진을 치고는 책(柵)을 설치하여 방비하였다. …… 적은 올려다보고 공격하는 처지가 되어 탄환도 맞히지 못하는데 반해 호남의 씩씩한 군사들은 모두 활쏘기를 잘하여 쏘는 대로 적중시켰다. …… 적이 결국 패해 후퇴하였다.
>
> – "선조수정실록" –

① 최영이 홍산에서 대승을 거두었다.
② 이순신이 한산도 대첩에서 승리하였다.
③ 휴전 회담의 결렬로 정유재란이 시작되었다.
④ 이종무가 왜구의 근거지인 쓰시마를 정벌하였다.
⑤ 신립이 탄금대에서 배수의 진을 치고 왜군에 항전하였다.

306

밑줄 그은 '이 전란' 이후에 있었던 사실로 옳은 것은? [2점]

> 조헌은 온 나라 사람들에게 고하노라. 영남에서는 곽재우 장군이 의병을 일으켜 그 기세가 산악을 진동하고 있다. 이 격문을 읽는 자들은 각자의 심력을 다하여라! 지혜를 가진 자는 계책을 내고, 용력을 가진 자는 역량을 발휘하라! 재산을 가진 자는 군량을 바치고, 힘을 가진 자는 대열에 참여하라! 만일 왜적을 치는 데 협력하지 않는 자가 있다면 이 전란이 끝나는 날 그 죄를 성토하여 중형에 처하리라.

① 유정이 회답 겸 쇄환사로 일본에 파견되었다.
② 나세, 심덕부 등이 진포에서 왜구를 격퇴하였다.
③ 신숙주가 일본에 다녀와 해동제국기를 저술하였다.
④ 조선 정부의 통제에 반발하여 삼포 왜란이 일어났다.
⑤ 외침에 대비하기 위해 임시 기구로 비변사가 설치되었다.

4 경제, 사회

307

(가), (나)에 해당하는 토지 제도에 대한 설명으로 옳은 것은? [3점]

> (가) 문종 30년 양반 전시과를 다시 개정하였다. 제1과는 전지 100결, 시지 50결(중서령·상서령·문하시중) …… 제18과는 전지 17결(한인·잡류)로 한다.
>
> (나) 공양왕 3년 도평의사사에서 글을 올려 과전의 지급에 관한 법 제정을 건의하니 왕이 허락하였다. …… 1품부터 9품의 산직까지 나누어 18과로 하였다.

① (가) - 조준 등의 건의로 제정되었다.
② (가) - 관등과 인품을 기준으로 수조권을 주었다.
③ (나) - 개국 공신에게 역분전을 지급하였다.
④ (나) - 지급 대상 토지를 원칙적으로 경기 지역에 한정하였다.
⑤ (가), (나) - 수조권 외에 노동력을 징발할 수 있는 권한을 주었다.

308

(가), (나) 사이의 시기에 있었던 사실로 옳은 것은? [3점]

> (가) 도평의사사가 글을 올려 과전을 주는 법을 정하자고 요청하니 왕이 따랐다. …… 경기는 사방의 근원이니 마땅히 과전을 설치하여 사대부를 우대하였다. 무릇 경성에 살며 왕실을 보위하는 자는 현직 여부에 상관없이 직위에 따라 과전을 받게 하였다.
>
> (나) 한명회 등이 아뢰기를, "직전(職田)의 세(稅)는 관(官)에서 거두어 관에서 주면 이런 폐단이 없을 것입니다."라고 하였다. [대왕 대비가] 전지하기를, "직전의 세는 소재지의 지방관으로 하여금 감독하여 거두어 주도록 하라."라고 하였다.

① 백성에게 정전을 지급하였다.
② 양전 사업을 실시하여 지계를 발급하였다.
③ 관등에 따라 관리에게 전지와 시지를 차등 지급하였다.
④ 개국 공신에게 인품, 공로를 기준으로 역분전을 지급하였다.
⑤ 수신전, 휼양전 등의 명목으로 세습되는 토지를 폐지하였다.

309

밑줄 그은 '이 제도'에 대한 설명으로 옳은 것은?   [2점]

#3. 궁궐 안

성종이 경연에서 신하들과 토지 제도 개혁을 논의하고 있다.

성종 : 그대들의 의견을 말해 보도록 하라.
김유 : 우리나라의 수신전, 휼양전 등은 진실로 아름다운 것이지만 오히려 일이 없는 자가 앉아서 그 이익을 누린다고 하여 세 조계서 과전을 없애고 이 제도를 만드셨습니다.

① 전지와 시지를 등급에 따라 지급하였다.
② 풍흉에 관계없이 전세 부담액을 고정하였다.
③ 현직 관리에게만 토지의 수조권을 지급하였다.
④ 관리에게 녹봉을 지급하고 수조권을 폐지하였다.
⑤ 개국 공신에게 인성, 공로를 기준으로 토지를 지급하였다.

310

(가) 기구에 대한 설명으로 옳은 것은?   [3점]

○ 지방 고을에는 그곳의 유력한 집안이 있습니다. 그 가운데 서울에 살면서 벼슬하는 자들의 모임을 [(가)](이)라고 합니다. …… 간사한 향리의 범법 행위를 살펴서 지방의 풍속을 유지했는데, 그 유래가 오래되었습니다.
                                              - "성종실록" -

○ 평소에 각 고을을 담당하는 [(가)](이)라고 부르는 곳도 원래는 지방의 풍속이 법에 어긋나는지 살피기 위하여 설치한 것입니다. 그런데 지금은 향리를 침학하여 사람들이 대부분 괴롭게 여기고 있습니다.
                                              - "선조실록" -

① 사헌부, 사간원과 함께 3사로 불렸다.
② 소속 관원을 은대 학사라고도 칭하였다.
③ 서얼 출신 학자들이 검서관에 등용되었다.
④ 관할 유향소 임원의 임명권을 행사하였다.
⑤ 대사성 이하 좨주, 직강 등의 관직을 두었다.

311

(가) 기구에 대한 설명으로 옳은 것은?   [2점]

우부승지 김종직이 아뢰기를, "고려 태조는 여러 고을에 영을 내려 공변되고 청렴한 선비를 뽑아서 향리들의 불법을 규찰하게 하였으므로 간사한 향리가 저절로 없어져 5백 년간 풍화를 유지할 수 있었습니다. 우리 조정에서는 이시애의 난 이후 [(가)]이/가 혁파되자 간악한 향리들이 불의를 자행하여서 건국한 지 1백 년도 못 되어 풍속이 쇠퇴해졌습니다. …… 청컨대 [(가)]을/를 다시 설립하여 향풍(鄕風)을 규찰하게 하소서."라고 하였다.
                                              - "성종실록" -

① 조광조 일파의 건의로 폐지되었다.
② 좌수와 별감을 중심으로 운영되었다.
③ 풍기 군수 주세붕이 처음 설립하였다.
④ 대사성 이하 좨주, 직강 등의 관직을 두었다.
⑤ 매향(埋香) 활동 등 각종 불교 행사를 주관하였다.

312

(가)에 대한 설명으로 옳은 것은?   [2점]

1. 처음 [(가)]을/를 정할 때 약문(約文)을 동지에게 두루 보이고 그 마음을 바로잡고, 몸가짐을 단속하고, 착하게 살고, 허물을 고치기 위해 약계(約契)에 참례하기를 원하는 자 몇 사람을 가려 서원에 모아 놓고 약법(約法)을 의논하여 정한 다음 도약정(都約正), 부약정 및 직월(直月)·사화(司貨)를 선출한다. ……

1. 물건으로 부조할 때는 약원이 사망하였다면 초상 치를 때 사화가 약정에게 고하여 삼베 세 필을 보내고, 같은 약원들은 각각 쌀 다섯 되와 빈 거적때기 세 닢씩 내어서 상을 치르는 것을 돕는다.
                                              - "율곡전서" -

① 7재라는 전문 강좌를 두었다.
② 옥당이라고 불리며 경연을 담당하였다.
③ 중앙에서 파견된 교수나 훈도가 지도하였다.
④ 풍속 교화와 향촌 자치 등의 역할을 하였다.
⑤ 매향(埋香) 활동 등 각종 불교 행사를 주관하였다.

5 문화

313

제42회 23번

(가)에 대한 설명으로 옳은 것은? [1점]

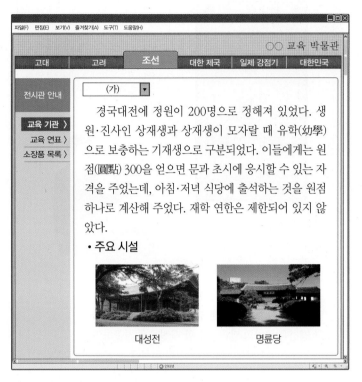

① 좌수와 별감을 선발하여 운영하였다.
② 지방의 사림 세력이 주로 설립하였다.
③ 전국의 부·목·군·현에 하나씩 설립되었다.
④ 최고의 관립 교육 기관으로 성현의 제사도 지냈다.
⑤ 흥선 대원군에 의해 47개소를 제외하고 철폐되었다.

314

제50회 26번

(가) 교육 기관에 대한 설명으로 옳은 것은? [2점]

① 전문 강좌인 7재가 운영되었다.
② 전국의 부·목·군·현에 하나씩 설립되었다.
③ 중앙에서 교관인 교수나 훈도가 파견되었다.
④ 생원시나 진사시의 합격자에게 입학 자격이 부여되었다.
⑤ 한어(漢語), 왜어(倭語), 여진어 등 외국어 교육을 담당하였다.

315

제47회 20번

다음 검색창에 들어갈 교육 기관에 대한 설명으로 옳은 것은? [2점]

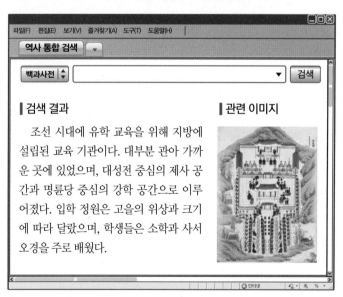

① 좌수와 별감을 두고 운영하였다.
② 지방의 사림 세력이 주로 설립하였다.
③ 소과에 합격해야 입학 자격이 주어졌다.
④ 흥선 대원군에 의해 대부분 철폐되었다.
⑤ 중앙에서 교수와 훈도를 파견하기도 하였다.

316

제54회 20번

(가) 교육 기관에 대한 설명으로 옳은 것은? [2점]

이곳은 경기도 수원시에 위치한 조선 시대 지방 교육 기관인 (가) 입니다. 대부분 지방 관아 가까운 곳에 위치하였으며 제향 공간인 대성전, 강학 공간인 명륜당, 기숙사인 동재와 서재 등으로 이루어져 있습니다.

① 전문 강좌인 7재를 운영하였다.
② 풍기 군수 주세붕이 처음 세웠다.
③ 생원과 진사에게 입학 자격을 부여하였다.
④ 중앙에서 교수나 훈도를 파견하기도 하였다.
⑤ 유학을 비롯하여 율학, 서학, 산학을 교육하였다.

317

제43회 23번

다음 검색창에 들어갈 인물의 활동으로 옳은 것은? [2점]

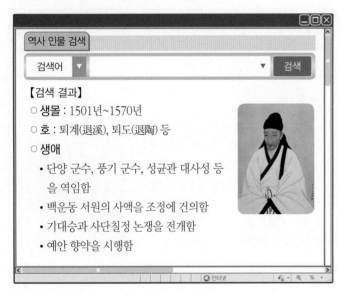

역사 인물 검색

검색어 ▼ [   ] ▼ 검색

【검색 결과】
○ 생몰 : 1501년~1570년
○ 호 : 퇴계(退溪), 퇴도(退陶) 등
○ 생애
• 단양 군수, 풍기 군수, 성균관 대사성 등을 역임함
• 백운동 서원의 사액을 조정에 건의함
• 기대승과 사단칠정 논쟁을 전개함
• 예안 향약을 시행함

① 양명학을 연구하여 강화학파를 형성하였다.
② 명에 대한 의리를 내세워 기축봉사를 올렸다.
③ 군주의 도를 도식으로 설명한 성학십도를 지었다.
④ 다양한 개혁 방안을 제시한 동호문답을 저술하였다.
⑤ 재상 중심의 정치를 강조한 조선경국전을 편찬하였다.

318

제52회 20번

(가) 인물에 대한 설명으로 옳은 것은? [2점]

이 자료는 (가) 이/가 지어 왕에게 바친 성학십도의 일부입니다. 그는 성리학에 대한 체계적 이해를 바탕으로 군주가 스스로 인격과 학문을 수양하기 위해 노력해야 함을 강조하였습니다.

① 양명학을 연구하여 강화학파를 형성하였다.
② 일본에 다녀와서 해동제국기를 편찬하였다.
③ 예안 향약을 시행하여 향촌 교화를 위해 노력하였다.
④ 유학 경전을 주자와 달리 해석한 사변록을 저술하였다.
⑤ 가례집람을 저술하여 예학을 조선의 현실에 맞게 정리하였다.

319

제60회 23번

(가) 인물에 대한 설명으로 옳은 것은? [3점]

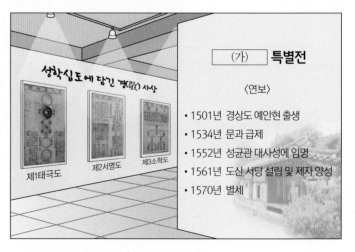

성학십도에 담긴 경(敬) 사상

제1태극도 제2서명도 제3소학도

(가) 특별전

〈연보〉
• 1501년 경상도 예안현 출생
• 1534년 문과 급제
• 1552년 성균관 대사성에 임명
• 1561년 도산 서당 설립 및 제자 양성
• 1570년 별세

① 기대승과 사단칠정 논쟁을 전개하였다.
② 일본에 다녀와서 해동제국기를 편찬하였다.
③ 양명학을 연구하여 강화학파를 형성하였다.
④ 기축봉사를 올려 명에 대한 의리를 내세웠다.
⑤ 무오사화의 발단이 된 조의제문을 작성하였다.

320

(가) 인물에 대한 설명으로 옳은 것은? [3점]

> 이곳 파주 자운 서원에는 (가) 의 위패가 모셔져 있습니다.
> 그는 군주가 수양해야 할 덕목과 지식을 담은 성학집요를 집필
> 하여 임금에게 바쳤으며, 해주 향약 등을 시행하였습니다.

① 불씨잡변을 지어 불교를 비판하였다.
② 노론의 영수로 북벌론을 주장하였다.
③ 양명학을 연구하여 강화학파를 형성하였다.
④ 북한산비가 진흥왕 순수비임을 고증하였다.
⑤ 다양한 개혁 방안을 담은 동호문답을 저술하였다.

321

밑줄 그은 '이 인물'에 대한 설명으로 옳은 것은? [3점]

> 해주 향약을 시행
> 하여 향촌 교화에
> 힘썼던 이 인물에
> 대해 말해 보자.

> 동호문답에서 수취 제
> 도 개편 등 다양한 개혁
> 방안을 제시하였어.

> 격몽요결을 저술
> 하여 체계적인 성리
> 학 교육에 힘썼어.

① 명에 대한 의리를 내세운 기축봉사를 올렸다.
② 청으로부터 시헌력을 도입하자고 건의하였다.
③ 양반의 허례와 무능을 풍자한 양반전을 저술하였다.
④ 예학을 조선의 현실에 맞게 정리한 가례집람을 지었다.
⑤ 군주가 수양해야 할 덕목과 지식을 담은 성학집요를 집필하였다.

322

(가)에 대한 설명으로 옳은 것은? [3점]

□□신문

제△△호   ○○○○년 ○○월 ○○일

(가) , 보물로 지정

문화재청은 (가) 을/를 고려 시대를 다룬 역사서로는 처음으로 보물로 지정하였다. 고려의 역사를 파악하는 데 가장 중요한 원사료로서 객관성과 신뢰성이 뛰어나다는 점 등이 높게 평가되었다.
이 책은 앞 왕조의 역사를 교훈으로 삼을 목적으로 조선 초부터 편찬하기 시작해 문종 대에 완성되었다. 정인지 등이 쓴 서문에서는 사마천이 저술한 사기의 범례를 본받아 편찬하였다고 밝히고 있다.

① 남북국이라는 용어를 처음 사용하였다.
② 세가, 열전, 지, 연표 등의 체제로 구성되었다.
③ 고구려 건국 시조의 일대기를 서사시로 표현하였다.
④ 불교사를 중심으로 고대의 민간 설화를 수록하였다.
⑤ 단군 조선부터 고려 말까지의 역사를 다룬 통사이다.

323

밑줄 그은 '이 역사서'에 대한 설명으로 옳은 것은? [3점]

> 대개 이미 지나간 나라의 흥망은 장래의 교훈이 되기 때문에 이 역사서를 편찬하여 올리는 바입니다. …… 범례는 사마천의 "사기"를 따르고, 대의(大義)는 모두 왕께 아뢰어 재가를 얻었습니다. 본기(本紀)라는 이름을 피하고 세가(世家)라고 한 것은 명분의 중요성을 나타내기 위함이며, 가짜 왕인 신씨들[신우, 신창]을 세가에 넣지 않고 열전으로 내린 것은 그들이 왕위를 도둑질한 사실을 엄히 논죄하려는 것입니다.

① 발해사를 우리 역사로 체계화하였다.
② 고구려 시조의 일대기를 서사시로 표현하였다.
③ 불교사를 중심으로 고대의 민간 설화를 수록하였다.
④ 고조선부터 고려 말까지의 역사를 연대순으로 기록하였다.
⑤ 조선 건국을 정당화하는 입장에서 고려의 역사를 정리하였다.

324

제44회 25번

(가)~(마)에 대한 설명으로 옳은 것은? [2점]

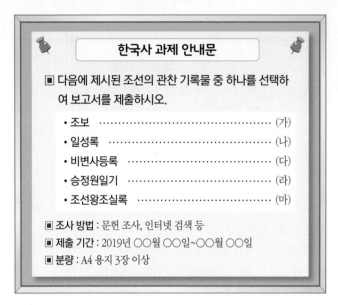

📌 **한국사 과제 안내문** 📌

▣ 다음에 제시된 조선의 관찬 기록물 중 하나를 선택하여 보고서를 제출하시오.

- 조보 ……………………………… (가)
- 일성록 …………………………… (나)
- 비변사등록 ……………………… (다)
- 승정원일기 ……………………… (라)
- 조선왕조실록 …………………… (마)

▣ 조사 방법 : 문헌 조사, 인터넷 검색 등
▣ 제출 기간 : 2019년 ○○월 ○○일~○○월 ○○일
▣ 분량 : A4 용지 3장 이상

① (가) - 유네스코 세계 기록 유산으로 등재되었다.
② (나) - 광해군 때부터 기록되기 시작하였다.
③ (다) - 국왕의 비서 기관에서 발행한 관보이다.
④ (라) - 정조가 세손 시절부터 쓴 일기에서 유래하였다.
⑤ (마) - 춘추관 관원들이 편찬 업무에 참여하였다.

325

제35회 21번

다음 대화의 왕이 재위했던 시기의 사실로 옳은 것은? [2점]

우리나라에 서적이 매우 적어 유생들이 널리 볼 수 없는 것을 염려하는 바이다. 이에 주자소를 설치하고 민무질 등을 제조로 삼아 역대 사서와 경전을 간행하도록 하라.

전하의 뜻을 받들어 저희 신하들도 지원하는 마음으로 동철(銅鐵)을 내겠습니다.

① 집현전을 계승한 홍문관이 설치되었다.
② 전통 한의학을 정리한 동의보감이 간행되었다.
③ 강우량을 측정하기 위한 측우기가 제작되었다.
④ 역대 문물을 정리한 동국문헌비고가 편찬되었다.
⑤ 세계 지도인 혼일강리역대국도지도가 제작되었다.

326

제64회 22번

밑줄 그은 '전하'가 재위한 시기의 사실로 옳은 것은? [3점]

무술년 봄에 양성지가 팔도지리지를 바치고, 서거정 등이 동문선을 바쳤더니, 전하께서 드디어 노사신, 양성지, 서거정 등에게 명하여 시문을 팔도지리지에 넣게 하셨습니다. …… 연혁을 앞에 둔 것은 한 고을의 흥함과 망함을 먼저 알아야 하기 때문이며 …… 경도(京都)의 첫머리에 팔도총도를 기록하고, 각 도의 앞에 도별 지도를 붙여서 양경(兩京) 8도로 50권을 편찬하여 바치나이다.

① 예학을 정리한 가례집람이 저술되었다.
② 외교 문서를 집대성한 동문휘고가 편찬되었다.
③ 국가의 의례를 정비한 국조오례의가 완성되었다.
④ 전통 한의학을 정리한 동의보감이 간행되었다.
⑤ 역대 문물제도를 정리한 동국문헌비고가 만들어졌다.

327

제49회 20번

밑줄 그은 '이 왕'의 재위 시기에 있었던 사실로 옳은 것은? [3점]

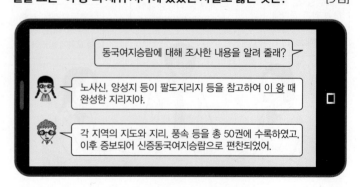

동국여지승람에 대해 조사한 내용을 알려 줄래?

노사신, 양성지 등이 팔도지리지 등을 참고하여 이 왕 때 완성한 지리지야.

각 지역의 지도와 지리, 풍속 등을 총 50권에 수록하였고, 이후 증보되어 신증동국여지승람으로 편찬되었어.

① 전통 한의학을 정리한 동의보감이 완성되었다.
② 역대 문물을 정리한 동국문헌비고가 편찬되었다.
③ 음악 이론 등을 집대성한 악학궤범이 간행되었다.
④ 세계 지도인 혼일강리역대국도지도가 만들어졌다.
⑤ 한양을 기준으로 한 역법서인 칠정산 내편이 제작되었다.

328

밑줄 그은 '전하'의 재위 기간에 있었던 사실로 옳은 것은?　[2점]

전하께서 성군을 이으셨으니, 예악(禮樂)으로 태평 시절을 일으키실 때가 바로 지금이다. 장악원 소장의 의궤와 악보가 오랜 세월이 지나서 끊어지고 문드러졌다. 다행히 보존된 것 역시 모두 엉성하고 오류가 있으며 빠진 것이 많다. 이에 성현 등에게 명하여 다시 교정하게 하였다. 책이 완성되자 악학궤범이라고 이름 지었다.

① 예학을 정리한 가례집람이 저술되었다.
② 국가의 기본 법전인 경국대전이 완성되었다.
③ 외교 문서를 집대성한 동문휘고가 편찬되었다.
④ 붕당의 폐해를 경계하기 위한 탕평비가 건립되었다.
⑤ 이조 전랑 임명을 둘러싸고 김효원과 심의겸이 대립하였다.

329

(가)에 들어갈 내용으로 옳은 것은?　[2점]

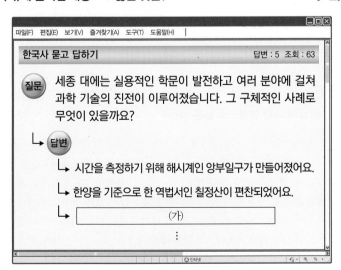

① 개량된 금속 활자인 갑인자가 주조되었어요.
② 폭탄의 일종인 비격진천뢰가 만들어졌어요.
③ 기기도설을 참고하여 거중기가 설계되었어요.
④ 100리 척을 사용한 동국지도가 제작되었어요.
⑤ 사상 의학을 정립한 동의수세보원이 편찬되었어요.

330

(가) 왕의 업적으로 옳은 것은?　[2점]

① 수도 방어를 위해 금위영을 설치하였다.
② 음악 이론 등을 집대성한 악학궤범을 완성하였다.
③ 한양을 기준으로 한 역법서인 칠정산을 간행하였다.
④ 역대 문물제도를 정리한 동국문헌비고를 편찬하였다.
⑤ 현직 관리에게만 수조지를 지급하는 직전법을 실시하였다.

331

밑줄 그은 '왕'의 재위 기간에 있었던 사실로 옳은 것은?　[2점]

〈역사 다큐멘터리 제작 기획안〉

조선, 전국적인 규모의 여론 조사를 실시하다!

■ 기획 의도
　여론 조사를 통해 정책을 추진하려는 왕의 모습에서 '민본'의 의미를 생각해 본다.

■ 장면별 주요 내용
#1. 왕은 관리와 백성을 대상으로 공법 시행에 대한 전국적인 찬반 조사를 명하다.
#2. 호조에서 찬성 98,657명, 반대 74,149명이라는 결과를 보고하다.
#3. 여러 차례 보완을 거쳐 토지의 비옥도와 풍흉에 따라 조세를 차등 징수하는 내용의 공법을 확정하다.

① 세계 지도인 혼일강리역대국도지도가 제작되었다.
② 각지의 농법을 작물별로 정리한 농사직설이 간행되었다.
③ 유능한 인재를 양성하기 위해 초계문신제가 시행되었다.
④ 우리나라와 중국의 의서를 망라한 동의보감이 완성되었다.
⑤ 전국의 지리, 풍속 등이 수록된 동국여지승람이 편찬되었다.

332

밑줄 그은 '전하'의 재위 기간에 있었던 사실로 옳은 것은? [3점]

> 우리 주상 전하께서는 오방의 풍토가 같지 아니하여 곡식을 심고 가꾸는 데 각기 적당한 방법이 있다고 하셨다. 이에 여러 도의 감사에게 명하기를, 주현의 나이 든 농부들을 방문하여 농사지은 경험을 아뢰게 하시고 또 신(臣) 정초에게 그 까닭을 덧붙이게 하셨다. 중복된 것을 버리고, 요약한 것만 뽑아 한 편의 책으로 만들고 제목을 농사직설이라고 하였다.

① 예학을 정리한 가례집람이 저술되었다.
② 국가의 의례를 정비한 국조오례의가 완성되었다.
③ 아동용 윤리·역사 교재인 동몽선습이 간행되었다.
④ 효자, 충신 등의 사례를 제시한 삼강행실도가 편찬되었다.
⑤ 군주가 수양해야 할 덕목을 제시한 성학집요가 집필되었다.

333

(가)에 들어갈 내용으로 옳지 않은 것은? [2점]

> [역사 다큐멘터리 제작 기획안]
>
> ### 15세기 조선, 과학을 꽃 피우다
>
> 1. 기획 의도 : 조선 초, 부국강병과 민생 안정을 위해 과학 기술 분야에서 노력한 모습을 살펴본다.
> 2. 구성
>   1부 태양의 그림자로 시간을 보는 앙부일구
>   2부 _____(가)_____
>   3부 외적의 침입에 대비한 신무기, 신기전과 화차

① 기기도설을 참고하여 설계한 거중기
② 국산 약재와 치료법을 소개한 향약집성방
③ 한양을 기준으로 한 역법서인 칠정산 내편
④ 활판 인쇄술의 발달을 가져온 계미자와 갑인자
⑤ 우리나라 실정에 맞는 농법을 소개한 농사직설

334

(가) 문화유산에 대한 설명으로 옳은 것은? [1점]

유네스코 세계 유산, ___(가)___

- **종목** : 사적 제125호
- **소개** : 태조 이성계가 왕실의 정통성을 확립하고 효를 실천하기 위해 한양으로 천도하면서 가장 먼저 짓기 시작한 공간이다. 건축물들은 임진왜란 때 소실되어 1608년에 중건되었다. 정전은 국보 제227호, 영녕전은 보물 제821호로 지정되었다. 1995년 유네스코 세계 유산에 등재되었다.
- **주요 관람 코스** : 향대청 → 재궁 → 전사청 → 정전 → 영녕전

① 역대 국왕과 왕비의 신주가 모셔져 있다.
② 공자와 여러 성현들의 위패를 모셔 놓았다.
③ 신농씨와 후직씨에게 풍년을 기원하는 곳이다.
④ 토지와 곡식의 신에게 제사를 지내는 공간이다.
⑤ 일제에 의해 경내에 조선 총독부 청사가 세워졌다.

335

(가) 궁궐에 대한 설명으로 옳은 것은? [2점]

> 대왕대비가 전교하였다. "___(가)___ 은/는 우리 왕조에서 수도를 세울 때 맨 처음 지은 정궁이다. …… 그러나 불행하게도 전란에 의해 불타버린 후 미처 다시 짓지 못하여 오랫동안 뜻있는 선비들의 개탄을 자아내었다. …… 이 궁궐을 다시 지어 중흥의 큰 업적을 이루려면 여러 대신과 함께 의논해보지 않을 수 없다."
> – "고종실록" –

① 근정전을 정전으로 하였다.
② 일제에 의해 동물원 등이 설치되었다.
③ 후원에 왕실 도서관인 규장각이 있었다.
④ 도성 내 서쪽에 있어 서궐이라고 불렸다.
⑤ 인목 대비가 광해군에 의해 유폐된 장소이다.

336

(가)에 해당하는 문화유산으로 옳은 것은? [2점]

문화유산 발표 대회

이것은 조선 전기의 석탑으로, 국보 제2호입니다. 원나라 탑 양식의 영향을 받았으며, 화려한 조각이 돋보이는 석탑입니다.

①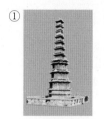

②

③

④

⑤

337

다음 검색창에 들어갈 교육 기관에 대한 설명으로 옳은 것은? [1점]

① 전국의 부·목·군·현에 하나씩 설립되었다.
② 입학 자격은 생원, 진사를 원칙으로 하였다.
③ 중앙에서 교관인 교수나 훈도가 파견되었다.
④ 유학을 비롯하여 율학, 서학, 산학을 교육하였다.
⑤ 국왕으로부터 편액과 함께 서적 등을 받기도 하였다.

338

(가) 교육 기관에 대한 설명으로 옳은 것은? [1점]

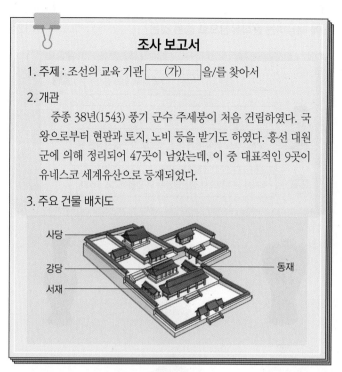

① 전국의 모든 군현에 하나씩 설치되었다.
② 선현의 제사와 유학 교육을 담당하였다.
③ 전문 강좌인 7재가 설치되어 운영되었다.
④ 중앙에서 교수나 훈도를 교관으로 파견하였다.
⑤ 소과에 합격한 생원, 진사에게 입학 자격이 부여되었다.

339

(가)에 해당하는 문화유산으로 옳은 것은?　　[2점]

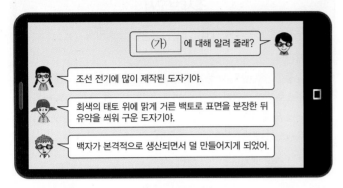

(가) 에 대해 알려 줄래?

조선 전기에 많이 제작된 도자기야.

회색의 태토 위에 맑게 거른 백토로 표면을 분장한 뒤 유약을 씌워 구운 도자기야.

백자가 본격적으로 생산되면서 덜 만들어지게 되었어.

① 　② 　③

④ 　⑤

340

(가)에 들어갈 작품으로 옳은 것은?　　[1점]

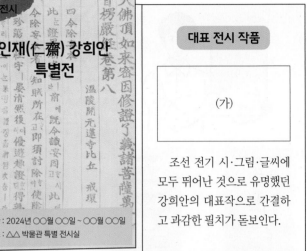

기획 전시

인재(仁齋) 강희안 특별전

■ 기간 : 2024년 ○○월 ○○일 ~ ○○월 ○○일
■ 장소 : △△ 박물관 특별 전시실

대표 전시 작품

(가)

조선 전기 시·그림·글씨에 모두 뛰어난 것으로 유명했던 강희안의 대표작으로 간결하고 과감한 필치가 돋보인다.

① 　② 　③

④ 　⑤

1 정도전의 활동으로 옳으면 ○표, 틀리면 ×표를 하시오.

(1) 불씨잡변을 지어 불교를 비판하였다. ( )

(2) 최초의 서원인 백운동 서원을 건립하였다. ( )

(3) 기축봉사를 올려 명에 대한 의리를 내세웠다. ( )

(4) 경제문감을 저술하고 재상 중심의 정치를 주장하였다. ( )

(5) 성리학의 개념을 도식으로 설명한 성학십도를 지었다. ( )

(6) 조선경국전을 저술하여 통치 제도 정비에 기여하였다. ( )

2 조선 태종에 대한 설명으로 옳으면 ○표, 틀리면 ×표를 하시오.

(1) 주자소를 두어 계미자를 주조하였다. ( )

(2) 과전을 혁파하고 직전을 설치하였다. ( )

(3) 인재 양성을 위해 초계문신제를 시행하였다. ( )

(4) 왕권 강화를 위해 6조 직계제를 실시하였다. ( )

(5) 경국대전을 완성하여 통치 체제를 정비하였다. ( )

(6) 두 차례 왕자의 난을 통해 반대파를 제거하였다. ( )

(7) 국호를 조선으로 바꾸고 수도를 한양으로 옮겼다. ( )

(8) 문하부를 폐지하고 낭사를 사간원으로 독립시켰다. ( )

3 조선 세종 재위 시기에 볼 수 있었던 모습으로 옳으면 ○표, 틀리면 ×표를 하시오.

(1) 집현전에서 근무하는 관리 ( )

(2) 동의보감을 집필하는 의관 ( )

(3) 농사직설을 읽고 있는 지방관 ( )

(4) 임꺽정 무리를 토벌하는 관군 ( )

(5) 칠정산 내·외편을 편찬하는 학자 ( )

(6) 계해약조의 초안을 작성하는 관리 ( )

(7) 주자소에서 갑인자를 제작하는 장인 ( )

(8) 성균관에 탕평비 건립을 명하는 국왕 ( )

4 조선 세조에 대한 설명으로 옳으면 ○표, 틀리면 ×표를 하시오.

(1) 수신전과 휼양전을 폐지하였다. ( )

(2) 현직 관리를 대상으로 직전법을 실시하였다. ( )

(3) 4군 6진을 설치하여 북방 영토를 개척하였다. ( )

(4) 이시애의 난을 진압하고 유향소를 폐지하였다. ( )

(5) 궁중 음악을 집대성한 악학궤범을 편찬하였다. ( )

(6) 단종 복위 운동을 계기로 집현전을 폐지하였다. ( )

(7) 신진 인사를 등용하기 위한 현량과를 실시하였다. ( )

(8) 폐비 윤씨 사사 사건을 빌미로 갑자사화를 일으켰다. ( )

5 조선 성종 재위 시기에 있었던 사실로 옳으면 ○표, 틀리면 ×표를 하시오.

(1) 조선의 기본 법전인 경국대전이 완성되었다. ( )

(2) 직제가 개편된 홍문관에서 경연을 주관하였다. ( )

(3) 왕위 계승을 둘러싸고 왕자의 난이 발생하였다. ( )

(4) 국가의 의례를 정비한 국조오례의가 완성되었다. ( )

(5) 성삼문 등이 상왕의 복위를 꾀하다가 처형되었다. ( )

(6) 음악 이론 등을 집대성한 악학궤범이 완성되었다. ( )

(7) 집현전 관리를 대상으로 사가독서제가 시행되었다. ( )

(8) 수조권이 세습되던 수신전과 휼양전이 폐지되었다. ( )

(9) 김종직 등 사림이 중앙 정계에 진출하기 시작하였다. ( )

(10) 반정 공신의 위훈 삭제를 주장한 조광조가 사사되었다. ( )

(11) 각 도의 지리, 풍속 등이 수록된 동국여지승람이 편찬되었다. ( )

6 다음 사실들을 순서대로 나열하시오.

> (가) 중종반정으로 연산군이 폐위되었다.
> (나) 외척 간의 대립으로 윤임이 제거되었다.
> (다) 위훈 삭제를 주장한 조광조 일파가 축출되었다.
> (라) 조의제문이 발단이 되어 김일손 등이 처형되었다.
> (마) 폐비 윤씨 사사 사건의 전말이 알려져 김굉필 등이 처형되었다.

( )

7 조광조의 활동으로 옳으면 ○표, 틀리면 ×표를 하시오.

(1) 성학집요를 지어서 임금에게 바쳤다. ( )

(2) 반정 공신의 위훈 삭제를 주장하였다. ( )

(3) 김종직의 조의제문을 사초에 포함시켰다. ( )

(4) 소학의 보급과 공납의 개선을 주장하였다. ( )

(5) 일본에 다녀와서 해동제국기를 편찬하였다. ( )

(6) 인재 등용을 위해 현량과 실시를 건의하였다. ( )

8 다음 설명에 해당하는 기구를 〈보기〉에서 골라 쓰시오.

> 보기
>
> 의정부, 사헌부, 사간원, 홍문관, 승정원,
> 의금부, 한성부, 성균관, 춘추관

(1) 소속 관원을 대간이라고도 불렀다. ( )
(2) 수도의 행정과 치안을 맡아보았다. ( )
(3) 사헌부, 홍문관과 함께 3사로 불렸다. ( )
(4) 재상들이 합의하여 국정을 총괄하였다. ( )
(5) 옥당이라고 불리며 경연을 담당하였다. ( )
(6) 집현전의 학문 연구 기능을 계승하였다. ( )
(7) 6조 직계제의 실시로 권한이 약화되었다. ( )
(8) 은대(銀臺), 후원(喉院)이라고도 불리었다. ( )
(9) 왕의 비서 기관으로 왕명 출납을 담당하였다. ( )
(10) 실록을 보관하고 관리하는 업무를 관장하였다. ( )
(11) 대사성을 중심으로 좨주, 직강 등의 관직을 두었다. ( )
(12) 왕에게 경서와 사서를 강론하는 경연을 주관하였다. ( )
(13) 5품 이하의 관리 임명 과정에서 서경권을 행사하였다. ( )
(14) 국왕 직속 사법 기구로 반역죄, 강상죄 등을 처결하였다. ( )

9 다음 설명에 해당하는 관리를 〈보기〉에서 골라 쓰시오.

> 보기
>
> 관찰사, 수령, 향리

(1) 감사 또는 방백이라 불렸다. ( )
(2) 단안(壇案)이라는 명부에 등재되었다. ( )
(3) 호장, 기관, 장교, 통인 등으로 분류되었다. ( )
(4) 왕의 대리인으로 현감 또는 현령으로 불렸다. ( )
(5) 관내 군현의 수령을 감독하고 근무 성적을 평가하였다. ( )

10 (가)~(다)를 일어난 순서대로 나열하시오.

(1) ( )

> (가) 대사헌 등이 아뢰기를, "정국공신은 책봉된 지 오래 되었지만 폐주(廢主)의 총신(寵臣)도 많이 선정되었을 뿐 아니라, 그중에는 반정 때 뚜렷한 공을 세우지 못한 사람도 많습니다. 지금이라도 이런 폐단을 고치지 않는다면 나라가 바로 서지 않을 것이니 삭훈해야 마땅합니다."라고 하였다.
> (나) 김효원과 심의겸의 두 당이 원수처럼 서로 공격하였다. 당초 심의겸이 김효원을 비방하자 김효원도 심의겸을 비난하여 각기 붕당이 나뉘어 대립하였다.
> (다) 정유년 이후부터 조정 신하들 사이에는 대윤이니 소윤이니 하는 말들이 있었다. …… 자전(慈殿)은 밀지를 윤원형에게 내렸다. 이에 이기, 임백령 등이 고변하여 큰 화를 만들어 냈다.

(2) ( )

> (가) 박원종 등이 궐문 밖에 진군하여 대비(大妃)에게 아뢰기를, "지금 임금이 도리를 잃어 정치가 혼란하고, 민생은 도탄에 빠지고, 종사는 위태롭습니다. 진성 대군은 대소 신민의 촉망을 받은 지 이미 오래이므로, 이제 추대하고자 하오니 감히 대비의 분부를 여쭙니다."라고 하였다.
> (나) 항과 봉은 정씨의 소생이다. 왕은 어머니 윤씨가 폐위되고 죽은 것이 엄씨, 정씨의 참소 때문이라 여기고, 밤에 엄씨, 정씨를 대궐 뜰에 결박하여 놓고 손수 마구 치고 짓밟다가 항과 봉을 불러 엄씨, 정씨를 가리키며 "이 죄인을 치라."라고 하였다. …… 왕은 대비에게 "어찌하여 내 어머니를 죽였습니까?"라고 하며 불손한 말을 많이 하였다.
> (다) 정문형, 한치례 등이 아뢰기를, "지금 김종직의 조의제문을 보니, 입으로만 읽지 못할 뿐 아니라 차마 눈으로도 볼 수 없습니다. …… 마땅히 대역의 죄로 논단하고 부관참시해서 그 죄를 분명히 밝혀 신하와 백성의 분을 씻는 것이 사리에 맞는 일입니다."라고 하였다. …… 왕이 정문형 등의 의견을 따랐다.

(3) ( )

> (가) 이덕응이 진술하였다. "윤임과는 항상 대윤, 소윤이라는 말 때문에 화가 미칠까 우려하여 서로 경계하였을 뿐이었고, 모략에 대해서는 모르겠습니다. …… 윤임이 신에게 '주상이 전혀 소생할 기미가 없으니 만약 대군이 왕위를 계승하여 윤원로가 뜻을 얻게 되면 우리 집안은 멸족당할 것이다'라고 하였습니다."
> (나) 윤필상, 유순 등이 폐비(廢妃) 윤씨의 시호를 의논하며 "시호와 휘호를 함께 의논하겠습니까?"라고 아뢰니, "시호만 정하는 것이 합당하겠다."라고 하였다. …… 승정원에 전교하기를 "폐비할 때 의논에 참여한 재상, 궁궐에서 나갈 때 시위한 재상, 사약을 내릴 때 나가 참여한 재상 등을 승정원일기에서 조사하여 아뢰라."라고 하였다.
> (다) 신광한이 아뢰기를, "지난번에 조광조가 아뢰었던 천거로 인재를 뽑는 일은 여럿이 의논한 일입니다. 각별히 천거하는 것은 한(漢)에서 시행한 현량과와 효렴과를 따르는 것이 가합니다. 이것은 자주 할 수는 없으나 지금은 이를 시행할 만한 기회입니다. ……"라고 하였다.

11 조선 선조 재위 시기에 있었던 사실로 옳으면 ○표, 틀리면 ×표를 하시오.

(1) 외척 간의 대립으로 윤임이 제거되었다. ( )
(2) 이시애가 길주를 근거지로 난을 일으켰다. ( )
(3) 허적과 윤휴 등 남인들이 대거 축출되었다. ( )
(4) 정여립 모반 사건으로 기축옥사가 일어났다. ( )
(5) 양재역 벽서 사건으로 이언적 등이 화를 입었다. ( )
(6) 성삼문 등이 상왕의 복위를 꾀하다가 처형되었다. ( )
(7) 공신 책봉에 불만을 품고 이괄이 반란을 일으켰다. ( )
(8) 이조 전랑 임명을 둘러싸고 사림이 동인과 서인으로 나뉘었다.
( )

12 다음 조선의 대외 정책에 해당하는 나라를 〈보기〉에서 골라 쓰시오.

> 보기
> 명, 여진, 일본

(1) 하정사, 천추사 등 사절단을 보내었다. ( )
(2) 부산포, 제포, 염포의 삼포를 개항하였다. ( )
(3) 막부의 요청에 따라 통신사를 파견하였다. ( )
(4) 사절 왕래를 위하여 북평관을 개설하였다. ( )
(5) 한성에 동평관을 두어 무역을 허용하였다. ( )
(6) 정도전을 중심으로 요동 정벌을 추진하였다. ( )
(7) 경성과 경원에 무역소를 설치하여 회유하였다. ( )

13 임진왜란 중에 있었던 사실로 옳으면 ○표, 틀리면 ×표를 하시오.

(1) 송상현이 동래성에서 항전하였다. ( )
(2) 임경업이 백마산성에서 항전하였다. ( )
(3) 정문부가 길주에서 의병을 이끌었다. ( )
(4) 조·명 연합군이 평양성을 탈환하였다. ( )
(5) 정발이 부산진성 전투에서 전사하였다. ( )
(6) 이순신이 한산도 대첩에서 승리하였다. ( )
(7) 이괄의 반란 세력이 도성을 점령하였다. ( )
(8) 권율이 행주산성에서 적군을 격퇴하였다. ( )
(9) 강홍립 부대가 사르후 전투에 참전하였다. ( )
(10) 삼수병으로 구성된 훈련도감이 창설되었다. ( )
(11) 최영이 홍산 전투에서 큰 승리를 거두었다. ( )
(12) 김시민이 진주성에서 적군을 크게 물리쳤다. ( )
(13) 조헌이 금산에서 의병을 이끌고 활약하였다. ( )
(14) 곽재우, 고경명 등이 의병장으로 활약하였다. ( )
(15) 유정이 회답 겸 쇄환사로 일본에 파견되었다. ( )
(16) 신립이 배수의 진을 치고 왜군에 항전하였다. ( )
(17) 김종서가 6진을 개척하여 영토를 확장하였다. ( )
(18) 외침에 대비하기 위해 임시 기구로 비변사가 설치되었다.
( )
(19) 김상헌 등이 남한산성에서 화의에 반대하며 항전을 주장하였다.
( )

14 다음 설명에 해당하는 교육 기관을 〈보기〉에서 골라 쓰시오.

> 보기
> 성균관, 향교, 서원

(1) 풍기 군수 주세붕이 처음 세웠다. ( )
(2) 지방의 사림 세력이 주로 설립하였다. ( )
(3) 전국의 부·목·군·현에 하나씩 설치되었다. ( )
(4) 대성전과 명륜당을 중심으로 구성되어 있다. ( )
(5) 중앙에서 교수와 훈도를 파견하기도 하였다. ( )
(6) 최고의 관립 교육 기관으로 성현의 제사도 지냈다. ( )
(7) 국왕으로부터 편액과 함께 서적 등을 받기도 하였다. ( )
(8) 흥선 대원군에 의해 47개소를 제외하고 철폐되었다. ( )
(9) 생원시나 진사시의 합격자에게 입학 자격이 부여되었다.
( )

15 다음 설명에 해당하는 인물을 〈보기〉에서 골라 쓰시오.

> 보기
> 이황, 이이, 조식

(1) 기대승과 사단칠정 논쟁을 전개하였다. ( )
(2) 곽재우, 정인홍 등의 제자를 배출하였다. ( )
(3) 다양한 개혁 방안을 담은 동호문답을 저술하였다. ( )
(4) 군주의 도를 도식으로 설명한 성학십도를 지었다. ( )
(5) 예안 향약을 시행하여 향촌 교화를 위해 노력하였다. ( )
(6) 해주 향약을 시행하여 향촌 교화를 위해 노력하였다. ( )
(7) 군주가 수양해야 할 덕목과 지식을 담은 성학집요를 집필하였다.
( )

16 조선왕조실록에 대한 설명으로 옳으면 ○표, 틀리면 ×표를 하시오.

(1) 국왕의 비서 기관에서 작성하였다. ( )
(2) 사초, 시정기 등을 바탕으로 편찬되었다. ( )
(3) 유네스코 세계 기록 유산으로 등재되었다. ( )
(4) 춘추관 관원들이 편찬 업무에 참여하였다. ( )
(5) 연대순으로 기록하는 편년체로 서술되었다. ( )
(6) 세가, 열전, 지, 연표 등의 체제로 구성되었다. ( )
(7) 정조가 세손 시절부터 쓴 일기에서 유래하였다. ( )

17 조선 전기에 제작된 문화유산으로 옳으면 ○표, 틀리면 ×표를 하시오.

(1)
(   )

(2)
(   )

(3)
(   )

(4)
(   )

(5)
(   )

(6)
(   )

(7)
(   )

(8)
(   )

18 다음 설명에 해당하는 문화유산을 〈보기〉에서 골라 쓰시오.

보기

경복궁, 창덕궁, 창경궁, 종묘, 선농단

(1) 근정전을 정전으로 하였다. (   )
(2) 일제에 의해 동물원 등이 설치되었다. (   )
(3) 왕실 도서관인 규장각이 설치된 곳이다. (   )
(4) 역대 국왕과 왕비의 신주가 모셔져 있다. (   )
(5) 태조 때 한양으로 천도하면서 창건되었다. (   )
(6) 조선 물산 공진회 개최 장소로 이용되었다. (   )
(7) 국왕이 신농, 후직에게 풍년을 기원하던 곳이다. (   )
(8) 태종이 도읍을 한양으로 다시 옮기며 건립하였다. (   )

정답

1. (1) ○ (2) ×(주세붕) (3) ×(송시열) (4) ○ (5) ×(이황) (6) ○
2. (1) ○ (2) ×(세조) (3) ×(정조) (4) ○ (5) ×(성종) (6) ○ (7) ×(태조) (8) ○
3. (1) ○ (2) ×(선조, 광해군) (3) ○ (4) ×(명종) (5) ○ (6) ○ (7) ○ (8) ×(영조)
4. (1) ○ (2) ○ (3) ×(세종) (4) ○ (5) ×(성종) (6) ○ (7) ×(중종) (8) ×(연산군)
5. (1) ○ (2) ○ (3) ×(태조, 정종) (4) ○ (5) ×(세조) (6) ○ (7) ×(세종) (8) ×(세조) (9) ○ (10) ×(중종) (11) ○
6. (라)-(마)-(가)-(다)-(나)
7. (1) ×(이이) (2) ○ (3) ×(김일손) (4) ○ (5) ×(신숙주) (6) ○
8. (1) 사헌부, 사간원 (2) 한성부 (3) 사간원 (4) 의정부 (5) 홍문관 (6) 홍문관 (7) 의정부 (8) 승정원 (9) 승정원 (10) 춘추관 (11) 성균관 (12) 홍문관 (13) 사헌부, 사간원 (14) 의금부
9. (1) 관찰사 (2) 향리 (3) 향리 (4) 수령 (5) 관찰사
10. (1) (가)-(다)-(나) (2) (다)-(나)-(가) (3) (나)-(다)-(가)
11. (1) ×(명종) (2) ×(세조) (3) ×(숙종) (4) ○ (5) ×(명종) (6) ×(세조) (7) ×(인조) (8) ○
12. (1) 명 (2) 일본 (3) 일본 (4) 여진 (5) 일본 (6) 명 (7) 여진
13. (1) ○ (2) ×(병자호란) (3) ○ (4) ○ (5) ○ (6) ○ (7) ×(인조) (8) ○ (9) ×(광해군) (10) ○ (11) ×(고려 우왕) (12) ○ (13) ○ (14) ○ (15) ×(임진왜란 이후) (16) ○ (17) ×(세종) (18) ×(중종) (19) ×(병자호란)
14. (1) 서원 (2) 서원 (3) 향교 (4) 성균관, 향교 (5) 향교 (6) 성균관 (7) 서원 (8) 서원 (9) 성균관
15. (1) 이황 (2) 조식 (3) 이이 (4) 이황 (5) 이황 (6) 이이 (7) 이이
16. (1) ×(승정원일기) (2) ○ (3) ○ (4) ○ (5) ○ (6) ×(고려사 등) (7) ×(일성록)
17. (1) ○ (2) ×(고려) (3) ○ (4) ×(조선 후기) (5) ○ (6) ○ (7) ×(고려) (8) ○
18. (1) 경복궁 (2) 창경궁 (3) 창덕궁 (4) 종묘 (5) 경복궁 (6) 경복궁 (7) 선농단 (8) 창덕궁

V

조선 후기

조선 후기에서 비교적 많은 문항이 출제됩니다. 특히 광해군~정조까지 국왕의 업적이 매회 출제되고 있으며, 사회·경제적 변화 모습과 이를 배경으로 나타난 문화 경향 및 작품을 묻는 문항이 반드시 출제된다는 점을 기억하세요.

큰별쌤의 **학습 포인트**

- 광해군~정조 대의 주요 정책을 정리하세요. 특히 영조와 정조의 업적을 꼭 기억해야 합니다.
- 임진왜란 이후 비변사의 기능 강화, 훈련도감 설치 등 통치 조직의 변화를 알아두세요.
- 정묘호란, 병자호란의 원인과 결과를 정리하세요.
- 대동법과 균역법의 시행 배경과 결과 및 영향을 정리하세요.
- 세도 정치 시기에 일어난 홍경래의 난과 진주 농민 봉기의 원인과 전개 과정을 알아두세요.
- 천주교 박해 사건이 일어난 시기를 구분하여 알아두세요.
- 동학의 창시자 및 주요 사상인 인내천, 시천주의 의미를 알아두세요.
- 이익, 정약용, 박지원, 박제가, 홍대용 등 사회 개혁론을 제시한 여러 학자의 활동을 꼭 정리하세요.
- 김홍도, 신윤복이 그린 풍속화와 진경 산수화의 대표 작품들을 사진 자료를 통해 숙지하세요.

최근 6회차 단원별 출제 비중

선사 · 고대 · 고려 · 조선 전기 · **조선 후기** · 개항기 · 일제 강점기 · 현대

73회 ※ 시대 통합 : 1문항

[문항 수]

우리나라의 성곽, 정선의 작품, 철종 재위 시기의 사실, 균역법, 조선 후기의 사회 모습

72회 ※ 시대 통합 : 2문항

통신사, 병자호란 중의 사실, 대동법, 송시열, 조선 후기의 경제, 정조의 정책

71회 ※ 시대 통합 : 2문항

조선 후기의 대외 관계, 조선 후기의 경제, 숙종 재위 시기의 사실, 김정희의 활동, 조선 후기의 사회 모습, 세도 정치 시기의 사실

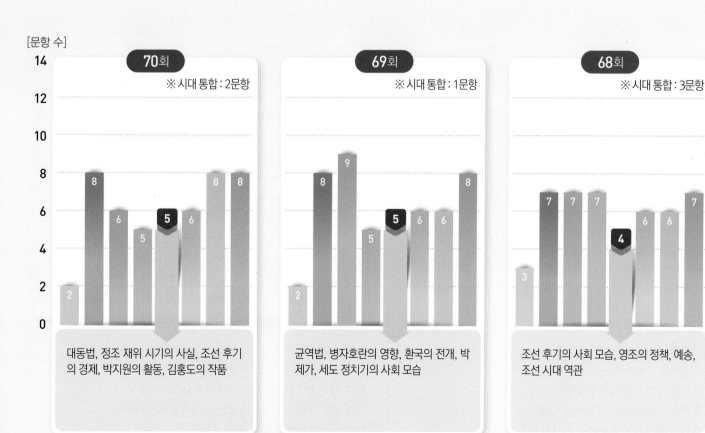

70회 ※ 시대 통합 : 2문항

[문항 수]

대동법, 정조 재위 시기의 사실, 조선 후기의 경제, 박지원의 활동, 김홍도의 작품

69회 ※ 시대 통합 : 1문항

균역법, 병자호란의 영향, 환국의 전개, 박제가, 세도 정치기의 사회 모습

68회 ※ 시대 통합 : 3문항

조선 후기의 사회 모습, 영조의 정책, 예송, 조선 시대 역관

1 정치

정답과 해설 067쪽

341

제55회 20번

다음 상황 이후에 전개된 사실로 옳은 것은? [3점]

> 선전관 이용준 등이 정여립을 토벌하기 위하여 급히 전주에 내려갔다. 무리들과 함께 진안 죽도에 숨어 있던 정여립은 군관들이 체포하려 하자 자결하였다.

① 이시애가 길주를 근거지로 난을 일으켰다.
② 기축옥사로 이발 등 동인 세력이 제거되었다.
③ 양재역 벽서 사건으로 이언적 등이 화를 입었다.
④ 수양 대군이 김종서 등을 살해하고 권력을 장악하였다.
⑤ 이조 전랑 임명을 둘러싸고 사림이 동인과 서인으로 나뉘었다.

342

제51회 24번

(가), (나) 사이의 시기에 있었던 사실로 옳은 것은? [2점]

> (가) 양사(兩司)가 합계하기를, "영창 대군 이의(李㼁)를 왕으로 옹립하기로 했다는 설이 이미 역적의 입에서 나왔는데 이에 대해 자복(自服)한 역적만도 한두 명에 그치지 않습니다. …… 왕법은 지극히 엄한 만큼 결코 용서해 주기 어려우니 유사로 하여금 법대로 적용하여 처리하게 하소서."라고 하였다.
>
> (나) 앞서 왕에게 이괄 부자가 역적의 우두머리라고 고해바친 자가 있었다. 하지만 임금은 "필시 반역은 아닐 것이다."라고 하면서도, 이괄의 아들인 이전을 잡아오라고 명하였다. 이전은 그때 이괄의 군영에 있었고 이괄은 결국 금부도사 등을 죽이고 여러 장수들을 위협하여 난을 일으켰다.

① 국왕의 친위 부대인 장용영이 조직되었다.
② 서인이 반정을 일으켜 정권을 장악하였다.
③ 정여립 모반 사건으로 옥사가 발생하였다.
④ 허적과 윤휴 등 남인들이 대거 축출되었다.
⑤ 자의 대비의 복상 문제로 예송이 전개되었다.

343

제43회 26번

(가)에 대한 설명으로 옳은 것은? [2점]

> 현종 때 일어난 (가) 에 대해 말씀해 주십시오.

> (가) 은/는 효종 사후 인조의 계비인 자의 대비의 복상 기간을 두고 벌어진 논쟁입니다.

① 사림과 훈구의 갈등이 원인이 되었다.
② 서인과 남인 사이에 발생한 전례 문제이다.
③ 북인이 정국을 주도하던 시기에 전개되었다.
④ 외척 세력인 대윤과 소윤의 대립으로 일어났다.
⑤ 동인이 남인과 북인으로 분열되는 결과를 가져왔다.

344

제42회 25번

다음 상황 이후에 전개된 사실로 옳은 것은? [3점]

> 인평 대군의 아들 여러 복(복창군·복선군·복평군)이 본래 교만하고 억세었는데, 임금이 초년에 자주 병을 앓았으므로 그들이 몰래 못된 생각을 품고 바라서는 안 될 자리를 넘보았다. …… 남인에 붙어서 윤휴와 허목을 스승으로 삼고 …… 그들이 허적의 서자 허견을 보고 말하기를, "임금에게 만약 불행한 일이 생기면 너는 우리를 후사로 삼게 하라. 우리는 너에게 병조 판서를 시킬 것이다."라고 하였다. …… 이때 김석주가 남몰래 그 기미를 알고 경신년 옥사를 일으켰다.
> – "연려실기술" –

① 자의 대비의 복상 문제로 예송이 전개되었다.
② 정여립 모반 사건으로 서인이 정국을 주도하였다.
③ 이괄의 난이 일어나 반란군이 도성을 장악하였다.
④ 북인이 서인과 남인을 배제한 채 정국을 독점하였다.
⑤ 희빈 장씨 소생의 원자 책봉 문제로 환국이 발생되었다.

345

(가), (나) 사이의 시기에 있었던 사실로 옳은 것은? [3점]

(가) 임금이 전교하기를, "내 생각에는 허적이 혹시 허견의 모반 사실을 알지 못했는가 하였는데, 문안(文案)을 보니 준기를 산속 정자에 숨긴 사실이 지금 비로소 드러났으니, 알고서도 엄호한 정황이 분명하여 감출 수가 없었다. 그저께 허적에게 사약을 내려 죽인 것도 이 때문이다."라고 하였다.

(나) 임금이 명하기를, "국운이 평안하고 태평함을 회복하여 중전이 복위하였으니, 백성에게 두 임금이 없는 것은 고금을 통하는 도리이다. 장씨에게 내렸던 왕후의 지위를 거두고, 옛 작호인 희빈을 내려 주도록 하라. 다만 세자가 조석으로 문안하는 것은 폐하지 말라."라고 하였다.

① 양재역 벽서 사건이 발생하였다.
② 송시열이 관작을 삭탈당하고 유배되었다.
③ 자의 대비 복상 문제로 예송이 전개되었다.
④ 정여립 모반 사건으로 기축옥사가 일어났다.
⑤ 붕당의 폐해를 막기 위해 탕평비가 세워졌다.

346

(가)~(다)를 일어난 순서대로 옳게 나열한 것은? [3점]

(가) 임금이 궐내에 있던 기름 먹인 장막을 허적이 벌써 가져갔음을 듣고 노하여 이르기를, "궐내에서 쓰는 것을 마음대로 가져가는 것은 한명회도 못하던 짓이다."라고 하였다. …… 임금이 허적의 당파가 많아 기세가 당당하다는 말을 듣고 그들을 제거하고자 결심하였다.

(나) 비망기를 내려, "국운이 안정되어 왕비가 복위하였으니, 백성에게 두 임금이 없는 것은 고금을 통한 의리이다. 장씨의 왕후 지위를 거두고 옛 작호인 희빈을 내려 주되, 세자가 조석으로 문안하는 예는 폐하지 않도록 하라."라고 하였다.

(다) 임금이 말하기를, "송시열은 산림의 영수로서 나라의 형세가 험난한 때에 감히 원자(元子)의 명호를 정한 것이 너무 이르다고 하였으니, 삭탈관작하고 성문 밖으로 내쳐라. 반드시 송시열을 구하려는 자가 있겠지만, 그런 자는 비록 대신이라 하더라도 용서하지 않을 것이다."라고 하였다.

① (가) - (나) - (다)
② (가) - (다) - (나)
③ (나) - (가) - (다)
④ (나) - (다) - (가)
⑤ (다) - (나) - (가)

347

(가) 시기에 있었던 사실로 옳은 것은? [3점]

① 이괄이 반란을 일으켜 도성을 장악하였다.
② 자의 대비의 복상 문제로 예송이 전개되었다.
③ 왕위 계승을 둘러싸고 왕자의 난이 발생하였다.
④ 이인좌를 중심으로 소론 세력 등이 난을 일으켰다.
⑤ 희빈 장씨 소생의 원자 책봉 문제로 환국이 발생하였다.

348

(가) 왕의 재위 기간에 있었던 사실로 옳은 것은? [3점]

이 책은 이승원이 무신난(戊申亂)의 전개 과정을 기록한 일기로, 경상도 거창에서 반란군을 이끌던 정희량 세력의 활동 내용 등이 기록되어 있다. 무신난은 이인좌, 정희량 등이 세제(世弟)였던 (가) 의 즉위 과정에 의혹을 제기하며 일으킨 반란이다.

통정공 무신일기

① 허적과 윤휴 등 남인들이 대거 축출되었다.
② 박규수의 건의로 삼정이정청이 설치되었다.
③ 자의 대비의 복상 문제로 예송이 전개되었다.
④ 붕당의 폐해를 경계하기 위한 탕평비가 건립되었다.
⑤ 왕조의 통치 규범을 재정비한 대전통편이 편찬되었다.

349

(가) 왕에 대한 설명으로 옳은 것은? [2점]

> 이것은 "어전준천제명첩"에 담긴 어제사언시(御製四言詩)로, (가) 이/가 홍봉한 등 청계천 준설 공사에 공이 있는 신하들의 노고를 치하하며 지은 것이다.
> 청계천 준설을 추진한 (가) 은/는 탕평, 균역 등도 자신의 치적으로 거론한 글을 남겼다.

① 나선 정벌에 조총 부대를 파견하였다.
② 경기도에 한해서 대동법을 실시하였다.
③ 삼수병으로 구성된 훈련도감을 창설하였다.
④ 통치 제도를 정비하고자 속대전을 편찬하였다.
⑤ 한양을 기준으로 한 역산서인 칠정산을 만들었다.

350

다음 왕에 대한 설명으로 옳은 것은? [2점]

> 왕은 늘 양역의 폐단을 염려하여 군포 한 필을 감하고 균역청을 설치하여 각 도의 어염·은결의 세를 걷어 보충하니, 그 은택을 입은 백성들은 서로 기뻐하였다. 이런 시책으로 화기(和氣)를 끌어 올려 대명(大命)을 이을 만하였다.

① 준천사를 신설하여 홍수에 대비하였다.
② 대외 관계를 정리한 동문휘고를 간행하였다.
③ 전제상정소를 두어 전분6등법을 제정하였다.
④ 총융청과 수어청을 창설하여 도성을 방어하였다.
⑤ 삼정의 문란을 해결하기 위해 삼정이정청을 두었다.

351

밑줄 그은 '이 왕'에 대한 설명으로 옳은 것은? [1점]

> 이것은 이 왕이 농경을 장려하기 위해 세손과 더불어 친경(親耕)과 친잠(親蠶)을 거행하고 그 기쁨을 표현한 경잠기의입니다. 그는 균역법을 제정하여 백성의 군역 부담을 줄여 주는 등 민생 안정에 많은 노력을 기울였습니다.

① 조선의 기본 법전인 경국대전을 완성하였다.
② 붕당의 폐해를 경계하기 위한 탕평비를 건립하였다.
③ 시전 상인의 특권을 축소한 신해통공을 실시하였다.
④ 전세를 1결당 4~6두로 고정하는 영정법을 제정하였다.
⑤ 각 궁방과 중앙 관서의 공노비 6만여 명을 해방하였다.

352

밑줄 그은 '이 왕'의 업적으로 옳지 않은 것은? [2점]

> 이 그림은 한성의 홍수 예방을 위하여 이 왕이 시행한 청계천 준설 공사의 모습을 그린 기록화입니다. 이 왕은 신문고를 다시 설치하여 백성의 억울함을 듣고자 하였습니다.

수문상친림관역도

① 속대전을 편찬하여 통치 체제를 정비하였다.
② 기유약조를 체결하여 일본과의 무역을 재개하였다.
③ 동국문헌비고를 간행하여 역대 문물을 정리하였다.
④ 균역법을 실시하여 군역의 부담을 줄이고자 하였다.
⑤ 탕평비를 건립하여 붕당의 폐해를 경계하고자 하였다.

353

(가) 왕이 추진한 정책으로 옳은 것은?

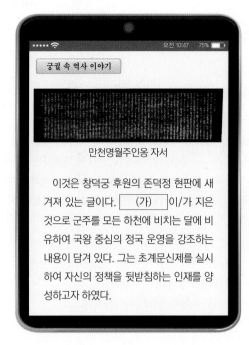

궁궐 속 역사 이야기

만천명월주인옹 자서

이것은 창덕궁 후원의 존덕정 현판에 새겨져 있는 글이다. [(가)] 이/가 지은 것으로 군주를 모든 하천에 비치는 달에 비유하여 국왕 중심의 정국 운영을 강조하는 내용이 담겨 있다. 그는 초계문신제를 실시하여 자신의 정책을 뒷받침하는 인재를 양성하고자 하였다.

① 친위 부대로 장용영을 설치하였다.
② 경기도에 한해서 대동법을 실시하였다.
③ 한양을 기준으로 한 역법서인 칠정산을 만들었다.
④ 통치 체제를 정비하기 위해 대전회통을 편찬하였다.
⑤ 직전법을 제정하여 현직 관리에게만 수조권을 지급하였다.

354

(가) 왕에 대한 설명으로 옳은 것은?

가상 현실 버스에 오신 여러분 환영합니다. 지금 창문 스크린으로 보고 계신 것은 무예도보통지에 실린 무예 동작입니다. [(가)] 의 명으로 이덕무, 박제가, 백동수 등이 편찬한 무예도보통지에는 기존의 무예신보에 마상 무예가 추가되어 총 24개의 무예가 실려 있습니다. 이 책은 장용영의 훈련 교재로 사용되었습니다.

① 백두산정계비를 세워 청과의 국경을 정하였다.
② 삼군부를 부활시켜 군사 업무를 담당하게 하였다.
③ 통치 체제를 정비하기 위해 속대전을 편찬하였다.
④ 규장각에 검서관을 두어 서얼 출신 학자들을 기용하였다.
⑤ 한양을 기준으로 역법을 정리한 칠정산 내편을 제작하였다.

355

(가) 기구에 대한 설명으로 옳은 것은?

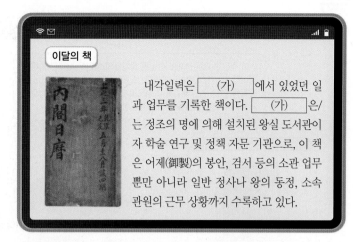

이달의 책

內閣日曆

내각일력은 [(가)] 에서 있었던 일과 업무를 기록한 책이다. [(가)] 은/는 정조의 명에 의해 설치된 왕실 도서관이자 학술 연구 및 정책 자문 기관으로, 이 책은 어제(御製)의 봉안, 검서 등의 소관 업무뿐만 아니라 일반 정사나 왕의 동정, 소속 관원의 근무 상황까지 수록하고 있다.

① 을묘왜변을 계기로 상설화되었다.
② 은대(銀臺), 후원(喉院)이라고도 불리었다.
③ 5품 이하 관리 임명에 서경권을 행사하였다.
④ 대사성을 중심으로 좨주, 직강 등의 관직을 두었다.
⑤ 유능한 인재를 양성하기 위한 초계문신제를 주관하였다.

356

(가) 왕에 대한 설명으로 옳은 것은?

이 시는 [(가)] 이/가 현륭원을 참배하고 화성 행궁에 머물다가 환궁하는 길에 지은 것입니다. 아버지인 사도 세자에 대한 마음이 잘 표현되어 있습니다.

혼정신성*의 그리움 다할 길 없어
오늘 또 화성에 와 보니
궂은 비는 침원에 부슬부슬 내리고
이 마음은 재전**을 끝없이 배회하누나
어찌하여 사흘 밤을 잤던고
아버님 영정을 모셨기 때문일세
더디고 더딘 걸음에 고개 들어 바라보니
오운이 저 멀리서 일어나누나

* 혼정신성 : 부모님께 효도하는 도리
** 재전 : 제사를 지내기 위하여 지은 집

① 청과 국경을 정하는 백두산정계비를 세웠다.
② 통치 체제를 정비하고자 속대전을 편찬하였다.
③ 왕실의 위엄을 높이기 위해 경복궁을 중건하였다.
④ 삼정의 문란을 시정하려고 삼정이정청을 설치하였다.
⑤ 시전 상인의 특권을 축소하는 신해통공을 단행하였다.

357

제48회 26번

(가) 왕의 재위 기간에 있었던 사실로 옳지 <u>않은</u> 것은? [2점]

이 책은 초계문신제로 선발된 학자들의 명단을 정리한 인명록입니다. (가) 때부터 시행된 초계문신제는 인재 양성과 문풍 진작을 위한 문신 재교육 과정으로 37세 이하의 문신 중 학문에 재능이 뛰어난 이들을 선발하여 운영하였습니다.

초계문신제명록

① 경기도에 한해서 대동법이 실시되었다.
② 국왕의 친위 부대인 장용영이 설치되었다.
③ 서얼 출신의 학자들이 규장각 검서관에 기용되었다.
④ 통치 체제를 정비하기 위해 대전통편이 편찬되었다.
⑤ 육의전을 제외한 시전 상인의 금난전권이 폐지되었다.

358

제39회 28번

(가) 왕의 재위 기간에 있었던 사실로 옳은 것은? [2점]

□□신문

제△△호   ○○○○년 ○○월 ○○일

조선 왕실 어보, 세계 기록 유산으로 등재되다

조선 왕실 어보가 유네스코 세계 기록 유산으로 등재되었다. 이 가운데에는 왕세손이던 (가) 의 사도 세자에 대한 효심에 감동하여 영조가 내린 은도장이 포함되어 있다. 여기에는 역대 어보 가운데 유일하게 왕의 친필이 새겨져 있다.

① 홍경래 등의 봉기로 정주성이 점령되었다.
② 대외 관계를 정리한 동문휘고가 간행되었다.
③ 신유박해로 수많은 천주교도들이 처형되었다.
④ 붕당의 폐해를 경계하기 위한 탕평비가 건립되었다.
⑤ 한양을 기준으로 한 역법서인 칠정산 내편이 편찬되었다.

정답과 해설 070쪽

2 조직, 외교

359

제40회 26번

(가)에 대한 설명으로 옳은 것을 〈보기〉에서 고른 것은? [2점]

변방의 일은 병조가 주관하는 것입니다. …… 그런데 근래 변방 일을 위해 (가) 을/를 설치하였고, 변방에 관계되는 모든 일을 실제로 다 장악하고 있습니다. …… 혹 병조 판서가 참여하는 경우가 있기는 하지만 도리어 지엽적인 입장이 되어 버렸고, 참판 이하의 당상관은 전혀 일의 내용을 모르고 있습니다. …… 청컨대 혁파하소서.

보기

ㄱ. 왕명 출납을 맡은 왕의 비서 기관이었다.
ㄴ. 임진왜란 이후 조직과 기능이 확대되었다.
ㄷ. 조광조를 비롯한 사림의 건의로 혁파되었다.
ㄹ. 세도 정치 시기에 외척의 세력 기반이 되었다.

① ㄱ, ㄴ   ② ㄱ, ㄷ   ③ ㄴ, ㄷ
④ ㄴ, ㄹ   ⑤ ㄷ, ㄹ

360

제59회 26번

(가) 기구에 대한 설명으로 옳은 것은? [2점]

역사 용어 해설

(가)

1. 개요

중종 때 삼포 왜란을 계기로 설치되었다. 을묘왜변을 겪으면서 상설 기구화되었고, 양 난을 거치며 국정을 총괄하는 기구로 발전하였다.

2. 관련 사료

중외(中外)의 군국 기무를 모두 관장한다. …… 도제조는 현임과 전임 의정(議政)이 겸하고, 제조는 정원에 제한이 없으며 임금에게 보고하여 임명한다. 이·호·예·병·형조 판서, 양국 대장, 양도 유수, 대제학은 당연히 겸직한다.   - "속대전" -

① 업무 일지인 내각일력을 작성하였다.
② 사헌부, 사간원과 함께 3사로 불렸다.
③ 소속 관원을 은대 학사라고도 칭하였다.
④ 흥선 대원군이 집권한 시기에 혁파되었다.
⑤ 국왕 직속 사법 기구로 중죄인을 다스렸다.

361

밑줄 그은 '이 부대'에 대한 설명으로 옳은 것은? [2점]

전시된 그림은 이 부대의 분영인 북일영과 활터의 풍경을 묘사한 김홍도의 작품입니다. 임진왜란 중 류성룡의 건의로 편성된 이 부대는 직업 군인의 성격을 띤 상비군이었습니다.

북일영도

① 용호군과 함께 2군으로 불렸다.
② 진도에서 용장성을 쌓고 항전하였다.
③ 국경 지역인 북계와 동계에 배치되었다.
④ 포수, 살수, 사수의 삼수병으로 편제되었다.
⑤ 국왕의 친위 부대로 수원 화성에 외영을 두었다.

362

밑줄 그은 '이 부대'에 대한 설명으로 옳은 것은? [2점]

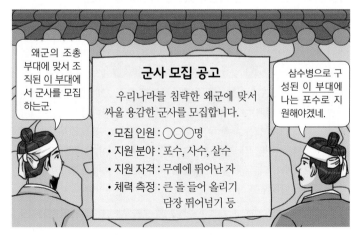

왜군의 조총 부대에 맞서 조직된 이 부대에서 군사를 모집하는군.

군사 모집 공고

우리나라를 침략한 왜군에 맞서 싸울 용감한 군사를 모집합니다.

• 모집 인원 : ○○○명
• 지원 분야 : 포수, 사수, 살수
• 지원 자격 : 무예에 뛰어난 자
• 체력 측정 : 큰 돌 들어 올리기
　　　　　　 담장 뛰어넘기 등

삼수병으로 구성된 이 부대에 나는 포수로 지원해야겠네.

① 최씨 무신 정권의 군사적 기반이었다.
② 급료를 받는 상비군이 주축을 이루었다.
③ 국경 지역인 북계와 동계에 배치되었다.
④ 이종무의 지휘 아래 대마도 정벌에 참여하였다.
⑤ 국왕의 친위 부대로 수원 화성에 외영을 두었다.

363

밑줄 그은 '이 사절단'에 대한 설명으로 옳은 것은? [2점]

이 해사록은 김세렴이 이 사절단의 부사로 일본에 다녀온 후 작성한 책입니다. 여기에는 쓰시마, 교토를 거쳐 에도까지 간 여정, 당시 일본의 지형과 풍속, 쇼군을 만난 내용 등이 담겨 있습니다.

해사록

① 암행어사의 형태로 비밀리에 파견되었다.
② 해국도지, 영환지략을 국내에 소개하였다.
③ 하정사, 성절사, 천추사 등으로 구분되었다.
④ 막부의 요청으로 파견되어 문물을 전하였다.
⑤ 기기국에서 무기 제조 기술을 습득하고 돌아왔다.

364

(가) 사절단에 대한 설명으로 옳은 것은? [2점]

그림으로 보는 조선 사절단의 여정

"사로승구도"는 1748년 에도 막부의 요청으로 조선이 일본에 파견한 　(가)　이/가 부산에서 에도에 이르는 여정을 담은 작품입니다. 일본의 명승지나 사행 중 겪은 인상적인 광경을 30장면으로 표현하였는데, 위 그림은 사절단이 에도로 들어갈 때 보았던 모습을 그린 것입니다.

① 연행사라는 이름으로 보내졌다.
② 암행어사의 형태로 비밀리에 파견되었다.
③ 민영익, 홍영식, 서광범 등이 참여하였다.
④ 사행을 다녀온 여정을 조천록으로 남겼다.
⑤ 관련 기록물이 세계 기록 유산에 등재되었다.

365

다음 상황이 나타난 시기를 연표에서 옳게 고른 것은? [2점]

> 4월 누르하치의 군대가 무순을 함락하고, 7월에는 청하를 함락하였다. 이에 명에서 정벌을 결정하고 우리나라에 군사 징발을 요구하였다. 명의 총독 왕가수의 군문(軍門)에서 약 4만의 병사를 요구하였으나, 경략(經略) 양호가 조선의 병사와 군마가 적다고 하여 마침내 그 수를 줄여서 총수(銃手) 1만 명만 징발하였다. 7월 조정에서 강홍립을 도원수로, 김경서를 부원수로 삼았다.
> — "책중일록" —

1453	1510	1597	1627	1728	1811
(가)	(나)	(다)	(라)	(마)	
계유 정난	삼포 왜란	정유 재란	정묘 호란	이인좌의 난	홍경래의 난

① (가)   ② (나)   ③ (다)   ④ (라)   ⑤ (마)

366

밑줄 그은 '왕'에 대한 설명으로 옳은 것은? [2점]

> 왕 1년 3월 14일 광해를 폐하여 군으로 봉하다
>   이광정, 이귀, 김류 등에게 관직을 제수하다
>   3월 15일 영창 대군 등의 관봉(官封)을 회복하도록 명하다
>   인목 대비의 의복을 바꿀 시일을 정하도록 예조
>   에 하교하다
>   3월 25일 반정에 공이 있는 김자점 등을 6품직에 제수하다

① 이시애의 난을 진압하고 유향소를 폐지하였다.
② 문신의 재교육을 위한 초계문신제를 실시하였다.
③ 총융청과 수어청을 설치하여 도성을 방비하였다.
④ 전제상정소를 설립하고 전분6등법을 제정하였다.
⑤ 변급, 신류 등을 파견하여 나선 정벌을 단행하였다.

367

(가) 시기에 있었던 사실로 옳은 것은? [3점]

> 지난달 후금에 투항한 강홍립의 죄를 물어야 합니다.
>
> 알아서 처분할 것이니 번거롭게 하지 말라.
>
> (가)
>
> 항복을 받기 위한 단을 삼전도에 이미 쌓았으니, 내일 황제 폐하 앞에서 의식을 거행할 것이오.

① 나선 정벌에 조총 부대가 동원되었다.
② 권율이 행주산성에서 적군을 격퇴하였다.
③ 정봉수와 이립이 용골산성에서 항쟁하였다.
④ 소현 세자와 봉림 대군 등이 청에 인질로 끌려갔다.
⑤ 외적의 침입에 대비하고자 비변사가 처음 설치되었다.

368

다음 교서가 발표된 전쟁 기간에 있었던 사실로 옳은 것은? [3점]

> 과인이 덕이 부족하여 이같은 불운을 만나 오랑캐의 침략을 받았다. 지난 정묘년에는 변란이 생겼을 때에 임시방편으로 강화를 허락하여 치욕을 감수하였다. 지금 오랑캐가 황제를 참칭(僭稱)하고 우리나라를 업신여기므로 천하의 대의를 위해 그 사신을 배척하였다가 이 같은 환란을 만났다. 이제 화의는 이미 끊어졌고 오로지 결전이 있을 뿐이다. …… 저 오랑캐가 외로운 형세로 깊숙이 들어왔으니, 사방의 원병이 이어 달려오고 하늘이 돕는다면 우리는 이길 것이다.

① 김상용이 강화도에서 순절하였다.
② 정문부가 길주에서 의병을 이끌었다.
③ 조·명 연합군이 평양성을 탈환하였다.
④ 정봉수와 이립이 용골산성에서 항전하였다.
⑤ 포수, 사수, 살수로 구성된 훈련도감이 설치되었다.

369

밑줄 그은 '전란' 중에 있었던 사실로 옳은 것은? [2점]

초대합니다

창작 뮤지컬
비운의 의순 공주, 애숙

삼전도에서의 굴욕적인 항복으로 <u>전란</u>은 끝났습니다. 이후 조선의 공주를 부인으로 삼 겠다는 청 섭정왕의 요구로 조선 국왕의 양녀 가 되어 원치 않은 결혼을 해야 했던 의순 공 주 이애숙. 그녀의 굴곡진 삶을 한 편의 뮤지 컬로 선보입니다.

• 일시: 2024년 ○○월 ○○일 ○○시
• 장소: 의정부 △△ 문화 회관 대극장

① 이종무가 대마도를 정벌하였다.
② 강홍립이 사르후 전투에 참전하였다.
③ 김준룡이 광교산 전투에서 승리하였다.
④ 조헌이 금산에서 의병을 이끌고 활약하였다.
⑤ 신립이 탄금대에서 배수의 진을 치고 전투를 벌였다.

370

밑줄 그은 '이 전쟁'의 영향으로 옳은 것은? [3점]

사진은 김준룡 장군 전승지 및 비 입니다. 김준룡 장군은 <u>이 전쟁</u>이 일어나자 남한산성으로 피란한 국 왕을 구하기 위해 근왕병을 이끌고 누르하치의 사위인 적장을 사살하 는 등의 전공을 세웠습니다.

① 북방에 4군 6진이 개척되었다.
② 이종무에 의해 대마도가 정벌되었다.
③ 청에 당한 치욕을 갚자는 북벌론이 전개되었다.
④ 계해약조가 체결되어 세견선의 입항이 허가되었다.
⑤ 외적에 대비하기 위해 비변사가 처음으로 설치되었다.

371

밑줄 그은 '이 전쟁'의 영향으로 가장 적절한 것은? [2점]

사료로 만나는 한국사

신풍부원군 장유가 예조에 단자를 올리기를 "외아 들이 있는데 강도(江都)의 변 때 그의 처가 잡혀갔다가 속환되어 지금은 친정 부모집에 가 있습니다. 그대로 배필로 삼아 함께 조상의 제사를 받들 수 없으니, 새로 장가들도록 허락해 주십시오."라고 하였다.

위 사료는 <u>이 전쟁</u> 중 강화도가 함락되면서 적국으로 끌려 갔다 돌아온 며느리를 아들과 이혼하게 해달라는 내용의 글이 다. 국왕이 삼전도에서 항복하며 종결된 <u>이 전쟁</u>으로 많은 사 람들이 포로로 끌려갔다. 여성들은 살아 돌아오더라도 절개를 잃었다는 이유로 억울하게 이혼을 당하기도 하였다.

◀ ❙❙ ▶

① 이완 등을 중심으로 북벌이 추진되었다.
② 김종서가 두만강 일대에 6진을 개척하였다.
③ 이종무가 적의 근거지인 쓰시마섬을 정벌하였다.
④ 강홍립이 이끄는 부대가 사르후 전투에 참전하였다.
⑤ 국방 문제를 논의하기 위해 비변사가 처음으로 설치되었다.

372

다음 왕에 대한 설명으로 옳은 것은? [1점]

1/3 청에 볼모로 끌려갔 다 돌아온 왕자에게 는 꿈이 있었습니다.

2/3 왕이 된 그는 성곽과 무기를 정비하고 군 대를 양성했습니다.

3/3 하지만 냉혹한 국내 외의 현실로 북벌은 미완의 꿈으로 남았 습니다.

① 나선 정벌에 조총 부대를 파견하였다.
② 왕의 친위 부대인 장용영을 설치하였다.
③ 청과의 국경을 정하는 백두산정계비를 세웠다.
④ 역대 문물을 정리한 동국문헌비고를 편찬하였다.
⑤ 수조권이 세습되던 수신전과 휼양전을 폐지하였다.

373

(가) 국가에 대한 조선의 정책으로 옳은 것은? [2점]

이 비석은 (가) 의 요청으로 나선 정벌에 참여했던 총병관 신유를 기리기 위한 신도비입니다. 이 비에는 그의 조총 부대가 흑룡강 일대에서 러시아군과의 전투를 승리로 이끌었다는 사실이 기록되어 있습니다.

① 어영청을 중심으로 북벌을 추진하였다.
② 한성에 동평관을 두어 무역을 허용하였다.
③ 조약 체결에 대한 답례로 보빙사를 보냈다.
④ 공녀를 보내기 위해 결혼도감을 설치하였다.
⑤ 포로 송환을 위해 회답 겸 쇄환사를 파견하였다.

374

밑줄 그은 '이 왕'이 추진한 정책으로 옳은 것은? [2점]

명릉은 이 왕과 왕비인 인현 왕후의 무덤입니다. 이 왕에 대해서 알고 있는 사실을 대화 창에 올려 주세요.

조선 시대 왕릉을 찾아서 생방송 중

(ON) 대화 창

경신환국 등 여러 차례 환국을 통해서 정국을 주도하였어요.

대동법을 황해도까지 확대 시행하였어요.

글쓰기

① 수도 방어를 위하여 금위영을 창설하였다.
② 국가의 통치 규범인 경국대전을 반포하였다.
③ 청의 요청으로 나선 정벌에 조총 부대를 파견하였다.
④ 농민들의 군역 부담을 줄여 주고자 균역법을 시행하였다.
⑤ 유능한 인재를 양성하기 위해 초계문신제를 실시하였다.

375

밑줄 그은 '이 왕'의 재위 시기에 있었던 사실로 옳은 것은? [2점]

제시된 자료는 이 왕이 동생인 명안 공주에게 보낸 한글 편지입니다. 그의 재위 시기에는 경신환국 등 여러 차례 환국이 발생하였습니다.

① 나선 정벌에 조총 부대가 파견되었다.
② 청과의 경계를 정한 백두산정계비가 세워졌다.
③ 문신 재교육을 위한 초계문신제가 시행되었다.
④ 시전 상인의 특권을 축소하는 신해통공이 실시되었다.
⑤ 붕당 정치의 폐해를 경계하기 위해 탕평비가 건립되었다.

376

(가) 국가에 대한 조선의 대외 정책으로 옳은 것은? [2점]

이 지도는 의주에서 연경에 이르는 경로를 표시한 것입니다. 조선 사신들은 이 경로를 따라 (가) 을/를 왕래하였는데, 이 사행에 참여한 만상은 국제 무역으로 많은 돈을 벌기도 하였습니다.

오늘 알아볼 지도에 대해 말씀해 주세요.

입연정도도(入燕程途圖)

① 박위를 파견하여 근거지를 토벌하였다.
② 백두산정계비를 세워 국경을 정하였다.
③ 한성에 동평관을 두어 무역을 허용하였다.
④ 쌍성총관부를 공격하여 철령 이북의 영토를 되찾았다.
⑤ 포로 송환을 위하여 유정을 회답 겸 쇄환사로 파견하였다.

3 경제

377

밑줄 그은 '왕'이 추진한 정책으로 옳은 것은?

제50회 23번 [2점]

역 사 신 문

제△△호 　　　　　　　　　○○○○년 ○○월 ○○일

호패법 재실시 발표

금일, 왕이 호패법을 다시 시행하라고 명령하였다. 이는 문란해진 군적을 정비하고 이괄의 난 이후 심상치 않은 백성들의 동태를 점검하기 위한 것으로 보인다. 호패법은 반정(反正) 직후부터 논의되어 왔으나, 새로 군역에 편입될 백성들의 반발을 우려하여 지금까지 시행이 미루어져 왔다.

---

① 공신에게 공로와 인품에 따라 역분전을 지급하였다.

② 삼정의 문란을 해결하고자 삼정이정청을 설치하였다.

③ 시전 상인의 특권을 축소하는 신해통공을 단행하였다.

④ 전세를 1결당 4~6두로 고정하는 영정법을 제정하였다.

⑤ 1년에 2필씩 걷던 군포를 1필로 줄이는 균역법을 시행하였다.

378

(가) 제도에 대한 설명으로 옳은 것은?

제65회 25번 [2점]

광해군 때 이원익이 방납의 폐단을 혁파하고자 선혜청을 두고 　(가)　 을/를 실시할 것을 청하였다. …… 맨 먼저 경기도 내에 시범적으로 실시하니 백성들은 대부분 편리하게 여겼다. 다만 권세가와 부호들은 방납의 이익을 잃기 때문에 온갖 방법으로 반대하였다.　－ "국조보감" －

---

① 양반에게도 군포를 부과하였다.

② 수신전과 휼양전을 폐지하였다.

③ 양전 사업을 실시하여 지계를 발급하였다.

④ 전세를 풍흉에 따라 9등급으로 차등 과세하였다.

⑤ 관청에 물품을 조달하는 공인이 등장하는 배경이 되었다.

379

밑줄 그은 '이 법'에 대한 설명으로 옳은 것은?

제49회 23번 [1점]

이 법은 공납의 폐단을 해결할 목적으로 경기도와 강원도 지역에서 실시되고 있습니다. 고통받는 백성을 위해 충청도와 전라도에도 이 법을 확대 시행해야 합니다.

그렇다면 충청도에 먼저 시행하시오.

① 양반에게도 군포를 부과하였다.

② 1결당 쌀 4~6두로 납부액을 고정하였다.

③ 비옥도에 따라 토지를 6등급으로 나누었다.

④ 일부 상류층에게 선무군관포를 징수하였다.

⑤ 특산물 대신 쌀, 베, 동전 등으로 납부하게 하였다.

380

밑줄 그은 '이 법'에 대한 설명으로 옳은 것은?

제72회 25번 [1점]

이원익은 방납의 폐단을 없애고자 선혜청을 두고 이 법을 실시할 것을 주장했습니다.

방납의 폐단을 개혁하고자 한 인물

이이　　유성룡

이원익　　김육

화면을 누르면 설명을 들을 수 있습니다.

① 양반에게도 군포를 거두었다.

② 토지 1결당 쌀 2두의 결작을 부과하였다.

③ 전세를 풍흉에 따라 9등급으로 차등 과세하였다.

④ 부족한 재정 보충을 위해 선무군관포를 징수하였다.

⑤ 관청에 물품을 조달하는 공인이 등장하는 배경이 되었다.

381
제37회 27번

밑줄 그은 '방법'의 시행 내용으로 옳은 것을 〈보기〉에서 고른 것은? [2점]

> 왕이 명정전에 나아가 전·현직 대신을 비롯한 여러 신하들을 불러 양역의 변통 대책에 대해 논의하면서 말하였다.
> "호포나 결포가 모두 문제점이 있으니, 이제는 1필로 줄이는 것으로 온전히 돌아갈 것이다. 경들은 1필을 줄였을 때 생기는 세입 감소분을 대신할 방법을 강구하라."

보기
> ㄱ. 토지 1결당 쌀 2두의 결작을 부과하였다.
> ㄴ. 양전 사업을 실시하여 지계를 발급하였다.
> ㄷ. 선무군관에게 1년에 1필의 군포를 징수하였다.
> ㄹ. 관리들에게 경기 지방에 한하여 과전을 지급하였다.

① ㄱ, ㄴ 　② ㄱ, ㄷ 　③ ㄴ, ㄷ
④ ㄴ, ㄹ 　⑤ ㄷ, ㄹ

382
제73회 28번

다음 자료를 활용한 탐구 주제로 가장 적절한 것은? [2점]

> 선무군관 직책을 특별히 설치하고 서북을 제외한 6도에서 벼슬이 없는 자들 중 선정한다. 사족이 아니거나 음서를 받지 않은 자들, 군보(軍保) 역할에 그치기에는 아까운 자들을 대상으로 한다. 평시에는 입번(立番)과 훈련을 면해주고 다만 베 1필을 받는데, 유사시에는 관할 수령이 지도하여 방비에 임하도록 한다.

① 토산물을 쌀, 동전 등으로 납부하게 한 원인
② 균역법 실시로 인한 세입 감소분의 보충 방안
③ 시전 상인의 특권을 축소한 신해통공 단행 배경
④ 전세를 풍흉에 따라 9등급으로 차등 부과한 이유
⑤ 설점수세제를 시행하여 민간의 광산 개발을 허용한 목적

383
제56회 24번

(가) 왕이 재위한 시기의 경제 모습으로 옳은 것은? [2점]

> 이곳은 수원 화성 성역과 연계하여 축조된 축만제입니다. (가) 은/는 축만제 등의 수리 시설 축조와 둔전 경영을 통해 수원 화성의 수리, 장용영의 유지, 백성의 진휼을 위한 재원을 마련하였습니다.

① 금속 화폐인 건원중보가 주조되었다.
② 시장을 감독하는 동시전이 설치되었다.
③ 울산항, 당항성이 무역항으로 번성하였다.
④ 군역의 부담을 줄이기 위해 균역법이 제정되었다.
⑤ 육의전을 제외한 시전 상인의 금난전권이 폐지되었다.

384
제51회 26번

다음 대화가 이루어진 시기의 경제 상황으로 옳지 않은 것은? [2점]

> 며칠 전 전하께서 형조와 한성부에 시전 상인의 금난전권을 철폐하고 이를 어길 경우 처벌하라는 지시를 내리셨다네.

> 나도 들었네. 다만 육의전은 이번 조치에서 제외되었다고 하더군.

① 고액 화폐인 활구가 주조되었다.
② 담배, 면화 등 상품 작물이 재배되었다.
③ 관청에 물품을 조달하는 공인이 활동하였다.
④ 송상, 만상이 대청 무역으로 부를 축적하였다.
⑤ 광산을 전문적으로 경영하는 덕대가 등장하였다.

385

제61회 25번

다음 기사에 나타난 시기의 경제 상황으로 옳은 것은? [2점]

역 사 신 문

제△△호 　　　　　　　　　　○○○○년 ○○월 ○○일

거상(巨商) 임상옥, 북경에서 인삼 무역으로 큰 수익

　연행사의 수행원으로 북경에 간 만상(灣商) 임상옥이 인삼 무역으로 큰 수익을 거두었다. 북경 상인들이 불매 동맹을 통해 인삼을 헐값에 사려 하자, 그는 가져간 인삼 보따리를 태우는 기지를 발휘해 북경 상인에게 인삼을 높은 가격에 매각하여 막대한 이익을 얻은 것이다.

① 삼한통보, 해동통보가 발행되었다.
② 솔빈부의 말이 특산물로 수출되었다.
③ 초량 왜관을 통해 일본과 교역하였다.
④ 당항성, 영암이 국제 무역항으로 번성하였다.
⑤ 경시서의 관리들이 수도의 시전을 감독하였다.

386

제72회 27번

다음 자료에 나타난 시기의 경제 상황으로 옳지 않은 것은? [1점]

　비변사의 계사에, "현재 시전의 병폐로 서울과 지방의 백성이 원망하는 바는 오로지 도고(都庫)에 있습니다. 시중 시세를 조종하여 홀로 이익을 취하니 그 폐단은 한이 없습니다. 한성부에서 엄히 금하도록 하되 그 가운데 매우 심하게 폐단을 빚는 3강(한강·용산강·서강)의 시목전(柴木廛)·염해전(鹽醢廛)과 같은 무리는 그 주모자를 색출하여 형조로 송치해서 엄한 형벌로 다스려 후일을 징계하도록 분부하는 것이 어떻겠습니까?" 하니 윤허한다고 답하였다.

① 금속 화폐인 건원중보가 주조되었다.
② 담배와 면화 등의 상품 작물이 재배되었다.
③ 보부상이 장시를 돌아다니며 상업 활동을 하였다.
④ 모내기법의 확대로 벼와 보리의 이모작이 성행하였다.
⑤ 설점수세제의 시행으로 민간의 광산 개발이 허용되었다.

387

제48회 24번

다음 상황이 나타난 시기에 볼 수 있는 모습으로 옳지 않은 것은? [2점]

　선혜청 당상 민응수가 "지금 돈이 귀해진 것은 공가(公家)에서 거두어 숨겨 두고 부민(富民)들이 쌓아 두어 유통이 되지 않아서입니다. 만일 관가의 돈을 쌓아 두는 폐단을 없애고 민간의 돈을 유통시키는 효과가 있게 한다면, 전황(錢荒)의 폐단을 구할 수 있을 것입니다."라고 하였다. 임금이 말하기를, "더 주조하는 길밖에 다른 도리가 없으니, 후일 다시 의논하여 아뢰도록 하라."라고 하였다.

① 송상, 만상이 대청 무역으로 부를 축적하였다.
② 왜관에서 개시 무역과 후시 무역이 이루어졌다.
③ 광산을 전문적으로 경영하는 덕대가 등장하였다.
④ 관리가 과전법에 의해 토지의 수조권을 지급받았다.
⑤ 모내기법의 확대로 벼와 보리의 이모작이 확산되었다.

388

제64회 20번

다음 자료에 나타난 시기에 볼 수 있는 모습으로 적절한 것은? [2점]

　비변사에서 아뢰기를 "…… 우리나라는 물력(物力)이 부족하여 요역이 매우 무겁습니다. 매번 나라의 힘으로 채굴한다면, 노동과 비용이 많이 들어갑니다. 채은관(採銀官)에게 명해 광산을 개발한 이후 백성을 모집하여 [채굴할 것을] 허락하고 그로 하여금 세를 거두도록 하되 그 세금의 많고 적음은 [채은관이] 적당히 헤아려 정하게 한다면 관에서 힘을 들이지 않아도 세입이 저절로 많아질 것입니다. ……"라고 하니, 왕이 아뢴 대로 하라고 답하였다.

① 주자감에서 공부하는 학생
② 초조대장경 조판을 지켜보는 승려
③ 빈공과를 준비하는 6두품 출신 유학생
④ 과전법에 따라 수조권을 지급받는 관리
⑤ 고추, 담배 등을 상품 작물로 재배하는 농민

4 사회

정답과 해설 076쪽

389
제35회 31번

(가)에 대한 설명으로 옳은 것을 〈보기〉에서 고른 것은? [1점]

> 지난 을축년 영중추부사 이원익이 정승으로 있을 때에 ……
> (가) 의 관직 진출을 허용하도록 정하였습니다. 양첩 소생은
> 손자 대에 가서 허용하고, 천첩 소생은 증손 대에 가서 허용하며, 과거
> 에 급제한 뒤에는 요직은 허용하되 청직은 허용하지 않는 것으로 임
> 금님의 재가를 받았습니다. …… 지금부터는 전교하신 대로 재능에
> 따라 의망(擬望)*하는 것이 어떻겠습니까?
>
> * 의망 : 관직 후보자를 추천하는 것

보기

> ㄱ. 화척, 양수척 등으로 불렸다.
> ㄴ. 수차례 통청 운동을 전개하였다.
> ㄷ. 규장각 검서관에 등용되기도 하였다.
> ㄹ. 차별 철폐를 위해 조선 형평사를 조직하였다.

① ㄱ, ㄴ   ② ㄱ, ㄷ   ③ ㄴ, ㄷ
④ ㄴ, ㄹ   ⑤ ㄷ, ㄹ

390
제40회 21번

(가) 신분에 대한 설명으로 옳은 것은? [2점]

이항견문록
*이항 : 마을의 거리

> 이 책은 (가) 출신인 유재건이 지은 인
> 물 행적기로, 위항 문학 발달에 크게 기여하였다.
> (가) 은/는 자신들의 신분에 따른 사회적
> 인 차별에 불만이 많았는데, 시사(詩社)를 조직하
> 는 등의 문예 활동을 통해 스스로의 위상을 높이
> 고자 하였다. 책의 서문에는 이항(里巷)*에 묻혀
> 있는 유능한 인사들의 행적을 기록하여 세상에
> 널리 알리고자 이 책을 썼다고 밝히고 있다.

① 매매, 증여, 상속의 대상이 되었다.
② 장례원을 통해 국가의 관리를 받았다.
③ 공장안에 등록되어 수공업 제품 생산을 담당하였다.
④ 양인이지만 천역을 담당하는 신량역천으로 분류되었다.
⑤ 관직 진출 제한을 없애 달라는 소청 운동을 전개하였다.

391
제73회 30번

밑줄 그은 '이 시기'에 볼 수 있는 모습으로 적절하지 않은 것은? [1점]

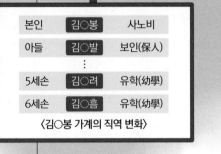

> 이것은 경상도 단성현 김○봉 가계의 직역 변화입니다. 사노비였던 그는
> 노력 끝에 면천되었고, 후손들도 꾸준히 신분 상승을 도모하여 유학 직역을
> 획득하였습니다. 이와 같이 신분 질서가 크게 동요한 이 시기에는 구향과
> 신향 간의 향전이 발생하기도 하였습니다.

본인	김○봉	사노비
아들	김○발	보인(保人)
⋮		
5세손	김○려	유학(幼學)
6세손	김○흠	유학(幼學)

〈김○봉 가계의 직역 변화〉

① 빈민을 구휼하는 제위보의 관리
② 시사(詩社)에서 시를 낭송하는 중인
③ 상평통보로 물건을 거래하는 보부상
④ 세책가에서 홍길동전을 빌리는 부녀자
⑤ 송파장에서 산대놀이 공연을 하는 광대

392
제42회 28번

(가) 종교에 대한 설명으로 옳은 것은? [1점]

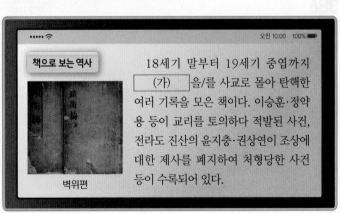

> **책으로 보는 역사**
>
> 오전 10:00 100% ■
>
> 18세기 말부터 19세기 중엽까지
> (가) 을/를 사교로 몰아 탄핵한
> 여러 기록을 모은 책이다. 이승훈·정약
> 용 등이 교리를 토의하다 적발된 사건,
> 전라도 진산의 윤지충·권상연이 조상에
> 대한 제사를 폐지하여 처형당한 사건
> 등이 수록되어 있다.
>
> 벽위편

① 단군 숭배 사상을 전파하였다.
② 하늘에 제사 지내는 초제를 거행하였다.
③ 동경대전과 용담유사를 경전으로 삼았다.
④ 청을 다녀온 사신들에 의하여 서학으로 소개되었다.
⑤ 유·불·선을 바탕으로 민간 신앙의 요소까지 포함하였다.

393

밑줄 그은 '주상'의 재위 기간에 있었던 사실로 옳은 것은?　　[2점]

주상께서 각 궁방과 중앙 관서의 공노비를 해방시켜 모두 양민으로 삼도록 허락하셨다고 하네.

노비안을 모아 돈화문 밖에서 불태우라고 하셨다더군.

① 신유박해로 다수의 천주교도가 처형되었다.
② 박규수의 건의로 삼정이정청이 설치되었다.
③ 명의 요청으로 강홍립의 부대가 파견되었다.
④ 붕당의 폐해를 경계하기 위한 탕평비가 건립되었다.
⑤ 통치 체제를 정비하기 위해 대전회통이 편찬되었다.

394

(가), (나) 사이의 시기에 있었던 사실로 옳은 것은?　　[3점]

(가) 전라도 관찰사 정민시가 [진산의] 죄인 윤지충과 권상연에 대한 조사 결과를 아뢰었다. "…… 근래에 이들은 평소 살아 계신 부모나 조부모처럼 섬겨야 할 신주를 태워 없애면서도 이마에 진땀 하나 흘리지 않았으니 정말 흉악한 일입니다. 제사를 폐지한 일은 오히려 부차적입니다."

(나) 의금부에서 아뢰었다. "얼마 전 죄인 남종삼은 명백한 근거도 없이 러시아에 변란이 있을 것이고, 프랑스와 조약을 맺을 계책이 있다는 요망한 말로 여러 사람을 현혹하였습니다. 감히 나라를 팔아먹고자 몰래 외적을 끌어들일 음모를 꾸몄으니, 즉시 참형에 처해야 합니다. …… [베르뇌를 비롯한] 서양인 4명을 군영에 넘겨 효수하여 본보기로 삼도록 하였습니다."

① 대종교 계열의 중광단이 결성되었다.
② 한용운이 조선불교유신론을 저술하였다.
③ 보은에서 교조 신원을 요구하는 집회가 열렸다.
④ 이수광이 지봉유설에서 천주실의를 소개하였다.
⑤ 황사영이 외국 군대의 출병을 요청하는 백서를 작성하였다.

395

(가) 종교에 대한 설명으로 옳은 것은?　　[1점]

□□신문

제△△호　　　　　　　○○○○년 ○○월 ○○일

최제우, 경주에서 체포

경상도 일대를 중심으로 교세를 확장하고 있던 　(가)　의 교주 최제우가 23명의 제자들과 함께 경주에서 체포되었다. 체포후 대구의 감영으로 이송되어 현재 문초가 진행되고 있으며, 혹세무민의 죄가 적용되어 효수에 처해질 것으로 보인다.

① 배재 학당을 세워 신학문 보급에 기여하였다.
② 마음속에 한울님을 모시는 시천주를 강조하였다.
③ 일제의 통제에 맞서 사찰령 폐지 운동을 펼쳤다.
④ 간척 사업을 추진하고 새 생활 운동을 전개하였다.
⑤ 제사와 신주를 모시는 문제로 정부의 탄압을 받았다.

396

(가) 사건에 대한 설명으로 옳은 것은?　　[2점]

정주성 공격도

이것은 평안도 지역에 대한 차별 등에 반발하여 일어난 　(가)　을/를 진압하기 위해 관군이 정주성을 에워싸고 있는 상황을 그린 그림입니다. 이후 관군은 땅굴을 파고 성벽을 폭파하는 전술로 봉기군을 진압하였습니다.

① 홍경래, 우군칙 등이 주도하였다.
② 흥선 대원군이 다시 집권하는 결과를 가져왔다.
③ 정부가 청군의 출병을 요청하는 계기가 되었다.
④ 사건 수습을 위해 박규수가 안핵사로 파견되었다.
⑤ 폐정 개혁안 실천을 위해 집강소 설치를 요구하였다.

397

제56회 28번

(가) 사건에 대한 설명으로 옳은 것은? [1점]

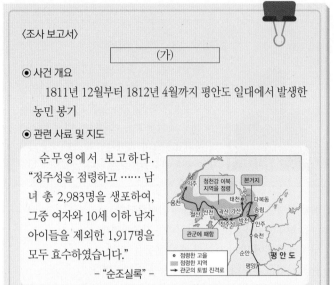

〈조사 보고서〉

(가)

◉ 사건 개요

1811년 12월부터 1812년 4월까지 평안도 일대에서 발생한 농민 봉기

◉ 관련 사료 및 지도

순무영에서 보고하다. "정주성을 점령하고 …… 남녀 총 2,983명을 생포하여, 그중 여자와 10세 이하 남자 아이들을 제외한 1,917명을 모두 효수하였습니다."

- "순조실록" -

① 청의 군대에 의해 진압되었다.
② 척왜양창의를 기치로 내걸었다.
③ 선혜청과 일본 공사관을 공격하였다.
④ 사건 수습을 위해 박규수가 안핵사로 파견되었다.
⑤ 세도 정치기의 수탈과 지역 차별에 반발하여 일어났다.

398

제48회 23번

다음 사건에 대한 설명으로 옳은 것은? [2점]

사건 일지

2월 7일 수곡 도회(都會) 주모자 유계춘을 병영에 감금

2월 13일 집안 제사 참석을 요청한 유계춘을 임시 석방

2월 14일 덕천 장시 등에서 농민 시위 전개

2월 18일 목사 홍병원이 사족(士族) 이명윤에게 농민 시위 무마를 부탁하며 정해진 액수 이상으로 세금을 징수하지 않겠다는 문서 전달

2월 19일 우병사 백낙신이 시위를 해산하려 하자 성난 농민들이 그를 포위하여 감금

⋮

① 남접과 북접이 연합하여 전개되었다.
② 정부와 약조를 맺고 집강소를 설치하였다.
③ 상황 수습을 위해 박규수가 안핵사로 파견되었다.
④ 지역 차별에 반발한 홍경래가 주도하여 봉기하였다.
⑤ 함경도와 황해도에 방곡령이 선포되는 결과를 가져왔다.

399

제61회 27번

다음 자료에 나타난 사건에 대한 설명으로 옳은 것은? [2점]

진주 안핵사 박규수에게 하교하기를, "얼마 전에 있었던 진주의 일은 전에 없던 변괴였다. 관원은 백성을 달래지 못하였고, 백성은 패악한 습관을 버리지 못하였다. 누가 그 허물을 책임져야 하겠는가. 신중을 기하여 혹시 한 사람이라도 억울하게 처벌 받는 일이 없게 하라. 그리고 포리(逋吏)*를 법에 따라 처벌할 경우 죄인을 심리하여 처단할 방법을 상세히 구별하라."라고 하였다.

* 포리(逋吏) : 관아의 물건을 사사로이 써버린 아전

① 홍경래, 우군칙 등이 주도하였다.
② 남접과 북접이 연합하여 전개되었다.
③ 삼정이정청이 설치되는 계기가 되었다.
④ 우정총국 개국 축하연을 이용하여 일어났다.
⑤ 윤원형 일파가 정국을 주도한 시기에 발생하였다.

400

제47회 28번

밑줄 그은 '시기'에 있었던 사실로 옳지 않은 것은? [2점]

이 불상은 고창 선운사 동불암지 마애 여래 좌상입니다. 이 불상 안에 있는 비기(秘記)가 세상에 나오는 날 나라가 망한다는 이야기가 있었습니다. 이러한 예언 사상은 안동 김씨 등 왕실의 외척을 비롯한 소수의 특정 가문이 비변사를 중심으로 권력을 독점한 시기에 널리 퍼졌습니다.

① 을사사화가 발생하였다.
② 홍경래가 난을 일으켰다.
③ 삼정이정청이 설치되었다.
④ 최제우가 동학을 창시하였다.
⑤ 이양선이 나타나 통상을 요구하였다.

5 문화

401

(가)에 들어갈 내용으로 옳은 것은?　　　　　　[2점]

색경을 편찬한 인물에 대해 이야기해 보자.

노론에 의해 사문난적으로 몰려 당시 학계에서 배척당했어.

(가)

① 청으로부터 시헌력 도입을 건의했어.
② 기기도설을 참고하여 거중기를 설계했어.
③ 무오사화의 발단이 된 조의제문을 작성했어.
④ 천체의 운행과 위치를 측정하는 혼천의를 제작했어.
⑤ 유학 경전을 주자와 달리 해석한 사변록을 저술했어.

402

(가) 인물에 대한 설명으로 옳은 것은?　　　　　[2점]

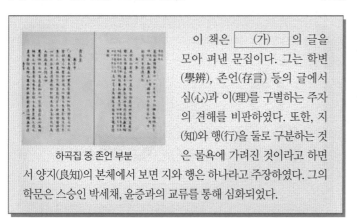

이 책은 　(가)　 의 글을 모아 펴낸 문집이다. 그는 학변(學辨), 존언(存言) 등의 글에서 심(心)과 이(理)를 구별하는 주자의 견해를 비판하였다. 또한, 지(知)와 행(行)을 둘로 구분하는 것은 물욕에 가려진 것이라고 하면서 양지(良知)의 본체에서 보면 지와 행은 하나라고 주장하였다. 그의 학문은 스승인 박세채, 윤증과의 교류를 통해 심화되었다.

하곡집 중 존언 부분

① 계유정난을 계기로 정계에서 축출되었다.
② 일본에 다녀와서 해동제국기를 편찬하였다.
③ 서얼 출신으로 규장각 검서관에 임용되었다.
④ 양명학을 연구하여 강화학파 형성의 기초를 마련하였다.
⑤ 성학집요를 저술하여 군주가 수양해야 할 덕목을 제시하였다.

403

(가) 인물에 대한 설명으로 옳은 것은?　　　　　[2점]

이곳은 　(가)　 이/가 낙향하여 학문 연구에 전념했던 전라북도 부안군의 반계 서당입니다. 그는 이곳에서 제자들을 양성하며 반계수록을 저술하였습니다.

① 정조 때 규장각 검서관으로 활동하였다.
② 동국지리지를 저술하여 삼한의 위치를 고증하였다.
③ 지전설을 주장하여 중국 중심의 세계관을 비판하였다.
④ 연행사를 따라 청에 다녀온 후 열하일기를 집필하였다.
⑤ 자영농 육성을 위해 신분에 따른 토지의 차등 분배를 주장하였다.

404

(가) 인물에 대한 설명으로 옳은 것은?　　　　　[2점]

이 책은 　(가)　 이/가 학문과 사물의 이치를 논한 글과 제자들의 질문에 응답한 내용을 모아 엮은 성호사설입니다. 　(가)　 은/는 노비 제도의 개혁, 서얼 차별 폐지 등 다양한 개혁안을 제시하였습니다.

성호사설

① 이벽 등과 교류하며 천주교를 받아들였다.
② 북한산비가 진흥왕 순수비임을 고증하였다.
③ 동호문답에서 수취 제도의 개혁 등을 제안하였다.
④ 가례집람을 지어 예학을 조선의 현실에 맞게 정리하였다.
⑤ 곽우록에서 토지 매매를 제한하는 한전론을 주장하였다.

405

(가) 인물에 대한 설명으로 옳은 것은? [1점]

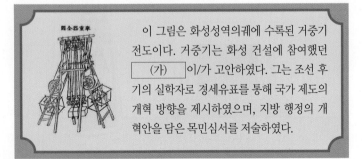

답사 계획서

▶ 주제 : ___(가)___ 의 강진 유배지를 찾아서
▶ 일자 : 2023년 ○○월 ○○일
▶ 답사 장소

혜장선사의 주선으로 거처한 곳
보은산방

사의재
읍내의 제자들을 교육하고 "아학편훈의"를 편찬한 곳

10여 년간 머무르며 "목민심서", "경세유표"를 집필한 곳
다산초당

① 일본에 다녀와 해동제국기를 편찬하였다.
② 최초의 서원인 백운동 서원을 건립하였다.
③ 북한산비가 진흥왕 순수비임을 고증하였다.
④ 양명학을 연구하여 강화학파를 형성하였다.
⑤ 기기도설을 참고하여 거중기를 설계하였다.

406

(가) 인물에 대한 설명으로 옳은 것은? [2점]

이 그림은 화성성역의궤에 수록된 거중기 전도이다. 거중기는 화성 건설에 참여했던 ___(가)___ 이/가 고안하였다. 그는 조선 후기의 실학자로 경세유표를 통해 국가 제도의 개혁 방향을 제시하였으며, 지방 행정의 개혁안을 담은 목민심서를 저술하였다.

① 양반전에서 양반의 위선과 무능을 비판하였다.
② 북학의를 저술하여 청의 문물 수용을 강조하였다.
③ 사람의 체질을 연구하여 사상 의학을 확립하였다.
④ 조선책략 유포에 반발하여 영남 만인소를 주도하였다.
⑤ 여전론을 통해 토지의 공동 소유와 공동 경작을 주장하였다.

407

다음 주장을 펼친 인물에 대한 설명으로 옳은 것은? [3점]

이제 농사를 짓는 사람은 전지(田地)를 얻게 하고 농사를 짓지 않는 사람은 전지를 얻지 못하게 하고자 한다면, 여전(閭田)의 법을 시행하여 나의 뜻을 이룰 수 있을 것이다. 무엇을 여전이라 하는가? 산골짜기와 천원(川原)의 형세로써 나누어 경계로 삼아 그 안을 여(閭)라 한다. …… 여에는 여장(閭長)을 두고 무릇 한 여의 전지는 그 여의 사람들로 하여금 다 함께 경작하게 한다. …… 추수 때에는 …… 그 양곡을 나누는데, 먼저 국가에 세를 내고 그 다음은 여장의 봉급을 주고, 그 나머지를 가지고 장부에 의해, 일한 만큼 (여민에게) 분배한다. - "전론" -

① 의산문답에서 중국 중심의 세계관을 비판하였다.
② 동의수세보원을 저술하여 사상 의학을 확립하였다.
③ 우서에서 사농공상의 직업적 평등과 전문화를 주장하였다.
④ 경세유표를 저술하여 국가 제도의 개혁 방향을 제시하였다.
⑤ 북학의에서 재물을 우물에 비유하여 절약보다 소비를 권장하였다.

408

(가) 인물에 대한 설명으로 옳은 것은? [2점]

___(가)___ 이/가 과학 기술인 명예의 전당에 헌정되었습니다. 그는 천문학에 조예가 깊어 기존의 혼천의를 개량했으며, 그의 학문은 담헌서로 정리되어 오늘날 전해지고 있습니다.

___(가)___ , 과학 기술인 명예의 전당에 헌정

① 의산문답에서 무한 우주론을 주장하였다.
② 기기도설을 참고하여 거중기를 설계하였다.
③ 자동 시보 장치를 갖춘 자격루를 제작하였다.
④ 사상 의학을 정립한 동의수세보원을 편찬하였다.
⑤ 서양의 과학 기술을 정리한 지구전요를 저술하였다.

409

다음 글을 쓴 인물에 대한 설명으로 옳은 것은? [3점]

> 중국은 서양에 대해서 경도의 차이가 1백 80도에 이르는데, 중국 사람은 중국을 정계(正界)로 삼고 서양을 도계(倒界)로 삼으며, 서양 사람은 서양을 정계로 삼고 중국을 도계로 삼는다. 그러나 실제에 있어서는 하늘을 이고 땅을 밟는 사람은 지역에 따라 모두 그러하니, 횡(橫)이나 도(倒)할 것 없이 다 정계다.
> — "의산문답" —

① 지전설과 무한 우주론을 주장하였다.
② 남북국이라는 용어를 처음 사용하였다.
③ 북한산비가 진흥왕 순수비임을 고증하였다.
④ 서얼 출신으로 규장각 검서관에 등용되었다.
⑤ 여전론을 통해 마을 단위 토지 분배와 공동 경작을 주장하였다.

410

다음 글을 쓴 인물에 대한 설명으로 옳은 것은? [1점]

> 중국의 재산이 풍족할 뿐더러 한 곳에 지체되지 않고 골고루 유통함은 모두 수레를 쓴 이익일 것이다. …… 평안도 사람들은 감과 귤을 분간하지 못하며, 바닷가 사람들은 멸치를 거름으로 밭에 내건만 서울에서는 한 웅큼에 한 푼씩 하니 이렇게 귀함은 무슨 까닭인가. …… 사방이 겨우 몇천 리 밖에 안 되는 나라에 백성의 살림살이가 이다지 가난함은 한마디로 표현한다면 수레가 국내에 다니지 못한 까닭이라 하겠다.
> — "열하일기" —

① 양반전에서 양반의 위선과 무능을 풍자하였다.
② 북학의에서 절약보다 적절한 소비를 강조하였다.
③ 곽우록에서 토지 매매를 제한하는 한전론을 제시하였다.
④ 우서에서 사농공상의 직업적 평등과 전문화를 주장하였다.
⑤ 색경에서 담배, 수박 등의 상품 작물 재배법을 소개하였다.

411

(가) 인물에 대한 설명으로 옳은 것은? [2점]

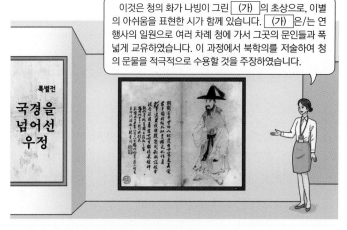

> 이것은 청의 화가 나빙이 그린 (가) 의 초상으로, 이별의 아쉬움을 표현한 시가 함께 있습니다. (가) 은/는 연행사의 일원으로 여러 차례 청에 가서 그곳의 문인들과 폭넓게 교유하였습니다. 이 과정에서 북학의를 저술하여 청의 문물을 적극적으로 수용할 것을 주장하였습니다.

① 세계 지리서인 지구전요를 저술하였다.
② 의산문답에서 무한 우주론을 주장하였다.
③ 기기도설을 참고하여 거중기를 설계하였다.
④ 서자 출신으로 규장각 검서관에 기용되었다.
⑤ 양반전을 지어 양반의 허례와 무능을 풍자하였다.

412

밑줄 그은 '그'에 대한 설명으로 옳은 것은? [1점]

> ### 시(詩)로 만나는 실학자
>
> 육지의 재화는 연경과 통하지 않고
> 바다의 상인은 왜의 물건을 실어 오지 않네
> 비유컨대 들판의 우물물과 같아
> 긷지 않으면 저절로 말라 버리네
>
> [해설] 이 시는 연행사의 일원으로 다녀온 그가 청의 발달한 문물을 경험하고 지은 것이다. 서얼 출신으로 규장각 검서관에 발탁된 그는 시의 내용처럼 재화를 우물물에 비유하며 소비 촉진을 통한 생산력의 증대를 주장하였다.

① 기기도설을 참고하여 거중기를 설계하였다.
② 양명학을 연구하여 강화학파를 형성하였다.
③ 북학의에서 수레와 배의 이용을 권장하였다.
④ 열하일기에서 화폐 유통의 필요성을 강조하였다.
⑤ 우서에서 사농공상의 직업적 평등을 주장하였다.

V
조선
후기

413

제56회 26번

(가)~(마)에 들어갈 내용으로 옳은 것은?   [3점]

> 〈온라인 한국사 교양 강좌〉
>
> **인물로 보는**
> # 조선 후기 사회 개혁론
>
> 우리 학회에서는 조선 후기 학자들의 다양한 개혁론을 이해하는 교양 강좌를 마련하였습니다. 많은 분들의 관심과 참여 바랍니다.
>
> ■ 강좌 안내 ■
>
> 제1강 이익, ＿＿＿(가)＿＿＿
> 제2강 홍대용, ＿＿＿(나)＿＿＿
> 제3강 박지원, ＿＿＿(다)＿＿＿
> 제4강 박제가, ＿＿＿(라)＿＿＿
> 제5강 정약용, ＿＿＿(마)＿＿＿
>
> • 기간 : 2021년 ○○월 ○○일~○○월 ○○일
>   매주 화요일 16:00
> • 방식 : 화상 회의 플랫폼 활용
> • 주최 : ◇◇ 학회

① (가) - 의산문답에서 중국 중심의 세계관을 비판하다
② (나) - 목민심서에서 지방 행정의 개혁안을 제시하다
③ (다) - 열하일기에서 수레와 선박의 필요성을 강조하다
④ (라) - 성호사설에서 사회 폐단을 여섯 가지 좀으로 규정하다
⑤ (마) - 북학의에서 절약보다 적절한 소비를 권장하다

414

제59회 27번

(가) 인물에 대한 설명으로 옳은 것은?   [2점]

> ＿＿(가)＿＿은/는 널리 배워 시를 잘 짓고 전고(典故)에도 밝았다. …… 발해고를 지어서 인물과 군현, 왕실 계보의 연혁 등을 상세하게 잘 엮어서 두루 모아놓으니 기뻐할 만하다. 그런데 그의 말에 왕씨가 고구려의 옛 강역을 회복하지 못하였음을 탄식한 부분이 있다. 왕씨가 옛 강역을 회복하지 못하니 계림과 낙랑의 옛터가 마침내 어두워져 스스로 천하와 단절되었다는 것이다.

① 규장각의 검서관으로 활동하였다.
② 양명학을 연구해 강화학파를 형성하였다.
③ 의산문답에서 중국 중심의 세계관을 비판하였다.
④ 북한산비가 진흥왕 순수비임을 처음으로 밝혀냈다.
⑤ 체질에 따라 치료를 달리하는 사상 의학을 확립하였다.

415

제63회 27번

(가) 인물에 대한 설명으로 옳은 것은?   [2점]

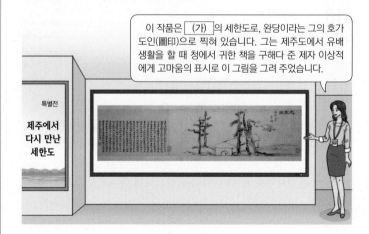

> 이 작품은 ＿＿(가)＿＿의 세한도로, 완당이라는 그의 호가 도인(圖印)으로 찍혀 있습니다. 그는 제주도에서 유배 생활을 할 때 청에서 귀한 책을 구해다 준 제자 이상적에게 고마움의 표시로 이 그림을 그려 주었습니다.

① 남북국이라는 용어를 처음 사용하였다.
② 기기도설을 참고하여 거중기를 설계하였다.
③ 북한산비가 진흥왕 순수비임을 고증하였다.
④ 양명학을 연구하여 강화학파를 형성하였다.
⑤ 안평 대군의 꿈을 소재로 몽유도원도를 그렸다.

416

다음 글을 쓴 인물에 대한 설명으로 옳은 것은? [2점]

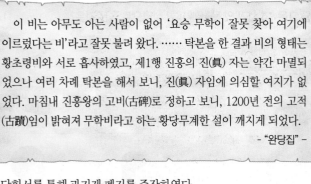

이 비는 아무도 아는 사람이 없어 '요승 무학이 잘못 찾아 여기에 이르렀다는 비'라고 잘못 불려 왔다. …… 탁본을 한 결과 비의 형태는 황초령비와 서로 흡사하였고, 제1행 진흥의 진(眞) 자는 약간 마멸되었으나 여러 차례 탁본을 해서 보니, 진(眞) 자임에 의심할 여지가 없었다. 마침내 진흥왕의 고비(古碑)로 정하고 보니, 1200년 전의 고적(古蹟)임이 밝혀져 무학비라고 하는 황당무계한 설이 깨지게 되었다.

- "완당집" -

① 담헌서를 통해 과거제 폐지를 주장하였다.
② 역대 명필을 연구하여 추사체를 창안하였다.
③ 북학의를 저술하여 수레와 배의 이용을 권장하였다.
④ 연려실기술에서 조선의 역사를 기사본말체로 서술하였다.
⑤ 주역을 바탕으로 수론(數論)을 전개한 구수략을 저술하였다.

417

(가)에 대한 설명으로 옳은 것은? [3점]

이번 경매 물건은 김정호가 당시 조선의 지도 제작 기술을 집대성하여 만든 (가) 입니다. 10리마다 눈금을 표시하여 거리를 알 수 있게 하였고, 개개의 산보다 산줄기를 표시하는 데 역점을 두었습니다. 또한, 군현별로 다른 색이 칠해진 채색본으로는 국내에 유일하게 남아 있는 것입니다.

① 최초로 100리 척이 적용되었다.
② 전체 22첩의 목판본으로 되어 있다.
③ 우리나라에서 제작된 현존 최고(最古)의 지도이다.
④ 각 지방의 연혁, 산천, 풍속 등이 자세히 나타나 있다.
⑤ 전국의 지리 정보에 주요 인물과 역사적 사실을 병기하였다.

418

(가)~(마)에 들어갈 내용으로 옳은 것은? [3점]

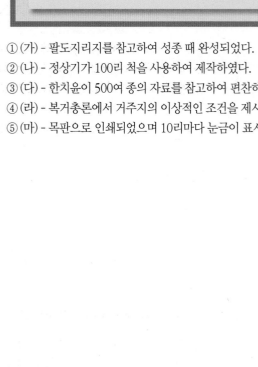

한국사 과제 안내문

다음 지도 및 지리서 중 하나를 선택하여 보고서를 제출하시오.

지도 및 지리서	설명
택리지	(가)
동국지도	(나)
대동여지도	(다)
동국여지승람	(라)
조선방역지도	(마)

◆ **조사 방법** : 문헌 조사, 인터넷 검색 등
◆ **제출 기간** : 2021년 ○○월 ○○일~○○월 ○○일
◆ **분량** : A4 용지 1장 이상

① (가) - 팔도지리지를 참고하여 성종 때 완성되었다.
② (나) - 정상기가 100리 척을 사용하여 제작하였다.
③ (다) - 한치윤이 500여 종의 자료를 참고하여 편찬하였다.
④ (라) - 복거총론에서 거주지의 이상적인 조건을 제시하였다.
⑤ (마) - 목판으로 인쇄되었으며 10리마다 눈금이 표시되어 있다.

419

제46회 24번

밑줄 그은 '시기'에 볼 수 있는 모습으로 적절한 것은? [2점]

① 제중원에서 치료받는 환자
② 도병마사에서 회의하는 관리
③ 곤여만국전도를 열람하는 학자
④ 당백전을 주조하는 관청 소속 장인
⑤ 벽란도에서 교역하는 아라비아 상인

420

제62회 29번

밑줄 그은 '시기'에 볼 수 있는 모습으로 옳지 않은 것은? [1점]

① 판소리를 구경하는 농민
② 탈춤 공연을 벌이는 광대
③ 장시에서 물품을 파는 보부상
④ 한글 소설을 읽어 주는 전기수
⑤ 벽란도에서 인삼을 사는 송의 상인

421

제59회 25번

밑줄 그은 '이 시기'의 문화에 대한 설명으로 옳은 것은? [1점]

① 원각사지 십층 석탑이 건립되었다.
② 인왕제색도 등 진경 산수화가 그려졌다.
③ 주자소가 설치되어 계미자가 주조되었다.
④ 표면에 백토를 바른 분청사기가 유행하였다.
⑤ 청주 흥덕사에서 직지심체요절이 간행되었다.

422

제65회 28번

밑줄 그은 '이 시기'에 볼 수 있는 모습으로 적절하지 않은 것은? [1점]

① 주자소에서 계미자를 만드는 장인
② 송파장에서 산대놀이를 공연하는 광대
③ 대규모 자본으로 물품을 구매하는 도고
④ 시사를 조직하여 작품 활동을 하는 중인
⑤ 인삼, 담배 등을 상품 작물로 재배하는 농민

423

(가) 인물의 작품으로 옳은 것은?　　　　[1점]

이곳 철원 삼부연 폭포는 겸재 (가) 이/가 그린 그림으로도 유명합니다. 우리 산천의 아름다움을 사실적으로 표현한 진경산수화를 실제 모습과 함께 감상해 보세요.

①

②

③

④

⑤

424

(가) 인물의 작품으로 옳은 것은?　　　　[2점]

이 작품은 단원 (가) 이/가 그린 추성부도(秋聲賦圖)로, 인생의 허망함과 쓸쓸함을 묘사한 글인 추성부를 그림으로 표현했습니다. 죽음을 앞둔 노년에 자신의 심정을 나타낸 것으로 보입니다. 도화서 화원 출신인 그는 풍속화, 산수화, 인물화 등 다양한 분야에서 뛰어난 작품을 남겼습니다.

①

②

③

④

⑤

425

(가) 인물의 작품으로 옳은 것은? [1점]

①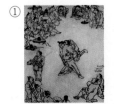

②

③

④

⑤

426

다음 기사에 보도된 문화유산으로 옳은 것은? [2점]

□□신문

제△△호   2020년 ○○월 ○○일

국민의 품에 안긴 조선 후기 명화

추사 김정희의 대표작이 소장자의 뜻에 따라 ○○박물관에 기증되었다. 그동안 기탁 형태로 관리되었으나 온전히 국가에 귀속된 것이다. 이 작품은 김정희가 제주도 유배 중일 때 사제의 의리를 변함없이 지킨 제자 이상적에게 그려준 것으로, 시서화(詩書畵)의 일치를 추구하였던 조선 시대 문인화의 진수를 보여 준다.

①

②

③

④

⑤

427

(가)에 들어갈 문화유산으로 옳은 것은? [2점]

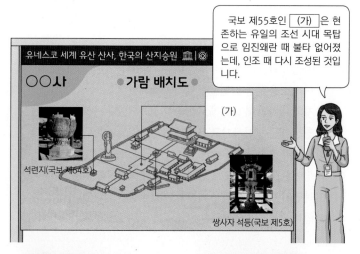

국보 제55호인 (가) 은 현존하는 유일의 조선 시대 목탑으로 임진왜란 때 불타 없어졌는데, 인조 때 다시 조성된 것입니다.

유네스코 세계 유산 산사, 한국의 산지승원

○○사 ●가람 배치도●

석련지(국보 제64호)

(가)

쌍사자 석등(국보 제5호)

①
마곡사 대웅보전

②
금산사 미륵전

③
화엄사 각황전

④
무량사 극락전

⑤
법주사 팔상전

428

(가)에 들어갈 문화유산으로 옳은 것은? [1점]

문화유산 소개하기

국보 제258호인 이 자기는 회회청 또는 토청 등의 코발트 안료를 사용하여 만들어진 것입니다. 이러한 종류의 자기는 조선 전기부터 생산되었고, 후기에 널리 보급되었습니다.

(가)

①

②

③

④

⑤

1 다음 사실들을 순서대로 나열하시오.

> (가) 기축옥사로 이발 등 동인 세력이 제거되었다.
> (나) 자의 대비의 복상 문제로 기해예송이 전개되었다.
> (다) 공신 책봉에 불만을 품고 이괄이 반란을 일으켰다.
> (라) 북인이 서인과 남인을 배제하고 권력을 장악하였다.
> (마) 이조 전랑 임명을 둘러싸고 사림이 동인과 서인으로 나뉘었다.

( )

2 (가)~(다)를 일어난 순서대로 나열하시오.

(1) ( )

> (가) 양사(兩司)가 합계하기를, "영창 대군 이의(李㼁)를 왕으로 옹립하기로 했다는 설이 이미 역적의 입에서 나왔는데 이에 대해 자복(自服)한 역적만도 한두 명에 그치지 않습니다. …… 왕법은 지극히 엄한 만큼 결코 용서해 주기 어려우니 유사로 하여금 법대로 적용하여 처리하게 하소서."라고 하였다.
> (나) 기해년에 왕이 승하하자 재신 송시열이 사종(四種)의 설을 인용하여 "대행 대왕은 왕대비에게 서자가 된다. 왕통을 이었으나 장자가 아닌 경우이니 기년복(朞年服)을 입어야 마땅하다."라고 하였다. 이에 대해 허목 등 신하들은 전거를 들어 다투기를, "대행 대왕은 왕대비에게 서자가 아니라 장자가 된 둘째이니, 삼년복을 입어야 한다."라고 하였다.
> (다) 왕은 군사를 일으켜 왕대비를 받들어 복위시킨 뒤 경운궁에서 즉위하였다. 광해군을 폐위시켜 강화로 내쫓고 이이첨 등을 처형한 다음 전국에 대사령을 내렸다.

(2) ( )

> (가) 임금이 전교하기를, "내 생각에는 허적이 혹시 허견의 모반 사실을 알지 못했는가 하였는데, 문안(文案)을 보니 준기를 산속 정자에 숨긴 사실이 지금 비로소 드러났으니, 알고서도 엄호한 정황이 분명하여 감출 수가 없었다. 그저께 허적에게 사약을 내려 죽인 것도 이 때문이다."라고 하였다.
> (나) 임금이 명하기를, "국운이 평안하고 태평함을 회복하여 중전이 복위하였으니, 백성에게 두 임금이 없는 것은 고금을 통하는 도리이다. 장씨에게 내렸던 왕후의 지위를 거두고, 옛 작호인 희빈을 내려 주도록 하라. 다만 세자가 조석으로 문안하는 것은 폐하지 말라."라고 하였다.
> (다) 임금이 말하기를, "송시열은 산림의 영수로서 나라의 형세가 험난한 때에 감히 원자(元子)의 명호를 정한 것이 너무 이르다고 하였으니, 삭탈관작하고 성문 밖으로 내쳐라. 반드시 송시열을 구하려는 자가 있겠지만, 그런 자는 비록 대신이라 하더라도 용서하지 않을 것이다."라고 하였다.

3 조선 숙종 재위 시기에 있었던 사실로 옳으면 ○표, 틀리면 ×표를 하시오.

(1) 송시열이 유배된 후 사사되었다. ( )
(2) 이괄이 반란을 일으켜 도성을 장악하였다. ( )
(3) 허적과 윤휴 등 남인들이 대거 축출되었다. ( )
(4) 자의 대비의 복상 문제로 예송이 전개되었다. ( )
(5) 영창 대군이 사사되고 인목 대비가 유폐되었다. ( )
(6) 남인이 축출되고 노론과 소론이 정국을 주도하였다. ( )
(7) 정여립 모반 사건으로 인해 기축옥사가 발생하였다. ( )
(8) 북인이 서인과 남인을 배제한 채 정국을 독점하였다. ( )
(9) 인현 왕후가 폐위되고 희빈 장씨가 왕비로 책봉되었다. ( )

4 비변사에 대한 설명으로 옳으면 ○표, 틀리면 ×표를 하시오.

(1) 을묘왜변을 계기로 상설화되었다. ( )
(2) 서얼 출신 학자들이 검서관에 등용되었다. ( )
(3) 임진왜란 이후 조직과 기능이 확대되었다. ( )
(4) 흥선 대원군이 집권한 시기에 혁파되었다. ( )
(5) 국왕 직속 사법 기구로 반역죄 등을 다루었다. ( )
(6) 세도 정치 시기에 외척 세력의 권력 기반이 되었다. ( )
(7) 도승지를 수장으로 좌승지, 우승지 등의 관직을 두었다. ( )

5 다음 설명에 해당하는 왕을 〈보기〉에서 골라 쓰시오.

> 보기
> 인조, 효종, 숙종

(1) 나선 정벌에 조총 부대를 파견하였다. ( )
(2) 수도 방어를 위하여 금위영을 창설하였다. ( )
(3) 청과 국경을 정하는 백두산정계비를 세웠다. ( )
(4) 총융청과 수어청을 창설하여 도성을 방어하였다. ( )
(5) 어영청을 중심으로 국방력을 강화하고 북벌을 추진하였다.

6 조선 영조의 정책으로 옳으면 ○표, 틀리면 ×표를 하시오.

(1) 경기도에 한해서 대동법을 실시하였다. ( )
(2) 준천사를 신설하여 홍수에 대비하였다. ( )
(3) 삼수병으로 구성된 훈련도감을 창설하였다. ( )
(4) 통치 제도를 정비하고자 속대전을 편찬하였다. ( )
(5) 역대 문물을 정리한 동국문헌비고를 편찬하였다. ( )
(6) 붕당의 폐해를 경계하기 위한 탕평비를 건립하였다. ( )
(7) 전세를 1결당 4~6두로 고정하는 영정법을 제정하였다. ( )
(8) 각 궁방과 중앙 관서의 공노비 6만여 명을 해방하였다. ( )
(9) 균역법을 시행하여 백성들의 군역 부담을 줄여 주고자 하였다.

7 조선 정조 재위 시기에 있었던 사실로 옳으면 ○표, 틀리면 ×표를 하시오.

(1) 국왕의 친위 부대인 장용영이 설치되었다. ( )
(2) 왕권 강화를 위해 6조 직계제가 시행되었다. ( )
(3) 대외 관계를 정리한 동문휘고가 간행되었다. ( )
(4) 자의 대비의 복상 문제로 예송이 전개되었다. ( )
(5) 전통 한의학을 정리한 동의보감이 완성되었다. ( )
(6) 거중기 등을 활용하여 수원 화성이 축조되었다. ( )
(7) 명의 신종을 제사 지내는 만동묘가 설치되었다. ( )
(8) 문신을 재교육하기 위한 초계문신제가 시행되었다. ( )
(9) 이인좌를 중심으로 한 소론 세력이 난을 일으켰다. ( )
(10) 서얼 출신의 학자들이 규장각 검서관에 기용되었다. ( )
(11) 통치 체제를 정비하기 위해 대전통편이 편찬되었다. ( )
(12) 시전 상인의 특권을 축소하는 신해통공이 실시되었다. ( )

8 병자호란 중에 있었던 사실로 옳으면 ○표, 틀리면 ×표를 하시오.

(1) 김상용이 강화도에서 순절하였다. ( )
(2) 조·명 연합군이 평양성을 탈환하였다. ( )
(3) 김준룡이 광교산 전투에서 승리하였다. ( )
(4) 정봉수와 이립이 용골산성에서 항쟁하였다. ( )
(5) 명의 요청으로 강홍립의 부대가 파병되었다. ( )
(6) 곽재우, 고경명 등이 의병장으로 활약하였다. ( )
(7) 임경업이 백마산성에서 적의 침입에 대비하였다. ( )
(8) 포수, 사수, 살수의 삼수병으로 구성된 훈련도감이 설치되었다.
( )
(9) 김상헌 등이 남한산성에서 화의에 반대하며 항전을 주장하였다.
( )

9 다음 설명과 관련 있는 제도를 〈보기〉에서 골라 쓰시오.

> 보기
> 대동법, 영정법, 균역법

(1) 선혜청에서 관련 업무를 담당하였다. ( )
(2) 1결당 쌀 4~6두로 납부액을 고정하였다. ( )
(3) 토지 1결당 쌀 2두의 결작을 부과하였다. ( )
(4) 선무군관에게 1년에 1필의 군포를 징수하였다. ( )
(5) 특산물 대신 쌀, 베, 동전 등으로 납부하게 하였다. ( )
(6) 어장세, 염전세, 선박세를 거두어 군사비로 충당하였다. ( )
(7) 관청에 물품을 조달하는 공인이 등장하는 배경이 되었다. ( )

10 조선 후기에 나타난 경제 상황으로 옳으면 ○표, 틀리면 ×표를 하시오.

(1) 모내기법이 전국적으로 확산되었다. ( )
(2) 금속 화폐인 건원중보가 주조되었다. ( )
(3) 담배, 고추 등 상품 작물이 재배되었다. ( )
(4) 독점적 도매상인인 도고가 출현하였다. ( )
(5) 감자, 고구마 등이 구황 작물로 재배되었다. ( )
(6) 수조권이 세습되는 수신전, 휼양전이 있었다. ( )
(7) 당항성, 영암이 국제 무역항으로 번성하였다. ( )
(8) 송상, 만상이 대청 무역으로 부를 축적하였다. ( )
(9) 계해약조를 맺어 일본과의 무역을 규정하였다. ( )
(10) 광산을 전문적으로 경영하는 덕대가 활동하였다. ( )
(11) 수도의 시전을 감독하기 위해 경시서가 설치되었다. ( )
(12) 관리가 과전법에 의해 토지의 수조권을 지급받았다. ( )
(13) 국경 지대에서 개시 무역과 후시 무역이 이루어졌다. ( )
(14) 육의전을 제외한 시전 상인의 금난전권이 폐지되었다. ( )
(15) 설점수세제의 시행으로 민간의 광산 개발이 허용되었다.
( )

11 조선 후기에 볼 수 있었던 모습으로 옳으면 ○표, 틀리면 ×표를 하시오.

(1) 주자감에서 공부하는 학생 ( )
(2) 청요직 통청을 요구하는 서얼 ( )
(3) 염포의 왜관에서 교역하는 상인 ( )
(4) 시사에서 문예 활동을 하는 역관 ( )
(5) 관청에 필요한 물품을 납품하는 공인 ( )
(6) 초량 왜관에서 인삼을 판매하는 내상 ( )
(7) 주전도감에서 해동통보를 만드는 장인 ( )
(8) 벽란도에서 물품을 거래하는 송의 상인 ( )
(9) 물주의 자금으로 광산을 경영하는 덕대 ( )
(10) 시전의 상행위를 감독하는 경시서의 관리 ( )
(11) 화통도감에서 화약 무기를 시험하는 군인 ( )
(12) 여러 장시를 돌며 물품을 판매하는 보부상 ( )
(13) 한강을 무대로 운송업에 종사하는 경강상인 ( )
(14) 장시에서 상평통보로 물건값을 치르는 농민 ( )

12 다음 설명에 해당하는 사건을 〈보기〉에서 골라 쓰시오.

> 보기
> 홍경래의 난, 진주 농민 봉기

(1) 삼정이정청이 설치되는 계기가 되었다. ( )
(2) 백낙신의 탐학이 발단이 되어 일어났다. ( )
(3) 서북인에 대한 차별에 반발하여 일어났다. ( )
(4) 선천, 정주 등 청천강 이북의 여러 고을을 점령하였다. ( )

13 조선 순조 재위 시기에 있었던 사실로 옳으면 ○표, 틀리면 ×표를 하시오.

(1) 경기도에 한하여 대동법이 실시되었다. ( )
(2) 신유박해로 다수의 천주교도가 처형되었다. ( )
(3) 박규수의 건의로 삼정이정청이 설치되었다. ( )
(4) 각 궁방과 중앙 관서의 공노비를 해방하였다. ( )
(5) 홍경래 등이 난을 일으켜 정주성을 점령하였다. ( )
(6) 기유약조를 체결하여 일본과의 무역을 재개하였다. ( )
(7) 소현 세자와 봉림 대군 등이 청에 인질로 끌려갔다. ( )
(8) 황사영이 외국 군대의 출병을 요청하는 백서를 작성하였다.
( )

14 다음 설명에 해당하는 학자를 〈보기〉에서 골라 쓰시오.

> 보기
>
> 유형원, 이익, 정약용

(1) 기기도설을 참고하여 거중기를 설계하였다. ( )
(2) 반계수록에서 토지 제도 개혁론을 제시하였다. ( )
(3) 목민심서에서 지방 행정의 개혁안을 제시하였다. ( )
(4) 마과회통에서 홍역에 대한 의학 지식을 정리하였다. ( )
(5) 곽우록에서 토지 매매를 제한하는 한전론을 제시하였다.
( )
(6) 성호사설에서 사회 폐단을 여섯 가지 좀으로 규정하였다.
( )
(7) 경세유표를 집필하여 국가 제도의 개혁 방향을 제시하였다.
( )
(8) 여전론을 통해 토지의 공동 소유와 공동 경작을 주장하였다.
( )
(9) 자영농 육성을 위해 신분에 따른 토지의 차등 분배를 주장하였다.
( )

15 다음 설명에 해당하는 학자를 〈보기〉에서 골라 쓰시오.

> 보기
>
> 유수원, 홍대용, 박지원, 박제가

(1) 의산문답에서 무한 우주론을 주장하였다. ( )
(2) 담헌서를 통해 과거제 폐지를 주장하였다. ( )
(3) 서자 출신으로 규장각 검서관에 기용되었다. ( )
(4) 북학의에서 절약보다 적절한 소비를 강조하였다. ( )
(5) 양반전을 지어 양반의 허례와 무능을 풍자하였다. ( )
(6) 열하일기에서 수레와 선박의 필요성을 강조하였다. ( )
(7) 천체의 운행과 위치를 측정하는 혼천의를 제작하였다. ( )
(8) 우서에서 사농공상의 직업적 평등과 전문화를 주장하였다.
( )

16 다음 설명에 해당하는 학자를 〈보기〉에서 골라 쓰시오.

> 보기
>
> 유희, 유득공, 이긍익, 박세당, 이제마, 김정희

(1) 남북국이라는 용어를 처음 사용하였다. ( )
(2) 역대 명필을 연구하여 추사체를 창안하였다. ( )
(3) 우리말 음운 연구서인 언문지를 저술하였다. ( )
(4) 사상 의학을 정립한 동의수세보원을 편찬하였다. ( )
(5) 연려실기술에서 조선의 역사를 기사본말체로 서술하였다.
( )
(6) 색경에서 담배, 수박 등의 상품 작물 재배법을 소개하였다.
( )
(7) 금석과안록에서 북한산비가 진흥왕 순수비임을 고증하였다.
( )

17 조선 후기에 볼 수 있었던 모습으로 옳으면 ○표, 틀리면 ×표를 하시오.

(1) 판소리를 구경하는 농민 ( )
(2) 염포 왜관에서 교역하는 상인 ( )
(3) 주자소에서 계미자를 만드는 장인 ( )
(4) 장시에서 탈춤 공연을 벌이는 광대 ( )
(5) 벽란도에서 인삼을 사는 송의 상인 ( )
(6) 세책가에서 춘향전을 빌리는 부녀자 ( )
(7) 호랑이를 소재로 민화를 그리는 화가 ( )
(8) 화통도감에서 화약 무기를 시험하는 군인 ( )
(9) 저잣거리에서 이야기책을 읽어 주는 전기수 ( )

18 다음 그림을 그린 화가를 〈보기〉에서 골라 쓰시오.

보기

정선, 김홍도, 신윤복, 강세황, 김정희, 김득신

(1) (   )

(2) (   )

(3) (   )

(4) (   )

(5) (   )

(6) (   )

(7) (   )

(8) (   )

19 조선 후기의 건축물로 옳으면 ○표, 틀리면 ×표를 하시오.

(1)
▲ 김제 금산사 미륵전
(   )

(2)
▲ 보은 법주사 팔상전
(   )

(3)
▲ 구례 화엄사 각황전
(   )

(4)
▲ 영주 부석사 무량수전
(   )

(5)
▲ 안동 봉정사 극락전
(   )

(6)
▲ 공주 마곡사 대웅보전
(   )

VI 개항기

개항기에서 많은 문항이
출제되고 있습니다.
근대적 개혁 추진 과정과
일제의 국권 침탈 과정 및
우리 민족의 국권 회복을
위한 노력을 정리해 두세요.

큰별쌤의 **학습 포인트**

- 흥선 대원군 집권 시기에 추진된 정책과 서구 열강의 침략적 접근 과정을 정리하세요.

- 1880년대 개화 정책의 추진 과정과 그에 대한 반발, 그리고 임오군란과 갑신정변의 결과 및 영향을 비교하여 알아두세요.

- 동학 농민 운동의 전개 과정과 근대적 개혁 노력을 정리하세요.

- 일제의 국권 침탈 과정과 연결하여 국권을 지키기 위한 여러 노력을 파악해야 합니다.

- 열강의 경제 침탈과 이에 맞서 일어난 경제적 구국 운동을 연결하여 기억하세요.

- 개항기에 나타난 언론과 교육 분야의 변화 모습을 정리하세요.

선사　고대　고려　조선 전기　조선 후기　개항기　일제 강점기　현대

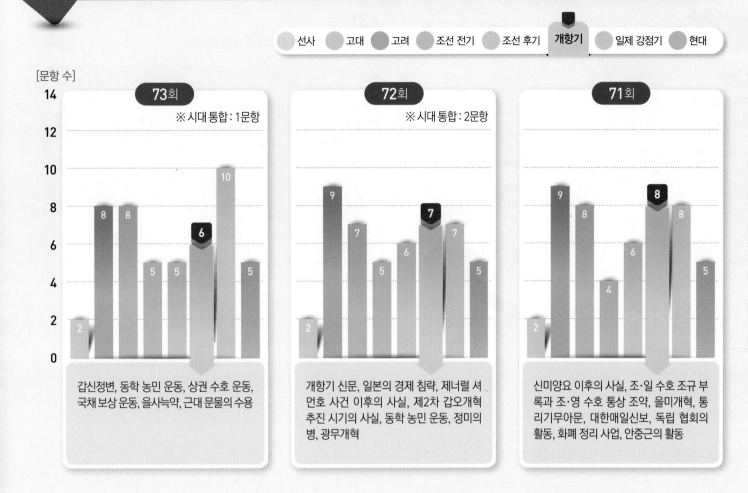

[문항 수]

73회 ※시대 통합 : 1문항

2, 8, 8, 5, 5, 6, 10, 5

갑신정변, 동학 농민 운동, 상권 수호 운동, 국채 보상 운동, 을사늑약, 근대 문물의 수용

72회 ※시대 통합 : 2문항

2, 9, 7, 5, 6, 7, 7, 5

개항기 신문, 일본의 경제 침략, 제너럴 셔먼호 사건 이후의 사실, 제2차 갑오개혁 추진 시기의 사실, 동학 농민 운동, 정미의병, 광무개혁

71회

2, 9, 8, 4, 6, 8, 8, 5

신미양요 이후의 사실, 조·일 수호 조규 부록과 조·영 수호 통상 조약, 을미개혁, 통리기무아문, 대한매일신보, 독립 협회의 활동, 화폐 정리 사업, 안중근의 활동

[문항 수]

70회 ※시대 통합 : 2문항

2, 8, 6, 5, 5, 6, 8, 8

서구 열강의 침략적 접근, 조·미 수호 통상 조약, 갑신정변, 덕수궁, 정미의병, 1900년의 사회 모습

69회 ※시대 통합 : 1문항

2, 8, 9, 5, 5, 6, 6, 8

병인양요, 임오군란의 영향, 제1차 갑오개혁, 독립 협회, 국채 보상 운동, 고종 강제 퇴위 이후의 사실

68회 ※시대 통합 : 3문항

3, 7, 7, 7, 4, 6, 6, 7

강화도 조약, 동학 농민 운동, 부산 두모포 수세 사건, 보빙사, 신민회의 활동, 광무개혁

1 흥선 대원군

정답과 해설 084쪽

429

(가) 인물에 대한 설명으로 옳지 **않은** 것은? [1점]

제34회 32번

이 말은 고종의 즉위로 집권한 (가) 이/가 정치 개혁을 추진하는 과정에서 한 것으로 알려져 있습니다.

(가) 의 어록

○ "나는 천리를 끌어다 지척을 삼겠으며 태산을 깎아 내려 평지를 만들고, 또한, 남대문을 3층으로 높이려 하는데 여러 공들은 어떠시오?"

○ "진실로 백성에게 해되는 것이 있으면 비록 공자가 다시 살아난다 하더라도 나는 용서하지 않겠다."

① 왕의 친위 부대인 장용영을 설치하였다.
② 경복궁 중건을 위해 원납전을 징수하였다.
③ 대전회통을 편찬하여 통치 체제를 정비하였다.
④ 전국의 서원을 47개소만 남기고 모두 철폐하였다.
⑤ 환곡의 폐단을 바로잡기 위해 사창제를 실시하였다.

430

(가) 법전이 편찬된 시기에 볼 수 있는 모습으로 가장 적절한 것은? [3점]

제53회 29번

○○박물관 소장품 (가) 검색

대전통편 이후 80여 년 만에 새롭게 편찬된 법전이다. 기존 법전을 기본으로 삼고, 각종 조례 등을 보완하여 체계적으로 정리한 조선 시대 마지막 통일 법전이다.

① 동의보감을 집필하는 의관
② 만동묘 복구를 건의하는 유생
③ 훈민정음을 연구하는 집현전 학자
④ 계해약조의 초안을 작성하는 관리
⑤ 성균관에 탕평비 건립을 명하는 국왕

431

(가) 인물이 추진한 정책으로 옳은 것은? [2점]

제43회 31번

나라 안의 서원과 사묘(祠廟)를 모두 철폐하고 남긴 것은 48개소에 불과하였다. …… 만동묘는 철폐한 후 그 황묘위판(皇廟位版)은 북원*의 대보단으로 옮겨 봉안하였다. …… 서원을 창설할 때에는 매우 좋은 뜻으로 시작하였지만 오랜 세월이 흐르는 동안 날로 폐단이 심하였다. …… 그러므로 서원 철폐령을 내린 것을 어찌 막을 수 있겠는가? 그 일이 (가) (으)로부터 나온 것이라고 해서 모두 비방할 일은 아니다.

– "매천야록" –

*북원 : 창덕궁 금원

① 나선 정벌을 위해 조총 부대를 파견하였다.
② 청과의 경계를 정한 백두산정계비를 세웠다.
③ 신유박해로 수많은 천주교인들을 처형하였다.
④ 대전통편을 편찬하여 통치 체제를 정비하였다.
⑤ 환곡의 폐단을 시정하고자 사창제를 실시하였다.

432

밑줄 그은 '중건' 시기에 있었던 사실로 옳은 것을 〈보기〉에서 고른 것은? [2점]

제55회 29번

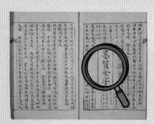

경복궁 영건일기는 한성부 주부 원세철이 경복궁 중건의 시작부터 끝날 때까지의 상황을 매일 기록한 것이다. 이 일기에 광화문 현판이 검은색 바탕에 금색 글자였음을 알려 주는 '묵질금자(墨質金字)'가 적혀 있어 광화문 현판의 옛 모습을 고증하는 근거가 되었다.

보기

ㄱ. 비변사가 설치되었다.
ㄴ. 사창제가 실시되었다.
ㄷ. 원납전이 징수되었다.
ㄹ. 대전통편이 편찬되었다.

① ㄱ, ㄴ ② ㄱ, ㄷ ③ ㄴ, ㄷ
④ ㄴ, ㄹ ⑤ ㄷ, ㄹ

433

(가) 사건에 대한 설명으로 옳은 것은? [2점]

□□신문

제△△호 ○○○○년 ○○월 ○○일

(가) 을/를 묘사한 희곡, '조선의 순교자들' 발굴

프랑스 선교사 베르뇌 주교의 순교를 사실적으로 다룬 '조선의 순교자들' 초판 원본이 공개되었다. 베르뇌 주교는 흥선 대원군 집권 시기 천주교 신자들이 탄압 받은 (가) (으)로 새남터에서 처형되었으며, 그의 유해는 현재 절두산 성지에 봉안되어 있다.

베르뇌 주교

① 황사영 백서 사건의 원인이 되었다.
② 김기수가 수신사로 파견되는 결과를 가져왔다.
③ 정부가 청군의 출병을 요구하는 계기가 되었다.
④ 사태 수습을 위해 이용태가 안핵사로 파견되었다.
⑤ 로즈 제독 함대가 강화도를 침입하는 빌미가 되었다.

434

밑줄 그은 '이 사건'에 대한 설명으로 옳은 것은? [1점]

사료로 보는 한국사

매우 가난하게 보이는 강화도에서 각하에게 보내드릴 만한 것은 아무것도 없습니다. 그러나 조선 임금이 소유하고 있지만 거처하지 않는 저택의 도서관에는 매우 중요한 서적이 많이 소장되어 있습니다. 세심하게 공들여 꾸며진 340권을 수집하였으며 기회가 되는 대로 프랑스로 보내겠습니다.
- G. 로즈 -

[해설] 로즈 제독이 해군성 장관에게 보낸 서신의 일부이다. 프랑스군이 강화도를 침략한 이 사건 당시 외규장각 도서 등이 약탈되는 상황이 기록되어 있다.

① 청군의 개입으로 종결되었다.
② 제물포 조약의 체결로 이어졌다.
③ 오페르트 도굴 사건이 계기가 되었다.
④ 양헌수 부대가 정족산성에서 적군을 물리쳤다.
⑤ 영국 함대가 거문도를 점령하는 배경이 되었다.

435

다음 사건이 일어난 배경으로 옳은 것은? [2점]

양헌수가 은밀히 정족산 전등사로 가서 주둔하였다. …… 산 위에서 매복하고 있다가 한꺼번에 북을 치고 나발을 불며 좌우에서 총을 쏘았다. 적장이 총에 맞아 말에서 떨어지고 서양인 10여 명이 죽었다. 달아나는 서양인들을 쫓아가니 그들은 동료의 시체를 옆에 끼고 급히 본진으로 도망갔다.

① 종로와 전국 각지에 척화비가 세워졌다.
② 오페르트가 남연군 묘 도굴을 시도하였다.
③ 위안스카이가 이끄는 군대가 조선에 상륙하였다.
④ 병인박해로 천주교 선교사와 신자들이 처형되었다.
⑤ 김홍집이 가지고 온 조선책략이 국내에 유포되었다.

436

(가)에 대한 설명으로 옳은 것을 <보기>에서 고른 것은? [2점]

□□신문

제△△호 ○○○○년 ○○월 ○○일

서울시, 양헌수 장군 문집과 일기 등 유형 문화재 지정

서울시는 (가) 때 정족산성 전투를 지휘한 양헌수 장군의 문집인 하거집과 일기 등을 서울시 유형 문화재로 지정하였다. (가) 은/는 로즈 제독의 함대가 강화도를 침략한 사건으로, 양헌수 장군은 정족산성에서 이를 물리치는 데 크게 기여하였다.

하거집
양헌수가 관직 생활을 하면서 남긴 글을 모은 책

보기

ㄱ. 러시아의 절영도 조차 요구를 저지시켰다.
ㄴ. 외규장각 도서가 약탈당하는 피해를 입었다.
ㄷ. 어재연 부대가 광성보에서 결사 항전하였다.
ㄹ. 조선 정부의 프랑스 선교사 처형이 구실이 되어 일어났다.

① ㄱ, ㄴ   ② ㄱ, ㄷ   ③ ㄴ, ㄷ
④ ㄴ, ㄹ   ⑤ ㄷ, ㄹ

437

제65회 29번

(가), (나) 사이의 시기에 있었던 사실로 옳은 것은? [2점]

> (가) 대왕대비전이 전교하기를, "익성군이 이제 입궁하였으니, 흥선 대원군과 부대부인의 봉작을 내리는 것을 오늘 중으로 거행하도록 하라."라고 하였다.
>
> (나) 종로에 비석을 세웠다. 그 비에서 이르기를, '서양 오랑캐가 침범하는데 싸우지 않으면 즉 화친하는 것이요, 화친을 주장함은 나라를 팔아먹는 것이다.'고 하였다.

① 영국이 거문도를 불법으로 점령하였다.
② 일본의 운요호가 영종도를 공격하였다.
③ 러시아가 용암포에 대한 조차를 요구하였다.
④ 독일 상인 오페르트가 남연군 묘 도굴을 시도하였다.
⑤ 미국이 조·미 수호 통상 조약 체결 후 푸트 공사를 파견하였다.

438

제64회 28번

밑줄 그은 '이 사건'에 대한 설명으로 옳은 것은? [2점]

> 사료로 보는 한국사
>
> 온 성의 군민이 모두 울분을 품고, …… 총환과 화살을 어지러이 발사하였으며 사생을 잊고 위험을 무릅쓰지 않는 자가 없었으니, 반드시 오랑캐를 도륙하고야 말 태세였습니다. 강 아래 위의 요해처에서 막고, 마침내 화선(火船)으로 불길이 옮겨붙게 함으로써 모조리 죽여 살아남은 종자가 없게 된 것은 모두 이들이 …… 용감하게 싸운 것에 기인한 것이었습니다.
>
> [해설] 자료는 "환재집"의 일부로, 평양 군민들이 대동강에서 이양선을 격침한 이 사건의 전말을 서술한 것이다. 평안 감사가 여러 차례 조정에 올린 장계를 통해 당시의 생생한 상황을 파악할 수 있다.

① 신유박해가 원인이 되어 발생하였다.
② 신미양요가 일어나는 계기가 되었다.
③ 전개 과정에서 전주 화약이 체결되었다.
④ 외규장각 도서가 국외로 약탈되는 결과를 가져왔다.
⑤ 오페르트의 남연군 묘 도굴 사건을 배경으로 일어났다.

439

제72회 31번

밑줄 그은 '사건' 이후에 전개된 사실로 옳은 것은? [2점]

> 조선 왕 전하께
>
> …… 9월 말에 평양의 대동강에서 좌초한 미국 상선에 승선한 사람들이 살해당했고 배가 불살라졌다는 고통스럽고 놀랄 만한 사건이 있었다고 들었습니다. 본 총병은 본국 수사 제독의 위임으로 파견되어 상세히 조사하라는 명을 받았습니다. 과연 이러한 일이 있었는지, 사실인지 아닌지, 생존자가 몇 사람인지 등을 귀국에서 신속히 조사해 분명히 답해 주시길 부탁드립니다.
>
> – 미국 군함 와추세트(Wachusett) 수사 총병 슈펠트(Shufeldt) –

① 홍경래가 난을 일으켰다.
② 임술 농민 봉기가 일어났다.
③ 황사영 백서 사건이 발생하였다.
④ 어재연이 광성보 전투에서 전사하였다.
⑤ 청의 요청으로 나선 정벌에 조총 부대를 파견하였다.

440

제61회 31번

(가) 사건 이후에 전개된 사실로 옳은 것은? [2점]

> 이곳은 어재연 장군과 그의 군사를 기리기 위해 조성된 충장사입니다. 어재연 장군의 부대는 (가) 때 광성보에서 로저스 제독이 이끄는 미군에 맞서 결사 항전하였지만 끝내 함락을 막지 못하였습니다.

① 종로와 전국 각지에 척화비가 세워졌다.
② 평양 관민이 제너럴 셔먼호를 불태웠다.
③ 한성근 부대가 문수산성에서 항전하였다.
④ 신유박해로 많은 천주교도가 처형되었다.
⑤ 오페르트가 남연군 묘 도굴을 시도하였다.

2 개항~갑신정변

441

다음 상황 이후에 전개된 사실로 옳은 것은? [2점]

> 진무사 정기원의 장계에, "초지와 덕진을 제대로 지키지 못한 것도 저의 불찰인데, 광성보에서는 군사가 다치고 장수가 죽었으니 저의 죄가 더욱 큽니다."라고 하였다. 이에 전교하기를, "병가의 승패는 늘 있는 일이다. 저 흉측한 무리들이 지금 다소 물러가기는 했으나 목전의 방비를 더욱 소홀히 할 수 없다."라고 하였다.

① 평양 관민이 제너럴 셔먼호를 불태웠다.
② 로즈 제독의 함대가 양화진을 침입하였다.
③ 오페르트가 남연군 묘 도굴을 시도하였다.
④ 일본 군함 운요호가 영종도를 공격하였다.
⑤ 조선 정부가 프랑스인 선교사들을 처형하였다.

442

다음 대화가 오갔던 회담 결과 체결된 조약에 대한 설명으로 옳은 것은? [2점]

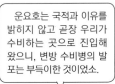

운요호가 작년에 귀국 경내를 통과하다가 포격을 받았으니, 귀국이 교린의 우의를 저버린 것입니다.

운요호는 국적과 이유를 밝히지 않고 곧장 우리가 수비하는 곳으로 진입해 왔으니, 변방 수비병의 발포는 부득이한 것이었소.

일본 전권변리대신
구로다 기요타카

조선 접견대관
신헌

① 천주교 포교가 허용되었다.
② 갑신정변의 영향으로 체결되었다.
③ 일본 측의 해안 측량권이 인정되었다.
④ 통신사가 처음 파견되는 계기가 되었다.
⑤ 외국 상인의 내지 통상권을 최초로 규정하였다.

443

다음 검색창에 들어갈 조약에 대한 설명으로 옳은 것은? [1점]

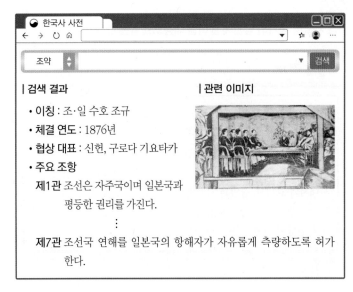

한국사 사전

조약 ▼ [   ] 검색

| 검색 결과

• 이칭 : 조·일 수호 조규
• 체결 연도 : 1876년
• 협상 대표 : 신헌, 구로다 기요타카
• 주요 조항
  제1관 조선은 자주국이며 일본국과 평등한 권리를 가진다.
  ⋮
  제7관 조선국 연해를 일본국의 항해자가 자유롭게 측량하도록 허가한다.

| 관련 이미지

① 최혜국 대우를 최초로 규정하였다.
② 통감부가 설치되는 계기가 되었다.
③ 천주교 포교 허용의 근거가 되었다.
④ 일본 경비병의 공사관 주둔을 명시하였다.
⑤ 부산 외 2곳에 개항장이 설치되는 결과를 가져왔다.

444

해설사가 설명하는 사건이 발생한 시기를 연표에서 옳게 고른 것은? [3점]

조선 정부는 이곳에 해관을 설치하고 동래부 거류지의 일본 상인과 거래하는 조선 상인으로부터 세금을 징수하였습니다. 그러자 일본 상인이 조약 위반이라고 반발하였고, 결국 3개월 만에 수세가 중단되었습니다.

	(가)		(나)		(다)		(라)		(마)	
척화비 건립		제1차 수신사 파견		영국의 거문도 점령		함경도 방곡령 선포		청·일 전쟁 발발		러·일 전쟁 발발

① (가) ② (나) ③ (다) ④ (라) ⑤ (마)

445

다음 서술형 평가의 답안에 들어갈 내용으로 옳은 것은? [3점]

서술형 평가
○학년 ○○반 이름 : ○○○

◎밑줄 그은 '이 기구'에서 추진한 정책을 서술하시오.

이 기구는 변화하는 국내외 정세에 대응하고 개화 정책을 총괄하기 위해 1880년에 설치되었다. 소속 부서로 외교 업무를 담당하는 사대사와 교린사, 중앙과 지방의 군사를 통솔하는 군무사, 외국과의 통상에 관한 일을 맡는 통상사, 외국어 번역을 맡은 어학사, 재정 사무를 담당한 이용사 등 12사가 있었다.

답안 [   ]

---

① 재판소를 설치하여 사법권을 독립시켰다.
② 미국과 합작하여 한성 전기 회사를 설립하였다.
③ 5군영을 2영으로 축소하고 별기군을 창설하였다.
④ 재정 문제를 해결하기 위해 당백전을 주조하였다.
⑤ 교육 입국 조서를 반포하고 외국어 학교 관제를 마련하였다.

446

(가), (나) 사이의 시기에 있었던 사실로 옳은 것은? [3점]

(가) 수신사 김기수가 나와 엎드리니 왕이 말하였다. "전선, 화륜과 농기계에 관하여 들은 것은 없는가? 저 나라에서 이 세 가지 일을 제일 급하게 힘쓰고 있다고 하는데, 그러하던가?" 김기수가 "과연 그러하였습니다."라고 아뢰었다.

(나) 어윤중이 동래부 암행어사로 임명되어 왕에게서 받은 봉해진 서신을 열어보니, "일본 조정의 논의와 정국의 형세, 풍속·인물·교빙·통상 등의 대략을 염탐하는 것이 좋겠다. 그러니 너는 일본으로 건너가 크고 작은 일들을 보고 듣되 시간에 구애받지 말고 낱낱이 탐지해서 별도의 문서로 조용히 보고하라."라는 내용이었다.

① 미국에 보빙사가 파견되었다.
② 통리기무아문과 12사가 설치되었다.
③ 운요호가 강화도와 영종도를 무단 침입하였다.
④ 교원 양성을 위해 한성 사범 학교가 설립되었다.
⑤ 프랑스와 조약을 체결하여 천주교 포교가 허용되었다.

447

(가) 기구를 통해 추진된 정책으로 옳은 것은? [3점]

역사 용어 해설

(가)

고종 17년(1880)에 만들어진 개화 정책 총괄 기구이다. 개항 이후의 정세 변화에 대응하기 위하여 의정부, 6조와는 별도로 신설되었다. 소속 부서에 교린사, 군무사, 통상사 등의 12사를 두었다.

---

① 교원 양성을 위해 한성 사범 학교를 설립하였다.
② 외교 활동을 펼치기 위해 구미 위원부를 설치하였다.
③ 개혁의 기본 방향을 제시한 홍범 14조를 반포하였다.
④ 구(舊) 백동화를 제일 은행권으로 교환하는 사업을 시행하였다.
⑤ 영선사를 파견하여 근대식 무기 제조 기술을 도입하고자 하였다.

448

(가) 사절단에 대한 설명으로 옳은 것은? [2점]

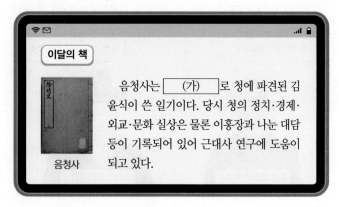

이달의 책

음청사는 [(가)]로 청에 파견된 김윤식이 쓴 일기이다. 당시 청의 정치·경제·외교·문화 실상은 물론 이홍장과 나눈 대담 등이 기록되어 있어 근대사 연구에 도움이 되고 있다.

음청사

① 기기창 설립의 계기가 되었다.
② 회답 겸 쇄환사로 파견되었다.
③ 조선책략을 처음으로 소개하였다.
④ 민영익, 홍영식, 서광범 등이 참여하였다.
⑤ 개화 반대 여론으로 인해 비밀리에 출국하였다.

449

제36회 34번

다음 책이 유포된 이후에 있었던 사실로 옳은 것은? [2점]

> 조선의 땅은 실로 아시아의 요충에 자리 잡고 있어 전략적으로 중요하므로 반드시 분쟁이 발생할 수밖에 없다. 조선이 위태로우면 동아시아의 정세가 날로 악화될 것이다. 러시아가 영토를 공략하고자 하면 반드시 조선으로부터 시작할 것이다. ……
>
> 그러므로 오늘날 조선의 제일 급선무는 러시아를 막는 것이다. 러시아를 막는 책략은 무엇인가. 중국을 가까이 하며[親中國], 일본과 관계를 공고히 하고[結日本], 미국과 연계하여[聯美國] 자강을 도모할 따름이다.

① 이만손 등이 영남 만인소를 올렸다.
② 김기수를 일본에 수신사로 파견하였다.
③ 어재연 장군이 광성보에서 항전하였다.
④ 박규수의 건의로 삼정이정청을 설치하였다.
⑤ 홍경래가 난을 일으켜 정주성 등을 장악하였다.

450

제48회 31번

다음 상소가 올려진 이후의 사실로 옳은 것은? [2점]

> 우리 조정은 정학(正學)을 숭상하고 이단을 물리쳐서 만백성을 바르게 이끌어 오늘에 이르렀습니다. …… 비록 황준헌의 책자로 말하더라도 그 글이 바른가 바르지 못한가 그 말이 좋은가 나쁜가에 대해 신은 진실로 모르지만 …… 기계에 관한 기술과 농업 및 식목에 대한 책이 이익이 된다면 선택하여 시행할 것이지, 굳이 그들의 것이라고 해서 좋은 법까지 배척할 필요는 없습니다.
>
> - 곽기락의 상소 -

① 무기 제조 공장인 기기창이 설립되었다.
② 김기수가 일본에 수신사로 파견되었다.
③ 오경석이 해국도지를 국내에 들여왔다.
④ 어재연 부대가 광성보에서 항전하였다.
⑤ 평양 관민이 제너럴 셔먼호를 불태웠다.

451

제65회 30번

(가)에 대한 설명으로 옳은 것은? [2점]

① 입헌 군주제 수립을 목표로 하였다.
② 조선 총독부의 방해와 탄압으로 실패하였다.
③ 우정총국 개국 축하연을 이용하여 일어났다.
④ 홍범 14조를 기본 개혁 방향으로 제시하였다.
⑤ 일본 공사관에 경비병이 주둔하는 계기가 되었다.

452

제35회 35번

다음 조약 체결의 계기가 된 사건으로 옳은 것은? [2점]

> 제3관 조선국이 지불할 5만 원은 해를 당한 일본 관원의 유족 및 부상자에게 지급하여 특별히 돌보아 준다.
>
> ⋮
>
> 제5관 일본 공사관에 일본군 약간 명을 두어 경비를 서게 한다.
>
> 제6관 조선국은 대관(大官)을 특별히 파견하고 국서를 지어 일본국에 사과한다.

① 구식 군인들이 임오군란을 일으켰다.
② 영국이 거문도를 불법으로 점령하였다.
③ 고종이 러시아 공사관으로 거처를 옮겼다.
④ 전봉준이 이끄는 농민군이 전주성을 점령하였다.
⑤ 김옥균 등이 우정총국 개국 축하연을 기회로 정변을 일으켰다.

453

제53회 31번

밑줄 그은 '이 사건'의 영향으로 옳은 것은? [2점]

> 사료로 보는 한국사
>
> 제1조
> 이하응을 보정성성(保定省城)으로 이송하여 청
> 하도의 옛 관서에 거주시키도록 한다. ······ 이하응
> 에게 오가는 서신 일체는 밀봉할 수 없으며 간수 위
> 원의 검열을 거쳐야 보낼 수 있다. 밀봉되었거나 한
> 글로 된 서신은 위원이 반송한다.
>
> [해설] 청으로 끌려간 흥선 대원군(이하응)을 감시하
> 기 위해 만들어진 규정의 일부이다. 개화 정책에 대한
> 불만과 구식 군인에 대한 차별 대우로 일어난 <u>이 사건</u>
> 을 진압한 청은 그 책임을 물어 흥선 대원군을 납치해
> 갔다.

① 삼정이정청이 설치되었다.
② 어재연 부대가 광성보에서 항전하였다.
③ 종로와 전국 각지에 척화비가 세워졌다.
④ 조·청 상민 수륙 무역 장정이 체결되었다.
⑤ 일본 군함 운요호가 영종도를 공격하였다.

454

제40회 32번

다음 상황이 나타난 배경에 대한 탐구 활동으로 가장 적절한 것은? [2점]

요즘은 공주, 전주 등에도 장
이 열리면 청 상인들이 물건을
팔러 온다고 하네.

그렇다네. 청 상인들에게
상권을 빼앗긴 조선 상인들이
많다더군.

① 동양 척식 주식회사가 설립된 과정을 정리한다.
② 회사 설립을 신고제로 변경한 목적을 살펴본다.
③ 고종이 러시아 공사관으로 피신한 이유를 찾아본다.
④ 임오군란의 결과로 체결된 협정의 내용을 조사한다.
⑤ 구(舊) 백동화가 제일 은행권으로 교환된 시기를 검색한다.

455

제56회 31번

다음 자료에 나타난 상황 이후 전개된 사실로 옳은 것은? [2점]

> 김옥균이 일본 공사 다케조에게 국왕의 호위를 위해 일본군이 필
> 요하다고 요청하였다. 그는 호위를 요청하는 국왕의 친서가 있으면
> 투입하겠다고 약속하였다. 친서는 박영효가 전달하기로 합의하였다.
> 다케조에는 조선에 주둔한 청군 1천 명이 공격해 들어와도 일본군 1개
> 중대면 막을 수 있다고 장담하였다.

① 신식 군대인 별기군이 창설되었다.
② 김기수가 수신사로 일본에 파견되었다.
③ 일본 군함 운요호가 영종도를 공격하였다.
④ 이만손이 주도하여 영남 만인소를 올렸다.
⑤ 우정총국 개국 축하연에서 정변이 일어났다.

456

제59회 32번

다음 상황 이후에 전개된 사실로 옳은 것은? [2점]

> 17일에 홍 참판이 우정총국에서 개국 연회를 열었다. 그
> 동안에 [담장 밖에서] 화재가 발생했다. 민 참판은 양해를
> 구한 뒤 화재 진압을 돕기 위해 밖으로 나갔다. 바깥에는
> 연회에 참석한 일본 공사를 호위하기 위해 온 일본 병사들
> 이 두 줄로 늘어서 있었고, 그는 그들을 지나쳤다. 민 참판
> 은 양쪽에서 공격을 받았고, ······ 몸 여러 군데에 자상을
> 입었다.
> - "조지 클레이튼 포크의 일기" -

① 신식 군대인 별기군이 폐지되었다.
② 김기수를 수신사로 일본에 파견하였다.
③ 이항로와 기정진이 척화주전론을 주장하였다.
④ 왕비가 궁궐을 빠져나와 장호원으로 피신하였다.
⑤ 개화당 정부가 수립되고 개혁 정강이 발표되었다.

457

제45회 34번

(가) 사건에 대한 설명으로 옳은 것은?　　　　　[2점]

> **역사 동영상 제작 계획안**
>
> ### 개화당, 새로운 세상을 꿈꾸다
>
> ■ 기획 의도
>   근대적 개혁을 추구하였던 　(가)　 을/를 다큐멘터리 형식의 동영상으로 제작하여 그 역사적 의미를 살펴본다.
>
> ■ 장면별 구성 내용
>   • 박규수의 사랑방에 젊은이들이 모인 장면
>   • 우정총국 개국 축하연 때 거사 장면
>   • 거사 실패 후 주요 인물이 일본으로 망명하는 장면

① 김옥균, 박영효 등이 주도하였다.
② 김기수를 수신사로 일본에 파견하였다.
③ 구본신참에 입각한 개혁을 추진하였다.
④ 개화 정책을 총괄하는 통리기무아문을 설치하였다.
⑤ 개혁의 기본 방향을 제시한 홍범 14조를 반포하였다.

458

제63회 30번

밑줄 그은 '이 사건'에 대한 설명으로 옳은 것은?　　　[2점]

> 그들이 개혁안에서 내세운 인민 평등권 확립 등은 이후의 근대적 개혁에 영향을 주었습니다.

> 이번 시간에는 근대 국가 수립을 위해 김옥균 등이 일으켰던 이 사건에 대한 의견을 들어 보고자 합니다.

> 하지만 일부 급진 개화파를 중심으로 개혁을 추진하였고, 청과의 사대 관계 청산을 주장하면서도 일본의 힘에 의존하였다는 한계가 있습니다.

① 보국안민, 제폭구민을 기치로 내걸었다.
② 한성 조약이 체결되는 결과를 가져왔다.
③ 개혁 추진을 위해 교정청을 설치하였다.
④ 구식 군인에 대한 차별 대우가 발단이 되었다.
⑤ 민영익 등이 보빙사로 파견되는 계기가 되었다.

459

제73회 29번

다음 자료에 나타난 사건에 대한 설명으로 옳은 것은?　[2점]

> 아, 고금 천하에 김옥균, 홍영식 등의 역적들처럼 극악하고 무도한 자들이 있었겠습니까? …… 처음에는 연회를 베풀어 사람들을 찔러 죽이고 끝에는 변고가 일어났다고 선언하고는 전하를 강박하여 처소를 옮기게 하였습니다. 일본 사람들을 끼고 병기를 휘둘러 재상들을 모두 죽여 궁궐에 피를 뿌리고 장상(將相)의 중직을 잠깐 동안에 차지하여 종묘사직을 위태롭게 하였습니다.

① 청군의 개입으로 3일 만에 실패하였다.
② 전개 과정에서 홍범 14조가 반포되었다.
③ 통리기무아문이 설치되는 계기가 되었다.
④ 조·일 통상 장정이 체결되는 결과를 초래하였다.
⑤ 구식 군인에 대한 차별 대우가 발단이 되어 일어났다.

460

제60회 30번

다음 사건이 일어난 이후의 사실로 옳은 것은?　　　[2점]

> 우정국 총판 홍영식이 우정국의 개국 축하연을 열면서 각국의 공사도 초청했다. …… 8시를 알리는 종이 울리자 담장 밖에서 불길이 치솟았다. …… 우영사 민영익이 불을 끄려고 먼저 일어나서 문밖으로 나왔는데, 자객 다섯 명이 잠복하고 있다가 칼을 휘두르며 습격했다. 민영익이 중상을 입고 되돌아와서 대청 위에 쓰러졌다.
> － "대한계년사" －

① 김기수가 일본에 수신사로 파견되었다.
② 평양 관민이 제너럴 셔먼호를 불태웠다.
③ 일본 군함 운요호가 영종도를 공격하였다.
④ 박규수가 삼정이정청의 설치를 건의하였다.
⑤ 청과 일본 사이에 톈진 조약이 체결되었다.

3 동학 농민 운동~대한 제국

정답과 해설 090쪽

461
제39회 37번

밑줄 그은 '이 사건'이 일어난 시기를 연표에서 옳게 고른 것은? [1점]

● 우리 고장 유적 소개 ●

○○○ 역사 공원(영국군 묘)

• 소재지 : 전라남도 여수시 삼산면 거문리
• 개관 : 이곳은 영국이 함대를 보내 조선의 영토를 불법으로 점령했던 이 사건과 관련된 장소이다. 영국군 묘지 근처에는 포대를 설치한 곳, 해군 막사 자리, 녹슨 전선 케이블, 테니스장 등 영국군의 흔적이 곳곳에 남아 있다.

1866	1876	1882	1894	1904	1910
(가)	(나)	(다)	(라)	(마)	
병인 박해	강화도 조약	임오 군란	청·일 전쟁	러·일 전쟁	국권 피탈

① (가) ② (나) ③ (다) ④ (라) ⑤ (마)

462
제54회 38번

(가) 인물에 대한 설명으로 옳은 것은? [2점]

이 그림은 (가) 이/가 노동의 중요성을 강조하고 민중을 계몽하기 위해 쓴 노동야학독본에 실린 삽화입니다. 그는 처음으로 일본과 미국에 유학하고 서유견문을 집필하기도 하였습니다.

① 조선 중립화론을 주장하였다.
② 갑신정변 실패 직후 일본으로 망명하였다.
③ 미국에서 귀국하여 독립 협회를 창립하였다.
④ 배재 학당을 설립하여 근대 교육을 보급하였다.
⑤ 참정대신 자격으로 관민 공동회에서 연설하였다.

463
제57회 30번

(가) 종교에 대한 설명으로 옳은 것은? [2점]

외무부 장관께

몇 달 전부터 서울에서는 (가) 교도들에 대한 이야기밖에 없습니다. …… 사흘 전 이들의 대표 21명이 궁궐 문 앞에 모여 엎드려 절하고 상소를 올렸으나 국왕은 상소 접수를 거부하였습니다. 교도들은 처형된 교조 최제우를 복권하고 (가) 을/를 인정해 줄 것을 정부에 청원하였습니다. …… 그러나 이는 조선 국왕이 들어줄 수 없는 사안들이었습니다.

조선 주재 프랑스 공사 H. 프랑댕

① 정혜쌍수와 돈오점수를 주장하였다.
② 포접제를 활용하여 교세를 확장하였다.
③ 박중빈을 중심으로 새 생활 운동을 추진하였다.
④ 중광단을 조직하여 항일 무장 투쟁을 전개하였다.
⑤ 제사와 신주를 모시는 문제로 정부의 탄압을 받았다.

464
제56회 32번

(가) 시기에 전개된 동학 농민군의 활동으로 옳은 것은? [2점]

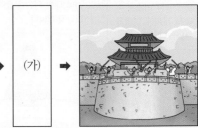

백산 봉기 → (가) → 전주성 점령

① 황토현에서 관군에 승리하였다.
② 남접과 북접이 논산에서 연합하였다.
③ 우금치에서 일본군과 관군에 맞서 싸웠다.
④ 집강소를 중심으로 폐정 개혁안을 실천하였다.
⑤ 조병갑의 탐학에 저항하여 고부 관아를 습격하였다.

465

(가) 시기에 있었던 사실로 옳은 것은? [2점]

① 농민군이 백산에서 4대 강령을 발표하였다.
② 우금치에서 농민군과 일본군이 격전을 벌였다.
③ 일본이 군대를 동원하여 경복궁을 점령하였다.
④ 보은에서 교조 신원을 요구하는 집회가 열렸다.
⑤ 조병갑의 탐학에 저항해 고부에서 농민 봉기가 일어났다.

466

(가) 인물에 대한 설명으로 옳은 것은? [2점]

> 심문자 : 재차 기포(起包)한 것을 일본 군사가 궁궐을 침범하였다고
> 한 까닭에 다시 일어났다 하니, 다시 일어난 후에는 일본 병
> 사에게 무슨 행동을 하려 하였느냐.
> 진술자 : 궁궐을 침범한 연유를 힐문하고자 하였다.
> 심문자 : 그러면 일본 병사나 각국 사람이 경성에 머물고 있는 자를 내
> 쫓으려 하였느냐.
> 진술자 : 그런 것이 아니라 각국인은 다만 통상만 하는데 일본인은 병
> 사를 거느리고 경성에 진을 치고 있으므로 우리나라 영토를
> 침략하는가 하고 의아해한 것이다.
>
> ─ (가) 공초 ─

① 을사늑약에 반대하여 의병을 일으켰다.
② 독립 협회를 창립하고 독립문을 세웠다.
③ 지부복궐척화의소를 올려 왜양일체론을 주장하였다.
④ 13도 창의군을 지휘하여 서울 진공 작전을 전개하였다.
⑤ 보국안민을 기치로 우금치에서 일본군 및 관군과 맞서 싸웠다.

467

다음 가상 뉴스에서 보도하는 사건 이후에 전개된 사실로 옳은 것은? [1점]

① 남접과 북접이 논산에서 연합하였다.
② 농민군이 황룡촌 전투에서 관군에 승리하였다.
③ 교조 신원을 요구하는 보은 집회가 개최되었다.
④ 사태 수습을 위해 안핵사 이용태가 파견되었다.
⑤ 전봉준이 농민을 이끌고 고부 관아를 습격하였다.

468

(가)에 들어갈 내용으로 가장 적절한 것은? [2점]

> **한국사 동영상 제작 계획안**
>
> **제목 : 떨어진 녹두꽃**
>
> ○학년 ○반 ○모둠
>
> ▪ 제작 의도
> 동학 농민 운동의 전개 과정을 시간 순으로 살펴보면서
> 그들이 추구한 사회의 모습을 알아본다.
>
> ▪ 장면별 구성 내용
> #1. 고부 농민들, 폭정에 항거하여 봉기하다
> #2. 황토현에서 관군을 물리치다
> #3. 동학 농민군이 정부와 전주 화약을 체결하다
> #4.   (가)
> #5. 동학 농민군의 지도자, 전봉준이 체포되다

① 최시형이 동학의 2대 교주가 되다
② 백산에서 집결하여 4대 강령을 발표하다
③ 우금치에서 관군과 일본군에 맞서 싸우다
④ 황룡촌 전투에서 장태를 이용하여 승리하다
⑤ 서울에서 교조 신원을 위한 복합 상소를 올리다

469

(가) 시기에 있었던 사실로 옳은 것은?　[2점]

① 교정청이 설치되었다.
② 독립신문이 창간되었다.
③ 한성 전기 회사가 설립되었다.
④ 시모노세키 조약이 체결되었다.
⑤ 건양이라는 연호가 제정되었다.

470

(가) 기구에 대한 설명으로 옳은 것은?　[2점]

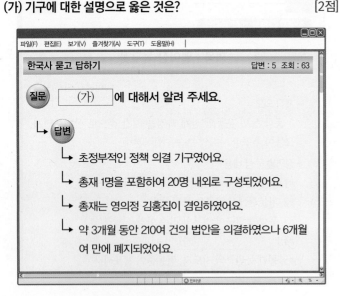

① 공사 노비법의 폐지를 결정하였다.
② 임술 농민 봉기를 계기로 설치되었다.
③ 조광조를 비롯한 사림의 건의로 혁파되었다.
④ 임진왜란을 거치면서 국정 최고 기구로 자리 잡았다.
⑤ 소속 부서로 교린사, 군무사, 통상사 등의 12사를 두었다.

471

밑줄 그은 '개혁안'의 내용으로 옳은 것을 〈보기〉에서 고른 것은?　[2점]

> 파리의 외무부 장관 아노토 각하께
>
> 　전임 일본 공사는 국왕에게서 사실상 거의 모든 권력을 빼
> 앗고, 개혁 위원회[군국기무처]가 내린 결정을 확인하는 권한
> 만 남겨 놓았습니다. …… 이후 개혁 위원회[군국기무처]는
> 매우 혁신적인 개혁안을 발표했습니다. 그런데 일부 위원들
> 이 몇몇 조치에 대해 시의적절하지 않다고 판단하더니 이에
> 대해 동의하기를 거부했습니다. …… 게다가 조선인들은 이
> 기구가 왕권을 빼앗고 일본에 매수되었다고 비난하면서, …
> … 어떤 지방에서는 왕권 수호를 위해 봉기했다고 합니다.
> 　　　　　　　　　　　　　주 조선 공사 르페브르 올림

보기

ㄱ. 건양이라는 연호를 제정하였다.
ㄴ. 탁지아문으로 재정을 일원화하였다.
ㄷ. 양전 사업을 실시하여 지계를 발급하였다.
ㄹ. 조혼을 금지하고 과부의 재가를 허용하였다.

① ㄱ, ㄴ　　　② ㄱ, ㄷ　　　③ ㄴ, ㄷ
④ ㄴ, ㄹ　　　⑤ ㄷ, ㄹ

472

밑줄 그은 '개혁'의 내용으로 옳지 <u>않은</u> 것은?　[3점]

① 과거제를 폐지하였다.
② 연좌제를 금지하였다.
③ 공사 노비법을 혁파하였다.
④ 과부의 재가를 허용하였다.
⑤ 건양이라는 연호를 채택하였다.

473

다음 대화 이후에 전개된 사실로 옳은 것을 〈보기〉에서 고른 것은? [2점]

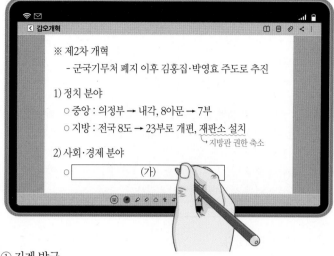

군국기무처 의안에서 공노비와 사노비에 대한 법을 폐지한다는 내용을 보았다. 그대로 시행하도록 하라.

분부를 받들겠습니다.

보기

ㄱ. 별기군이 창설되었다.
ㄴ. 한성순보가 발행되었다.
ㄷ. 교육 입국 조서가 반포되었다.
ㄹ. 재판소를 설치하여 사법권을 독립시켰다.

① ㄱ, ㄴ   ② ㄱ, ㄷ   ③ ㄴ, ㄷ
④ ㄴ, ㄹ   ⑤ ㄷ, ㄹ

474

밑줄 그은 '개혁'의 내용으로 옳은 것은? [3점]

그동안 국정 논의를 주도한 군국기무처가 폐지되었다는군.

그렇다네. 이제는 김홍집과 박영효가 주도하는 내각에서 여러 개혁을 추진한다는군.

① 통리기무아문과 12사를 설치하였다.
② 지방 행정 구역을 8도에서 23부로 개편하였다.
③ 청의 연호를 쓰지 않고 개국 기년을 사용하였다.
④ 공사 노비법을 혁파하고 과부의 재가를 허용하였다.
⑤ 6조에서 8아문으로 개편하고 과거제를 폐지하였다.

475

(가)에 들어갈 내용으로 옳은 것은? [2점]

< 갑오개혁

※ 제2차 개혁
 - 군국기무처 폐지 이후 김홍집·박영효 주도로 추진

1) 정치 분야
 ○ 중앙 : 의정부 → 내각, 8아문 → 7부
 ○ 지방 : 전국 8도 → 23부로 개편, 재판소 설치
 ↳ 지방관 권한 축소

2) 사회·경제 분야
 ○   (가)

① 지계 발급
② 태양력 사용
③ 한성순보 발행
④ 공사 노비법 폐지
⑤ 교육 입국 조서 반포

476

밑줄 그은 '개혁'의 내용으로 옳은 것은? [2점]

김홍집과 박영효를 중심으로 구성된 내각에서 여러 개혁을 추진했다더군.

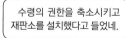

수령의 권한을 축소시키고 재판소를 설치했다고 들었네.

① 원수부를 설치하였다.
② 기기창을 설립하였다.
③ 공사 노비법을 혁파하였다.
④ 태양력을 공식 채택하였다.
⑤ 한성 사범 학교 관제를 반포하였다.

477

제53회 34번

다음 자료에 나타난 사건이 발생한 배경으로 옳은 것은? [1점]

> 발신 : 고무라(일본국 변리공사)
> 수신 : 사이온지(일본국 외무대신)
>
> 지난 11일 새벽, 대군주는 급히 외국 공사관에 피신해야 한다는 거짓 밀고를 받았음. 대군주는 몹시 두려워하여 마침내 왕태자와 함께 궁녀들이 타는 가마를 타고 경계의 허술함을 틈타 밖으로 나와 러시아 공사관으로 이어하였으나, 조금도 이를 저지하는 사람이 없었음.

① 을미사변이 일어났다.
② 원수부가 설치되었다.
③ 러·일 전쟁이 발발하였다.
④ 한·일 신협약이 체결되었다.
⑤ 용암포 사건이 발생하였다.

478

제56회 29번

다음 사건 이후 추진된 개혁의 내용으로 옳은 것은? [2점]

> 일본군의 엄호 속에 사복 차림의 일본인들이 건청궁으로 침입하였다. 그들은 왕과 왕후의 처소로 달려가 몇몇은 왕과 왕태자의 측근들을 붙잡았고, 다른 자들은 왕후의 침실로 향하였다. 폭도들이 달려들자 궁내부 대신은 왕후를 보호하기 위해 두 팔을 벌려 앞을 가로막아 섰다. …… 의녀가 나서서 손수건으로 죽은 왕후의 얼굴을 덮어 주었다.

① 과거제를 폐지하였다.
② 태양력을 시행하였다.
③ 육영 공원을 설립하였다.
④ 공사 노비법을 혁파하였다.
⑤ 통리기무아문을 설치하였다.

479

제58회 32번

밑줄 그은 '이 개혁'의 내용으로 옳은 것은? [2점]

① 지계아문을 설립하였다.
② 대한국 국제를 반포하였다.
③ 건양이라는 연호를 제정하였다.
④ 개혁 추진 기구로 교정청을 설치하였다.
⑤ 군제를 개편하여 5군영을 2영으로 통합하였다.

480

제51회 34번

(가)~(다)를 발표된 순서대로 옳게 나열한 것은? [3점]

> (가) 1. 문벌, 양반과 상인들의 등급을 없애고 귀천에 관계없이 인재를 선발하여 등용한다.
> 1. 공노비와 사노비에 관한 법을 일체 혁파하고 사람을 사고파는 일을 금지한다.
>
> (나) 1. 청나라에 의존하는 생각을 끊어 버리고 자주독립의 기초를 튼튼히 세운다.
> 1. 왕실 사무와 국정 사무는 반드시 분리시켜 서로 뒤섞이지 않는다.
>
> (다) 대군주 폐하께서 내리신 조칙에서 "짐이 신민(臣民)에 앞서 머리카락을 자르니, 너희들은 짐의 뜻을 잘 본받아 만국과 나란히 서는 대업을 이루라."라고 하셨다.

① (가) - (나) - (다)   ② (가) - (다) - (나)
③ (나) - (가) - (다)   ④ (나) - (다) - (가)
⑤ (다) - (나) - (가)

481

(가) 단체에 대한 설명으로 옳은 것은? [1점]

이달의 독립운동가

국권을 지키기 위해 노력한 남궁억

- 생몰년 : 1863~1939
- 생애 및 활동

서울 정동에서 태어났다. 동문학에서 교육을 받았다. 1896년 서재필 등과 함께 (가) 을/를 창립하여 활동하였다. (가) 의 의회 설립 운동이 공화제를 수립하려는 것이라는 의심을 받아 이상재 등과 함께 체포되었다. 러시아와 일본의 한국 침략을 고발하는 논설과 기사를 실은 황성신문 사장을 역임하였다. 정부는 그의 공훈을 기려 건국훈장 독립장을 추서하였다.

① 고종의 강제 퇴위 반대 운동을 전개하였다.
② 일제가 조작한 105인 사건으로 와해되었다.
③ 영은문이 있던 자리 부근에 독립문을 건립하였다.
④ 광주 학생 항일 운동의 진상 조사단을 파견하였다.
⑤ 독립운동 자금 마련을 위해 독립 공채를 발행하였다.

482

(가) 단체에 대한 설명으로 옳은 것은? [2점]

신들은 나라가 나라일 수 있는 조건은 두 가지가 있다고 생각합니다. 첫째는 자립하여 다른 나라에 의지하지 않는 것이며, 둘째는 자수(自修)하여 나라 안에 정법(政法)을 행하는 것입니다. 이 두 가지는 하늘이 우리 폐하께 부여해 준 하나의 큰 권한으로서, 이 권한이 없으면 나라가 없는 것입니다. 그래서 신 등은 (가) 을/를 설립하여 독립문을 세우고 위로는 황상의 지위를 높이며, 아래로는 인민의 뜻을 확고히 함으로써 억만년 무궁한 기초를 확립하고자 하였던 것입니다.

① 만세보를 발행하여 민중 계몽에 힘썼다.
② 일본의 황무지 개간권 요구를 저지하였다.
③ 일제가 조작한 105인 사건으로 와해되었다.
④ 중추원 개편을 통해 의회 설립을 추진하였다.
⑤ 독립운동 자금 마련을 위해 독립 공채를 발행하였다.

483

(가) 단체에 대한 설명으로 옳은 것은? [2점]

(가) 은/는 독립관에서 경축 모임을 열었다. 회장은 모임을 여는 큰 뜻을 설명하였다. "오늘은 황제 폐하께서 대황제라는 존귀한 칭호를 갖게 되신 계천(繼天) 경축일이니, 대한의 신민은 이를 크게 경축드립니다. 우리는 관민 공동회에서 황실을 공고히 하고 인민을 문명개화시키며 영토를 보존하고자 여섯 개 조항의 의견안을 바쳤습니다."라고 말하였다. …… 이어 회원들은 조직 5조와 헌의 6조 10만 장을 인쇄하여 온 나라에 널리 배포하고 학생들에게 그것을 배우고 익히도록 하였다. 경축연을 마친 회원들은 울긋불긋한 종이꽃을 머리에 꽂은 채 국기와 (가) 의 깃발을 세우고 경축가를 부르며 인화문 앞으로 가서 만세를 외치고 종로의 만민 공동회로 갔다.

① 일제의 황무지 개간권 요구를 저지시켰다.
② 러시아의 절영도 조차 요구에 반대하였다.
③ 태극 서관을 설립하여 계몽 서적을 보급하였다.
④ 민립 대학 설립을 위한 모금 운동을 전개하였다.
⑤ 조소앙의 삼균주의를 기초로 건국 강령을 발표하였다.

484

(가)에 들어갈 내용으로 가장 적절한 것은? [2점]

〈한국사 동영상 제작 계획안〉

○○○○, 공론의 장을 열다

△학년 △반 △모둠

■ 제작 의도

지식인뿐 아니라 농민, 상인, 노동자 등 다양한 계층이 참여한 집회 등을 통해 공론의 장을 마련한 ○○○○의 활동을 살펴본다.

■ 장면별 구성 내용

#1. 독립문 건립을 위해 성금을 모으다
#2. 러시아의 절영도 조차 요구를 규탄하는 집회를 열다
#3. (가)
#4. 황국 협회의 습격으로 사망한 구두 수선공의 장례를 치르다

① 평양에 대성 학교를 설립하다
② 고종 강제 퇴위 반대 운동을 주도하다
③ 집강소를 중심으로 폐정 개혁안을 실천하다
④ 관민 공동회를 개최하여 헌의 6조를 결의하다
⑤ 개혁의 기본 방향을 제시한 홍범 14조를 반포하다

VI

개항기

485

밑줄 그은 '협회'에 대한 설명으로 옳은 것은? [2점]

해산 명령을 철회하고 탄압을 중지하라!

정부가 우리 협회에 해산 명령을 내리고 보부
상까지 동원하여 만민 공동회를 탄압하고 있습
니다. 오늘 오후 종로에 모여 해산 명령 철회와
탄압 중지를 요구합시다.

① 대성 학교와 오산 학교를 설립하였다.
② 고종 강제 퇴위 반대 운동을 주도하였다.
③ 일본의 황무지 개간권 요구를 저지하였다.
④ 중추원 개편을 통해 의회 설립을 추진하였다.
⑤ 일본에 진 빚을 갚자는 국채 보상 운동을 전개하였다.

486

다음 조서가 반포된 이후 추진된 정책으로 옳은 것은? [2점]

여러 신하와 온 백성이 수십 차례나 글을 올려 한 목소리로
반드시 황제의 칭호로 높이라고 간청하였다. 나는 여러 번 사양
했지만 끝내 거절할 수 없어 …… 백악산 남쪽에서 하늘과 땅에
제사를 지내고 황제의 자리에 올랐다. 나라 이름을 '대한'이라고
정하고 올해를 광무 원년으로 삼는다.

① 신식 군대인 별기군을 창설하였다.
② 청에 영선사로 김윤식을 파견하였다.
③ 군 통수권 장악을 위하여 원수부를 설치하였다.
④ 서양식 근대 교육 기관인 육영 공원을 설립하였다.
⑤ 개화 정책을 담당하는 통리기무아문을 신설하였다.

487

다음 관제가 반포된 이후의 사실로 옳은 것은? [2점]

<원수부 관제>

대황제 폐하는 대원수로서 군기(軍機)를 총람하고 육해군
을 통령하며, 황태자 전하는 원수로서 육해군을 일률적으로
통솔한다. 이에 원수부를 설치한다.
제1조
원수부는 국방과 용병(用兵)과 군사에 관한 각 항의 명령
을 관장하며 특별히 세운 권한을 가지고 군부와 경외(京外)
의 각 부대를 지휘 감독한다.

① 지계아문이 설치되었다.
② 군국기무처가 창설되었다.
③ 5군영이 2영으로 통합되었다.
④ 한성 사범 학교가 설립되었다.
⑤ 건양이라는 연호가 제정되었다.

488

밑줄 그은 '개혁'의 내용으로 옳은 것은? [2점]

덕수궁 내에 있는 정관헌은 전통 건축 양식에 근대적 요소를
결합한 것으로 평가받고 있습니다. 고종이 황제로 즉위한 후 구
본신참을 바탕으로 개혁을 추진할 때 건립되었습니다.

① 홍범 14조를 반포하였다.
② 공사 노비법을 혁파하였다.
③ 신식 군대인 별기군을 창설하였다.
④ 근대 교육 기관인 육영 공원을 설립하였다.
⑤ 지계아문을 설치하여 토지 소유자에게 지계를 발급하였다.

489

밑줄 그은 '이 관계'가 발급되던 시기에 있었던 사실로 옳은 것은? [2점]

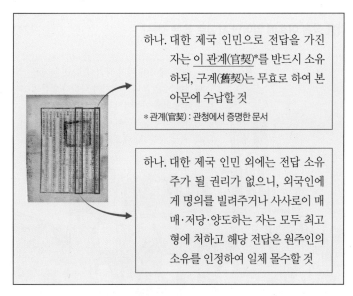

하나. 대한 제국 인민으로 전답을 가진 자는 이 관계(官契)*를 반드시 소유하되, 구계(舊契)는 무효로 하여 본 아문에 수납할 것

*관계(官契) : 관청에서 증명한 문서

하나. 대한 제국 인민 외에는 전답 소유주가 될 권리가 없으니, 외국인에게 명의를 빌려주거나 사사로이 매·저당·양도하는 자는 모두 최고형에 처하고 해당 전답은 원주인의 소유를 인정하여 일체 몰수할 것

① 이만손 등이 영남 만인소를 올렸다.
② 박문국에서 한성순보가 발행되었다.
③ 조선 형평사 창립 대회가 개최되었다.
④ 러시아가 용암포를 점령하고 조차를 요구하였다.
⑤ 제너럴 셔먼호 사건을 구실로 미군이 강화도를 침략하였다.

490

밑줄 그은 '개혁'에 해당하는 내용으로 옳은 것은? [2점]

삽화로 보는 한국사

[해설]
　　이 그림은 프랑스 일간지에 실린 삽화로 파리 만국 박람회장에 설치된 한국관의 모습을 담고 있습니다. 경복궁 근정전을 재현한 한국관은 당시 언론의 관심을 끌었습니다. 황제로 즉위한 뒤 개혁을 추진하던 고종은 만국 박람회 참가를 통해 대한 제국을 세계에 소개하고, 서구의 산업과 기술을 받아들이고자 하였습니다.

① 건양이라는 연호를 사용하였다.
② 신식 군대인 별기군을 창설하였다.
③ 관립 의학교와 광제원을 설립하였다.
④ 박문국을 설치하여 한성순보를 발간하였다.
⑤ 한·일 관계 사료집을 편찬하고 독립 공채를 발행하였다.

---

4 국권 피탈과 저항

491

밑줄 그은 '전쟁' 중에 있었던 사실로 옳지 않은 것은? [3점]

당신은 무슨 이유로 이토 히로부미를 살해했는가?

일본은 전쟁 당시 우리나라의 독립을 보장해 주겠다고 약속했다. 그러나 포츠머스 조약으로 전쟁이 종결되자, 이토는 우리 군신을 위협해 주권을 뺏으려 하였다.

① 일본이 독도를 불법적으로 편입하였다.
② 일본과 미국이 가쓰라·태프트 밀약을 맺었다.
③ 일본인 메가타가 대한 제국의 재정 고문으로 초빙되었다.
④ 대한 제국이 기유각서를 통해 일제에 사법권을 박탈당하였다.
⑤ 군사 전략상 필요한 지역을 일본에 제공하는 한·일 의정서가 강요되었다.

492

다음 사건이 전개된 결과로 옳은 것은? [2점]

사건 일지

11월 10일	이토, 고종에게 일왕의 친서 전달
11월 15일	이토, 고종을 접견하고 협상 초안 제출
11월 16일	이토, 대한 제국 대신들에게 조약 체결 강요
11월 17일	일본군을 동원한 강압적 분위기 속에서 조약 체결 진행
11월 18일	이토, 외부인(外部印)을 탈취하여 고종의 윤허 없이 조인

① 대한국 국제가 반포되었다.
② 별기군 교관으로 일본인이 임명되었다.
③ 외교권이 박탈되고 통감부가 설치되었다.
④ 고종이 러시아 공사관으로 거처를 옮겼다.
⑤ 제물포에서 러시아 함대가 일본 해군에게 격침되었다.

493

다음 상소가 올려진 이후의 사실로 옳은 것은? [3점]

> 일본이 러시아에 선전 포고한 이후 우리의 독립과 영토를
> 보전한다고 몇 번이나 말하였지만, 그것은 우리나라의 이익
> 을 빼앗아 차지하려는 것이었습니다. …… 지금 저들이 황실
> 을 보전하겠다는 말을 폐하께서는 과연 믿으십니까? 지금까
> 지 군주의 지위가 아직 바뀌지 않았고 백성도 아직 죽지 않
> 았으며 각국 공사도 아직 돌아가지 않았습니다. 그리고 조약
> 서가 다행히 폐하의 인준과 참정의 인가를 받은 것이 아니
> 니, 저들이 가지고 있는 것은 역적들이 억지로 만든 헛된 조
> 약에 불과합니다.

① 제1차 영·일 동맹이 체결되었다.
② 일본이 경인선 부설권을 인수하였다.
③ 묄렌도르프가 외교 고문으로 파견되었다.
④ 통감부가 설치되고 초대 통감이 부임하였다.
⑤ 러시아가 용암포를 점령하고 조차를 요구하였다.

494

(가), (나) 조약 사이의 시기에 있었던 사실로 옳은 것은? [2점]

> (가) 제2조 일본국 정부는 한국과 타국 사이에 현존하는 조약의 실행
> 을 완수하는 책임을 지며 한국 정부는 금후 일본국 정부의
> 중개를 거치지 않고서는 국제적 성질을 가진 어떤 조약이
> 나 약속을 맺지 않을 것을 약속한다.
> 제3조 일본국 정부는 그 대표자로서 한국 황제 폐하의 아래에
> 1명의 통감을 두되, 통감은 오로지 외교에 관한 사항을 관
> 리하기 위하여 서울에 주재하고 직접 한국 황제 폐하를 궁
> 중에서 알현할 권리를 가진다.
>
> (나) 제2조 한국 정부의 법령 제정 및 중요한 행정상의 처분은 미리
> 통감의 승인을 거친다.
> 제4조 한국 고등 관리를 임명하고 해임시키는 것은 통감의 동의
> 에 의하여 집행한다.
> 제5조 한국 정부는 통감이 추천한 일본인을 한국 관리로 임명
> 한다.

① 13도 창의군이 서울 진공 작전을 전개하였다.
② 관민 공동회가 개최되어 헌의 6조를 결의하였다.
③ 동학 농민군이 우금치에서 관군 및 일본군에 맞서 싸웠다.
④ 영국이 러시아를 견제하기 위해 거문도를 불법 점령하였다.
⑤ 고종이 헤이그에서 열린 만국 평화 회의에 특사를 파견하였다.

495

다음 상황 이후에 일어난 사실로 옳은 것은? [2점]

> 대한 제국이 여러 국가와 외교 관계를
> 단절한 것은 우리의 의사가 아니라 일본의
> 폭력에 의해 이루어진 것이다. 우리가 만국
> 평화 회의에 참석하여 이를 폭로할 수 있도
> 록 귀국 총통 및 대표의 호의적인 중재를
> 부탁한다.

① 고종이 강제로 퇴위당하였다.
② 영국이 거문도를 불법으로 점령하였다.
③ 구식 군인들이 일본 공사관을 습격하였다.
④ 우정총국 개국 축하연에서 정변이 일어났다.
⑤ 일본과 미국이 가쓰라·태프트 밀약을 체결하였다.

496

다음 상황이 전개된 배경으로 옳은 것은? [2점]

> 박승환은 병대(兵隊)에 대한 해산 소식을 듣고 통곡하며 부하들에
> 게 말하기를, "이제 국가가 망하였는데도 일본인 하나를 죽이지 못하
> 였으니 죽어도 그 죄를 씻지 못할 것이다. 나는 차마 제군들이 병대를
> 떠나도록 놓아둘 수 없다. 차라리 내가 죽고 말겠다."라고 하면서 결
> 국 자결하였다.

① 정미7조약이 체결되었다.
② 일제가 105인 사건을 조작하였다.
③ 초대 총독으로 데라우치가 부임하였다.
④ 기유각서가 일제의 강압에 의해 조인되었다.
⑤ 일진회가 한·일 합방을 촉구하는 성명을 발표하였다.

497

다음 대화에 나타난 사건 이후의 사실로 옳은 것은? [3점]

며칠 전 황제 폐하께서 황태자 전하께 대리를 명하는 조칙을 내리셨다는 소식을 들었는가?

들었네. 그 다음 날 일본 군대의 삼엄한 경계 속에서 양위식이 거행되어 대리가 아니라 사실상 황제께서 퇴위당하신 셈이지.

① 신식 군대인 별기군이 창설되었다.
② 묄렌도르프가 외교 고문으로 파견되었다.
③ 초대 통감으로 이토 히로부미가 부임하였다.
④ 기유각서가 체결되어 사법권을 박탈당하였다.
⑤ 관민 공동회가 개최되어 헌의 6조를 결의하였다.

498

교사의 질문에 대한 학생의 답변으로 옳은 것은? [2점]

이것은 대한매일신보에 태극 서관이 게재한 서적 할인 광고입니다. 태극 서관은 신지식 보급과 민족의식 고취를 위해 이 단체가 운영한 기관입니다. 인재 양성을 위해 대성 학교도 설립한 이 단체에 대해 말해 볼까요?

① 민립 대학 설립 운동을 전개하였어요.
② 러시아의 절영도 조차 요구를 저지하였어요.
③ 파리 강화 회의에 독립 청원서를 제출하였어요.
④ 안창호, 양기탁 등이 비밀 결사로 조직하였어요.
⑤ 국문 연구소를 세워 한글의 문자 체계를 정리하였어요.

499

(가) 단체의 활동으로 옳은 것은? [2점]

신흥 무관 학교 설립 110주년 기념식 LIVE

잠시 후 신흥 무관 학교 설립 110주년 기념식이 온라인으로 거행됩니다. 신흥 무관 학교는 안창호 등이 1907년 조직한 비밀 결사인 (가) 이/가 세운 독립군 양성 기관으로 무장 투쟁 지도자를 다수 배출하였습니다. 기념식에 여러분의 많은 참여 바랍니다.

① 한글 맞춤법 통일안을 제정하였다.
② 조선 혁명 선언을 활동 지침으로 하였다.
③ 농촌 계몽을 위한 브나로드 운동을 전개하였다.
④ 독립운동 자금을 마련하기 위해 독립 공채를 발행하였다.
⑤ 대성 학교와 오산 학교를 설립하여 민족 교육을 실시하였다.

500

(가) 단체에 대한 설명으로 옳은 것을 〈보기〉에서 고른 것은? [3점]

이것은 평양에 있던 대성 학교의 교직원과 학생들을 촬영한 사진입니다. 이 학교는 안창호, 양기탁 등이 조직한 (가) 이/가 설립하였습니다.

보기

ㄱ. 태극 서관을 운영하였다.
ㄴ. 105인 사건으로 와해되었다.
ㄷ. 이륭양행에 교통국을 설치하였다.
ㄹ. 입헌 군주제 수립을 목표로 하였다.

① ㄱ, ㄴ   ② ㄱ, ㄷ   ③ ㄴ, ㄷ
④ ㄴ, ㄹ   ⑤ ㄷ, ㄹ

501

밑줄 그은 '의병'에 대한 설명으로 옳은 것은? [1점]

이곳은 의암 유인석의 위패가 모셔져 있는 충청북도 제천의 자양영당입니다. 이곳에서 유인석은 국모의 원수를 갚고 전통을 보전한다는 복수보형(復讐保形)을 기치로 8도의 유림을 모아 의병을 일으키려는 비밀 회의를 열었습니다.

① 단발령의 시행에 반발하여 봉기하였다.
② 민종식이 이끈 부대가 홍주성을 점령하였다.
③ 국제법상 교전 단체로 승인해 줄 것을 요구하였다.
④ 의병 부대가 연합하여 서울 진공 작전을 전개하였다.
⑤ 조선 총독부에 국권 반환 요구서를 제출하고자 하였다.

502

밑줄 그은 '이 조약'의 체결에 대한 저항으로 옳지 않은 것은? [2점]

우리 대황제 폐하께서 강경하신 성의(聖意)로 거절하기를 그치지 않으셨으니, 이 조약이 성립되지 않는다는 것은, 생각하건대 이토 후작 스스로도 알고 간파하였을 것이다. 아, 저 개돼지만도 못한 소위 우리 정부의 대신이란 자들은 자기 일신의 영달과 이득이나 바라고 거짓 위협에 겁먹어 머뭇대거나 벌벌 떨며 나라를 팔아먹는 역적이 되는 것을 달갑게 여겨서 사천 년의 강토와 오백 년의 종묘사직을 남에게 들어 바치고, 이천만 백성을 남의 노예가 되도록 하였도다.

① 민영환, 조병세 등이 자결로써 항거하였다.
② 이상설이 매국노 처단을 요구하는 상소를 올렸다.
③ 고종이 헤이그 만국 평화 회의에 특사를 파견하였다.
④ 유생 출신 유인석이 이끄는 의병이 충주성을 점령하였다.
⑤ 나철, 오기호 등이 5적 처단을 위해 자신회를 조직하였다.

503

다음 의병 부대에 대한 설명으로 옳은 것은? [2점]

이인영을 총대장으로 추대하고, 허위를 군사장으로 삼아 …… 각 도에 격문을 전하니 전국에서 불철주야 달려온 지원자들이 만여 명이더라. 이에 서울로 진군하여 국권을 회복하고자 …… 먼저 이인영은 심복을 보내 각국 영사에게 진군의 이유를 상세히 알리며 도움을 요청하고, 각 도의 의병으로 하여금 일제히 진군하게 하였다.

① 조선 혁명 선언을 지침으로 삼았다.
② 이만손이 주도하여 영남 만인소를 올렸다.
③ 상덕태상회를 통하여 군자금을 모집하였다.
④ 일본에 국권 반환 요구서를 제출하고자 하였다.
⑤ 고종의 강제 퇴위와 군대 해산에 반발하여 결성되었다.

504

밑줄 그은 '이 시기'의 의병 활동에 대한 설명으로 옳은 것은? [2점]

이곳 지리산 연곡사에는 의병장 고광순의 순절비가 있습니다. 그는 지리산을 중심으로 장기 항전을 계획하다가 일본군의 토벌 작전으로 순국하였습니다. 고종의 강제 퇴위와 군대의 강제 해산으로 의병 활동이 고조된 이 시기에는 고광순을 비롯하여 각계각층의 사람들이 국권 회복을 위해 활동했습니다.

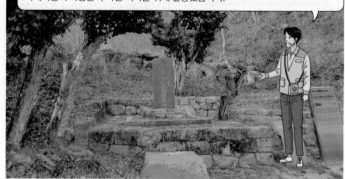

① 13도 창의군을 결성하였다.
② 한·중 연합 전선을 형성하였다.
③ 최익현이 태인에서 궐기하였다.
④ 고경명 등이 의병장으로 활약하였다.
⑤ 봉오동 전투에서 일본군을 격퇴하였다.

505

다음 자료에 나타난 사건 이후의 사실로 옳은 것은? [2점]

> 해산 결의 이틀 전 오전에 군부 대신과 하세가와 대장이 통감부에 모여 현재 한국 군대를 해산하기로 결정한 결과로, 같은 날 오후 9시 40분에 총리와 법부 대신이 황제에게 아뢴 후에 조칙을 반포하였더라.
>
> – 대한매일신보 –

① 민영환, 조병세 등이 자결로써 항거하였다.
② 13도 창의군이 서울 진공 작전을 전개하였다.
③ 메가타가 주도한 화폐 정리 사업이 시작되었다.
④ 고종이 헤이그 만국 평화 회의에 특사를 파견하였다.
⑤ 구식 군대가 난을 일으켜 일본 공사관을 습격하였다.

506

다음 상황이 나타난 시기를 연표에서 옳게 고른 것은? [2점]

> ### □□신보
>
> 제△△호 　　　　　　　　○○○○년 ○○월 ○○일
>
> #### 한국 창의병대가 일본 원정대를 몰살하다
>
> 지금 서울 근처 각 지방에 의병이 많이 모여 서울을 치고자 하는 모양인데, 수효는 얼마나 되는지 알 수 없으나 한 곳에는 800명 정도 된다고 한다. 해산된 한국 군인들이 선봉이 되어 기동하는데 곳곳의 철로와 전선을 끊고 일본 순검이나 철로와 전보국의 사무원을 만나는 대로 죽인다 하며 …… 녹도 땅에 의병을 치러 갔던 일본 원정대는 처참하게 몰살되었다고 한다.

1885		1894		1896		1899		1904		1910
	(가)		(나)		(다)		(라)		(마)	
거문도 사건		청·일 전쟁		아관 파천		대한국 국제 반포		한·일 의정서		국권 피탈

① (가)　　② (나)　　③ (다)　　④ (라)　　⑤ (마)

507

밑줄 그은 '그'의 활동으로 옳은 것은? [2점]

> 저는 지금 전라남도 보성군에 와 있습니다. 이 기념관은 오기호 등과 함께 대종교를 창시하고 일생을 독립운동에 바친 그를 기리기 위해 조성되었습니다. 이곳에는 그의 호를 딴 홍암사라는 사당이 있습니다.

① 5적 처단을 위해 자신회를 조직하였다.
② 명동 성당 앞에서 이완용을 습격하였다.
③ 하얼빈에서 이토 히로부미를 사살하였다.
④ 타이완에서 일본 육군 대장을 저격하였다.
⑤ 동양 척식 주식회사에 폭탄을 투척하였다.

508

(가) 인물에 대한 설명으로 옳은 것은? [2점]

> 이곳은 최근 다시 개관한 하얼빈의 (가) 기념관입니다. (가) 동상 위의 시계는 9시 30분에 멈춰 있습니다. 이토 히로부미를 저격한 바로 그 시각입니다.

① 동양 평화론을 저술하였다.
② 친일 인사인 스티븐스를 사살하였다.
③ 5적 처단을 위해 자신회를 조직하였다.
④ 명동 성당 앞에서 이완용을 습격하였다.
⑤ 동양 척식 주식회사에 폭탄을 투척하였다.

5 경제

정답과 해설 100쪽

509

제53회 35번

밑줄 그은 '장정'에 대한 설명으로 옳은 것은? [3점]

이번 장정의 체결로 우리의 관세권을 일정 부분 회복했다고 하네.

그렇지만 이 장정으로 일본에 최혜국 대우를 인정해 주었다더군.

① 갑신정변의 영향으로 체결되었다.
② 방곡령 시행에 대한 규정을 명시하였다.
③ 일본 공사관에 경비병이 주둔하는 계기가 되었다.
④ 일본인 재정 고문을 두도록 하는 조항을 담고 있다.
⑤ 부산 외 2개 항구를 개항한다는 내용을 포함하였다.

510

제57회 34번

다음 자료를 활용한 탐구 활동으로 가장 적절한 것은? [2점]

이달 20일, 함경도 관찰사로부터 보고를 받았는데, 그 내용은 다음과 같았습니다.
"큰 수해를 당하여 조만간 여러 곡식의 피해가 클 듯한데, 콩 등은 더욱 심하여 모두 흉작이 될 것이라고 고하고 있으니, 궁핍하여 식량난을 겪을 것이 장차 불을 보듯 훤합니다. 도내(道內)의 쌀과 콩 등의 곡물에 대해서는 내년 가을걷이할 때까지를 기한으로 삼아 잠정적으로 유출을 금지하여 백성들의 식량 사정을 넉넉하게 하는 것이 마땅할까 합니다. 바라건대 통촉하시어 유출 금지 시행 1개월 전까지 일본 공사에게 알리시어, 일본의 상민들이 일체 준수하게 해주십시오."

① 화폐 정리 사업의 결과를 분석한다.
② 산미 증식 계획의 실상을 조사한다.
③ 조·일 통상 장정 체결의 영향을 살펴본다.
④ 토지 조사 사업의 추진 과정을 파악한다.
⑤ 양지아문과 지계아문을 설치한 목적을 알아본다.

511

제72회 30번

(가), (나) 체결 사이의 시기에 있었던 사실로 옳은 것은? [3점]

(가) 제6칙 이후 조선국 항구에 거주하는 일본 인민은 양미(糧米)와 잡곡을 수출, 수입할 수 있다.
제7칙 일본국 정부에 속한 모든 선박은 항세를 납부하지 않는다.

(나) 제9관 입항하거나 출항하는 각 화물이 해관을 통과할 때는 응당 본 조약에 첨부된 세칙(稅則)에 따라 관세를 납부해야 한다.
제37관 조선국에서 가뭄과 홍수, 전쟁 등의 일로 인해 국내에 양식이 결핍할 것을 우려하여 일시 쌀 수출을 금지하려고 할 때에는 1개월 전에 지방관이 일본 영사관에게 통지하여 미리 그 기간을 항구에 있는 일본 상인들에게 전달하여 일률적으로 준수하는 데 편리하게 한다.

① 조·미 수호 통상 조약이 체결되었다.
② 러시아가 용암포 조차를 요구하였다.
③ 영국이 거문도를 불법적으로 점령하였다.
④ 일본 군함 운요호가 영종도를 공격하였다.
⑤ 청과 대등한 입장에서 한·청 통상 조약이 맺어졌다.

512

제41회 32번

다음 조약에 대한 설명으로 옳은 것은? [3점]

제1관 사후 대조선국 군주와 대미국 대통령과 아울러 그 인민은 각각 모두 영원히 화평하고 우호를 다진다. 만약 타국이 어떤 불공평하게 하고 경시하는 일이 있으면 통지를 거쳐 반드시 서로 도와주며 중간에서 잘 조정해 두터운 우의와 관심을 보여준다.
                    ⋮
제14관 현재 양국이 의논해 정한 이후 대조선국 군주가 어떤 혜택·은전의 이익을 타국 혹은 그 나라 상인에게 베풀면 …… 미국과 그 상인이 종래 점유하지 않고 이 조약에 없는 것 또한 미국 관민이 일체 균점하도록 승인한다.

① 양곡의 무제한 유출 조항을 포함하고 있다.
② 외국 상인의 내지 통상권을 최초로 규정하였다.
③ 청의 알선으로 서양 국가와 맺은 최초의 조약이다.
④ 스티븐스가 외교 고문으로 부임하는 계기가 되었다.
⑤ 부산, 원산, 인천에 개항장이 설치되는 결과를 가져왔다.

513

교사의 질문에 대한 학생의 답변으로 옳은 것은? [2점]

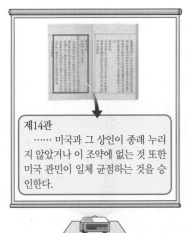

제14관
…… 미국과 그 상인이 종래 누리지 않았거나 이 조약에 없는 것 또한 미국 관민이 일체 균점하는 것을 승인한다.

자료는 이 조약 중 최혜국 대우를 규정한 조항의 일부입니다. 조선이 서양 국가와 최초로 체결한 이 조약에 대해 말해 볼까요?

① 병인양요 발생의 배경이 되었어요.
② 갑신정변의 영향으로 체결되었어요.
③ 통감부가 설치되는 결과를 가져왔어요.
④ 거중 조정에 대한 내용이 포함되었어요.
⑤ 메가타가 재정 고문으로 부임하는 계기가 되었어요.

514

다음 자료에 나타난 사업에 대한 설명으로 옳은 것은? [1점]

> 한국에서 유통되는 백동화에 대한 처분안을 들어보면,
> 갑(甲) 구 백동화는 1개당 신화폐 2전 5리의 비율로 교환한다.
> 을(乙) 부정한 구 백동화는 1개당 신화폐 1전의 비율로 매수한다. 매수를 바라지 않는 것은 정부가 그것을 절단하여 소유자에게 환부한다.
> 병(丙) 형체와 품질이 화폐라고 인정하기 어려운 것은 정부가 매수하지 않는다.
> ⋮
> 이른바 폐제(幣制) 개혁은 통화를 금절(禁絶)하여 소의 뿔을 바로잡으려다가 소를 죽이는 결과를 가져왔습니다.
> – '한국 폐제 개혁에 관한 진정서' –

① 독립 협회가 반대 운동을 전개하였다.
② 재정 고문 메가타의 주도로 시행되었다.
③ 동양 척식 주식회사가 중심이 되어 실시하였다.
④ 은 본위제가 본격적으로 실시되는 배경이 되었다.
⑤ 함경도 관찰사 조병식이 방곡령을 선포하는 계기가 되었다.

515

(가)~(마)에 들어갈 내용으로 옳지 않은 것은? [2점]

<청·일 전쟁 이후 열강이 침탈한 이권>

국가	사례
독일	(가)
일본	(나)
미국	(다)
러시아	(라)
프랑스	(마)

① (가) - 당현 금광 채굴권
② (나) - 경부선 철도 부설권
③ (다) - 운산 금광 채굴권
④ (라) - 울릉도 삼림 채벌권
⑤ (마) - 경인선 철도 부설권

516

다음 상황의 배경으로 가장 적절한 것은? [3점]

역 사 신 문

제△△호　　　　　　　　　　○○○○년 ○○월 ○○일

시전 상인, 외국 상인의 퇴거를 요구하다

며칠 전 시전 상인 수백 명이 가게 문을 닫고 외아문(통리교섭통상사무아문) 앞에서 연좌시위를 시작하였다. 시전 상인들은 몇 해 전부터 외국 상인의 한성 침투로 인해 입는 피해가 크다는 점을 주장하며 퇴거를 요구하였다. 향후 정부가 이 문제를 어떻게 해결해 나갈 것인지 귀추가 주목된다.

① 동양 척식 주식회사가 설립되었다.
② 일제가 황무지 개간권을 요구하였다.
③ 조·청 상민 수륙 무역 장정이 체결되었다.
④ 메가타의 주도로 화폐 정리 사업이 시행되었다.
⑤ 회사 설립을 허가제로 하는 회사령이 공포되었다.

517

다음 자료를 활용한 탐구 활동으로 가장 적절한 것은? [1점]

> ○ 신(臣) 등이 들은 말에 의하면 일전에 외부(外部)에서 산림과 원야(原野)와 진황지(陳荒地)를 50년 기한으로 일본인에게 빌려주는 일을 정부에 청의(請議)하여 도하(都下)의 인심이 매우 술렁거리고 있습니다.
> — "해학유서" —
>
> ○ 종로에서 송수만, 심상진 씨 등이 각 부(府)·부(部)·원(院)·청(廳)과 각 대관가(大官家)에 알리노라. 지금 산림과 하천 및 못, 원야, 황무지를 일본인이 청구하니, 국가의 존망과 인민의 생사가 경각에 달려 있노라.
> — 황성신문 —

① 105인 사건의 영향을 조사한다.
② 보안회의 활동 내용을 파악한다.
③ 독립문이 건립된 과정을 살펴본다.
④ 조선 형평사의 설립 목적을 검색한다.
⑤ 황국 중앙 총상회의 활동을 파악한다.

518

다음 자료를 활용한 탐구 주제로 가장 적절한 것은? [1점]

> ### 송수만 등 체포 경위 보고
>
> 송수만은 보안회라는 것을 설립하여 그 회장이 됨. 종로 백목전 도가에서 날마다 회원을 모집하여 집회·논의하고 있는 자임. 오늘 경부와 순사 두 사람이 출장하여 송수만에게 공사관으로 동행하기를 요구하였음. …… 이때 회원과 인민들 약 200명 정도가 떠들썩하게 모여들어 송수만의 동행을 막음.

① 시전 상인의 상권 수호 운동
② 급진 개화파의 정치 개혁 운동
③ 백정들의 사회적 차별 철폐 운동
④ 농촌 계몽을 위한 브나로드 운동
⑤ 일본의 황무지 개간권 요구에 대한 반대 운동

519

다음 자료에 나타난 민족 운동에 대한 설명으로 옳은 것은? [2점]

> 우리나라가 채무를 지고 우리 백성이 채노(債奴)*가 된 것이 여러 해가 되었습니다. …… 대황제 폐하께서 진 외채가 1,300만 원이지만 채무를 청산할 방법이 없어 밤낮으로 걱정하시니, 백성된 자로서 있는 힘을 다하여 보상하려고 해도 겨를이 없습니다. …… 우리 동포는 빨리 단체를 결성하여 열성적으로 의연금을 내어 채무를 상환하고 채노에서 벗어나, 머리는 대한의 하늘을 이고, 발은 대한의 땅을 밟도록 해 주시기를 눈물을 머금고 간절히 요구합니다.
>
> * 채노(債奴) : 빚을 갚지 못해 노비가 된 사람

① 일제가 치안 유지법을 적용하여 탄압하였다.
② 백정에 대한 사회적 차별 철폐를 요구하였다.
③ 독립문 건립을 위한 모금 활동을 전개하였다.
④ 자작회, 토산 애용 부인회 등의 단체가 활동하였다.
⑤ 대한매일신보 등 당시 언론이 적극적으로 참여하였다.

520

(가)에 들어갈 민족 운동에 대한 설명으로 옳은 것은? [2점]

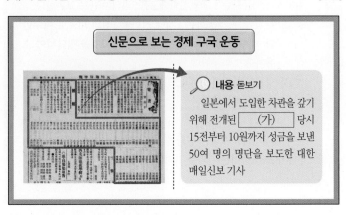

> **신문으로 보는 경제 구국 운동**
>
> 🔍 **내용 돋보기**
> 일본에서 도입한 차관을 갚기 위해 전개된 _____(가)_____ 당시 15전부터 10원까지 성금을 보낸 50여 명의 명단을 보도한 대한매일신보 기사

① 회사령 폐지에 영향을 받았다.
② 김광제 등의 발의로 시작되었다.
③ 색동회가 주도적인 역할을 하였다.
④ 민족주의 계열과 사회주의 계열이 함께 준비하였다.
⑤ 중국, 프랑스 등의 노동 단체로부터 격려 전문을 받았다.

6 문화

521

(가)~(라)에 들어갈 내용으로 옳은 것을 〈보기〉에서 고른 것은? [2점]

제72회 29번

개항기 신문 알아보기
– 모둠별로 제시된 신문에 대해 조사한 내용을 올려 주세요.

1모둠	2모둠	3모둠	4모둠
한성순보	독립신문	황성신문	대한매일신보
(가)	(나)	(다)	(라)

보기

ㄱ. (가) - 정부에서 발행한 순 한문 신문이었어요.
ㄴ. (나) - 서재필의 주도로 창간되었어요.
ㄷ. (다) - 일장기를 삭제한 손기정 사진이 실렸어요.
ㄹ. (라) - 상업 광고가 처음으로 게재되었어요.

① ㄱ, ㄴ   ② ㄱ, ㄷ   ③ ㄴ, ㄷ
④ ㄴ, ㄹ   ⑤ ㄷ, ㄹ

522

(가) 신문에 대한 설명으로 옳은 것은? [1점]

제47회 37번

독립 유공자의 명패를 부착하는 행사가 해외에서는 처음으로 영국에 있는 베델의 손녀 집에서 열렸습니다. 베델은 양기탁과 함께 (가) 을/를 창간하여 항일 언론 활동을 전개하였습니다.

해외에서 독립 유공자 명패 부착 행사 열려

① 박문국에서 발간하였다.
② 최초로 상업 광고를 실었다.
③ 을사늑약의 부당성을 주장하였다.
④ 우리나라 최초의 민간 신문이었다.
⑤ 일장기를 삭제한 손기정 사진을 게재하였다.

523

(가)에 해당하는 신문으로 옳은 것은? [1점]

제56회 35번

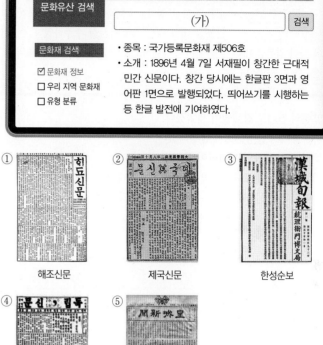

문화유산 DB   유네스코 등재유산   기록유산   문화유산 검색

문화유산 검색

(가)   검색

문화재 검색
☑ 문화재 정보
☐ 우리 지역 문화재
☐ 유형 분류

• 종목 : 국가등록문화재 제506호
• 소개 : 1896년 4월 7일 서재필이 창간한 근대적 민간 신문이다. 창간 당시에는 한글판 3면과 영어판 1면으로 발행되었다. 띄어쓰기를 시행하는 등 한글 발전에 기여하였다.

① 해조신문	② 제국신문	③ 한성순보
④ 독립신문	⑤ 황성신문	

524

(가) 신문에 대한 설명으로 옳은 것은? [1점]

제64회 34번

경천사지 십층 석탑에 대한 일본인의 약탈 행위에 관해 보도한 (가) 기사를 읽어 보았는가? 보도 내용을 접한 헐버트가 사건 현장을 방문하여 사진을 촬영하고 목격자 의견을 청취했다더군.

일본인의 이런 행위가 알려진 것은 양기탁과 베델이 창간한 (가) 의 노력 덕분이라고 하네.

① 상업 광고를 처음으로 실었다.
② 천도교의 기관지로 발행되었다.
③ 국채 보상 운동의 확산에 기여하였다.
④ 일장기를 삭제한 손기정 사진을 게재하였다.
⑤ 순 한문 신문으로 열흘마다 발행하는 것이 원칙이었다.

개항기

525

제50회 32번

밑줄 그은 ㉠ 사건 이후의 사실로 옳은 것은? [3점]

이 문서는 에디슨이 설립한 전기 회사가 프레이저를 자사의 조선 총대리인으로 위촉한다는 내용을 담고 있다. 이 회사는 총대리인을 통해 경복궁 내의 전등 가설 공사를 수주하였다. 이에 따라 경복궁 내에 발전 설비를 마련하고, ㉠ 건청궁에 조선 최초의 전등을 가설하였다.

① 알렌의 건의로 광혜원이 세워졌다.
② 박문국에서 한성순보가 발행되었다.
③ 무기 제조 공장인 기기창이 설립되었다.
④ 정부가 외국어 교육 기관인 동문학을 세웠다.
⑤ 노량진에서 제물포를 잇는 경인선이 개통되었다.

526

제53회 32번

밑줄 그은 '이곳'이 운영되던 시기에 볼 수 있는 모습으로 가장 적절한 것은? [3점]

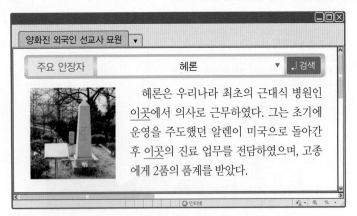

헤론은 우리나라 최초의 근대식 병원인 이곳에서 의사로 근무하였다. 그는 초기에 운영을 주도했던 알렌이 미국으로 돌아간 후 이곳의 진료 업무를 전담하였으며, 고종에게 2품의 품계를 받았다.

① 배재 학당에 입학하는 학생
② 영선사 일행으로 청에 가는 생도
③ 우정총국 개국 축하연에 참석하는 외교관
④ 연무당에서 일본과 조약을 체결하는 관리
⑤ 제너럴 셔먼호의 통상 요구를 거부하는 평양 관민

527

제73회 35번

다음 가상 대화가 이루어진 시기 이후에 볼 수 있는 모습으로 가장 적절한 것은? [2점]

① 척화비를 세우기 위해 돌을 다듬는 석공
② 거문도를 불법 점령하고 있는 영국 군인
③ 연무당에서 일본과 조약을 체결하는 관리
④ 보빙사의 일원으로 미국에 파견되는 역관
⑤ 경부선 철도 개통식을 취재하는 신문 기자

528

제57회 39번

밑줄 그은 ㉠ 시기에 볼 수 있는 모습으로 가장 적절한 것은? [3점]

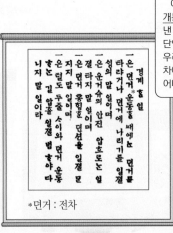
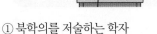

① 북학의를 저술하는 학자
② 대한국 국제를 반포하는 황제
③ 거문도를 불법 점령하는 영국군
④ 집현전에서 학문을 연구하는 관리
⑤ 제너럴 셔먼호를 불태우는 평양 관민

529

(가), (나) 사이의 시기에 볼 수 있는 모습으로 적절하지 <u>않은</u> 것은? [3점]

(가) 본 덕원부는 해안의 요충지에 위치해 있고 아울러 개항지입니다. 이곳을 빈틈없이 미리 대비하는 방도는 인재를 선발하여 쓰는 데 있고, 그 핵심은 가르치고 기르는 데 있습니다. 그래서 원산사(元山社)에 학교를 설치하였습니다.

(나) 경인 철도 회사에서 어제 개업 예식을 거행하는데 …… 화륜거 구르는 소리는 우레 같아 천지가 진동하고 기관차 굴뚝 연기는 반공에 솟아오르더라. 수레를 각기 방 한 칸씩 되게 만들어 여러 수레를 철구로 연결하여 수미상접하게 이었는데, 수레 속은 상·중·하 3등으로 수장하여 그 안에 배포한 것과 그 밖에 치장한 것은 이루 형언할 수 없더라.

① 전신선을 가설하는 인부
② 이화 학당에서 공부하는 학생
③ 제중원에서 치료를 받고 있는 환자
④ 한성 전기 회사 창립을 협의하는 관리
⑤ 대한매일신보의 기사를 읽고 있는 교사

530

(가)~(마)에 대한 설명으로 옳은 것은? [2점]

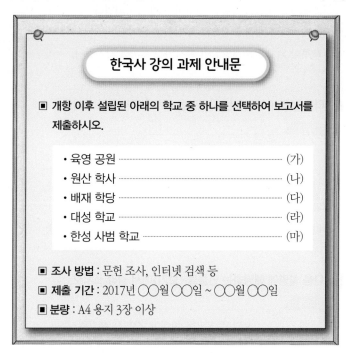

한국사 강의 과제 안내문

■ 개항 이후 설립된 아래의 학교 중 하나를 선택하여 보고서를 제출하시오.

- 육영 공원 ──────── (가)
- 원산 학사 ──────── (나)
- 배재 학당 ──────── (다)
- 대성 학교 ──────── (라)
- 한성 사범 학교 ──────── (마)

■ 조사 방법 : 문헌 조사, 인터넷 검색 등
■ 제출 기간 : 2017년 ○○월 ○○일 ~ ○○월 ○○일
■ 분량 : A4 용지 3장 이상

① (가) - 헐버트, 길모어 등 외국인이 교사로 초빙되었다.
② (나) - 교육 입국 조서 반포를 계기로 설립되었다.
③ (다) - 간도에 만들어진 민족 교육 기관이다.
④ (라) - 덕원 지방의 관민들이 합심하여 설립하였다.
⑤ (마) - 개신교 선교사가 선교 목적으로 세웠다.

531

다음 퀴즈의 정답으로 옳은 것은? [1점]

덕원부의 관민이 힘을 합쳐 설립한 우리나라 최초의 근대 학교로, 외국어 교육 등을 실시한 이 교육 기관은 무엇일까요?

① 동문학
② 명동 학교
③ 원산 학사
④ 서전서숙
⑤ 배재 학당

532

(가)에 들어갈 내용으로 옳은 것은? [1점]

조사 보고서

◎ 주제 : 개항 이후 들어온 근대 문물
1. 한국 최초의 서양식 극장 ○○○
   • 위치 : 서울특별시 종로구
   • 운영 시기 : 1908~1909년
   • 특징
     - 개장 초기 판소리를 공연하기도 함
     - _____(가)_____
     - 극장 건물은 1914년 화재로 소실됨

• 사진 자료

① 알렌의 건의로 만들어졌다.
② 나운규의 아리랑이 개봉되었다.
③ 신간회 창립 대회가 개최되었다.
④ 고종의 황제 즉위식이 거행되었다.
⑤ 은세계, 치악산 등의 신극이 공연되었다.

1 흥선 대원군이 실시한 정책으로 옳으면 ○표, 틀리면 ×표를 하시오.

(1) 경복궁 중건을 위해 원납전을 징수하였다. ( )

(2) 왕권 강화를 위하여 장용영을 신설하였다. ( )

(3) 나선 정벌을 위해 조총 부대를 파견하였다. ( )

(4) 대전회통을 편찬하여 통치 체제를 정비하였다. ( )

(5) 초계문신제를 실시하여 문신들을 재교육하였다. ( )

(6) 재정 문제를 해결하기 위해 당백전을 주조하였다. ( )

(7) 붕당 정치의 폐단을 경계하고자 탕평비를 세웠다. ( )

(8) 전국의 서원을 47개소만 남기고 모두 철폐하였다. ( )

(9) 의정부의 기능을 회복시키고 비변사를 혁파하였다. ( )

(10) 양반에게도 군포를 징수하는 호포제를 실시하였다. ( )

(11) 삼정의 문란을 개선하기 위해 삼정이정청을 설치하였다.

( )

(12) 교육의 기본 방향을 제시한 교육 입국 조서를 반포하였다.

( )

(13) 환곡의 폐단을 시정하기 위해 사창제를 전국적으로 시행하였다.

( )

2 (가)~(다)를 일어난 순서대로 나열하시오.

(1) ( )

(가) 양헌수가 은밀히 정족산 전등사로 가서 주둔하였다. …… 산 위에서 매복하고 있다가 한꺼번에 북을 치고 나발을 불며 좌우에서 총을 쏘았다. 적장이 총에 맞아 말에서 떨어지고 서양인 10여 명이 죽었다. 달아나는 서양인들을 쫓아가니 그들은 동료의 시체를 옆에 끼고 급히 본진으로 도망갔다.

(나) 4월 24일에 계속해서 올린 강화 진무사 정기원의 치계에, "미국 배가 다시 항구로 들어와서 광성진을 습격하여 함락하였는데, 중군 어재연이 힘껏 싸우다가 목숨을 바쳤고, 사망한 군사가 매우 많습니다. 적병은 초지포 부근에 주둔하였습니다. 장수 이렴이 밤을 이용하여 습격해서야 그들을 퇴각시켰습니다."라고 하였습니다.

(다) 지난 달 조선에서 국왕의 명령에 의해, 선교 중이던 프랑스인 주교 2명과 선교사 9명, 조선인 사제 7명과 무수히 많은 남녀노소 천주교도들이 학살되었답니다. …… 며칠 내로 우리 군대가 조선을 정복하기 위해 출발할 것입니다. …… 이제 우리는 중국 정부의 조선 왕국에 대한 어떤 영향력도 인정하지 않을 것임을 선언합니다.

(2) ( )

(가) 이때에 이르러서는 돌을 캐어 종로에 비석을 세웠다. 그 비면에 글을 써서 이르기를, "서양 오랑캐가 침범하는데 싸우지 않으면 즉 화친하는 것이요, 화친을 주장함은 나라를 팔아먹는 짓이다."라고 하였다.

(나) 너희들이 이번 덕산 묘소에서 저지른 변고야말로 어찌 인간의 도리상 차마 할 수 있는 일이겠는가? …… 따라서 우리나라 신하와 백성은 있는 힘을 다하여 너희와는 같은 하늘을 이고 살 수 없다는 것을 맹세한다.

(다) 평안 감사 박규수의 장계에, "평양부에 와서 정박한 이양선에서 더욱 미쳐 날뛰면서 포를 쏘고 총을 쏘아대어 우리 쪽 사람들을 살해하였습니다. 그들을 제압하고 이기는 방책으로는 화공 전술보다 더 좋은 것이 없으므로 일제히 불을 질러서 그 불길이 배에 번져가게 하였습니다. …… 이것을 본 군민들이 울분을 참지 못해 일제히 모여 그들을 때려죽였으며 그 나머지 사람들도 남김없이 죽였습니다. 그제야 성안의 소요가 비로소 진정되었습니다."

3 강화도 조약에 대한 설명으로 옳으면 ○표, 틀리면 ×표를 하시오.

(1) 운요호 사건이 원인이 되었다. ( )

(2) 최혜국 대우를 처음으로 규정하였다. ( )

(3) 거중 조정에 대한 내용을 포함하였다. ( )

(4) 일본 측의 해안 측량권이 인정되었다. ( )

(5) 천주교 포교의 자유를 인정하는 계기가 되었다. ( )

(6) 메가타가 재정 고문으로 부임하는 근거가 되었다. ( )

(7) 부산 외 2곳에 개항장이 설치되는 결과를 가져왔다. ( )

4 다음 설명에 해당하는 사절단을 〈보기〉에서 골라 쓰시오.

보기

영선사, 보빙사, 조사 시찰단

(1) 기기창 설립의 계기가 되었다. ( )

(2) 개화 반대 여론으로 인해 비밀리에 출국하였다. ( )

(3) 전권대신 민영익과 부대신 홍영식 등으로 구성되었다. ( )

5 다음 설명에 해당하는 인물을 〈보기〉에서 골라 쓰시오.

보기

오경석, 최익현, 박정양, 김홍집, 유길준

(1) 조선책략을 처음으로 소개하였다. ( )

(2) 해국도지, 영환지략을 국내에 소개하였다. ( )

(3) 초대 주미 공사로 임명되어 미국에 파견되었다. ( )

(4) 서유견문을 집필하여 서양 근대 문물을 소개하였다. ( )

(5) 지부복궐척화의소를 올려 왜양일체론을 주장하였다. ( )

6 다음 사실들을 순서대로 나열하시오.

(1) (   )

> (가) 통리기무아문이 설치되었다.
> (나) 김기수가 일본에 수신사로 파견되었다.
> (다) 일본 군함 운요호가 영종도를 공격하였다.

(2) (   )

> (가) 보빙사가 미국에 파견되었다.
> (나) 영국이 거문도를 불법으로 점령하였다.
> (다) 수신사 김홍집이 조선책략을 들여왔다.
> (라) 이만손 등 영남 유생들이 만인소를 올렸다.

7 임오군란에 대한 설명으로 옳으면 ○표, 틀리면 ×표를 하시오.

(1) 청의 군대에 의해 진압되었다. (   )
(2) 입헌 군주제 수립을 목표로 하였다. (   )
(3) 구본신참에 입각하여 개혁을 추진하였다. (   )
(4) 우정총국 개국 축하연을 이용하여 일어났다. (   )
(5) 흥선 대원군이 다시 집권하는 결과를 가져왔다. (   )
(6) 홍범 14조를 개혁의 기본 방향으로 제시하였다. (   )
(7) 일본 공사관에 경비병이 주둔하는 계기가 되었다. (   )
(8) 로즈 제독 함대가 강화도를 침입하는 빌미가 되었다. (   )
(9) 구식 군인에 대한 차별 대우가 발단이 되어 일어났다. (   )

8 갑신정변에 대한 설명으로 옳으면 ○표, 틀리면 ×표를 하시오.

(1) 운요호 사건이 원인이 되었다. (   )
(2) 김옥균, 박영효 등이 주도하였다. (   )
(3) 단발령 시행에 반발하여 일어났다. (   )
(4) 청군의 개입으로 3일 만에 실패하였다. (   )
(5) 개혁 추진을 위해 교정청을 설치하였다. (   )
(6) 한성 조약이 체결되는 결과를 가져왔다. (   )
(7) 청·일 간 톈진 조약 체결의 계기가 되었다. (   )
(8) 조·일 통상 장정이 체결되는 결과를 초래하였다. (   )
(9) 남접과 북접이 연합하여 조직적으로 전개되었다. (   )

9 다음 사실들을 순서대로 나열하시오.

(1) (   )

> (가) 농민군이 백산에서 4대 강령을 발표하였다.
> (나) 우금치에서 농민군과 일본군이 격전을 벌였다.
> (다) 정부와 농민군 사이에 전주 화약이 체결되었다.
> (라) 사태 수습을 위해 이용태가 안핵사로 파견되었다.

(2) (   )

> (가) 시모노세키 조약이 체결되었다.
> (나) 농민군이 황토현 전투에서 관군에 승리하였다.
> (다) 일본이 군대를 동원하여 경복궁을 점령하였다.
> (라) 교조 신원을 요구하는 삼례 집회가 개최되었다.

10 (가)~(라)를 일어난 순서대로 나열하시오.

> (가) 전봉준은 무주 집강소에 다음과 같은 통문을 보냈다. "최근 일본이 경복궁을 침범하였다. 국왕이 욕을 당했으니, 우리들은 마땅히 달려가 목숨을 걸고 의로써 싸워야 한다."
> (나) 동학 농민군은 거짓으로 패한 것처럼 꾸며 황토현에 진을 쳤다. 관군은 밀고 들어가 그 아래에 진을 쳤다. …… 농민군이 삼면을 포위한 채 한쪽 모퉁이만 빼고 크게 함성을 지르며 압박하자 관군은 일시에 무너졌다.
> (다) 복합 상소 이후에도 "물러나면 원하는 바를 시행할 것이다."라던 국왕의 약속과 달리 관리들의 침학이 날로 심해졌다. …… 최시형은 도탄에 빠진 교도들을 구하고 최제우의 억울함을 씻기 위해 보은 집회를 개최하였다.
> (라) 군수 조병갑은 탐학이 심하여 군민들이 그 주구에 시달려 왔다. 그러던 중 조병갑이 다시 만석보 보수를 빙자하여 백성을 강제 노역시키고 불법적인 징세를 자행하였기에 군민들이 더욱 한을 품게 되었다. …… 전봉준은 백성을 이끌고 일어나 관아를 습격하고 관청에서 쌓은 보를 허물어 버렸다.

(   )

11 동학 농민 운동에 대한 설명으로 옳으면 ○표, 틀리면 ×표를 하시오.

(1) 건양이라는 연호를 제정하였다. (   )
(2) 이소응, 유인석 등이 주도하였다. (   )
(3) 을사늑약에 반발하여 봉기하였다. (   )
(4) 황토현에서 전라 감영군을 격파하였다. (   )
(5) 백낙신의 탐학이 발단이 되어 일어났다. (   )
(6) 집강소를 중심으로 폐정 개혁안을 실천하였다. (   )
(7) 개혁의 방향을 제시한 홍범 14조를 반포하였다. (   )
(8) 관민 공동회를 개최하여 헌의 6조를 결의하였다. (   )

VI
개항기

12 제1차 갑오개혁, 제2차 갑오개혁, 을미개혁의 내용에 각각 '제1차', '제2차', '을미'를 쓰시오.

(1) 과거제를 폐지하였다. ( )
(2) 태양력을 시행하였다. ( )
(3) 은 본위제를 도입하였다. ( )
(4) 공사 노비법을 혁파하였다. ( )
(5) 건양이라는 연호를 제정하였다. ( )
(6) 한성 사범 학교 관제를 반포하였다. ( )
(7) 재판소를 설치하여 사법권을 독립시켰다. ( )
(8) 조혼을 금지하고 과부의 재가를 허용하였다. ( )
(9) 행정 기구를 6조에서 8아문으로 개편하였다. ( )
(10) 지방 행정 구역을 8도에서 23부로 개편하였다. ( )
(11) 청의 연호를 쓰지 않고 개국 기년을 사용하였다. ( )
(12) 교육의 기본 방향을 제시한 교육 입국 조서를 반포하였다.
( )

13 독립 협회의 활동으로 옳으면 ○표, 틀리면 ×표를 하시오.

(1) 평양에 자기 회사를 설립하였다. ( )
(2) 러시아의 절영도 조차 요구에 반대하였다. ( )
(3) 일본의 황무지 개간권 요구를 저지시켰다. ( )
(4) 일제가 꾸며 낸 105인 사건으로 해체되었다. ( )
(5) 중추원 개편을 통해 의회 설립을 추진하였다. ( )
(6) 태극 서관을 설립하여 계몽 서적을 보급하였다. ( )
(7) 관민 공동회를 개최하여 헌의 6조를 결의하였다. ( )
(8) 영은문이 있던 자리 부근에 독립문을 건립하였다. ( )
(9) 독립운동 자금 마련을 위해 독립 공채를 발행하였다. ( )
(10) 개혁의 기본 방향을 제시한 홍범 14조를 반포하였다. ( )
(11) 조선 총독부에 국권 반환 요구서를 발송하려 하였다. ( )
(12) 만민 공동회를 열어 열강의 이권 침탈을 저지하였다. ( )
(13) 진상 조사단을 파견하여 광주 학생 항일 운동을 지원하였다.
( )

14 다음 사실들을 순서대로 나열하시오.

(가) 을미사변이 일어났다.
(나) 대한국 국제가 반포되었다.
(다) 대한 제국 황제 즉위식이 거행되었다.
(라) 고종이 러시아 공사관으로 거처를 옮겼다.
( )

15 대한 제국 시기에 볼 수 있었던 모습으로 옳으면 ○표, 틀리면 ×표를 하시오.

(1) 영화 아리랑을 관람하는 교사 ( )
(2) 간도 관리사로 임명되는 관료 ( )
(3) 관민 공동회에서 연설하는 백정 ( )
(4) 영선사 일행으로 청에 가는 생도 ( )
(5) 원수부에서 업무를 처리하는 관리 ( )
(6) 남연군 묘를 도굴하려는 독일 상인 ( )
(7) 제너럴 셔먼호를 불태우는 평양 관민 ( )
(8) 경부선 기차를 타고 부산으로 가는 기자 ( )

16 광무개혁에서 추진된 정책으로 옳으면 ○표, 틀리면 ×표를 하시오.

(1) 홍범 14조를 반포하였다. ( )
(2) 황제 직속의 원수부를 설치하였다. ( )
(3) 공사 노비법의 폐지를 결정하였다. ( )
(4) 관립 의학교와 광제원을 설립하였다. ( )
(5) 5군영에서 2영으로 군제를 개편하였다. ( )
(6) 박문국을 설치하여 한성순보를 발행하였다. ( )
(7) 지방 행정 구역을 8도에서 23부로 개편하였다. ( )
(8) 통리기무아문을 설치하여 개화 정책을 추진하였다. ( )
(9) 서양식 근대 교육 기관인 육영 공원을 설립하였다. ( )
(10) 관립 상공 학교를 설립하여 실업 교육을 실시하였다. ( )
(11) 지계아문을 설치하여 토지 소유자에게 지계를 발급하였다.
( )

17 다음 사실들을 순서대로 나열하시오.

(1) ( )

(가) 한·일 신협약이 체결되었다.
(나) 통감부가 설치되고 초대 통감이 부임하였다.
(다) 러시아가 용암포를 점령하고 조차를 요구하였다.

(2) ( )

(가) 제1차 영·일 동맹이 체결되었다.
(나) 일본이 독도를 불법적으로 편입하였다.
(다) 외교권이 강탈되고 통감부가 설치되었다.

(3) ( )

(가) 러·일 전쟁이 발발하였다.
(나) 헤이그 만국 평화 회의에 특사가 파견되었다.
(다) 메가타가 대한 제국의 재정 고문으로 부임하였다.

18 (가)~(다) 조약을 체결된 순서대로 나열하시오.

> (가) 제2조 일본국 정부는 한국과 타국 사이에 현존하는 조약의 실행을 완수하는 책임을 지며 한국 정부는 금후 일본국 정부의 중개를 거치지 않고서는 국제적 성질을 가진 어떤 조약이나 약속을 맺지 않을 것을 약속한다.
> 제3조 일본국 정부는 그 대표자로서 한국 황제 폐하의 아래에 1명의 통감을 두되, 통감은 오로지 외교에 관한 사항을 관리하기 위하여 서울에 주재하고 직접 한국 황제 폐하를 궁중에서 알현할 권리를 가진다.
> (나) 제4조 대한 제국 정부는 대일본 제국 정부의 행동이 용이하도록 충분한 편의를 제공한다. 대일본 제국 정부는 …… 군사 전략상 필요한 지점을 수시로 사용할 수 있다.
> (다) 제2조 한국 정부의 법령 제정 및 중요한 행정상의 처분은 미리 통감의 승인을 거친다.
> 제4조 한국 고등 관리를 임명하고 해임시키는 것은 통감의 동의에 의하여 집행한다.
> 제5조 한국 정부는 통감이 추천한 일본인을 한국 관리로 임명한다.

( )

19 을사늑약 체결과 한·일 신협약 체결 사이 시기에 있었던 사실로 옳으면 ○표, 틀리면 ×표를 하시오.

(1) 고종이 강제로 퇴위당하였다. ( )
(2) 고종이 러시아 공사관으로 거처를 옮겼다. ( )
(3) 통감부가 설치되고 초대 통감이 부임하였다. ( )
(4) 13도 창의군이 서울 진공 작전을 전개하였다. ( )
(5) 일본이 경복궁을 점령하고 내정 개혁을 요구하였다. ( )
(6) 유생 출신 유인석이 이끄는 의병이 충주성을 점령하였다.

( )

(7) 영국이 러시아를 견제하기 위해 거문도를 불법 점령하였다.

( )

(8) 고종이 헤이그에서 열린 만국 평화 회의에 특사를 파견하였다.

( )

20 신민회에 대한 설명으로 옳으면 ○표, 틀리면 ×표를 하시오.

(1) 이륭양행에 교통국을 설치하였다. ( )
(2) 한글 맞춤법 통일안을 제정하였다. ( )
(3) 태극 서관과 자기 회사를 운영하였다. ( )
(4) 일제의 황무지 개간권 요구를 저지하였다. ( )
(5) 만민 공동회를 열어 민권 신장을 추구하였다. ( )
(6) 안창호, 양기탁 등이 비밀 결사로 조직하였다. ( )
(7) 남만주 삼원보에 독립운동 기지를 건설하였다. ( )
(8) 농촌 계몽을 위한 브나로드 운동을 전개하였다. ( )
(9) 일제가 조작한 105인 사건으로 조직이 해체되었다. ( )
(10) 독립운동 자금 마련을 위해 독립 공채를 발행하였다. ( )
(11) 대성 학교와 오산 학교를 설립하여 민족 교육을 실시하였다.

( )

21 다음 설명에 해당하는 항일 의병을 〈보기〉에서 골라 쓰시오.

> **보기**
>
> 을미의병, 을사의병, 정미의병

(1) 13도 창의군을 결성하였다. ( )
(2) 최익현이 태인에서 궐기하였다. ( )
(3) 을사늑약에 반발하여 봉기하였다. ( )
(4) 단발령의 시행에 반발하여 봉기하였다. ( )
(5) 고종의 해산 권고 조칙에 따라 해산하였다. ( )
(6) 민종식이 이끄는 부대가 홍주성을 점령하였다. ( )
(7) 국제법상 교전 단체로 승인해 줄 것을 요구하였다. ( )
(8) 의병 부대가 연합하여 서울 진공 작전을 전개하였다. ( )
(9) 유생 출신 유인석이 이끄는 의병이 충주성을 점령하였다.

( )

22 조·미 수호 통상 조약에 대한 설명으로 옳으면 ○표, 틀리면 ×표를 하시오.

(1) 거중 조정의 조항을 포함하였다. ( )
(2) 최혜국 대우를 처음으로 규정하였다. ( )
(3) 천주교 선교를 인정하는 근거가 되었다. ( )
(4) 외국 상인의 내지 통상권을 최초로 규정하였다. ( )
(5) 스티븐스가 외교 고문으로 부임하는 계기가 되었다. ( )
(6) 함경도와 황해도에 방곡령이 선포되는 결과를 가져왔다.

( )

(7) 부산, 원산, 인천에 개항장이 설치되는 결과를 가져왔다.

( )

23 (가)~(라) 조약을 체결된 순서대로 나열하시오.

> (가) 제6칙   이후 조선국 항구에 거주하는 일본 인민은 양미 (糧米)와 잡곡을 수출, 수입할 수 있다.
>
> 제7칙   일본국 정부에 속한 모든 선박은 항세를 납부하지 않는다.
>
> (나) 제9관   입항하거나 출항하는 각 화물이 해관을 통과할 때 는 응당 본 조약에 첨부된 세칙(稅則)에 따라 관세 를 납부해야 한다.
>
> 제37관   조선국에서 가뭄과 홍수, 전쟁 등의 일로 인해 국 내에 양식이 결핍할 것을 우려하여 일시 쌀 수출 을 금지하려고 할 때에는 1개월 전에 지방관이 일 본 영사관에게 통지하여 미리 그 기간을 항구에 있는 일본 상인들에게 전달하여 일률적으로 준수 하는 데 편리하게 한다.
>
> (다) 제1조   중국 상무위원은 개항한 조선의 항구에 주재하면 서 본국의 상인을 돌본다. …… 중대한 사건을 맞 아 조선 관원과 임의로 결정하기가 어려울 경우 북양 대신에게 청하여 조선 국왕에게 공문서를 보 내 처리하게 한다.
>
> 제4조   조선 상인이 북경에서 규정에 따라 교역하고, 중국 상인이 조선의 양화진과 서울에 들어가 영업소를 개설한 경우를 제외하고 각종 화물을 내지로 운반 하여 상점을 차리고 파는 것을 허가하지 않는다.
>
> (라) 제1관   사후 대조선국 군주와 대미국 대통령과 아울러 그 인민은 각각 모두 영원히 화평하고 우호를 다진 다. 만약 타국이 어떤 불공평하게 하고 경시하는 일이 있으면 통지를 거쳐 반드시 서로 도와주며 중간에서 잘 조정해 두터운 우의와 관심을 보여 준다.
>
> 제14관   현재 양국이 의논해 정한 이후 대조선국 군주가 어떤 혜택·은전의 이익을 타국 혹은 그 나라 상인 에게 베풀면 …… 미국과 그 상인이 종래 점유하 지 않고 이 조약에 없는 것 또한 미국 관민이 일체 균점하도록 승인한다.

(   )

24 국채 보상 운동에 대한 설명으로 옳으면 ○표, 틀리면 ×표를 하 시오.

(1) 김광제 등의 발의로 시작되었다. (   )

(2) 통감부의 방해와 탄압으로 중단되었다. (   )

(3) 조선 사람 조선 것 등의 구호를 내세웠다. (   )

(4) 대구에서 시작되어 전국으로 확산되었다. (   )

(5) 러시아의 절영도 조차 요구에 반대하였다. (   )

(6) 자작회, 토산 애용 부인회 등이 활동하였다. (   )

(7) 대한매일신보 등의 지원을 받아 확산되었다. (   )

(8) 백정에 대한 사회적 차별 철폐를 요구하였다. (   )

(9) 금주·금연을 통한 차관 갚기 운동을 전개하였다. (   )

(10) 조선 민립 대학 기성회에서 모금 활동을 전개하였다. (   )

25 다음 설명에 해당하는 근대 신문을 〈보기〉에서 골라 쓰시오.

> 보기
>
> 한성순보, 한성주보, 독립신문, 대한매일신보

(1) 서재필의 주도로 창간되었다. (   )

(2) 최초로 상업 광고가 게재되었다. (   )

(3) 우리나라 최초의 민간 신문이었다. (   )

(4) 국채 보상 운동을 적극적으로 후원하였다. (   )

(5) 외국인이 읽을 수 있도록 영문으로도 발행되었다.

(,   )

(6) 순 한문 신문으로 열흘마다 발행하는 것이 원칙이었다. (   )

26 다음 활동과 관련된 종교를 〈보기〉에서 골라 쓰시오.

> 보기
>
> 개신교, 천주교, 천도교, 대종교

(1) 단군을 숭배의 대상으로 하였다. (   )

(2) 만세보를 발행하여 민중 계몽에 힘썼다. (   )

(3) 여성 교육을 위해 이화 학당을 설립하였다. (   )

(4) 배재 학당을 세워 신학문 보급에 기여하였다. (   )

(5) 경향신문을 발간하여 민중 계몽에 기여하였다. (   )

27 다음 사실들을 순서대로 나열하시오.

(1) (　　　　　　　)

> (가) 경부선이 완공되었다.
> (나) 한성 전기 회사가 설립되었다.
> (다) 화폐 발행을 위해 전환국이 설치되었다.
> (라) 서양식 근대 교육 기관인 육영 공원이 세워졌다.

(2) (　　　　　　　)

> (가) 알렌의 건의로 광혜원이 세워졌다.
> (나) 근대식 무기 공장인 기기창이 설립되었다.
> (다) 노량진에서 제물포를 잇는 경인선이 개통되었다.
> (라) 교육의 기본 방향을 제시한 교육 입국 조서가 반포되었다.

정답

1. (1) ○ (2) ×(정조) (3) ×(효종) (4) ○ (5) ×(정조) (6) ○ (7) ×(영조)
(8) ○ (9) ○ (10) ○ (11) ×(철종) (12) ×(고종) (13) ○

2. (1) (다)-(가)-(나) (2) (다)-(나)-(가)

3. (1) ○ (2) ×(조·미 수호 통상 조약) (3) ×(조·미 수호 통상 조약) (4) ○
(5) ×(조·프 수호 통상 조약) (6) ×(제1차 한·일 협약) (7) ○

4. (1) 영선사 (2) 조사 시찰단 (3) 보빙사

5. (1) 김홍집 (2) 오경석 (3) 박정양 (4) 유길준 (5) 최익현

6. (1) (다)-(나)-(가) (2) (다)-(라)-(가)-(나)

7. (1) ○ (2) ×(갑신정변, 독립 협회 등) (3) ×(광무개혁)
(4) ×(갑신정변) (5) ○ (6) ×(제2차 갑오개혁) (7) ○ (8) ×(병인박해)
(9) ○

8. (1) ×(강화도 조약) (2) ○ (3) ×(을미의병) (4) ○ (5) ×(1894년)
(6) ○ (7) ○ (8) ×(1883년) (9) ×(동학 농민 운동)

9. (1) (라)-(가)-(다)-(나) (2) (라)-(나)-(다)-(가)

10. (다)-(라)-(나)-(가)

11. (1) ×(을미개혁) (2) ×(을미의병) (3) ×(을사의병) (4) ○
(5) ×(진주 농민 봉기) (6) ○ (7) ×(제2차 갑오개혁) (8) ×(독립 협회)

12. (1) 제1차 (2) 을미 (3) 제1차 (4) 제1차 (5) 을미 (6) 제2차 (7) 제2차
(8) 제1차 (9) 제1차 (10) 제2차 (11) 제1차 (12) 제2차

13. (1) ×(신민회) (2) ○ (3) ×(보안회) (4) ×(신민회) (5) ○
(6) ×(신민회) (7) ○ (8) ○ (9) ×(대한민국 임시 정부) (10) ×(고종)
(11) ×(독립 의군부) (12) ○ (13) ×(신간회)

14. (가)-(라)-(다)-(나)

15. (1) ×(1926년 이후) (2) ○ (3) ○ (4) ×(1881년) (5) ○
(6) ×(1868년) (7) ×(1866년) (8) ○

16. (1) ×(제2차 갑오개혁) (2) ○ (3) ×(제1차 갑오개혁) (4) ○
(5) ×(1881년) (6) ×(1883년) (7) ×(제2차 갑오개혁)
(8) ×(1880년) (9) ×(1886년) (10) ○ (11) ○

17. (1) (다)-(나)-(가) (2) (가)-(나)-(다) (3) (가)-(다)-(나)

18. (나)-(가)-(다)

19. (1) ○ (2) ×(1896년) (3) ○ (4) ×(1908년) (5) ×(1894년)
(6) ×(1896년) (7) ×(1885~1887년) (8) ○

20. (1) ×(대한민국 임시 정부) (2) ×(조선어 학회) (3) ○ (4) ×(보안회)
(5) ×(독립 협회) (6) ○ (7) ○ (8) ×(동아일보) (9) ○
(10) ×(대한민국 임시 정부) (11) ○

21. (1) 정미의병 (2) 을사의병 (3) 을사의병 (4) 을미의병 (5) 을미의병
(6) 을사의병 (7) 정미의병 (8) 정미의병 (9) 을사의병

22. (1) ○ (2) ○ (3) ×(조·프 수호 통상 조약)
(4) ×(조·청 상민 수륙 무역 장정) (5) ×(제1차 한·일 협약)
(6) ×(조·일 통상 장정) (7) ×(강화도 조약)

23. (가)-(라)-(다)-(나)

24. (1) ○ (2) ○ (3) ×(물산 장려 운동) (4) ○ (5) ×(독립 협회)
(6) ×(물산 장려 운동) (7) ○ (8) ×(형평 운동) (9) ○
(10) ×(민립 대학 설립 운동)

25. (1) 독립신문 (2) 한성주보 (3) 독립신문 (4) 대한매일신보
(5) 독립신문, 대한매일신보 (6) 한성순보

26. (1) 대종교 (2) 천도교 (3) 개신교 (4) 개신교 (5) 천주교

27. (1) (다)-(라)-(나)-(가) (2) (나)-(가)-(라)-(다)

VII

일제 강점기

일제 강점기에서 8문제
내외로 출제되고 있습니다.
1910년대, 1920년대, 1930년대
이후로 나누어 각 시기에 있었던
식민 통치 정책과 민족의 독립
운동을 잘 정리해 두세요.

큰별쌤의 학습 포인트

- 1910년대, 1920년대, 1930년대 이후로 시기를 구분하여 일제의 식민 통치 방식과 정책을 정리하세요.

- 중·일 전쟁 이후 일제의 정책과 이와 관련된 모습을 묻는 문제가 자주 출제된다는 점을 기억하세요.

- 1910년대 국외 독립운동과 3·1 운동, 그리고 대한민국 임시 정부의 활동을 알아두세요. 특히 대한민국 임시 정부의 활동은 상하이 시기, 충칭 시기로 구분하여 정리하세요.

- 1920년대 국내에서 전개된 민족 운동, 1920년대와 1930년대 국외 독립군의 항일 무장 투쟁을 알아두세요. 특히 한·중 연합 작전과 관련된 사실을 꼭 기억하세요.

- 종교계의 활동을 각 종교별로 구분하여 정리하세요.

- 신채호, 박은식, 백남운 등의 역사 연구 활동과 조선어 연구회의 활동을 파악하세요.

- 조선 의용대, 한국 광복군의 활동이 자주 출제된다는 점을 기억하세요.

최근 6회차 단원별 출제 비중

선사 고대 고려 조선 전기 조선 후기 개항기 일제 강점기 현대

[문항 수]

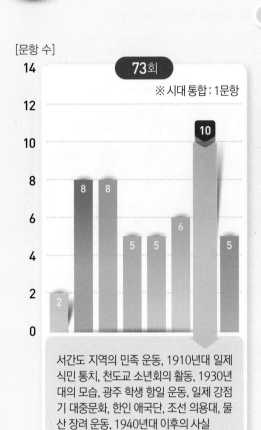

73회

※시대 통합: 1문항

2, 8, 8, 5, 5, 6, 10, 5

서간도 지역의 민족 운동, 1910년대 일제 식민 통치, 천도교 소년회의 활동, 1930년대의 모습, 광주 학생 항일 운동, 일제 강점기 대중문화, 한인 애국단, 조선 의용대, 물산 장려 운동, 1940년대 이후의 사실

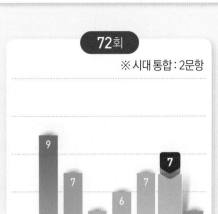
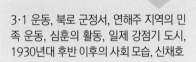

72회

※시대 통합: 2문항

2, 9, 7, 5, 6, 7, 7, 5

3·1 운동, 북로 군정서, 연해주 지역의 민족 운동, 심훈의 활동, 일제 강점기 도시, 1930년대 후반 이후의 사회 모습, 신채호

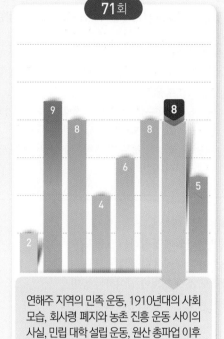

71회

2, 9, 8, 4, 6, 8, 8, 5

연해주 지역의 민족 운동, 1910년대의 사회 모습, 회사령 폐지와 농촌 진흥 운동 사이의 사실, 민립 대학 설립 운동, 원산 총파업 이후의 사실, 일제 강점기 사회 및 문화의 변화, 한국 광복군, 1930년대 후반 이후의 사실

[문항 수]

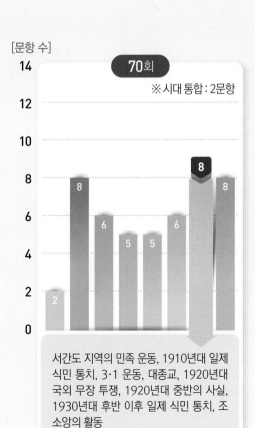

70회

※시대 통합: 2문항

2, 8, 6, 5, 5, 6, 8, 8

서간도 지역의 민족 운동, 1910년대 일제 식민 통치, 3·1 운동, 대종교, 1920년대 국외 무장 투쟁, 1920년대 중반의 사실, 1930년대 후반 이후 일제 식민 통치, 조소앙의 활동

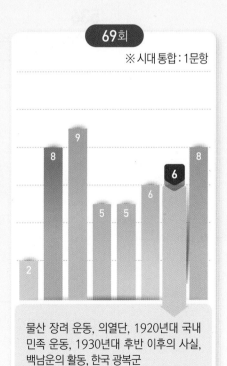

69회

※시대 통합: 1문항

2, 8, 9, 5, 5, 6, 6, 8

물산 장려 운동, 의열단, 1920년대 국내 민족 운동, 1930년대 후반 이후의 사실, 백남운의 활동, 한국 광복군

68회

※시대 통합: 3문항

3, 7, 7, 7, 4, 6, 6, 7

1930년대 후반 이후 일제 식민 통치, 3·1 운동, 국민 대표 회의, 산미 증식 계획, 북로 군정서, 형평 운동

1 일제 식민 통치

정답과 해설 105쪽

533

제48회 34번

다음 법령이 시행된 시기에 볼 수 있는 모습으로 적절한 것은? [1점]

> 제1조 조선 주차(駐箚) 헌병은 치안 유지에 관한 경찰 및 군사 경찰을 담당한다.
>
> 제5조 헌병은 직무에 관해 정당한 직권을 가진 사람의 요구가 있을 때에는 즉시 응해야 한다.
>
> 제18조 헌병의 복무 및 헌병 보조원에 관한 규정은 조선 총독이 정한다.

① 경성 제국 대학에 다니는 학생
② 원산 총파업에 동참하는 노동자
③ 조선어 학회에서 활동하는 교사
④ 암태도 소작 쟁의에 참여하는 농민
⑤ 조선 태형령을 관보에 게재하는 관리

534

제51회 40번

다음 법령이 시행된 시기에 있었던 사실로 옳은 것은? [2점]

> 제2조 즉결은 정식 재판을 하지 않으며 피고인의 진술을 듣고 증빙을 취조한 후 곧바로 언도해야 한다.
>
> 제11조 제8조, 제9조에 의한 유치 일수는 구류의 형기에 산입하고, 태형의 언도를 받은 자에 대하여는 1일을 태 5로 절산하여 태 수에 산입하며, 벌금 또는 과료의 언도를 받은 자에 대하여는 1일을 1원으로 절산하여 그 금액에 산입한다.

① 박문국을 설치하여 한성순보를 발행하였다.
② 황국 중앙 총상회가 상권 수호 운동을 주도하였다.
③ 근대적 개혁 추진을 위해 군국기무처가 설치되었다.
④ 강압적 통치를 목적으로 헌병 경찰제가 실시되었다.
⑤ 일본에 진 빚을 갚자는 국채 보상 운동이 전개되었다.

535

제73회 37번

밑줄 그은 '시기'에 시행된 일제의 정책으로 옳은 것은? [1점]

> 이것은 어느 공립 보통학교의 졸업식 사진으로, 교원이 제복을 입고 칼을 차고 수업하던 당시 일제의 식민지 지배 정책을 잘 보여 주고 있어.

> 맞아. 헌병이 일반 경찰 업무를 맡아 재판 없이 체포 또는 구금하고, 벌금을 물리거나 태형에 처하기도 했던 시기였지.

① 국가 총동원법을 공포하였다.
② 산미 증식 계획을 시행하였다.
③ 토지 조사 사업을 실시하였다.
④ 황국 신민 서사의 암송을 강요하였다.
⑤ 조선 사상범 예방 구금령을 제정하였다.

536

제39회 39번

(가)에 들어갈 내용으로 옳은 것은? [2점]

> 학습 내용 정리
>
> **1910년대 일제의 통치**
>
> 1. 정치
>   - 헌병 경찰제 실시
>   - 조선 태형령 제정 ☆
> 2. 경제
>   - 토지 조사 사업 시행
>   - 삼림령, 어업령, 조선 광업령 발표
> 3. 사회
>   - 언론·출판·집회·결사의 자유 박탈
>   - _____(가)_____

① 국민 교육 헌장 발표
② 경성 제국 대학 설립
③ 한성 사범 학교 관제 마련
④ 소학교 명칭을 국민학교로 변경
⑤ 보통학교 수업 연한을 4년으로 함

537

제44회 41번

밑줄 그은 '이 시기'에 볼 수 있는 일제의 정책으로 옳은 것은? [2점]

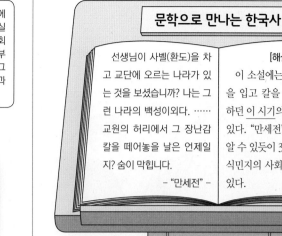

이 그림은 토지 조사 사업이 진행되던 이 시기에 총독부가 조선에 대한 식민 통치를 미화하고, 그 실적을 선전하기 위해 개최한 조선 물산 공진회의 회의장 전경을 그린 것입니다. 그림에는 경복궁 일부를 헐어내고 물산 공진회장으로 조성한 모습이 그대로 드러나 있는데, 이는 일제가 조선의 정통성과 존엄성을 훼손하려는 의도였습니다.

① 국가 총동원법을 제정하여 인력과 물자를 수탈하였다.
② 도 평의회, 부·면 협의회 등의 자문 기구를 설치하였다.
③ 재정 고문 메가타의 주도 아래 화폐 정리 사업을 실시하였다.
④ 회사 설립 시 총독의 허가를 받도록 하는 회사령을 적용하였다.
⑤ 독립운동을 탄압하기 위해 조선 사상범 보호 관찰령을 공포하였다.

538

제71회 38번

밑줄 그은 '시기'의 사회 모습으로 가장 적절한 것은? [2점]

개성에서 청년 두 명이 웃통을 벗고 일하다가 순사에게 발견되어 태형에 처해졌다는 신문 기사입니다. 일제가 조선 태형령을 시행한 시기에는 기사의 내용처럼 사소한 사안에도 태형이라는 가혹한 형벌이 집행되었습니다.

① 육영 공원에서 외국인 교사를 초빙하였다.
② 애국반이 편성되어 일상생활이 통제되었다.
③ 조선 형평사가 창립되어 형평 운동을 전개하였다.
④ 나운규가 제작한 아리랑이 단성사에서 개봉되었다.
⑤ 경복궁에서 조선 물산 공진회가 최초로 개최되었다.

539

제60회 37번

밑줄 그은 '이 시기'에 시행된 일제의 정책으로 옳은 것은? [1점]

문학으로 만나는 한국사

선생님이 사벨(환도)을 차고 교단에 오르는 나라가 있는 것을 보셨습니까? 나는 그런 나라의 백성이외다. …… 교원의 허리에서 그 장난감 칼을 떼어놓을 날은 언제일지? 숨이 막힙니다.

- "만세전" -

[해설]
이 소설에는 교원이 제복을 입고 칼을 차고 수업을 하던 이 시기의 모습이 담겨 있다. "만세전"은 제목에서 알 수 있듯이 3·1 운동 이전 식민지의 사회 현실을 담고 있다.

① 애국반을 조직하였다.
② 회사령을 시행하였다.
③ 치안 유지법을 제정하였다.
④ 미곡 공출제를 실시하였다.
⑤ 국가 총동원법을 공포하였다.

540

제46회 43번

(가) 법령이 적용된 시기 일제의 정책으로 옳은 것은? [2점]

한·일 병합 이후 일반 기업들이 발흥하여 회사 조직으로써 각종 사업을 경영하려 하는 자가 점차 증가함으로, 일본 정부는 한인의 사업 경영에 제한을 주기 위하여 총독부제령(總督府制令)으로서 (가) 을/를 공포해서 허가주의를 채택하여(일본인에게는 관대하고 한인에게는 가혹함은 물론) 사소한 일까지 간섭을 다하되, 이를 어기는 자에게는 신체형 및 벌금형을 부과하였다.

- "한·일 관계 사료집" -

① 제2차 조선 교육령을 시행하였다.
② 범죄 즉결례에 의해 한국인을 처벌하였다.
③ 조선 사상범 예방 구금령을 통해 독립운동을 탄압하였다.
④ 농민의 자력갱생을 내세운 농촌 진흥 운동을 실시하였다.
⑤ 국가 총동원법을 제정하여 인력과 물자를 강제 동원하였다.

541

다음 기사가 나오게 된 배경으로 적절한 것은? [1점]

> 아무리 그럴듯하게 내세워도 이러한 통치 방식은 결국 우리 조선인을 기만하는 거야.

> 총독의 임용 범위를 확장하고, 지방 자치 제도를 실시한다. …… 이로써 관민이 서로 협력 일치하여 조선에서 문화적 정치의 기초를 확립한다.

① 3·1 운동이 전국적으로 전개되었다.
② 조선 사상범 예방 구금령이 시행되었다.
③ 브나로드 운동이 동아일보를 중심으로 추진되었다.
④ 조선 노동 총동맹과 조선 농민 총동맹이 설립되었다.
⑤ 내선일체를 강조한 황국 신민 서사의 암송이 강요되었다.

542

다음 대책이 발표된 이후 일제가 시행한 정책으로 옳은 것은? [1점]

> **1. 친일 단체 조직의 필요**
> …… 암암리에 조선인 중 …… 친일 인물을 물색케 하고, 그 인물로 하여금 …… 각기 계급 및 사정에 따라 각종의 친일적 단체를 만들게 한 후, 그에게 상당한 편의와 원조를 제공하여 충분히 활동토록 할 것
> :
> **1. 농촌 지도**
> …… 조선 내 각 면에 ○재회 등을 조직하고 면장을 그 회장에 추대하고 여기에 간사 및 평의원 등을 두어 유지(有志)가 단체의 주도권을 잡고, 그 단체에는 국유 임야의 일부를 불하하거나 입회를 허가하는 등 당국의 양해 하에 각종 편의를 제공할 것
> - '사이토 마코토 문서' -

① 한국인에 한해 적용되는 조선 태형령이 공포되었다.
② 사회주의 운동을 탄압하기 위한 치안 유지법이 마련되었다.
③ 기한 내에 토지를 신고하게 하는 토지 조사령이 제정되었다.
④ 헌병대 사령관이 치안을 총괄하는 경무총감부가 신설되었다.
⑤ 회사 설립 시 총독의 허가를 얻도록 하는 회사령이 발표되었다.

543

다음 문서가 작성된 당시에 실시된 일제의 정책으로 옳은 것은? [2점]

> 안으로는 세계적 불안의 여파를 받아서 우리 조선 내부의 민심도 안정되지 못하였다. …… 다른 한편으로는 지방 자치를 실시하여 민의 창달의 길을 강구하고, 교육 제도를 개정하여 교화 보급의 신기원을 이루었고, 게다가 위생적 시설의 개선을 촉진하였다. …… 일본인과 조선인 사이의 차별 대우를 철폐하고 동시에 조선인 소장층 중 유력자를 발탁하는 방법을 강구하여, 군수·학교장 등에 발탁된 자가 적지 않다.
> - 사이토 마코토, '조선 통치에 대하여' -

① 노동력 동원을 위해 국민 징용령을 시행하였다.
② 한국인에 한해 적용되는 조선 태형령을 공포하였다.
③ 쌀 수탈을 목적으로 하는 산미 증식 계획을 실시하였다.
④ 독립운동 탄압을 위한 조선 사상범 보호 관찰령을 공포하였다.
⑤ 회사 설립 시 총독의 허가를 받도록 하는 회사령을 제정하였다.

544

다음 자료를 활용한 탐구 활동으로 가장 적절한 것은? [2점]

> ○ 내지(內地)는 심각한 식량 부족을 보여 매년 300만 석에서 500만 석의 외국 쌀을 수입하였다. …… 내지에서는 쌀의 증산에 많은 기대를 걸 수 없었다. 반면 조선은 관개 설비가 잘 갖춰지지 않아서 대부분의 논이 빗물에 의존하는 상태였기에, 토지 개량 사업을 시작한다면 천혜의 쌀 생산지가 될 수 있었다.
> ○ 대개 조선인들이 생산한 쌀을 내지로 반출할 때, 결코 자신들이 충분히 소비하고 남은 것을 수출하는 것이 아니다. 생계가 곤란하여 먹을 것을 먹지 못하고 파는 것이다. …… 만주산 잡곡의 수입이 증가하는 사실은 조선인의 생활난이 점점 심각해지고 있음을 실증하는 것이다.

① 산미 증식 계획의 실상을 파악한다.
② 화폐 정리 사업의 결과를 분석한다.
③ 보안회의 경제적 구국 운동을 조사한다.
④ 방곡령이 선포된 지역의 분포를 알아본다.
⑤ 동양 척식 주식회사의 설립 과정을 살펴본다.

545

밑줄 그은 '시기'에 시행된 일제의 정책으로 옳은 것은? [2점]

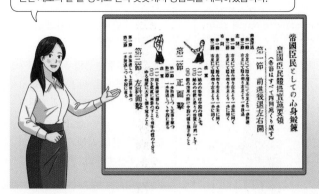

이 자료는 중·일 전쟁 이후 일제가 침략 전쟁을 확대하던 시기에 만든 황국 신민 체조 실시 요령입니다. 일제는 이 체조를 보급하기 위해 '황국 신민 체조의 날'을 정하고 전국 곳곳에서 강습회를 개최하였습니다.

① 회사령을 제정하였다.
② 미쓰야 협정을 체결하였다.
③ 경성 제국 대학을 설립하였다.
④ 토지 조사 사업을 실시하였다.
⑤ 조선 사상범 예방 구금령을 공포하였다.

546

밑줄 그은 '시기'에 있었던 사실로 옳은 것은? [2점]

이곳 사할린에 있는 탄광으로 강제 동원되기 전 고향 생활 중 기억나는 것이 있으신가요?

그때는 중·일 전쟁이 시작된 뒤여서 황국 신민 서사를 외우지 못하면 기차표 사기도 어렵던 시기였어요. 기차표를 사려고 하면 일본 사람들이 나보고 황국 신민 서사를 외워 보라고 시켰었지요.

① 원산 총파업이 발생하였다.
② 미쓰야 협정이 체결되었다.
③ 조선 형평사가 결성되었다.
④ 국가 총동원법이 시행되었다.
⑤ 임시 토지 조사국이 설립되었다.

547

밑줄 그은 '시기'에 볼 수 있는 모습으로 가장 적절한 것은? [1점]

이곳은 전라남도 여수시 거문도에 있는 해안 동굴 진지입니다. 국가 총동원법이 시행되던 시기에 일제는 이와 같은 군사 시설물을 거문도를 비롯한 각지에 구축하였습니다.

① 태형을 집행하는 헌병 경찰
② 원산 총파업에 참여하는 노동자
③ 황국 신민 서사를 암송하는 학생
④ 경성 제국 대학 설립을 추진하는 관리
⑤ 서울 진공 작전에 참여하는 13도 창의군 의병

548

밑줄 그은 '이 시기'에 있었던 사실로 옳은 것을 <보기>에서 고른 것은? [2점]

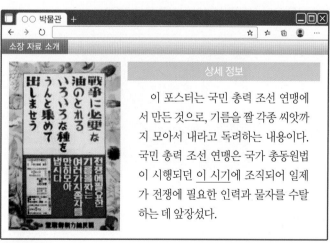

이 포스터는 국민 총력 조선 연맹에서 만든 것으로, 기름을 짤 각종 씨앗까지 모아서 내라고 독려하는 내용이다. 국민 총력 조선 연맹은 국가 총동원법이 시행되던 이 시기에 조직되어 일제가 전쟁에 필요한 인력과 물자를 수탈하는 데 앞장섰다.

보기

ㄱ. 미곡 공출제가 시행되었다.
ㄴ. 황국 신민 서사의 암송이 강요되었다.
ㄷ. 회사 설립을 허가제로 하는 회사령이 실시되었다.
ㄹ. 유상 매수, 유상 분배를 규정한 농지 개혁법이 제정되었다.

① ㄱ, ㄴ
② ㄱ, ㄷ
③ ㄴ, ㄷ
④ ㄴ, ㄹ
⑤ ㄷ, ㄹ

549

밑줄 그은 '시기'의 일제 정책으로 옳은 것은?

제62회 40번 [1점]

부평 공원 내에 있는 이 동상은 일제의 무기 공장인 조병창 등에 강제 동원된 노동자의 모습을 형상화한 작품입니다. 중·일 전쟁 이후 침략 전쟁을 확대하던 <u>시기</u>에 일제는 한국인을 탄광, 군수 공장 등으로 끌고 가 열악한 환경에서 혹사시켰습니다

① 치안 유지법을 공포하였다.
② 토지 조사령을 제정하였다.
③ 헌병 경찰 제도를 실시하였다.
④ 식량 배급 및 미곡 공출제를 시행하였다.
⑤ 보통학교의 수업 연한을 4년으로 정하였다.

550

밑줄 그은 ㉠이 실시된 시기의 사실로 옳은 것은?

제39회 44번 [2점]

남태평양 밀리 환초로 끌려갔던 한국인 노동자들의 사진이 처음 공개되었다. 이들은 ㉠ 일제의 징용령 이후 강제로 끌려가 가혹한 처우에 반란을 일으켰으나, 일본군에게 130여 명이 학살당하고 68명만 살아남았다. 미군에게 구조된 사진 속 생존자들은 뼈가 드러날 정도로 앙상하게 마른 모습이다.

① 일본군의 보복으로 간도 참변이 발생하였다.
② 일제가 중국 군벌과 미쓰야 협정을 체결하였다.
③ 농촌을 계몽하기 위한 브나로드 운동이 시작되었다.
④ 한국 독립군이 대전자령 전투에서 일본군을 격퇴하였다.
⑤ 일제가 한국인의 성과 이름을 일본식으로 바꾸도록 강요하였다.

551

교사의 질문에 대한 학생의 답변으로 가장 적절한 것은?

제66회 43번 [1점]

일제는 조선 민사령을 개정하여 일본식 씨명을 사용하도록 강요하였습니다. 이렇게 개정한 이후에 일제가 추진한 정책에 대해 말해 볼까요?

조선 민사령 중 개정의 건
(제령 제19호)

조선인 호주는 본령 시행 후 6개월 이내에 새로 씨(氏)를 정하고 이를 부윤 또는 읍면장에게 신고해야 한다. …… 신고를 하지 않을 때는 본령 시행 당시 호주의 성을 씨로 삼는다.

① 통감부를 설치하였습니다.
② 조선 태형령을 시행하였습니다.
③ 헌병 경찰제를 실시하였습니다.
④ 여자 정신 근로령을 공포하였습니다.
⑤ 동양 척식 주식회사를 설립하였습니다.

552

밑줄 그은 '시기'에 볼 수 있는 모습으로 옳은 것은?

제56회 42번 [2점]

사진 속 만삭의 임산부가 바로 저입니다. 일제는 중·일 전쟁 이후 침략 전쟁을 확대하던 <u>시기</u>에 많은 여성을 전쟁터로 끌고 가 일본군 '위안부'로 삼았습니다. 저는 가까스로 연합군에 의해 구출되었지만 그곳에서 죽임을 당한 여성도 참 많았지요.

특집 다큐멘터리

고(故) 박영심 할머니 생전 인터뷰

① 태형을 집행하는 헌병 경찰
② 원산 총파업에 동참하는 노동자
③ 회사령을 공포하는 총독부 관리
④ 신사 참배에 강제 동원되는 학생
⑤ 암태도 소작 쟁의에 참여하는 농민

553

밑줄 그은 '시기'에 시행된 일제의 정책으로 옳은 것은? [2점]

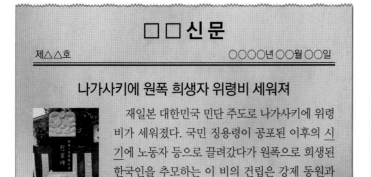

□□신문

제△△호 ○○○○년 ○○월 ○○일

나가사키에 원폭 희생자 위령비 세워져

재일본 대한민국 민단 주도로 나가사키에 위령비가 세워졌다. 국민 징용령이 공포된 이후의 <u>시기</u>에 노동자 등으로 끌려갔다가 원폭으로 희생된 한국인을 추모하는 이 비의 건립은 강제 동원과 전쟁의 참상을 기억하려는 노력의 일환으로 평가된다.

① 애국반을 조직하여 한국인의 생활을 통제하였다.
② 강압적 통치를 목적으로 헌병 경찰 제도를 실시하였다.
③ 사회주의자를 탄압하기 위한 치안 유지법을 제정하였다.
④ 회사 설립 시 총독의 허가를 받도록 하는 회사령을 공포하였다.
⑤ 근대적 토지 소유권 확립을 명분으로 토지 조사 사업을 시행하였다.

554

밑줄 그은 '시기'에 볼 수 있는 사회 모습으로 가장 적절한 것은? [2점]

이것은 한 제과 업체의 캐러멜 광고로 탱크와 전투기 그림을 활용하여 "캐러멜도 싸우고 있다!"라는 문구를 담고 있습니다. 중·일 전쟁 이후 일제가 국가 총동원법을 시행한 <u>시기</u>에 제작된 이 광고는 당시 군국주의 문화가 일상에까지 스며들어 있었음을 잘 보여 줍니다.

① 몸뻬 착용을 권장하는 애국반 반장
② 경성 제국 대학 설립을 추진하는 관리
③ 헌병 경찰에게 끌려가 태형을 당하는 농민
④ 원산 총파업에 연대 지원금을 보내는 외국 노동자
⑤ 안창남의 고국 방문 비행을 환영하기 위해 상경하는 청년

555

밑줄 그은 '시기'에 있었던 사실로 옳은 것은? [2점]

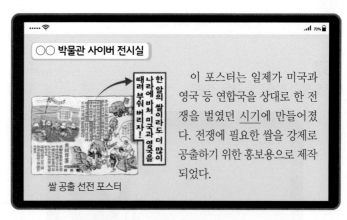

○○ 박물관 사이버 전시실

이 포스터는 일제가 미국과 영국 등 연합국을 상대로 한 전쟁을 벌였던 <u>시기</u>에 만들어졌다. 전쟁에 필요한 쌀을 강제로 공출하기 위한 홍보용으로 제작되었다.

쌀 공출 선전 포스터

① 메가타의 주도로 화폐 정리 사업이 실시되었다.
② 만주 군벌과 일제 사이에 미쓰야 협정이 체결되었다.
③ 여자 정신 근로령으로 한국인 여성이 강제 동원되었다.
④ 지주 문재철의 횡포에 맞서 암태도 소작 쟁의가 전개되었다.
⑤ 회사 설립 시 총독의 허가를 받도록 하는 회사령이 공포되었다.

556

(가)~(다)를 공포된 순서대로 옳게 나열한 것은? [2점]

(가) 총독은 문무관 어느 쪽이라도 임용될 수 있는 길을 열 것이며, 헌병에 의한 경찰 제도를 고쳐 보통 경찰관에 의한 경찰 제도로 대신할 것이다. 또한, 복제를 개정하여 일반 관리와 교원의 제복과 대검(帶劍)을 폐지하고, 조선인의 임용과 대우 등도 고려한다.

(나) 제1조 경찰서장 또는 그 직무를 취급하는 자는 그 관할 구역 안의 다음 각호의 범죄를 즉결할 수 있다.

...

제2조 즉결은 정식 재판을 하지 않으며 피고인의 진술을 듣고 증빙을 취조한 후 즉시 언도해야 한다.

(다) 제1조 치안 유지법의 죄를 범한 자에 대해 형의 집행 유예 언도가 있었을 경우 또는 소추를 필요로 하지 않기 때문에 공소를 제기하지 않은 경우에는 보호 관찰 심사회의 결의에 따라 보호 관찰에 부칠 수 있다. 형의 집행을 마치거나 또는 가출옥을 허락받았을 경우도 역시 같다.

① (가) - (나) - (다) ② (가) - (다) - (나)
③ (나) - (가) - (다) ④ (나) - (다) - (가)
⑤ (다) - (가) - (나)

2 1910년대 저항

정답과 해설 110쪽

557
제63회 35번

(가) 인물의 활동으로 옳은 것은? [2점]

> 11:07
>
> 나는 지금 군산근대역사박물관 광장에 와 있어. 이곳에 (가) 의 동상이 있네.
>
> 그에 대해 설명해 줄래?
>
> 최익현과 함께 의병을 일으켰다가 일본에 의해 쓰시마섬으로 끌려가 고초를 겪었어. 이후에는 조선 총독에게 국권 반환 요구서를 발송하려다가 체포되어 순국하였지.

① 명동 성당 앞에서 이완용을 습격하였다.
② 고종의 밀지를 받아 독립 의군부를 조직하였다.
③ 국권 침탈 과정을 정리한 한국통사를 저술하였다.
④ 13도 창의군의 총대장으로 서울 진공 작전을 지휘하였다.
⑤ 논설 단연보국채를 써서 국채 보상 운동에 적극 참여하였다.

558
제59회 35번

(가) 단체에 대한 설명으로 옳은 것은? [2점]

> 이것은 고종이 임병찬에게 내린 밀지의 일부입니다. 그는 이 밀지를 받고 복벽주의를 내건 (가) 을/를 조직하였습니다.

> 애통하다! 일본 오랑캐가 배신하고 합병하니 종사가 폐허가 되고 국민은 노예가 되었다. …… 짐이 믿는 것은 너희들이니, 너희들은 힘써 광복하라.

① 일본 도쿄에서 독립 선언서를 발표하였다.
② 일제가 제정한 치안 유지법으로 탄압받았다.
③ 서간도에 신흥 강습소를 세워 독립군을 양성하였다.
④ 독립운동 자금을 모으기 위해 독립 공채를 발행하였다.
⑤ 조선 총독에게 제출하기 위해 국권 반환 요구서를 작성하였다.

559
제45회 41번

(가) 단체에 대한 설명으로 옳은 것은? [3점]

> 이것은 총사령 박상진이 이끌었던 (가) 소속의 김한종 의사 순국 기념비입니다. 김한종 의사는 이 단체의 충청도 지부장으로, 군자금 모금을 방해한 아산의 도고 면장인 박용하 처단을 주도하였습니다. 일제 경찰에 체포되어 박상진과 함께 대구 형무소에서 순국하였습니다. 1963년 건국 훈장 독립장이 추서되었습니다.

① 공화 정체의 국가 건설을 지향하였다.
② 대한민국 임시 정부의 주도로 결성되었다.
③ 봉오동에서 일본군을 상대로 승리를 거두었다.
④ 구미 위원부를 설치하여 외교 활동을 전개하였다.
⑤ 중국군과 함께 영릉가 전투에서 큰 전과를 올렸다.

560
제66회 38번

(가) 단체에 대한 설명으로 옳은 것은? [3점]

> **판결문**
>
> 피고인 : 박상진, 김한종
>
> 주 문 : 피고 박상진, 김한종을 사형에 처한다.
>
> 이 유
>   피고 박상진, 김한종은 한·일 병합에 불평을 가지고 구한국의 국권 회복을 명분으로 (가) 을/를 조직하고 국권 회복을 위한 자금 조달을 위해 조선 각도의 자산가에게 공갈로 돈을 받아내기로 하고 …… 채기중 등을 교사하여 장승원의 집에 침입하여 자금을 강취하고 살해하도록 한 죄가 인정되므로 위와 같이 판결한다.

① 중·일 전쟁 발발 직후에 결성되었다.
② 군대식 조직을 갖춘 비밀 결사였다.
③ 파리 강화 회의에 대표를 파견하였다.
④ 일제가 꾸며 낸 105인 사건으로 와해되었다.
⑤ 만민 공동회를 열어 열강의 이권 침탈을 비판하였다.

561

(가) 지역에서 전개된 민족 운동에 대한 설명으로 옳은 것은? [2점]

□□신문

제△△호 ○○○○년 ○○월 ○○일

허은 지사, 독립 유공자로 서훈

대한민국 임시 정부 초대 국무령 석주 이상룡 선생의 손부(孫婦) 허은 지사에게 건국훈장 애족장이 추서되었다. 허 지사는 ▢(가)▢ 의 삼원보에서 결성된 서로 군정서의 숨은 공로자였다. 그녀는 기본적인 생계 활동과 공식적인 행사 준비 외에도 서로 군정서 대원들의 군복을 제작·배급하는 등 독립운동에 힘을 보탰다. 허은 지사의 회고록에는 당시의 상황이 생생하게 담겨 있다.

① 해조신문을 발간하여 국권 회복에 힘썼다.
② 신흥 강습소를 설립하여 독립군을 양성하였다.
③ 대한인 국민회를 조직하여 외교 활동을 펼쳤다.
④ 대조선 국민군단을 창설하여 군사 훈련을 하였다.
⑤ 유학생들이 중심이 되어 2·8 독립 선언서를 발표하였다.

562

(가) 지역에서 있었던 민족 운동에 대한 설명으로 옳은 것은? [2점]

이것은 ▢(가)▢ 에 세워진 신흥 강습소의 구성원이 만든 신흥 교우단의 기관지입니다. 이 기관지에는 군사, 교육, 역사 등 다양한 분야의 글이 게재되어 동포들의 민족의식을 고취하였습니다. 특히 신흥 무관 학교의 전신인 신흥 강습소의 조직과 활동을 알려 주는 내용이 많아 ▢(가)▢ 에서 전개된 독립운동을 연구하는 데 가치가 있습니다.

① 한인 자치 기구인 경학사를 조직하였다.
② 유학생을 중심으로 2·8 독립 선언서를 발표하였다.
③ 대조선 국민군단을 조직하여 군사 훈련을 실시하였다.
④ 대한 광복군 정부를 수립하여 무장 투쟁을 준비하였다.
⑤ 독립군 비행사 양성을 위해 한인 비행 학교를 설립하였다.

563

(가) 종교에 대한 설명으로 옳은 것은? [2점]

지난 개천절을 기회로 하여 독립운동을 계획했다는 이유로 ▢(가)▢ 간부 7명이 동대문 경찰서에 체포되었다는 기사가 실렸구나.

▢(가)▢ 은/는 나철이 만주에서 단군 신앙을 기반으로 창시한 종교인데, 민족의식을 고취할 뿐만 아니라 독립운동도 전개하고 있네요.

① 개벽, 신여성 등의 잡지를 발간하였다.
② 한용운 등이 사찰령 폐지를 주장하였다.
③ 박중빈을 중심으로 새 생활 운동을 펼쳤다.
④ 김창숙의 주도로 파리 장서 운동을 전개하였다.
⑤ 무장 투쟁을 전개하기 위해 중광단을 조직하였다.

564

(가) 지역에서 전개된 민족 운동에 대한 설명으로 옳은 것은? [2점]

국외 민족 운동 유적지 답사 사진전

우리 학교 역사 동아리에서는 ▢(가)▢ 지역의 민족 운동을 조명하는 답사 사진전을 개최합니다. 학생 여러분의 많은 관심과 참여 바랍니다.

명동 학교   삼종사 묘   봉오동 전투 전적비

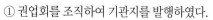

■ 기간 : 2020. ○○. ○○.~○○. ○○.
■ 장소 : 본관 2층 동아리실

① 권업회를 조직하여 기관지를 발행하였다.
② 중광단을 결성하여 항일 투쟁을 전개하였다.
③ 숭무 학교를 설립하여 독립군을 양성하였다.
④ 조선 독립 동맹을 창립하여 대일 항전을 준비하였다.
⑤ 조선 청년 독립단을 결성하여 2·8 독립 선언서를 배포하였다.

565

(가)에 들어갈 내용으로 옳은 것은?　　　　　　　　　　　[3점]

저는 지금 전로 한족회 중앙 총회가 개최된 건물 앞에 나와 있습니다. 이 단체는 이 지역에 거주한 한인들의 대표자 회의였습니다. 이 지역에서 전개된 민족 운동에 대해 올려주세요.

ON 대화창

대한 국민 의회를 결성하였어요.

대한 광복군 정부를 세웠어요.

(가)

① 독립군 양성을 위해 신흥 강습소를 세웠어요.
② 권업회를 조직하여 권업신문을 발행하였어요.
③ 숭무 학교를 설립하여 무장 투쟁을 준비하였어요.
④ 한인 비행 학교를 세워 독립군 비행사를 육성하였어요.
⑤ 대일 항전을 준비하기 위해 조선 독립 동맹을 결성하였어요.

566

(가) 인물에 대한 설명으로 옳은 것은?　　　　　　　　　[2점]

연해주 우수리스크에 있는 (가) 의 유허비를 관리하기 위해 현지 교민들이 나섰습니다. 이 비에는 헤이그 특사로 파견되었던 (가) 이/가 연해주에서 성명회와 권업회를 조직하여 독립운동을 이끈 사실 등이 기록되어 있습니다.

연해주 교민들, (가) 유허비 지킴이로 나서

① 대한 광복군 정부 수립을 주도하였다.
② 이토 히로부미를 하얼빈에서 사살하였다.
③ 의열단을 조직하여 단장으로 활동하였다.
④ 숭무 학교를 설립하여 독립군을 양성하였다.
⑤ 일본의 침략 과정을 서술한 한국통사를 저술하였다.

567

밑줄 그은 '이곳'에서 있었던 민족 운동으로 옳은 것은?　[2점]

우리 가족의 역사

옆 사진은 우리 할머니의 젊을 때 모습이에요. 할머니는 19살 때 사진만 보고 할아버지랑 결혼하기로 한 뒤 당시 포와(布哇)라고 불리던 이곳으로 가셨대요.

할아버지는 이미 1903년에 갤릭호를 타고 이곳으로 가서서 사탕수수 농장에서 일하고 계셨어요. 두 분은 고된 환경에서도 열심히 일해 호놀룰루에 터전을 잡으셨고 지금도 많은 친척이 살고 있어요.

① 대종교 계열의 중광단이 결성되었다.
② 권업회가 조직되어 권업신문을 창간하였다.
③ 사회주의 계열의 한인 사회당이 조직되었다.
④ 독립군 양성을 위한 신흥 무관 학교가 설립되었다.
⑤ 대조선 국민군단이 조직되어 무장 투쟁을 준비하였다.

568

밑줄 그은 '이곳'에 해당하는 지역을 지도에서 옳게 고른 것은?　[1점]

박용만은 1905년 국외로 떠난 이후 네브라스카주에서 대학을 다니며 독립군 양성 기관인 한인 소년병 학교를 창설하고, 국민개병설을 집필했습니다. 그 후 이곳으로 건너와 대조선 국민군단을 조직하여 독립 전쟁을 준비했습니다.

대조선 국민군단이 사용한 건물과 군복을 입은 박용만

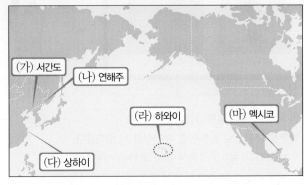

(가) 서간도
(나) 연해주
(라) 하와이
(마) 멕시코
(다) 상하이

① (가)　② (나)　③ (다)　④ (라)　⑤ (마)

569

제53회 38번

(가) 지역에서 있었던 민족 운동으로 옳은 것은? [2점]

이 사진은 1905년 (가) 의 유카탄반도로 계약 노동 이민자들을 수송했던 일포드호입니다. 주택 무료 임대, 높은 임금 등을 내건 모집 광고를 믿고 이 화물선을 탄 천여 명의 한국인들은 한 달 넘게 걸려 에네켄 농장에 도착했습니다. 이들은 광고와 달리 사실상 노예와 다름없는 생활을 하였습니다.

① 권업회의 기관지로 권업신문이 발간되었다.
② 독립군 양성을 위한 숭무 학교가 설립되었다.
③ 북로 군정서가 조직되어 무장 투쟁을 실시하였다.
④ 주권 재민을 천명한 대동단결 선언서가 작성되었다.
⑤ 유학생들이 중심이 되어 2·8 독립 선언서를 발표하였다.

570

제40회 37번

(가)~(마)에 들어갈 내용으로 옳은 것은? [3점]

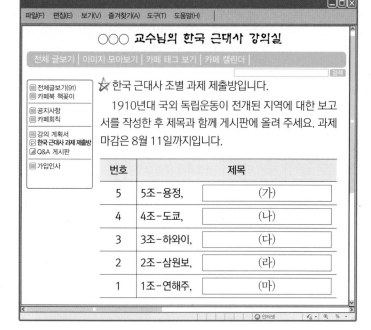

파일(F) 편집(E) 보기(V) 즐겨찾기(A) 도구(T) 도움말(H)

○○○ 교수님의 한국 근대사 강의실

전체 글보기 | 이미지 모아보기 | 카페 태그 보기 | 카페 캘린더 |

- 전체글보기(91)
- 카페북 책꽂이
- 공지사항
- 카페회의
- 강의 계획서
- 한국 근대사 과제 제출방
- Q&A 게시판
- 가입인사

☆ 한국 근대사 조별 과제 제출방입니다.

1910년대 국외 독립운동이 전개된 지역에 대한 보고서를 작성한 후 제목과 함께 게시판에 올려 주세요. 과제 마감은 8월 11일까지입니다.

번호	제목	
5	5조-용정,	(가)
4	4조-도쿄,	(나)
3	3조-하와이,	(다)
2	2조-삼원보,	(라)
1	1조-연해주,	(마)

① (가) - 신흥 강습소를 세워 독립군을 양성하다
② (나) - 서전서숙을 설립하여 민족 교육에 힘쓰다
③ (다) - 유학생을 중심으로 2·8 독립 선언서를 발표하다
④ (라) - 대조선 국민군단을 결성하여 군사 훈련을 실시하다
⑤ (마) - 대한 광복군 정부를 수립하여 무장 독립 전쟁을 준비하다

571

제49회 44번

다음 선언문이 발표된 시기를 연표에서 옳게 고른 것은? [3점]

이 선언문은 상하이에서 신규식, 신채호, 조소앙 등 14인의 명의로 발표된 대동단결 선언으로 주권 재민 사상을 담고 있습니다.

"융희 황제가 삼보(三寶)*를 포기한 경술년 8월 29일은, 우리 동지가 이를 계승한 날이니 …… 황제권 소멸의 때가 즉 민권 발생의 때요, 구한국 최후의 날은 즉 신한국 최초의 날이니 ……."

* 삼보 : 토지, 인민, 정치

1910	1919	1923	1931	1941	1945
	(가)	(나)	(다)	(라)	(마)
국권 피탈	3·1 운동	국민 대표 회의 개최	한인 애국단 조직	대한민국 건국 강령 발표	8·15 광복

① (가)　② (나)　③ (다)　④ (라)　⑤ (마)

572

제35회 41번

다음 민족 운동의 배경으로 옳은 것을 <보기>에서 고른 것은? [2점]

정오가 가까워 오자 민족 대표들이 모여들기 시작하였다. 29인이 이 엄숙한 자리에 모였다. 33인 중 4인은 참석하지 못하였다. 정오가 되자 태화관의 정자 동쪽 처마에 태극기가 걸렸다. 일동은 근엄한 자세로 태극기를 향하여 경례하였다. '독립 선언서' 낭독을 생략하고 이종일이 선언서 백 장을 탁자 위에 놓고, 한용운이 일장의 식사(式辭)를 한 뒤에 그의 선창으로 '대한 독립 만세'를 외쳤다. 한편, 탑골 공원에 모인 학생들의 대한 독립 만세 소리는 천지를 진동하였다. 공원에 모였던 수천 명의 학생들은 길거리로 쏟아져 나갔다.

보기

ㄱ. 대한 제국의 황제였던 순종이 사망하였다.
ㄴ. 사회주의 세력이 정우회 선언을 발표하였다.
ㄷ. 미국 대통령 윌슨이 민족 자결주의를 제창하였다.
ㄹ. 도쿄에서 유학생들이 2·8 독립 선언을 발표하였다.

① ㄱ, ㄴ　② ㄱ, ㄷ　③ ㄴ, ㄷ
④ ㄴ, ㄹ　⑤ ㄷ, ㄹ

573

제51회 41번

다음 자료가 발표된 이후의 사실로 옳은 것은? [2점]

> 조선 청년 독립단은 우리 2천만 민족을 대표하여 정의와 자유를 쟁취한 세계 모든 나라 앞에 독립을 성취할 것을 선언한다. …… 우리 민족은 정당한 방법으로 우리 민족의 자유를 추구할 것이나, 만일 이번에 성공하지 못하면 우리 민족은 생존의 권리를 위하여 온갖 자유행동을 취하여 최후의 일인까지 자유를 위해 뜨거운 피를 흘릴 것이니, …… 일본이 만일 우리 민족의 정당한 요구에 불응한다면 우리는 일본에 대하여 영원의 혈전을 선포하노라.
>
> - 재일본 동경 조선 청년 독립단 대표 11인 -

① 박상진 등이 대한 광복회를 결성하였다.
② 황성신문에 시일야방성대곡이 게재되었다.
③ 독립 협회가 중심이 되어 독립문을 건립하였다.
④ 고종의 밀지를 받아 독립 의군부가 조직되었다.
⑤ 민족 대표 33인 명의의 독립 선언서가 발표되었다.

574

제63회 31번

(가) 운동에 대한 설명으로 옳은 것은? [1점]

> 국가 보훈처는 광복 73주년을 맞아 독립 유공자를 발굴하여 포상하기로 하였습니다. 이번 포상에는 (가) 의 1주년에 만세 운동을 전개하다가 체포되어 옥고를 치른 배화 여학교 학생 여섯 명이 포함되었습니다. 이들은 일제 강점기 최대 민족 운동인 (가) 의 영향을 받아 수립된 대한민국 임시 정부의 활동 소식을 접하면서 민족의식을 키웠다고 합니다.

김경화 등 6명의 독립운동가, 독립운동 유공 인정

① 김광제 등의 발의로 본격화되었다.
② 순종의 인산일을 기회로 삼아 추진되었다.
③ 제암리 학살 등 일제의 가혹한 탄압을 받았다.
④ 신간회에서 진상 조사단을 파견하여 지원하였다.
⑤ 성진회와 각 학교 독서회에 의해 전국적으로 확산되었다.

575

제42회 38번

밑줄 그은 '만세 시위 운동'에 대한 설명으로 옳은 것은? [2점]

역 사 신 문

제△△호　　　　　　　　　　○○○○년 ○○월 ○○일

일본군, 제암리에서 주민 학살

폐허가 된 제암리

지난 4월 15일, 경기도 수원군(현재 화성시) 제암리에서 일본군에 의한 참혹한 학살이 자행되었다. 일본군은 주민들을 교회에 모이게 하여, 밖에서 문을 잠그고 무차별 사격을 가한 후 불을 질러 약 30명을 살해하는 만행을 저질렀다. 그리고 인근 교회와 민가 수십 호에도 불을 질렀다. 이는 최근 만세 시위 운동이 전국으로 확산되는 과정에서 가해진 일본군의 탄압으로 보인다.

① 사회주의 세력의 주도 아래 계획되었다.
② 순종의 인산일을 기회로 삼아 추진되었다.
③ 조선 형평사를 중심으로 전국으로 확산되었다.
④ 대한민국 임시 정부가 수립되는 계기가 되었다.
⑤ 박상진이 주도한 대한 광복회 결성에 영향을 주었다.

576

제70회 35번

밑줄 그은 '운동'에 대한 설명으로 옳은 것은? [1점]

> 이 자료는 고종의 인산일을 계기로 시작된 만세 운동에서 불렸던 독립가 전단입니다. 당시에 우리 민족은 독립 선언서를 발표하고 대한 독립 만세를 외치며 전국 각지와 해외 곳곳에서 시위를 이어 나갔습니다.

> 터졌구나 터졌구나
> 조선 독립성
> 십 년을 참고 참아
> 이제 터졌네
> 삼천리의 금수강산
> 이천만 민족
> 살았구나 살았구나
> 이 한 소리에

① 통감부의 방해와 탄압으로 중단되었다.
② 천도교 소년회가 창립된 후 본격화되었다.
③ 일제가 이른바 문화 통치를 실시하는 배경이 되었다.
④ 성진회와 각 학교 독서회에 의해 전국으로 확산되었다.
⑤ 시위를 준비하는 과정에서 사회주의자들이 대거 검거되었다.

577

(가)의 활동으로 옳은 것을 <보기>에서 고른 것은?   [2점]

△△ 박물관 스탬프 투어

[제4관] 국외 독립운동의 전개

　이 전시관은 국권 피탈 이후 국외에서 전개된 독립운동을 주제로 구성되어 있습니다. 특히 3·1 운동의 영향으로 수립된 　(가)　의 활동에 대한 자료가 전시되어 있습니다. 자료를 잘 살펴보고 스탬프를 찍어 보세요.

제4관 이번에 찍은 스탬프는?

 상하이에서 　(가)　의 수립 초기에 청사로 사용한 건물 모양입니다. 이 청사에서는 임시 의정원의 회의가 개최되기도 하였습니다.

보기

ㄱ. 민족 교육을 위해 대성 학교를 설립하였다.
ㄴ. 광주 학생 항일 운동에 진상 조사단을 파견하였다.
ㄷ. 외교 독립 활동을 위해 구미 위원부를 설치하였다.
ㄹ. 임시 사료 편찬회를 두어 한·일 관계 사료집을 간행하였다.

① ㄱ, ㄴ　　　② ㄱ, ㄷ　　　③ ㄴ, ㄷ
④ ㄴ, ㄹ　　　⑤ ㄷ, ㄹ

578

(가) 단체의 활동으로 옳은 것은?   [1점]

　이 책은 　(가)　이/가 국제 연맹에 한국 독립의 당위성을 호소하기 위해 편찬한 것입니다. 여기에는 삼국 시대 이후의 한·일 관계사가 기록되어 있으며, 특히 일제의 잔혹한 식민 통치 방식과 3·1 운동의 전개 과정이 잘 정리되어 있습니다.

한·일 관계 사료집

① 조선 혁명 간부 학교를 설립하였다.
② 한글 맞춤법 통일안과 표준어를 제정하였다.
③ 태극 서관을 운영하며 계몽 서적을 보급하였다.
④ 독립운동 자금 마련을 위해 독립 공채를 발행하였다.
⑤ 진상 조사단을 파견하여 광주 학생 항일 운동을 지원하였다.

579

(가)의 활동으로 옳지 않은 것은?   [2점]

해외 독립운동 사적지 정보

중국 | 일본 | 러시아 | 아메리카 | 유럽

　(가)　 파리 위원부 구지(舊址)

• 사적지 종류 : 건물
• 국가 : 프랑스
• 주소 : 프랑스 샤토됭가 38번지
　(38 Rue de Châteaudun, Paris)

사적지 안내

　신한 청년단 대표로 파리 강화 회의에 파견된 김규식은 　(가)　 수립과 함께 외무총장 겸 주 파리 위원부의 대표 위원으로 선임되었다. 　(가)　의 파리 위원부는 바로 이 건물에 입주하여 여러 외교 선전 활동을 전개하였다.

① 국내 비밀 행정 조직으로 연통제를 두었다.
② 독립 의식을 고취하기 위해 독립신문을 간행하였다.
③ 독립운동 자금 마련을 위해 독립 공채를 발행하였다.
④ 대성 학교와 오산 학교를 세워 민족 교육을 전개하였다.
⑤ 임시 사료 편찬 위원회를 두고 한·일 관계 사료집을 발간하였다.

580

밑줄 그은 '회의'가 개최된 시기를 연표에서 옳게 고른 것은?   [2점]

　이 자료는 대한민국 임시 정부가 침체에 빠지자 독립운동의 새로운 활로와 방향을 모색하기 위해 상하이에서 개최된 회의의 의사일정입니다. 국내외 각지에서 온 대표들은 대한민국 임시 정부에 대한 처리를 둘러싸고 창조파와 개조파 등으로 나뉘어져 격론을 벌였습니다.

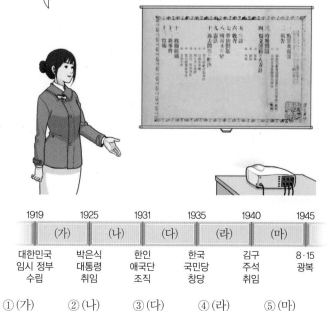

1919	1925	1931	1935	1940	1945
(가)	(나)	(다)	(라)	(마)	
대한민국 임시 정부 수립	박은식 대통령 취임	한인 애국단 조직	한국 국민당 창당	김구 주석 취임	8·15 광복

① (가)　② (나)　③ (다)　④ (라)　⑤ (마)

581

제58회 35번

(가)~(다)를 작성된 순서대로 옳게 나열한 것은? [3점]

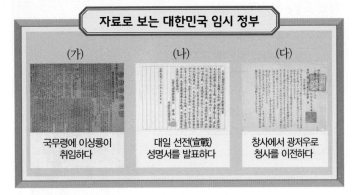

자료로 보는 대한민국 임시 정부

(가)	(나)	(다)
국무령에 이상룡이 취임하다	대일 선전(宣戰) 성명서를 발표하다	창사에서 광저우로 청사를 이전하다

① (가) - (나) - (다)
② (가) - (다) - (나)
③ (나) - (가) - (다)
④ (나) - (다) - (가)
⑤ (다) - (가) - (나)

582

제56회 45번

(가) 단체의 활동으로 옳은 것은? [2점]

접견 기록

■ 날짜 및 장소
  1943년 7월 26일, 중국 군사 위원회 접견실

■ 참석 인물
  • (가) : 주석 김구, 외무부장 조소앙 등
  • 중국 : 위원장 장제스 등

■ 주요 내용
  • 장제스 : 한국의 완전한 독립을 실현하는 과정은 쉽지 않을 것입니다. 그러나 한국 혁명 동지들이 진심으로 단결하고 협조하여 함께 노력한다면 광복의 뜻을 이룰 수 있을 것입니다.
  • 김구·조소앙 : 우리의 독립 주장이 이루어질 수 있도록 귀국이 지지해 주기를 희망합니다.

① 좌우 합작 7원칙을 발표하였다.
② 개벽, 신여성 등의 잡지를 간행하였다.
③ 조선 혁명 선언을 활동 지침으로 삼았다.
④ 한글 맞춤법 통일안과 표준어를 제정하였다.
⑤ 삼균주의를 기초로 하는 건국 강령을 선포하였다.

583

제53회 45번

다음 성명서를 발표한 이후 대한민국 임시 정부의 활동으로 옳은 것은? [2점]

우리는 삼천만의 한국인 및 정부를 대표하여 중국, 영국, 미국, …… 기타 국가들이 일본에 대해 전쟁을 선포한 것을 삼가 축하한다. 이것은 일본을 격패(擊敗)시키고 동아시아를 재건하는 가장 유효한 수단이다. 이에 특별히 다음과 같이 성명한다.

1. 한국 전체 인민은 현재 이미 반침략 전선에 참여한 상태이며 하나의 전투 단위로서 추축국에 전쟁을 선포한다.
2. 1910년의 합병 조약 및 일체 불평등 조약이 무효임을 재차 선포한다. 아울러 반침략 국가가 한국에 지닌 합리적 기득 권익을 존중한다.
3. 왜구를 한국, 중국 및 서태평양에서 완전히 축출하기 위하여 혈전으로 최후의 승리를 거둔다.

① 충칭에서 한국 광복군을 창설하였다.
② 국내 비밀 행정 조직으로 연통제를 두었다.
③ 파리 강화 회의에 독립 청원서를 제출하였다.
④ 의거 활동을 위해 한인 애국단을 조직하였다.
⑤ 미군과 연계하여 국내 진공 작전을 추진하였다.

584

제59회 43번

(가) 부대에 대한 설명으로 옳은 것은? [2점]

인도 전선에서 (가) 이/가 활동에 나선 이래, 각 대원은 민족의 영광을 위해 빗발치는 탄환도 두려워하지 않고 온갖 고초를 겪으며 영국군의 작전에 협조하였다. (가) 은/는 적을 향한 육성 선전, 방송, 전단 살포, 포로 신문, 정찰, 포로 훈련 등 여러 부분에서 상당한 성과를 거두었다. 그 결과 영국군 당국은 우리를 깊이 신임하고 있으며, 한국 독립에 대해서도 동정을 아끼지 않고 있다. 충칭에 거주하고 있는 한국 청년 동지들이 인도에서의 공작에 다수 참여하기를 희망한다.

- 독립신문 -

① 청산리에서 일본군에 맞서 대승을 거두었다.
② 미군과 연계하여 국내 진공 작전을 계획하였다.
③ 쌍성보 전투에서 한·중 연합 작전을 전개하였다.
④ 중국 의용군과 연합하여 흥경성에서 승리하였다.
⑤ 동북 항일 연군으로 개편되어 유격전을 펼쳤다.

3 1920년대 저항

585

제53회 40번

다음 기사가 보도된 이후의 사실로 옳은 것은? [2점]

역 사 신 문

제△△호　　　　　　　○○○○년 ○○월 ○○일

조선 관세령 폐지되다

　오늘 총독부가 조선 관세령 폐지를 발표하였다. 당국은 일선융화를 위해 내린 조처라 말하지만, 앞으로 조선인들의 부담이 늘어날 것은 뻔한 이치이다. 일본산 상품이 조선에 물밀듯 밀려와 시장을 독점하여 자본과 기술에서 열세에 놓여 있는 조선의 공업을 흔적도 없게 만들 우려가 크기 때문이다. 이번 조치로 인해 조선의 제조업자들이 심각한 타격을 받을 것으로 예상된다.

---

① 동양 척식 주식회사가 설립되었다.
② 물산 장려 운동이 전국으로 확산되었다.
③ 메가타의 주도로 화폐 정리 사업이 실시되었다.
④ 회사 설립을 허가제로 하는 회사령이 공포되었다.
⑤ 황국 중앙 총상회의 상권 수호 운동이 전개되었다.

586

제64회 38번

밑줄 그은 '이 운동'에 대한 설명으로 옳은 것은? [2점]

이것은 평양에서 조만식 등의 주도로 시작된 이 운동의 선전 행렬을 보여 주는 사진이야.

이 운동은 '조선 사람 조선 것' 등의 구호를 내세웠지만, 자본가의 이익만을 추구하는 이기적인 운동이라고 비판받기도 했어.

① 통감부의 탄압과 방해로 중단되었다.
② 조선 관세령 폐지를 계기로 확산되었다.
③ 황국 중앙 총상회가 설립되는 결과를 가져왔다.
④ 한성 은행, 대한 천일 은행 설립에 영향을 끼쳤다.
⑤ 일본, 프랑스 등의 노동 단체로부터 격려 전문을 받았다.

587

제73회 44번

밑줄 그은 '운동'에 대한 설명으로 옳은 것은? [2점]

선생님께서 참여하신 운동은 '조선 사람 조선 것'이라는 구호를 내세웠다는 점에서 사실상 독립운동이 아니냐고 일제 경찰이 심문할 때 어떻게 대응하셨나요?

조선 물산의 생산과 소비를 장려하는 운동에 조선인이 참여하는 것은 당연한 일이 아닌가, 오사카 사람이 오사카의 물산을 장려하는 것도 문제 삼을 것이냐고 반문하니 주의만 주고 가더군요.

① 조선 노동 총동맹을 중심으로 전개되었다.
② 보국안민, 제폭구민 등이 구호로 사용되었다.
③ 조선 관세령 폐지 등을 배경으로 확산하였다.
④ 황국 중앙 총상회가 설립되는 결과를 가져왔다.
⑤ 일본 제일 은행권 화폐가 유통되는 계기가 되었다.

588

제54회 39번

다음 기사에 보도된 민족 운동에 대한 설명으로 옳은 것은? [2점]

역 사 신 문

제△△호　　　　　　　○○○○년 ○○월 ○○일

민대총회(民大總會) 개최, 460여 명의 대표 참석

▲ 조선 민립 대학 기성회 발기 총회

　조선 민립 대학 기성회 발기 총회(민대총회)가 오후 1시부터 종로 중앙청년회관에서 열렸다. 총회에서는 사업 계획을 확정하고 '이제 우리 조선인도 생존을 위해서는 대학의 설립을 빼고는 다른 길이 없도다. 만천하 동포에게 민립 대학의 설립을 제창하노니, 자매형제는 모두 와서 성원하라.'라는 요지의 발기 취지서를 발표하였다.

---

① 중국의 5·4 운동에 영향을 주었다.
② 사립 학교령 공포의 계기가 되었다.
③ 이상재 등이 모금 활동을 주도하였다.
④ 통감부의 방해와 탄압으로 실패하였다.
⑤ 여성 교육의 중요성을 강조한 여권통문을 발표하였다.

589

제57회 41번

(가), (나) 발표 사이의 시기에 있었던 사실로 옳은 것은? [2점]

(가) 제1조 조선에 있어 조선인의 교육은 본령에 의한다.
제9조 보통학교의 수업 연한은 4年으로 한다. 단, 지방 실정에
따라 1년을 단축할 수 있다.

(나) 제2조 총장은 조선 총독의 감독을 받아 경성 제국 대학 일반 사
무를 담당하며 소속 직원을 통독(統督)한다.
제4조 경성 제국 대학에 예과를 둔다.

① 육영 공원이 설립되었다.
② 국문 연구소가 설치되었다.
③ 교육 입국 조서가 반포되었다.
④ 국민 교육 헌장이 발표되었다.
⑤ 조선 민립 대학 기성회가 창립되었다.

590

제37회 39번

(가), (나) 사건에 대한 설명으로 옳은 것은? [2점]

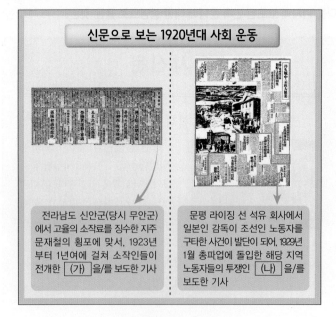

신문으로 보는 1920년대 사회 운동

전라남도 신안군(당시 무안군)에서 고율의 소작료를 징수한 지주 문재철의 횡포에 맞서, 1923년부터 1년여에 걸쳐 소작인들이 전개한 (가) 을/를 보도한 기사

문평 라이징 선 석유 회사에서 일본인 감독이 조선인 노동자를 구타한 사건이 발단이 되어, 1929년 1월 총파업에 돌입한 해당 지역 노동자들의 투쟁인 (나) 을/를 보도한 기사

① (가) - 중국의 5·4 운동에 영향을 주었다.
② (가) - 혁명적 농민 조합을 중심으로 펼쳐졌다.
③ (나) - 대한민국 임시 정부 수립의 계기가 되었다.
④ (나) - 일본, 프랑스 등지의 노동 단체로부터 격려 전문을 받았다.
⑤ (가), (나) - 일제가 이른바 문화 통치를 실시하는 배경이 되었다.

591

제49회 42번

밑줄 그은 '투쟁' 이후의 사실로 옳은 것은? [2점]

최근 개통된 천사대교를 건너면 일제 강점기 대표적인 소작 쟁의가 전개된 암태도를 만날 수 있습니다. 당시 암태도의 농민들은 고율의 소작료를 징수하는 지주 문재철에 맞서 목포까지 나가 단식을 벌이는 등 약 1년에 걸친 <u>투쟁</u>으로 소작료를 낮추는 성과를 거두었습니다.

① 회사령이 제정되었다.
② 농광 회사가 설립되었다.
③ 토지 조사 사업이 실시되었다.
④ 조선 농민 총동맹이 결성되었다.
⑤ 함경도에서 방곡령이 선포되었다.

592

제45회 44번

(가) 단체에 대한 설명으로 옳은 것은? [1점]

(가) 은/는 '우리는 정치적, 경제적, 사회적 각성을 촉진함', '우리는 단결을 공고히 함', '우리는 일체 기회주의를 부인함'이라는 3대 강령하에서 탄생되어 금일까지 140개 지회의 39,000여 명의 회원을 포함한 단체가 되었다.
- "동광" -

① 민족 유일당 운동의 일환으로 결성되었다.
② 이상설, 이동휘를 정·부통령에 선임하였다.
③ 일제가 조작한 105인 사건으로 조직이 해체되었다.
④ 조선 총독부에 국권 반환 요구서를 발송하려 하였다.
⑤ 오산 학교와 대성 학교를 세워 민족 교육을 실시하였다.

593

제44회 39번

(가), (나) 격문이 작성된 사이의 시기에 있었던 사실로 옳은 것은? [2점]

> (가) 왕조의 마지막 군주였던 창덕궁 주인이 53세의 나이로 지난 4월 25일에 서거하였다. …… 지금 우리 민족의 통곡과 복상은 군주의 죽음 때문이 아니고 경술년 8월 29일 이래 사무친 슬픔 때문이다. …… 슬퍼하는 민중들이여! 하나가 되어 혁명 단체 깃발 밑으로 모이자! 금일의 통곡복상의 충성과 의분을 모아 우리들의 해방 투쟁에 바치자!
>
> (나) 조선 청년 대중이여! 궐기하라. 제국주의적 침략에 대한 반항적 투쟁으로서 광주 학생 사건을 지지하고 성원하라. …… 저들은 소위 사법 경찰을 총동원하여 광주 조선 학생 동지 400여 명을 참혹한 철쇄에 묶어 넣었다. 여러분! 궐기하라! 우리들이 흘리는 선혈의 마지막 한 방울까지 조선 학생의 이익과 약소민족의 승리를 위하여 항쟁적 전투에 공헌하라!

① 김상옥이 종로 경찰서에 폭탄을 투척하였다.
② 동아일보를 중심으로 브나로드 운동이 전개되었다.
③ 고액 소작료에 반발하여 암태도 소작 쟁의가 발생하였다.
④ 사회주의 세력의 활동 방향을 밝힌 정우회 선언이 발표되었다.
⑤ 일제가 데라우치 총독 암살 미수 사건을 계기로 105인 사건을 날조하였다.

594

제50회 36번

(가) 단체의 활동으로 옳은 것은? [1점]

> [역사 다큐멘터리 기획안]
>
> (가) , 좌우가 힘을 합쳐 창립하다
>
> ■ 기획 의도
> 일제 강점기 최대 규모의 사회 단체인 (가) 에 대한 다큐멘터리를 제작하여 그 역사적 의미를 살펴본다.
>
> ■ 장면별 구성 내용
> - 정우회 선언을 작성하는 장면
> - 이상재가 회장으로 추대되는 장면
> - 전국 주요 도시에 지회가 설립되는 장면
> - 순회 강연단을 조직하고 농민 운동을 지원하는 장면

① 평양에 자기 회사를 설립하였다.
② 2·8 독립 선언서를 작성하여 발표하였다.
③ 제국신문을 발행하여 민중 계몽에 힘썼다.
④ 어린이날을 제정하고 잡지 어린이를 간행하였다.
⑤ 광주 학생 항일 운동에 진상 조사단을 파견하였다.

595

제49회 40번

(가) 민족 운동에 대한 설명으로 옳은 것은? [2점]

> • 대한 독립운동가여 단결하라!
> • 일제 납세를 거부하자!
> • 일본 물자를 배척하자!
> • 언론·출판·집회의 자유를!
> • 보통 교육은 의무 교육으로!
> • 교육 용어는 조선어로!

이것은 순종의 인산일에 일어난 (가) 당시 장례 행렬에 모인 사람들에게 뿌려진 격문의 일부입니다.

① 대구에서 시작되어 전국으로 확산되었다.
② 대한민국 임시 정부 수립에 영향을 주었다.
③ 민족주의 진영과 사회주의 진영이 함께 준비하였다.
④ 일제가 이른바 문화 통치를 실시하는 배경이 되었다.
⑤ 신간회 중앙 본부가 진상 조사단을 파견하여 지원하였다.

596

제53회 41번

다음 대화에 나타난 민족 운동에 대한 설명으로 옳은 것은? [2점]

얼마 전 종로 일대에서 일어난 만세 시위 소식을 들었는가? 이날 체포된 학생들에 대한 공판이 곧 열린다더군.

융희 황제의 인산일에 학생들이 격문을 뿌리고 만세를 외친 그 사건 말씀이시죠? 사전에 권오설 선생 등이 경찰에게 체포되어서 걱정이었는데, 학생들 덕분에 시위가 가능했지요.

① 원산 총파업의 노동자들과 연대하였다.
② 치안 유지법이 제정되는 결과를 가져왔다.
③ 국민 대표 회의가 개최되는 계기가 되었다.
④ 한·일 학생 간 충돌이 발단이 되어 일어났다.
⑤ 민족 협동 전선인 신간회 결성에 영향을 미쳤다.

597

제55회 41번

밑줄 그은 '이 운동'에 대한 설명으로 옳은 것은?　　　[1점]

이것은 '학생의 날' 기념우표이다. 학생의 날은 1929년 한·일 학생 간 충돌을 계기로 광주에서 일어나 전국으로 확산된 이 운동을 기리기 위해 1953년에 제정되었다. 우표는 이 운동의 기념탑과 당시 학생들의 울분을 함께 형상화하여 도안되었다. 학생의 날은 2006년부터 '학생 독립운동 기념일'로 명칭이 변경되었다.

① 조선 형평사를 중심으로 전개되었다.
② 순종의 인산일을 기회로 삼아 추진되었다.
③ 대한민국 임시 정부 수립에 영향을 주었다.
④ 국내에서 민족 유일당 운동이 시작되는 계기가 되었다.
⑤ 신간회 중앙 본부가 진상 조사단을 파견하여 지원하였다.

598

제73회 40번

밑줄 그은 '사건'에 대한 설명으로 옳은 것은?　　　[2점]

□□신문

제△△호　　　　　　　　　　　　　1929년 ○○월 ○○일

신간회, 최고 간부를 광주로 특파하다

지난 3일 전남 광주에서 일어난 고등 보통학교 학생 대 중학생의 충돌 사건에 대하여 신간회 본부에서는 지난 5일 중앙 상무 집행 위원회의 결의로 장성, 송정, 광주 세 지회에 긴급 조사를 지시하며 사태의 진전을 주시하고 있었다. 지난 8일 밤에는 신간회 주요 간부들이 긴급 상의한 결과, 사건 내용을 철저히 조사하는 동시에 구금된 학생들의 석방을 교섭하기 위하여 신간회 중앙 집행 위원장 허헌 씨와 서기장 황상규 씨, 회계장 김병로 씨 등 최고 간부를 광주까지 특파하였다고 한다.

① 순종의 인산일을 기회로 삼아 일어났다.
② 조선어 학회가 해산되는 결과를 가져왔다.
③ 정우회 선언을 발표하는 데 영향을 주었다.
④ 전국적인 시위와 동맹 휴학으로 확산하였다.
⑤ 일제가 이른바 문화 통치를 실시하는 계기가 되었다.

599

제69회 37번

(가)~(다)를 발표된 순서대로 옳게 나열한 것은?　　　[3점]

(가) 우리들 민중의 통곡과 복상이 결코 이척[순종]의 죽음에 있지 않다는 것을 민중 각자의 마음속에 그것을 명백히 말해 주고 있다. 우리들의 비애와 통렬한 애도는 경술년 8월 29일 이래 쌓이고 쌓인 슬픔이다. …… 금일의 통곡·복상의 충성과 의분을 돌려 우리들의 해방 투쟁에 바치자!

(나) 조선 민족의 정치적 의식이 발달함에 따라 민족적 중심 단결을 요구하는 시기를 맞이하여 민족주의를 표방한 신간회가 발기인의 연명으로 3개 조의 강령을 발표하였다. ……
1. 우리는 정치적·경제적 각성을 촉진함
1. 우리는 단결을 공고히 함
1. 우리는 기회주의를 일체 부인함

(다) 우리 2천만 생령(生靈)을 사랑하고 조국을 사랑하는 광주 학생 남녀 수십 명이 중상을 입었다. 고뇌하는 청년 학생 2백 명이 불법으로 철창 속에 갇혀 있다. …… 우리들은 광주 학생의 석방을 요구하는 동시에 참을 수 없는 피눈물로 시위 대열에 나가는 것이다.

① (가) - (나) - (다)　　　② (가) - (다) - (나)
③ (나) - (가) - (다)　　　④ (나) - (다) - (가)
⑤ (다) - (나) - (가)

600

제73회 38번

(가) 단체에 대한 설명으로 옳은 것은?　　　[2점]

한 나라 한 사회나 한 집안의 장래를 맡은 사람은 누구인가. 곧 그 집안이나 그 사회나 그 나라의 아들과 손자일 것이다. …… (가) 은/는 어린이를 위한 부모의 도움이 두터워지기를 바라는 마음에서 5월 1일 오늘을 기회로 삼아 '어린이의 날'이라고 이름하고, 소년 회원이 거리마다 늘어서서 "항상 10년 후의 조선을 생각하십시오."라고 쓴 인쇄물을 배포하며 취지를 선전했다. 이러한 일은 조선 소년 운동의 처음이며, 다른 사회에서도 많이 응원하여 노력하기를 바란다.

① 한글 맞춤법 통일안을 제정하였다.
② 기관지로 진단 학보를 발행하였다.
③ 오산 학교를 설립하여 인재를 양성하였다.
④ 김기전, 방정환 등이 주축이 되어 활동하였다.
⑤ 여성 교육의 중요성을 강조한 여권통문을 발표하였다.

601

다음 자료에 나타난 사회 운동에 대한 설명으로 옳은 것은? [2점]

> **어린 동무들에게**
>
> - 돋는 해와 지는 해를 반드시 보기로 합시다.
> - 어른에게는 물론이고 당신들끼리도 서로 존대하기로 합시다.
> - 뒷간이나 담벽에 글씨를 쓰거나 그림 같은 것을 그리지 말기로 합시다.
> - 길가에서 떼를 지어 놀거나 유리 같은 것을 버리지 말기로 합시다.
> - 꽃이나 풀을 꺾지 말고, 동물을 사랑하기로 합시다.
> - 전차나 기차에서는 어른에게 자리를 사양하기로 합시다.
> - 입을 꼭 다물고 몸은 바르게 가지기로 합시다.
>
> – 1923년 5월 1일 어린이날 기념 선전문 –

① 통감부의 탄압으로 중단되었다.
② 김광제, 서상돈 등이 주도하였다.
③ 서당 규칙을 제정하는 계기가 되었다.
④ 천도교 세력이 중심이 되어 추진하였다.
⑤ 평양에서 시작하여 전국으로 확산되었다.

602

다음 잡지가 발간되던 기간에 있었던 사실로 옳은 것은? [2점]

방정환이 이끈 천도교 소년회는 "씩씩하고 참된 소년이 됩시다. 그리고 늘 서로 사랑하며 도와갑시다."를 신조로 잡지 어린이를 간행하였다. 그 주요 내용은 아동 문학과 이야기, 그림, 교양 지식, 독자란 등으로 구성되어 있다. 천도교는 어린아이를 한울님처럼 대하라는 제2대 교주 최시형의 뜻을 이어받아 소년 운동을 적극적으로 전개하였다.

① 박은식 등이 조선 광문회를 조직하였다.
② 안국선이 신소설 금수회의록을 집필하였다.
③ 나운규가 제작한 영화 아리랑이 처음 개봉되었다.
④ 국내 최초의 서양식 극장인 원각사가 건립되었다.
⑤ 주시경이 국문 연구소를 세워 한글을 체계적으로 연구하였다.

603

(가) 단체에 대한 설명으로 옳은 것은? [2점]

> **이달의 독립운동가**
>
> 민족 독립과 여성 해방을 꿈꾼
> **박차정(朴次貞)**
> (1910~1944)
>
> 부산 동래 출신. 1927년 신간회의 자매단체로 결성된 [(가)]의 중앙 집행 위원으로 활동하였다. 광주 학생 항일 운동에 동조하여 서울에서 시위를 주도하였다가 불구속으로 나온 후 중국으로 망명하였다. 1938년 조선 의용대의 부녀 복무 단장이 되어 남편 김원봉과 함께 무장 투쟁을 활발히 전개하였다. 이듬해 쿤룬산 전투에서 부상을 당해 후유증으로 순국하였다.

① 상하이에서 대동단결 선언을 발표하였다.
② 일제의 황무지 개간권 요구를 저지하였다.
③ 여성 교육을 위해 배화 학당을 설립하였다.
④ 조선 여성의 단결과 지위 향상을 목표로 하였다.
⑤ 어린이 등의 잡지를 발간하여 소년 운동을 주도하였다.

604

다음 강령을 발표한 단체에 대한 설명으로 옳은 것은? [2점]

> **행동 강령**
>
> 1. 여성에 대한 사회적·법률적 일체 차별 철폐
> 2. 일체 봉건적 인습과 미신 타파
> 3. 조혼 폐지 및 결혼의 자유
> 4. 인신매매 및 공창 폐지
> 5. 농민 부인의 경제적 이익 옹호
> 6. 부인 노동의 임금 차별 철폐 및 산전 산후 임금 지불
> 7. 부인 및 소년공의 위험 노동 및 야업 폐지

① 3·1 운동에 주도적으로 참여하였다.
② 상하이에서 대동단결 선언을 발표하였다.
③ 여성 교육을 위해 이화 학당을 설립하였다.
④ 최초의 여성 권리 선언문인 여권통문을 공표하였다.
⑤ 민족주의 계열과 사회주의 계열의 여성들이 연합하였다.

605

(가) 운동에 대한 설명으로 옳은 것은? [1점]

이것은 (가) 을/를 주도한 단체의 제7회 전국 대회 포스터입니다. '모히라! 자유 평등의 기치하에로'라는 문구가 있으며, '경성 천도교 기념관'에서 개최된다고 알리고 있습니다. 진주에서 시작된 (가) 은/는 '공평은 사회의 근본이요, 애정은 인류의 본량(本良)'이라는 구호 아래 전개되었습니다.

① 통감부의 탄압으로 중단되었다.
② 중국의 5·4 운동에 영향을 주었다.
③ 대한 자강회가 결성되는 배경이 되었다.
④ 백정에 대한 사회적 차별 철폐를 주장하였다.
⑤ 여성 교육의 중요성을 강조한 여권통문을 발표하였다.

606

밑줄 그은 '이 운동'에 대한 설명으로 옳은 것은? [1점]

진주에 있는 이곳은 독립운동가 강상호 선생의 묘입니다. 그는 '공평은 사회의 근본이요, 애정은 인류의 본령'이라는 취지 아래 백정에 대한 권익 보호를 목적으로 전개된 이 운동에 앞장섰습니다.

① 어린이날을 정하고 잡지 어린이를 발간하였다.
② 조선 형평사를 조직하여 사회적 차별에 맞섰다.
③ 계몽 서적의 보급을 위해 태극 서관을 설립하였다.
④ 일제가 이른바 문화 통치를 실시하는 결과를 가져왔다.
⑤ 라이징 선 석유 회사의 조선인 구타 사건을 계기로 시작되었다.

607

(가) 단체에 대한 설명으로 옳은 것은? [2점]

판결문

피고 : 오복영 외 1인
주문 : 피고 두 명을 각 징역 7년에 처한다.
이유
제1. 피고 오복영은 이전부터 조선 독립을 희망하고 있었다.
1. 대정 11년(1922) 11월 중 김상옥, 안홍한 등이 조선 독립 자금 강탈을 목적으로 권총, 불온문서 등을 가지고 조선에 오는 것을 알고 천진에서 여비 40원을 조달함으로써 동인 등으로 하여금 조선으로 들어오게 하고
2. 대정 12년(1923) 8월 초순 (가) 단원으로 활약할 목적으로 피고 이영주의 권유에 의해 동 단에 가입하고
3. 이어서 피고 이영주와 함께 (가) 단장 김원봉 및 단원 유우근의 지휘하에 피고 두 명은 조선 내 관리를 암살하고 주요 관아, 공서를 폭파함으로 민심의 동요를 초래하고 ……

① 일제의 황무지 개간권 요구를 저지하였다.
② 일제가 조작한 105인 사건으로 큰 타격을 입었다.
③ 단원인 나석주가 동양 척식 주식회사에 폭탄을 던졌다.
④ 조선 총독부에 국권 반환 요구서를 제출하고자 하였다.
⑤ 이륭양행에 교통국을 설치하여 국내와 연락을 취하였다.

608

(가) 단체에 대한 설명으로 옳은 것은? [2점]

〈영화 제작 기획안〉

청년 김상옥

■ 기획 의도
김상옥의 주요 활동을 영화로 제작하여 독립운동가의 치열했던 삶과 항일 투쟁의 역사적 의미를 되새겨 본다.

■ 대본 개요
1. 혁신공보를 발행하며 계몽 운동에 힘쓰다.
2. 김원봉이 조직한 (가) 의 일원이 되다.
3. 종로 경찰서에 폭탄을 투척하다.
4. 일제 경찰과 총격전을 벌이다.

① 조선 혁명 선언을 행동 강령으로 삼았다.
② 비밀 행정 조직으로 연통제를 실시하였다.
③ 고종의 밀지를 받아 결성된 비밀 단체이다.
④ 도쿄에서 일어난 이봉창 의거를 계획하였다.
⑤ 신흥 무관 학교를 세워 무장 투쟁을 준비하였다.

609

제43회 43번

(가) 단체에 대한 설명으로 옳은 것은?　　[2점]

> 김창숙은 동년 음력 3월 중순에 상하이에 도착하여 본래부터 친분이 있는 (가) 의 간부 김원봉, 유우근, 한봉근 등을 만나 여러 가지로 의논하였다. …… (가) 의 단원인 나석주를 조선에 잠입시켜 동양 척식 주식회사, 조선 식산 은행 등에 폭탄을 던지고 권총을 난사하여 인명을 살상케 하였다는 것인데, 김창숙은 나석주가 조선에 건너가서 암살할 자로 영남의 부호 장모, 하모, 권모 등을 지적한 일까지 있었다고 한다.

① 태평양 전쟁 발발 이후에 조직되었다.
② 고종의 밀지를 받아 결성된 비밀 단체였다.
③ 만민 공동회를 열어 민권 신장을 추구하였다.
④ 일제가 조작한 105인 사건으로 큰 타격을 입었다.
⑤ 단원 일부가 황푸 군관 학교에 입학해 군사 훈련을 받았다.

610

제70회 39번

밑줄 그은 '시기'에 볼 수 있는 모습으로 가장 적절한 것은?　　[3점]

① 관민 공동회에서 연설하는 백정
② 교육 입국 조서를 발표하는 관리
③ 원각사에서 은세계 공연을 보는 관객
④ 전차 개통식에 참여하는 한성 전기 회사 직원
⑤ 카프(KAPF)를 형성하여 활동하는 신경향파 작가

611

제37회 41번

(가) 인물에 대한 설명으로 옳은 것은?　　[3점]

① 여유당전서를 간행하고 조선학 운동을 전개하였다.
② 서유견문을 집필하여 서양 근대 문명을 소개하였다.
③ 한국독립운동지혈사에서 독립 투쟁 과정을 서술하였다.
④ 독사신론을 발표하여 민족을 역사 서술의 중심에 두었다.
⑤ 조선사회경제사에서 식민 사학의 정체성 이론을 반박하였다.

612

제60회 35번

밑줄 그은 '나'의 활동으로 옳은 것은?　　[2점]

① 여유당전서를 간행하고 조선학 운동을 주도하였다.
② 유교의 개혁을 주장하는 유교 구신론을 제창하였다.
③ 조선사 편수회에 들어가 조선사 편찬에 참여하였다.
④ 조선사회경제사에서 식민 사학의 정체성론을 반박하였다.
⑤ 민중의 직접 혁명을 주장한 조선 혁명 선언을 작성하였다.

VII
일제
강점기

613

(가), (나) 인물의 활동으로 옳은 것은? [2점]

> 옛 사람이 말하기를 나라는 멸망할 수 있으나 그 역사는 없어질 수 없다고 했으니, 이는 나라가 형체라면 역사는 정신이기 때문이다.

> 우리 조선의 역사는 세계사적·일원론적인 역사 법칙에 의해 다른 민족들과 거의 같은 궤도로 발전 과정을 거쳐 왔다.

(가)　　　　　　(나)

① (가) - 한국독립운동지혈사에서 독립 투쟁 과정을 서술하였다.
② (가) - 유물 사관을 토대로 식민 사학의 정체성론을 반박하였다.
③ (나) - 진단 학회를 창립하여 실증주의 사학을 발전시켰다.
④ (나) - 독사신론을 발표하여 민족을 역사 서술의 중심에 두었다.
⑤ (가), (나) - 조선학 운동을 주도하며 여유당전서를 간행하였다.

614

다음 가상 인터뷰의 주인공에 대한 설명으로 옳은 것은? [2점]

> 선생께서 한국독립운동지혈사를 저술하신 동기를 말씀해 주시겠습니까?

> 일제의 침략과 탄압에 맞선 우리 독립 투쟁의 역사를 구체적인 자료를 통해 보여 주고, 한국인의 긍지와 민족의식을 고양시키고자 책을 쓰게 되었습니다.

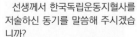

① 민족의 얼을 강조하고 조선학 운동을 추진하였다.
② 진단 학회를 설립하여 실증주의 사학을 발전시켰다.
③ 조선사 편수회에 들어가 조선사 편찬에 참여하였다.
④ 유물 사관을 바탕으로 조선사회경제사를 저술하였다.
⑤ 한국통사를 저술하고 민족주의 사학의 기초를 닦았다.

615

(가)~(마)에 들어갈 내용으로 옳은 것은? [2점]

○○○ 한국 근대사 강의실 ✕

전체 글보기 | 이미지 모아보기 | 카페 태그 보기 | 카페 캘린더

- 전체 글보기(91)
- 카페북 책꽂이
- 공지사항
- 카페 회칙
- 강의 계획서
- **과제 제출방**
- Q&A 게시판

■ 한국 근대사 조별 과제 안내
　일제 강점기 종교계의 활동을 주제로 보고서를 작성한 후 제목과 함께 게시판에 올려 주세요.
　※ 과제 마감일은 10월 22일입니다.

번호		제목
1	1조 - 개신교,	(가)
2	2조 - 대종교,	(나)
3	3조 - 원불교,	(다)
4	4조 - 천도교,	(라)
5	5조 - 천주교,	(마)

① (가) - 단군 숭배 사상을 통해 민족의식을 높이다
② (나) - 의민단을 조직하여 무장 투쟁을 전개하다
③ (다) - 간척 사업을 진행하고 새 생활 운동을 펼치다
④ (라) - 배재 학당을 세워 신학문 보급에 기여하다
⑤ (마) - 어린이날을 제정하고 소년 운동을 추진하다

616

(가) 인물에 대한 설명으로 옳은 것은? [2점]

> 저는 지금 카자흐스탄 크질오르다에 있습니다. 이곳은 (가) 이/가 근무하였던 옛 고려 극장 건물입니다. 대한 독립군 총사령관이었던 그는 1937년 옛 소련의 강제 이주 정책에 의해 연해주에서 중앙아시아 지역으로 이주하였습니다. 최근 그의 유해 봉환 문제가 제기되면서 국내외 독립운동가의 예우와 선양 사업에 대한 관심이 높아지고 있습니다.

① 양기탁 등과 함께 신민회를 조직하였다.
② 광복에 대비하여 조선 건국 동맹을 결성하였다.
③ 봉오동 전투에서 일본군을 상대로 승리를 거두었다.
④ 독립군을 양성하기 위하여 신흥 강습소를 설립하였다.
⑤ 독립 투쟁 과정을 정리한 한국독립운동지혈사를 저술하였다.

617

제68회 40번

(가) 부대에 대한 설명으로 옳은 것은? [2점]

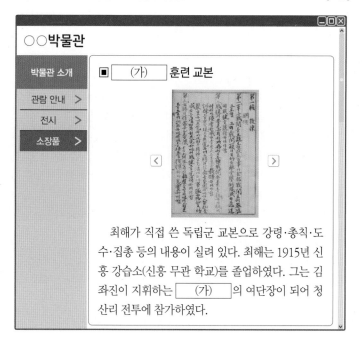

최해가 직접 쓴 독립군 교본으로 강령·총칙·도수·집총 등의 내용이 실려 있다. 최해는 1915년 신흥 강습소(신흥 무관 학교)를 졸업하였다. 그는 김좌진이 지휘하는 ⬛(가)⬛ 의 여단장이 되어 청산리 전투에 참가하였다.

① 대전자령에서 일본군을 기습하였다.
② 영릉가에서 일본군에 승리를 거두었다.
③ 동북 항일 연군으로 개편되어 유격전을 전개하였다.
④ 중광단을 중심으로 조직되어 항일 독립 전쟁에 참여하였다.
⑤ 인도·미얀마 전선에 파견되어 영국군과 연합 작전을 펼쳤다.

618

제46회 36번

다음 사건이 일어난 이후의 사실로 옳은 것을 〈보기〉에서 고른 것은? [2점]

천수평에서 북로 군정서의 기습 공격을 받아 참패한 일본군은 그들을 추격하여 어랑촌으로 들어갔다. 어랑촌 전투는 해가 질 때까지 계속되었는데, 북로 군정서는 지형적 이점을 활용하여 일본군의 공격을 효과적으로 방어하였다. 교전 중 독립군 연합 부대가 합류하였고, 치열한 접전 끝에 일본군에 큰 승리를 거두었다.

보기

ㄱ. 13도 창의군이 서울 진공 작전을 추진하였다.
ㄴ. 일제가 중국 군벌과 미쓰야 협정을 체결하였다.
ㄷ. 일제가 이른바 남한 대토벌 작전을 전개하였다.
ㄹ. 독립군이 전열을 정비하기 위해 자유시로 이동하였다.

① ㄱ, ㄴ   ② ㄱ, ㄷ   ③ ㄴ, ㄷ
④ ㄴ, ㄹ   ⑤ ㄷ, ㄹ

619

제59회 36번

다음 상황이 나타나게 된 배경으로 가장 적절한 것은? [2점]

경신년 시월에 일본 토벌대들이 전 만주를 휩쓸어 애국지사들은 물론이고 농민들도 무조건 잡아다 학살하였다. …… 독립군의 성과가 컸기 때문에 그에 대한 보복으로 일본군이 대학살을 감행한 것이었다. 이것이 이른바 경신참변이다. 그래서 애국지사들은 가족들을 두고 단신으로 길림성 오상현, 흑룡강성 영안현 등으로 흩어졌다.

– "아직도 내 귀엔 서간도 바람소리가"

① 조선 의용대가 호가장 전투에서 활약하였다.
② 대한 독립군 등이 봉오동에서 일본군을 격파하였다.
③ 조선 혁명군이 영릉가에서 일본군에 승리를 거두었다.
④ 한국 독립군이 대전자령 전투에서 일본군을 격퇴하였다.
⑤ 대한민국 임시 정부가 직할 부대로 참의부를 결성하였다.

620

제56회 40번

(가)~(다) 학생이 발표한 내용을 일어난 순서대로 옳게 나열한 것은? [3점]

① (가) - (나) - (다)   ② (가) - (다) - (나)
③ (나) - (가) - (다)   ④ (나) - (다) - (가)
⑤ (다) - (나) - (가)

4 1930년대 이후 저항

정답과 해설 122쪽

621
밑줄 그은 '의거'를 일으킨 단체에 대한 설명으로 옳은 것은?

제51회 45번
[1점]

이 사진은 1945년 9월 2일 일왕을 대신하여 일본의 외무대신이 연합군 앞에서 항복 문서에 서명하는 장면입니다.

서명하는 인물은 시게미쓰 마모루인데, 그는 윤봉길의 상하이 훙커우 공원 의거 당시 폭탄에 맞아 다리를 다쳤습니다.

① 신채호의 조선 혁명 선언을 활동 지침으로 삼았다.
② 김구를 단장으로 하여 활발한 의열 활동을 펼쳤다.
③ 조선 총독을 저격한 강우규가 단원으로 활동하였다.
④ 이상재 등의 주도로 민립 대학 설립 운동을 전개하였다.
⑤ 진상 조사단을 파견하여 광주 학생 항일 운동을 지원하였다.

622
(가), (나) 사이의 시기에 있었던 사실로 옳은 것은?

제48회 42번
[3점]

(가) 동북 3성의 군벌 장작림(張作霖)과 일본과의 협정이 성립되어 독립운동하는 한국인은 잡히는 대로 왜에게 넘겨졌다. 심지어 중국 백성들은 한국인 한 명의 머리를 베어 왜놈 영사관에 가서 몇십 원 내지 3, 4원씩 받고 팔기도 했다.

(나) 나와 공근은 상해의 프랑스 조계를 떠나 기차역으로 가서 그날로 가흥(嘉興)으로 피신하였다. 그곳은 박찬익 형이 은주부와 저보성 제씨(諸氏)에게 주선하여 며칠 전에 엄항섭 군의 가족과 김의한 일가, 석오 이동녕 선생이 벌써 이사하였던 곳이다.

– "백범일지" –

① 일본군의 보복으로 간도 참변이 발생하였다.
② 한국 광복군이 국내 진공 작전을 준비하였다.
③ 한인 애국단이 조직되어 의거 활동을 전개하였다.
④ 일본의 토지 침탈을 막고자 농광 회사가 설립되었다.
⑤ 삼균주의에 입각한 대한민국 건국 강령이 발표되었다.

623
다음 상황 이후에 전개된 사실로 옳은 것은?

제44회 38번
[3점]

개별적인 의거 활동에 한계를 느낀 김원봉을 비롯한 단원들은 황푸 군관 학교에 입교하여 군사 훈련을 받은 후 새로운 활동 방향을 모색하였다. 이러한 움직임은 '통일적 총지휘 기관의 확립'을 촉구하는 '대독립당 촉성회에 대한 선언'을 선포하는 등 민족 협동 전선의 제창으로 나타났다. 이를 위해 먼저 정기 대표 회의에서 한·중 합작으로 군관 학교를 설립하여 '통일적 총지휘 기관'의 전위 투사를 양성하기로 결정하고, 조선 혁명 간부 학교를 설립하였다.

① 민족 혁명당이 결성되었다.
② 조선 혁명 선언이 작성되었다.
③ 한국 독립 유일당 북경 촉성회가 창립되었다.
④ 고종의 밀지를 받아 독립 의군부가 조직되었다.
⑤ 한성, 상하이, 연해주 지역의 임시 정부가 통합되었다.

624
(가) 부대에 대한 설명으로 옳은 것은?

제66회 36번
[2점]

남대관, 권수정 등은 전 한족총연합회 간부였던 지청천, 신숙 등과 함께 아성현(阿城縣)에서 한국대독립당을 조직하고 지청천을 총사령, 남대관을 부사령으로 하는 [(가)   ] 을/를 편성하였다. …… [(가)   ] 은/는 딩차오(丁超)의 군으로부터 무기를 지급받고 대원을 모집하여 일본 측 기관의 파괴, 일본 요인의 암살 등을 기도하였다.

① 청산리에서 일본군을 크게 격파하였다.
② 미군과 연계하여 국내 진공 작전을 준비하였다.
③ 대전자령 전투에서 일본군을 상대로 승리를 거두었다.
④ 중국 관내(關內)에서 결성된 최초의 한인 무장 부대였다.
⑤ 대한 국민회군 등과 연합하여 봉오동 전투에서 승리하였다.

625

다음 인물의 활동으로 옳은 것은?　　　　[2점]

[이달의 독립운동가]

한국 광복군 창설의 주역
○○○ 장군

- 생몰 : 1888년~1957년
- 주요 활동
  - 정의부 총사령관 역임
  - 한국 독립당 창당에 참여
  - 한국 광복군 총사령관 역임
- 서훈 내용
  건국 훈장 대통령장 추서

① 동양 척식 주식회사에 폭탄을 투척하였다.
② 대한 광복회를 조직하여 친일파를 처단하였다.
③ 쌍성보, 대전자령 전투에서 일본군을 격파하였다.
④ 대한 국민회군과 연합하여 봉오동 전투에서 승리하였다.
⑤ 민중의 직접 혁명을 주장하는 조선 혁명 선언을 집필하였다.

626

(가) 독립군 부대에 대한 설명으로 옳은 것은?　　[2점]

이곳은 국립현충원 애국지사 묘역에 있는 양세봉의 묘입니다. 그의 묘는 북한 애국열사릉에도 있어 그가 남북 모두로부터 추앙받는 인물임을 알 수 있습니다. 그는 남만주 일대에서 조직된 (가) 의 총사령으로 중국 의용군과 함께 항일 투쟁을 전개하였습니다.

① 영릉가 전투에서 승리하였다.
② 중광단을 중심으로 조직되었다.
③ 자유시 참변 이후 세력이 약화되었다.
④ 조선 혁명 간부 학교를 세워 군사력을 강화하였다.
⑤ 영국군의 요청으로 인도, 미얀마 전선에 투입되었다.

627

(가) 단체에 대한 설명으로 옳은 것은?　　[2점]

(가) 의 총사령 양세봉, 참모장 김학규 등은 일부 병력을 이끌고 중국 의용군 부대와 합세하였다. 일본군과 만주군이 신빈현성의 고지대를 거점으로 삼아 먼저 공격했으나 아군이 응전하여 이를 탈취하였다. 아군은 승세를 몰아 적들을 추격한 끝에 당일 오후 3시경 영릉가성을 점령하였다. 5일간의 격렬한 전투에서 한·중 연합군은 신빈현 일대 여러 곳을 점령하는 등 커다란 수확을 거두었다.

① 흥경성 전투에서 승리하였다.
② 자유시 참변 이후 세력이 약화되었다.
③ 중국 팔로군에 편제되어 항일 전선에 참여하였다.
④ 영국군의 요청으로 인도·미얀마 전선에서 활동하였다.
⑤ 북만주 지역에서 활동한 한국 독립당의 산하 부대였다.

628

(가) 부대에 대한 설명으로 옳은 것은?　　[3점]

조선 민족 혁명당 창립 제8주년 기념 선언

우리는 중국의 난징에서 5개 당을 통합하여 전체 민족을 대표하는 유일한 정당인 조선 민족 혁명당을 창립하였다. …… 아울러 중국과 한국의 연합 항일 진영을 건립하여야 했다. …… 이 때문에 우리는 1938년 (가) 을/를 조직하고 조선의 혁명 청년들을 단결시켜 장제스 위원장의 영도 아래 직접 중국의 항전에 참가하였고, 각 전쟁터에서 찬란한 전투 성과를 만들어냈다. …… 지난해 가을 (가) 와/과 한국 광복군의 통합 편성을 기반으로 전 민족의 통일을 성공적으로 구현하였다.

① 자유시 참변으로 큰 타격을 입었다.
② 대전자령 전투에서 일본군을 격퇴하였다.
③ 동북 항일 연군으로 개편되어 유격전을 펼쳤다.
④ 김원봉, 윤세주 등이 중국 관내(關內)에서 창설하였다.
⑤ 홍범도 부대와 연합하여 청산리에서 일본군과 교전하였다.

VII

일제
강점기

629

(가) 군사 조직에 대한 설명으로 옳은 것은? [2점]

오늘날 동양의 강도 일본 군벌은 아시아를 침략하고, 나아가서는 다년간의 헛된 꿈인 세계 정복으로 옮기려 하는 광기가 되어, 중화민국 침략 전쟁을 개시하였다. …… 중국에서 활동하고 있는 우리 조선 혁명가들은 모름지기 이 정의로운 전쟁에 직접 참가하고, 나아가 중국 항전 중에 조국의 독립을 쟁취해야 할 것이다. 이를 위해 우리는 우선 '조선 민족 전선 연맹'의 기치 아래 일치단결하고, 동시에 동양에 있어서의 항일의 위대한 최고 지도자인 장[제스] 위원장 아래 함께 모여, (가) 을/를 조직한 것이다.

① 영릉가 전투에서 일본군에게 승리하였다.
② 미군과 연계하여 국내 진공 작전을 계획하였다.
③ 동북 항일 연군으로 개편되어 유격전을 펼쳤다.
④ 쌍성보에서 중국 호로군과 연합 작전을 전개하였다.
⑤ 중국 관내(關內)에서 결성된 최초의 한인 무장 부대였다.

630

(가) 군사 조직에 대한 설명으로 옳은 것은? [2점]

이달의 독립운동가

홈 > 나라사랑광장 > 이달의 독립운동가

윤세주(1901~1942)
▶ 훈격 : 건국훈장 독립장 ▶ 서훈 연도 : 1982년

공훈록(요약)

경남 밀양 출생. 1919년 11월 만주에서 김원봉과 함께 의열단을 조직하였다. 국내에 들어온 그는 의열 투쟁을 계획하다 체포되어 수년간 옥고를 치렀다. 이후 중국 관내에서 결성된 최초의 한인 무장 조직인 (가) 의 주요 간부로 활약하였다. 1942년 타이항산에서 전사하였다.

① 홍범도가 총사령관으로 활약하였다.
② 영릉가 전투에서 일본군을 격퇴하였다.
③ 대원 일부가 한국 광복군에 합류하였다.
④ 도쿄에서 2·8 독립 선언을 계획하였다.
⑤ 상하이에서 대동단결 선언을 발표하였다.

631

(가) 부대에 대한 설명으로 옳은 것은? [3점]

우리들은 군사 통일에 대한 구체적 의견으로 (가) 와/과 한국 광복군을 합병하여 조선 민족 혁명군으로 편성하자는 방안을 제출하였다. …… 그러나 대한민국 임시 정부와 한국 광복군 측에서는 우리들의 주장을 종래 찬성하지 아니하였고, 결국 본대는 한국 광복군 제1지대로 개편하게 되었다. …… (가) 은/는 1938년 10월 10일 우한(武漢)에서 성립된 이래로 김원봉 대장의 정확한 영도 하에서 가장 우수한 수백 청년 간부의 희생적 분투와 노력에 의하여 모든 험로와 난관을 충파하면서 전진하여 왔으며 또 이런 과정을 통하여 과거 43개월간 광영한 역사를 창조하였다. …… 본대 전체 동지는 한국 광복군을 확대 발전시키기 위해 노력할 것을 언명한다.

① 동북 항일 연군으로 개편되어 유격전을 전개하였다.
② 간도 참변 이후 조직을 정비하고 자유시로 이동하였다.
③ 쌍성보, 대전자령 전투 등에서 일본군을 크게 물리쳤다.
④ 조선 민족 전선 연맹 산하의 군사 조직으로 결성되었다.
⑤ 홍범도 부대와 연합하여 청산리에서 일본군과 교전하였다.

632

(가)에 대한 설명으로 옳은 것은? [2점]

① 영릉가 전투에서 일본군에게 승리하였다.
② 중국 팔로군에 편제되어 항일 전선에 참여하였다.
③ 국내 정진군을 편성하여 국내 진공 작전을 추진하였다.
④ 중국 관내(關內)에서 결성된 최초의 한인 무장 부대이다.
⑤ 간도 참변 이후 밀산에서 집결하여 자유시로 이동하였다.

633

(가) 부대에 대한 설명으로 옳은 것은? [2점]

사진으로 보는 독립운동사

[해설] 이 사진은 충칭에서 열린 대한민국 임시 정부의 ' (가) 총사령부 성립 전례식' 기념사진 중 하나이다. 사진에는 대한민국 임시 정부 주석 김구와 함께 이 부대의 총사령관인 지청천이 '광복 조국'이 쓰인 기를 들고 있는 모습이 보인다. (가) 은/는 영국군의 요청으로 인도, 미얀마 전선에서 작전을 펼치는 등 활발한 활동을 전개하였다.

① 자유시 참변으로 세력이 약화되었다.
② 영릉가에서 일본군에 승리를 거두었다.
③ 봉오동 전투에서 일본군을 크게 물리쳤다.
④ 미군과 연계하여 국내 진공 작전을 준비하였다.
⑤ 쌍성보 전투에서 한·중 연합 작전을 전개하였다.

634

밑줄 그은 '이 운동'의 표어로 적절한 것은? [1점]

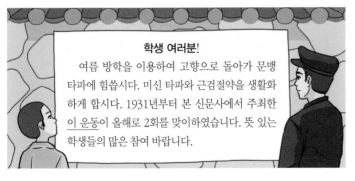

학생 여러분!
여름 방학을 이용하여 고향으로 돌아가 문맹 타파에 힘씁시다. 미신 타파와 근검절약을 생활화하게 합시다. 1931부터 본 신문사에서 주최한 이 운동이 올해로 2회를 맞이하였습니다. 뜻 있는 학생들의 많은 참여 바랍니다.

① 조선 사람 조선 것으로
② 잘살려면 어린이를 위하라
③ 한민족 1천만이 한 사람이 1원씩
④ 배우자 가르치자 다 함께 브나로드
⑤ 천차만별의 천시(賤視)를 철폐하자

635

(가) 단체에 대한 설명으로 옳은 것은? [2점]

이것은 (가) 이/가 1933년에 만든 한글 맞춤법 통일안의 총론입니다. (가) 은/는 기관지 한글을 간행하고 외래어 표기법 통일안을 마련하는 등 우리말을 지키기 위해 노력하였습니다. 그러나 일제가 1942년에 치안 유지법 위반 명목으로 회원들을 구속하면서 활동이 중단되었습니다.

총 론
1. 한글 마춤법(綴字法)은 표준말을 그 소리대로 적되, 어법에 맞도록 함으로써 원칙을 삼는다.
2. 표준말은 대체로 현재 중류 사회에서 쓰는 서울말로 한다.
3. 문장의 각 단어는 띄어 쓰되, 토는 그 웃 말에 붙여 쓴다.

① 우리말 큰사전 편찬을 시도하였다.
② 한글 신문인 제국신문을 간행하였다.
③ 최초로 한글에 띄어쓰기를 도입하였다.
④ 우리말 음운 연구서인 언문지를 저술하였다.
⑤ 한글 연구를 목적으로 학부 아래에 설립되었다.

636

(가) 단체에 대한 설명으로 옳은 것은? [2점]

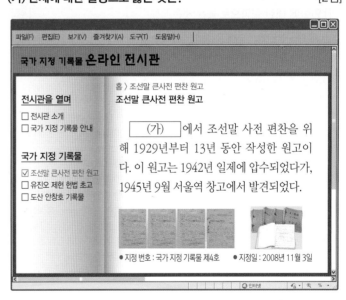

파일(F) 편집(E) 보기(V) 즐겨찾기(A) 도구(T) 도움말(H)

국가 지정 기록물 온라인 전시관

전시관을 열며
□ 전시관 소개
□ 국가 지정 기록물 안내

국가 지정 기록물
☑ 조선말 큰사전 편찬 원고
□ 유인오 제헌 헌법 초고
□ 도산 안창호 기록물

홈 〉 조선말 큰사전 편찬 원고
조선말 큰사전 편찬 원고

(가) 에서 조선말 사전 편찬을 위해 1929부터 13년 동안 작성한 원고이다. 이 원고는 1942년 일제에 압수되었다가, 1945년 9월 서울역 창고에서 발견되었다.

● 지정 번호 : 국가 지정 기록물 제4호   ● 지정일 : 2008년 11월 3일

① 국어 문법서인 대한문전을 편찬하였다.
② 한글 맞춤법 통일안과 표준어를 제정하였다.
③ 우리말 음운 연구서인 언문지를 저술하였다.
④ 한글 연구를 목적으로 학부 아래에 설립되었다.
⑤ 주시경을 중심으로 국문을 정리하고 철자법을 연구하였다.

637

(가) 인물의 활동으로 옳은 것은? [3점]

> 도시샤 대학에 있는 이 시비는 민족 문학가인 (가) 을/를 기리기 위해 세워졌습니다. 비석에는 '죽는 날까지 하늘을 우러러'로 시작되는 그의 작품이 서시가 새겨져 있습니다. 북간도 출신인 그는 일본 유학 중 치안 유지법 위반 혐의로 체포되어 옥중에서 순국하였습니다.

① 조선상고사를 저술하였다.
② 소설 상록수를 신문에 연재하였다.
③ 저항시 광야, 절정 등을 발표하였다.
④ 영화 아리랑의 제작과 감독을 맡았다.
⑤ 별 헤는 밤, 참회록 등의 시를 남겼다.

638

(가) 인물에 대한 설명으로 옳은 것은? [3점]

문학으로 보는 한국사

> 내 고장 칠월은
> 청포도가 익어가는 시절
>
> 이 마을 전설이 주저리주저리 열리고
> 먼 데 하늘이 꿈꾸며 알알이 들어와 박혀
>
> 하늘 밑 푸른 바다가 가슴을 열고
> 흰 돛단배가 곱게 밀려서 오면
>
> 내가 바라는 손님은 고달픈 몸으로
> 청포(靑袍)를 입고 찾아온다고 했으니
>
> 내 그를 맞아 이 포도를 따 먹으면
> 두 손은 함뿍 적셔도 좋으련
>
> 아이야, 우리 식탁엔 은쟁반에
> 하이얀 모시 수건을 마련해 두렴

[해설]

이 시는 독립운동가이자 문학가인 (가) 의 '청포도'이다. 그는 이 시를 비롯한 다양한 작품에서 식민지 현실에 맞서 꺼지지 않는 민족의식을 표현하였다.

그의 본명은 이원록으로 안동에서 태어났고, 1927년 장진홍의 조선 은행 대구 지점 폭탄 의거에 연루되어 투옥되었다. 이후에도 그는 중국을 오가며 독립운동에 힘쓰다가 1943년 체포되어 이듬해 베이징의 일본 감옥에서 생을 마감하였다.

① 소설 상록수를 신문에 연재하였다.
② 광야, 절정 등의 저항시를 발표하였다.
③ 타이완에서 일본 육군 대장을 저격하였다.
④ 삼균주의를 바탕으로 한 건국 강령을 만들었다.
⑤ 여유당전서를 간행하고 조선학 운동을 전개하였다.

639

(가)에 들어갈 내용으로 적절한 것은? [2점]

> **자료로 보는 한국 영화**
>
>
>
> 이 자료는 일제 강점기에 발행된 극장 홍보지로, 심훈이 감독한 무성 영화 '먼동이 틀 때'를 소개한 것이다. 이 영화는 나운규의 '아리랑'에 이어 한국 영화 초기 명작으로 평가받기도 한다. 이외에도 심훈은 다수의 시나리오와 영화 평론을 집필하였으며, (가)

① 별 헤는 밤, 참회록 등의 시를 남겼다.
② 국문 연구소의 연구 위원으로 활동하였다.
③ 근대극 형식을 도입한 토월회를 조직하였다.
④ 실천적인 유교 정신을 강조하는 유교 구신론을 저술하였다.
⑤ 브나로드 운동을 소재로 한 소설 상록수를 신문에 연재하였다.

640

(가)에 대한 설명으로 옳은 것은? [3점]

> **● 학술 대회 안내 ●**
>
> 우리 학회는 일제의 식민 지배 이데올로기에 대항하여 한국 역사와 문화의 독자성·주체성을 탐구한 민족 운동인 (가) 의 역사적 의의를 조명하는 학술 대회를 개최합니다.
>
> **◈ 발표 주제 ◈**
> 1. 정인보의 조선 양명학 연구와 얼 사상
> 2. 안재홍의 조선학과 신민족주의론
> 3. 문일평의 조선학론과 역사 대중화
>
> ■ 일시 : 2018년 ○○월 ○○일 13:00~17:00
> ■ 장소 : □□대학교 대강당
> ■ 주최 : △△ 학회

① 신경향파 문학이 등장하는 배경이 되었다.
② 여유당전서 간행 사업을 계기로 전개되었다.
③ 조선사 편수회를 설치하여 조선사를 편찬하였다.
④ 모금 활동을 통한 민립 대학 설립을 목표로 하였다.
⑤ 오산 학교와 대성 학교를 설립하여 민족 교육을 실시하였다.

641

(가)~(마)에 들어갈 내용으로 옳은 것은? [2점]

<수행 평가 보고서>

1. 주제 : 민족 문화 수호를 위한 노력
2. 내용 : 일제의 역사 왜곡과 동화(同化) 정책에 맞서 우리의 말과 역사를 지키고자 헌신한 인물들의 활동에 대하여 조사하였다.

인물	활동
신채호	(가)
백남운	(나)
정인보	(다)
이윤재	(라)
최현배	(마)

① (가) - 잡지 한글의 간행을 주도하였다.
② (나) - 한글 맞춤법 통일안 제정에 참여하였다.
③ (다) - 민족의 얼을 강조하고 조선학 운동을 추진하였다.
④ (라) - 애국심 고취를 위해 을지문덕전을 집필하였다.
⑤ (마) - 조선사회경제사에서 식민 사학의 정체성론을 반박하였다.

642

다음 글을 쓴 인물의 활동으로 옳은 것은? [2점]

우리 조선의 역사적 발전의 전 과정은 …… 외관상의 이른바 특수성이 다른 문화 민족의 역사적 발전 법칙과 구별될 만큼 독자적인 것은 아니며, 세계사적인 일원론적 역사 법칙에 의해 다른 여러 민족과 거의 같은 궤도의 발전 과정을 거쳐 왔던 것이다. …… 여기에서 조선사 연구의 법칙성이 가능하게 되며, 그리고 세계사적 방법론 아래서만 과거의 민족 생활 발전사를 내면적으로 이해함과 동시에 현실의 위압적인 특수성에 대해 절망을 모르는 적극적인 해결책을 발견할 수 있을 것이다.

① 조선사 편수회에 들어가 조선사 편찬에 참여하였다.
② 실증주의 사학의 연구를 위해 진단 학회를 창립하였다.
③ 한국독립운동지혈사에서 독립 투쟁 과정을 서술하였다.
④ 임시 사료 편찬회에서 한·일 관계 사료집을 편찬하였다.
⑤ 식민 사학을 반박하는 조선봉건사회경제사를 저술하였다.

643

다음 가상 인터뷰의 주인공에 대한 설명으로 옳은 것은? [2점]

며칠 전 경성에서 조선사회경제사 출판 축하회가 있었습니다. 저자로서 책에 대한 소개를 부탁드립니다.

저는 우리 역사의 전개 과정을 세계사의 보편적인 발전 법칙에 따라 네 단계로 나누어 파악하였습니다. 이 책에서는 그 중 원시 씨족 사회와 삼국 정립기의 노예제 사회에 대해 서술하였습니다.

① 진단 학회를 조직하였다.
② 한국독립운동지혈사를 저술하였다.
③ 식민 사학의 정체성론을 반박하였다.
④ 우리말 큰사전 편찬 사업을 추진하였다.
⑤ 민족의 얼을 강조하고 조선학 운동을 주도하였다.

644

다음 성명서가 발표된 이후의 사실로 옳은 것은? [3점]

금반 우리의 노동 정지는 다만 국제 통상 주식회사 원산 지점이 계약을 무시하고 부두 노동조합 제1구에 대하여 노동을 정지시킨 것으로 인하여 각 세포 단체가 동정을 표한 것뿐이다. 그러므로 결코 동맹 파업을 행한 것은 아니다. 그럼에도 불구하고 재향 군인회, 소방대가 출동한다 하여 온 도시를 경동케 함은 실로 이해할 수 없는 현상이니 …… 또한, 원산 상업 회의소가 우리 연합회 회원과 그 가족 만여 명을 비(非)시민과 같이 보는 행동을 감행하고 있는 것이 사실이므로 …… 상업 회의소에 대하여 입회 연설회를 개최할 것을 요구하였다.

─ 동아일보 ─

① 조선 노동 총동맹과 조선 농민 총동맹이 성립되었다.
② 경성 고무 여자 직공 조합이 아사 동맹을 결성하였다.
③ 노동자 강주룡이 을밀대 지붕에서 고공 농성을 전개하였다.
④ 전국 단위의 노동 운동 단체인 조선 노동 공제회가 조직되었다.
⑤ 백정에 대한 차별 철폐를 요구하는 조선 형평사가 창립되었다.

645

제39회 41번

다음 대화에 나타난 사건에 대한 설명으로 옳은 것은?　　　[2점]

저 여성은 을밀대 지붕 위에 올라가 무엇을 하고 있는 것이오?

평양의 평원 고무 공장에서 일하는 강주룡이 항의 농성을 하고 있는 중입니다.

① 조선 노동 총동맹 결성으로 이어졌다.
② 원산 총파업이 일어나는 계기가 되었다.
③ 대한매일신보 등 언론 단체들이 참여하였다.
④ 임금 삭감 반대, 노동 조건 개선을 주장하였다.
⑤ 백정에 대한 사회적 차별 철폐를 목적으로 하였다.

646

제73회 39번

밑줄 그은 '시기'에 볼 수 있는 모습으로 가장 적절한 것은?　　　[2점]

이 영상은 면양 장려 사업을 선전하기 위해 제작한 영화의 일부분으로, 대공황 이후 일제가 농촌 진흥 운동을 추진하던 시기의 모습을 담고 있습니다. 면양 장려 사업은 일본 기업 등에 공업 원료를 공급하기 위한 목적으로 실시되었습니다. 이 사업은 한반도 남부 지방에 면화 재배를 확대하는 면작 증식 계획과 함께 남면북양 정책으로 불렸습니다.

"북선의 양은 말한다"　11:30/20:45

① 근우회 창립총회에 참여하는 학생
② 경성 제국 대학 설립을 추진하는 관리
③ 원각사에서 연극 은세계를 공연하는 배우
④ 서울 진공 작전에 참여하는 13도 창의군 의병
⑤ 혁명적 농민 조합을 결성하여 일제에 저항하는 농민

1 다음 일제 식민 정책이 시행된 시기를 '1910년대', '1920년대', '1930년대 이후'로 구분하여 쓰시오.

(1) 여자 정신 근로령을 공포하였다. ( )

(2) 육군 특별 지원병제를 실시하였다. ( )

(3) 범죄 즉결례에 의해 한국인을 처벌하였다. ( )

(4) 식량 배급 및 미곡 공출 제도를 시행하였다. ( )

(5) 노동력 동원을 위해 국민 징용령을 시행하였다. ( )

(6) 애국반을 조직하여 한국인의 생활을 통제하였다. ( )

(7) 한국인에 한해 적용되는 조선 태형령을 공포하였다. ( )

(8) 강압적 통치를 목적으로 헌병 경찰 제도를 실시하였다. ( )

(9) 사회주의자를 탄압하기 위한 치안 유지법을 제정하였다. ( )

(10) 조선 사상범 예방 구금령을 통해 독립운동을 탄압하였다.
( )

(11) 민족 자본의 성장을 억제하기 위해 회사령을 공포하였다.
( )

(12) 농민의 자력갱생을 내세운 농촌 진흥 운동을 실시하였다.
( )

(13) 식민지 교육 방침을 규정한 제1차 조선 교육령을 제정하였다.
( )

(14) 근대적 토지 소유권 확립을 명분으로 토지 조사 사업을 실시하였다.
( )

(15) 독립운동을 탄압하기 위하여 조선 사상범 보호 관찰령을 공포하였다.
( )

2 다음 사실들을 순서대로 나열하시오.

(1) ( )

(가) 조선 태형령이 실시되었다.
(나) 경성 제국 대학이 설립되었다.
(다) 여자 정신 근로령이 공포되었다.

(2) ( )

(가) 회사 설립을 허가제로 하는 회사령이 공포되었다.
(나) 내선일체를 강조한 황국 신민 서사 암송이 강요되었다.
(다) 사회주의 운동을 탄압하기 위한 치안 유지법이 마련되었다.

3 다음 법령을 제정된 순서대로 나열하시오.

(가) 제1조 국체를 변혁하거나 사유 재산 제도를 부인하는 것을 목적으로 결사를 조직하거나 또는 사정을 알고 이에 가입한 자는 10년 이하의 징역 또는 금고에 처한다. 전항의 미수죄도 처벌한다.

제2조 전조 제1항의 목적으로 그 목적이 되는 사항의 실행에 관하여 협의를 한 자는 7년 이하의 징역 또는 금고에 처한다.

(나) 제2조 즉결은 정식 재판을 하지 않으며 피고인의 진술을 듣고 증빙을 취조한 후 곧바로 언도해야 한다.

제11조 제8조, 제9조에 의한 유치 일수는 구류의 형기에 산입하고, 태형의 언도를 받은 자에 대하여는 1일을 태 5로 절산하여 태 수에 산입하며, 벌금 또는 과료의 언도를 받은 자에 대하여는 1일을 1원으로 절산하여 그 금액에 산입한다.

(다) 제1조 국가 총동원이란 전시에 국방 목적을 달성하기 위해 국가의 전력을 가장 유효하게 발휘하도록 인적 및 물적 자원을 운용하는 것이다.

제4조 정부는 전시에 국가 총동원상 필요할 때에는 칙령이 정하는 바에 따라 제국 신민을 징용하여 총동원 업무에 종사하게 할 수 있다.

제8조 정부는 전시에 국가 총동원상 필요할 때에는 칙령이 정하는 바에 따라 물자의 생산·수리·배급·양도 및 기타의 처분, 사용·소비·소지 및 이동에 관하여 필요한 명령을 내릴 수 있다.

( )

VII

일제
강점기

4 1930년대 이후에 볼 수 있었던 모습으로 옳으면 ○표, 틀리면 ×표를 하시오.

(1) 신사 참배를 강요하는 교사 ( )

(2) 국민학교에서 공부하는 학생 ( )

(3) 원산 총파업에 동참하는 노동자 ( )

(4) 징병제를 찬양하는 친일 지식인 ( )

(5) 황국 신민 서사를 암송하는 어린이 ( )

(6) 몸뻬 착용을 권장하는 애국반 반장 ( )

(7) 헌병 경찰에게 태형을 당하는 상인 ( )

(8) 신간회 창립 대회에 참여하는 청년 ( )

(9) 조선어 학회 사건으로 탄압받는 한글 학자 ( )

(10) 조선 태형령을 관보에 게재하는 총독부 관리 ( )

(11) 여자 정신 근로령에 의해 강제로 끌려가는 여성 ( )

(12) 나운규가 제작한 영화 아리랑의 첫 상영을 준비하는 단성사 직원
( )

5 1910년대에 있었던 사실로 옳으면 ○표, 틀리면 ×표를 하시오.

(1) 조선 형평사 창립 대회가 개최되었다. ( )
(2) 박상진 등이 대한 광복회를 결성하였다. ( )
(3) 신규식 등이 대동단결 선언을 발표하였다. ( )
(4) 일제에 의해 경성 제국 대학이 설립되었다. ( )
(5) 권업회의 기관지로 권업신문이 발간되었다. ( )
(6) 사회주의 세력이 정우회 선언을 발표하였다. ( )
(7) 김규식이 파리 강화 회의에 대표로 파견되었다. ( )
(8) 고종의 밀지를 받아 독립 의군부가 조직되었다. ( )
(9) 참의부, 정의부, 신민부가 만주 지역에 성립되었다. ( )
(10) 윤봉길이 상하이 훙커우 공원에서 의거를 일으켰다. ( )
(11) 삼균주의에 입각한 대한민국 건국 강령이 발표되었다. ( )

6 다음 민족 운동이 일어난 지역을 〈보기〉에서 골라 쓰시오.

> 보기
>
> 서간도, 북간도, 연해주, 도쿄, 멕시코, 하와이

(1) 한인 자치 기구인 경학사를 조직하였다. ( )
(2) 권업회를 조직하여 권업신문을 발행하였다. ( )
(3) 중광단을 결성하여 무장 투쟁을 전개하였다. ( )
(4) 숭무 학교를 설립하여 독립군을 양성하였다. ( )
(5) 신흥 강습소를 설립하여 독립군을 양성하였다. ( )
(6) 북로 군정서가 조직되어 독립 전쟁을 전개하였다. ( )
(7) 유학생을 중심으로 2·8 독립 선언서를 발표하였다. ( )
(8) 대조선 국민군단을 조직하여 무장 투쟁을 준비하였다. ( )
(9) 민족 교육을 위해 서전서숙, 명동 학교 등을 건립하였다. ( )
(10) 대한 광복군 정부를 수립하여 무장 독립 전쟁을 준비하였다.

( )

7 3·1 운동의 배경으로 옳으면 ○표, 틀리면 ×표를 하시오.

(1) 회사령이 철폐되었다. ( )
(2) 대한 제국의 황제였던 순종이 사망하였다. ( )
(3) 사회주의 세력이 정우회 선언을 발표하였다. ( )
(4) 한국 독립 유일당 북경 촉성회가 창립되었다. ( )
(5) 일제가 중국 군벌과 미쓰야 협정을 체결하였다. ( )
(6) 미국 대통령 윌슨이 민족 자결주의를 제창하였다. ( )
(7) 도쿄에서 유학생들이 2·8 독립 선언을 발표하였다. ( )
(8) 독립운동의 방략을 논의하고자 국민 대표 회의가 개최되었다.

( )

8 3·1 운동에 대한 설명으로 옳으면 ○표, 틀리면 ×표를 하시오.

(1) 중국의 5·4 운동에 영향을 주었다. ( )
(2) 통감부의 방해와 탄압으로 중단되었다. ( )
(3) 러시아의 절영도 조차 요구를 저지하였다. ( )
(4) 대한민국 임시 정부가 수립되는 계기가 되었다. ( )
(5) 신간회에서 진상 조사단을 파견하여 지원하였다. ( )
(6) 민족 대표 33인 명의의 독립 선언서가 발표되었다. ( )
(7) 전개 과정에서 일제가 제암리 학살 등을 자행하였다. ( )
(8) 일제가 이른바 문화 통치를 실시하는 배경이 되었다. ( )
(9) 대한매일신보의 후원을 받아 전국적으로 확산되었다. ( )
(10) 성진회와 각 학교 독서회에 의해 전국으로 확산되었다. ( )

9 대한민국 임시 정부에 대한 설명으로 옳으면 ○표, 틀리면 ×표를 하시오.

(1) 만세보를 발행하여 민중 계몽에 힘썼다. ( )
(2) 민족 교육을 위해 서전서숙을 설립하였다. ( )
(3) 비밀 행정 조직으로 연통제를 실시하였다. ( )
(4) 외교 활동을 위해 구미 위원부를 설치하였다. ( )
(5) 농촌 계몽을 위해 브나로드 운동을 전개하였다. ( )
(6) 태극 서관을 설립하여 계몽 서적을 보급하였다. ( )
(7) 만민 공동회를 개최하여 민권 신장을 추구하였다. ( )
(8) 독립 의식을 고취하기 위해 독립신문을 간행하였다. ( )
(9) 독립운동 자금 마련을 위해 독립 공채를 발행하였다. ( )
(10) 오산 학교와 대성 학교를 설립하여 인재를 양성하였다. ( )
(11) 이륭양행에 교통국을 설치하여 국내와 연락을 취하였다. ( )
(12) 임시 사료 편찬 위원회를 두고 한·일 관계 사료집을 발간하였다.

( )

10 충칭에 정착한 후 대한민국 임시 정부가 전개한 활동으로 옳으면 ○표, 틀리면 ×표를 하시오.

(1) 국내 비밀 행정 조직으로 연통제를 두었다. ( )
(2) 의거 활동을 위해 한인 애국단을 조직하였다. ( )
(3) 미군과 연계하여 국내 진공 작전을 추진하였다. ( )
(4) 삼균주의를 기초로 하는 건국 강령을 공포하였다. ( )
(5) 무장 투쟁을 위해 육군 주만 참의부를 조직하였다. ( )
(6) 독립군 비행사 양성을 위해 한인 비행 학교를 설립하였다.

( )

11 다음 사실들을 순서대로 나열하시오.

(1) (   )

> (가) 한국 광복군이 국내 진공 작전을 준비하였다.
> (나) 대한민국 임시 정부가 대일 선전 성명서를 공표하였다.
> (다) 김구, 이시영 등이 항저우에서 한국 국민당을 창당하였다.

(2) (   )

> (가) 김규식이 파리 강화 회의에 대표로 파견되었다.
> (나) 참의부, 정의부, 신민부가 만주 지역에 성립되었다.
> (다) 조선 민족 전선 연맹에서 조선 의용대가 조직되었다.

(3) (   )

> (가) 삼균주의에 입각한 대한민국 건국 강령이 발표되었다.
> (나) 윤봉길이 훙커우 공원에서 폭탄을 던져 일제 요인을 살상하였다.
> (다) 독립운동의 방략을 논의하기 위하여 국민 대표 회의가 개최되었다.

12 다음 설명에 해당하는 민족 운동을 〈보기〉에서 골라 쓰시오.

> 보기
>
> 물산 장려 운동, 민립 대학 설립 운동, 원산 총파업

(1) 이상재 등이 모금 활동을 주도하였다. (   )
(2) 조선 관세령 폐지를 계기로 확산되었다. (   )
(3) 자작회, 토산 애용 부인회 등이 활동하였다. (   )
(4) 평양에서 시작되어 전국적으로 확산되었다. (   )
(5) 일본, 프랑스 등지의 노동 단체로부터 격려 전문을 받았다.
(   )
(6) 라이징 선 석유 회사의 조선인 구타 사건을 계기로 시작되었다.
(   )

13 신간회에 대한 설명으로 옳으면 ○표, 틀리면 ×표를 하시오.

(1) 민족 협동 전선으로 결성되었다. (   )
(2) 일제가 조작한 105인 사건으로 와해되었다. (   )
(3) 어린이날을 제정하고 잡지 어린이를 간행하였다. (   )
(4) 광주 학생 항일 운동에 진상 조사단을 파견하였다. (   )
(5) 조소앙의 삼균주의를 기초로 건국 강령을 발표하였다. (   )
(6) 국권 반환 요구서를 조선 총독에게 제출할 것을 계획하였다.
(   )
(7) 태극 서관을 설립하여 조선 광문회에서 발간한 서적을 보급하였다. (   )

14 다음 설명에 해당하는 민족 운동을 〈보기〉에서 골라 쓰시오.

> 보기
>
> 6·10 만세 운동, 광주 학생 항일 운동

(1) 전국적인 시위와 동맹 휴학으로 확산하였다. (   )
(2) 조선인 본위의 교육 제도 확립 등을 요구하였다. (   )
(3) 민족 협동 전선인 신간회 결성에 영향을 미쳤다. (   )
(4) 민족주의 진영과 사회주의 진영이 함께 준비하였다. (   )
(5) 한국인 학생과 일본인 학생 간의 충돌에서 비롯되었다.
(   )
(6) 국내에서 민족 유일당 운동이 전개되는 계기가 되었다.
(   )
(7) 신간회 중앙 본부가 진상 조사단을 파견하여 지원하였다.
(   )

15 의열단에 대한 설명으로 옳으면 ○표, 틀리면 ×표를 하시오.

(1) 조선 혁명 선언을 활동 지침으로 삼았다. (   )
(2) 일본의 황무지 개간권 요구를 저지하였다. (   )
(3) 김익상, 김상옥 등이 단원으로 활동하였다. (   )
(4) 고종의 밀지를 받아 결성된 비밀 단체였다. (   )
(5) 도쿄에서 일어난 이봉창 의거를 계획하였다. (   )
(6) 미군과 연계하여 국내 진공 작전을 계획하였다. (   )
(7) 삼균주의를 기초로 하는 건국 강령을 발표하였다. (   )
(8) 단원인 나석주가 동양 척식 주식회사에 폭탄을 던졌다.
(   )
(9) 단원 일부가 황푸 군관 학교에 입학해 군사 훈련을 받았다.
(   )

16 다음 활동과 관련된 종교를 〈보기〉에서 골라 쓰시오.

> 보기
>
> 천주교, 천도교, 대종교, 원불교

(1) 항일 무장 단체인 중광단을 결성하였다. (   )
(2) 경향신문을 발간하여 민중 계몽에 힘썼다. (   )
(3) 의민단을 조직하여 무장 투쟁을 전개하였다. (   )
(4) 간척 사업을 진행하고 새 생활 운동을 펼쳤다. (   )
(5) 어린이날을 제정하고 소년 운동을 전개하였다. (   )
(6) 잡지 개벽을 발행하여 민족의식을 고취하였다. (   )

17 다음 사실들을 순서대로 나열하시오.

> (가) 한국 독립군이 쌍성보 전투에서 승리하였다.
> (나) 만주 군벌과 일제가 미쓰야 협정을 체결하였다.
> (다) 독립군 연합 부대가 청산리에서 큰 승리를 거두었다.
> (라) 독립군이 전열을 정비하기 위해 자유시로 이동하였다.

( )

18 (가)~(라)를 일어난 순서대로 나열하시오.

> (가) 조선 혁명군 총사령 양세봉, 참모장 김학규 등은 병력을 이끌고 중국 의용군과 합세하였다. …… 아군은 승세를 몰아 적들을 30여 리 정도 추격한 끝에 영릉가성을 점령하였다.
> (나) 북간도에 주둔한 아군 7백 명은 북로 사령부 소재지인 봉오동을 향해 행군하다가 적군 3백 명을 발견하였다. 아군을 지휘하는 홍범도, 최진동 두 장군은 즉시 적을 공격하여 120여 명을 살상하고 도주하는 적을 추격하였다.
> (다) 동북 3성의 군벌 장작림(張作霖)과 일본과의 협정이 성립되어 독립운동하는 한국인은 잡히는 대로 왜에게 넘겨졌다. 심지어 중국 백성들은 한국인 한 명의 머리를 베어 왜놈 영사관에 가서 몇 십 원 내지 3, 4원씩 받고 팔기도 했다.
> (라) 경신년 시월에 일본 토벌대들이 전 만주를 휩쓸어 애국지사들은 물론이고 농민들도 무조건 잡아다 학살하였다. …… 독립군의 성과가 컸기 때문에 그에 대한 보복으로 일본군이 대학살을 감행한 것이었다. 이것이 이른바 경신참변이다. 그래서 애국지사들은 가족들을 두고 단신으로 길림성 오상현, 흑룡강성 영안현 등으로 흩어졌다.

( )

19 한인 애국단에 대한 설명으로 옳으면 ○표, 틀리면 ×표를 하시오.

(1) 일제가 조작한 105인 사건으로 와해되었다. ( )
(2) 도쿄에서 일어난 이봉창 의거를 계획하였다. ( )
(3) 김구를 단장으로 활발한 의열 활동을 펼쳤다. ( )
(4) 단원인 윤봉길이 훙커우 공원 의거를 실행하였다. ( )
(5) 신채호의 조선 혁명 선언을 활동 지침으로 삼았다. ( )
(6) 영국군의 요청으로 인도·미얀마 전선에 투입되었다. ( )
(7) 군사 훈련을 위해 조선 혁명 간부 학교를 설립하였다. ( )
(8) 중국 호로군과 연합 작전을 통해 항일 전쟁을 전개하였다.
( )

20 다음 설명에 해당하는 부대를 〈보기〉에서 골라 쓰시오.

> 보기
> 한국 독립군, 조선 혁명군, 조선 의용대, 한국 광복군

(1) 영릉가 전투에서 일본군을 격퇴하였다. ( )
(2) 흥경성 전투에서 일본군을 격퇴하였다. ( )
(3) 남만주에서 중국군과 연합 작전을 전개하였다. ( )
(4) 쌍성보 전투에서 한·중 연합 작전을 전개하였다. ( )
(5) 중국 관내에서 조직된 최초의 한인 무장 부대였다. ( )
(6) 대전자령 전투에서 일본군을 상대로 승리를 거두었다. ( )
(7) 국내 정진군을 편성하여 국내 진공 작전을 추진하였다.
( )
(8) 조선 민족 전선 연맹 산하의 군사 조직으로 결성되었다.
( )
(9) 한국 독립당의 군사 조직으로 북만주 지역에서 활동하였다.
( )

21 조선어 학회에 대한 설명으로 옳으면 ○표, 틀리면 ×표를 하시오.

(1) 우리말 큰사전 편찬을 시도하였다. ( )
(2) 우리말 음운 연구서인 언문지를 저술하였다. ( )
(3) 한글 연구를 목적으로 학부 아래에 설립되었다. ( )
(4) 간척 사업을 추진하고 새 생활 운동을 전개하였다. ( )
(5) 국문 연구소를 두어 한글을 체계적으로 연구하였다. ( )
(6) 한글 맞춤법 통일안과 표준어 사정안을 제정하였다. ( )

22 다음 설명에 해당하는 인물을 쓰시오.

(1) 저항시 광야, 절정 등을 발표하였다. ( )
(2) 하늘과 바람과 별과 시라는 유고집이 있다. ( )
(3) 단성사에서 개봉된 영화 아리랑을 제작하였다. ( )
(4) 월간지 유심을 발간하여 불교 개혁 운동에 힘썼다. ( )
(5) 한국독립운동지혈사에서 독립 투쟁 과정을 서술하였다.
( )
(6) 독사신론을 발표하여 민족을 역사 서술의 중심에 두었다.
( )
(7) 식민 사학을 반박하는 조선봉건사회경제사를 저술하였다.
( )
(8) 실천적인 유교 정신을 강조하는 유교 구신론을 저술하였다.
( )
(9) 민중의 직접 혁명을 주장하는 조선 혁명 선언을 집필하였다.
( )
(10) 브나로드 운동을 소재로 한 소설 상록수를 신문에 연재하였다.
( )

1. (1) 1930년대 이후 (2) 1930년대 이후 (3) 1910년대
   (4) 1930년대 이후 (5) 1930년대 이후 (6) 1930년대 이후
   (7) 1910년대 (8) 1910년대 (9) 1920년대 (10) 1930년대 이후
   (11) 1910년대 (12) 1930년대 이후 (13) 1910년대 (14) 1910년대
   (15) 1930년대 이후

2. (1) (가)-(나)-(다) (2) (가)-(다)-(나)

3. (나)-(가)-(다)

4. (1) ○ (2) ○ (3) ×(1929년) (4) ○ (5) ○ (6) ○ (7) ×(1910년대)
   (8) ×(1927년) (9) ○ (10) ×(1912년) (11) ○ (12) ×(1926년)

5. (1) ×(1923년) (2) ○ (3) ○ (4) ×(1924년) (5) ○ (6) ×(1926년)
   (7) ○ (8) ○ (9) ×(1920년대) (10) ×(1932년) (11) ×(1941년)

6. (1) 서간도 (2) 연해주 (3) 북간도 (4) 멕시코 (5) 서간도 (6) 북간도
   (7) 도쿄 (8) 하와이 (9) 북간도 (10) 연해주

7. (1) ×(1920년) (2) ×(1926년) (3) ×(1926년) (4) ×(1926년)
   (5) ×(1925년) (6) ○ (7) ○ (8) ×(1923년)

8. (1) ○ (2) ×(국채 보상 운동 등) (3) ×(독립 협회, 이권 수호 운동)
   (4) ○ (5) ×(광주 학생 항일 운동) (6) ○ (7) ○ (8) ○
   (9) ×(국채 보상 운동) (10) ×(광주 학생 항일 운동)

9. (1) ×(천도교) (2) ×(이상설, 이동녕 등) (3) ○ (4) ○ (5) ×(동아일보)
   (6) ×(신민회) (7) ×(독립 협회) (8) ○ (9) ○ (10) ×(신민회) (11) ○
   (12) ○

10. (1) ×(1919년) (2) ×(1931년) (3) ○ (4) ○ (5) ×(1920년대 중반)
    (6) ×(1920년)

11. (1) (다)-(나)-(가) (2) (가)-(나)-(다) (3) (다)-(나)-(가)

12. (1) 민립 대학 설립 운동 (2) 물산 장려 운동 (3) 물산 장려 운동
    (4) 물산 장려 운동 (5) 원산 총파업 (6) 원산 총파업

13. (1) ○ (2) ×(신민회) (3) ×(천도교 소년회) (4) ○
    (5) ×(대한민국 임시 정부) (6) ×(독립 의군부) (7) ×(신민회)

14. (1) 광주 학생 항일 운동 (2) 광주 학생 항일 운동 (3) 6·10 만세 운동
    (4) 6·10 만세 운동 (5) 광주 학생 항일 운동 (6) 6·10 만세 운동
    (7) 광주 학생 항일 운동

15. (1) ○ (2) ×(보안회) (3) ○ (4) ×(독립 의군부) (5) ×(한인 애국단)
    (6) ×(한국 광복군) (7) ×(대한민국 임시 정부) (8) ○ (9) ○

16. (1) 대종교 (2) 천주교 (3) 천주교 (4) 원불교 (5) 천도교 (6) 천도교

17. (다)-(라)-(나)-(가)

18. (나)-(라)-(다)-(가)

19. (1) ×(신민회) (2) ○ (3) ○ (4) ○ (5) ×(의열단) (6) ×(한국 광복군)
    (7) ×(의열단) (8) ×(한국 독립군)

20. (1) 조선 혁명군 (2) 조선 혁명군 (3) 조선 혁명군 (4) 한국 독립군
    (5) 조선 의용대 (6) 한국 독립군 (7) 한국 광복군 (8) 조선 의용대
    (9) 한국 독립군

21. (1) ○ (2) ×(유희) (3) ×(국문 연구소) (4) ×(원불교)
    (5) ×(대한 제국 정부) (6) ○

22. (1) 이육사 (2) 윤동주 (3) 나운규 (4) 한용운 (5) 박은식 (6) 신채호
    (7) 백남운 (8) 박은식 (9) 신채호 (10) 심훈

VIII

현대

현대는 출제 비중은 낮지만
공부해야 할 내용이 많습니다.
따라서 핵심 키워드를
기억하는 것이 중요해요.
광복 이후 대한민국 정부가 수립되기
전까지 국내외에서 일어난 사실,
각 정부 시기의 주요 정책과
통일 노력을 잘 정리해 두세요.

큰별쌤의 학습 포인트

- 대한민국 정부 수립의 과정, 제헌 국회의 활동, 6·25 전쟁의 전개 과정을 꼭 정리하세요.

- 각 정부 시기에 추진된 주요 정책을 파악하세요.

- 4·19 혁명을 비롯하여 각 정부 시기에 전개된 민주화 운동의 원인과 그 영향을 정리하세요.

- 각 정부 시기에 나타난 특징적인 경제 상황을 알아두세요.

- 각 정부가 추진한 통일을 위한 노력을 정리하세요. 특히 노태우 정부와 김대중 정부 시기의 통일 정책이 자주 출제된다는 점을 기억하세요.

최근 6회차 단원별 출제 비중

범례: 선사 · 고대 · 고려 · 조선 전기 · 조선 후기 · 개항기 · 일제 강점기 · **현대**

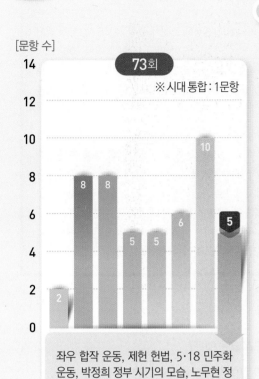

73회 ※시대 통합 : 1문항

[문항 수]

선사 2, 고대 8, 고려 8, 조선 전기 5, 조선 후기 5, 개항기 6, 일제 강점기 10, 현대 5

좌우 합작 운동, 제헌 헌법, 5·18 민주화 운동, 박정희 정부 시기의 모습, 노무현 정부 ~ 문재인 정부 사이의 통일 정책

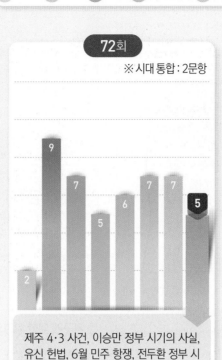

72회 ※시대 통합 : 2문항

선사 2, 고대 9, 고려 7, 조선 전기 5, 조선 후기 6, 개항기 7, 일제 강점기 7, 현대 5

제주 4·3 사건, 이승만 정부 시기의 사실, 유신 헌법, 6월 민주 항쟁, 전두환 정부 시기의 사실

71회 ※시대 통합 : 2문항

선사 2, 고대 9, 고려 8, 조선 전기 4, 조선 후기 6, 개항기 8, 일제 강점기 8, 현대 5

6·25 전쟁, 5·10 총선거, 노태우 정부 시기의 사실, 부·마 민주 항쟁, 김대중 정부의 통일 노력

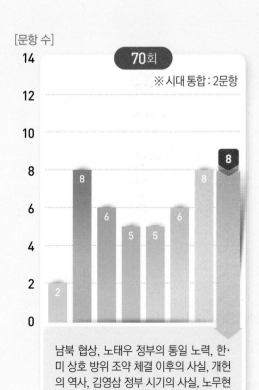

70회 ※시대 통합 : 2문항

[문항 수]

선사 2, 고대 8, 고려 6, 조선 전기 5, 조선 후기 5, 개항기 6, 일제 강점기 8, 현대 8

남북 협상, 노태우 정부의 통일 노력, 한·미 상호 방위 조약 체결 이후의 사실, 개헌의 역사, 김영삼 정부 시기의 사실, 노무현 정부 시기의 사실, 김대중 정부 시기의 사실, 대구와 광주의 역사

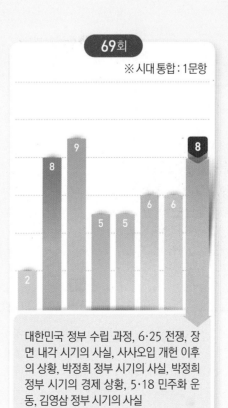

69회 ※시대 통합 : 1문항

선사 2, 고대 8, 고려 9, 조선 전기 5, 조선 후기 5, 개항기 6, 일제 강점기 6, 현대 8

대한민국 정부 수립 과정, 6·25 전쟁, 장면 내각 시기의 사실, 사사오입 개헌 이후의 상황, 박정희 정부 시기의 사실, 박정희 정부 시기의 경제 상황, 5·18 민주화 운동, 김영삼 정부 시기의 사실

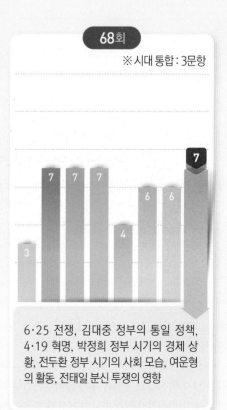

68회 ※시대 통합 : 3문항

선사 3, 고대 7, 고려 7, 조선 전기 7, 조선 후기 4, 개항기 6, 일제 강점기 6, 현대 7

6·25 전쟁, 김대중 정부의 통일 정책, 4·19 혁명, 박정희 정부 시기의 경제 상황, 전두환 정부 시기의 사회 모습, 여운형의 활동, 전태일 분신 투쟁의 영향

정답과 해설 128쪽

1 **광복~6·25 전쟁**

647
제51회 46번

다음 기자 회견의 배경으로 가장 적절한 것은? [2점]

> 군정 장관 아놀드 소장은 12월 29일 오전 10시 30분 군정청 제1회의실에서 신문 기자단과 회견하고 신탁 통치에 관한 질문에 대략 다음과 같은 견해를 표명하고 일문일답을 하였다. "…… 신탁 통치는 조선 임시 민주 정부를 수립코자 함이 목적일 것이다. 우선 조선인이 당면한 경제 산업에 있어 유의하여 신탁 관리 문제로 모든 기관이 중지 상태로 들어가지 않기를 요망한다. 현 단계에 이르러 진실한 냉정이 필요할 것이다. 4개국을 믿고 있는 중에 직무에 충실하여야 한다."

① 좌우 합작 7원칙이 발표되었다.
② 제1차 미·소 공동 위원회가 결렬되었다.
③ 모스크바 삼국 외상 회의가 개최되었다.
④ 반민족 행위 특별 조사 위원회가 구성되었다.
⑤ 유엔 소총회에서 남한만의 단독 총선거가 결의되었다.

648
제61회 45번

밑줄 그은 '군정청'이 있었던 시기의 사실로 옳은 것은? [2점]

□□신문
제△△호   ○○○○년 ○○월 ○○일

서윤복 선수 환영회, 중앙청 광장에서 개최

제51회 보스턴 세계 마라톤 대회에서 세계 신기록을 세우며 우승한 서윤복 선수의 환영회가 중앙청 광장에서 열렸다. 하지 중장, 헬믹 준장 등 군정청의 주요 인사와 김규식, 여운형, 안재홍 등 정계 인사를 비롯한 수많은 군중이 참석하여, 우리 민족의 의기를 세계에 과시한 서윤복 선수의 우승을 함께 기뻐하였다.

중앙청 광장에 모인 환영 인파

① 한·미 상호 방위 조약이 체결되었다.
② 제1차 경제 개발 5개년 계획이 추진되었다.
③ 반민족 행위 특별 조사 위원회가 설치되었다.
④ 신한 공사가 설립되어 귀속 재산을 관리하였다.
⑤ 국가 보안법 개정안을 통과시킨 보안법 파동이 일어났다.

[649~650] 다음 자료를 읽고 물음에 답하시오.

> (가) 모스크바 삼상 회의에서 결정한 조선에 관한 제3조 제2항에 의거하여 구성된 ⊙ 이/가 3천만의 큰 희망 속에 20일 드디어 덕수궁 석조전에서 출범하였다. 조선의 진로를 좌우하는 중대한 관건을 쥐고 있는 만큼 그 추이는 자못 3천만 민중의 주목을 받고 있다.
>
> (나) 조선인이 다 아는 것과 같이 ⊙ 이/가 난관에 봉착함으로 인하여 미국 측은 조선의 독립과 통일 문제를 유엔 총회에 제출하였다. 그리고 대다수의 세계 각국은 41대 6으로 이 문제를 유엔 총회에 상정시키기로 가결하였다. …… 조선인에게 권고하고 싶은 것은 이 중요한 시간에 유엔 총회가 조선 문제를 해결할 수 있다는 믿음을 가지고 평화를 애호하는 세계의 모든 국가가 모인 유엔 총회의 결정을 전적으로 지지하여야 할 것이다.

649
제47회 47번

⊙ 기구에 대한 설명으로 옳은 것은? [2점]

① 반공을 국시로 내건 혁명 공약을 발표하였다.
② 정치인들의 활동을 규제하고, 언론 기관을 통폐합하였다.
③ 정수의 3분의 1에 해당하는 국회 의원 선출권을 행사하였다.
④ 조선 인민 공화국을 수립하고 전국 각 지역에 인민 위원회를 조직하였다.
⑤ 임시 민주 정부 수립을 위한 협의에 참여할 단체의 범위를 두고 논쟁하였다.

650
제47회 48번

(가), (나) 사이의 시기에 있었던 사실로 옳은 것은? [2점]

① 김구, 김규식 등이 남북 협상에 참석하였다.
② 반민족 행위 특별 조사 위원회가 구성되었다.
③ 좌우 합작 위원회에서 좌우 합작 7원칙을 발표하였다.
④ 유상 매수, 유상 분배 원칙의 농지 개혁법이 제정되었다.
⑤ 우리나라 최초의 보통 선거인 5·10 총선거가 실시되었다.

651

제60회 41번

(가), (나) 사이의 시기에 있었던 사실로 옳은 것은? [2점]

(가)	(나)
□□일보	□□일보
제△△호 ○○○○년 ○○월 ○○일	제△△호 ○○○○년 ○○월 ○○일
하지 중장, 특별 성명 발표	**제2차 미·소 공동 위원회 개막**
오늘 오전 조선 주둔 미군 최고 사령관 하지 중장은 미·소 공동 위원회 무기 휴회에 관한 중대 성명서를 발표하였다. 이는 덕수궁 석조전에서의 역사적인 개막 이후 49일 만의 일이다.	미·소 공동 위원회는 제1차 회의가 무기 휴회 된 지 만 1년 16일 만인 오늘 오후 2시 정각에 시내 덕수궁 석조전에서 고대하던 제2차 회의의 역사적 막을 열었다.

① 여수·순천 10·19 사건이 일어났다.
② 모스크바 3국 외상 회의가 개최되었다.
③ 반민족 행위 특별 조사 위원회가 출범하였다.
④ 좌우 합작 위원회가 좌우 합작 7원칙을 발표하였다.
⑤ 유엔 총회에서 인구 비례에 의한 남북 총선거가 의결되었다.

652

제37회 45번

밑줄 그은 '위원회'에 대한 설명으로 옳은 것은? [2점]

> 본 위원회는 합작 원칙에 합의하여 다음 사항을 알립니다.
> 첫째, 모스크바 3국 외상 회의 결정에 의하여 좌우 합작으로 민주주의 임시 정부를 수립할 것
> ……
> 셋째, 토지 개혁에 있어 몰수, 유조건 몰수, 체감 매상 등으로 토지를 농민에게 무상으로 분여할 것
> ……

① 통일 정부 구성을 위한 남북 협상을 추진하였다.
② 유엔 감시하에 치러진 남북한 총선거에 참여하였다.
③ 여운형, 김규식 등 중도 세력을 중심으로 결성되었다.
④ 반민족 행위 처벌을 위한 특별 조사 위원회의 활동을 방해하였다.
⑤ 귀속 재산 처리법을 제정하여 일본인들이 남기고 간 재산을 처리하였다.

653

제62회 42번

(가) 사건에 대한 설명으로 옳은 것은? [2점]

> 기념관에 있는 이 비석은 왜 아무 글자도 새겨져 있지 않은 걸까?

> (가) 의 역사적 평가가 아직 마무리되지 못했음을 상징하는 거래. 제주도에서 일어난 (가) 은/는 남한만의 단독 선거를 반대하는 무장대와 이를 진압하는 토벌대 간의 무력 충돌이 있었고, 그 뒤 진압 과정에서 수많은 사람이 희생된 사건이야.

① 유신 헌법의 철폐를 요구하였다.
② 통일 주체 국민 회의가 설치되는 결과를 가져왔다.
③ 희생자들의 명예 회복을 위한 특별법이 제정되었다.
④ 4·13 호헌 철폐와 독재 타도 등의 구호를 내세웠다.
⑤ 귀속 재산 처리를 위한 신한 공사 설립의 계기가 되었다.

654

제72회 43번

(가) 사건에 대한 설명으로 가장 적절한 것은? [3점]

> 이것은 냉전과 분단의 상징물인 독일 베를린 장벽의 일부로, (가) 을/를 기념하는 이 공원에 기증되었습니다. 이곳 제주도에서 일어난 (가) 은/는 남한만의 단독 선거에 반대하는 무장대와 이를 진압하는 토벌대 간의 무력 충돌, 그 뒤 토벌대의 진압 과정에서 수많은 제주도민이 희생된 사건으로, 6·25 전쟁이 끝나고 나서야 종결되었습니다.

① 허정 과도 정부가 구성되는 결과를 가져왔다.
② 국가 보위 비상 대책 위원회가 설치되는 배경이 되었다.
③ 장기 독재를 비판하는 3·1 민주 구국 선언을 발표하였다.
④ 민주화를 위한 개헌 청원 100만 인 서명 운동을 전개하였다.
⑤ 정부 차원에서 진상 조사 보고서를 발간하고 공식 사과하였다.

VIII

현대

655

제48회 47번

(가), (나) 사이의 시기에 있었던 사실로 옳은 것은? [3점]

> (가) 1. 조선의 민주 독립을 보장한 3상 회의 결정에 의하여 남북을 통한 좌우 합작으로 민주주의 임시 정부를 수립할 것
> 3. 토지 개혁에 있어 몰수, 유조건 몰수, 체감 매상 등으로 토지를 농민에게 무상으로 나누어 주며 시가지의 기지와 큰 건물을 적정 처리하며 중요 산업을 국유화하며 …… 민주주의 건국 과업 완수에 매진할 것
>
> (나) 3. 외국 군대가 철퇴한 이후 하기(下記) 제 정당·단체들의 공동 명의로써 전 조선 정치 회의를 소집하여 조선 인민의 각층 각계를 대표하는 민주주의 임시 정부가 즉시 수립될 것이며 국가의 일체 정권은 정치, 경제, 문화생활의 일체 책임을 갖게 될 것이다.

① 유상 매수, 유상 분배 원칙의 농지 개혁법이 제정되었다.
② 남한만의 단독 정부 수립을 주장한 정읍 발언이 제기되었다.
③ 유엔 총회에서 인구 비례에 의한 남북 총선거가 의결되었다.
④ 여운형이 중심이 되어 조선 건국 준비 위원회를 조직하였다.
⑤ 국가 보안법 개정안을 통과시킨 이른바 보안법 파동이 발생하였다.

656

제58회 39번

다음 자료의 상황이 나타나게 된 배경으로 적절한 것은? [2점]

> 우리는 조국 흥망의 관두(關頭)*에서 이 위기를 극복하기 위해 오직 민족 자결 원칙에 의하여 조국의 남북통일과 민주 독립을 촉진해야겠다. 우리 민족자주연맹 중앙집행위원회는 김구 선생과 김규식 박사의 제안에 의하여 실현되는 남북 정치 협상을 전적으로 지지하며, 아울러 그 성공을 위하여 적극적으로 협력할 것을 결의한다.
> *관두 : 가장 중요한 지점

① 허정 과도 정부에서 헌법이 개정되었다.
② 통일 주체 국민 회의에서 대통령이 선출되었다.
③ 유엔 소총회에서 남한만의 단독 총선거가 결의되었다.
④ 유상 매수, 유상 분배 원칙의 농지 개혁법이 제정되었다.
⑤ 국가 보안법 개정안을 통과시킨 보안법 파동이 일어났다.

657

제41회 48번

(가)~(다)를 발표된 순서대로 옳게 나열한 것은? [3점]

> (가) 1. 조선의 민주 독립을 보장한 삼상 회의 결정에 의하여 남북을 통한 좌우 합작으로 민주주의 임시 정부를 수립할 것
> ⋮
> 4. 친일파 민족 반역자를 처리할 조례를 본 합작 위원회에서 입법 기구에 제안하여 입법 기구로 하여금 심리 결정하여 실시케 할 것
>
> (나) 3. …… 공동 위원회의 제안은 최고 5년 기한의 4개국 신탁 통치 협약을 작성하기 위해 미·영·소·중 4국 정부가 공동 참작할 수 있도록 조선 임시 정부와 협의한 후 제출되어야 한다.
>
> (다) 3. 외국 군대가 철퇴한 이후 하기(下記) 제 정당·단체들은 공동 명의로써 전 조선 정치 회의를 소집하여 조선 인민의 각층 각계를 대표하는 민주주의 임시 정부가 즉시 수립될 것이며 ……
> 4. 상기 사실에 의거하여 본 성명서에 서명한 제 정당·사회 단체들은 남조선 단독 선거의 결과를 결코 인정하지 않으며 지지하지 않을 것이다.

① (가) - (나) - (다) 　② (가) - (다) - (나)
③ (나) - (가) - (다) 　④ (나) - (다) - (가)
⑤ (다) - (나) - (가)

658

제55회 46번

(가), (나) 발표 사이의 시기에 있었던 사실로 옳은 것은? [2점]

> (가) 우리는 다음 달에 입국할 유엔 한국 임시 위원단을 환영하는 동시에, 그들로 하여금 우리가 원하는 자주독립의 통일 정부를 수립하는 임무를 완수하도록 최선을 다하여야 할 것이다. 우리는 어떠한 경우든지 단독 정부는 절대 반대할 것이다.
>
> (나) 올해 10월 19일 제주도 사건 진압 차 출동하려던 여수 제14연대 소속 3명의 장교 및 40여 명의 하사관들은 각 대대장의 결사적 제지에도 불구하고 남로당 계열 분자 지도하에 반란을 일으켰다. 동월 20일 8시 여수를 점령하는 한편, 좌익 단체 및 학생들을 인민군으로 편성하여 동일 8시 순천을 점령하였다.

① 제1차 미·소 공동 위원회가 결렬되었다.
② 모스크바 삼국 외상 회의가 개최되었다.
③ 좌우 합작 위원회에서 좌우 합작 7원칙이 발표되었다.
④ 유상 매수, 유상 분배 원칙의 농지 개혁법이 시행되었다.
⑤ 우리나라 최초의 보통 선거인 5·10 총선거가 실시되었다.

659

밑줄 그은 '총선거'에 대한 설명으로 옳은 것은? [1점]

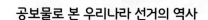

공보물로 본 우리나라 선거의 역사

[해설] 이것은 유엔 한국 임시 위원단의 감시하에 우리 나라 최초로 실시된 총선거에 출마한 장면 후보자의 선 거 공보이다. 후보자의 사진, 약력, 선거 구호 등이 보이 고, 특히 자세한 투표 안내가 눈에 띈다.

① 5·16 군사 정변 이후에 실시되었다.
② 제헌 국회 의원을 선출하기 위해 시행되었다.
③ 통일 주체 국민 회의 대의원이 투표에 참여하였다.
④ 민의원, 참의원으로 구성된 양원제 국회가 탄생하였다.
⑤ 신한 민주당이 창당 한 달 만에 제1 야당이 되는 결과를 가져왔다.

660

(가)에 들어갈 주제로 가장 적절한 것은? [2점]

2025년 연속 기획 강좌

헌법으로 보는 한국 현대사

우리 학회에서는 헌법의 변천에 따른 민주주의 발전의 역사 를 살펴보는 강좌를 마련하였습니다. 이번 달에는 '제헌 헌법' 에 대한 강의를 준비하였으니 많은 관심과 참여 바랍니다.

■ 강의 주제 ■

[제1강] 헌법 전문, 3·1 운동의 정신을 담다
[제2강] 민주 공화국의 명문화로 주권 재민의 원칙을 다시 천명하다
[제3강] (가)
[제4강] 농민에게 농지를 분배하는 경자유전의 실현을 추구하다

■ 일시 : 2025년 ○○월 매주 토요일 15:00~17:00
■ 장소 : □□ 학회 회의실

---

① 양원제 국회와 내각 책임제 정부를 구성하다
② 반민족 행위자를 처벌할 수 있는 근거를 마련하다
③ 국민의 직접 선거로 5년 단임제 대통령을 선출하다
④ 초대 대통령의 중임 제한 철폐, 장기 집권 체제를 강화하다
⑤ 긴급 조치, 대통령이 국민의 기본권을 제한할 수 있게 하다

661

밑줄 그은 '국회'에 대한 설명으로 옳은 것은? [2점]

지난 5·10 총선을 통해 구성된 국회가 반민족 행위자를 처벌할 수 있 는 법안을 통과시켰습니다. 이 법의 적용을 받는 자는 한·일 합방에 협 력한 자, 한국의 주권을 침해하는 데 도움을 준 자, 일본 치하 독립운동자 나 그 가족을 살상·박해한 자 등입니다. 아울러 반민족 행위를 예비 조 사하기 위해 특별 조사 위원회를 설치하기로 했습니다.

① 민의원, 참의원의 양원으로 운영되었다.
② 한·미 자유 무역 협정(FTA)을 비준하였다.
③ 초대 대통령에 한해 중임 제한을 철폐하였다.
④ 유상 매수·유상 분배 원칙의 농지 개혁법을 제정하였다.
⑤ 의원 정수 3분의 1이 통일 주체 국민 회의에서 선출되었다.

662

밑줄 그은 '이 전쟁' 중에 있었던 사실로 옳은 것은? [1점]

사료로 보는 한국사

피하는 것은 죽는 것이요, 다 같이 일어나는 것 은 사는 길이니 비록 중국군 2백만 명이 들어오 기로서니 우리 2천만 명이 일어나면 한 놈도 살아 나갈 수 없이 만들 수 있을 것이다. …… 각 도시나 촌 락에서 모든 인민들은 쌀을 타다가 밥을 지어 주먹 밥이라도 만들면 실어다가 전선에서 싸우는 사람 들을 먹여야 하며, 또 장년들은 참호라도 파며 한편 으로 결사대를 조직하여 적의 진지를 뚫고 적군 속 에 들어가 백방으로 싸워야만 될 것이다.

[해설] 중국군의 개입으로 이 전쟁의 전세가 불리해진 상황에서 국민의 항전 의지를 독려하는 대통령의 담화 문이다.

---

① 애치슨 라인이 발표되었다.
② 부산이 임시 수도로 정해졌다.
③ 한·미 상호 방위 조약이 맺어졌다.
④ 푸에블로호 나포 사건이 발생하였다.
⑤ 국가 보위 비상 대책 위원회가 설치되었다.

663
제66회 45번

(가) 전쟁 중에 있었던 사실로 옳은 것을 〈보기〉에서 고른 것은? [2점]

사진으로 보는 [(가)]

이 사진은 [(가)] 당시 끊어진 대동강 철교를 찍은 거란다. 유엔군은 중국군의 남하를 지연시키기 위해 철교를 파괴했다는구나.

한파가 몰아치는 한겨울에 끊어진 다리를 건너는 피난민의 모습을 보니 전쟁의 참혹함이 생생하게 느껴지는 것 같아요.

보기

ㄱ. 애치슨 라인이 발표되었다.
ㄴ. 인천 상륙 작전이 전개되었다.
ㄷ. 부산에서 발췌 개헌안이 통과되었다.
ㄹ. 모스크바 3국 외상 회의가 개최되었다.

① ㄱ, ㄴ   ② ㄱ, ㄷ   ③ ㄴ, ㄷ
④ ㄴ, ㄹ   ⑤ ㄷ, ㄹ

664
제64회 44번

다음 상황 이후에 일어난 사실로 옳은 것은? [2점]

유엔군과 국군은 서울에서 퇴각하고 한강 이북의 부대를 철수시키기로 결정하였다. 이들은 한강에 설치된 임시 교량을 이용해 철수하였고, 오후 1시경에 마지막 부대가 통과한 후 임시 교량을 폭파시켰다. 이에 앞서 정부는 서울 시민들에게 피란을 지시하였고, 많은 서울 시민들이 보따리를 싸서 피란길에 나섰다.

① 한·미 상호 방위 조약이 체결되었다.
② 장진호 전투에서 중국군이 유엔군을 포위하였다.
③ 경찰이 반민족 행위 특별 조사 위원회를 습격하였다.
④ 미국의 극동 방위선이 조정된 애치슨 라인이 발표되었다.
⑤ 우리나라 최초의 보통 선거인 5·10 총선거가 실시되었다.

정답과 해설 132쪽

2 민주주의의 발전

665
제38회 46번

(가), (나) 사이의 시기에 있었던 사실로 옳은 것은? [2점]

(가) 반민족 행위 특별 조사 위원회(반민특위)가 본격적으로 친일 청산에 나서자, 친일 경력이 있던 일부 경찰과 친일파들은 '공산당과 싸우는 애국지사를 잡아간 반민특위 위원은 공산당'이라며 시위를 벌였다. 대통령은 특별 담화를 발표하고, 공산당과 내통했다는 구실로 반민특위 소속 국회 의원들을 구속하였다.

(나) 자유당은 당시 대통령에 한하여 중임 제한을 적용하지 않는다는 내용을 골자로 하는 개헌을 추진하였다. 그해 11월, 개헌안은 의결 정족수에 1명이 부족하여 부결되었는데, 사사오입의 논리를 내세워 개헌안이 다시 통과된 것으로 번복하였다.

① 정부 형태가 내각 책임제로 바뀌었다.
② 장기 독재를 가능하게 한 유신 헌법이 공포되었다.
③ 평화 통일론을 주장한 진보당의 조봉암이 구속되었다.
④ 임시 수도 부산에서 대통령 직선제 개헌안이 통과되었다.
⑤ 여당 부통령 후보 당선을 위한 3·15 부정 선거가 자행되었다.

666
제44회 47번

다음 상황 이후에 전개된 사실로 옳은 것은? [2점]

5월 26일, 부산에서 국회 의원 통근 버스가 헌병대로 강제 연행되어 탑승한 야당 의원 50여 명이 구금당하는 사태가 벌어졌다. 내각 책임제를 추진하던 주동 의원들이 체포되었으며, 국제 공산당 사건 혐의로 10여 명의 국회 의원이 구속되었다.

① 북한의 전면적인 남침으로 6·25 전쟁이 발발하였다.
② 경찰이 반민족 행위 특별 조사 위원회를 습격하였다.
③ 정·부통령 직접 선거를 주 내용으로 하는 개헌이 이루어졌다.
④ 전 조선 정당 사회단체 지도자 협의회가 성명서를 발표하였다.
⑤ 일제가 남긴 재산 처리를 위한 귀속 재산 처리법이 처음 제정되었다.

667

제45회 46번

밑줄 그은 '개헌안'의 시행 결과로 옳은 것은? [2점]

정부, 개헌안 통과로 인정
- 28일 국무 회의 후, 갈 처장 발표 -

政府, 改憲案通過로認定
28日 國務會議後, 寫處長發表

27일 국회에서 개헌안에 대하여 135표의 찬성표가 던져졌다. 그런데 민의원 재적수 203석 중 찬성표 135, 반대표 60, 기권 7, 결석 1이었다. 60표의 반대표는 총수의 3분의 1이 훨씬 되지 못하다는 사실을 잘 주의해서 보아야 한다. 민의원의 3분의 2는 정확하게 계산할 때 $135\frac{1}{3}$인 것이다. 한국은 표결에 있어서 단수(端數)*를 계산하는 데에 전례가 없었으나 단수는 계산에 넣지 않아야 할 것이며 따라서 개헌안은 통과되었다는 것이 정부의 견해이다.

*단수(端數) : '일정한 수에 차고 남는 수'로, 여기에서는 소수점 이하의 수를 의미함

① 대통령 중심제가 의원 내각제로 바뀌었다.
② 통일 주체 국민 회의에서 대통령이 선출되었다.
③ 개헌 당시의 대통령에 한하여 중임 제한이 철폐되었다.
④ 선거인단이 선출하는 7년 단임의 대통령제가 실시되었다.
⑤ 우리나라 최초의 보통 선거인 5·10 총선거가 실시되었다.

668

제69회 44번

밑줄 그은 '개헌' 이후에 있었던 사실로 옳은 것은? [2점]

대한 변호사 협회장의 성명

이번 개헌 안건의 의결에 있어서 찬성표 수가 135이고 재적 의원 수가 203인 것은 변하지 않는 수이다. 그러면 재적인 수의 3분의 2는 135.333이니 이 선에 도달하려면 동일한 표수가 있어야 될 것이다. …… 찬성표가 재적인 수에 도달하거나 또는 정족수 이상 되어야 하거늘 0.333에 도달하지 못하니 그것을 사사오입이라는 구실로 떼어버리고 정족수인 3분의 2와 동일한 수라고 하는 것은 헌법 위반이 되는 것이므로 법조인으로서 이를 이해하기 곤란하다.

① 여수·순천 10·19 사건이 일어났다.
② 진보당의 당수였던 조봉암이 처형되었다.
③ 반민족 행위 특별 조사 위원회가 설치되었다.
④ 국회 프락치 사건으로 일부 국회 의원이 체포되었다.
⑤ 여운형 등의 주도로 좌우 합작 위원회가 구성되었다.

669

제58회 41번

밑줄 그은 '선거' 이후의 사실로 옳은 것은? [3점]

① 국회에서 국민 방위군 사건이 폭로되었다.
② 평화 통일론을 내세우던 진보당이 해체되었다.
③ 경찰이 반민족 행위 특별 조사 위원회를 습격하였다.
④ 조선 건국 준비 위원회 지부가 인민 위원회로 개편되었다.
⑤ 초대 대통령에 한해 중임 제한을 폐지하는 개헌안이 통과되었다.

670

제43회 47번

(가) 정부 시기에 있었던 사실로 옳은 것은? [2점]

이 사건은 '평화 통일'을 주장하는 조봉암이 제3대 대통령 선거에서 200여만 표 이상을 얻어 (가) 정권에 위협적인 정치인으로 부상하자 조봉암이 이끄는 진보당의 민의원 총선 진출을 막고 조봉암을 제거하려는 (가) 정권의 의도가 작용하여 서울시경이 조봉암 등 간부들을 국가변란 혐의로 체포하여 조사하였고, 민간인에 대한 수사권이 없는 육군 특무대가 조봉암을 간첩 혐의로 수사에 나서 재판을 통해 처형에 이르게 한 것으로 인정되는 비인도적, 반인권적 인권 유린이자 정치 탄압 사건이다. - '진보당 조봉암 사건 결정 요지' -

① 통일 주체 국민 회의 대의원이 선출되었다.
② 농촌 근대화를 표방한 새마을 운동이 전개되었다.
③ 사회 정화를 명분으로 삼청 교육대가 설치되었다.
④ 한·독 정부 간의 협정에 따라 서독으로 광부가 파견되었다.
⑤ 국가 보안법 개정안을 통과시킨 이른바 보안법 파동이 일어났다.

671

다음 뉴스가 보도된 정부 시기의 사실로 옳지 <u>않은</u> 것은?

제53회 47번 [3점]

독립운동가이자 유학자인 김창숙 선생이 오늘 기자 회견을 열었습니다. 회견에서 선생은 자유당이 강도적으로 통과시킨 보안법은 무효이며, 과거 부산 정치 파동 때와 같이 반독재 구국 범국민 투쟁을 전개해야 한다며 여생을 민주주의를 위하여 바치겠다는 결의를 표명하였습니다.

① 평화 통일론을 주장한 진보당의 조봉암을 제거하였다.
② 인민 혁명당 재건위 사건을 조작해 관련자를 탄압하였다.
③ 정부에 비판적인 경향신문을 폐간하는 등 언론을 통제하였다.
④ 여당 부통령 후보 당선을 위해 3·15 부정 선거를 자행하였다.
⑤ 반민특위를 이끌던 국회 의원들에게 간첩 혐의를 씌워 체포하였다.

672

(가) 민주화 운동에 대한 설명으로 옳은 것은?

제50회 49번 [2점]

이것은 대전 지역의 고등학생들이 장면 부통령 후보 유세를 기회로 삼아 시작한 3·8 민주 의거를 기리는 탑입니다. 3·8 민주 의거는 대구의 2·28 민주 운동, 마산의 3·15 의거와 더불어 (가) 이/가 전국적으로 확산되는 계기가 되었습니다.

① 한·일 국교 정상화에 반대하여 일어났다.
② 호헌 철폐와 독재 타도 등의 구호를 내세웠다.
③ 대학교수단이 대통령 퇴진을 요구하며 시위행진을 벌였다.
④ 3·1 민주 구국 선언을 통해 긴급 조치 철폐 등을 요구하였다.
⑤ 5년 단임의 대통령 직선제 개헌이 이루어지는 계기가 되었다.

673

(가) 민주화 운동에 대한 설명으로 옳은 것은?

제60회 43번 [2점]

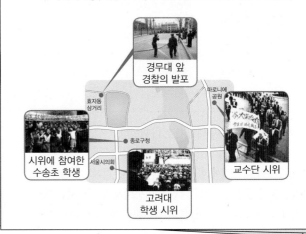

(가) , 역사의 현장을 찾아서

■ 일시 : 2022년 ○○월 ○○일 09:00~17:00
■ 답사 장소
 옛 경무대 앞(효자동 삼거리) → 옛 수송초등학교(종로구청) → 옛 국회의사당(서울시의회) → 옛 서울대 문리대(마로니에 공원)

경무대 앞 경찰의 발포
시위에 참여한 수송초 학생
고려대 학생 시위
교수단 시위

① 장면 내각이 출범하는 배경이 되었다.
② 유신 체제가 붕괴되는 결과를 가져왔다.
③ 한·일 국교 정상화에 반대하여 일어났다.
④ 신군부의 비상계엄 확대가 원인이 되었다.
⑤ 호헌 철폐와 독재 타도 등의 구호를 내세웠다.

674

밑줄 그은 '이 사건' 이후에 있었던 사실로 옳은 것은?

제52회 46번 [2점]

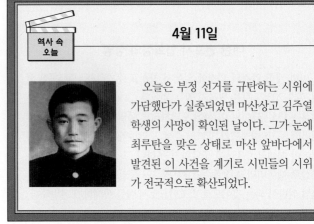

역사 속 오늘

4월 11일

오늘은 부정 선거를 규탄하는 시위에 가담했다가 실종되었던 마산상고 김주열 학생의 사망이 확인된 날이다. 그가 눈에 최루탄을 맞은 상태로 마산 앞바다에서 발견된 이 사건을 계기로 시민들의 시위가 전국적으로 확산되었다.

① 조봉암을 중심으로 진보당이 창당되었다.
② 반민족 행위 특별 조사 위원회가 설치되었다.
③ 허정을 수반으로 하는 과도 정부가 수립되었다.
④ 귀속 재산 관리를 위해 신한 공사가 설립되었다.
⑤ 자유당이 정권 연장을 위해 직선제 개헌안을 통과시켰다.

675

제66회 49번

다음 민주화 운동에 대한 설명으로 옳은 것은? [1점]

○○○○년 ○○월 ○○일

학생 대표의 연설이 끝나자 우리는 단단하게 스크럼을 짜고 교문 밖으로 행진했다. 3·15 부정 선거에 대한 분노와 얼마 전 마산에서 일어난 규탄 대회에서 김주열 군이 최루탄에 눈 부분을 맞고 마산 앞바다에 죽은 채 떠올랐다는 소문이 파다하게 퍼져 있던 터였다. …… 시위대의 물결이 경무대로 향했다. 그때 귓전을 뚫을 듯한 총소리가 연발로 들렸다. 얼마나 지났을까. 총소리가 멈춘 후 고개를 들고 주위를 둘러보다가 벌떡 일어나고 말았다. 같은 반 친구가 바지가 찢어진 채 피를 흘리며 쓰러져 있었다. 나는 정신없이 달려가 그를 안았다. 그러나 그는 이미 사지를 축 늘어뜨린 채 힘이 없었다.

① 시민군이 조직되어 계엄군에 저항하였다.
② 당시 대통령이 하야하는 결과를 가져왔다.
③ 호헌 철폐, 독재 타도 등의 구호를 내세웠다.
④ 3선 개헌 반대 범국민 투쟁 위원회가 주도하였다.
⑤ 장기 독재를 비판하는 3·1 민주 구국 선언이 발표되었다.

676

제54회 47번

(가), (나) 발표 사이의 시기에 있었던 사실로 옳은 것은? [2점]

(가) 첫째는 국민이 원한다면 대통령직을 사임할 것이며, 둘째는 지난번 정·부통령 선거에 많은 부정이 있었다고 하니, 선거를 다시 하도록 지시하였고, 셋째는 선거로 인연한 모든 불미스러운 것을 없애게 하기 위해서, 이미 이기붕 의장이 공직에서 완전히 물러나겠다고 결정한 것이다.

(나) 1. 반공을 국시의 제일 의(義)로 삼고 지금까지 형식적이고 구호에만 그친 반공 태세를 재정비 강화한다.
2. 유엔 헌장을 준수하고 국제 협약을 충실히 이행할 것이며 미국을 위시한 자유 우방과의 유대를 더욱 공고히 한다.
……
6. 이와 같은 우리의 과업이 성취되면 참신하고 양심적인 정치인들에게 언제든지 정권을 이양하고 우리들 본연의 임무에 복귀할 준비를 갖춘다.

① 조봉암을 중심으로 진보당이 창당되었다.
② 국가 보위 비상 대책 위원회가 설치되었다.
③ 의원 내각제를 골자로 하는 개헌이 이루어졌다.
④ 유상 매수, 유상 분배를 규정한 농지 개혁법이 제정되었다.
⑤ 긴급 조치 철폐를 요구하는 3·1 민주 구국 선언이 발표되었다.

677

제62회 44번

밑줄 그은 '개헌안'이 발표된 이후의 사실로 옳은 것은? [3점]

이번에 여야 합의로 내각 책임제 개헌안이 통과되었군.

이 개헌안에 따라 허정 과도 정부가 총선을 실시하면 정국에 많은 변화가 있을 것 같네.

① 반민족 행위 처벌법이 제정되었다.
② 제2차 미·소 공동 위원회가 결렬되었다.
③ 국회가 민의원과 참의원의 양원제로 운영되었다.
④ 평화 통일론을 주장한 진보당의 조봉암이 구속되었다.
⑤ 유상 매수, 유상 분배 원칙의 농지 개혁법이 제정되었다.

678

제41회 49번

다음 문서를 접수한 정부 시기의 외교 정책으로 옳은 것은? [2점]

1. 군사 원조
• 한국에 있는 한국군의 현대화 계획을 위해 앞으로 수년 동안에 걸쳐 상당량의 장비를 제공한다.
• 월남에 파견되는 추가 증파 병력에 필요한 장비를 제공하는 한편 증파에 따른 모든 추가적 원화 경비를 부담한다.

2. 경제 원조
• 주월 한국군에 소요되는 보급 물자, 용역 설치 장비를 실시할 수 있는 한도까지 한국에서 구매하며 주월 미군과 월남군을 위한 물자 가운데 선정된 구매 품목을 한국에 발주할 것이며 그 경우는 다음과 같다. ……

① 남북한이 유엔에 동시 가입하였다.
② 중화 인민 공화국과 국교를 수립하였다.
③ 경제 협력 개발 기구(OECD)에 가입하였다.
④ 칠레와 자유 무역 협정(FTA)을 체결하였다.
⑤ 한·일 협정을 체결하여 국교 정상화를 추진하였다.

VIII
현대

679

제45회 47번

(가), (나) 문서가 작성된 사이의 시기에 있었던 사실로 옳은 것은? [3점]

> (가)
> 1. 무상 원조에 대해 한국 측은 3억5천만 달러, 일본 측은 2억5천만 달러를 주장한 바 3억 달러를 10년에 걸쳐 공여하는 조건으로 양측 수뇌에게 건의함
> ⋮
> 3. 수출입 은행 차관에 대해 …… 양측 합의에 따라 국교 정상화 이전 이라도 협력하도록 추진할 것을 양측 수뇌에게 건의함
>
> (나)
> 제1조 양 체약 당사국 간에 외교 및 영사 관계를 수립한다.
> 제2조 1910년 8월 22일 및 그 이전에 대한 제국과 일본 제국 간에 체결된 모든 조약 및 협정이 이미 무효임을 확인한다.
> ⋮

① 한·미 상호 방위 조약이 체결되었다.
② 6·3 시위가 전개되고 비상계엄령이 선포되었다.
③ 경찰이 반민족 행위 특별 조사 위원회를 습격하였다.
④ 평화 통일론을 주장한 진보당의 조봉암이 구속되었다.
⑤ 유상 매수, 유상 분배 원칙의 농지 개혁법이 제정되었다.

680

제49회 47번

(가), (나) 사이의 시기에 있었던 사실로 옳은 것을 〈보기〉에서 고른 것은? [2점]

> (가) 국군 장교가 위원으로 선출되었으며, 3권을 장악하고 국회의 권한을 행사하는 최고 통치 기구인 국가 재건 최고 회의가 출범하였다.
> (나) 국민의 직접 선거로 대의원이 선출되었으며, 통일 정책을 최종 결정하고 대통령 선거권 등을 행사하는 통일 주체 국민 회의가 발족하였다.

보기
> ㄱ. 장기 집권을 위한 3선 개헌안이 통과되었다.
> ㄴ. 제2차 석유 파동으로 경제 불황이 심화되었다.
> ㄷ. 베트남 파병에 관한 브라운 각서가 체결되었다.
> ㄹ. 대통령 긴급 명령으로 금융 실명제가 실시되었다.

① ㄱ, ㄴ   ② ㄱ, ㄷ   ③ ㄴ, ㄷ
④ ㄴ, ㄹ   ⑤ ㄷ, ㄹ

681

제61회 47번

다음 대화에 나타난 사건 이후의 사실로 옳은 것은? [3점]

> 당시 정부와 여당인 민주 공화당이 3선 개헌을 추진하자 학생들이 반대 시위를 벌이는 모습이네요.

> 야당인 신민당과 재야 세력도 3선 개헌 반대 범국민 투쟁 위원회를 결성해서 이를 막아 내려 했지요.

현대사 사진전

① 내각 책임제 형태의 정부가 출범하였다.
② 정부에 비판적이던 경향신문이 폐간되었다.
③ 최고 통치 기구인 국가 재건 최고 회의가 구성되었다.
④ 평화 통일론을 주장한 진보당의 조봉암과 간부들이 구속되었다.
⑤ 국회 해산, 헌법의 일부 효력 정지를 담은 10월 유신이 선포되었다.

682

제63회 44번

(가), (나) 헌법이 제정된 시기 사이에 있었던 사실로 옳은 것은? [3점]

(가)
> 제1조 ① 대한민국은 민주 공화국이다.
> ② 대한민국의 주권은 국민에게 있고, 모든 권력은 국민으로부터 나온다.
> 제64조 ① 대통령은 국민의 보통·평등·직접·비밀 선거에 의하여 선출한다.
> 제69조 ① 대통령의 임기는 4년으로 한다.
> ③ 대통령의 계속 재임은 3기에 한한다.

(나)
> 제1조 ① 대한민국은 민주 공화국이다.
> ② 대한민국의 주권은 국민에게 있고, 국민은 그 대표자나 국민 투표에 의하여 주권을 행사한다.
> 제39조 ① 대통령은 통일 주체 국민 회의에서 토론 없이 무기명 투표로 선거한다.
> 제47조 대통령의 임기는 6년으로 한다.
> 제59조 ① 대통령은 국회를 해산할 수 있다.

① 지방 자치제가 전면 시행되었다.
② 여수·순천 10·19 사건이 일어났다.
③ 일부 군인들이 5·16 군사 정변을 일으켰다.
④ 서울과 평양에서 7·4 남북 공동 성명이 발표되었다.
⑤ 한·일 국교 정상화에 반대하는 6·3 시위가 전개되었다.

683

밑줄 그은 '당시 헌법'이 시행된 시기에 볼 수 있는 모습으로 가장 적절한 것은? [2점]

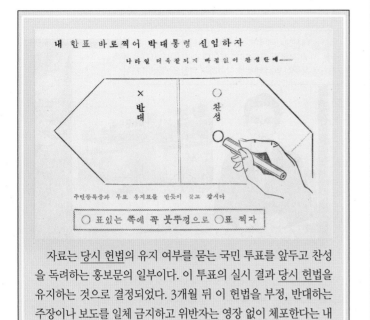

자료는 당시 헌법의 유지 여부를 묻는 국민 투표를 앞두고 찬성을 독려하는 홍보문의 일부이다. 이 투표의 실시 결과 당시 헌법을 유지하는 것으로 결정되었다. 3개월 뒤 이 헌법을 부정, 반대하는 주장이나 보도를 일체 금지하고 위반자는 영장 없이 체포한다는 내용을 핵심으로 한 대통령 긴급 조치 제9호가 선포되었다.

① 국민 방위군에 소집되는 청년
② 개성 공단 착공식에 참석하는 기업인
③ 미·소 공동 위원회의 재개를 요구하는 시민
④ 남북 기본 합의서 채택 소식을 보도하는 기자
⑤ 통일 주체 국민 회의 대의원 명단을 점검하는 공무원

684

(가) 헌법이 시행된 시기의 사실로 옳은 것은? [2점]

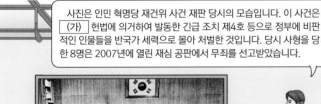

사진은 인민 혁명당 재건위 사건 재판 당시의 모습입니다. 이 사건은 (가) 헌법에 의거하여 발동한 긴급 조치 제4호 등으로 정부에 비판적인 인물들을 반국가 세력으로 몰아 처벌한 것입니다. 당시 사형을 당한 8명은 2007년에 열린 재심 공판에서 무죄를 선고받았습니다.

① 김주열이 최루탄을 맞고 사망하였다.
② 부천 경찰서 성 고문 사건이 발생하였다.
③ 개헌 청원 백만 인 서명 운동이 전개되었다.
④ 국민 보도 연맹원에 대한 학살이 자행되었다.
⑤ 민주화 시위 도중 대학생 강경대가 희생되었다.

685

밑줄 그은 '현행 헌법'에 대한 설명으로 옳은 것은? [3점]

오늘의 헌법은 그 개정의 발의권이 사실상 대통령에게만 속해 있는 것이다. 이에 우리 국민은 이와 같이 헌법 개정 발의권으로부터의 소외를 극복하고 우리들의 천부의 권리를 제시하는 방법으로 대통령에게 현행 헌법의 개정을 요구하는 100만 인 청원 운동을 전개하는 바이다.

① 내각 책임제를 채택하였다.
② 대통령의 연임을 3회로 제한하였다.
③ 대통령에게 국회 해산권을 부여하였다.
④ 대통령의 임기를 7년 단임제로 정하였다.
⑤ 국회를 참의원과 민의원의 양원제로 규정하였다.

686

(가) 정부 시기에 있었던 사실로 옳은 것은? [2점]

(가) 정부의 민주화 운동 탄압 사례 중의 하나로 알려진 전국 민주 청년 학생 총연맹 사건의 관련 기록물이 세상에 나왔습니다. 국가 기록원은 사건이 발생한 지 40여 년 만에 관련 인물 180명의 재판 기록과 수사 기록을 공개했습니다.

'민청학련 사건' 기록물, 세상 밖으로

① 정부에 비판적인 경향신문이 폐간되었다.
② 국민의 요구에 굴복하여 대통령이 하야하였다.
③ 민주화 시위 도중 대학생 강경대가 희생되었다.
④ 장기 독재에 저항한 3·1 민주 구국 선언이 발표되었다.
⑤ 기존의 헌법을 유지하는 4·13 호헌 조치가 선언되었다.

VIII 현대

687

제73회 49번

(가) 정부 시기에 볼 수 있는 모습으로 가장 적절한 것은? [2점]

이것은 통일 주체 국민 회의에서 대통령을 선출하도록 헌법을 개정한 (가) 정부의 홍보물입니다. "우리 모두 불굴의 투지와 굳은 단결로써 조국의 안정과 번영, 그리고 평화 통일을 위해 전진합시다."라는 문구 등으로 헌법을 미화하였습니다.

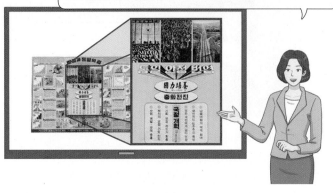

① 거리에서 장발과 미니스커트를 단속하는 경찰
② 교복 자율화 조치로 사복을 입고 등교하는 학생
③ 금융 실명제에 따라 신분증 제시를 요구하는 은행원
④ 칠레와의 자유 무역 협정(FTA) 비준을 보도하는 기자
⑤ 전국 민주 노동조합 총연맹 창립 대회에 참가하는 노동자

688

제64회 47번

다음 조치를 시행한 정부 시기에 있었던 사실로 옳은 것은? [2점]

대통령 긴급 조치 제9호

국가 안전과 공공질서의 수호를 위한 대통령 긴급 조치

1. 다음 각 호의 행위를 금한다.
   가. 유언비어를 날조, 유포하거나 사실을 왜곡하여 전파하는 행위
   나. 집회·시위 또는 신문·방송·통신 등 공중 전파 수단이나 문서·도서·음반 등 표현물에 의하여 대한민국 헌법을 부정·반대·왜곡 또는 비방하거나 그 개정 또는 폐지를 주장·청원·선동 또는 선전하는 행위
   ⋮
8. 이 조치 또는 이에 의한 주무부 장관의 조치에 위반한 자는 법관의 영장 없이 체포·구금·압수 또는 수색할 수 있다.
   ⋮
13. 이 조치에 의한 주무부 장관의 명령이나 조치는 사법적 심사의 대상이 되지 아니한다.

① 국민 방위군 설치법이 공포되었다.
② 내각 책임제를 골자로 하는 개헌이 이루어졌다.
③ 귀속 재산 처리를 위해 신한 공사가 설립되었다.
④ 평화 통일론을 주장한 진보당의 조봉암이 구속되었다.
⑤ 장기 독재에 저항하는 3·1 민주 구국 선언이 발표되었다.

689

제56회 46번

다음 뉴스가 보도된 정부 시기의 사실로 옳은 것은? [2점]

오늘 대전에서는 향토 예비군 창설식이 열렸습니다. 1월 21일 북한 무장 공비의 청와대 습격 시도 사건을 계기로 자주적 방위 태세를 강화하기 위한 조치입니다.

① 양성평등의 실현을 위해 호주제를 폐지하였다.
② 교육의 지표를 제시한 국민 교육 헌장을 선포하였다.
③ 사회 통합을 위한 다문화 가족 지원법을 시행하였다.
④ 공직자 윤리법을 개정하여 재산 등록을 의무화하였다.
⑤ 언론의 통폐합이 단행되고 언론 기본법을 제정하였다.

690

제48회 46번

다음 기념사를 발표한 정부 시기에 있었던 사실로 옳은 것은? [2점]

오늘 국민 교육 헌장 선포 1주년에 즈음하여, 나는 온 국민과 더불어 뜻깊은 이 날을 경축하면서 헌장 이념의 구현을 위한 우리들의 결의를 새로이 하게 된 것을 매우 기쁘게 생각하는 바입니다. 국민 교육 헌장은 우리 민족이 지녀야 할 시대적 사명감과 윤리관을 정립한 역사적 장전이며, 조국 근대화의 물량적 성장을 보완, 촉진시켜 나갈 정신적 지표이며, 국가의 백년대계를 기약하는 국민 교육의 실천 지침인 것입니다.

① 국민학교라는 명칭을 초등학교로 변경하였다.
② 과외 전면 금지와 대학 졸업 정원제를 시행하였다.
③ 문맹국민 완전퇴치 5개년 계획을 수립하여 추진하였다.
④ 미국에서 시행되고 있던 6-3-3 학제를 처음 도입하였다.
⑤ 중학교 입시 제도를 폐지하고 무시험 추첨제를 실시하였다.

691

(가) 정부 시기의 사실로 옳은 것은? [3점]

사형 집행 소식에 오열하는 유가족

지난 2007년 1월, 서울중앙지방법원은 '인민 혁명당 재건위 사건'에 연루되어 사형당한 8인에게 무죄를 선고하였다. '인민 혁명당 재건위 사건'은 (가) 정부 시기 국가 전복을 계획했다는 혐의로 국가 보안법 및 긴급 조치 제4호에 따라 서도원·도예종·여정남을 포함한 다수 인사들을 체포하여 사형·무기 징역 등을 선고한 사건이다. 특히 판결 확정 후 18시간 만인 다음 날 새벽, 형 선고 통지서가 도착하기도 전에 사형수에 대한 형이 집행되었다. 당시 국제법학자협회는 사형이 집행된 4월 9일을 '사법 역사상 암흑의 날'로 선포하였다.

① 한·미 상호 방위 조약을 체결하였다.
② YH 무역 노동자들의 농성을 강경 진압하였다.
③ 대통령 긴급 명령으로 금융 실명제를 시행하였다.
④ 사회 정화를 명분으로 삼청 교육대를 설치하였다.
⑤ 평화 통일론을 주장한 진보당의 조봉암을 제거하였다.

692

다음 사건 이후의 사실로 옳은 것은? [3점]

시사 만화로 보는 현대사

이 만화는 민생고 해결을 외치는 여성 노동자들이 경찰에게 과잉 진압되는 모습을 풍자하고 있다.

가발 생산 공장의 여성 노동자 180여 명이 업주의 폐업 조치에 맞서 신민당사에서 농성을 하자, 1천여 명의 무장 경찰이 폭력적으로 진압하였다. 이후 이 사건은 'YH 무역 사건'으로 역사에 기록되었다.

① 부·마 민주 항쟁이 일어났다.
② 3·1 민주 구국 선언이 발표되었다.
③ 민의원과 참의원의 양원제 국회가 출범하였다.
④ 6·3 시위가 전개되고 비상계엄령이 선포되었다.
⑤ 전태일이 근로 기준법 준수를 외치며 분신하였다.

693

(가) 민주화 운동에 대한 설명으로 옳은 것은? [2점]

이것은 부산과 마산 지역의 시민과 학생들이 일으킨 (가) 을/를 기념하는 탑입니다. 야당 총재의 국회 의원직 제명으로 촉발된 (가) 은/는 민주화에 기여한 점을 인정받아 2019년에 국가 기념일로 지정되었습니다.

① 유신 체제가 붕괴되는 배경이 되었다.
② 시민군을 조직하여 계엄군에 대항하였다.
③ 허정 과도 정부가 구성되는 결과를 가져왔다.
④ 관련 기록물이 유네스코 세계 기록 유산으로 등재되었다.
⑤ 대통령 하야를 요구하는 대학교수단의 시위행진이 있었다.

694

다음 자료에 나타난 민주화 운동에 대한 설명으로 옳은 것은? [1점]

우리는 왜 총을 들 수밖에 없었는가? 그 대답은 너무나 간단합니다. 너무나 무자비한 만행을 더 이상 보고 있을 수만 없어서 너도나도 총을 들고 나섰던 것입니다. …… 계엄 당국은 공수 부대를 대량으로 투입하여 시내 곳곳에서 학생, 젊은이들에게 무차별 살상을 자행하였으니 …… 너무나 경악스러운 또 하나의 사실은 20일 밤부터 계엄 당국은 발포 명령을 내려 무차별 발포를 시작했다는 것입니다. 이 고장을 지키고자 이 자리에 모이신 민주 시민 여러분! 그런 상황에 우리가 할 수 있는 일은 무엇이겠습니까?

① 4·13 호헌 조치 철폐를 요구하였다.
② 시민군을 조직하여 계엄군에 대항하였다.
③ 시위 도중 김주열이 최루탄을 맞고 사망하였다.
④ 직선제 개헌을 약속한 6·29 민주화 선언을 이끌어 냈다.
⑤ 국민의 요구에 굴복하여 대통령이 하야하는 결과를 가져왔다.

695

제62회 46번

(가) 민주화 운동에 대한 설명으로 옳은 것은? [1점]

이 곡은 (가) 기념식에서 제창하는 노래입니다. (가) 당시 계엄군에 맞서 시민군으로 활동하다 희생된 윤상원과 광주에서 야학을 운영하다 사망한 박기순의 영혼 결혼식에 헌정된 노래입니다. 여러 나라에서 민주화를 염원하는 사람들이 이 곡을 함께 부르고 있습니다.

① 시위 도중 대학생 이한열이 희생되었다.
② 경무대로 향하던 시위대가 경찰의 총격을 받았다.
③ 박종철 고문치사 사건의 진상 규명을 요구하였다.
④ 신군부의 비상계엄 확대와 무력 진압에 저항하였다.
⑤ 3·1 민주 구국 선언을 통해 긴급 조치 철폐 등을 주장하였다.

696

제61회 48번

다음 자료에 나타난 민주화 운동에 대한 설명으로 옳은 것은? [2점]

전국의 언론인 여러분!

지금 광주에서는 젊은 대학생들과 시민들이 피를 흘리며 싸우고 있습니다. 대학생들의 평화적 시위를 질서 유지, 진압이라는 명목 아래 저 잔인한 공수 부대를 투입하여 시민과 학생을 무차별 살육하였고 더군다나 발포 명령까지 내렸던 것입니다. …… 그러나 일부 언론은 순수한 광주 시민의 의거를 불순배의 선동이니, 폭도의 소행이니, 난동이니 하여 몰아부치고만 있습니다. …… 이번 광주 의거를 몇십 년 뒤의 '사건 비화'나 '남기고 싶은 이야기'들로 만들지 않기 위해, 사실 그대로 보도하여 주시기를 수많은 사망자의 피맺힌 원혼과 광주 시민의 이름으로 간절히, 간절히 촉구하는 바입니다.

① 허정 과도 정부가 출범하는 계기가 되었다.
② 굴욕적인 한·일 국교 정상화에 반대하였다.
③ 호헌 철폐, 독재 타도 등의 구호를 외쳤다.
④ 3·15 부정 선거에 항의하며 시위가 시작되었다.
⑤ 관련 기록물이 유네스코 세계 기록 유산으로 등재되었다.

697

제41회 47번

다음 기사 내용이 보도된 정부 시기의 사실로 옳은 것을 <보기>에서 고른 것은? [2점]

□□신문

제△△호 ○○○○년 ○○월 ○○일

야간 통행금지 해제

오는 1월 5일 24시를 기하여, 지난 37년간 지속되어 온 야간 통행금지가 전국적으로 해제될 예정이다. 다만 국방상 중요한 전방 지역과 후방 해안 도서 지역은 대상에서 제외되었다.
이번 야간 통행금지의 해제로 국민 생활의 편익이 증진되고 관광과 경제 활동이 활성화될 전망이다.

보기

ㄱ. 한국 프로 야구가 6개 구단으로 출범하였다.
ㄴ. 언론의 통폐합이 강제로 단행되고 언론 기본법이 제정되었다.
ㄷ. 허례허식을 없애기 위해 법령으로 가정 의례 준칙이 제정되었다.
ㄹ. 재건 국민 운동 본부를 중심으로 혼·분식 장려 운동이 전개되었다.

① ㄱ, ㄴ ② ㄱ, ㄷ ③ ㄴ, ㄷ
④ ㄴ, ㄹ ⑤ ㄷ, ㄹ

698

제72회 49번

다음 뉴스가 보도된 정부 시기의 사실로 옳은 것은? [2점]

문교부가 중고등학생의 교복과 두발을 자율화하겠다고 발표한 데 이어, 오늘부터 야간 통행금지 해제가 본격 적용되었습니다. 시민들은 새벽 거리를 활보하며 37년 만에 되찾은 24시간의 자유를 만끽하게 되었습니다.

① 서울 올림픽 대회가 개최되었다.
② 보도 지침으로 언론이 통제되었다.
③ 삼풍 백화점 붕괴 사고가 일어났다.
④ 양성평등의 실현을 위해 호주제가 폐지되었다.
⑤ 사회 통합을 위한 다문화 가족 지원법이 시행되었다.

699

밑줄 그은 '이 정부' 시기에 있었던 사실로 옳지 않은 것은? [2점]

천주교 정의 구현 전국 사제단과 민주 언론 운동 협의회가 이 정부에서 각 언론사에 하달한 보도 지침 자료를 공개하는 기자 회견 장면입니다. 이후 이 사건의 관련자들은 남영동 치안본부 대공분실로 연행되었으며, 국가 보안법 위반 등의 죄목으로 기소되어 고초를 겪었습니다.

① 서울 올림픽이 개최되었다.

② 야간 통행금지가 해제되었다.

③ 박종철 고문치사 사건이 발생하였다.

④ 프로 야구가 6개 구단으로 출범하였다.

⑤ 남북 이산가족 고향 방문이 최초로 이루어졌다.

700

다음 헌법이 시행된 시기의 사실로 옳은 것은? [2점]

제39조 ① 대통령은 대통령 선거인단에서 무기명 투표로 선거한다.

② 대통령에 입후보하려는 자는 정당의 추천 또는 법률이 정하는 수의 대통령 선거인의 추천을 받아야 한다.

③ 대통령 선거인단에서 재적 대통령 선거인 과반수의 찬성을 얻은 자를 대통령 당선자로 한다.

⋮

제45조 대통령의 임기는 7년으로 하며, 중임할 수 없다.

① 긴급 조치 9호가 발동되었다.

② 국민 교육 헌장이 공포되었다.

③ 지방 자치제가 전면 시행되었다.

④ 프로 야구가 6개 구단으로 출범되었다.

⑤ 한·미 자유 무역 협정(FTA)이 체결되었다.

701

밑줄 그은 '총선' 이후의 사실로 옳은 것은? [3점]

이번 총선에서는 김대중, 김영삼이 이끈 신한 민주당이 돌풍을 일으켜 창당 한 달 만에 제1야당으로 급부상 했군.

여당인 민주 정의당과 정부의 권위주의적 통치에 대한 반발과 민주화를 요구하는 시민들의 열망이 표출된 것 같아.

① 의원 내각제를 골자로 하는 개헌이 이루어졌다.

② 3·15 부정 선거로 여당 부통령 후보가 당선되었다.

③ 신군부에 의해 비상계엄이 전국으로 확대 선포되었다.

④ 직선제 개헌을 청원하는 1천만 명 서명 운동이 전개되었다.

⑤ 긴급 조치 철폐를 요구하는 3·1 민주 구국 선언이 발표되었다.

702

(가) 민주화 운동에 대한 설명으로 옳은 것은? [1점]

① 신군부의 비상계엄 확대가 원인이 되어 일어났다.

② 관련 기록물이 유네스코 세계 기록 유산으로 등재되었다.

③ 3·15 부정 선거에 항의하며 시위대가 경무대로 행진하였다.

④ 3·1 민주 구국 선언을 통해 긴급 조치 철폐 등을 요구하였다.

⑤ 호헌 철폐와 독재 타도 등의 구호를 내세운 시위가 확산되었다.

703

(가) 민주화 운동에 대한 설명으로 적절한 것은? [2점]

> 그때 고등학생이었던 저는 호헌 철폐가 무슨 뜻인지 잘 몰랐어요. 다만 1980년 5월의 경험과 전두환이라는 인물을 통해 당시 우리나라가 독재 국가라고 인식하고 있었습니다. 그래서 시위에 참여했어요.

> 당시 민주 헌법 쟁취 국민운동 본부가 지정했던 국민 평화 대행진 구호가 '동장에서 대통령까지 내 손으로'였어요. 이 구호가 담긴 현수막을 만들면 감옥에 갈 수도 있었지만, 스프레이와 천을 사다가 밤에 건물 옥상에서 이 글귀를 현수막에다가 적었어요.

참여자의 구술로 살펴보는 지역별 (가)

수도권 / 강원도 / 전라도 / 경상도 / 충청도

① 굴욕적인 한·일 국교 정상화에 반대하였다.
② 5년 단임의 대통령 직선제 개헌을 이끌어 냈다.
③ 시위 과정에서 시민군이 자발적으로 조직되었다.
④ 3선 개헌 반대 범국민 투쟁 위원회를 결성하였다.
⑤ 대통령 중심제에서 의원 내각제로 바뀌는 계기가 되었다.

704

다음 기사에 보도된 민주화 운동의 결과로 옳은 것은? [2점]

□□신문

제△△호   ○○○○년 ○○월 ○○일

민주 헌법 쟁취를 위한 국민 대회 열려

경찰이 사상 최대 규모인 5만 8천여 명의 병력을 동원하여 전국 집회장을 원천 봉쇄한다는 방침을 밝힌 가운데 서울을 비롯한 전국 20여 개 도시에서 국민 대회가 열렸다.

민주 헌법 쟁취 국민운동 본부는 "국민 합의를 배신한 4·13 호헌 조치는 무효임을 전 국민의 이름으로 선언한다."라고 발표하면서 민주 헌법 쟁취를 통한 민주 정부 수립 의지를 밝혔다.

① 국가 보위 비상 대책 위원회가 설치되었다.
② 신군부가 비상계엄을 전국으로 확대하였다.
③ 5년 단임의 대통령 직선제 개헌이 이루어졌다.
④ 허정을 수반으로 하는 과도 정부가 수립되었다.
⑤ 조봉암이 혁신 세력을 규합하여 진보당을 창당하였다.

705

다음 기사가 보도된 정부 시기의 사실로 옳은 것은? [3점]

□□신문

제△△호   ○○○○년 ○○월 ○○일

제24회 서울 올림픽 개회식이 열리다

제24회 서울 올림픽 개회식이 어제 잠실 올림픽 주경기장에서 성공적으로 열렸다. 개회식 마지막 행사에서는 주제곡 '손에 손잡고'가 울려 퍼지는 가운데 서울 올림픽 마스코트인 호돌이를 비롯하여 이전 올림픽의 마스코트들이 함께 춤추는 장면이 연출되어 동서 화합의 의미를 더했다.

12년 만에 동서 양 진영이 함께 모인 이번 대회에서는 160개국의 선수 8,000여 명이 참가하여 과거 어느 대회보다 수준 높은 경기가 펼쳐질 것으로 예상된다.

① 국민 교육 헌장이 발표되었다.
② 3당 합당으로 민주 자유당이 창당되었다.
③ 군 내부의 사조직인 하나회가 해체되었다.
④ 사회 정화를 명분으로 삼청 교육대가 설치되었다.
⑤ 외환 위기 극복을 위한 금 모으기 운동이 전개되었다.

706

다음 뉴스가 보도된 정부 시기에 있었던 사실로 옳은 것은? [3점]

> 오늘 수방사령관과 특전사령관이 해임되었습니다. 지난달 육군참모총장과 기무사령관이 교체된 이후 불과 한 달여 만에 단행된 인사 조치입니다. 군 내부의 사조직을 해체하려는 문민정부의 의지가 반영된 것으로 보입니다.

① 굴욕적인 대일 외교에 반대하는 6·3 시위가 일어났다.
② 북방 외교를 추진하여 사회주의 국가인 소련과 수교하였다.
③ 통일 방안을 논의하기 위해 남북 조절 위원회를 설치하였다.
④ 경제적 취약 계층을 위한 국민 기초 생활 보장법을 시행하였다.
⑤ 역사 바로 세우기를 내세우며 옛 조선 총독부 건물을 철거하였다.

707

다음 기사가 보도된 정부 시기의 사실로 옳은 것은? [2점]

□□신문

제△△호   ○○○○년 ○○월 ○○일

제17회 FIFA 한·일 월드컵 개막식이 열리다

제17회 FIFA 한·일 월드컵 개막식이 어제 저녁 서울 월드컵 경기장에서 성공적으로 열렸다. 오후 7시 25분부터 취타대 등을 앞세운 32개 참가국 입장이 끝난 뒤 진행된 개막 행사는 환영·소통·어울림·나눔으로 구성되었다. 이후 세계 평화와 인류 화합의 새 시대가 열리고 한·일 양국 간 우호 친선의 21세기가 열리기를 기원하는 대통령의 개막 선언으로 화려하게 마무리되었다.

① 중앙정보부가 창설되었다.
② 국가 인권 위원회가 출범하였다.
③ 세계 무역 기구(WTO)에 가입하였다.
④ G20 정상 회의를 서울에서 개최하였다.
⑤ 37년 만에 야간 통행금지가 해제되었다.

708

다음 뉴스가 보도된 정부 시기에 있었던 사실로 옳은 것은? [3점]

오늘 헌법 재판소는 헌정 사상 초유의 대통령 탄핵 소추 심판 청구에 대해 기각을 결정하였습니다. 국회가 제기한 탄핵 사유는 대통령을 파면시킬 만한 '중대한 직무상 위배'라고 보기 어렵다는 판단입니다.

대통령, 63일 만에 직무 복귀

① 서울 올림픽 대회가 개최되었다.
② 국가 인권 위원회가 설립되었다.
③ 전국 민주 노동조합 총연맹이 창립되었다.
④ 중국과 자유 무역 협정(FTA)이 체결되었다.
⑤ 친일 반민족 행위 진상 규명 위원회가 출범하였다.

709

(가) 정부 시기에 있었던 사실로 옳은 것은? [3점]

사진으로 보는 (가) 정부

질병 관리 본부 출범 | 아시아·태평양 경제 협력체 (APEC) 정상 회의 주최 | 행정 중심 복합 도시 건설 시작

① 전국 민주 노동조합 총연맹이 창립되었다.
② 국제 통화 기금(IMF)의 채무를 조기 상환하였다.
③ 경제 정의 실천 시민 연합 창립 대회가 개최되었다.
④ 중학교 입시 제도를 폐지하고 무시험 추첨제를 실시하였다.
⑤ 진실·화해를 위한 과거사 정리 위원회가 처음으로 출범하였다.

710

(가)~(라)의 헌법을 공포된 순서대로 옳게 나열한 것은? [3점]

(가)
제69조 ① 대통령의 임기는 4년으로 한다.
② 대통령이 궐위된 경우의 후임자는 전임자의 잔임 기간 중 재임한다.
③ 대통령의 계속 재임은 3기에 한한다.

(나)
제39조 ① 대통령은 통일 주체 국민 회의에서 토론 없이 무기명 투표로 선거한다.
⋮
제47조 대통령의 임기는 6년으로 한다.

(다)
제39조 ① 대통령은 대통령 선거인단에서 무기명 투표로 선거한다.
⋮
제45조 대통령의 임기는 7년으로 하며, 중임할 수 없다.

(라)
제67조 ① 대통령은 국민의 보통·평등·직접·비밀 선거에 의하여 선출한다.
⋮
제70조 대통령의 임기는 5년으로 하며, 중임할 수 없다.

① (가) - (나) - (다) - (라)
② (가) - (다) - (라) - (나)
③ (나) - (가) - (라) - (다)
④ (나) - (라) - (가) - (다)
⑤ (다) - (라) - (나) - (가)

VIII 현대

정답과 해설 142쪽

3 경제 발전과 통일 정책

711

제36회 46번

다음 협정이 적용된 시기 우리나라의 경제 상황으로 옳은 것은? [2점]

> 대한민국 정부는 대한민국의 경제적 위기를 방지하며 국력 부흥을 촉진하고 국내 안정을 확보하기 위하여 미합중국 정부에 재정적, 물질적, 기술적 원조를 요청하였으며, 미합중국 의회는 …… 대한민국 국민에게 원조를 제공할 권한을 미합중국 대통령에게 부여하였고, 대한민국 정부 및 미합중국 정부는 대한민국 정부의 독립과 안전 보장에 합치되는 조건에 의한 그 원조의 제공이 …… 한국 국민과 미국 국민 간의 우호적 연대를 일층 강화할 것을 확신하므로 …… 아래와 같이 협정하였다. ……
> – 한·미 원조 협정 –

① 경부 고속 국도를 개통하였다.
② 경제 협력 개발 기구(OECD)에 가입하였다.
③ 제분·제당·면방직의 삼백 산업이 성장하였다.
④ 3저 호황으로 물가가 안정되고 수출이 증가하였다.
⑤ 대통령의 긴급 명령으로 금융 실명제를 실시하였다.

712

제66회 46번

다음 뉴스가 보도된 정부 시기의 경제 상황으로 옳은 것은? [2점]

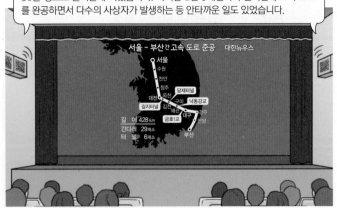

> 서울-부산 간 고속 도로 준공식이 대구에서 열렸습니다. 대전-대구 구간을 마지막으로 경부 고속 도로가 완공되면서 서울에서 부산까지의 이동 시간이 4시간 30분 정도로 줄어들게 되었습니다. 하지만 2년 5개월여의 단기간에 고속 도로를 완공하면서 다수의 사상자가 발생하는 등 안타까운 일도 있었습니다.

① 제2차 경제 개발 5개년 계획이 추진되었다.
② 미국의 경제 원조로 삼백 산업이 발달하였다.
③ 귀속 재산 처리를 위해 신한 공사가 설립되었다.
④ 대통령 긴급 명령으로 금융 실명제가 실시되었다.
⑤ 최저 임금 결정을 위한 최저 임금 위원회가 설치되었다.

713

제51회 48번

교사의 질문에 대한 학생의 답변으로 옳은 것은? [2점]

> 이것은 제2차 경제 개발 5개년 계획 도표로서 분야별 주요 계획, 국토 건설 현황 등이 그림과 그래프로 표현되어 있습니다. 이 계획이 실시된 시기의 경제 상황에 대해 말해 볼까요?

① 경부 고속 도로가 개통되었어요.
② 귀속 재산 처리법이 제정되었어요.
③ 경제 협력 개발 기구(OECD)에 가입하였어요.
④ 미국과 자유 무역 협정(FTA)을 체결하였어요.
⑤ 대통령의 긴급 명령으로 금융 실명제가 실시되었어요.

714

제60회 45번

(가) 정부 시기의 경제 상황으로 옳은 것은? [1점]

① 한·미 자유 무역 협정(FTA)이 체결되었다.
② 저유가·저금리·저달러의 3저 호황이 있었다.
③ 원조 물자를 가공하는 삼백 산업이 발달하였다.
④ 대통령 긴급 명령으로 금융 실명제가 실시되었다.
⑤ 농촌의 근대화를 표방한 새마을 운동이 전개되었다.

715

다음 정부 시기에 볼 수 있는 모습으로 가장 적절한 것은? [2점]

① 최저 임금법 제정으로 최저 임금을 심의하는 위원
② 금융 실명제에 따라 신분증 제시를 요구하는 은행원
③ 한·칠레 자유 무역 협정(FTA)의 비준을 보도하는 기자
④ 전국 민주 노동조합 총연맹 창립 대회에 참가하는 노동자
⑤ 정부의 도시 정책에 반발해 시위를 하는 광주 대단지 이주민

716

다음 뉴스의 사건이 일어난 정부 시기의 경제 상황으로 옳은 것은? [2점]

① 경부 고속 도로가 개통되었다.
② 경제 협력 개발 기구(OECD)에 가입하였다.
③ 원조 물자를 가공한 삼백 산업이 발달하였다.
④ 저유가, 저금리, 저달러의 3저 호황이 있었다.
⑤ 대통령 직속 자문 기구인 노사정 위원회가 구성되었다.

717

다음 뉴스의 사건이 있었던 정부 시기의 사실로 옳은 것은? [3점]

오늘 오후 2시경 서울 평화 시장에서 있었던 노동자들의 시위 도중 재단사 전태일 씨가 분신하는 사건이 발생하였습니다. 전 씨는 "근로 기준법을 지켜라!", "우리는 기계가 아니다!"라고 절규하며 열악한 노동 환경 개선을 요구하였습니다.

① 함평 고구마 피해 보상 운동이 전개되었다.
② 저유가·저금리·저달러의 3저 호황이 있었다.
③ 미국과의 자유 무역 협정(FTA)이 체결되었다.
④ 경제 협력 개발 기구(OECD)의 회원국이 되었다.
⑤ 최저 임금 결정을 위한 최저 임금 위원회가 설치되었다.

718

다음 담화문을 발표한 정부 시기의 경제 상황으로 옳은 것은? [1점]

헌법 제76조 제1항의 규정에 의거하여 '금융실명거래 및 비밀보장에 관한 대통령 긴급재정경제명령'을 반포합니다. …… 금융 실명제 없이는 건강한 민주주의도, 활력이 넘치는 자본주의도 꽃피울 수가 없습니다. 정치와 경제의 선진화를 이룩할 수가 없습니다. 금융 실명제는 '신한국'의 건설을 위해서 그 어느 것보다도 중요한 제도 개혁입니다.

① 경부 고속 도로를 준공하였다.
② 제1차 경제 개발 5개년 계획이 추진되었다.
③ 경제 협력 개발 기구(OECD)에 가입하였다.
④ 미국과 자유 무역 협정(FTA)을 체결하였다.
⑤ 귀속 재산 처리를 위해 신한 공사가 설립되었다.

719

다음 문서가 작성된 이후의 사실로 옳은 것은? [2점]

> **미셸 캉드쉬 총재 귀하**
>
> 1. 첨부된 경제 계획 각서에는 향후 3년 이상 한국이 실행할 정책이 요약되어 있습니다. 이 정책은 현재의 재정적 어려움을 초래한 근본 원인을 해결하여 시장의 신뢰를 회복하며, 한국 경제를 강력하고 지속 가능한 성장의 길로 이끌 수 있을 것입니다. 이 경제 계획을 지원하기 위해 한국 정부는 향후 3년간 특별 인출권(SDR) 155억 달러 규모의 국제 통화 기금(IMF) 대기성 차관을 요청합니다.
>   ⋮

① 전국 민주 노동조합 총연맹이 창립되었다.
② 저유가, 저금리, 저달러의 3저 호황이 있었다.
③ 제2차 석유 파동으로 경제 불황이 심화되었다.
④ 대통령 긴급 명령으로 금융 실명제가 실시되었다.
⑤ 대통령 직속 자문 기구인 노사정 위원회가 구성되었다.

720

밑줄 그은 '정부' 시기의 사실로 옳은 것은? [3점]

> 대통령은 신년사에서 월드컵과 부산 아시안 게임 개최로 국운 융성의 한 해를 만들자고 강조하며, 공명한 대통령 선거와 지방 자치 선거에 최선을 다하겠다고 밝혔습니다. 아울러 정부도 경제적 정의 실현과 사회 안전망을 강화하여 중산층과 서민 생활 안정에 노력하겠다고 발표했습니다.

대통령, 공명 선거와 사회 정책 방향 제시

① 호주제가 폐지되었다.
② 대학 졸업 정원제가 시행되었다.
③ 노인 장기 요양 보험법이 제정되었다.
④ 국민 기초 생활 보장법이 실시되었다.
⑤ 중학교 무시험 진학 제도가 시작되었다.

721

다음 자료를 발표한 정부의 통일 정책으로 옳은 것을 〈보기〉에서 고른 것은? [2점]

> 국민 여러분! 나는 오늘 다시 이 자리를 빌어 북괴에 대해 지금이라도 늦지 않았으니 우리의 평화 통일 제의를 하루 속히 수락하고, 무력과 폭력을 포기할 것을 거듭 촉구하면서 평화 통일만이 우리가 추구하는 통일의 길임을 다시 한 번 천명하는 바입니다. …… 특히 이번에 우리 대한 적십자사가 제의한 인도적 남북 회담은 1천만 흩어진 가족을 위해서뿐만 아니라, 5천만 동포들의 오랜 갈증을 풀어 주는 복음의 제의로서 나는 이를 여러분과 함께 환영하며 그 성공을 빌어 마지않습니다.
>
> – 제26주년 광복절 경축사 중에서 –

보기

ㄱ. 남북 조절 위원회를 구성하였다.
ㄴ. 남북 기본 합의서를 채택하였다.
ㄷ. 7·4 남북 공동 성명을 발표하였다.
ㄹ. 한반도 비핵화 공동 선언에 합의하였다.

① ㄱ, ㄴ   ② ㄱ, ㄷ   ③ ㄴ, ㄷ
④ ㄴ, ㄹ   ⑤ ㄷ, ㄹ

722

다음 기사의 사건이 일어난 정부 시기의 통일 정책으로 옳은 것은? [2점]

> **□□신문**
> 제△△호   ○○○○년 ○○월 ○○일
>
> **광주 대단지 주민 5만여 명, 대규모 시위**
>
>
> 지난 10일, 경기도 광주시 중부면 광주 대단지에서 5만여 명의 주민들이 차량을 탈취하여 대규모 시위를 벌였다. 이번 시위는 서울 도심을 정비하기 위하여 10만여 명의 주민들을 경기도 광주로 이주시키는 과정에서 발생하였다. 서울시가 처음 내건 이주 조건과 달리, 상하수도나 교통 등 기반 시설이 갖추어지지 않은 채 강제로 이주시켰기 때문이다. 시위 과정에서 관공서와 주유소 등이 불에 탔고, 주민과 경찰 다수가 부상을 입었으며, 일부 주민들이 구속되었다.

① 남북한이 유엔에 동시 가입하였다.
② 10·4 남북 공동 선언을 발표하였다.
③ 남북한이 한반도 비핵화 공동 선언에 서명하였다.
④ 남북 조절 위원회를 설치하여 통일 방안을 논의하였다.
⑤ 남북한의 교류 협력을 위한 개성 공업 지구 건설에 착수하였다.

723

(가) 정부 시기에 볼 수 있는 모습으로 적절한 것은?

제52회 48번 [2점]

사진으로 보는 [(가)] 정부

프로 야구 6개 구단 창단 | 언론 통제 보도 지침 | 호헌 철폐 국민 대회

① 7·4 남북 공동 성명 발표를 취재하는 기자
② 개성 공단 착공식에 참석하고 있는 정부 관료
③ 금강호를 타고 금강산 관광을 떠나는 단체 여행객
④ 한반도 비핵화 공동 선언문을 발표하는 외교부 당국자
⑤ 최초의 이산가족 상봉 행사에 참여하는 남북 고향 방문단

724

다음 뉴스가 보도된 정부 시기에 있었던 사실로 옳은 것은?

제60회 48번 [3점]

대통령은 오늘 남북 고위급 회담 타결 상황을 보고받고, 내일 북한 대표단을 접견하기로 했습니다. 청와대 고위 관계자는 남북 사이의 화해와 불가침 및 교류 협력에 관한 합의서 채택에 완전히 합의한 것은 남북 관계에 큰 전환을 이룬 것이라고 평가했습니다.

대통령, 내일 북한 대표단 접견

① 제2차 남북 정상 회담이 개최되었다.
② 경제 협력 개발 기구(OECD)에 가입하였다.
③ 남북 조절 위원회가 설치되어 통일 방안이 논의되었다.
④ 북방 외교를 추진하여 중국 등 사회주의 국가들과 수교하였다.
⑤ 남북한의 교류 협력을 위한 개성 공업 지구 건설에 합의하였다.

725

(가) 정부의 통일 노력으로 옳은 것은?

제51회 50번 [3점]

□□신문

제△△호　　　　　　　　　　　　　　○○○○년 ○○월 ○○일

대한민국 대통령, 중국 최초 방문

9월 27일부터 30일까지 [(가)] 대통령이 대한민국 대통령으로는 최초로 중국을 공식 방문하였다. 베이징에서 진행된 회담에서 양국 정상은 지난달 성사된 한·중 수교의 의의를 높이 평가하면서 우호 협력 관계를 발전시키자고 하였다. 또한, 양국 정상은 한반도의 긴장 완화가 한국 국민의 이익에 부합될 뿐 아니라 동북아시아 평화와 안정에 유익하며, 이와 같은 추세가 계속 발전해 나가야 한다는 데 합의하였다.

① 남북 기본 합의서를 채택하였다.
② 7·4 남북 공동 성명을 발표하였다.
③ 남북 정상 회담을 처음으로 성사시켰다.
④ 이산가족 고향 방문을 최초로 실현하였다.
⑤ 경제 협력을 위한 개성 공단 건설을 추진하였다.

726

다음 연설문을 발표한 정부의 통일 노력으로 옳은 것은?

제70회 43번 [2점]

제5차 남북 고위급 회담에서 서명된 합의서는 남과 북이 오랜 단절과 대립을 청산하여 상호 신뢰를 바탕으로 이 땅에, 평화의 질서를 구축하고 교류 협력을 통해 민족의 화해와 공동 번영을 이루어가기 위해 필요한 조처들을 망라하고 있습니다. …… 석 달 전 남북한의 유엔 동시 가입과 이에 이은 이번 합의서의 서명은 한반도 문제 해결과 민족 통일을 향한 여정에 획기적인 이정표를 세운 것입니다. …… 나는 올해 안에 한반도의 비핵화를 실현하는 합의를 이루고 밝아오는 새해와 함께 남과 북이 평화와 협력, 평화와 공동 번영의 새로운 시대를 힘차게 열게 되기를 바랍니다.

① 판문점에서 남북 정상 회담을 개최하였다.
② 남북 이산가족의 고향 방문을 최초로 성사시켰다.
③ 민족자존과 통일 번영을 위한 7·7 선언을 발표하였다.
④ 7·4 남북 공동 성명을 실천하기 위해 남북 조절 위원회를 구성하였다.
⑤ 남북 관계 발전과 평화 번영을 위한 10·4 남북 정상 선언에 서명하였다.

VIII

현대

727

제63회 50번

다음 선언을 발표한 정부의 통일 노력으로 옳은 것은? [3점]

> 나는 오늘 온 겨레의 염원인 조국의 평화적 통일을 실현해 나기기 위한 새 공화국의 정책을 밝히려 합니다. 우리 민족이 남북 분단의 고통을 겪어온 지 반세기가 가까워 옵니다. …… 민족자존과 통일 번영의 새 시대를 열어나갈 것임을 약속하면서 다음과 같은 정책을 추진해 나갈 것을 내외에 선언합니다.
> ……
> 셋째, 남북 간 교역의 문호를 개방하고 남북 간 교역을 민족 내부 교역으로 간주한다.
> ……
> 여섯째, 한반도의 평화를 정착시킬 여건을 조성하기 위하여 북한이 미국, 일본 등 우리 우방과의 관계를 개선하는 데 협조할 용의가 있으며 또한 우리는 소련, 중국을 비롯한 사회주의 국가들과의 관계 개선을 추구한다.

① 남북 조절 위원회를 구성하였다.
② 개성 공업 지구 건설에 합의하였다.
③ 10·4 남북 정상 선언을 발표하였다.
④ 남북한이 국제 연합(UN)에 동시 가입하였다.
⑤ 남북 이산가족 고향 방문을 최초로 실현하였다.

728

제61회 50번

다음 뉴스가 보도된 정부 시기의 통일 노력으로 옳은 것은? [2점]

> 정주영의 소 떼 방북을 계기로 남북한의 교류와 협력이 본격화되면서 금강산 관광 사업이 시작되었습니다. 이 사업은 남북 교류 활성화에 크게 기여할 것으로 보입니다.

금강산 관광객 실은 크루즈, 동해항에서 첫 출항

① 남북 조절 위원회를 구성하였다.
② 남북한이 유엔에 동시 가입하였다.
③ 6·15 남북 공동 선언을 채택하였다.
④ 한반도 비핵화 공동 선언을 발표하였다.
⑤ 남북 이산가족의 교환 방문을 최초로 실현하였다.

729

제64회 48번

다음 연설문을 발표한 정부의 통일 노력으로 옳은 것은? [2점]

> 저는 김정일 국방 위원장과 분단 55년 만에 처음 정상 회담을 가졌습니다. 세 차례에 걸친 회담을 통해 우리 두 사람은 민족의 장래와 통일을 생각하는 마음과 열정에 큰 차이가 없으며, 이를 추진하는 방법에 공통점이 많다는 것을 확인했습니다. …… 남북이 열과 성을 모아, 이번의 정상 회담을 성공적으로 마쳐 온 세계를 깜짝 놀라게 했습니다. 남과 북의 화해와 협력을 향한 새 출발에 온 세계가 축복해 주고 있습니다. 불가능해 보였던 남북 정상 회담을 이뤄냈듯이 남과 북이 마음과 정성을 다한다면 통일의 날도 반드시 오리라 저는 확신합니다.

① 남북 교류 협력을 위한 개성 공업 지구 조성에 합의하였다.
② 평화 통일 외교 정책에 관한 6·23 특별 성명을 발표하였다.
③ 남북 사이의 화해와 불가침 및 교류·협력에 관한 합의서를 채택하였다.
④ 남북 관계 발전과 평화 번영을 위한 10·4 남북 정상 선언에 서명하였다.
⑤ 7·4 남북 공동 성명을 실천하기 위해 남북 조절 위원회를 구성하였다.

730

제67회 50번

다음 연설이 있었던 정부의 통일 노력으로 옳은 것은? [2점]

> 진작부터 꼭 한 번 와 보고 싶었습니다. 참여 정부 와서 첫 삽을 떴기 때문에 …… 지금 개성 공단이 매출액의 증가 속도, 그리고 근로자의 증가 속도 같은 것이 눈부시지요. …… 경제적으로 공단이 성공하고, 그것이 남북 관계에서 평화에 대한 믿음을 우리가 가질 수 있게 만드는 것이거든요. 또 함께 번영해 갈 수 있는 가능성에 대해서 우리가 믿음을 갖게 되는 것이기 때문에, 이것이 선순환되면 앞으로 정말 좋은 결과가 있을 것입니다.

환 개성 공단 방문 영

① 남북한이 국제 연합(UN)에 동시 가입하였다.
② 민족자존과 통일 번영을 위한 7·7 선언을 발표하였다.
③ 남북 이산가족 고향 방문단의 교환 방문을 최초로 성사시켰다.
④ 7·4 남북 공동 성명 실천을 위해 남북 조절 위원회를 구성하였다.
⑤ 남북 관계 발전과 평화 번영을 위한 10·4 남북 정상 선언을 발표하였다.

731

(가)에 들어갈 내용으로 옳은 것은?

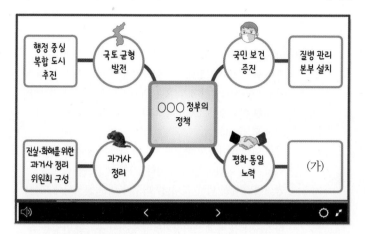

① 남북 기본 합의서 서명
② 남북 조절 위원회 구성
③ 10·4 남북 정상 선언 발표
④ 한반도 비핵화 공동 선언 채택
⑤ 이산가족 고향 방문 최초 성사

732

(가)~(다) 학생이 발표한 내용을 일어난 순서대로 옳게 나열한 것은?

[2점]

① (가) - (나) - (다)
② (가) - (다) - (나)
③ (나) - (가) - (다)
④ (나) - (다) - (가)
⑤ (다) - (가) - (나)

1 다음 사실들을 순서대로 나열하시오.

(1) (   )

> (가) 조선 건국 동맹이 결성되었다.
> (나) 모스크바 3국 외상 회의가 개최되었다.
> (다) 제1차 미·소 공동 위원회가 결렬되었다.
> (라) 좌우 합작 위원회에서 좌우 합작 7원칙이 발표되었다.
> (마) 조선 건국 준비 위원회 지부가 인민 위원회로 개편되었다.

(2) (   )

> (가) 제1차 미·소 공동 위원회가 결렬되었다.
> (나) 김구, 김규식 등이 남북 협상에 참석하였다.
> (다) 우리나라 최초의 보통 선거인 5·10 총선거가 실시되었다.
> (라) 유엔 총회에서 인구 비례에 의한 남북 총선거가 의결되었다.
> (마) 남한만의 단독 정부 수립을 주장한 정읍 발언이 제기되었다.

2 (가)~(다)를 발표된 순서대로 나열하시오.

(1) (   )

> (가) 대한민국 임시 정부는 28일 김구와 김규식의 명의로 '4개국 원수에게 보내는 결의문'을 채택하고, 각계 대표 70여 명으로 신탁 통치 반대 국민 총동원 위원회를 결성하였다. 여기서 강력한 반대 투쟁을 결의하고 김구·김규식 등 9인을 위원회의 '장정위원'으로 선정하였다.
> (나) 본관(本官)은 본관에게 부여된 태평양 미국 육군 최고 지휘관의 권한을 가지고 조선 북위 38도 이남의 지역과 주민에 대하여 군정을 설립함. 따라서 점령에 관한 조건을 다음과 같이 포고함.
> 제1조 조선 북위 38도 이남의 지역과 동 주민에 대한 모든 행정권은 당분간 본관의 권한하에서 시행함.
> (다) 1. 조선을 독립국으로 재건하고, 민주주의 원칙 위에서 발전하기 위한 조건들을 창출하며, 장기간에 걸친 일본 통치의 악독한 결과를 최대한 신속히 가능한 청산을 하기 위해 조선 민주주의 임시 정부를 창설한다.
> 2. 조선 임시 정부의 형성을 돕기 위하여, 그리고 적절한 방책들을 사전에 정교화하기 위하여 남조선 미군 사령부 대표들과 북조선 소련군 사령부 대표들로써 공동 위원회를 조직한다.
> 3. 공동 위원회는 조선 민주주의 임시 정부를 참가시키고 …… 공동 위원회의 제안은 조선 임시 정부와 협의 후, 5년 이내를 기한으로 하는 조선에 대한 4개국 신탁 통치의 협정을 작성하기 위하여 미·소·영·중 각국 정부의 공동 심의용으로 제출될 것이다.

(2) (   )

> (가) 이제 우리는 무기 휴회된 공위가 재개될 기색도 보이지 않으며 통일 정부를 고대하나 여의치 않게 되었으니, 우리는 남방만이라도 임시 정부 혹은 위원회 같은 것을 조직하여 38도선 이북에서 소련이 철퇴하도록 세계 공론에 호소하여야 될 것이다.
> (나) 나의 연령이 이제 70하고도 3인 바 나에게 남은 것은 금일 금일 하는 여생이 있을 뿐이다. 이제 새삼스럽게 재물을 탐내며 영예를 탐낼 것이냐? 더구나 외군 군정하에 있는 정권을 탐낼 것이냐? …… 나는 통일된 조국을 건설하려다가 38선을 베고 쓰러질지언정 일신에 구차한 안일을 취하여 단독 정부를 세우는 데는 협력하지 아니하겠다.
> (다) 본 위원회의 목적(민주주의 임시 정부를 수립하여 조국의 완전 독립을 촉성할 것)을 달성하기 위하여 기본 원칙을 아래와 같이 의논하여 정함.
> 1. 조선의 민주 독립을 보장한 3상 회의 결정에 의하여 남북을 통한 좌우 합작으로 민주주의 임시 정부를 수립할 것
> 3. 토지 개혁에 있어 몰수, 유조건 몰수, 체감 매상 등으로 토지를 농민에게 무상으로 나누어 주며 시가지의 기지와 큰 건물을 적정 처리하며 중요 산업을 국유화하며 …… 민주주의 건국 과업 완수에 매진할 것

3 다음 설명에 해당하는 인물을 〈보기〉에서 골라 쓰시오.

> 보기
>
> 김규식, 이승만, 여운형, 김병로

(1) 정읍에서 남한만의 단독 정부 수립을 주장하였다.   (   )
(2) 민족 자주 연맹을 이끌고 남북 협상에 참여하였다.   (   )
(3) 대법원장으로 재임하면서 사법 제도의 기초를 다졌다.   (   )
(4) 일제 패망과 광복에 대비하여 조선 건국 동맹을 결성하였다.

(   )

4 대한민국 정부 수립 이후에 있었던 사실로 옳으면 ○표, 틀리면 ×표를 하시오.

(1) 여수·순천 10·19 사건이 일어났다. ( )

(2) 유엔 한국 임시 위원단이 서울에 도착하였다. ( )

(3) 반민족 행위 특별 조사 위원회가 구성되었다. ( )

(4) 송진우, 김성수 등이 한국 민주당을 창당하였다. ( )

(5) 귀속 재산 관리를 위해 신한 공사가 설립되었다. ( )

(6) 유상 매수, 유상 분배 원칙의 농지 개혁법이 제정되었다. ( )

(7) 우리나라 최초의 보통 선거인 5·10 총선거가 실시되었다. ( )

(8) 여운형이 중심이 되어 조선 건국 준비 위원회를 조직하였다. ( )

5 6·25 전쟁 중에 있었던 사실로 옳으면 ○표, 틀리면 ×표를 하시오.

(1) 애치슨 선언이 발표되었다. ( )

(2) 부산이 임시 수도로 정해졌다. ( )

(3) 흥남 철수 작전이 전개되었다. ( )

(4) 여수·순천 10·19 사건이 일어났다. ( )

(5) 한·미 상호 방위 조약이 체결되었다. ( )

(6) 푸에블로호 나포 사건이 발생하였다. ( )

(7) 국회에서 국민 방위군 사건이 폭로되었다. ( )

(8) 국가 보위 비상 대책 위원회가 설치되었다. ( )

(9) 비상계엄이 선포된 가운데 발췌 개헌안이 통과되었다. ( )

6 다음 사실들을 순서대로 나열하시오.

(가) 흥남 철수 작전이 전개되었다.

(나) 인천 상륙 작전이 전개되었다.

(다) 이승만 정부가 반공 포로를 석방하였다.

(라) 판문점에서 6·25 전쟁 정전 협정이 조인되었다.

(마) 국군이 다부동 전투에서 북한군의 공세를 방어하였다.

( )

7 이승만 정부 시기에 있었던 사실로 옳으면 ○표, 틀리면 ×표를 하시오.

(1) 야간 통행금지가 해제되었다. ( )

(2) YH 무역 노동자들이 야당 당사에서 농성하였다. ( )

(3) 국회 프락치 사건으로 일부 국회 의원이 체포되었다. ( )

(4) 여운형 등의 주도로 좌우 합작 위원회가 구성되었다. ( )

(5) 평화 통일론을 주장한 진보당의 조봉암이 구속되었다. ( )

(6) 임시 수도 부산에서 대통령 직선제 개헌이 통과되었다. ( )

(7) 개헌 당시의 대통령에 한하여 중임 제한이 철폐되었다. ( )

(8) 인민 혁명당 재건위 사건을 조작해 관련자를 탄압하였다. ( )

(9) 정부에 비판적인 경향신문을 폐간하는 등 언론을 통제하였다. ( )

(10) 국가 보안법 개정안을 통과시킨 이른바 보안법 파동이 일어났다. ( )

8 4·19 혁명에 대한 설명으로 옳으면 ○표, 틀리면 ×표를 하시오.

(1) 장면 내각이 출범하는 계기가 되었다. ( )

(2) 허정 과도 정부가 구성되는 결과를 가져왔다. ( )

(3) 전남 도청에서 시민군이 계엄군에 맞서 싸웠다. ( )

(4) 야당 총재의 국회 의원직 제명으로 촉발되었다. ( )

(5) 시위 도중 김주열이 최루탄을 맞고 사망하였다. ( )

(6) 경무대로 향하던 시위대가 경찰의 총격을 받았다. ( )

(7) 전개 과정에서 3·1 민주 구국 선언이 발표되었다. ( )

(8) 3·15 부정 선거에 항의하는 시위에서 비롯되었다. ( )

(9) 관련 기록물이 유네스코 세계 기록 유산으로 등재되었다. ( )

(10) 대학 교수단이 대통령 퇴진을 요구하며 시위행진을 벌였다. ( )

(11) 민주화를 위한 개헌 청원 100만 인 서명 운동이 전개되었다. ( )

9 다음 정책을 실시한 정부를 〈보기〉에서 골라 쓰시오.

보기

이승만 정부, 박정희 정부, 전두환 정부, 김영삼 정부

(1) 국민학교라는 명칭을 초등학교로 변경하였다. ( )

(2) 과외 전면 금지와 대학 졸업 정원제를 시행하였다. ( )

(3) 교육의 지표를 제시한 국민 교육 헌장을 선포하였다. ( )

(4) 문맹국민 완전퇴치 5개년 계획을 수립하여 추진하였다. ( )

(5) 미국에서 시행되고 있던 6-3-3 학제를 처음 도입하였다. ( )

(6) 중학교 입시 제도를 폐지하고 무시험 추첨제를 실시하였다. ( )

10 박정희 정부 시기에 있었던 사실로 옳으면 ○표, 틀리면 ×표를 하시오.

(1) 중앙정보부가 창설되었다. ( )
(2) 한·미 상호 방위 원조 협정이 체결되었다. ( )
(3) 장기 집권을 위한 3선 개헌안이 통과되었다. ( )
(4) 6·3 시위가 전개되고 비상계엄령이 선포되었다. ( )
(5) 대통령 긴급 명령으로 금융 실명제를 시행하였다. ( )
(6) 신민당사에서 YH 무역 노동자들이 농성을 하였다. ( )
(7) 경자유전의 원칙에 따른 농지 개혁법이 제정되었다. ( )
(8) 언론의 통폐합이 단행되고 언론 기본법을 제정하였다.( )
(9) 의원 정수 3분의 1이 통일 주체 국민 회의에서 선출되었다.
( )
(10) 민주 회복을 위한 개헌 청원 백만 인 서명 운동이 전개되었다.
( )
(11) 호헌 철폐, 독재 타도를 내세운 6·10 국민 대회가 개최되었다.
( )
(12) 긴급 조치 철폐를 요구하는 3·1 민주 구국 선언이 발표되었다.
( )
(13) 야당 총재의 국회 의원직 제명을 계기로 민주 항쟁이 일어났다.
( )
(14) 국회 해산과 헌법의 일부 효력 정지를 담은 유신이 선포되었다.
( )

11 5·18 민주화 운동에 대한 설명으로 옳으면 ○표, 틀리면 ×표를 하시오.

(1) 4·13 호헌 조치 철폐를 요구하였다. ( )
(2) 장면 내각이 출범하는 계기가 되었다. ( )
(3) 시위 도중 대학생 이한열이 희생되었다. ( )
(4) 시민군을 조직하여 계엄군에 대항하였다. ( )
(5) 굴욕적인 한·일 국교 정상화에 반대하였다. ( )
(6) 계엄군의 무력 진압으로 시민들이 희생되었다. ( )
(7) 신군부의 비상계엄 확대와 무력 진압에 저항하였다. ( )
(8) 관련 기록물이 유네스코 세계 기록 유산으로 등재되었다.
( )
(9) 3·1 민주 구국 선언을 통해 긴급 조치 철폐 등을 주장하였다.
( )

12 5·18 민주화 운동 이후에 있었던 사실로 옳으면 ○표, 틀리면 ×표를 하시오.

(1) 국가 보위 비상 대책 위원회가 설치되었다. ( )
(2) 민의원과 참의원의 양원제 국회가 출범하였다. ( )
(3) 사회 정화를 명분으로 삼청 교육대가 설치되었다. ( )
(4) 국가 재건 최고 회의를 기반으로 군정이 실시되었다. ( )
(5) 선거인단이 선출하는 7년 단임의 대통령제가 실시되었다.
( )

13 전두환 정부 시기에 있었던 사실로 옳으면 ○표, 틀리면 ×표를 하시오.

(1) 서울 올림픽 대회가 개최되었다. ( )
(2) 보도 지침으로 언론이 통제되었다. ( )
(3) 삼풍 백화점 붕괴 사고가 일어났다. ( )
(4) 박종철 고문치사 사건이 발생하였다. ( )
(5) 프로 야구가 6개 구단으로 출범하였다. ( )
(6) 언론의 통폐합이 단행되고 언론 기본법을 제정하였다.( )
(7) 직선제 개헌을 청원하는 1천만 명 서명 운동이 전개되었다.
( )
(8) 호헌 철폐 등을 내세운 시위로 6·29 민주화 선언이 발표되었다.
( )
(9) 허례허식을 없애기 위해 법령으로 가정의례 준칙이 제정되었다.
( )
(10) 재건 국민운동 본부를 중심으로 혼·분식 장려 운동이 전개되었다. ( )
(11) 김영삼과 김대중을 공동 의장으로 한 민주화 추진 협의회가 조직되었다. ( )

14 다음 정책이 시행된 정부를 〈보기〉에서 골라 쓰시오.

> 보기
>
> 전두환 정부, 김영삼 정부, 김대중 정부,
> 노무현 정부, 이명박 정부

(1) 최저 임금법이 제정되었다. ( )
(2) 국가 인권 위원회가 출범하였다. ( )
(3) 노인 장기 요양 보험법이 제정되었다. ( )
(4) 군 내부의 사조직인 하나회가 해체되었다. ( )
(5) 양성평등의 실현을 위해 호주제가 폐지되었다. ( )
(6) 친일 반민족 행위 진상 규명 위원회가 출범하였다. ( )
(7) 공직자 윤리법을 개정하여 재산 등록을 의무화하였다.( )
(8) 진실·화해를 위한 과거사 정리 위원회가 처음으로 출범하였다.
( )
(9) 역사 바로 세우기를 내세우며 옛 조선 총독부 건물을 철거하였다.
( )

15 6월 민주 항쟁에 대한 설명으로 옳으면 ○표, 틀리면 ×표를 하시오.

(1) 시위 도중 대학생 이한열이 희생되었다. ( )

(2) 호헌 철폐와 독재 타도 등의 구호를 내세웠다. ( )

(3) 야당 총재의 국회 의원직 제명으로 촉발되었다. ( )

(4) 5년 단임의 대통령 직선제 개헌을 이끌어 냈다. ( )

(5) 시위 과정에서 시민군이 자발적으로 조직되었다. ( )

(6) 박종철 고문치사 사건의 진상 규명을 요구하였다. ( )

(7) 3선 개헌 반대 범국민 투쟁 위원회를 결성하였다. ( )

(8) 대통령 중심제에서 의원 내각제로 바뀌는 계기가 되었다.
( )

(9) 유신 체제에 저항하여 부산, 마산 등지에서 시위가 일어났다.
( )

16 이승만 정부 시기에 나타난 사회·경제 모습으로 옳으면 ○표, 틀리면 ×표를 하시오.

(1) 한·미 원조 협정이 체결되었다. ( )

(2) 제분·제당·면방직의 삼백 산업이 성장하였다. ( )

(3) 귀속 재산 처리를 위해 신한 공사가 설립되었다. ( )

(4) 농촌 근대화를 표방한 새마을 운동이 전개되었다. ( )

(5) 유상 매수, 유상 분배 원칙의 농지 개혁법이 제정되었다.
( )

(6) 농민의 자력갱생을 내세운 농촌 진흥 운동을 실시하였다.
( )

17 박정희 정부 시기에 나타난 사회·경제 모습으로 옳으면 ○표, 틀리면 ×표를 하시오.

(1) 경부 고속 도로가 개통되었다. ( )

(2) 귀속 재산 처리법이 제정되었다. ( )

(3) 포항 제철소 1기 설비가 준공되었다. ( )

(4) 연간 수출액 100억 달러가 달성되었다. ( )

(5) 개성 공단에서 의류 생산이 시작되었다. ( )

(6) 함평 고구마 피해 보상 운동이 전개되었다. ( )

(7) 미국과 자유 무역 협정(FTA)을 체결하였다. ( )

(8) 제1차 경제 개발 5개년 계획이 추진되었다. ( )

(9) 제3차 경제 개발 5개년 계획이 추진되었다. ( )

(10) 제2차 석유 파동으로 경제 불황이 심화되었다. ( )

(11) 원조 물자를 가공하는 삼백 산업이 발달하였다. ( )

(12) 농촌 근대화를 표방한 새마을 운동이 전개되었다. ( )

(13) 대통령 긴급 명령으로 금융 실명제가 실시되었다. ( )

(14) 전태일이 근로 기준법 준수를 외치며 분신하였다. ( )

(15) YH 무역 노동자들이 폐업에 항의하며 농성하였다. ( )

(16) 3저 호황으로 물가가 안정되고 수출이 증가하였다. ( )

(17) 8·3 조치로 사채 동결 등의 특혜가 기업에게 제공되었다.
( )

18 김영삼 정부 시기에 있었던 사실로 옳으면 ○표, 틀리면 ×표를 하시오.

(1) 서울 올림픽 대회가 개최되었다. ( )

(2) 지방 자치제가 전면 시행되었다. ( )

(3) 노인 장기 요양 보험법이 제정되었다. ( )

(4) 전국 민주 노동조합 총연맹이 창립되었다. ( )

(5) 칠레와 자유 무역 협정(FTA)을 체결하였다. ( )

(6) 경제 협력 개발 기구(OECD)에 가입하였다. ( )

(7) 국제 통화 기금(IMF)의 구제 금융을 받게 되었다. ( )

(8) 대통령 긴급 명령으로 금융 실명제가 실시되었다. ( )

(9) 최저 임금 결정을 위한 최저 임금 위원회를 설치하였다.
( )

19 김대중 정부 시기에 있었던 사실로 옳으면 ○표, 틀리면 ×표를 하시오.

(1) G20 서울 정상 회의가 개최되었다. ( )

(2) 미국과 자유 무역 협정(FTA)을 체결하였다. ( )

(3) 저유가, 저금리, 저달러의 3저 호황이 있었다. ( )

(4) 국제 통화 기금(IMF)의 채무를 조기 상환하였다. ( )

(5) 경제 정의 실천 시민 연합 창립 대회가 개최되었다. ( )

(6) 외환 위기 극복을 위해 금 모으기 운동이 전개되었다.( )

(7) 대통령 직속 자문 기구인 노사정 위원회가 구성되었다.
( )

(8) 남북 경제 교류 증진을 위한 경의선 복원 공사가 시작되었다.
( )

(9) 경제적 취약 계층을 위한 국민 기초 생활 보장법이 시행되었다.
( )

20 다음 설명에 해당하는 정부를 〈보기〉에서 골라 쓰시오.

> 보기
>
> 박정희 정부, 전두환 정부, 노태우 정부,
> 김대중 정부, 노무현 정부

(1) 남북 기본 합의서를 채택하였다. ( )

(2) 남북 조절 위원회를 구성하였다. ( )

(3) 7·4 남북 공동 성명을 발표하였다. ( )

(4) 남북한이 유엔에 동시 가입하였다. ( )

(5) 10·4 남북 공동 선언을 발표하였다. ( )

(6) 6·15 남북 공동 선언을 채택하였다. ( )

(7) 금강산 해로 관광 사업을 시작하였다. ( )

(8) 한반도 비핵화 공동 선언을 채택하였다. ( )

(9) 남북 정상 회담을 처음으로 개최하였다. ( )

(10) 남북 간 이산가족 상봉을 최초로 실현하였다. ( )

(11) 민족자존과 통일 번영을 위한 7·7 선언을 발표하였다.
( )

(12) 남북한의 교류 협력을 위한 개성 공단 건설에 착수하였다.
( )

21 (가)~(다)를 발표된 순서대로 나열하시오.

> (가) 쌍방은 다음과 같은 조국 통일의 원칙들에 합의를 보았다.
>   첫째, 통일은 외세에 의존하거나 외세의 간섭을 받지 않고 자주적으로 해결하여야 한다.
>   둘째, 통일은 서로 상대방을 반대하는 무력행사에 의거하지 않고, 평화적 방법으로 실현하여야 한다.
>   셋째, 사상과 이념, 제도의 차이를 초월하여 우선 하나의 민족으로서 민족 대단결을 도모하여야 한다.
> (나) 남과 북은 …… 쌍방 사이의 관계가 나라와 나라 사이의 관계가 아닌 통일을 지향하는 과정에서 잠정적으로 형성되는 특수 관계라는 것을 인정하고 …… 다음과 같이 합의하였다.
>   제1조 남과 북은 서로 상대방의 체제를 인정하고 존중한다.
>   제9조 남과 북은 상대방에 대하여 무력을 사용하지 않으며 상대방을 무력으로 침략하지 아니한다.
>   제15조 남과 북은 …… 자원의 공동 개발, 민족 내부 교류로서의 물자 교류, 합작 투자 등 경제 교류와 협력을 실시한다.
> (다) 1. 남과 북은 나라의 통일 문제를 그 주인인 우리 민족끼리 서로 힘을 합쳐 자주적으로 해결해 나가기로 하였다.
>   2. 남과 북은 남측의 연합제 안과 북측의 낮은 단계의 연방제 안이 서로 공통성이 있다고 인정하고, 앞으로 이 방향에서 통일을 지향하기로 하였다.
>   3. 남과 북은 2000년 8월 15일에 즈음하여 흩어진 가족, 친척 방문단을 교환하며 비전향 장기수 문제를 해결하는 등 인도적 문제를 조속히 풀어 나가기로 하였다.
>   4. 남과 북은 경제 협력을 통하여 민족 경제를 균형적으로 발전시키고, 사회, 문화, 체육, 보건, 환경 등 제반 분야의 협력과 교류를 활성화하여 서로 신뢰를 다져 나가기로 하였다.

(　　　　　)

1. (1) (가)-(마)-(나)-(다)-(라) (2) (가)-(마)-(라)-(나)-(다)

2. (1) (나)-(다)-(가) (2) (가)-(다)-(나)

3. (1) 이승만 (2) 김규식 (3) 김병로 (4) 여운형

4. (1) ○ (2) ×(1948년 1월) (3) ○ (4) ×(1945년 9월)
   (5) ×(1946년 3월) (6) ○ (7) ×(1948년 5월) (8) ×(1945년 8월)

5. (1) ×(1950년 1월) (2) ○ (3) ○ (4) ×(1948년 10월)
   (5) ×(1953년 10월) (6) ×(1968년 1월) (7) ○ (8) ×(1980년 5월)
   (9) ○

6. (마)-(나)-(가)-(다)-(라)

7. (1) ×(전두환 정부) (2) ×(박정희 정부) (3) ○ (4) ×(미군정) (5) ○
   (6) ○ (7) ○ (8) ×(박정희 정부) (9) ○ (10) ○

8. (1) ○ (2) ○ (3) ×(5·18 민주화 운동) (4) ×(부·마 민주 항쟁) (5) ○
   (6) ○ (7) ×(유신 반대 운동) (8) ○ (9) ○ (10) ○ (11) ×(유신 반대 운동)

9. (1) 김영삼 정부 (2) 전두환 정부 (3) 박정희 정부 (4) 이승만 정부
   (5) 이승만 정부 (6) 박정희 정부

10. (1) ○ (2) ×(이승만 정부) (3) ○ (4) ○ (5) ×(김영삼 정부) (6) ○
   (7) ×(이승만 정부) (8) ×(전두환 정부) (9) ○ (10) ○
   (11) ×(전두환 정부) (12) ○ (13) ○ (14) ○

11. (1) ×(6월 민주 항쟁) (2) ×(4·19 혁명) (3) ×(6월 민주 항쟁) (4) ○
   (5) ×(6·3 시위) (6) ○ (7) ○ (8) ○ (9) ×(유신 반대 운동)

12. (1) ○ (2) ×(장면 정부) (3) ○ (4) ×(5·16 군사 정변 직후) (5) ○

13. (1) ×(노태우 정부) (2) ○ (3) ×(김영삼 정부) (4) ○ (5) ○ (6) ○
   (7) ○ (8) ○ (9) ×(박정희 정부) (10) ×(박정희 정부) (11) ○

14. (1) 전두환 정부 (2) 김대중 정부 (3) 노무현 정부 (4) 김영삼 정부
   (5) 노무현 정부 (6) 노무현 정부 (7) 김영삼 정부 (8) 노무현 정부
   (9) 김영삼 정부

15. (1) ○ (2) ○ (3) ×(부·마 민주 항쟁) (4) ○ (5) ×(5·18 민주화 운동)
   (6) ○ (7) ×(3선 개헌 반대 운동) (8) ×(4·19 혁명)
   (9) ×(부·마 민주 항쟁)

16. (1) ○ (2) ○ (3) ×(미군정기) (4) ×(박정희 정부) (5) ○
   (6) ×(일제 강점기)

17. (1) ○ (2) ×(이승만 정부) (3) ○ (4) ○ (5) ×(노무현 정부) (6) ○
   (7) ×(노무현 정부) (8) ○ (9) ○ (10) ○ (11) ×(이승만 정부) (12) ○
   (13) ×(김영삼 정부) (14) ○ (15) ○ (16) ×(전두환 정부) (17) ○

18. (1) ×(노태우 정부) (2) ○ (3) ×(노무현 정부) (4) ○
   (5) ×(김대중 정부) (6) ○ (7) ○ (8) ○ (9) ×(전두환 정부)

19. (1) ×(이명박 정부) (2) ×(노무현 정부) (3) ×(전두환 정부) (4) ○
   (5) ×(노태우 정부) (6) ○ (7) ○ (8) ○ (9) ○

20. (1) 노태우 정부 (2) 박정희 정부 (3) 박정희 정부 (4) 노태우 정부
   (5) 노무현 정부 (6) 김대중 정부 (7) 김대중 정부 (8) 노태우 정부
   (9) 김대중 정부 (10) 전두환 정부 (11) 노태우 정부 (12) 노무현 정부

21. (가)-(나)-(다)

부록

1 세시 풍속

정답과 해설 146쪽

733
다음 세시 풍속에 대한 탐구 활동으로 가장 적절한 것은?

제58회 48번 · [2점]

〈이달의 세시 풍속〉

푸른 새잎을 밟는 날, 답청절(踏靑節)

강남 갔던 제비가 돌아온다는 중삼일(重三日)은 본격적인 봄의 시작을 알리는 날이다. 이날에는 들에 나가 푸른 새잎을 밟는 풍습이 있어 답청절이라고 부른다. 답청의 풍습은 신윤복의 연소답청(年少踏靑)에 잘 나타나 있다.

◆ 날짜 : 음력 3월 3일
◆ 음식 : 화전, 쑥떡
◆ 풍속 : 노랑나비 날리기, 활쏘기

① 칠석날의 전설을 검색한다.
② 한식날의 의미를 파악한다.
③ 삼짇날의 유래를 알아본다.
④ 동짓날에 먹는 음식을 조사한다.
⑤ 단옷날에 즐기는 민속놀이를 찾아본다.

734
(가)에 들어갈 세시 풍속으로 옳은 것은?

제56회 34번 · [1점]

(가) 에 대해 검색해 줘.

검색 결과입니다.

1. 개관
음력 5월 5일로 수릿날이라고도 한다. 1년 중 양기가 가장 왕성한 날이라 여겼다. 무더위를 잘 견디라는 의미로 왕이 이날 신하들에게 부채를 선물하였다는 기록이 있다.

2. 관련 풍습
• 씨름, 그네뛰기
• 수리취떡 만들어 먹기
• 창포물에 머리 감기

① 한식 ② 백중 ③ 추석
④ 단오 ⑤ 정월 대보름

735
(가)에 들어갈 세시 풍속으로 옳은 것은?

제45회 30번 · [2점]

 세시 풍속 **액운 쫓고 더위 쫓는,**  (가)

(가) 은/는 음력 6월 보름날로 이날 동쪽으로 흐르는 물에 머리를 감으면 나쁜 기운이 날아가고, 더위를 타지 않는다고 합니다. 이날을 앞두고 다채로운 행사를 마련하였으니 시민 여러분의 많은 참여 바랍니다.

1. 일시 : 2019년 ○○월 ○○일 10:00~17:00
2. 장소 : △△ 문화원 야외 체험장
3. 체험 프로그램
■ 탁족 놀이 - 시원한 물에 발 담가 더위 쫓기
■ 햇밀로 구슬 모양의 오색면 만들기 - 오색면을 색실에 꿰어서 허리에 매달아 액운 막기
■ 수단 만들기 - 찹쌀가루, 밀가루로 경단을 만들어 얼음 꿀물에 넣어 먹기

① 동지 ② 한식 ③ 칠석
④ 유두 ⑤ 삼짇날

736
밑줄 그은 '이날'에 해당하는 세시 풍속으로 옳은 것은?

제60회 50번 · [1점]

이곳은 남원 광한루원의 오작교입니다. 조선 시대 남원 부사 장의국이 헤어져 있던 견우와 직녀가 오작교에서 만난다는 전설을 형상화하여 만들었습니다. 음력 7월 7일인 이날에는 여인들이 별을 보며 바느질 솜씨가 좋아지기를 비는 풍속이 있었습니다.

① 단오 ② 칠석 ③ 백중
④ 동지 ⑤ 한식

2 근·현대 인물

737

(가) 인물에 대한 설명으로 옳은 것은? [2점]

개화사상의 선구자

박지원의 손자이며, 진주에서 농민 봉기가 일어나자 안핵사로 파견되었다. 자신의 사랑방에서 양반 자제들에게 세계 정세를 전하였으며, 청에 다녀온 경험을 바탕으로 문호 개방을 주장하는 등 개화사상 형성에 선구적인 역할을 하였다.

(가)

① 조선 중립화론을 건의하였다.
② 베델과 함께 대한매일신보를 창간하였다.
③ 대동강에 침입한 제너럴 셔먼호를 격침하였다.
④ 서양의 과학 기술을 정리한 지구전요를 저술하였다.
⑤ 강화도 조약 체결의 전말을 기록한 심행일기를 남겼다.

738

(가) 인물에 대한 설명으로 옳은 것은? [2점]

월간 역사 2023년 4월호

특집 (가) 의 상소, 조선의 정치를 뒤흔들다!

■ 흥선 대원군의 하야를 요구하는 상소를 올리다
■ 지부복궐척화의소를 올려 왜양일체론을 주장하다
■ 단발령에 반대하는 상소를 올리다

① 대한 광복회를 조직하여 친일파를 처단하였다.
② 국권 피탈 과정을 정리한 한국통사를 집필하였다.
③ 을사늑약 체결에 반대하여 태인에서 의병을 일으켰다.
④ 13도 창의군을 지휘하여 서울 진공 작전을 전개하였다.
⑤ 보국안민을 기치로 우금치에서 일본군 및 관군에 맞서 싸웠다.

739

(가) 인물에 대한 설명으로 옳은 것은? [3점]

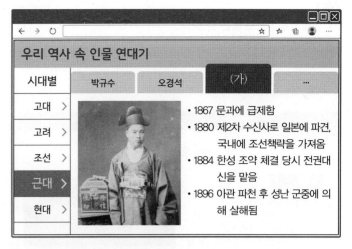

우리 역사 속 인물 연대기

| 시대별 | 박규수 | 오경석 | (가) | … |

| 고대 > |
| 고려 > |
| 조선 > |
| 근대 > |
| 현대 > |

• 1867 문과에 급제함
• 1880 제2차 수신사로 일본에 파견, 국내에 조선책략을 가져옴
• 1884 한성 조약 체결 당시 전권대신을 맡음
• 1896 아관 파천 후 성난 군중에 의해 살해됨

① 총리대신으로 갑오개혁을 주도하였다.
② 베델과 함께 대한매일신보를 창간하였다.
③ 서양의 과학 기술을 정리한 지구전요를 저술하였다.
④ 강화도 조약 체결의 전말을 기록한 심행일기를 남겼다.
⑤ 유학생과 기술자들을 이끄는 영선사로 청에 파견되었다.

740

(가) 인물의 활동으로 옳은 것은? [3점]

초대 주미 공사인 (가) 은/는 미국 대통령에게 고종의 국서를 전달하는 등 외교 활동을 펼친 후 귀국하여 미속습유를 집필하였습니다. 그는 이 책에서 미국의 문물과 제도를 소개하였으며, 미국과의 외교 관계를 강조하였습니다.

초대 주미 공사 특별전

① 샌프란시스코에서 흥사단을 창립하였다.
② 황준헌이 쓴 조선책략을 국내에 들여왔다.
③ 인재 양성을 위해 오산 학교를 설립하였다.
④ 국문 연구소를 설립하고 연구 위원으로 활동하였다.
⑤ 독립 협회의 제안을 받아들여 중추원 관제 개편을 추진하였다.

741

(가) 인물의 활동으로 옳은 것은? [2점]

해외 독립운동 사적지 정보

| 중국 | 러시아 | 일본 | 아메리카 | 유럽 |

(가) 의 우수리스크 거주지

사적지 안내
· 사적지 종류 : 건물
· 국가 : 러시아
· 주소 : 연해주 우수리스크시
  볼르다르스코고 거리 38번지

　이 건물은 연해주의 한인 사회에서 명망이 높았던 독립운동가 (가) 이/가 거주했던 곳이다. 그는 1909년 대동공보 사장으로 취임하였으며, 1911년에는 권업회를 조직하고 권업신문을 발간하였다. 1918년 제2회 전로 한족 대표 회의에서 이동휘와 함께 명예 회장으로 추대되었다. 1920년 일본군이 자행한 4월 참변으로 우수리스크에서 순국하였다.

① 안중근의 하얼빈 의거를 지원하였다.
② 숭무 학교를 설립하여 독립군을 양성하였다.
③ 의열단의 활동 지침인 조선 혁명 선언을 작성하였다.
④ 대조선 국민군단을 조직하여 무장 투쟁을 준비하였다.
⑤ 신한 청년당을 결성하고 파리 강화 회의에 참석하였다.

742

(가) 인물에 대한 설명으로 옳은 것은? [3점]

이것은 국회 의사당의 중앙홀에 있는 (가) 의 흉상입니다. 그는 안창호, 양기탁과 함께 신민회를 조직하였고, 국권 피탈 이후에는 서간도 삼원보로 건너가 경학사와 신흥 강습소 설립을 주도하였습니다.

① 대한민국 임시 의정원의 초대 의장을 맡았다.
② 고종의 밀지를 받아 독립 의군부를 조직하였다.
③ 독립 투쟁 과정을 서술한 한국독립운동지혈사를 저술하였다.
④ 일제의 패망과 광복에 대비하여 조선 건국 동맹을 결성하였다.
⑤ 네덜란드 헤이그에서 열린 만국 평화 회의에 특사로 파견되었다.

743

(가) 인물의 활동으로 옳은 것은? [3점]

이곳은 경상북도 영양군에 있는 독립운동가 (가) 의 옛 거처입니다. (가) 은/는 조선 총독 암살을 기도하였고, 국제 연맹 조사단에 강력한 독립 의지를 표명하는 혈서를 전달하고자 시도하였습니다. 이후 만주국 주재 일본 대사 암살 계획이 발각되어 체포된 뒤 순국하였습니다.

① 동양 척식 주식회사에 폭탄을 투척하였다.
② 하얼빈역에서 이토 히로부미를 사살하였다.
③ 명동 성당 앞에서 이완용을 습격하여 중상을 입혔다.
④ 간도에서 여자 권학회를 조직하여 계몽 활동에 힘썼다.
⑤ 평양 을밀대 지붕에서 임금 삭감에 저항하여 농성을 벌였다.

744

다음 검색창에 들어갈 인물의 활동으로 옳은 것은? [3점]

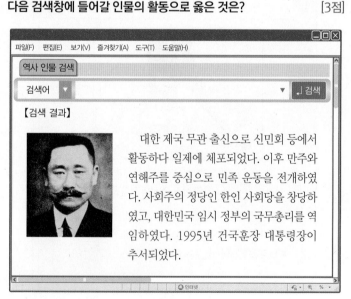

| 파일(F) 편집(E) 보기(V) 즐겨찾기(A) 도구(T) 도움말(H) |

역사 인물 검색

검색어 ▼ [　　　　　　　　　　] ▼ ↵검색

【검색 결과】

　대한 제국 무관 출신으로 신민회 등에서 활동하다 일제에 체포되었다. 이후 만주와 연해주를 중심으로 민족 운동을 전개하였다. 사회주의 정당인 한인 사회당을 창당하였고, 대한민국 임시 정부의 국무총리를 역임하였다. 1995년 건국훈장 대통령장이 추서되었다.

① 대한 광복군 정부 수립을 주도하였다.
② 옌안에서 조선 독립 동맹을 결성하였다.
③ 민족 교육을 위해 서전서숙을 설립하였다.
④ 고종의 밀지를 받아 독립 의군부를 조직하였다.
⑤ 의열단의 활동 강령인 조선 혁명 선언을 작성하였다.

745

(가) 인물에 대한 설명으로 옳은 것은?　　[2점]

국어 연구에 앞장선 (가) 에 대해 알려 주세요.

호는 한힌샘으로, 독립신문사의 교보원으로 활동하였습니다. 큰 보자기에 책을 넣고 다니며 학생들에게 국어를 가르쳐 '주보따리'라는 별명을 얻었습니다.

① 국문 연구소의 연구 위원으로 활동하였다.
② 조선어 학회 사건으로 구속되어 옥고를 치렀다.
③ 국권 피탈 과정을 정리한 한국통사를 집필하였다.
④ 세계 지리 교과서인 사민필지를 한글로 저술하였다.
⑤ 여유당전서를 간행하고 조선학 운동을 전개하였다.

746

(가) 인물에 대한 설명으로 옳은 것은?　　[3점]

여행권(여권)을 통해 본 독립운동가의 삶

위 자료들은 독립운동가 (가) 이/가 사용한 여행권으로 미국, 중국, 멕시코 등 많은 국가들을 방문한 기록이 남아 있다. (가) 은/는 여러 국가들을 이동하면서 공립 협회, 대한인 국민회, 흥사단 등을 조직하는 데 주도적인 역할을 담당하였다. 1937년 동우회 사건으로 옥고를 치른 후 지병이 악화되어 이듬해 사망하였다.

① 일본의 침략 과정을 담은 한국통사를 저술하였다.
② 조선학 운동을 주도하여 여유당전서를 간행하였다.
③ 백산 상회를 설립하여 독립운동 자금을 마련하였다.
④ 친일 인사 스티븐스를 샌프란시스코에서 사살하였다.
⑤ 대한민국 임시 정부에서 내무총장 겸 국무총리 대리로 취임하였다.

747

(가), (나)에 들어갈 내용으로 옳은 것을 〈보기〉에서 고른 것은?　　[3점]

선비 정신으로 나라를 지킨 독립운동가

허위(1855 ~ 1908)
· 단발령 반대 의병에 참여
· 평리원 재판장 역임
(가)
· 1962년 건국훈장 대한민국장 추서

김창숙(1879 ~ 1962)
· 을사늑약 체결 반대 상소
· 파리 장서 운동 주도
(나)
· 1962년 건국훈장 대한민국장 추서

보기

ㄱ. (가) - 관군에게 체포되어 쓰시마섬에서 순국
ㄴ. (가) - 13도 창의군을 이끌고 서울 진공 작전 전개
ㄷ. (나) - 일본의 침략 과정을 서술한 한국통사 저술
ㄹ. (나) - 동양 척식 주식회사에 폭탄을 투척한 나석주 의거 지원

① ㄱ, ㄴ　　　② ㄱ, ㄷ　　　③ ㄴ, ㄷ
④ ㄴ, ㄹ　　　⑤ ㄷ, ㄹ

748

(가) 인물에 대한 설명으로 옳은 것은?　　[2점]

이곳 심우장은 (가) 이/가 조선 총독부를 마주하지 않겠다며 북향으로 지었다고 합니다. 님의 침묵 등을 지은 (가) 은/는 일제의 탄압에도 굴하지 않다가 광복 직전 이곳에서 돌아가셨습니다.

① 우리말 큰사전 편찬 사업을 추진하였다.
② 유교 개혁을 주장하는 유교 구신론을 제창하였다.
③ 월간지 유심을 발간하여 불교 개혁 운동에 힘썼다.
④ 진단 학회를 설립하여 실증주의 사학을 발전시켰다.
⑤ 독사신론을 저술하여 민족주의 사학의 기반을 마련하였다.

749

다음 인물에 대한 설명으로 옳은 것은? [3점]

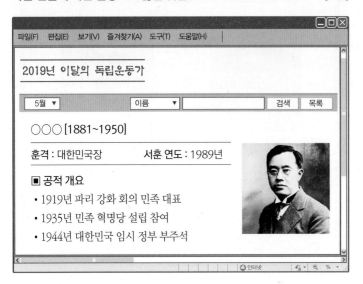

① 의열단을 조직하여 단장으로 활동하였다.
② 재미 한인을 중심으로 흥사단을 창립하였다.
③ 신흥 강습소를 설립하여 독립군을 양성하였다.
④ 민족 자주 연맹을 이끌고 남북 협상에 참여하였다.
⑤ 일제의 패망과 건국에 대비하여 조선 건국 동맹을 결성하였다.

750

밑줄 그은 '나'에 대한 설명으로 옳은 것은? [3점]

나는 1913년 상하이 망명 후 동제사에 참여하였소. 1917년에는 대동단결 선언을 작성했다오. 여기에서 나는 주권이 국민에게 있음을 밝혔는데, 이것이 공화정을 지향하는 정치사상으로 평가받고 있다오. 1930년에는 안창호 등과 함께 한국 독립당을 창당하였소. 이후 대한민국 임시 정부 건국 강령 초안도 작성하였다오.

대동단결의 선언

① 조선 혁명 선언을 작성하였다.
② 한국독립운동지혈사를 저술하였다.
③ 극동 인민 대표 대회에서 의장단으로 선출되었다.
④ 헤이그에서 열린 만국 평화 회의에 특사로 파견되었다.
⑤ 새로운 국가 건설을 위한 이념으로 삼균주의를 주장하였다.

751

다음 인물에 대한 설명으로 옳은 것은? [3점]

○○○ 연보

• 1919년   의열단 조직
• 1932년   조선 혁명 간부 학교 설립
• 1935년   민족 혁명당 조직
• 1937년   조선 민족 전선 연맹 결성
• 1938년   조선 의용대 창설
• 1944년   대한민국 임시 정부 군무부장

① 대조선 국민군단을 조직하였다.
② 한국 광복군 부사령관으로 활약하였다.
③ 하얼빈역에서 이토 히로부미를 사살하였다.
④ 한국 독립군을 이끌고 쌍성보 전투에서 승리하였다.
⑤ 일제의 패망과 광복에 대비하여 조선 건국 동맹을 결성하였다.

752

(가)에 들어갈 내용으로 적절한 것은? [2점]

이달의 독립운동가

최현배

🏅 훈격 : 독립장
🎖 서훈 연도 : 1962년

목차
• 주시경의 영향을 받아 국어 운동의 길로 들어서다
•   (가)
• 광복 이후 국어 교재 편찬과 교사 양성에 힘쓰다
• 각종 한글 교과서를 편찬하다

① 조선어 학회 사건으로 옥고를 치르다
② 파리 강화 회의에 독립 청원서를 제출하다
③ 복벽주의를 내세우며 독립 의군부를 조직하다
④ 국권 피탈 과정을 정리한 한국통사를 저술하다
⑤ 일제에 의해 조작된 105인 사건으로 재판을 받다

753

(가)에 들어갈 내용으로 옳은 것은? [2점]

한국사 대화형 인공 지능

Q 이 사진 속 인물에 대해 알려 줘.

A 사진 속 인물의 호는 몽양이며, 독립운동가입니다. 1918년에 상하이에서 신한 청년당을 조직하였으며, 대한민국 임시 정부에 참여하였습니다. 1945년 8월 조선 건국 준비 위원회를 결성하였습니다.

Q 그 이후의 행적에 대해 알려 줘.

A   (가)

| ▶

① 한국 민주당을 창당하였습니다.
② 5·10 총선거에 출마하였습니다.
③ 단독 정부 수립을 주장하였습니다.
④ 조선 혁명 선언을 작성하였습니다.
⑤ 좌우 합작 위원회를 조직하였습니다.

754

다음 인물에 대한 설명으로 옳은 것은? [3점]

파일(F) 편집(E) 보기(V) 즐겨찾기(A) 도구(T) 도움말(H)

이달의 독립운동가   홈 > 나라사랑광장 > 이달의 독립운동가

독립운동가 찾기 ▼   이름 ▼   검색 목록

김병로 [1887~1964]

훈격 : 건국훈장 독립장   서훈 연도 : 1963년

■ 공적 개요

• 1906년 최익현 의병 부대 참여
• 1923년 김상옥 의거 관련자 변호
• 1929년 광주 학생 항일 운동 진상 조사 위원
• 1930년 신간회 중앙집행위원장
• 1947년 남조선 과도 정부 사법부장

⊙인터넷

① 분단을 막기 위해 남북 협상에 참석하였다.
② 정읍에서 남한만의 단독 정부 수립을 주장하였다.
③ 삼균주의를 바탕으로 한 건국 강령을 작성하였다.
④ 대법원장으로 재임하면서 사법 제도의 기초를 다졌다.
⑤ 일제 패망과 광복에 대비하여 조선 건국 동맹을 결성하였다.

755

다음 인물의 활동으로 옳은 것은? [2점]

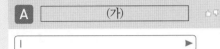

○○○ 연보

1918년 평안북도 의주 출생
1942년 도쿄 일본신학교 재학
1944년 학병 강제 징집
1947년 조선 민족 청년당 활동
1953년 사상계 창간 주도
1962년 막사이사이상(賞) 수상
1967년 제7대 총선에서 옥중 출마하여 국회 의원에 당선
1973년 민주 회복을 위한 개헌 청원 백만 인 서명 운동 주도
1975년 사망
1991년 건국 훈장 애국장 추서

① 삼균주의를 바탕으로 건국 강령을 기초하였다.
② 한국 광복군의 일원으로 국내 진공 작전을 준비하였다.
③ 민중의 직접 혁명을 주장하는 조선 혁명 선언을 집필하였다.
④ 일제의 패망과 광복에 대비하여 조선 건국 동맹을 결성하였다.
⑤ 중국 국민당 정부의 지원을 받아 조선 혁명 간부 학교를 설립하였다.

756

(가), (나) 인물에 대한 설명으로 옳은 것을 〈보기〉에서 고른 것은? [3점]

한국의 독립을 도운 외국인

(가)

• 미국인
• 세계지리 교과서인 "사민필지"를 한글로 저술함
• 을사늑약 직후 고종의 친서를 미국 정부에 전달함
• 1950년 건국훈장 독립장 추서

(나)

• 아일랜드계 영국인
• 김구 등이 상하이로 갈 수 있도록 도움
• 독립운동을 지원하다가 일제에 의해 내란죄로 체포됨
• 1963년 건국훈장 독립장 추서

보기

ㄱ. (가) - 육영 공원에서 학생들에게 영어를 가르쳤다.
ㄴ. (가) - 최초의 서양식 병원인 광혜원 설립을 주관하였다.
ㄷ. (나) - 중국 안동에서 무역 회사인 이륭양행을 운영하였다.
ㄹ. (나) - 이화 학당을 설립하여 근대적 여성 교육에 기여하였다.

① ㄱ, ㄴ   ② ㄱ, ㄷ   ③ ㄴ, ㄷ
④ ㄴ, ㄹ   ⑤ ㄷ, ㄹ

3 지역사

정답과 해설 150쪽

757
제69회 11번

다음 검색창에 들어갈 지역에서 있었던 사실로 옳은 것은? [3점]

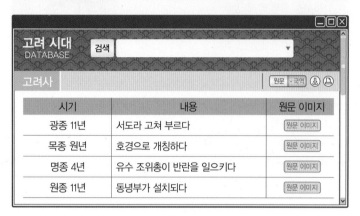

시기	내용	원문 이미지
광종 11년	서도라 고쳐 부르다	원문 이미지
목종 원년	호경으로 개칭하다	원문 이미지
명종 4년	유수 조위총이 반란을 일으키다	원문 이미지
원종 11년	동녕부가 설치되다	원문 이미지

① 정몽주가 이방원 세력에게 피살되었다.
② 묘청이 반란을 일으키고 국호를 대위라 하였다.
③ 몽골의 침략으로 황룡사 구층 목탑이 소실되었다.
④ 흥덕사에서 금속 활자로 직지심체요절이 간행되었다.
⑤ 정서가 유배 중에 정과정이라는 고려 가요를 지었다.

758
제42회 19번

(가) 지역에서 있었던 사실로 옳은 것은? [2점]

답사 계획서

■ 주제 : [(가)]의 유적과 인물을 찾아서
■ 기간 : 2019년 ○○월 ○○일~○○일
■ 일정 및 경로
 • 1일차 : 만월대 → 첨성대 → 왕건릉 → 공민왕릉
 • 2일차 : 숭양서원 → 표충사 → 선죽교

① 인조가 피신하여 청군에 항전하였다.
② 제1차 미·소 공동 위원회가 개최되었다.
③ 오페르트가 남연군 묘 도굴을 시도하였다.
④ 만적을 비롯한 노비들이 신분 해방을 도모하였다.
⑤ 현존 최고(最古)의 금속 활자본인 직지심체요절이 간행되었다.

759
제68회 29번

다음 특별전에서 볼 수 있는 도시의 역사에 대한 설명으로 적절하지 않은 것은? [2점]

송악(松嶽)
개주(開州)
열린 성(城)의 도시
특별전

① 고려 태조 왕건이 도읍으로 삼았다.
② 원의 영향을 받은 경천사지 십층 석탑이 축조되었다.
③ 조선 후기 송상이 근거지로 삼아 전국적으로 활동하였다.
④ 일제 강점기 강주룡이 을밀대 지붕 위에서 고공 농성을 하였다.
⑤ 북위 38도선 분할 이후 남한에 속했다가 정전 협정으로 북한 지역이 되었다.

760
제51회 29번

(가)~(마)에서 일어난 사실로 옳지 않은 것은? [2점]

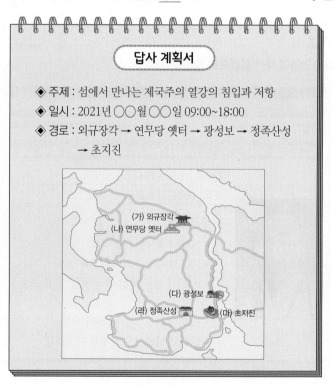

답사 계획서

◆ 주제 : 섬에서 만나는 제국주의 열강의 침입과 저항
◆ 일시 : 2021년 ○○월 ○○일 09:00~18:00
◆ 경로 : 외규장각 → 연무당 옛터 → 광성보 → 정족산성
 → 초지진

① (가) - 프랑스군이 의궤를 약탈하였다.
② (나) - 조·일 수호 조규가 체결되었다.
③ (다) - 어재연 부대가 결사 항전하였다.
④ (라) - 양헌수 부대가 적군을 물리쳤다.
⑤ (마) - 영국군이 불법으로 점령하였다.

761

다음 지역에 대한 탐구 활동으로 가장 적절한 것은? [2점]

① 대몽 항쟁기에 조성된 왕릉을 조사한다.
② 김만덕의 빈민 구제 활동에 대해 알아본다.
③ 정약전이 자산어보를 저술한 곳을 검색한다.
④ 지증왕이 이사부를 보내 복속한 지역과 부속 도서를 찾아본다.
⑤ 러시아의 남하를 견제하기 위하여 영국군이 점령한 장소를 살펴본다.

762

(가)에 들어갈 내용으로 가장 적절한 것은? [2점]

저는 지금 ○○시에 있는 경포대에 와 있습니다. 관동팔경 중 하나인 경포대 안에는 숙종이 직접 지은 시를 비롯하여 많은 명사의 글이 걸려 있습니다. 이 지역에서 가 볼 만한 곳을 대화창에 올려 주세요.

대화창

- 양반의 주거 생활을 볼 수 있는 선교장을 추천해요.
- 보물로 지정된 승탑과 당간지주가 있는 굴산사지는 어때요?
- (가)

글쓰기

① 율곡 이이가 태어난 오죽헌을 추천해요.
② 무령왕릉이 있는 송산리 고분군을 추천해요.
③ 어재연 부대가 항전했던 광성보에 가 보세요.
④ 팔만대장경판이 보관된 해인사를 방문해 보세요.
⑤ 삼별초가 활동한 항파두리 항몽 유적에 가 보세요.

763

(가) 지역에서 있었던 사실로 옳은 것은? [2점]

① 제1차 미·소 공동 위원회가 개최되었다.
② 명 신종을 기리는 만동묘가 건립되었다.
③ 강주룡이 을밀대 지붕에서 고공 농성을 벌였다.
④ 고구려비가 남한 지역에서 유일하게 발견되었다.
⑤ 박재혁이 경찰서에서 폭탄을 터뜨리는 의거를 일으켰다.

764

다음 지역에서 있었던 사실로 옳은 것은? [3점]

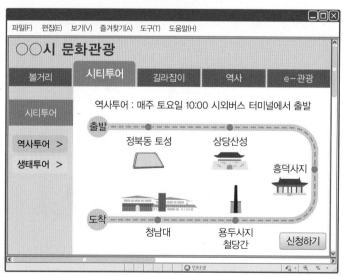

① 유형원이 반계수록을 저술하였다.
② 안승을 왕으로 하는 보덕국이 세워졌다.
③ 금속 활자로 직지심체요절이 간행되었다.
④ 백제와 신라 사이에 황산벌 전투가 벌어졌다.
⑤ 전태일이 근로 기준법 준수를 외치며 분신하였다.

765

제38회 31번

(가)~(마) 지역에서 있었던 사실로 옳은 것은? [2점]

① (가) - 지주 문재철의 횡포에 맞선 소작 쟁의가 발생하였다.
② (나) - 상권 수호를 위해 황국 중앙 총상회가 조직되었다.
③ (다) - 김광제 등의 발의로 국채 보상 운동이 일어났다.
④ (라) - 토산품 애용을 위한 조선 물산 장려회가 발족되었다.
⑤ (마) - 백정에 대한 차별 철폐를 위해 조선 형평사가 창립되었다.

766

제50회 41번

다음 지역에서 있었던 사실로 옳은 것은? [1점]

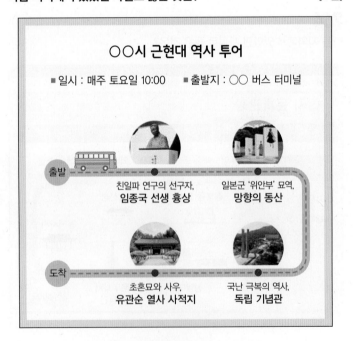

① 4·3 사건으로 많은 주민이 희생되었다.
② 오페르트가 남연군 묘 도굴을 시도하였다.
③ 아우내 장터에서 독립 만세 운동이 일어났다.
④ 강우규가 사이토 총독에게 폭탄을 투척하였다.
⑤ 지주 문재철의 횡포에 맞서 소작 쟁의가 발생하였다.

767

제65회 03번

(가) 지역에 대한 탐구 활동으로 가장 적절한 것은? [2점]

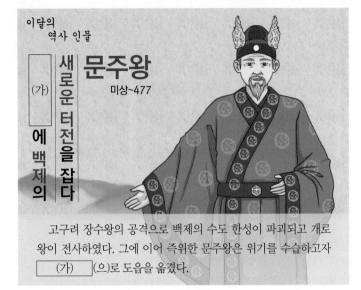

이달의 역사 인물

새로운 터전을 잡다

(가) 에 백제의

문주왕
미상~477

고구려 장수왕의 공격으로 백제의 수도 한성이 파괴되고 개로왕이 전사하였다. 그에 이어 즉위한 문주왕은 위기를 수습하고자 (가) (으)로 도읍을 옮겼다.

① 무왕이 미륵사를 창건한 곳을 살펴본다.
② 무령왕과 왕비의 무덤이 발굴된 곳을 답사한다.
③ 성왕이 신라와의 전투에서 전사한 곳을 검색한다.
④ 윤충이 의자왕의 명을 받아 함락시킨 곳을 지도에 표시한다.
⑤ 계백이 이끄는 결사대가 신라군에 맞서 싸운 곳을 조사한다.

768

제65회 49번

다음 지역에 대한 탐구 활동으로 적절한 것은? [1점]

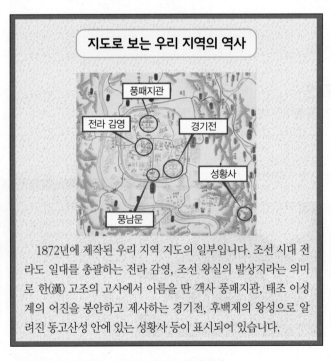

지도로 보는 우리 지역의 역사

풍패지관
전라 감영
경기전
성황사
풍남문

1872년에 제작된 우리 지역 지도의 일부입니다. 조선 시대 전라도 일대를 총괄하는 전라 감영, 조선 왕실의 발상지라는 의미로 한(漢) 고조의 고사에서 이름을 딴 객사 풍패지관, 태조 이성계의 어진을 봉안하고 제사하는 경기전, 후백제의 왕성으로 알려진 동고산성 안에 있는 성황사 등이 표시되어 있습니다.

① 유형원이 반계수록을 저술한 장소를 답사한다.
② 견훤이 아들 신검에 의해 유폐된 장소를 알아본다.
③ 동학 농민군이 정부와 화약을 맺은 장소를 조사한다.
④ 기묘사화로 유배된 조광조가 사사된 장소를 검색한다.
⑤ 임병찬이 의병을 일으킨 무성 서원이 있는 장소를 찾아본다.

769

다음 지역에서 있었던 사실로 옳은 것은? [3점]

답사 보고서

◆ 주제 : 우리 고장의 역사

◆ 날짜 : 2022년 ○○월 ○○일

◆ 개관

　　금성산과 영산강을 끼고 있는 우리 고장은 삼한 시대부터 마한의 주요 지역 가운데 하나로 발전하였고, 후삼국 시대에는 격전지였으며, 임진왜란과 일제 강점기에는 항일의 의기가 드높았던 지역이다. '전라도'라는 이름은 전주와 우리 고장의 앞 글자를 딴 것이다.

◆ 목차

1. 마한 세력의 성장, 반남면 고분군
2. □□목(牧)의 관아 부속 건물
3. 광주 학생 항일 운동의 도화선, □□역

① 인조가 피신하여 청군과 항전하였다.

② 유생 출신 유인석이 의병을 일으켰다.

③ 정문부가 왜군에 맞서 북관 대첩을 이끌었다.

④ 김광제 등을 중심으로 국채 보상 운동이 시작되었다.

⑤ 왕건이 후백제를 배후에서 견제하기 위해 차지하였다.

770

(가) 지역에서 있었던 사실로 옳은 것은? [3점]

유네스코 세계 유산을 품은 도시 　(가)　에 여러분을 초대합니다.

　(가)　은/는 유네스코 세계 유산, 무형 문화유산, 세계 기록 유산 등을 보유한 유서 깊은 고장입니다. 홍건적의 침입 당시 공민왕과 노국 공주가 피란했던 역사가 있는 곳이기도 합니다. 이곳에 오셔서 다양한 전통문화를 느껴 보시기 바랍니다.

추천 방문 장소

- 하회 마을에서 하회 별신굿 탈놀이 관람하기
- 봉정사에서 우리나라에서 가장 오래된 목조 건물인 극락전 둘러보기
- 도산 서원에서 퇴계 이황의 학문과 일생 생각해 보기

① 왕건이 고창 전투에서 견훤에게 승리하였다.

② 묘청이 반란을 일으키고 국호를 대위라 하였다.

③ 흥덕사에서 금속 활자본인 직지심체요절이 간행되었다.

④ 정중부를 비롯한 무신들이 보현원에서 정변을 일으켰다.

⑤ 이성계를 중심으로 한 고려군이 황산에서 왜구를 격퇴하였다.

771

제70회 50번

(가), (나) 지역에서 있었던 사실로 옳은 것을 <보기>에서 고른 것은? [2점]

달구벌 (가) 의 2·28 민주 운동을 기념하는 의미를 담은 228번 버스가 5·18 민주화 운동이 일어난 빛고을 (나) 에서 5월 18일부터 운행됩니다. 대한민국 민주주의의 역사를 공유하는 달구벌과 빛고을 두 도시가 열어갈 화합과 협력의 새로운 장이 주목됩니다.

달빛 동맹의 두 도시, 화합과 협력의 새 장을 열다

보기

ㄱ. (가) - 김광제 등을 중심으로 국채 보상 운동이 시작되었다.
ㄴ. (가) - YH 무역 노동자들이 폐업에 항의하며 농성을 벌였다.
ㄷ. (나) - 한·일 학생 간의 충돌을 계기로 민족 운동이 일어났다.
ㄹ. (나) - 3·15 부정 선거를 규탄한 김주열의 시신이 발견되었다.

① ㄱ, ㄴ   ② ㄱ, ㄷ   ③ ㄴ, ㄷ
④ ㄴ, ㄹ   ⑤ ㄷ, ㄹ

772

제72회 50번

(가) 지역을 지도에서 옳게 찾은 것은? [1점]

(가) 의 명소   구독

천연 보호 구역 우포늪이 있는 (가) 의 자연과 역사를 소개하는 채널입니다.

홈   동영상   재생목록   커뮤니티   채널   정보   〉

업로드한 동영상 ⌄   정렬 기준

화왕산성 아래 교동과 송현동 고분군
조회수 1,209회

만옥정 공원에서 둘러본 신라 진흥왕 척경비
조회수 212회

술정리에서 바라본 동 삼층 석탑
조회수 721회

① ㉠   ② ㉡   ③ ㉢   ④ ㉣   ⑤ ㉤

773

제52회 39번

다음 지역에서 있었던 사실로 옳은 것은? [3점]

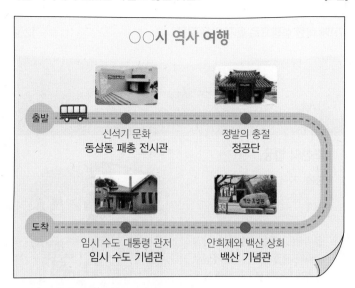

○○시 역사 여행

출발 🚌 ─── 신석기 문화 동삼동 패총 전시관 ─── 정발의 충절 정공단

도착 ─── 임시 수도 대통령 관저 임시 수도 기념관 ─── 안희제와 백산 상회 백산 기념관

① 2·28 민주 운동이 시작되었다.
② 제2차 미·소 공동 위원회가 개최되었다.
③ 강주룡이 을밀대 지붕에서 고공 농성을 전개하였다.
④ 박재혁이 경찰서에서 폭탄을 투척하는 의거를 일으켰다.
⑤ 지주 문재철의 횡포에 맞서 농민들이 소작 쟁의를 벌였다.

774

제59회 42번

(가) 지역에 대한 탐구 활동으로 가장 적절한 것은? [1점]

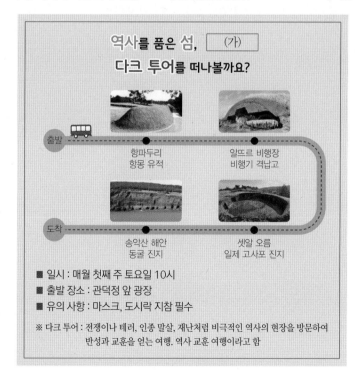

역사를 품은 섬, (가)
다크 투어를 떠나볼까요?

출발 🚌 ─── 항파두리 항몽 유적 ─── 알뜨르 비행장 비행기 격납고

도착 ─── 송악산 해안 동굴 진지 ─── 셋알 오름 일제 고사포 진지

■ 일시 : 매월 첫째 주 토요일 10시
■ 출발 장소 : 관덕정 앞 광장
■ 유의 사항 : 마스크, 도시락 지참 필수
※ 다크 투어 : 전쟁이나 테러, 인종 말살, 재난처럼 비극적인 역사의 현장을 방문하여 반성과 교훈을 얻는 여행. 역사 교훈 여행이라고 함

① 정약전이 자산어보를 저술한 곳을 알아본다.
② 프랑스군이 외규장각 도서를 약탈한 장소를 살펴본다.
③ 지주 문재철에 맞서 소작 쟁의가 일어난 곳을 찾아본다.
④ 4·3 사건으로 많은 주민이 희생된 주요 장소를 조사한다.
⑤ 러시아가 저탄소 설치를 위해 조차를 요구한 곳을 검색한다.

775

제45회 17번

(가)~(마)에 대한 설명으로 옳은 것은? [2점]

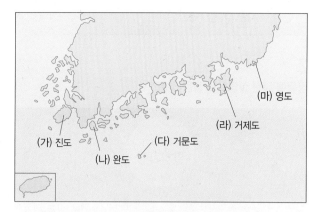

(마) 영도
(라) 거제도
(가) 진도
(다) 거문도
(나) 완도

① (가) - 영국이 러시아의 남하를 구실로 불법 점령하였다.
② (나) - 통일 신라 때 장보고가 청해진을 설치하였다.
③ (다) - 6·25 전쟁 때 포로수용소가 설치되었다.
④ (라) - 러시아가 저탄소 설치를 명분으로 조차를 요구하였다.
⑤ (마) - 삼별초가 용장성을 쌓고 몽골에 대항하였다.

776

제45회 09번

(가)에 해당하는 섬에 대한 설명으로 옳은 것은? [1점]

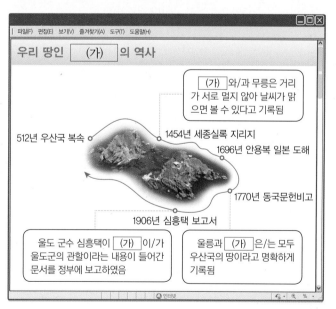

우리 땅인 (가) 의 역사

(가) 와/과 무릉은 거리가 서로 멀지 않아 날씨가 맑으면 볼 수 있다고 기록됨

512년 우산국 복속
1454년 세종실록 지리지
1696년 안용복 일본 도해
1770년 동국문헌비고
1906년 심흥택 보고서

울도 군수 심흥택이 (가) 이/가 울도군의 관할이라는 내용이 들어간 문서를 정부에 보고하였음

울릉과 (가) 은/는 모두 우산국의 땅이라고 명확하게 기록됨

① 몽골에 항전할 때 임시 수도였다.
② 정약전이 자산어보를 저술한 섬이다.
③ 하멜 일행이 표류하다가 도착한 곳이다.
④ 양헌수 부대가 프랑스군을 격퇴한 장소이다.
⑤ 대한 제국 칙령 제41호에서 관할 영토로 명시한 곳이다.

4 문화유산

정답과 해설 154쪽

777

제64회 18번

(가) 궁궐에 대한 설명으로 옳은 것은?

[3점]

2023
달빛기행

유네스코 세계 유산에 등재된 조선의 궁궐
(가) 에 여러분을 초대합니다.
달빛과 별이 어우러진 밤하늘 아래
자연과 어우러진 고궁의 아름다움을
느껴 보시기 바랍니다.

◆ 관람 동선 ◆
돈화문 → 금천교 → 인정전 → 낙선재 →
부용지 → 연경당 → 후원 숲길 → 돈화문

• 일시 : 2023년 ○○월 ○○일 19:00~21:00
• 주관 : △△문화재단

① 일제에 의해 동물원 등이 설치되었다.
② 도성 내 서쪽에 있어 서궐이라고 불렸다.
③ 인목 대비가 광해군에 의해 유폐된 장소이다.
④ 정도전이 궁궐과 주요 전각의 명칭을 정하였다.
⑤ 태종이 도읍을 한양으로 다시 옮기며 건립하였다.

778

제48회 18번

(가)에 대한 설명으로 옳지 않은 것은?

[2점]

조선의 법궁, (가)

■ 종목 : 사적 제117호

■ 소개
  이곳은 '군자가 만년토록 큰 복
을 누린다.'라는 뜻을 지닌 궁궐
입니다. 궁궐 안에는 국왕의 정무
공간과 왕실의 생활 공간 등이 조
성되어 있습니다.

■ 주요 관람 경로
  광화문 → 근정전 → 사정전 →
강녕전과 교태전 → 향원정 → 건
청궁 → 경회루

■ 안내도

건청궁
향원정
강녕전과
교태전
경회루
사정전
근정전
광화문

① 고종이 아관 파천 이후 환궁한 곳이다.
② 태조 때 한양으로 천도하면서 창건되었다.
③ 조선 물산 공진회 개최 장소로도 이용되었다.
④ 명성 황후가 일본 낭인들에 의해 시해된 장소이다.
⑤ 일제에 의해 궁궐 안에 조선 총독부 건물이 세워졌다.

779

(가) 궁궐에 대한 설명으로 옳은 것은? [3점]

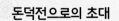

돈덕전으로의 초대

돈덕전이 재건되어 전시관으로 개관합니다. 많은 관람 부탁드립니다.

- 주소 : 서울특별시 중구 세종대로 99
- 개관일 : 2023년 ○○월 ○○일

● 소개

돈덕전은 (가) 안에 지어진 유럽 풍 외관의 건물로, 고종 즉위 40주년 기념행사를 열기 위해 건립되었다. 1층에는 폐하를 알현하는 폐현실, 2층에는 침실이 자리하여 각국 외교 사절의 폐현 및 연회장, 국빈급 외국인의 숙소로 사용되었다.

러시아 공사관에서 (가) 으로 거처를 옮긴 뒤부터 고종은 중명전을 비롯한 서구식 건축물을 지어 근대 국가로서의 면모를 보여 주고자 하였다. 돈덕전 역시 이러한 의도가 투영된 건축물이다.

① 제1차 미·소 공동 위원회가 개최되었다.

② 도성 내 서쪽에 있어 서궐이라고 불렸다.

③ 일제에 의해 창경원으로 격하되기도 하였다.

④ 정도전이 궁궐과 주요 전각의 명칭을 정하였다.

⑤ 태종이 도읍을 한양으로 다시 옮기며 건립하였다.

780

(가)~(다) 지역에 대한 설명으로 옳지 않은 것은? [3점]

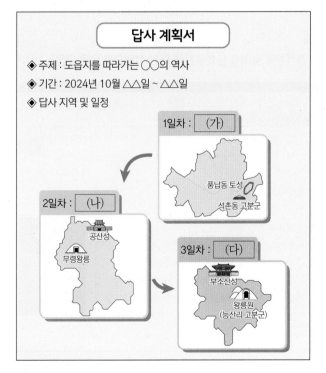

답사 계획서

◆ 주제 : 도읍지를 따라가는 ○○의 역사

◆ 기간 : 2024년 10월 △△일 ~ △△일

◆ 답사 지역 및 일정

1일차 : (가)
풍납동 토성
석촌동 고분군

2일차 : (나)
공산성
무령왕릉

3일차 : (다)
부소산성
왕릉원 (능산리 고분군)

① (가) - 고구려에서 남하한 온조가 도읍으로 삼았다.

② (나) - 문주왕 때 천도한 곳이다.

③ (나) - 중국 남조의 영향을 받은 벽돌무덤이 있다.

④ (다) - 왕궁리 오층 석탑이 있다.

⑤ (다) - 백제 금동 대향로가 출토되었다.

781

(가)에 대한 설명으로 옳은 것은? [2점]

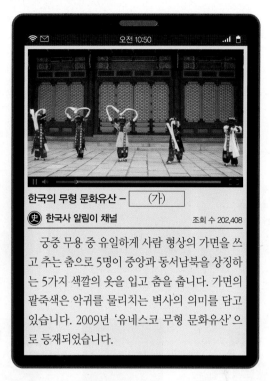

오전 10:50

한국의 무형 문화유산 - (가)

한국사 알림이 채널 조회 수 202,408

궁중 무용 중 유일하게 사람 형상의 가면을 쓰고 추는 춤으로 5명이 중앙과 동서남북을 상징하는 5가지 색깔의 옷을 입고 춤을 춥니다. 가면의 팥죽색은 악귀를 물리치는 벽사의 의미를 담고 있습니다. 2009년 '유네스코 무형 문화유산'으로 등재되었습니다.

① 처용 설화를 바탕으로 하였다.

② 종묘에서 행하는 제향 의식이다.

③ 부처의 영취산 설법 모습을 재현하였다.

④ 창과 아니리, 너름새 등으로 구성되었다.

⑤ 양반, 파계승 등을 풍자하는 내용이 담겨 있다.

부록

782

다음 특별전에 전시될 자료로 적절하지 <u>않은</u> 것은? [1점]

> 우리 선조들은 하늘의 움직임이 세상의 이치와 연결된다고 생각해 천문 현상을 면밀히 관측하였습니다. 덕흥리 고분의 별자리 벽화는 이러한 측면을 잘 보여 줍니다.

①
거중기

②
금동 천문도

③
혼천의

④
칠정산 내편

⑤
천상열차분야지도

783

(가) 문화유산에 대한 설명으로 옳은 것을 〈보기〉에서 고른 것은? [2점]

> 저는 지금 파리에서 열린 한지 공예 특별전에 나와 있습니다. 이 작품은 영조와 정순 왕후의 혼례식 행렬을 1,100여 점의 닥종이 인형으로 재현한 것입니다. 조선 시대 왕실이나 국가의 큰 행사가 있을 때 일체의 관련 사실을 글과 그림으로 기록한 책인 (가) 을/를 바탕으로 제작되었습니다.

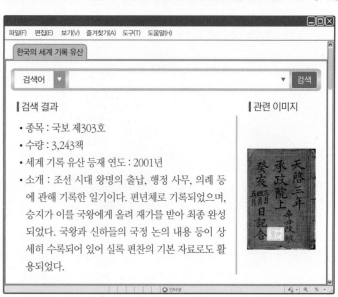

보기
ㄱ. 사초와 시정기를 바탕으로 편찬되었다.
ㄴ. 연대순으로 기록하는 편년체로 구성되었다.
ㄷ. 왕의 열람을 위한 어람용이 따로 제작되었다.
ㄹ. 병인양요 당시 일부가 프랑스군에게 약탈되었다.

① ㄱ, ㄴ   ② ㄱ, ㄷ   ③ ㄴ, ㄷ
④ ㄴ, ㄹ   ⑤ ㄷ, ㄹ

784

다음 검색창에 들어갈 문화유산에 대한 설명으로 옳은 것은? [1점]

파일(F) 편집(E) 보기(V) 즐겨찾기(A) 도구(T) 도움말(H)

한국의 세계 기록 유산

검색어 ▼ [　　　　　　　　] ▼ 검색

검색 결과

- 종목 : 국보 제303호
- 수량 : 3,243책
- 세계 기록 유산 등재 연도 : 2001년
- 소개 : 조선 시대 왕명의 출납, 행정 사무, 의례 등에 관해 기록한 일기이다. 편년체로 기록되었으며, 승지가 이를 국왕에게 올려 재가를 받아 최종 완성되었다. 국왕과 신하들의 국정 논의 내용 등이 상세히 수록되어 있어 실록 편찬의 기본 자료로도 활용되었다.

관련 이미지

① 비국 등록이라고도 불렸다.
② 국왕의 비서 기관에서 작성하였다.
③ 세가, 지, 열전 등으로 구성되었다.
④ 우리나라 최고(最古)의 역사서이다.
⑤ 정조가 세손 시절부터 쓴 일기에서 유래하였다.

5 시대 통합

785

(가)~(라) 교육 기관에 대한 설명으로 옳은 것만을 〈보기〉에서 고른 것은?

[3점]

(가) 학생의 재학 연한은 9년으로 하되 우둔하여 깨우치지 못하는 자는 퇴학시키고, 재주와 기량은 있으나 아직 미숙한 자는 9년이 넘더라도 재학을 허락하였다. 관등이 대나마, 나마에 이르면 졸업하였다.

(나) 7재를 두었는데, 주역을 공부하는 여택재, 상서를 공부하는 대빙재, 모시(毛詩)를 공부하는 경덕재, 주례를 공부하는 구인재, 대례(戴禮)를 공부하는 복응재, 춘추를 공부하는 양정재, 무학을 공부하는 강예재이다.

(다) 입학생은 생원·진사인 상재생과 유학(幼學) 중에서 선발된 기재생으로 구분되었다. 이들은 동재와 서재에 기숙하면서 공부하였으며, 아침·저녁 식당에 들어가 서명하면 원점 1점을 얻었다. 원점 300점을 얻으면 관시(館試)에 응시할 수 있었다.

(라) 좌원과 우원을 두었는데, 좌원에는 젊은 현직 관리를, 우원에는 관직에 나아가지 않은 명문가 자제들을 입학시켰다. 외국인 3명을 교사로 초빙하였으며, 학생들은 졸업할 때까지 공원(公院)에서 학습에 전념하도록 하였다.

보기

ㄱ. (가) - 신문왕이 인재 양성을 위해 설치하였다.
ㄴ. (나) - 전국의 부·목·군·현에 하나씩 설립되었다.
ㄷ. (다) - 공자 등 성현을 기리는 석전대제를 거행하였다.
ㄹ. (라) - 교육 입국 조서 반포를 계기로 세워졌다.

① ㄱ, ㄴ   ② ㄱ, ㄷ   ③ ㄴ, ㄷ
④ ㄴ, ㄹ   ⑤ ㄷ, ㄹ

786

(가)~(라)를 일어난 순서대로 옳게 나열한 것은?

[3점]

(가) 좌의정 박은이 상왕(上王)에게 아뢰기를, "이제 왜구가 중국에 들어가 도적질하고 본도로 돌아오는 것이 곧 이때이므로 마땅히 이종무 등으로 대마도에 나가 적이 섬에 돌아오기를 기다렸다가 맞아서 치게 되면 적을 파함에 틀림없을 것이니, 진멸(殄滅)시킬 기회를 잃지 마소서."라고 하니, 상왕이 옳게 여겼다.

(나) 김방경이 중군을 거느리게 하고 흔돈과 홍다구와 더불어 일본을 정벌하게 하였다. 일기도(一岐島)에 이르러 천여 명을 죽이고 길을 나누어 진격하였다. 왜인들이 달아나는데 쓰러진 시체가 마치 삼대와 같았다. 날이 저물어 이내 공격을 늦추었는데 마침 밤에 태풍이 크게 불어서 전함들이 많이 부서졌다.

(다) 왜구가 배 5백 척을 이끌고 진포 입구에 들어와서는 큰 밧줄로 배를 서로 잡아매고 병사를 나누어 지키다가, 해안에 상륙하여 여러 고을로 흩어져 들어가 불을 지르고 노략질을 자행하였다. …… 나세, 심덕부, 최무선 등이 진포에 이르러, 최무선이 만든 화포를 처음으로 사용하여 그 배들을 불태웠다.

(라) 왜장이 군사 수만 명을 모두 동원하여 진주성을 포위하였는데 성안의 군사는 3천여 명이었다. 진주 목사 김시민이 여러 성첩을 나누어 지키게 하였다. …… 10여 일 동안 4~5차례 큰 전투를 벌이면서 안팎에서 힘껏 싸웠으므로 적이 먼저 도망하였다.

① (가) - (나) - (다) - (라)   ② (가) - (다) - (나) - (라)
③ (나) - (가) - (라) - (다)   ④ (나) - (다) - (가) - (라)
⑤ (다) - (라) - (나) - (가)

[787~788] 다음 자료를 읽고 물음에 답하시오.

(가) 고대 여러 나라들도 역시 각각 사관(史官)을 두어 일을 기록하였습니다. 그러므로 맹자께서 이르시기를, "진(晉)의 승(乘)과 초(楚)의 도올(檮杌)과 노(魯)의 춘추(春秋)는 모두 한가지다."라고 하셨습니다. 생각건대 우리 해동(海東) 삼국도 역사가 길고 오래되어 마땅히 그 사실이 책으로 기록되어야 하므로 폐하께서 이 늙은 신하에게 명하시어 편집하도록 하셨습니다. …… 신의 학술이 이처럼 부족하고 얕으며, 옛말과 지나간 일은 그처럼 아득하고 희미합니다. 그러므로 온 정신과 힘을 다 쏟아 부어 겨우 ㉠ 책을 만들었습니다. 그러나 보잘것없기에 스스로 부끄러울 따름입니다.

(나) 고려가 끝내 발해사를 편찬하지 않아 토문강 북쪽과 압록강 서쪽이 누구의 땅인지 알 수 없게 되었다. 여진을 책망하려 하여도 할 말이 없고, 거란을 책망하려 하여도 할 말이 없다. 고려가 약한 나라가 된 것은 발해의 땅을 차지하지 못하였기 때문이니, 탄식할 수밖에 없다. …… 내가 내규장각 관리로 있으면서 비밀스런 책[秘書]을 꽤 많이 읽었으므로 발해에 관한 일을 차례로 편찬하여, 군고(君考)·신고(臣考)·지리고(地理考)·직관고(職官考)·의장고(儀章考)·물산고(物産考)·국어고(國語考)·국서고(國書考)·속국고(屬國考) 등 9편으로 구성된 ㉡ 책을 만들었다.

(다) 역사란 무엇인가? 인류 사회의 아(我)와 비아(非我)의 투쟁이 시간부터 발전하며 공간부터 확대하는 정신적 활동 상태의 기록이니, 세계사라 하면 세계 인류가 그리되어 온 상태의 기록이며, 조선 역사라 하면 조선 민족이 그리되어 온 상태의 기록인 것이다. 무엇을 '아'라 하며 무엇을 '비아'라 하는가? …… 무릇 주체적 위치에 선 자를 '아'라 하고, 그 외에는 '비아'라 하는데, 이를테면 조선 사람은 조선을 '아'라 하고, 영국·미국·프랑스·러시아 등을 '비아'라 하지만, 그들은 각기 제 나라를 '아'라 하고 조선은 '비아'라 하며, …… 그러므로 역사는 '아'와 '비아'의 투쟁의 기록인 것이다.

787
제66회 30번

(가)~(다)를 작성한 인물에 대해 탐구한 내용으로 가장 적절한 것은? [3점]

① (가) - 만권당에서 원의 학자들과 교유하였으며, 성리학의 보급에 기여하였다.
② (가) - 칠대실록의 편찬에 참여하였으며, 문헌공도를 만들어 사학을 진흥시켰다.
③ (나) - 금석학을 연구하여 북한산비가 진흥왕 순수비임을 고증하였다.
④ (다) - 한국통사를 저술하였고, 대한민국 임시 정부의 제2대 대통령을 역임하였다.
⑤ (다) - 대한매일신보의 주필로 활동하였으며, 폭력을 통한 민중의 직접 혁명을 주장하였다.

788
제66회 31번

밑줄 그은 ㉠, ㉡에 해당하는 역사서에 대한 설명으로 옳은 것은? [2점]

① ㉠ - 불교사를 중심으로 고대의 민간 설화를 수록하였다.
② ㉠ - 본기, 연표, 잡지, 열전 등으로 구성된 기전체 사서이다.
③ ㉡ - 사초와 시정기 등을 바탕으로 편찬하였다.
④ ㉡ - 고구려 건국 시조의 일대기를 서사시로 표현하였다.
⑤ ㉠, ㉡ - 우리 역사의 시작을 단군 조선으로 삼았다.

789
제67회 46번

(가)~(마)에 들어갈 내용으로 적절하지 않은 것은? [1점]

스스로 탐구하는 역사 수업

우리 역사에서 사용된 화폐를 주제로 보고서를 작성한 후 제목과 함께 올려 주세요.
※ 과제 마감일은 10월 21일입니다.

번호	제목	
1	1모둠 - 명도전,	(가)
2	2모둠 - 해동통보,	(나)
3	3모둠 - 은병,	(다)
4	4모둠 - 상평통보,	(라)
5	5모둠 - 백동화,	(마)

① (가) - 중국 연과의 교류 관계를 보여 주다
② (나) - 의천의 건의로 화폐가 주조되다
③ (다) - 경복궁 중건을 위해 제작되다
④ (라) - 법화로 발행되어 전국적으로 유통되다
⑤ (마) - 전환국에서 화폐가 발행되다

790

제68회 14번

㉠에 대한 답으로 옳지 <u>않은</u> 것은? [2점]

이것은 하늘의 별자리를 새긴 조선 시대 대표적인 천문도야.

㉠ 한국의 역사에서 천문에 관한 또 다른 사례를 알려 줄래?

천상열차분야지도라는 이름은 천문 현상을 12개 분야로 나누어 차례로 늘어놓았다는 뜻이래.

① 고구려 무용총에 별자리를 그린 벽화가 있어.
② 삼국사기에 일식, 월식에 관한 많은 관측 기록이 있어.
③ 충선왕은 서운관에서 천체 운행을 관측하도록 했어.
④ 선조 때는 날아가서 폭발하는 비격진천뢰가 개발되었어.
⑤ 홍대용이 의산문답을 통해 지전설과 무한 우주론을 주장했어.

[791~792] 다음 자료를 읽고 물음에 답하시오.

(가) ㉠ 왕은 5월에 교서를 내려 문무 관료들에게 토지를 차등 있게 주었다. …… 봄 정월에 중앙과 지방 관리들의 녹읍을 폐지하고 해마다 조를 차등 있게 주고 이를 일정한 법으로 삼았다.

(나) 처음으로 직관(職官)·산관(散官)의 각 품의 전시과를 제정하였는데, 관품의 높고 낮은 것은 논하지 않고 다만 인품만 가지고 전시과의 등급을 결정하였다.

(다) 도평의사사에서 글을 올려 과전을 지급하는 법을 정할 것을 청하니, 그 의견을 따랐다. 경기는 사방의 근본이므로 마땅히 과전을 설치하여 사대부를 우대하여야 한다. 무릇 수도에 거주하며 왕실을 지키는 자는 현직, 산직(散職)을 불문하고 각각 과(科)에 따라 받게 한다.

(라) 만약 그 자신이 죽고 그 아내에게 미치게 되면 수신전이라 일컬었고, 부부가 다 죽고 그 아들에게 전해지면 휼양전이라 일컬었으며, 만약 그 아들이 관직에 제수되더라도 그대로 그 전지를 주고는 과전이라 일컬었는데, …… ㉡ 왕께서 이를 없애고, 현직 관리에게 주어 직전(職田)이라 하였던 것입니다.

791

제72회 47번

(가)~(라)를 일어난 순서대로 옳게 나열한 것은? [3점]

① (가) - (나) - (다) - (라)
② (가) - (나) - (라) - (다)
③ (나) - (가) - (라) - (다)
④ (나) - (다) - (가) - (라)
⑤ (다) - (라) - (나) - (가)

792

제72회 48번

㉠, ㉡ 왕에 대한 설명으로 옳은 것을 〈보기〉에서 고른 것은? [2점]

보기

ㄱ. ㉠ - 병부를 처음으로 설치하였다.
ㄴ. ㉠ - 전국에 9주 5소경을 설치하였다.
ㄷ. ㉡ - 6조 직계제를 시행하였다.
ㄹ. ㉡ - 초계문신제를 실시하였다.

① ㄱ, ㄴ   ② ㄱ, ㄷ   ③ ㄴ, ㄷ
④ ㄴ, ㄹ   ⑤ ㄷ, ㄹ

한 번의 젊음 어떻게 살 것인가!

역사 속 사람들의 삶을 통해 한 번의 젊음 어떻게 살 것인가를 고민하는 것
그것이 바로 역사를 배우는 이유입니다.

한국사능력검정시험, 접수부터 합격까지
"큰★별쌤의 라이브방송과 함께"

▶ 최태성1TV에서

한능검
D-28 (금, 22시)

한능검 시작합시다!

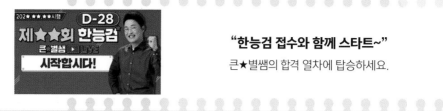

"한능검 접수와 함께 스타트~"
큰★별쌤의 합격 열차에 탑승하세요.

D-21 (금, 22시)

한능검 아직도 구석기니?

"열공 부스터를 달아 봅시다."
큰★별쌤과 함께 쭉쭉 진도를 빼 봅시다.

D-14 (금, 22시)

한능검 이제 2주 남았다!

"2주. 이제 총력전이다."
큰★별쌤의 특급 진단과 함께
중간 점검하는 시간을 가져보세요.

D-7 (금, 22시)

한능검 7일의 기적!

"포기하지마! 아직 7일이나 남았어."
큰★별쌤이 기적과 같은 일주일을 보내는
방법을 알려드립니다.

D-1 (20시)

한능검 전야제

"내일 시험지 보고 깜놀할 준비해."
큰★별쌤의 예언과도 같은 족집게 강의,
실시간 시청자가 3만이 넘었던 전설의 라방! 꼭 챙기세요.

D-DAY

시험 당일 가답안 공개

"두구두구~ 과연 나는 합격?"
시험이 끝난 직후, 큰★별쌤과 함께
바로 가답안을 채점해 보세요.

D+14 (금, 22시)

한능검 합격자 발표 및 분석

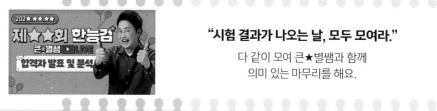

"시험 결과가 나오는 날, 모두 모여라."
다 같이 모여 큰★별쌤과 함께
의미 있는 마무리를 해요.

4대 온라인 서점 1위

👑 누적 도서 판매 부수	**380만**	2012. 01 ~ 2024. 09 저자 집필 한능검 시험 관련 서적 기준
👑 누적 수강생 수	**700만**	2002. 03 ~ 2024. 10 EBS, 이투스 누적 수강생 데이터 기준
👑 누적 조회 수	**1억 3천만**	2020. 04 ~ 2024. 10 유튜브 최태성1TV 조회 수 기준

정통파

큰별쌤의 아트 판서와 함께
1달 동안 흐름을 정리하는

한국사능력검정시험

심화 | 기본

문제풀이파

기출문제로 **실전 감각**을 키우는

회차별 구성
기출 500제
심화 | 기본

시대별, 주제별 구성
시대별 기출문제집
심화 | 기본

속성파

큰별쌤이 요약한 필수 개념으로
7일 만에 끝내는

7일의 기적

심화 | 기본

큰별쌤 최태성의
별★별한국사 최신판

시대별 기출문제집

한국사능력검정시험
심화(1·2·3급)

최태성 지음

정답과 해설

모두의 별★별 한국사
강의 바로 보기

▶ YouTube 최태성1TV / 최태성2TV
w www.etoos.com/bigstar

가르치기 쉽고 빠르게 배울 수 있는 www.etoosbook.com

이투스북

빠른 정답 찾기

001	002	003	004	005	006	007	008	009	010
⑤	②	⑤	④	④	⑤	②	③	⑤	②
011	012	013	014	015	016	017	018	019	020
⑤	⑤	③	③	②	②	②	①	②	②
021	022	023	024						
④	③	①	①						

025	026	027	028	029	030	031	032	033	034
③	③	③	①	①	⑤	⑤	④	④	①
035	036	037	038	039	040	041	042	043	044
④	②	③	①	④	④	⑤	④	⑤	①
045	046	047	048	049	050	051	052	053	054
①	⑤	①	⑤	④	④	⑤	②	②	③
055	056	057	058	059	060	061	062	063	064
②	④	②	⑤	⑤	②	⑤	②	③	①
065	066	067	068	069	070	071	072	073	074
⑤	②	③	①	②	②	①	③	⑤	②
075	076	077	078	079	080	081	082	083	084
②	②	⑤	②	②	⑤	④	④	④	④
085	086	087	088	089	090	091	092	093	094
②	④	②	④	④	②	④	④	①	②
095	096	097	098	099	100	101	102	103	104
④	③	④	①	⑤	④	④	④	②	③
105	106	107	108	109	110	111	112	113	114
①	⑤	④	②	①	④	①	④	④	①
115	116	117	118	119	120	121	122	123	124
①	②	③	④	②	⑤	③	⑤	④	①
125	126	127	128	129	130	131	132	133	134
⑤	⑤	②	④	②	⑤	②	④	④	④
135	136	137	138	139	140	141	142	143	144
①	⑤	⑤	④	④	④	②	④	③	④
145	146	147	148	149	150	151	152		
①	①	⑤	④	⑤	②	③	①		

153	154	155	156	157	158	159	160	161	162
⑤	⑤	①	①	②	④	②	③	⑤	⑤
163	164	165	166	167	168	169	170	171	172
⑤	③	①	③	③	④	③	⑤	⑤	⑤
173	174	175	176	177	178	179	180	181	182
④	③	②	④	②	④	②	④	⑤	③

183	184	185	186	187	188	189	190	191	192
④	④	①	③	③	③	③	①	④	⑤
193	194	195	196	197	198	199	200	201	202
③	④	④	③	⑤	④	③	④	②	③
203	204	205	206	207	208	209	210	211	212
③	④	③	③	⑤	③	④	②	③	①
213	214	215	216	217	218	219	220	221	222
③	①	②	④	③	④	②	④	④	①
223	224	225	226	227	228	229	230	231	232
①	①	③	⑤	②	⑤	④	④	③	②
233	234	235	236	237	238	239	240	241	242
④	②	①	④	①	①	④	①	④	③
243	244	245	246	247	248	249	250	251	252
①	⑤	③	③	③	②	③	②	③	⑤
253	254	255	256	257	258	259	260		
③	③	④	①	③	②	⑤	①		

261	262	263	264	265	266	267	268	269	270
②	①	⑤	④	②	④	⑤	②	④	③
271	272	273	274	275	276	277	278	279	280
④	①	③	③	①	②	②	⑤	④	③
281	282	283	284	285	286	287	288	289	290
⑤	⑤	②	③	①	①	④	⑤	⑤	③
291	292	293	294	295	296	297	298	299	300
②	④	④	②	②	③	②	④	⑤	④	①
301	302	303	304	305	306	307	308	309	310
④	④	①	③	③	①	③	⑤	③	④
311	312	313	314	315	316	317	318	319	320
②	④	④	④	⑤	①	③	③	①	⑤
321	322	323	324	325	326	327	328	329	330
⑤	②	⑤	⑤	⑤	③	③	②	①	③
331	332	333	334	335	336	337	338	339	340
②	④	①	①	①	①	⑤	②	④	④

341	342	343	344	345	346	347	348	349	350
②	②	②	⑤	②	②	④	④	④	①
351	352	353	354	355	356	357	358	359	360
②	②	①	④	⑤	⑤	①	③	⑤	④
361	362	363	364	365	366	367	368	369	370
④	②	④	⑤	②	③	③	①	⑤	③
371	372	373	374	375	376	377	378	379	380
①	①	③	①	②	②	④	⑤	⑤	⑤
381	382	383	384	385	386	387	388	389	390
②	②	⑤	①	③	①	④	⑤	③	⑤

391	392	393	394	395	396	397	398	399	400
①	④	①	⑤	②	①	⑤	③	③	①
401	402	403	404	405	406	407	408	409	410
⑤	④	⑤	⑤	⑤	⑤	④	①	①	①
411	412	413	414	415	416	417	418	419	420
④	③	③	①	③	②	②	②	③	⑤
421	422	423	424	425	426	427	428		
②	①	①	②	④	④	⑤	④		

VI 개항기
본문 156~181쪽

429	430	431	432	433	434	435	436	437	438
①	②	⑤	③	⑤	④	④	④	④	②
439	440	441	442	443	444	445	446	447	448
④	①	④	③	⑤	②	③	②	⑤	①
449	450	451	452	453	454	455	456	457	458
①	①	⑤	①	④	④	⑤	⑤	①	②
459	460	461	462	463	464	465	466	467	468
①	⑤	③	①	②	①	③	⑤	①	③
469	470	471	472	473	474	475	476	477	478
①	①	④	⑤	⑤	②	⑤	⑤	①	②
479	480	481	482	483	484	485	486	487	488
③	①	③	④	②	④	④	③	①	⑤
489	490	491	492	493	494	495	496	497	498
④	③	④	③	④	⑤	①	①	④	④
499	500	501	502	503	504	505	506	507	508
⑤	①	①	④	⑤	①	②	⑤	①	①
509	510	511	512	513	514	515	516	517	518
②	④	③	③	④	⑤	③	②	⑤	⑤
519	520	521	522	523	524	525	526	527	528
⑤	②	①	③	④	②	⑤	①	⑤	②
529	530	531	532						
⑤	①	③	⑤						

VII 일제 강점기
본문 190~218쪽

533	534	535	536	537	538	539	540	541	542
⑤	④	③	⑤	④	⑤	②	②	①	②
543	544	545	546	547	548	549	550	551	552
③	①	⑤	④	③	①	④	⑤	④	④
553	554	555	556	557	558	559	560	561	562
①	①	⑤	③	⑤	①	③	②	②	①
563	564	565	566	567	568	569	570	571	572
⑤	②	②	①	⑤	④	②	⑤	①	⑤
573	574	575	576	577	578	579	580	581	582
⑤	③	④	③	⑤	④	④	①	②	⑤
583	584	585	586	587	588	589	590	591	592
⑤	②	②	②	③	③	⑤	④	④	①

593	594	595	596	597	598	599	600	601	602
④	⑤	③	⑤	⑤	④	①	④	④	③
603	604	605	606	607	608	609	610	611	612
④	⑤	④	②	③	①	⑤	⑤	④	⑤
613	614	615	616	617	618	619	620	621	622
①	⑤	③	③	④	④	②	④	②	③
623	624	625	626	627	628	629	630	631	632
①	②	③	①	②	④	③	④	③	⑤
633	634	635	636	637	638	639	640	641	642
④	④	①	②	⑤	②	⑤	②	③	⑤
643	644	645	646						
③	③	④	⑤						

VIII 현대
본문 226~247쪽

647	648	649	650	651	652	653	654	655	656
③	④	⑤	③	④	③	③	⑤	③	③
657	658	659	660	661	662	663	664	665	666
③	⑤	②	②	④	②	③	①	④	③
667	668	669	670	671	672	673	674	675	676
③	②	②	⑤	②	③	①	③	②	③
677	678	679	680	681	682	683	684	685	686
③	⑤	②	②	⑤	④	⑤	③	③	④
687	688	689	690	691	692	693	694	695	696
①	⑤	②	⑤	②	①	①	②	④	⑤
697	698	699	700	701	702	703	704	705	706
①	②	①	④	④	⑤	②	③	②	⑤
707	708	709	710	711	712	713	714	715	716
②	⑤	④	①	③	②	①	⑤	⑤	①
717	718	719	720	721	722	723	724	725	726
①	③	⑤	④	②	④	⑤	④	①	③
727	728	729	730	731	732				
④	③	①	④	③	③				

부록
본문 254~271쪽

733	734	735	736	737	738	739	740	741	742
③	④	④	②	③	③	①	⑤	①	①
743	744	745	746	747	748	749	750	751	752
③	①	①	⑤	④	③	④	⑤	②	①
753	754	755	756	757	758	759	760	761	762
⑤	②	④	②	④	④	④	⑤	①	①
763	764	765	766	767	768	769	770	771	772
④	③	②	③	②	③	⑤	⑤	②	③
773	774	775	776	777	778	779	780	781	782
④	④	②	⑤	⑤	①	①	④	①	①
783	784	785	786	787	788	789	790	791	792
⑤	②	②	④	⑤	②	③	④	①	③

큰별쌤 최태성의

별★별한국사

시대별
기출문제집

한국사능력검정시험
심화(1·2·3급)

최태성 지음

정답과 해설

본문 008~009쪽

1 선사 시대

001 ⑤　　002 ②　　003 ⑤　　004 ④　　005 ④　　006 ⑤
007 ②　　008 ③

---

001 구석기 시대의 생활 모습　정답 ⑤

정답 잡는 키/워/드
경기도 연천군 전곡리, 주먹도끼 → 구석기 시대

경기도 연천군 전곡리에서 주먹도끼가 발견되었다는 내용을 통해 밑줄 그은 '이 시대'가 구석기 시대임을 알 수 있어요. 주먹도끼는 찍고, 자르고, 동물의 가죽을 벗기는 등 다양한 용도로 사용된 뗀석기입니다. 구석기 시대 사람들은 뗀석기를 사용하였으며, 무리를 지어 이동하며 사냥과 채집 등을 통해 식량을 구하고, ⑤ 주로 동굴이나 강가의 막집에서 거주하였어요.

오답 피하기
① 소를 이용한 깊이갈이는 철기 시대부터 시작되었으며, 고려 시대에 들어와 일반화되었어요.
② 빗살무늬 토기는 신석기 시대의 대표적인 토기입니다. 신석기 시대 사람들은 빗살무늬 토기를 만들어 식량을 저장하거나 조리하는 데 이용하였어요.
③ 고인돌은 청동기 시대부터 만들어지기 시작한 지배층의 무덤이에요. 거대한 규모의 고인돌을 통해 당시에 많은 인력을 동원할 수 있을 만큼 큰 힘을 가진 지배자가 존재하였음을 알 수 있어요.
④ 세형 동검은 우리나라 초기 철기 시대에 제작된 청동검으로, 한국식 동검이라고도 불립니다.

---

002 구석기 시대의 생활 모습　정답 ②

정답 잡는 키/워/드
주먹도끼, 찍개 등 뗀석기 → 구석기 시대

주먹도끼, 찍개 등의 뗀석기가 다수 발굴되었다는 내용을 통해 밑줄 그은 '이 시대'가 구석기 시대임을 알 수 있어요. 구석기 시대 사람들은 돌을 떼어 내거나 깨뜨려 만든 뗀석기를 사용하였으며, 사냥과 채집 등을 통해 식량을 구하였어요. 또 무리를 지어 이동 생활을 하면서 ② 주로 동굴이나 바위 그늘, 막집에서 살았어요.

오답 피하기
① 철기 시대부터 철제 무기를 사용하여 정복 활동을 벌였어요.
③ 명도전은 칼 모양의 중국 화폐이며, 우리나라 철기 시대 유적에서도 발견되고 있어요. 이를 통해 철기 시대에 중국과 교역하였음을 알 수 있어요.
④ 청동기 시대 사람들은 반달 돌칼을 사용하여 벼 등의 곡식을 수확하였어요.
⑤ 빗살무늬 토기는 대표적인 신석기 시대의 토기로, 식량을 저장하거나 음식을 조리하는 데 사용되었어요.

---

003 신석기 시대의 생활 모습　정답 ⑤

정답 잡는 키/워/드
갈돌과 갈판, 빗살무늬 토기, 농경과 정착 생활 시작
→ 신석기 시대

갈돌과 갈판, 빗살무늬 토기가 대표적인 유물로 제시되었으며, 농경과 정착 생활이 시작되었다는 내용을 통해 밑줄 그은 '이 시대'가 신석기 시대임을 알 수 있어요. 신석기 시대부터 사람들은 농경과 목축을 시작하여 식량을 생산하고 정착 생활을 하였어요. 또한, 간석기를 사용하기 시작하였는데 갈돌

과 갈판은 대표적인 신석기 시대의 간석기입니다. 빗살무늬 토기는 우리나라 신석기 시대의 대표적인 토기로 식량 저장과 음식 조리에 사용되었어요.
⑤ 신석기 시대부터 실을 뽑기 위해 가락바퀴가 처음 사용되었어요. 가락바퀴로 실을 뽑고 뼈바늘을 이용하여 옷이나 그물 등을 만들었어요.

오답 피하기
① 소를 이용한 깊이갈이는 철기 시대부터 이루어졌어요.
② 중국의 화폐인 반량전과 명도전이 우리나라 철기 시대 유적에서 발견되어 이 시기에 한반도와 중국 사이에 교류가 이루어졌음을 알게 되었어요.
③ 청동기 시대부터 청동 방울, 청동 거울 등이 의례 도구로 제작되었어요.
④ 초기 철기 시대에 제작된 세형 동검은 한반도에서 독자적인 청동기 문화가 발전하였음을 보여 주는 유물이에요.

---

004 신석기 시대의 생활 모습　정답 ④

정답 잡는 키/워/드
농경과 정착 생활 시작, 가락바퀴 및 갈돌과 갈판 사용
→ 신석기 시대

농경과 정착 생활이 시작되었으며, 주요 전시 유물로 '가락바퀴', '갈돌과 갈판'이 제시된 것으로 보아 (가) 시대는 신석기 시대임을 알 수 있어요. 신석기 시대 사람들은 농사를 지으면서 강가나 바닷가에 움집을 짓고 한곳에 정착하여 살기 시작하였어요. 돌을 갈아 만든 간석기를 사용하였고, ④ 빗살무늬 토기 등의 토기를 만들어 음식을 조리하고 식량을 저장하였어요. 빗살무늬 토기는 우리나라 신석기 시대의 대표적인 토기입니다. 또한, 신석기 시대 사람들은 가락바퀴를 이용하여 실을 뽑았어요.

오답 피하기
① 구석기 시대 사람들은 무리를 지어 이동 생활을 하였으며 주로 동굴이나 강가의 막집에서 살았어요.
② 고인돌은 청동기 시대의 대표적인 무덤 양식이에요. 거대한 고인돌을 통해 당시 많은 사람을 동원할 수 있는 힘을 가진 지배자가 있었음을 짐작할 수 있어요.
③ 초기 철기 시대에 거푸집을 이용하여 세형 동검을 제작하였어요.
⑤ 쟁기, 쇠스랑 등의 철제 농기구는 철기 시대부터 사용되었어요.

---

005 신석기 시대의 생활 모습　정답 ④

정답 잡는 키/워/드
약 8천 년 전에 형성된 집터, 빗살무늬 토기 → 신석기 시대

약 8천 년 전에 형성된 집터에서 빗살무늬 토기 등이 출토되었다는 내용을 통해 (가) 시대가 신석기 시대임을 알 수 있어요. 신석기 시대에 사람들은 강가나 바닷가에 움집을 짓고 마을을 이루어 정착 생활을 하였으며, ④ 농경과 목축을 통해 식량을 생산하기 시작하였어요. 또한, 갈돌과 갈판, 화살촉 등 간석기를 사용하였으며, 토기를 만들어 식량을 저장하거나 음식을 조리하는 데 이용하였어요.

오답 피하기
① 구석기 시대 사람들은 식량을 찾아 이동 생활을 하였으며 주로 동굴이나 막집에 거주하였어요.
② 청동기 시대부터 고인돌, 돌널무덤 등을 축조하였어요.
③ 명도전은 중국 전국 시대의 화폐이며, 우리나라 철기 시대 유적에서도 발견되고 있어요. 이를 통해 철기 시대에 한반도와 중국 간에 교역이 이루어졌음을 알 수 있어요.
⑤ 청동기 시대에 비파형 동검과 거친무늬 거울 등 청동 도구를 제작하였어요.

---

006 청동기 시대의 생활 모습　정답 ⑤

정답 잡는 키/워/드
부여 송국리 유적, 민무늬 토기, 비파형 동검
→ 청동기 시대

부여 송국리 유적과 민무늬 토기, 비파형 동검을 통해 (가) 시대가 청동기 시대임을 알 수 있어요. 청동기 시대 사람들은 구리와 주석 등의 합금인 청동으로 도구를 만들기 시작하였어요. ⑤ 청동은 재료를 구하기가 어렵고 다루기도 까다로운 금속이었기 때문에 무기나 청동 거울, 청동 방울 등의 의례 도구를 제작하는 데 사용하였지요. 농기구 등 일상생활에 필요한 도구는 여전히 돌이나 나무로 만들었어요.

오답 피하기

① 구석기 시대 사람들은 식량을 찾아 이동 생활을 하며 주로 동굴이나 바위 그늘, 강가의 막집에서 살았어요.
② 구석기 시대, 신석기 시대에는 계급이 없는 평등한 공동체 생활을 하였어요. 청동기 시대에 빈부 격차가 나타나고 지배자가 등장하는 등 계급이 분화하였어요.
③ 철기 시대에 한반도와 중국 사이에서 교역이 이루어졌고 오수전, 화천 등의 중국 화폐가 사용되기도 하였어요.
④ 신석기 시대에 실을 뽑기 위한 가락바퀴를 만들어 사용하기 시작하였어요.

---

007 청동기 시대의 생활 모습 정답 ②

정답 잡는 키/워/드

사유 재산과 계급 발생, 민무늬 토기, 반달 돌칼
→ 청동기 시대

사유 재산과 계급이 발생하였으며 민무늬 토기와 반달 돌칼이 함께 출토되었다는 내용을 통해 (가) 시대가 청동기 시대임을 알 수 있어요. 청동기 시대에는 농업 생산력이 향상되고 잉여 생산물이 생겨났어요. 이로 인해 사유 재산의 개념이 나타났고, 빈부의 차이가 생기면서 계급이 형성되어 권력을 가진 지배자가 등장하였으며, 많은 인력을 동원하여 ② 지배층의 무덤으로 고인돌을 축조하였어요. 한편, 청동기 시대에 들어와 금속을 다루기 시작하면서 비파형 동검, 청동 거울 등의 도구를 만들기 시작하였으나, 주로 의례용 또는 지배자의 무기나 장신구로 쓰였으며 일상생활에서는 여전히 반달 돌칼과 같은 석기가 사용되었어요.

오답 피하기

① 구석기 시대 사람들은 주로 동굴이나 강가의 막집에서 살면서 식량을 찾아 이동 생활을 하였어요.
③ 신석기 시대부터 농경과 목축이 시작되어 식량을 생산하였고, 강가나 바닷가에 움집을 짓고 정착 생활을 하였어요.
④ 철기 시대부터 호미, 쇠스랑 등의 철제 농기구가 제작되었어요.
⑤ 구석기 시대에 돌을 깨뜨리거나 다듬어서 만든 뗀석기를 만들기 시작하였어요.

---

008 청동기 시대의 생활 모습 정답 ③

정답 잡는 키/워/드

계급 발생, 고인돌 → 청동기 시대

계급이 발생하고 고인돌이 축조되었다는 내용을 통해 (가) 시대가 청동기 시대임을 알 수 있어요. 청동기 시대에 빈부 격차가 뚜렷해지고 계급이 발생하면서 부족 안에서 권력과 경제력을 가진 지배자가 등장하였어요. 또 힘이 센 부족은 주변의 약한 부족을 정복하거나 통합하였고, 이 과정에서 더 큰 힘을 가진 지배자가 등장하였지요. 고인돌은 이들의 무덤으로, 그 규모를 통해 당시 지배자가 누렸던 권력과 경제력의 크기를 짐작할 수 있습니다. ③ 반달 돌칼은 청동기 시대의 대표적인 유물로, 곡물을 수확하는 데 쓰인 농사 도구입니다.

오답 피하기

① 소를 이용한 깊이갈이는 철기 시대부터 이루어졌어요.
② 구석기 시대 사람들은 주로 동굴이나 바위 그늘, 막집에서 살았어요.
④ 신석기 시대에 토기를 만들어 식량을 저장하거나 음식을 조리하는 데 이용하기 시작하였어요. 빗살무늬 토기는 우리나라 신석기 시대의 대표적인 토기입니다.
⑤ 구석기 시대 사람들은 주먹도끼, 찍개 등 뗀석기를 만들기 시작하였으며, 무리를 지어 이동 생활을 하였어요.

---

2 여러 나라의 성장

009 ⑤	010 ②	011 ⑤	012 ⑤	013 ③	014 ③
015 ②	016 ②	017 ②	018 ①	019 ②	020 ②
021 ④	022 ③	023 ①	024 ①		

---

009 고조선 정답 ⑤

정답 잡는 키/워/드

우리 역사상 최초의 국가, 단군왕검 → 고조선

우리 역사상 최초의 국가이며, 단군왕검이 건국하였다는 내용을 통해 (가) 나라가 고조선임을 알 수 있어요. 고조선은 청동기 문화를 기반으로 세워졌어요. 고조선은 ⑤ 기원전 4~3세기 무렵 중국의 전국 7웅 중 하나인 연과 대립할 정도로 강성하였으나, 기원전 3세기 초에 연의 장수 진개의 공격을 받아 영토를 빼앗기기도 하였어요. 기원전 2세기에 중국에서 넘어온 위만이 세력을 키운 후 준왕을 몰아내고 왕이 되었어요. 위만이 집권한 이후 고조선은 중국의 한과 한반도 남부의 진국 사이에서 중계 무역을 하며 많은 이익을 얻었어요.

오답 피하기

① 동예는 매년 10월에 무천이라는 제천 행사를 열었어요.
② 삼한에는 신성 지역인 소도가 존재하였는데, 소도에는 정치적 지배자의 힘이 미치지 못하였어요.
③ 부여에는 도둑질한 자에게 훔친 물건값의 12배로 배상하게 하는 1책 12법이 있었어요.
④ 고구려에는 왕 아래 상가, 대로, 패자 등의 관직이 있었고, 여러 대가들이 각기 사자, 조의, 선인 등의 관리를 거느렸어요.

---

010 위만의 활동 정답 ②

정답 잡는 키/워/드

연에서 망명, 준왕에게 항복, 준왕 공격 → 위만

연에서 망명하여 고조선의 준왕에게 항복하였다가 이후 준왕을 공격하였다는 내용을 통해 (가) 인물이 위만임을 알 수 있어요. 위만은 기원전 2세기경 중국의 진·한 교체기에 연에서 무리를 이끌고 고조선으로 들어왔어요. 준왕의 신임을 얻은 위만은 서쪽 변방의 수비를 담당하면서 세력을 키운 후 준왕을 몰아내고 왕위에 올랐어요. 위만의 집권 이후 고조선은 본격적으로 철기 문화를 수용하고 활발한 정복 활동을 벌여 주변 지역의 ② 진번과 임둔을 복속시켜 세력을 확장하였어요. 또한, 중국의 한과 한반도 남부 사이에서 중계 무역을 하여 많은 이익을 얻었어요.

오답 피하기

① 위만의 손자인 우거왕은 한 무제가 파견한 대규모의 군대에 맞서 싸웠으나 결국 패배하였어요.
③ 고구려 고국천왕은 을파소의 건의에 따라 빈민을 구제하기 위해 진대법을 실시하였어요.
④ 고구려는 지방의 여러 성에 욕살, 처려근지 등의 관리를 두어 다스렸어요.
⑤ 기원전 3세기에 고조선은 연의 장수 진개의 공격을 받아 서쪽의 많은 영토를 빼앗겼어요. 위만이 고조선에 들어오기 이전의 일이에요.

---

011 고조선 정답 ⑤

정답 잡는 키/워/드

상·장군 등의 관직,
우거왕이 한에 항복하려 하지 않음 → 고조선

상·장군 등의 관직이 있고, 우거왕이 한에 항복하려 하지 않았다는 내용을 통해 (가) 나라가 고조선임을 알 수 있어요. 고조선은 단군왕검이 세운 우리 역사상 최초의 국가로, 기원전 3세기경에 부왕, 준왕과 같은 강력한 왕이 등장하여 왕위를 세습하였어요. 기원전 2세기에는 중국에서 넘어온 위만이 준왕을 몰아내고 왕이 되었으며, 이후 고조선은 중국의 한과 한반도 남부의 진국 사이에서 중계 무역을 하면서 많은 이익을 얻었어요. 그러나 이로 인해 한과 대립하였고, 결국 한의 공격을 받아 멸망하였습니다. ㄷ. 위만의 고조선은 우수한 철제 무기를 바탕으로 주변 지역의 진번, 임둔을 복속하는 등 세력을 확장하였어요. ㄹ. 고조선에는 살인, 절도 등의 죄를 다스리는 범금 8조(8조법)가 있어 이를 바탕으로 사회 질서를 유지하였어요.

오답 피하기

ㄱ. 백제는 무령왕 때 22담로에 왕족을 파견하여 지방 통제를 강화하였어요.
ㄴ. 고구려는 고국천왕 때 빈민을 구제하기 위한 진대법을 실시하였어요.

---

012 고조선 정답 ⑤

정답 잡는 키/워/드

왕검성, 우거왕, 한 무제가 정벌 → 고조선

한의 좌장군과 누선장군의 공격에도 우거왕이 왕검성을 굳게 지켜 몇 달 동안 함락시킬 수 없었지만 결국 한 무제가 정벌하였다는 내용을 통해 (가) 나라가 고조선임을 알 수 있어요. 고조선은 중국의 한과 한반도 남부의 진국 사이에서 중계 무역을 독점하여 큰 이익을 얻었어요. 이로 인해 한과 대립하였고, 우거왕 때 한 무제가 파견한 군대의 공격을 받았어요. 한의 공격에 우거왕이 1년여 동안 맞서 싸웠으나 결국 왕검성이 함락되어 고조선은 멸망하였어요. 고조선 멸망 뒤에 한은 고조선의 일부 지역에 여러 군현을 설치하였어요. ⑤ 철기 문화가 보급되고 고조선의 국가 체제가 정비되는 가운데 부왕, 준왕과 같은 강력한 왕이 등장하여 왕위가 세습되었고, 왕 아래 상, 대부, 장군 등의 관직도 설치되었어요.

오답 피하기

① 고구려는 10월에 동맹이라는 제천 행사를 열었어요.
② 삼한에는 세력 크기에 따라 신지, 읍차라고 불린 정치적 지배자가 있었어요.
③ 부여에는 남의 물건을 훔치면 물건값의 12배로 갚게 하는 1책 12법이 있었어요.
④ 동예에는 읍락 간의 경계를 중시하여 다른 읍락의 영역을 함부로 침범하면 소나 말, 노비 등으로 변상하게 하는 책화 풍습이 있었어요.

---

013 고조선 정답 ③

정답 잡는 키/워/드

한 무제의 침략, 왕 아래에 상·대부·장군 등의 관직, 범금 8조 → 고조선

한 무제의 침략에 맞서 싸웠으며, 왕 아래에 상, 대부, 장군 등의 관직을 두었고, 사회 질서를 유지하기 위한 범금 8조가 있었다는 내용을 통해 밑줄 그은 '이 나라'가 고조선임을 알 수 있어요. 고조선은 청동기 문화를 바탕으로 세워졌으며, 기원전 4~3세기경에는 중국의 연과 대립할 정도로 성장하였어요. 고조선은 기원전 2세기 위만이 집권한 이후 중국의 한과 한반도 남부의 진국 사이에서 중계 무역을 하면서 많은 이익을 얻었어요. 이로 인해 한과 대립하였고, 우거왕 때 한 무제가 파견한 군대에 맞서 싸웠어요. ③ 고조선의 수도는 왕검성으로, 그 위치에 대해서는 여러 의견이 있어요.

오답 피하기

① 임신서기석은 신라의 두 청년이 유교 경전 공부에 힘쓸 것을 다짐하는 내용이 새겨진 비석이에요.
② 칠지도는 백제에서 만들어 일본에 전해진 것으로 알려져 있으며, 이를 통해 백제와 일본이 교류하였음을 알 수 있어요.
④ 고구려는 10월에 동맹이라는 제천 행사를 지냈어요.
⑤ 신라는 만장일치제로 운영된 화백 회의에서 국가의 중대사를 논의하였어요.

---

014 부여의 사회 모습 정답 ③

정답 잡는 키/워/드

영고 → 부여

영고라는 제천 행사를 열었다는 내용을 통해 자료에 해당하는 나라가 부여임을 알 수 있어요. 부여는 만주 쑹화강 일대 평야 지역에서 성장하였어요. 이 나라는 5부족 연맹체로, 왕이 중앙을 다스렸고 ③ 마가, 우가, 저가, 구가 등의 가(加)들이 각각 사출도를 주관하였어요. 부여에는 순장, 형사취수제 등의 풍습이 있었으며, 엄격한 법이 있어 남의 물건을 훔칠 경우 12배로 갚게 하였어요. 또한, 12월에는 영고라는 제천 행사를 열고 죄수를 풀어 주기도 하였어요.

오답 피하기

① 삼한에는 제사장인 천군과 신성 지역인 소도가 있었어요.
② 옥저에는 여자가 어렸을 때 남자 집에서 데려다 키운 후 성인이 되면 남자가 여자 집에 예물을 주고 혼인하는 민며느리제라는 혼인 풍습이 있었어요.
④ 동예는 특산물로 단궁, 과하마, 반어피가 유명하였어요.
⑤ 고구려에는 왕 아래 상가, 대로, 패자 등의 관직이 있었고, 여러 대가들이 각기 사자, 조의, 선인 등의 관리를 거느렸어요.

---

015 부여의 사회 모습 정답 ②

정답 잡는 키/워/드

쑹화강 유역을 중심으로 성장, 영고 → 부여

쑹화강 유역을 중심으로 성장하였으며, 12월에 영고라는 제천 행사를 열었다는 내용을 통해 부여에 관한 수업임을 알 수 있어요. 따라서 (가)에는 부여와 관련된 내용이 들어가면 됩니다. 부여는 연맹 왕국으로 왕권이 강하지 않았어요. 왕이 중앙을 다스리고 가(加), 대사, 사자 등의 관직이 있었어요. ② 여러 가는 별도로 사출도를 다스려 독자적인 지배력을 행사하였으며 가뭄 등 재해가 일어나면 왕에게 책임을 묻기도 하였어요. 부여에는 제천 행사인 영고와 형이 죽으면 형수를 아내로 삼는 형사취수제 풍속 외에 왕이나 지배층이 죽으면 그를 모셨던 사람을 함께 묻는 순장의 풍습이 있었어요. 또한, 남의 물건을 훔치면 12배로 갚게 하는 1책 12법이 있었어요.

오답 피하기

① 백제에서는 귀족들이 정사암에 모여 재상을 선출하거나 국가의 중요한 일을 논의하였어요.
③ 동예에는 읍락 간의 경계를 중시하여 경계를 침범하면 소, 말이나 노비 등으로 변상하게 하는 책화가 있었어요.
④ 고조선은 사회 질서를 유지하기 위해 범금 8조를 두었는데, 현재 3개 조항이 전해지고 있어요.
⑤ 삼한에는 제사장인 천군과 신성 지역인 소도가 존재하였는데, 소도에는 정치적 지배자의 힘이 미치지 못하였어요.

---

016 부여의 사회 모습 정답 ②

정답 잡는 키/워/드

해부루, 금와 → 부여

해부루가 왕이며, 금와를 태자로 삼았다는 내용을 통해 (가) 나라가 부여임을 알 수 있어요. 태자가 된 금와는 해부루에 이어 부여의 왕이 되었는데, 이는 고구려의 시조 이야기인 주몽 설화에 등장하는 금와왕을 말합니다. 부여는 고구려와 백제의 왕족이 그들의 기원으로 여기는 나라였어요. 부여 출신 주몽이 부여에서 나와 고구려를 세웠어요. 부여는 왕이 중앙을 다스리고, 가축의 이름을 딴 마가·우가·저가·구가 등의 여러 가(加)들이 사출도라고 불린 지역을 독자적으로 다스리는 연맹 왕국이었어요. 부여에는 왕이 죽었을 때 신하, 노비 등을 함께 묻는 순장 풍습이 있었어요. 또한, ② 12월에 수렵 사회의 전통을 이어받은 것으로 보이는 영고라는 제천 행사를 열었어요.

오답 피하기

① 고구려에는 남자가 혼인하여 여자 집 뒤꼍에 지어 놓은 서옥에서 살다가 자식이 장성하면 가족과 함께 자기 집으로 돌아가는 서옥제라는 혼인 풍습이 있었어요.
③ 백제에서는 귀족들이 정사암에 모여 국가의 중대사를 논의하고 결정하였어요.
④ 삼한 중 변한에서 철이 많이 생산되어 낙랑과 왜에 수출하였어요.
⑤ 동예의 특산물로 단궁, 과하마, 반어피가 유명하였어요.

---

017 고구려와 동예의 사회 모습 정답 ②

정답 잡는 키/워/드
- 상가·대로·고추가·사자·조의·선인 등의 벼슬, 동맹
→ (가) 고구려
- 산과 내마다 각기 구분이 있어 함부로 들어가지 않음, 무천
→ (나) 동예

상가, 대로를 비롯하여 사자, 조의, 선인 등의 벼슬이 있으며, 동맹이라는 제천 행사를 지낸다는 내용을 통해 (가) 나라는 고구려임을 알 수 있어요. (나) 나라는 산천을 중요시하여 산과 내마다 각기 구분이 있어 함부로 들어가지 않는 풍속이 있었으며, 무천이라는 제천 행사를 지낸다는 내용을 통해 동예임을 알 수 있어요. ② 고구려에는 혼인한 뒤 신랑이 신부 집 뒤편에 서옥이라는 집을 짓고 살다가 자녀가 성장하면 가족과 함께 자기 집으로 돌아가는 서옥제라는 혼인 풍습이 있었어요.

오답 피하기

① 삼한 중 변한에서는 철이 풍부하게 생산되어 낙랑과 왜에 철을 수출하였어요.
③ 고조선은 기원전 3세기에 연의 장수 진개의 공격을 받아 영토를 빼앗겼어요.
④ 부여에서는 왕이 중앙을 다스리고 마가·우가·저가·구가 등의 여러 가들이 별도로 사출도를 다스렸어요.
⑤ 신라에는 골품에 따라 관등 승진에 제한이 있는 골품제라는 신분 제도가 있었어요.

---

018 고구려의 사회 모습 정답 ①

정답 잡는 키/워/드
대가들이 사자·조의·선인을 둠, 제가 회의 → 고구려

모든 대가들이 스스로 사자, 조의, 선인을 두었으며, 제가들이 모여 회의를 하였다는 내용을 통해 밑줄 그은 '이 나라'가 고구려임을 알 수 있어요. 졸본 지역에 들어선 고구려는 5부가 연맹을 이루어 성장한 나라입니다. 지배층으로 연맹을 이끄는 왕과 여러 가들이 있었어요. 제가들은 각각 사자, 조의, 선인 등의 관리를 두었고, 나라의 중대한 일은 제가 회의를 열어 결정하였어요. ① 고구려에는 집집마다 부경이라는 작은 창고가 있어 주로 식량을 보관하는 데 사용되었어요.

오답 피하기

② 부여는 12월에 영고라는 제천 행사를 열었어요.
③ 옥저에는 여자가 어렸을 때 남자 집에서 데려다 키운 후 성인이 되면 남자가 여자 집에 예물을 주고 혼인하는 민며느리제의 혼인 풍습이 있었어요.
④ 동예에는 읍락 간의 경계를 중시하여 이를 침범하면 소나 말, 노비 등으로 물게 하는 책화 풍습이 있었어요.
⑤ 삼한에는 제사장인 천군과 신성 지역인 소도가 있었어요.

---

019 옥저와 삼한의 사회 모습 정답 ②

정답 잡는 키/워/드
- 여자가 열 살이 되기 전에 혼인을 약속하고 신랑 집에서 성장한 후 혼인함 → (가) 옥저
- 신지, 읍차, 철을 화폐로 사용 → (나) 삼한

여자가 어릴 적에 혼인을 약속하고 신랑 집에서 어른이 될 때까지 성장한 뒤 혼인하는 풍습이 있다는 내용을 통해 (가) 나라는 옥저임을 알 수 있어요. 옥

저는 지금의 함경도 지역에서 성장한 나라로, 왕이 없고 ② 읍군, 삼로라고 불린 우두머리가 각 읍락을 다스렸어요. (나) 나라는 읍의 우두머리를 신지, 읍차라 하였으며, 생산된 철을 예와 왜 등이 사간다는 내용을 통해 삼한임을 알 수 있어요. 철기 문화가 확산되면서 한반도 중남부에서는 수십 개의 소국으로 이루어진 마한, 진한, 변한이 성립되어 삼한이라는 연맹체를 이루었어요. 삼한의 여러 소국은 세력 크기에 따라 신지, 읍차라 불린 정치적 지배자가 다스렸으며, 천군이라고 불린 제사장이 있어 종교 의식을 주관하였어요.

오답 피하기

① 삼한에 신성 지역인 소도와 제사장인 천군이 있었어요.
③ 부여에서는 마가·우가·저가·구가 등이 별도로 사출도를 주관하였어요.
④ 동예의 특산물로 단궁, 과하마, 반어피 등이 유명하였어요.
⑤ 고조선은 우거왕 때 한 무제가 파견한 대규모 군대의 공격으로 멸망하였어요.

---

020 옥저의 사회 모습 정답 ②

정답 잡는 키/워/드
삼로, 뼈만 추려 온 집 식구를 하나의 곽 속에 넣어 둠 → 옥저

삼로가 읍락을 다스렸으며, 사람이 죽으면 뼈만 추려서 온 집 식구를 하나의 곽 속에 넣어 둔다는 내용을 통해 자료에 해당하는 나라가 옥저임을 알 수 있어요. 옥저는 지금의 함경도 지역에서 성장한 작은 나라였어요. 왕이 없고 세력 크기에 따라 읍군, 삼로라고 불린 지배자가 읍락을 다스렸으며, 가족 공동 무덤을 만드는 장례 풍습이 있었어요. 읍락 단위의 사회 질서를 유지한 옥저는 고대 국가로 성장하지 못하고 고구려에 복속되었어요. 한편, ② 옥저에는 신랑 집에서 신부가 될 여자아이를 데려와 키우고 성인이 되면 돌려보낸 뒤 신부 집에 예물을 주고 정식으로 혼인하는 민며느리제라는 혼인 풍습이 있었어요.

오답 피하기

① 삼한에는 신성 지역인 소도가 있었는데, 여기에는 군장의 세력이 미치지 못하였어요.
③ 고조선에는 사회 질서를 유지하기 위한 범금 8조가 있었어요. 현재 3개 조항이 전해져 당시 사회 모습을 유추할 수 있어요.
④ 부여에서는 마가, 우가, 저가, 구가 등 여러 가(加)들이 각각 사출도를 주관하였어요.
⑤ 백제에서는 귀족들이 정사암에 모여 재상을 선출하거나 국가의 중대사를 논의하였어요.

---

021 동예의 사회 모습 정답 ④

정답 잡는 키/워/드
읍군·삼로, 단궁·과하마·반어피, 책화 → 동예

읍군과 삼로라고 불린 지배자가 있고 단궁, 과하마, 반어피 등이 특산물로 유명하였으며, 책화의 풍습이 있었던 나라는 동예입니다. 고조선 멸망 이후 만주와 한반도에서는 철기 문화를 바탕으로 여러 나라가 성장하였어요. 그중 지금의 강원도 북부 동해안 지역에 자리를 잡은 동예는 일찍부터 고구려의 압박을 받아 크게 성장하지 못하고 고구려에 통합되었어요. ④ 동예는 매년 10월에 무천이라는 제천 행사를 개최하였어요.

오답 피하기

① 삼한에는 제사장인 천군과 신성 지역인 소도가 있었어요. 천군과 소도의 존재는 삼한이 제정 분리 사회였음을 보여 줍니다.
② 포상 8국의 난은 3세기에 한반도 남부 해안에 위치한 8개의 소국이 가야를 침범한 사건이에요. 공격을 받은 가야가 도움을 요청하여 신라의 내해 이사금이 군사를 보내 포상 8국의 난을 진압하였어요.
③ 김알지는 신라 왕족인 경주 김씨의 시조로, 경주 계림의 금궤에서 나왔다는 신화가 전해집니다. 김알지의 후손인 미추 이사금이 김씨로서는 최초로 신라의 왕이 되었어요.
⑤ 부여에서는 왕이 중앙을 다스리고 마가, 우가, 저가, 구가 등의 가(加)들이 별도로 사출도를 다스렸어요.

022 동예의 사회 모습 정답 ③

정답 잡는 키/워드 **무천, 단궁·과하마·반어 → 동예**

해마다 10월에 하늘에 제사를 지내는 무천이라는 행사가 있었으며 단궁, 과하마가 있고 반어가 난다는 내용을 통해 자료에 해당하는 나라가 동예임을 알 수 있어요. ③ 동예에는 읍락 간의 경계를 중시하여 경계를 침범하면 노비나 가축 등으로 변상하게 하는 책화의 풍습이 있었어요.

오답 피하기

① 삼한에는 신성 지역인 소도와 제사장인 천군이 있었어요. 소도에는 정치적 지배자의 힘이 미치지 못하였어요.
② 옥저에는 혼인을 미리 정하여 남자 집에서 여자아이를 데려와 키우고 성인이 되면 여자 집에 예물을 주고 정식으로 혼인하는 민며느리제 혼인 풍습이 있었어요.
④ 고구려에서는 제가 회의라는 귀족 회의를 통해 나라의 중대사가 결정되었어요. 백제에는 정사암 회의, 신라에는 화백 회의라는 귀족 회의가 있었어요.
⑤ 부여에서는 왕이 중앙을 다스리고, 마가·우가·저가·구가 등의 가(加)들이 별도로 사출도를 주관하였어요.

023 삼한의 사회 모습 정답 ①

정답 잡는 키/워드 **5월과 10월에 제천 행사를 지냄, 신지·읍차 → 삼한**

5월과 10월에 제천 행사를 지냈으며 신지, 읍차 등의 지배자가 있었다는 내용을 통해 (가) 나라가 삼한임을 알 수 있어요. 철기가 보급되면서 한반도 중남부에는 목지국, 사로국, 구야국 등 여러 소국으로 이루어진 마한, 진한, 변한이 성립되어 삼한이라는 연맹체를 이루었어요. 마한의 소국 가운데 목지국의 지배자가 삼한 전체를 주도하였지만, 각 소국은 독립적인 성격이 강하였던 것으로 보입니다. ① 삼한에는 소도라는 신성 지역이 있었으며, 천군이라고 불린 제사장이 제사를 주관하였어요.

오답 피하기

② 고조선은 기원전 3세기 무렵에 연의 장수 진개의 공격을 받아 서쪽의 많은 영토를 빼앗겼어요.
③ 옥저에는 혼인을 약속한 여자아이를 데려다 키우고 성인이 되면 혼인하는 민며느리제 풍습이 있었어요.
④ 부여에서는 마가, 우가, 저가, 구가 등 여러 가(加)들이 별도로 사출도를 주관하였어요.
⑤ 동예의 특산물로 단궁, 과하마, 반어피가 유명하였어요.

024 삼한의 사회 모습 정답 ①

정답 잡는 키/워드 **천군과 소도, 5월과 10월에 하늘에 제사를 지냄 → 삼한**

제사장인 천군과 신성 지역인 소도가 존재하였으며, 5월과 10월에 하늘에 제사를 지내는 풍습이 있었다는 내용을 통해 밑줄 그은 '이 나라'가 삼한임을 알 수 있어요. 철기 문화를 배경으로 한반도 중남부에서는 수십 개의 소국으로 이루어진 마한, 진한, 변한이 성립되어 삼한이라는 연맹체를 이루었어요. ① 삼한의 여러 소국은 세력 크기에 따라 신지, 읍차라고 불린 정치적 지배자가 다스렸어요.

오답 피하기

② 고구려에는 신랑이 신부의 집 뒤편에 서옥이라는 집을 짓고 살다가 자식이 장성하면 가족과 함께 자기 집으로 돌아가는 서옥제라는 혼인 풍습이 있었어요.
③ 부여에서는 왕이 중앙을 다스리고, 마가·우가·저가·구가 등의 여러 가들이 별도로 사출도를 주관하였어요.
④ 부여에는 남의 물건을 훔치면 12배로 갚게 하는 1책 12법이 있었어요.
⑤ 동예에는 부족 간의 경계를 중시하여 다른 부족의 영역을 함부로 침범하면 노비나 소·말 등으로 변상하게 하는 책화의 풍습이 있었어요.

본문 018~023쪽

1 고구려, 가야

025 ③	026 ③	027 ③	028 ①	029 ①	030 ⑤
031 ⑤	032 ④	033 ④	034 ①	035 ④	036 ②
037 ③	038 ①	039 ④	040 ④	041 ⑤	042 ④
043 ⑤	044 ①	045 ①	046 ⑤	047 ①	048 ⑤

025 고구려 정답 ③

정답 잡는 키/워드 **경당, 제가 회의 → 고구려**

경당을 설치하였으며 제가 회의에서 국가 중대사를 결정하였다는 내용을 통해 (가)에는 고구려와 관련된 내용이 들어가야 함을 알 수 있어요. 안악 3호분은 북한 황해남도에 있는 고구려의 고분이에요. 무덤 주인공의 초상화와 당시 생활 풍속을 그린 벽화들이 많이 남아 있어 이를 통해 당시의 생활 모습을 짐작할 수 있어요. ③ 고구려 고국천왕은 을파소의 건의를 받아들여 빈민을 구제하기 위해 진대법을 실시하였어요.

오답 피하기

① 고조선은 기원전 3세기 무렵에 연의 장수 진개의 공격을 받아 영토를 빼앗겼어요.
② 신라에는 골품제라는 신분 제도가 있어 골품에 따라 관등 승진에 제한을 두었어요.
④ 고조선에는 사회 질서를 유지하기 위한 범금 8조가 있었어요.
⑤ 백제에서는 왕족인 부여씨와 8성의 귀족이 지배층을 이루었어요.

026 소수림왕 시기의 사실 정답 ③

정답 잡는 키/워드 **전진에서 승려 순도 파견, 태학 설립 → 고구려, 4세기 소수림왕**

전진의 승려 순도가 들어와 불교를 전하였고, 태학이 설립되었다는 내용을 통해 자료의 사실은 4세기 고구려 소수림왕 때임을 알 수 있어요. 고구려에서는 고국원왕이 백제 근초고왕의 공격으로 전사한 뒤 소수림왕이 즉위하여 여러 개혁 정책을 통해 고구려의 위기를 극복하고자 하였어요. 372년 전진에서 온 승려 순도를 통해 불교를 받아들였고, 태학을 설립하여 인재를 양성하였으며, 율령을 반포하였어요. 이러한 소수림왕의 체제 정비를 바탕으로 광개토 태왕은 활발하게 대외 진출을 펼쳤으며, 그 뒤를 이은 장수왕은 평양으로 천도하고 남진 정책을 본격적으로 추진하였어요.
따라서 고구려의 불교 수용과 태학 설립이 있었던 시기는 고국원왕 전사와 장수왕의 평양 천도 사이인 ③ (다)입니다.

027 백제의 평양성 공격 이후의 사실 정답 ③

정답 잡는 키/워드 **백제 왕이 평양성을 공격하여 왕이 전사함 → 백제 근초고왕의 평양성 공격(4세기 후반)**

백제 왕이 평양성을 공격하여 왕이 세상을 떠났다는 내용을 통해 백제 근초고왕이 고구려의 평양성을 공격한 4세기 후반의 상황임을 알 수 있어요. 고구려는 4세기에 중국 전연의 침략을 받았으며 백제 근초고왕의 공격으로 고국원왕이 전사하는 등 국가적 위기를 겪었어요. 고국원왕의 뒤를 이어 즉위한 ③ 소수림왕은 불교를 공인하고 율령을 반포하는 등 체제 정비에 힘써 중앙 집권 체제를 확립하였어요.

028 소수림왕의 업적   정답 ①

정답 잡는 키/워/드
고국원왕의 아들,
진 왕이 승려 순도를 보내 불상과 경문을 줌 → 소수림왕

고국원왕의 아들이며, 진 왕 부견이 승려 순도를 통해 불상과 경문을 보내오자 답례로 방물을 바쳤다는 내용을 통해 밑줄 그은 '왕'이 고구려 소수림왕임을 알 수 있어요. 4세기 후반 백제와의 전쟁에서 고국원왕이 전사하는 등 국가적 위기 상황에서 즉위한 소수림왕은 ① 인재 양성을 위해 국립 교육 기관으로 태학을 설립하였어요. 그리고 율령을 반포하여 국가 운영의 기준을 마련하였으며, 불교를 받아들여 다양한 사상과 신앙을 통합하였습니다. 소수림왕 때의 이러한 체제 정비를 바탕으로 고구려는 광개토 태왕과 그 아들 장수왕 시기에 전성기를 이루었어요.

오답 피하기
② 장수왕은 국내성에서 대동강 유역의 평양으로 도읍을 옮기고 남진 정책을 본격화하였어요.
③ 미천왕은 서안평을 점령하여 영토를 확장하고, 낙랑군과 대방군을 축출하였어요.
④ 광개토 태왕은 '영락'이라는 독자적인 연호를 사용하였어요.
⑤ 고국천왕은 을파소를 등용하고 빈민 구제를 위해 진대법을 시행하였어요.

029 광개토 태왕의 정책   정답 ①

정답 잡는 키/워/드
고구려, 신라에 침입한 왜 격퇴, 후연 공격 → 광개토 태왕

고구려의 왕으로 신라에 침입한 왜를 격퇴하였으며, 후연을 공격하였다는 내용을 통해 검색창에 들어갈 왕이 광개토 태왕임을 알 수 있어요. 광개토 태왕은 ① '영락'이라는 독자적인 연호를 사용하였으며, 안정된 왕권을 바탕으로 영토 확장에 적극적으로 나섰어요. 백제를 공격하여 한강 이북 지역을 차지하였고, 신라 내물 마립간의 요청에 따라 5만 명의 군사를 보내 신라에 침입한 왜를 격퇴하고 한반도 남부 지역까지 영향력을 넓혔습니다. 또한, 북쪽으로 후연과 거란을 격파하여 요동과 만주 일대를 장악하였어요.

오답 피하기
② 소수림왕은 수도에 국립 교육 기관인 태학을 설립하여 인재를 양성하였어요.
③ 미천왕은 낙랑군과 대방군을 축출하여 영토를 확장하였어요.
④ 고국천왕은 을파소를 등용하고 빈민 구제를 위해 진대법을 시행하였어요.
⑤ 영류왕은 당의 침입에 대비하여 부여성에서 비사성에 이르는 지역에 천리장성을 축조하기 시작하였어요. 천리장성은 보장왕 때 완성되었어요.

030 광개토 태왕의 정책   정답 ⑤

정답 잡는 키/워/드
영락 대왕 → 광개토 태왕

제시된 비석은 광개토 태왕릉비입니다. 비문 중 칭호를 영락 대왕이라 하였다는 내용을 통해 밑줄 그은 '왕'이 고구려 광개토 태왕임을 알 수 있어요. 광개토 태왕은 북쪽으로는 거란과 후연을 공격하여 요동과 만주 지역 일대를 장악하였으며, 백제를 공격하여 한강 이북 지역까지 영토를 넓혔어요. 또한, 왜의 침입을 받아 고구려에 지원을 요청한 ⑤ 신라에 군대를 파견하여 왜를 격퇴하였어요.

031 광개토 태왕 재위 시기의 사실   정답 ⑤

정답 잡는 키/워/드
왕이 군대를 보내어 신라 구원, 고구려군이 왜적 격퇴
→ 광개토 태왕이 신라를 도와 왜 격퇴

왕이 군대를 보내 신라를 구원하여 왜적을 물리쳤다는 내용을 통해 제시된 자료가 고구려 광개토 태왕이 왜적의 침입으로 위기에 빠진 신라에 군대를 보내 왜적을 토벌한 상황임을 알 수 있어요. ⑤ 이때 광개토 태왕의 군대가 가야 연맹까지 공격하여 맹주였던 금관가야의 세력이 쇠퇴하였어요. 이후 고령 지역에서 성장한 대가야로 가야 연맹의 중심지가 이동하였어요.

오답 피하기
① 백제가 멸망한 뒤 백제의 부흥 운동 세력과 이를 지원하기 위해 나선 왜의 수군이 연합하여 백강 전투에서 나·당 연합군에 맞서 싸웠으나 패배하였어요.
② 고구려가 멸망한 뒤 당은 평양에 안동도호부를 설치하여 한반도 전체에 대한 지배 야욕을 드러냈어요.
③ 백제는 고구려 장수왕의 공격으로 수도 한성을 빼앗기고 웅진으로 도읍을 옮겼어요(475). 이후 성왕 때 대외 진출에 유리한 사비(부여)로 천도하고 국호를 '남부여'라고 하였어요(538).
④ 백제 의자왕의 공격으로 위기에 빠진 신라는 김춘추를 고구려로 보내 동맹을 시도하였으나 실패하였어요. 이후 김춘추는 648년에 당으로 건너가 군사 동맹을 맺었고 이에 따라 나·당 연합군이 결성되었어요.

032 삼국의 경쟁   정답 ④

정답 잡는 키/워/드
• 비유왕과 눌지왕의 동맹 → (가) 5세기 전반 나·제 동맹
• 근초고왕이 평양성 공격 → (나) 4세기 후반
• 광개토 태왕이 신라 지원 → (다) 4세기 말~5세기 초

고구려는 4세기 후반에 (나) 백제 근초고왕의 공격을 받아 고국원왕이 전사하는 국가적 위기를 맞았어요. 이러한 위기 상황에서 즉위한 소수림왕은 불교 수용, 태학 설립, 율령 반포 등의 체제 정비에 적극적으로 나서 중앙 집권적 국가의 기틀을 마련하였어요. 광개토 태왕은 이러한 체제 정비를 발판으로 삼아 영토 확장에 적극적으로 나서 국력을 확대하였으며, (다) 신라의 요청에 따라 군대를 보내 신라에 침입한 왜를 물리쳤어요. 이후 광개토 태왕의 뒤를 이은 장수왕이 평양으로 천도하고 남진 정책을 추진하자 (가) 신라와 백제는 동맹을 맺어 고구려의 위협에 공동 대응하였어요(나·제 동맹).
따라서 옳은 순서는 ④ (나)-(다)-(가)입니다.

033 장수왕의 정책   정답 ④

정답 잡는 키/워/드
광개토 태왕의 뒤를 이어 즉위, 평양 천도 → 장수왕

광개토 태왕의 뒤를 이어 즉위하였으며, 국내성에서 평양으로 천도하였다는 검색 결과를 통해 검색창에 들어갈 왕이 고구려 장수왕임을 알 수 있어요. 장수왕은 국내성을 기반으로 한 귀족 세력을 약화하고 왕권을 강화하기 위해 평양으로 천도하였어요. 이후 본격적으로 남진 정책을 추진하고 ④ 백제의 한성을 공격하여 개로왕을 전사시켰어요.

① 영양왕 때 을지문덕이 이끄는 고구려군이 살수에서 수의 별동대를 크게 물리쳤어요(살수 대첩, 612).
② 미천왕은 서안평을 공격하여 영토를 확장하였어요.
③ 소수림왕은 전진의 순도를 통해 불교를 받아들였어요.
⑤ 영류왕 때 당의 침략에 대비해 천리장성을 축조하기 시작하여 보장왕 때 완성하였어요.

034 장수왕의 정책　　　　정답 ①

정답 잡는 키/워/드　　**북위에 사신 파견, 백제 도성 함락 → 장수왕**

북위에 사신을 파견하고, 백제 도성을 함락하였다는 내용을 통해 검색창에 들어갈 고구려의 왕이 장수왕임을 알 수 있어요. 장수왕은 중국이 남북조로 분열된 틈을 이용해 남조와 북조 모두와 외교 관계를 맺으며 중국과의 관계에서 안정을 꾀하였어요. 또한, ① 국내성의 귀족 세력을 약화하고 왕권을 강화하기 위해 427년에 도읍을 국내성에서 대동강 유역의 평양으로 옮기고 남진 정책을 본격적으로 추진하였어요. 475년에는 백제를 공격하여 도읍 한성을 함락하였어요.

② 미천왕은 낙랑군을 몰아내고 영토를 확장하였어요.
③ 고국천왕은 빈민을 구제하기 위해 을파소의 건의로 백성에게 곡식을 빌려주는 진대법을 실시하였어요.
④ 광개토 태왕은 '영락'이라는 독자적 연호를 사용하였어요.
⑤ 소수림왕은 전진에서 온 승려 순도를 통해 불교를 받아들였어요.

035 삼국의 경쟁　　　　정답 ④

정답 잡는 키/워/드
• 온달이 신라가 빼앗아 간 한강 이북 땅을 되찾고자 출군 명령을 요청함 → (가) 6세기
• 백제가 평양성을 공격해 왔을 때 화살을 맞아 고구려 왕이 전사함 → (나) 4세기 후반
• 왕이 백제를 공격하여 한성을 함락함 → (다) 5세기

(가)는 장수 온달이 신라가 빼앗아 간 한강 이북 땅을 되찾겠다며 왕에게 군사를 청하는 내용으로 보아 6세기 고구려의 신라 공격 상황임을 알 수 있어요. 신라는 6세기 진흥왕 때 한강 유역을 차지하였어요. 이후 고구려 영양왕 때 온달은 신라에 빼앗긴 한강 유역을 되찾기 위해 출정하였다가 아차성(아단성) 전투에서 전사하였다고 전해집니다(590). (나)는 백제 왕이 평양성을 공격해 왔을 때 고구려 왕이 전사하였다는 내용을 통해 4세기 후반 근초고왕의 평양성 공격 상황임을 알 수 있어요. 이때 백제군을 맞아 싸우던 고구려 고국원왕이 화살에 맞아 전사하였어요(371). (다)는 왕이 병력을 거느리고 백제를 침략하여 한성을 함락하고 백제 왕을 죽였다는 내용을 통해 5세기 고구려 장수왕의 한성 함락 상황임을 알 수 있어요. 장수왕은 백제의 한성을 함락하고 한강 유역을 차지하였어요. 이때 백제 개로왕이 살해되었어요(475).
따라서 옳은 순서는 ④ (나)-(다)-(가)입니다.

036 고구려의 대외 정책　　　　정답 ②

정답 잡는 키/워/드
• 고구려 왕 거련이 한성 포위, 고구려 군사가 왕을 해침 → (가) 장수왕의 한성 함락(475)
• 안시성 공격 → (나) 고구려와 당의 안시성 전투(645)

(가)는 고구려 왕이 한성을 포위하였고 고구려 병사가 왕을 해쳤다는 내용을 통해 475년에 장수왕이 백제의 수도 한성을 함락한 상황임을 알 수 있어요.

(나)는 안시성을 함락하기 위해 토산을 쌓았으나 결국 함락시키지 못하였다는 내용을 통해 645년에 고구려와 당이 벌인 안시성 전투 상황임을 알 수 있어요. ② 7세기 초 을지문덕은 우중문이 이끄는 수의 별동대를 살수에서 크게 물리쳤어요(살수 대첩, 612).

① 4세기 초에 미천왕은 서안평을 점령하여 영토를 확장하였어요.
③ 4세기 후반에 고국원왕은 백제 근초고왕의 평양성 공격으로 전사하였어요.
④ 3세기 동천왕 때 고구려는 위의 장수 관구검이 이끄는 군대의 공격을 받아 환도성이 함락되는 등의 위기를 맞았어요.
⑤ 4세기 말에 광개토 태왕은 군대를 보내 신라에 침입한 왜를 격퇴하였어요(400).

037 수·당의 침략과 고구려의 항쟁　　　　정답 ③

정답 잡는 키/워/드
• 을지문덕이 우중문에게 시를 보냄 → (가) 살수 대첩(612)
• 안시성이 함락되지 않음 → (나) 안시성 전투(645)

(가)는 을지문덕이 우중문에게 시를 보낸 것으로 보아 612년에 있었던 살수 대첩과 관련된 자료임을 알 수 있어요. 중국을 통일한 수는 대군을 동원하여 고구려를 공격하였어요. 고구려의 항전에 막혀 별다른 성과를 내지 못하는 상황에서 수는 우중문과 우문술이 지휘하는 별동대를 구성하여 평양성을 바로 공격하려 하였어요. 을지문덕은 유도 작전을 펴 수의 군대를 유인하였고, 마침내 살수에서 크게 물리쳤어요. (나)는 안시성 사람들이 항전하여 함락되지 않았다는 내용을 통해 645년에 일어난 안시성 전투 상황임을 알 수 있어요. 수가 멸망한 후 들어선 당은 주변국을 제압하며 팽창하였어요. 이 과정에서 고구려를 압박하면서 공격할 기회를 엿보던 당은 ③ 642년에 연개소문이 영류왕을 제거하고 보장왕을 왕위에 올리는 정변을 일으켜 권력을 장악하자 이를 빌미로 고구려를 침공하였어요. 645년에 당 태종은 직접 군대를 이끌고 고구려의 요동성, 백암성을 차례로 무너뜨렸지만, 안시성 전투에서 고구려 군민의 거센 저항에 부딪혀 함락에 실패하고 물러났어요.

① 3세기 동천왕 때 고구려는 위의 장수 관구검의 공격을 받아 환도성이 함락되었어요.
② 660년 계백이 이끄는 백제군이 황산벌에서 신라군에 항전하였으나 패배하였어요. 이후 나·당 연합군의 공격으로 사비성이 함락되면서 백제가 멸망하였어요.
④ 400년에 광개토 태왕은 신라의 요청을 받아 군대를 파견하여 신라에 침입한 왜를 격퇴하였어요.
⑤ 4세기 초에 미천왕은 낙랑군과 대방군을 축출하여 영토를 확장하였어요.

038 연개소문의 활동　　　　정답 ①

정답 잡는 키/워/드　　**영류왕 시해, 대막리지가 되어 권력 장악 → 연개소문**

영류왕을 시해하고 대막리지가 되어 권력을 장악하였다는 내용을 통해 (가) 인물이 고구려의 연개소문임을 알 수 있어요. 중국에서 수가 멸망하고 들어선 당이 대외 팽창 정책을 추진하자 고구려도 위협을 느꼈어요. 고구려의 영류왕은 당의 침입에 대비해 천리장성 축조를 추진하여 ① 연개소문을 축조 공사의 최고 감독자로 파견하였는데, 공사가 진행되는 가운데 연개소문의 영향력이 커졌어요. 이에 왕과 여러 대신이 연개소문을 제거하려 하자 이를 눈치챈 연개소문이 정변을 일으켜 영류왕을 시해하고 왕의 조카를 새 왕(보장왕)으로 세운 뒤 스스로 대막리지가 되어 권력을 장악하였어요.

② 을지문덕이 살수에서 수의 군대를 막아 냈어요(살수 대첩, 612).
③ 발해 무왕 때 장문휴가 당의 등주를 선제공격하여 당군을 격파하였어요.
④ 김유신이 이끈 신라군이 황산벌 전투에서 계백이 이끄는 백제군을 물리쳤어요.
⑤ 고구려 멸망 후 검모잠이 안승을 왕으로 추대하고 부흥 운동을 전개하였어요.

039 고구려의 대당 항쟁

정답 ④

> **정답 잡는 키/워/드**
> 당의 황제가 직접 대군을 이끌고 백암성 침입,
> 백암성 뒤에 안시성이 버티고 있었음
> → 백암성 전투(안시성 전투 직전)

밑줄 그은 '전투'는 645년에 당의 황제가 직접 대군을 이끌고 백암성에 침입하여 고구려군과 벌인 백암성 전투를 말합니다. 당군은 백암성을 무너뜨리고 이어 안시성 공격에 나섰습니다. 642년에 고구려에서는 연개소문이 영류왕을 제거하고 보장왕을 세우는 정변을 일으킨 뒤 자신은 스스로 대막리지에 올라 권력을 장악하였어요. 연개소문이 당에 강경책을 펴자 대외 팽창 정책을 추진하며 침략의 기회를 엿보고 있던 당 태종은 연개소문의 정변을 구실 삼아 고구려를 침공하였어요. 당 태종은 직접 대군을 이끌고 고구려의 요동성, 백암성을 차례로 무너뜨렸지만, 안시성 전투에서 고구려 관민의 거센 저항에 부딪혀 함락에 실패하고 물러났어요. 한편, 고구려가 당의 침략에 맞서는 동안 신라는 백제의 공격으로 위기에 처하자 당과 동맹을 맺어 나·당 연합군을 결성하였어요(648). 나·당 연합군은 660년에 백제를 멸망시킨 뒤 668년에 고구려를 공격하여 멸망시켰어요.
따라서 백암성 전투가 벌어진 시기는 고구려 보장왕 즉위와 고구려 멸망 사이인 ④ (라)입니다.

040 고구려 부흥 운동

정답 ④

> **정답 잡는 키/워/드**
> 검모잠, 안순(안승) → 고구려 부흥 운동

백제 멸망(660) 이후 당은 신라의 지원을 받으면서 고구려의 평양성을 직접 공격하였어요. 고구려는 한동안 이를 잘 막아 냈지만, 연개소문이 죽은 뒤 그 아들들 사이에 권력 다툼이 일어나 지배층이 분열하여 혼란에 빠졌어요. 이를 틈타 나·당 연합군이 총공세에 나서 평양성이 함락되고 결국 고구려가 멸망하였어요(668). 이어 당이 안동도호부를 설치하여 고구려의 옛 땅을 차지하고 다스리자, 안승과 검모잠 등이 고구려 부흥 운동을 전개하였어요. 하지만 이들의 부흥 운동은 당군의 공격에 대한 대처 방안을 놓고 지도층이 분열하여 안승이 검모잠을 죽이고 신라에 항복함으로써 실패하였어요. 한편, 백제와 고구려 멸망 후 당이 한반도 전체를 지배하려는 야욕을 노골적으로 드러내자 신라는 당과의 전쟁에 나섰고, 매소성 전투(675)와 기벌포 전투(676)에서 당군을 크게 격파하였어요. 결국 당은 안동도호부를 요동으로 옮기고 한반도에서 철수하였고, 신라는 대동강 이남 지역을 차지하는 삼국 통일을 완성하였어요.
따라서 고구려 부흥 운동이 전개된 시기는 평양성 함락과 매소성 전투 사이인 ④ (라)입니다.

041 삼국 통일 과정

정답 ⑤

> **정답 잡는 키/워/드**
> • 계백이 5천 명의 결사대를 거느리고 황산으로 가서 신라군과 싸움 → (가) 황산벌 전투(660)
> • 사찬 시득이 기벌포에서 벌어진 설인귀와의 싸움에서 승리함 → (나) 기벌포 전투(676)

(가)는 계백이 결사대를 거느리고 황산으로 가서 신라군과 전투를 벌였다는 내용을 통해 백제 멸망 직전에 벌어진 황산벌 전투임을 알 수 있어요. (나)는 사찬 시득이 기벌포에서 벌어진 당의 장수 설인귀와의 싸움에서 마침내 승리하였다는 내용을 통해 나·당 전쟁 당시에 있었던 기벌포 전투임을 알 수 있어요. 신라는 기벌포 전투에서 승리하여 당군을 축출하고 삼국 통일을 완수하였어요. 따라서 백제 멸망(660) 이후 신라의 삼국 통일 과정에서 있었던

사실을 찾으면 됩니다. 신라는 당과 군사 동맹을 맺고 백제와 고구려를 차례로 멸망시켰어요. ⑤ 668년 고구려가 멸망한 이후 검모잠이 안승을 왕으로 추대하고 고구려 부흥 운동을 전개하였어요. 그러나 지도층 내에서 분열이 일어나 안승이 검모잠을 제거하고 신라에 투항하였어요. 한편, 신라는 당이 한반도 전체를 지배하려는 야욕을 드러내자 당과 전쟁을 벌였어요. 7년에 걸친 나·당 전쟁은 신라가 매소성 전투(675)와 기벌포 전투(676)에서 크게 승리하여 당군을 몰아내면서 끝이 났어요.

오답 피하기

① 삼국 통일 후 신라 신문왕 즉위 초에 진골 귀족 출신 관료이자 왕의 장인인 김흠돌이 반란을 일으켰으나 실패하고 처형되었어요(681).
② 백제 의자왕은 윤충에게 군사 1만 명을 주어 신라를 공격하게 하여 대야성을 함락하였어요(642).
③ 을지문덕은 고구려군을 이끌고 우중문이 이끄는 수의 별동대를 살수에서 크게 물리쳤어요(612).
④ 신라의 삼국 통일 이후 고구려 출신 대조영이 고구려 유민을 이끌고 지린성 동모산에서 발해를 건국하였어요(698).

042 삼국 통일 과정

정답 ④

> **정답 잡는 키/워/드**
> • 연개소문이 장을 왕으로 세우고 스스로 막리지가 됨 → (가) 연개소문의 정변(642)
> • 검모잠이 안승을 임금으로 받듦 → (나) 고구려 부흥 운동(668년 고구려 멸망 이후)

(가)는 연개소문이 왕의 조카를 왕으로 세우고 스스로 막리지가 되었다는 내용을 통해 642년에 연개소문이 정변을 일으킨 상황임을 알 수 있어요. 연개소문은 영류왕을 제거하고 왕의 조카(보장왕)를 왕위에 올린 뒤 자신은 스스로 대막리지가 되어 권력을 장악하였어요. (나)는 검모잠이 안승을 알현하고 한성으로 돌아와 임금으로 받들었다는 내용을 통해 고구려 멸망 이후 고구려 부흥 운동이 전개되는 상황임을 알 수 있어요. 백제 의자왕의 공격으로 위기에 빠진 신라는 김춘추를 고구려에 보내 도움을 요청하였으나 보장왕과 연개소문에게 거절당하였어요. 이후 ④ 김춘추는 당으로 건너가 적극적인 친당 정책을 펴고 당과 군사 동맹을 체결하였어요(648). 나·당 연합군의 공격으로 660년에 백제가 멸망하고, 668년에 고구려도 평양성이 함락되면서 멸망하였어요. 고구려 멸망 이후 검모잠은 한성(지금의 황해도 재령)에서 안승을 왕으로 추대하고 고구려 부흥 운동을 전개하였어요. 하지만 안승은 검모잠과 갈등이 생기자 그를 제거하고, 신라에 투항하여 보덕국의 왕으로 임명되었어요.

오답 피하기

① 612년에 을지문덕이 이끄는 고구려군이 살수에서 수의 군대를 크게 물리쳤어요.
② 676년에 나·당 전쟁이 치러지는 과정에서 신라의 사찬 시득이 기벌포에서 설인귀가 이끄는 당군을 격파하였어요.
③ 3세기 중반 동천왕 때 고구려는 위의 장수 관구검의 공격을 받아 환도성이 함락되었어요.
⑤ 732년에 발해 무왕은 장문휴를 보내 자사 위준이 관할하는 당의 등주를 공격하였어요.

043 금관가야

정답 ⑤

> **정답 잡는 키/워/드**
> 김해, 김수로왕이 건국했다고 전해짐 → 금관가야

김해 대성동 고분에서 관련 유물이 출토되었고 김수로왕이 건국하였다는 내용을 통해 (가) 나라가 금관가야임을 알 수 있어요. 삼한이 성장한 한반도 남부, 특히 낙동강 하류의 변한 지역에서는 철기 문화와 농경이 발달하였어요. 이를 바탕으로 여러 소국이 성장하여 김해의 금관가야를 중심으로 연맹을 이루었어요. ⑤ 금관가야는 철이 많이 생산되어 낙랑과 왜 등에 수출하였어요.

① 신라에는 골품제라는 폐쇄적인 신분 제도가 있어 골품에 따라 관등 승진에 제한이 있었어요.
② 신라의 귀족 회의인 화백 회의가 만장일치제로 운영되었어요.
③ 부여에서는 마가, 우가, 저가, 구가 등 여러 가(加)들이 사출도라고 불리는 구역을 별도로 주관하였어요.
④ 신라 초기에 박, 석, 김의 3성이 교대로 왕위를 계승하였으나, 내물 마립간 때부터 김씨가 독점적으로 왕위를 계승하였어요.

044 금관가야 정답 ①

정답 잡는 키/워/드
수로왕릉, 대성동 고분군 → 금관가야

수로왕릉과 대성동 고분군 등이 답사 대상인 것으로 보아 (가) 나라가 금관가야임을 알 수 있어요. 금관가야는 김해 지역에서 성장한 가야 연맹의 소국 중 하나로, 전기 가야 연맹의 맹주 역할을 하였어요. "삼국유사"에는 김해 구지봉에서 발견된 신비로운 여섯 알 가운데 가장 먼저 알에서 깨어난 아이가 김수로이며, 그가 금관가야를 세웠다는 신화가 전해집니다. 낙동강 하류 지역에 자리를 잡은 금관가야에서는 철이 풍부하게 생산되어 ① 덩이쇠를 화폐처럼 사용하였으며, 바다와 접해 있어 해상 교통에 유리한 점을 이용하여 낙랑과 왜에 철을 수출하기도 하였어요. 4세기 말에 고구려의 공격을 받아 국력이 약해진 금관가야는 6세기에 마지막 왕 김구해가 신라 법흥왕에게 항복하면서 신라에 복속되었어요.

② 고조선은 기원전 108년에 한 무제의 공격을 받아 멸망하였어요.
③ 옥저에는 여자가 어릴 적에 남자 쪽에서 데려와 키운 후 성인이 되면 여자 쪽에 예물을 보내고 혼인하는 민며느리제의 혼인 풍속이 있었어요.
④ 신라에는 골품에 따라 관등 승진에 제한을 둘 뿐만 아니라 일상생활도 규제하는 골품제라는 엄격한 신분 제도가 있었어요.
⑤ 고구려 고국천왕은 재상 을파소의 건의를 받아들여 빈민을 구제하기 위한 구휼책으로 진대법을 시행하였어요.

045 금관가야 정답 ①

정답 잡는 키/워/드
김해 양동리 고분군, 수로왕이 건국 → 금관가야

수로왕이 건국하였으며, 김해 양동리 고분군에서 다양한 유물이 출토되었다는 내용을 통해 (가) 나라가 금관가야임을 알 수 있어요. 지금의 김해 지역을 중심으로 성장한 금관가야는 농업이 발달하였으며 철이 풍부하게 생산되었어요. 바다와 접해 있어 해상 교통에 유리한 점을 이용하여 낙랑과 왜에 철을 수출하였습니다. 이러한 경제력을 바탕으로 금관가야는 가야 연맹을 주도하는 맹주국으로 성장하였으나, 4세기 말에 광개토 태왕이 보낸 고구려 군대의 공격을 받아 국력이 크게 쇠퇴하였어요. ① 금관가야는 마지막 왕 김구해가 신라 법흥왕에게 항복하면서 신라에 복속되었어요.

② 발해는 유학 교육 기관으로 주자감을 설치하여 인재를 양성하였어요.
③ 백제의 무령왕은 22담로에 왕족을 파견하여 지방 통제를 강화하였어요.
④ 신라는 귀족들이 모이는 화백 회의에서 국가의 중대사를 논의하였어요. 회의는 만장일치제로 운영되었어요.
⑤ 동예는 단궁, 과하마, 반어피 등의 특산물로 유명하였어요.

046 대가야 정답 ⑤

정답 잡는 키/워/드
고령 일대에 세운 나라, 지산동 고분군 → 대가야

이진아시왕이 고령 일대에 세운 나라이며 지산동 고분군이 체험 지역인 것으로 보아 (가) 나라가 대가야임을 알 수 있어요. 대가야는 고령 지역을 중심으로 성장하였으며, 지산동 고분군에서 철제 투구와 갑옷, 금동관 등의 유물이 발굴되었어요. ⑤ 금관가야를 중심으로 성장하였던 전기 가야 연맹은 4세기 말에 고구려군의 공격을 받아 쇠퇴하였고, 이후 고령의 대가야를 중심으로 후기 가야 연맹이 형성되었어요.

① 고조선은 사회 질서를 유지하기 위해 범금 8조를 두었어요. 현재 3개 조항이 전해지는데, 이를 통해 고조선의 사회 모습을 짐작할 수 있어요.
② 신라의 임신서기석은 당시 신라 청소년들이 유교 경전을 공부하였다는 사실을 보여 주는 자료입니다.
③ 고구려 멸망 후 당은 옛 고구려 땅을 지배하기 위한 기구로 평양에 안동도호부를 설치하였어요.
④ 백제의 무령왕은 지방 통제를 강화하기 위해 22담로에 왕족을 파견하였어요.

047 대가야 정답 ①

정답 잡는 키/워/드
수로왕의 형제인 이진아시왕, 고령 일대를 중심으로 나라를 세움 → 대가야

수로왕의 형제인 이진아시왕이 고령 일대를 중심으로 나라를 세웠다는 내용을 통해 (가) 나라가 대가야임을 알 수 있어요. 철기 문화가 발달하였던 한반도 남부의 변한 지역에서 여러 소국이 발전하여 가야 연맹을 형성하였어요. 전기 가야 연맹을 이끌던 금관가야가 4세기 말 광개토 태왕이 파견한 고구려 군대의 공격으로 세력이 약해지고 이후 비교적 피해가 덜했던 대가야가 후기 가야 연맹의 맹주 역할을 하였어요. 하지만 대가야는 ① 562년에 신라 진흥왕에게 복속되었어요.

② 신라는 집사부, 위화부, 병부 등 14부의 중앙 부서를 운영하였어요.
③ 고구려는 지방 장관으로 욕살, 처려근지 등을 두어 다스렸어요.
④ 부여는 마가, 우가, 저가, 구가 등의 여러 가(加)들이 별도로 사출도를 주관하였어요.
⑤ 백제에서는 왕족인 부여씨와 8성의 귀족이 지배층을 이루었어요.

048 대가야 정답 ⑤

정답 잡는 키/워/드
진흥왕이 이사부를 보내 공격하여 멸망시킴 → 대가야

진흥왕이 이사부에게 명령하여 공격하게 하였고 마침내 멸망시켰다는 내용을 통해 (가) 나라가 대가야임을 알 수 있어요. 진흥왕은 백제와 연합하여 고구려를 공격해 한강 상류 지역을 차지하고, 이후 백제를 공격해 한강 유역 전체를 차지하였어요. 남으로는 고령의 대가야를 정복하여 낙동강 유역을 차지하였습니다. 진흥왕의 명을 받아 이사부가 정벌에 나서자 화랑 사다함이 따라나서 대가야를 멸망시키는 데 큰 공을 세웠어요. ⑤ 수준 높은 철기 문화를 바탕으로 전기 가야 연맹의 맹주 역할을 한 금관가야가 광개토 태왕이 보낸 고구려군의 공격을 받아 쇠퇴한 후 고령 지역에서 성장한 대가야가 가야 연맹을 주도하였어요.

① 고구려 멸망 후 당은 옛 고구려 땅을 지배할 목적으로 평양에 안동도호부를 설치하였어요.
② 백제는 무령왕 때 지방 통제를 강화하기 위해 22담로에 왕족을 파견하였어요.
③ 발해는 문왕 때 당과 친선 관계를 맺어 당의 문물을 받아들이고 중앙 관제를 3성 6부로 정비하였어요.
④ 신라에서는 최고 지배자를 거서간 – 차차웅 – 이사금 – 마립간으로 불렀으며, 지증왕 때 최고 지배자의 칭호를 '왕'으로 정하였어요. '이가 많은 사람'이라는 의미의 이사금은 연장자 또는 지혜가 많은 사람을 뜻해요.

2 백제, 신라

049 ④	050 ④	051 ⑤	052 ②	053 ②	054 ③
055 ②	056 ④	057 ②	058 ⑤	059 ⑤	060 ②
061 ⑤	062 ②	063 ③	064 ①	065 ⑤	066 ②
067 ③	068 ①	069 ②	070 ②	071 ①	072 ③
073 ⑤	074 ②	075 ②	076 ②	077 ⑤	078 ②

049 근초고왕 정답 ④

정답 잡는 키/워/드

고구려 군사를 격퇴,
박사 고흥을 얻어 처음으로 "서기"가 있게 됨 → 근초고왕

고구려 군사를 격퇴하였으며 박사 고흥을 얻어 처음으로 "서기"가 있게 되었다는 내용을 통해 밑줄 그은 '왕'이 백제 근초고왕임을 알 수 있어요. 근초고왕은 4세기 백제의 전성기를 이끈 왕으로 마한 지역의 여러 세력을 복속시키고 남해안으로 진출하였어요. 또 북쪽으로도 진출을 도모하여 ④ 371년에 고구려의 평양성을 공격하고 고국원왕을 전사시켰어요. 한편, 고구려에 대항하기 위해 신라와 우호 관계를 맺었으며, 중국 남조의 동진과도 외교 관계를 수립하고 일본 규슈 지방과도 활발히 교류하였어요.

오답 피하기

① 무왕은 지금의 익산 지역인 금마저에 미륵사를 창건하였어요.
② 의자왕은 윤충을 보내 신라를 공격하여 전략적 요충지인 대야성을 함락하였어요.
③ 성왕은 백제의 중흥을 도모하기 위해 웅진에서 사비로 도읍을 옮기고 국호를 '남부여'로 고쳤어요.
⑤ 침류왕은 중국 동진에서 온 마라난타를 통해 불교를 수용하여 사상적 통합을 꾀하였어요.

050 5세기 고구려와 백제의 상황 정답 ④

정답 잡는 키/워/드

• 장수왕, 평양 천도 → (가) 장수왕의 평양 천도(427)
• 고구려 왕 거련의 백제 공격, 백제 함락과 경(개로왕) 피살 → (나) 장수왕의 한성 함락(475)

(가)는 고구려 장수왕의 평양 천도(427)를, (나)는 장수왕이 평양 천도 이후 백제를 공격하여 한성을 함락(475)한 사건을 보여 주는 사료입니다. 고구려 장수왕이 평양으로 천도하고 본격적인 남진 정책을 추진하자, ④ 백제 개로왕은 고구려를 견제하기 위해 중국의 북위에 군사 파견을 요청하는 국서를 보냈으나 실패하였어요. 결국 백제는 장수왕의 공격을 받아 한성이 함락되고 개로왕도 전사하였어요. 개로왕의 뒤를 이은 문주왕은 웅진(공주)으로 수도를 옮겼어요.

오답 피하기

① 광개토 태왕이 신라에 침입한 왜를 물리친 것은 장수왕 즉위 전의 일로, (가) 이전이에요. 장수왕은 광개토 태왕의 아들입니다.
② 진흥왕이 화랑도를 국가 조직으로 개편한 시기는 6세기로, (나) 이후에 해당합니다.
③ 소수림왕이 태학을 설립하고 율령을 반포한 시기는 4세기로, (가) 이전이에요.
⑤ 백제 근초고왕이 평양성을 공격하여 고국원왕을 전사시킨 것은 4세기의 일로, (가) 이전이에요.

051 삼국의 발전 정답 ⑤

정답 잡는 키/워/드

개로왕이 중국(북위)에 사신을 보내 표를 올림,
고구려가 점점 강성해져 침략하고 위협함 → 5세기

백제의 개로왕이 고구려의 침략과 위협에 대응하여 중국에 군대를 요청하는 표를 보낸 것으로 보아 5세기 후반의 상황임을 알 수 있어요. ⑤ 427년에 고구려 장수왕은 국내성에서 평양으로 천도하고 본격적으로 남진 정책을 추진하였어요. 이에 위협을 느낀 백제 개로왕은 472년에 북위에 사신을 보내고 군사를 요청하는 국서를 전달하였으나 실패하였어요. 이후 475년에 장수왕의 고구려군이 한성을 공격하여 함락하였으며, 이때 개로왕은 목숨을 잃었습니다. 개로왕의 뒤를 이어 왕위에 오른 문주왕은 위기를 수습하기 위해 수도를 웅진으로 옮겼어요.

오답 피하기

① 612년에 을지문덕이 이끄는 고구려군이 살수에서 수의 군대를 격퇴하였어요.
② 웅진으로 천도한 이후 정치적 혼란 속에서 즉위한 동성왕은 493년에 신라 이벌찬 비지의 딸과 혼인하면서 나·제 동맹을 강화하였어요.
③ 백제 성왕은 신라에 한강 하류 지역을 빼앗긴 뒤 554년에 신라 공격에 나섰다가 관산성 전투에서 전사하였어요.
④ 660년에 계백의 결사대가 황산벌에서 신라군에 맞서 싸웠으나 패배하고 이어 사비성이 함락되면서 백제는 멸망하였어요.

052 삼국의 경쟁 정답 ②

정답 잡는 키/워/드

• 백제 왕이 고구려의 평양성을 공격하여 고구려 왕 사유가 죽음 → (가) 4세기 후반
• 신라 왕이 이사부를 보내 백제와 고구려의 두 성을 빼앗음 → (나) 6세기 중반

(가)는 백제 왕이 고구려의 평양성을 공격하여 고구려 왕이 죽었다는 내용을 통해 백제 근초고왕이 고구려를 공격한 4세기 후반의 상황임을 알 수 있어요. 백제 근초고왕은 371년 평양성 전투에서 고구려의 고국원왕을 전사시키고 황해도 일부 지역을 차지하였어요. (나)는 백제와 고구려가 서로 공격하는 틈을 타서 신라 왕이 이사부를 보내 두 성을 빼앗았다는 내용을 통해 6세기 중반 진흥왕 때의 상황임을 알 수 있어요. 진흥왕은 백제와 고구려가 서로 싸워 상대 지역에 속한 도살성과 금현성을 각각 점령하자, 양국의 군대가 지친 틈을 타 이사부를 보내 두 성을 빼앗았어요(550). 이후 백제 성왕과 연합하여 고구려를 공격해 한강 상류 지역을 차지한 진흥왕은 곧이어 백제를 공격해 한강 하류 지역까지 차지하였어요. 그 뒤 신라와 백제의 관계는 악화되었어요. ② 고구려 장수왕은 427년에 국내성에서 평양으로 천도하고 남진 정책을 본격화하였어요.

오답 피하기

① 신라는 당과 연합하여 백제와 고구려를 차례로 정복하였어요. 그러나 당이 한반도 전체를 지배하려고 하자 나·당 전쟁을 벌였어요. 신라는 676년에 기벌포 전투에서 당군을 격퇴하면서 삼국 통일을 완수하였어요.
③ 백제의 계백이 이끈 결사대는 660년에 황산벌에서 신라군에 맞서 싸웠으나 패배하였어요. 이후 백제는 나·당 연합군에 의해 사비성이 함락되면서 멸망하였어요.
④ 고구려의 연개소문은 642년에 정변을 일으켜 영류왕을 제거한 후 보장왕을 왕위에 올리고 권력을 장악하였어요.
⑤ 신라의 김춘추는 642년 백제의 공격에 맞서기 위해 고구려에 동맹을 요청하였다가 거절당하였어요. 이후 648년에 당으로 건너가 군사 동맹을 체결하였어요.

053 나·제 동맹 정답 ②

정답 잡는 키/워/드

백제 동성왕이 사신을 보내 혼인을 청함,
마립간이 이벌찬 비지의 딸을 백제에 보냄
→ 신라와 백제의 혼인 동맹(493)

백제 동성왕이 사신을 보내 혼인을 청하자 신라 마립간이 이벌찬 비지의 딸을 보낸다는 내용을 통해 고구려가 한성을 함락(475)한 이후 백제와 신라의 혼인 동맹 상황임을 알 수 있어요. 고구려 장수왕이 427년에 평양으로 수도

를 옮겨 남진 정책을 본격화하자 이에 대응하여 백제의 비유왕과 신라의 눌지 마립간이 동맹을 맺었어요(나·제 동맹, 433). 백제와 신라의 동맹에도 불구하고 고구려의 남진 정책은 계속되었고, ② 475년에 고구려 장수왕이 백제를 공격하여 수도 한성을 함락하자 백제는 웅진으로 천도하였어요. 493년에 백제의 동성왕이 고구려의 군사적 위협에 대응하기 위해 신라에 왕실 간 혼인을 청하여 성사됨으로써 나·제 동맹이 강화되었어요.

오답 피하기
① 6세기에 신라 법흥왕은 금관가야를 병합하여 영토를 확대하였어요(532).
③ 7세기 중반 신라 선덕 여왕 때 상대등 비담이 염종 등과 함께 반란을 일으키자 김유신이 이를 진압하였어요(647).
④ 6세기에 신라가 한강 유역을 차지한 뒤 고구려 영양왕은 빼앗긴 한강 유역을 되찾기 위해 온달을 보내 아단성(아차성)을 공격하였어요(590).
⑤ 신라의 김춘추는 648년에 당으로 건너가 군사 동맹을 성사시켰어요.

054 무령왕의 정책
정답 잡는 키/워/드
양나라에 국서를 보냄, 중국 남조의 영향을 받아 벽돌로 축조한 무덤의 주인 → 무령왕

양나라에 국서를 보냈으며, 중국 남조의 영향을 받아 벽돌로 축조된 무덤의 주인이라는 내용을 통해 (가) 왕이 백제 무령왕임을 알 수 있어요. 무령왕은 웅진으로 천도한 이후, 즉 웅진 시기에 즉위하여 백제 중흥의 발판을 마련하였어요. ③ 무령왕은 지방 통제를 강화하기 위해 22담로에 왕족을 파견하였어요. 백성의 생활을 안정시키기 위해 수리 시설을 정비하고 확충하는 데 힘썼어요. 대외적으로는 북방 정책을 추진하여 고구려를 여러 차례 격파하였고, 중국 남조의 양과 관계를 강화하는 외교 정책을 펼쳤어요.

오답 피하기
① 무왕은 익산에 미륵사를 창건하였어요.
② 성왕은 왕권과 국력 강화를 위해 사비로 천도하고 국호를 '남부여'로 바꾸어 부여 계승 의식을 강조하였어요.
④ 근초고왕은 고구려의 평양성을 공격하여 고국원왕을 전사시켰어요.
⑤ 침류왕은 중국 동진에서 온 마라난타를 통해 불교를 수용하여 사상적 통합을 꾀하였어요.

055 무령왕 재위 시기의 사실
정답 잡는 키/워/드
22담로에 왕족 파견, 피장자와 축조 연대가 확인된 유일한 백제 왕릉 → 무령왕

백제 제25대 왕이며 22담로에 왕족을 파견하였다는 내용을 통해 (가) 왕이 백제 무령왕임을 알 수 있어요. 무령왕릉은 백제의 왕릉 가운데 유일하게 주인이 확인된 무덤으로, 무덤에서 '영동대장군 백제 사마왕'이라고 기록된 지석이 발견됨에 따라 무령왕의 무덤이라는 사실이 밝혀졌어요. '사마'는 무령왕의 이름이에요. 고구려의 공격을 받아 한성이 함락된 뒤 웅진으로 천도한 백제는 국력 회복을 위해 노력하였어요. 동성왕은 고구려를 견제할 목적으로 왕실 간 혼인을 통해 신라와의 동맹을 강화하였고, 6세기 무령왕은 ② 중국 남조의 양, 왜 등과 외교 관계를 강화하였어요. 무령왕릉은 중국 남조의 영향을 받은 벽돌무덤으로, 이를 통해 백제가 중국 남조와 교류하였음을 짐작할 수 있어요.

오답 피하기
① 무왕은 익산에 미륵사를 창건하였어요.
③ 근초고왕은 고흥에게 역사서인 "서기"를 편찬하게 하였어요.
④ 침류왕은 동진에서 온 마라난타를 통해 불교를 수용하였어요.
⑤ 성왕은 웅진에서 사비로 천도하고 국호를 '남부여'로 바꾸었으며, 중앙과 지방 통치 조직을 재정비하였어요.

056 백제의 발전과 시련
정답 ④
정답 잡는 키/워/드
• 문주(왕), 웅진 천도 → (가) 백제의 웅진 천도(475)
• 왕이 신라를 습격하고자 나섰으나 신라 복병을 만나 전사함 → (나) 백제 성왕의 전사(554)

(가)는 고구려의 공격으로 왕이 죽고 문주가 왕위에 올라 웅진으로 도읍을 옮겼다는 내용을 통해 백제가 수도 한성을 빼앗기고 웅진으로 천도한 5세기 후반 상황임을 알 수 있어요. (나)는 왕이 신라를 습격하고자 나섰지만 구천에 이르러 신라 복병을 만나 살해되었다는 내용을 통해 6세기 중반에 백제 성왕이 신라와의 싸움에서 전사한 상황임을 알 수 있어요. 백제가 웅진으로 천도한 후 동성왕은 신라 왕실과 결혼을 통해 동맹을 강화하였고, ④ 무령왕은 22담로에 왕족을 파견하여 지방 통제를 강화하는 등 백제 중흥을 위해 노력하였어요. 이후 성왕이 즉위하여 사비로 천도하고 국호를 '남부여'로 바꾸었으며 중앙 정치 조직을 정비하는 등 중흥을 위한 노력을 이어 갔어요. 성왕은 신라와 연합하여 고구려에 빼앗겼던 한강 유역을 되찾았지만, 신라 진흥왕이 동맹을 깨고 한강 유역을 빼앗자 신라 공격에 나섰다가 전사하였어요.

오답 피하기
① 7세기에 무왕은 익산에 미륵사를 창건하고 석탑도 건립하였어요.
② 백제 멸망 뒤 흑치상지가 임존성에서 군사를 일으켜 백제 부흥을 내세웠어요.
③ 4세기에 침류왕은 동진에서 온 마라난타를 통해 불교를 받아들였어요.
⑤ 7세기 의자왕 때 계백이 이끄는 결사대가 황산벌에서 신라군에 맞서 싸웠으나 패배하고 사비성도 함락되어 백제가 멸망하였어요.

057 성왕의 정책
정답 ②
정답 잡는 키/워/드
신라와 연합하여 되찾은 한강 유역을 신라에 다시 빼앗김, 관산성 전투에서 전사 → 성왕

신라와 연합하여 한강 유역을 되찾았지만 신라에 다시 빼앗겼으며 결국 신라와 전쟁을 벌이다가 관산성 전투에서 전사하였다는 내용을 통해 밑줄 그은 '이 왕'이 백제 성왕임을 알 수 있어요. 무령왕의 뒤를 이어 즉위한 성왕은 ② 수도를 웅진에서 대외 진출에 유리한 사비로 옮기고 국호를 '남부여'로 고쳤으며, 중앙 관청을 22부로 확대 정비하고 지방 제도를 정비하였어요. 신라와 손을 잡은 성왕은 진흥왕과 연합하여 고구려를 공격해 한강 유역을 되찾았으나 곧이어 신라군의 기습 공격을 받아 한강 유역을 다시 빼앗겼어요. 이에 분노한 성왕은 신라 공격에 나섰다가 관산성 전투에서 전사하였어요(554).

오답 피하기
① 무왕은 지금의 익산 지역인 금마저에 미륵사를 창건하였어요.
③ 의자왕은 윤충을 보내 신라를 공격하여 전략적 요충지인 대야성을 함락하였어요.
④ 근초고왕은 고흥으로 하여금 역사서인 "서기"를 편찬하게 하였어요.
⑤ 개로왕은 고구려가 남진 정책을 추진하며 위협을 가하자 북위에 사신을 보내 고구려 공격을 요청하였어요.

058 성왕의 정책
정답 ⑤
정답 잡는 키/워/드
부여 능산리사지, 관산성에서 전사 → 성왕

백제의 마지막 수도였던 부여의 능산리에 명복을 기원하는 절이 조성되었고, 관산성에서 전사하였다는 내용을 통해 밑줄 그은 '이 왕'이 백제 성왕임을 알 수 있어요. 성왕은 도읍을 웅진(공주)에서 사비(부여)로 옮기고 부여 계승 의식을 내세우며 국호를 '남부여'로 바꾸었어요. 중앙 관청을 22부로 확대 정비하고 지방 통치 조직을 재정비하였으며, 불교를 적극적으로 장려하였어요. 또한, ⑤ 신라 진흥왕과 손을 잡고 고구려를 공격하여 한강 하류 지역을 수복하였어요. 하지만 진흥왕의 공격을 받아 한강 유역을 다시 빼앗겼어요.

① 무왕은 익산에 미륵사를 창건하고 석탑도 건립하였어요.
② 침류왕은 중국 동진에서 온 마라난타를 통해 불교를 수용하여 사상적 통합을 꾀하였어요.
③ 의자왕은 윤충을 보내 신라의 대야성을 함락하였어요.
④ 근초고왕은 고흥에게 역사서 "서기"를 편찬하게 하였어요.

059 백제의 성장과 발전

정답 ⑤

• 사비 천도, 국호를 '남부여'라고 함 → (가) 성왕(538)
• 동진에서 온 마라난타를 통해 불교를 수용함
  → (나) 침류왕(384)
• 고구려의 평양성을 공격함 → (다) 근초고왕(371)

백제는 근초고왕 때인 371년에 (다) 고구려의 평양성을 공격하여 황해도 일부를 차지하는 등 전성기를 형성하였어요. 침류왕 때인 384년에 (나) 중국 동진에서 온 승려 마라난타를 통해 불교를 수용하여 사상적 통합을 꾀하였어요. 고구려 장수왕의 공격을 받아 웅진으로 천도하였지만 백제는 중흥을 위해 노력하였어요. 무령왕의 뒤를 이어 왕위에 오른 성왕은 538년에 (가) 웅진에서 사비로 도읍을 옮기고, 부여 계승 의식을 내세우며 국호를 '남부여'로 바꾸었어요.
따라서 옳은 순서는 ⑤ (다)-(나)-(가)입니다.

060 의자왕 재위 시기의 사실

정답 ②

신라와 당의 군대가 연합하여 백제의 도성 격파를 계획함
→ 백제 의자왕 재위 시기

제시된 자료는 신라와 당의 군대가 연합하여 백제를 공격하려고 계획하였음을 보여 주는 것으로, 7세기 나·당 연합군의 백제 공격 상황임을 짐작할 수 있어요. 백제는 의자왕 때 나·당 연합군의 공격으로 멸망하였지요. 따라서 밑줄 그은 '이 왕'은 백제의 마지막 왕인 의자왕입니다. 의자왕은 즉위 초기에 신라를 공격하여 40여 성을 함락하였으며, ② 윤충을 보내 전략적 요충지인 대야성을 점령하였어요.

① 백제는 6세기 성왕 때 사비로 천도하고 국호를 '남부여'로 바꾸었어요.
③ 고구려는 4세기 미천왕 때 낙랑군을 축출하였어요.
④ 백제와 고구려의 멸망 이후 신라는 당이 한반도 지배 야욕을 드러내자 전쟁을 벌였어요. 신라군은 매소성 전투와 기벌포 전투에서 당군을 격퇴하고 삼국 통일을 완성하였어요.
⑤ 고구려가 멸망한 이후 신라는 당의 군대를 몰아내기 위해 고구려 부흥 운동을 지원하였으며, 고구려 부흥 세력이었던 안승이 귀순하자 금마저(익산)에 머물게 하고 보덕국 왕으로 임명하였어요.

061 의자왕 재위 시기의 사실

정답 ⑤

윤충을 보내 신라의 대야성 공격, 대야성 성주 품석의 항복
→ 의자왕

장군 윤충을 보내 신라의 대야성을 공격하게 하였으며, 이때 대야성 성주 품석(김춘추의 사위)이 항복하였다는 내용을 통해 밑줄 그은 '왕'이 의자왕임을 알 수 있어요. 의자왕은 백제의 마지막 왕이었어요. 의자왕은 신라와 당의 연합군이 백제를 공격하자 ⑤ 계백의 결사대를 보내 신라군에 맞서 싸우게 하였으나 패하였어요(황산벌 전투). 이후 수도 사비성이 함락되고 백제는 멸망하였습니다.

① 익산에 미륵사를 창건한 왕은 의자왕 직전의 무왕이에요.
② 6세기 성왕은 웅진에서 사비로 천도하고 국호를 '남부여'로 바꾸었어요.
③ 수와 외교 관계를 맺고 친선을 도모한 왕은 무왕이에요.
④ 4세기에 근초고왕이 고구려의 평양성을 공격하여 고국원왕을 전사시켰어요.

062 황산벌 전투

정답 ②

계백이 군사 5천 명을 뽑아 나·당 연합군을 막고자 함,
황산의 벌판에서 신라군과 전투를 벌임 → 황산벌 전투(660)

계백이 죽음을 각오한 군사 5천 명을 거느리고 황산으로 가서 신라군과 전투를 벌였다는 내용을 통해 백제 멸망 직전에 벌어진 황산벌 전투 상황임을 알 수 있어요. 백제 의자왕은 즉위 초 신라를 공격하여 40여 개의 성을 함락하였으며, 윤충을 보내 전략적 요충지인 신라의 대야성을 점령하였어요. 위기에 빠진 신라 김춘추는 고구려의 지원을 받고자 하였으나 실패하였고, 당으로 건너가 군사 동맹을 체결하였어요(나·당 동맹). 660년에 나·당 연합군이 백제 공격에 나섰고, 공세에 밀린 백제 의자왕은 계백이 이끄는 결사대를 보내 황산벌에서 신라군의 공격을 막게 하였으나 결국 패배하였어요. 이어 나·당 연합군에 의해 수도 사비성이 함락되면서 백제는 멸망하였습니다.
따라서 황산벌 전투가 벌어진 시기는 대야성 전투와 사비성 함락 사이인 ② (나)입니다.

063 백제 부흥 운동

정답 ③

• 유인원이 당과 신라 사람들을 보내 사비성으로 진입한 백제의 남은 적군을 쫓아냄 → (가) 백제 멸망(660) 직후
• 백강 어귀에서 왜국 군사의 배 4백 척을 불사름
  → (나) 백강 전투(663)

(가)는 660년에 나·당 연합군에 의해 사비성이 함락되고 의자왕이 항복하여 백제가 멸망한 직후의 상황이고, (나)는 663년에 일어난 백강 전투의 상황입니다. ③ 백제가 멸망한 뒤 흑치상지는 임존성에서, 복신과 도침은 부여풍을 왕으로 받들고 주류성에서 백제 부흥 운동을 전개하였어요. 부여풍이 이끈 백제 부흥군은 왜가 보낸 지원군과 함께 백강에서 나·당 연합군에 맞서 싸웠으나 패배하였어요.

① 신라의 사찬 시득은 기벌포 전투에서 당의 장수 설인귀가 이끄는 당군을 격파하였어요(676). (나) 이후의 사실이에요.
② 백제 의자왕은 윤충을 보내 신라를 공격하여 대야성을 함락하였어요(642). (가) 이전의 사실이에요.
④ 계백이 이끄는 5천 명의 백제 결사대는 황산벌에서 김유신이 이끄는 신라군에 맞서 싸웠으나 패배하였어요. 이어 사비성이 함락되고 의자왕이 항복하여 백제는 멸망하였어요. (가) 이전의 사실이에요.
⑤ 고구려 멸망 이후 고구려 부흥 운동을 전개하던 안승과 그를 따른 무리가 신라에 귀순하자, 문무왕은 안승을 금마저(익산)에 머물게 하고 674년에 보덕국 왕으로 임명하였어요. (나) 이후의 사실이에요.

064 백제의 멸망과 부흥 운동

정답 ①

• 백제의 윤충이 대야성 함락 → (가) 의자왕 재위 초기(642)
• 신라와 당의 군사들이 의자왕의 도성을 에워싸기 위해 나아감 → (나) 백제 멸망(660)
• 흑치상지, 복신 → (다) 백제 부흥 운동(백제 멸망 이후)

(가) 백제의 장군 윤충이 대야성을 공격하여 함락하였다는 내용을 통해 의자왕 재위 초기의 상황임을 알 수 있어요. 무왕의 뒤를 이어 왕위에 오른 의자왕은 즉위 초에 왕권을 강화하고 고구려와 연합해 신라를 고립시키는 데 힘썼어요. 이에 직접 군대를 거느리고 신라 공격에 나서서 40여 성을 빼앗았으며, 윤충의 군대를 보내 대야성도 함락하였어요(642).
(나) 신라와 당의 군사들이 함께 의자왕의 도성을 에워싸기 위해 나아갔다는 내용을 통해 나·당 연합군이 백제의 사비성을 공격하여 함락하는 상황임을 알 수 있어요. 나·당 연합군의 공격에 사비성이 함락되어 백제는 멸망하였어요(660).
(다) 흑치상지가 무리를 모으고 복신과 호응하였다는 내용을 통해 백제 멸망 이후 전개된 백제 부흥 운동 상황임을 알 수 있어요. 백제 멸망 이후 흑치상지, 도침, 복신 등이 백제 부흥 운동을 전개하였어요. 하지만 지도층 내부에서 분열이 생겨 백제 부흥 운동은 실패하였어요.
따라서 옳은 순서는 ① (가)-(나)-(다)입니다.

---

065 지증왕의 정책   정답 ⑤

정답 잡는 키/워/드	순장 금지, 우경 시행, '신라' 국호 제정 → 지증왕

순장을 금지하고 처음으로 우경을 하였으며, 국호를 '신라'로 삼았다는 내용을 통해 검색창에 들어갈 왕이 신라 지증왕임을 알 수 있어요. 지증왕은 왕의 칭호를 '마립간'에서 '왕'으로 바꾸었으며, 수도 금성(경주)에 시장인 동시와 ⑤ 시장을 감독하는 관청인 동시전을 설치하였어요.

오답 피하기
① 선덕 여왕은 천문 관측소인 첨성대를 세웠어요.
② 진흥왕은 고령의 대가야를 정복하여 낙동강 유역을 차지하였어요.
③ 진흥왕은 거칠부에게 역사서인 "국사"를 편찬하도록 하였어요.
④ 법흥왕은 '건원'이라는 독자적인 연호를 사용하였어요.

---

066 지증왕의 업적   정답 ②

정답 잡는 키/워/드	국호 '신라' 제정, '왕'이라는 칭호 사용 → 지증왕

신하들이 '신라'를 국호로 삼을 것을 건의하고 '신라국왕'이라는 칭호를 올리자 이를 따랐다는 내용을 통해 밑줄 그은 '왕'이 신라 지증왕임을 알 수 있어요. 지증왕은 농업 생산력을 증대하는 데 힘써 이를 위해 우경을 보급하고 수리 사업도 활발히 벌였어요. 정치 개혁에도 나서 국호를 '신라'로 정하고 최고 지배자의 칭호를 '마립간'에서 '왕'으로 바꾸었으며, 지방 행정 구역을 정비하였어요. 또한, 수도 금성(경주)에 시장인 동시와 시장 감독관청인 동시전을 설치하였어요. ② 지증왕은 이사부를 보내 지금의 울릉도 일대인 우산국을 복속시켰어요.

오답 피하기
① 법흥왕은 병부를 설치하여 군권을 장악하고 율령을 반포하여 중앙 집권 체제를 정비하였어요.
③ 진흥왕은 고령의 대가야를 병합함으로써 가야 연맹의 여러 나라를 완전히 정복하고 낙동강 유역 전체로 영토를 확장하였어요.
④ 통일 이후 즉위한 신문왕은 유학 교육 기관인 국학을 설립하여 왕권을 보좌할 인재를 양성하였어요.
⑤ 선덕 여왕은 승려 자장의 건의를 받아들여 황룡사 9층 목탑을 건립하였어요. 황룡사 9층 목탑은 몽골이 고려에 침입하였을 때 소실되었어요.

---

067 법흥왕의 정책   정답 ③

정답 잡는 키/워/드	울진 봉평리 신라비, 병부 설치, 율령 반포 → 법흥왕

울진 봉평리 신라비를 세웠으며, 병부를 설치하고 율령을 반포하였다는 내용을 통해 밑줄 그은 '이 왕'이 신라 법흥왕임을 알 수 있어요. 법흥왕은 지증왕 때의 체제 정비를 계승하여 통치 체제를 정비하였어요. 먼저 군권을 장악하기 위해 군사 업무를 담당하는 병부를 설치하였으며, 율령을 반포하고 관리의 공복을 제정하여 통치 질서를 확립하였어요. 또한, 귀족들의 반대를 물리치고 강력한 왕권을 바탕으로 ③ 이차돈의 순교를 계기로 불교를 공인하였어요. 법흥왕은 영토 확장에도 적극적으로 나서 금관가야를 병합하였어요. 왕권 강화와 영토 확장 등 신라의 국력을 신장한 법흥왕은 '건원'이라는 독자적인 연호를 사용하였어요.

오답 피하기
① 지증왕은 이사부를 보내 지금의 울릉도 일대인 우산국을 복속시켰어요.
② 신문왕은 관료전을 지급하고 녹읍을 폐지하여 귀족 세력의 경제적 기반을 약화하였어요.
④ 원성왕은 국학의 학생들을 대상으로 유교 경전의 이해 수준을 평가하여 관리 등용에 활용하는 독서삼품과를 시행하였어요.
⑤ 진흥왕은 거칠부에게 역사서인 "국사"를 편찬하게 하였어요.

---

068 법흥왕의 정책   정답 ①

정답 잡는 키/워/드	이차돈이 불법을 위해 목숨을 버림 → 법흥왕

이차돈이 불법을 위해 목숨을 버리려 한다는 말을 통해 밑줄 그은 '왕'이 신라 법흥왕임을 알 수 있어요. 제시된 장면은 법흥왕 때 이차돈의 순교와 신라의 불교 공인에 관한 것입니다. 법흥왕은 강화된 왕권을 바탕으로 불교를 공인하고 율령을 반포하였어요. 또한, ① 병부 및 상대등을 설치하는 등 정치 조직을 강화하였으며, '건원' 연호를 사용하였어요.

오답 피하기
② 백제 성왕은 중앙 관청을 22부로 확대하여 통치 체제를 재정비하였어요.
③ 신라 진흥왕은 거칠부에게 역사서인 "국사"를 편찬하게 하였어요.
④ 신라 지증왕은 이사부를 보내 우산국을 복속시켰어요.
⑤ 백제 무령왕은 지방 통제를 강화하기 위해 22담로에 왕족을 파견하였어요.

---

069 법흥왕의 정책   정답 ②

정답 잡는 키/워/드	금관국의 김구해가 항복 → 법흥왕

금관국의 김구해가 항복하였으며, 그에게 금관국을 식읍으로 삼게 하였다는 내용을 통해 밑줄 그은 '왕'이 금관가야를 병합한 신라 법흥왕임을 알 수 있어요. 법흥왕은 병부를 설치하여 군사 업무를 총괄하게 하였으며, 율령을 반포하고 공복제를 마련하여 중앙 집권적인 통치 조직을 강화하였어요. 또한, 이차돈의 순교를 계기로 불교를 공인하였으며, ② '건원'이라는 독자적인 연호를 제정하여 자주성을 드러냈어요.

오답 피하기
① 통일 후 신라 신문왕은 관료전을 지급하고 녹읍을 폐지하여 귀족의 경제 기반을 약화하였어요.
③ 백제 무령왕은 지방 통제를 강화하기 위해 22담로에 왕족을 파견하였어요.
④ 신라 원성왕은 국학생을 대상으로 유교 경전의 이해 수준을 평가하여 관리로 등용하는 독서삼품과를 시행하였어요.
⑤ 신라 선덕 여왕은 자장의 건의를 받아들여 부처의 힘으로 나라를 안정시키고 주변국을 복속시키고자 하는 염원을 담아 황룡사 9층 목탑을 건립하였어요.

---

070 진흥왕 재위 시기의 사실   정답 ②

정답 잡는 키/워/드	거칠부가 "국사" 편찬 → 진흥왕 재위 시기

거칠부가 왕의 명령에 따라 "국사"라는 역사서를 편찬하였다는 내용을 통해 밑줄 그은 '왕'이 신라 진흥왕임을 알 수 있어요. 거칠부가 문사들을 모아 편찬한 "국사"는 현재 전하지 않아 그 내용을 알 수는 없지만, 당시 진흥왕은 이러한 역사서 편찬을 통해 국력을 과시하고 왕의 권위를 높이고자 하였던 것으로 보입니다. "국사" 편찬 작업이 이루어진 진흥왕 때 신라는 활발한 정복 활동을 전개하였어요. 고구려와 백제를 차례로 공격하여 한강 유역 전체를 차지하였으며, ② 대가야를 병합하여 영토를 확장하였습니다.

오답 피하기
① 삼국 통일 이후 신문왕 때 중앙군으로 9서당이 편성되었어요.
③ 삼국 통일을 완성한 문무왕 때부터 외사정을 파견하였어요.
④ 내물 마립간 때 최고 지배자의 칭호가 '대군장'을 뜻하는 마립간으로 변경되었어요.
⑤ 지증왕 때 수도 금성에 시장인 동시가 설치되고 동시를 감독하기 위한 관청인 동시전도 설치되었어요.

071 진흥왕 재위 시기의 사실   정답 ①

정답 잡는 키/워/드
화랑 국선, 가라국(가야국) 습격 때 사다함 종군
→ 진흥왕 재위 시기

왕이 명령하여 '화랑'이라는 이름을 가진 조직이 만들어졌으며, 설원랑을 국선으로 삼았다는 첫 번째 자료의 내용을 통해 밑줄 그은 '왕'이 화랑도를 국가적인 조직으로 정비한 신라 진흥왕임을 알 수 있어요. 또 가라국, 즉 가야를 습격하여 멸망시켰으며 이때 청소년이었던 사다함이 종군하였다는 내용을 통해 두 번째 자료가 진흥왕의 대가야 정복 사실에 관한 것임을 알 수 있습니다. 지증왕, 법흥왕 때 추진된 체제 정비를 바탕으로 영토 확장에 적극 나선 진흥왕은 백제 성왕과 연합하여 고구려를 공격하고 한강 상류 지역을 차지한 뒤 다시 백제를 공격하여 한강 유역 전체를 장악하였어요. 또한, 남으로는 대가야를 정복하였어요. 진흥왕은 이러한 정복 활동뿐만 아니라 국내 정치에도 힘써 ① 거칠부에게 역사서인 "국사"를 편찬하게 하였고, 불교를 적극적으로 보호하고 황룡사 등의 사찰을 지었어요.

오답 피하기
② 헌덕왕 때 김헌창이 아버지 김주원이 왕이 되지 못한 것에 불만을 품고 웅천주에서 반란을 일으켰어요.
③ 법흥왕은 이차돈의 순교를 계기로 불교를 공인하였어요.
④ 내물 마립간 때 최고 지배자의 호칭을 마립간으로 정하였어요.
⑤ 선덕 여왕은 승려 자장의 건의를 받아들여 황룡사 9층 목탑을 건립하였어요.

072 진흥왕 재위 시기의 사실   정답 ③

정답 잡는 키/워/드
거칠부가 "국사" 편찬, 황룡사 완공 → 진흥왕

거칠부가 "국사"를 편찬하고, 황룡사를 완공하였다는 내용을 통해 검색창에 들어갈 왕이 신라 진흥왕임을 알 수 있어요. 진흥왕은 거칠부에게 역사서인 "국사"를 편찬하게 하였고, 불교 진흥에 힘써 흥륜사, 황룡사 등을 완공하였어요. 또 정복 활동에 나서 백제의 성왕과 연합하여 고구려를 공격하고 한강 상류 지역을 차지한 뒤에 백제를 공격하여 한강 유역 전체를 장악하였어요. 이어 고령의 대가야를 정복하여 낙동강 유역을 차지하고, 북쪽으로 함흥평야까지 진출하는 등 영토를 확장하였어요. 그리고 이를 기념하여 ③ 창녕, 북한산, 황초령, 마운령에 순수비를 세웠습니다.

오답 피하기
① 삼국 통일 이후 경덕왕 때 불국사 3층 석탑이 건립되었어요.
② 선덕 여왕 때 천문 관측을 위해 첨성대가 축조되었어요.
④ 법흥왕은 금관가야를 복속시켜 영토를 확대하였어요.
⑤ 지증왕은 수도 금성에 동시를 설치하고 감독관청으로 동시전을 두었어요.

073 진흥왕의 업적   정답 ⑤

정답 잡는 키/워/드
조선 후기에 김정희가 "금석과안록"에서
순수비임을 고증함 → 진흥왕

김정희가 "금석과안록"에서 순수비임을 고증하였다는 내용을 통해 밑줄 그은 '이 왕'이 신라 진흥왕임을 알 수 있어요. 진흥왕은 백제 성왕과 연합하여 고구려를 공격해 한강 상류 지역을 차지한 후 백제가 되찾은 한강 하류의 땅마저 빼앗아 한강 유역 전체를 장악하였어요. 이어서 대가야를 정복하여 낙동강 유역을 차지하고, 북쪽으로 함흥평야까지 진출하였어요. 진흥왕은 영토 확장을 기념하여 단양 적성비를 비롯해 4개의 순수비(북한산 순수비, 창녕 척경비, 황초령 순수비, 마운령 순수비)를 건립하였어요. ⑤ 진흥왕은 거칠부에게 명하여 역사서인 "국사"를 편찬하였으나, 현재 전하지 않습니다.

오답 피하기
① 신문왕은 관료전을 지급하고 녹읍을 폐지하여 귀족들의 경제 기반을 약화하였어요.
② 원성왕은 유교적 소양을 갖춘 인재를 등용하기 위해 독서삼품과를 실시하였어요.
③ 법흥왕은 불교를 공인하고 진흥시키고자 하였으나 귀족들의 반대로 뜻을 이루지 못하다가 이차돈의 순교를 계기로 불교를 공인하였어요.
④ 문무왕은 지방관을 감찰하기 위해 감찰 관리인 외사정을 파견하였어요.

074 진흥왕의 정책   정답 ②

정답 잡는 키/워/드
거칠부 등에게 "국사" 편찬을 명함 → 진흥왕

거칠부 등에게 "국사"를 편찬하도록 명하였다는 내용을 통해 밑줄 그은 '왕'이 신라 진흥왕임을 알 수 있어요. 신라는 지증왕, 법흥왕, 진흥왕으로 이어진 6세기에 비약적으로 발전하였어요. 이 중에서 진흥왕은 ② 화랑도를 국가적인 조직으로 개편하여 인재를 양성하였고, 적극적인 팽창 정책을 펼쳐 영토를 크게 확장하였어요. 한강 유역 전체를 차지하고 대가야를 정복하였으며, 함경도 지역까지 영토를 넓히기도 하였어요.

오답 피하기
① 성덕왕은 백성에게 정전을 지급하였어요.
③ 신문왕은 국학을 설립하여 유학 교육을 실시하고 이를 통해 왕권을 뒷받침할 인재를 양성하였어요.
④ 마립간은 '대군장'을 뜻하는 말이며, 4세기 내물 마립간 때부터 신라의 최고 지배자를 의미하는 칭호로 사용되었어요. 지증왕 때부터는 '왕'이 사용되었어요.
⑤ 삼국 통일을 완성한 문무왕 때부터 지방관의 비행을 감찰하기 위해 외사정을 파견하였어요.

075 삼국 통일 과정   정답 ②

정답 잡는 키/워/드
• 고구려 왕과 김춘추의 만남
→ (가) 김춘추가 고구려에 원병 요청(642)
• 관창과 계백의 싸움 → (나) 황산벌 전투(660)

(가)는 고구려 왕이 신라의 사신 김춘추에게 고구려의 옛 영토를 요구하는 내용으로 보아 김춘추가 고구려에 군사를 요청하러 갔던 상황임을 알 수 있어요. 백제의 공격으로 대야성을 빼앗긴 신라는 642년 김춘추를 고구려에 보내 동맹을 맺어 백제를 견제하려 하였으나 실패하였어요. ② 김춘추는 고구려와의 동맹 교섭이 결렬되자, 이후 당으로 건너가 당과 군사 동맹을 체결하였어요(648). (나)는 신라의 화랑 관창이 계백의 백제군 진영으로 들어가 용감하게 싸웠으나 전사하였고 이를 계기로 신라군이 결사 항전을 벌여 백제군에 승리하였다는 내용을 통해 황산벌 전투 상황임을 알 수 있어요. 백제는 황산벌 전투의 패배에 이어 사비성까지 함락되고 의자왕이 항복하면서 멸망하였어요(660).

① 고구려 멸망 이후 부흥 운동을 전개하던 안승은 신라에 귀순하여 보덕국 왕으로 임명되었어요(674). (나) 이후의 일이에요.
③ 백제 성왕은 신라와 연합하여 고구려를 공격해 한강 하류 지역을 되찾았으나 곧 이어 신라군의 기습 공격을 받아 한강 유역을 다시 빼앗겼어요. 이에 분노한 성왕이 신라 공격에 나섰다가 관산성 전투에서 전사하였어요(554). (가) 이전의 일이에요.
④ 백제 멸망 후 장수 흑치상지는 임존성에서 군사를 일으켜 백제 부흥을 꾀하였어요(660). (나) 이후의 일이에요.
⑤ 백제 부흥 운동을 전개한 부여풍은 왜의 지원군과 함께 백강에서 당군에 맞서 싸웠으나 패배하였어요(백강 전투, 663). (나) 이후의 일이에요.

076 신라의 삼국 통일 과정   정답 ②

정답 잡는 키/워/드
• 김춘추가 당에 군사 요청, 당 태종의 군사 출동 허락 → (가) 나·당 동맹(648)
• 평양성을 공격하여 보장왕을 붙잡음 → (나) 고구려 멸망(668)

(가)는 김춘추가 당에 가서 군사 요청을 하고 당 태종이 군사 출동을 허락한 것으로 보아 나·당 동맹의 체결 상황임을 알 수 있으며, (나)는 나·당 연합군의 평양성 함락을 보여 주는 자료입니다. 나·당 동맹이 성사된 것은 648년이며, 이후 660년 백제가 멸망하고 668년에 고구려의 평양성이 함락되었어요. ② 신라와 당의 연합군은 663년 백제 부흥군을 지원하기 위해 온 왜군을 백강 입구에서 격퇴하였어요.

① 당은 신라와의 전쟁(나·당 전쟁)에서 패한 후 안동도호부를 요동 지역으로 옮겼으므로 (나) 이후에 해당합니다.
③ 고구려 멸망 이후 벌어진 나·당 전쟁에서 신라가 매소성과 기벌포에서 당의 군대를 격퇴하였으므로 (나) 이후에 해당합니다.
④ 고구려 멸망 이후 나·당 전쟁 시기에 고구려 왕족 안승이 신라에 투항하여 보덕국 왕으로 임명되었으므로 (나) 이후에 해당합니다.
⑤ 고구려는 (가) 이전인 647년 당의 침입에 대비하여 부여성에서 비사성에 이르는 천리장성을 완성하였어요.

077 삼국 통일 과정   정답 ⑤

정답 잡는 키/워/드
• 나·당 연합군이 백강에서 왜의 군사 격퇴 → (가) 백강 전투(663)
• 신라군이 매소성 공격 → (나) 매소성 전투(675)

(가)는 당과 신라의 군대가 백강에서 왜의 군대를 격퇴하였다는 내용을 통해 백강 전투 당시의 상황임을 알 수 있어요. 백제 멸망 이후 백제 부흥 운동이 전개되자 왜는 백제 부흥 세력을 돕기 위한 지원군을 보냈어요. 부흥 세력과 왜의 연합군은 백강 전투(663)에서 나·당 연합군에 맞서 싸웠으나 패배하였고, 백제 부흥 운동은 실패로 끝났어요. (나)는 매소성에서 신라군이 공격하여 승리한 것으로 보아 매소성 전투 당시의 상황임을 알 수 있어요. 신라는 당과 군사 동맹을 맺고 백제와 고구려를 차례로 멸망시켰어요. 고구려 멸망 후 당이 한반도 전체를 지배하려는 야욕을 노골적으로 드러내자 신라는 당과의 전쟁에 나서 매소성 전투(675)와 기벌포 전투(676)에서 승리하고 삼국 통일을 완성하였어요. ⑤ 고구려 멸망 이후인 670년에 검모잠은 안승을 왕으로 세워 지금의 황해도 지방인 한성을 거점으로 고구려 부흥 운동을 벌였어요.

① 발해 무왕은 8세기 전반에 장문휴를 보내 당의 등주를 공격하였어요. (나) 이후의 사실이에요.

---

② 신라의 승려 원광은 7세기 초에 진평왕의 명을 받아 고구려를 공격하기 위해 수에 군사를 요청하는 걸사표를 작성하였어요. (가) 이전의 사실이에요.
③ 을지문덕이 이끄는 고구려군이 612년에 수의 군대를 살수에서 크게 물리쳤어요. (가) 이전의 사실이에요.
④ 김춘추는 백제의 공격에 맞서기 위해 고구려에 군사 지원을 요청하였다가 실패한 뒤 648년에 당으로 건너가 당과의 군사 동맹을 성사시켰어요. (가) 이전의 사실이에요.

078 삼국 통일 과정   정답 ②

정답 잡는 키/워/드
• 의자왕, 계백, 황산 → (가) 황산벌 전투(660)
• 백강, 왜의 군사 → (나) 백강 전투(663)
• 매소성, 신라군이 공격하여 패주시킴 → (다) 매소성 전투(675)
• 검모잠, 안승을 왕으로 삼음 → (라) 고구려 부흥 운동(670)

백제는 (가) 계백이 이끄는 5천 결사대가 황산벌 전투에서 신라군에 패하고 사비성이 함락되어 멸망하였어요(660). 백제 멸망 뒤에 (나) 나·당 연합군은 백제 부흥 세력 및 그들을 돕기 위해 파견된 왜의 군사와 백강에서 전투를 벌여 승리하였어요(663). 668년 나·당 연합군의 공격으로 평양성이 함락되고 고구려가 멸망하자 (라) 검모잠이 안승을 왕으로 세워 한성(지금의 황해도 재령)을 중심으로 고구려 부흥 운동을 전개하였어요(670). 한편, 고구려까지 멸망시킨 뒤 당이 한반도 전체를 차지하려는 야욕을 드러내자 신라가 당과의 전쟁에 나섰어요. 신라군은 (다) 매소성에서 당의 20만 군대와 맞서 싸워 승리하였어요(675).
따라서 옳은 순서는 ② (가)-(나)-(라)-(다)입니다.

본문 031~040쪽

3 통일 신라, 발해

079 ②	080 ②	081 ⑤	082 ④	083 ④	084 ④
085 ②	086 ④	087 ②	088 ④	089 ④	090 ②
091 ④	092 ④	093 ①	094 ④	095 ④	096 ③
097 ④	098 ②	099 ①	100 ⑤	101 ④	102 ④
103 ②	104 ③	105 ①	106 ⑤	107 ④	108 ②
109 ①	110 ④	111 ①	112 ④	113 ④	114 ⑤

079 문무왕의 업적   정답 ②

정답 잡는 키/워/드
삼국 통일의 위업 달성, 아들 신문왕, 수중릉 → 문무왕

삼국 통일의 위업을 달성하였으며, 아들 신문왕이 왕을 기리기 위해 감은사를 건립하고 왕의 무덤으로 수중릉이 조성되었다고 알려진 것으로 보아 (가) 왕이 신라 문무왕임을 알 수 있어요. 태종 무열왕의 아들로서 왕위에 오른 문무왕은 당과 연합하여 668년에 평양성을 함락하고 고구려를 멸망시켰어요. 그러나 당이 한반도 전체를 지배하려고 하자 전쟁을 벌여 당군을 한반도에서 축출하고 대동강 이남의 영토를 확보하였어요. 이로써 삼국 통일을 완성하였습니다. 한편, 문무왕은 통일 전쟁을 수행하는 가운데 국가 체제 정비에도 힘을 기울여 왕권을 강화하고 정치를 안정시켰으며, ② 지방관을 감찰하기 위해 외사정을 파견하였어요.

① 진흥왕은 화랑도를 국가적인 조직으로 개편하여 인재를 양성하였어요.
③ 법흥왕은 이차돈의 순교를 계기로 불교를 공인하였어요.
④ 원성왕은 국학 학생들의 유교 경전 이해 수준을 평가하여 관리로 등용하는 독서삼품과를 실시하였어요.
⑤ 선덕 여왕은 자장의 건의를 받아들여 부처의 힘으로 나라를 안정시키고 외적의 침입을 막는다는 염원을 담아 황룡사 9층 목탑을 건립하였어요.

080 신문왕의 정책 정답 ②

정답 잡는 키/워/드
감은사 완공, 만파식적 → 신문왕

감은사를 완공하였으며, 만파식적 설화와 관련된 (가) 왕은 통일 신라의 신문왕이에요. 삼국 통일을 완수한 문무왕의 뒤를 이어 즉위한 신문왕은 즉위 초에 일어난 김흠돌의 난을 진압하면서 진골 귀족 세력을 숙청하고 왕권을 강화하였어요. 이를 바탕으로 통치 체제를 정비하여 국학을 설치하고 왕권을 뒷받침할 인재를 양성하였어요. 또한, 9주 5소경의 지방 행정 조직을 마련하였으며, 9서당 10정의 군사 조직을 정비하였어요. 이러한 체제 정비와 동시에 신문왕은 ② 관리에게 해당 지역에서 조세만 거둘 수 있는 관료전을 지급하고, 노동력까지 징발할 수 있는 녹읍을 폐지하여 귀족의 경제적 기반을 약화하였어요.

① 진성 여왕은 위홍과 대구 화상에게 명하여 향가 모음집인 "삼대목"을 편찬하게 하였어요.
③ 진평왕은 위화부를 창설하여 관리 인사에 관한 업무를 담당하게 하였어요.
④ 법흥왕은 '건원'이라는 독자적인 연호를 사용하였어요.
⑤ 지증왕은 수도 금성에 시장인 동시를 설치하고, 동시를 감독하기 위한 관청으로 동시전을 두었어요.

081 신문왕의 정책 정답 ⑤

정답 잡는 키/워/드
만파식적 → 신문왕

만파식적 설화를 통해 밑줄 그은 '왕'이 신라 신문왕임을 알 수 있어요. 삼국 통일을 완성한 문무왕의 뒤를 이어 아들 신문왕이 즉위하였어요. 신문왕은 즉위 직후 반역을 도모한 ⑤ 김흠돌을 비롯한 진골 귀족 세력을 숙청하고 왕권을 강화하였어요. 한층 강화된 왕권을 바탕으로 통치 체제를 정비하여 국학을 설립하고 유학을 교육하여 왕권을 보좌할 실무 관료를 양성하였어요. 또한, 9주 5소경의 지방 행정 조직을 마련하였으며, 9서당 10정의 군사 조직을 정비하였어요.

① 법흥왕은 병부와 상대등을 설치하는 등 정치 조직을 정비하였어요. 병부는 군사 업무를 총괄하였고, 귀족 세력의 대표인 상대등은 화백 회의를 이끌었어요.
② 지증왕은 이사부를 보내 울릉도 일대의 우산국을 복속하였어요.
③ 내물 마립간은 김씨의 왕위 세습을 확립하였고, 최고 지배자의 칭호로 '대군장'을 뜻하는 마립간을 처음으로 사용하였어요.
④ 문무왕은 매소성 전투와 기벌포 전투에서 당의 군대를 격파하고 삼국 통일을 완성하였어요.

082 신문왕의 정책 정답 ④

정답 잡는 키/워/드
감은사 완성, 김흠돌의 난 진압 → 신문왕

감은사를 완성하였으며, 김흠돌의 난을 진압하였다는 내용을 통해 신라 신문왕에 관한 것임을 알 수 있어요. 따라서 (가)에는 신문왕이 추진한 정책이 들어가면 됩니다. 삼국 통일을 이룬 문무왕의 뒤를 이어 즉위한 신문왕은 체

제 정비와 왕권 강화에 힘썼어요. 국학을 설치하여 유교적 소양을 갖춘 인재를 양성하였으며, ④ 지방 행정 제도를 9주 5소경으로 정비하고 군사 조직을 9서당 10정으로 편성하였어요. 또 관료전을 지급하고 녹읍을 폐지하여 귀족의 경제 기반을 약화하였습니다.

① 성덕왕은 백성에게 정전을 지급하였어요.
② 법흥왕은 '건원'이라는 독자적인 연호를 사용하였어요.
③ 원성왕은 국학의 학생들을 대상으로 유교 경전의 이해 수준을 평가하여 관리로 등용하는 독서삼품과를 실시하였어요.
⑤ 지증왕은 시장인 동시를 설치하고 이를 감독하는 관청으로 동시전을 두었어요.

083 통일 신라의 체제 정비 정답 ④

정답 잡는 키/워/드
9주, 5소경 → 통일 신라

지도에 표시된 9개의 주와 5곳의 소경을 통해 통일 신라의 지방 행정 구역임을 알 수 있어요. 신라는 삼국 통일 이후 전국을 9주로 나누고 수도 금성이 동남쪽에 치우친 것을 보완하기 위해 5소경을 두어 지방 행정 구역을 9주 5소경 체제로 정비하였습니다. ④ 신라는 태종 무열왕 때 관리 감찰의 업무를 관장하는 사정부를 두었어요.

① 2군 6위는 고려의 중앙군이에요.
② 고려는 5도 양계의 지방 행정 체계를 마련하고, 일반 행정 구역인 5도에 지방관으로 안찰사를 파견하였어요.
③ 발해는 당의 제도를 받아들여 중앙 관제를 3성 6부로 정비하였어요. 그러나 명칭과 운영 방식에서 당과 다른 독자성을 보였습니다.
⑤ 발해는 최고 교육 기관으로 주자감을 설치하고 유교 경전을 교육하였어요.

084 통일 신라의 통치 제도 정답 ④

정답 잡는 키/워/드
**집사부·병부·위화부 등 14개 중앙 부서,
사정부, 국학 → 통일 신라**

집사부, 병부, 위화부 등 14개의 중앙 부서를 운영하였으며, 관리의 비리를 감찰하는 사정부와 중앙 교육 기관인 국학을 설치하였다는 내용을 통해 통일 신라의 중앙 통치 체제임을 알 수 있어요. 따라서 신라의 지방 통치에 대한 내용을 찾으면 됩니다. 통일 후 신라는 전국을 9주로 나누고 주 아래 군현을 두어 지방관을 파견하였어요. 이와 함께 외사정을 파견하여 지방관을 감찰하였고, 지방 세력가나 그 자제를 일정 기간 수도에 머물게 하는 ④ 상수리 제도를 실시하여 지방 세력을 견제하였어요. 또한, 지방 행정의 요충지에 5소경을 설치하여 수도인 금성(경주)이 동남쪽으로 치우쳐 있는 것을 보완하였어요.

① 고려 성종은 최승로의 시무 28조를 받아들여 전국의 주요 지역에 12목을 설치하고 지방관을 파견하였어요.
② 조선 시대에 경재소를 설치하여 향촌의 유향소를 통제하였어요.
③ 고려는 전국을 5도 양계로 나누고, 일반 행정 구역인 5도에는 안찰사, 국경 지역인 양계에는 병마사를 파견하였어요.
⑤ 조선은 전국을 8도로 나누고 각 도에 관찰사를 파견하였어요. 관찰사는 도의 행정을 담당하고 관할 지역의 수령을 감독하였어요.

085 통일 신라의 제도 정답 ②

정답 잡는 키/워/드
한주 등 9개의 주, 5소경 → 통일 신라

통일 이후 신라는 전국을 한주, 삭주 등 9개 주로 나누고 수도가 동남쪽에 치우쳐 있는 점을 보완하기 위해 주요 지역에 중원경, 서원경 등의 5소경을 설치하였어요. 주 아래에는 군현을 두어 지방관을 파견하였으며, 외사정을 파견하여 이들을 감찰하였어요. 또한, ㄷ. 상수리 제도를 실시하여 지방 세력을 견제하였어요. 한편, 신라는 통일 이후 ㄱ. 9서당 10정의 군사 조직을 운영하였어요. 이 중 9서당은 신라인 외에 백제인, 고구려인, 말갈인까지 포함한 중앙군으로, 이를 통해 민족 융합을 꾀하였어요.

오답 피하기
ㄴ. 고구려는 지방의 여러 성에 욕살, 처려근지 등을 지방관으로 파견하였어요.
ㄹ. 고려는 5도 양계의 지방 행정 제도를 정비하였는데, 국경 지역인 양계(동계, 북계)에 병마사를 파견하여 적의 침입에 대비하였어요.

086 신라 말의 상황
 정답 ④

정답 잡는 키/워/드

> 최치원, 해인사 묘길상탑기 → 신라 말

제시된 자료는 최치원이 지은 '해인사 묘길상탑기'의 내용으로, 최치원은 신라 말에 활약한 6두품 출신 학자입니다. 해인사 묘길상탑은 진성 여왕 때 일어난 전란으로 사망한 사람들의 넋을 위로하기 위해 세운 탑이며, 최치원이 지은 탑지를 통해 신라 말의 혼란스러운 상황을 짐작할 수 있어요. 신라 말에 진골 귀족 간의 왕위 다툼이 심해지면서 정치가 혼란해졌어요. 이 과정에서 귀족들의 과도한 수탈이 이어졌고, 이에 저항하여 원종과 애노의 난을 비롯한 농민 봉기가 잇달아 일어났습니다. 또한, 중앙 정부의 지방 통제력도 약해져 ④ 지방에서 호족들이 반독립적인 세력으로 성장하였어요. 이들은 각지에 성을 쌓고 근거지를 마련하여 스스로 성주나 장군이라고 칭하며 지방의 행정권과 군사권을 장악하였어요.

오답 피하기
① 백제 멸망 뒤에 복신과 도침, 흑치상지 등이 백제 부흥 운동을 일으켰어요.
② 고려 인종 때 묘청 등 서경 세력이 풍수지리설을 내세워 서경 천도를 주장하였어요.
③ 신라는 당이 한반도 전체를 지배하려는 야욕을 드러내자 전쟁을 벌여 매소성 전투, 기벌포 전투에서 당군을 격퇴하고 삼국 통일을 완성하였어요.
⑤ 고려 후기에 승려 요세가 신앙 결사 운동인 백련 결사를 주도하였어요.

087 신라 말의 상황
정답 ②

정답 잡는 키/워/드

> 혜공왕 피살 이후 왕위 쟁탈전이 치열해짐
> → 신라 말(8세기 후반 이후)

혜공왕 피살 이후 왕위 쟁탈전이 치열하였다는 내용을 통해 밑줄 그은 '시기'가 신라 말에 해당하는 8세기 후반임을 알 수 있어요. 780년에 혜공왕이 피살된 이후 벌어진 왕위 쟁탈전으로 중앙 정치가 혼란에 빠지고 지방 통제력도 약화되었어요. ② 822년에는 웅천주 도독 김헌창이 아버지 김주원이 왕위에 오르지 못한 것에 불만을 품고 반란을 일으켰어요. 이러한 정치 혼란 가운데 각 지역에서는 독자적인 세력을 가진 호족이 성장하였어요. 또한, 사상적으로는 불교계에서 교종의 권위를 부정하는 선종이 크게 일어났어요. 개인적 정신세계를 추구하는 경향이 강한 선종은 지방 호족이 성장하는 데 사상적 기반이 되었고, 호족의 후원 속에서 9산 선문을 형성하였어요.

오답 피하기
① 삼국 통일 직후 신문왕 즉위 초에 왕의 장인인 김흠돌이 반란을 꾀하다 진압되었고, 연루된 진골 귀족 세력이 숙청되었어요.
③ 6세기 진흥왕 때 왕명에 따라 거칠부가 역사서인 "국사"를 편찬하였어요.
④ 660년 백제 멸망 이후 복신과 도침이 부여풍을 왕으로 추대하고 백제 부흥 운동을 전개하였어요.
⑤ 7세기 전반 선덕 여왕 때 승려 자장의 건의에 따라 황룡사 9층 목탑이 건립되었어요.

088 신라 말의 상황
 정답 ④

정답 잡는 키/워/드

> 혜공왕과 왕비가 반란군에게 살해됨
> → 8세기 후반 신라 말, 진골 귀족 간의 왕위 쟁탈전

혜공왕과 왕비가 반란군에게 살해되었다는 내용을 통해 혜공왕 피살 이후, 즉 신라 말에 전개된 사실을 찾으면 됩니다. 8세기 후반 혜공왕이 피살된 이후 진골 귀족 간의 왕위 쟁탈전이 치열하게 전개되어 신라는 150여 년 동안 20명의 왕이 교체되는 혼란에 빠졌어요. 이로 인해 나라의 통치 질서가 흔들리고 지방 통제력이 약화되어 각 지역에서 호족이 성장하였어요. 그중 장보고가 대표적인 인물입니다. ④ 장보고는 9세기 중반 중앙의 왕위 쟁탈전에 관여하였고, 청해진을 거점으로 반란을 도모하다가 조정에서 보낸 자객에 의해 살해되었어요.

오답 피하기
① 7세기 후반 신문왕 때 왕의 장인인 김흠돌이 반란을 일으켰으나 실패하고 처형되었어요(681).
② 6세기 지증왕 때 이사부가 지금의 울릉도 일대인 우산국을 복속하였어요(512).
③ 8세기 중반 경덕왕 때 김대성이 불국사 조성을 주도하였어요.
⑤ 6세기 중반 진흥왕 때 거칠부가 왕의 명령을 받들어 역사서인 "국사"를 편찬하였어요(545).

089 김헌창의 난 이후의 사실
 정답 ④

정답 잡는 키/워/드

> 웅천주 도독 김헌창이 난을 일으킴 → 김헌창의 난(822)

신라에서는 8세기 후반 혜공왕이 피살된 이후 왕위 쟁탈전이 치열하게 전개되어 150여 년간 20여 명의 왕이 교체되었어요. 이 시기에 중앙 정치는 혼란에 빠졌고 지방 통제력은 약화되어 귀족의 농민 수탈이 더욱 심해졌어요. 이러한 혼란은 9세기 후반 진성 여왕 때 극에 달하여 ④ 원종과 애노가 사벌주에서 일으킨 봉기를 시작으로 전국 각지에서 농민 봉기가 일어났어요. 또한, 지방에서는 독자적인 세력을 갖춘 호족이 성장하여 성을 쌓고 군대를 보유하여 백성을 실질적으로 다스렸어요.

오답 피하기
① 6세기 진흥왕 때 왕의 명에 따라 거칠부가 역사서인 "국사"를 편찬하였어요.
② 6세기 지증왕 때 이사부가 우산국을 정복하였어요.
③ 7세기 말 신문왕 때 관료전이 지급되고 녹읍이 폐지되어 귀족의 경제 기반이 약화되었어요.
⑤ 6세기 법흥왕 때 이차돈의 순교를 계기로 불교가 공인되었어요.

090 신라 말의 상황
정답 ②

정답 잡는 키/워/드

> • 김헌창의 난 → 신라 헌덕왕(822)
> • 시무 10조, 최치원 → 신라 진성 여왕(894)

8세기 후반 혜공왕이 피살된 이후 왕위 쟁탈전이 벌어지면서 신라의 정치는 혼란에 빠졌어요. 중앙의 귀족뿐만 아니라 지방 세력도 왕위 쟁탈전에 가담하고 반란이 일어나기도 하였는데, 헌덕왕 때 일어난 김헌창의 난이 대표적이었습니다. 왕위 쟁탈전이 격화되어 중앙 정치가 극도로 문란해지는 가운데 세금 부담이 늘고 자연재해까지 겹치면서 농민의 생활은 더욱 어려워졌어요. 살기가 어려워진 농민 중에는 토지를 잃고 노비가 되거나 도적이 되는 이들도 있었어요. 이러한 혼란은 진성 여왕 때 극에 달하여 ② 사벌주에서 일어난 원종과 애노의 난을 계기로 농민 봉기가 잇달아 일어났어요. 이런 가운데 6두품 출신의 학자 최치원이 진성 여왕에게 개혁안을 담은 시무 10여 조를 바쳤어요. 하지만 최치원의 개혁안은 진골 귀족의 반발에 부딪혀 실현되지 못하였어요.

① 6세기 법흥왕 때 이차돈의 순교를 계기로 불교가 공인되었어요.
③ 7세기 신문왕은 관료전을 지급하고 녹읍을 폐지하여 귀족의 경제적 기반을 약화하였어요.
④ 6세기 진흥왕 때 거칠부가 왕명을 받들어 역사서인 "국사"를 편찬하였어요.
⑤ 4세기 내물 마립간 때 최고 지배자의 칭호가 마립간으로 바뀌었어요.

091 신라 말의 상황 정답 ④

정답 잡는 키/워드
> 신라본기 기록, 원종과 애노의 반란, 적고적이 일어남
> → 진성 여왕 재위 시기

'신라본기'에서 검색된 기록이며, 원종과 애노가 반란을 일으키고 적고적이라고 불리는 도적이 일어났다는 내용을 통해 신라 말 진성 여왕 시기에 일어난 사실임을 알 수 있어요. 8세기 후반 혜공왕이 피살된 이후 진골 귀족 간 왕위 다툼이 치열하게 전개되면서 중앙 정치가 혼란에 빠져 왕권은 약화되었고 귀족들의 농민 수탈은 더욱 심해졌어요. 살기가 어려워진 농민은 토지를 잃고 노비가 되거나 초적이 되기도 하였어요. 이러한 사회 혼란은 진성 여왕 때 절정에 이르렀고, 889년 원종과 애노의 난을 시작으로 전국에서 농민 봉기가 일어났어요. 이 무렵에 당에 유학을 가 관리까지 지냈던 6두품 출신 최치원이 귀국하였어요. ④ 최치원은 진성 여왕에게 사회 개혁을 위한 시무 10여 조를 건의하였지만 진골 귀족들의 반대로 실현하지 못하였어요.

① 신문왕은 즉위 직후 장인 김흠돌이 반란을 일으키자 이를 진압하고 반란 모의에 가담한 진골 귀족들을 숙청하였어요.
② 고려 목종 때 강조가 정변을 일으켜 김치양 일파를 제거하고 목종을 폐위하였어요.
③ 신라 진흥왕 때 거칠부가 왕명으로 역사서인 "국사"를 편찬하였어요.
⑤ 백제 멸망(660) 뒤에 복신과 도침 등이 부여풍을 왕으로 추대하여 백제 부흥 운동을 전개하였으나 실패하였어요.

092 신라 말의 상황 정답 ④

정답 잡는 키/워드
> • 적고적 → (가) 적고적의 난(진성 여왕, 896)
> • 웅천주 도독 헌창이 반란을 일으킴
>   → (나) 김헌창의 난(헌덕왕, 822)
> • 아찬 우징이 청해진 대사 궁복의 군사를 빌려 임금과 아버지의 원수를 갚고자 함 → (다) 궁복(장보고)이 우징(신무왕)을 보호·지원(838)

9세기 초에 즉위한 헌덕왕 때 지금의 공주인 웅천주의 도독 (나) 김헌창이 자신의 아버지 김주원이 왕이 되지 못한 것에 불만을 품고 반란을 일으켰어요(김헌창의 난, 822). 김헌창 등 반란 세력은 국호를 '장안', 연호를 '경운'이라 정하고 신라 정부에 항거하였어요. 이에 김균정과 그 아들 김우징 등이 반란 세력 토벌에 나서서 성공하였지요. 헌덕왕에 이어 즉위한 흥덕왕이 재위 11년 만에 승하하면서 왕위 쟁탈전이 다시 벌어졌어요. 이 과정에서 김균정이 살해되었으며, 그 아들 김우징은 청해진 대사 궁복(장보고)에게 의탁하였습니다. 이러한 가운데 (다) 상대등 김명이 왕(희강왕)을 죽게 하고 왕위를 빼앗자, 김우징은 궁복의 군사 지원을 받아 민애왕(김명)을 공격(838)하였고 이듬해 왕위에 올랐어요. 이처럼 왕위 쟁탈전이 격화되어 중앙 정치가 극도로 문란해진 가운데 세금 부담이 증가하고 자연재해까지 겹쳐 농민의 생활은 더욱 어려워졌어요. 이러한 혼란은 9세기 말 진성 여왕 때 극에 달하여 원종과 애노의 난(889)을 시작으로 전국 곳곳에서 하층민의 봉기가 일어났어요. 이들 가운데 (가) 붉은 바지를 입은 적고적이라는 무리가 있었는데, 이들은 수도 금성(경주)의 서부 지역까지 진격할 정도로 큰 세력을 이루었어요(896). 따라서 옳은 순서는 ④ (나)-(다)-(가)입니다.

093 견훤의 활동 정답 ①

정답 잡는 키/워드
> 백제의 원한을 풀겠다고 선언하며 완산주에 나라를 세움
> → 견훤

백제의 원한을 풀겠다고 선언하며 완산주에 나라를 세웠다는 내용을 통해 (가) 인물이 견훤임을 알 수 있어요. 신라 말에 중앙 정치가 혼란에 빠지면서 지방에서 호족이 반독립적인 세력으로 성장하였어요. 견훤은 이 시기에 성장한 대표적인 호족이었으며, 900년에 완산주를 도읍으로 후백제를 건국하였어요. 견훤은 중국의 후당, 오월과 외교 관계를 추진하여 패권 경쟁에 도움을 얻고자 하였어요. ① 927년에 공산 전투에서 승리하는 등 고려와의 경쟁에서 우위에 있던 후백제는 930년에 고창 전투에서 패하면서 세력이 약화되었어요. 이러한 가운데 견훤은 왕위 계승에 불만을 가진 큰아들 신검에 의해 금산사에 유폐되었다가 탈출하여 고려에 귀부하였어요.

② 고려의 왕건은 명주(지금의 강릉)의 호족이었던 김순식이 귀순해 오자 왕씨 성을 하사하는 등 호족을 포섭하기 위해 사성 정책을 폈어요.
③ 고려 후기에 충목왕은 폐정 개혁을 목표로 정치도감을 설치하였어요.
④ 신라의 장보고는 완도에 청해진을 설치하여 해적을 소탕하고 해상 무역을 주도하였어요.
⑤ 후고구려의 궁예는 국호를 '마진'으로 바꾼 뒤 최고 중앙 관서로 광평성을 설치하고 광치나, 서사 등의 관원을 두었어요.

094 견훤의 활동 정답 ②

정답 잡는 키/워드
> 무진주를 습격하여 스스로 왕이 됨,
> 완산주 백성들이 환영함 → 견훤

옛 백제 땅에 속하였던 무진주를 습격하여 스스로 왕이 되었으며, 완산주에 이르러 백성들의 환영을 받았다는 내용을 통해 (가) 인물이 견훤임을 알 수 있어요. 신라 말에 중앙 정치의 혼란으로 지방에서는 반독립적 세력인 호족이 등장하였어요. 이 중 하나였던 견훤은 무진주를 공격하여 스스로 왕이 된 후 완산주에 도착하여 도읍으로 정하고 후백제 왕이라고 자칭하였어요. 이후 후백제는 충청·전라도의 우세한 경제력을 바탕으로 군사적 우위를 확보하였으며, ㄱ. 중국의 후당, 오월에 사신을 파견하여 외교 관계를 맺었어요. 한편, 후백제의 세력이 강성해지자 신라는 고려의 왕건과 연합하여 후백제에 대항하려고 하였어요. 이에 견훤은 ㄷ. 신라의 금성을 습격하여 경애왕을 죽게 하였어요.

ㄴ. 후고구려를 세운 궁예는 나라 이름을 '마진'으로 바꾸고 광평성을 비롯한 여러 관부를 설치하여 통치 체제를 정비하였어요.
ㄹ. 고려를 세운 왕건은 "정계"와 "계백료서"를 지어 관리의 규범을 제시하였어요. 하지만 현재 "정계"와 "계백료서"는 전하지 않습니다.

095 견훤의 활동 정답 ④

정답 잡는 키/워드
> 경애왕을 습격, 공산 전투에서 고려군에 대승 → 견훤

경애왕을 습격하였으며, 공산 전투에서 고려군에 대승을 거두었다는 내용을 통해 (가) 인물이 견훤임을 알 수 있어요. 신라 말 호족들의 반신라 움직임이 거세지는 가운데 유력한 호족으로 성장한 견훤이 전라도 일대를 장악하여 ④ 지금의 전주 지역인 완산주를 도읍으로 후백제를 세웠어요. 견훤은 경제력을 바탕으로 후삼국 간의 경쟁에서 우위를 차지하였어요. 신라가 고려와 연합하여 대항하려 하자 신라를 공격해 경애왕을 죽게 하였고, 신라를 도우러 온 고려군을 공산 전투에서 크게 물리쳤어요. 그러나 후백제는 고창 전투에서 고

려군에 패배하여 세력이 약화되었고, 견훤이 넷째 아들에게 왕위를 물려주려 하면서 내부 갈등이 생겼어요. 견훤은 왕위 계승에 불만을 품은 큰아들 신검에 의해 금산사에 유폐되었다가 금산사를 탈출해 고려에 귀부하였어요.

오답 피하기

① 고려를 세운 태조 왕건은 후대 왕에게 정책 방향을 제시하기 위해 훈요 10조를 남겼어요.
② 신라의 마지막 왕인 경순왕 김부는 고려에 항복한 후 경주의 사심관으로 임명되었어요.
③ 백제 무왕은 지금의 익산 지역인 금마저에 미륵사를 창건하였어요.
⑤ 후고구려를 세운 궁예는 국호를 '마진'으로 바꾼 후 광평성을 비롯한 정치 기구를 마련하였어요.

---

096 견훤의 활동   정답 ③

정답 잡는 키/워/드

완산주를 도읍으로 나라를 세움,
신라의 금성을 습격하여 경애왕을 죽게 함 → 견훤

완산주를 도읍으로 나라를 세웠으며, 신라의 금성을 습격하여 경애왕을 죽게 하였다는 내용을 통해 (가) 인물이 후백제를 세운 견훤임을 알 수 있어요. 완산주를 도읍으로 후백제를 세운 견훤은 신라가 고려의 왕건과 연합하여 후백제를 견제하자 신라의 금성을 습격하여 경애왕을 죽게 하고 새 왕으로 경순왕(김부)을 세웠어요. 그리고 돌아가는 길에 신라를 지원하러 온 고려군을 공산 전투에서 크게 물리쳤어요. 이후 후백제는 고창 전투에서 고려군에 패하면서 세력이 약화되었고, 견훤은 왕위 계승 문제로 아들들과 갈등을 겪다가 큰아들 신검에 의해 금산사에 유폐되었어요. 하지만 견훤은 금산사를 탈출하여 고려에 귀부하였고, 이후 후백제는 고려와의 전투에서 패배하고 멸망하였어요. ③ 견훤은 중국의 후당과 오월, 일본에 사신을 보내는 등 외교 관계에 힘썼으며, 오월에서 검교태보의 직을 받기도 하였어요.

오답 피하기

① 견훤의 후백제군은 공산 전투에서 고려군에 크게 승리하였어요. 이때 고려의 신숭겸, 김락 등이 전사하였어요.
② 백제 무왕은 지금의 익산 지역인 금마저에 미륵사를 창건하였어요.
④ 통일 후 신라의 신문왕은 김흠돌의 난을 진압하여 진골 귀족 세력을 숙청하고 왕권 강화를 꾀하였어요.
⑤ 후고구려를 세운 궁예는 국호를 '마진'으로 바꾸고 철원으로 천도하였어요. 이후 다시 국호를 '태봉'으로 바꾸었어요.

---

097 궁예의 활동   정답 ④

정답 잡는 키/워/드

태봉을 세움 → 궁예

'태봉'이라는 나라를 세웠다는 내용을 통해 (가) 인물이 궁예임을 알 수 있어요. 신라의 왕족 출신으로 알려진 궁예는 북원 지역의 호족인 양길의 부하로 들어가 세력을 키웠어요. 북방 지역 호족들의 지원을 받아 901년 송악에서 후고구려를 세웠습니다. 904년 나라의 이름을 '마진'으로 고치고 송악에서 철원으로 도읍을 옮겼으며, 최고 중앙 관서인 ④ 광평성을 비롯한 각종 정치 기구를 마련하는 등 국가의 체제를 갖추었어요. 911년에 나라의 이름을 '태봉'으로 바꾼 궁예는 전제 왕권을 추구하였고, 미륵불을 자처하며 폭정을 펴 신하들에 의해 왕위에서 쫓겨났어요.

오답 피하기

① 신라의 마지막 왕 경순왕 김부는 935년 고려에 신라를 넘겨주고 태조에 의해 경주의 사심관으로 임명되었어요.
② 고려의 성종은 12목을 설치하고 처음으로 지방관을 파견하였어요.
③ 고려 후기의 충목왕은 폐정 개혁을 목표로 정치도감을 설치하였어요.
⑤ 후백제를 세운 견훤은 오월에 사신을 보내고 검교태보의 직을 받았으며, 후당에도 사신을 보내 외교 관계를 맺었어요.

---

098 궁예   정답 ②

정답 잡는 키/워/드

태봉을 세움, 도읍 철원 → 궁예

태봉을 세웠다는 내용을 통해 (가)에 들어갈 인물이 궁예임을 알 수 있어요. 신라 왕족 출신으로 알려진 궁예는 북원 지역 호족인 양길의 부하로 들어가 세력을 키운 뒤 북방 지역 호족들의 지원을 받아 송악에서 후고구려를 세웠어요. 이후 나라 이름을 '마진'으로 바꾸고 철원으로 수도를 옮겼으며, '태봉'으로 국호를 다시 바꾸었어요. 또한, 광평성을 비롯한 여러 관서를 두어 중앙 정치 조직을 정비하는 등 국가의 체제를 갖추었어요. 하지만 궁예는 ② 왕권 강화를 위해 미륵불을 자처하며 폭정을 펴 신하들에 의해 쫓겨났어요.

오답 피하기

① 고려의 태조는 발해를 멸망시킨 거란을 적대시하여 만부교 사건을 일으키기도 하였어요.
③ 후백제의 견훤은 신라가 고려와 연합하려 하자 신라의 금성을 공격하여 경애왕을 죽게 하였어요.
④ 고려의 광종은 노비안검법을 시행하여 재정을 확충하고 호족과 공신의 세력을 약화하였어요.
⑤ 신라의 장보고는 완도에 청해진을 설치하여 해적을 소탕하고 해상 무역을 장악하였어요.

---

099 궁예의 활동   정답 ③

정답 잡는 키/워/드

고구려의 원수를 갚겠다고 함, 미륵불 자칭 → 궁예

고구려의 원수를 갚겠다고 하였으며, 미륵불을 자칭하였다는 내용을 통해 (가) 인물이 궁예임을 알 수 있어요. 궁예는 북원 지역 호족인 양길의 부하로 들어가 세력을 키운 후 북방 지역 호족들의 지원을 받아 송악(개성)에서 후고구려를 세웠어요. 이후 나라 이름을 '마진'으로 바꾸고 ③ 광평성을 비롯한 여러 관서를 설치하는 등 정치 조직을 정비하였어요. 또 철원으로 수도를 옮긴 궁예는 나라 이름을 다시 '태봉'으로 고쳤지요. 철원에 자리를 잡은 궁예는 호족을 탄압하고 자신을 미륵불이라 칭하면서 폭정을 펴 결국 신하들에 의해 왕위에서 쫓겨났습니다.

오답 피하기

① 흑치상지는 임존성을 근거지로 삼아 백제 부흥 운동을 전개하여 당군을 격퇴하였어요.
② 왕건은 일리천 전투에서 후백제의 신검에게 승리하였어요.
④ 장보고는 완도에 해상 기지인 청해진을 설치하여 해적을 소탕하고 해상 무역을 전개하였어요.
⑤ 견훤은 오월에 사신을 보내 검교태보의 직을 받았고, 후당에도 사신을 보내 외교 관계를 맺었어요.

---

100 궁예의 후고구려 통치   정답 ⑤

정답 잡는 키/워/드

신라 왕족의 후예, 송악을 도읍으로 건국, 미륵불 자칭 → 궁예

신라 왕족의 후예로 알려져 있고 송악을 도읍으로 나라를 세웠으며, 미륵불을 자칭하였다는 내용을 통해 대화에 나타난 인물이 신라 말기 후고구려를 세운 궁예임을 알 수 있어요. 어려서 승려로 출가한 궁예는 성장한 후 북원 지역 호족인 양길의 부하로 들어가 활약하였고, 점차 세력을 키워 북방 지역 호족들의 지원을 받아 901년 송악(개성)에 도읍을 정하고 후고구려를 세웠어요. 904년에 ⑤ 나라 이름을 '마진'으로 고치고 '무태'라는 연호를 사용하였다가 911년에 나라 이름을 다시 '태봉'으로 고쳤어요. 궁예는 왕권을 강화하고자 호족을 탄압하고 자신을 미륵불이라 칭하면서 폭정을 펴 결국 신하들에 의해 왕위에서 쫓겨났어요.

101 후삼국의 통일 과정 정답 ④

정답 잡는 키/워/드
• 태조(왕건)에게 군신의 예를 행함, 궁예가 도망함
→ (가) 왕건의 고려 건국(918)
• 견훤이 나주로 도망쳐 와 입조를 요청함
→ (나) 견훤의 고려 귀순(935)

(가)는 여러 장수들이 태조에게 군신의 예를 행하였고, 이 소식에 궁예가 도망하였다는 내용으로 보아 왕건의 고려 건국에 관한 자료임을 알 수 있어요. (나)는 후백제의 견훤이 나주로 도망쳐 와 고려 조정의 조회에 들어오길 요청하였다는 내용으로 보아 견훤의 고려 귀순에 관한 자료임을 알 수 있어요. 따라서 왕건의 고려 건국과 견훤의 귀순 사이 시기에 있었던 사실을 찾으면 됩니다. 태조 왕건은 신라와는 친선 관계를 유지하였지만 후백제와는 치열하게 경쟁하였어요. 927년에 후백제의 견훤이 금성(경주)을 공격해 오자 신라 경애왕이 태조에게 지원을 요청하였어요. 하지만 고려의 군대가 도착하기 전에 금성(경주)은 후백제군에게 점령되었고, 견훤은 경애왕을 죽게 하고 김부(경순왕)를 새 왕으로 세웠어요. 이어 ④ 금성(경주)에서 철수한 후 백제군은 신라 지원에 나선 고려군과 공산(대구)에서 전투를 벌였어요. 이때 고려의 장수 신숭겸이 왕건의 목숨을 구하고 전사하였고, 후백제가 전투에서 승리하였어요. 이후 후백제는 고창(안동)을 공격하였다가 고려군에 크게 패배하였습니다. 고창 전투에서 큰 타격을 입어 세력이 약화되는 가운데 후백제 내부에서 왕위 계승 문제를 두고 갈등이 일어나 견훤이 큰아들 신검에 의해 금산사에 유폐되었어요. 갇혀 있던 견훤은 금산사를 탈출하여 고려에 귀순하였고, 신라의 경순왕도 더 이상 나라를 유지하기 어렵다고 판단하고 고려에 항복하였어요. 왕건은 견훤과 함께 신검의 후백제 공격에 나서서 일리천 전투에서 승리하였고 이어 후삼국 통일을 이루었습니다.

102 후삼국의 통일 과정 정답 ④

정답 잡는 키/워/드
신검이 견훤을 금산사에 유폐 → 신검이 후백제 왕위 차지

신검이 견훤을 금산사에 유폐하였다는 내용을 통해 후백제에서 신검이 왕위를 차지하는 상황임을 알 수 있어요. 후백제를 세운 견훤의 세력이 강성해지자 신라는 고려와 연합하여 대항하고자 하였어요. 이에 927년 견훤의 후백제군은 신라의 금성을 습격하여 경애왕을 죽게 하고 신라를 도우러 온 고려군을 공산 전투에서 격퇴하였습니다. 이후 일어난 고창 전투에서 후백제는 호족들의 지원을 받은 고려군에 패하면서 큰 타격을 입었어요(930). 고창 전투 패배 이후 세력이 위축된 상황에서 후백제에서는 왕위 계승을 둘러싸고 다툼이 일어나 신검이 아버지 견훤을 금산사에 유폐하고 왕위에 올랐어요(935).

금산사에 유폐된 견훤은 탈출하여 고려의 왕건에게 귀부하였고, 이후 ④ 왕건이 일리천 전투에서 신검이 이끄는 후백제군을 격퇴하였어요(936).

103 후삼국의 통일 과정 정답 ②

정답 잡는 키/워/드
• 태조가 공산에서 견훤의 군대에 패함
→ (가) 공산 전투(927)
• 태조의 군대와 신검의 군대가 일리천에서 맞섬, 신검이 관료들과 함께 항복 → (나) 일리천 전투 및 후백제 멸망(936)

(가)는 태조가 공산에서 견훤의 군대에 맞서 싸웠으나 패배한 것으로 보아 공산 전투의 상황임을 알 수 있어요. (나)는 태조가 신검의 군대와 일리천에서 맞섰고, 신검이 관료들과 함께 항복하였다는 내용을 통해 고려군이 신검의 후백제군에 승리한 일리천 전투와 후백제 멸망의 상황임을 알 수 있습니다. 후백제군은 공산 전투에서 승리한 후 교통의 요충지인 고창을 공격하였어요. 하지만 태조가 이끄는 고려군은 고창 지역 호족들의 지원을 받아 후백제군을 크게 물리쳤어요. 이후 후백제에서는 왕위 계승 문제를 두고 갈등이 일어나 견훤이 아들 신검에 의해 금산사에 유폐되었어요. 견훤은 금산사를 탈출하여 고려에 귀순하였고, 이어 ② 신라의 경순왕도 고려에 항복해 오자 태조 왕건은 이를 받아들이고 경순왕 김부를 경주의 사심관으로 삼았어요(935). 이후 견훤의 건의에 따라 태조는 군대를 보내 후백제 공격에 나섰고, 고려군은 일리천 전투에서 신검의 후백제군을 물리쳤어요. 이어 황산 전투에서도 승리를 거두어 후백제를 멸망시키고 후삼국을 통일하였습니다(936).

104 후삼국의 통일 과정 정답 ③

정답 잡는 키/워/드
• 견훤이 고창군에서 태조와 싸워 패함
→ (가) 고창 전투(930)
• 태조가 공산에서 견훤의 군대에 패배함
→ (나) 공산 전투(927)
• 신라국을 폐하여 경주라 함 → (다) 경순왕의 항복(935)
• 태조가 일리천에서 신검의 후백제군을 격퇴함
→ (라) 일리천 전투(936)

후고구려를 세운 궁예의 폭정에 반대한 신하들의 추대로 왕건이 왕위에 올랐어요. 왕건은 국호를 '고려'로 정하고 송악으로 천도하였습니다. 후백제를 세운 견훤은 927년에 신라의 수도 금성을 습격하여 경애왕을 죽게 하고 경

순왕을 세웠어요. (나) 이때 신라의 도움 요청을 받은 태조는 군대를 이끌고
가 공산(대구)에서 후백제군과 싸웠으나 크게 패하였습니다(공산 전투). (가)
그 뒤 태조는 930년에 고창(안동)에서 후백제군에 승리하여 후삼국 통일의
주도권을 장악하였어요. 이후 후백제에서는 왕위 계승에 불만을 품은 신검
이 아버지 견훤을 금산사에 유폐하는 상황이 벌어졌어요. 갇혀 있던 견훤이
탈출하여 고려에 귀순하였고, (다) 더 이상 나라를 유지하기 어려웠던 신라
경순왕도 고려에 항복하였어요. (라) 신라를 통합한 태조는 일리천 전투에서
신검의 후백제군을 격퇴한 이후 후삼국 통일을 이루었어요.
따라서 옳은 순서는 ③ (나)-(가)-(다)-(라)입니다.

105 발해 무왕의 업적

정답 ①

정답 잡는 키/워드 대문예에게 흑수 말갈 정벌을 명함 → 발해 무왕

당에 몰래 조공한 흑수 말갈을 정벌하라고 대문예에게 명령하는 내용을 통
해 시나리오에 등장하는 왕이 발해 무왕임을 알 수 있어요. 대조영에 이어 즉
위한 무왕은 '인안'이라는 독자적인 연호를 사용하였으며, 당과 대립하며 영
토를 확장하였어요. 당에 대해 강경한 정책을 펼친 무왕은 ① 장문휴를 보내
당의 산둥반도 등주를 공격하였고, 당과 교류에 나선 흑수 말갈을 정벌하고
자 하였어요. 반면, 돌궐, 일본과는 친선 관계를 강화하였지요.

오답 피하기
② 신라는 통일 이후 신문왕 때 9서당의 중앙군과 10정의 지방군 체제를 갖추었어요.
③ 백제 성왕은 수도를 웅진에서 대외 진출에 유리한 사비로 옮기고 국호를 '남부
여'로 고쳤어요.
④ 신라 문무왕은 지방관을 감찰하고자 외사정을 파견하였어요.
⑤ 대조영은 고구려 유민을 모아 동모산에서 발해를 건국하였어요.

106 발해 무왕의 정책

정답 ⑤

정답 잡는 키/워드 산둥반도 등주성에 장문휴를 보내 당군 격파 → 발해 무왕

장문휴를 산둥반도의 등주에 보내 당의 군대를 격파하였다는 내용을 통해
(가) 왕이 발해 무왕임을 알 수 있어요. 무왕은 ㄷ. '인안'이라는 독자적인 연
호를 사용하였고, 당과 무력으로 대결하면서 영토 확장에 나섰어요. ㄹ. 자신
의 동생 대문예를 보내 당과 연결된 흑수 말갈을 정벌하게 하였으며, 장문휴
가 이끄는 군대를 보내 당의 산둥반도 등주를 공격하였어요.

오답 피하기
ㄱ. 발해는 무왕의 뒤를 이은 문왕 때 중경 현덕부에서 상경 용천부로 수도를 옮겼
어요.
ㄴ. 고구려 출신인 대조영이 고구려 유민과 말갈인을 이끌고 동모산에서 발해를 건
국하였어요.

107 발해 문왕

정답 ④

정답 잡는 키/워드 '대흥' 연호, 딸 정효 공주 → 발해 문왕

'대흥'이라는 연호와 정효 공주가 딸이라는 내용을 통해 (가) 왕이 발해 문왕
임을 알 수 있어요. 당에 대해 강경한 정책을 펼쳤던 무왕과 달리 문왕은 대외
관계를 개선하여 당과 친선 관계를 맺고 당의 제도와 문물을 수용하여 3성
6부의 중앙 정치 체제를 정비하였으며, '신라도'라는 상설 교통로를 통해 신
라와 교류하였어요. 또한, '대흥', '보력'이라는 독자적인 연호를 사용하였고,
④ 수도를 중경 현덕부에서 상경 용천부로 옮겨 자신의 권력 기반을 강화하
였어요.

오답 피하기
① 고구려 장수왕은 북연의 왕이 망명해 오자 받아들여 신하로 봉하였어요.
② 대조영(고왕)은 고구려 유민과 말갈인을 이끌고 지린성 동모산에서 발해를 세웠
어요.
③ 고구려 광개토 태왕은 왜의 침입을 받은 신라의 요청에 따라 군대를 파견하여 왜
를 격퇴하였어요.
⑤ 발해는 선왕 때 5경 15부 62주의 지방 행정 조직을 확립하였어요.

108 발해

정답 ②

정답 잡는 키/워드 정혜 공주 무덤, 고구려 양식 계승 → 발해

만주의 지린성 둔화에서 고구려 양식을 계승한 정혜 공주 무덤이 발견되었
다는 내용을 통해 밑줄 그은 '이 국가'가 발해임을 알 수 있어요. 발해는 대조
영이 고구려 유민과 말갈인을 이끌고 지린성 동모산에서 세운 나라로 고구
려 계승을 표방하였어요. 3성 6부의 중앙 정치 조직을 갖추었으며, 3성 가운
데 행정을 담당하는 ② 정당성의 장관인 대내상이 국정을 총괄하였어요. '인
안', '대흥' 등의 독자적인 연호를 사용하였으며 전성기에 중국으로부터 해
동성국이라고 불리기도 하였어요.

오답 피하기
① 고려를 세운 태조 왕건은 평양을 서경으로 삼아 중시하였으며, 이를 북진 정책의
기지로 삼았어요.
③ 고구려의 광개토 태왕은 '영락'이라는 독자적인 연호를 사용하였어요.
④ 통일 신라의 신문왕은 중앙군으로 9서당, 지방군으로 10정을 편성하였어요.
⑤ 통일 신라의 원성왕은 유교적 소양을 갖춘 관리를 등용하기 위해 독서삼품과를
시행하였어요.

109 발해

정답 ①

정답 잡는 키/워드 해동성국, 영광탑, 정효 공주 묘 → 발해

해동성국이라고 불렸으며, 문화유산으로 영광탑과 정효 공주 묘 등이 남아
있는 것으로 보아 (가) 국가가 발해임을 알 수 있어요. 발해는 고구려 출신 대
조영이 동모산에서 세운 나라로 고구려 계승 의식을 표방하였어요. 건국 초
에 당과 적대적이었으나 점차 친선 관계를 형성하였고, 당의 문물을 받아들
여 통치 체제를 정비하였어요. 당의 3성 6부제를 본떠 중앙 정치 조직을 정
비하였지만, 정당성 중심의 운영 방식과 유교 이념이 반영된 6부의 명칭 등
에서 독자성을 드러냈어요. 또한, 중앙 조직으로 주자감을 설치하여 유학을
교육하였으며, ① 중정대를 두어 관리를 감찰하였어요. 발해는 9세기 선왕
때 전성기를 맞았으며, 이 무렵 중국으로부터 해동성국이라고 불렸어요.

오답 피하기
② 신라는 통일 이후 9서당의 중앙군과 10정의 지방군을 편성하여 군사 조직을 정
비하였어요.
③ 백제는 내신좌평, 위사좌평 등 6좌평의 관제를 정비하였어요.
④ 신라는 지방 세력가나 그 자제를 일정 기간 수도에 거주하게 하는 상수리 제도를
시행하여 지방 세력을 견제하였어요.
⑤ 백제에는 왕족인 부여씨와 8성의 귀족이 있었으며 이들이 지배층을 이루었어요.

110 발해

정답 ④

정답 잡는 키/워드 대조영이 진국이라고 칭함, 최치원이 북국으로 표현 → 발해

대조영이 진국이라고 칭하였으며, 신라의 최치원이 북국으로 표현하였다는
내용을 통해 (가) 국가가 발해임을 알 수 있어요. 발해는 고구려 출신 대조영
이 고구려 유민과 말갈인을 기반으로 세운 나라로, 초기 국호는 진국이었어

요. 9세기 선왕 때 옛 고구려 영토의 대부분을 차지하는 등 전성기를 이루었고, 이 무렵 중국에서 발해를 해동성국이라고 부르기도 하였어요. 발해는 당의 제도를 본떠 3성 6부의 중앙 정치 조직을 정비하였는데, 그 명칭과 운영에서는 독자성을 유지하였어요. 중앙 조직으로 관리 감찰 기구인 중정대, ④ 서적 관리와 주요 문서 작성 등을 담당한 문적원, 국립 교육 기관인 주자감 등을 두었어요.

오답 피하기

① 백제는 정사암 회의에서 재상을 선출하고 나라의 중대사를 결정하였어요.
② 고구려는 지방의 여러 성에 욕살, 처려근지 등의 관리를 두어 다스렸어요.
③ 도병마사는 고려 시대에 고위 관리들이 모여 국방과 군사 문제 등을 논의하던 회의 기구입니다.
⑤ 신라는 엄격한 신분제인 골품제를 마련하여 골품에 따라 관등 승진, 일상생활 등을 엄격히 제한하였어요.

---

111 발해의 통치 체제 　　　　　정답 ①

정답 잡는 키/워/드　선조성, 중대성, 정당성 → 발해

선조성과 중대성, 정당성이 있고, 대내상 관직이 있는 것으로 보아 자료의 제도를 운영한 국가가 발해임을 알 수 있어요. 발해는 문왕 때 당과 친선 관계를 형성한 이후 당의 제도를 받아들여 3성 6부의 중앙 정치 조직을 마련하였어요. 하지만 그 명칭과 운영 방식에서는 독자성을 보였지요. 3성 가운데 행정을 담당하는 정당성에 권력이 집중되었고, 정당성을 관장하는 대내상이 국정을 총괄하였어요. 또 정당성 아래 좌·우사정을 두어 6부를 둘로 나누어 관할하게 하였고, 6부의 명칭에는 충(忠)·인(仁) 등 유교 이념을 반영하였습니다. 그 외에 발해는 중정대를 두어 관리를 감찰하였고, ① 교육 기관으로 주자감을 설치하여 인재를 양성하였어요.

오답 피하기

② 고구려의 광개토 태왕은 신라의 요청에 따라 군대를 보내 신라에 침입한 왜구를 격퇴하였어요.
③ 신라는 통일 이후 9서당의 중앙군과 10정의 지방군 체제를 갖추었어요.
④ 신라의 진흥왕은 '개국', '태창' 등의 연호를 사용하였어요.
⑤ 백제는 왕족인 부여씨와 8성의 귀족이 지배층을 이루었어요.

---

112 발해 　　　　　정답 ④

정답 잡는 키/워/드　고구려의 옛 장수 대조영이 나라를 세움 → 발해

고구려의 옛 장수 대조영이 나라를 세웠다는 내용을 통해 (가) 국가가 발해임을 알 수 있어요. 발해는 고구려 출신 대조영이 고구려 유민과 말갈인을 이끌고 지린성 동모산에서 세운 나라로 고구려 계승 의식을 표방하였어요. 9세기 선왕 때 옛 고구려의 영토를 대부분 회복하고 전성기를 맞았으며, 이 무렵 중국으로부터 해동성국이라고 불리기도 하였어요. 발해는 당의 제도를 받아들여 3성 6부의 중앙 정치 조직을 갖추었으나 그 명칭과 운영에서는 독자성을 유지하였어요. 또한, ④ 주요 지역에 5경을 설치하였으며, 지방을 15부로 나누고 그 아래 62주를 두는 지방 행정 제도를 마련하였어요.

오답 피하기

① 신라는 통일 이후 9서당의 중앙군과 10정의 지방군을 편성하여 군사 조직을 정비하였어요.
② 백제에서는 귀족들이 정사암에 모여 재상을 선출하거나 국가 중대사를 논의하였어요.
③ 후고구려를 세운 궁예는 국호를 '마진'으로 바꾸고 광평성을 비롯한 각종 정치 기구를 두었어요. 이어 철원으로 수도를 옮기고 국호를 다시 '태봉'으로 바꾸었어요.
⑤ 신라는 지방 세력가나 그 자제를 일정 기간 수도에 머무르게 하는 상수리 제도를 시행하여 지방 세력을 견제하였어요.

---

113 발해 　　　　　정답 ④

정답 잡는 키/워/드　해동성국, 5경 15부 62주 → 발해

해동성국이 되었으며, 그 땅에 5경 15부 62주가 있다는 내용을 통해 밑줄 그은 '이 나라'가 발해임을 알 수 있어요. 발해는 고구려 출신인 대조영이 고구려 유민과 말갈인을 이끌고 동모산에서 세운 나라로 고구려 계승 의식을 표방하였어요. 9세기 선왕 때 옛 고구려 영토의 대부분을 차지하는 등 전성기를 이루었으며, 이 무렵 중국으로부터 '동쪽의 융성한 나라'라는 의미로 해동성국이라고 불렸어요. 발해의 중앙 정치 조직은 당의 3성 6부 체제의 영향을 받아 정비되었지만, 그 명칭과 운영에서는 독자성을 유지하였어요. 지방 행정 제도는 5경 15부 62주 체제로 정비되었어요. ④ 발해는 건국 초부터 황제국을 표방하며 무왕 때 '인안', 문왕 때 '대흥' 등 독자적인 연호를 사용하여 자주국임을 대내외적으로 알렸어요.

오답 피하기

① 백제는 귀족 회의체인 정사암 회의에서 재상을 선출하거나 국가의 중대사를 결정하였어요.
② 신라는 통일 이후 신문왕 때 군사 조직을 정비하여 9서당의 중앙군과 10정의 지방군 체제를 갖추었어요.
③ 고구려는 지방관으로 욕살, 처려근지 등을 두었어요.
⑤ 후고구려를 세운 궁예는 국호를 '마진'으로 바꾸고 광평성을 비롯한 각종 정치 기구를 설치하여 중앙 정치 조직을 정비하였어요.

---

114 발해 　　　　　정답 ⑤

정답 잡는 키/워/드　상경 용천부 등 5경, 영광탑, 이불병좌상 → 발해

상경 용천부 등 5경이 있었으며, 영광탑과 이불병좌상이 제시된 것으로 보아 (가) 국가가 발해임을 알 수 있어요. 발해는 고구려 멸망 이후 대조영이 고구려 유민과 말갈인을 이끌고 건국한 나라이며, 건국 초부터 고구려 계승 의식을 표방하였어요. 당의 제도를 본떠 3성 6부의 중앙 정치 조직을 정비하였으며, 당의 상서성에 해당하는 정당성이 국가의 중대사를 관할하고 그 장관인 대내상이 국정을 총괄하였어요. 지방 행정 구역은 5경 15부 62주로 나누었어요. ⑤ 백제는 내신좌평, 내두좌평, 위사좌평 등 6좌평의 관제를 마련하였어요.

오답 피하기

① 발해는 최고 교육 기관으로 주자감을 설립하여 인재를 양성하였어요.
② 발해는 관리 감찰 기구로 중정대를 두었어요.
③ 발해는 무왕 때 '인안', 문왕 때 '대흥' 등 독자적인 연호를 사용하였어요.
④ 발해는 거란도, 영주도, 일본도, 신라도 등을 통해 주변 국가와 활발하게 교류하였어요.

본문 040~043쪽

4　경제, 사회

115 통일 신라의 토지 제도 정답 ①

정답 잡는 키/워드	• 문무 관료전 지급 → (가) 신문왕 시기 • 관료의 녹읍 폐지 → (나) 신문왕 시기 • 처음으로 백성에게 정전 지급 → (다) 성덕왕 시기 • 다시 녹읍 지급 → (라) 경덕왕 시기

삼국을 통일한 문무왕에 이어 즉위한 신문왕은 진골 귀족 세력을 누르고 왕권을 강화하였어요. 이를 바탕으로 관료에게 (가) 수조권만 행사할 수 있는 관료전을 지급하고, 2년 뒤에 (나) 수조권 행사는 물론 해당 지역의 노동력도 징발할 수 있었던 녹읍을 폐지하였어요. 신문왕의 둘째 아들인 (다) 성덕왕은 백성에게 정전을 지급하여 국가의 토지 지배권을 강화하였어요. 그러나 (라) 경덕왕 때에 진골 귀족들의 반발로 녹읍이 부활하였어요.
따라서 옳은 순서는 ① (가)-(나)-(다)-(라)입니다.

116 통일 신라의 경제 정답 ②

정답 잡는 키/워드	통일을 이루고 9주 5소경 설치 → 통일 신라

통일을 이루고 9주 5소경을 설치한 이후라는 내용을 통해 밑줄 그은 '시기'가 통일 신라 시대임을 알 수 있어요. ② 신라 촌락 문서는 일본 도다이사 쇼소인에서 발견되었는데, 서원경 인근 4개 촌락의 인구수, 토지 종류와 면적, 소와 말의 수 등의 변동 사항을 조사하여 3년마다 기록한 것이에요. 이를 통해 조세 수취를 위해 촌락 문서를 작성하였음을 알 수 있습니다.

오답 피하기
① 고려 시대에 예성강 하구의 벽란도가 국제 무역항으로 번성하여 송, 일본 등 주변국은 물론 아라비아 상인까지도 왕래하였어요.
③ 금관가야는 철이 많이 생산되어 낙랑군, 왜 등에 철을 수출하였어요.
④ 우경은 철기 시대부터 시작된 것으로 보여요. "삼국사기"에는 신라 지증왕이 우경을 장려하였다는 기록이 있어요.
⑤ 백제는 수도에 도시부라는 관청을 두어 시장에 관한 업무를 주관하게 하였어요.

117 신라의 경제 상황 정답 ③

정답 잡는 키/워드	일본 도다이사 쇼소인에서 발견, 촌락마다 호의 등급과 변동 상황·인구 규모·논과 밭의 면적 등이 기록됨 → 신라 촌락 문서(민정 문서)

일본 도다이사 쇼소인에서 발견되었으며, 촌락마다 호의 등급과 변동 사항, 성별·연령별 인구의 수와 논·밭의 면적 등이 기록되어 있다는 내용을 통해 제시된 문서가 신라 촌락 문서(민정 문서)임을 알 수 있어요. 따라서 신라의 경제 상황을 찾으면 됩니다. ③ 신라 지증왕은 수도 금성(경주)에 시장으로 동시를 설치하고 동시를 감독할 관청인 동시전을 두었어요.

오답 피하기
① 조선 후기에 모내기법이 전국적으로 확산되어 수확량이 늘어나고 광작이 유행하였어요.
② 고구려 고국천왕은 가난한 백성을 구제하기 위해 진대법을 실시하였어요.
④ 조선 후기에 감자와 고구마가 전래되어 구황 작물로 재배되었어요.
⑤ 조선 세종 때 "농사직설"이 편찬되었어요.

118 통일 신라의 경제 상황 정답 ④

정답 잡는 키/워드	서원경 부근 4개 촌락의 경제 상황 기록, 일본 도다이사 쇼소인에서 발견 → 신라 촌락 문서

서원경 부근 4개 촌락의 경제 상황이 기록되었으며, 일본 도다이사 쇼소인에서 발견된 문서는 통일 후 신라에서 작성된 촌락 문서(민정 문서)입니다. 신라 촌락 문서는 각 촌락의 인구수, 토지 종류와 면적, 소와 말의 수, 수목의 종류와 수 등의 변동 사항을 조사하여 3년마다 기록한 것이에요. 신라 촌락 문서를 통해 당시의 경제 상황과 세무 행정에 대해 짐작할 수 있어요. ④ 통일 후 신라에서는 수도 금성(경주)과 가까운 울산항과 한강 유역의 당항성이 무역항으로 번성하였어요.

오답 피하기
① 은병은 고려 숙종 때 처음 제작된 병 모양의 화폐이며, 활구라고도 불렸어요.
② 고구려에는 집집마다 부경이라는 작은 창고가 있었어요.
③ 조선 후기에 목화, 담배 등이 시장에 내다 팔기 위한 상품 작물로 재배되었어요.
⑤ 조선 세조 때 새로운 관리에게 지급할 과전이 부족해지자 직전법을 시행하여 현직 관리에게만 수조권을 지급하였어요.

119 통일 신라의 경제 상황 정답 ②

정답 잡는 키/워드	일본의 도다이사 쇼소인에서 발견됨, 서원경 주변 4개 촌락의 정보 기록 → 신라 촌락 문서

일본 도다이사 쇼소인에서 발견된 문서로 서원경 주변 촌락의 여러 경제적 정보를 기록하였다는 내용을 통해 제시된 문서가 신라 촌락 문서(민정 문서)임을 알 수 있어요. 따라서 (가) 국가는 신라입니다. 신라 촌락 문서는 각 촌락의 인구수, 토지 종류와 면적, 소와 말의 수, 수목의 종류와 수 등을 조사하여 3년에 한 번씩 기록한 것입니다. 신라 촌락 문서를 통해 당시의 경제 상황과 세무 행정에 대해 짐작할 수 있어요. ② 신라는 지증왕 때 수도에 동시라는 시장을 설치하였고, 통일 이후 서시와 남시를 추가로 설치하였어요.

오답 피하기
① 조선은 여진의 요청에 따라 국경 지역인 경성과 경원에 무역소를 설치하여 교역을 허용하였어요.
③ 고려 숙종 때 화폐 주조 기관인 주전도감을 설치하여 해동통보를 발행하였어요.
④ 조선 후기에 상업이 발달하면서 공인과 사상의 활동이 활발하였어요. 이들 가운데 일부는 독점적 도매상인인 도고로 성장하였어요.
⑤ 조선 후기에 감자, 고구마 등이 전래되어 구황 작물로 재배되었어요.

120 통일 신라의 경제 정답 ⑤

신라 촌락 문서는 일본 도다이사 쇼소인에서 발견된 통일 신라 시대의 문서로 서원경 인근 4개 촌락의 경제 상황이 기록되어 있어요. 신라 촌락 문서에는 인구수, 토지 종류와 면적, 소와 말의 수, 수목의 종류와 수 등이 기록되어 있어 조세 징수와 노동력 징발 등에 활용되었어요. 한편, 신라는 통일 이후 인구가 늘어나고 물자 유통이 활발해지면서 서시와 남시를 추가로 설치하였어요. ⑤ 통일 신라 시기에 수도 금성과 가까운 울산항이 국제 무역항으로 번성하여 당, 일본 상인을 비롯하여 아라비아 상인도 왕래하였어요.

오답 피하기
① 상평창은 고려 시대에 설치된 물가 조절 기구로 조선 시대까지 이어졌어요.
② 은병은 고려 시대에 주조된 고액 화폐로 활구라고도 불렸어요.
③ 진대법은 고구려 고국천왕 때 마련된 춘대추납 방식의 빈민 구제 정책입니다.
④ 금관가야는 철이 풍부하게 생산되어 덩이쇠를 화폐처럼 사용하거나 낙랑, 왜 등에 수출하였어요.

121 장보고의 활동 정답 ③

정답 잡는 키/워드	산둥반도에 법화원 창건, 왕위 쟁탈전에 휘말려 암살당함 → 장보고

산둥반도에 형성된 신라인 집단 거주지에 법화원을 창건하였으며 신라 말에 왕위 쟁탈전에 휘말려 암살당하였다는 내용을 통해 밑줄 그은 '이 인물'이 장보고임을 알 수 있어요. 당에 건너가 군인으로 활동하다가 흥덕왕 때 귀국한 장보고는 왕에게 건의하여 완도에 청해진을 설치하고 해적을 소탕하였어요. 이후 ③ 청해진을 중심으로 신라와 당, 일본을 연결하는 해상 무역을 전개하였어요. 해상 활동으로 세력을 키운 장보고는 중앙의 왕위 쟁탈전에 관여하였고, 이후 청해진을 거점으로 반란을 도모하다가 자객에 의해 살해되었어요.

오답 피하기

① 신라의 승려 혜초는 인도와 중앙아시아 지역을 돌아보고 구법 순례기인 "왕오천축국전"을 지었어요.
② 당에서 유학하고 신라로 돌아온 6두품 출신 학자 최치원은 진성 여왕에게 시무책 10여 조를 올렸으나 귀족들의 반대에 부딪혀 실현하지 못하였어요.
④ 신라 말에 승려 체징은 전라남도 장흥의 가지산에 보림사를 세우고 9산 선문 중의 하나인 가지산문을 개창하였어요.
⑤ 승려 원효의 아들인 설총은 한자의 음과 훈을 빌려 우리말을 표기하는 이두를 체계적으로 정리하였어요.

122 통일 신라의 경제 정답 ⑤

정답 잡는 키/워/드	장보고, 청해에 진 설치 → 통일 신라

장보고가 청해에 진을 설치할 것을 건의하자 왕이 장보고에게 군사를 주어 지키게 하였다는 내용을 통해 자료에 나타난 시기가 통일 신라 시대임을 알 수 있어요. 당에서 군인으로 활동한 장보고는 흥덕왕 때 신라로 돌아와 왕의 허락을 받아 지금의 완도에 군사·무역 기지인 청해진을 설치하였어요. 그리고 청해진을 기반으로 해적을 소탕하고 해상 무역을 주도하였어요. ⑤ 통일 후 신라에서는 울산이 국제 무역항으로 번성하여 주변국은 물론 아라비아의 상인도 왕래하였어요.

오답 피하기

① 고려 시대에 활구라고도 불린 은병이 화폐로 제작되었어요.
② 금관가야는 풍부하게 생산되는 철을 낙랑과 왜에 수출하였어요.
③ 고구려에는 집집마다 부경이라는 작은 창고가 있었어요.
④ 조선 후기에 상인이나 지주 등 물주로부터 자본을 받아 광산을 전문적으로 경영하는 덕대가 등장하였어요.

123 발해의 경제 정답 ④

정답 잡는 키/워/드	장문휴의 등주 공격, '인안'·'대흥' 연호 사용 → 발해

장문휴가 등주를 공격하였으며 '인안', '대흥' 연호를 사용하였다는 내용을 통해 (가) 국가가 발해임을 알 수 있어요. 발해는 대조영이 고구려 유민과 말갈인을 이끌고 동모산에서 세운 나라로 고구려 계승 의식을 표방하였어요. 9세기 무렵 전성기를 형성하여 중국으로부터 해동성국이라고 불리기도 하였어요. 발해는 건국 초기에는 당과 적대적이었으나, 문왕 이후 친선 관계를 맺었으며, ㄹ. 신라도, 거란도, 영주도 등의 교통로를 통해 주변 국가들과 교류하였어요. 또 ㄴ. 목축이 발달하여 솔빈부의 말이 특산물로 거래되었어요.

오답 피하기

ㄱ. 고려 성종 때 우리나라 최초의 화폐이자 철전인 건원중보가 발행되었어요.
ㄷ. 신라는 문무왕 때부터 지방관을 감찰하기 위해 외사정을 파견하였어요.

124 발해의 대외 교류 정답 ①

정답 잡는 키/워/드	솔빈의 말, 풍속은 고구려와 대개 같음 → 발해	

'솔빈의 말'과 풍속이 고구려와 대개 같다고 한 내용을 통해 밑줄 그은 '이 나라'가 발해임을 알 수 있어요. 발해는 고구려 출신 대조영이 고구려 유민과 말갈인을 기반으로 세운 나라로, 고구려 계승을 표방하였으며 고구려와 비슷한 풍속을 가지고 있었어요. 또한, 목축이 발달하여 말이 주요 수출품이었어요. 특히 솔빈부의 말이 유명하였습니다. 발해는 거란도, 영주도 등 5개 교통로를 통해 주변국과 활발하게 교류하였어요. 특히 당과 친선 관계를 형성한 문왕 때부터 신라와의 관계도 개선되어 ① 신라도라는 교통로를 통해 신라와 교역하였어요.

오답 피하기

② 조선 후기에 감자, 고구마 등이 전래되어 구황 작물로 널리 재배되었어요.
③ 고려는 숙종 때 해동통보를 발행하여 금속 화폐의 통용을 추진하였어요.
④ 조선 세종 때 우리 풍토에 맞는 농법을 정리하여 "농사직설"을 간행하였어요.
⑤ 조선 세종 때 삼포를 열어 일본과의 무역을 허용하고 계해약조를 체결하였어요.

125 발해의 대외 교류 정답 ⑤

정답 잡는 키/워/드	무왕, 대무예 → 발해

무왕(대무예)이 일본에 사신과 국서를 보냈다는 내용을 통해 (가) 국가가 발해임을 알 수 있어요. 발해는 고구려 멸망 후 대조영이 고구려 유민과 말갈인을 이끌고 동모산에서 건국한 나라입니다. 발해는 건국 초부터 고구려 계승 의식을 표방하였고 9세기 선왕 때에는 옛 고구려 영토의 대부분을 차지하는 등 전성기를 이루었어요. ⑤ 발해는 거란도, 영주도 등 5개 교통로를 통해 주변 국가들과 활발하게 교류하였어요. 목축이 발달하여 말이 주요 수출품이었으며 솔빈부의 말이 유명하였어요. 또한, 수렵도 활발하여 모피, 녹용, 사향 등을 수출하였어요.

오답 피하기

① 백제 무령왕은 지방 통제를 강화하기 위해 지방의 22담로에 왕족을 파견하였어요.
② 교육 기관으로 태학과 경당을 둔 나라는 고구려입니다. 고구려는 소수림왕 때 수도에 태학을 세워 귀족 자제에게 유학을 가르쳤어요. 지방의 경당에서는 경전과 무예를 교육하였어요.
③ 신라의 골품제는 골품에 따라 관등 승진에 제한을 두고 일상생활까지도 규제한 폐쇄적인 신분 제도였어요.
④ 신라의 화백 회의는 국가의 중대사를 논의한 귀족들의 회의로 만장일치제로 운영되었어요.

126 신라의 사회 정답 ⑤

정답 잡는 키/워/드	풍월도, 국선 → 신라의 화랑도	

'풍월도'와 '국선', 좋은 가문 출신의 남자로서 덕행이 있는 자를 뽑았다는 내용을 통해 (가) 제도가 신라의 화랑도임을 알 수 있어요. 화랑도는 원화 제도에서 기원한 것으로 귀족 출신의 화랑과 그를 따르는 다양한 신분의 낭도로 이루어졌어요. 화랑도는 원광이 제시한 세속 5계를 행동 규범으로 삼았으며 군사 훈련 등을 통해 협동과 단결 정신을 길렀어요. 신라는 진흥왕 때 인재 양성을 위해 화랑도를 국가적인 조직으로 개편하였어요. ⑤ 신라의 신분 제도인 골품제는 골품에 따라 오를 수 있는 관등에 제한을 두었어요. 또한, 집의 규모와 수레의 크기, 장신구 등 일상생활까지 규제하였어요.

오답 피하기

① 고구려는 교육 기관으로 중앙에 태학, 지방에 경당을 두어 인재를 양성하였어요.
② 조선은 도성 안의 병든 사람을 구제하고 치료하는 기구로 동·서 활인서를 두었어요.
③ 백제에서는 귀족들이 정사암에 모여 재상을 선출하거나 국가의 중대사를 논의하였어요.
④ 도병마사는 고려 시대에 고위 관리들이 모여 국방과 군사 문제 등을 논의하던 회의 기구입니다.

127 최치원의 활동 정답 ②

당에 유학하여 빈공과에 급제, '격황소서'를 지음,
"계원필경"을 남김 → 최치원

'격황소서'를 짓고 "계원필경"을 남겼다는 내용을 통해 밑줄 그은 '이 인물'
이 최치원임을 알 수 있어요. 최치원은 신라 말에 활동한 6두품 출신 학자로,
당에 건너가 외국인 대상의 과거 시험인 빈공과에 합격하여 당의 관리로서
관직 생활을 하였어요. 당에서 황소의 난이 일어났을 때 '격황소서(토황소격
문)'를 지어 문장가로 이름을 알렸어요. '격황소서'는 최치원이 신라로 돌아
온 뒤 자신의 시문을 모아 편찬한 "계원필경"에 수록되었어요. 최치원은 당
시 신라의 정치·사회 혼란을 바로잡기 위해 ② 진성 여왕에게 개혁안인 시무
책 10여 조를 올렸으나 개혁을 실현하지는 못하였어요.

오답 피하기

① 백제와 고구려가 연합하여 신라를 공격해 오자 김춘추는 당으로 건너가 당의 군
사 지원을 약속받고 돌아왔어요.
③ 강수는 외교 문서 작성에 능하여 당에 잡혀 있던 태종 무열왕의 아들 김인문을
석방해 줄 것을 당의 고종에게 청하는 '청방인문표'를 지었어요.
④ 김대문은 화랑들의 행적을 모아 엮은 "화랑세기", 신라 고승의 이야기를 정리한
"고승전" 등을 저술하였어요.
⑤ 설총은 한자의 음과 훈을 빌려 우리말을 표기하는 이두를 정리하였어요.

128 최치원의 활동 정답 ④

시무책 10여 조를 진성 여왕에게 올림 → 최치원

시무책 10여 조를 진성 여왕에게 올렸다는 내용을 통해 (가) 인물이 최치원
임을 알 수 있어요. 신라 말에 6두품 출신의 최치원은 당으로 건너가 빈공과
에 합격하여 당에서 관리 생활을 하였고, 황소의 난이 일어났을 때 '토황소
격문'을 지어 이름을 알리기도 하였어요. 신라에 돌아온 최치원은 원종과 애
노의 난을 시작으로 농민 봉기가 전국으로 확산되는 가운데 진성 여왕에게
개혁 방안을 담은 10여 조를 건의하였어요. 하지만 진골 귀족의 반발에 부딪
혀 뜻을 이루지 못하였어요. ④ 최치원은 진성 여왕 때 해인사 부근에서 있었
던 전란으로 사망한 사람들의 넋을 위로하기 위해 세운 길상탑의 탑지인 '해
인사 묘길상탑기'를 남겼어요.

오답 피하기

① 원측은 유식의 교의를 담은 주석서인 "해심밀경소"를 저술하였어요.
② 강수는 당에 잡혀 있던 태종 무열왕의 아들 김인문을 석방해 줄 것을 당의 고종
에게 청하는 '청방인문표'를 작성하였어요.
③ 설총은 한자의 음과 훈을 빌려 우리말을 표기하는 이두를 정리하였어요.
⑤ 원효는 종파 간의 사상적 대립을 해소하기 위해 화쟁 사상을 담은 "십문화쟁론"
을 지었어요.

본문 044~051쪽

5 문화

129 설총의 활동 정답 ⑤

이두를 체계적으로 정리, 원효의 아들 → 설총

원효의 아들이며, 한자의 음과 훈을 빌려 우리말을 표기하는 이두를 체계적
으로 정리하였다는 내용을 통해 밑줄 그은 '이 인물'이 설총임을 알 수 있어
요. 설총은 신라 6두품 출신의 유학자로 유학 경전에 조예가 깊었으며, ⑤ 신
문왕에게 충신을 가까이할 것을 꽃에 비유하여 조언한 '화왕계'를 지어 바쳤
어요.

오답 피하기

① 진성 여왕 때 위홍과 대구화상이 향가 모음집인 "삼대목"을 편찬하였어요.
② 최치원은 당에서 활동하다가 신라로 돌아와 진성 여왕에게 사회 개혁을 위한 시
무책 10여 조를 올렸으나 귀족들의 반대로 실현하지 못하였어요.
③ 원광은 화랑도가 지켜야 할 행동 규범으로 세속 5계를 제시하였어요.
④ 강수는 외교 문서 작성에 능하여 당에 잡혀 있던 태종 무열왕의 아들인 김인문의
석방을 요구하는 '청방인문표'를 지었어요.

130 설총의 활동 정답 ⑤

아버지가 원효, '화왕계'를 지음 → 설총

아버지가 원효이며, '화왕계'를 지어 왕에게 충신을 가까이할 것을 일깨워
주었다는 내용을 통해 검색창에 들어갈 인물이 설총임을 알 수 있어요. 원효
와 요석 공주의 아들인 설총은 학자이자 문장가였어요. 유학 경전에 조예가
깊었으며, ⑤ 한자의 음과 훈을 빌려 우리말을 표기하는 이두를 체계적으로
정리하였어요.

오답 피하기

① 김대문은 진골 귀족 출신으로 화랑을 다룬 역사서인 "화랑세기", 신라 고승의 이
야기를 정리한 "고승전" 등을 저술하였어요.
② 강수는 외교 문서 작성에 뛰어났어요. 당에 잡혀 있던 태종 무열왕의 아들인 김
인문의 석방을 요구하는 '청방인문표'를 지었는데, 이를 보고 당 황제가 감동하
여 김인문을 돌려보냈다고 합니다.
③ 혜초는 인도와 중앙아시아를 순례하고 그 지역의 풍속, 문화, 종교 등을 담은 "왕
오천축국전"을 남겼어요.
④ 고려 시대의 각훈은 명망 높은 승려들의 전기를 정리하여 "해동고승전"을 남겼
어요.

131 삼국 시대 도교 정답 ②

고구려의 사신도, 백제 산수무늬 벽돌,
신선 사상을 기반으로 불로장생을 추구함 → 도교

고구려의 사신도와 백제 산수무늬 벽돌에 이 종교의 내용이 잘 표현되어 있
으며, 신선 사상을 기반으로 불로장생을 추구한다는 것으로 보아 자료에서
말하는 종교가 도교임을 알 수 있어요. 도교는 중국에서 신선 사상을 기반으
로 유교, 불교와 여러 신앙 요소들을 받아들여 형성된 종교입니다. 삼국 시대
에 한반도에 전래되어 귀족 사회를 중심으로 유행하였으며 사상, 문학, 예술
과 일상생활 등 여러 방면에 영향을 끼쳤어요. ② 고구려 보장왕 때 연개소문
은 당에 도사 파견을 요청하였어요. 도사는 도교를 믿고 수행하는 사람으로,
도교에서의 승려를 말해요. 이때 고구려에 건너온 도사들의 활동으로 왕실
및 지배층에 도교 사상이 퍼졌어요.

오답 피하기

① 조선 세조는 간경도감을 설치하여 불교 경전을 한글로 번역하고 간행하였어요.
③ 사서는 성리학의 기본 경전인 "논어", "맹자", "대학", "중용"을 말하며 "사서집
주"는 사서를 주석한 책이에요. "사서집주"는 고려 후기에 성리학의 도입과 함
께 유입되어 이후 과거 시험의 교재로 채택되었어요.

④ 신라 말에 참선 수행을 통해 깨달음을 얻으려는 불교 종파인 선종이 유행하면서 9산 선문이 형성되었어요.
⑤ 임신서기석은 신라의 두 청년이 유교 경전을 공부할 것을 맹세한 내용을 새긴 비석이에요.

132 백제의 도교 문화 정답 ④

도교의 영향을 받은 백제의 문화유산을 찾는 문제입니다. 삼국 시대에 중국에서 전해진 도교는 신선 사상을 바탕으로 민간 신앙 등 다양한 신앙이 결합하여 성립된 종교입니다. 불로장생과 현세 구복을 추구하였으며 삼국의 귀족 사회를 중심으로 유행하면서 예술에 큰 영향을 끼쳤어요. ㄴ, ㄹ. 백제의 산수무늬 벽돌과 금동 대향로에는 신선들의 이상 세계가 표현되어 있어요.

오답 피하기

ㄱ. 가야의 철제 판갑옷이에요.
ㄷ. 고구려의 금동 연가 7년명 여래 입상이에요.

133 원광의 활동 정답 ④

정답 잡는 키/워/드
왕이 수에 군사를 요청하는 걸사표를 짓도록 명함 → 원광

왕이 출가한 승려에게 수에 군사를 요청하는 걸사표를 짓도록 명하였다는 내용을 통해 (가) 인물이 신라의 승려 원광임을 알 수 있어요. 신라 진평왕은 고구려가 여러 차례 영토를 침범해 오자 수에 군사를 요청하여 고구려를 공격하고자 원광에게 걸사표를 짓게 하였어요. 원광은 승려로서 남을 멸하는 것은 적합한 행동이 아니지만 왕의 백성으로 살고 있으므로 명을 따르겠다면서 걸사표를 지어 올렸어요. 또한, 원광은 화랑도가 지켜야 할 규범으로 ④ 사군이충, 사친이효, 교우이신, 임전무퇴, 살생유택의 세속 5계를 제시하였어요.

오답 피하기

① 혜초는 인도와 중앙아시아 지역을 다녀온 후 구법 순례기인 "왕오천축국전"을 남겼어요.
② 자장은 선덕 여왕에게 황룡사 9층 목탑의 건립을 건의하였어요.
③ 원효는 대중이 쉽게 불교를 받아들일 수 있도록 무애가를 지어 불교 대중화에 기여하였어요.
⑤ 도선은 풍수지리 사상을 반영하여 송악, 즉 지금의 개성을 명당으로 제시한 도참서인 "송악명당기"를 저술하였어요.

134 원효의 활동 정답 ④

정답 잡는 키/워/드
설총을 낳음, 무애가 → 원효

설총을 낳은 이후 속인의 옷으로 바꾸어 입고 스스로 소성거사라 하였으며, 무애라는 도구를 만들고 노래를 지어 세상에 퍼뜨렸다는 내용을 통해 (가) 인물이 원효임을 알 수 있어요. 원효는 일심 사상과 화쟁 사상을 주장하며 종파 간의 사상적 대립을 극복하기 위해 노력하였어요. 또한, 나무아미타불만 외우면 누구나 극락에 갈 수 있다고 주장하고, 무애가를 지어 부르며 불교 대중화에 기여하였어요. ④ "대승기신론소", "십문화쟁론", "금강삼매경론" 등을 저술하여 불교 교리 연구에도 힘썼어요.

오답 피하기

① 의상은 당에서 유학하고 돌아와 화엄종을 개창하였으며, 부석사를 비롯한 많은 사찰을 건립하였어요.
② 고려의 요세는 법화 신앙을 바탕으로 하는 신앙 결사인 백련 결사를 주도하였어요.
③ 혜초는 인도와 중앙아시아 지역을 순례하고 "왕오천축국전"을 남겼어요.
⑤ 고려의 의천은 우리나라와 송, 요, 일본 등 동아시아 각지의 불교 서적을 수집하여 그 목록을 정리한 "신편제종교장총록"을 편찬하였어요.

135 원효의 활동 정답 ①

정답 잡는 키/워/드
"금강삼매경론"·"대승기신론소" 등 저술, 무애가 → 원효

"금강삼매경론", "대승기신론소" 등을 저술하였으며, 무애가를 지었다는 내용을 통해 (가) 인물이 신라의 승려 원효임을 알 수 있어요. ① 원효는 모든 진리는 한마음에서 나온다는 일심 사상과 화쟁 사상을 주장하며 종파 간의 사상적 대립을 극복하기 위해 노력하였어요. 또 나무아미타불만 외우면 누구나 극락에 갈 수 있다고 주장하였으며, 무애가를 지어 부르며 불교 대중화에 기여하였어요.

오답 피하기

② 혜초는 인도와 중앙아시아 지역을 순례하고 돌아와 구법 순례기인 "왕오천축국전"을 남겼어요.
③ 선덕 여왕 때 자장은 부처의 힘으로 나라를 안정시키고 외적의 침입을 막는다는 염원을 담아 황룡사 9층 목탑의 건립을 건의하였어요.
④ 원광은 진평왕의 명을 받아서 수에 고구려 공격에 필요한 군사를 요청하는 걸사표를 지었어요.
⑤ 고려의 승려 각훈은 삼국 시대 이래 명망 높은 승려들의 전기를 담은 "해동고승전"을 편찬하였어요.

136 의상의 활동 정답 ⑤

정답 잡는 키/워/드
당에서 유학, 부석사 창건 → 의상

당에서 유학하고 돌아와 부석사를 창건한 승려는 의상입니다. 신라의 승려 의상은 당에서 화엄종을 공부하고 돌아와 화엄 사상을 설파하였으며, ⑤ 화엄 사상의 요지를 축약한 '화엄일승법계도'를 지어 화엄 사상을 정리하였어요. 그는 모든 존재는 상호 의존적 관계에 있으면서 조화를 이루고 있다고 하였어요. 또한, 현세의 고난에서 구제받고자 하는 관음 신앙을 강조하였어요.

오답 피하기

① 원효는 백성이 불교를 쉽게 받아들일 수 있도록 무애가라는 노래를 지어 부르며 불교 대중화에 기여하였어요.
② 원광은 화랑도가 지켜야 할 행동 규범으로 세속 5계를 제시하였어요.
③ 혜초는 인도와 중앙아시아를 다녀와서 구법 순례기인 "왕오천축국전"을 저술하였어요.
④ 고려의 승려 각훈은 삼국 시대 이래 명망 높은 승려들의 전기를 담은 "해동고승전"을 집필하였어요.

137 의상의 활동 정답 ⑤

정답 잡는 키/워/드
부석사·화엄사 등에서 가르침, 간략한 주석을 붙여 일승의 요점을 기록함 → 의상

부석사와 화엄사에서 가르침을 전하고, '법계도서인'을 짓고 주석을 붙여 일승(一乘)의 요점을 기록하였다는 내용을 통해 (가) 인물이 '화엄일승법계도'를 지은 의상임을 알 수 있어요. 의상은 '모든 존재는 서로 의존하여 조화를 이룬다.'라는 화엄 사상을 설파하였으며, ⑤ 관세음보살을 믿어 현세의 고난에서 구제받고자 하는 관음 신앙을 강조하였어요.

오답 피하기

① 자장은 선덕 여왕에게 황룡사 9층 목탑의 건립을 건의하였어요.
② 원효는 무애가를 지어 부르며 불교 대중화에 노력하였으며, 모든 진리는 한마음에서 나온다는 일심 사상을 주장하였어요.
③ 고려 시대의 승려 균여는 향가인 보현십원가를 지어 대중에게 불교 교리를 전파하였어요.
④ 혜초는 인도와 중앙아시아를 다녀온 뒤 그곳의 풍속, 종교, 문화 등을 기록한 "왕오천축국전"을 남겼어요.

138 혜초의 활동 정답 ④

정답 잡는 키/워/드

| 정답 잡는 키/워/드 | 인도와 중앙아시아의 실상을 전해 주는 기록을 남긴 신라 승려 → 혜초 |

8세기 인도와 중앙아시아의 실상을 전해 주는 기록을 남긴 신라의 승려라는 내용을 통해 (가) 인물이 혜초임을 알 수 있어요. 혜초는 인도와 중앙아시아를 돌아보고 귀국한 뒤 ④ 구법 순례기인 "왕오천축국전"을 저술하였어요. "왕오천축국전"에는 그 지역의 풍속, 종교, 문화 등이 담겼어요.

오답 피하기
① 신라 진성 여왕 때 위홍과 대구화상이 왕명을 받아 향가 모음집인 "삼대목"을 편찬하였어요.
② 원광은 화랑도가 지켜야 할 행동 규범으로 사군이충·사친이효·교우이신·임전무퇴·살생유택의 세속 5계를 제시하였어요.
③ 원효는 일반 백성이 쉽게 불교를 받아들일 수 있도록 무애가를 지어 부르며 불교 대중화에 힘썼어요. 또한, '나무아미타불'만 외우면 누구나 극락에 갈 수 있다고 주장하였어요.
⑤ 의상은 화엄 사상의 요지를 축약한 '화엄일승법계도'를 지어 화엄 사상을 정리하였어요.

139 신라 말의 선종 정답 ④

| 정답 잡는 키/워/드 | 승탑 유행, 9산 선문 형성 → 선종 |

9세기부터 유행한 승탑 건립에 영향을 끼쳤으며, 9산 선문을 형성하였다는 내용을 통해 밑줄 그은 '이 종파'가 선종임을 알 수 있어요. 선종은 교리와 계율을 중시하는 교종과 달리 ④ 참선 수행을 통해 깨달음을 얻으려는 불교 종파입니다. 삼국 통일 무렵에 전래되었지만 신라 말에 크게 유행하였어요. 개인적 정신세계를 추구하는 경향이 강한 선종은 지방 호족이 성장하는 데 사상적 기반이 되었고, 호족의 후원 속에서 가지산문, 실상산문 등 9산 선문을 형성하였어요. 또한, 승려의 사리를 봉안하는 승탑과 승려의 행적을 기록한 탑비 건립에 영향을 끼쳤어요.

오답 피하기
① "동경대전"은 조선 후기에 창시된 동학의 경전입니다.
② 대한 제국 시기에 나철은 오기호 등과 함께 단군 신앙을 바탕으로 대종교를 창시하였어요.
③ 대성전은 성균관이나 향교에 세운 공자의 위패를 모신 건축물로, 이곳에서 공자를 비롯하여 옛 성현에 제사를 지냈어요.
⑤ 동학은 마음속에 한울님을 모시는 시천주와 사람이 곧 한울(하늘)이라는 인내천을 강조하였어요.

140 금동 미륵보살 반가 사유상 정답 ④

| 정답 잡는 키/워/드 | 반가의 자세, 삼국 시대 금동 불상 → 금동 미륵보살 반가 사유상 |

반가의 자세로 깊은 생각에 잠긴 모습을 형상화한 삼국 시대 금동 불상이라는 내용을 통해 밑줄 그은 '이 불상'이 ④ 삼국 시대에 만들어진 금동 미륵보살 반가 사유상임을 알 수 있어요. 금동 미륵보살 반가 사유상은 오른쪽 다리를 왼쪽 허벅다리 위에 수평으로 얹고 걸터앉은 채 오른손을 뺨에 대고 생각에 잠겨 있는 모습을 형상화한 불상이에요.

오답 피하기
① 발해의 대표적인 불상인 이불병좌상이에요.
② 고려 말~조선 초에 만들어진 것으로 보이는 금동 관음보살 좌상이에요.
③ 고려 초기에 만들어진 하남 하사창동 철조 석가여래 좌상이에요.
⑤ 고구려의 불상인 금동 연가 7년명 여래 입상이에요.

141 금동 연가 7년명 여래 입상 정답 ②

| 정답 잡는 키/워/드 | 고구려 승려들이 만듦, 연가 7년이라는 명문 → 금동 연가 7년명 여래 입상 |

고구려의 승려들이 만들었으며, '연가 7년'이라는 명문이 새겨져 있는 불상은 ② 금동 연가 7년명 여래 입상이에요. 광배 뒷면에 새겨져 있는 '연가 7년'이라는 글씨를 통해 제작 연대를 추정할 수 있어요.

오답 피하기
① 고려 말~조선 초에 만들어진 것으로 보이는 금동 관음보살 좌상이에요.
③ 고구려 불상 양식의 영향을 받은 발해의 이불병좌상이에요.
④ 통일 신라 시기에 만들어진 것으로 보이는 경주 구황동 금제 여래 좌상이에요.
⑤ 삼국 시대에 만들어진 금동 미륵보살 반가 사유상이에요.

142 서산 용현리 마애 여래 삼존상 정답 ④

| 정답 잡는 키/워/드 | 국보로 지정된 마애불, '백제의 미소' → 서산 용현리 마애 여래 삼존상 |

국보로 지정된 마애불로 '백제의 미소'라고 불린다는 내용을 통해 (가)에 해당하는 문화유산이 ④ 서산 용현리 마애 여래 삼존상임을 알 수 있어요. '마애'는 돌이나 바위벽에 그림이나 불상 따위를 새기는 것을 말해요.

오답 피하기
① 고려의 안동 이천동 마애 여래 입상이에요.
② 신라의 경주 칠불암 마애 삼존불 좌상이에요.
③ 고려의 영암 월출산 마애 여래 좌상이에요.
⑤ 고려의 파주 용미리 마애 이불 입상이에요.

143 익산 미륵사지 석탑 정답 ③

| 정답 잡는 키/워/드 | 전라북도 익산시 소재, 삼국 시대 석탑 중 가장 큰 규모, 목탑 양식 반영 → 백제의 익산 미륵사지 석탑 |

소재지가 전라북도 익산이며, 삼국 시대 석탑 중 가장 규모가 크고 목탑 양식이 반영되었다는 내용을 통해 (가)에 해당하는 문화유산이 ③ 백제의 익산 미륵사지 석탑임을 알 수 있어요. 백제 무왕 때 건립된 익산 미륵사지 석탑은 해체 보수 과정에서 금제 사리봉영기가 발견되어 석탑의 건립 연도와 배경 등이 밝혀졌어요.

오답 피하기
① 백제의 부여 정림사지 5층 석탑이에요.
② 통일 신라 시기에 건립된 경주 불국사 다보탑이에요.
④ 중국 지린성에 있는 발해 영광탑이에요.
⑤ 익산 왕궁리 5층 석탑이며, 건립 시기가 아직 명확하게 밝혀지지 않았어요.

144 경주 분황사 모전 석탑 정답 ④

| 정답 잡는 키/워/드 | 현존하는 신라 탑 중에 가장 오래된 것, 돌을 벽돌 모양으로 다듬어 쌓음 → 경주 분황사 모전 석탑 |

현존하는 신라의 탑 가운데 가장 오래되었으며, 돌을 벽돌 모양으로 다듬어 쌓았다는 내용을 통해 (가)에 해당하는 문화유산이 경주 분황사 모전 석탑임을 알 수 있어요. ④ 경주 분황사 모전 석탑은 신라 선덕 여왕 때 분황사를 창건하면서 동시에 건립된 것으로 추정됩니다. 기단 위 모퉁이에 화강암으로 조각한 사자상이 놓여 있어요.

① 통일 신라의 경주 불국사 3층 석탑이에요. 탑을 보수하던 중 무구정광대다라니경이 발견되었어요.
② 백제의 부여 정림사지 5층 석탑이에요. 목탑 양식을 띠고 있어요.
③ 발해의 영광탑이에요. 벽돌로 쌓아 만든 전탑입니다.
⑤ 백제의 익산 미륵사지 석탑이에요. 복원 공사 중에 금제 사리봉영기가 발견되어 석탑의 건립 연도 등이 밝혀졌어요.

145 경주 불국사 3층 석탑 정답 ①

정답 잡는 키/워/드 | 경주 불국사, 무구정광대다라니경 → 경주 불국사 3층 석탑

경주 불국사에 있는 탑으로 해체 보수 과정에서 무구정광대다라니경이 발견되었다는 내용을 통해 밑줄 그은 '이 탑'이 ① 경주 불국사 3층 석탑임을 알 수 있어요. 통일 신라 시기에 세운 경주 불국사 3층 석탑은 석가탑, 무영탑이라고도 불리며 신라 석탑의 완벽한 조형미를 보여 줍니다.

② 백제의 부여 정림사지 5층 석탑이에요.
③ 백제의 익산 미륵사지 석탑이에요.
④ 통일 신라 시기에 세운 구례 화엄사 4사자 3층 석탑이에요.
⑤ 고려 전기에 세운 평창 월정사 8각 9층 석탑이에요.

146 발해의 문화유산 정답 ①

정답 잡는 키/워/드 | 영광탑 → 발해

중국 지린성에 있는 영광탑이 자료로 제시된 것을 통해 (가) 국가가 발해임을 알 수 있어요. 발해는 고구려 출신 대조영이 고구려 유민과 말갈인을 이끌고 동모산에서 건국한 나라로 고구려 계승 의식을 표방하였어요. 발해의 왕이 일본에 보낸 국서에서 '고려', '고려 국왕'이라는 호칭을 사용하였고, 일본도 발해를 '고려'라고 불렀어요. 또한, 발해 유적지에서 발견된 온돌 유적이나 문화유산이 고구려 양식과 유사한 점으로 볼 때 발해가 고구려 계승 의식을 가졌음을 짐작할 수 있어요. ① 발해의 불상인 이불병좌상이에요. 고구려 불상 양식의 영향을 받았어요.

② 고려의 불상인 영주 부석사 소조 여래 좌상이에요. 신라 양식을 계승하였으며 무량수전에 모셔져 있어요.
③ 고구려의 불상인 금동 연가 7년명 여래 입상이에요.
④ 신라의 불상인 경주 석굴암 본존불상이에요. 신라의 뛰어난 석공 기술을 보여 줍니다.
⑤ 고려 말~조선 초에 만들어진 것으로 보이는 금동 관음보살 좌상이에요.

147 고구려 고분 벽화 정답 ⑤

고구려의 고분 벽화를 찾는 문제입니다. 고구려는 주로 굴식 돌방무덤을 만들어 천장과 벽에 그림을 그렸는데, 이러한 고분 벽화는 당시 사람들의 풍속과 신앙, 다양한 생활 모습을 잘 보여 줍니다. 고구려의 각저총, 무용총, 수산리 고분의 벽화가 유명합니다. ⑤ 경남 밀양에 있는 박익 묘에서 발견된 벽화로, 고려 시대에 제작되었어요.

① 고구려 고분인 지안현 통구 12호 고분의 포로 참수도입니다.
② 고구려 고분인 각저총에 남아 있는 벽화로, 씨름하는 모습을 그린 것입니다.
③ 고구려 고분인 무용총에 남아 있는 접객도입니다.
④ 고구려 고분인 강서 수산리 고분의 벽화로, 곡예 장면과 무덤 주인의 나들이 행렬을 그린 것입니다.

148 무령왕릉 정답 ④

정답 잡는 키/워/드 | 공주시에 위치, 도굴의 피해를 입지 않은 상태로 발견됨 → 무령왕릉

충청남도 공주시에 있고 송산리 6호분의 배수로 공사 중 발견되었으며, 도굴의 피해를 입지 않은 상태였다는 내용을 통해 자료의 문화유산이 백제의 무령왕릉임을 알 수 있어요. 무령왕릉은 백제가 지금의 공주인 웅진에 도읍하였던 시기에 ㄴ. 중국 남조의 영향을 받아 조성한 벽돌무덤입니다. 도굴의 피해를 입지 않은 상태였기에 무덤에서는 당시 백제의 높은 문화 수준을 알 수 있는 유물이 다수 발굴되었어요. 특히 발굴 당시 ㄹ. 묘지석이 출토되어 무덤의 주인이 무령왕임을 알게 되었어요. 백제의 고분 가운데 무덤 주인이 확인된 유일한 무덤이에요.

ㄱ. 모줄임천장 구조는 굴식 돌방무덤에 주로 사용되었으며, 고구려에서 유행하였어요. 무령왕릉은 벽돌을 쌓아 아치형으로 조성된 무덤이에요.
ㄷ. 무령왕릉은 벽돌무덤이에요. 고구려의 장군총과 유사한 양식의 백제 돌무지무덤으로는 서울 석촌동의 계단식 돌무지무덤이 있어요.

149 무령왕릉 정답 ⑤

정답 잡는 키/워/드 | 백제의 고분 중 피장자와 축조 연대가 확인되는 유일한 무덤 → 무령왕릉

백제의 고분 중 피장자와 축조 연대가 확인되는 유일한 무덤이라는 내용을 통해 (가) 문화유산이 무령왕릉임을 알 수 있어요. 무령왕릉은 백제 무령왕 부부의 무덤으로, ⑤ 중국 남조의 영향을 받아 벽돌로 축조되었어요. 발굴 조사 중 무덤 안에서 죽은 사람의 인적 사항 등이 기록된 묘지석이 발견됨으로써 무덤의 주인과 축조 연대를 알게 되었어요. 무령왕릉은 도굴되지 않은 상태였기에 왕과 왕비가 착용한 것으로 보이는 금제 장신구, 용과 봉황이 장식된 큰 칼, 진묘수 등 많은 유물이 무덤에서 발견되었어요. 특히 무덤에서 발견된 중국산 도자기와 화폐, 일본산 금송을 사용한 관재(棺材) 등을 통해 당시 백제가 중국, 일본과 활발하게 교류하였음을 짐작할 수 있어요.

① 무령왕릉은 충청남도 공주의 송산리 고분군 내에 위치하고 있어요. 서울 석촌동 고분군에는 고구려 장군총과 유사한 모습의 계단식 돌무지무덤이 있습니다.
② 나무로 곽을 짜고 그 위에 돌을 쌓는 방식으로 만들어진 무덤을 돌무지덧널무덤이라고 해요. 돌무지덧널무덤은 삼국 통일 이전에 신라에서 주로 만들어졌으며, 경주의 천마총, 황남대총 등이 이에 해당합니다.
③ 금동 대향로는 부여 능산리 고분군 근처의 절터에서 출토되었어요.
④ 무덤의 둘레돌에 12지 신상이 조각된 무덤으로 김유신 묘가 대표적이에요.

150 신라의 문화유산 정답 ②

② 첨성대는 선덕 여왕 때 지어진 천문 관측대로 알려져 있어요. 자장의 건의로 선덕 여왕 때 황룡사 9층 목탑이 건립되었어요.

① 천마총은 신라의 대표적인 돌무지덧널무덤으로, 내부에서 말다래에 천마의 모습이 그려진 천마도가 발견되어 천마총이라는 이름이 붙여졌어요.
③ 동궁과 월지는 신라의 별궁 터로 안압지라고도 불렸어요. 이곳에서는 나무로 만든 14면체 주사위, 청동 가위, 장신구, 기와 등 당시 귀족 생활을 보여 주는 유물이 많이 발견되었어요.
④ 분황사지에는 돌을 벽돌 모양으로 다듬어 쌓아 올린 경주 분황사 모전 석탑이 있어요.
⑤ 불국사 3층 석탑을 보수하는 과정에서 세계에서 가장 오래된 목판 인쇄물인 무구정광대다라니경이 발견되었어요.

151 금관가야의 문화유산 정답 ③

정답 잡는 키/워/드 **김해 대성동 고분군, 김수로왕이 건국 → 금관가야**

김수로왕이 건국하였다는 내용을 통해 (가) 나라가 금관가야임을 알 수 있어요. 김해 지역에서 성장한 금관가야는 우수한 철기 문화를 바탕으로 전기 가야 연맹을 주도하였으며, 낙랑과 왜에 철을 수출하였어요. ③ 금관가야의 철제 판갑옷이에요.

오답 피하기

① 백제의 산수무늬 벽돌이에요. 도교의 이상 세계가 표현되어 있어요.
② 백제가 일본에 보낸 칠지도입니다. 이를 통해 백제와 왜의 관계를 짐작할 수 있어요.
④ 백제의 무령왕릉에서 발견된 석수(돌로 만든 짐승의 상)입니다. 무덤을 지킨다는 의미에서 무덤 안에 두었어요.
⑤ 발해 문왕의 둘째 딸인 정혜 공주 무덤에서 발견된 돌사자상이에요.

152 대가야의 문화유산 정답 ①

정답 잡는 키/워/드 **고령군, 진흥왕이 공격하여 멸망 → 대가야**

고령 지역에 있었으며 진흥왕의 공격으로 멸망하였다는 내용을 통해 (가) 나라가 대가야임을 알 수 있어요. 금관가야가 고구려 광개토 태왕의 공격으로 쇠퇴한 이후 5세기 후반부터 고령 지역의 대가야가 후기 가야 연맹의 맹주 역할을 하였어요. 대가야는 소백산맥 서쪽까지 세력을 넓혀 갔지만 562년에 신라 진흥왕의 공격을 받아 멸망하였어요. ① 고령 지산동 고분에서 출토된 금동관이에요.

오답 피하기

② 부여 능산리사지 석조사리감은 백제 성왕의 아들 창왕(위덕왕)이 사리 공양을 위해 만든 것이에요.
③ 신라의 유물인 천마도는 경주 천마총에서 발견된 말다래(장니)에 그려진 그림이에요.
④ 금동 연가 7년명 여래 입상은 고구려의 불상이며, 광배 뒷면의 명문을 통해 제작 연도를 알 수 있어요.
⑤ 발해의 정혜 공주 무덤에서 발견된 돌사자상으로 발해 문화가 고구려의 영향을 받았음을 보여 주는 유물이에요.

본문 060~064쪽

1 초기 정치

153 ⑤	**154** ⑤	**155** ①	**156** ①	**157** ②	**158** ④
159 ②	**160** ③	**161** ⑤	**162** ⑤	**163** ⑤	**164** ③
165 ①	**166** ②	**167** ③	**168** ④	**169** ③	**170** ③

153 후삼국 통일 과정 정답 ⑤

정답 잡는 키/워/드 **견훤이 왕경(금성)에 침입, 포석정 → 견훤이 신라에 침입(927)**

견훤이 왕경에 침입하였다는 내용을 통해 후백제의 견훤이 포석정에서 연회를 즐기는 신라 왕을 습격한 상황임을 알 수 있어요. 927년에 후백제의 견훤은 신라 왕경인 금성을 급습하여 경애왕을 죽게 하고 새 왕으로 경순왕(김부)을 세웠어요. 한편, 경애왕의 지원 요청으로 파견된 고려군이 금성에서 철수하는 후백제군과 공산에서 전투를 벌였지만 패배하였어요(927). 이후 930년에 후백제군이 교통의 요충지인 고창(안동)을 공격하자 태조 왕건이 이끄는 고려군은 고창 지역 호족들의 지원을 받아 후백제군을 크게 물리쳤고, 이후 경쟁에서 주도권을 차지하였어요. 고창 전투 이후 후백제에서는 왕위 계승 문제를 두고 갈등이 일어나 견훤이 큰아들 신검에 의해 금산사에 유폐되었다가 탈출하여 고려에 귀순하였습니다. 이어 신라의 경순왕도 더 이상 나라를 유지할 수 없다고 판단하여 고려 태조에게 항복하였어요. ⑤ 고려 태조는 경순왕 김부를 맞아들이고 금성을 경주로 삼아 김부를 경주의 사심관으로 임명하였어요(935). 그리고 신검이 이끄는 후백제 공격에 나서서 일리천 전투와 황산 전투에서 승리하고 마침내 후백제를 멸망시켜 후삼국을 통일하였어요(936).

오답 피하기

① 신라 신문왕 때 왕의 장인인 김흠돌이 반란을 꾀하다가 진압되었어요. 신문왕은 이를 계기로 반란에 연루된 많은 진골 귀족 세력을 숙청하고 왕권을 강화하였어요(681).
② 발해 무왕 때 장문휴가 당의 등주를 공격하였어요(732).
③ 후고구려를 세운 궁예는 국호를 '마진'으로 고치고 철원으로 천도한 후 다시 국호를 '태봉'으로 바꾸었어요(911). 폭정을 휘두르던 궁예는 신하들에 의해 축출되었고 왕건이 왕으로 추대되어 고려를 세웠어요.
④ 신라 진성 여왕 때 원종과 애노가 사벌주에서 반란을 일으켰어요(889).

154 태조 왕건 정답 ⑤

정답 잡는 키/워/드 **고창 전투에서 견훤을 물리침 → 태조 왕건**

태사묘에 봉안된 인물들이 고창 전투에서 (가) 왕을 도와 견훤을 물리치는 데 공을 세웠다는 내용을 통해 (가) 왕이 고려 태조 왕건임을 알 수 있어요. 왕건은 후고구려를 세운 궁예의 신하였어요. 후백제와의 전투에서 활약하면서 사람들의 신망을 얻었고, 궁예가 폭정으로 축출되자 신하들의 추대를 받아 왕위에 올랐어요. 왕건은 고창 전투에서 승리한 후 후삼국 통일의 주도권을 잡았어요. 이후 신라가 항복하고 일리천 전투에서 후백제군에 승리하면서 후삼국을 통일하였어요. 후삼국 통일 이후 태조 왕건은 자신의 세력 기반이었던 호족 세력을 통합하고 민생을 안정시켜 국가의 기틀을 다졌어요. 유력한 호족 가문과 혼인을 하거나 성씨를 하사하는 등 회유책을 폈고, 사심관 제도와 기인 제도를 실시하여 호족을 통제하고 지방 통치를 보완하였어요. ⑤ 태조 왕건은 "정계"와 "계백료서"를 지어 관리들이 지켜야 할 규범을 제시하였어요.

① 문종은 처음으로 한양을 남경으로 승격시켰어요.
② 숙종은 아우 의천의 건의를 받아들여 주전도감을 설치하고 은병(활구), 해동통보 등의 화폐를 발행하였어요.
③ 광종은 쌍기의 건의를 받아들여 시험을 통해 관리를 선발하는 과거제를 실시하였어요.
④ 예종은 청연각과 보문각을 설치하여 학문 연구를 장려하였어요. 청연각은 궐내에 설치한 도서관이며, 보문각은 청연각이 궐내에 있어 학자들이 출입에 어려움을 겪자 따로 설치한 기관입니다.

155 태조의 정책
정답 잡는 키/워/드

신라 왕(김부)이 신하로 있겠다고 요청, 경주를 김부의 식읍으로 하사 → 태조 왕건

신라 왕(경순왕)이 신하로 있겠다고 요청하였으며, 경주를 경순왕 김부의 식읍으로 하사하였다는 내용을 통해 밑줄 그은 '왕'이 고려의 태조 왕건임을 알 수 있어요. 918년에 궁예가 축출되고 왕건이 왕위에 올라 고려를 세우고 연호를 '천수'라 정하였어요. 태조는 먼저 민생 안정을 위해 조세 부담을 가볍게 하고, ① 빈민 구제 기관인 흑창을 설치하여 가난한 이들에게 곡식을 빌려주었다가 추수기에 갚도록 하였어요. 그리고 자신의 세력 기반이었던 호족 세력을 포섭하기 위해 유력한 호족 가문과 혼인을 하거나 성씨를 하사하는 등의 회유책을 펴는 한편, 사심관 제도와 기인 제도를 실시하여 호족을 통제하고 지방 통치를 보완하였습니다. 태조는 935년에 경순왕 김부가 항복해 오자 이를 맞아들이고, 신라국을 없애는 대신 금성을 경주로 삼아 김부를 경주의 사심관으로 임명하였어요.

② 성종은 최승로가 제시한 시무 28조를 수용하여 12목을 설치하고 지방관을 파견하였어요.
③ 예종은 사학의 융성으로 크게 위축된 관학을 진흥하기 위해 국자감에 7재라는 전문 강좌를 운영하였어요.
④ 광종은 황제를 칭하고 '광덕', '준풍' 등의 독자적 연호를 사용하였어요.
⑤ 경종은 관리에게 관직 복무에 대한 대가로 전지와 시지를 지급하는 전시과 제도를 처음 마련하였어요.

156 태조 왕건 재위 시기의 사실
정답 잡는 키/워/드

"정계"와 "계백료서" 반포, 흑창 설치 → 태조 왕건

"정계"와 "계백료서"를 지었으며, 흑창을 두었다는 내용을 통해 (가) 왕이 고려를 세운 태조 왕건임을 알 수 있어요. 후삼국을 통일한 태조 왕건은 자신의 세력 기반이었던 호족 세력을 통합하고 민생을 안정시켜 국가의 기틀을 다져나갔어요. 유력한 호족 가문과 혼인 관계를 맺거나 왕씨 성을 하사하는 등 회유책을 펴는 한편, 사심관 제도와 기인 제도를 실시하여 호족을 통제하고 지방 통치를 보완하였어요. 민생 안정을 위해 백성의 조세 부담을 덜어 주었으며 빈민 구제 기구인 흑창을 설치하여 가난한 이들에게 곡식을 빌려주었다가 추수기에 갚도록 하였어요. 또한, "정계"와 "계백료서"를 지어 관리가 지켜야 할 규범을 제시하였어요. ① 태조 왕건은 후삼국 통일 이후 개국 공신에게 공로와 인품을 기준으로 역분전을 지급하였어요.

② 정종은 거란의 침입에 대비하여 광군을 조직하였어요.
③ 광종은 스스로 황제를 칭하고 '광덕', '준풍' 등의 독자적 연호를 사용하였으며, 개경을 '황도'라고 부르게 하였어요.
④ 예종은 관학 진흥을 위해 장학 재단인 양현고를 설치하였어요.
⑤ 숙종은 아우 의천의 건의를 받아들여 주전도감을 설치하고 은병(활구), 해동통보 등의 화폐를 발행하였어요.

157 광종 재위 시기의 사실
정답 잡는 키/워/드 정답 ②

'준풍' 연호 사용, 백관의 공복을 정함 → 광종

'준풍'이라는 연호를 사용하였으며, 백관의 공복을 정하였다는 내용을 통해 밑줄 그은 '이 왕'이 고려 광종임을 알 수 있어요. 태조 사후 왕위 계승을 둘러싸고 외척 간 다툼이 이어지는 가운데 왕위에 오른 광종은 불안정한 왕권을 강화하기 위한 정책들을 추진하였어요. 먼저 노비안검법을 실시하여 공신과 호족의 세력 기반을 약화하고 국가 재정을 확충하였지요. 그리고 ② 후주에서 귀화한 쌍기의 건의에 따라 과거제를 시행하여 유교적 소양을 갖춘 신진 세력을 등용하였습니다.

① 성종 때 12목이 설치되고 지방관이 파견되었어요.
③ 고종 때 대장도감에서 부처의 힘을 빌려 몽골의 침입을 물리치고자 하는 소망을 담은 팔만대장경이 간행되었어요.
④ 공민왕 때 안우, 이방실 등이 고려에 침입한 홍건적을 격파하였어요.
⑤ 공민왕 때 신돈이 전민변정도감의 책임자가 되어 개혁을 추진하였어요. 공민왕은 전민변정 사업을 통해 권문세족이 저지른 불법적인 토지 및 노비 문제를 해결하고 궁극적으로 권문세족의 세력을 약화하고자 하였어요.

158 광종 재위 시기의 사실
정답 잡는 키/워/드 정답 ④

쌍기, 처음 치러진 과거 → 광종

쌍기가 처음으로 치러진 과거에서 지공거를 맡았다는 내용을 통해 밑줄 그은 '왕'이 고려 광종임을 알 수 있어요. 왕위 계승을 둘러싼 외척 간 다툼이 이어지는 가운데 왕위에 오른 광종은 불안정한 왕권을 강화하기 위한 정책들을 추진하였어요. 먼저 공신과 호족 세력을 약화하고 국가 재정을 확충하기 위해 ④ 노비안검법을 실시하여 본래 양인이었다가 억울하게 노비가 된 사람을 양인으로 해방하였어요. 또한, 후주에서 귀화한 쌍기의 건의를 수용하여 처음으로 과거제를 실시하였으며, 공복을 제정하여 관리의 위계질서를 확립하였어요. 광종은 이런 정책에 불만을 품고 반발하는 공신과 호족 세력을 숙청하였습니다.

① 고려 후기에 관직 복무에 대한 대가로 관리에게 지급한 녹봉(현물 급여)을 보충하기 위해 녹과전을 지급하였어요.
② 원 간섭기에 충선왕은 원의 연경에 있는 자신의 집에 만권당이라는 독서당을 설치하여 이제현 등 고려의 학자들이 원의 유학자들과 교유하게 하였어요.
③ 숙종은 주전도감을 설치하여 은병, 해동통보 등 화폐를 주조하게 하였어요.
⑤ 우왕 때인 1377년에 청주 흥덕사에서 금속 활자로 "직지심체요절"이 인쇄되었어요. "직지심체요절"은 현존하는 세계에서 가장 오래된 금속 활자본이며, 2001년에 유네스코 세계 기록 유산으로 등재되었어요.

159 광종 재위 시기의 사실
정답 잡는 키/워/드 정답 ②

노비안검법 → 광종

노비안검법 등 호족을 견제하는 정책을 추진하였다는 내용을 통해 (가) 왕이 고려 광종임을 알 수 있어요. 왕위 계승을 둘러싼 외척 간의 다툼이 이어지는 가운데 왕위에 오른 광종은 왕권을 강화하기 위한 정책을 추진하였어요. 먼저 본래 양인이었다가 억울하게 노비가 된 사람을 조사하여 양인 신분으로 되돌려 주는 노비안검법을 실시하여 공신과 호족 세력을 약화하고 국가 재정을 확충하고자 하였어요. 또한, 후주에서 귀화한 쌍기의 건의를 받아들여 과거제를 도입하였으며, 관리의 등급에 따라 관복색을 구분하는 공복을 제정하여 관리의 위계질서를 세웠어요. 한편, 광종은 황제를 칭하고 개경을 황도라고 하였으며, ② '광덕', '준풍' 등의 독자적인 연호를 사용하였어요.

① 고려 성종 때 최승로가 시무 28조를 건의하여 지방관 파견, 불교 행사 축소, 유교 정치 이념 확립 등의 국가 운영 방안을 제시하였어요.

③ 고려 태조 때 관리가 지켜야 할 규범을 제시한 "정계", "계백료서"가 반포되었어요. 두 책 모두 현재 전하지는 않습니다.

④ 고려 공민왕 때 유인우, 이자춘 등이 쌍성총관부를 공격하여 철령 이북의 영토를 수복하였어요.

⑤ 신라는 지방 세력가나 그 자제를 일정 기간 수도에 거주하게 하는 상수리 제도를 시행하여 지방 세력을 견제하였어요.

---

160 광종 재위 시기의 사실 정답 ③

정답 잡는 키/워드	'광덕' 연호, 백관의 공복 제정 → 광종

연호를 '광덕'으로 정하였으며, 백관의 공복을 정하였다는 내용을 통해 검색창에 들어갈 왕이 고려 광종임을 알 수 있어요. 왕위 계승을 둘러싼 외척 간의 다툼이 이어지는 가운데 왕위에 오른 광종은 왕권을 강화하기 위한 정책을 추진하였어요. 먼저 ③ 노비안검법을 실시하여 공신과 호족 세력을 약화하고 국가 재정을 확충하고자 하였어요. 또한, 쌍기의 건의를 받아들여 과거제를 도입하였으며, 관리의 등급에 따라 관복 색을 구분하는 공복을 제정하여 관리의 위계질서를 세웠어요. 광종은 이러한 정책에 불만을 가진 공신과 호족 세력을 대대적으로 숙청하여 강력한 왕권을 세우고자 하였어요.

① 성종은 최승로의 시무 28조를 받아들여 전국에 12목을 설치하고 지방관을 파견하였어요.

② 숙종은 의천의 건의를 받아들여 화폐 주조 기관인 주전도감을 설치하고 해동통보를 발행하였어요.

④ 현종 때 거란의 침입에 대비하여 개경에 나성을 축조하였어요.

⑤ 숙종 때 관학 진흥을 위해 국자감에 서적포를 두어 출판을 담당하게 하였어요. 이후 예종 때 국자감을 재정비하여 전문 강좌인 7재를 두었으며, 양현고를 설치하였어요.

---

161 경종의 정책 정답 ⑤

정답 잡는 키/워드	• 쌍기, 처음으로 과거 제도 실시 → (가) 광종 재위 시기 • 최승로, 외관 파견 건의 → (나) 성종 재위 시기

(가)는 쌍기의 건의로 과거제가 처음 실시되었다는 내용을 통해 광종 재위 시기임을 알 수 있고, (나)는 최승로가 상서하여 외관(지방관)의 파견을 건의하는 것으로 보아 성종 재위 시기임을 알 수 있어요. 광종의 뒤를 이어 그 아들 경종이 즉위하였으나 병이 위독해져 재위 6년 만에 사촌동생에게 양위하여 성종이 즉위하였습니다. ⑤ 경종 때 직관과 산관, 즉 전·현직 관리에게 관품과 인품을 기준으로 전지와 시지를 지급하는 전시과가 제정되었어요.

① 해동통보는 고려 숙종 때 발행된 화폐입니다.

② 정방은 무신 집권기에 처음 설치되었으며, 이후 몇 차례 폐지와 설치가 반복되다가 우왕 때 완전히 폐지되었어요.

③ 고려 예종은 관학 진흥을 위해 국자감에 전문 강좌인 7재를 개설하고 장학 재단인 양현고를 설치하였어요.

④ 호패법은 조선 태종 때 처음 실시되었어요. 태종은 16세 이상의 모든 남자에게 의무적으로 호패를 차고 다니게 하였어요. 이를 통해 군역과 요역을 효율적으로 수취하고자 하였어요.

---

162 성종의 정책 정답 ⑤

정답 잡는 키/워드	최승로가 시무 28조를 올림 → 성종

최승로가 시무 28조를 올렸다는 내용을 통해 밑줄 그은 '왕'이 고려 성종임을 알 수 있어요. 성종의 명령에 따라 최승로는 시무 28조를 올렸는데, 상소의 앞부분에서는 성종 이전의 왕인 태조, 혜종, 정종, 광종, 경종에 이르는 5대조의 정치에 대하여 본받을 것과 경계할 것을 평하여 실었으며, 뒷부분에는 구체적인 시무책을 제시하여 지방관 파견, 불교 행사 축소, 유교 정치 이념 확립 등을 건의하였어요. 성종은 이를 받아들여 유교 정치 이념을 바탕으로 통치 체제를 정비하였습니다. 이에 따라 2성 6부의 중앙 관제를 마련하고, ⑤ 전국의 주요 지역에 12목을 설치하여 지방관을 파견하였어요. 또한, 국자감을 설치하여 유학 교육을 장려하였으며, 연등회의 규모를 축소하고 팔관회를 폐지하였어요.

① 태조 왕건은 빈민을 구제하기 위해 흑창을 처음 설치하였어요.

② 광종은 억울하게 노비가 된 이들을 양인으로 풀어 주는 노비안검법을 실시하여 공신과 호족 세력을 약화하고 왕권 강화를 꾀하였어요.

③ 예종은 청연각과 보문각을 두어 학문 연구를 장려하였어요.

④ 고려 후기에 전민변정도감의 설치와 폐지가 반복되었어요. 특히 공민왕은 권문세족을 견제하고 그들이 일으킨 토지와 노비 문제를 해결하기 위해 신돈을 등용하여 전민변정도감을 운영하였어요.

---

163 성종 재위 시기의 사실 정답 ⑤

정답 잡는 키/워드	12목 설치, 흑창을 의창으로 고침, 개경에 국자감 설치 → 고려 성종

처음으로 12목을 설치하고 흑창을 의창으로 고쳤으며, 개경에 국자감을 두었다는 내용을 통해 검색창에 들어갈 왕이 고려 성종임을 알 수 있어요. 성종은 ⑤ 최승로의 시무 28조를 받아들여 유교 정치 이념에 따라 통치 체제를 정비하였어요. 2성 6부의 중앙 관제를 마련하고, 전국 주요 지역에 12목을 설치하여 지방관을 파견하였으며, 지방 세력을 통제하기 위해 향리 제도를 정비하였어요. 또한, 인재 양성을 위한 최고 교육 기관으로 개경에 국자감을 설치하여 유학 교육을 장려하였어요.

① 예종은 사학의 융성으로 침체된 관학을 진흥하고자 장학 재단인 양현고를 설치하였어요.

② 광종은 황제를 칭하고 '광덕', '준풍' 등의 독자적 연호를 사용하였어요.

③ 숙종은 아우 의천의 건의를 받아들여 주전도감을 설치하고 해동통보 등을 발행하였어요.

④ 태조 왕건은 "정계"와 "계백료서"를 지어 관리들이 지켜야 할 규범을 제시하였어요.

---

164 성종의 정책 정답 ③

정답 잡는 키/워드	흑창을 의창으로 개칭 → 성종

태조 때 설치한 흑창을 의창으로 개칭한다는 내용을 통해 교서를 내린 왕이 고려 성종임을 알 수 있어요. 성종은 최승로가 제시한 시무 28조를 수용하여 유교 정치 이념을 바탕으로 중앙과 지방의 통치 체제를 정비하였어요. 2성 6부의 중앙 관제를 마련하고 ③ 12목을 설치하여 지방관을 파견하였으며, 지방 세력 통제를 위해 향리제를 정비하였어요.

① 문종 때 처음으로 한양을 남경으로 승격하였어요.

② 숙종 때 관학 진흥을 위해 국자감에 출판을 담당하는 서적포를 설치하였어요.

④ 정방은 무신 집권기에 최우가 설치한 인사 행정 기구입니다. 고려 말 여러 차례 폐지와 부활을 반복하였는데, 대표적인 예로 공민왕 때 개혁을 추진하면서 정방을 폐지한 것을 들 수 있어요.

⑤ 광종 때 개경에 귀법사를 창건하고 균여를 주지로 삼았어요.

165 성종의 정책

정답 ①

정답 잡는 **키/워/드**
| 12목에 경학박사와 의학박사 파견 → 성종 |

12목을 설치하고 경학박사와 의학박사를 파견하였다는 내용을 통해 장면에 등장하는 왕이 고려 성종임을 알 수 있어요. 성종은 최승로의 시무 28조를 받아들여 유교 정치 이념을 바탕으로 중앙과 지방의 통치 체제를 정비하였어요. 2성 6부의 중앙 관제를 마련하고 전국 주요 지역에 12목을 설치하여 지방관을 파견하였으며, ① 지방 세력을 통제하기 위해 향리 제도를 정비하였어요. 또한, 국자감을 설치하여 유학 교육을 장려하였으며, 연등회의 규모를 축소하고 팔관회를 폐지하였어요.

오답 피하기

② 숙종은 아우 의천의 건의를 받아들여 주전도감을 설치하고 해동통보 등 화폐를 발행하였어요.
③ 광종은 후주에서 귀화한 쌍기의 건의를 받아들여 과거제를 실시하였어요.
④ 태조 왕건은 후백제를 정벌하여 후삼국 통일을 이룬 직후 "정계"와 "계백료서"를 지어 관리들이 지켜야 할 규범을 제시하였어요.
⑤ 공민왕은 국자감을 성균관으로 개칭하고 유학 교육을 강화하였어요.

166 고려 초 정치 상황의 변화

정답 ②

정답 잡는 **키/워/드**
| • 왕규가 왕을 해하려고 함 → (가) 혜종 재위 시기 |
| • 12목에 경학박사와 의학박사 파견 → (나) 성종 재위 시기 |
| • 쌍기를 지공거로 임명 → (다) 광종 재위 시기 |

(가) 광주 지방의 호족 출신으로 고려 왕실의 외척이 된 왕규는 태조가 죽고 혜종이 즉위하자 자신의 외손자를 왕위에 앉히기 위해 혜종을 암살하려는 시도를 여러 차례 저질렀어요. 혜종과 뒤이은 정종이 단명하자 왕권이 불안정해졌고, 이런 가운데 (다) 광종이 왕위에 올라 왕권 강화를 위한 여러 정책을 추진하였어요. 특히 광종은 쌍기의 건의를 받아들여 그를 지공거로 임명하고 처음으로 과거를 실시하였어요. 이를 통해 유교적 소양을 갖춘 신진 세력을 등용하여 왕권을 강화하고자 하였어요. 이후 (나) 고려 성종은 최승로의 시무 28조를 받아들여 12목을 설치하고 지방관을 파견하였어요. 또한, 개경에 국자감을 설립하였고, 경학박사와 의학박사를 12목에 각각 1명씩 파견하여 교육을 담당하게 하였어요.
따라서 옳은 순서는 ② (가) - (다) - (나)입니다.

167 고려의 정치 조직

정답 ③

정답 잡는 **키/워/드**
| 2군 6위, 중방 설치 → 고려 |

2군 6위를 두고 중방을 설치하여 상장군과 대장군이 회합하게 하였다는 내용을 통해 자료의 군사 제도를 운영한 국가가 고려임을 알 수 있어요. 고려는 중앙군으로 2군 6위의 군사 조직을 두었어요. 2군은 왕의 친위 부대이며, 6위는 수도의 경비와 국경 방어를 담당하였어요. 지방군으로는 주현군과 주진군을 두었습니다. 그리고 2군 6위의 지휘관인 상장군과 대장군으로 구성된 무신들의 회의 기구인 중방을 설치·운영하였어요. 무신 정변 이후에 정권을 장악한 무신들이 주요 관직을 차지하고 중방을 중심으로 정치를 운영하기도 하였지요. 한편, 고려는 중앙 통치 조직으로 당의 3성 6부제를 모방하여 고려의 실정에 맞게 고쳐 2성 6부제로 운영하였어요. 또한, ③ 고관들의 합좌 기구인 도병마사와 식목도감을 두었는데, 두 기구는 중서문하성의 재신과 중추원의 추밀이 모여 국가 중대사를 결정하는 회의 기구였어요.

오답 피하기

① 발해는 관리의 비리를 감찰하는 기구로 중정대를 두었어요.
② 통일 이후 신라는 전국을 9주로 나누고 주요 지역에 5소경을 설치하였어요.

168 어사대

정답 ④

정답 잡는 **키/워/드**
| 고려의 관청, 풍속 교정과 관리의 부정을 감찰하고 탄핵함 → 어사대 |

고려 시대에 풍속 교정과 관리 감찰을 담당한 기구는 어사대입니다. 어사대는 왕권을 견제하고 관리를 감시하는 역할을 하였으며, 그 관원은 중서문하성의 낭사와 함께 대간으로 불리면서 ④ 관직 임명에 대한 서경권을 행사하였어요.

오답 피하기

① 무신 정변 직후에는 무신들의 합의 기구인 중방이 최고 권력 기구의 역할을 하였으며, 최충헌이 집권한 이후에는 교정도감이 최고 권력 기구가 되었어요.
② 원 간섭기에 중서문하성과 상서성이 합쳐져 첨의부로 격하되었어요.
③ 중서문하성과 중추원의 고위 관리들이 모여 군사 문제를 의논하는 회의 기구인 도병마사는 원 간섭기에 도평의사사로 개편되었어요.
⑤ 조선 정조 때 박제가, 유득공, 이덕무 등 서얼 출신의 학자들이 규장각 검서관으로 기용되었어요.

169 고려의 정치 기구

정답 ③

③ 어사대는 감찰 기구로 관리의 비리를 감찰하고 풍기 단속을 담당하였어요. 또한, 어사대의 관원은 중서문하성의 낭사와 함께 대간으로 불리며 왕권의 임의적 권력 행사를 비판할 권한을 가졌어요.

오답 피하기

① 상서성은 이·병·호·형·예·공부의 6부를 통솔하며 정책을 집행하였어요. 학술 기관으로 경연을 관장한 기구로 조선 시대의 홍문관을 들 수 있어요.
② 추밀원(중추원)은 군국 기무와 왕명 출납을 담당하였어요. 실록을 보관하고 관리하는 업무를 담당한 관청으로 조선 시대의 춘추관을 들 수 있어요.
④ 한림원은 왕의 명령에 따라 문서를 작성하던 기구였어요. 수도의 치안과 행정을 담당한 기구로 조선 시대의 한성부를 들 수 있어요.
⑤ 중서문하성은 정책을 심의하고 국정을 총괄하였어요. 고려 시대에 화폐와 곡식의 출납에 대한 회계를 담당한 기구는 삼사입니다.

170 고려의 지방 통치 체제

정답 ③

정답 잡는 **키/워/드**
| 개경, 남경, 동경 등 설치 → 고려 시대 |

개경 외에 남경, 동경 등이 설치되었다는 내용을 통해 (가) 시대가 고려 시대임을 알 수 있어요. 고려는 수도 개경 외에 몇몇 도시에 수도와 비슷한 기능과 역할을 담당하게 하였어요. 건국 초에 평양을 서경으로 삼아 중시하였으며, 이후 옛 신라의 수도였던 경주를 동경으로 승격시켰어요. 문종 때에는 풍수지리의 영향으로 남경 길지설이 대두되면서 한양을 남경으로 삼았어요. 고려는 여러 차례 지방 행정 제도의 개편을 거쳐 5도 양계의 행정 조직을 정비하고 그 아래 주, 군, 현을 누었어요. ③ 고려에는 향·부곡·소라는 특수 행정 구역이 있었는데, 이곳의 주민은 거주 이전의 자유가 제한되고 일반 군현민에 비해 더 많은 세금을 내는 등 차별 대우를 받았어요.

오답 피하기

① 담로는 백제의 지방 행정 구역이에요. 웅진 시기에 무령왕은 지방 통제를 강화하기 위해 22담로에 왕족을 파견하였어요.
② 신라는 통일 이후 전국에 9주 5소경을 설치하여 지방 행정 제도를 정비하였어요.
④ 신라는 지방관을 감찰하기 위해 외사정을 파견하였어요.
⑤ 조선은 제2차 갑오개혁을 추진하면서 지방 행정 구역을 8도에서 23부로 개편하였어요.

2 중기 정치~무신 정변

171 ⑤	172 ⑤	173 ④	174 ③	175 ②	176 ④
177 ②	178 ④	179 ②	180 ④	181 ⑤	182 ③
183 ④	184 ④				

171 인종 재위 시기의 사실

정답 ⑤

정답 잡는 키/워/드
중군 김부식이 아룀,
윤언이와 정지상이 칭제건원을 건의 → 인종 재위 시기

중군 김부식이 윤언이와 정지상이 칭제건원 등을 청한 것은 반역을 도모한 것이었다고 왕에게 아뢰는 내용으로 보아 자료가 고려 인종 때 일어난 서경 천도 운동과 관련 있음을 알 수 있어요. 인종 때 정지상을 비롯한 서경 세력은 칭제건원과 금국 정벌을 주장하면서 서경 천도를 주장하였어요. 서경으로 천도가 좌절되자 묘청, 정지상 등이 서경에서 반란(1135)을 일으켰으나 김부식이 이끄는 관군에게 진압되었어요. 따라서 밑줄 그은 '왕'은 인종이며, 인종 재위 기간에 있었던 사실을 찾으면 됩니다. 묘청의 난이 있기 전, 인종 때 ⑤ 왕실의 외척인 이자겸이 권력을 독점하였어요. 자신의 딸들을 왕실에 거듭 시집보내고, 이를 이용하여 전횡을 일삼았던 것이지요. 이러한 가운데 인종이 자신을 제거하려고 한다는 것을 눈치챈 이자겸은 스스로 왕이 되기 위해 난을 일으켰으나 진압되었어요(1126).

오답 피하기
① 원종과 애노의 봉기는 신라 말 진성 여왕 때 일어났어요.
② 고려 태조는 스스로 항복해 온 경순왕 김부를 맞아들여 신라국을 없애고 김부를 경주의 사심관으로 삼았어요.
③ 김헌창은 신라 헌덕왕 때 왕위 계승에 불만을 품고 난을 일으켰어요.
④ 목종 때 강조가 정변을 일으켜 김치양을 제거하고 목종을 폐위시킨 뒤 현종을 왕으로 세웠어요. 이를 구실로 거란이 고려에 침입하였어요(2차 침입).

172 인종 재위 시기의 사실

정답 ⑤

정답 잡는 키/워/드
금을 섬기는 문제 논의, 이자겸 → 인종 재위 시기

금을 섬기는 문제를 논의하였는데, 이자겸과 척준경만 찬성하였으며 왕이 이를 따랐다는 내용을 통해 밑줄 그은 '왕'이 고려 인종임을 알 수 있어요. 성종 이후 국가 체제가 정비되면서 여러 세대에 걸쳐 중앙의 고위 관직을 차지한 문벌이 형성되었어요. 이들은 왕실이나 다른 문벌과 폐쇄적으로 혼인 관계를 맺어 권력을 유지하고 독차지하였습니다. 이자겸은 대표적인 문벌 출신이었으며, 인종 때 왕실의 외척으로 왕권을 위협할 정도의 막강한 권력을 휘둘렀어요. 위협을 느낀 인종이 이자겸을 제거하려고 하자, 이자겸은 난을 일으켜 스스로 왕위에 오르려고도 하였어요. 이자겸의 난은 실패하였지만 이로 인해 왕실의 권위가 떨어졌어요. 인종은 실추된 왕권을 회복하기 위해 묘청, 정지상 등 서경 세력을 중심으로 개혁을 추진하였습니다. 이때 ⑤ 묘청 등 서경 세력은 풍수지리설을 내세워 서경 천도를 주장하였어요.

오답 피하기
① 무신 집권기인 명종 때 최충헌이 이의민을 제거하고 권력을 장악한 뒤 국왕에게 봉사 10조의 개혁안을 올렸어요.
② 무신 집권기인 명종 때 공주의 명학소에서 망이·망소이가 소 거주민에 대한 차별과 가혹한 수탈에 저항하여 봉기하였어요.
③ 우왕 때 원의 화약 기술을 습득한 최무선의 건의로 화통도감이 설치되어 화약과 화포가 제작되었어요.
④ 목종 때 강조가 정변을 일으켜 김치양 일파를 제거하고 목종을 폐위시킨 뒤 현종을 왕으로 세웠어요.

173 인종 재위 시기의 사실

정답 ④

정답 잡는 키/워/드
이자겸의 셋째 딸을 왕비로 맞아들임,
김부식이 "삼국사기"를 편찬 → 인종

이자겸의 셋째 딸을 왕비로 맞아들였으며, 김부식이 "삼국사기"를 편찬해 바쳤다는 내용을 통해 검색창에 들어갈 왕이 고려 인종임을 알 수 있어요. 이자겸은 고려 중기의 대표적인 문벌로 왕실과 중첩된 혼인 관계를 맺고 이를 배경으로 권력을 독점적으로 장악하였어요. 이자겸은 둘째 딸을 인종의 아버지인 예종의 왕비로 들여보낸 데 이어 인종에게도 셋째 딸과 넷째 딸을 왕비로 맞이하게 하였어요. 이자겸이 왕권을 위협할 정도로 권력을 갖게 되자 인종은 이자겸을 제거하려고 하였으나 실패하였어요. 이후 이자겸은 왕이 되고자 척준경과 함께 반란을 일으켰어요. 인종은 척준경을 회유하여 이자겸의 난을 진압하였고, 이자겸을 축출하는 데 공을 세운 척준경은 공신이 되었어요. 하지만 척준경은 세도를 부리다가 탄핵을 받고 유배되었어요. 인종은 이자겸의 난으로 실추된 왕실의 권위를 높이고 흔들리는 민심을 회복하기 위해 승려 묘청과 문신 정지상 등 서경 세력과 함께 개혁 정치를 추진하였어요. 이에 개경 세력의 불만이 높아졌어요. 이러한 가운데 ④ 묘청 등이 서경 천도를 추진하다가 실패하자 서경에서 반란을 일으켰어요. 묘청의 난은 김부식이 이끈 관군에 의해 1년 만에 진압되었어요.

오답 피하기
① 명종 때 이의민을 제거하고 권력을 장악한 최충헌이 시정 개혁안인 봉사 10조를 국왕에게 올렸어요.
② 예종 때 윤관이 별무반을 이끌고 여진을 정벌한 후 동북 9성을 축조하였으나 여진의 계속된 반환 요청을 받아들여 1년 만에 동북 9성을 돌려주었어요.
③ 공민왕 때 국자감이 성균관으로 개칭되고 유학 교육이 장려되었어요.
⑤ 광종 때 황제를 칭하고 '광덕', '준풍' 등의 독자적인 연호가 사용되었어요.

174 서경 천도 운동

정답 ③

정답 잡는 키/워/드
서경 천도와 금국 정벌 주장, 신채호가 '조선 역사상
일천년래 제일 대사건'으로 평가 → 묘청의 서경 천도 운동

서경 천도와 금국 정벌을 주장하였으며, 신채호가 '조선 역사상 일천년래 제일 대사건'으로 평가하였다는 내용을 통해 대화에 나타난 사건이 묘청의 서경 천도 운동임을 알 수 있어요. 이자겸의 난으로 실추된 고려 왕실의 권위를 회복하고 사회 혼란을 수습하기 위해 인종은 승려 묘청과 문신 정지상 등 서경 세력을 이용하여 개혁 정치를 추진하였어요. 이 과정에서 묘청을 비롯한 서경 세력이 풍수 사상을 바탕으로 서경 길지설을 내세워 서경 천도를 추진하였으나 좌절되자 서경에서 반란을 일으켰어요. 이들은 서북 지방에서 위세를 떨치기도 하였지만, ③ 김부식 등이 이끈 관군에 의해 진압되었어요.

오답 피하기
① 거란의 2차 침입으로 개경이 함락되고 현종이 나주까지 피란하였어요.
② 고려 현종 때 부처의 힘을 빌려 거란의 침입을 물리치고자 초조대장경의 판각 작업이 시작되었어요.
④ 고려 말 우왕 때 요동 정벌을 위해 출병하였던 이성계는 위화도에서 회군하여 개경으로 돌아와 최영을 제거하고 정권을 장악하였어요.
⑤ 고려 숙종 때 윤관의 건의에 따라 여진 정벌을 위한 별무반이 편성되었어요.

175 김부식의 활동

정답 ②

정답 잡는 키/워/드
"삼국사기"의 편찬 총괄 → 김부식

"삼국사기"의 편찬을 총괄하였다는 내용을 통해 자료의 인물이 김부식임을 알 수 있어요. 김부식은 묘청의 난 이후 고려 인종의 명을 받아 삼국의 역사

를 기록한 "삼국사기"를 편찬하였어요. 유교 사관을 바탕으로 기전체 형식으로 서술된 "삼국사기"는 현존하는 우리나라에서 가장 오래된 역사서입니다. ② 묘청 등 서경 세력이 서경 천도 실패 후 서경에서 난을 일으키자 김부식이 관군을 이끌고 이를 진압하였어요.

오답 피하기

① 최충헌은 이의민을 제거하고 권력을 장악한 후 명종에게 봉사 10조를 올려 시정 개혁을 건의하였어요.

③ 만권당은 충선왕이 원의 연경에 머물면서 지은 독서당이에요. 이제현 등 고려의 학자들이 이곳에서 원의 유학자들과 교유하였어요.

④ 정도전은 성리학의 입장에서 불교 교리를 비판한 "불씨잡변"을 저술하였어요. 불교의 윤회설, 인과설, 지옥설·자비설 등 세속 신앙과 결부된 불교의 교설을 비판하였어요.

⑤ 최충은 관직에서 물러난 뒤 사립 교육 기관인 9재 학당(문헌공도)을 설립하여 유학 교육에 힘썼어요.

---

176 문벌 사회의 동요 정답 ④

정답 잡는 키/워/드

- 정중부 등이 문신을 살해함 → (가) 무신 정변(1170)
- 이자겸과 척준경이 왕을 위협함
  → (나) 이자겸의 난(1126)
- 묘청이 서경에서 반란을 일으킴 → (다) 묘청의 난(1135)

고려 건국 이후 국가 체제가 안정되면서 여러 대에 걸쳐 고위 관직을 차지하여 형성된 문벌이 권력을 독점하여 문제가 나타나기 시작하였어요. 특히 인종 때 대표적 문벌인 경원 이씨 가문의 이자겸은 왕실과 중첩된 혼인 관계를 맺고 왕권을 위협할 정도의 권력을 행사하였어요. (나) 이에 인종이 이자겸을 제거하고자 하였으나 실패하고, 오히려 이자겸이 스스로 왕이 되고자 척준경과 함께 반란을 일으켰어요(이자겸의 난, 1126). 인종은 척준경을 회유하여 이자겸의 난을 진압하고, 왕권을 회복하기 위해 서경 세력을 등용하여 개혁 정치를 추진하였어요. (다) 이 과정에서 묘청을 비롯한 서경 세력이 서경 천도를 추진하였으나 개경 세력의 반대에 부딪혀 좌절되자 서경에서 반란을 일으켰어요(묘청의 난, 1135). 반란은 김부식이 이끄는 관군에 의해 진압되었습니다. 이후 문벌 지배 체제의 모순이 더욱 심화되는 가운데 (가) 의종 때 문신에 비해 차별을 받던 무신이 보현원에서 정변을 일으켜 많은 수의 문신을 살해하고 정권을 장악하였으며 의종을 폐위하였어요(무신 정변, 1170). 따라서 옳은 순서는 ④ (나)-(다)-(가)입니다.

---

177 무신 정변 정답 ②

정답 잡는 키/워/드

조위총이 양계에 격문을 돌려 군사를 불러 모음
→ 조위총의 난(1174)

조위총이 양계에 격문을 돌려 서경으로 군사를 불러 모으는 것으로 보아 자료의 사건은 서경에서 일어난 조위총의 난임을 알 수 있어요. 고려 의종 때 국왕의 실정과 무신에 대한 차별에 반발하여 ② 정중부, 이의방 등 무신들이 정변을 일으켜 정권을 장악하였어요. 이에 동북면 병마사 김보당, 서경 유수 조위총 등이 무신 정권에 반발하여 반란을 일으켰어요.

오답 피하기

① 무신 집권기에 신분 질서가 동요하는 가운데 개경에서 노비 만적이 반란을 모의하였으나 사전에 발각되었어요.

③ 고려 후기에 공민왕이 개혁을 추진하여 신돈을 전민변정도감의 판사로 삼아 권문세족을 억압하였어요.

④ 무신 집권기에 지배층의 가혹한 수탈에 항거하여 공주 명학소에서 망이·망소이가 봉기하였어요.

⑤ 무신 집권기에 정권을 장악한 최충헌이 반대 세력을 제거하기 위해 설치한 교정도감을 통해 국정을 총괄하였어요.

---

178 무신 집권기의 사실 정답 ④

정답 잡는 키/워/드

- 김보당이 군대를 일으켜 정중부와 이의방을 토벌하고 전왕의 복위를 계획 → (가) 김보당의 난(1173)
- 만적이 노비를 모아 봉기 계획 → (나) 만적의 난(1198)

(가)의 김보당의 난, (나)의 만적의 난은 모두 무신 집권기에 일어난 사건입니다. (가)는 정중부와 이의방을 토벌하고 전왕을 복위시키겠다는 내용을 통해 무신 정권 초기의 상황임을 알 수 있어요. (나)의 만적은 최충헌 집권 시기의 노비 출신 인물이에요. 개경에서 신분 해방 운동의 성격을 띤 봉기를 계획하였다가 사전에 발각되어 처형되었어요(1198). ④ 최고 권력자 이의민을 제거하고 실권을 장악한 최충헌은 국왕에게 봉사 10조를 올려 시정 개혁을 건의하였어요(1196).

오답 피하기

① 신라 말에 중앙 정부에서 왕위 다툼이 심화되는 가운데 웅천주 도독 김헌창은 아버지 김주원이 왕이 되지 못한 것에 불만을 품고 반란을 일으켰어요. (가) 이전의 사실이에요.

② 최충헌의 뒤를 이어 최고 권력자가 된 최우는 자신의 집에 인사 행정 담당 기구인 정방을 설치하였어요. (나) 이후의 사실이에요.

③ 고려 인종 때 왕의 장인이자 외할아버지였던 이자겸과 그 부하 척준경이 난을 일으켰으나 실패하였어요(이자겸의 난). (가) 이전의 사실이에요.

⑤ 고려 인종 때 김부식은 서경에서 묘청 등이 반란을 일으키자 이를 진압하기 위해 출정하였어요. (가) 이전의 사실이에요.

---

179 무신 집권기의 사실 정답 ②

정답 잡는 키/워/드

경대승이 정중부를 죽이고 권력 장악 → 무신 정권 초기

경대승이 정중부를 죽였다는 내용을 통해 자료에 나타난 상황이 무신 정권 초기임을 알 수 있어요. 1170년에 정중부, 이의방 등 무신들이 보현원에서 정변을 일으켜 문신들을 제거하고 권력을 장악하였어요(무신 정변). 이후 무신 사이에 권력 다툼이 일어나 이의방 → 정중부 → 경대승 → 이의민으로 최고 집권자가 여러 차례 바뀌면서 정치적 혼란이 이어졌어요. 이러한 혼란은 1196년에 최충헌이 이의민을 제거하고 권력을 잡으면서 수습되었어요. 최충헌은 사회의 병폐를 없애기 위한 개혁안으로 ② 봉사 10조를 당시 국왕인 명종에게 올렸으나 실질적인 개혁을 시행하지는 않았어요.

오답 피하기

① 이자겸의 난 이후 묘청 등 서경 세력이 서경 천도를 주장하였다가 받아들여지지 않자 1135년에 서경에서 반란을 일으켰어요. 반란은 김부식이 이끄는 관군에 의해 진압되었어요.

③ 1009년에 강조가 정변을 일으켜 목종을 폐위하고 현종을 새로운 왕으로 세웠어요.

④ 1126년에 이자겸과 척준경이 반란을 일으켜 궁궐을 불태웠어요. 인종은 이자겸의 부하인 척준경을 회유하여 이자겸을 붙잡고 반란을 진압하였어요.

⑤ 1173년에 동북면 병마사 김보당이 무신 정변으로 폐위된 의종의 복위를 주장하며 동계에서 군사를 일으켰으나 실패하였어요.

---

180 최충헌의 활동 정답 ④

정답 잡는 키/워/드

이의민 제거, 봉사 10조를 지음 → 최충헌

이의민을 제거하고 봉사 10조를 지어 바쳤다는 내용을 통해 검색창에 들어갈 인물이 고려 시대의 무신 최충헌임을 알 수 있어요. 무신 정변 이후 권력을 차지한 무신 사이에 권력 다툼이 일어나 최고 권력자가 여러 차례 바뀌었어요. 이러한 정치적 혼란은 최충헌이 이의민을 제거하여 정권을 장악한 후 권력을 세습하면서 안정되었어요. 최충헌은 집권 초기에 국왕에게 봉사 10조를 올려 사회 개혁을 제안하기도 하였으나, 오히려 자신은 많은 토지와 노

비를 차지하고 사병을 양성하는 등 정권 유지에만 집중하였어요. 최고 권력 기구로 ④ 교정도감을 설치하여 그 수장인 교정별감이 되어 인사, 재정 등 국정 전반을 장악하였고, 사병 기관으로 도방을 두어 군사적 기반을 강화하였어요.

① 고려 인종 때 묘청 등 서경 세력은 국호를 '대위', 연호를 '천개'로 정하고 서경에서 난을 일으켰어요.
② 고려 말 최무선은 화통도감 설치를 건의하였고, 이곳에서 생산한 화약과 화포를 이용하여 진포에 침입한 왜구를 격퇴하였어요.
③ 고려 정부가 몽골과 강화를 체결하고 개경으로 환도를 결정하자 이에 반대하여 배중손은 삼별초와 함께 봉기하였어요. 배중손은 강화도에서 진도로 이동하여 대몽 항쟁을 펼쳤어요.
⑤ 고려 말 공민왕 때 신돈은 전민변정도감의 책임자로 임명되어 권문세족의 경제 기반을 약화하고 국가 재정을 확대하는 정책을 주도하였어요.

181 교정도감 설치 이후의 사실 　정답 ⑤

정답 잡는 키/워/드
최충헌 부자를 죽일 것을 모의, 최충헌이 교정별감을 둠
→ 최충헌 집권 시기(교정도감 설치, 1209)

최충헌 부자를 죽일 것을 모의한 무리를 색출하기 위해 최충헌이 교정별감을 두었다는 내용을 통해 최충헌 집권 시기의 상황임을 알 수 있어요. 무신 정변 이후 무신 간 권력 다툼으로 최고 권력자가 여러 차례 바뀌는 가운데 최충헌이 이의민을 제거하고 권력을 잡자 최충헌을 살해하려는 사건들이 이어졌어요. 1209년에는 청교역 서리들이 최충헌, 최우 부자를 살해하려는 계획을 세웠다가 발각되었어요. 최충헌은 이 사건의 관련자들을 색출하기 위해 영은관에 임시 기구로 교정도감을 설치하고 스스로 그 수장인 교정별감이 되었어요. 교정도감은 이후에도 존속되어 인사·감찰·재정 등 국정 전반을 관할하는 최고 기구가 되었고, 최고 집권자가 교정별감을 겸임하였습니다. ⑤ 최충헌의 뒤를 이어 집권한 최우는 자신의 집에 정방을 설치하여 인사권을 장악하였어요(1225).

오답 피하기
① 고려 인종 때 김부식은 서경에서 묘청이 난을 일으키자 관군을 이끌고 가 묘청의 난을 진압하였어요(1136).
② 신라 말 진성 여왕 때 원종과 애노는 중앙 정부의 세금 독촉에 맞서 사벌주에서 봉기하였어요(889).
③ 고려 인종 때 권력을 장악하고 있던 이자겸은 금이 사대를 요구해 오자 이를 수용하였어요(1126).
④ 고려 의종 때 정중부, 이의방 등 무신들이 보현원에서 정변을 일으켜 정권을 장악하였어요(1170).

182 무신 집권기의 사실 　정답 ③

정답 잡는 키/워/드
• 최충헌 형제가 왕을 유폐함(1197) → (가) 최충헌 집권 시기
• 유경이 최의를 죽임 → (나) 최씨 무신 정권 몰락

(가)는 최충헌 형제가 왕을 유폐하였다는 내용을 통해 무신 집권 시기에 최충헌이 권력을 장악한 상황임을 알 수 있어요. 무신 정변 이후 무신 간 권력 다툼으로 최고 권력자가 여러 차례 바뀌면서 정치적 혼란이 이어졌어요. 이런 정치 혼란은 1196년에 최충헌이 아우 최충수 등과 함께 이의민을 제거하고 권력을 잡으면서 수습되었습니다. 정권을 장악한 최충헌은 당시 국왕인 명종에게 봉사 10조라는 개혁안을 제출하여 집권의 명분으로 삼았지만, 이후 명종이 이를 실행하지 않자 왕을 폐위하고 그 아우를 왕(신종)으로 추대하였어요. (나)는 최의가 유경에 의해 죽었다는 내용을 통해 최씨 무신 정권의 몰락 상황임을 알 수 있어요. 최의는 최충헌-최우-최항에 이어 권력을 장악하고 있던 최씨 무신 정권의 마지막 집권자였어요. 김준, 유경 등에 의해

최의가 살해되면서 60여 년에 걸친 최씨 무신 정권이 끝이 났어요. 따라서 최씨 무신 정권 시기에 있었던 사실을 찾으면 됩니다. ③ 최충헌 집권 시기인 1198년에 개경에서 노비 만적이 신분 해방 운동의 성격을 띤 반란을 모의하였으나 사전에 발각되어 처형되었어요.

① 고려 목종 때인 1009년에 강조가 정변을 일으켜 김치양 일파를 제거하고 목종을 폐위하였어요. (가) 이전의 사실이에요.
② 1270년에 고려 정부가 개경 환도를 결정하자 이에 반대한 배중손이 이끄는 삼별초가 강화도에서 봉기하였고, 진도로 근거지를 옮겨 대몽 항쟁을 이어 갔어요. (나) 이후의 사실이에요.
④ 1174년에 서경에서 조위총이 군사를 일으켜 정중부, 이의방 등을 제거하려 하였으나 실패하였어요. (가) 이전의 사실이에요.
⑤ 1173년에 동북면 병마사 김보당이 의종 복위를 주장하며 동계에서 군사를 일으켰으나 진압되었어요. (가) 이전의 사실이에요.

183 무신 집권기 농민과 천민의 봉기 　정답 ④

정답 잡는 키/워/드
망이·망소이, 명학소를 충순현으로 승격
→ 망이·망소이의 난

명학소의 망이·망소이가 봉기하여 공주를 함락하였으며, 이들을 달래기 위해 명학소를 충순현으로 승격시켰다는 내용을 통해 자료의 사건이 무신 집권기에 일어난 망이·망소이의 난임을 알 수 있어요. 무신 정변으로 무신 정권이 수립된 이후 농민 등 하층민에 대한 지배층의 수탈은 더욱 심해졌어요. 이에 불만을 품은 농민과 천민의 봉기가 전국 곳곳에서 일어났어요. 1176년에 특수 행정 구역인 공주의 명학소에서는 망이·망소이 형제가 가혹한 수탈과 소 주민에 대한 차별에 저항하여 봉기하였어요. 이들의 기세가 오르자 고려 정부는 명학소를 충순현으로 승격시키고 현령과 현위를 파견하는 등 회유책을 썼어요. 그러나 봉기가 수그러지지 않고 계속되자 군대를 파견하여 망이·망소이의 무리를 토벌하였어요.
따라서 망이·망소이의 난이 일어난 시기는 무신 정변과 몽골의 침입 사이인 ④ (라)입니다.

184 무신 집권기의 사실 　정답 ④

정답 잡는 키/워/드
• 왕이 개경 환도를 명함
　→ (가) 원종의 개경 환도 결정(1270)
• 조위총이 군사를 일으킴 → (나) 무신 정권 초기(1174)
• 최우가 정방을 설치함 → (다) 최씨 무신 정권 시기(1225)

(가)는 왕이 개경으로 환도하게 하였다는 내용을 통해 1270년 원종이 강화도에서 개경으로 도읍을 다시 옮긴다고 결정한 상황임을 알 수 있어요. 오랜 전쟁에 지친 고려 정부가 몽골과 강화를 맺고 개경 환도를 결정하였고, 이에 반대하던 무신 집권자 임유무가 피살되면서 무신 정권은 막을 내렸어요. (나)는 조위총이 군사를 일으켰다는 내용을 통해 무신 정권 초기의 상황임을 알 수 있어요. 1170년 무신 정변이 일어나고 무신 정권이 들어섰어요. 이에 반발하여 동북면 병마사 김보당(1173), 서경 유수 조위총(1174) 등이 반란을 일으켰으나 실패하였어요. (다)는 최우가 정방을 설치하였다는 내용을 통해 최씨 무신 정권 시기임을 알 수 있어요. 무신 정권 초기에는 최고 집권자가 자주 교체되는 정치적 혼란이 계속되었어요. 이러한 혼란은 1196년 최충헌이 이의민을 제거하고 정권을 차지하면서 수습되었고, 이후 약 60여 년간 최씨 무신 정권이 이어졌어요. 최충헌의 뒤를 이어 집권한 최우는 1225년에 자기 집에 정방을 설치하고 인사 행정을 장악하였어요. 최우는 몽골이 침략하자 강화도로 도읍을 옮겨 장기 항전을 준비하였어요.
따라서 옳은 순서는 ④ (나)-(다)-(가)입니다.

3 외교

185 ①	186 ③	187 ③	188 ③	189 ③	190 ①
191 ④	192 ⑤	193 ③	194 ④	195 ④	196 ③
197 ⑤	198 ④	199 ③	200 ④	201 ②	202 ②
203 ③	204 ④	205 ③	206 ④	207 ⑤	208 ②
209 ④	210 ②	211 ③	212 ①	213 ③	214 ①

185 고려와 거란의 관계 정답 ①

정답 잡는 키/워드
- 거란이 보낸 낙타를 만부교 아래에서 굶어 죽게 함
  → (가) 만부교 사건(942)
- 양규가 적을 급습하여 격퇴함
  → (나) 거란의 2차 침입 당시 양규의 활약(1010)

(가)는 거란에서 보내온 낙타를 만부교 아래에서 굶어 죽게 하였다는 내용을 통해 고려 태조 때 일어난 만부교 사건(942) 상황임을 알 수 있어요. (나)는 양규가 흥화진으로부터 군사를 이끌고 와 적들을 급습하여 모조리 죽이고 사람들을 구하였다는 내용을 통해 고려 현종 때 일어난 거란의 2차 침입 상황임을 알 수 있어요(1010). ① 고려 정종 때 거란의 침입에 대비하여 광군을 조직하였어요(947).

오답 피하기
② 현종 때 거란이 강동 6주의 반환 등을 요구하며 세 번째로 고려에 침입하였어요. 이때 강감찬의 고려군이 귀주에서 거란군을 크게 물리쳤어요(귀주 대첩, 1019).
③ 우왕 때 최무선의 건의로 화통도감이 설치되어 화포가 제작되었어요(1377).
④ 고종 때 몽골의 2차 침입 당시 김윤후가 처인성에서 몽골 장수 살리타를 사살하였어요(1232).
⑤ 우왕 때 명의 철령위 설치에 반발하여 최영 등의 주도로 요동 정벌이 추진되었어요(1388).

186 거란 침입 시기의 사실 정답 ③

정답 잡는 키/워드
- 소손녕, 서희 → (가) 거란의 1차 침입, 성종 재위 시기
- 강감찬이 나성을 쌓을 것을 요청 → (나) 현종 재위 시기

(가)는 거란의 소손녕이 공격해 오자 서희를 보내 화의를 요청하여 침공을 중지시켰다는 내용을 통해 고려 성종 재위 시기인 993년에 일어난 거란의 1차 침입 상황임을 알 수 있어요. (나)는 강감찬이 개경에 나성을 쌓을 것을 요청하였다는 내용을 통해 고려 현종 재위 시기의 상황임을 알 수 있어요. ③ 목종 때 강조가 정변을 일으켜 목종을 폐위하고 현종을 왕으로 세웠어요.

오답 피하기
① 고종 때 몽골 사신 저고여가 고려에 왔다가 귀국길에 피살되었어요. 몽골은 이 사건을 구실 삼아 고려를 침략하였어요.
② 우왕 때 최무선의 건의에 따라 화약 무기를 만드는 화통도감이 설치되었어요.
④ 우왕 때 나세, 심덕부, 최무선 등이 진포에서 왜구를 물리쳤어요. 이때 최무선이 제조한 화포가 처음으로 실전에 사용되었어요.
⑤ 무신 집권기인 명종 때 공주 명학소의 주민인 망이와 망소이가 소 거주민에 대한 차별과 가혹한 수탈에 저항하여 난을 일으켰어요.

187 고려 전기의 사실 정답 ③

정답 잡는 키/워드
- 강조에게 호위를 맡도록 함 → 목종
- 강감찬이 귀주에서 외적을 크게 물리침 → 현종

목종이 18세의 나이로 즉위하자 어머니인 천추 태후가 섭정을 하였어요. 천추 태후는 자신이 총애하던 김치양을 불러들였고 김치양은 천추 태후를 등에 업고 권세를 휘둘렀어요. 목종이 왕위를 이을 후사를 얻지 못하자 천추 태후와 김치양은 그들 사이에 태어난 아들로 다음 왕위를 잇게 할 음모를 꾸며 왕의 목숨을 위협하였어요. 이를 알게 된 목종은 대량원군에게 자신의 뒤를 잇게 하고 만약을 대비하여 서북면(평안도)에 있던 강조를 불러들여 자신을 호위하게 하였어요. 강조는 개경으로 오던 중에 왕이 죽었다는 소문을 듣고 김치양 일파를 몰아내고자 하였으나 목종이 아직 살아 있다는 소식을 들었어요. 하지만 강조는 지금의 위태로운 상황을 평정한다는 명분으로 김치양 일파를 제거하고 목종도 폐위하였어요. 그리고 대량원군을 새 왕(현종)으로 세웠지요. 이 사건을 강조의 정변이라고 합니다. 한편, 서희의 외교 담판으로 강동 6주를 고려에 내주었던 거란은 고려가 송과의 관계를 계속 유지하자 다시 고려를 침략할 기회를 찾고 있었어요. 이런 가운데 고려에서 강조의 정변이 일어났다는 소식을 들은 거란이 강조의 죄를 묻겠다는 이유를 내세워 고려를 침략하였어요(거란의 2차 침입, 1010). 이때 개경이 함락되고 ③ 현종이 나주까지 피란하였어요.

오답 피하기
① 우왕 때 최무선의 건의로 화통도감이 설치되었어요.
② 공민왕 때 신돈이 전민변정도감의 설치를 건의하였어요. 전민변정도감이 설치되자 신돈은 스스로 판사가 되어 권문세족이 부당하게 빼앗은 토지와 노비를 원래 주인에게 되돌려 주는 개혁을 추진하였어요.
④ 광종 때 노비안검법의 실시로 호족 세력이 약화되고 국가 재정이 확충되었어요.
⑤ 숙종 때 윤관의 건의로 여진 정벌을 위한 특수 부대로 별무반이 조직되었어요. 별무반은 기병 부대인 신기군, 보병 부대인 신보군, 승려 부대인 항마군으로 편성되었어요.

188 고려와 거란의 관계 정답 ③

정답 잡는 키/워드
고려 현종이 나주로 피난함, 초조대장경의 조성이 시작됨
→ 거란

고려 현종이 나주로 피난하였으며 초조대장경을 조성하기 시작하였다는 내용을 통해 (가) 국가가 거란임을 알 수 있어요. 고려는 건국 초기부터 송과의 친선 관계를 우선시하였어요. 이에 송을 공격하고자 계획한 거란은 먼저 고려와 송의 관계를 끊기 위해 고려에 침입하였어요. 거란이 침략하자 서희는 거란 장수 소손녕과 외교 담판으로 송과의 관계를 끊기로 약속하여 거란군의 철수를 이끌어 냈고 강동 6주를 획득하였어요. 하지만 고려가 송과의 관계를 계속 유지하자 거란이 강조의 정변을 구실 삼아 다시 쳐들어왔어요. 이때에 양규가 흥화진에서 거란의 침입에 완강히 저항하였고, 화의를 맺고 철수하는 거란군을 여러 차례 공격하여 많은 고려인 포로를 구출하였어요. 이후 거란이 세 번째 침입하였을 때 강감찬이 귀주에서 거란군을 크게 무찔렀어요(귀주 대첩). ③ 고려 현종 때 거란과의 전쟁과 대립이 이어지는 가운데 강감찬의 건의로 수도 개경을 방어하기 위한 나성을 축조하였어요.

오답 피하기
① 고려 말 창왕 때 박위가 왜구의 근거지인 쓰시마섬(대마도)을 토벌하였어요.
② 조선 효종 때 청의 요청으로 나선 정벌에 조총 부대를 파견하였어요.
④ 조선 세종 때 최윤덕을 파견하여 여진을 정벌하고 압록강 상류 지역을 개척하여 4군을 설치하였어요.
⑤ 조선 중종 때 삼포 왜란이 일어나자 왜구나 여진 등 외적의 침입에 대비하기 위한 임시 기구로 비변사를 처음 설치하였어요.

189 고려와 거란의 관계 정답 ③

정답 잡는 키/워드
초조대장경 조판 → 거란

초조대장경을 조판하기 시작하였다는 내용을 통해 (가)는 거란임을 알 수 있어요. 고려는 거란이 발해를 멸망시킨 무도한 나라라고 여기어 건국 초부터 배척하고, 거란의 친선 관계 요구를 거절하며 북진 정책과 친송 정책을 추진하였어요. ③ 정종 때에는 거란이 고려를 침입하려 한다는 보고를 받고 광군을 조직하여 침입에 대비하였습니다(947). 고려의 거란 배척과 친송 정책이 계속되는 가운데 성종 때인 993년에 거란이 송을 공격하기에 앞서 고려를 침략하였어요(1차 침입). 이때 서희가 거란 장수 소손녕과 외교 담판을 벌여 송과의 관계를 끊고 거란과 교류할 것을 약속하여 거란을 물러나게 하였어요. 그러나 고려가 계속 송과의 관계를 유지하자 거란은 강조의 정변을 구실로 다시 침입하였어요. 고려는 거란의 2차 침입으로 개경이 함락되고 현종이 나주로 피란을 가는 등 위기를 맞았지만, 국경 지역에서는 양규의 부대가 큰 활약을 펼치기도 하였어요. 이 시기에 고려는 부처의 힘으로 거란의 침입을 물리치고 나라를 지키려는 마음을 담아 초조대장경을 조판하기 시작하였어요.

오답 피하기

① 예종 때 윤관을 보내 여진을 정벌하고 동북 9성을 개척하였어요.
② 우왕 때 최무선의 건의로 화통도감이 설치되어 화포, 화약 무기 등을 제작하였어요. 최무선 등은 이를 이용하여 진포에서 왜구를 물리쳤어요.
④ 창왕 때 박위를 파견하여 왜구의 근거지인 쓰시마섬을 토벌하였어요.
⑤ 명이 철령위를 설치하고 철령 이북의 영토를 직접 통치하겠다고 통보하자 우왕과 최영은 요동 정벌을 추진하였어요.

---

190 **현종 재위 시기의 사실** 정답 ①

정답 잡는 키/워드	강조가 김치양 일파를 제거하고 옹립, 거란이 침략했을 때 나주까지 피란 → 현종

강조의 정변으로 왕위에 올랐으며, 거란이 침략하였을 때 나주까지 피란을 갔다는 내용을 통해 대화에 등장하는 왕이 고려 현종임을 알 수 있어요. 현종이 재위한 시기에 거란의 2, 3차 침입이 일어났어요. 거란이 강조의 정변을 구실 삼아 일으킨 2차 침입 때 왕이 나주까지 피란하였어요. 이후 거란은 현종의 입조와 강동 6주 반환을 요구하며 또다시 침입하였어요(3차 침입). 이때 ① 강감찬이 귀주에서 철수하는 거란군을 대파하여 승리를 거두었어요(귀주 대첩). 한편, 현종 때 부처의 힘으로 거란을 물리치고자 하는 염원을 담아 초조대장경 조판이 시작되었어요.

오답 피하기

② 고종 때 고려에 온 몽골 사신 저고여가 귀국길에 피살되었어요. 몽골은 이 사건을 구실 삼아 고려를 침략하였어요.
③ 숙종 때 윤관의 건의에 따라 여진과의 충돌에 대비하여 별무반을 창설하여 군사력을 강화하였어요.
④ 태조 때 거란의 사신을 귀양 보내고 선물로 받은 낙타 50마리를 만부교 아래 묶어 놓고 굶겨 죽인 만부교 사건이 일어났어요.
⑤ 성종 때 거란이 침입하자(1차 침입) 서희가 거란의 장수 소손녕과 외교 담판을 벌여 강동 6주를 확보하였어요.

---

191 **고려와 거란의 관계** 정답 ④

정답 잡는 키/워드	• 양규 → (가) 거란의 2차 침입(현종) • 광군 설치 → (나) 고려 정종 • 서희, 소손녕 → (다) 거란의 1차 침입(성종) • 강감찬, 귀주에서 거란군 격퇴 → (라) 거란의 3차 침입(현종)

(가)는 양규의 활약상을 통해 고려 현종 때 일어난 거란의 2차 침입 상황임을 알 수 있어요. 서희와 소손녕의 외교 담판 후 물러났던 거란은 고려가 약속과 달리 송과의 관계를 계속 유지하자, 강조의 정변을 구실 삼아 고려에 다시 침

입하였어요. 개경이 함락되어 현종이 나주까지 피란하였고 결국 거란군과 화의를 맺었어요. 이때에 양규는 철수하는 거란군을 공격하여 끌려가는 많은 고려인을 구하였어요. (나)는 고려 정종 때 이루어진 광군 창설에 관한 내용이에요. 정종은 후진에 유학하던 중 거란의 포로가 된 최광윤이 거란의 고려 침략 계획을 알려오자, 거란의 침입에 대비하기 위해 예비군 성격의 광군을 창설하고 이를 통제하는 광군사를 설치하였어요. (다)는 서희를 보내 화의를 요청하니 소손녕이 침공을 중지하였다는 내용을 통해 고려 성종 때 일어난 거란의 1차 침입 상황임을 알 수 있어요. 서희는 거란 장수 소손녕과 외교 담판을 벌여 송과의 관계를 끊기로 약속하고 그 대가로 강동 6주를 획득하였어요. (라)는 강감찬이 귀주에서 거란군을 물리쳤다는 내용을 통해 거란의 3차 침입 상황임을 알 수 있어요. 거란은 1018년에 강동 6주의 반환을 요구하며 고려에 침입하였어요. 이때 강감찬이 귀주에서 거란군을 크게 격퇴하였어요.

따라서 옳은 순서는 ④ (나)-(다)-(가)-(라)입니다.

---

192 **고려와 여진의 관계** 정답 ⑤

정답 잡는 키/워드	윤관이 동북 9성 설치 → 여진

윤관이 정벌하고 동북 9성을 설치하였다는 내용을 통해 (가)는 여진임을 알 수 있어요. 12세기 초에 부족을 통합한 여진이 고려의 국경을 침범하여 충돌이 자주 일어났어요. 고려 정부는 기병 위주의 여진에게 고려군이 자주 패배하고 고전하자 여진을 상대하기 위해 윤관의 건의를 받아들여 ⑤ 신기군(기병), 신보군(보병), 항마군(승병) 등으로 구성된 별무반을 창설하였지요. 이후 예종 때 윤관은 별무반을 이끌고 여진을 정벌한 뒤 동북 9성을 설치하였어요. 그러나 고려는 여진의 계속된 반환 요청에 조공을 약속받고 1년 만에 동북 9성을 돌려주었어요.

오답 피하기

① 고려 말에 최무선의 건의로 화통도감이 설치되었어요. 최무선은 화통도감에서 제작된 화포를 사용하여 진포에 침입한 왜구를 격퇴하였어요.
② 고려 말에 박위가 왜구의 근거지인 대마도를 토벌하였어요.
③ 고구려는 당의 침략에 대비하기 위해 감독자로 연개소문을 보내어 부여성에서 비사성에 이르는 지역에 천리장성을 축조하였어요.
④ 대몽 항쟁기에 고려는 대장도감을 설치하고 부처의 힘으로 몽골군을 격퇴하고자 팔만대장경을 간행하였어요.

---

193 **별무반** 정답 ③

정답 잡는 키/워드	신기군, 신보군, 항마군으로 편성 → 별무반

신기군, 신보군, 항마군으로 편성되었다는 내용을 통해 (가) 부대가 별무반임을 알 수 있어요. 12세기에 세력이 커진 여진이 고려의 북쪽 국경에 침입하여 충돌이 자주 일어났어요. 기병 위주의 여진에게 고려군이 여러 차례 패배하자 숙종은 윤관의 건의를 받아들여 신기군, 신보군, 항마군으로 구성된 별무반을 창설하였어요. ③ 고려 예종 때 윤관은 별무반을 이끌고 가 여진을 정벌하고 동북 9성을 축조하였어요.

오답 피하기

① 조선 세종 때 최윤덕과 김종서는 압록강과 두만강 일대의 여진을 정벌하고 4군 6진을 개척하였어요.
② 고려 충렬왕 때 여·원 연합군이 두 차례 일본 원정에 나섰으나 태풍 등으로 인해 실패하였어요.
④ 몽골이 고려에 침입하였을 때 김윤후와 처인 부곡민이 처인성에서 몽골 장수 살리타를 사살하고 몽골군을 물리쳤어요.
⑤ 삼별초는 최우가 치안 유지를 위해 설치한 야별초에서 비롯된 부대로, 최씨 무신 정권의 군사적 기반이었어요.

동북 9성 반환

| 정답 잡는
키/워/드 | 여진이 9성의 반환을 요청, 9성의 전투 장비와
군량을 내지(고려)로 들여옴 → 고려의 동북 9성 반환 |

여진이 9성의 반환을 요청하여 9성의 전투 장비와 군량을 내지, 즉 고려로 들여왔다는 내용을 통해 자료의 상황이 윤관의 동북 9성 축조 이후임을 알 수 있어요. 12세기 무렵에 여진이 성장하면서 고려의 국경 지대에서 충돌이 자주 일어났어요. 이에 숙종 때 여진의 침입에 대비하여 윤관의 건의에 따라 별무반이 편성되었고, 예종 때 윤관이 별무반을 이끌고 가 여진을 정벌하고 동북 지역에 9성을 쌓았어요. 하지만 여진은 고려에 9성 지역의 반환을 요청하면서 계속 침입하였고, 수비에 어려움을 겪던 고려는 조공을 바친다는 여진의 약속을 받고 9성 지역을 반환하였어요. 이후 세력이 강성해진 여진은 국호를 '금'으로 정하여 나라를 세우고 고려에 군신 관계를 요구하였어요. 당시 집권자였던 이자겸은 전쟁을 피하고 정권을 유지하기 위해 반대 의견을 물리치고 금의 사대 요구 수용을 왕(인종)에게 건의하였어요.

따라서 고려의 동북 9성 반환이 있었던 시기는 별무반 편성과 이자겸의 난 사이인 ④ (라)입니다.

고려와 몽골의 관계

| 정답 잡는
키/워/드 | 김윤후, 충주성 → 몽골 |

김윤후가 충주성에서 관노비의 문서를 불태우고 맞서 싸웠다는 내용을 통해 (가)가 몽골임을 알 수 있어요. 1232년에 몽골군이 침략하자 처인성으로 들어간 김윤후는 몽골 장수 살리타를 사살하였으며, 1253년 충주성에서는 식량이 떨어져 위기에 직면한 상황에서 관민을 독려하여 함께 적에 맞서 싸워 결국 격퇴하였어요. ④ 몽골이 저고여 피살 사건을 구실로 1231년에 침공해 오자 당시 최고 집권자였던 최우는 일단 강화를 맺고 몽골군이 물러난 뒤 강화도로 수도를 옮겨 장기 항전에 대비하였어요.

 오답 피하기
① 예종 때 윤관이 별무반을 이끌고 여진을 정벌한 뒤 동북 9성을 축조하였어요.
② 창왕 때 박위로 하여금 왜구의 근거지인 쓰시마섬(대마도)을 정벌하게 하였어요.
③ 성종 때 거란이 침입하자 서희가 거란 장수 소손녕과 외교 담판을 벌여 강동 6주를 획득하였어요.
⑤ 우왕 때 최영이 명이 철령위를 설치하려고 하자 이에 반발하여 요동 정벌을 추진하였어요.

고려의 대몽 항쟁

| 정답 잡는
키/워/드 | 고려가 침략에 맞서 강화도로 천도함 → 몽골 |

고려가 침략에 맞서 강화도로 천도하였다는 내용을 통해 (가)가 몽골임을 알 수 있어요. 몽골은 사신 저고여의 피살 사건을 빌미로 1231년에 고려를 침략하였어요. 당시 최고 집권자였던 최우는 일단 강화를 요청하여 몽골군을 물러나게 하고, 강화도로 도읍을 옮겨 장기 항전을 준비하였어요. 몽골이 다시 고려에 쳐들어왔을 때 ㄴ. 김윤후는 처인성에서 부곡민과 함께 맞서 몽골 장수 살리타를 사살하였으며, 충주성 전투에서는 관노들을 이끌고 몽골군을 물리쳤어요. ㄷ. 송문주는 귀주성과 죽주성에서 몽골군을 격퇴하는 데 공을 세웠어요.

 오답 피하기
ㄱ. 현종 때 일어난 거란의 2차 침입 당시 양규가 귀주 방면으로 돌아가는 거란군을 지키고 있다가 무로대에서 물리치고 끌려가고 있던 백성들을 구하였어요.
ㄹ. 예종 때 윤관은 별무반을 이끌고 여진을 정벌한 후 동북 9성을 쌓았어요.

고려의 대몽 항쟁

| 정답 잡는
키/워/드 | 사신 저고여의 피살을 빌미로 쳐들어옴 → 몽골 |

사신 저고여의 피살 사건을 빌미로 고려에 쳐들어왔다는 설명을 통해 (가) 국가가 몽골임을 알 수 있어요. 13세기 초에 몽골에 쫓긴 거란의 잔여 세력이 고려 영토에 들어오자 몽골군과 고려군이 함께 이들을 격퇴하면서 처음으로 외교 관계를 맺었어요. 이후 몽골은 고려에 해마다 과도한 공물을 요구하며 고려를 압박하였어요. 이러한 가운데 공물 요구를 위해 고려에 보낸 사신 저고여가 귀국길에 피살되는 사건이 발생하자 몽골은 이를 빌미로 1231년에 고려를 침략하였어요. 당시 최고 집권자였던 최우는 일단 강화를 요청하여 몽골군을 물러나게 하고, 수도를 강화도로 옮겨 장기 항전을 준비하였어요. ⑤ 강화도로 천도한 후 최씨 무신 정권은 부처의 힘을 빌려 몽골의 침입을 물리치기 위해 대장도감을 설치하여 팔만대장경을 간행하였어요.

 오답 피하기
① 고려 말 우왕 때 최무선은 화통도감 설치를 건의하고 화포를 제작하여 진포에 침입한 왜구를 격퇴하는 데 이용하였어요.
② 조선 세조 때 지역 단위의 방어 체제인 진관 체제를 실시하여 북방 이민족은 물론 남쪽 왜구의 침입에도 대비하고자 하였어요. 그러나 진관 체제는 대규모 외침을 막기에는 불리하였기 때문에 이후 제승방략 체제로 바뀌었어요.
③ 고려 정부는 윤관의 건의에 따라 별무반을 편성하여 여진을 정벌하고 동북 9성을 축조하였어요.
④ 조선은 일본의 침략으로 일어난 임진왜란 중에 포수, 사수, 살수의 삼수병으로 편성된 훈련도감을 설치하였어요.

몽골 침입기의 사실

| 정답 잡는
키/워/드 | • 최우가 집안의 재물을 강화도로 옮김
→ (가) 고려 정부의 강화 천도(1232)
• 김방경과 흔도 등이 진도를 토벌, 김통정이 남은 무리를
이끌고 탐라로 들어감
→ (나) 삼별초의 제주도(탐라) 이동(1271) |

(가)는 최우가 집안의 재물을 강화도로 옮긴다는 내용을 통해 고려 정부가 강화도로 천도하는 상황임을 알 수 있어요. (나)는 김방경과 흔도 등이 진도를 토벌하자 김통정이 남은 무리를 이끌고 탐라로 들어갔다는 내용을 통해 삼별초가 제주도(탐라)로 이동하여 대몽 항쟁을 이어 가는 상황임을 알 수 있어요. 따라서 몽골의 침입으로 고려 정부가 강화도로 천도한 이후부터 개경 환도에 반대하여 진도에서 대몽 항쟁을 벌이고 있던 삼별초가 제주도로 이동한 사이의 시기에 있었던 사실을 찾으면 됩니다. 몽골이 고려를 침략하자 당시 실권자였던 최우는 일단 강화를 맺어 몽골군을 물러가게 한 후 강화도로 천도하여 장기 항전을 준비하였어요. 이후 몽골은 여러 차례 고려를 침략하였고, ④ 몽골의 2차 침입 당시인 1232년에 김윤후가 처인성에서 몽골 장수 살리타를 사살하는 등 고려인의 저항도 끈질기게 이어졌어요. 하지만 오랜 기간 몽골과 전쟁을 치르면서 국토가 황폐해지고 많은 백성이 죽거나 포로로 끌려갔어요. 고려 정부가 몽골과 강화를 맺고 개경 환도를 결정하자, 삼별초는 이에 반발하여 강화도에서 진도, 제주도로 근거지를 옮겨 가며 대몽 항쟁을 이어 갔으나 고려와 몽골 연합군에 의해 진압되었어요.

오답 피하기
① 거란의 2차 침입 당시 양규가 거란군에 맞서 흥화진을 지켜낸 후 곽주성을 급습하여 성을 탈환하였어요(1010).
② 우왕 때 최무선이 화약과 화포를 이용하여 진포에서 왜구를 격퇴하였어요(1380).
③ 목종 때 강조가 정변을 일으켜 목종을 폐위하고 현종을 왕으로 세웠어요(1009). 이후 거란이 강조의 정변을 구실로 고려에 다시 침입하였어요(거란의 2차 침입).
⑤ 인종 때 왕실의 외척이었던 이자겸이 척준경과 함께 반란을 일으켜 궁궐을 불태우고 자신을 제거하려고 한 무리를 죽이거나 유배 보냈어요(1126).

199 몽골의 침입에 대한 고려의 대응 정답 ③

정답 잡는 키/워드
> 사신 저고여 → 몽골

고려군과 함께 강동성에서 거란을 토벌하였으며, 사신 저고여의 피살 사건을 힐책하는 조서 내용으로 보아 (가) 국가가 몽골임을 알 수 있어요. 13세기에 대륙에서 세력이 강성해진 몽골은 고려에 보낸 사신 저고여가 귀국길에 피살된 사건이 일어나자 이를 빌미로 고려를 침략하였어요. ③ 고려 말에 최무선은 화포를 이용하여 진포에 침입한 왜구를 격퇴하였어요.

오답 피하기
① 최씨 무신 정권 시기 최고 집권자 최우는 몽골이 침입하자 강화도로 도읍을 옮겨 장기 항전을 준비하였어요.
② 김윤후는 몽골의 침입 때 처인성 전투에서 적장 살리타를 사살하고 몽골군을 격퇴하였어요.
④ 몽골의 침입 때 충주 지역의 다인철소 주민들이 몽골군을 격퇴하였어요.
⑤ 고려는 부처의 힘을 빌려 몽골의 침입을 물리치기 위해 대장도감을 설치하여 팔만대장경판을 제작하였어요.

200 삼별초 정답 ④

정답 잡는 키/워드
> 야별초를 좌우로 나눔, 신의군 → 삼별초

최우가 설치한 좌우 야별초와 몽골로부터 도망쳐 돌아온 자들을 모아 만든 부대인 신의군으로 되었다는 내용을 통해 (가) 군사 조직이 삼별초임을 알 수 있어요. 최우 집권 시기에 설치된 야별초를 나눈 좌별초와 우별초에 신의군을 더해 삼별초가 편성되었어요. 삼별초는 최씨 무신 정권의 군사적 기반이었으며, 몽골과의 항쟁에 적극적으로 나섰어요. ④ 삼별초는 고려 정부가 개경 환도를 결정하자 이에 반발하여 강화도에서 봉기하여 진도, 제주도로 근거지를 옮겨 가며 대몽 항쟁을 이어 갔어요.

오답 피하기
① 광군사는 고려 정종 때 설치된 관서로 광군을 통제하였어요. 광군은 거란의 침입에 대비하기 위해 조직된 예비군 성격의 부대였어요.
② 일제의 강요로 체결된 정미7조약(한·일 신협약)의 부속 각서에 의해 대한 제국 군대가 해산되었어요.
③ 최윤덕과 김종서가 이끈 조선군이 북방의 여진을 정벌하고 4군 6진을 개척하였어요.
⑤ 조선 시대의 잡색군, 속오군은 유사시에 향토방위를 담당하는 예비군 성격의 군사 조직이었어요.

201 삼별초 정답 ②

정답 잡는 키/워드
> 개경 환도 결정에 반발하여 강화도에서 봉기,
> 진도를 거쳐 제주도로 옮겨와 항쟁 → 삼별초

개경 환도 결정에 반발하여 강화도에서 봉기하였으며, 진도를 거쳐 제주도로 옮겨와 항쟁하였다는 내용을 통해 (가) 군사 조직이 삼별초임을 알 수 있어요. 고려 무신 집권기에 몽골이 침략하자 당시 최고 집권자였던 최우는 일단 강화를 맺은 후 강화도로 천도하여 장기적인 대몽 항쟁에 대비하였어요. 여러 차례 몽골의 침략이 이어졌고, 일반 백성을 중심으로 한 대몽 항쟁이 계속되었지만, 최씨 무신 정권이 무너진 후 고려 정부는 몽골과 화의를 맺고 개경으로 환도를 결정하였습니다. 삼별초는 이에 반발하여 배중손을 중심으로 봉기하였고, 강화도에서 진도로 근거지를 옮겨 대몽 항쟁을 이어 갔어요. 진도도 함락되자 삼별초는 김통정이 중심이 되어 제주도로 이동하여 항쟁하였으나, 결국 고려와 몽골 연합군에 의해 진압되었습니다. ② 최우 집권 시기에 좌우 야별초와 신의군을 합하여 편성된 삼별초는 도방과 함께 최씨 무신 정권의 군사적 기반이었어요.

오답 피하기
① 고려 정종 때 거란의 침입에 대비하여 광군이 설치되었어요.
③ 고려 충렬왕 때 여·원 연합군이 두 차례에 걸쳐 일본 원정에 나섰으나 태풍 등으로 인해 실패하였어요.
④ 고려 숙종 때 여진을 정벌하기 위해 신기군, 신보군, 항마군으로 편성된 별무반이 설치되었어요.
⑤ 고려 말 우왕 때 최영이 이끄는 고려군이 홍산에서 왜구를 격퇴하였어요.

202 개경 환도 이후의 사실 정답 ③

정답 잡는 키/워드
> 강화에서 송경으로 환도, 신의군 등의 부대가 승화후를
> 옹립하고 반역 도모 → 개경 환도와 삼별초의 봉기(1270)

원종이 강화에서 송경(개경)으로 환도할 적이라는 내용을 통해 자료에 나타난 상황이 고려 정부의 개경 환도와 관련 있음을 알 수 있어요. 장기적인 몽골과의 항쟁을 위해 강화도로 옮겨 갔던 고려 정부가 오랜 전쟁에 지쳐 몽골과 화의를 맺고 개경으로 돌아갈 것을 결정하였어요. 그러나 삼별초는 개경 환도에 반대하여 봉기하였어요. 배중손이 이끈 삼별초는 승화후 왕온을 왕으로 추대하고 진도로 옮겨 가 1년여 동안 항쟁을 이어 갔어요. 하지만 여·원 연합군의 계속된 공격에 큰 타격을 입은 삼별초는 김통정의 지휘 아래 진도에서 빠져나와 제주도(탐라)로 내려가 항쟁을 이어 가다가 ③ 김방경, 흔도 등이 이끄는 여·원 연합군에게 진압되었어요(1273).

오답 피하기
① 몽골의 2차 침입 당시 김윤후가 처인성에서 적장 살리타를 사살하고 몽골군을 격퇴하였어요(1232).
② 인종 때 묘청 등이 칭제건원과 금국 정벌을 주장하고 서경 천도를 시도하였다가 실패하자 서경에서 난을 일으켰어요(1135).
④ 명종 때 이의민을 제거하고 권력을 장악한 최충헌이 봉사 10조를 올려 시정 개혁을 건의하였어요(1196).
⑤ 명종 때 경대승이 정중부 등을 제거하고 권력을 장악하였어요(1179).

203 원의 내정 간섭 시기 정답 ③

정답 잡는 키/워드
> 개경 환도 이후 몽골의 간섭이 본격화됨,
> 여·원 연합군의 일본 원정 → 원 간섭기

고려 정부는 몽골의 침입에 대응하여 강화도로 도읍을 옮겨 오랫동안 항전하다가 결국 몽골과 강화를 맺고 개경으로 환도하였어요. 이후 몽골이 '원'으로 국호를 정하였고, 본격적으로 고려의 내정에 간섭하였습니다. 원은 고려 왕이 원의 공주와 혼인하게 하고, 고려 왕실의 호칭과 관제의 격까지 낮추게 하였어요. 이로 인해 ③ 중서문하성과 상서성이 합쳐져 첨의부로, 6부는 4사로 개편되었어요. 한편, 원은 일본 정벌을 위한 중심 기구로 정동행성을 고려에 설치하고 전쟁 물자뿐만 아니라 백성까지 강제 동원하여 일본 원정을 추진하였으나 실패하였어요. 이후 원은 고려의 내정을 간섭하는 데 정동행성을 이용하였어요. 고려 국왕은 정동행성의 승상을 겸직하였으며, 승상 아래 관리는 국왕의 천거를 받아 원의 황제가 임명하였어요.

오답 피하기
① 조선 선조 때 일어난 임진왜란 중에 포수·사수·살수의 삼수병으로 구성된 훈련도감이 창설되었어요.
② 조선 후기에 흥선 대원군은 비변사를 혁파하고 삼군부를 부활시켜 군국 기무를 전담하게 하였어요.
④ 조선 후기에 정조는 인재를 양성하기 위해 젊은 문신을 재교육하는 초계문신제를 시행하였어요.
⑤ 조선 중종 때 국방 문제를 논의하기 위한 임시 기구로 설치된 비변사는 을묘왜변을 계기로 상설 기구가 되었어요.

고려 중기의 사실 정답 ④

정답 잡는 키/워/드
• 윤관, 9성 → (가) 예종, 윤관의 동북 9성 설치(1107)
• 처인부곡의 성에서 살리타 사살
→ (나) 고종, 김윤후의 처인성 전투(1232)

(가)는 윤관이 9성을 축조하였다는 내용을 통해 12세기 초 고려 예종 때 있었던 여진 정벌과 관련된 상황임을 알 수 있어요. 숙종 때 윤관이 여진을 정벌하기 위한 별무반 창설을 건의하여 신기군, 신보군, 항마군으로 구성된 별무반이 조직되었어요. 이후 예종 때 윤관이 별무반을 이끌고 여진을 정벌한 후 동북 9성을 쌓았어요. (나)는 처인성에서 살리타를 사살하였다는 내용을 통해 몽골의 침입 당시 김윤후가 활약한 처인성 전투 상황임을 알 수 있어요. 13세기에 몽골은 사신 저고여의 피살 사건을 구실 삼아 고려를 공격한 이후 여러 차례 침략하였어요. 김윤후는 1232년에 처인성 전투에서 부곡민을 이끌고 싸움에 나서서 몽골 장수 살리타를 사살하고 몽골군을 물리쳤어요. ④ 12세기 고려 인종 때 묘청, 정지상 등 서경 세력이 서경 천도를 추진하고 칭제건원과 금국 정벌 등을 주장하였어요. 서경 세력은 개경 세력의 반발로 서경 천도가 좌절되자 서경에서 반란을 일으켰으나 김부식이 이끄는 관군에 의해 진압되었어요.

오답 피하기
① 10세기 중반 고려 정종 때 거란의 침입에 대비하여 예비군 성격의 광군이 조직되었어요.
② 10세기 말 고려 성종 때 일어난 거란의 1차 침입 당시 서희가 거란 장수 소손녕과 외교 담판을 벌여 강동 6주를 획득하였어요.
③ 원 간섭기인 14세기 초에 충선왕이 왕위에서 물러난 후 원의 연경에 있는 자신의 집에 독서당인 만권당을 설립하였어요. 만권당에서 이제현 등 고려의 학자들이 원의 유학자들과 교유하였어요.
⑤ 고려는 거란의 세 차례 침입을 막아 낸 후 11세기 중반에 압록강에서 도련포에 이르는 천리장성을 축조하여 국경의 경비를 강화하였어요. 덕종 때 축조가 시작되어 정종 때 완성되었어요.

원 간섭기의 사실 정답 ③

정답 잡는 키/워/드
기철, 정동행성 이문소 → 원 간섭기

기철의 친척이 불법으로 남의 토지를 빼앗았으며, 정동행성 이문소가 있는 것으로 보아 자료의 상황이 나타난 시기가 원 간섭기임을 알 수 있어요. 몽골의 침입에 대응하여 고려 정부는 강화도로 도읍을 옮기고 항전하였으나 결국 몽골과 강화를 맺고 개경으로 환도하였어요. 이후 '원'으로 국호를 바꾼 몽골은 고려의 내정을 본격적으로 간섭하였어요. 원 간섭기에 기철 등 원의 세력을 등에 업은 친원 세력이 권력을 독점하고 부를 축적하였어요. 한편, 원은 일본 정벌을 위한 중심 기구로 정동행성을 고려에 설치하고 전쟁 물자뿐만 아니라 고려의 백성까지 강제 동원하여 일본 원정을 추진하였으나 실패하였어요. 원은 일본 원정이 실패한 후에도 정동행성을 그대로 남겨 두어 고려의 내정을 간섭하는 기구로 이용하였어요. ③ 원 간섭기 충렬왕 때 도병마사가 도평의사사로 개편되어 기능이 확대·강화되었어요. 권문세족은 도평의사사를 장악하고 국정을 좌지우지하였어요.

오답 피하기
① 조선 세종 때 정초, 변효문 등이 우리 풍토에 맞는 농법을 정리한 "농사직설"을 편찬하였어요.
② 조선 후기에 부산의 두모포에 설치되었던 왜관이 초량으로 옮겨졌고, 이를 통해 일본과 무역을 하였어요.
④ 조선 정조 때 서얼 출신인 박제가, 유득공, 이덕무 등이 규장각 검서관으로 기용되었어요.
⑤ 신라에는 골품제라는 신분제가 있어 골품에 따라 관등 승진에 제한이 있었어요. 신라 말에 골품제의 한계를 느낀 6두품의 당 유학이 늘어났는데, 이들은 당에서 빈공과에 응시하여 당의 관리가 되어 출세를 도모하기도 하였어요.

원 간섭기의 사실 정답 ③

정답 잡는 키/워/드
응방, 충렬왕, 기철 → 원 간섭기

'응방', '충렬왕', '기철' 등을 통해 자료의 인물들이 활동한 시기가 고려가 원의 간섭을 받은 원 간섭기임을 알 수 있어요. 몽골은 고려와 강화를 맺은 이후 국호를 '원'으로 바꾸고 고려의 내정에 간섭하였어요. 이 시기에 몽골어 통역관이나 원과의 교섭을 담당한 사람, 몽골 공주를 따라온 외국인, 환관, 기철처럼 원 황실의 외척이 된 사람 등 원과 특별한 관계를 가진 이들이 성장하였어요. 이들은 문벌에서 이어져 온 가문, 무신 집권기에 새롭게 등장한 가문 등과 함께 고려 말 지배층인 권문세족을 이루었어요. 이들 사이에서는 ③ 변발, 호복 등 몽골의 풍습(몽골풍)이 유행하였어요.

오답 피하기
① 조선 후기에 사회 혼란이 커지면서 왕조 교체를 예언하는 "정감록"이 유포되었어요.
② 고려 전기 숙종 때 대각국사 의천이 해동 천태종을 개창하여 교종을 중심으로 선종을 통합하고자 하였어요.
④ 무신 집권기인 명종 때 지배층의 가혹한 수탈에 저항하여 공주의 명학소에서 망이·망소이가 봉기하였어요.
⑤ 조선 후기에 상민층이 납속과 공명첩을 활용하여 신분 상승을 꾀하였어요. 그 결과 양반의 수가 증가하고 상민의 수가 감소하여 양반 중심의 신분 질서가 동요하였어요.

원 간섭기의 사회 모습 정답 ⑤

정답 잡는 키/워/드
제국 공주의 겁령구가 중랑장에 임명됨 → 원 간섭기

제국 공주를 따라온 겁령구가 고려군의 중랑장에 임명되었으며 사치스러운 생활을 하였다는 내용을 통해 자료에 나타난 시기가 원 간섭기임을 알 수 있어요. 고려는 몽골과 강화를 맺고 개경으로 환도한 이후 국호를 '원'으로 정한 몽골의 간섭을 받게 되었어요. 고려 국왕은 원의 공주와 결혼하여 원의 부마국이 되었으며, 이에 따라 왕실 호칭과 관제가 격하되었어요. 원은 고려의 내정을 간섭하는 데 정동행성을 이용하였으며 쌍성총관부, 동녕부, 탐라총관부를 설치하여 고려의 일부 영토를 직접 지배하였어요. 또한, 공녀와 환관을 뽑아 강제로 데려가고 특산물을 징발하는 등 인적·물적 수탈을 자행하였어요. 한편, 이 시기에 원의 세력에 기대어 성장한 이들이 권문세족이 되어 고위 관직을 장악하고 부를 축적하였어요. ⑤ 원 간섭기에 지배층을 중심으로 변발, 호복 등 몽골 풍습(몽골풍)이 유행하였어요. 이 시기에 고려의 풍습도 몽골에 전해져 유행하였는데, '고려양'이라고 불렸어요.

오답 피하기
① 11세기 문종 때 관직에서 물러난 최충이 9재 학당을 설립하여 유학 교육을 실시하였어요.
② 태조 왕건 때 빈민 구제를 위한 기구인 흑창이 설치되었어요.
③ 11세기 숙종 때 의천이 국청사의 주지가 되어 천태종을 개창하였어요.
④ 무신 집권기에 만적이 개경에서 신분 해방 운동 성격의 봉기를 모의하였으나 사전에 발각되어 실패하였어요.

원 간섭기 이후의 사실 정답 ③

정답 잡는 키/워/드
왕이 변발하지 않은 신하를 책망함 → 원 간섭기

왕이 변발하지 않은 신하를 책망하였다는 내용을 통해 원 간섭기에 있었던 상황임을 알 수 있어요. 고려 정부는 강화도로 천도하여 몽골에 맞섰지만, 결국 강화를 맺고 개경으로 환도하였어요(1270). 이후 원(몽골)의 내정 간섭이 시작되었고, 고려 왕은 원의 공주와 혼인해야 했어요. 원은 이를 내세워 고려 왕실에서 사용하는 호칭은 물론 관제까지 격을 낮추게 하였어요. 또 일부 영토를 빼앗아 쌍성총관부, 동녕부, 탐라총관부를 설치하고 그 주변 지역을 직접 통치하기도 하였지요. 한편, 양국 사이에 교류가 활발해지면서 지배층을 중심으로 변발, 호복 등 몽골 풍속이 널리 퍼졌어요. 14세기 중반에 왕위에 오른 공민왕은 원의 세력이 약해지자 반원 정책을 펼쳐 친원 세력을 숙청하고 몽골 풍습을 금지하였으며, 고려의 내정에 간섭하던 정동행성을 폐지하였어요. 또한, ③ 유인우, 이인임 등을 보내 쌍성총관부를 수복하였어요.

오답 피하기

① 무신 집권기에 노비 만적이 개경에서 노비들을 모아 신분 해방을 도모하는 반란을 모의하였어요.
② 고려 인종 때 왕의 장인이면서 외할아버지였던 이자겸이 권력을 독점하였어요.
④ 고려 문종 때 관직에서 물러난 최충은 9재 학당을 세워 유학을 교육하였어요.
⑤ 무신 집권기에 최고 집권자가 된 최충헌은 교정도감을 설치하여 국정을 총괄하는 권력 기구로 삼았어요.

---

209 공민왕 재위 시기의 사실

정답 잡는 키/워드 | 기철이 역모를 도모하려 함, 이자춘, 유인우가 쌍성총관부를 공격하여 격파함 → 공민왕

기철이 역모를 도모하려 하였으며, 이자춘과 유인우가 합세한 후 쌍성총관부를 공격하여 격파하였다는 내용을 통해 밑줄 그은 '왕'이 고려 공민왕임을 알 수 있어요. 공민왕은 원의 세력이 약해진 틈을 이용하여 반원 정책을 추진하였어요. 먼저 원의 내정 간섭 기구였던 정동행성 이문소를 철폐하고 기철 등 친원 세력을 숙청하였으며, 쌍성총관부를 공격하여 철령 이북의 영토를 되찾았어요. 또한, 왕권 강화를 위해 인사권을 장악하고 있던 정방을 폐지하였으며, 권문세족의 폐해가 극심하였던 토지와 노비 문제를 해결하기 위해 신돈을 등용하고 ④ 전민변정도감을 운영하였어요.

오답 피하기

① 조선 후기에 부산의 초량 왜관에서 일본과의 교역이 이루어졌어요.
② 조선 광해군 때 허준이 우리의 전통 한의학을 체계적으로 정리한 "동의보감"을 완성하였어요.
③ 발해는 최고 교육 기관으로 주자감을 설치하여 유학을 교육하였어요.
⑤ 신라 선덕 여왕은 승려 자장의 건의를 받아들여 황룡사 9층 목탑을 건립하였어요.

---

210 공민왕 재위 시기의 사실

정답 잡는 키/워드 | 기철 세력 숙청, 쌍성총관부 수복 → 공민왕

기철 세력을 숙청하고 쌍성총관부를 수복하였다는 내용을 통해 (가) 왕이 공민왕임을 알 수 있어요. 14세기 중반 왕위에 오른 공민왕은 원의 세력이 약해진 틈을 이용하여 반원 자주 정책을 추진하였어요. 원의 내정 간섭 기구인 정동행성 이문소를 폐지하고 친원 세력인 기철 일파를 숙청하였으며, 쌍성총관부를 공격하여 철령 이북의 영토를 수복하였어요. 또한, 왕권 강화를 위해 인사권을 장악하고 있던 정방을 폐지하였으며, ② 신돈을 중심으로 전민변정 사업을 추진하여 권문세족의 폐해가 극심하였던 토지와 노비 문제를 해결하고자 하였어요.

오답 피하기

① 숙종 때 의천은 국청사를 중심으로 천태종을 개창하였어요.
③ 무신 집권기인 신종 때 만적이 개경에서 노비를 모아 반란을 모의하였으나 사전에 계획이 발각되어 실패하였어요.
④ 문종 때 최충은 9재 학당을 설립하여 유학 교육에 힘썼어요. 9재 학당은 최충이 죽은 뒤 그의 시호를 따서 '문헌공도'라고도 불렸어요.
⑤ 명종 때 이규보는 고구려 건국 시조인 동명왕(주몽)의 일대기를 서사시로 표현한 '동명왕편'을 지었어요. '동명왕편'에는 고구려 계승 의식이 반영되었어요.

---

211 고려와 왜구의 관계

정답 잡는 키/워드 | 최무선이 화포 이용, 진포 대첩 → 왜구

최무선이 나세, 심덕부 등과 함께 화포를 이용하여 진포 대첩에서 물리쳤다는 내용을 통해 (가)가 왜구임을 알 수 있어요. 고려 말에 잦은 왜구의 침입으로 해안 지방의 피해가 컸어요. 최무선은 왜구의 침략을 방어하기 위해 당시 중국이 가진 화약 제조법을 익히기 위해 노력하였어요. 그리고 화약과 화포 제작을 위한 화통도감의 설치를 건의하였어요. 진포 대첩 당시 이곳에서 제작된 화약과 화포를 사용하여 왜구를 크게 물리쳤어요. ③ 고려 창왕은 박위를 파견하여 왜구의 근거지인 쓰시마섬을 토벌하였어요.

오답 피하기

① 고려 정종은 거란의 침입에 대비하여 광군을 창설하고 이를 통제하기 위한 기구로 광군사를 두었어요.
② 조선은 여진의 요청에 따라 국경 지역인 경성과 경원에 무역소를 설치하여 교역을 허용하였어요.
④ 조선 효종은 어영청을 중심으로 청에 당한 치욕을 씻기 위해 청을 정벌하자는 북벌을 추진하였으나 실현하지는 못하였어요.
⑤ 최씨 무신 정권은 부처의 힘을 빌려 몽골의 침입을 물리치기 위해 대장도감을 설치하여 팔만대장경을 간행하였어요.

---

212 최영의 활동

정답 잡는 키/워드 | 요동 정벌 추진, 이성계에게 죽임을 당함 → 최영

명의 철령위 설치에 반발하여 요동 정벌을 추진하였으며, 위화도 회군으로 정권을 장악한 이성계에게 죽임을 당하였다는 내용을 통해 (가) 인물이 고려의 최영임을 알 수 있어요. 원을 몰아내고 중국 대륙을 장악한 명이 철령위를 설치하여 철령 이북의 영토를 직접 다스리겠다고 통고하자 고려 우왕과 최영은 이성계에게 출병을 명령하여 요동 정벌을 단행하였어요. 이성계는 요동 정벌을 멈출 것을 우왕에게 요청하였으나 받아들여지지 않자 위화도에서 군대를 돌려 개경으로 돌아와 우왕과 최영을 몰아내고 권력을 장악하였어요. ① 고려 말에 최영, 이성계 등 신흥 무인 세력이 외적의 침입을 격퇴하는 과정에서 정치 세력으로 성장하였어요. 최영은 1376년에 지금의 부여 지역인 홍산에서 왜구를 크게 물리쳤어요.

오답 피하기

② 고려 말 우왕 때 최무선은 화약과 화포를 제작하기 위한 화통도감의 설치를 건의하였어요.
③ 고려 목종 때인 1009년에 강조가 정변을 일으켜 목종을 폐위하고 현종을 왕위에 올렸어요.
④ 무신 집권기인 1173년에 동북면 병마사 김보당이 의종 복위를 주장하며 군사를 일으켰어요.
⑤ 무신 집권기 이의민을 제거하고 권력을 잡은 최충헌은 교정도감을 설치하고 그 책임자인 교정별감이 되어 국정 전반을 장악하였어요.

---

213 요동 정벌 추진 이후의 사실

정답 잡는 키/워드 | 최영에게 요동 정벌을 명함, 명 황제가 철령 이북을 명의 영토로 귀속시키려 함 → 고려 우왕 때 요동 정벌(14세기 후반)

명 황제가 철령 이북을 일방적으로 명의 영토로 귀속시키려 한 것이 원인이 되었으며, 왕이 최영에게 요동 정벌을 명하였다는 내용을 통해 대화가 이루어진 시기가 14세기 후반 고려 우왕 때임을 알 수 있어요. 14세기 후반에 명은 공민왕이 수복한 쌍성총관부 지역이 원래 원의 영토였다는 이유를 들어

이 지역에 철령위를 설치하여 직접 다스리겠다고 통보하였어요. 이에 우왕과 최영은 요동 정벌을 추진하여 4불가론을 들어 요동 정벌에 반대한 이성계에게 군대를 이끌고 나설 것을 명령하였어요. ③ 왕의 명을 받들어 군대를 이끌고 정벌에 나선 이성계는 위화도에서 진군을 멈추고 우왕에게 회군 명령을 요청하였으나 받아들여지지 않자 군사를 돌려 개경으로 돌아와 우왕과 최영을 몰아내고 정권을 장악하였어요.

<오답 피하기>

① 12세기 초 예종 때 윤관이 별무반을 이끌고 여진을 정벌한 후 동북 9성을 축조하였어요.
② 10세기 말 성종 때 있었던 거란의 1차 침입 당시 서희가 거란 장수 소손녕과 외교 담판을 벌여 강동 6주를 획득하였어요.
④ 13세기에 고려 정부가 몽골과 화의를 맺고 개경 환도를 결정하자 배중손이 이끄는 삼별초가 이에 반대하여 강화도에서 봉기하였어요. 이후 진도로 이동하여 용장산성에서 항전하였으나 여·몽 연합군의 계속된 공격에 큰 타격을 받았어요.
⑤ 13세기에 몽골이 고려를 침략하자 최우는 강화도로 도읍을 옮겨 장기 항전을 준비하였어요.

214 조선의 건국 과정 〔정답 ①〕

정답 잡는 키/워/드
- 우왕이 요동을 공격하는 일을 최영과 의논함
  → (가) 요동 정벌 계획(1388)
- 위화도에 머물던 이성계가 회군하기로 함
  → (나) 요동 정벌 출병 후 위화도 회군(1388)
- 과전을 지급하는 법을 정함 → (다) 과전법 제정(1391)

(가) 우왕이 요동을 공격하는 일을 최영과 의논하였다는 내용을 통해 고려 말에 우왕과 최영이 추진한 요동 정벌 계획 상황임을 알 수 있어요. 원을 몰아내고 대륙을 장악한 명이 철령위를 설치하여 철령 이북의 영토를 직접 통치하겠다고 통고하자 우왕과 최영은 이성계에게 출병을 명령하여 요동 정벌을 단행하였어요. 하지만 (나) 4불가론을 내세우며 요동 정벌에 반대하던 이성계는 위화도에서 군대를 멈추고 우왕에게 회군 명령을 요청하였으나 받아들여지지 않자 위화도에서 군대를 돌려 개경으로 돌아와 우왕과 최영을 몰아냈어요. 이를 계기로 정권을 장악한 (다) 이성계는 급진 개혁파 신진 사대부와 함께 토지 개혁을 단행하여 권문세족의 토지를 몰수하고 신진 관료에게 재분배하는 과전법을 마련하였어요.

따라서 옳은 순서는 ①(가)-(나)-(다)입니다.

본문 075~079쪽

4 경제, 사회

215 ②	216 ④	217 ③	218 ④	219 ②	220 ④
221 ③	222 ①	223 ①	224 ①	225 ③	226 ⑤
227 ②	228 ⑤	229 ④	230 ④		

215 전시과와 과전법 〔정답 ②〕

정답 잡는 키/워/드
- 경종, 직관과 산관 각 품의 전시과 제정
  → (가) 전시과(시정 전시과)
- 공양왕, 과전을 주는 법을 정함 → (나) 과전법

(가)는 경종 때 마련된 전시과 제도(시정 전시과)에 관한 기록이에요. 고려 경종 때 관직 복무에 대한 대가로 ㄱ. 전지와 시지를 지급하는 전시과가 처음으로 마련되어 관등과 인품을 기준으로 전·현직 관리에게 수조권이 지급되었어요(시정 전시과). 이후 목종 때 개정되어 관등만을 기준으로 전·현직 관리에게 수조권이 지급되었지요(개정 전시과). 그리고 문종 때 다시 개정되어 현직 관리에게만 수조권이 지급되었습니다(경정 전시과). (나)는 고려 말 공양왕 때 마련된 과전법에 관한 기록이에요. 1388년에 위화도 회군으로 정권을 장악한 이성계와 일부 신진 사대부는 과전법을 마련하여 토지 개혁을 추진하였어요(1391). ㄷ. 과전법에 따라 지급되는 토지는 원칙적으로 경기 지역에 한정되었으며, 관리가 사망하면 국가에 반납하는 것이 원칙이었어요. 하지만 수신전과 휼양전 등의 명목으로 세습되는 경우가 많았어요.

<오답 피하기>

ㄴ. 수신전과 휼양전을 지급하도록 한 제도는 (나)의 과전법이에요.
ㄹ. 관리의 인품과 공복을 기준으로 하여 토지를 지급한 것은 (가)의 시정 전시과입니다.

216 고려의 경제 상황 〔정답 ④〕

정답 잡는 키/워/드
전시과 제정 → 고려

전시과를 시행한 나라는 고려입니다. 고려는 관리에게 관직 복무의 대가로 전지와 시지를 지급하는 전시과를 시행하였어요. 전시과는 경종 때 처음 마련되었으며, 이때에는 관품과 인품을 기준으로 전지와 시지가 지급되었어요. 이후 목종 때 제도가 개정되어 인품을 배제하고 관직 등급에 따라 토지가 지급되었어요. 전시과는 이후 문종 때에 최종적으로 정비되었습니다. ④ 건원중보는 고려 성종 때 발행된 우리나라 최초의 금속 화폐입니다.

<오답 피하기>

① 발해는 목축이 발달하였는데, 특히 솔빈부의 말이 특산물로 유명하였어요.
② 통일 신라 시기에 장보고가 완도에 해상 기지인 청해진을 설치하고 이를 중심으로 해상 무역을 장악하였어요. 청해진은 국제 무역의 거점으로 번성하였어요.
③ 신라 지증왕 때 수도 금성에 시장인 동시가 설치되고 동시를 감독하기 위한 관청인 동시전도 설치되었어요.
⑤ 조선 후기에 광산 개발을 민간에 허용하는 대신에 세금을 부과하는 설점수세제가 시행되었어요.

217 숙종의 정책 〔정답 ③〕

정답 잡는 키/워/드
별무반 창설 → 숙종

별무반을 창설하여 여진과 맞서라고 명하는 내용을 통해 대화에 등장하는 왕이 고려 숙종임을 알 수 있어요. 12세기 초에 여진의 세력이 커지면서 고려의 국경 지대에서 충돌이 자주 일어났어요. 이 과정에서 보병으로 구성된 고려군은 기병 위주로 편제된 여진군에게 밀려 어려움을 겪었어요. 이에 숙종은 윤관의 건의에 따라 신기군(기병), 신보군(보병), 항마군(승병)으로 구성된 별무반을 창설하였어요(1104). 이후 예종 때 윤관은 별무반을 이끌고 가 여진을 북방으로 쫓아내고 동북 9성을 축조하였어요. 한편, 숙종은 아우 의천의 건의를 받아들여 ③ 주전도감을 설치하고 은병(활구), 해동통보 등의 화폐를 발행하였어요.

<오답 피하기>

① 태조 왕건은 고려를 건국하고 '천수'라는 독자적 연호를 사용하였어요.
② 예종은 사학의 융성으로 위축된 관학을 진흥하기 위해 일종의 장학 재단인 양현고를 설치하였어요.
④ 광종은 왕권을 강화하고 호족 세력을 견제하기 위해 억울하게 노비가 된 사람을 양인 신분으로 회복시켜 주는 노비안검법을 실시하였어요.
⑤ 공민왕은 국자감을 성균관으로 개칭하고 유학 교육을 장려하였어요.

218 고려의 경제
정답 ④

정답 잡는 키/워/드
주전도감에서 해동통보 발행 → 고려

주전도감에서 해동통보를 발행하였다는 내용을 통해 고려 시대 화폐 주조에 관한 뉴스임을 알 수 있어요. 고려는 건국 초부터 상업을 적극 육성하여 개경에 시전을 설치하고 이를 감독하는 관청인 경시서도 설치하였어요. 또한, 개경과 서경 등 대도시에는 서적, 약, 술 등을 파는 관영 상점을 두기도 하였어요. 상업 활동이 활발해지면서 상품의 원활한 유통을 위해 화폐가 주조되었어요. 성종 때 우리나라 최초의 화폐인 건원중보가 발행되었고, 숙종 때에는 화폐 주조를 담당하는 관청으로 주전도감이 설치되어 은병(활구), 해동통보 등 여러 화폐를 발행하였으나 활발하게 유통되지는 않았어요. 한편, 고려는 주변 국가들과 활발하게 무역을 하였어요. 개경과 거리가 가까웠던 예성강 하구의 ④ 벽란도에는 송과 일본의 상인뿐만 아니라 아라비아 상인도 와서 물품을 거래하였어요.

오답 피하기

① 조선 명종 때 기근에 대비하기 위해 "구황촬요"를 간행·보급하였어요. "구황촬요"에는 나무껍질 등을 이용하여 먹을 것을 만드는 방법, 굶주림으로 인해 종기가 나거나 빈사 상태에 빠진 사람을 치료하는 방법 등이 실려 있습니다.

② 신라 지증왕 때 수도 금성(경주)에 시장인 동시가 설치되고 이를 감독하기 위한 관청으로 동시전이 설치되었어요.

③ 조선 후기에 부산의 초량 왜관에서 일본과의 교역이 이루어졌으며 동래의 내상이 교역에 참여하였어요.

⑤ 금관가야는 철이 많이 생산되어 철기를 만들 때 사용하는 덩이쇠를 화폐처럼 이용하기도 하였고, 낙랑군과 왜 등에 수출하였어요.

219 고려의 경제 상황
정답 ②

정답 잡는 키/워/드
벽란도가 국제 무역항으로 번성, 송 상인이 왕래 → 고려

벽란도가 국제 무역항으로 번성하였으며 송 상인이 왕래하였다는 내용을 통해 (가) 국가가 고려임을 알 수 있어요. 고려 시대에는 예성강 하구의 벽란도가 국제 무역항으로 번성하여 멀리 아라비아 상인까지 왕래하였어요. 또한, 고려는 상업을 적극 육성하여 개경에 시전을 설치하고 이를 관리하는 관청으로 경시서를 설치하였으며, 서적점, 다점 등의 관영 상점을 운영하기도 하였어요. 상업 활동이 활발해지면서 화폐도 발행되었어요. 우리나라 최초의 화폐인 건원중보를 비롯해 여러 화폐가 만들어졌고, ② 숙종 때 활구라고 불린 은병과 해동통보 등이 주조되기도 하였어요. 은병은 은 1근으로 만들어진 고액 화폐였습니다. 하지만 고려에서는 주로 현물을 통한 거래가 이루어졌기 때문에 화폐가 원활하게 유통되지는 못하였어요.

오답 피하기

① 조선 후기에 개성을 근거지로 활동한 송상이 활발하게 활동하였는데, 이들은 전국 각지에 송방을 두었어요.

③ 신라 지증왕 때 수도 금성에 시장인 동시가 설치되고 이를 감독할 관청으로 동시전이 설치되었어요.

④ 조선 후기에 담배, 면화, 생강 등 상품 작물이 널리 재배되었어요.

⑤ 조선 전기에 일본과 교역을 위해 부산포, 염포(울산), 제포(창원) 등 3포를 개항하였어요.

220 고려의 경제 상황
정답 ④

정답 잡는 키/워/드
주전도감, 은병(활구)을 화폐로 삼음 → 고려

주전도감이 있고 은병을 화폐로 삼았다는 내용을 통해 고려 시대의 경제 상황을 묻는 문제임을 알 수 있어요. 고려 성종 때 우리나라 최초의 화폐인 건원중보가 발행되었고, 숙종 때에는 의천의 건의로 주전도감이 설치되어 은병

(활구), 해동통보 등이 발행되었어요. 한편, 고려는 건국 초기부터 개경에 시전을 두었고, ④ 시전을 감독할 관청으로 경시서를 설치하였어요. 그리고 대도시에 서적, 약, 술, 차 등을 파는 관영 상점을 설치하는 등 상업을 육성하였어요. 이러한 가운데 여러 화폐를 주조하여 사용하도록 하였지만 널리 유통되지는 않았어요. 일상적인 거래에서는 여전히 베와 곡식이 주된 거래 수단으로 사용되었어요.

오답 피하기

① 조선 후기에 책문 후시를 통한 청과의 교역이 활발하였어요.

② 조선 후기에 개성을 근거지로 송상이 활발하게 활동하였어요. 송상은 전국 각지에 송방이라는 지점을 설치하였어요.

③ 조선 후기에 감자, 고구마 등이 전래되어 구황 작물로 재배되었어요.

⑤ 조선 후기에 민영 광산이 발달하면서 상인이나 지주로부터 자본을 투자 받아 광산을 전문적으로 경영하는 덕대가 등장하였어요.

221 고려의 상업 발달
정답 ③

정답 잡는 키/워/드
주전도감, 은병 → 고려

첫 번째 사료의 '주전하는 관청을 세우고 백성들에게 두루 유통시키려 한다'는 내용과 두 번째 사료의 '주전도감', '은병' 등을 통해 자료의 정책이 고려 시대 화폐 발행에 관한 것임을 알 수 있어요. 고려는 건국 초부터 개경에 시전을 두고, ③ 대도시에 서적점, 다점, 주점 등의 관영 상점을 설치하여 상업을 육성하였어요. 또 상품의 원활한 유통을 위해 여러 화폐를 발행하여 유통시키고자 하였어요. 성종 때 우리나라 최초의 화폐인 건원중보가 발행되었고, 숙종 때 의천의 건의에 따라 주전도감이 설치되어 은병(활구), 해동통보 등이 발행되었어요.

오답 피하기

① 고구려에는 집집마다 부경이라고 불린 작은 창고가 있었어요.

② 신라의 장보고는 지금의 완도에 청해진을 설치하고 해적을 소탕하여 서남해의 해상 무역권을 장악하였어요.

④ 조선 후기에 고구마, 감자 등 흉년이나 기근이 심할 때 굶주림에서 벗어나는 데 도움이 되는 구황 작물이 널리 재배되었어요.

⑤ 조선 세종 때 대마도주와 세견선의 입항 규모 등 무역에 관한 규정을 정한 계해약조가 체결되었어요.

222 고려의 경제 상황
정답 ①

정답 잡는 키/워/드
주전도감 설치, 주식점을 엶 → 고려

주전도감을 설치하였으며, 왕이 주현에 명령하여 주식점을 열고 백성들이 화폐를 활용하게 하라고 명하는 내용을 통해 대화가 이루어진 시기가 고려 시대임을 알 수 있어요. 고려 정부는 화폐를 주조하여 유통시키려 노력하였어요. 성종 때 우리나라 최초의 금속 화폐인 건원중보가 주조되었고, 숙종 때 화폐 주조를 담당하는 관청으로 주전도감이 설치되어 ① 은병(활구), 해동통보 등의 화폐가 주조되었어요. 고려 정부는 주식점을 설치하고 백성이 화폐로 술과 음식을 사서 먹게 하여 화폐 사용을 늘리려고 하였으나 활발하게 유통되지는 않았어요.

오답 피하기

② 발해에서는 목축이 발달하였으며 특산품으로 솔빈부의 말이 유명하였어요.

③ 조선 후기에 개성을 근거지로 활동한 송상은 전국 각지에 송방이라는 지점을 설치하였어요.

④ 통일 신라 시기에 장보고는 완도에 해상 기지인 청해진을 설치하여 해적을 소탕하고 해상 무역을 전개하였어요.

⑤ 신라 지증왕 때 수도 금성(경주)에 시장인 동시가 설치되고 감독관청으로 동시전이 설치되었어요.

223 고려의 경제 상황 정답 ①

> **정답 잡는 키/워드**
> 국사·왕사 제도를 두어 불교 장려 → 고려

국사·왕사 제도를 두어 불교를 장려하였다는 내용을 통해 (가) 국가가 고려임을 알 수 있어요. 고려 시대에 불교는 건국 초기부터 국가의 지원 아래 발전하였어요. 태조 왕건은 불교를 국교로 정하였으며, 후손에게 남긴 당부의 글인 훈요 10조에서 불교 행사인 연등회 개최를 강조하였지요. 그 뒤 광종은 승과를 실시하여 합격한 승려에게 승계를 주어 지위를 보장해 주었어요. 또 신망이 높은 승려를 국사와 왕사로 삼았어요. 이에 따라 불교의 권위는 이전보다 훨씬 높아졌습니다. ① 고려 시대에 삼한통보, 해동통보 등 화폐가 발행되었으나 실생활에서는 주로 쌀이나 베 등 현물이 거래 수단으로 사용되었어요.

> **오답 피하기**
> ② 발해에서는 목축이 발달하였으며, 솔빈부의 말이 특산품으로 유명하였어요.
> ③ 조선 후기에 의주를 근거지로 삼아 활동한 만상이 청과의 무역을 통해 많은 이익을 얻었어요.
> ④ 신라 지증왕 때 수도 금성에 시장인 동시가 설치되고 이를 감독하는 관청인 동시전이 설치되었어요.
> ⑤ 조선 후기에 물주로부터 자금을 받아 전문적으로 광산을 경영하는 덕대가 등장하였어요.

224 고려의 경제 모습 정답 ①

> **정답 잡는 키/워드**
> 삼사, 안찰사 → 고려

호부가 작황과 관련한 문서를 삼사로 보내 살피게 하고, 삼사가 다시 그 지역의 안찰사로 하여금 자세히 조사하게 하였다는 내용을 통해 자료의 상황이 고려 시대에 있었음을 알 수 있어요. 삼사는 고려 시대에 화폐와 곡식의 출납과 회계를 담당한 중앙 관청이었어요. 6부 가운데 호부와 함께 국가 재정의 주요 기능을 담당하였습니다. 한편, 고려는 5도 양계의 지방 행정 제도를 갖추었는데, 일반 행정 구역인 5도에는 지방관으로 안찰사를 파견하고 국경 지역인 양계에는 병마사를 파견하였어요. ① 고려 시대에는 예성강 하구의 벽란도가 국제 무역항으로 번성하였어요. 벽란도에는 송과 일본의 상인뿐만 아니라 아라비아 상인도 왕래하였어요.

> **오답 피하기**
> ② 조선 후기에 고추, 담배 등이 시장에 내다 팔기 위한 상품 작물로 재배되었어요.
> ③ 신라 지증왕 때 수도 금성에 시장인 동시와 시장을 감독하는 관청인 동시전이 설치되었어요.
> ④ 조선 후기에 물주의 자금을 받아 광산을 전문적으로 경영하는 덕대가 등장하여 활동하였어요.
> ⑤ 조선 세종 때 정초, 변효문 등이 삼남 지방의 농법을 소개한 "농사직설"을 편찬하였어요.

225 고려의 경제 상황 정답 ③

> **정답 잡는 키/워드**
> 예성항, 개경 → 고려

송의 사절 서긍이 예성항을 통해 개경에 들어왔다는 내용을 통해 (가) 국가가 고려임을 알 수 있어요. 고려 시대에 예성강 하구의 벽란도가 국제 무역항으로 번성하였는데 송, 일본 등 주변국 상인들이 왕래하였어요. 특히 아라비아 상인도 들어와 무역하였으며, 이들에 의해 고려가 'COREA(코리아)'라는 이름으로 서방 세계에 알려지기도 하였어요. 고려는 건국 초기부터 상업을 육성하고 ③ 개경, 서경, 동경 등 대도시에 서적, 약, 술, 차 등을 판매하는 관영 상점을 운영하였어요.

> **오답 피하기**
> ① 발해는 목축이 발달하였는데, 특히 솔빈부의 말이 특산품으로 유명하였어요.
> ② 조선 후기에 개성을 근거지로 활동한 송상이 전국 각지에 송방이라는 지점을 설치하였어요.
> ④ 고구려에는 집집마다 부경이라고 불리는 작은 창고가 있었어요.
> ⑤ 조선 후기에 민영 광산이 발달하면서 물주로부터 자금을 투자받아 광산을 전문적으로 경영하는 덕대가 등장하였어요.

226 고려의 경제 상황 정답 ⑤

> **정답 잡는 키/워드**
> 원의 간섭을 받음 → 고려 후기

원의 간섭을 받던 밑줄 그은 '시기'는 고려 후기입니다. 이 시기에 이암은 원으로부터 농서인 "농상집요"를 들여와 고려에 소개하였으며, 문익점은 원으로부터 목화씨를 들여와 재배에 성공하였어요. ⑤ 고려 시대에 시전의 상행위를 감독하는 관청으로 경시서가 설치되었어요. 경시서는 조선 시대에도 유지되었으며, 세조 때 평시서로 이름이 바뀌었어요.

> **오답 피하기**
> ① 조선 후기에 모내기법이 전국적으로 확산되어 농업 생산력이 높아졌어요.
> ② 조선 후기에 부산의 두모포에 설치되었던 왜관이 초량으로 옮겨졌고, 이를 통해 일본과 무역을 하였어요.
> ③ 조선 후기에 감자, 고구마 등의 구황 작물이 전래되어 재배되었어요.
> ④ 조선 후기에 상인이나 지주 등 물주로부터 자금을 받아 광산을 전문적으로 경영하는 덕대가 활동하였어요.

227 고려의 사회 정답 ②

> **정답 잡는 키/워드**
> 망이 등이 현으로 승격시킨 일을 돌이키고 군대를 내어 토벌함에 반발 → 망이·망소이의 난(공주 명학소)

망이 등이 자신이 살고 있는 고을을 현으로 승격시켰다가 되돌리고 군대를 보내 토벌한 사실을 원망하는 내용을 담은 서신을 개경으로 보냈다는 내용을 통해 자료의 사건이 고려 시대에 일어난 망이·망소이의 난임을 알 수 있어요. 무신 정권 시기에 농민 등 하층민에 대한 지배층의 수탈은 더욱 심해졌어요. 이에 불만을 품은 농민과 천민들이 전국 곳곳에서 봉기를 일으켰어요. 특히 1176년에 특수 행정 구역인 공주의 명학소에서는 망이·망소이 형제가 가혹한 수탈과 소 주민에 대한 차별에 저항하여 봉기하였어요. 이들의 기세가 오르자 고려 정부는 명학소를 충순현으로 승격시키는 등 회유책을 썼어요. 그러나 봉기가 수그러지지 않고 계속되자 군대를 파견하여 망이·망소이의 무리를 토벌하였어요. ② 고려에는 특수 행정 구역으로 향·부곡·소가 있었으며, 이곳의 주민은 거주 이전의 자유가 제한되고 일반 군현민보다 더 많은 세금을 납부하는 등 차별을 받았어요.

> **오답 피하기**
> ① 고구려 멸망 후 당은 옛 고구려 땅을 지배하기 위한 기구로 평양에 안동도호부를 설치하였어요.
> ③ 8세기 후반 이후 왕위 쟁탈전의 심화로 중앙 정치가 혼란에 빠지고 지방 통제력도 약화되자 각 지역에서 독자적인 세력을 형성한 호족이 성장하였어요.
> ④ 조선 후기에 서얼은 자신들에 대한 관직 진출의 제한을 철폐해 달라는 집단 상소를 올리는 등 통청 운동을 전개하였어요.
> ⑤ 고려 말 조준 등의 건의로 경기 지역에 한하여 과전법이 실시되었어요. 과전법 실시로 인한 토지 개혁으로 농민의 세금 부담이 줄고 자영농이 늘어났어요.

228 고려의 사회 제도 정답 ⑤

> **정답 잡는 키/워드**
> 개경, 구제도감 설치 → 고려

왕이 구제도감을 설치하여 수도 개경 내 역질에 걸린 백성을 치료하도록 지시한 내용으로 보아 고려 시대의 사회 모습임을 알 수 있어요. 고려 시대에는 구제도감뿐만 아니라 동·서 대비원, 혜민국 등 백성의 질병 치료를 위한 여러 시설과 기구가 운영되었어요. 또한, ⑤ 기금을 모아 그 이자로 빈민을 구호하고 질병을 치료하는 재단 형식의 제위보가 운영되었어요.

 피하기

① 진대법은 고구려 고국천왕이 을파소의 건의에 따라 실시한 빈민 구제책이에요.
② 조선 명종 때 "구황촬요"를 간행·보급하였어요.
③ 조선 세종 때 우리 풍토에 맞는 씨앗 저장법, 토지 개량법 등을 소개한 "농사직설"이 편찬되었어요.
④ 조선 세종 때 의약 서적으로 "향약집성방"이 간행되었어요. "향약집성방"은 우리나라에서 나는 약초와 이를 이용한 치료 방법을 종합적으로 정리하였어요.

---

229 고려의 사회 제도 정답 ④

정답 잡는 키/워/드	구제도감 설치 → 고려

구제도감은 고려 시대에 전염병 등 재해가 발생하였을 때 설치된 임시 관청으로 질병에 걸린 환자를 치료하고 병으로 죽은 사람들을 매장하는 일을 담당하였어요. 고려는 국가 재정의 기반인 농민의 생활을 안정시키고 보호하기 위한 여러 정책을 두었어요. ㄴ. 수도 개경의 동쪽과 서쪽에 각각 대비원을 설치하여 환자 치료와 빈민 구제를 담당하게 하였고, ㄹ. 기금을 모아 그 이자로 빈민을 구호하고 질병을 치료하는 제위보를 설치하였어요.

 피하기

ㄱ. 조선 명종 때 흉년에 대비하는 내용이 담긴 "구황촬요"를 간행·보급하였어요.
ㄷ. 조선 고종 때 환곡의 폐단을 바로잡기 위해 호조에서 정한 "사창절목"에 따라 사창제가 실시되었어요.

---

230 고려 시대의 사회 제도 정답 ④

④ 조선 세종 때 국산 약재와 치료 방법을 종합적으로 정리한 의약 서적인 "향약집성방"이 간행되었어요.

피하기

① 상평창은 고려 시대에 설치된 물가 조절 기관으로, 풍년일 때 곡식의 가격이 내려가면 값을 올려 사들였다가 흉년이 들어 곡식의 가격이 높아지면 싼값에 내놓아 가격이 내려가게 하여 물가를 조절하였어요.
② 혜민국은 고려 시대 서민의 질병 치료를 위해 설치한 기관이에요.
③ 동·서 대비원은 고려 시대 수도 개경에 설치된 기관으로, 빈민 구제와 환자 치료를 담당하였어요.
⑤ 제위보는 고려 시대에 빈민 구호 및 질병 치료를 위해 설치된 기관이에요.

본문 079~088쪽

5	문화				
231 ③	**232** ②	**233** ④	**234** ②	**235** ①	**236** ④
237 ①	**238** ①	**239** ④	**240** ①	**241** ④	**242** ③
243 ①	**244** ⑤	**245** ③	**246** ③	**247** ③	**248** ②
249 ②	**250** ②	**251** ③	**252** ⑤	**253** ③	**254** ③
255 ④	**256** ①	**257** ③	**258** ②	**259** ⑤	**260** ①

---

231 고려 시대 유학자 정답 ③

최승로는 고려 초기의 유학자입니다. 성종이 즉위한 후 5품 이상의 관리에게 정책을 건의하도록 하자 최승로는 ③ 지방관 파견, 불교 행사 축소, 유교 정치 이념 확립 등의 국가 운영 방안을 제시한 시무 28조를 올렸어요.

 피하기

① 조선 건국을 주도한 정도전은 "불씨잡변"을 지어 성리학의 입장에서 불교의 교의를 비판하였어요.
② 조선 중종 때 조광조는 추천 방식으로 관리를 임용하는 현량과 실시를 제안하였어요.
④ 조선 후기에 최익현은 개항에 반대하며 지부복궐척화의소를 올려 일본과 서양의 실체는 똑같다는 왜양일체론을 주장하였어요.
⑤ 조선 중기에 이이는 해주 향약을 시행하여 향촌 교화를 위해 노력하였어요.

---

232 고려의 관학 진흥책 정답 ②

고려의 관학 진흥책을 찾는 문제입니다. 고려 시대에 최충의 문헌공도 등 사학에서 많은 과거 합격자를 배출하여 사학 12도가 번창하면서 상대적으로 관학이 위축되었어요. 이에 고려 정부는 관학 진흥을 위해 ② 국자감에 책을 출판하는 서적포를 설치하였으며, 전문 강좌인 7재를 개설하고 장학 재단인 양현고를 두었어요.

피하기

① 신라는 삼국 통일 이후 당에 유학생을 본격적으로 파견하였고, 발해도 당에 유학생을 파견하였어요. 당은 고려 건국 이전에 멸망하였습니다.
③ 서원은 조선 시대에 설립된 사립 교육 기관이에요. 임금으로부터 현판을 하사받은 사액 서원에는 서적과 노비도 지급되었어요.
④ 고구려는 지방에 경당을 세워 청소년에게 글과 활쏘기 등을 가르쳤어요. 수도에는 태학을 세워 귀족 자제에게 유학을 가르쳤어요.
⑤ 신라의 원성왕은 국학 학생들을 대상으로 유교 경전에 대한 이해 수준을 평가하여 관리 임용에 참고하는 독서삼품과를 시행하였어요.

---

233 고려의 관학 진흥책 정답 ④

정답 잡는 키/워/드	서적포, 국자감에 7재 개설 → 고려의 관학 진흥책

고려 정부가 추진한 관학 진흥책을 묻는 문제입니다. 고려 시대에 고관 출신의 문인들이 사립 교육 기관인 사학을 세워 후학을 양성하였어요. 최충이 세운 9재 학당이 대표적이에요. 사학 출신이 과거에 많이 합격하면서 관학이 상대적으로 위축되자 고려 정부는 국자감에 책을 출판하는 서적포를 설치하고, 전문 강좌인 7재를 개설하였으며 ④ 장학 재단인 양현고를 설치하여 관학을 진흥하고자 하였어요.

피하기

① 통일 신라 원성왕은 유교적 소양을 갖춘 관리를 선발하기 위해 독서삼품과를 시행하였어요.
② 조선 중기에 사림이 중앙 정계에 진출하면서 전국 각지에 서원이 활발하게 설립되었어요. 서원 중 일부는 국왕으로부터 현판을 하사받은 사액 서원으로서 서적과 노비를 지급받았어요.
③ 조선은 수도 한성에 중등 교육 기관으로 4부 학당을 설립하고 유교 경전을 교육하였어요.
⑤ 조선 정조는 인재를 양성하기 위해 재능 있는 젊은 문신을 선발하여 재교육하는 초계문신제를 시행하였어요.

---

234 고려의 성리학 정답 ②

② 이제현은 충선왕이 원의 연경에 있는 자신의 집에 세운 만권당에서 원의 학자들과 교유하며 성리학을 연구하였어요.

오답 피하기

① 왕에게 봉사 10조의 개혁안을 올려 시정 개혁을 제안한 인물은 최충헌이에요. 안향은 원으로부터 성리학을 도입하여 고려에 소개하였습니다.

③ 9재 학당을 세운 인물은 최충이에요. 이색은 성균관의 학칙을 제정하고 성리학 발전에 공헌하였어요.

④ "경제문감"을 저술하고 재상 중심의 정치를 주장한 인물은 정도전이에요. 정몽주는 정도전과 달리 새로운 왕조 건설에 반대하고 고려 왕조를 유지한 상태에서 사회를 개혁하고자 하였어요.

⑤ "성학십도"를 저술한 인물은 이황이에요. 정도전은 이성계를 도와 조선 건국을 주도하였으며, 건국 이후 국정 운영의 기틀을 마련하는 데 힘썼어요.

235 이제현의 활동 정답 ①

정답 잡는 키/워/드
만권당에서 원의 학자들과 공부함, 익재 → 이제현

연경의 만권당에서 원의 학자들과 함께 공부하였으며, '익재'라는 호를 쓴 것으로 보아 밑줄 그은 '나'는 고려 후기 학자인 이제현임을 알 수 있어요. 이제현은 왕위에서 물러나 원에 머물고 있던 충선왕의 부름을 받아 원의 연경으로 가서 충선왕이 자신의 집에 세운 독서당인 만권당에 머물렀어요. 그는 만권당에 드나드는 조맹부 등 원의 유명한 학자나 문인들과 자주 만나고 교류하면서 학문과 식견을 넓혔어요. 원에서 귀국한 후에는 이색 등 제자를 양성하여 성리학의 보급과 발전에 기여하였어요. 또한, ① 성리학적 유교 사관을 반영한 역사서인 "사략"을 저술하였어요.

오답 피하기

② 정도전은 성리학의 입장에서 불교 교리를 비판한 "불씨잡변"을 저술하였어요.

③ 최충은 9재 학당을 세워 유학 교육에 힘썼어요.

④ 무신 최충헌은 이의민을 제거하고 정권을 장악한 뒤 명종에게 봉사 10조를 올려 시정 개혁을 건의하였어요.

⑤ 이황은 경북 안동의 예안에서 향촌 교화를 위해 예안 향약을 시행하였어요.

236 삼국사기 정답 ④

정답 잡는 키/워/드
묘청의 난을 진압한 뒤 왕명을 받아 편찬,
유교 사관을 바탕으로 삼국의 역사를 기록 → "삼국사기"

묘청의 난을 진압한 뒤 왕명에 따라 편찬되었으며, 유교 사관을 바탕으로 삼국의 역사를 기록하였다는 내용을 통해 밑줄 그은 '역사서'가 "삼국사기"임을 알 수 있어요. "삼국사기"는 인종의 명을 받아 김부식의 주도로 고구려, 백제, 신라의 역사를 기록한 책이며, 현존하는 우리나라에서 가장 오래된 역사서입니다. ④ "삼국사기"는 본기, 열전, 지, 연표로 구분하여 역사를 서술하는 기전체 형식으로 되어 있어요.

오답 피하기

① 조선 후기에 유득공은 "발해고"에서 통일 신라와 발해를 가리켜 남북국이라는 용어를 처음 사용하였어요.

② "조선왕조실록"은 사초, 시정기 등을 바탕으로 실록청에서 편찬하였어요.

③ "삼국사기"에는 단군의 고조선 건국 이야기가 수록되어 있지 않아요. 일연의 "삼국유사", 이승휴의 "제왕운기" 등에 단군의 고조선 건국 이야기가 수록되었어요.

⑤ 고려 후기에 이규보는 고구려 건국 시조의 일대기를 서사시로 표현한 '동명왕편'을 지었어요. '동명왕편'은 이규보의 문집인 "동국이상국집"에 수록되었어요.

237 삼국사기 정답 ①

정답 잡는 키/워/드
삼국의 역사, 본기·연표·지·열전으로 찬술 → "삼국사기"

왕명을 받들어 편찬한 역사서이며 신라·고구려·백제 삼국의 역사를 본기·연표·지·열전으로 구분하여 서술하였다는 내용을 통해 자료의 역사서가

"삼국사기"이고, 편찬을 주도한 인물이 김부식임을 알 수 있어요. 인종의 명을 받은 김부식은 유교적 합리주의 사관에 입각하여 역사를 본기·연표·지·열전으로 나누는 ① 기전체 형식으로 "삼국사기"를 서술하였어요.

오답 피하기

② 조선 초에 편찬된 "고려국사", "고려사" 등이 조선 건국의 정통성을 강조한 역사서입니다.

③ 조선 후기에 유득공은 "발해고"에서 통일 신라와 발해를 가리켜 남북국이라는 용어를 처음 사용하였어요.

④ 조선 성종 때 서거정 등은 단군 조선부터 고려까지의 역사를 정리한 "동국통감"을 편찬하였어요.

⑤ 고려 후기에 승려 일연은 불교사를 중심으로 고대의 민간 설화 등을 수록한 "삼국유사"를 저술하였어요.

238 삼국유사 정답 ①

정답 잡는 키/워/드
일연이 저술 → "삼국유사"

일연이 저술하였다는 내용을 통해 (가) 역사서가 "삼국유사"임을 알 수 있어요. 몽골의 침략을 겪은 뒤 민족의 전통을 강조하고 자주적 역사관이 반영된 역사서가 등장하였는데, 일연이 쓴 "삼국유사"가 대표적이에요. 일연은 "삼국유사"에 불교사를 중심으로 고대의 민간 설화와 야사 등을 담았으며, 우리 민족의 기원을 고조선으로 보고 ① 단군의 건국 이야기를 수록하였어요.

오답 피하기

② 사초, 시정기 등을 바탕으로 편찬된 역사서는 "조선왕조실록"이에요.

③ 고려의 승려 각훈은 왕명을 받아 삼국 시대 이래 고승들의 전기를 기록한 "해동고승전"을 저술하였어요.

④ 본기, 열전 등 기전체 형식으로 서술된 대표적인 역사서로 김부식이 편찬한 "삼국사기"를 들 수 있어요.

⑤ 이규보의 문집인 "동국이상국집"에 실린 '동명왕편'은 고구려의 시조 동명왕의 일대기를 서술한 장편 서사시로, 고구려 계승 의식이 반영되었어요.

239 삼국유사 정답 ④

정답 잡는 키/워/드
일연이 편찬, 불교 중심의 역사적 사실과 민간 설화 등 수록
→ "삼국유사"

승려 일연이 편찬하였으며 불교 중심의 역사적 사실과 함께 민간 설화 등이 수록되어 있다는 내용을 통해 밑줄 그은 '이 책'이 "삼국유사"임을 알 수 있어요. 일연은 "삼국유사"에서 민족의 자주성을 강조하였으며, 이 책에 ④ 단군왕검의 건국 이야기를 수록하였어요.

오답 피하기

① 기전체는 본기·열전·지·연표로 구분하여 역사를 서술하는 방식이에요. 김부식의 "삼국사기"가 대표적인 기전체 역사서입니다.

② 조선 후기에 유득공은 발해의 역사를 다룬 "발해고"에서 통일 신라와 발해를 가리켜 남북국이라는 용어를 처음 사용하였어요.

③ 춘추관에 설치된 실록청에서 사초와 시정기 등을 바탕으로 "조선왕조실록"을 편찬하였어요.

⑤ 고려 인종 때 김부식 등이 편찬한 "삼국사기"는 현존하는 우리나라에서 가장 오래된 역사서입니다.

240 동명왕편 정답 ①

정답 잡는 키/워/드
건국 영웅의 일대기를 서술한 장편 서사시,
"동국이상국집"에 실림, 저자 이규보 → '동명왕편'

이규보의 문집인 "동국이상국집"에 실려 있으며, 건국 영웅의 일대기를 서술한 장편 서사시라는 내용을 통해 검색창에 들어갈 역사 자료가 '동명왕편'임을 알 수 있어요. 이규보의 '동명왕편'은 고구려 시조인 동명왕(주몽)에 관한 장편 서사시로, ① 고구려 계승 의식이 반영되었어요. 이규보는 '동명왕편'의 앞부분에서 고구려의 시조 동명왕 탄생 이전의 역사를 밝혔고, 중심부에서는 출생에서 건국에 이르는 역사를 적었으며, 끝부분에서는 후계자인 유리왕의 경력과 자신의 느낌을 서술하였어요.

오답 피하기

② 조선 후기에 유득공이 쓴 "발해고"에서 남북국이라는 용어가 처음 사용되었어요.
③ "조선왕조실록"은 사초, 시정기 등을 바탕으로 실록청에서 편찬되었어요.
④ 일연의 "삼국유사", 이승휴의 "제왕운기" 등에 단군의 고조선 건국 이야기가 수록되었어요.
⑤ 고려 인종 때 김부식이 주도하여 삼국의 역사를 기록한 "삼국사기"는 현존하는 우리나라에서 가장 오래된 역사서입니다.

---

241 동국이상국집 정답 ④

정답 잡는 키/워/드

이규보의 문집 → "동국이상국집"

이규보는 고려 후기 문신이자 유명한 문장가로 시, 가전체 소설 등 다양한 문학 작품을 썼으며, 관리로서 나라에 올리는 글을 작성하기도 하였어요. 이러한 이규보의 작품과 글을 모아 그의 아들이 편찬한 책이 "동국이상국집"입니다. "동국이상국집"에는 이규보가 ④ 고구려의 건국 시조인 동명왕의 일대기를 서사시 형태로 서술한 '동명왕편'이 실려 있어요.

오답 피하기

① 조선 후기의 실학자 유득공은 "발해고"에서 통일 신라와 발해를 가리켜 남북국이라는 용어를 처음 사용하였어요.
② 단군을 우리 역사의 기원으로 기록한 대표적인 역사서로는 일연의 "삼국유사", 이승휴의 "제왕운기" 등이 있어요.
③ 편년체는 연대순으로 역사를 서술하는 방식을 말해요. 대표적인 편년체 역사서로 "조선왕조실록"이 있습니다.
⑤ 중국과 우리나라 역대 왕의 계보가 수록된 역사서는 이승휴의 "제왕운기"로, 이 책의 상권에는 중국 역사(삼황오제~원), 하권에는 우리나라 역사가 운율시 형식으로 서술되어 있어요.

---

242 제왕운기 정답 ③

정답 잡는 키/워/드

이승휴가 중국과 우리의 역사를 운문으로 엮음
→ "제왕운기"

이승휴가 중국과 우리의 역사를 칠언시와 오언시의 운문으로 엮었다는 내용을 통해 검색창에 들어갈 역사서가 "제왕운기"임을 알 수 있어요. "제왕운기"는 원 간섭기인 충렬왕 때 이승휴가 중국과 우리나라의 제왕을 중심으로 서술한 역사서입니다. 중국의 역사는 신화 시대부터 원까지, 우리나라의 역사는 단군의 고조선부터 고려의 충렬왕 때까지 다루었어요. ③ 이승휴는 "제왕운기"에서 우리 민족의 시조를 단군으로 보고 단군의 고조선 건국 이야기를 수록하였어요.

오답 피하기

① 조선 후기에 유득공은 "발해고"에서 발해를 우리 역사로 본격적으로 다루어 '남북국'이라는 용어를 처음 사용하였어요.
② 고려 후기에 일연이 쓴 "삼국유사"는 불교사를 중심으로 고대의 민간 설화와 야사 등을 담았어요.
④ 고려의 승려 각훈은 왕명을 받아 고승들의 전기를 기록한 "해동고승전"을 저술하였어요.
⑤ 기전체는 본기, 열전, 지, 연표로 구분하여 역사를 서술하는 방식이에요. 대표적인 기전체 역사서로 "삼국사기"를 들 수 있어요.

---

243 의천의 활동 정답 ①

정답 잡는 키/워/드

문종의 아들, "신편제종교장총록" → 의천

문종의 아들이며 "신편제종교장총록"을 정리하였다는 내용을 통해 (가) 인물이 의천임을 알 수 있어요. 의천이 정리한 "신편제종교장총록"은 경·율·논 등 3권으로 구성되어 있으며, 각 경전의 이름 아래 해당 장소(章疏 : 주석서) 이름이 나오고 그 밑에 권수, 이칭, 지은이 등이 기록되어 있습니다. ① 의천은 국청사를 중심으로 해동 천태종을 창시하고 교종 중심의 선종 통합을 주장하였어요.

오답 피하기

② 백련 결사를 주도한 승려는 요세입니다.
③ 정혜사는 지눌에 의해 결성된 신앙 결사입니다.
④ 유불 일치설을 주장한 승려는 혜심이에요. 혜심은 유불 일치설에서 심성의 도야를 강조하였는데, 이는 장차 성리학을 받아들일 수 있는 사상적 토대가 되었어요.
⑤ "해동고승전"을 편찬한 승려는 각훈입니다.

---

244 의천의 활동 정답 ⑤

정답 잡는 키/워/드

대각국사, 천태종 개창 → 의천

'대각국사'라는 시호와 국청사를 중심으로 천태종을 개창하였다는 내용을 통해 밑줄 그은 '그'가 의천임을 알 수 있어요. 고려 문종의 아들인 의천은 왕자 신분으로 태어났으나 출가하여 승려가 되었어요. 의천은 분열되어 있던 교단을 통합하여 불교를 개혁하고자 국청사를 중심으로 해동 천태종을 개창하고 수행 방법으로 이론 연마와 수행을 함께 강조하는 교관겸수를 제시하였어요. 또한, ⑤ 흥왕사에 교장도감을 설치하고 불교 경전 주석서를 모아 "교장"을 편찬하였어요.

오답 피하기

① 고려의 지눌은 단번에 깨우치되 점진적으로 수행을 계속해야 한다는 돈오점수를 주장하였으며, 이를 위한 수행 방법으로 정혜쌍수를 내세웠어요.
② 신라의 원효는 무애가를 지어 부르며 불교 대중화에 힘썼어요.
③ 신라의 자장은 선덕 여왕에게 황룡사 9층 목탑의 건립을 건의하였어요.
④ 고려의 요세는 법화 신앙을 바탕으로 하는 신앙 결사인 백련사 결사를 통해 불교 정화 운동을 전개하였어요.

---

245 지눌의 활동 정답 ③

정답 잡는 키/워/드

'불일보조국사' 시호, 돈오점수 주장 → 지눌

'불일보조국사'라는 시호를 받았으며, 돈오점수를 주장하였다는 내용을 통해 밑줄 그은 '그'가 지눌임을 알 수 있어요. 지눌은 참선과 노동 등 승려 본연의 수행에 힘써야 한다고 주장하고, ③ 정혜결사(이후 수선사 결사)를 통해 불교 개혁에 앞장섰어요. 그는 돈오점수를 주장하고 참선과 교리 공부를 함께하는 정혜쌍수를 내세웠지요. 그리하여 선종과 교종의 사상적 갈등을 극복하고 선종을 중심으로 교종을 포용하고자 하였어요.

오답 피하기

① 신라 신문왕 때 설총은 충신을 가까이할 것을 꽃에 비유하여 조언한 '화왕계'를 지어 왕에게 바쳤어요.
② 의천은 국청사를 중심으로 해동 천태종을 개창하여 교종 중심의 불교 통합 운동을 전개하였어요.
④ 혜심은 심성의 도야를 강조한 유불 일치설을 주장하였어요. 이는 장차 성리학을 받아들일 수 있는 사상적 토대가 되었어요.
⑤ 일연은 불교 관련 설화를 중심으로 고대의 민간 설화, 야사 등을 정리한 "삼국유사"를 저술하였어요.

246 지눌의 활동 정답 ③

정답 잡는 키/워/드
순천 송광사에서 불교계 개혁 운동 전개, 돈오점수 주장
→ 지눌

순천의 송광사에서 불교계 개혁 운동을 전개하였으며, 수행 방법으로 돈오점수를 주장하였다는 내용을 통해 (가) 인물이 지눌임을 알 수 있어요. 지눌은 지금의 순천 송광사에서 승려 본연의 자세로 돌아가 독경과 참선, 노동에 고루 힘써야 한다고 주장하며 수선사 결사를 통해 불교 개혁 운동을 벌였어요. 그는 수행 방법으로 돈오점수와 ③ 정혜쌍수를 내세웠고, 이를 통해 선종과 교종의 사상적 갈등을 해소하고자 하였어요.

오답 피하기
① 고려의 각훈은 삼국 시대 이래 명망 높은 승려들의 전기를 담은 "해동고승전"을 집필하였어요.
② 신라의 의상은 화엄 사상의 요지를 간결하게 축약한 '화엄일승법계도'를 지어 화엄 사상을 정리하였어요.
④ 고려의 의천은 교장도감을 설치하고 불교 경전에 대한 주석서를 모아 "교장"을 편찬하였어요.
⑤ 고려의 균여는 '보현십원가' 등 향가를 지어 대중에게 불교 교리를 전파하는 데 힘썼어요.

247 혜심의 활동 정답 ③

정답 잡는 키/워/드
지눌의 제자, 수선사 제2대 사주 → 혜심

지눌의 제자로 수선사의 제2대 사주가 되었다는 내용을 통해 (가) 인물이 혜심임을 알 수 있어요. 혜심은 원래 유학을 공부하였으나 불교에 귀의한 후 수선사에 들어가 지눌의 제자가 되었고, 이후 지눌의 뒤를 이어 수선사 제2대 사주가 되었어요. ③ 혜심은 심성의 도야를 강조한 유불 일치설을 주장하였는데, 이는 장차 성리학을 받아들일 수 있는 사상적 토대가 되었어요.

오답 피하기
① 신라의 의상은 화엄 사상의 요지를 축약한 '화엄일승법계도'를 지어 화엄 사상을 정리하였어요.
② 의천은 해동 천태종을 개창하여 교종을 중심으로 불교 교단을 통합하기 위해 힘썼어요.
④ 지눌은 "권수정혜결사문"을 지어 수행 방법으로 참선과 교리 공부를 함께하는 정혜쌍수를 강조하였어요.
⑤ 균여는 '보현십원가' 등 불교 교리를 담은 향가를 지어 대중에게 불교 교리를 전파하는 데 힘썼어요.

248 요세의 활동 정답 ②

정답 잡는 키/워/드
백련사 → 요세의 백련 결사

백련사는 요세가 백련 결사를 제창하였던 사찰이에요. 요세는 백련사에서 자신의 행동에 대한 참회에 중점을 둔 ② 법화 신앙을 바탕으로 신앙 결사인 백련 결사를 이끌었어요.

오답 피하기
① 의천은 교종을 중심으로 선종을 통합하고자 하였으며, 국청사를 중심으로 해동 천태종을 개창하였어요.
③ 지눌은 정혜사를 결성하고 승려 본연의 자세로 돌아갈 것을 강조하는 불교 개혁 운동을 전개하였어요.
④ 각훈은 "해동고승전"을 저술하여 삼국 시대 이래 명망 높은 승려들의 전기를 기록하였어요.
⑤ 일연은 "삼국유사"를 집필하여 불교사를 중심으로 고대의 민간 설화, 야사 등을 정리하였어요.

249 하남 하사창동 철조 석가여래 좌상 정답 ②

정답 잡는 키/워/드
하남시 하사창동에서 발견된 철불, 고려 초기에 제작됨
→ 하남 하사창동 철조 석가여래 좌상

고려 초기에 제작된 불상으로 경기도 하남시 하사창동에서 발견되었다는 내용을 통해 (가)에 들어갈 불상이 ② 하남 하사창동 철조 석가여래 좌상임을 알 수 있어요. 고려 초기에 지방 호족의 후원을 받아 이 불상과 같은 대형 철불이 많이 제작되었어요.

오답 피하기
① 고구려의 불상인 금동 연가 7년명 여래 입상이에요. 광배 뒷면에 새겨진 '연가 7년'이라는 글자를 통해 불상의 제작 연대를 추정할 수 있어요.
③ 신라 불상인 경주 남산 장창곡 석조 미륵여래 삼존상 중 의자에 앉은 자세를 취한 본존 미륵불이에요.
④ 고려 말~조선 초에 만들어진 것으로 보이는 금동 관음보살 좌상이에요.
⑤ 삼국 시대에 만들어진 금동 미륵보살 반가 사유상이에요. 우리의 금동 미륵보살 반가 사유상과 일본 고류사의 목조 미륵보살 반가 사유상의 유사성을 통해 삼국 시대에 일본과 교류하였음을 알 수 있어요.

250 고려의 불상 정답 ②

정답 잡는 키/워/드
대형 철불 유행, 논산 관촉사 석조 미륵보살 입상 조성
→ 고려

대형 철불이 유행하였으며, 논산 관촉사 석조 미륵보살 입상 등 거대한 불상이 제작된 시기는 고려 시대입니다. 특히 고려 초기에 대형 철불과 함께 논산 관촉사 석조 미륵보살 입상과 같은 지방색이 강한 대형 불상이 많이 만들어졌어요. ② 경주 석굴암 본존불상은 통일 신라 시대에 만들어진 불상으로 완벽한 조형미를 보여 줍니다.

오답 피하기
① 하남 하사창동 철조 석가여래 좌상은 고려 초기에 만들어진 철불이에요.
③ 안동 이천동 마애 여래 입상은 고려 시대에 제작되었어요. 자연 암벽에 몸을 새기고 그 위에 따로 만든 머리를 올려놓은 형태의 불상이에요.
④ 영주 부석사 소조 여래 좌상은 고려 시대 불상으로 신라 양식을 계승하였어요.
⑤ 하남 교산동 마애 약사여래 좌상은 고려 초기에 제작된 불상이에요. 앉아 있는 불상 왼쪽에 고려 경종 때 중수되었다는 내용이 새겨져 있어요.

251 고려의 탑 정답 ③

정답 잡는 키/워/드
원각사지 10층 석탑에 영향을 줌
→ 고려, 개성 경천사지 10층 석탑

원래 개성에 있었으나 지금은 국립 중앙 박물관에 옮겨져 있으며, 원각사지 10층 석탑에 영향을 주었다는 내용을 통해 제시된 탑이 고려 시대에 만들어진 개성 경천사지 10층 석탑임을 알 수 있어요. 개성 경천사지 10층 석탑은 원의 영향을 받아 대리석으로 만들어졌어요. ③ 고려의 평창 월정사 8각 9층 석탑이에요. 고려 전기에 유행한 다각 다층 양식의 대표적인 탑이에요.

오답 피하기
① 통일 신라 시기에 세워진 경주 불국사 3층 석탑이에요. 수리 과정에서 무구정광 대다라니경이 발견되었어요.
② 백제의 부여 정림사지 5층 석탑이에요. 목탑 양식이 남아 있으며, '평제탑'이라고 불리기도 하였어요.
④ 통일 신라 시기에 세워진 구례 화엄사 4사자 3층 석탑이에요. 신라의 사자 석탑으로는 유일하며, 수준 높은 조각 기술을 보여 줍니다.
⑤ 백제의 익산 미륵사지 석탑이에요. 목탑 양식이 반영된 석탑으로, 복원 공사 중에 사리장엄구와 금제 사리봉영기가 발견되었어요.

252 개성 경천사지 10층 석탑
정답 ⑤

정답 잡는 키/워/드
> 원의 영향을 받아 대리석으로 만듦,
> 원각사지 10층 석탑에 영향을 줌
> → 개성 경천사지 10층 석탑

원의 영향을 받아 대리석으로 만들어졌으며, 조선 전기의 원각사지 10층 석탑에 영향을 준 석탑은 ⑤ 개성 경천사지 10층 석탑이에요. 개성 경천사지 10층 석탑은 대한 제국 시기에 일본에 불법으로 반출되었다가 반환되었고, 현재는 국립 중앙 박물관에 전시되어 있어요.

오답 피하기
① 통일 신라의 경주 불국사 3층 석탑이에요.
② 통일 신라의 구례 화엄사 4사자 3층 석탑이에요.
③ 통일 신라의 양양 진전사지 3층 석탑이에요.
④ 고려 전기에 세운 평창 월정사 8각 9층 석탑이에요.

253 상감 청자
정답 ③

고려 시대에 만들어진 청자를 찾는 문제입니다. 고려의 순청자는 '비색'이라고 불리는 신비한 푸른빛의 아름다움으로 유명하였으며, 주로 11세기에 많이 만들어졌어요. 상감 청자는 표면에 무늬를 새기고 그 안을 백토나 흑토 등으로 채우는 상감 기법을 이용하여 만든 청자로, 12세기 후반에 많이 만들어졌어요. ③ 고려 시대에 만들어진 청자 상감 운학문 매병이에요. 표면에 무늬를 새기고 그 안을 백토나 흑토 등으로 채우는 상감 기법으로 구름과 학 무늬가 표현되었어요.

오답 피하기
① 통일 신라 시기에 만들어진 도기 연유 인화문 항아리 가운데 소호(小壺)입니다.
② 고려 시대에 만들어진 청동 은입사 포류수금문 정병이에요.
④ 조선 시대에 만들어진 백자 청화 매죽문 항아리입니다.
⑤ 조선 시대에 만들어진 분청사기 상감 운룡문 항아리입니다.

254 직지심체요절
정답 ③

정답 잡는 키/워/드
> 박병선 박사가 프랑스 국립 도서관에서 발견,
> 청주 흥덕사에서 금속 활자로 간행 → "직지심체요절"

청주 흥덕사에서 금속 활자로 간행되었으며, 박병선 박사가 프랑스 국립 도서관에서 발견하였다는 내용을 통해 (가)가 "직지심체요절"임을 알 수 있어요. "직지심체요절"은 현존하는 세계에서 가장 오래된 금속 활자 인쇄본으로 알려져 있으며, 현재 프랑스 국립 도서관에 보관되어 있어요. ③ "직지심체요절"은 2001년에 유네스코 세계 기록 유산으로 등재되었습니다.

오답 피하기
① 조선 시대 이황이 저술한 "성학십도"는 군주의 도를 도식으로 설명한 책입니다.
② 신라 촌락 문서(민정 문서)는 각 촌락의 인구수, 토지 종류와 면적, 소와 말의 수, 수목의 종류와 수 등의 변동 사항을 조사하여 3년마다 기록한 문서로, 세금 수취의 자료로 활용되었어요.
④ 고려는 부처의 힘을 빌려 거란의 침입을 격퇴하려는 염원을 담아 초조대장경을 제작하였어요.
⑤ 조선 세종 때 유교 윤리 보급을 위해 중국과 우리나라의 충신, 효자, 열녀의 이야기를 담은 "삼강행실도"가 간행되었어요.

255 고려의 문화유산
정답 ④

정답 잡는 키/워/드
> 청자 상감 운학문 매병, 수월관음도 → 고려

청자 상감 운학문 매병은 고려의 독창적인 상감 기법으로 만들어진 청자이며, 수월관음도는 고려 후기에 그려진 불화입니다. 따라서 고려 시대 문화유산을 찾으면 됩니다. ④ 영주 부석사 무량수전은 고려 후기에 지어진 대표적인 주심포 양식의 건물이며, 내부에 소조 여래 좌상이 모셔져 있어요.

오답 피하기
① 금동 연가 7년명 여래 입상은 고구려의 불상으로 광배 뒷면에 새겨진 '연가 7년'이라는 글자를 통해 제작 시기를 짐작할 수 있어요.
② 서산 용현리 마애 여래 삼존상은 백제의 불상이며, '백제의 미소'로 널리 알려져 있어요.
③ 경주 분황사 모전 석탑은 돌을 벽돌 모양으로 다듬어 쌓아 올린 신라의 석탑이에요.
⑤ 보은 법주사 팔상전은 조선 후기에 지어진 목탑으로, 내부에 석가모니의 일생을 그린 팔상도가 있어요.

256 안동 봉정사 극락전
정답 ①

정답 잡는 키/워/드
> 우리나라에 현존하는 가장 오래된 목조 건축물,
> 주심포 양식 → 안동 봉정사 극락전

우리나라에 현존하는 가장 오래된 목조 건축물이며 주심포 양식의 건물은 ① 고려 후기에 지어진 안동 봉정사 극락전이에요.

오답 피하기
② 보은 법주사 팔상전은 조선 후기에 지어진 건축물로, 우리나라에 남아 있는 유일한 목조탑이에요.
③ 구례 화엄사 각황전은 조선 후기에 지어진 중층 건축물로, 현존하는 중층의 불전 중에서 가장 큰 규모입니다.
④ 예산 수덕사 대웅전은 고려 시대에 지어진 주심포 양식의 건축물이며, 수리 과정에서 충렬왕 때 건립되었다는 사실이 밝혀졌어요.
⑤ 영주 부석사 무량수전은 고려 시대에 지어진 대표적인 주심포 양식 건축물 중 하나입니다.

257 고려의 문화유산
정답 ③

정답 잡는 키/워/드
> "직지심체요절", 천산대렵도 → 고려

"직지심체요절"과 천산대렵도를 통해 (가)에 고려 시대의 문화유산이 들어가야 함을 알 수 있어요. "직지심체요절"은 고려 말에 청주 흥덕사에서 금속 활자로 인쇄된 책으로, 현존하는 세계에서 가장 오래된 금속 활자 인쇄본이에요. 천산대렵도는 변발과 호복을 한 남성이 말을 타고 사냥하는 모습을 그린 그림으로 공민왕이 그렸다고 전해지고 있어요. ③ 고려 시대에 상감 기법으로 제작된 상감 청자입니다. 상감 청자는 12세기 중반부터 크게 유행하였어요.

오답 피하기
① 부여 능산리 절터에서 출토된 백제의 문화유산이에요.
② 신라 고분인 경주 호우총에서 발견되었어요.
④ 두 부처가 나란히 앉아 있는 모습을 표현한 발해의 불상이에요.
⑤ 조선 후기에 정선이 그린 진경 산수화입니다.

258 고려의 문화유산
정답 ②

정답 잡는 키/워/드
> 상감 청자 → 고려

상감 청자가 대표적 문화유산이라는 내용을 통해 (가) 국가가 고려임을 알 수 있어요. 상감 청자는 그릇 표면에 무늬를 새기고 다른 색의 흙을 채워 넣은 뒤 유약을 발라 굽는 상감 기법으로 만들어진 청자로, 12세기 중반부터 크게 유행하였어요. ㄱ. 고려 시대에 제작된 나전 칠기인 나전 국화 넝쿨무늬 합이에요. ㄷ. 고려 시대에 제작된 수월관음도입니다.

ㄴ. 백제의 무령왕릉에서 출토된 석수입니다.
ㄹ. 신라의 고분인 황남 대총에서 출토된 금관이에요.

259 고려의 문화유산　　　정답 ⑤

⑤ 보은 법주사 팔상전은 조선 후기에 건립된 목탑이에요.

① 청동 은입사 포류수금문 정병은 고려 시대의 문화유산으로, 은입사는 금속 그릇에 은실을 이용하여 문양을 넣는 세공 기법이에요.
② 영주 부석사 소조 여래 좌상은 고려 시대의 불상으로 신라 양식을 계승하였어요.
③ 청자 상감 운학문 매병은 고려 시대에 상감 기법으로 제작된 청자입니다.
④ 평창 월정사 8각 9층 석탑은 고려 전기에 건립된 대표적인 다각 다층 석탑이에요.

260 고려의 문화유산　　　정답 ①

정답 잡는 키/워/드	몽골의 침략을 받음 → 고려

몽골의 침략을 받았다는 내용을 통해 밑줄 그은 '국가'가 고려임을 알 수 있어요. 법화경서탑도는 7층 탑 모양의 그림처럼 보이지만 수만 자에 달하는 법화경의 내용을 한 글자씩 탑 모양을 따라 사경(경전을 베껴 쓰는 불교 의식)을 해서 만든 것이에요. ① 금동 대향로는 백제의 문화유산으로 불교와 도교의 요소가 복합적으로 반영되어 있어요.

② 고려 시대에 만들어진 대형 석불인 논산 관촉사 석조 미륵보살 입상이에요.
③ 고려 시대에 만들어진 순청자인 청자 투각 칠보무늬 향로입니다.
④ 고려 시대에 만들어진 다각 다층탑인 평창 월정사 8각 9층 석탑이에요.
⑤ 고려 시대에 만들어진 청동 은입사 포류수금문 정병이에요.

IV 조선 전기

본문 098~103쪽

1 정치

261 ②	262 ①	263 ⑤	264 ④	265 ②	266 ④
267 ⑤	268 ②	269 ④	270 ③	271 ④	272 ①
273 ③	274 ④	275 ①	276 ②	277 ②	278 ⑤
279 ④	280 ③	281 ⑤	282 ⑤	283 ②	284 ③

261 조선의 건국 과정　　　정답 ②

정답 잡는 키/워/드	• 이성계가 위화도에서 회군 → (가) 위화도 회군(1388) • 한양을 도읍으로 정함 → (나) 한양 천도(1394) • 조준, 과전법 제정 → (다) 과전법 제정(1391)

고려 말에 홍건적과 왜구를 격퇴하는 과정에서 최영, 이성계 등 신흥 무인 세력이 성장하였어요. 최영은 정치적 실권까지 장악하였지요. 우왕과 최영은 명이 철령 이북의 영토를 요구하자 이에 반발해 요동 정벌을 추진하여 이성계가 이끄는 군대를 파견하였어요. 요동 정벌에 반대하던 (가) 이성계는 위화도에서 군대를 멈추고 회군 명령을 요청하였으나 받아들여지지 않자 스스로 회군하여 개경으로 돌아와 우왕과 최영을 몰아내고 정권을 장악하였습니다. 정권을 잡은 이성계와 (다) 정도전, 조준 등 일부 신진 사대부가 과전법을 제정하는 등 개혁을 추진하였어요. 이후 이성계 일파는 고려 왕조의 유지를 주장하는 정몽주 등 반대 세력을 제거하고 조선을 건국하였어요. 그리고 (나) 한양을 도읍으로 정하여 경복궁을 건설하고 1394년에 한양으로 천도하였어요.
따라서 옳은 순서는 ②(가)-(다)-(나)입니다.

262 정도전의 활동　　　정답 ①

정답 잡는 키/워/드	이성계를 도와 조선 건국 주도, "조선경국전" 저술 → 정도전

이성계를 도와 조선 건국을 주도하였으며, "조선경국전"을 저술하였다는 내용을 통해 (가) 인물이 정도전임을 알 수 있어요. 정도전은 이성계를 도와 조선 건국을 주도하였으며, 건국 이후에는 한양 도성을 설계하고 문물제도를 정비하는 등 국정 운영의 기틀을 마련하는 데 힘썼어요. 또한, 재상 중심의 정치를 강조하고, 민본과 덕치에 기반을 둔 통치 체제를 만들고자 하였어요. 하지만 국왕 중심의 정치를 추구한 이성계의 아들 이방원(태종)에 의해 제거되었어요. ① 태조 때 정도전은 성리학의 입장에서 불교의 교리를 비판한 "불씨잡변"을 저술하였어요.

② 수양 대군이 일으킨 계유정난을 계기로 단종을 보필하던 김종서, 황보인 등의 인물이 축출되었어요.
③ 중종 때 주세붕은 경상북도 영주에 최초의 서원인 백운동 서원을 건립하였어요.
④ 신숙주는 일본에 다녀와서 일본의 정치, 외교, 사회 등을 종합적으로 정리한 "해동제국기"를 편찬하였어요.
⑤ 이황은 선조가 성군이 되기를 바라는 마음에서 군주의 도를 도식으로 설명한 "성학십도"를 지어 바쳤어요.

263 정도전의 활동　　　정답 ⑤

정답 잡는 키/워/드	선유가 불씨의 지옥설 논박, "삼봉집" → 정도전

불교를 비판하는 자료의 글을 쓴 인물은 정도전이에요. '삼봉'은 정도전의 호입니다. 정도전은 이성계를 도와 조선 건국을 주도하였으며, 한양 도성을 설계하고 제도를 정비하는 등 국정 운영의 기틀을 마련하였어요. 또한, ⑤ 나라를 다스리는 기준을 종합적으로 정리한 "조선경국전"을 저술하여 통치 제도 정비에 기여하였어요.

오답 피하기

① 수양 대군이 일으킨 계유정난을 계기로 단종을 보필하던 김종서, 황보인 등이 축출되었어요.
② 신숙주는 일본에 다녀와서 일본의 정치, 외교, 사회 등을 종합적으로 정리한 "해동제국기"를 편찬하였어요.
③ 송시열은 효종에게 기축봉사를 올려 명에 대한 의리를 강조하고 청에 당한 치욕을 갚아야 한다고 주장하였어요.
④ 이황은 선조가 성군이 되기를 바라는 마음에서 군주의 도를 도식으로 설명한 "성학십도"를 지어 바쳤어요.

---

264 태조 재위 시기의 사실 정답 ④

 정답 잡는 키/워/드

> 무악에 이르러 도읍을 정할 땅을 물색, 고려 말에 서운관에서
> 한양으로 도읍을 옮기자고 건의 → 태조 이성계

임금이 도읍을 정할 땅을 물색하면서 무악을 둘러보았으며 고려 말에는 한양으로 도읍을 옮기자는 주장이 제기되었다고 말하는 것으로 보아 조선 건국 직후의 상황임을 알 수 있어요. 따라서 조선 태조 재위 시기의 사실을 찾으면 됩니다. 태조 이성계는 조선 건국 직후 천도를 추진하였어요. 당시 새 왕조의 도읍으로 무악, 한양, 계룡 등이 거론되었고, 최종적으로 한양이 결정되었어요. 이후 태조는 한양에 종묘와 사직단, 경복궁 등을 세워 도성의 모습을 갖추었어요. ④ 태조와 정종 때 왕위 계승을 둘러싸고 왕자의 난이 일어났어요. 태조 때 제1차 왕자의 난을 일으켜 정권을 차지한 이방원은 정종 때 일어난 제2차 왕자의 난을 진압하고 세자로 책봉되었어요.

오답 피하기

① 세종 때 우리 고유의 독창적 문자인 훈민정음이 반포되었어요.
② 숙종 때 국왕 호위와 수도 방어를 위한 금위영이 창설되었어요. 이로써 훈련도감, 어영청, 총융청, 수어청, 금위영의 5군영 체제가 완성되었어요.
③ 세조 때 만들기 시작한 "경국대전"은 성종 때 완성되었어요.
⑤ 세조 때 성삼문 등이 상왕이 된 단종의 복위를 꾀하다가 처형되었어요.

---

265 정몽주 피살 이후의 사실 정답 ②

정답 잡는 키/워/드

> 이방원이 정몽주를 죽임 → 조선 건국(1392) 직전

이방원이 정몽주를 죽였다는 내용을 통해 조선 건국(1392) 직전의 상황임을 알 수 있어요. 고려 말 위화도 회군으로 개경에 돌아온 이성계는 우왕과 최영을 제거하고 정치적 실권을 장악하였어요. 정권을 잡은 이성계는 급진 개혁파 신진 사대부와 함께 토지 개혁을 단행하여 권문세족이 불법적으로 소유한 토지를 몰수하고 신진 관료에게 토지를 지급하는 과전법을 실시하였어요. 이후 고려 왕조를 유지하고자 하는 정몽주 등 일부 온건 개혁파 신진 사대부를 제거하고 조선을 건국하였어요. ② 제2차 왕자의 난 이후 세자에 오른 이방원은 권근 등의 건의에 따라 공신과 왕족의 사병을 혁파하였어요.

오답 피하기

① 고려 성종 때 최승로가 시무 28조를 올려 지방관 파견, 불교 행사 축소, 유교 정치 이념 확립 등을 건의하였어요.
③ 고려 공민왕 때 안우, 이방실 등이 고려에 침입한 홍건적을 격퇴하였어요.
④ 고려 명종 때 공주 명학소에서 망이·망소이가 지배층의 가혹한 수탈과 소 주민에 대한 차별에 저항하여 봉기하였어요.
⑤ 고려 광종 때 쌍기의 건의를 수용하여 시험을 통해 관리를 선발하는 과거제가 시행되었어요.

---

266 태종의 정책 정답 ④

정답 잡는 키/워/드

> 제2차 왕자의 난에서 승리한 이후 왕위에 오름
> → 이방원(태종)

제2차 왕자의 난에서 승리한 이후 왕위에 올랐다는 내용을 통해 (가) 인물이 태조의 다섯째 아들인 태종 이방원임을 알 수 있어요. 국왕 중심의 정치를 추구한 이방원은 두 차례 왕자의 난을 통해 재상 중심의 정치를 강조한 정도전 등 자신의 반대 세력을 제거한 뒤 정종의 양위로 즉위하였어요. 태종은 왕권을 강화하고 중앙 집권을 확립하기 위해 의정부의 기능을 축소하고 ④ 6조 직계제를 실시하여 6조가 의정부를 거치지 않고 국왕에게 직접 업무를 보고하고 재가를 받도록 하였지요. 그리고 호패법을 실시하여 16세 이상의 모든 남자에게 의무적으로 호패를 차고 다니게 함으로써 전국의 인구 동태를 파악할 수 있게 하였어요.

오답 피하기

① 세조는 새로운 관리에게 지급할 토지가 부족해지자 과전을 혁파하고 현직 관리에게만 수조지를 나누어 주는 직전을 설치하였어요.
② 고려 우왕 때 최무선의 건의로 화통도감이 설치되어 화포와 화약 무기가 제작되었어요.
③ 효종은 청에 당한 치욕을 갚기 위해 어영청을 중심으로 북벌을 추진하였어요.
⑤ 조선 성종 때 성현 등이 궁중 음악을 집대성한 "악학궤범"을 편찬하였어요.

---

267 태종의 정책 정답 ⑤

정답 잡는 키/워/드

> 하륜이 국정의 처리를 육조에서 직계하자고 건의 → 태종

하륜이 6조 직계제 시행을 건의하였으며 이에 대해 신하들에게 논의할 것을 명령하는 것으로 보아 대화에 등장하는 왕이 조선 태종임을 알 수 있어요. 하륜은 태종이 즉위하기 전에 일어난 두 차례 왕자의 난에서 태종을 도와 신임을 얻었으며, 태종 즉위 이후 왕권 강화를 위한 제도 개편에 주도적인 역할을 하였어요. 태종은 ⑤ 문하부를 폐지하고 간쟁을 관장하던 문하부 낭사를 사간원으로 독립시켰어요. 또 의정부의 기능을 축소하고 6조 직계제를 시행하여 국왕 중심의 정치 운영을 추구하였어요.

오답 피하기

① 세종은 새로운 금속 활자로 갑인자를 제작하였어요. 태종은 주자소를 설치하고 계미자를 주조하였어요.
② 선조는 임진왜란 중에 포수, 사수, 살수의 삼수병으로 구성된 훈련도감을 창설하였어요.
③ 정조는 재능 있는 젊은 문신들을 선발하여 재교육하는 초계문신제를 시행하였어요.
④ 성종은 세조 때 편찬 작업이 시작된 "경국대전"을 완성하였어요.

---

268 태종의 정책 정답 ②

정답 잡는 키/워/드

> 정도전 숙청 → 태종

정도전을 숙청하였다는 내용을 통해 밑줄 그은 '임금'이 조선 태종(이방원)임을 알 수 있어요. 이방원은 태조 때 제1차 왕자의 난을 일으켜 정도전 등 반대파를 제거하고 정치적 실권을 장악하였어요. 이후 이방원의 형 이방과(영안군)가 세자로 책봉되었는데, 그가 태조의 뒤를 이어 즉위한 정종입니다. 이방원은 정종 때 일어난 제2차 왕자의 난을 진압하고 정종의 양위를 받아 왕위에 올랐습니다(태종). 태종은 6조 직계제를 실시하는 등 국왕 중심의 정치를 추구하였으며, 왕권을 강화하기 위해 공신 및 민무구와 민무질 등 외척 세력을 제거하였어요. 한편, 문물제도 정비에도 힘써 역사서를 편찬하였으며, ② 활자 주조를 담당하는 주자소를 두어 금속 활자인 계미자를 주조하였어요.

① 고려 태조 왕건은 후삼국 통일 과정에서 공을 세운 공신들에게 공로와 인품에 따라 역분전을 지급하였어요.
③ 고려 충목왕은 정치도감을 설치하여 불법적인 토지 문제 등을 해결하기 위해 개혁을 추진하였어요. 그러나 본격적인 개혁 활동은 3개월 만에 멈추고 설치된 지 2년여 만에 정치도감은 폐지되었어요.
④ 조선 명종은 기근에 대비하기 위해 "구황촬요"를 간행하였어요. "구황촬요"에는 나무껍질 등을 이용하여 먹을 것을 만드는 방법, 굶주림으로 인해 종기가 나거나 빈사 상태에 빠진 사람을 치료하는 방법 등이 실려 있어요.
⑤ 조선 예종은 남이가 모반을 꾀한다는 유자광의 고변이 있자 남이를 처형하였어요.

269 계유정난 이후의 사실 정답 ④

정답 잡는 키/워/드
김종서가 수양 대군, 한명회 등이 주도한 사건으로 죽임을 당함 → 계유정난

두만강 유역의 여진을 정벌하고 6진을 개척한 김종서가 수양 대군, 한명회 등이 주도한 사건으로 죽임을 당하였다는 내용을 통해 밑줄 그은 '이 사건'이 계유정난임을 알 수 있어요. 세종의 둘째 아들인 수양 대군(세조)은 한명회, 권람 등과 함께 계유정난을 일으켜 조카인 단종을 보필하던 김종서, 황보인 등을 제거하고 권력을 장악한 후 단종의 양위로 왕위에 올랐어요. 세조 즉위 후 집현전 학사였던 ④ 성삼문, 박팽년 등이 상왕인 단종의 복위를 꾀하다가 발각되어 처형되었어요.

① 고려 말 공민왕 사후에 우왕의 즉위를 주도한 이인임 일파가 최영, 이성계 등에 의해 축출되었어요.
② 고려 말 우왕 때 최무선의 건의로 화통도감이 설치되어 화포와 화약 무기가 제작되었어요.
③ 조선 태조 때 정도전 등이 요동 정벌 계획을 추진하여 명과 긴장 관계가 조성되었어요.
⑤ 세종 때 이종무가 군사를 이끌고 가 왜구의 근거지인 쓰시마섬(대마도)을 정벌하였어요.

270 단종 복위 운동의 배경 정답 ③

정답 잡는 키/워/드
성삼문 등이 모의, 상왕을 노산군으로 낮춤 → 단종 복위 운동

성삼문 등이 상왕도 모의에 참여하였다고 인정하였으며, 상왕을 노산군으로 낮춘다는 내용을 통해 자료의 상황이 조선 세조 때 단종 복위 운동이 실패한 직후임을 알 수 있어요. 문종이 죽고 단종이 어린 나이로 왕위에 오르자 ③ 수양 대군(세조)은 계유정난을 일으켜 김종서, 황보인 등을 제거하고 정권을 장악하였어요. 이런 정세에 위축된 단종은 수양 대군(세조)에게 양위하고 상왕으로 물러났어요. 이후 성삼문, 박팽년 등 집현전 출신 문신들과 몇몇 무신들이 세조를 제거하고 상왕으로 밀려난 단종을 복위시킬 계획을 세웠으나 사전에 발각되어 연루자 모두가 처형되었고, 단종은 노산군으로 강봉되어 강원도 영월에 유배되었어요.

① 광해군 때 서인이 영창 대군 살해와 인목 대비 폐위를 구실 삼아 반정을 일으켰어요. 이로 인해 서인이 정권을 잡고 북인 세력이 몰락하였어요.
② 숙종 때 일어난 기사환국으로 인현 왕후가 폐위되고 희빈 장씨가 왕비로 책봉되었으며 남인이 권력을 차지하였어요.
④ 영조 때 이인좌를 중심으로 한 소론 세력이 왕과 노론 세력을 제거하기 위해 반란을 일으켰으나 진압되었어요.
⑤ 연산군 때 폐비 윤씨 사사 사건의 전말이 알려져 갑자사화가 일어났어요. 이로 인해 김굉필 등이 처형되고 관련자들이 화를 입었어요.

271 세조 재위 시기의 사실 정답 ④

정답 잡는 키/워/드
한명회, 권람 등의 조력으로 김종서, 황보인 등을 제거하고 왕위에 오름 → 세조

한명회, 권람 등의 조력으로 김종서, 황보인 등을 제거하고 왕위에 올랐다는 내용을 통해 (가) 왕이 조선 세조임을 알 수 있어요. 수양 대군(세조)은 한명회, 권람 등과 함께 계유정난을 일으켜 단종을 보필하던 김종서, 황보인 등을 제거하고 권력을 잡은 후 단종의 양위로 왕위에 올랐어요. 세조는 왕권을 강화하기 위해 6조가 의정부를 거치지 않고 국왕에게 직접 업무를 보고하는 6조 직계제를 부활하였어요. 이어 집현전 학사였던 성삼문, 박팽년 등의 주도로 일어난 단종 복위 운동을 진압하고 자신의 활동을 견제하던 집현전과 경연 제도를 폐지하였어요. ④ 세조는 새로운 관리에게 지급할 과전이 부족해지자 직전법을 시행하여 현직 관리에게만 수조지를 지급하고 수신전과 휼양전을 폐지하였어요.

① 태종 때 인쇄 업무를 담당하는 주자소가 설치되고 계미자가 주조되었어요.
② 성종 때 국가의 기본 예식인 오례의 예법과 절차 등을 그림을 곁들여 정리한 "국조오례의"가 완성되었어요.
③ 세종 때 정초, 변효문 등이 삼남 지방의 농법을 소개한 "농사직설"을 편찬하였어요.
⑤ 광해군 때 허준이 우리나라와 중국의 의서를 망라한 "동의보감"을 간행하였어요.

272 세조 재위 시기의 사실 정답 ①

정답 잡는 키/워/드
과전을 혁파하고 직전 설치, 현직 관원에게만 수조권 지급(직전법) → 세조

직전이 설치되고 현직 관원들만 수조권을 지급받게 되었다는 내용을 통해 조선 세조 때 이루어진 직전법 시행에 관한 대화임을 알 수 있어요. 따라서 세조 재위 시기의 사실을 찾으면 됩니다. 계유정난으로 정권을 차지한 뒤 단종을 물러나게 하고 즉위한 세조는 왕권 강화를 목적으로 의정부 서사제를 폐지하고 6조 직계제를 부활하였어요. 이어 단종 복위를 도모한 사건을 진압하고 이를 계기로 자신의 활동을 견제하던 집현전과 경연 제도를 폐지하였어요. ① 세조 때 6조 직계제가 다시 시행되어 6조의 판서들이 왕에게 직접 업무를 보고하였어요.

② 명종 때 황해도 지방을 중심으로 임꺽정의 봉기가 일어났어요.
③ 중종 때 박세무가 지은 "동몽선습"은 서당에서 초급 교재로 사용되었어요.
④ 광해군 때 허준은 전통 한의학을 집대성하여 "동의보감"을 완성하였어요.
⑤ 조선 후기에 시장에 팔기 위한 목적으로 담배, 면화 등이 널리 재배되었어요.

273 세조 재위 시기의 사실 정답 ③

정답 잡는 키/워/드
성삼문, 박팽년 등이 상왕의 복위를 모의하다가 체포됨 → 세조 재위 시기 단종 복위 운동

성삼문이 박팽년 등과 함께 상왕의 복위를 모의하였다는 내용을 통해 단종 복위 운동과 관련된 자료임을 알 수 있어요. 따라서 밑줄 그은 '왕'은 계유정난을 통해 즉위한 세조입니다. 세조 즉위 초에 성삼문과 박팽년 등이 세조의 왕위 찬탈에 반대하여 단종 복위를 위한 계획을 도모하였지만, 사전에 발각되어 관련자들이 처형되었어요. 이후 여러 제도를 정비하여 왕권을 안정시킨 세조는 중앙 집권 체제를 강화하기 위해 북도 출신 수령의 임명을 줄이고 중앙에서 직접 관리를 파견하였어요. 이에 불만을 품은 ③ 함길도 토착 세력인 이시애가 반란을 일으키자 이를 진압하였어요.

① 예종은 남이가 모반을 꾀한다는 유자광의 고변을 계기로 남이를 처형하였어요.
② 효종은 청의 요청에 따라 나선(러시아) 정벌을 위해 변급, 신류 등이 이끄는 조총 부대를 파병하였어요.
④ 광해군은 인목 대비 유폐와 영창 대군 사사를 명분으로 삼은 서인 중심의 인조반 정이 일어나 폐위되었어요.
⑤ 정조는 유능한 인재를 양성하기 위해 초계문신제를 시행하여 자신의 정치적 기반을 강화하고자 하였어요.

---

274 성종 재위 시기의 사실 정답 ③

> 정답 잡는 키/워/드
>
> **홍문관이 옛 집현전의 기능을 대신함 → 성종**

홍문관이 옛 집현전의 기능을 대신하게 되었다는 내용을 통해 밑줄 그은 '전하'가 조선 성종임을 알 수 있어요. 성종은 도서와 문서의 보관 및 관리를 담당한 홍문관에 집현전의 직제와 역할을 이관하여 경연을 주관하고 왕의 자문에 응하는 일을 맡도록 하였어요. ③ 성종 때 나라에서 지내는 다섯 가지 의례(오례)의 예법과 절차 등을 그림을 곁들여 정리한 "국조오례의"가 완성되었어요.

① 정조 때 왕권을 뒷받침할 군사적 기반으로 국왕의 친위 부대인 장용영이 설치되었어요.
② 명종 때 우리나라 최초의 서원인 백운동 서원이 이황의 건의로 사액을 받아 소수 서원이 되었어요.
④ 영조 때 "경국대전" 반포 이후에 공포된 법령 가운데 시행할 법령만을 추려 "속대전"이 편찬되었어요.
⑤ 세조 때 현직 관리에게만 수조권을 지급하는 직전법이 시행되면서 수조권이 세습되던 수신전과 휼양전이 폐지되었어요.

---

275 성종 재위 시기의 사실 정답 ①

> 정답 잡는 키/워/드
>
> **길례·흉례·군례·빈례·가례 다섯 가지를 정리한 책을 완성함 → 성종 때 "국조오례의" 완성**

오례의를 상세히 정하게 한 뜻을 이어 책을 완성하게 하셨으며, 책의 요점이 길례·흉례·군례·빈례·가례 다섯 가지뿐이라는 내용을 통해 밑줄 그은 '전하'가 조선 성종임을 알 수 있어요. 길례·흉례·군례·빈례·가례, 즉 오례의 예법과 절차를 정리한 책은 "국조오례의"이며, 이 책은 세종 때 편찬 작업이 시작되어 성종 때 완성되었습니다. ① 세조 때 편찬 작업이 시작된 "경국대전"은 성종 때 완성되었어요.

② 세조 때 성삼문 등이 상왕인 단종의 복위를 꾀하다가 계획이 발각되어 처형되었어요.
③ 정조 때 신해통공이 시행되면서 육의전을 제외한 시전 상인의 금난전권이 폐지되었어요.
④ 중종 때 일어난 기묘사화로 반정 공신의 위훈 삭제를 주장한 조광조가 사사되었어요.
⑤ 선조 때 이조 전랑 임명을 둘러싸고 김효원과 심의겸이 대립하였으며, 이를 계기로 사림 세력이 동인과 서인으로 나뉘었어요.

---

276 무오사화 정답 ②

> 정답 잡는 키/워/드
>
> **연산군 때 김종직이 부관참시를 당함 → 무오사화**

연산군 때 김종직이 부관참시를 당하였다는 내용을 통해 (가) 사건이 무오사화임을 알 수 있어요. 연산군 때 훈구 세력이 ② 김종직이 쓴 '조의제문'을 그

제자 김일손이 사초에 실은 것을 문제 삼아 사림을 공격하면서 무오사화가 일어났어요. 이후 연산군은 자신의 어머니인 폐비 윤씨 사사 사건과 관련된 훈구와 사림 세력을 탄압한 갑자사화를 일으켰어요.

① 단종이 어린 나이에 즉위하면서 왕권이 불안정하다고 여긴 수양 대군(세조)이 단종을 보좌하던 김종서, 황보인 등을 제거하고 정권을 장악하였어요(계유정난).
③ 중종 때 조광조가 반정 공신의 위훈 삭제를 주장하자 훈구 세력이 반발하면서 기묘사화가 일어났어요.
④ 명종 때 외척 세력 간 대립으로 을사사화가 일어나 윤임 일파가 제거되었어요.
⑤ 선조 때 서인 정철의 건저 문제(세자 책봉 문제)를 계기로 정권을 잡은 동인은 서인에 대한 처벌을 두고 의견이 갈라져 남인과 북인으로 나뉘게 되었어요.

---

277 무오사화 정답 ②

> 정답 잡는 키/워/드
>
> **김일손, 김종직의 '조의제문' → 무오사화**

왕이 김일손이 사초에 선왕 대의 일을 거짓으로 기록하고 김종직의 '조의제문'을 실은 것에 대한 형벌을 의논할 것을 명하는 것으로 보아 무오사화와 관련된 자료임을 알 수 있어요. 연산군 때 김일손이 스승 김종직의 '조의제문'을 사초에 실은 것을 문제 삼아 훈구 세력이 사림을 공격하여 많은 사림이 피해를 입은 무오사화가 일어났어요. 이후 연산군이 자신의 어머니인 폐비 윤씨의 사사 사건에 연루된 훈구와 사림 세력을 제거한 갑자사화가 일어났어요. 무오사화와 갑자사화를 일으킨 이후에도 연산군의 폭정이 계속되자 중종반정이 일어나 연산군이 쫓겨나고 중종이 왕위에 올랐어요.
따라서 무오사화가 일어난 시기는 연산군 즉위와 중종반정 사이인 ② (나)입니다.

---

278 연산군 재위 시기의 사실 정답 ⑤

> 정답 잡는 키/워/드
>
> **'조의제문'을 구실로 사림 탄압, 반복된 폭정으로 반정이 일어남 → 연산군**

'조의제문'을 구실로 사림이 탄압을 받았으며, 반복된 폭정으로 반정이 일어나 폐위되었다는 내용을 통해 연산군에 관한 다큐멘터리 기획안임을 알 수 있어요. 연산군 때 김일손이 스승 김종직의 '조의제문'을 사초에 실은 것을 문제 삼아 훈구 세력이 사림을 공격하여 많은 사림이 피해를 입은 무오사화가 일어났어요. 이후 ⑤ 연산군의 생모인 폐비 윤씨 사사 사건의 전말이 알려지면서 갑자사화가 일어나 김굉필 등이 처형되었어요. 연산군의 폭정은 계속되었고, 민심도 크게 동요하였어요. 이러한 가운데 성희안, 박원종 등이 주도한 반정이 일어나 연산군이 폐위되고 중종이 즉위하였어요.

① 인조 때 인조반정에서 공을 세운 이괄이 자신의 공로가 낮게 평가된 것에 불만을 품고 반란을 일으켰어요. 이때 인조는 도성을 떠나 공주 공산성으로 피란하였어요.
② 세조 때 집현전 학사였던 성삼문, 박팽년 등이 상왕인 단종의 복위를 꾀하다가 처형되었어요.
③ 광해군 때 영창 대군이 사사되고 인목 대비가 유폐되었어요. 서인 세력은 이를 구실로 반정을 일으켜 광해군을 몰아내고 인조를 새 왕으로 세웠어요.
④ 중종 때 조광조가 주장한 위훈 삭제가 원인이 되어 기묘사화가 일어났어요. 이로 인해 조광조 일파가 정계에서 제거되었고, 많은 사림이 피해를 입었어요.

---

279 사화의 발생 정답 ④

> 정답 잡는 키/워/드
>
> • 폐비 윤씨의 시호를 의논, 폐비할 때 의논에 참여한 인물을 조사하여 아뢰게 함 → (가) 연산군 때 갑자사화(1504)
> • 조광조 등을 원방에 안치 → (나) 중종 때 기묘사화(1519)

(가)는 연산군의 생모인 폐비 윤씨 사건에 연루된 사람들을 조사하여 아뢰게 하였다는 내용을 통해 갑자사화 상황임을 알 수 있어요. 연산군은 생모인 폐비 윤씨 사건의 전말을 알게 되어 사건과 관련된 성종의 후궁들과 이복형제에게 보복하였어요. 그러고는 생모의 넋을 위로하기 위해 폐비 윤씨를 왕비로 추승하고 시호를 정하게 하였지요. 그 뒤 연산군은 사건을 더욱 확대하여 윤씨 폐위와 사사 사건에 관련된 자들을 모조리 찾아내어 처벌하였어요. 이때 김굉필 등 사림 세력은 물론 훈구 세력도 피해를 입었어요. 이를 갑자사화라고 합니다. (나)는 조광조 등을 원방에 안치하라는 내용을 통해 기묘사화 상황임을 알 수 있어요. 중종은 연산군을 몰아내고 자신을 왕위에 올린 훈구 세력이 권력을 독점하자 이들을 견제하기 위해 조광조 등 사림을 등용하였어요. 조광조가 현량과 실시, 공신의 위훈 삭제 등의 개혁을 추진하였고, 이에 위협을 느낀 훈구 세력이 반발하여 기묘사화가 일어났어요. ④ 무오사화와 갑자사화 이후에도 연산군의 폭압 정치가 이어지자 성희안, 박원종 등이 반정을 일으켜 연산군을 몰아내고 진성 대군을 왕(중종)으로 옹립하였어요.

① 세조 때 성삼문 등이 단종의 복위를 꾀하였으나 실패하였어요. (가) 이전의 사실이에요.
② 명종 때 외척이었던 윤임 일파와 윤원형 일파의 대립으로 을사사화가 일어나 윤임이 제거되었어요. (나) 이후의 사실이에요.
③ 인조 때 이괄이 난을 일으켜 한양을 점령하였어요. (나) 이후의 사실이에요.
⑤ 연산군 때 '조의제문'이 발단이 되어 무오사화가 일어나 김일손 등이 화를 입었어요. (가) 이전의 사실이에요.

---

280 중종 재위 시기 사림의 활동 〔정답〕 ③

정답 잡는 키/워/드

조광조가 소격서의 폐단을 아룀, 천거로 인재를 뽑자는 조광조의 건의를 받아들여 시행할 것을 주장
→ 중종 때 조광조의 개혁

조광조가 소격서의 폐단을 지적하고, 천거로 인재를 뽑자고 건의하였다는 내용을 통해 조선 중종 재위 시기의 상황을 기록한 자료임을 알 수 있어요. 연산군의 폭정으로 반정이 일어나 연산군이 폐위되고 중종이 즉위하였어요. 이후 중종은 반정에 공을 세운 훈구 대신들이 정권을 장악하자 이들을 견제하기 위해 조광조를 비롯한 사림 세력을 등용하였어요. ③ 성종 때부터 중앙 정계에 진출한 사림은 연산군 때 두 차례 사화를 겪으며 세력이 크게 꺾였어요. 중종 즉위 이후 세력을 회복한 사림은 조광조를 중심으로 개혁을 추진하였어요. 이 시기 사림은 주로 언관직에 진출하여 훈구 세력의 잘못을 비판하고 유교적 이상 정치인 도학 정치를 이루고자 하였어요.

오답 피하기

① 고종 때 흥선 대원군은 군정의 문란을 바로잡기 위해 군포를 집집마다 부과하는 호포제를 실시하여 양반에게도 군포를 징수하였어요.
② 현종 때 효종이 사망하면서 서인과 남인이 인조의 계비인 자의 대비가 얼마 동안 상복을 입어야 하는지를 두고 논쟁을 벌였는데, 이를 기해예송(1차 예송)이라고 합니다. 기해예송에서는 1년복을 주장한 서인의 의견이 받아들여졌어요.
④ 선조 때 정여립 모반 사건을 계기로 기축옥사가 일어나 동인이 큰 피해를 입고, 서인이 정국을 주도하게 되었어요.
⑤ 숙종 때 희빈 장씨 소생의 원자 책봉 문제로 기사환국이 일어나 인현 왕후가 폐위되고 남인이 권력을 차지하게 되었어요.

---

281 중종의 정책 〔정답〕 ⑤

정답 잡는 키/워/드

소격서 혁파, 대사헌이 정국공신의 훈적 삭제를 아룀
→ 중종 시기 조광조의 개혁 정치

소격서 혁파와 정국공신의 훈적 삭제가 건의되었다는 내용을 통해 중종 재위 시기에 있었던 사실임을 알 수 있어요. 연산군의 폭정으로 반정이 일어나

중종이 왕위에 올랐어요. 중종은 반정에서 공을 세운 훈구 대신이 정권을 장악하자 조광조를 비롯한 사림을 등용하여 이들을 견제하려고 하였어요. 조광조는 ⑤ 신진 인사를 등용하기 위한 현량과를 실시하고, 도교 행사를 주관하는 소격서의 폐지와 일부 반정 공신의 위훈 삭제를 주장하는 등 급진적인 개혁을 추진하였어요.

오답 피하기

① 효종은 청의 요청에 따라 조총 부대를 나선 정벌에 파견하였어요.
② 세종은 최윤덕과 김종서를 보내 여진을 몰아내고 4군 6진을 설치하여 북방 영토를 개척하였어요.
③ 세조는 집현전 학사였던 성삼문, 박팽년 등의 주도로 일어난 단종 복위 운동을 계기로 집현전을 폐지하였어요.
④ 성종은 "국조오례의"를 편찬하여 국가 행사에 필요한 의례를 정비하였어요.

---

282 기묘사화 〔정답〕 ⑤

정답 잡는 키/워/드

소격서 폐지, 현량과 실시 등을 추진하다가 유배됨
→ 조광조(기묘사화)

소격서 폐지와 현량과 실시 등을 추진하다가 유배되었다는 설명을 통해 해당 인물이 조광조이며, 밑줄 그은 '이 사건'이 기묘사화임을 알 수 있어요. 중종이 훈구 세력을 견제하기 위해 중용한 조광조는 급진적인 개혁을 추진하였어요. 도교 행사를 주관하던 소격서를 폐지하고 유교 윤리를 확산하기 위해 노력하였으며, 현량과를 실시하여 많은 사림을 언관직에 등용해 언론을 활성화하였어요. 또한, 조광조는 ⑤ 중종반정의 공신을 조사하여 거짓 공훈을 없애는, 위훈 삭제를 주장하였어요. 이에 훈구 세력이 반발하여 기묘사화가 일어나 조광조 등 많은 사림이 처형되거나 중앙 정계에서 쫓겨났어요.

오답 피하기

① 연산군 때 훈구 세력이 사초에 실린 김종직의 '조의제문'을 문제 삼으면서 무오사화가 일어났어요.
② 선조 때 사림 세력이 동인과 서인으로 나뉘었어요. 이후 서인은 광해군을 몰아낸 인조반정을 주도하여 정권을 장악하게 되었어요.
③ 명종 때 외척 세력인 대윤(윤임)과 소윤(윤원형)의 대립으로 을사사화가 일어나 윤임 일파가 제거되었어요.
④ 세조 때 성삼문 등이 세조에게 왕위를 빼앗기고 상왕으로 밀려난 단종의 복위 운동을 일으켰어요.

---

283 명종 재위 시기의 사실 〔정답〕 ②

정답 잡는 키/워/드

양재역 벽에 대비마마를 욕보이는 참담한 내용이 붙여짐
→ 양재역 벽서 사건

양재역 벽에 대비마마를 욕보이는 참담한 내용의 글이 붙어 있다는 내용을 통해 명종 때 있었던 양재역 벽서 사건에 관한 것임을 알 수 있어요. 명종이 어린 나이에 즉위하자 왕의 어머니인 문정 왕후가 수렴청정을 하였고, 그 동생인 윤원형이 권력을 장악하였어요. ② 소윤으로 불린 명종의 외척 윤원형 세력은 을사사화를 일으켜 대윤으로 불리던 인종의 외척인 윤임 등을 제거하였어요. 이후 윤원형이 이끄는 소윤이 대윤 일파의 남은 무리를 숙청하기 위해 양재역 벽서 사건을 일으켰어요.

오답 피하기

① 선조 때 이조 전랑 임명 문제와 척신 정치의 잔재 청산을 둘러싸고 사림이 동인과 서인으로 나뉘었어요.
③ 광해군 때 서인이 왕의 폐모살제를 이유로 반정을 일으켜 정권을 장악하였어요.
④ 성종 때 훈구 세력을 견제하고자 사림을 등용하여 김종직 등 사림이 중앙 정계에 본격적으로 진출하기 시작하였어요.
⑤ 연산군 때 폐비 윤씨 사사 사건의 전말이 알려지면서 갑자사화가 일어나 김굉필 등이 처형되었어요.

284 사화의 발생

정답 ③

정답 잡는 키/워/드
- 갑자년, 임금의 어머니가 비명에 죽은 것이 원인이 됨 → (가) 갑자사화
- 김종직의 '조의제문'이 원인이 됨 → (나) 무오사화
- 대윤, 소윤의 갈등 → (다) 을사사화
- 조광조가 현량과 설치를 청함, 임금이 조광조를 없앤 뒤에 보고하라고 명함 → (라) 기묘사화

사화의 순서를 나열하는 문제입니다. 성종 때 중앙 정계에 진출하기 시작한 사림은 훈구 세력의 잘못을 밝히고 비판하여 그들과 대립하였어요. 이러한 가운데 성종에 이어 즉위한 연산군은 사림이 언론 활동으로 왕권을 견제하려 하자 사림을 탄압하였지요. 훈구 세력이 이를 기회로 (나) 김종직이 쓴 '조의제문'을 구실로 삼아 사림을 공격하여 무오사화가 일어났어요. 무오사화 뒤에 연산군이 (가) 어머니 폐비 윤씨의 사사 사건과 관련된 훈구와 사림 세력을 탄압한 갑자사화가 일어났어요. 무오사화와 갑자사화를 일으킨 이후에도 연산군의 폭정이 계속되자 중종반정이 일어나 연산군이 쫓겨나고 중종이 왕위에 올랐어요. 중종은 반정에 공을 세운 신하들이 권력을 독점하자 이를 견제하기 위해 조광조를 비롯한 사림을 등용하였어요. (라) 조광조가 현량과를 실시하고 위훈 삭제를 주장하는 등 급진적인 개혁을 추진하자 훈구 세력이 반발하고 중종의 반감이 커져 조광조를 비롯한 많은 사림이 축출되는 기묘사화가 일어났어요. 그리고 중종의 둘째 아들로서 인종에 이어 즉위한 명종 때 (다) 외척 윤임(대윤)과 윤원형(소윤)의 권력 다툼으로 을사사화가 일어나 사림이 피해를 입었습니다.

따라서 옳은 순서는 ③ (나)-(가)-(라)-(다)입니다.

본문 104~106쪽

2 조직

| 285 ① | 286 ① | 287 ④ | 288 ⑤ | 289 ⑤ | 290 ③ |
| 291 ② | 292 ④ | 293 ④ | 294 ② | | |

285 승정원

정답 ①

정답 잡는 키/워/드
은대, 승지 → 승정원

은대라고도 불렸으며, 승지가 사무를 담당하였다는 내용을 통해 밑줄 그은 '이 기구'가 승정원임을 알 수 있어요. ① 조선 시대 국왕의 비서 기관인 승정원은 왕명의 출납을 관장하였어요. 승정원에는 6명의 승지가 있었으며, 이들은 각각 6조의 일을 나누어 맡았어요. 왕명으로 각 승지의 업무는 수시로 변경되었습니다.

오답 피하기
② 홍문관은 사간원, 사헌부와 함께 3사로 불렸으며, 왕에게 경서 등을 강론하는 경연을 주관하였어요.
③ 관상감에서 천문 연구와 기상 관측을 담당하였어요.
④ 조선 시대에 시정의 기록을 담당한 춘추관은 실록의 보관과 관리 업무도 담당하였어요.
⑤ 의금부는 국왕 직속 사법 기구로 강상죄, 반역죄 등 중죄를 처결하였으며, 조옥, 금부, 금오라고 불리기도 하였어요.

286 의금부

정답 ①

정답 잡는 키/워/드
왕명으로 중죄인을 추국, 강상죄·반역죄 등 처결 → 의금부

왕명으로 중죄인을 추국하고 강상죄·반역죄 등을 처결하였다는 내용을 통해 (가) 기구가 의금부임을 알 수 있어요. 의금부는 ① 국왕 직속의 특별 사법 기구였어요. "경국대전"에 왕명을 받아 죄인을 추국하는 기관으로 규정되어 있으며, 주로 반역과 관련된 사건이나 유교 윤리에 어긋나는 강상죄를 다루었어요.

오답 피하기
② 중종 때 조광조를 비롯한 사림의 건의로 도교 의식을 담당하던 소격서가 폐지되었어요.
③ 홍문관은 사헌부, 사간원과 함께 3사로 불렸어요.
④ 사헌부와 사간원의 관리들은 대간이라고 불렸으며, 5품 이하 관리의 임명 과정에서 서경권을 행사하였어요.
⑤ 정조 때 서얼 출신인 박제가, 유득공, 이덕무 등이 규장각의 검서관으로 기용되었어요.

287 의금부와 승정원

정답 ④

정답 잡는 키/워/드
- 반역죄, 강상죄를 저지른 죄인 추국 → (가) 의금부
- 도승지의 지휘를 받음, 매일 국왕을 수행 → (나) 승정원

(가) 기구는 반역죄, 강상죄 등을 저지른 죄인을 왕명에 따라 압송하고 형을 집행하였다는 설명을 통해 의금부임을 알 수 있어요. 의금부는 국왕 직속 사법 기구이며, 조옥이라고도 불렸어요. (나) 기구는 도승지의 지휘를 받고 매일 국왕을 수행한다는 설명을 통해 승정원임을 알 수 있습니다. ④ 승정원은 왕명 출납을 맡은 왕의 비서 기관으로 은대, 후원 등의 이름으로 불리기도 하였어요. 승정원에서 매일 취급한 문서와 사건을 기록한 일지인 "승정원일기"는 유네스코 세계 기록 유산으로 등재되었습니다. (가)의 의금부와 (나)의 승정원은 왕권 강화를 뒷받침하였어요.

오답 피하기
① 사헌부와 사간원의 관원은 대간으로서 5품 이하 관리의 임명 과정에서 서경권을 행사하였어요.
② 홍문관은 성종 때 설립되어 학문 연구를 담당하고, 왕에게 경서와 사서를 강론하는 경연을 주관하였어요.
③ 의정부는 정책을 심의·결정하면서 국정을 총괄한 최고 행정 기구였어요.
⑤ 조선 시대의 대간은 사헌부와 사간원의 관원을 말해요.

288 사헌부

정답 ⑤

정답 잡는 키/워/드
관리를 감찰하고 풍속을 바로잡는 임무, 대사헌 → 사헌부

관리를 감찰하고 풍속을 바로잡는 임무를 맡았으며, 대사헌이라는 관직이 있었던 것으로 보아 (가) 기구가 사헌부임을 알 수 있어요. 조선 시대 감찰 기관이었던 사헌부는 사간원, 홍문관과 함께 3사로 불렸어요. 3사는 권력의 독점을 견제하는 언론 기능을 담당하였지요. 또한, ⑤ 사헌부와 사간원의 관원은 대간이라 불리며 5품 이하 관리의 임명 과정에서 서경권을 행사하였어요.

오답 피하기
① 승정원은 은대, 정원, 후원, 대언사 등으로 불리기도 했어요.
② 성종은 세조 때 폐지된 집현전의 학문 연구 기능을 계승하여 홍문관을 설치하였어요. 홍문관은 왕에게 경서와 사서를 강론하는 경연을 주관하였어요.
③ 정조 때 서얼 출신인 박제가, 유득공, 이덕무 등이 규장각 검서관에 등용되었어요.
④ 중종 때 외적의 침입에 대비하여 임시로 설치된 비변사는 이후 상설 기구가 되었으며, 임진왜란을 거치면서 국정 최고 기구로 성장하였어요.

289 사헌부 정답 ⑤

정답 잡는 키/워/드
조선 시대에 언론 활동, 풍속 교정,
백관에 대한 규찰과 탄핵 등을 관장, 대사헌 → 사헌부

조선 시대에 언론 활동, 풍속 교정, 백관에 대한 규찰과 탄핵 등을 관장하였다는 내용을 통해 (가) 기구가 사헌부임을 알 수 있어요. 대사헌, 집의 등의 직제를 갖춘 사헌부는 조선 시대 감찰 기관이었으며 사간원, 홍문관과 함께 3사로 불리며 언론 기능을 담당하였어요. ⑤ 조선 시대에 언관을 담당하던 사헌부와 사간원의 관리는 대간이라고 불렸으며 5품 이하의 관리 임명에 대한 서경권을 행사하였어요.

오답 피하기
① 규장각에서는 매일 있었던 일과 업무를 기록한 업무 일지인 "내각일력"을 작성하였어요.
② 고려의 삼사는 화폐와 곡식의 출납 및 회계를 담당한 기구입니다. 조선 시대에는 6조 가운데 호조에서 같은 기능을 수행하였어요.
③ 승정원은 국왕의 비서 기관으로 왕명 출납을 담당하였으며 은대, 후원이라고도 불렸어요.
④ 비변사는 처음에 외적의 침입에 대비하는 임시 기구로 설치되었지만 이후 상설 기구가 되었고, 임진왜란을 거치면서 국정 전반을 총괄하는 최고 기구로 발전하였어요.

290 사간원 정답 ③

정답 잡는 키/워/드
간쟁과 논박을 담당한 관청 → 사간원

조선 시대에 간쟁과 논박을 담당한 기구는 사간원이에요. 사간원은 간원 또는 미원이라고 불렸으며 소속 관원은 간관이라고 하였어요. 간관은 사헌부의 관원인 대관과 함께 대간이라고도 불렸는데, 대간은 5품 이하 관리의 임명 과정에서 서경권을 행사하였어요. ③ 사간원은 사헌부, 홍문관과 함께 3사라고 불렸으며 언론 기능을 담당하였어요.

오답 피하기
① 승정원은 왕의 비서 기관으로 왕명의 출납을 관장하였어요.
② 한성부는 수도 한성의 행정과 치안을 담당하였어요.
④ 조선 시대에 시정의 기록을 담당한 춘추관은 실록의 보관과 관리 업무도 담당하였어요.
⑤ 의금부는 반역죄, 강상죄 등의 중범죄를 처결하는 왕의 직속 사법 기구였어요. 판사, 도사 등의 관직이 있었어요.

291 홍문관 정답 ②

정답 잡는 키/워/드
대제학·부제학 등의 관직, 궁중의 서적과 문서를 관리,
옥당이라고도 불림 → 홍문관

대제학, 부제학 등의 관직이 있었으며, 궁중의 서적과 문서를 관리하였고, 옥당, 옥서 등의 별칭이 있었다는 내용을 통해 (가) 기구가 홍문관임을 알 수 있어요. 성종 때 집현전을 계승하여 설치된 홍문관은 궁중의 서적과 문서를 관리하고 왕의 자문을 담당하였으며 경연을 주관하였어요. ② 홍문관은 사헌부, 사간원과 함께 3사로 불렸으며 언론 기능을 담당하였어요.

오답 피하기
① 한성부는 수도의 행정과 치안을 맡아보았어요.
③ 국방 문제를 다루기 위해 임시 기구로 설치되었던 비변사는 을묘왜변을 계기로 상설 기구가 되었어요.
④ 승정원은 왕의 비서 기관으로 왕명의 출납을 담당하였어요.
⑤ 의금부는 국왕 직속 사법 기구로 반역죄, 강상죄 등 중범죄를 처결하였으며, 조옥, 금부, 금오라고 불리기도 하였어요.

292 홍문관 정답 ④

정답 잡는 키/워/드
집현전 계승, 옥당 → 홍문관

집현전을 계승하였으며, 옥당이라는 별칭으로 불리기도 하였다는 내용을 통해 (가)는 홍문관임을 알 수 있어요. 홍문관은 세조 때 폐지된 학술 연구 기관인 집현전을 계승하여 성종 때 설치되었으며, 국왕의 자문을 담당하고 ④ 왕에게 경서와 사서를 강론하는 경연을 주관하였어요. 또한, 사헌부, 사간원과 함께 3사로 불리며 언론 기능을 담당하였어요.

오답 피하기
① 수도의 행정과 치안을 담당한 기구는 한성부입니다.
② 고려의 삼사는 화폐와 곡식의 출납과 회계를 담당하였는데, 조선에서는 6조 가운데 호조에서 이러한 기능을 담당하였어요.
③ 실록을 보관하고 관리하는 업무를 관장한 기구는 춘추관이에요. 왕이 세상을 떠나면 실록청이 설치되는데, 이때 춘추관 관원들이 실록을 편찬하는 업무에 참여하였어요.
⑤ 국왕 직속 사법 기구로 반역죄, 강상죄 등의 중범죄를 처결한 기구는 의금부입니다. 조옥, 금부, 금오 등으로도 불렸어요.

293 관찰사 정답 ④

정답 잡는 키/워/드
감사·방백, 종2품 이상의 고위 관리가 임명됨 → 관찰사

감사 또는 방백이라고도 불렸으며, 종2품 이상의 고위 관리가 임명되었다는 내용을 통해 (가)는 관찰사임을 알 수 있어요. 관찰사는 조선 시대에 8도에 파견된 지방 장관이자 지방 통치의 최고 책임자로, ④ 관내 군현의 수령을 감독하고 근무 성적을 평가하였어요.

오답 피하기
① 사간원의 관리는 간관으로서 간쟁과 봉박을 담당하였어요.
② 6조 직계제의 실시로 의정부의 권한이 약화되었어요.
③ 조선 전기에 향리는 호장, 기관, 장교, 통인 등으로 분류되었어요. 조선의 향리는 고려 때보다 그 지위가 낮아졌으며 단안이라는 명부에 등재되었어요.
⑤ 중앙의 고위 관리들이 본인 출신지의 경재소를 관장하고 그 지역의 유향소 품관을 감독하였으며, 정부와 출신 지역 간의 여러 가지 일을 주선하였어요.

294 수령과 향리 정답 ②

정답 잡는 키/워/드
• 8도의 부·목·군·현에 파견됨 → (가) 수령
• 지방 관아에서 행정 실무 담당 → (나) 향리

(가)는 8도의 부·목·군·현에 파견되었다는 내용을 통해 수령임을 알 수 있으며, (나)는 지방 관아에서 행정 실무를 담당하였다는 내용을 통해 향리임을 알 수 있어요. 조선 시대에는 모든 군현에 지방관(수령)이 파견되었는데, 수령은 ② 지방의 행정·사법·군사권을 가지고 있었어요. 향리는 고려 시대보다 지위가 낮아져 단순히 수령을 보좌하는 역할을 하였어요.

오답 피하기
① 단안이라는 명부에 등재된 계층은 향리입니다.
③ 감사, 도백, 방백으로 불린 관직은 8도에 파견된 관찰사입니다. 이들은 관내 군현의 수령을 감독하고 근무 성적을 평가하였어요.
④ 장례원을 통해 국가의 관리를 받은 신분은 노비입니다. 장례원은 노비 문서의 관리와 소송 등 노비 문제를 관장한 관서입니다.
⑤ 잡과는 기술직 관리를 선발하는 과거 시험입니다.

3 외교

295 ③	**296** ②	**297** ④	**298** ⑤	**299** ④	**300** ①
301 ④	**302** ④	**303** ①	**304** ①	**305** ③	**306** ①

295 조선의 대명 외교 정답 ③

정답 잡는 키/워드 만력제(신종)의 등극을 알림, 압록강을 건너 의주에 도착 → 명

만력제(신종)의 등극을 알리기 위해 사신이 압록강을 건너 의주로 왔다는 내용을 통해 밑줄 그은 '이 나라'가 중국의 명임을 알 수 있어요. 의순관은 의주성에서 남쪽으로 약 1km정도 떨어진 압록강가에 있는 역관으로, 중국 사신을 맞이하여 접대하는 곳으로 사용되었어요. 조선은 건국 초기에 ③ 정도전 등이 요동 정벌을 추진하여 한때 명과 불편한 관계를 형성하기도 하였지만, 태종이 즉위한 이후 사대 외교를 펼쳐 친선 관계를 유지하였어요.

오답 피하기
① 고려 정종 때 광군을 조직하여 거란의 침입에 대비하였어요.
② 동평관은 조선 시대에 일본 사신이 와서 머물던 숙소로, 일본과의 외교와 무역에 중요한 구실을 하던 곳이에요.
④ 임진왜란 이후 조선은 일본과 기유약조를 체결하고 단절되었던 무역을 재개하였어요.
⑤ 임진왜란 이후 조선은 포로 송환을 위해 승려 유정을 회답 겸 쇄환사로 일본에 파견하였어요.

296 조선과 명의 관계 정답 ②

정답 잡는 키/워드 대보단, 임진왜란 때 조선에 원군을 보냄 → 명

임진왜란 때 조선에 원군을 보냈다는 내용을 통해 (가) 국가가 명임을 알 수 있어요. 명의 황제 신종은 임진왜란 때 조선에 지원군을 보냈어요. 후에 숙종은 명의 신종을 제사 지내기 위해 창덕궁에 대보단을 설치하였습니다. 조선은 건국 초기에 명과 외교적 갈등을 겪었으나 태종이 즉위한 이후 사대 외교를 하면서 친선 관계를 유지하였어요. ② 조선은 정치·경제·문화적 이익을 위해 명에 사절단을 자주 보냈는데, 매해 신년에는 하정사, 황제나 황후의 생일에는 성절사, 황태자의 생일에는 천추사를 파견하였어요.

오답 피하기
① 조선 효종 때 청의 요청으로 나선 정벌을 위해 조총 부대를 파견하였어요.
③ 조선 숙종 때 조선과 청의 관리가 백두산 일대를 답사한 뒤 백두산정계비를 세워 양국 간의 국경을 획정하였어요.
④ 조선은 한성에 일본 사신이 머무는 숙소인 동평관을 두어 무역을 허용하였어요.
⑤ 원 간섭기에 고려는 원에 보낼 공녀를 징발하기 위해 결혼도감을 설치하였어요.

297 여진에 대한 조선의 정책 정답 ④

정답 잡는 키/워드 김종서가 6진 개척 → 여진

김종서가 야인들을 몰아내고 6진을 개척하였다는 내용을 통해 밑줄 그은 ㉠이 여진임을 알 수 있어요. 조선은 초기에 여진에 대해 회유와 토벌을 병행하였어요. ㄴ. 여진의 요청에 따라 국경 지대인 경성과 경원에 무역소를 설치하여 교역을 허용하고, ㄹ. 한양에 북평관을 설치하여 여진의 사신이 머물게 하고 조공 무역을 허용하는 등 회유책을 폈어요. 하지만 여진이 국경을 침범하거나 약탈을 자행하는 경우 군대를 동원하여 토벌하였어요. 세종 때에는 최윤덕, 김종서를 파견하여 여진을 정벌하고 4군 6진을 개척하였습니다.

오답 피하기
ㄱ. 일본에 대한 강경책으로, 세종 때 이종무가 왜구의 근거지인 쓰시마섬(대마도)을 정벌하였어요.
ㄷ. 일본에 대한 회유책으로, 조선은 왜관을 설치하고 이곳에서 통상하게 하였어요. 17세기 후반에는 초량에 왜관을 설치하여 개시 무역을 실시하였어요.

298 세종의 외교 정책 정답 ⑤

정답 잡는 키/워드 최윤덕 장군이 여진족 정벌, 4군 설치 → 세종

최윤덕이 여진족을 정벌하고 4군을 설치한 것은 조선 세종 때입니다. 세종은 최윤덕과 김종서를 북방으로 파견하여 여진을 몰아내고 압록강과 두만강 일대에 4군 6진을 개척하였어요. 한편, 세종은 이종무를 보내 왜구의 근거지인 쓰시마섬을 정벌하고 교역을 중단하였어요. 이후 일본이 교역을 간청하자 부산의 부산포, 창원(진해)의 제포, 울산의 염포 등 세 항구를 일본에 열어 주었어요. 그리고 ⑤ 일본에 제한된 범위의 무역을 허용하는 계해약조를 체결하였어요.

오답 피하기
① 효종 때 어영청을 중심으로 북벌이 추진되었어요.
② 정조 때 왕권을 뒷받침할 군사적 기반으로 국왕의 친위 부대인 장용영이 설치되었어요.
③ 광해군 때 후금과 대립하고 있던 명의 요청에 따라 지원군으로 파견된 강홍립 부대가 사르후 전투에 참전하였어요.
④ 임진왜란 이후 에도 막부의 요청으로 통신사가 파견되었어요. 19세기 초까지 12차례 파견된 통신사는 외교 사절의 역할뿐만 아니라 조선과 일본 간의 문화 교류에도 큰 역할을 하였어요.

299 조선의 대일본 정책 정답 ④

정답 잡는 키/워드 계해약조 체결 → 일본

조선과 계해약조를 체결한 (가)는 일본입니다. 조선은 일본에 토벌과 회유의 양면 정책을 취하였어요. 세종 때 이종무를 보내 왜구의 근거지인 쓰시마섬을 정벌하고 일본과 교역을 중단하였지요. 이후 일본이 여러 차례 통교를 간청하자 세종은 ④ 부산포, 제포, 염포를 개항하여 제한적인 교역을 허용하였어요. 그리고 이예를 보내 계해약조를 체결하여 세견선의 입항 규모 등 무역에 관한 규정을 정하였어요.

오답 피하기
① 조선은 매해 신년에 하정사, 황제나 황후의 생일에 성절사, 동지를 전후하여 동지사 등을 중국에 파견하였어요.
② 조선 태종 때 여진이 국경을 침범하는 일이 잦아지자, 그들이 필요한 물품을 거래할 수 있도록 국경 지대인 경성과 경원에 무역소를 설치하였어요.
③ 고려 정종 때 거란의 침입에 대비하여 광군을 조직하였어요.
⑤ 조선은 한성에 여진의 사신이 머무는 객관(숙소)인 북평관을 개설하여 사절이 왕래하는 데 편의를 제공하였어요.

300 조선의 대일본 정책 정답 ①

정답 잡는 키/워드 기유약조로 교역 재개, 초량 일대가 무역 중심지 → 일본

기유약조로 교역이 재개되었으며, 무역 중심지가 초량 일대라는 내용을 통해 (가) 국가가 일본임을 알 수 있어요. 조선은 초기부터 일본에 대해 교린 정책을 폈어요. ㄱ. 막부의 요청에 따라 공식적인 외교 사절로 통신사를 파견하였고, ㄴ. 한성에 동평관을 두어 일본의 사신이 와서 머물게 하고 무역을 허용하는 등 회유책을 추진하였어요. 하지만 왜구의 소굴인 쓰시마섬을 토벌

하는 등 강경책을 펴기도 하였지요. 일본이 임진왜란을 일으키자 국교를 단절하였다가 1607년에 에도 막부의 요청을 받아들여 국교를 다시 맺었습니다. 이후 일본에 무역을 다시 허용하는 기유약조를 체결(1609)하였고, 17세기 후반에는 부산의 초량 일대에 왜관을 설치하였어요.

 피하기

ㄷ. 조선은 매해 신년에 하정사, 황제나 황후의 생일에 성절사, 동지를 전후하여 동지사 등을 중국에 파견하였어요.

ㄹ. 1883년에 조선 정부는 중국(청)과의 국경 무역에 관한 문제를 처리하기 위해 어윤중을 서북 경략사로 임명하였어요.

301 임진왜란 정답 ④

정답 잡는 키/워/드
신립이 탄금대에서 패배, 고니시 유키나가가 이끄는 적군
→ 임진왜란 당시 탄금대 전투

1592년 4월 중순에 일본군이 조선을 침략하였어요. 부산에 도착한 일본군은 정발이 지키던 부산진과 ④ 송상현이 지키던 동래성을 함락하고 빠른 속도로 북진하였어요. 조정에서는 신립을 삼도 순변사로 임명하여 이를 막게 하였어요. 신립은 충주 탄금대에 배수진을 치고 일본군에 맞섰으나 결국 패배하였어요(1592. 4.). 신립의 패배 소식이 전해지면서 민심은 극도로 혼란해졌고, 선조와 조정 대신들이 도성을 떠나 의주로 피란하였어요. 일본군은 침략한 지 20여 일 만에 한성을 함락하고 계속 북진하였습니다. 한편, 바다에서는 이순신이 이끄는 수군이 옥포 해전, 한산도 대첩 등에서 연이어 일본군에 승리를 거두었고, 전국 각지에서 의병이 일어나 일본군에 맞서 싸웠어요. 이러한 가운데 재정비된 관군도 일본군에 맞서 싸워 김시민이 진주성에서 승리를 거두었지요(진주 대첩). 명의 지원군이 도착하자 관군과 명의 연합군은 함께 일본군에 맞서 싸워 평양성을 탈환하였고, 권율은 관민을 이끌고 행주산성에서 대승을 거두었어요.

 피하기

① 1592년 10월에 김시민은 진주성에서 일본군을 크게 물리쳤어요.

② 1593년 1월에 이여송이 이끈 명의 지원군이 도착한 후 조·명 연합군이 평양성을 탈환하였어요.

③ 1592년 7월에 이순신이 이끄는 수군이 한산도에서 일본의 수군을 크게 격파하였어요.

⑤ 조·명 연합군이 평양성을 탈환한 후 1593년 2월에 권율이 행주산성에서 일본군을 격퇴하였어요.

302 임진왜란 정답 ④

정답 잡는 키/워/드
신립, 임금의 수레가 서쪽으로 몽진 → 임진왜란

신립이 패하였으며, 임금의 수레가 서쪽으로 몽진하였다는 내용을 통해 임진왜란 당시 상황임을 알 수 있어요. 임진왜란 발발 후 군사적 열세로 빠르게 조선의 여러 성이 함락되고 조정의 신임을 받고 있던 신립마저 충주에서 일본군에 패배하였어요. 선조는 북상하는 일본군을 피해 한성을 떠나 의주로 피란하였어요. 한편, 육지에서는 조선의 군대가 열세에 몰렸으나 바다에서는 이순신의 활약으로 조선의 수군이 일본군을 제압하고 제해권을 장악하였습니다. 또한, 각지에서 의병이 일어나 일본군에게 타격을 입혔어요. ④ 곽재우는 의령에서 의병을 일으켜 활동하였는데, 홍의 장군이라고 불리기도 하였어요. 이러한 가운데 관군이 재정비되고 명의 지원군이 도착하여 전세를 역전시킬 수 있었어요.

오답 피하기

① 병자호란 때 김상용은 왕실 가족을 수행하여 강화도로 피란하였는데, 강화성이 함락되자 순절하였어요.

② 병자호란 때 임경업이 백마산성에서 항전하였어요.

---

③ 고려 말에 최영이 홍산 전투에서 왜구를 크게 물리쳤어요.

⑤ 효종은 러시아와 국경 분쟁을 벌이던 청의 요청에 따라 두 차례 조총 부대를 파견하여 청군과 함께 러시아를 공격하였어요(나선 정벌). 신류는 2차 나선 정벌 때 조총 부대를 이끌고 흑룡강 전투에 참전하였어요.

303 임진왜란 정답 ①

정답 잡는 키/워/드
김시민이 진주성 전투에서 대승을 거두어 왜군의 보급로 차단
→ 임진왜란

김시민이 진주성 전투에서 대승을 거두어 왜군의 보급로를 끊었다는 내용을 통해 밑줄 그은 '이 전쟁'이 임진왜란임을 알 수 있어요. 조선은 임진왜란 초기에 한성이 함락되고 선조가 의주로 피란하는 등 열세에 있었으나, 이순신이 이끄는 수군과 각지에서 일어난 의병의 활약, 그리고 명군의 지원으로 전세를 역전시킬 수 있었어요. ① 병자호란 때 임경업이 백마산성에서 항전하였어요.

 피하기

② 임진왜란 때 왜군이 한성에 이어 평양성까지 함락하였으나, 명의 지원군이 도착한 후 조·명 연합군이 평양성을 탈환하였어요.

③ 임진왜란 때 권율의 지휘로 관민이 힘을 합쳐 행주산성에서 왜군을 크게 격퇴하였어요.

④ 임진왜란 때 조헌이 금산에서 의병을 이끌고 활약하였어요. 조헌이 이끈 700인의 의병은 금산에서 왜군과 전투를 벌이다가 모두 순절하였어요.

⑤ 임진왜란 때 이순신이 한산도 앞바다에서 학익진을 펼쳐 왜의 수군을 크게 물리쳤어요. 이순신의 한산도 대첩은 행주 대첩, 진주 대첩과 함께 임진왜란 3대첩으로 꼽힙니다.

304 임진왜란 정답 ①

정답 잡는 키/워/드
조·명 연합군의 평양성 탈환 → 임진왜란

조·명 연합군이 일본군으로부터 평양성을 탈환하였다는 내용을 통해 가상 뉴스가 임진왜란에 관한 것임을 알 수 있어요. 따라서 임진왜란 당시 조·명 연합군이 평양성을 탈환한 이후의 사실을 찾으면 됩니다. 임진왜란 초기 조선은 수세에 몰렸으나 수군과 의병의 활약, 관군의 재정비, 명군의 지원 등으로 전세를 역전시킬 수 있었습니다. 조·명 연합군은 평양성을 탈환하고 일본군을 몰아내기 시작하였고, 불리해진 일본이 휴전을 제의하였어요. 3년여에 걸쳐 휴전 협상이 진행되었으나 결렬되었고 일본이 다시 조선을 침략하여 정유재란이 일어났어요. 조선 관군은 명의 지원군과 함께 일본군의 북진을 막았고, ① 바다에서는 이순신이 명량에서 일본 수군을 대파하여 일본군의 서해 진출을 차단하였습니다.

 피하기

② 고려 말에 최무선은 화포를 사용하여 진포에서 왜구를 격퇴하였어요.

③ 조·명 연합군의 평양성 탈환 이전의 일이에요. 임진왜란 초기 부산진과 동래성이 함락된 후 신립이 한성으로 가는 길목인 충주 탄금대에서 배수의 진을 치고 일본군에 맞서 싸웠으나 패배하였어요.

④ 조선 세종 때 김종서가 여진을 북방으로 몰아내고 6진을 개척하여 영토를 확장하였어요.

⑤ 고려 정부가 몽골과 강화를 체결하고 개경 환도를 결정하자 이에 반발하여 배중손이 삼별초를 이끌고 강화도에서 봉기하였어요. 이들은 이후 진도로 이동하여 대몽 항쟁을 이어 갔어요.

305 행주 대첩 이후의 사실 정답 ③

정답 잡는 키/워/드
권율, 행주산에서 승리 → 행주 대첩(1593. 2.)

권율이 이끄는 군사가 행주산 위에 진을 치고 적을 물리쳤다는 내용을 통해 자료의 전투가 임진왜란 중에 있었던 행주 대첩임을 알 수 있어요. 따라서 행주 대첩 이후의 사실을 찾으면 됩니다. ③ 행주 대첩 이후 일본의 제의로 휴전 회담이 3년여 동안 진행되었으나 결렬되고 일본이 다시 조선을 침략하여 정유재란이 시작되었어요(1597).

오답 피하기

① 고려 우왕 때 최영이 홍산(지금의 부여)에서 왜구를 크게 물리쳤어요(1376).
② 임진왜란 초기에 이순신이 이끄는 수군이 한산도에서 학익진 전법으로 일본군에 크게 승리하였어요(1592. 7.).
④ 조선 세종 때 이종무가 왕명에 따라 왜구의 근거지인 쓰시마섬(대마도)을 정벌하였어요(1419).
⑤ 임진왜란 초기에 신립은 충주 탄금대에서 배수의 진을 치고 빠른 속도로 북상하는 일본군에 항전하였으나 패배하였어요(1592. 4.).

---

306 임진왜란 이후의 사실 정답 ①

정답 잡는 키/워/드
조헌, 곽재우 장군이 의병을 일으킴, 왜적 → 임진왜란

곽재우 장군이 의병을 일으켰고 왜적을 치는 데 협력하라는 내용을 통해 밑줄 그은 '이 전란'이 임진왜란임을 알 수 있어요. 1592년 4월 14일에 임진왜란이 일어났어요. 영남에서 곽재우가 의병을 일으켜 일본군과 싸우고 있다는 소식이 퍼지는 가운데 옥천에서는 조헌이 의병을 모아 일본군에 맞서 싸웠어요. 전쟁 초기에 조선은 열세였으나, 이순신이 이끄는 수군과 전국 각지에서 일어난 곽재우, 조헌 등 의병의 활약, 그리고 명군의 지원으로 전세를 뒤집었어요. 이후 명과 일본 사이에 휴전 협정이 진행되었으나 협상은 결렬되고 일본군이 다시 침략하여 정유재란이 일어났어요. 육지의 조선군은 명의 지원군과 함께 일본군을 막았고, 바다에서는 이순신이 일본 수군을 대파하였어요. 전세가 불리해진 일본군은 도요토미 히데요시가 죽자 본국으로 철수하기 시작하였고, 이순신이 이끄는 수군은 노량 해전에서 퇴각하는 일본군을 격파하였어요. ① 임진왜란 이후 조선은 일본에 끌려간 포로 송환을 위해 승려 유정을 회답 겸 쇄환사로 일본에 파견하였어요.

오답 피하기

② 고려 말에 나세, 심덕부, 최무선 등이 화약과 화포를 이용해 진포에서 왜구를 격퇴하였어요.
③ 조선 성종 때 신숙주가 일본에 다녀와서 일본의 정치, 외교, 사회 등을 종합적으로 정리한 "해동제국기"를 저술하였어요.
④ 조선 중종 때 삼포(부산포, 제포, 염포)의 일본 거류민들이 조선 정부의 무역 통제에 불만을 품고 일으킨 폭동인 삼포 왜란이 일어났어요.
⑤ 조선 중종 때 삼포 왜란을 계기로 외적의 침입에 대비하기 위해 임시 기구로 비변사가 설치되었어요.

본문 109~110쪽

4 경제, 사회

307 ④	308 ⑤	309 ③	310 ④	311 ②	312 ④

307 전시과와 과전법 정답 ④

정답 잡는 키/워/드
• 문종 때 양반 전시과를 다시 개정함 → (가) 경정 전시과
• 공양왕 때 도평의사사에서 과전의 지급에 관한 법 제정을 건의하여 왕이 허락함 → (나) 과전법

(가)의 토지 제도는 문종 때 양반 전시과가 다시 개정되었다는 내용을 통해 경정 전시과임을 알 수 있어요. 고려 경종 때 관직 복무에 대한 대가로 전지와 시지를 지급하는 전시과가 처음으로 마련되어 관등과 인품을 기준으로 전·현직 관리에게 수조권이 지급되었지요(시정 전시과). 이후 목종 때 개정되어 관등만을 기준으로 전·현직 관리에게 수조권이 지급되었어요(개정 전시과). 그리고 문종 때 다시 개정되어 현직 관리에게만 수조권이 지급되었습니다(경정 전시과). (나)의 토지 제도는 공양왕 때 과전의 지급에 관한 법이 제정되었다는 내용을 통해 과전법임을 알 수 있어요. 1388년에 위화도 회군으로 정권을 장악한 이성계와 일부 신진 사대부는 과전법을 마련하여 토지 개혁을 추진하였어요(1391). 과전법은 관직 복무에 대한 대가로 전·현직 관리에게 수조지를 지급하는 제도입니다. ④ 과전법에서는 관리에게 지급하는 수조지, 즉 지급 대상 토지를 원칙적으로 경기 지역에 한정하였어요. 수조지는 원칙적으로 세습이 허용되지 않았지만 수신전과 휼양전 등의 명목으로 세습되는 경우가 많았어요.

오답 피하기

① 조준 등의 건의로 제정된 토지 제도는 과전법이에요.
② 경종 때 처음으로 마련된 시정 전시과는 관등과 인품을 기준으로 수조권을 지급한 제도였어요.
③ 고려 태조 때 개국 공신에게 인품, 공로를 기준으로 역분전을 지급하였어요.
⑤ 전시과 제도와 과전법에서는 관리가 수조지에서 조세를 받는 수조권만 행사하게 하였어요. 신라 시대에 녹읍을 지급받은 관리에게 해당 토지에서 수조권 외에 노동력까지 징발할 수 있는 권한을 주었어요.

---

308 조선의 토지 제도 변화 정답 ⑤

정답 잡는 키/워/드
• 도평의사사, 경기에 과전 설치, 현직 여부에 상관없이 직위에 따라 과전 지급 → (가) 과전법 제정
• 직전의 세를 관에서 거두어 관에서 주도록 함 → (나) 관수관급제 시행

도평의사사에서 경기 지방에 과전을 설치하여 현직 여부에 상관없이 지급하도록 한 것으로 보아 (가)는 고려 말 공양왕 때 이루어진 과전법 제정임을 알 수 있어요. (나)는 직전의 세를 관에서 거두어 관에서 지급한다는 내용으로 보아 조선 성종 때 이루어진 관수관급제 시행임을 알 수 있어요. ⑤ 조선 세조는 직전법을 실시하여 수신전, 휼양전 등의 명목으로 세습되는 토지를 폐지하고 현직 관리에게만 수조지를 지급하였어요. 이후 관리가 수조권을 남용하여 과다하게 수취하는 일이 빈번해져 성종 때 관수관급제가 마련되었어요.

오답 피하기

① 신라 성덕왕 때 백성에게 정전을 지급하였어요.
② 대한 제국은 광무개혁을 통해 양전 사업을 실시하고 근대적 토지 소유 증명 문서인 지계를 발급하였어요.
③ 고려는 전시과를 제정하여 관리에게 관직 복무의 대가로 전지와 시지를 차등 지급하였어요.
④ 고려 태조는 개국과 후삼국 통일 과정에서 공을 세운 이들에게 인품과 공로를 기준으로 역분전을 지급하였어요.

---

309 직전법 정답 ③

정답 잡는 키/워/드
세조가 과전을 없애고 만듦 → 직전법

세조가 과전을 없애고 만들었다는 내용을 통해 밑줄 그은 '이 제도'가 세조 때 마련된 직전법임을 알 수 있어요. 과전법에서는 관리에게 지급된 과전의 세습을 원칙적으로 금지하였어요. 하지만 수신전, 휼양전 등의 명목으로 과전이 세습되는 경우가 많았어요. 세습 토지가 늘어나 새로 관리가 된 이들에게 지급할 토지가 부족해지자 세조는 직전법을 시행하여 ③ 현직 관리에게

만 토지의 수조권을 지급하고 수신전과 휼양전을 폐지하였어요. 새 제도에 따라 처음에는 직전을 받은 관리가 수확량을 조사하여 농민에게 직접 수조권을 행사하였어요. 하지만 점차 수조권을 남용하여 과다하게 수취하는 일이 빈번해졌어요. 이에 성종은 지방 관청에서 직접 수확량을 조사하여 조세를 거두고 이를 수조권을 가진 관리에게 나누어 주는 방식으로 바꾸었어요.

오답 피하기

① 고려 경종 때 관리의 등급에 따라 전지와 시지를 지급하는 전시과 제도가 처음 마련되었어요.
② 조선 인조 때 풍흉에 관계없이 토지 1결당 쌀 4~6두의 전세를 고정하는 영정법이 시행되었어요.
④ 조선 명종 때부터 관리에게 녹봉만 지급되고 수조권은 사실상 폐지되었어요.
⑤ 고려 태조 때 역분전 제도가 실시되어 건국에 공을 세운 공신에게 인품, 공로를 기준으로 토지가 지급되었어요.

310 경재소 정답 ④

| 정답 잡는 키/워/드 | 지방 유력한 집안 가운데 서울에서 벼슬하는 자들의 모임 → 경재소 |

지방의 유력한 집안 가운데 서울에 살면서 벼슬하는 자들의 모임이라는 내용을 통해 (가) 기구가 경재소임을 알 수 있어요. 조선 정부는 수도 한성에 경재소를 설치하고 고위 관리에게 출신 지역의 경재소를 관장하게 하였어요. 경재소는 지방의 유향소와 정부 사이의 연락을 담당하고 ④ 관할 유향소의 좌수와 별감을 임명·감독하면서 유향소를 통제하는 역할을 하였어요. 임진왜란 후 수령권이 강화되어 유향소의 지위가 격하되면서 경재소의 역할도 사라져 선조 말에 폐지되었어요.

오답 피하기

① 홍문관은 왕의 자문을 담당하고 경연을 주관하였으며 사헌부, 사간원과 함께 3사로 불렸어요.
② 승정원은 왕의 비서 기관으로 왕명의 출납을 담당하였으며 소속 관원은 은대 학사라고도 불렸어요.
③ 정조 때 박제가, 유득공 등의 서얼 출신 학자들이 규장각 검서관에 등용되었어요.
⑤ 조선의 최고 교육 기관인 성균관에는 수장인 대사성을 중심으로 좨주, 직강 등의 관직이 있었어요.

311 유향소 정답 ②

| 정답 잡는 키/워/드 | 향리들의 불법 규찰, 이시애의 난 이후 혁파, 향풍 규찰을 위해 재설립 주장 → 유향소 |

이시애의 난 이후 혁파되자 간악한 향리들이 불의를 자행하여 풍속이 쇠퇴해졌음을 지적하고 다시 설립하여 향풍을 규찰하게 할 것을 청하는 내용을 통해 (가) 기구가 유향소임을 알 수 있어요. 조선 시대 각 군현에서는 지방 사족들이 향촌 자치 기구로 유향소를 구성하였어요. 유향소는 지방 사족의 여론을 모아 수령을 보좌하거나 견제하였으며, 향리의 부정과 비리를 감시하고 풍속을 교화하는 등의 역할을 하였어요. ② 좌수와 별감은 유향소의 주요 직책으로, 지방 사족 중에서 선발되었어요.

오답 피하기

① 조광조를 비롯한 사림의 건의로 도교 의식을 담당한 소격서가 폐지되었어요.
③ 주세붕은 최초의 서원인 백운동 서원을 설립하였어요. 백운동 서원은 이후 이황의 건의에 따라 국왕으로부터 '소수 서원'이라는 현판을 받아 사액 서원이 되었어요.
④ 조선의 최고 교육 기관인 성균관은 수장으로 대사성을 두고 그 아래 좨주, 직강 등의 관직을 두었어요.
⑤ 고려 시대에 향도는 매향 활동 등 각종 불교 행사를 주관하였어요. 향도는 불교 신앙 조직에서 점차 활동 범위를 넓혀 고려 후기에는 공동체 생활을 주도하는 마을 공동 조직으로 성격이 바뀌었어요.

312 향약 정답 ④

| 정답 잡는 키/워/드 | 도약정, 부약정, 직월, 사화를 선출 → 향약 |

도약정, 부약정, 직월, 사화 등의 직책을 선출하였다는 내용을 통해 (가)가 향약임을 알 수 있어요. 향약의 주요 직임인 도약정, 부약정, 직월, 사화 등은 지방의 사족들이 맡았으며, 이 중 도약정이 최고 직임이었어요. 향약은 조선 시대 향촌에서 지켜야 할 자치 규약으로, 덕업상권, 과실상규, 예속상교, 환난상휼 등의 덕목을 내세워 ④ 향촌 사회에서 풍속 교화와 향촌 자치 등의 역할을 하였어요. 16세기에 전국적으로 시행된 향약은 서원과 더불어 사림 세력의 지역 기반이 되었어요.

오답 피하기

① 고려 시대에 사학이 융성함에 따라 상대적으로 위축된 관학을 진흥시키기 위해 국자감에 전문 강좌인 7재를 개설하였어요.
② 조선 시대의 언론 기관인 홍문관은 옥당, 옥서라고도 불리며 경연을 주관하고 왕의 자문을 담당하였어요.
③ 조선 시대 지방에 설치된 교육 기관인 향교에는 중앙에서 교수나 훈도가 파견되어 학생들을 지도하였어요.
⑤ 매향 활동 등 각종 불교 행사를 주관한 조직은 고려 시대의 향도입니다.

본문 111~118쪽

5 문화

313 ④	314 ④	315 ⑤	316 ④	317 ③	318 ③
319 ①	320 ⑤	321 ⑤	322 ②	323 ⑤	324 ⑤
325 ⑤	326 ③	327 ③	328 ②	329 ①	330 ③
331 ②	332 ④	333 ①	334 ①	335 ①	336 ①
337 ⑤	338 ②	339 ④	340 ④		

313 성균관 정답 ④

| 정답 잡는 키/워/드 | 생원·진사가 학생, 대성전, 명륜당 → 성균관 |

(가)는 소과에 합격한 생원·진사가 입학하여 공부하던 성균관입니다. 성균관은 조선 시대에 한양에 설립된 ④ 최고의 관립 교육 기관으로, 높은 수준의 유학을 교육하였으며, 성현의 제사를 지냈어요.

오답 피하기

① 좌수, 별감은 유향소의 주요 직책이에요. 성균관에는 대사성을 중심으로 좨주, 직강 등의 관직이 있었어요.
② 주세붕이 세운 백운동 서원을 시작으로 지방의 사림 세력이 각지에 서원을 설립하였어요.
③ 전국의 부·목·군·현에 하나씩 설립된 관립 교육 기관은 향교입니다.
⑤ 서원의 폐단이 날로 심해지자 흥선 대원군은 전국의 서원을 47개소만 남기고 모두 철폐하였어요.

314 성균관 정답 ④

| 정답 잡는 키/워/드 | 효명 세자가 입학, 대성전, 명륜당 → 성균관 |

왕세자가 입학하는 의식을 치렀으며, 대성전과 명륜당이 있는 것으로 보아 (가) 교육 기관이 성균관임을 알 수 있어요. 조선 시대 최고 교육 기관인 성균관에는 ④ 원칙적으로 소과의 생원시나 진사시에 합격한 사람이 입학할 수 있었어요. 성균관에서는 공자를 비롯한 유교의 성현에 대한 제사를 지냈고, 수준 높은 유학 교육이 이루어졌어요.

오답 피하기

① 고려 예종은 관학을 진흥하기 위해 국자감에 전문 강좌인 7재를 개설하였어요.
② 향교는 전국의 부·목·군·현에 하나씩 세워져 유학 교육을 담당하였어요.
③ 향교에서는 중앙에서 파견된 교수나 훈도가 학생들을 교육하기도 하였어요. 성균관과 마찬가지로 향교에도 대성전과 명륜당이 있었어요.
⑤ 조선 시대에 사역원이 외국어의 통역과 번역을 담당하였으며 한어, 왜어, 여진어 등 외국어 교육도 담당하였어요.

---

315 향교

정답 잡는 키/워/드

지방에 설립된 교육 기관, 대성전, 명륜당 → 향교

정답 ⑤

조선 시대에 유학 교육을 위해 지방에 설립된 교육 기관이며, 대성전과 명륜당이 있다는 내용을 통해 검색창에 들어갈 교육 기관이 향교임을 알 수 있어요. 조선은 관리 양성을 목적으로 교육 제도를 마련하였으며, 한양에는 최고 교육 기관인 성균관과 중등 교육 기관인 4부 학당을 두었어요. 그리고 전국의 부·목·군·현에는 향교를 설립하여 지방의 유학 교육을 담당하게 하였어요. 향교의 입학 정원은 고을의 위상과 크기에 따라 달랐으며, ⑤ 중앙에서 향교에 교수와 훈도를 파견하기도 하였어요.

오답 피하기

① 좌수와 별감은 유향소의 직책이에요.
② 중종 때 주세붕의 백운동 서원 건립을 시작으로 지방의 사림 세력이 각지에 서원을 설립하였어요.
③ 조선 시대 최고 교육 기관이었던 성균관에는 원칙적으로 소과에 합격한 생원과 진사가 입학할 수 있었어요.
④ 고종 때 흥선 대원군은 전국의 서원을 47개소만 남기고 모두 철폐하였어요.

---

316 향교

정답 잡는 키/워/드

조선 시대 지방 교육 기관, 대성전, 명륜당 → 향교

정답 ④

조선 시대 지방 교육 기관이며 대성전과 명륜당 등으로 이루어져 있다는 내용을 통해 (가) 교육 기관이 향교임을 알 수 있어요. 조선은 유학 교육을 위해 전국의 부·목·군·현에 향교를 하나씩 설치하였으며, ④ 중앙에서 교수나 훈도를 파견하여 교육을 담당하게 하였어요.

오답 피하기

① 고려 예종 때 국자감에 전문 강좌인 7재가 개설되었어요.
② 주세붕이 최초의 서원인 백운동 서원을 세웠어요. 백운동 서원은 이후 이황의 건의에 따라 국왕으로부터 '소수 서원'이라는 현판을 받아 사액 서원이 되었어요.
③ 조선의 최고 교육 기관인 성균관은 소과에 합격한 생원과 진사에게 입학 자격을 부여하였어요.
⑤ 고려의 최고 교육 기관인 국자감에 유학을 교육하는 유학부와 율학, 서학, 산학을 교육하는 기술학부가 있었어요.

---

317 이황의 활동

정답 잡는 키/워/드

퇴계, 백운동 서원의 사액 건의, 예안 향약 → 이황

정답 ③

호가 퇴계이며, 백운동 서원의 사액을 건의하고 예안 향약을 시행하였다는 내용을 통해 검색창에 들어갈 인물이 이황임을 알 수 있어요. 이황은 선조가

성균이 되기를 바라는 마음에서 ③ 군주의 도를 도식으로 설명한 "성학십도"를 지어 바쳤으며, 주자의 학설을 조선의 현실에 맞게 체계화한 학자였어요. 이이와 더불어 조선 성리학의 독자적 체계를 세우는 등 성리학 발전에 크게 기여하였으며, 그의 사상은 임진왜란 이후 일본에 전해져 일본의 성리학 발전에도 영향을 끼쳤어요.

오답 피하기

① 정제두는 양명학을 체계적으로 연구하여 강화학파를 형성하였어요.
② 송시열은 명에 대한 의리를 내세우고 청에 대한 복수를 주장하는 상소인 기축봉사를 효종에게 올렸어요.
④ 이이는 다양한 개혁 방안을 제시한 "동호문답"을 저술하였어요.
⑤ 정도전은 "조선경국전"을 지어 태조에게 바쳤어요.

---

318 이황의 활동

정답 잡는 키/워/드

"성학십도"를 지어 왕에게 바침 → 이황

정답 ③

"성학십도"를 지어 왕에게 바쳤다는 내용을 통해 (가) 인물이 이황임을 알 수 있어요. 이황은 인간의 심성 문제를 깊이 있게 탐구하여 조선 성리학을 한 단계 높은 수준으로 끌어올린 대표적인 인물입니다. 그는 도덕적 행위의 근거로 심성을 중시하고 '이(理)'를 강조하였으며, 군주의 도를 도식으로 설명한 "성학십도"를 지어 선조에게 바치기도 하였어요. 한편, 이황은 명종 재위 시기에 관직을 버리고 고향인 예안에 머무르며 학문 연구에 힘썼으며, ③ 향촌 교화를 위해 예안 향약을 시행하였어요.

오답 피하기

① 정제두는 양명학을 체계적으로 연구하여 강화학파를 형성하였어요.
② 신숙주는 일본에 다녀와서 일본의 정치, 외교, 사회 등을 종합적으로 정리한 "해동제국기"를 편찬하였어요.
④ 박세당은 "사변록"을 통해 주자의 경전 해석을 비판하고 유학 경전에 대한 독자적인 해석을 시도하였어요.
⑤ 김장생은 예학을 조선의 현실에 맞게 정리한 "가례집람"을 저술하였어요.

---

319 이황의 활동

정답 잡는 키/워/드

"성학십도" 저술, 도산 서당 설립 → 이황

정답 ①

"성학십도"를 지었으며, 도산 서당을 설립하여 제자를 양성하였다는 내용을 통해 (가) 인물이 이황임을 알 수 있어요. 이황은 조선의 성리학 발전에 크게 영향을 끼친 대표적인 성리학자이며 '이(理)'를 강조하였어요. ① 기대승과 사단칠정에 대한 논쟁을 벌였으며 기대승의 의견을 수용하여 자신의 견해를 수정하기도 하였습니다. 유학에서 사단(四端)은 인간의 본성에서 우러나오는 마음을 말하며, 칠정(七情)은 인간의 일곱 가지 감정을 말합니다. 한편, 이황은 명종 때 관직을 버리고 고향인 예안으로 내려가 예안 향약을 시행하여 향촌 교화를 위해 노력하였으며, 도산 서당을 세워 후진을 양성하였어요. 이황이 죽은 뒤 제자들이 도산 서당 뒤편에 서원을 세웠는데, 이 서원은 선조로부터 '도산'이라는 편액을 받은 사액 서원이 되었어요. 도산 서원은 다른 8곳의 서원과 함께 조선 시대 성리학 교육 기관의 유형을 대표하는 '한국의 서원'으로서 유네스코 세계 유산에 등재되어 있어요.

오답 피하기

② 신숙주는 일본에 다녀와서 일본의 정치, 외교, 사회 등을 정리한 "해동제국기"를 편찬하였어요.
③ 정제두는 양명학을 체계적으로 연구하였으며, 강화도에서 후진 양성에 힘을 기울여 강화학파를 형성하였어요.
④ 송시열은 명에 대한 의리를 강조하고 청에 대한 복수를 주장한 기축봉사를 효종에게 올렸어요.
⑤ 김종직은 세조의 왕위 찬탈을 비판한 '조의제문'을 작성하였는데, 그가 죽은 뒤 제자 김일손이 이를 사초에 실은 것이 발단이 되어 무오사화가 일어났어요.

320 이이의 활동 정답 ⑤

정답 잡는 키/워/드
"성학집요" 집필, 해주 향약 시행 → 이이

"성학집요"를 집필하여 임금에게 바쳤으며 해주 향약을 시행하였다는 내용을 통해 (가) 인물이 이이임을 알 수 있어요. 율곡 이이는 조선 성리학의 독자적 체계를 세운 학자입니다. 그는 '이'와 '기'를 통일적으로 이해하면서 현실 세계를 구성하는 '기'를 상대적으로 중시하였으며, 현실적이고 개혁적인 성향을 보였어요. 이이는 "성학집요"를 저술하여 현명한 신하가 왕의 수양을 도와주어야 한다고 주장하였어요. 또한, ⑤ 수취 제도 개편 등 다양한 개혁 방안을 담은 "동호문답"과 성리학 입문서인 "격몽요결" 등을 저술하였으며, 해주 향약을 시행하여 향촌 교화에도 힘썼어요.

오답 피하기
① 정도전은 불교의 교리를 비판한 "불씨잡변"을 지었어요.
② 노론의 영수인 송시열은 효종에게 기축봉사를 올려 명에 대한 의리를 강조하였으며, 북벌론을 주장하였어요.
③ 정제두는 양명학을 체계적으로 연구하였으며, 강화도에서 후진 양성에 힘을 기울여 강화학파를 형성하였어요.
④ 김정희는 "금석과안록"에서 황초령비와 북한산비가 진흥왕 순수비임을 고증하였어요.

321 이이의 활동 정답 ⑤

정답 잡는 키/워/드
해주 향약 시행, "동호문답"·"격몽요결" 저술 → 이이

해주 향약을 시행하였으며 "동호문답"과 "격몽요결"을 저술하였다는 내용을 통해 밑줄 그은 '이 인물'이 이이임을 알 수 있어요. 이이는 조선 성리학의 독자적 체계를 세운 대표적인 학자입니다. 그는 '이(理)'와 '기(氣)'를 통일적으로 이해하면서 현실 세계를 구성하는 '기'를 상대적으로 중시하였으며, 현실적이고 개혁적인 성향을 보였어요. ⑤ 이이는 군주가 수양해야 할 덕목과 지식을 담은 "성학집요"를 집필하여 임금(선조)에게 바쳤고, "동호문답"과 "격몽요결" 등을 저술하였어요.

오답 피하기
① 송시열은 효종에게 기축봉사를 올려 명에 대한 의리를 강조하였으며, 청에 당한 치욕을 씻기 위해 청을 정벌하자는 북벌론을 주장하였어요.
② 김육은 청에서 사용하는 시헌력의 도입을 효종에게 건의하였어요.
③ 박지원은 "양반전", "허생전", "호질" 등 한문 소설을 지어 양반의 허례와 무능을 비판하고 풍자하였어요.
④ 김장생은 예학을 조선의 현실에 맞게 정리한 "가례집람"을 저술하였어요.

322 고려사 정답 ②

정답 잡는 키/워/드
고려 시대를 다룬 역사서, 조선 문종 대에 완성, "사기"의 범례를 본받음 → "고려사"

고려 시대를 다룬 역사서로, 조선 초부터 편찬하기 시작하여 문종 대에 완성되었으며 기전체 사서인 "사기"의 범례를 본받았다는 내용을 통해 (가)가 "고려사"임을 알 수 있어요. 김종서, 정인지 등이 왕명을 받아 고려 시대 전반에 관한 내용을 정리한 "고려사"는 중국의 사마천이 쓴 "사기"와 같은 기전체 역사서로, ② 세가, 열전, 지, 연표 등의 체제로 구성되었어요. 유교적 명분론에 따라 고려 왕의 기사가 '본기' 대신 '세가'로 기록되었어요.

오답 피하기
① 조선 후기에 유득공은 "발해고"에서 발해의 역사를 다루면서 신라와 발해를 지칭하여 남북국이라는 용어를 처음 사용하였어요.
③ 고려 후기에 이규보는 고구려 건국 시조의 일대기를 서사시로 표현한 '동명왕편'을 지었어요. '동명왕편'은 이규보의 문집인 "동국이상국집"에 수록되었어요.

④ 고려 후기에 승려 일연은 불교사를 중심으로 고대의 민간 설화를 수록한 "삼국유사"를 저술하였어요.
⑤ 조선 성종 때 서거정 등이 왕명을 받아 단군 조선부터 고려 말까지의 역사를 정리한 "동국통감"을 간행하였어요.

323 고려사 정답 ⑤

정답 잡는 키/워/드
"사기"의 범례를 따름, 세가, 신우와 신창을 열전으로 내림 → "고려사"

"사기"의 범례를 따른 역사서이며 '본기'가 아닌 '세가'로 기록하고 '신씨들(신우, 신창)'을 세가에 넣지 않고 열전으로 내렸다는 내용을 통해 밑줄 그은 '이 역사서'가 "고려사"임을 알 수 있어요. 고려의 역사를 세가, 열전, 지, 연표 등의 기전체 형식으로 서술한 "고려사"는 조선 초부터 편찬이 시작되어 문종 때 완성되었으며, ⑤ 조선 건국의 정당성을 강조하는 입장에서 고려의 역사를 정리하였어요. 특히 우왕과 창왕의 재위 기간에 있었던 일을 왕의 역사를 다루는 세가가 아닌 인물의 역사를 다루는 열전에 신우, 신창이라는 이름으로 실었어요. 우왕과 창왕을 고려 왕조의 성씨인 왕씨가 아닌 신씨라 하여 이성계 등의 공양왕 옹립이나 조선 건국을 정당화하려는 입장을 반영한 것으로 보입니다.

오답 피하기
① 조선 후기에 유득공은 "발해고"를 저술하여 발해의 역사를 우리 역사로 체계화하였어요.
② 고려 후기에 이규보는 고구려 건국 시조의 일대기를 서사시로 표현한 '동명왕편'을 저술하였어요.
③ 고려 후기에 승려 일연은 불교사를 중심으로 고대의 민간 설화를 수록한 "삼국유사"를 저술하였어요.
④ 조선 성종 때 서거정 등이 왕명을 받아 고조선부터 고려 말까지의 역사를 연대순으로 정리한 "동국통감"을 간행하였어요.

324 조선의 기록 문화 정답 ⑤

⑤ "조선왕조실록"은 태조~철종 대의 역사를 편년체로 기록한 역사서입니다. 왕이 세상을 떠나면 임시로 실록청을 설치하고 전 왕대의 실록을 편찬하는데, 춘추관 관원들이 편찬 업무에 참여하였어요.

오답 피하기
① 조보는 승정원에서 발행한 관보이며, 신문의 성격을 띠었어요. "일성록", "승정원일기", "조선왕조실록"이 유네스코 세계 기록 유산으로 등재되었어요.
② "일성록"은 정조가 세손 시절부터 기록한 개인 일기에서 비롯되었는데, 정조 즉위 후에는 규장각에서 일기를 작성한 다음 국왕의 재가를 받도록 하여 공식적인 국정 일기의 성격을 띠게 되었어요. 현재 광해군 때의 기록부터 남아 있는 "비변사등록"은 비변사가 상설 기구가 된 이후 작성된 것으로 추정됩니다.
③ "비변사등록"은 비변사의 활동에 대한 기록물이에요.
④ "승정원일기"는 왕의 비서 기관인 승정원의 업무를 일기 형식으로 적은 기록물이에요.

325 태종 재위 시기의 문화 정답 ⑤

정답 잡는 키/워/드
주자소 설치 → 태종

주자소의 설치를 명하는 것으로 보아 대화의 왕이 조선 태종임을 알 수 있어요. 조선 초기에 다양한 분야에서 편찬 사업이 활발하게 이루어져 인쇄 기술도 발달하였어요. 태종 때에는 활자를 주조하는 주자소가 설치되고 구리 활자인 계미자가 제작되었어요. 또한, ⑤ 혼일강리역대국도지도가 제작되었는데, 이는 현존하는 동양에서 가장 오래된 세계 지도입니다.

326 성종 재위 시기의 사실 정답 ③

정답 잡는 키/워/드
"팔도지리지", "동문선"을 바침 → 성종

"팔도지리지"와 "동문선"을 왕에게 바쳤다는 내용을 통해 밑줄 그은 '전하'가 조선 성종임을 알 수 있어요. 성종은 개국 이후 추진된 조선의 여러 제도를 정비하고 체제를 완성하였어요. 이 과정에서 역사, 문화, 지리, 음악 등 다양한 분야의 편찬 사업이 활발하게 이루어졌어요. 제시된 자료는 성종 때 편찬된 "동국여지승람"의 서문이에요. 성종은 "팔도지리지"를 기초로 "동문선"에 수록된 시문을 첨가하여 각 군현의 연혁, 지세, 인물, 풍속 등을 정리한 "동국여지승람"을 편찬하게 하였어요. ③ 성종 때 국가의 기본 예식인 오례(길례, 가례, 빈례, 군례, 흉례)를 정비한 "국조오례의"가 완성되었어요.

오답 피하기

① 선조 때 김장생이 예학을 조선의 현실에 맞게 정리한 "가례집람"을 저술하였어요. "가례집람"의 간행은 후학들의 노력으로 숙종 때 이루어졌어요.

② 정조 때 인조 이후에 조선이 청, 일본과 주고받은 외교 문서를 집대성한 "동문휘고"가 간행되었어요.

④ 광해군 때 전통 한의학을 집대성한 "동의보감"이 간행되었어요.

⑤ 영조 때 역대 문물제도를 분류, 정리하여 백과사전식으로 구성한 "동국문헌비고"가 만들어졌어요.

327 성종 재위 시기의 문화 정답 ③

정답 잡는 키/워/드
"동국여지승람" 완성 → 성종

"동국여지승람"이 완성되었다는 내용을 통해 밑줄 그은 '이 왕'이 조선 성종임을 알 수 있어요. 성종 때 여러 분야에서 도서 편찬이 활발히 이루어졌어요. 조선 시대의 기본 법전인 "경국대전"이 완성된 것을 비롯하여 "국조오례의", "동국여지승람" 등이 편찬되었어요. 또 이 시기에 왕명에 따라 ③ 성현 등이 음악 이론을 집대성한 "악학궤범"을 간행하였어요.

오답 피하기

① 광해군 때 허준이 전통 한의학을 체계적으로 정리한 "동의보감"을 완성하였어요.

② 영조 때 문물제도를 분류, 정리하여 백과사전식으로 구성한 "동국문헌비고"가 편찬되었어요.

④ 태종 때 현존하는 동양에서 가장 오래된 세계 지도인 혼일강리역대국도지도가 만들어졌어요.

⑤ 세종 때 최초로 한양을 기준으로 천체 운동을 계산한 역법서인 "칠정산 내편"이 제작되었어요.

328 성종 재위 시기의 사실 정답 ②

정답 잡는 키/워/드
"악학궤범" 완성 → 성종

"악학궤범"이 완성되었다는 내용을 통해 밑줄 그은 '전하'가 조선 성종임을 알 수 있어요. 성종은 세조 때 폐지된 집현전을 계승한 홍문관을 설치하고 경연을 활성화하였어요. 성종 때에는 "국조오례의", "동문선", "동국여지승

람", "동국통감", "악학궤범" 등이 편찬되는 등 다양한 분야에서 활발하게 편찬 사업이 추진되었어요. ② 성종 때 조선의 기본 법전인 "경국대전"이 완성되어 유교적 통치 체제가 확립되었어요.

오답 피하기

① 선조 때 김장생이 조선의 현실에 맞게 예학을 정리한 "가례집람"을 저술하였어요. "가례집람"은 후학들의 노력으로 숙종 때 간행되었어요.

③ 정조 때 청, 일본 등에 보낸 외교 문서를 집대성한 "동문휘고"가 편찬되었어요.

④ 영조 때 붕당의 폐해를 경계하기 위해 성균관 입구에 탕평비가 건립되었어요.

⑤ 선조 때 척신 정치의 잔재 청산과 이조 전랑 임명을 둘러싸고 김효원과 심의겸이 대립하여 사림이 동인과 서인으로 나뉘었어요.

329 세종 재위 시기의 과학 기술 정답 ①

조선 세종 때 민생 안정과 부국강병을 위한 실용적인 학문이 발달하였어요. 이 시기에 중국과 서역의 과학 기술이 폭넓게 수용되어 우리 실정에 맞게 재구성되었으며, 장영실, 이천, 이순지 등 능력 있는 과학자들이 활약하였어요. 또한, 국가적인 편찬 사업이 활발하게 이루어짐에 따라 인쇄술도 발달하여 ① 기존의 금속 활자를 개량한 갑인자가 주조되었어요.

오답 피하기

② 비격진천뢰는 선조 때 개발되어 임진왜란에도 사용되었어요.

③ 조선 후기에 정약용이 서양 기술을 소개한 중국 서적인 "기기도설"을 참고하여 거중기를 설계하였어요.

④ 조선 후기에 정상기가 우리나라 최초로 100리 척을 사용한 동국지도를 제작하였어요.

⑤ 조선 후기에 이제마가 사상 의학을 정립한 "동의수세보원"을 편찬하였어요. 사상 의학은 사람들을 체질적 특성에 따라 네 유형으로 나누고 그에 따라 병을 진단하고 치료해야 한다는 한의학 이론이에요.

330 세종의 업적 정답 ③

정답 잡는 키/워/드
훈민정음 창제, 아들 수양 대군 → 세종

훈민정음이 창제되고 수양 대군이 아들이라는 내용을 통해 (가) 왕이 조선 세종임을 알 수 있어요. 세종은 우리 고유의 문자인 훈민정음을 창제하였어요. "월인천강지곡"은 "석보상절"을 한글 노랫말로 옮긴 것으로 "용비어천가"와 함께 한글로 표기된 가장 오래된 가사입니다. 훈민정음 창제 당시의 언어를 연구하는 데 중요한 자료로 평가받고 있습니다. ③ 세종 때 한양을 기준으로 한 최초의 역법서인 "칠정산"을 간행하였어요.

오답 피하기

① 숙종은 수도 방어를 위해 금위영을 설치하였어요.

② 성종 때 성현 등이 음악 이론 등을 집대성한 "악학궤범"을 완성하였어요.

④ 영조는 문물제도를 분류, 정리하여 백과사전식으로 구성한 "동국문헌비고"를 편찬하였어요.

⑤ 세조는 새로운 관리에게 지급할 과전이 부족해지자 현직 관리에게만 수조권을 지급하는 직전법을 실시하였어요.

331 세종 재위 시기의 사실 정답 ②

정답 잡는 키/워/드
토지의 비옥도와 풍흉에 따라 조세를 차등 징수하는 공법 확정 → 세종

토지의 비옥도와 풍흉에 따라 조세를 차등 징수하는 내용의 공법을 확정하였다는 내용을 통해 밑줄 그은 '왕'이 조선 세종임을 알 수 있어요. 세종은 전세의 효율적인 수취를 위해 공법을 제정하였어요. ② 세종 때 각지 농민의 경험을 바탕으로 우리 풍토에 맞는 농법을 정리한 "농사직설"이 간행되었어요.

오답 피하기

① 태종 때 세계 지도인 혼일강리역대국도지도가 제작되었어요. 혼일강리역대국도 지도는 현존하는 동양에서 가장 오래된 세계 지도입니다.

③ 정조 때 유능한 인재 양성을 위해 젊은 문신들을 뽑아 재교육하는 초계문신제가 시행되었어요.

④ 광해군 때 우리나라와 중국의 의서를 망라한 "동의보감"이 완성되었어요.

⑤ 성종 때 각 지역의 역사와 산물, 풍속 등을 기록한 "동국여지승람"이 편찬되었어요.

332 세종 재위 시기의 사실 정답 ④

정답 잡는 키/워/드
"농사직설" 간행 → 세종 재위 시기

농부들의 농사지은 경험을 듣고 요약한 것을 뽑아 책을 만들어 "농사직설"이라고 하였다는 내용을 통해 밑줄 그은 '전하'가 조선 세종임을 알 수 있어요. 세종은 조선이 중국과 기후와 풍토가 다르다는 점을 인식하고 우리 땅에 알맞은 농법을 마련하려고 하였어요. 이에 농사가 잘 되는 지역인 충청·전라·경상도의 나이 많은 농민의 경험과 지식을 물어 정리해 올리도록 하였어요. 그리고 정초와 변효문 등에게 수집한 내용을 검토하고 재정리하여 책을 만들도록 하였어요. 이 책이 "농사직설"입니다. "농사직설"에는 우리나라 풍토에 맞는 씨앗의 저장법, 토질의 개량법, 여러 곡식의 재배법이 소개되어 있어요. ④ 세종 때 모범이 될 만한 중국과 우리나라의 충신, 효자, 열녀의 이야기를 담은 "삼강행실도"가 편찬되었어요.

오답 피하기

① 선조 때 김장생이 조선 현실에 맞게 예학을 정리한 "가례집람"을 저술하였어요.

② 성종 때 국가의 의례를 정비한 "국조오례의"가 완성되었어요.

③ 중종 때 박세무 등이 지은 것으로 알려져 있는 "동몽선습"은 아동 교육을 위한 초급 교재로 사용되었어요.

⑤ 선조 때 이이는 군주가 수양해야 할 덕목을 제시한 "성학집요"를 집필하였어요.

333 조선 전기 과학 기술의 발달 정답 ①

정답 잡는 키/워/드
15세기 조선, 앙부일구, 신기전, 화차
→ 조선 전기 과학 기술의 발달

조선은 건국 초부터 부국강병과 민생 안정을 위해 과학 기술을 중시하여 15세기에는 수준 높은 과학 기술의 발전을 이루었어요. 앙부일구, 신기전과 화차 등은 이 시기 과학 기술의 발달 수준을 보여 주는 대표적인 문화유산이에요. ① 조선 후기 정조 때 정약용은 중국의 "기기도설"을 참고하여 거중기를 설계하였어요. 거중기는 수원 화성 건설에 이용되었어요.

오답 피하기

② 조선 전기 세종 때 국산 약재와 치료법을 소개한 "향약집성방"이 간행되었어요.

③ 조선 전기 세종 때 한양을 기준으로 천체 운동을 계산한 역법서인 "칠정산 내편"이 편찬되었어요.

④ 조선 전기 태종 때 주자소가 설치되어 금속 활자인 계미자가 주조되었고, 세종 때에는 갑인자가 주조되었어요.

⑤ 조선 전기 세종 때 정초, 변효문 등이 각 지역 농민의 경험을 수집하여 이를 바탕으로 우리 풍토에 맞는 농사법을 정리한 "농사직설"을 편찬하였어요.

334 종묘 정답 ①

정답 잡는 키/워/드
정전, 영녕전, 유네스코 세계 유산 → 종묘

정전과 영녕전이라는 건축물이 있고, 유네스코 세계 유산에 등재되었다는 내용을 통해 (가) 문화유산이 종묘임을 알 수 있어요. ① 종묘는 조선의 역대 국왕과 왕비의 신주를 모셔 두고 제사를 지낸 곳이에요.

오답 피하기

② 공자와 여러 성현의 위패를 모셔 놓은 곳은 문묘로, 성균관과 각 지방의 향교에 문묘가 있었어요.

③ 농사짓는 법을 가르쳤다고 전해지는 신농씨와 후직씨에게 풍년을 기원한 곳은 선농단이에요.

④ 토지와 곡식의 신에게 제사를 지내는 공간은 사직단이에요.

⑤ 일제에 의해 경내에 조선 총독부 청사가 세워졌던 공간은 경복궁이에요. 일제는 경복궁 근정전 앞에 식민 통치 기관인 조선 총독부 건물을 지어 근정전을 완전히 가렸어요.

335 경복궁 정답 ①

정답 잡는 키/워/드
수도를 세울 때 맨 처음 지은 정궁,
전란으로 불탄 이후 짓지 못하다가 다시 지으려 함,
"고종실록" → 경복궁

우리 왕조가 수도를 세울 때 맨 처음 지은 정궁이며, 전란에 의해 불타 버렸다는 내용을 통해 (가) 궁궐이 경복궁임을 알 수 있어요. 경복궁은 조선 건국 이후 맨 처음 건립된 궁궐로, 궁궐 내 주요 건물의 이름은 건국을 주도한 정도전이 지었어요. ① 경복궁의 정전인 근정전에서는 왕과 신하의 하례식이 열리거나 외국 사신을 맞는 등 국가의 중요 행사가 열렸어요. 경복궁은 임진 왜란 때 불에 탔고 이후 오랫동안 방치되어 있다가 고종 때 흥선 대원군의 주도로 중건되었어요.

오답 피하기

② 창경궁은 일제에 의해 동물원 등이 설치되어 훼손되었어요. 이로 인해 창경원으로 불리기도 하였어요.

③ 창덕궁 후원에 있는 주합루에 왕실 도서관인 규장각이 있었어요.

④ 경희궁은 도성 내 서쪽에 있어 서궐이라 불렸고, 창덕궁은 창경궁과 함께 동궐이라고 불렸어요. 광해군 때 창건된 경희궁은 본래 경덕궁이라고 불리다가 영조 때 경희궁으로 이름이 바뀌었어요.

⑤ 광해군은 선조의 계비인 인목 대비를 경운궁에 유폐하였으며 '서궁'으로 낮추어 불렀어요. 경운궁은 지금의 덕수궁이에요.

336 조선 전기의 문화유산 정답 ①

정답 잡는 키/워/드
조선 전기의 석탑, 원나라 탑 양식의 영향을 받음
→ 서울 원각사지 10층 석탑

조선 전기의 석탑으로 원나라 탑 양식의 영향을 받았다는 내용을 통해 (가)에 해당하는 문화유산이 세조 때 축조된 ① 서울 원각사지 10층 석탑임을 알 수 있어요. 이 탑은 고려 후기에 원의 영향을 받아 제작된 개성 경천사지 10층 석탑처럼 대리석으로 만들어졌어요. 구석구석에 표현된 화려한 장식 조각이 돋보이는 탑입니다.

오답 피하기

② 백제의 탑인 부여 정림사지 5층 석탑이에요.

③ 통일 신라의 경주 불국사 다보탑이에요.

④ 통일 신라의 양양 진전사지 3층 석탑이에요.

⑤ 백제 무왕 때 건립된 익산 미륵사지 석탑이에요. 목탑에서 석탑으로 넘어가는 과도기적인 모습을 보여 주고 있어요.

337 서원 정답 ⑤

정답 잡는 키/워/드
주세붕이 세운 것이 시초,
9곳이 유네스코 세계 유산으로 등재됨 → 서원

풍기 군수 주세붕이 세운 것이 시초였으며, 9곳이 2019년에 유네스코 세계유산으로 등재되었다는 내용을 통해 검색창에 들어갈 교육 기관이 서원임을 알 수 있어요. 서원은 조선 시대에 설립된 사립 교육 기관으로, 중종 때 주세붕이 세운 백운동 서원이 우리나라 최초의 서원입니다. 서원 중 일부는 ⑤ 국왕으로부터 서원의 이름을 새긴 편액(현판)과 노비, 서적 등을 받아 그 권위를 인정받았는데, 이를 사액 서원이라고 합니다. 백운동 서원도 명종 때 이황의 건의로 '소수 서원'이라는 편액을 하사받았어요. 서원은 16세기 이후 전국 각 지역에 설립되어 후학 교육과 선현 제사를 담당하였지만, 점차 붕당의 근거지로 그 역할이 변질되었어요.

① 조선 시대에 전국의 부·목·군·현에 관립 교육 기관인 향교가 하나씩 설립되었어요. 향교에는 성균관과 마찬가지로 공자와 그 제자들의 위패를 모셔 놓은 대성전과 공부를 위한 공간인 명륜당이 있었어요.
② 조선 시대에 성균관의 입학 자격은 원칙적으로 소과에 합격한 생원과 진사에게 부여되었어요.
③ 조선 시대 지방에 설치된 교육 기관인 향교에는 중앙에서 교관인 교수나 훈도가 파견되었어요.
④ 고려 시대의 국립 교육 기관인 국자감에 유학부 외에 율학, 서학, 산학 등을 교육하는 기술학부가 있었어요.

---

338 서원 정답 ②

정답 잡는 키/워/드	조선의 교육 기관, 풍기 군수 주세붕이 처음 건립, 흥선 대원군이 정리 → 서원

조선의 교육 기관으로 풍기 군수 주세붕이 처음 건립하였으며, 흥선 대원군에 의해 정리되어 47곳만 남았다는 내용을 통해 (가) 교육 기관이 서원임을 알 수 있어요. 16세기 이후 사림이 중앙 정계에 진출하면서 전국 각지에 서원이 활발하게 설립되었어요. ② 서원은 유학 교육과 함께 선현에 대한 제사를 담당하였어요. 지방에서 성리학의 연구와 향촌의 문화 수준을 높이고 사림의 여론을 형성하는 역할을 하였습니다. 조선 후기에 서원은 사림이 붕당을 결성하여 세력을 확대하는 근거지로 변질되었고, 면세·면역의 혜택을 누리며 국가 재정을 악화시키는 요인으로 작용하였어요. 선현에 대한 제사를 명목으로 백성을 가혹하게 수탈하는 등 서원의 폐해가 심해져 백성의 원성이 높아지자 흥선 대원군이 대대적인 서원 정리 사업에 나서서 전국 600여 개 서원 중 47개만 남기고 모두 없앴어요.

① 조선 시대에 전국의 부·목·군·현에 향교가 하나씩 설치되었어요. 향교에는 성균관과 마찬가지로 대성전과 명륜당이 있었어요.
③ 고려 예종 때 관학 진흥을 위해 국자감에 전문 강좌인 7재가 설치되었어요.
④ 조선 정부는 관립 지방 교육 기관인 향교에 교수나 훈도를 교관으로 파견하여 교육을 담당하게 하였어요.
⑤ 조선의 최고 교육 기관인 성균관은 소과에 합격한 생원, 진사에게 입학 자격을 부여하였어요. 성균관에서는 공자를 비롯한 유교의 성현에 대한 제사를 지냈고, 수준 높은 유학 교육이 이루어졌어요.

---

339 분청사기 정답 ④

정답 잡는 키/워/드	회색의 태토 위에 백토로 표면을 분장한 뒤 유약을 씌워 구운 도자기 → 분청사기

회색의 태토 위에 백토로 분을 발라 유약을 씌워 구운 도자기는 분청사기입니다. 고려 후기부터 만들어진 분청사기는 조선 전기에 많이 제작되었어요. 분청사기는 청자나 백자에서 볼 수 없는 자유롭고 실용적인 형태와 다양한 무늬로 꾸며졌어요. ④ 조선 전기에 만들어진 분청사기 음각어문 편병이에요.

① 고려 시대에 만들어진 상감 청자인 청자 상감 운학문 매병이에요.
② 조선 시대에 만들어진 청화 백자인 백자 청화 매죽문 항아리입니다.
③ 고려 시대에 제작된 순청자인 청자 참외 모양 병이에요.
⑤ 발해의 삼채 도기인 삼채 향로입니다.

---

340 고사관수도 정답 ④

강희안은 조선 전기의 문신으로 화가, 서예가로도 유명하였어요. 강희안은 교두연수도, 산수인물도, 고사관수도 등의 그림을 남겼으며, 서예에도 뛰어나 강희안의 글씨를 본떠 금속 활자가 주조되기도 하였어요. 이를 을해자라고 합니다. ④ 조선 전기에 강희안이 그린 고사관수도입니다. 흐르는 물을 바라보며 생각에 빠진 선비의 모습을 표현하였어요.

① 조선 후기의 화가 전기가 그린 매화초옥도입니다. 만개한 매화로 둘러싸인 초가집에 선비가 앉아 있는 모습을 그렸어요.
② 조선 후기에 신윤복이 그린 월하정인입니다. 한밤중에 담장 옆에서 남녀가 만나는 모습을 그렸어요.
③ 조선 후기에 김홍도가 그린 송석원시사야연도입니다. 조선 후기에 중인들이 만든 시사 모임인 송석원 시사의 모습을 그렸어요.
⑤ 조선 후기에 정선이 그린 대표적인 진경 산수화인 금강전도입니다. 금강산의 모습을 사실적으로 표현하였어요.

V 조선 후기

1 정치

본문 126~130쪽

341 ②	342 ②	343 ②	344 ⑤	345 ②	346 ②
347 ④	348 ④	349 ④	350 ①	351 ②	352 ②
353 ①	354 ④	355 ⑤	356 ⑤	357 ①	358 ②

341 정여립 모반 사건 이후의 사실　　　정답 ②

> **정답 잡는 키/워/드**
> 정여립을 토벌 → 정여립 모반 사건

정여립을 토벌하기 위해 선전관 등이 나섰다는 내용을 통해 자료의 상황이 선조 때 일어난 정여립 모반 사건과 관련 있음을 알 수 있어요. 정여립은 본래 서인이었으나 후에 집권 세력인 동인 편에 서서 서인을 공격하여 왕의 미움을 사 낙향하였습니다. 하지만 동인 사이에서는 여전히 신망을 얻어 영향력을 가지고 있었어요. 이러한 가운데 정여립이 고향에서 대동계를 만들어 활동하며 세력을 확장하자 역모를 꾀한다는 혐의를 받게 되었어요. 정여립은 무고를 주장하며 아들과 함께 스스로 목숨을 끊었고, 이를 계기로 ② 기축옥사가 일어나 이발 등 많은 동인 세력이 제거되고 서인이 정국을 주도하게 되었어요.

오답 피하기

① 세조 때 함길도 토착 세력인 이시애가 난을 일으켰으나 진압되었어요.
③ 명종 때 윤원형 등이 남아 있는 대윤 세력을 제거하기 위해 양재역 벽서 사건을 확대하여 이언적 등이 화를 입었어요.
④ 단종 때 수양 대군은 계유정난을 일으켜 김종서 등을 제거하고 권력을 장악한 이후 어린 단종을 압박하여 왕위를 넘겨받았어요.
⑤ 선조 때 척신 정치의 잔재 청산 문제와 이조 전랑 임명을 둘러싸고 사림이 동인과 서인으로 나뉘었어요. 정여립 모반 사건 이전의 사실이에요.

342 광해군~인조 시기의 사실　　　정답 ②

> **정답 잡는 키/워/드**
> • 영창 대군을 왕으로 옹립한다는 소문 → (가) 광해군 재위
> • 이괄이 반란 → (나) 인조 재위 초

(가)는 영창 대군을 왕으로 옹립하기로 했다는 설이 나돌았다는 내용을 통해 광해군 재위 시기의 상황임을 알 수 있어요. (나)는 이괄이 난을 일으켰다는 내용을 통해 인조 재위 초기 상황임을 알 수 있습니다. 광해군은 선조의 뒤를 이어 왕위에 올랐으나 이 과정에서 이복동생인 영창 대군의 존재로 갈등을 겪었어요. 광해군과 북인 세력은 역모에 연루되었다는 이유를 들어 영창 대군을 서인(庶人)으로 강등한 후 살해하고, 영창 대군의 생모인 인목 대비를 폐위하였어요. 이에 중립 외교를 비판하던 ② 서인이 유교 윤리를 저버렸다는 구실을 내세워 광해군을 왕위에서 몰아내고 능양군(인조)을 왕위에 올리는 반정을 일으켜 정권을 장악하였어요. 이후 반정에 참여한 이들의 논공행상이 이루어졌는데, 이괄은 큰 공을 세웠지만 다른 공신들에 비해 낮은 대우를 받고 평안도 지역의 관리로 파견되었지요. 얼마 지나지 않아 이괄은 논공행상에 불만을 품어 반란을 꾸미고 있다는 의심을 받고 아들이 반역을 꾀하였다는 무고로 잡혀가는 상황에 이르자 반란을 일으켰어요.

오답 피하기

① 장용영은 정조가 군사적 기반을 강화하기 위해 설치한 국왕 친위 부대입니다. (나) 이후의 사실이에요.
③ 선조 때 정여립 모반 사건으로 인해 동인의 다수가 피해를 입은 기축옥사가 발생하였어요. (가) 이전의 사실이에요.

④ 숙종 때 서인에 의해 허적과 윤휴 등 남인이 대거 축출되는 경신환국이 일어났어요. (나) 이후의 사실이에요.
⑤ 현종 때 서인과 남인이 자의 대비의 복상 문제를 둘러싸고 벌인 예송이 전개되었어요. (나) 이후의 사실이에요.

343 예송　　　정답 ②

> **정답 잡는 키/워/드**
> 자의 대비의 복상 기간을 두고 벌어진 논쟁 → 예송

현종 때 일어났으며, 효종 사후 자의 대비의 복상 기간을 두고 벌어진 논쟁이라는 내용을 통해 (가)는 예송이며, 그중에서 기해예송(1차 예송)임을 알 수 있어요. 예송은 효종과 효종 비 사후에 ② 서인과 남인이 전례 문제를 두고 벌인 논쟁이에요. 차남으로 왕위를 계승한 효종의 정통성과 관련된 정치적 논쟁이기도 하였어요. 효종이 사망한 후 서인은 왕실도 사대부의 예를 따라야 한다며 효종을 차남으로 대우하여 자의 대비의 1년 복상을 주장하였고, 남인은 왕실의 예는 사대부의 예와 다르므로 왕위를 계승한 효종을 장남으로 대우하여 3년 복상을 주장하였어요. 이때에는 서인의 주장이 받아들여져 서인이 득세하였어요. 효종 비가 사망한 후 일어난 갑인예송(2차 예송)에서는 남인의 주장(1년복)이 받아들여졌어요.

오답 피하기

① 사림과 훈구의 갈등이 원인이 되어 일어난 사건은 사화입니다. 연산군 때 무오사화와 갑자사화, 중종 때 기묘사화 등이 일어나 사림 세력이 죽거나 유배되는 등 큰 피해를 입었어요.
③ 북인은 왜란 이후 광해군 때 정국을 주도하였으나 서인이 주도한 인조반정으로 몰락하였어요. 예송이 일어난 현종 때에는 서인이 정국을 주도하고 남인이 정치에 참여하는 형태로 붕당 정치가 운영되었습니다.
④ 명종 때 외척 세력인 대윤(윤임 일파)과 소윤(윤원형 일파)의 대립으로 을사사화가 일어났어요.
⑤ 선조 때 서인 정철의 건저 문제(세자 책봉 문제)를 계기로 정권을 잡은 동인이 정철에 대한 처리 문제를 두고 남인과 북인으로 분열되었어요.

344 경신환국 이후의 사실　　　정답 ⑤

> **정답 잡는 키/워/드**
> 윤휴, 허적, 경신년 옥사 → 숙종 때 경신환국

남인의 윤휴와 허적이 역모 사건과 관련되어 있으며, 김석주가 경신년 옥사를 일으켰다는 내용을 통해 숙종 때 서인의 고발로 발생한 경신환국 상황임을 알 수 있어요. 서인은 경신환국으로 허적과 윤휴 등 남인을 대거 몰아내고 정치적 주도권을 장악하였어요. 이후 숙종의 후궁인 ⑤ 희빈 장씨가 낳은 왕자를 원자로 정하는 문제로 인해 기사환국이 일어났어요. 이때 송시열 등 서인이 원자 책봉에 반대하다가 축출되었고 남인이 정권을 장악하였어요.

오답 피하기

① 숙종의 아버지인 현종 때 서인과 남인이 자의 대비의 복상 문제를 놓고 두 차례 예송을 전개하였어요.
② 선조 때 일어난 정여립 모반 사건으로 인해 동인이 크게 피해를 입은 기축옥사가 일어났고 서인이 정국을 주도하게 되었어요.
③ 이괄은 인조 때 이루어진 반정 공신의 논공행상에 불만을 품고 반란을 일으켰어요. 이때 인조는 반란군을 피해 공산성으로 피란하였습니다.
④ 광해군 때 중립 외교를 지지한 북인이 정국을 독점하였어요.

345 환국　　　정답 ②

> **정답 잡는 키/워/드**
> • 사약을 내려 허적을 죽임 → (가) 경신환국(1680)
> • 중전 복위, 장희빈의 왕후 지위를 거둠
> → (나) 갑술환국(1694)

(가)는 임금이 허견의 모반 사실을 알고도 감춘 허적에게 사약을 내렸다는 내용을 통해 경신환국 상황임을 알 수 있어요. 경신환국으로 남인이 정치에서 쫓겨나고 서인이 정권을 장악하였어요. (나)는 중전(인현 왕후)이 복위하였으니 장씨에게 옛 작호인 희빈을 내리라는 내용을 통해 갑술환국 상황임을 알 수 있어요. 갑술환국으로 서인이 다시 정권을 잡고 남인이 실각하였어요. 따라서 경신환국과 갑술환국 사이 시기에 있었던 사실을 고르면 됩니다. 숙종 때 정국을 주도하는 붕당과 견제하는 붕당이 급격하게 바뀌는 환국이 이어져 경신환국, 기사환국, 갑술환국이 발생하였어요. 이에 따라 남인과 서인이 번갈아 집권하면서 상대 붕당에 대해 보복과 탄압을 가하였어요. ② 숙종이 인현 왕후에게 후사가 생기지 않아 후궁 장씨의 소생을 원자로 삼으려고 하자 서인이 반대하였어요. 이에 숙종은 왕자의 호칭을 원자로 정하고 장씨를 희빈으로 높였어요. 또한, 국왕의 결정에 반대한 서인 영수 송시열의 관작을 삭탈하고 유배를 보내는 등 서인을 탄압하고 남인을 대거 등용하였어요(기사환국, 1689). 이러한 혼란 가운데 인현 왕후가 폐위되고 희빈 장씨가 왕비로 책봉되었어요.

346 숙종 재위 시기의 환국
 정답 ②

(가) 1680년에 남인 허적이 궐내의 기름 먹인 장막을 마음대로 가져간 사건이 발단이 되어 숙종이 남인을 멀리하고 서인을 요직에 앉혔어요. 이후 허적의 서자인 허견이 복창군, 복선군, 복평군 등과 함께 역모를 꾀하였다는 고발이 이어져 허적, 윤휴 등 남인이 실각하고 서인이 정권을 장악하게 되었어요. 이를 경신환국이라고 합니다. (나) 1694년에 기사환국으로 폐위된 인현 왕후가 복위되고 왕후 지위에 있던 장씨가 다시 희빈으로 강등되었어요. 이 과정에서 서인이 다시 정권을 잡고 남인이 실각하였습니다. 이를 갑술환국이라고 하며, 이때 남인은 완전히 정권에서 밀려나 다시 집권하지 못하였어요. (다) 숙종은 왕비인 인현 왕후에게 후사가 생기지 않는 상황에서 후궁 장씨가 아들을 낳자 이를 원자로 삼고자 하였어요. 경신환국 이후 집권한 서인이 이에 반대하였고 남인은 숙종의 뜻을 지지하였지요. 숙종은 자신의 뜻대로 원자의 명호를 정하고 그 생모인 장씨를 희빈에 책봉하였어요. 이때 서인의 영수였던 송시열이 임금이 잘못하였다는 상소를 올리자 숙종은 송시열을 삭탈관작하였으며, 서인을 축출하고 남인을 대거 등용하였습니다(1689). 이를 기사환국이라고 합니다.
따라서 옳은 순서는 ② (가)-(다)-(나)입니다.

347 경종~영조 재위 시기의 사실
정답 ④

첫 번째 그림은 목호룡의 고변으로 왕세제와 노론이 곤경에 처할지도 모르겠다는 내용을 통해 경종 재위 시기의 상황임을 알 수 있어요. 목호룡은 풍수를 공부한 지관으로 처음에는 노론과 함께 당시 왕세제였던 연잉군(영조)을 보호하는 편에 있었어요. 그런데 노론 대신들이 실각하고 소론 정권이 들어서자 이번에는 소론 편에 가담하여 경종을 시해하려는 모의가 있었다고 고변하였어요. 이로 인해 역적으로 지목된 노론 인사들이 숙청되는 사건이 일어났습니다. 이후 경종이 즉위 4년 만에 건강이 악화되어 사망하고 왕세제인 연잉군(영조)이 즉위하였어요. 두 번째 그림은 왕이 죽은 세자의 지위를 회복하고 '사도'라는 시호를 내리는 내용을 통해 영조 재위 시기의 상황임을 알 수 있어요. 영조는 기이한 행동을 벌여 갈등을 일으키는 세자에게 자결할 것을 명령하였으나 세자가 따르지 않자 그를 서인(庶人)으로 지위를 낮추고 뒤주에 가두어 죽게 하였어요. 따라서 경종~영조 재위 시기에 있었던 사실을 찾으면 됩니다. ④ 영조 즉위 초에 이인좌를 중심으로 소론 세력이 왕과 노론 세력을 제거할 목적으로 반란을 일으켰으나 진압되었어요.

348 영조 재위 시기의 사실
 정답 ④

영조의 즉위 과정에 불만을 품은 이인좌, 정희량 등이 반란을 일으켰어요. 이인좌가 중심인물이었기 때문에 '이인좌의 난'이라고 하고 1728년 무신년에 일어나 무신난이라고도 합니다. 즉위 초부터 탕평의 의지를 밝힌 영조는 이인좌의 난을 진압한 후 탕평 정치의 명분을 굳히고 이를 바탕으로 왕권 강화를 도모하였어요. 영조는 탕평파를 중심으로 정국을 운영하면서 ④ 붕당 정치의 폐해를 경계하기 위해 성균관에 탕평비를 세웠어요.

349 영조의 정책
 정답 ④

청계천을 준설하였으며 탕평, 균역 등 자신의 치적을 거론한 글을 남겼다는 내용을 통해 (가) 왕이 조선 영조임을 알 수 있어요. 영조는 붕당의 대립으로 인한 폐단을 바로잡고 붕당 간의 조화를 바탕으로 정국을 안정시키기 위해 탕평책을 실시하였어요. 붕당의 폐해를 경계하고 탕평의 의지를 널리 알리고자 성균관에 탕평비를 세우기도 하였지요. 또한, 민생 안정을 위해 백성의 군역 부담을 줄여 주는 균역법을 시행하여 군포를 1필로 줄였어요. ④ 영조는 "경국대전" 반포 이후에 공포된 법령 중에서 시행할 법령만을 추려서 "속대전"을 편찬하여 통치 체제를 정비하였어요.

① 효종은 청의 요청에 따라 나선 정벌에 조총 부대를 파견하였어요.
② 광해군은 방납의 폐단을 바로잡기 위해 경기도에서 대동법을 처음 실시하였어요.
③ 선조 때 임진왜란 과정에서 포수, 사수, 살수의 삼수병으로 구성된 훈련도감이 창설되었어요.
⑤ 세종 때 한양을 기준으로 천체 운동을 계산한 역산서 "칠정산"이 편찬되었어요.

---

350 영조의 정책 정답 ①

정답 잡는 키/워/드 군포 1필을 감함, 균역청 설치, 어염·은결의 세를 걷어 보충 → 영조의 균역법 시행

군포 1필을 감하였으며, 균역청을 설치하고 어염세 등을 걷어 보충하였다는 내용을 통해 자료의 왕이 균역법을 시행한 조선 영조임을 알 수 있어요. 붕당 간에 대립이 격렬한 가운데 즉위한 영조는 붕당 정치의 폐해를 바로잡기 위해 자신의 뜻에 동의하는 탕평파를 중심으로 정국을 운영하였어요. 또한, 각 붕당의 사상적 지주였던 산림의 존재를 부정하고 붕당의 본거지 역할을 하는 서원을 정리하였어요. 영조는 민생 안정에도 힘써 군포를 1필로 감하는 균역법을 실시하여 백성의 군역 부담을 줄여 주고, 지나친 형벌을 금지하였어요. 그리고 ① 준천사를 설치하여 홍수에 대비하기 위해 개천(지금의 청계천)을 준설하였어요.

② 정조 때 청, 일본 등에 보낸 외교 문서를 집대성한 "동문휘고"가 간행되었어요.
③ 세종은 조세 제도의 개편을 위해 전제상정소를 설치하고 전분6등법과 연분9등법을 제정하였어요.
④ 인조 때 후금과의 관계가 악화되는 가운데 총융청과 수어청을 창설하여 도성을 방어하였어요.
⑤ 철종 때 진주 농민 봉기를 시작으로 임술 농민 봉기가 일어났어요. 정부는 봉기의 주요 원인이었던 삼정의 문란을 해결하기 위해 삼정이정청을 설치하였어요.

---

351 영조의 정책 정답 ②

정답 잡는 키/워/드 균역법 제정 → 영조

균역법을 제정하여 백성의 군역 부담을 줄여 주었다는 내용을 통해 밑줄 그은 '이 왕'이 조선 영조임을 알 수 있어요. 붕당 간 대립이 격렬한 가운데 즉위한 영조는 붕당을 없애려는 자신의 뜻에 동의하는 탕평파를 중심으로 정국을 운영하였으며, ② 성균관 앞에 탕평비를 건립하여 붕당의 폐해를 극복하고 경계하도록 하였어요. 한편, 영조는 민생 안정에도 힘써 균역법을 제정하고 가혹한 형벌을 금지하였으며, 신문고를 부활하여 백성의 억울함을 풀어 주고자 하였어요. 또한, 시대의 변화에 맞게 "경국대전" 시행 이후 공포된 법령 중에서 시행할 법령만을 추려 "속대전"을 편찬하였으며, "동국문헌비고" 등을 편찬하여 역대 문물을 정리하기도 하였어요.

① 성종은 조선의 기본 법전인 "경국대전"을 완성하여 법령을 정비하였어요.
③ 정조는 육의전을 제외한 시전 상인의 금난전권을 폐지하는 신해통공을 실시하였어요.
④ 인조는 풍흉에 관계없이 전세를 1결당 4~6두로 고정하는 영정법을 제정하였어요.
⑤ 순조는 각 궁방과 중앙 관서의 공노비 6만여 명을 해방하여 양민으로 삼도록 하였어요.

---

352 영조의 정책 정답 ②

정답 잡는 키/워/드 청계천 준설 공사, 신문고를 다시 설치 → 영조

한성의 홍수 예방을 위해 청계천을 준설하고, 신문고를 다시 설치하였다는 내용을 통해 밑줄 그은 '이 왕'이 조선 영조임을 알 수 있어요. 영조는 붕당의 대립으로 인한 폐단을 뿌리 뽑고 붕당 간의 조화를 바탕으로 정국을 안정시키기 위해 탕평책을 실시하였어요. 또한, 민생 안정을 위한 여러 정책을 시행하고 문물제도를 정비하였어요. ② 임진왜란으로 조선은 일본과 교류를 단절하였다가 일본의 요청으로 국교를 회복하고 광해군 때 기유약조를 체결하여 일본과의 무역을 재개하였어요.

① 영조는 "경국대전" 반포 이후 법령이 증가하여 법전과 법령 사이에 모순이 나타나 법 집행에 혼란이 생기자 이를 정리하여 통일 법전으로 "속대전"을 편찬하였어요.
③ 영조는 문물제도를 분류, 정리하여 백과사전식으로 구성한 "동국문헌비고"를 간행하였어요.
④ 영조는 백성의 군역 부담을 줄여 주기 위해 군포를 1년에 1필만 납부하게 하는 균역법을 실시하였어요.
⑤ 영조는 붕당 정치의 폐해를 경계하고 자신의 탕평 의지를 널리 알리고자 성균관에 탕평비를 건립하였어요.

---

353 정조의 정책 정답 ①

정답 잡는 키/워/드 초계문신제 실시 → 정조

초계문신제를 실시하였다는 내용을 통해 (가) 왕이 조선 정조임을 알 수 있어요. 정조는 영조의 뒤를 이어 탕평책을 폈으며, 자신의 개혁 정책을 뒷받침할 기반을 마련하고자 규장각을 자문 기구로 삼고 초계문신제를 실시하여 인재를 양성하였어요. 또한, ① 친위 부대인 장용영을 설치하여 왕권을 뒷받침하는 군사적 기반으로 삼았어요.

② 광해군은 경기도에 한해서 처음으로 대동법을 실시하였어요.
③ 세종 때 한양을 기준으로 한 최초의 역법서인 "칠정산"이 만들어졌어요.
④ 고종 때 흥선 대원군의 주도로 "대전회통"이 편찬되었어요.
⑤ 세조는 새로운 관리에게 지급할 과전이 부족해지자 직전법을 제정하여 현직 관리에게만 수조권을 지급하였어요.

---

354 정조의 정책 정답 ④

정답 잡는 키/워/드 "무예도보통지", 장용영 → 정조

"무예도보통지"가 편찬되어 장용영의 훈련 교재로 사용되었다는 내용을 통해 (가) 왕이 조선 정조임을 알 수 있어요. 영조의 뒤를 이어 왕위에 오른 정조는 각 붕당의 주장이 옳은지 그른지를 명백히 가리는 적극적인 탕평책을 추진하였어요. 그동안 권력에서 배제된 소론과 남인 계열도 고루 등용하였습니다. 그리고 자신의 정책을 뒷받침할 기구로 규장각을 육성하고 젊고 재능 있는 문신들을 재교육하는 초계문신제를 시행하여 자신의 정책을 뒷받침하게 하였어요. 정조는 서얼에 대한 차별을 완화하고 ④ 규장각에 검서관을 두어 박제가, 유득공, 이덕무 등 서얼 출신 학자들을 기용하였어요. 또한, 국왕 친위 부대로 장용영을 창설하고, 자신의 정치적 이상을 실현할 신도시로 수원 화성을 건설하였어요.

① 숙종은 관리를 파견하여 청의 관리와 함께 백두산 일대를 답사하게 하고 백두산 정계비를 세워 청과의 국경을 정하였어요.
② 고종 때 흥선 대원군은 비변사를 혁파하고 삼군부를 부활시켜 군사 업무를 담당하게 하였어요.
③ 영조는 "경국대전" 반포 이후에 공포된 법령 중에서 시행할 법령만을 추려 정리한 "속대전"을 편찬하였어요.
⑤ 세종 때 최초로 한양을 기준으로 한 역법서인 "칠정산 내편"을 제작하였어요.

355 규장각

정답 잡는 키/워/드
정조의 명에 따라 설치,
왕실 도서관이자 학술 연구 및 정책 자문 기관 → 규장각

정조의 명에 의해 설치되었으며 왕실 도서관이자 학술 연구 및 정책 자문 기관이라는 내용을 통해 (가) 기구가 규장각임을 알 수 있어요. 정조는 자신의 권력과 정책을 뒷받침할 정책 자문 기구로 규장각을 설치하고 그 기능을 점차 확대하여 과거 시험과 ⑤ 유능한 인재를 양성하기 위한 초계문신제를 주관하게 하였어요. 그리고 박제가, 유득공, 이덕무 등 서얼 출신 학자들을 규장각 검서관으로 기용하였어요.

오답 피하기
① 비변사는 을묘왜변을 계기로 상설화되었고, 임진왜란을 거치면서 국정 전반을 총괄하는 최고 기구로 자리를 잡았어요.
② 승정원은 국왕의 비서 기관으로 왕명의 출납을 담당하였으며, 은대, 정원, 후원, 대언사 등으로 불리기도 하였어요.
③ 사헌부, 사간원의 관원은 대간이라 불렸으며, 5품 이하 관리의 임명 과정에서 서경권을 행사하였어요.
④ 성균관은 조선의 최고 교육 기관이며, 수장인 대사성을 중심으로 좨주, 직강 등의 관직이 있었어요.

356 정조의 정책

정답 잡는 키/워/드
현륭원 참배, 화성 행궁, 사도 세자의 아들 → 정조

아버지가 사도 세자이며 현륭원을 참배하고 화성 행궁에 머물렀다는 내용을 통해 (가) 왕이 조선 정조임을 알 수 있어요. 정조는 자신의 정치적 이상을 실현할 신도시로 수원 화성을 건설하였어요. 화성 행궁은 수원 화성 안에 건립된 왕실의 임시 숙소로, 정조가 아버지 사도 세자의 무덤인 현륭원에 행차할 때 사용하였어요. 정조는 탕평 정치를 통해 국왕권의 강화를 추구하였으며, 상업 발달과 민생 안정에도 힘을 기울여 ⑤ 육의전을 제외한 시전 상인의 금난전권을 폐지하는 신해통공을 단행하였어요. 금난전권은 허가받지 않고 물건을 파는 행위나 가게 등을 금지할 수 있는 권한이었어요. 신해통공으로 소상인의 상업 활동이 보장되고, 서울과 경기 일대의 유통 기지를 중심으로 한 사상의 활동이 활발해졌어요.

오답 피하기
① 숙종 때 조선과 청의 대표가 백두산 일대를 답사하여 국경을 확정하고 백두산정계비를 세웠어요.
② 영조는 "경국대전" 반포 이후에 공포된 법령 중 시행할 법령만을 추려서 "속대전"을 편찬하였어요.
③ 고종 때 흥선 대원군은 왕실의 위엄을 높이기 위해 임진왜란 중에 소실된 경복궁을 중건하였어요.
④ 철종은 농민 봉기가 전국으로 확대되자 암행어사를 파견하고 박규수의 건의에 따라 삼정이정청을 설치하여 삼정의 문란을 바로잡고자 하였어요.

357 정조 재위 시기의 사실

정답 잡는 키/워/드
초계문신제 시행 → 정조

초계문신제는 정조가 실시한 문신 재교육 제도입니다. 정조는 자신의 개혁 정책을 뒷받침할 인재를 양성하기 위해 초계문신제를 마련하여 37세 이하의 젊은 관리를 뽑아 규장각에 소속시켜 재교육하였어요. ① 광해군 때 이원익의 건의로 경기도에서 처음으로 대동법이 실시되었어요. 대동법은 효종 때 김육의 건의로 충청도 지역까지 확대 실시되었고, 숙종 때 이르러 평안도와 함경도를 제외한 전국으로 확대되었어요.

오답 피하기
② 정조 때 국왕의 친위 부대인 장용영이 설치되었어요.
③ 정조 때 박제가, 유득공 등 서얼 출신 학자들이 규장각 검서관에 기용되었어요.
④ 정조 때 통치 체제를 정비하기 위해 "경국대전"과 "속대전" 등을 통합·보완하여 "대전통편"이 편찬되었어요.
⑤ 정조 때 육의전을 제외한 시전 상인의 금난전권이 폐지되어 상업 활동이 활발해졌어요.

358 정조 재위 시기의 사실

정답 잡는 키/워/드
영조 때 왕세손, 사도 세자에 대한 효심 → 정조

영조가 사도 세자에 대한 왕세손의 효심에 감동하여 은도장을 내렸다는 내용을 통해 (가) 왕이 사도 세자의 아들인 정조임을 알 수 있어요. 정조는 붕당 정치의 폐해를 바로잡기 위해 탕평책을 시행하였으며, 장용영을 설치하고 초계문신제를 실시하는 등 왕권 강화를 위한 정책을 추진하였어요. 경제적으로는 통공 정책을 시행하여 자유로운 상업 활동을 허용하였어요. 또한, 정조는 문물제도의 정비에도 힘써 ② 대외 관계를 정리한 "동문휘고"를 간행하였으며, 호조의 옛 사례를 모아 정리한 "탁지지" 등을 편찬하였어요.

오답 피하기
① 순조 때 홍경래 등이 난을 일으켜 정주성을 점령하였으나 관군에 의해 진압되었어요.
③ 순조 때 신유박해가 일어나 이승훈, 정약종 등 수많은 천주교 신자들이 처형되었어요.
④ 영조 때 붕당의 폐해를 경계하기 위해 성균관에 탕평비가 건립되었어요.
⑤ 세종 때 한양을 기준으로 천체 운동을 계산한 역법서인 "칠정산 내편"이 편찬되었어요.

본문 130~134쪽

2 조직, 외교

359 ④	360 ④	361 ④	362 ②	363 ④	364 ⑤
365 ③	366 ③	367 ③	368 ①	369 ③	370 ③
371 ①	372 ①	373 ①	374 ①	375 ②	376 ②

359 비변사

정답 잡는 키/워/드
변방의 일을 위해 설치, 변방의 모든 일 장악 → 비변사

변방의 일을 위해 설치되었으나, 변방과 관련된 모든 일을 실제로 다 장악하여 역할이 커지면서 병조 판서도 지엽적인 입장이 되어 버렸다는 내용을 통해 (가)는 비변사임을 알 수 있어요. 비변사는 중종 때 외적의 침입에 대비하기 위한 임시 기구로 설치되었으나 을묘왜변을 계기로 상설 기구가 되었습니다. ㄴ. 임진왜란을 거치면서 조직과 기능이 확대되어 점차 국정 전반을 다루는 최고 기구로 변화하였고, ㄹ. 세도 정치 시기에는 안동 김씨, 풍양 조씨 등이 비변사의 요직을 독점하여 외척의 권력 기반이 되었어요. 비변사는 흥선 대원군이 집권한 시기에 혁파되었습니다.

오답 피하기
ㄱ. 조선 시대에 왕명 출납을 맡은 왕의 비서 기관은 승정원이에요.
ㄷ. 조광조를 비롯한 사림의 건의로 혁파된 기구는 도교 행사를 담당한 소격서입니다.

360 비변사

 정답 ④

정답 잡는 키/워/드 삼포 왜란을 계기로 설치, 을묘왜변을 겪으면서 상설 기구화, 양 난을 거치며 국정을 총괄하는 기구로 발전 → 비변사

삼포 왜란을 계기로 설치된 후 을묘왜변을 겪으면서 상설 기구화되었고, 양 난을 거치며 국정을 총괄하는 기구로 발전한 (가) 기구는 비변사입니다. 처음에 비변사는 국방 문제를 논의하기 위한 임시 기구로 설치되었지만, 양 난을 거치면서 구성원과 기능이 점차 확대되어 국정을 총괄하는 기구로 발전하였어요. 세도 정치 시기에는 외척을 비롯한 소수 특정 가문이 비변사의 요직을 장악하였어요. ④ 비변사는 어린 나이로 왕이 된 고종을 대신하여 왕의 친부인 흥선 대원군이 집권한 시기에 혁파되었어요.

오답 피하기
① 규장각에서는 매일 있었던 일과 업무를 기록한 "내각일력"을 작성하였어요.
② 홍문관은 사헌부, 사간원과 함께 언론 기능을 담당하며 3사로 불렸어요.
③ 국왕의 비서 기관인 승정원은 은대, 정원, 후원, 대언사 등으로 불렸으며, 그 소속 관원을 은대 학사라고도 칭하였어요.
⑤ 의금부는 국왕 직속 사법 기구로 반역죄, 강상죄 등을 저지른 중죄인을 다스렸어요.

361 훈련도감

정답 ④

정답 잡는 키/워/드 임진왜란 중 류성룡의 건의로 편성, 직업 군인의 성격을 띤 상비군 → 훈련도감

임진왜란 중에 류성룡의 건의로 편성되었으며, 직업 군인의 성격을 띤 상비군이었다는 내용을 통해 밑줄 그은 '이 부대'가 훈련도감임을 알 수 있어요. 임진왜란을 겪으면서 정부는 기존 5위 체제의 중앙군으로 수도를 제대로 방어할 수 없다는 위기감을 느껴 군사 조직의 재정비에 나섰어요. 임진왜란 중에 류성룡의 건의로 훈련도감이 가장 먼저 설치되었고, 인조 때 어영청, 총융청, 수어청이 차례로 설치되었어요. 그리고 숙종 때 금위영이 설치되어 5군영 체제가 완성되었어요. 가장 먼저 설치된 훈련도감은 ④ 총기를 사용하는 포수, 활을 사용하는 사수, 칼과 창을 사용하는 살수의 삼수병으로 편제되었어요. 소속 군인은 1개월마다 쌀로 급료를 받고 교대 없이 근무하는 상비군이었어요.

오답 피하기
① 고려는 왕의 친위 부대로 응양군, 용호군의 2군을 두어 궁성을 호위하도록 하였어요.
② 고려 정부가 몽골과 강화를 체결하고 개경 환도를 결정하자 이에 반대하여 봉기한 삼별초는 진도로 이동하여 용장성을 쌓고 대몽 항전을 이어 갔어요.
③ 고려는 국경 지역인 북계와 동계에 주진군을 배치하였어요.
⑤ 조선 정조는 국왕의 친위 부대로 장용영을 설치하고 수원 화성에 외영을 두었어요.

362 훈련도감

정답 ②

정답 잡는 키/워/드 왜군의 조총 부대에 맞서 조직, 삼수병 구성 → 훈련도감

왜군의 조총 부대에 맞서 조직되었으며 포수, 사수, 살수의 삼수병으로 구성되었다는 내용을 통해 밑줄 그은 '이 부대'가 임진왜란 중에 조직된 훈련도감임을 알 수 있어요. 임진왜란 초기에 중앙군인 5위가 제 역할을 하지 못하자, 전쟁 중에 유성룡의 건의를 받아들여 ② 급료를 받는 상비군이 주축을 이룬 훈련도감을 설치하였어요.

오답 피하기
① 삼별초는 최우가 개경의 치안 유지를 위해 설치한 야별초에서 비롯되었으며, 최씨 무신 정권의 군사적 기반이 되었어요.

363 통신사

 정답 ④

정답 잡는 키/워/드 일본에 파견된 사절단, 쇼군을 만남 → 통신사

일본에 파견되어 쇼군을 만났다는 내용을 통해 밑줄 그은 '이 사절단'이 통신사임을 알 수 있어요. 통신사는 조선이 일본에 파견한 공식적인 외교 사절이에요. 일본의 막부는 실권자인 쇼군이 바뀔 때마다 그 권위를 인정받기 위해 조선에 사절 파견을 요청하였어요. 이에 조선은 통신사를 파견하였지요. 통신사 일행은 보통 300~500명 정도였으며, 일본에서 국빈으로 대우받았어요. 임진왜란으로 일본과 외교를 단절한 조선은 이후 ④ 새로 들어선 에도 막부의 요청으로 국교를 재개하고 통신사를 파견하여 문물을 전하였어요. 조선은 임진왜란 이후 19세기 초까지 12차례에 걸쳐 통신사를 파견하였어요. 통신사는 일본 문화 발전에도 기여하였어요.

오답 피하기
① 1881년에 조선 정부는 일본의 근대 문물을 살피고 개화 정책에 대한 정보를 얻기 위해 조사 시찰단을 파견하였어요. 조사 시찰단은 당시 거세게 일어난 개화 반대 여론을 의식하여 암행어사의 형태로 비밀리에 파견되었어요.
② 개항 이전에 역관 오경석은 청에 왕래하면서 세계 지리책인 "해국도지"와 "영환지략"을 국내에 들여와 소개하였어요.
③ 조선은 정치·경제·문화적 이익을 위해 중국에 사절단을 자주 파견하였어요. 매해 신년에는 하정사, 황제나 황후의 생일에는 성절사, 황태자의 생일에는 천추사를 파견하였습니다.
⑤ 1881년에 청에 파견된 영선사 일행은 청의 톈진 기기국에서 근대식 무기 제조 기술과 군사 훈련법을 배우고 돌아와 무기 제조 공장인 기기창의 설립을 주도하였어요.

364 통신사

 정답 ⑤

정답 잡는 키/워/드 에도 막부의 요청으로 조선이 일본에 파견 → 통신사

에도 막부의 요청으로 조선이 일본에 파견하였다는 내용을 통해 (가) 사절단이 통신사임을 알 수 있어요. 임진왜란으로 단절되었던 조선과 일본의 외교는 전란이 끝난 지 10년도 되지 않아 재개되고, 조선은 일본의 요청에 따라 통신사를 파견하였어요. 일본의 막부는 실권자인 쇼군이 바뀔 때마다 그 권위를 인정받고 조선의 선진 문물을 받아들이고자 조선에 사절단의 파견을 요청하였어요. 이에 조선은 통신사를 파견하였어요. 통신사는 일본에서 국빈으로 대우받았으며, 조선의 문물을 전파하는 역할을 하였어요. ⑤ 통신사와 관련된 기록물은 '17~19세기 한·일 간 평화 구축과 문화 교류의 역사'라는 이름으로 세계 기록 유산에 등재되었어요.

오답 피하기
① 조선 시대 청에 파견한 사신을 연행사라고 하였어요. 연행사는 청의 수도인 '연경에 간 사신'이라는 뜻으로, 이들은 청에 다녀와 보고 느낀 것을 기록한 기행문인 연행록을 남기기도 하였어요.
② 조선 정부는 1881년에 일본의 근대 문물을 시찰하기 위해 조사 시찰단을 파견하였어요. 조사 시찰단은 당시의 개화 반대 여론을 의식하여 암행어사의 형태로 비밀리에 파견되었어요.
③ 조선 정부는 1883년에 미국 공사 부임에 대한 답례로 보빙사를 미국에 파견하였어요. 보빙사의 전권대신에 민영익, 부대신에 홍영식, 종사관에 서광범 등이 임명되었어요.
④ 조선 전기 명에 파견한 사신을 조천사라고 하였어요. 이들은 사행을 다녀온 여정을 기록한 조천록을 남겼어요.

365 광해군의 중립 외교 정답 ③

정답 잡는 키/워/드 | 명이 누르하치 군대의 정벌을 위해 조선에 군사 징발 요구, 강홍립 도원수 → 광해군 재위 시기

명에서 누르하치 군대를 정벌하기 위해 조선에 군사 징발을 요구하였으며, 강홍립을 도원수로 삼았다는 내용을 통해 광해군 재위 시기의 상황임을 알 수 있어요. 정유재란 이후 중국 대륙에서는 명의 국력이 쇠퇴하고 여진의 누르하치가 부족을 통합해 후금을 세우고 세력을 키워 갔어요. 명과 후금이 대립하는 상황에서 광해군은 명과 후금 사이에서 중립 외교 정책을 폈어요. 명이 후금과의 전투에 군사 지원을 요청하자 광해군은 강홍립을 도원수로 삼아 군대를 파병하면서 강홍립에게 상황에 따라 적절히 대처하라고 지시하였어요. 강홍립은 조·명 연합군이 사르후 전투에서 패배하자 후금군에 투항하였어요. 광해군의 중립 외교 정책은 서인 세력의 반발을 샀으며 반정의 원인으로 작용하였어요. 이후 서인은 인목 대비 유폐와 영창 대군 살해를 구실로 반정을 일으켜 광해군을 축출하였어요. 인조반정 이후 인조와 서인은 대외적으로 친명배금 정책을 내세워 후금과의 관계를 단절하였어요. 이에 기회를 노리던 후금이 조선을 침략하여 정묘호란이 일어났어요.

따라서 자료의 상황이 나타난 시기는 정유재란과 정묘호란 사이인 ③ (다)입니다.

366 인조의 정책 정답 ③

정답 잡는 키/워/드 | 광해를 폐하여 군으로 봉함, 반정 공신에게 관직 수여 → 인조

광해를 폐하여 군으로 봉하였으며, 반정에 공이 있는 신하에게 관직을 수여하였다는 내용을 통해 밑줄 그은 '왕'이 반정으로 즉위한 조선 인조임을 알 수 있어요. 중립 외교를 펴던 광해군은 명에 대한 의리를 중시한 서인 세력의 반발을 샀어요. 서인 세력은 광해군이 영창 대군을 죽이고 인목 대비를 폐위한 일 등을 구실로 반정을 일으켜 광해군을 폐하고 능양군(인조)을 왕위에 올렸습니다. ③ 친명배금 정책을 취한 인조는 후금과의 관계가 악화되는 가운데 어영청과 총융청, 수어청을 차례로 설치하여 도성의 방비를 강화하였어요.

오답 피하기
① 세조는 함경도 지역 토착 세력인 이시애가 일으킨 난을 진압하고 유향소를 폐지하였어요.
② 정조는 젊고 재능 있는 문신을 규장각에서 재교육하는 초계문신제를 실시하였어요.
④ 세종은 조세 제도의 개편을 위해 전제상정소를 설치하고 전분6등법과 연분9등법을 제정하였어요.
⑤ 효종은 청의 원군 요청에 따라 변급, 신류 등이 이끄는 조총 부대를 파견하여 나선 정벌을 단행하였어요.

367 조선 후기의 대외 관계 정답 ③

정답 잡는 키/워/드 | • 후금에 투항한 강홍립의 처벌 요구 → 광해군 재위 시기 • 항복 의식을 위해 삼전도에 단을 쌓음 → 병자호란 종결

첫 번째 그림은 후금에 투항한 강홍립의 죄를 물어야 한다는 관리의 주장을 왕이 수용하지 않는 것으로 보아 광해군 때의 상황임을 알 수 있어요. 임진왜란의 참상을 직접 겪었던 광해군은 또다시 전란의 피해를 입지 않기 위해 명과 후금 사이에서 중립 외교를 폈어요. 후금과 대립하고 있던 명의 요청에 따라 강홍립 부대를 보내면서 상황을 살펴 대처하게 하였지요. 전투에서 밀린 강홍립이 밀명에 따라 후금에 투항하자 서인이 처벌을 요구하며 반발하였어

요. 두 번째 그림은 북방 민족의 복장을 한 인물이 삼전도에서 항복 의식을 치러야 함을 조선 관리에게 통보하는 것으로 보아 인조 때 일어난 병자호란의 종결 상황과 관련 있음을 알 수 있어요. 광해군의 중립 외교에 반대하던 서인은 광해군이 인목 대비를 폐위하고 영창 대군을 살해하자 이를 구실로 인조반정을 일으켰어요. 인조와 서인은 대외적으로 친명배금 정책을 내세워 후금과의 관계를 단절하였어요. 이에 기회를 노리던 후금이 조선을 침략하여 정묘호란이 일어났어요. 인조는 강화도로 피신을 하고, ③ 정봉수와 이립이 용골산성에서 항쟁하는 등 각지에서 관군과 의병이 합세하여 후금군의 침략에 맞섰지만 역부족이었어요. 하지만 후금도 명과 전쟁 중이었기 때문에 조선과 형제의 맹약을 맺고 곧 물러났어요. 이후 국력이 더욱 커진 후금은 국호를 '청'으로 바꾸고 조선에 군신 관계를 요구하였어요. 조선 정부가 청의 요구를 거절하자 청 태종이 직접 대군을 이끌고 조선을 침략하여 병자호란이 일어났어요. 인조는 남한산성으로 들어가 45일 동안 맞섰으나 결국 청에 항복하였어요.

오답 피하기
① 효종 때 청의 원군 요청에 따라 나선 정벌에 조총 부대가 파견되었어요.
② 임진왜란 때 권율이 행주산성에서 크게 승리하였어요.
④ 병자호란이 끝난 후 청은 소현 세자와 봉림 대군 등을 인질로 끌고 갔어요.
⑤ 중종 때 삼포 왜란을 계기로 외적의 침입에 대비하고자 국방 문제를 다루는 임시 회의 기구로 비변사가 처음 설치되었어요.

368 병자호란 정답 ①

정답 잡는 키/워/드 | 오랑캐의 침략을 받음, 지난 정묘년 변란 때 임시방편으로 강화를 허락함, 지금 오랑캐가 황제를 참칭함 → 병자호란

지난 정묘년에 오랑캐의 침략을 받았을 때 강화를 하였으나, 황제를 참칭한 오랑캐가 다시 쳐들어왔다는 내용을 통해 제시된 교서가 병자호란 중에 발표된 것임을 알 수 있어요. 정묘호란 이후 후금은 국호를 '청'으로 바꾸었고, 조선에 군신 관계를 요구하였어요. 조선 조정에서는 주화론과 척화론이 대립하였으나 척화론이 우세하여 청의 요구를 거절하였어요. 이에 청 태종이 직접 대군을 이끌고 조선을 침략하여 병자호란이 일어났어요. 인조와 조정 대신들은 남한산성으로 피란하여 항전하였지만 결국 청의 군신 관계 요구를 받아들이고 삼전도에서 굴욕적인 강화를 맺었어요. ① 병자호란 당시 김상용은 종묘의 신주를 받들고 세자빈, 원손 등을 수행하여 강화도로 피신하였으나 이듬해 강화성이 함락되자 순절하였어요.

오답 피하기
② 임진왜란 당시 정문부가 길주에서 의병을 이끌었어요.
③ 임진왜란 당시 조·명 연합군이 평양성을 탈환하고 전세를 역전시켰어요.
④ 정묘호란 당시 용골산성에서 정봉수와 이립 등이 후금의 군대에 맞서 싸웠어요.
⑤ 임진왜란 중에 포수, 사수, 살수의 삼수병으로 구성된 훈련도감이 설치되었어요.

369 병자호란 중의 사실 정답 ③

정답 잡는 키/워/드 | 삼전도, 굴욕적인 항복 → 병자호란

삼전도에서의 굴욕적인 항복으로 전란이 끝났다는 내용을 통해 밑줄 그은 '전란'이 병자호란임을 알 수 있어요. 조선 인조 때 후금의 침입으로 정묘호란이 일어났어요. 정묘호란은 조선과 후금이 형제의 맹약을 맺고 끝이 났어요. 이후 강성해진 후금이 조선에 군신 관계를 요구하자 조선은 이를 거부하였어요. 후금은 국호를 '청'으로 바꾸었고, 청 태종이 자신들의 요구를 거부한 조선을 침략하여 병자호란이 일어났어요. 인조는 남한산성으로 피란하여 항전하였으나 결국 삼전도에서 항복 의식을 치렀어요. ③ 병자호란 때 김준룡이 근왕병을 이끌고 지금의 경기도 용인 광교산 일대에서 청군을 맞아 혼전을 벌인 끝에 청 태조의 사위인 적장을 사살하는 등의 전공을 세웠어요.

오답 피하기

① 세종 때 이종무가 왜구의 근거지인 대마도를 정벌하였어요.

② 광해군 때 후금과 대립하고 있던 명의 요청을 받아 지원군으로 파견된 강홍립 부대가 사르후 전투에 참전하였어요.

④ 임진왜란 때 조헌이 이끄는 700여 명의 의병이 금산에서 일본군에 맞서 싸웠으나 모두 전사하였어요.

⑤ 임진왜란 때 신립이 충주 탄금대에서 배수의 진을 치고 전투를 벌였으나 패배하였어요.

---

370 병자호란의 영향 정답 ③

정답 잡는 **키/워/드**

> 남한산성으로 피란한 국왕,
> 김준룡이 누르하치의 사위인 적장 사살 → 병자호란

김준룡이 남한산성으로 피란한 국왕을 구하기 위해 누르하치의 사위인 적장을 사살하는 등의 전공을 세웠다는 내용을 통해 밑줄 그은 '이 전쟁'이 병자호란임을 알 수 있어요. 인조반정 이후 인조와 서인 정권은 친명배금 정책을 추진하였어요. 후금이 이를 구실로 조선을 침략하여 정묘호란이 일어났고 조선이 후금과 형제의 관계를 맺는다고 약속하여 후금이 물러났어요. 그 뒤 세력이 강성해진 후금은 국호를 '청'으로 바꾸고 조선에 군신 관계를 요구하며 병자호란을 일으켰어요. 인조와 고위 관리들은 남한산성으로 피란하여 항전하였으나 결국 삼전도에서 항복하였어요. 전쟁에서 패한 후 소현 세자와 봉림 대군을 비롯한 많은 신하와 백성이 청에 인질로 끌려갔고, 조선은 청의 조공 요구에 시달렸어요. 이에 조선에서는 청에 대한 적개심이 커졌고, 인질로 청에 끌려갔다가 돌아와 즉위한 효종 때 ③ 청에 당한 치욕을 갚자는 북벌론이 전개되었어요. 송시열, 이완 등을 중심으로 군대를 양성하고 성곽을 수리하는 등 북벌이 추진되었어요. 그러나 북벌을 준비하는 과정에서 부담이 늘어난 백성의 불만이 커지고 청의 국력이 더욱 커져 현실적으로 북벌을 실천에 옮길 수 없었어요.

오답 피하기

① 세종 때 최윤덕, 김종서가 여진을 몰아내고 4군 6진을 개척하였어요.

② 세종 때 이종무가 왜구의 근거지인 대마도(쓰시마섬)를 정벌하였어요.

④ 세종 때 일본 세견선의 규모와 체류 기간 등을 명시한 계해약조가 체결되었어요.

⑤ 중종 때 삼포 왜란을 계기로 비변사가 처음 설치되었으며 을묘왜변을 거치면서 상설 기구가 되었어요.

---

371 병자호란의 영향 정답 ①

정답 잡는 **키/워/드**

> 국왕이 삼전도에서 항복 → 병자호란

국왕이 삼전도에서 항복하며 종결되었다는 내용을 통해 밑줄 그은 '이 전쟁'이 병자호란임을 알 수 있어요. 후금이 정묘호란 이후 '청'으로 국호를 바꾸고 군신 관계를 요구하며 조선을 침략해 병자호란이 일어났어요(1636). 인조는 남한산성으로 피란하여 청에 항전하였으나 결국 항복하였어요. 전쟁에서 패한 후 소현 세자와 봉림 대군을 비롯하여 여러 신하가 청에 인질로 끌려갔고, 수많은 백성이 청에 포로로 끌려가 고통을 겪었어요. 병자호란이 끝난 후 오랑캐에게 당한 치욕을 씻고 명에 대한 의리를 지켜야 한다는 북벌 운동이 제기되었어요. 이러한 움직임은 인조의 뒤를 이어 왕위에 오른 효종 때 가장 왕성하였으며, ① 이완 등을 중심으로 북벌이 추진되었어요.

오답 피하기

② 세종 때 김종서가 여진을 정벌하고 두만강 일대에 6진을 개척하였어요.

③ 세종 때 이종무가 왜구의 근거지인 쓰시마섬(대마도)을 정벌하였어요.

④ 광해군 때 후금과 대립하고 있던 명의 요청으로 강홍립이 이끄는 부대가 파견되어 사르후 전투에 참전하였어요.

⑤ 중종 때 삼포 왜란을 계기로 외적의 침입에 대비하고 국방 문제를 논의하기 위한 임시 기구로 비변사가 처음 설치되었어요.

---

372 효종의 정책 정답 ①

정답 잡는 **키/워/드**

> 청에 볼모로 끌려갔다 돌아옴, 북벌 → 효종

청에 볼모로 끌려갔다 돌아와 왕이 되었고, 북벌을 추진하였으나 실현하지 못하였다는 내용을 통해 자료의 왕이 조선 효종임을 알 수 있어요. 병자호란으로 청에 볼모로 끌려갔다가 돌아와 인조의 뒤를 이어 왕위에 오른 효종은 송시열, 이완 등과 뜻을 같이하여 청에 당한 치욕을 갚기 위해 군대를 양성하고 성곽을 수리하는 등 북벌을 준비하였어요. 그러나 청의 국력은 점점 강해졌고 효종이 즉위 10년 만에 사망하여 북벌은 실현되지 못하였어요. ① 효종은 러시아(나선) 세력의 침략 위협을 느낀 청의 요청에 따라 조총 부대를 파견하여 나선 정벌을 지원하였어요.

오답 피하기

② 정조는 왕권 강화를 위해 국왕의 친위 부대인 장용영을 설치하였어요.

③ 숙종 때 조선과 청은 관리를 보내 백두산 일대를 답사하고 국경을 확정하여 백두산정계비를 세웠어요.

④ 영조 때 역대 문물을 정리한 백과사전 형태의 "동국문헌비고"가 편찬되었어요.

⑤ 세조는 현직 관리에게만 과전을 지급하는 직전법을 실시하고 수조권이 세습되던 수신전과 휼양전을 폐지하였어요.

---

373 조선과 청의 관계 정답 ①

정답 잡는 **키/워/드**

> 나선 정벌에 참여 요청 → 청

나선 정벌에 참여를 요청하였다는 내용을 통해 (가) 국가가 청임을 알 수 있어요. 청에 인질로 끌려갔다가 돌아와 인조의 뒤를 이어 왕위에 오른 효종(봉림 대군)은 송시열, 이완 등과 함께 청에 당한 치욕을 갚고자 ① 어영청을 중심으로 북벌을 추진하였어요. 하지만 청의 국력이 커져 실행에 옮기지는 못하였지요. 이러한 가운데 청이 국경 문제 때문에 러시아 공격에 나서면서 조선에 군사 지원을 요청해 오자 효종은 조총 부대를 두 차례 파견하여 나선(러시아) 정벌을 지원하였어요.

오답 피하기

② 조선은 한성에 일본의 사신이 머무는 숙소인 동평관을 설치하여 무역을 허용하였어요.

③ 조·미 수호 통상 조약 체결 이후 미국 공사가 한성에 부임하자 조선 정부는 이에 대한 답례로 보빙사를 미국에 보냈어요.

④ 원 간섭기에 고려는 원에 보낼 공녀를 징발하기 위해 결혼도감을 설치하였어요.

⑤ 임진왜란 중에 끌려간 조선인 포로의 송환을 위해 회답 겸 쇄환사가 일본에 파견되었어요.

---

374 숙종의 정책 정답 ①

정답 잡는 **키/워/드**

> 인현 왕후, 경신환국 등 여러 차례 환국,
> 대동법을 황해도까지 확대 시행 → 숙종

왕비가 인현 왕후이고 경신환국 등 여러 차례 환국을 통해 정국을 주도하였으며, 대동법을 황해도까지 확대 시행하였다는 내용을 통해 밑줄 그은 '이 왕'이 조선 숙종임을 알 수 있어요. 숙종 때 정국을 주도하는 붕당과 견제하는 붕당이 급격하게 바뀌는 환국이 여러 차례 일어났어요. 서인과 남인은 번갈아 집권하면서 상대 붕당에 대해 보복과 탄압을 가하였지요. 숙종은 정국을 주도하는 붕당을 급격하게 바꾸는 환국을 이용하여 붕당의 기반을 약화하고 왕권을 강화하고자 하였어요. 한편, 광해군 때 경기도에서 처음 시행된 대동법은 인조 때 강원도, 효종 때 충청도와 전라도 일부 지역 등에서도 시행되었어요. 그리고 숙종 때 이르러 경상도와 황해도가 시행 지역에 포함되면서 평안도와 함경도를 제외한 전국에서 대동법이 시행되었습니다. ① 숙종은 금위영을 창설하여 5군영의 중앙군 체제를 완성하였어요.

② "경국대전"은 세조 때 편찬 작업이 시작되어 성종 때 완성·반포되었어요.

③ 효종은 청의 요청에 따라 나선 정벌을 위해 변급, 신류 등이 이끄는 조총 부대를 파견하였어요.

④ 영조는 농민들의 군역 부담을 줄여 주기 위해 군포를 1년에 1필만 내게 하는 균역법을 시행하였어요.

⑤ 정조는 젊은 문신들 가운데 유능한 인재를 선발하여 재교육하는 초계문신제를 실시하였어요.

375 백두산정계비 건립
정답 ②

| 정답 잡는 키/워/드 | 경신환국 등 여러 차례 환국 발생 → 숙종 |

재위 시기에 여러 차례 환국이 발생하였다는 내용을 통해 밑줄 그은 '이 왕'이 조선 숙종임을 알 수 있어요. 환국은 정국을 주도하는 붕당과 견제하는 붕당이 서로 바뀌면서 정국이 급격하게 교체되는 상황을 말하는데, 숙종은 왕권 강화를 위해 환국을 직접 주도하였어요. 숙종 재위 시기에 환국이 여러 차례 일어나고 상대 당에 대한 탄압과 보복이 반복되는 과정에서 특정 붕당이 권력을 독점하는 일당 전제화가 나타났어요. 한편, 청이 간도를 자신들의 발상지라고 하여 간도 출입을 금지하자 조선 정부도 백성들이 간도로 넘어가지 못하게 단속하였어요. 하지만 일부 조선인이 산삼을 채취하고 사냥을 하기 위해 경계를 넘어가는 일이 빈번하여 두 나라 주민 간에 충돌이 잦았어요. 이러한 상황을 해결하기 위해 ② 숙종 때 조선과 청의 대표가 백두산 일대를 답사하고 백두산정계비를 세워 양국의 경계를 정하였어요.

① 효종 때 청과 러시아(나선) 사이에 국경 분쟁이 일어나 청이 조선에 지원군을 요청하였어요. 이에 효종은 조총 부대를 두 차례 보내 나선 정벌에 참여하였어요.

③ 정조는 자신의 권력과 정책을 뒷받침할 인재를 양성하기 위해 재능 있는 젊은 문신을 선발하여 재교육하는 초계문신제를 시행하였어요.

④ 정조는 육의전을 제외한 시전 상인의 금난전권을 폐지하는 신해통공을 시행하였어요.

⑤ 영조는 성균관에 탕평비를 세워 자신의 탕평 의지를 알리고 붕당 정치의 폐해를 경계하였어요.

376 조선의 대청 정책
정답 ②

| 정답 잡는 키/워/드 | 의주에서 연경에 이르는 경로로 사신 왕래, 만상 → 청 |

의주에서 연경에 이르는 경로를 따라 조선의 사신이 왕래하였으며, 만상이 사행에 참여하였다는 내용을 통해 (가) 국가가 청임을 알 수 있어요. 연경은 청의 수도이고 연행사는 '연경에 간 사신'이라는 뜻이에요. 조선은 청에 정기적으로 연행사를 파견하였고, 이들이 연경으로 가는 길목에 있는 책문, 심양 등지에서 양국 간 무역이 활발히 이루어졌어요. 특히 의주를 근거지로 삼아 활동한 만상은 연행사 등 사신 행차에 참여하여 무역을 통해 많은 이익을 얻었어요. ② 조선 숙종 때 청과의 경계를 정하여 백두산정계비를 세웠어요.

① 고려 말 창왕 때 박위를 보내 왜구의 근거지인 대마도를 토벌하였어요.

③ 조선은 한성에 일본 사신이 왔을 때 머무는 숙소인 동평관을 두어 무역을 허용하였어요.

④ 고려 공민왕은 원의 세력이 약해진 틈을 타 쌍성총관부를 공격하여 철령 이북의 영토를 수복하였어요.

⑤ 임진왜란이 끝나고 조선은 포로 송환을 위해 승려 유정을 회답 겸 쇄환사로 일본에 파견하였어요.

3 경제

| 377 ④ | 378 ⑤ | 379 ⑤ | 380 ⑤ | 381 ② | 382 ② |
| 383 ⑤ | 384 ① | 385 ③ | 386 ① | 387 ④ | 388 ⑤ |

377 인조의 정책
정답 ④

| 정답 잡는 키/워/드 | 이괄의 난 이후 백성의 동태 점검, 반정 직후부터 논의 → 인조 재위 시기 |

'이괄의 난', '반정 직후부터 논의' 등을 통해 밑줄 그은 '왕'이 조선 인조임을 알 수 있어요. 서인이 주도하여 광해군을 몰아낸 반정으로 왕위에 오른 인조는 ④ 전세를 1결당 4~6두로 고정하는 영정법을 제정하였어요.

① 고려 태조 왕건은 후삼국 통일 이후 건국 공신에게 공로와 인품을 기준으로 역분전을 지급하였어요.

② 철종 때 진주 농민 봉기를 시작으로 전국에서 농민 봉기가 일어났어요(임술 농민 봉기). 이에 정부는 삼정이정청을 설치하여 농민 봉기의 주요 원인이었던 삼정의 문란을 바로잡고자 하였어요.

③ 정조는 신해통공을 단행하여 육의전을 제외한 시전 상인의 금난전권을 폐지하였어요.

⑤ 영조는 백성의 군역 부담을 줄여 주기 위해 군포를 1년에 1필만 징수하는 균역법을 시행하였어요.

378 대동법
정답 ⑤

| 정답 잡는 키/워/드 | 방납의 폐단 혁파, 선혜청, 맨 먼저 경기도에서 실시 → 대동법 |

광해군 때 이원익이 방납의 폐단을 혁파하기 위해 실시할 것을 청하였으며, 맨 먼저 경기도 내에 시범적으로 실시하였다는 내용을 통해 (가) 제도가 대동법임을 알 수 있어요. 조선 후기에 방납의 폐단이 심해지자 공납을 현물 대신 토지 결수에 따라 쌀이나 베, 동전 등으로 납부하는 대동법이 시행되었어요. 이원익의 건의로 경기도 지역에서 처음 실시된 대동법은 이후 김육 등의 노력으로 점차 시행 지역이 확대되었고, 숙종 때 평안도와 함경도를 제외한 전국에서 실시되었어요. ⑤ 대동법이 실시되면서 관청에서 필요로 하는 물품을 조달하는 공인이 등장하였어요.

① 고종 때 흥선 대원군은 군포를 호(戶) 단위로 부과하는 호포제를 실시하여 양반에게도 군포를 부과하였어요.

② 세조 때 새 관리에게 지급할 수조지가 부족해지자 수신전과 휼양전을 폐지하고 현직 관리에게만 수조지를 지급하는 직전법이 실시되었어요.

③ 대한 제국 시기에 광무개혁을 추진하는 과정에서 양전 사업을 실시하여 근대적 토지 소유 증명서인 지계를 발급하였어요.

④ 세종 때 전세를 풍흉에 따라 9등급으로 나누어 차등 과세하는 연분9등법이 실시되었어요.

379 대동법
정답 ⑤

| 정답 잡는 키/워/드 | 공납의 폐단을 해결할 목적으로 실시 → 대동법 |

공납의 폐단을 해결할 목적으로 경기도와 강원도 지역에서 실시되고 있으며, 관리가 확대 시행을 건의하는 내용으로 보아 밑줄 그은 '이 법'이 대동법임을 알 수 있어요. 공납의 폐단을 바로잡기 위해 제정된 대동법은 토지 결수

에 따라 공물을 부과하고 ⑤ 특산물 대신 쌀(1결당 12두), 베, 동전 등으로 납부하게 한 제도였어요. 대동법 시행의 결과 가난한 농민의 부담이 어느 정도 줄어들었어요. 하지만 토지를 많이 가진 양반 지주의 부담이 늘어나 이들의 반발이 컸어요.

오답 피하기

① 흥선 대원군은 군정의 폐단을 바로잡기 위해 호포제를 실시하여 양반에게도 군포를 부과하였어요.
② 인조는 풍흉에 관계없이 토지 1결당 쌀 4~6두로 납부액을 고정하는 영정법을 실시하였어요.
③ 세종은 전세를 풍흉의 정도에 따라 9등급으로 나누어 부과하는 연분9등법과 토지를 비옥도에 따라 6등급으로 나누어 평가하는 전분6등법을 시행하였어요.
④ 영조는 균역법 시행으로 줄어든 재정을 보충하기 위해 일부 부유한 상민에게 선무군관의 칭호를 주고 매년 군포 1필을 징수하였어요.

---

380 대동법 정답 ⑤

정답 잡는 키/워/드

**이원익이 방납의 폐단을 없애고자 선혜청을 두고 실시 주장
→ 대동법**

이원익이 방납의 폐단을 없애고자 선혜청을 두고 실시할 것을 주장하였다는 내용을 통해 밑줄 그은 '이 법'이 대동법임을 알 수 있어요. 방납의 폐단으로 농민들의 고통이 커지자 선조 때 이이, 유성룡 등이 공납을 쌀로 거두는 수미법을 제안하였어요. 광해군 때에는 이원익이 방납의 폐단을 바로잡기 위해 대동법 시행을 건의하여 경기도 지역에서 선혜법이라는 이름으로 대동법이 처음 실시되었어요. 이후 김육 등의 노력으로 대동법이 실시되는 지역이 점차 늘어났어요. 대동법은 각 호(戶)마다 토산물을 내던 공납을 소유한 토지 결수를 기준으로 부과하여 쌀이나 베, 동전 등으로 납부하게 한 제도입니다. ⑤ 대동법이 실시되면서 선혜청 등에서 구입 비용을 받아 왕실이나 관청에 물품을 조달하는 공인이 등장하였어요.

오답 피하기

① 고종 때 흥선 대원군이 군정의 문란을 바로잡기 위해 호포제를 실시하여 양반에게도 군포를 거두었어요.
② 영조 때 균역법이 실시되면서 줄어든 군포 수입을 보충하기 위해 지주에게 토지 1결당 쌀 2두의 결작을 부과하였어요.
③ 세종 때 연분9등법이 시행되어 전세를 풍흉에 따라 9등급으로 차등 과세하였어요.
④ 영조 때 균역법이 실시된 후 부족한 재정 보충을 위해 일부 부유한 양민에게 선무군관이라는 명예직을 주고 선무군관포로 매년 베 1필을 징수하였어요. 선무군관은 평상시에는 집에서 무예를 연마하고 유사시에 소집되어 군사를 지휘하였어요.

---

381 균역법 정답 ②

정답 잡는 키/워/드

양역의 변통 대책 논의, 1필로 줄이는 것 → 균역법

양역의 변통 대책을 논의하는 자리이며, 왕이 세금을 1필로 줄이면서 생기는 세입 감소분을 대신할 방법을 강구하라고 말한 것에서 균역법의 시행에 대해 묻는 것임을 알 수 있어요. 영조는 군역의 폐단을 해결하기 위해 농민에게 1년에 군포를 1필만 징수하는 균역법을 시행하였어요. 이로 인해 부족해진 재정을 보충하기 위해 ㄱ. 지주에게 토지 1결당 쌀 2두의 결작을 부과하고, ㄷ. 일부 부유한 상민에게 선무군관의 칭호를 주고 1년에 1필의 군포를 징수하였어요.

오답 피하기

ㄴ. 대한 제국 정부는 양전 사업을 실시하여 토지 소유를 증명하는 문서인 지계를 발급하였어요.
ㄹ. 고려 말 공양왕 때 과전법이 제정되어 관리들에게 경기 지방의 토지가 과전으로 지급되었어요. 과전법은 조선 시대로 이어져 시행되었어요.

---

382 균역법 정답 ②

정답 잡는 키/워/드

**선무군관, 평시에는 입번과 훈련을 면해주고 베 1필을 받음
→ 선무군관포**

선무군관 직책을 특별히 설치하고 평시에는 입번과 훈련을 면해주고 다만 베 1필을 받는다는 내용을 통해 선무군관포와 관련된 자료임을 알 수 있어요. 임진왜란 이후 납속이나 공명첩을 이용하여 신분이 상승한 이들이 늘어나면서 재정 기반인 상민의 수가 줄고 농민에게 이중 삼중으로 군포를 부과하는 사례가 많아졌어요. 또한, 어린아이에게 군포를 징수하는 황구첨정, 죽은 사람에게 군포를 거두어 가는 백골징포 등의 폐해가 빈번하게 일어났어요. 이에 영조는 농민의 군역 부담을 줄여 주기 위해 1년에 군포를 1필만 내도록 조정한 균역법을 제정하였어요. ② 균역법 실시로 부족해진 재정을 보충하기 위해 일부 부유한 상민에게 선무군관이라는 직책을 주고 1년에 베 1필씩 군포를 거두었어요. 또한, 어염세, 선박세 등을 국가 재정으로 귀속시켰어요.

오답 피하기

① 방납의 폐단이 심화되자 광해군 때 공납을 토산물 대신 토지 결수에 따라 쌀, 동전 등으로 납부하게 하는 대동법을 처음 실시하였어요.
③ 조선 후기에 상업이 발달하면서 난전이 성행하고 독점적 권한을 가진 시전 상인의 활동으로 물가가 오르자 정조는 육의전을 제외한 시전 상인의 금난전권을 폐지하는 신해통공을 단행하였어요.
④ 세종은 전세를 효율적으로 수취하기 위해 풍흉에 따라 전세를 9등급으로 차등 부과하는 연분9등법을 실시하였어요.
⑤ 조선 후기에 민영 수공업이 발달하고 청과의 무역에서 은의 수요가 증가하자 정부는 민간의 광산 개발을 허용하고 세금을 걷는 설점수세제를 시행하였어요.

---

383 정조 재위 시기의 경제 정답 ⑤

정답 잡는 키/워/드

수원 화성 성역, 장용영 → 정조

수원 화성 성역과 연계하여 축만제 등을 축조하였고, 수리 시설 축조와 둔전 경영을 통해 장용영 유지 등을 위한 재원을 마련하였다는 내용을 통해 (가) 왕이 조선 정조임을 알 수 있어요. 정조는 영조의 뒤를 이어 탕평책을 추진하였으며, 규장각을 육성하고 능력 있는 젊은 문신들을 뽑아 재교육하는 초계문신제를 시행하였어요. 또한, 국왕 친위 부대로 장용영을 설치하여 군사적 기반을 강화하였으며, 수원에 화성을 건설하여 자신의 정치적 기반으로 삼고자 하였어요. 경제적으로는 상공업을 활성화하기 위해 ⑤ 육의전을 제외한 시전 상인의 금난전권을 폐지하는 신해통공을 단행하였어요.

오답 피하기

① 고려 성종 때 금속 화폐인 건원중보가 주조되었어요.
② 신라 지증왕 때 수도에 시장인 동시가 설치되고 이를 감독할 관청으로 동시전이 설치되었어요.
③ 통일 신라 시기에 울산항과 당항성이 무역항으로 번성하였어요. 특히 울산항에는 아라비아 상인까지 들어와 무역하였어요.
④ 영조 때 군역의 부담을 줄이기 위해 군포 납부액을 2필에서 1필로 줄이는 균역법이 제정되었어요.

---

384 조선 후기의 경제 상황 정답 ①

정답 잡는 키/워/드

**육의전을 제외한 시전 상인의 금난전권 철폐
→ 정조(조선 후기)**

육의전을 제외한 시전 상인의 금난전권 철폐를 지시하였다는 내용을 통해 대화가 이루어진 시기는 조선 후기 정조 때임을 알 수 있어요. 조선 후기에는 농업 생산력이 증대되고 도시의 인구가 증가하여 상업이 크게 발달하였어

요. 특히 정조 때 자유로운 상업 활동을 보장하기 위해 시전 상인의 특권을 축소한 신해통공이 단행되었어요. 이에 따라 사상의 활동이 더욱 활발해졌어요. ① 활구는 고려 시대에 주조된 고액 화폐로 은병이라고도 불렸어요.

② 조선 후기에 담배, 면화 등 시장에 내다 팔기 위한 상품 작물이 재배되었어요.
③ 조선 후기에 대동법이 시행되면서 관청에서 필요한 물품을 조달하는 공인이 등장하였어요. 공인의 활동은 상공업의 발달을 촉진하였어요.
④ 조선 후기에 개성의 송상, 의주의 만상이 대청 무역으로 부를 축적하였어요.
⑤ 조선 후기에 덕대로 불린 광산 전문 경영인이 물주로부터 자금을 받아 채굴업자와 노동자를 고용하여 광산을 경영하는 형태가 발달하였어요.

385 조선 후기의 경제 상황 정답 ③

정답 잡는 키/워/드	연행사, 만상 → 조선 후기

연행사의 수행원으로 북경에 간 만상 임상옥이 인삼 무역으로 큰 수익을 거두었다는 내용을 통해 기사에 나타난 시기가 조선 후기임을 알 수 있어요. 연행사는 '연경에 가는 사신'이라는 뜻으로 청의 수도인 연경에 보내는 사신을 말해요. 조선 후기에 상업이 발달하면서 사상의 활동이 활발하였는데, 이 가운데 의주를 근거지로 활동한 만상은 청에 파견되는 연행사를 따라 국경 지역을 오가며 무역 활동으로 많은 이익을 얻었어요. 한편, 광해군 때 체결된 기유약조 이후 일본과의 무역도 활발해졌어요. 조선 후기에는 ③ 부산 초량에 설치된 왜관을 통해 인삼, 쌀 등을 팔고 일본으로부터 은, 구리, 황 등을 수입하였어요.

① 고려 시대에 삼한통보, 해동통보 등의 화폐가 발행되었어요.
② 발해에서는 목축이 발달하여 솔빈부의 말이 특산물로 수출되었어요.
④ 통일 신라 시대에 당항성, 영암이 국제 무역항으로 번성하였어요.
⑤ 고려는 수도의 시전을 감독하는 관청인 경시서를 설치하였어요. 경시서는 조선 시대까지 이어졌고, 세조 때 평시서로 이름이 바뀌었어요.

386 조선 후기의 경제 상황 정답 ①

정답 잡는 키/워/드	도고 → 조선 후기

도고가 시중 시세를 조종하여 홀로 이익을 취하는 폐단이 생겼다는 내용을 통해 자료에 나타난 시기가 조선 후기임을 알 수 있어요. 조선 후기에 상업이 발달하면서 사상의 활동이 활발하였어요. 의주의 만상, 평양의 유상, 개성의 송상, 한강을 기반으로 한 경강상인, 동래의 내상 등 지역을 근거지로 삼은 사상이 활발하게 활동하였으며, 사상 가운데 일부는 공인과 함께 독점적 도매 상인인 도고로 성장하였어요. 대규모 자본을 앞세운 도고의 활동으로 소상인이 몰락하고 물가가 상승하는 등의 폐단이 발생하기도 하였어요. ① 고려 성종 때 금속 화폐인 건원중보가 주조되었으나 널리 유통되지는 못하였어요.

② 조선 후기에 담배와 면화 등이 시장에 내다 팔기 위한 상품 작물로 재배되었어요.
③ 조선 후기에 정기 시장인 장시가 전국 각지에서 열렸으며, 보부상이 여러 장시를 돌며 물품을 판매하였어요.
④ 조선 후기에 모내기법이 전국으로 확대되어 벼와 보리의 이모작이 성행하였어요.
⑤ 조선 후기에 민간의 광산 개발을 허용하고 그 대신 세금을 부과하는 설점수세제가 시행되었어요.

387 조선 후기의 경제 상황 정답 ④

정답 잡는 키/워/드	선혜청, 전황의 폐단 → 조선 후기

선혜청이 있었으며, 전황이 발생하였다는 내용을 통해 조선 후기의 상황임을 알 수 있어요. 선혜청은 대동법이 시행되면서 설치된 관청이에요. '전황 (錢荒)'은 돈을 가진 사람이 재산 축적을 목적으로 화폐를 모아 두어 시중에 유통되는 화폐가 부족해지는 현상을 말하는데, 상품 화폐 경제가 활성화된 조선 후기에 나타났어요. ④ 고려 말~조선 초에 관리는 과전법에 따라 관직 복무에 대한 대가로 수조권을 지급받았어요. 과전법은 세조 때 현직 관리에게만 수조권을 지급하는 직전법으로 바뀌었으며, 16세기 들어 관리에게 과전 대신 녹봉을 지급하면서 수조권 지급 제도는 사실상 폐지되었어요.

① 조선 후기에 송상, 만상 등 지역에 거점을 둔 사상의 활동이 활발하였고, 이들은 청과의 무역을 통해 부를 축적하였어요.
② 조선 후기에 국내 상업이 발달하면서 대외 무역도 활발해져 청과의 국경 지역이나 왜관에서 공무역인 개시 무역과 사무역인 후시 무역이 이루어졌어요.
③ 조선 후기에 상업 자본이 광산 개발에 유입되어 자본을 투자받아 전문적으로 광산을 경영하는 덕대가 등장하였어요.
⑤ 조선 후기에 모내기법이 확대되면서 수확량이 늘어나고 벼와 보리의 이모작이 확산되었어요.

388 조선 후기의 사회 모습 정답 ⑤

정답 잡는 키/워/드	채굴을 허락하고 세금을 거둠 → 조선 후기

비변사에서 백성을 모집하여 채굴하는 것을 허락하고 세금을 거두도록 할 것을 왕에게 건의하는 것으로 보아 자료에 나타난 시기가 조선 후기임을 알 수 있어요. 17세기 중반 이후 민간의 광산 채굴을 허용하고 그에 대한 세금을 거두는 방식의 설점수세제가 시행되면서 민간의 광산 개발이 활기를 띠었어요. ⑤ 조선 후기에 고추, 담배 등이 시장에 내다 팔기 위한 상품 작물로 재배되었어요. 특히 임진왜란 이후 일본에서 전래된 담배는 농촌의 소득 증대에 크게 영향을 끼쳤어요.

① 주자감은 발해의 최고 교육 기관으로 유학 교육을 실시하였어요.
② 고려 시대에 부처의 힘을 빌려 거란의 침입을 물리치려는 소망을 담아 초조대장경이 조판되었어요.
③ 빈공과는 당에서 외국인을 대상으로 실시한 과거 제도입니다. 신라 말에 골품제의 한계를 느낀 6두품의 당 유학이 늘어났는데, 이들 중 일부는 빈공과에 응시하여 당의 관리가 되어 출세를 도모하기도 하였어요.
④ 고려 말~조선 초까지 전·현직 관리는 과전법에 따라 관직 복무에 대한 대가로 수조권을 지급받았어요. 세조 때 현직 관리에게만 수조권을 지급하는 직전법이 시행되었으며, 16세기에 수조권 지급 제도는 소멸되었어요.

본문 138~140쪽

4 사회

389 ③	390 ⑤	391 ①	392 ④	393 ①	394 ⑤
395 ②	396 ①	397 ⑤	398 ③	399 ③	400 ①

389 서얼 정답 ③

정답 잡는 키/워/드	양첩 소생, 천첩 소생 → 서얼

관직 진출 허용 시기가 양인 첩의 소생(양첩 소생)인지, 천민 첩의 소생(천첩 소생)인지에 따라 다르고, 과거 급제 뒤에도 관직 진출에 차별을 받았다는 내용을 통해 (가)는 서얼임을 알 수 있어요. 서얼은 양반이 양인이나 천민 신분의 첩에게서 얻은 자식을 일컫는 말이에요. 이들은 양반의 자손임에도 중인과 같은 신분적 대우를 받았고 문과에 응시할 수도 없었어요. 조선 후기에 중인 계층의 신분 상승 운동이 활발하게 일어나는 가운데 서얼은 관직 진출의 제한을 철폐해 달라고 ㄴ. 수차례 통청 운동을 전개하였어요. 이러한 요구가 일부 받아들여져 정조 때 박제가, 유득공 등 ㄷ. 서얼 출신 학자들이 규장각 검서관으로 등용되기도 하였어요.

오답 피하기

ㄱ. 화척, 양수척 등으로 불렸던 신분은 조선 시대의 백정이에요.
ㄹ. 갑오개혁 때 법적으로 신분제가 철폐되었음에도 백정에 대한 사회적 차별은 계속되었어요. 일제 강점기인 1920년대에 백정은 자신들에 대한 차별 철폐를 위해 조선 형평사를 조직하고 형평 운동을 전개하였어요.

---

390 중인의 신분 상승 노력 정답 ⑤

정답 잡는 키/워/드
> 신분에 따른 사회적 차별에 불만,
> 시사 조직 등 문예 활동으로 위상을 높이고자 함 → 중인

신분에 따른 사회적인 차별에 불만이 많았으며, 시사를 조직하는 등의 문예 활동을 통해 스스로 위상을 높이고자 하였다는 내용으로 보아 (가) 신분이 중인임을 알 수 있어요. 조선 후기에 중인도 양반처럼 시 문학 모임인 시사를 조직하여 시를 짓거나 역대 시인의 시를 모아 시집을 간행하기도 하였어요. 한편, 신분에 따른 사회적 차별에 불만이 많았던 기술직 중인들이 ⑤ 관직 진출의 제한을 없애 달라는 소청 운동을 전개하기도 하였지만 성과를 얻지는 못하였어요.

오답 피하기

① 매매, 증여, 상속의 대상이 된 신분은 노비입니다.
② 장례원을 통해 국가의 관리를 받은 신분도 노비입니다.
③ 공장안에 등록되어 수공업 제품 생산을 담당한 수공업자의 신분은 상민이에요.
④ 양인 중에는 신량역천이라고 불리며 천역을 담당하는 계층이 있었는데, 수군, 봉수군, 역졸 등이 이에 해당합니다.

---

391 조선 후기의 사회 모습 정답 ①

정답 잡는 키/워/드
> 신분 질서가 크게 동요, 구향과 신향 간의 향전 → 조선 후기

신분 질서가 크게 동요하고 구향과 신향 간의 향전이 발생하였다는 내용을 통해 밑줄 그은 '이 시기'가 조선 후기임을 알 수 있어요. 조선 후기의 사회·경제적 변동 속에서 양반 중심의 신분 질서가 동요하고 향촌 지배 질서에도 변화가 나타났어요. 향촌 사회에서 사족(구향)이 가졌던 영향력은 점차 약해진 반면, 재산을 모아 신분을 상승시킨 새로운 계층(신향)이 등장해 사족들의 향촌 지배권에 도전하여 갈등과 다툼이 벌어졌어요. ① 고려 시대에 빈민 구호 및 질병 치료를 위해 기금을 모아 그 이자로 사업을 하는 재단 형식의 제위보가 운영되었어요.

오답 피하기

② 조선 후기에 중인들도 양반의 전유물로 여겼던 시를 짓고 즐기는 문학 모임인 시사를 조직하여 활동하였어요.
③ 조선 후기에 상업이 발달하면서 화폐 유통이 확대되어 상평통보가 널리 사용되었어요.
④ 조선 후기에 "홍길동전", "춘향전" 등 한글 소설이 유행하면서 돈을 받고 책을 빌려주는 세책가가 성행하였어요.
⑤ 조선 후기에 송파장, 강경장, 원산장 등 전국적으로 장시가 발달하였으며 사람이 많이 모이는 곳에서 탈놀이 등의 공연이 벌어졌어요. 송파 산대놀이는 서울과 경기 지방에서 성행한 탈놀이입니다.

---

392 천주교 전래 정답 ④

정답 잡는 키/워/드
> 이승훈·정약용 등이 교리를 토의하다 적발됨,
> 윤지충·권상연이 제사를 폐지하여 처형당함 → 천주교

이승훈·정약용 등이 교리를 토의하다 적발되었으며, 윤지충·권상연이 조상에 대한 제사를 폐지하여 처형되었다는 내용을 통해 (가) 종교가 천주교임을 알 수 있어요. 천주교는 처음에 ④ 청을 다녀온 사신들에 의해 서양의 학문, 즉 서학으로 소개되었어요. 이후 일부 실학자들에 의해 점차 신앙으로 받아들여졌고, 부녀자와 하층민을 중심으로 빠르게 확산되었어요. 천주교는 평등사상을 내세웠으며 제사 의식을 거부하여 정부의 탄압을 받았습니다.

오답 피하기

① 단군 숭배 사상을 전파한 종교는 나철, 오기호 등이 창시한 대종교입니다.
② 초제는 국가 차원에서 지내는 제사로 도교 의례의 하나였어요. 소격서에서 초제를 주관하였어요.
③ "동경대전"과 "용담유사"를 경전으로 삼은 종교는 동학이에요.
⑤ 경주의 몰락 양반 최제우가 유교, 불교, 도교를 바탕으로 민간 신앙의 요소까지 포함하여 새로운 종교인 동학을 창시하였어요.

---

393 순조 재위 시기의 사실 정답 ①

정답 잡는 키/워/드
> 공노비 해방 → 순조

공노비를 해방시켜 양민으로 삼도록 허락하고 노비 문서를 돈화문 밖에서 불태우라고 명하였다는 내용을 통해 밑줄 그은 '주상'이 조선 순조임을 알 수 있어요. 정조 사후 순조가 어린 나이에 즉위하면서 왕권이 약해지고 외척 세력을 비롯한 몇몇 가문이 권력을 독점하는 세도 정치가 나타났어요. 이 시기에 어린 순조를 대신하여 수렴청정에 나선 대왕대비 정순 왕후가 천주교를 금지하는 명령을 내리고 탄압한 ① 신유박해를 일으켜 다수의 천주교도가 처형되었어요.

오답 피하기

② 철종 때 진주 농민 봉기의 수습을 위해 진주에 파견된 안핵사 박규수의 건의에 따라 삼정이정청이 설치되었어요.
③ 광해군은 후금과 대립하고 있던 명의 지원 요청에 따라 강홍립의 부대를 파견하였어요.
④ 영조 때 붕당의 폐해를 경계하기 위한 탕평비가 성균관에 세워졌어요.
⑤ 어린 나이에 즉위한 고종을 대신하여 집권에 나선 흥선 대원군은 새로운 법전인 "대전회통"을 편찬하여 통치 체제를 재정비하였어요.

---

394 천주교 박해 정답 ⑤

정답 잡는 키/워/드
> • 윤지충이 신주를 태워 없앰 → (가) 정조, 신해박해(1791)
> • 베르뇌 등 서양인 4명을 효수
>   → (나) 흥선 대원군 집권기, 병인박해(1866)

(가)는 윤지충과 권상연이 신주를 태워 없앴다는 내용을 통해 정조 때 일어난 신해박해와 관련된 자료임을 알 수 있어요. 정조 때 천주교도 윤지충이 어머니의 상을 당하였지만 자신의 신앙을 지키기 위해 제사를 지내지 않고 신주까지 불태워 관에 고발되었어요. 혹독한 고문으로 배교를 강요받았지만 윤지충은 끝까지 신앙을 고수하여 결국 참수되었어요. 이는 최초의 천주교 박해 사건으로 신해박해(1791)라고 합니다. (나)는 남종삼이 프랑스와 조약을 맺을 계책이 있다고 현혹하였으며, 베르뇌 주교를 비롯한 서양인이 효수되었다는 내용을 통해 흥선 대원군 집권 시기인 1866년에 일어난 병인박해 상황임을 알 수 있어요. 고종 즉위 후 정권을 잡은 흥선 대원군은 국경을 접한 러시아 세력의 팽창에 위기의식을 가졌어요. 이때에 남종삼이 러시아를

막기 위해 프랑스와 동맹을 맺을 것을 주장하며 조선에 들어와 있는 프랑스인 선교사를 만나볼 것을 흥선 대원군에게 건의하였어요. 흥선 대원군은 프랑스 선교사와 접촉하려 하였으나, 천주교 금지를 요구하는 여론이 거세지자 천주교 박해령을 내렸어요. 이로 인해 최대 규모의 천주교 탄압인 병인박해(1866)가 일어났어요. ⑤ 순조 때 신유박해(1801)가 일어나자 천주교 신자였던 황사영은 신앙의 자유를 얻기 위해 외국 군대의 출병 등을 요청하는 백서를 작성하여 중국 베이징 교구의 주교에게 전달하려고 하였어요.

오답 피하기
① 일제 강점기인 1911년에 만주 북간도에서 대종교도가 중심이 된 중광단이 결성되었어요. 이후 중광단은 북로 군정서로 발전하여 항일 무장 투쟁을 전개하였어요. (나) 이후의 사실이에요.
② 일제 강점기인 1913년에 한용운은 불교 개혁을 위해 "조선불교유신론"을 간행하였어요. (나) 이후의 사실이에요.
③ 1893년에 동학교도는 보은에서 정부의 탄압으로 처형된 교조 최제우의 누명을 풀어 줄 것(교조 신원)을 요구하는 집회를 열었어요. (나) 이후의 사실이에요.
④ 광해군 때 이수광은 일종의 백과사전인 저서 "지봉유설"에서 천주교 교리서인 "천주실의"를 소개하였어요. "지봉유설"은 이수광이 죽은 뒤 인조 때 출간되었어요. (가) 이전의 사실이에요.

---

395 동학 | 정답 ②

정답 잡는 키/워/드 교주 최제우 → 동학

경상도 일대를 중심으로 교세가 확장된 종교이며, 교주가 최제우라는 내용을 통해 (가) 종교가 동학임을 알 수 있어요. 경주의 몰락 양반 최제우가 서학에 대응하여 창시한 동학은 ② 마음속에 한울님을 모시는 시천주를 강조하고 '사람이 곧 한울(하늘)'이라는 인내천 사상을 내세워 인간 평등을 중시하였어요. 조선 정부는 세상을 어지럽히고 백성을 속인다는 혹세무민의 죄목을 적용하여 교주 최제우를 처형하였어요. 이후 동학의 제2대 교주 최시형이 교세를 확장하고 최제우의 누명을 풀어 줄 것을 요구하는 교조 신원 운동을 이끌었어요.

오답 피하기
① 배재 학당은 개신교 선교사 아펜젤러가 세운 근대 교육 기관으로 신학문 보급에 기여하였어요.
③ 사찰령 폐지 운동을 펼친 종교는 불교입니다. 1920년대에 조선 불교 유신회가 사찰령 폐지 운동을 전개하였어요.
④ 박중빈이 창시한 원불교는 간척 사업을 추진하고 허례 폐지, 근검절약 등의 새 생활 운동을 전개하였어요.
⑤ 천주교는 제사 의식을 거부하고 조상의 신주를 없애는 등 유교적 질서를 부정하여 정부의 탄압을 받았어요.

---

396 홍경래의 난 | 정답 ①

정답 잡는 키/워/드 평안도 지역에 대한 차별 등에 반발하여 봉기, 정주성 싸움 → 홍경래의 난

평안도 지역에 대한 차별에 반발하여 일어났으며, 관군이 진압을 위해 정주성을 에워싸고 있다는 내용을 통해 (가) 사건이 홍경래의 난임을 알 수 있어요. 홍경래의 난은 순조 때 평안도 지역(서북 지역)에 대한 차별과 지배층의 수탈에 반발하여 ① 홍경래, 우군칙 등의 주도로 평안도 일대에서 일어났어요. 영세 농민과 광산 노동자 등 다양한 계층이 봉기에 참여하였지요. 봉기군은 한때 선천, 정주 등 청천강 이북 지역의 여러 고을을 점령하였으나 결국 관군에 진압되었어요.

오답 피하기
② 성인이 된 고종이 직접 정치에 나서면서 정권에서 밀려난 흥선 대원군은 임오군란으로 재집권하게 되었어요.

---

397 홍경래의 난 | 정답 ⑤

정답 잡는 키/워/드 1811년 평안도 일대에서 발생한 농민 봉기, 정주성 점령 → 홍경래의 난

1811년에 평안도 일대에서 발생한 농민 봉기이며, 정주성에서 저항하는 봉기 세력을 관군이 진압하였다는 내용의 관련 사료와 지도를 통해 (가) 사건이 홍경래의 난임을 알 수 있어요. 홍경래의 난은 ⑤ 세도 정치가 시작된 순조 때 지배층의 수탈과 평안도(서북 지역)에 대한 차별에 반발하여 일어났으며, 신흥 상공업 세력과 광산 노동자, 빈농 등 다양한 계층이 참여하였어요. 봉기 세력은 한때 선천, 정주 등 청천강 이북 지역의 여러 고을을 점령하였으나 5개월여 만에 관군에 의해 진압되었어요.

오답 피하기
① 임오군란, 갑신정변 등이 조선 정부의 요청으로 파견된 청의 군대에 의해 진압된 대표적인 사건이에요.
② 교조 최제우의 억울함을 풀어 달라는 교조 신원 운동을 전개한 동학교도는 보은 집회에서 척왜양창의를 기치로 내걸었어요.
③ 구식 군인들이 13개월이나 밀렸던 급료가 겨와 모래가 섞인 쌀로 지급되자 분노하여 임오군란을 일으키고 선혜청과 일본 공사관을 공격하였어요.
④ 철종 때 진주 농민 봉기가 일어나자 사건 수습을 위해 박규수가 안핵사로 파견되었어요.

---

398 진주 농민 봉기 | 정답 ③

정답 잡는 키/워/드 유계춘, 우병사 백낙신을 감금 → 진주 농민 봉기

유계춘이 관련되어 있으며 성난 농민들이 우병사 백낙신을 포위하여 감금하였다는 내용을 통해 일지의 사건이 진주 농민 봉기임을 알 수 있어요. 철종 때 진주에서 유계춘을 중심으로 경상 우병사 백낙신의 탐학과 향리의 횡포에 저항하여 진주 농민 봉기가 일어났어요. 진주 농민 봉기를 시작으로 지배층의 수탈에 항거한 농민들의 봉기가 삼남 지방은 물론 전국 각지로 확산되었는데, 이때가 임술년이었기에 임술 농민 봉기라고 합니다. ③ 조선 정부는 진주에서 농민 봉기가 일어나자 상황 수습을 위해 박규수를 안핵사로 파견하여 봉기의 진상을 살피고 보고하게 하였어요. 그리고 박규수의 건의에 따라 삼정의 문란을 바로잡기 위해 삼정이정청을 설치하였어요.

오답 피하기
① '접'은 동학의 가장 기본적인 조직이에요. 동학 농민 운동 당시 일본군이 경복궁을 무력으로 점령하여 조선 정부를 장악하자 흩어졌던 동학 농민군이 다시 봉기하였어요. 이때 전봉준이 이끄는 남접 부대와 손병희가 이끄는 북접 부대가 연합 부대를 결성하여 일본군과 관군에 맞서 싸웠어요.
② 동학 농민 운동 당시 동학 농민군은 조선 정부와 전주 화약을 체결하고 해산한 뒤 전라도 각지에 집강소를 설치하였어요. 농민군은 집강소를 중심으로 폐정 개혁안을 실천해 나갔어요.
④ 평안도 지역에 대한 차별과 지배층의 수탈에 항거하여 홍경래, 우군칙 등이 평안도 지역의 영세 농민, 중소 상인, 광산 노동자 등을 규합해 홍경래의 난을 일으켰어요.
⑤ 개항 후 일본에 일방적으로 유리한 무역이 이루어지고 대량의 곡물이 일본으로 유출되자 조선 정부는 1883년에 조·일 통상 장정을 체결하여 방곡령에 관한 규정을 두었어요. 이후 함경도, 황해도 등 각지의 지방관이 곡물의 유출을 금지하는 방곡령을 선포하였어요.

<table>
<tr><td>**399**</td><td colspan="2">**진주 농민 봉기**</td><td>정답 ③</td></tr>
</table>

399 진주 농민 봉기 정답 ③

정답 잡는 키/워/드 **진주 안핵사 박규수 → 진주 농민 봉기**

진주 안핵사로 박규수가 파견되는 것으로 보아 자료에 나타난 사건이 진주 농민 봉기임을 알 수 있어요. 1862년에 경상 우병사 백낙신의 탐학에 저항하여 진주에서 유계춘을 중심으로 농민 봉기가 일어났어요. 이 소식이 주변 지역으로 퍼져 나가 전국 각지에서 지배층의 수탈과 삼정의 문란에 항거하는 농민 봉기가 잇달아 일어났어요. 이때가 임술년(1862)이었기에 당시에 일어났던 농민 봉기를 임술 농민 봉기라고 합니다. ③ 진주 농민 봉기의 수습을 위해 파견된 안핵사 박규수의 건의에 따라 삼정이정청이 설치되었어요.

오답 피하기

① 서북 지역민에 대한 차별과 지배층의 수탈에 항거하여 홍경래, 우군칙 등의 주도로 홍경래의 난이 일어났어요.

② 동학 농민 운동 당시 전주 화약을 체결하고 해산하였던 농민군은 일본군이 경복궁을 무단 점령하자 다시 봉기하였어요. 이때 남접과 북접이 논산에서 연합 부대를 형성하여 서울을 향해 북상하던 중에 공주 우금치 전투에서 크게 패배하였어요.

④ 김옥균, 박영효, 서광범 등 급진 개화파는 우정총국 개국 축하연을 이용하여 갑신정변을 일으켰어요.

⑤ 윤원형 일파가 정국을 주도한 시기인 조선 명종 때 황해도 지역을 중심으로 임꺽정의 봉기가 있었어요.

400 세도 정치 시기의 사실 정답 ①

정답 잡는 키/워/드 **안동 김씨 등 소수의 특정 가문이 비변사를 중심으로 권력 독점 → 세도 정치 시기**

안동 김씨 등 소수의 특정 가문이 권력을 독점하였다는 내용을 통해 밑줄 그은 '시기'가 세도 정치 시기임을 알 수 있어요. 정조 사후 나이 어린 순조가 즉위하면서 왕권이 약화하고 왕실과 혼인 관계를 맺은 외척 세력 등 세도 가문이 정권을 장악하였어요. 이러한 상황은 순조~철종 시기에 이르는 60여 년간 계속되었어요. 이 시기에 매관매직이 성행하고 탐관오리의 수탈 등 부정부패가 심화되었으며, 삼정의 문란으로 민생이 악화되었어요. ① 명종 때 외척인 대윤 윤임과 소윤 윤원형의 권력 다툼으로 을사사화가 일어났어요.

오답 피하기

② 순조 때 홍경래, 우군칙 등이 서북 지역민에 대한 차별과 지배층의 수탈에 항거하여 반란을 일으켰어요.

③ 철종 때 전국 각지에서 농민 봉기가 일어나 확산되자 조선 정부는 봉기의 주요 원인이었던 삼정의 문란을 바로잡기 위해 삼정이정청을 설치하였어요.

④ 철종 때 경주의 몰락 양반인 최제우가 민간 신앙과 유교, 불교, 도교를 융합하여 동학을 창시하였어요. 동학은 인간 평등을 강조하여 교세가 빠르게 확산되었어요.

⑤ 순조 이후 이양선이라 불린 서양 배가 연안에 자주 나타나 통상을 요구하였어요.

본문 141~149쪽

5 문화

401 박세당의 활동 정답 ⑤

정답 잡는 키/워/드 **"색경" 편찬, 사문난적 → 박세당**

"색경"을 편찬하였으며, 노론에 의해 사문난적으로 몰렸다는 내용을 통해 박세당에 관한 대화임을 알 수 있어요. 박세당은 조선 후기 학자로 실리를 추구하였으며 민생 안정을 위한 개혁을 주장하였어요. 또한, ⑤ "사변록"에서 유학 경전을 주자와 달리 해석하였는데, 이러한 이유로 성리학(주자학) 신봉자인 송시열 등 노론에 의해 '사문난적'으로 몰려 학계에서 배척되었어요.

오답 피하기

① 김육은 효종 때 청에서 사용하는 시헌력의 도입을 건의하였어요.

② 정약용은 "기기도설"을 참고하여 거중기를 제작하고 이를 수원 화성 축조에 이용하였어요.

③ 김종직은 세조의 왕위 찬탈을 풍자한 '조의제문'을 작성하였어요. 연산군 때 김일손이 '조의제문'을 사초에 실은 것이 빌미가 되어 무오사화가 일어났어요.

④ 이천, 장영실 등은 세종 때 천문 관측 기구인 혼천의를 제작하였어요. 혼천의는 이후에도 여러 차례 제작되었습니다.

402 정제두의 활동 정답 ④

정답 잡는 키/워/드 **주자의 견해 비판, 지와 행은 하나라고 주장 → 정제두**

'주자의 견해 비판', '지와 행은 하나라고 주장' 등을 통해 (가) 인물이 양명학자 정제두임을 알 수 있어요. 양명학은 명대의 사상가 왕수인에 의해 정립된 사상으로, 성리학의 비현실성을 비판하면서 지행합일의 실천성을 중시하였어요. ④ 정제두는 18세기 초에 양명학을 체계적으로 연구하였으며, 강화도에서 후진 양성에 힘을 기울여 강화학파 형성의 기초를 마련하였어요.

오답 피하기

① 김종서, 황보인 등 단종을 보필하던 대신들이 계유정난을 계기로 정계에서 축출되었어요.

② 신숙주는 일본에 다녀와서 "해동제국기"를 편찬하였어요.

③ 서얼 출신의 학자인 박제가, 유득공, 이덕무 등이 정조 때 규장각 검서관으로 임용되었어요.

⑤ 이이는 군주가 수양해야 할 덕목을 제시한 "성학집요"를 저술하여 선조에게 바쳤어요.

403 유형원의 활동 정답 ⑤

정답 잡는 키/워/드 **"반계수록" 저술 → 유형원**

"반계수록"을 저술하였다는 내용을 통해 (가) 인물이 유형원임을 알 수 있어요. ⑤ 농업 중심의 개혁론을 강조한 유형원은 자영농 육성을 위해 관리, 선비, 농민 등 신분에 따라 토지를 차등 분배하자는 균전론을 주장하였어요.

오답 피하기

① 정조는 서얼 출신 학자들을 규장각 검서관으로 등용하기도 하였는데, 박제가, 유득공, 이덕무 등이 대표적인 인물이에요.

② "동국지리지"를 저술한 인물은 한백겸이에요.

③ 홍대용은 지전설과 무한 우주론을 주장하여 중국 중심의 세계관을 비판하였어요.

④ 박지원은 연행사를 따라 청에 다녀온 후 청에서 보고 들은 내용을 토대로 "열하일기"를 집필하였어요.

404 이익의 활동 정답 ⑤

정답 잡는 키/워/드 **"성호사설" → 이익**

"성호사설"을 통해 (가) 인물이 이익임을 알 수 있어요. 이익은 "성호사설"을 저술하여 노비제, 과거제, 벌열(閥閱) 등을 나라를 해치는 6가지 좀으로 규정하고 비판하였어요. ⑤ "곽우록"에서는 한 가정이 생활을 유지하는 데 필요한 최소한의 토지를 영업전으로 정하고 토지 매매를 제한하는 한전론을 주장하였어요.

오답 피하기

① 이벽은 중국에서 들여온 서학 관련 서적을 연구하여 자발적으로 천주교를 수용하고 전파한 초기 천주교도였어요. 정약용, 이승훈 등은 이벽과 교류하며 천주교를 받아들였어요.
② 김정희는 "금석과안록"에서 북한산비가 진흥왕 순수비임을 고증하였어요.
③ 이이는 "동호문답"에서 수취 제도 개편 등 다양한 개혁 방안을 제안하였어요.
④ 김장생은 "가례집람"을 지어 조선의 현실에 맞게 예학을 정리하였어요.

405 정약용의 활동

 정답 ⑤

정답 잡는 키/워/드 "목민심서"·"경세유표" 집필, 다산초당 → 정약용

다산초당에 머무르며 "목민심서"와 "경세유표"를 집필하였다는 내용을 통해 (가) 인물이 정약용임을 알 수 있어요. 정약용은 농업 중심의 개혁론을 주장한 조선 후기의 실학자였어요. 정조의 특별한 총애 속에서 여러 관직을 두루 역임하였으며, 정조의 개혁 정치를 지원하였어요. 또한, 학문 연구에 힘쓴 정약용은 과학 기술에도 관심을 두어 정조의 능행을 위해 한강에 배다리를 만들고, ⑤ "기기도설"을 참고하여 거중기를 제작하고 이를 수원 화성 축조에 이용하기도 하였어요. 정조 사후 오랫동안 유배 생활을 하면서 수령이 지켜야 할 지침과 지방 행정의 개혁안을 담은 "목민심서", 국가 제도의 개혁 방안을 제시한 "경세유표", 형법서인 "흠흠신서" 등 많은 저술을 남겼어요. 또한, 홍역의 증상과 치료법을 수록한 의서인 "마과회통"을 집필하였습니다.

오답 피하기

① 신숙주는 일본에 다녀와서 일본의 정치, 외교, 사회 등을 종합적으로 정리한 "해동제국기"를 편찬하였어요.
② 풍기 군수 주세붕은 최초의 서원인 백운동 서원을 세웠어요. 백운동 서원은 이후 이황의 건의에 따라 국왕으로부터 '소수 서원'이라는 현판을 받아 사액 서원이 되었어요.
③ 김정희는 청의 고증학을 수용하여 고증 방법을 발전·정착시켜 우리나라 금석학 발전에 크게 공헌하였어요. 그의 저서 "금석과안록"에서 북한산비가 진흥왕 순수비임을 고증하였어요.
④ 정제두는 양명학을 체계적으로 연구하였으며, 강화도에서 후진 양성에 힘을 기울여 강화학파를 형성하였어요.

406 정약용의 활동

정답 ⑤

정답 잡는 키/워/드 거중기 고안, 화성 건설에 참여, "경세유표"와 "목민심서" 저술 → 정약용

거중기를 고안하고 화성 건설에 참여하였으며, "경세유표"와 "목민심서"를 저술한 (가) 인물은 정약용이에요. 정약용은 조선 후기에 농업 중심의 개혁론을 펼친 실학자였으며, ⑤ 여전론을 제시하여 토지의 공동 소유와 공동 경작을 주장하였어요. 하지만 당장은 여전론의 실현이 어렵다고 보고 이후 정전제를 주장하였어요. 한편, 정약용은 과학 기술에도 관심이 많아 "기기도설"을 참고하여 거중기를 만들어 수원 화성을 축조하는 데 활용하였고, 화성 행차 때 정조가 한강을 안전하게 건널 수 있도록 배다리를 설치하였어요.

오답 피하기

① 박지원은 "양반전"에서 양반의 위선과 무능을 비판하였어요.
② 박제가는 "북학의"를 저술하여 청의 문물 수용을 강조하였어요.
③ 이제마는 사람의 체질을 연구하여 사상 의학을 확립하였어요.
④ 이만손은 "조선책략" 유포에 반발하여 영남 만인소를 주도하였어요.

407 정약용의 활동

 정답 ④

정답 잡는 키/워/드 여전의 법 시행, "전론" 저술 → 정약용

여전을 설정하여 마을 사람들로 하여금 다 함께 경작하게 하고 추수한 후에는 각각 일한 만큼 나눈다는 내용을 통해 실학자 정약용이 주장한 여전론임을 알 수 있어요. 여전론은 토지의 공동 소유 및 공동 경작과 노동량에 따른 수확물 분배를 주장한 토지 개혁론이었어요. 정약용은 오랫동안 유배 생활을 하면서 많은 저술을 남겼는데, ④ "경세유표"를 저술하여 국가 제도의 개혁 방향을 제시하였고, "목민심서"를 저술하여 수령이 지켜야 할 지침을 밝혔어요. 형법서인 "흠흠신서", 의서인 "마과회통"도 저술하였어요.

오답 피하기

① 홍대용은 "의산문답"에서 어느 곳이든 세계의 중심이 될 수 있다고 주장하며 중국 중심의 세계관을 비판하였어요.
② 이제마는 "동의수세보원"을 저술하여 같은 병이라도 사람의 체질에 맞게 처방해야 한다는 사상 의학을 확립하였어요.
③ 상공업 중심 개혁론의 선구자 유수원은 "우서"에서 사농공상의 직업적 평등과 전문화를 주장하였어요.
⑤ 박제가는 "북학의"를 저술하여 청의 문물을 적극적으로 수용하자고 주장하였으며, 재물을 우물에 비유하여 절약보다 소비를 권장하였어요.

408 홍대용의 활동

정답 ①

정답 잡는 키/워/드 혼천의 개량, "담헌서" 저술 → 홍대용

혼천의를 개량하였으며, 그의 학문이 "담헌서"에 정리되었다는 내용을 통해 (가) 인물이 홍대용임을 알 수 있어요. '담헌'은 홍대용의 호입니다. 홍대용은 연행사의 일행으로 청에 머무는 동안 그곳에 들어와 있던 서양 선교사들과 만나면서 서양 문물을 접하고 서양 과학의 영향을 받았어요. 이러한 경험을 바탕으로 홍대용은 기술 혁신과 문벌제도의 폐지를 강조하였고, 중국 중심의 사고에서 탈피하고자 하였어요. ① 홍대용은 저서 "의산문답"에서 지전설과 무한 우주론을 주장하여 중국 중심의 세계관을 비판하는 근거를 제공하였어요.

오답 피하기

② 정약용은 "기기도설"을 참고하여 제작한 거중기를 수원 화성 축조에 활용하였어요.
③ 장영실은 물의 흐름을 이용해 자동으로 시간을 알려 주는 장치를 갖춘 자격루를 제작하였어요.
④ 이제마는 같은 병이라도 사람의 체질에 맞게 처방해야 한다는 사상 의학을 정립한 "동의수세보원"을 편찬하였어요.
⑤ 최한기는 서양의 과학 기술과 천문·지구 등에 관한 내용을 정리한 "지구전요"를 저술하였어요.

409 홍대용의 활동

 정답 ①

정답 잡는 키/워/드 "의산문답" 저술 → 홍대용

"의산문답"을 저술한 인물은 홍대용이에요. 홍대용은 청에 왕래하면서 얻은 경험을 바탕으로 기술 혁신과 문벌제도의 철폐를 강조하였어요. 특히 성리학의 극복을 부국강병의 전제로 인식하였고, ① 지전설과 무한 우주론을 주장하여 중국 중심의 세계관에서 벗어나고자 하였어요.

오답 피하기

② 유득공은 저서 "발해고"에서 통일 신라와 발해를 가리켜 남북국이라는 용어를 처음 사용하였어요.
③ 김정희는 "금석과안록"을 저술하여 황초령비와 북한산비가 진흥왕 순수비임을 고증하였어요.

④ 서얼 출신인 이덕무, 유득공, 박제가 등이 정조 때 규장각 검서관에 등용되었어요.
⑤ 정약용은 마을 단위로 공동 소유한 토지를 공동 경작하고 생산물은 노동량에 따라 분배하자는 여전론을 주장하였어요.

410 박지원의 활동   정답 ①

정답 잡는 키/워/드

수레의 필요성 강조, "열하일기" 저술 → 박지원

저서 "열하일기"에서 수레의 필요성을 강조한 글을 쓴 인물은 박지원입니다. 박지원은 상공업 중심의 개혁을 주장한 실학자로, 청의 선진적인 문물을 보고 돌아와 "열하일기"를 집필하였어요. 또한, ① "양반전", "허생전" 등의 한문 소설을 지어 양반의 위선과 무능을 풍자하였어요.

오답 피하기

② 박제가는 "북학의"를 저술하여 재물을 우물에 비유하며 절약보다 적절한 소비의 중요성을 강조하였어요.
③ 이익은 "곽우록"에서 먹고사는 데 필요한 최소한의 토지를 영업전으로 설정하고 토지 매매를 제한하는 한전론을 제시하였어요.
④ 유수원은 "우서"에서 상공업 진흥을 위한 사농공상의 직업적 평등과 전문화를 주장하였어요.
⑤ 박세당은 "색경"에서 인삼, 담배, 수박 등 상품 작물의 재배법을 소개하였어요.

411 박제가의 활동   정답 ④

정답 잡는 키/워/드

"북학의" 저술 → 박제가

"북학의"를 저술하였다는 내용을 통해 (가) 인물이 박제가임을 알 수 있어요. 박제가는 상공업 중심의 개혁론을 주장한 북학파 실학자입니다. 정조 때 채제공을 따라 청에 가서 청의 발달한 문물을 경험하고 돌아온 뒤 청에서 보고 들은 것을 정리하여 "북학의"를 저술하였어요. ④ 박제가는 서얼 출신으로 유득공, 이덕무 등과 함께 규장각 검서관에 기용되었어요.

오답 피하기

① 최한기는 서양의 과학 기술과 천문·지구 등에 관한 내용을 정리한 "지구전요"를 저술하였어요.
② 홍대용은 "의산문답"에서 무한 우주론을 주장하며 중국 중심의 세계관을 비판하였어요.
③ 정약용은 "기기도설"을 참고하여 거중기를 제작해 이를 수원 화성 축조에 활용하였어요.
⑤ 박지원은 "양반전", "호질" 등의 소설을 지어 양반의 허례와 무능을 풍자하였어요.

412 박제가의 활동   정답 ③

정답 잡는 키/워/드

서얼 출신의 규장각 검서관, 재화를 우물물에 비유, 소비 촉진을 통한 생산력 증대 주장 → 박제가

서얼 출신으로 규장각 검서관에 발탁되었으며, 재화를 우물물에 비유하며 소비 촉진을 통한 생산력의 증대를 주장하였다는 내용을 통해 밑줄 그은 '그'가 박제가임을 알 수 있어요. ③ 박제가는 저서 "북학의"에서 청의 문물을 적극적으로 수용할 것을 주장하였으며 수레와 배의 이용을 권장하고 소비를 촉진하여 생산을 자극해야 함을 주장하였어요.

오답 피하기

① 정약용은 "기기도설"을 참고하여 거중기를 설계해 수원 화성의 건설 공사에 이용하였어요.
② 정제두는 양명학을 체계적으로 연구하여 강화학파를 형성하였어요.
④ 박지원은 "열하일기"를 저술하여 수레 사용과 화폐 유통의 필요성을 강조하였어요.
⑤ 유수원은 "우서"에서 상공업을 진흥시키기 위해서는 사농공상의 직업적 평등과 전문화가 이루어져야 한다고 주장하였어요.

413 조선 후기 사회 개혁론   정답 ③

조선 후기에 여러 학자들이 사회·경제적 변동으로 나타난 사회 문제를 해결하고 민생 안정과 부국강병을 이루기 위해 다양한 사회 개혁론을 제시하였어요. 유형원, 이익, 홍대용, 박지원, 박제가, 정약용 등이 대표적인 인물입니다. ③ 연행사를 따라 청에 다녀온 박지원은 청에서 보고 들은 내용을 바탕으로 쓴 "열하일기"에서 수레와 선박의 필요성을 강조하고 화폐 유통의 필요성을 주장하였어요.

오답 피하기

① "의산문답"에서 중국 중심의 세계관을 비판한 인물은 홍대용이에요. 이익은 농업 중심의 개혁론을 주장한 실학자로 한전론을 제시하였어요.
② "목민심서"를 저술한 인물은 정약용이에요. 홍대용은 무한 우주론과 지전설을 주장하였으며 "담헌서", "의산문답" 등의 저서를 남겼어요.
④ "성호사설"에서 사회 폐단을 여섯 가지 좀으로 규정한 인물은 이익이에요. 박제가는 대표적인 북학파 실학자로 "북학의"를 저술하였어요.
⑤ "북학의"에서 절약보다 적절한 소비를 권장한 인물은 박제가입니다. 정약용은 "목민심서", "흠흠신서", "경세유표" 등을 저술하였어요.

414 유득공의 활동   정답 ①

정답 잡는 키/워/드

"발해고"를 지음 → 유득공

"발해고"를 지었다는 내용을 통해 (가) 인물이 유득공임을 알 수 있어요. 유득공은 "발해고"에서 발해의 역사를 본격적으로 다루었고, 통일 신라와 발해를 지칭하여 남북국이라는 용어를 처음 사용하였어요. ① 서얼 출신인 유득공은 정조 때 박제가, 이덕무 등과 함께 규장각 검서관으로 발탁되어 활동하였어요.

오답 피하기

② 정제두는 양명학을 체계적으로 연구하여 강화학파를 형성하였어요.
③ 홍대용은 "의산문답"에서 지전설과 무한 우주론을 주장하며 중국 중심의 세계관을 비판하였어요.
④ 김정희는 금석학을 연구하고 저술한 "금석과안록"에서 북한산비가 진흥왕 순수비임을 처음으로 밝혀냈어요.
⑤ 이제마는 같은 병이라도 체질에 따라 치료를 달리하는 사상 의학을 정립하여 "동의수세보원"을 편찬하였어요.

415 김정희의 활동   정답 ③

정답 잡는 키/워/드

세한도, 완당 → 김정희

세한도를 그렸으며 '완당'이라는 호를 사용하였다는 내용을 통해 (가) 인물이 김정희임을 알 수 있어요. '완당', '추사' 등의 호를 사용한 김정희는 고증학의 영향을 받아 금석학에 조예가 깊어 ③ 금석문을 연구하고 저술한 "금석과안록"에서 북한산비가 진흥왕 순수비임을 고증하였어요. 또한, 예술적 능력도 뛰어나 세한도, 모질도, 부작란도 등의 그림을 남겼으며, 추사체라는 독특한 서체를 창안하기도 하였어요.

오답 피하기

① 유득공은 "발해고"에서 통일 신라와 발해를 가리켜 남북국이라는 용어를 처음 사용하였어요.
② 정약용은 중국에 들어온 선교사가 서양의 과학 기술을 소개하기 위해 간행한 "기기도설"을 참고하여 거중기를 설계하였어요. 거중기는 수원 화성 축조에 이용되었어요.
④ 정제두는 양명학을 체계적으로 연구하였으며, 강화도에서 후진 양성에 힘을 기울여 강화학파를 형성하였어요.
⑤ 안견은 안평 대군이 꿈속에서 본 무릉도원에 대한 이야기를 듣고 몽유도원도를 그렸어요.

416 김정희의 활동 정답 ②

정답 잡는 키/워/드 황초령비, 진흥왕의 고비, "완당집" → 김정희

황초령비와 흡사함을 파악하고 여러 차례 탁본을 해 살펴본 후 진흥왕의 고비로 정하였다는 내용을 통해 글을 쓴 인물이 김정희임을 알 수 있어요. '추사', '완당' 등의 호를 사용한 김정희는 고증학을 바탕으로 금석문 자료를 찾고 연구하는 데 힘을 쏟았어요. 이 과정에서 함경도 황초령에 있는 신라비와 북한산 비봉에 있는 석비가 진흥왕 순수비임을 고증하여 밝혀냈어요. 저서 "금석과안록"은 그가 두 비석의 글귀를 판독하고 고증하는 과정을 담은 고증서입니다. 한편, 김정희는 예술적 능력도 뛰어나 세한도, 모질도, 부작란도 등의 그림을 남겼으며, ② 역대 명필을 연구하여 자신만의 독특한 서체인 추사체를 창안하였어요.

오답 피하기

① 홍대용은 "담헌서"를 통해 과거제 폐지를 주장하였어요.
③ 박제가는 "북학의"에서 청의 선진 문물을 받아들여야 한다고 주장하였으며, 수레와 배의 이용을 권장하였어요.
④ 이긍익은 조선 시대의 정치·사회·문화를 기사본말체로 서술한 "연려실기술"을 편찬하였어요.
⑤ 최석정은 형이상학적인 역학(易學)을 바탕으로 수론을 전개한 "구수략"을 저술하였어요.

417 대동여지도 정답 ②

정답 잡는 키/워/드 김정호가 제작한 지도, 10리마다 눈금 → 대동여지도

김정호가 제작하였으며 10리마다 눈금을 표시한 지도는 대동여지도입니다. ② 산맥, 하천, 포구, 도로망 등이 자세하게 표시된 대동여지도는 전체 22첩의 목판본으로 되어 있어 대량 인쇄가 가능하였어요.

오답 피하기

① 정상기는 최초로 100리 척을 적용한 동국지도를 제작하였어요.
③ 우리나라에서 제작된 현존 최고(最古)의 지도는 조선 태종 때 만들어진 혼일강리역대국도지도입니다.
④ 이중환의 "택리지"는 각 지방의 연혁, 산천, 풍속 등을 자세하게 수록한 인문 지리서입니다.
⑤ 17세기 후반에 김수홍이 제작한 조선팔도고금총람도는 전국의 지리 정보에 주요 인물과 역사적 사실을 함께 적어 놓은 지도입니다.

418 조선 시대 지도와 지리서 정답 ②

조선 전기에는 중앙 집권과 국방 강화에 활용하기 위한 지도와 지리서가 주로 제작되었고, 조선 후기에는 우리 것에 대한 관심이 높아지고 상업이 발달한 사회 분위기가 반영된 지도나 지리서가 만들어졌어요. ② 조선 후기에 정상기는 우리나라 최초로 100리 척을 사용한 동국지도를 제작하였어요.

오답 피하기

① 조선 성종 때 "팔도지리지"를 참고하여 각 지역의 지리와 풍속을 정리한 "동국여지승람"이 편찬되었어요. "택리지"는 이중환이 저술한 인문 지리서입니다.
③ 조선 후기에 한치윤은 500여 종의 자료를 참고하여 단군 조선부터 고려 시대까지의 역사를 다룬 "해동역사"를 저술하였어요. 대동여지도는 조선 후기에 김정호가 제작한 전국 지도입니다.
④ 조선 후기에 이중환이 사민총론, 팔도총론, 복거총론, 총론 등으로 구성한 "택리지"를 저술하였어요. 이 중 복거총론에서 거주지의 이상적인 조건을 제시하였어요. "동국여지승람"은 조선 성종 때 간행된 인문 지리서입니다.
⑤ 조선 후기에 김정호는 전국 지도인 대동여지도를 제작하였어요. 목판으로 인쇄된 대동여지도에는 10리마다 눈금이 표시되어 있어 실제 거리를 계산할 수 있어요. 조선방역지도는 조선 전기에 제작된 지도로 전국 8도의 주현과 수영 및 병영이 표시되어 있어요.

419 조선 후기의 모습 정답 ③

정답 잡는 키/워/드 연행사 일행으로 홍대용이 연경에 감 → 조선 후기

연행사 일행으로 홍대용이 연경에 갔다는 내용을 통해 밑줄 그은 '시기'가 조선 후기, 18세기임을 알 수 있어요. ③ 조선 후기에 중국 베이징에서 마테오 리치에 의해 제작된 세계 지도인 곤여만국전도가 전해져 조선인의 세계관 확대에 큰 영향을 끼쳤어요.

오답 피하기

① 제중원은 1885년에 설립된 우리나라 최초의 서양식 국립 병원으로 처음 이름은 광혜원이었어요.
② 도병마사는 고려 시대에 고위 관리들이 모여 국방과 군사 등의 문제를 논의하던 회의 기구입니다.
④ 19세기 후반에 어린 고종을 대신하여 집권한 흥선 대원군이 경복궁 중건 비용을 마련하기 위해 당백전을 발행하였어요.
⑤ 벽란도는 고려 시대에 번성한 국제 무역항으로, 송과 일본의 상인은 물론 아라비아 상인도 왕래하였어요.

420 조선 후기의 문화 정답 ⑤

정답 잡는 키/워/드 민화 유행 → 조선 후기

다양한 주제의 민화가 왕실과 사대부뿐만 아니라 서민들에게도 인기를 끌었다는 내용을 통해 밑줄 그은 '시기'가 조선 후기임을 알 수 있어요. 민화는 생활 공간을 장식하거나 복을 기원하는 등의 용도로 주로 사용되었어요. 특히 무병장수를 기원하는 마음을 반영한 까치와 호랑이가 많이 그려졌어요. ⑤ 고려 시대에 예성강 하구의 벽란도가 국제 무역항으로 번성하여 송과 일본의 상인뿐 아니라 아라비아 상인도 왕래하였어요.

오답 피하기

① 조선 후기에 사람이 많이 모이는 곳에서 노래와 사설로 이야기를 표현하는 판소리 공연이 성행하였어요.
② 조선 후기에 양반의 위선적 모습이나 사회의 부정과 비리를 해학적으로 풍자한 탈춤 공연이 인기를 끌었어요.
③ 조선 후기에 보부상은 지방의 장시를 돌아다니며 물품을 팔고 전국의 장시를 하나의 유통망으로 연결하였어요.
④ 조선 후기에 "홍길동전", "춘향전" 등 한글 소설이 널리 읽혔고, 전문적으로 소설을 읽어 주는 전기수가 등장하였어요.

421 조선 후기의 문화 정답 ②

정답 잡는 키/워/드 한글 소설 유행, 전기수 인기 → 조선 후기

한글 소설이 유행하고 전기수가 인기였다는 내용을 통해 밑줄 그은 '이 시기'가 조선 후기임을 알 수 있어요. 조선 후기에 상품 화폐 경제가 발달하고 서당 교육이 확대되면서 서민의 경제력과 지위가 향상되었고, 의식 수준도 높아져 서민 문화가 발달하였어요. 이 시기에 "춘향전", "홍길동전" 등의 한글 소설과 형식이 자유로운 사설시조가 유행하였으며, 창과 사설로 이야기를 엮어 나가는 판소리와 양반의 위선과 사회 모순을 풍자한 탈놀이 등이 인기를 끌었어요. 한편, 조선 후기에 우리 문화에 대한 관심이 높아지면서 중국의 산수화를 모방하는 화풍에서 벗어나 ② 인왕제색도, 금강전도 등 우리나라의 산천을 소재로 하여 사실적으로 그린 진경 산수화가 등장하였어요.

오답 피하기

① 조선 전기 세조 때 원각사지 10층 석탑이 건립되었어요. 원각사지 10층 석탑은 고려 시대에 만들어진 경천사지 10층 석탑의 영향을 받았어요.
③ 조선 전기 태종 때 활자 주조를 관장하는 주자소가 설치되어 금속 활자인 계미자가 주조되었어요.

④ 고려 후기부터 제작된 분청사기가 조선 전기에 유행하였어요. 분청사기는 청자나 백자에서 볼 수 없는 자유롭고 실용적인 형태와 다양한 무늬로 꾸며졌어요.
⑤ 고려 후기에 청주 흥덕사에서 "직지심체요절"이 간행되었어요. "직지심체요절"은 현존하는 세계에서 가장 오래된 금속 활자 인쇄본이에요.

422 조선 후기의 문화 정답 ①

정답 잡는 키/워/드
한글 소설과 판소리 유행 → 조선 후기

한글 소설과 판소리가 유행하였다는 내용을 통해 밑줄 그은 '이 시기'가 조선 후기임을 알 수 있어요. 조선 후기에 서민 문화가 발달하면서 "홍길동전", "춘향전", "심청전" 등 한글 소설이 널리 읽히고, 서민이 즐길 수 있는 공연인 판소리와 탈놀이(탈춤) 등이 성행하였어요. ① 조선 태종 때 활자 주조 관청인 주자소가 설치되어 금속 활자인 계미자가 주조되었어요.

오답 피하기
② 조선 후기에 장시가 발달하고 사람이 많이 모이는 곳에서 탈놀이 등의 공연이 성행하였어요. 송파 산대놀이는 서울과 경기 지방에서 전승되는 탈놀이입니다.
③ 조선 후기에 상업이 발달하면서 대규모 자본으로 물품을 구매하는 독점적 도매 상인인 도고가 등장하였어요.
④ 조선 후기에 중인도 양반처럼 시사를 조직하여 문학 활동을 즐겼어요.
⑤ 조선 후기에 인삼, 담배 등이 시장에 내다 팔기 위한 상품 작물로 재배되었어요.

423 정선의 작품 정답 ①

정답 잡는 키/워/드
겸재, 진경 산수화 → 정선

'겸재'라는 호와 진경 산수화를 그렸다는 내용을 통해 (가) 인물이 정선임을 알 수 있어요. 조선 후기에 우리나라의 산천을 소재로 한 진경 산수화가 등장하였어요. 겸재 정선은 진경 산수화의 대표적인 화가로 금강전도, 인왕제색도 등의 작품을 남겼어요. ① 정선이 그린 금강전도입니다.

오답 피하기
② 김홍도가 그린 산수 인물도(애내일성)입니다.
③ 신윤복이 그린 월하정인입니다.
④ 강세황이 그린 영통동구도입니다.
⑤ 안견이 그린 몽유도원도입니다.

424 김홍도의 작품 정답 ②

정답 잡는 키/워/드
단원, 도화서 화원 출신 → 김홍도

호가 '단원'이며 도화서 화원 출신이라는 내용을 통해 (가) 인물이 김홍도임을 알 수 있어요. 김홍도는 조선 후기에 활동한 대표적인 풍속화가였어요. 서민의 일상생활을 익살스럽게 묘사한 풍속화를 비롯하여 산수화, 기록화, 초상화 등 다양한 작품을 남겼어요. ② 김홍도가 그린 타작입니다.

오답 피하기
① 정선이 그린 인왕제색도입니다.
③ 신윤복이 그린 단오풍정입니다.
④ 강세황이 그린 영통동구도입니다.
⑤ 김정희가 그린 세한도입니다.

425 신윤복의 작품 정답 ④

정답 잡는 키/워/드
조선 후기 풍속화가, 미인도, 양반들의 풍류와 남녀 사이의 애정을 소재로 한 작품이 다수 → 신윤복

조선 후기 풍속화가로 미인도를 남겼으며, 양반들의 풍류와 남녀 사이의 애정을 소재로 한 작품을 많이 남겼다는 내용을 통해 (가) 인물이 신윤복임을 알 수 있어요. 혜원 신윤복은 단원 김홍도와 더불어 조선 후기의 대표적인 풍속화가로 꼽힙니다. 섬세하고 세련된 필치로 양반들의 풍류와 남녀 사이의 애정을 묘사하였어요. ④ 신윤복이 그린 월하정인이에요.

오답 피하기
① 김홍도가 그린 씨름입니다.
② 강희안이 그린 고사관수도입니다.
③ 김득신이 그린 파적도입니다.
⑤ 강세황이 그린 영통동구도입니다.

426 세한도 정답 ④

정답 잡는 키/워/드
추사 김정희의 대표작, 김정희가 제주도 유배 당시 이상적에게 그려줌 → 세한도

김정희는 제주도에 유배된 자신을 잊지 않고 책을 보내 준 이상적에게 답례로 ④ 세한도를 그려 선물하였어요. 세한도는 이상적의 인품을 날씨가 추워진 뒤 제일 늦게 낙엽이 지는 소나무와 잣나무의 지조에 비유한 그림이에요.

오답 피하기
① 정선이 그린 인왕제색도입니다.
② 강세황이 그린 영통동구도입니다.
③ 안견이 그린 몽유도원도입니다.
⑤ 신윤복이 그린 월하정인입니다.

427 보은 법주사 팔상전 정답 ⑤

정답 잡는 키/워/드
현존하는 유일의 조선 시대 목탑 → 보은 법주사 팔상전

현존하는 유일의 조선 시대 목탑이라는 내용을 통해 (가)에 들어갈 문화유산이 ⑤ 법주사 팔상전임을 알 수 있어요. 보은 법주사 팔상전은 조선 후기에 지어진 대표적 건축물로, 내부에 석가모니의 생애를 여덟 장면으로 그린 팔상도가 있어요.

오답 피하기
① 공주 마곡사 대웅보전은 조선 후기에 지어진 중층 건물로, 내부가 거의 원형 그대로 보존되어 있어요.
② 김제 금산사 미륵전은 조선 후기에 지어진 3층 건물이지만, 거대한 미륵 삼존불 입상을 봉안하기 위해 내부는 3층까지 튼 통층으로 만들어졌어요.
③ 구례 화엄사 각황전은 조선 후기에 지어진 중층 건물로, 현존하는 중층의 불전 중에서 가장 큰 규모입니다.
④ 부여 무량사 극락전은 조선 중기에 지어진 중층 건물로, 내부는 통층으로 만들어졌어요.

428 청화 백자 정답 ④

정답 잡는 키/워/드
코발트 안료 사용, 조선 후기에 널리 보급됨 → 청화 백자

푸른색의 코발트 안료를 사용하여 만들어졌으며, 조선 후기에 널리 보급되었다는 내용을 통해 (가)에 들어갈 문화유산이 청화 백자임을 알 수 있어요. ④ 조선 후기에 제작된 청화 백자 죽문 각병입니다.

오답 피하기
① 조선 전기에 제작된 분청사기 박지 연화어문 편병입니다.
② 고려 시대에 제작된 청동 은입사 포류수금문 정병입니다.
③ 고려 시대에 상감법을 활용하여 만든 청자 상감 운학문 매병입니다.
⑤ 고려 시대에 제작된 순청자로 청자 참외 모양 병입니다.

본문 156~158쪽

1		흥선 대원군			
429 ①	430 ②	431 ⑤	432 ③	433 ⑤	434 ④
435 ④	436 ④	437 ④	438 ②	439 ④	440 ①

429 흥선 대원군의 활동 정답 ①

정답 잡는 키/워/드
고종의 즉위로 집권 → 흥선 대원군

고종의 즉위로 집권하였다는 내용을 통해 (가) 인물이 흥선 대원군임을 알 수 있어요. 제시된 어록 중 첫 번째는 당파와 신분을 가리지 않고 인재를 고르게 등용하겠다는 의지를 담은 것이며, 두 번째는 서원의 폐단을 지적하여 이를 개혁하겠다는 의지를 내세운 것이에요. ① 정조는 왕권을 군사적으로 뒷받침하기 위해 왕의 친위 부대인 장용영을 설치하였어요.

오답 피하기
② 흥선 대원군은 경복궁 중건에 필요한 재정을 마련하기 위해 원납전을 강제 징수하고, 고액 화폐인 당백전을 발행하였어요.
③ 흥선 대원군은 "속대전"과 "대전통편" 편찬 이후 추가된 각종 법규를 모아 보완하여 "대전회통"을 편찬하였어요.
④ 흥선 대원군은 붕당의 근거지로 변질되어 면세·면역의 혜택을 누리면서 백성을 수탈하던 서원을 전국에 47개소만 남기고 모두 철폐하였어요.
⑤ 흥선 대원군은 환곡의 폐단을 바로잡기 위해 마을 단위로 사창을 설치하고 자율적으로 운영하도록 하였어요.

430 흥선 대원군 집권 시기의 사실 정답 ②

정답 잡는 키/워/드
"대전통편" 이후 새롭게 편찬된 법전,
조선 시대 마지막 통일 법전 → "대전회통"

"대전통편" 이후 80여 년 만에 새로 편찬된 조선 시대 마지막 통일 법전은 고종 때 편찬된 "대전회통"이에요. 나이 어린 고종이 즉위하자 국왕의 생부로서 대신 국정을 운영한 흥선 대원군은 "속대전"과 "대전통편" 편찬 이후 추가된 각종 법규를 모아서 보완하고 정리한 "대전회통"을 편찬하였어요. 따라서 고종의 친정이 이루어지기 전, 흥선 대원군의 집권 시기에 볼 수 있는 모습을 찾으면 됩니다. ② 흥선 대원군이 만동묘를 철폐하자 유생들이 반발하며 만동묘 복구를 주장하였으나 받아들여지지 않았어요. 흥선 대원군이 권좌에서 물러난 후 고종은 만동묘를 복구하였어요.

오답 피하기
① 의관 허준 등이 왕명을 받아 편찬을 시작한 "동의보감"은 광해군 때 완성되었어요.
③ 세종은 집현전의 학자들과 함께 우리 고유의 문자인 훈민정음을 제정하고 반포하였어요. 집현전은 세조 때 폐지되었어요.
④ 세종 때 대마도주와 세견선의 입항 규모 등 무역에 관한 약속을 정한 계해약조가 체결되었어요.
⑤ 영조는 붕당 정치의 폐해를 극복하고 편당을 가르는 것을 경계하도록 하기 위해 성균관에 탕평비를 세웠어요.

431 흥선 대원군의 정책 정답 ⑤

정답 잡는 키/워/드
서원과 사묘 철폐, 만동묘 철폐, 서원 철폐령
→ 흥선 대원군

서원과 사묘를 철폐하고 남긴 것은 48개소에 불과하였다는 내용을 통해 (가) 인물이 흥선 대원군임을 알 수 있어요. 흥선 대원군은 세도 정치를 타파하고 통치 체제를 정비하면서 민생 안정을 추구하였어요. 그 일환으로 지방 사족의 세력 기반으로 변질되고 면세 특권을 누리며 농민을 수탈하는 전국의 수많은 서원을 정리하였으며, 명 황제에게 제사를 지내는 사당인 만동묘를 철폐하였습니다. 서원 철폐는 민생 안정과 재정 확충의 효과를 거둘 수 있는 개혁이었어요. 또한, 흥선 대원군은 삼정의 문란을 바로잡아 민생을 안정시키고자 하였어요. 이를 위해 양반에게도 군포를 징수하는 호포제를 실시하고, ⑤ 환곡의 폐단을 시정하고자 사창제를 실시하였어요.

오답 피하기
① 효종 때 청의 요청으로 나선 정벌을 위한 조총 부대가 파견되었어요.
② 숙종 때 조선과 청의 대표가 백두산 일대를 답사하여 국경을 확정하고 백두산정계비를 세웠어요.
③ 순조 때 신유박해가 일어나 이승훈 등 수많은 천주교 신자가 처형되었어요.
④ 정조 때 "경국대전"과 "속대전" 및 그 이후의 법령을 재정비한 "대전통편"이 편찬되었어요.

432 흥선 대원군 집권 시기의 사실 정답 ③

정답 잡는 키/워/드
경복궁 중건 → 흥선 대원군 집권 시기

어린 나이로 왕이 된 고종을 대신하여 왕의 친부인 흥선 대원군이 집권한 시기에 왕실의 위엄을 회복하고자 경복궁 중건 사업이 추진되었어요. 따라서 흥선 대원군이 집권한 시기의 사실을 찾으면 됩니다. 흥선 대원군은 세도 정치로 문란해진 정치 질서를 바로잡고 왕권을 강화하기 위해 비변사를 혁파하고 의정부와 삼군부를 부활하는 등의 정치 개혁을 추진하였어요. 이러한 가운데 실추된 왕실의 권위를 바로 세우기 위해 경복궁 중건 사업을 추진하고 ㄷ. 원납전 징수, 당백전 발행 등을 통해 중건에 필요한 비용을 마련하였어요. 또한, 흥선 대원군은 철종 말년부터 거세게 일어난 농민 봉기의 혼란 상황을 해결하고 봉기의 주요 원인이었던 삼정의 문란을 바로잡고자 호포제, ㄴ. 사창제를 실시하였어요.

오답 피하기
ㄱ. 중종 때 외적의 침입에 대비하여 임시 기구로 비변사가 처음 설치되었어요.
ㄹ. 정조 때 "경국대전"과 "속대전"을 통합·보완하여 "대전통편"이 편찬되었어요.

433 병인박해 정답 ⑤

정답 잡는 키/워/드
흥선 대원군 집권 시기 천주교 신자들 탄압 → 병인박해

흥선 대원군 집권 시기에 프랑스 선교사 베르뇌 주교가 처형되고 천주교 신자들이 탄압을 받았다는 내용을 통해 (가) 사건이 병인박해(1866)임을 알 수 있어요. 흥선 대원군은 연해주를 차지하고 위협적으로 조선에 통상을 요구하는 러시아를 견제하고자 프랑스인 선교사를 통해 프랑스와 교섭하려고 하였지만 실패하였어요. 이러한 상황에서 천주교를 금지해야 한다는 여론이 거세지자 흥선 대원군은 천주교를 대대적으로 탄압하여 베르뇌 주교를 비롯한 9명의 프랑스 선교사와 수천 명의 천주교도를 탄압한 병인박해를 일으켰어요. ⑤ 병인박해 소식을 들은 프랑스는 이를 구실로 로즈 제독의 함대를 보내 강화도를 침범한 병인양요를 일으켰어요.

오답 피하기
① 신유박해가 원인이 되어 황사영 백서 사건이 일어났어요.
② 강화도 조약 체결 후 일본의 요청에 따라 김기수가 수신사로 파견되었어요.
③ 동학 농민 운동 당시 동학 농민군이 전주성을 점령하자 조선 정부는 청에 지원군 파견을 요청하였어요.
④ 조병갑의 탐학과 수탈에 맞서 고부 농민 봉기가 일어나자 조선 정부는 사태 수습을 위해 이용태를 안핵사로 파견하였어요.

434 병인양요

정답 ④

정답 잡는 키/워/드	프랑스군이 강화도를 침략, 외규장각 도서 등이 약탈됨 → 병인양요(1866)

프랑스군이 강화도를 침략하였으며, 당시 외규장각 도서가 약탈되었다는 내용을 통해 밑줄 그은 '이 사건'이 병인양요임을 알 수 있어요. 1866년에 병인양요를 일으켜 강화도를 침략한 프랑스군에 맞서 조선군은 항전하였어요. 문수산성에서 한성근 부대가, ④ 정족산성에서 양헌수 부대가 맞서 싸워 프랑스군을 물리쳤어요. 하지만 프랑스군은 퇴각하면서 강화도 외규장각의 도서를 약탈하고 외규장각 건물을 불태웠어요.

오답 피하기

① 청군의 개입으로 종결된 사건으로 임오군란, 갑신정변 등을 들 수 있어요.
② 조선은 임오군란으로 피해를 입었다며 보상을 요구하는 일본과 제물포 조약을 체결하여 일본에 배상금을 지불하고 공사관 경비를 위한 일본군의 조선 주둔을 허용하였어요.
③ 1868년에 독일 상인 오페르트가 통상 협상에 이용하기 위해 흥선 대원군의 아버지인 남연군의 묘를 도굴하려다가 실패하였어요. 이 사건으로 조선인이 가졌던 서양 세력에 대한 반감이 더욱 커졌어요.
⑤ 1885년에 영국은 러시아의 남하를 저지한다는 명분을 내세우며 거문도를 불법으로 점령하였어요.

435 병인양요의 배경

정답 ④

정답 잡는 키/워/드	양헌수, 정족산 → 병인양요

양헌수가 정족산에서 서양인들을 물리쳤다는 내용을 통해 자료의 사건이 1866년에 일어난 병인양요임을 알 수 있어요. 병인양요는 ④ 프랑스인 선교사와 천주교 신자들이 처형당한 병인박해를 빌미로 프랑스 군대가 강화도를 침략한 사건이에요. 이때 한성근이 이끄는 부대가 문수산성에서, 양헌수가 이끄는 부대가 정족산성에서 항전하여 이들을 물리쳤어요. 프랑스군은 퇴각하면서 외규장각 건물을 불태우고 그 안에 보관되어 있던 의궤 등을 약탈해 갔어요.

오답 피하기

① 흥선 대원군은 병인양요와 신미양요 등 서양 세력의 침략을 겪은 이후 종로와 전국 각지에 척화비를 건립하여 서양 세력과의 통상 수교 거부 의지를 널리 알렸어요.
② 1868년에 독일 상인 오페르트가 조선 정부에 통상을 요구하였다가 거절당하자 흥선 대원군의 아버지인 남연군의 묘를 도굴하여 그 유해를 통상 요구에 이용하려다가 실패하였어요.
③ 임오군란 후 청은 조선의 정세를 안정시킨다는 명분을 앞세워 위안스카이가 이끄는 군대를 조선에 파견하였어요.
⑤ 1880년에 제2차 수신사로 일본에 파견되었던 김홍집이 귀국할 때 가지고 온 "조선책략"이 국내에 유포되었어요. 이에 반발하여 이만손을 비롯한 영남 유생들이 만인소를 올렸어요.

436 병인양요

정답 ④

정답 잡는 키/워/드	정족산성 전투, 양헌수, 로즈 제독의 함대가 강화도 침략 → 병인양요

로즈 제독의 함대가 강화도를 침략한 사건이며, 양헌수 장군이 정족산성에서 이를 물리쳤다는 내용을 통해 (가) 사건이 병인양요임을 알 수 있어요. ㄹ. 조선 정부가 프랑스인 선교사들을 처형한 병인박해가 구실이 되어 병인양요가 일어났어요. 프랑스군이 강화도를 침략하자 양헌수 부대가 정족산성에서 맞서 싸워 물리쳤는데, 퇴각하던 ㄴ. 프랑스군이 강화도의 외규장각 도서와 각종 문화유산을 약탈해 갔어요.

오답 피하기

ㄱ. 러시아가 석탄고 기지로 이용하려고 절영도의 조차를 요구하자, 독립 협회는 1898년에 만민 공동회를 열어 러시아의 절영도 조차 요구를 저지하였어요.
ㄷ. 신미양요 당시 어재연이 이끄는 부대가 광성보에서 미군에 결사 항전하였으나 패배하였어요.

437 흥선 대원군 집권 시기의 사실

정답 ④

정답 잡는 키/워/드	• 흥선 대원군과 부대부인의 봉작을 내림 → (가) 고종 즉위(1863) • 서양과의 통상 수교 거부 의지를 담은 비석을 종로에 세움 → (나) 척화비 건립(1871)

(가)는 흥선 대원군과 부대부인의 봉작을 내린다는 내용을 통해 고종이 즉위하는 상황임을 알 수 있어요. 철종이 후사 없이 승하하자 왕족 중 이하응의 둘째 아들이 대통을 이어 즉위하였고, 이하응은 흥선 대원군에 봉해졌어요. 흥선 대원군은 어린 나이에 왕이 된 고종을 대신하여 국정을 운영하였어요. (나)는 서양 오랑캐가 침범하였을 때 싸우지 않는 것은 나라를 팔아먹는 것이라는 내용을 새긴 비석을 종로에 세웠다는 것으로 보아 신미양요 이후 척화비를 세우는 상황임을 알 수 있어요. 흥선 대원군은 병인양요, 신미양요 등 서양 세력의 침략을 겪은 이후 서양과의 통상 수교 거부 의지를 담은 척화비를 종로와 전국 각지에 세웠어요. ④ 1868년에 독일 상인 오페르트가 흥선 대원군의 아버지인 남연군의 묘를 도굴하여 그 유해를 통상 협상에 이용하려다가 도굴에 실패하였어요.

오답 피하기

① 1885년에 영국은 러시아의 남하를 견제한다는 구실로 거문도를 불법으로 점령하였어요. (나) 이후의 사실이에요.
② 1875년에 일본의 군함 운요호가 허락 없이 강화도로 접근하여 조선군과 일본군 사이에 충돌이 일어났고, 운요호가 보복에 나서 영종도를 공격하였어요. 이 사건을 계기로 이듬해 강화도 조약이 체결되었어요. (나) 이후의 사실이에요.
③ 아관 파천 이후 대한 제국에 대한 영향력을 확대한 러시아는 1903년에 용암포를 점령하고 조차를 요구하였어요. (나) 이후의 사실이에요.
⑤ 조·미 수호 통상 조약 체결 이듬해인 1883년에 미국은 푸트 공사를 조선에 파견하였어요. (나) 이후의 사실이에요.

438 제너럴 셔먼호 사건

정답 ②

정답 잡는 키/워/드	평양 군민들이 대동강에서 이양선 격침 → 제너럴 셔먼호 사건

평양 군민들이 대동강에서 이양선을 격침하였다는 내용을 통해 밑줄 그은 '이 사건'이 제너럴 셔먼호 사건임을 알 수 있어요. 1866년에 미국 상선 제너럴 셔먼호의 선원들이 대동강을 거슬러 평양까지 들어와 조선 정부에 통상을 요구하며 관리를 납치하고 민간인을 죽이는 등 만행을 저질렀어요. 이에 평안 감사 박규수의 지휘 아래 평양 관민이 제너럴 셔먼호를 불태워 침몰시켰어요. ② 1871년에 미국이 제너럴 셔먼호 사건을 구실로 강화도를 침략하여 신미양요가 일어났어요.

오답 피하기

① 신유박해는 조선 순조 때인 1801년에 일어났어요. 신유박해가 원인이 되어 황사영 백서 사건이 발생하였어요.
③ 1894년 동학 농민 운동 당시 전주성을 점령한 동학 농민군은 외세의 개입을 막고자 정부와 전주 화약을 체결하였어요.
④ 병인양요 때 프랑스군이 퇴각하면서 강화도 외규장각의 도서를 약탈해 갔어요.
⑤ 1868년에 독일 상인 오페르트가 흥선 대원군의 아버지인 남연군의 묘를 도굴하여 그 유해를 통상 협상에 이용하려다가 도굴에 실패하였어요. 이에 조선에서 서양 세력에 대한 반감이 더욱 높아져 흥선 대원군의 통상 수교 거부 정책이 강화되었어요.

439 제너럴 셔먼호 사건 이후의 사실 정답 ④

정답 잡는
키/워/드

> 평양의 대동강에서 미국 상선의 선원이 살해되고
> 배가 불탐 → 제너럴 셔먼호 사건(1866)

대동강에서 미국 상선의 선원이 살해되고 배가 불탔다는 내용을 통해 밑줄 그은 '사건'이 제너럴 셔먼호 사건임을 알 수 있어요. 1866년에 미국 상선 제너럴 셔먼호가 대동강을 거슬러 평양까지 올라와 통상을 요구하며 살인과 약탈을 자행하자 평안 감사 박규수의 지휘 아래 평양 관민이 배를 불태워 침몰시킨 제너럴 셔먼호 사건이 일어났어요. 이를 구실로 미국은 조선에 배상금 지불과 통상을 요구하였으나 흥선 대원군이 거부하였어요. 이에 로저스 제독이 이끄는 미국 함대가 1871년 강화도를 침략하여 신미양요가 일어났어요. ④ 미군이 초지진을 함락하고 광성보를 공격해 오자 조선 수비대가 항전하였으나 패배하고, 항전을 이끈 어재연도 전사하였어요.

오답 피하기

① 순조 때인 1811년에 홍경래 등은 서북인에 대한 차별과 지배층의 수탈에 항거하여 홍경래의 난을 일으켰어요.
② 철종 때인 1862년에 경상 우병사 백낙신의 탐학에 항거하여 일어난 진주 농민 봉기를 시작으로 전국 각지에서 임술 농민 봉기가 일어났어요.
③ 순조 때인 1801년에 신유박해가 일어나자 천주교 신자였던 황사영이 중국 베이징 교구의 주교에게 군대 출병을 요청하는 편지를 보내려고 하다가 발각된 황사영 백서 사건이 발생하였어요.
⑤ 효종은 청의 요청에 따라 나선 정벌을 위한 조총 부대를 파견하였어요.

440 신미양요 이후의 사실 정답 ①

정답 잡는
키/워/드

> 어재연 장군의 부대가 광성보에서 미군에 맞서 결사 항전
> → 신미양요(1871)

어재연 장군의 부대가 광성보에서 미군에 맞서 결사 항전하였으나 끝내 함락을 막지 못하였다는 내용을 통해 (가) 사건이 신미양요임을 알 수 있어요. 1871년에 미군이 제너럴 셔먼호 사건을 빌미로 강화도를 침략하여 신미양요가 일어났어요. 이때 어재연 장군이 이끄는 부대가 광성보에서 맞서 싸웠으나 패배하였어요. ① 신미양요 이후 흥선 대원군은 서양 세력과의 통상 수교 거부 의지를 알리기 위해 종로와 전국 각지에 척화비를 세웠어요.

오답 피하기

② 1866년에 미국 상선 제너럴 셔먼호의 선원들이 통상을 요구하며 횡포를 부리자 평양 관민이 제너럴 셔먼호를 불태웠어요. 신미양요의 배경에 해당합니다.
③ 1866년 병인양요 때 한성근 부대가 문수산성에서 프랑스군에 항전하였어요.
④ 순조 때인 1801년에 신유박해가 일어나 많은 천주교도가 처형되었어요.
⑤ 1868년에 독일 상인 오페르트가 조선 정부와의 통상 협상에 이용하기 위해 흥선 대원군의 아버지인 남연군의 묘를 도굴하려 하였어요.

본문 159~163쪽

2 개항~갑신정변

441 신미양요 이후의 사실 정답 ④

정답 잡는
키/워/드

> 광성보에서 군사가 다치고 장수가 사망
> → 신미양요(1871)

광성보에서 군사가 다치고 장수가 죽었다는 내용을 통해 자료의 상황이 미군이 강화도를 침공한 신미양요임을 알 수 있어요. 1871년에 미국은 제너럴 셔먼호 사건을 빌미로 배상금 지불과 조선의 개항을 요구하며 1,200여 명의 병력을 동원하여 강화도를 침공하였어요. 미군이 초지진을 함락하고 광성보를 공격하자 어재연이 이끄는 부대가 격렬하게 항전하였으나 패배하였어요. 하지만 조선군의 저항이 계속되고 조선 정부도 협상에 응하지 않자 미군은 조선을 개항하는 것이 쉽지 않다고 판단하고 물러났어요. ④ 1875년에 허가 없이 강화도에 접근하는 일본 군함 운요호에 강화도의 조선군 수비대가 경고 포격을 가하자 이를 구실로 운요호가 초지진에 포격하고 이어 영종도를 공격하였어요. 이 사건을 계기로 이듬해 강화도 조약이 체결되었어요.

오답 피하기

① 1866년에 평양 관민은 대동강까지 들어와 통상을 요구하며 횡포를 부리는 미국의 상선 제너럴 셔먼호를 불태워 침몰시켰어요.
② 1866년에 병인박해 소식을 들은 프랑스는 이를 구실로 조선을 침략하려고 하였어요. 이에 프랑스 극동 함대 사령관 로즈 제독이 이끄는 함대가 한강을 거슬러 올라가 양화진까지 침입하였어요.
③ 1868년에 독일 상인 오페르트가 통상 수교 협상에 이용하기 위해 흥선 대원군의 아버지인 남연군의 묘 도굴을 시도하였으나 실패하였어요.
⑤ 1866년에 조선 정부는 9명의 프랑스인 선교사와 수많은 천주교도를 처형하는 병인박해를 일으켰어요.

442 강화도 조약 정답 ③

정답 잡는
키/워/드

> 운요호, 신헌 → 강화도 조약

일본의 구로다 기요타카와 조선의 신헌이 운요호 문제를 두고 대화를 하고 있는 것으로 보아 운요호 사건에 관한 대화임을 알 수 있어요. 1875년에 일본의 군함 운요호가 허락 없이 강화도로 접근하자 경고 포격을 가한 조선군과 일본군 사이에 충돌이 일어났고, 운요호는 보복에 나서 영종도를 공격하였어요(운요호 사건). 이 사건을 계기로 조선은 일본과 강화도 조약을 체결하였어요. 강화도 조약의 정식 명칭은 조·일 수호 조규로, 1876년에 강화도 연무당에서 체결되었습니다. 강화도 조약으로 조선은 부산 외 2곳의 항구를 개항하게 되었어요. 강화도 조약은 우리나라 최초의 근대적 조약이었으나, ③ 일본에 조선의 해안을 자유롭게 측량할 수 있는 권한과 조선에서 일어난 일본인 범죄에 대한 영사 재판권을 허용한 불평등 조약이었어요.

오답 피하기

① 1886년에 조·프 수호 통상 조약이 체결되면서 천주교 포교가 허용되었어요.
② 갑신정변의 영향으로 조선과 일본은 한성 조약을 체결하였어요. 그 결과 조선은 일본에 공사관 공사 비용과 배상금을 지불하였어요.
④ 통신사는 조선 전기부터 일본에 보낸 공식 사절단이에요. 강화도 조약 체결 이후 조선은 일본의 근대 문물을 시찰하기 위해 수신사를 파견하였어요.
⑤ 임오군란 이후 체결된 조·청 상민 수륙 무역 장정에서 최초로 외국 상인의 내지 통상권을 규정하였어요.

443 강화도 조약 정답 ⑤

정답 잡는
키/워/드

> 조·일 수호 조규, 1876년에 체결 → 강화도 조약

1876년에 체결되었으며, 조·일 수호 조규라고도 한다는 내용을 통해 검색창에 들어갈 조약이 강화도 조약임을 알 수 있어요. 흥선 대원군이 물러나고 고종이 직접 정치에 나서면서 통상 수교 거부 정책이 완화되었어요. 이러한 가

운데 일본이 1875년에 운요호 사건을 일으켜 이를 구실로 삼아 조선에 문호 개방을 강요하였어요. 그 결과 1876년에 조선은 일본과 강화도 조약을 맺고, ⑤ 조약에 명시된 부산 외 2곳에 개항장을 설치한다는 규정에 따라 부산에 이어 원산과 인천에 개항장을 설치하였어요.

오답 피하기

① 1882년에 체결된 조·미 수호 통상 조약에서 최혜국 대우를 최초로 규정하였어요.
② 1905년에 을사늑약이 강제로 체결되어 대한 제국은 외교권을 빼앗겼고 이듬해 통감부가 설치되었어요.
③ 1886년에 조·프 수호 통상 조약이 체결되면서 천주교 포교가 허용되었어요.
④ 1882년 임오군란 후 조선과 일본이 맺은 제물포 조약에 일본 경비병의 공사관 주둔이 명시되었어요.

444 부산 두모포 수세 사건 정답 ②

정답 잡는 키/워/드 동래부 거류지의 일본 상인과 거래하는 조선 상인으로부터 세금 징수, 두모진 해관 → 부산 두모포 수세 사건(1878)

동래부 거류지의 일본 상인과 거래하는 조선 상인으로부터 세금을 징수하였다가 일본 상인의 반발로 중단되었다는 내용과 '두모진 해관'을 통해 해설사가 설명하는 사건이 부산 두모포 수세 사건(1878)임을 알 수 있어요. 강화도 조약 체결 직후 조선 정부는 일본의 근대 시설을 살펴보기 위해 김기수를 제1차 수신사로 파견하였어요. 강화도 조약의 부속 조약이 체결되면서 부산에 최초로 거류지가 설정되고 일본인의 거주와 교역이 허용되었어요. 개항 이후 교역량이 늘어나자 교역 과정에서의 세금 문제에 관심을 갖게 된 조선 정부는 부산의 두모포 내에 해관을 설치하여 세금을 거두게 하였어요. 하지만 강화도 조약의 후속 조치로 체결된 조·일 무역 규칙에서 일본 상품에 대한 관세 규정을 두지 못하였기 때문에 일본 상인에게 직접적으로 관세를 징수할 수 없어 일본 상인과 거래하는 조선 상인을 상대로 상품세를 내게 하였어요. 이로 인해 무역 거래 물품의 가격이 급등하는 한편, 조선 상인들의 일본 상품 구매가 줄어들자 부산의 일본 상인들이 이러한 징세는 곧 관세라면서 항의하였고, 급기야 일본이 군함까지 동원하여 부산 앞바다에서 무력시위를 벌여 결국 조선 정부가 징세를 철회하는 상황이 일어났어요(부산 두모포 수세 사건, 1878). 한편, 한반도를 둘러싼 열강의 각축이 심해지는 가운데 1885년 러시아의 남하를 견제한다는 구실로 영국이 거문도를 불법 점령하였어요.

따라서 부산 두모포 수세 사건이 일어난 시기는 제1차 수신사 파견(1876)과 영국의 거문도 점령(1885) 사이인 ② (나)입니다.

445 통리기무아문 정답 ③

정답 잡는 키/워/드 1880년에 설치, 개화 정책 총괄 기구 → 통리기무아문

1880년에 개화 정책을 총괄하기 위해 설치되었으며, 소속 부서로 12사가 있었다는 내용을 통해 밑줄 그은 '이 기구'가 통리기무아문임을 알 수 있어요. 개항 후 조선 정부는 통리기무아문을 설치하여 개화 정책을 총괄하게 하였고, 그 밑에 12개 부서를 두어 각종 업무를 담당하게 하였어요. 통리기무아문은 ③ 5군영의 군사 조직을 2영으로 축소하고, 신식 군대인 별기군을 창설하였어요. 별기군은 일본인 교관을 초빙하여 근대식 훈련을 받았어요. 이외에도 일본과 청에 사절단을 파견하고 기기창, 전환국, 박문국 등 근대 시설을 설치하는 등의 개화 정책을 추진하였어요.

오답 피하기

① 제2차 갑오개혁 시기에 정부는 재판소를 설치하여 사법권을 독립시켰어요.
② 대한 제국이 미국과 합작하여 1898년에 한성 전기 회사를 설립하였어요. 한성 전기 회사는 한성 시내의 전등, 전차, 전화 사업의 운영권을 갖고 관련 사업을 추진하였어요.

④ 흥선 대원군 집권 시기에 경복궁 중건에 필요한 재정 문제를 해결하기 위해 고액 화폐인 당백전을 발행하였어요.
⑤ 제2차 갑오개혁을 추진하는 과정에서 고종이 교육 입국 조서를 반포하였어요. 이에 따라 정부는 한성 사범 학교 관제, 소학교 관제, 외국어 학교 관제 등을 제정하여 근대적 교육 제도를 마련하였어요.

446 개화 정책의 추진 정답 ②

정답 잡는 키/워/드
• 수신사 김기수 → (가) 제1차 수신사 파견(1876)
• 어윤중이 동래부 암행어사로 왕의 서신을 받고 일본으로 건너가 시찰함 → (나) 조사 시찰단 파견(1881)

(가)는 수신사 김기수가 나와 신문물에 관해 묻는 왕에게 답하는 내용으로 보아 강화도 조약 체결 직후 일본에 파견된 제1차 수신사가 돌아와 보고하는 상황임을 알 수 있어요. (나)는 어윤중이 동래부 암행어사로 임명되어 일본에 건너가 정국의 형세와 문물 등을 보고 오라는 왕의 비밀 서신을 받았다는 내용을 통해 1881년에 있었던 조사 시찰단 파견 상황임을 알 수 있어요. 개항 후 조선 정부는 1880년에 ② 통리기무아문과 12사를 설치하여 신식 군대인 별기군을 창설하고 기기창을 비롯한 근대 시설을 갖추는 등 개화 정책을 추진하였어요. 또한, 근대 문물을 살펴보기 위해 일본에 수신사와 조사 시찰단을, 청에는 영선사를 파견하였어요.

오답 피하기

① 조·미 수호 통상 조약 체결 후 1883년에 미국 공사의 부임에 대한 답례 형식으로 미국에 보빙사가 파견되었어요.
③ 1875년에 일본 군함 운요호가 강화도와 영종도를 무단 침입하자 강화의 조선군 수비대가 대응하였어요.
④ 1895년에 교원 양성을 위해 한성 사범 학교가 설립되었어요.
⑤ 1886년에 조·프 수호 통상 조약이 체결되어 천주교 포교가 허용되었어요.

447 통리기무아문 정답 ⑤

정답 잡는 키/워/드 1880년에 만들어진 개화 정책 총괄 기구, 12사 → 통리기무아문

고종 때 만들어진 개화 정책 총괄 기구로, 소속 부서에 12사를 두었다는 내용을 통해 (가) 기구가 통리기무아문임을 알 수 있어요. 조선 정부는 강화도 조약 이후 1880년에 통리기무아문을 설치하고 개화 정책을 추진하였어요. 개화 정책의 일환으로 군제를 5군영에서 2영으로 개편하고 별기군을 창설하였으며, 일본에 수신사와 조사 시찰단을 파견하였어요. 또한, ⑤ 청에도 영선사와 학생, 기술자를 파견하여 근대식 무기 제조 기술을 도입하고자 하였어요. 영선사 일행은 귀국 후에 기기창이라는 근대 무기 제조 공장을 설립하는 데 기여하였어요.

오답 피하기

① 제2차 갑오개혁 시기에 고종이 교육 입국 조서를 발표하였고, 이에 근거해 교원 양성을 위한 한성 사범 학교가 설립되었어요.
② 대한민국 임시 정부는 미국 워싱턴에 구미 위원부를 설치하여 외교 활동을 펼쳤어요.
③ 제2차 갑오개혁 시기에 고종이 개혁의 기본 방향을 제시한 홍범 14조를 반포하였어요.
④ 대한 제국의 재정 고문으로 파견된 메가타의 주도로 구 백동화를 제일 은행권으로 교환하는 화폐 정리 사업이 시행되었어요.

448 영선사 정답 ①

정답 잡는 키/워/드 청에 파견된 김윤식 → 영선사

"음청사"가 사절단으로 청에 파견된 김윤식이 쓴 일기라는 내용을 통해 (가) 사절단이 영선사임을 알 수 있어요. 조선 정부는 개항 직후 일본의 근대화된 모습과 국제 정세를 파악하기 위해 제1차 수신사(김기수)를 파견하였고, 1880년에는 제2차 수신사(김홍집), 1881년에는 비밀리에 조사 시찰단을 보냈어요. 또한, 1881년에 영선사 김윤식이 이끄는 유학생과 기술자를 청에 파견하여 톈진 기기국에서 근대 무기 제조 기술과 군사 훈련법 등을 배워 오게 하였어요. ① 이들은 귀국 후 근대식 무기 제조 공장인 기기창 설립을 주도하였어요.

 피하기

② 조선 시대에 일본에 보낸 공식적인 외교 사절을 통신사라고 합니다. 그러나 임진왜란 직후 단절된 국교를 회복하기 위해 일본의 요청으로 세 차례 파견된 사절단은 통신사라는 명칭 대신 '회답 겸 쇄환사'라는 이름을 붙였어요.
③ 제2차 수신사로 파견된 김홍집은 귀국하면서 청의 외교관 황준헌이 쓴 "조선책략"을 국내로 들여와 소개하였어요.
④ 조·미 수호 통상 조약 체결 후 미국 공사가 한성에 부임하자 이에 대한 답례로 조선 정부는 민영익, 홍영식, 서광범 등 11명으로 구성된 보빙사를 미국에 파견하였어요.
⑤ 1881년에 일본의 근대 문물 시찰을 위해 구성된 조사 시찰단은 당시 개화 반대 여론 때문에 비밀리에 출국하였어요.

---

449 조선책략 정답 ①

정답 잡는 키/워/드
러시아를 막는 책략, 친중국, 결일본, 연미국 → 조선책략

'중국을 가까이 하며(친중국), 일본과 관계를 공고히 하고(결일본), 미국과 연계하여(연미국) 자강을 도모'라는 내용을 통해 제시된 책이 "조선책략"임을 알 수 있어요. "조선책략"은 청의 외교관 황준헌이 조선이 나아가야 할 외교 방향에 대해 언급한 책으로, 조선이 러시아의 남하를 막기 위해서는 청, 일본, 미국과 연대해야 한다는 내용이 담겼어요. 제2차 수신사로 일본에 갔던 김홍집이 귀국할 때 이 책을 들여와 소개하였어요. 이후 ① 이만손 등 영남 유생들은 "조선책략" 유포와 정부 내 미국과의 수교 움직임에 반발하여 영남 만인소를 올렸어요.

 피하기

② 김기수는 강화도 조약 체결 직후 제1차 수신사로 일본에 파견되었어요.
③ 신미양요 때 어재연 장군이 이끄는 조선군이 광성보에서 미군에 항전하였어요.
④ 철종 때 진주 농민 봉기를 비롯하여 농민 봉기가 전국 각지에서 일어나자 정부는 봉기 수습을 위해 박규수를 안핵사로 파견하였고, 박규수의 건의에 따라 삼정의 문란을 바로잡기 위해 삼정이정청을 설치하였어요.
⑤ 세도 정치 시기에 홍경래가 평안도 지역에 대한 차별과 지배층의 수탈에 반발하여 난을 일으켜 정주성 등을 장악하였어요.

---

450 개화 정책의 추진 정답 ①

정답 잡는 키/워/드
황준헌의 책자("조선책략")
→ 1880년 제2차 수신사 김홍집 귀국 이후

황준헌의 책자, 즉 "조선책략"을 언급한 것으로 보아 자료의 상소는 제2차 수신사로 일본에 파견된 김홍집이 귀국한 이후에 쓰인 것임을 알 수 있어요. 김홍집은 귀국길에 "조선책략"을 조선에 들여왔어요. "조선책략"이 유포되어 그 내용이 알려지면서 위정척사 세력은 개화 정책과 미국과의 수교 움직임에 반대하는 목소리를 높여 척사상소를 올렸어요(1881). 하지만 일부 유생은 정학(성리학)을 받들되 자강을 위해 서양의 기술을 도입할 수 있다는 동도서기론을 제기하기도 하였어요. 자료의 상소를 올린 곽기락은 기본적으로는 위정척사의 입장에 서 있었지만, 이익이 된다면 서양 기술을 받아들일 수 있다는 입장을 가졌던 인물입니다. ① 영선사와 함께 청에 다녀온 이들이 중심이 되어 1883년에 근대식 무기 제조 공장인 기기창을 설립하였어요.

 피하기

② 1876년 강화도 조약 체결 후 김기수가 제1차 수신사로 일본에 파견되었어요.
③ 역관 오경석은 개항 이전부터 청에 왕래하면서 청에서 만든 세계 지리서인 "해국도지"를 들여왔어요. 오경석의 사상은 개화파 형성에 영향을 주었어요.
④ 1871년에 신미양요가 일어나자 어재연 부대가 광성보에서 미군에 맞서 결사 항전하였지만 패배하였어요.
⑤ 1866년에 미국 상선 제너럴 셔먼호가 평양에서 통상을 요구하며 살인과 약탈을 자행하자 평양 관민이 제너럴 셔먼호를 불태워 침몰시켰어요.

---

451 임오군란 정답 ⑤

정답 잡는 키/워/드
구식 군인들에 대한 차별 대우로 발생 → 임오군란

구식 군인들에 대한 차별 대우로 발생하였다는 내용을 통해 (가)가 임오군란임을 알 수 있어요. 조선 정부는 개항 이후 개화 정책을 추진하면서 신식 군대인 별기군을 창설하였어요. 별기군은 구식 군인보다 좋은 대우를 받았어요. 차별 대우로 불만이 커져 있던 구식 군인들은 13개월 만에 급료로 받은 쌀에 겨와 모래가 섞여 있자 분개하여 봉기하였어요. 구식 군인들은 일본 공사관과 궁궐을 습격하였고, 도시 하층민도 봉기에 합류하였어요. 고종은 흥선 대원군에게 사태의 수습을 맡겼고 흥선 대원군이 다시 집권하게 되었어요. 그러나 민씨 일파가 청에 지원을 요청하여 출동한 청군에 의해 군란은 진압되었고, 청은 흥선 대원군을 톈진으로 납치해 갔어요. ⑤ 임오군란 이후 조선 정부는 일본과 제물포 조약을 체결하여 일본에 배상금을 지불하고, 일본 공사관 경비를 위한 일본군의 주둔을 허용하였어요.

 피하기

① 갑신정변 당시 급진 개화파는 입헌 군주제를 모방한 근대 국가를 수립하고자 하였으며, 이후 독립 협회, 헌정 연구회 등의 단체가 정치 체제를 입헌 군주제로 개편하고자 하였어요.
② 임오군란은 청 군대에 의해 진압되었어요. 조선 총독부는 1910년에 일제가 국권을 강탈한 후 설치한 최고 식민 통치 기구였어요.
③ 우정총국 개국 축하연을 이용하여 급진 개화파가 갑신정변을 일으켰으나 청의 개입으로 3일 만에 실패하였어요.
④ 제2차 갑오개혁 당시 고종은 개혁의 기본 방향을 제시한 홍범 14조를 반포하였어요.

---

452 임오군란 정답 ①

정답 잡는 키/워/드
일본 공사관에 일본군이 경비를 서게 함 → 제물포 조약

일본 공사관에 일본군을 두어 경비를 서게 한다는 내용을 통해 자료의 조약이 제물포 조약임을 알 수 있어요. ① 구식 군인들이 일으킨 임오군란 이후 조선은 일본에 배상금 지급과 일본 공사관 경비를 위한 일본군의 주둔을 허용하는 제물포 조약을 체결하였어요.

 피하기

② 영국은 러시아의 남하를 견제한다는 명분을 내세워 거문도를 불법으로 점령하였어요(1885~1887).
③ 을미사변 이후 신변에 위협을 느낀 고종은 러시아 공사관으로 거처를 옮겼어요.
④ 동학 농민 운동 당시 전봉준이 이끄는 농민군은 황토현 전투와 황룡촌 전투에서 승리하고 전주성을 점령하였어요.
⑤ 김옥균을 비롯한 급진 개화파는 우정총국 개국 축하연을 기회로 갑신정변을 일으켰으나 실패하였어요. 이후 조선과 일본은 한성 조약을 체결하였어요.

---

453 임오군란의 영향 정답 ④

정답 잡는 키/워/드
개화 정책에 대한 불만과 구식 군인에 대한
차별 대우가 원인, 청이 흥선 대원군 납치 → 임오군란

개화 정책에 대한 불만과 구식 군인에 대한 차별 대우가 원인이 되어 일어났으며, 청이 그 책임을 물어 흥선 대원군을 납치해 갔다는 내용을 통해 밑줄 그은 '이 사건'이 임오군란임을 알 수 있어요. 1882년 임오군란이 일어나자 고종은 흥선 대원군에게 사태 수습을 맡겼고, 다시 집권한 흥선 대원군은 개화 정책을 총괄하는 통리기무아문과 별기군을 폐지하는 등 개화 정책을 중단하였어요. 그러나 당시 권력의 중심이었던 민씨 일파의 요청으로 청군이 개입하여 군란은 진압되었습니다. 임오군란 후 조선 정부는 일본과 제물포 조약을 체결하여 군란 중에 일본인이 입은 피해 보상을 약속하고 일본 공사관에 경비병이 주둔하는 것을 허용하였어요. 한편, 청은 군란이 진압된 이후 조선에 군대를 주둔시키고 조선의 내정과 외교에 간섭하였어요. 또한, ④ 조선 정부에 강요하여 조·청 상민 수륙 무역 장정을 체결하였어요. 이에 따라 허가받은 청 상인의 내지 통상이 허용되었어요.

 피하기

① 임술 농민 봉기가 확산되는 가운데 정부는 봉기의 주요 원인이었던 삼정의 문란을 바로잡기 위해 박규수의 건의에 따라 삼정이정청을 설치하였어요(1862).
② 신미양요 때 어재연 부대가 광성보에서 미군에 맞서 격렬하게 항전하였으나 패배하였어요(1871).
③ 신미양요 직후 흥선 대원군은 서양과의 통상 수교 거부 의지를 널리 알리기 위해 종로와 전국 각지에 척화비를 세웠어요(1871).
⑤ 고종이 직접 정치에 나서면서 조선의 통상 수교 거부 정책이 완화되었어요. 이를 틈타 일본은 조선을 개항하기 위해 자신들이 겪은 미국의 포함 외교를 본떠 군함 운요호를 보내 영종도를 공격하였어요(1875).

---

454 **조·청 상민 수륙 무역 장정** 정답 ④

정답 잡는 키/워/드

> 공주, 전주 등에 청 상인들이 물건을 팔러 옴,
> 청 상인들에게 상권을 빼앗김 → 조·청 상민 수륙 무역 장정

청의 상인이 내륙 지방의 공주, 전주 등지에서 물건을 팔고 있으며, 이로 인해 청 상인에게 상권을 빼앗긴 조선 상인이 많아졌다는 대화 내용을 통해 조·청 상민 수륙 무역 장정 체결 이후의 상황임을 알 수 있어요. ④ 조선은 임오군란 직후 청의 강요로 조·청 상민 수륙 무역 장정을 체결하여 허가를 받은 청 상인이 내륙 시장에서 상업 활동을 할 수 있도록 하였어요. 이후 최혜국 대우에 따라 다른 외국 상인의 내지 무역까지 가능해졌고, 외국 상인의 상업 활동으로 국내 상인의 피해가 커졌어요.

 피하기

① 일본은 1908년에 한국의 토지와 자원을 수탈할 목적으로 동양 척식 주식회사를 설립하였어요.
② 일제는 일본 기업과 자본의 한국 진출을 쉽게 만들기 위해 1920년에 회사령을 폐지하고 회사 설립을 신고제로 바꾸었어요.
③ 고종은 을미사변 이후 일본으로부터 위협을 느껴 러시아 공사관으로 피신하는 아관 파천을 단행하였어요.
⑤ 제1차 한·일 협약에 따라 일본이 파견한 재정 고문 메가타의 주도로 구 백동화를 제일 은행권으로 교환하는 화폐 정리 사업이 시행되었어요.

---

455 **갑신정변** 정답 ⑤

정답 잡는 키/워/드

> 김옥균이 일본 공사에게 일본군 지원 요청, 약속을 받음
> → 갑신정변(1884)

김옥균이 일본 공사에게 일본군 지원을 요청하고 약속받았다는 내용을 통해 자료에 나타난 상황이 갑신정변 직전임을 알 수 있어요. ⑤ 1884년에 김옥균 등 급진 개화파는 우정총국 개국 축하연에서 정변을 일으켜 민씨 정권의 핵심 인물들을 제거하고, 개화당 정부를 수립하여 개혁 정강을 발표하였어요. 그러나 청군이 출동하자 일본군은 약속을 어기고 곧바로 철수하였고, 정변은 3일 만에 진압되었어요.

① 별기군은 개화 정책 추진 과정에서 창설된 신식 군대입니다. 갑신정변 이전인 1881년에 창설되었어요.

 피하기

① 별기군은 개화 정책 추진 과정에서 창설된 신식 군대입니다. 갑신정변 이전인 1881년에 창설되었어요.
② 1876년 강화도 조약 체결 직후에 김기수가 수신사로 일본에 파견되었어요.
③ 1875년에 일본 군함 운요호가 영종도를 공격한 운요호 사건이 일어났어요. 운요호 사건을 계기로 이듬해 강화도 조약이 체결되었어요.
④ 1881년에 이만손 등 영남 유생들이 "조선책략" 유포와 정부 내 미국과의 수교 움직임에 반발하여 영남 만인소를 올렸어요.

---

456 **갑신정변** 정답 ⑤

정답 잡는 키/워/드

> 우정총국에서 개국 연회가 열림 → 갑신정변(1884)

우정총국 개국 연회가 열렸고 그 가운데 사건이 벌어진 것으로 보아 갑신정변 당시 상황임을 알 수 있어요. 김옥균, 박영효, 홍영식 등 급진 개화파는 우정총국 개국 축하연을 기회로 삼아 정변을 일으켜 ⑤ 개화당 정부를 수립하고 개혁 정강을 발표하여 국가 체제의 개혁을 모색하였어요. 그러나 청군의 개입으로 3일 만에 정변은 실패하고 김옥균, 박영효 등 주동자들이 일본으로 망명하였어요.

 피하기

① 임오군란 가운데 다시 정권을 잡은 흥선 대원군이 신식 군대인 별기군을 폐지하고 5군영을 부활하였어요.
② 1876년 강화도 조약 체결 직후에 김기수가 제1차 수신사로 일본에 파견되었어요.
③ 1860년대에 이항로, 기정진 등은 서양 세력의 통상 요구에 반대하면서 서양과 화의하지 않고 맞서 싸워야 한다는 척화주전론을 주장하였어요.
④ 임오군란이 일어나자 명성 황후가 궁궐을 빠져나와 장호원으로 피신하였어요.

---

457 **갑신정변** 정답 ①

정답 잡는 키/워/드

> 우정총국 개국 축하연,
> 거사 실패 후 주요 인물이 일본으로 망명 → 갑신정변

근대적 개혁을 추구하였으며, 우정총국 개국 축하연 때 거사가 일어났지만 실패하여 주요 인물이 일본으로 망명하였다는 내용을 통해 (가) 사건이 갑신정변임을 알 수 있어요. 갑신정변은 박규수 등의 영향을 받은 ① 김옥균, 박영효, 홍영식 등 급진 개화파가 주도하여 우정총국 개국 축하연을 기회로 삼아 일으킨 근대적 정치 개혁 운동이었어요. 갑신정변을 일으킨 급진 개화파는 급진적인 개혁을 통한 근대화를 추구하였어요. 하지만 정변은 청군이 개입하고 일본군이 지원한다는 약속을 어기고 철수하여 3일 만에 실패로 끝났어요. 이후 정변을 주도한 김옥균, 박영효 등이 일본으로 망명하였어요.

 피하기

② 조선 정부는 강화도 조약 체결 직후 일본의 근대 시설을 시찰하기 위해 수신사 김기수를 파견하였어요.
③ 고종은 대한 제국의 수립을 선포한 후 '옛것을 근본으로 삼고 새것을 참고한다'라는 구본신참을 기본 방향으로 삼아 광무개혁을 추진하였어요.
④ 1880년 개화 관련 정책을 총괄하는 기구로 통리기무아문이 설치되었어요.
⑤ 제2차 갑오개혁 시기에 고종은 국정 개혁의 기본 방향을 제시한 홍범 14조를 반포하였어요.

---

458 **갑신정변** 정답 ②

정답 잡는 키/워/드

> 김옥균 등이 일으킴,
> 일부 급진 개화파를 중심으로 개혁을 추진함 → 갑신정변

김옥균 등이 일으켰으며, 일부 급진 개화파를 중심으로 개혁을 추진하였다는 내용을 통해 밑줄 그은 '이 사건'이 갑신정변임을 알 수 있어요. 김옥균,

박영효 등 급진 개화파는 우정총국 개국 축하연을 이용하여 정변을 일으키고 개화 정부를 수립한 후 개혁 정강을 발표하였어요. 개화당 정부는 청과의 사대 관계 청산, 호조로 재정 일원화, 지조법 개혁, 문벌 폐지, 인민 평등권 확립, 능력에 따른 인재 등용 등의 내용을 담은 개혁안을 발표하고 개혁을 추진하였으나 청군의 개입으로 3일 만에 실패하였어요. 이후 정변을 주도한 김옥균, 박영효 등은 일본으로 망명하였어요. ② 갑신정변 이후 일본은 갑신정변의 책임을 조선에 떠넘기고 배상금 지불과 공사관 신축 비용 부담 등을 요구한 한성 조약의 체결을 강요하였어요.

오답 피하기

① 동학 농민 운동 당시 동학 농민군은 보국안민, 제폭구민의 기치를 내걸고 백산에서 봉기하였어요.
③ 동학 농민군과 전주 화약을 맺은 후에 조선 정부는 개혁 추진을 위해 임시로 교정청을 설치하였어요.
④ 구식 군인에 대한 차별 대우가 발단이 되어 임오군란이 일어났어요.
⑤ 조·미 수호 통상 조약 체결 후 미국 공사가 한성에 부임하자, 조선 정부는 답례 차원에서 전권대신 민영익, 부대신 홍영식 등으로 구성된 보빙사를 미국에 파견하였어요.

459 갑신정변 | 정답 ①

정답 잡는 키/워/드

김옥균, 홍영식 등의 역적들 → 갑신정변

김옥균과 홍영식을 역적으로 표현하고 있으며, 일본 사람들을 끼고 병기를 휘둘러 재상들을 죽였다는 내용을 통해 자료에 나타난 사건이 1884년에 일어난 갑신정변임을 알 수 있어요. 급진 개화파는 갑신정변을 일으키고 개화당 정부를 수립한 후 청과의 사대 관계 청산, 호조로 재정 일원화, 지조법 개혁, 문벌 폐지, 인민 평등권 확립, 능력에 따른 인재 등용 등의 내용을 담은 개혁 정강을 발표하여 개혁을 추진하고자 하였어요. 하지만 ① 청군이 출동하자 일본군이 약속을 어기고 곧 철수하여 정변은 3일 만에 실패하였어요.

오답 피하기

② 제2차 갑오개혁 과정에서 개혁의 기본 방향을 제시한 홍범 14조가 반포되었어요.
③ 통리기무아문은 1880년에 개화 정책을 총괄하기 위해 설치되었다가 1882년에 일어난 임오군란을 계기로 폐지되었어요.
④ 조선과 일본은 강화도 조약에 이어 체결한 조·일 무역 규칙에서 관세를 설정하지 않았어요. 1882년에 조선 정부가 조·미 수호 통상 조약을 체결하면서 처음으로 관세에 대한 규정을 마련한 후 조선과 일본도 조·일 통상 장정을 체결하여 관세를 설정하였어요.
⑤ 구식 군인에 대한 차별 대우가 발단이 되어 1882년에 임오군란이 일어났어요.

460 갑신정변 이후의 사실 | 정답 ⑤

정답 잡는 키/워/드

우정국의 개국 축하연 → 갑신정변(1884)

우정총국 개국 축하연에서 일어난 것으로 보아 자료의 사건이 갑신정변임을 알 수 있어요. 1884년에 김옥균, 박영효, 홍영식 등 급진 개화파는 정변을 일으킨 뒤 개화당 정부를 구성하고 개혁 정강을 발표하여 개혁을 추진하였어요. 그러나 청군의 개입으로 정변은 3일 만에 실패하였어요. 갑신정변 이후 조선 정부는 일본에 배상금 지불과 공사관 건축 비용을 제공한다고 약속한 한성 조약을 체결하였어요. ⑤ 1885년에는 청과 일본이 조선에서 양국 군대를 동시에 물러나게 하고 이후 조선에 군대를 보낼 때 미리 통보할 것을 약속한 톈진 조약을 체결하였어요.

오답 피하기

① 1876년에 강화도 조약이 체결된 직후 김기수가 일본에 수신사로 파견되었어요.
② 1866년에 대동강을 거슬러 평양에 들어온 미국 상선 제너럴 셔먼호의 선원들이 통상을 요구하며 횡포를 부리고 살인까지 저질렀어요. 이에 평안 감사 박규수의 지휘로 평양 관민이 제너럴 셔먼호를 불태워 침몰시켰어요.

③ 1875년에 허가 없이 강화도에 접근하는 일본 군함 운요호에 강화도의 조선 수비대가 경고 포격을 가하자, 이를 구실로 운요호가 초지진에 포격하고 영종도를 공격하였어요. 이 사건이 계기가 되어 이듬해 강화도 조약이 체결되었어요.
④ 1862년에 진주 농민 봉기 수습을 위해 파견되었던 안핵사 박규수가 삼정의 문란을 바로잡기 위한 방안으로 삼정이정청의 설치를 건의하였어요.

본문 164~171쪽

3 동학 농민 운동~대한 제국

461 ③	462 ①	463 ②	464 ①	465 ③	466 ⑤
467 ①	468 ③	469 ①	470 ①	471 ④	472 ⑤
473 ⑤	474 ②	475 ⑤	476 ⑤	477 ①	478 ②
479 ③	480 ①	481 ③	482 ④	483 ②	484 ④
485 ④	486 ③	487 ①	488 ⑤	489 ④	490 ③

461 거문도 사건 | 정답 ③

정답 잡는 키/워/드

거문리, 영국이 불법으로 점령 → 거문도 사건

유적의 소재지가 거문리이며, 영국이 함대를 보내 조선의 영토를 불법으로 점령하였다는 내용을 통해 밑줄 그은 '이 사건'이 거문도 사건임을 알 수 있어요. 갑신정변 이후 청의 내정 간섭이 더욱 심해지자, 고종이 러시아와의 비밀 협약을 추진하였어요. 이러한 가운데 세계 각지에서 러시아와 대립하고 있던 영국이 러시아의 남하를 견제한다는 구실로 우리 남해의 거문도를 불법 점령하였어요(1885). 청이 중재하여 영국의 요구대로 러시아가 조선의 영토를 침범하지 않겠다는 약속을 하면서 영국군이 거문도에서 철수하였습니다(1887).
따라서 거문도 사건이 일어난 시기는 임오군란과 청·일 전쟁 사이인 ③ (다)입니다.

462 유길준의 활동 | 정답 ①

정답 잡는 키/워/드

"서유견문" 집필 → 유길준

"서유견문"을 집필하였다는 내용을 통해 (가) 인물이 유길준임을 알 수 있어요. 유길준은 보빙사를 수행하여 미국으로 건너갔다가 미국에 남아 유학 생활을 하였어요. 갑신정변이 실패하면서 유길준은 미국 유학을 중단하고 유럽의 여러 나라를 거쳐 귀국하였어요. 갑신정변의 주모자들과 친분이 있다고 하여 개화당으로 간주되어 체포된 뒤 오랫동안 외부와 접촉이 제한된 연금 생활을 하였어요. 이 시기에 서양 각국의 역사, 지리, 제도, 풍속 등 다양한 분야를 다룬 "서유견문"을 집필하였어요. 또한, 영국이 거문도를 불법 점령하자 조선도 열강이 보장하는 중립국이 되어야 한다는 ① 조선 중립화론을 주장하였어요.

오답 피하기

② 김옥균, 박영효, 서광범 등 개화당 중 일부는 갑신정변이 실패하자 일본으로 망명하였어요.
③ 갑신정변 실패 후 서재필은 일본을 거쳐 미국으로 망명하였어요. 이후 귀국하여 독립신문을 창간하고 독립 협회를 창립하였어요.
④ 미국인 선교사 아펜젤러는 근대 교육 기관인 배재 학당을 설립하여 신학문 보급에 기여하였어요.
⑤ 박정양은 참정대신 자격으로 독립 협회가 주관한 관민 공동회에서 연설하였어요.

463 동학 정답 ②

| 정답 잡는 키/워/드 | 교조 최제우 → 동학 |

'교조 최제우'를 통해 (가) 종교가 동학임을 알 수 있어요. 동학은 마음속에 한 울님을 모시는 시천주를 강조하고 '사람이 곧 한울(하늘)'이라는 인내천을 내 세웠어요. 조선 정부는 유교적 사회 질서를 어지럽힌다는 이유를 들어 동학 을 탄압하고 혹세무민의 죄를 물어 교조 최제우를 처형하였어요. 하지만 제2 대 교주 최시형의 노력으로 교단이 정비된 동학은 ② 포접제를 활용하여 교 세를 점점 확장하였어요. 포접제는 마을이나 군 단위로 접을 조직하고 수십 개의 접을 포로 묶은 동학의 조직망입니다. 1890년대에 들어서 동학교도는 교조 최제우의 억울함을 풀어 달라는 교조 신원 운동을 전개하였어요. 서울 에서는 경복궁 광화문 앞에 엎드려 교조 신원을 호소하는 복합 상소 운동을 벌이기도 하였어요.

오답 피하기

① 고려의 승려 지눌은 불교계 개혁을 위해 수선사 결사를 조직하고 정혜쌍수와 돈 오점수를 주장하였어요.
③ 박중빈이 창시한 원불교는 허례 폐지, 저축 장려 등의 새 생활 운동과 간척 사업 을 추진하였어요.
④ 대종교는 만주에서 중광단을 조직하여 항일 무장 투쟁을 전개하였어요. 중광단 은 후에 북로 군정서로 발전하였어요.
⑤ 조선 정부는 제사와 신주 모시기를 거부하는 천주교를 사교로 규정하고 탄압하 였어요.

464 동학 농민 운동 정답 ①

조병갑의 탐학과 수탈에 저항하여 일어난 고부 농민 봉기를 수습하기 위해 파견된 안핵사 이용태가 오히려 봉기에 참여한 농민들을 탄압하자 전봉준 등 동학 지도부는 무장에서 농민군을 조직하여 봉기하였어요. 이어 백산에 집결해 4대 강령을 발표한 농민군은 ① 황토현 전투와 황룡촌 전투에서 관군 과 싸워 승리하고 전주성을 점령하였어요. 조선 정부는 전주성이 함락되자 청에 파병을 요청하였어요. 이에 청이 군대를 파견하였고, 이 소식을 들은 일 본도 조선에 있는 자국민을 보호한다는 구실로 군대를 보냈어요. 동학 농민 군은 청과 일본의 개입을 막기 위해 서둘러 정부와 전주 화약을 맺고 해산한 뒤 전라도 각지에 집강소를 설치하여 폐정 개혁을 실천해 나갔지요. 하지만 일본군이 경복궁을 무단으로 침범하고 조선의 내정에 간섭하자 재봉기하였 어요. 전봉준이 이끄는 남접과 손병희가 이끄는 북접이 논산에서 연합 부대 를 형성하고 서울을 향해 북상하였어요. 그러나 공주 우금치에서 동학 농민 군은 일본군과 관군에 크게 패배하였고, 이후 벌어진 전투에서도 연이어 패 배하였어요. 결국 전봉준 등 지도부가 체포되면서 동학 농민 운동은 막을 내 리게 되었어요.

오답 피하기

② 남접과 북접이 논산에서 연합한 것은 전주성 점령 이후의 사실이에요.
③ 우금치에서 일본군과 관군에 맞서 싸운 것은 전주성 점령 이후의 사실이에요.
④ 집강소를 중심으로 폐정 개혁안을 실천한 것은 전주성 점령 이후의 사실이에요.
⑤ 조병갑의 탐학에 저항하여 고부 관아를 습격한 것은 백산 봉기 이전의 사실이에요.

465 동학 농민 운동 정답 ③

| 정답 잡는 키/워/드 | • 화약 체결, 전주성에서 해산 → 전주 화약 체결
• 남접과 북접이 연합 → 동학 농민군의 2차 봉기 |

동학 농민 운동 당시 전주 화약 체결과 2차 봉기 사이 시기에 있었던 사실을 찾는 문제입니다. 동학 농민군이 전주성을 함락하자 조선 정부는 청에 파병 을 요청하였어요. 이에 따라 청이 군대를 파견하였고, 이 소식을 들은 일본도

조선에 있는 자국민을 보호한다는 구실을 내세워 파병하였어요. 동학 농민 군은 청과 일본의 개입을 막기 위해 서둘러 정부와 전주 화약을 맺고 해산한 후 전라도 각지에 집강소를 설치하여 치안을 유지하고 폐정 개혁을 실천해 나갔어요. 한편, ③ 전주 화약 체결 후 조선 정부는 청·일 양국 군대의 철수를 요구하였으나, 일본은 이를 거부하고 군대를 동원하여 경복궁을 기습 점령 하였어요. 이에 동학 농민군이 일본군 타도를 목표로 재봉기하였어요. 전국 각지에서 농민군이 다시 봉기하였고, 동학의 남접과 북접이 논산에서 연합 부대를 형성하고 서울을 향해 북상하였어요. 동학 농민군은 공주 우금치에 서 일본군과 관군을 상대로 치열하게 싸웠으나 패배하였어요. 이후 전봉준 등 지도부가 체포되면서 동학 농민 운동은 막을 내렸습니다.

오답 피하기

① 고부 농민 봉기 이후 파견된 안핵사 이용태가 봉기 참여자를 동학교도로 몰아 잡 아들이고 그 가족까지 체포하는 등 탄압하자 전봉준 등 동학 지도부는 무장에서 농민군을 조직하여 다시 봉기하였어요. 이어 백산에 집결하여 4대 강령을 발표 하였습니다. 전주 화약 이전의 사실이에요.
② 서울로 진격하던 동학 농민군은 공주 우금치 전투에서 일본군과 관군을 상대로 격전을 벌였으나 크게 패배하였어요. 2차 봉기 당시의 사실이에요.
④ 동학교도는 삼례와 보은에서 교조 최제우의 누명을 풀어 줄 것을 요구하는 집회 를 열었어요. 동학 농민 운동이 일어나기 이전의 사실이에요.
⑤ 고부 군수 조병갑의 탐학과 수탈에 저항하여 전봉준 등의 주도로 고부에서 농민 봉기가 일어났어요. 전주 화약 이전의 사실이에요.

466 전봉준의 활동 정답 ⑤

| 정답 잡는 키/워/드 | 일본 군사가 궁궐을 침범하였기에 재봉기함,
체포되어 재판을 받음 → 전봉준 |

일본군이 궁궐을 침범하였기에 다시 봉기하였다는 내용을 통해 동학 농민군 의 제2차 봉기와 관련된 공초이며, (가)는 동학 농민 운동에 참여하였다가 체 포된 인물임을 알 수 있어요. 동학 농민군의 제2차 봉기를 주도하다가 체포 되어 재판을 받은 (가) 인물은 전봉준입니다. ⑤ 전봉준이 이끈 동학 농민군 은 보국안민을 기치로 공주 우금치에서 일본군과 관군을 상대로 싸웠으나 크게 패배하였어요.

오답 피하기

① 민종식, 최익현 등 양반 유생과 신돌석 등 평민 의병장이 을사늑약 체결에 반발 하여 의병을 일으켰어요.
② 서재필은 독립 협회를 창립하고 독립문을 세우는 데 주도적 역할을 하였어요.
③ 최익현은 지부복궐척화의소를 올려 일본인도 서양 오랑캐와 다를 것이 없다는 왜양일체론을 주장하였어요.
④ 정미의병 당시 각지의 의병 부대들은 이인영을 총대장으로 13도 창의군을 결성 하고 서울 진공 작전을 전개하였어요. 작전 도중 이인영이 아버지의 부고 소식을 듣고 고향으로 돌아가자 군사장 허위가 지휘권을 이어받아 서울 진공 작전을 이 어 갔으나 실패하였어요.

467 전주 화약 체결 이후의 사실 정답 ①

동학 농민 운동 당시 전주 화약 체결 이후의 사실을 찾는 문제입니다. 동학 농민군이 전주성을 함락하자 조선 정부는 청에 파병을 요청하였어요. 이에 따라 청이 군대를 파견하였고, 이 소식을 들은 일본도 조선에 있는 자국민을 보호한다는 구실을 내세워 파병하였어요. 동학 농민군은 청과 일본의 개입 을 막기 위해 서둘러 정부와 전주 화약을 맺고 해산한 후 전라도 각지에 집강 소를 설치하여 치안을 유지하고 폐정 개혁안을 실천해 나갔어요. 하지만 일 본군이 군대를 동원하여 경복궁을 점령하고 조선 정부의 내정에 간섭을 한 다는 소식이 전해져 동학 농민군이 다시 봉기하였어요. ① 전봉준 중심의 남 접과 손병희 중심의 북접이 논산에서 연합하여 서울로 진격하였으나 우금치 전투에서 우세한 화력으로 무장한 일본군과 관군에 크게 패하였어요.

② 황룡촌 전투는 전주 화약 체결 이전에 있었어요. 동학 농민군은 황토현 전투와 황룡촌 전투 승리 이후 전주성을 점령하였어요.

③ 보은 집회는 동학 농민군이 봉기하기 이전인 1893년에 개최되었어요. 보은 집회에서 동학교도는 정부의 탄압으로 처형된 교조 최제우의 억울한 누명을 풀어 줄 것을 요구하였어요.

④ 고부 농민 봉기 이후 사태 수습을 위해 이용태가 안핵사로 파견되었으나 오히려 봉기에 참여한 농민군을 동학교도로 몰아 탄압하였어요. 이에 분노한 전봉준을 비롯한 농민들과 동학교도가 백산에서 다시 봉기하면서 동학 농민 운동이 본격적으로 전개되었어요. 전주 화약 체결 이전의 사실이에요.

⑤ 고부 군수 조병갑의 횡포에 맞서 전봉준이 농민을 이끌고 고부 관아를 습격하는 고부 농민 봉기를 일으켰어요. 전주 화약 체결 이전의 사실이에요.

---

468 동학 농민 운동 정답 ③

> **정답 잡는 키/워/드**
> • 전주 화약 체결 → 전주 화약 시기
> • 전봉준 체포 → 동학 농민 운동 실패

전주 화약 체결과 전봉준의 체포 장면을 통해 (가)에는 전주 화약 시기와 동학 농민군 2차 봉기 시기의 사실이 들어가야 함을 알 수 있어요. 전주 화약 체결 뒤에 스스로 해산하였던 농민군은 일본군이 경복궁을 무력으로 점령하자 반일 기치를 내세워 다시 봉기하였어요. 전봉준의 남접과 손병희의 북접이 논산에서 연합 부대를 결성하여 북상하면서 일본군과 맞서 싸웠어요. 하지만 ③ 동학 농민군의 주력 부대는 우금치 전투에서 일본군과 관군에 크게 패하였어요. 우금치 전투 패배 뒤에 피신해 있던 전봉준은 옛 부하의 밀고로 체포되어 일본군에 넘겨져 서울로 압송되었어요.

① 최시형은 교조 최제우 체포 후 동학의 2대 교주가 되어 교조 신원 운동을 이끌었어요. #1 이전에 들어갈 장면이에요.

② 고부 농민 봉기의 수습을 위해 파견된 안핵사 이용태가 오히려 봉기에 참여한 농민군을 동학교도로 몰아 탄압하였어요. 이에 분노한 전봉준을 비롯한 농민들과 동학교도가 보국안민, 제폭구민의 기치를 내걸고 백산에서 다시 봉기하였어요. #1과 #2 사이에 들어갈 장면이에요.

④ 동학 농민군은 신무기 장태를 사용하여 황토현 전투에 이어 황룡촌 전투에서도 관군에 크게 승리하였어요. #2와 #3 사이에 들어갈 장면이에요.

⑤ 동학교도는 혹세무민의 죄목으로 처형된 교조 최제우의 억울한 누명을 풀어 줄 것을 요구하며 서울에 올라와 경복궁의 광화문 앞에 엎드려 교조 신원을 호소하는 복합 상소 운동을 펼쳤어요. #1 이전에 들어갈 장면이에요.

---

469 근대 개혁의 추진 정답 ①

> **정답 잡는 키/워/드**
> • 화약 체결, 전주성에서 물러가기를 요청, 폐정 개혁과 농민군의 신변 보장 요구 → 전주 화약 체결
> • 군국기무처에서 과거제 폐지 → 제1차 갑오개혁

첫 번째 그림은 전주성에서 물러나라는 관군의 요구와 폐정 개혁 및 농민군의 신변 보장을 해달라는 요구 내용을 통해 동학 농민 운동 당시 전주 화약이 체결되는 상황임을 알 수 있어요. 두 번째 그림은 군국기무처에서 과거제를 폐지하였다는 내용을 통해 제1차 갑오개혁 당시 상황임을 알 수 있어요. 전주 화약 체결 이후 조선 정부는 ① 교정청을 설치하여 자주적인 개혁을 추진하려고 하였으나, 일본이 군대를 동원해 경복궁을 점령하고 개혁을 강요하자 군국기무처를 설치하고 갑오개혁을 추진하였어요.(1894).

② 독립신문은 갑오개혁 이후인 1896년에 창간되었어요.

③ 한성 전기 회사는 1898년에 설립되었어요.

④ 시모노세키 조약은 청·일 전쟁이 끝난 뒤 1895년에 체결되었어요.

⑤ 1895년 을미개혁이 추진되어 '건양'이라는 연호가 제정되었어요.

---

470 군국기무처 정답 ①

> **정답 잡는 키/워/드**
> 총재 김홍집, 약 3개월 동안 210여 건의 법안 의결
> → 군국기무처

초정부적인 정책 의결 기구로 영의정 김홍집이 총재를 겸임하였으며, 약 3개월 동안 210여 건의 법안을 의결하였다는 내용을 통해 (가) 기구가 제1차 갑오개혁을 주도한 군국기무처임을 알 수 있어요. 군국기무처가 주도한 제1차 갑오개혁에서는 개국 기년 사용, 왕실과 정부 사무의 분리, 6조를 8아문으로 개편, 과거제 폐지, 조혼 금지, 과부의 재가 허용, ① 공사 노비법 폐지 등의 개혁이 추진되었어요. 군국기무처는 청·일 전쟁에서 승세를 잡은 일본이 조선에 적극적으로 간섭하면서 폐지되었고, 이후 새로 구성된 김홍집과 박영효의 연립 내각이 제2차 갑오개혁을 추진하였어요.

② 조선 정부는 임술 농민 봉기의 주요 원인이었던 삼정의 문란을 바로잡기 위해 삼정이정청을 설치하였어요.

③ 중종 때 조광조를 비롯한 사림의 건의로 도교 행사를 주관하던 소격서가 혁파되었어요.

④ 중종 때 외적의 침입에 대비하여 국방 문제를 다루는 임시 기구로 설치된 비변사는 을묘왜변을 계기로 상설 기구가 되었고, 임진왜란을 거치면서 국정 전반을 총괄하는 최고 기구로 자리를 잡았어요.

⑤ 조선 정부는 1880년에 개화 정책 총괄 기구로 통리기무아문을 설치하고, 그 소속 부서로 외교 업무를 담당하는 교린사, 군사에 관한 일을 관장하는 군무사, 외국과의 통상에 관한 일을 맡은 통상사 등 12사를 두었어요.

---

471 제1차 갑오개혁 정답 ④

> **정답 잡는 키/워/드**
> 군국기무처에서 개혁안 발표 → 제1차 갑오개혁

군국기무처에서 개혁안을 발표하였다는 내용을 통해 밑줄 그은 '개혁안'이 제1차 갑오개혁 당시 추진된 것임을 알 수 있어요. 1894년에 조선 정부는 김홍집을 총리대신으로 하는 내각을 수립하고 군국기무처를 설치해 개혁을 추진하였어요. 청의 연호를 폐지하고 개국 기년을 사용하기 시작하였으며, 6조를 8아문으로 개편하고, ㄴ. 탁지아문으로 재정을 일원화하였어요. 또한, 과거제를 폐지하고 신분제와 노비제를 혁파하였으며, ㄹ. 조혼을 금지하고 과부의 재가를 허용하는 등의 사회 개혁을 추진하였어요.

ㄱ. 을미개혁 당시 '건양'이라는 연호를 제정하였어요. '건양'은 '양력을 세운다'라는 뜻이에요.

ㄷ. 대한 제국은 광무개혁을 추진하면서 양전 사업을 실시하고 근대적 토지 소유 증명 문서인 지계를 발급하였어요.

---

472 제1차 갑오개혁 정답 ⑤

> **정답 잡는 키/워/드**
> 군국기무처 설치, 은 본위제 채택 → 제1차 갑오개혁

군국기무처를 설치하여 은 본위제 채택을 포함한 여러 안건을 처리하였다는 대화 내용을 통해 밑줄 그은 '개혁'이 제1차 갑오개혁임을 알 수 있어요. 군국기무처는 독자적인 연호 사용, 궁내부 설치, 6조를 8아문으로 개편, 탁지아문으로 재정 일원화, 은 본위제 채택, 도량형 통일, 조세의 금납화 등의 개혁을 추진하였어요. 하지만 청·일 전쟁에서 승세를 잡은 일본이 조선에 적극적으로 간섭하면서 군국기무처는 폐지되고, 새로 구성된 김홍집과 박영효의 연립 내각이 제2차 갑오개혁을 추진하였어요. ⑤ 을미개혁 때 태양력 채택, '건양' 연호 제정, 단발령 실시, 종두법 시행, 소학교 설치 등의 개혁이 이루어졌어요.

① 제1차 갑오개혁 때 인재를 폭넓게 등용하고자 과거제를 폐지하였어요.

② 제1차 갑오개혁 때 범죄자와 친족 관계에 있는 사람에게도 범죄의 책임을 지게 하는 악습인 연좌제를 폐지하였어요.

③ 제1차 갑오개혁 때 양반과 상민의 신분적 차별을 폐지하고 공사 노비법을 혁파하였어요.

④ 제1차 갑오개혁 때 조혼을 금지하고 과부의 재가를 허용하였어요.

---

473 제1차 갑오개혁 이후의 사실 ⑤

정답 잡는 키/워드	군국기무처, 공노비와 사노비에 대한 법 폐지 → 제1차 갑오개혁(1894)

군국기무처 의안에 공노비와 사노비에 대한 법을 폐지한다는 내용이 있으며, 국왕이 시행 명령을 내리는 것으로 보아 제1차 갑오개혁 중에 나눈 대화임을 알 수 있어요. 군국기무처가 주도한 제1차 갑오개혁 때 청의 연호 폐지, 6조를 8아문으로 개편, 탁지아문으로 재정 일원화, 신분제와 노비제 혁파, 과부의 재가 허용 등의 개혁이 추진되었어요. 하지만 청·일 전쟁에서 승세를 잡은 일본이 조선의 내정에 적극 간섭하면서 군국기무처는 폐지되고 새로 구성된 김홍집과 박영효의 연립 내각이 제2차 갑오개혁을 추진하였어요. 제2차 갑오개혁에서는 의정부를 폐지하고 내각제를 도입하였으며, 8아문을 7부로 바꾸었어요. 또한, ㄹ. 재판소를 설치하여 사법권을 행정권에서 독립시켰고, ㄷ. 교육 입국 조서를 반포하여 근대적 교육 제도를 마련하였어요.

ㄱ. 1881년에 신식 군대인 별기군이 창설되었어요. 별기군은 임오군란이 일어나는 원인이 되었고, 임오군란 과정에서 폐지되었어요.

ㄴ. 1883년에 출판·인쇄 업무를 담당하는 박문국이 설치되어 최초의 근대 신문인 한성순보가 발행되었어요.

---

474 제2차 갑오개혁 ②

정답 잡는 키/워드	군국기무처 폐지, 김홍집과 박영효가 주도하는 내각에서 개혁 추진 → 제2차 갑오개혁

군국기무처가 폐지되고 김홍집과 박영효가 주도하는 내각에서 개혁을 추진한다는 내용을 통해 밑줄 그은 '개혁'이 제2차 갑오개혁임을 알 수 있어요. 제2차 갑오개혁에서는 의정부를 폐지하고 내각제를 도입하였으며 8아문을 7부로 바꾸었어요. 이와 함께 ② 지방 행정 구역을 8도에서 23부로 개편하고, 재판소를 설치하여 사법권을 독립시켰어요. 또한, 교육 입국 조서를 반포하고 이에 따라 한성 사범 학교 관제, 외국어 학교 관제 등을 제정하였어요.

① 1880년에 조선 정부는 개화 정책을 총괄하는 기구로 통리기무아문을 설치하고 그 아래 12사를 두었어요.

③ 제1차 갑오개혁 때 청의 연호를 버리고 개국 기년을 사용하였어요.

④ 제1차 갑오개혁 때 공사 노비법을 혁파하고 과부의 재가를 허용하였어요.

⑤ 제1차 갑오개혁 때 6조를 8아문으로 개편하고 과거제를 폐지하였어요.

---

475 제2차 갑오개혁 ⑤

청·일 전쟁에서 승세를 잡은 일본이 조선의 내정에 적극적으로 간섭하면서 제1차 갑오개혁을 주도한 군국기무처가 폐지되고 새로 구성된 김홍집과 박영효의 연립 내각이 제2차 갑오개혁을 추진하였어요. 제2차 갑오개혁에서는 의정부가 내각으로, 8아문이 7부로 바뀌었으며, 지방 행정 체계는 8도에서 23부로 개편되었어요. 또 지방관의 사법권과 군사권이 폐지되고 재판소가 설치되어 사법권의 독립이 이루어졌어요. 그리고 ⑤ 교육의 기본 방향으로

제시한 교육 입국 조서가 반포되었어요. 이에 따라 한성 사범 학교 관제, 외국어 학교 관제 등이 제정되어 근대적 교육 제도가 마련되었습니다.

① 광무개혁 때 근대적 토지 소유 증명 문서인 지계가 발급되었어요.

② 을미개혁 때 태양력이 채택되고 '건양' 연호가 제정되었으며, 단발령 실시, 소학교 설치 등의 개혁이 이루어졌어요.

③ 조선은 개항 후 개화 정책의 하나로 1883년에 박문국을 설치하여 우리나라 최초의 근대 신문인 한성순보를 발행하였어요.

④ 제1차 갑오개혁 때 공사 노비법이 폐지되었어요.

---

476 제2차 갑오개혁 ⑤

정답 잡는 키/워드	김홍집과 박영효를 중심으로 추진, 재판소 설치 → 제2차 갑오개혁

김홍집과 박영효를 중심으로 구성된 내각에서 개혁을 추진하였으며, 재판소가 설치되었다는 내용을 통해 밑줄 그은 '개혁'이 제2차 갑오개혁임을 알 수 있어요. 청·일 전쟁에서 승세를 잡은 일본은 조선의 내정에 적극적으로 간섭하면서 일본에 망명하였던 박영효를 내각에 참여하게 하였어요. 김홍집과 박영효를 중심으로 구성된 내각은 군국기무처를 폐지하고 제2차 갑오개혁을 추진하여 의정부를 폐지하고 내각제를 도입하였으며, 8아문을 7부로, 8도의 지방 행정 구역을 23부로 바꾸었어요. 또한, 재판소를 설치하여 사법권을 독립시켰으며, 지방관의 군사권과 사법권을 폐지하여 수령의 권한을 축소하였어요. ⑤ 제2차 갑오개혁 가운데 교육 입국 조서가 반포되고 이에 따라 한성 사범 학교 관제가 마련되었어요.

① 대한 제국이 추진한 광무개혁 때 원수부가 설치되었어요.

② 청에 파견되었던 영선사와 유학생들이 주도하여 1883년에 기기창을 설립하였어요.

③ 제1차 갑오개혁 때 공사 노비법이 혁파되었어요.

④ 을미개혁 때 태양력이 공식 채택되었어요.

---

477 아관 파천의 배경 ①

정답 잡는 키/워드	러시아 공사관으로 이어 → 아관 파천

대군주가 궁녀들이 타는 가마를 타고 러시아 공사관으로 이어하였다는 내용을 통해 자료에 나타난 사건이 고종의 아관 파천임을 알 수 있어요. 삼국 간섭의 영향으로 조선에서 친러 정책이 추진되자 위기감을 가진 ① 일본은 일본군과 일본 낭인을 경복궁에 난입시켜 명성 황후를 시해한 을미사변을 일으켰어요. 을미사변으로 다시 영향력을 갖게 된 일본의 간섭 속에서 조선 정부는 김홍집을 중심으로 내각을 구성하고 태양력 채택, '건양' 연호 사용, 단발령 공포 등의 개혁을 추진하였어요. 단발령이 공포되자 을미사변에 분노하고 있던 유생과 농민들이 전국 각지에서 의병을 일으켰어요. 이러한 혼란 가운데 신변에 위협을 느낀 고종은 왕세자와 함께 러시아 공사관으로 피신하는 아관 파천을 단행하였어요(1896).

② 대한 제국 수립 후 1899년에 고종 황제는 원수부를 설치하여 군 통수권을 직접 장악하였어요.

③ 1904년에 일제가 한반도의 지배권을 장악하기 위해 뤼순과 인천 등에서 러시아의 함대를 기습 공격하여 러·일 전쟁이 발발하였어요.

④ 1907년에 일제는 헤이그 특사 파견을 구실로 고종을 강제로 퇴위시키고 순종이 즉위하자 한·일 신협약을 체결하였어요.

⑤ 아관 파천 이후 대한 제국에서 영향력을 확대한 러시아가 1903년에 용암포를 점령하고 조차를 요구한 용암포 사건이 일어났어요.

478 을미개혁

정답 잡는 키/워/드 일본인들이 건청궁으로 침입하여 왕후 살해 → 을미사변

일본군의 엄호 속에 사복 차림의 일본인들이 건청궁으로 침입하였고, 왕후가 시해되었다는 내용으로 보아 자료의 사건이 1895년에 일어난 을미사변임을 알 수 있어요. 삼국 간섭 이후 조선 정부가 러시아를 통해 일본을 견제하려고 하자, 일본은 자신들의 영향력이 축소될 것을 우려하여 조선의 왕후를 시해한 을미사변을 일으켰어요. 이후 조선 정부에서는 친일적인 김홍집 내각이 구성되어 을미개혁을 추진하였어요. 을미개혁 때 ② 태양력이 시행되었으며 '건양' 연호가 제정되었어요. 그리고 큰 저항을 불러일으킨 단발령도 이때에 실시되었습니다.

오답 피하기

① 제1차 갑오개혁 때 과거제가 폐지되었어요.
③ 1886년에 조선 정부는 근대식 관립 학교인 육영 공원을 설립하였어요. 그리고 헐버트, 길모어 등을 교사로 초빙하였어요.
④ 제1차 갑오개혁 때 공사 노비법이 혁파되었어요.
⑤ 개항 이후 조선 정부는 개화 정책을 적극적으로 추진하기 위해 통리기무아문을 설치하였어요.

479 을미개혁

정답 잡는 키/워/드 태양력 도입 → 을미개혁

태양력이 도입되었다는 내용을 통해 밑줄 그은 '이 개혁'이 을미개혁임을 알 수 있어요. 삼국 간섭 후 조선 정부가 친러 정책을 펴자 위기감을 느낀 일본은 친러 정책의 배후 세력이라고 여긴 명성 황후를 시해한 을미사변을 일으켰어요. 이어 구성된 친일적인 김홍집 내각은 을미개혁을 추진하여 태양력을 공식 채택하고 ③ '양력을 세운다'라는 뜻으로 '건양' 연호를 제정하였으며, 단발령을 시행하였어요.

오답 피하기

① 고종 황제는 광무개혁을 추진하여 지계아문을 설립하고 근대적 토지 소유 증명 문서인 지계를 발급하였어요.
② 고종 황제는 광무개혁을 추진하여 황제의 전제권을 규정한 대한국 국제를 반포하였어요.
④ 동학 농민군과 전주 화약을 맺은 후에 조선 정부는 개혁 추진을 위해 임시로 교정청을 설치하였어요. 하지만 일본이 경복궁을 침범하고 개혁을 강요하자 군국기무처를 설치하고 교정청을 폐지하였어요.
⑤ 1881년에 조선 정부는 개화 정책의 일환으로 구식 군대인 5군영을 무위영과 장어영의 2영으로 통합하였어요.

480 근대 개혁의 추진

정답 잡는 키/워/드
• 신분제 폐지, 공사 노비법 혁파 → (가) 제1차 갑오개혁
• 청나라에 의존하는 생각을 끊어 버리고 자주독립의 기초를 튼튼히 세움 → (나) 홍범 14조(제2차 갑오개혁)
• 대군주가 신민에 앞서 머리카락을 자른다고 조칙을 내림 → (다) 단발령(을미개혁)

(가)는 신분제를 폐지하고 노비제를 혁파한다는 내용을 통해 군국기무처가 주도한 제1차 갑오개혁 때 발표된 것임을 알 수 있어요. 당시 군국기무처에서 의결한 사항들을 모은 "경장의정존안"에 수록된 내용이에요. (나)는 '청나라에 의존하는 생각을 끊어 버리고 자주독립의 기초를 튼튼히 세운다'는 내용을 통해 제2차 갑오개혁 때 발표된 홍범 14조임을 알 수 있어요. 홍범 14조는 당시 국정 개혁의 강령이라고 할 수 있어요. (다)는 임금이 신민에 앞서 머리카락을 자르는 것이니, 이 뜻을 잘 본받으라는 내용을 통해 을미개혁

때 발표된 단발령임을 알 수 있어요. 단발령이 공포되자 을미사변에 분노하고 있던 유생과 농민들이 전국 각지에서 의병을 일으켰어요.
따라서 옳은 순서는 ① (가)-(나)-(다)입니다.

481 독립 협회의 활동

정답 잡는 키/워/드 1896년 서재필 등과 함께 창립, 의회 설립 운동 → 독립 협회

1896년에 남궁억, 서재필 등이 창립하였으며 의회 설립 운동을 전개하였다는 내용을 통해 (가) 단체가 독립 협회임을 알 수 있어요. 미국에서 돌아온 서재필은 독립신문 발간을 계기로 남궁억 등과 함께 민중 계몽을 통한 근대화와 자주독립 수호를 위해 독립 협회를 창립하였어요. 독립 협회는 모금 활동을 통해 자금을 마련하여 ③ 영은문이 있던 자리 부근에 독립문을 세워 독립과 자주의 의지를 드러내었고, 다양한 주제로 강연회와 토론회를 열어 민중 계몽에 앞장섰어요. 만민 공동회를 개최하여 러시아의 내정 간섭과 이권 침탈을 규탄하고 이를 저지하기도 하였어요. 또한, 독립 협회는 의회 설립 운동을 전개하여 정부 관료들과 논의하였으며, 정부 대신이 참여한 관민 공동회에서 국정 개혁안인 헌의 6조를 채택하여 고종의 재가를 받았어요. 그러나 독립 협회의 활동에 위기감을 느낀 보수 세력이 독립 협회가 공화정을 실시하려 한다고 모함하였습니다. 이에 고종 황제는 독립 협회에 해산할 것을 명령하고 지도자들을 체포하는 등 탄압하였어요.

오답 피하기

① 대한 자강회는 헤이그 특사 파견을 구실로 고종이 강제 퇴위를 당하자 고종 강제 퇴위 반대 운동을 앞장서서 전개하였어요.
② 국권 피탈 이후 일제가 조작한 105인 사건으로 비밀 결사인 신민회의 조직이 드러나 해체되었어요.
④ 신간회는 광주 학생 항일 운동의 진상 규명을 위한 진상 조사단을 파견하였으며, 대규모 민중 대회를 계획하였으나 일제의 탄압으로 성사시키지 못하였어요.
⑤ 대한민국 임시 정부는 독립운동에 필요한 자금을 조달할 목적으로 독립 공채를 발행하였어요.

482 독립 협회의 활동

정답 잡는 키/워/드 독립문을 세움 → 독립 협회

독립문을 세웠다는 내용을 통해 (가) 단체가 독립 협회임을 알 수 있어요. 미국에서 돌아온 서재필은 독립신문 발간을 계기로 독립 협회를 창립하였어요. 독립 협회는 독립문을 세워 자주독립의 의지를 드러냈고, 강연회와 토론회를 열어 민중 계몽에 앞장섰어요. 만민 공동회를 개최하여 러시아의 내정 간섭과 이권 침탈을 규탄하여 이를 저지하기도 하였어요. 또한, 정부 대신이 참여한 관민 공동회에서 헌의 6조를 채택하여 고종의 재가를 받았고, ④ 박정양 내각과 협상하여 새로운 중추원 관제를 반포하도록 하고, 중추원 개편을 통한 의회 설립을 추진하였어요. 그러나 독립 협회의 활동에 위기감을 느낀 보수 세력이 독립 협회가 공화정을 실시하려 한다고 모함하였어요. 이에 고종은 독립 협회의 해산을 명령하고 간부들을 체포하는 등 독립 협회를 탄압하였어요.

오답 피하기

① 천도교는 기관지로 만세보를 발행하여 민중 계몽에 힘썼어요.
② 보안회는 일본의 황무지 개간권 요구에 반대하는 운동을 전개하여 일본의 요구를 저지하였어요.
③ 비밀 결사로 조직된 신민회는 일제가 조작한 105인 사건으로 조직이 드러나 해체되었어요.
⑤ 대한민국 임시 정부는 독립운동 자금을 마련하기 위해 독립 공채를 발행하고 의연금을 거두었어요.

483 독립 협회의 활동 정답 ②

정답 잡는 키/워드	관민 공동회, 헌의 6조, 회원들이 종로의 만민 공동회로 향함 → 독립 협회

관민 공동회를 개최하고 헌의 6조를 배포하였으며, 회원들이 종로의 만민 공동회로 갔다는 내용을 통해 (가) 단체가 독립 협회임을 알 수 있어요. 독립 협회는 미국에서 귀국한 서재필의 주도로 조직되었어요. 종로에서 민중 집회인 만민 공동회를 개최하여 러시아 등 열강의 이권 침탈을 규탄하고 이를 저지하기도 하였어요. 특히, ② 러시아의 절영도 조차 요구를 저지하고 한·러 은행을 폐쇄하였어요. 또한, 박정양 내각과 함께 관민 공동회를 개최하여 헌의 6조를 결의하고 중추원 개편을 통한 의회 설립을 추진하였어요.

오답 피하기

① 보안회는 일제의 황무지 개간권 요구에 반대하는 운동을 전개하여 일제의 요구를 저지시켰어요.
③ 신민회는 민족 산업 육성을 위해 태극 서관, 자기 회사 등을 설립하였어요.
④ 1920년대 초반에 조선 민립 대학 기성회가 조직되어 민립 대학 설립을 위한 모금 운동을 전개하였어요.
⑤ 대한민국 임시 정부는 1941년에 충칭에서 조소앙의 삼균주의를 기초로 한 건국 강령을 발표하였어요.

484 독립 협회의 활동 정답 ④

정답 잡는 키/워드	독립문 건립, 러시아의 절영도 조차 요구 규탄 → 독립 협회

독립문을 건립하였으며, 러시아의 절영도 조차 요구를 규탄하는 집회를 열었다는 내용을 통해 독립 협회의 활동에 관한 동영상 제작 계획안임을 알 수 있어요. 독립 협회는 독립문을 세워 자주독립의 의지를 드러내었고, 신교육 진흥, 열강의 이권 획득 반대, 의회 설립, 민권 신장 등의 다양한 주제로 강연회와 토론회를 열어 민중 계몽에 앞장섰어요. 또한, 만민 공동회를 개최하여 러시아의 내정 간섭과 이권 침탈을 규탄하여 이를 저지하기도 하였어요. 더 나아가 ④ 독립 협회는 정부 대신들과 학생, 시민 등 각계각층이 참여한 관민 공동회를 개최하여 관민이 협력하여 국정을 운영하자는 국정 개혁안인 헌의 6조를 결의하고 고종의 재가를 받았어요.

오답 피하기

① 신민회는 평양에 대성 학교를 설립하여 민족 교육을 실시하였어요.
② 대한 자강회는 고종의 강제 퇴위에 반대하는 운동을 앞장서서 전개하였어요.
③ 동학 농민 운동 당시 동학 농민군은 정부와 전주 화약을 체결하고 전라도 각지에 집강소를 설치하여 폐정 개혁안을 실천하였어요.
⑤ 제2차 갑오개혁을 추진하면서 조선 정부는 개혁의 기본 방향을 제시한 홍범 14조를 반포하였어요.

485 독립 협회의 활동 정답 ④

정답 잡는 키/워드	정부가 보부상을 동원하여 만민 공동회 탄압 → 독립 협회

만민 공동회를 개최한 단체는 독립 협회입니다. 독립 협회는 미국 망명에서 돌아온 서재필의 주도로 창립되어 독립문과 독립관을 건립하였으며, 민중 집회인 만민 공동회를 개최하여 러시아 등 열강의 이권 침탈을 규탄하고 이를 저지하는 활동을 벌였어요. 또한, 정부 대신이 참여한 관민 공동회에서 국정 개혁안인 헌의 6조를 채택하여 고종의 재가를 받았으며, 대한 제국 정부와 협상하여 새로운 중추원 관제를 반포하도록 하고, ④ 중추원 개편을 통해 의회 설립을 추진하였어요. 그러나 보수 세력이 독립 협회가 공화정을 실시하려 한다고 모함하자 고종은 보부상으로 구성된 황국 협회와 군대를 동원하여 만민 공동회를 탄압하고 독립 협회를 강제 해산하였어요.

오답 피하기

① 신민회는 실력 양성을 위해 오산 학교와 대성 학교를 설립하여 민족 교육을 실시하였어요.
② 대한 자강회는 헤이그 특사 파견을 구실로 고종이 강제 퇴위당하자 이에 반대하는 운동을 주도하였어요.
③ 보안회는 일본의 황무지 개간권 요구에 반대하는 운동을 전개하여 일본의 요구를 저지하였어요.
⑤ 국채 보상 기성회는 일본의 강제 차관 제공 등으로 대한 제국의 재정이 악화되자 일본에 진 나랏빚을 갚아 경제적 예속에서 벗어나자는 취지로 국채 보상 운동을 전개하였어요.

486 대한 제국의 수립 정답 ③

정답 잡는 키/워드	황제의 자리에 오름, 국호 '대한', 광무 원년 → 대한 제국의 수립

황제의 자리에 올라 나라 이름을 '대한'이라고 정하였다는 내용을 통해 자료의 조서가 대한 제국 수립 당시에 반포된 것임을 알 수 있어요. 1897년에 러시아 공사관에서 경운궁(덕수궁)으로 돌아온 고종은 연호를 '광무'로 정하고 황제의 자리에 올라 대한 제국의 수립을 선포하였어요. 그리고 옛것을 근본으로 삼고 새것을 참고한다는 구본신참의 원칙에 따라 개혁을 추진하였어요. 이때 ③ 황제의 군 통수권 장악을 위해 원수부를 설치하였으며, 상공업 진흥을 위한 정책을 추진하여 근대적인 시설을 마련하고 공장과 회사 설립 등을 지원하기도 하였어요. 또한, 근대적 기술을 습득하기 위해 유학생을 파견하고 관립 실업 학교인 상공 학교 등을 세웠어요.

오답 피하기

① 별기군은 개항 후 추진된 개화 정책 중 하나로 1881년에 창설된 신식 군대입니다.
② 조선 정부는 1881년에 김윤식을 청에 영선사로 파견하여 유학생과 기술자들을 인솔해 청의 근대식 무기 제조 기술을 배워 오도록 하였어요. 이들은 귀국 후에 근대 무기 제조 공장인 기기창을 설립하는 데 기여하였어요.
④ 조선 정부는 1886년에 근대식 관립 교육 기관인 육영 공원을 설립하여 수학, 정치학, 지리학 등 근대 학문을 가르쳤어요.
⑤ 조선 정부는 변화하는 국내외 정세에 대응하고 개화 정책을 총괄하기 위해 1880년에 통리기무아문을 설치하였어요.

487 대한 제국 시기의 사실 정답 ①

정답 잡는 키/워드	원수부 설치 → 1899년

아관 파천 이후 열강의 이권 침탈이 심화되는 가운데 경운궁(덕수궁)으로 돌아온 고종은 연호를 '광무'로 정하였으며, 환구단을 세워 황제 즉위식을 거행하고 대한 제국의 수립을 선포하였어요. 대한 제국은 옛것을 근본으로 하여 새것을 참조한다는 구본신참의 원칙 아래 점진적인 개혁을 시행하였는데, 이를 광무개혁이라고 합니다. 고종 황제는 1899년에 대한국 국제를 반포하여 황제에게 무한한 권한이 있음을 규정하고 원수부를 설치하여 황제가 대원수로서 군대를 통솔하게 하였어요. ① 1901년 광무개혁 과정에서 근대적 토지 소유 증명 문서인 지계를 발급할 목적으로 지계아문이 설치되었어요.

오답 피하기

② 1894년에 개혁 추진 기구로 군국기무처가 창설되어 제1차 갑오개혁이 추진되었어요.
③ 1881년에 개화 정책의 일환으로 구식 군대인 5군영이 무위영과 장어영의 2영으로 통합되었어요.
④ 1895년 제2차 갑오개혁 과정에서 교육 입국 조서가 반포되었고, 이에 따라 교원 양성을 위한 한성 사범 학교 관제가 마련되어 한성 사범 학교가 설립되었어요.
⑤ 1895년 을미개혁이 추진되어 태양력 채택과 함께 '건양'이라는 연호가 제정되었어요.

488 광무개혁

정답 ⑤

정답 잡는 키/워드: **구본신참을 바탕으로 추진 → 광무개혁**

고종이 황제로 즉위한 후 구본신참을 바탕으로 추진하였다는 내용을 통해 밑줄 그은 '개혁'이 광무개혁임을 알 수 있어요. 1897년에 러시아 공사관에서 경운궁(덕수궁)으로 돌아온 고종은 연호를 '광무'로 정하고 환구단에서 황제의 자리에 올라 대한 제국의 수립을 선포하였으며, 구본신참의 원칙 아래 광무개혁을 추진하였어요. ⑤ 대한 제국은 광무개혁을 추진하면서 지계 아문을 설치하여 토지 소유자에게 근대적 토지 소유 증명서인 지계를 발급하였어요.

오답 피하기

① 제2차 갑오개혁 당시 고종은 개혁의 기본 방향을 제시한 홍범 14조를 반포하였어요.
② 제1차 갑오개혁 때 신분제를 폐지하고 공사 노비법을 혁파하였어요.
③ 1881년에 조선 정부는 개화 정책에 따라 신식 군대인 별기군을 창설하였어요.
④ 1886년에 조선 정부는 근대 교육 기관인 육영 공원을 설립하고 헐버트, 길모어 등을 교사로 초빙하였어요.

489 대한 제국 시기의 사실

정답 ④

정답 잡는 키/워드: **대한 제국 인민 가운데 전답을 가진 자가 소유해야 하는 문서 → 대한 제국의 지계 발급**

대한 제국 인민으로 전답을 가진 자가 반드시 소유해야 한다는 내용으로 보아 밑줄 그은 '이 관계'는 대한 제국이 추진한 광무개혁 과정에서 발급한 지계임을 알 수 있어요. 대한 제국은 국가 재정을 확보하기 위해 양전 사업을 실시하고 토지 소유를 증명하는 문서인 지계를 발급하였어요. 따라서 대한 제국 시기의 사실을 찾으면 됩니다. 아관 파천을 계기로 한반도에서 영향력을 확대한 러시아는 1903년에 압록강 하구의 ④ 용암포를 점령하고 조차를 요구하였어요. 조선 정부 내 친러 세력이 이에 동조하는 움직임을 보이자 일본과 영국이 즉각 반발하고 항의하였어요. 용암포를 둘러싼 러시아와 일본의 대립은 러·일 전쟁이 발발하는 데 한 요인으로 작용하였어요.

오답 피하기

① 김홍집이 들여온 "조선책략"이 유포되고 정부 내에서 미국과의 수교 움직임이 나타나자 1881년에 이만손을 비롯한 영남 유생들이 만인소를 올렸어요.
② 조선 정부는 1883년에 박문국을 설치하고 한성순보를 발행하였어요. 그러나 갑신정변으로 박문국이 불에 타 한성순보 발행이 중단되었어요.
③ 일제 강점기인 1923년에 백정이 자신들에 대한 사회적 차별을 철폐하기 위해 조선 형평사를 조직하고, 창립 대회를 개최하였어요.
⑤ 제너럴 셔먼호 사건을 구실로 1871년에 미군이 강화도를 침략한 신미양요가 일어났어요.

490 광무개혁

정답 ③

정답 잡는 키/워드: **고종이 황제로 즉위한 뒤 개혁 추진 → 광무개혁**

고종이 황제로 즉위한 뒤 개혁을 추진하였다는 내용을 통해 밑줄 그은 '개혁'이 광무개혁임을 알 수 있어요. 아관 파천 이후 1년여 만에 경운궁(덕수궁)으로 환궁한 고종은 연호를 '광무'로 정하고 환구단을 세워 황제에 즉위하여 대한 제국의 수립을 선포하였어요(1897). 대한 제국은 구본신참의 원칙에 따라 점진적 성격의 광무개혁을 추진하였어요. 이 과정에서 원수부를 설치하고 대한국 국제를 반포하였으며, 양전 사업과 지계 발급 등을 실시하였어요. 또한, ③ 1899년에 의학교 관제에 따라 관립 의학교인 경성 의학교가 설립되었고, 1900년에는 국립 병원인 광제원이 설립되었어요.

오답 피하기

① 을미개혁 때 태양력을 채택하고 '건양'이라는 연호를 사용하였어요.
② 1881년에 조선 정부는 신식 군대인 별기군을 창설하였어요.
④ 1883년에 조선 정부는 박문국을 설치하여 우리나라 최초의 근대 신문인 한성순보를 발간하였어요.
⑤ 1919년에 대한민국 임시 정부는 일제의 침략 및 우리 민족의 독립운동과 관련된 사료를 수집·정리하여 "한·일 관계 사료집"을 편찬하고 독립운동 자금을 마련하기 위해 독립 공채를 발행하였어요.

본문 171~175쪽

4 국권 피탈과 저항

491 ④	492 ③	493 ④	494 ⑤	495 ①	496 ①
497 ④	498 ④	499 ⑤	500 ①	501 ①	502 ④
503 ⑤	504 ①	505 ②	506 ⑤	507 ①	508 ①

491 러·일 전쟁 중의 사실

정답 ④

정답 잡는 키/워드: **포츠머스 조약으로 종결 → 러·일 전쟁**

자료는 1909년에 만주 하얼빈에서 침략의 원흉인 이토 히로부미를 저격하는 의거를 일으킨 안중근의 재판 장면이에요. 의거 직후 체포된 안중근은 재판 과정에서 거사의 동기를 당당하게 밝히며 자신을 전쟁 포로로 대우해 줄 것을 요구하였어요. 포츠머스 조약으로 전쟁이 종결되었다는 내용을 통해 밑줄 그은 '전쟁'이 러·일 전쟁임을 알 수 있어요. 1904년 대한 제국을 둘러싼 러·일 간의 갈등이 고조되자 고종은 국외 중립을 선언하였어요. 그러나 일본이 인천과 뤼순 등지에서 러시아 군함을 기습 공격하면서 결국 러·일 전쟁이 발발하였어요. 일본은 전쟁에서 승기를 잡으면서 미국과는 가쓰라·태프트 밀약을 체결하고, 영국과는 제2차 영·일 동맹을 맺었어요. 그리고 전쟁 마무리를 위해 미국의 중재로 러시아와 포츠머스 조약을 체결하였어요 (1905). 이러한 조약을 통해 일본은 열강으로부터 사실상 대한 제국에 대한 지배권을 인정받았어요. 곧이어 일본은 대한 제국의 외교권을 빼앗는 을사늑약을 체결하였어요. 이에 따라 통감부가 설치되고 이토 히로부미가 초대 통감으로 대한 제국에 들어와 내정 전반을 간섭하였어요. ④ 일제는 1909년에 강압적으로 기유각서를 체결하여 대한 제국의 사법권과 감옥 사무 처리권 등을 강탈하였어요.

오답 피하기

① 러·일 전쟁 중이던 1905년에 일본은 독도를 자국의 시마네현으로 불법 편입하였어요.
② 러·일 전쟁 중이던 1905년에 일본과 미국은 대한 제국과 필리핀에 대한 서로의 지배를 인정한 가쓰라·태프트 밀약을 체결하였어요.
③ 러·일 전쟁 중이던 1904년에 체결한 제1차 한·일 협약에 따라 재정 고문으로 메가타, 외교 고문으로 스티븐스가 초빙되었어요.
⑤ 1904년 러·일 전쟁 도발 직후에 일본은 한반도 내에서 군사 전략상 필요한 지역을 임의로 사용할 수 있도록 하는 한·일 의정서 체결을 강요하였어요.

492 을사늑약

정답 ③

정답 잡는 키/워드: **이토가 대한 제국 대신들에게 조약 체결 강요, 외부인 탈취, 고종의 윤허 없이 조인 → 을사늑약**

이토가 강압적 분위기 속에서 대한 제국 대신들에게 강요하여 조약을 체결하였고, 외부인(도장)을 탈취하여 고종의 윤허 없이 조인하였다는 일지 내용을 통해 자료의 사건이 을사늑약 체결임을 알 수 있어요. 을사늑약 강제 체결로 ③ 대한 제국의 외교권이 박탈되었고, 이어 통감부가 설치되어 이토 히로부미가 초대 통감으로 부임하였어요. 한편, 을사늑약 체결 소식이 전해지자 장지연은 신문에 '시일야방성대곡'을 게재하여 을사늑약의 부당성을 비판하였으며, 양반 유생을 중심으로 의병이 일어나 을사늑약에 항거하였어요.

오답 피하기

① 대한 제국의 고종 황제는 광무개혁을 추진하는 가운데 1899년에 황제의 전제권을 규정한 대한국 국제를 반포하였어요.
② 1880년대 개화 정책 추진 과정에서 신식 군대인 별기군이 창설되고 일본인이 교관으로 임명되었어요. 별기군은 임오군란이 일어나 해체되었어요.
④ 을미사변 이후 신변에 위협을 느낀 고종은 1896년에 러시아 공사관으로 거처를 옮겼어요(아관 파천).
⑤ 러·일 전쟁 당시 제물포에서 러시아 함대가 일본 해군에게 격침되었어요.

---

493 을사늑약

정답 잡는 키/워/드

일본이 러시아에 선전 포고한 이후, 조약서가 폐하의 인준과 참정의 인가를 받은 것이 아님 → 을사늑약

정답 ④

러·일 전쟁 이후에 일어났으며, 조약서가 황제의 인준과 참정의 인가를 받지 않았기 때문에 역적들이 억지로 만든 헛된 조약에 불과하다는 내용을 통해 자료의 상소가 을사늑약 체결을 규탄하여 올린 것임을 짐작할 수 있어요. 러·일 전쟁에서 승리한 일본은 대한 제국의 외교권을 빼앗는 을사늑약 체결을 강요하였어요. 고종과 일부 대신들이 강력히 반대하였으나, 일본은 군대를 동원하여 고종의 서명 없이 외부대신 박제순 등 다섯 명의 친일 대신들의 찬성만으로 을사늑약을 체결하였어요(1905. 11.). 이로 인해 대한 제국은 일본에 외교권을 빼앗겼고, 이듬해 ④ 한성에 통감부가 설치되고 이토 히로부미가 초대 통감으로 부임하였어요.

오답 피하기

① 1902년에 영국과 일본은 만주와 한반도로 남하하는 러시아를 공동의 적으로 삼아 견제하기 위해 제1차 영·일 동맹을 맺었어요.
② 1898년에 일본이 미국 상인 모스로부터 경인선 부설권을 인수하였어요. 경인선은 1899년에 제물포-노량진 구간이 개통되었어요.
③ 1882년 임오군란 후 청이 독일인 묄렌도르프를 외교 고문으로 파견하여 외교 문제에 간섭하였어요.
⑤ 아관 파천 이후 대한 제국에 대한 영향력을 확대한 러시아는 1903년에 용암포를 점령하고 조차를 요구하였어요.

---

494 국권 피탈 과정

정답 잡는 키/워/드

• 한국은 일본의 중개 없이 국제적 조약을 맺지 못함, 통감이 외교에 관한 사항을 관리 → (가) 을사늑약(1905)
• 통감이 추천한 일본인을 한국 관리로 임명
→ (나) 한·일 신협약(정미7조약, 1907)

정답 ⑤

(가)는 한국 정부가 일본의 중개를 거치지 않고 국제적 조약을 맺지 못하며, 한국 황제의 아래에 통감을 두어 외교 사항을 관리하게 한다는 내용을 통해 1905년에 체결된 을사늑약임을 알 수 있어요. (나)는 통감이 추천한 일본인을 한국 관리로 임명한다는 내용을 통해 1907년에 체결된 한·일 신협약임을 알 수 있어요. 을사늑약 체결 후 ⑤ 고종은 을사늑약의 부당성을 국제 사회에 알리기 위해 헤이그에서 열린 만국 평화 회의에 이상설, 이준, 이위종을 특사로 파견하였어요. 하지만 일제의 방해와 열강의 외면으로 이러한 활동은 성과를 거두지 못하였어요. 일제는 헤이그 특사 파견을 구실 삼아 고종 황제를 강제 퇴위시키고, 순종이 즉위하자마자 한·일 신협약을 강제로 체결

하여 통감의 내정 간섭 권한을 강화하고 일본인을 한국 관리에 임명하도록 하였어요.

오답 피하기

① 고종의 강제 퇴위와 군대 해산에 반발하여 일어난 정미의병은 1908년에 의병 연합 부대인 13도 창의군을 결성하여 서울 진공 작전을 전개하였어요.
② 1898년에 독립 협회의 주관으로 정부 대신들도 참석한 관민 공동회가 개최되어 국정 개혁안인 헌의 6조를 결의하였어요.
③ 1894년 9월에 재봉기한 동학 농민군이 공주 우금치에서 일본군과 관군에 크게 패배하였어요.
④ 갑신정변 후 조선을 둘러싼 열강의 각축이 심해지는 가운데 1885년에 영국이 러시아의 남하를 견제한다는 명분을 내세워 거문도를 불법 점령하였어요.

---

495 헤이그 특사 파견 이후의 사실

정답 잡는 키/워/드

일본의 폭력에 의해 대한 제국의 외교 관계가 단절되었음을 알림, 만국 평화 회의 → 헤이그 특사 파견

정답 ①

일제에 의해 대한 제국과 여러 국가의 외교 관계가 단절되었음을 알리고, 만국 평화 회의에 참석하여 일제의 폭력을 폭로하고자 한다는 내용을 통해 헤이그 특사의 활동 상황임을 알 수 있어요. 고종은 을사늑약의 부당성을 국제 사회에 알리기 위해 1907년에 이상설, 이준, 이위종을 만국 평화 회의가 열리는 네덜란드 헤이그에 특사로 파견하였어요. 그러나 이들은 일제의 방해로 회의에 참석하지 못하였어요. ① 헤이그 특사 파견을 구실로 삼은 일제에 의해 고종이 강제로 퇴위당하였어요.

오답 피하기

② 1885년에 영국은 러시아의 남하를 견제한다는 명분을 내세워 거문도를 불법 점령하였어요.
③ 1882년에 구식 군인들이 별기군과의 차별 대우에 반발하여 임오군란을 일으켰어요. 이들은 별기군 훈련을 담당한 일본인 교관을 죽이고 일본 공사관을 습격하였어요.
④ 1884년에 급진 개화파가 우정총국 개국 축하연을 기회로 삼아 갑신정변을 일으켰어요. 하지만 정변은 청군의 개입으로 3일 만에 실패로 끝났어요.
⑤ 러·일 전쟁 중이었던 1905년에 일본과 미국은 대한 제국과 필리핀에 대한 서로의 지배를 인정한 가쓰라·태프트 밀약을 체결하였어요.

---

496 한·일 신협약

정답 잡는 키/워/드

**박승환 자결, 병대에 대한 해산 소식
→ 대한 제국 군대의 해산(1907)**

정답 ①

박승환이 병대에 대한 해산 소식을 듣고 자결하였다는 내용을 통해 대한 제국 군대가 해산된 상황임을 알 수 있어요. 1907년에 일제는 헤이그 특사 파견을 빌미로 고종을 강제 퇴위시키고 서둘러 순종을 황제로 세워 ① 한·일 신협약(정미7조약)을 강제로 체결하고 부속 각서까지 작성하였어요. 이에 따라 통감의 내정 간섭이 강화되고 대한 제국의 각 부에는 일본인 차관이 임명되었으며, 군대가 강제 해산당하였어요. 대한 제국의 시위대 제1연대 제1대대장이었던 박승환은 일제가 군대 해산식을 강행하자 크게 분노하여 자결로 항거하였어요.

오답 피하기

② 1911년에 일제가 조작한 105인 사건으로 비밀 결사인 신민회의 조직이 드러나 해체되었어요.
③ 1910년에 병합 조약이 체결되어 대한 제국은 일본에 국권을 빼앗겼고, 이어 조선 총독부가 설치되어 초대 총독으로 데라우치가 부임하였어요.
④ 1909년에 일제는 강압적으로 기유각서를 체결하여 대한 제국의 사법권과 감옥 사무 처리권 등을 강탈하였어요.
⑤ 1909년에 친일 단체인 일진회가 대한 제국의 황제와 통감부에 합방 청원서를 제출하고 한·일 합방을 촉구하는 성명을 발표하였어요.

497 고종 강제 퇴위 이후의 사실 정답 ④

정답 잡는 키/워/드
> 일본 군대의 경계 속에서 사실상 황제가 퇴위당함
> → 고종의 강제 퇴위(1907)

일본 군대의 삼엄한 경계 속에서 양위식이 거행되어 사실상 황제가 퇴위당하였다는 내용을 통해 대화에 나타난 사건이 1907년 고종의 강제 퇴위에 관한 것임을 알 수 있어요. 을사늑약 체결 이후 고종은 을사늑약의 부당함을 국제 사회에 알리기 위해 네덜란드 헤이그에서 열린 만국 평화 회의에 이상설, 이준, 이위종을 특사로 파견하였어요. 그러나 헤이그에 파견된 특사 일행은 일본의 방해와 열강의 무관심으로 성과를 거두지 못하였어요. 일본은 헤이그 특사 파견을 빌미로 고종을 강제 퇴위시킨 이후 한·일 신협약을 체결하여 내정 간섭을 강화하고 부속 각서를 통해 대한 제국의 군대를 해산시켰어요. ④ 1909년에 일제는 강압적으로 기유각서를 체결하여 대한 제국의 사법권과 감옥 사무 처리권을 박탈하였어요.

오답 피하기
① 조선 정부가 개화 정책을 추진하면서 1881년에 신식 군대인 별기군을 창설하였어요.
② 1882년 임오군란 이후 청이 묄렌도르프를 외교 고문으로 파견하였어요.
③ 을사늑약이 체결되고 이듬해인 1906년에 통감부가 설치되어 이토 히로부미가 초대 통감으로 부임하였어요.
⑤ 1898년에 독립 협회의 주관으로 정부 대신들도 참석한 관민 공동회가 개최되어 국정 개혁안인 헌의 6조를 결의하였어요.

498 신민회의 활동 정답 ④

정답 잡는 키/워/드
> 태극 서관 운영, 대성 학교 설립 → 신민회

태극 서관을 운영하고 대성 학교를 설립하였다는 내용을 통해 교사가 설명하는 단체가 신민회임을 알 수 있어요. 신민회는 ④ 1907년에 안창호, 양기탁 등이 중심이 되어 국내에서 조직한 비밀 결사였어요. 국권 회복과 공화 정체의 근대 국민 국가 수립을 목표로 활동하였지요. 신민회는 태극 서관과 자기 회사를 운영하는 등 민족 산업 육성에 힘썼고, 오산 학교와 대성 학교를 설립하여 민족 교육을 실시하였어요. 또한, 장기적인 독립운동의 기반을 마련하기 위해 국외 독립운동 기지 건설에 적극적으로 나섰어요. 하지만 1911년에 일제가 조작한 105인 사건으로 조직이 드러나 와해되었어요.

오답 피하기
① 1920년대에 이상재 등이 조선 민립 대학 기성회를 조직하여 민립 대학 설립 운동을 전개하였어요.
② 독립 협회는 만민 공동회를 통해 러시아의 절영도 조차 요구를 저지하였어요.
③ 대한민국 임시 정부는 프랑스 파리에서 활동하고 있던 김규식을 전권 대사로 임명하여 파리 강화 회의에 독립 청원서를 제출하였어요.
⑤ 대한 제국은 학부 아래에 국문 연구소를 세워 한글의 문자 체계를 정리하였어요.

499 신민회의 활동 정답 ⑤

정답 잡는 키/워/드
> 신흥 무관 학교 설립,
> 안창호 등이 1907년에 조직한 비밀 결사 → 신민회

안창호 등이 1907년에 조직한 비밀 결사로 신흥 무관 학교를 설립하였다는 내용을 통해 (가) 단체가 신민회임을 알 수 있어요. 국권 회복과 근대 국민 국가 수립을 목표로 삼은 신민회는 ⑤ 정주에 오산 학교, 평양에 대성 학교를 설립하여 민족 교육을 실시하였고, 자기 회사와 태극 서관 등을 운영하여 민족 산업을 육성하는 데 힘썼어요. 또한, 장기적인 독립운동의 기반을 마련하기 위해 국외에 독립운동 기지를 건설하였어요.

오답 피하기
① 조선어 학회는 한글 맞춤법 통일안을 제정하여 한글 표준화에 노력하였어요.
② 의열단은 신채호가 작성한 '조선 혁명 선언'을 활동 지침으로 삼았어요.
③ 1930년대 전반에 동아일보는 '배우자 가르치자 다 함께 브나로드'라는 구호 아래 농촌 계몽을 위한 브나로드 운동을 전개하였어요.
④ 대한민국 임시 정부는 독립운동 자금을 마련하기 위해 독립 공채를 발행하였어요.

500 신민회의 활동 정답 ①

정답 잡는 키/워/드
> 대성 학교 설립, 안창호와 양기탁 등이 조직 → 신민회

대성 학교를 설립하였으며 안창호, 양기탁 등이 조직하였다는 내용을 통해 (가) 단체가 신민회임을 알 수 있어요. 신민회는 1907년에 안창호, 양기탁 등이 조직한 비밀 결사이며, 국권 회복과 공화 정체의 국가 수립을 목표로 활동하였어요. 오산 학교와 대성 학교를 세워 민족 교육을 실시하였고, 자기 회사와 ㄱ. 태극 서관을 운영하여 민족 산업 육성에도 힘썼어요. 또한, 일제의 국권 침탈이 본격화되자 남만주 삼원보 지역에 한인촌을 건설하고 신흥 강습소를 세우는 등 국외 독립운동 기지 건설에 적극적으로 나섰어요. 하지만 신민회는 일제가 날조한 ㄴ. 105인 사건으로 조직이 드러나 와해되었어요.

오답 피하기
ㄷ. 대한민국 임시 정부는 이륭양행에 교통국을 설치하여 국내와 연락을 취하였어요.
ㄹ. 헌정 연구회 등이 입헌 군주제 수립을 목표로 하였어요.

501 을미의병 정답 ①

정답 잡는 키/워/드
> 유인석, 국모의 원수를 갚고 전통을 보전한다는 기치
> → 을미의병

유인석이 국모의 원수를 갚고 전통을 보전한다는 복수보형을 기치로 의병을 일으켰다는 내용을 통해 밑줄 그은 '의병'이 을미의병임을 알 수 있어요. 을미사변과 ① 단발령 시행에 반발하여 유인석, 이소응 등 양반 유생의 주도로 을미의병이 일어났어요. 을미의병은 아관 파천 후 고종이 단발령을 철회하고 의병 해산을 권고하자 대부분 해산하였어요.

오답 피하기
② 을사늑약 체결에 반발하여 일어난 을사의병 때 민종식이 이끄는 부대가 홍주성을 점령하였어요.
③ 정미의병 때 이인영 등은 각국 공사관에 통문을 보내 의병 부대를 국제법상 교전 단체로 승인해 줄 것을 요구하였어요.
④ 정미의병 때 의병 부대가 연합하여 13도 창의군을 조직하고 서울 진공 작전을 전개하였어요.
⑤ 국권 피탈 이후 임병찬이 결성한 독립 의군부가 조선 총독부에 국권 반환 요구서를 보내려고 하였어요.

502 을사늑약에 대한 저항 정답 ④

정답 잡는 키/워/드
> 대황제 폐하의 거절, 이토 후작, 정부 대신이 겁먹어
> 나라를 팔아먹는 역적이 됨 → 을사늑약

황제(고종)가 거절하였으며 이토 히로부미가 관련되어 있고, 우리 정부의 대신들이 나라를 팔아먹었다는 표현을 통해 밑줄 그은 '이 조약'이 을사늑약임을 알 수 있어요. 을사늑약의 체결로 대한 제국은 외교권을 빼앗겼고, 한성에 통감부가 설치되었어요. 을사늑약 체결 소식이 알려지자 의병 운동을 비롯하여 조약 체결에 항거하는 움직임이 각지에서 일어났어요. ④ 유인석이 이끄는 의병이 충주성을 점령한 것은 을미의병 때의 일로, 을미의병은 을미사변과 단발령 실시에 반발하여 일어났어요.

① 민영환, 조병세 등은 자결로써 을사늑약 체결에 항거하였어요.

② 이상설은 을사늑약이 체결된 후 매국노 처단을 요구하는 상소를 올렸어요.

③ 고종은 을사늑약 체결의 부당함을 국제 사회에 알리기 위해 네덜란드 헤이그에서 열리는 만국 평화 회의에 특사를 파견하였어요.

⑤ 나철, 오기호 등은 을사늑약 체결에 앞장선 을사오적(박제순, 이지용, 이근택, 이완용, 권중현)을 처단하기 위해 자신회를 조직하였어요.

---

503 13도 창의군

정답 ⑤

> 총대장 이인영, 군사장 허위, 서울로 진군 → 13도 창의군

총대장이 이인영이고 군사장이 허위이며, 서울로 진군하였다는 내용을 통해 자료의 의병 부대가 정미의병 때 결성된 13도 창의군임을 알 수 있어요. 일제가 헤이그 특사 파견을 문제 삼아 ⑤ 고종을 강제로 퇴위시키고 대한 제국의 군대를 해산하였어요. 이에 전국 각지에서 정미의병이 일어났어요. 특히 해산된 군인 중 일부가 의병에 합류하면서 의병 부대의 전투력이 한층 강화되었고, 노동자, 상인, 학생 등 각계각층이 참여하여 의병 운동은 항일 의병 전쟁으로 발전하였어요. 이때에 각지의 의병 부대가 연합하여 이인영을 총대장으로 13도 창의군을 결성하고 서울 진공 작전을 전개하였어요.

① 의열단은 신채호가 작성한 '조선 혁명 선언'을 활동 지침으로 삼았어요.

② "조선책략"이 유포되고 미국과의 수교 움직임이 나타나자 이만손을 비롯한 영남 유생들이 만인소를 올렸어요.

③ 대한 광복회는 상덕태상회 등을 거점으로 하여 군자금을 모집하였어요.

④ 독립 의군부는 조선 총독에게 국권 반환 요구서를 보내려 하였으나 사전에 조직이 발각되어 실현하지 못하였어요.

---

504 정미의병

정답 ①

> 고종의 강제 퇴위와 군대의 강제 해산 → 정미의병

고종의 강제 퇴위와 군대의 강제 해산으로 의병 활동이 고조되었다는 내용을 통해 밑줄 그은 '이 시기'가 1907년 이후임을 알 수 있어요. 일제는 1907년에 헤이그 특사 파견을 구실로 고종을 강제 퇴위시키고 한·일 신협약(정미7조약)의 체결을 강요하였어요. 그리고 한·일 신협약의 부속 각서에 따라 대한 제국의 군대를 해산시켰어요. 고종의 강제 퇴위와 군대 해산이 계기가 되어 정미의병이 일어났으며, 해산된 군인 중 일부가 의병에 합류하여 의병 부대의 전투력이 한층 강화되고 조직화되었어요. 또한, 이 시기에 ① 각지의 의병 부대가 연합하여 이인영을 총대장으로 13도 창의군을 결성하고 서울 진공 작전을 전개하였어요.

② 1930년대 전반에 만주 지역의 독립군 부대들은 항일 중국군과 한·중 연합 전선을 형성하였어요.

③ 1905년 을사늑약 체결에 항거하여 일어난 을사의병 당시 최익현이 태인에서 궐기하였어요.

④ 임진왜란 중에 곽재우, 고경명 등이 의병장으로 활약하였어요.

⑤ 1920년에 홍범도가 이끄는 대한 독립군을 비롯한 독립군 연합 부대는 봉오동 전투에서 일본군을 격퇴하였어요.

---

505 군대 해산 이후의 사실

정답 ②

> 통감부에서 한국 군대의 해산 결정
> → 대한 제국 군대 해산(1907)

통감부에서 한국 군대의 해산을 결정하였다는 내용을 통해 제시된 신문 기사가 한·일 신협약(정미7조약, 1907) 체결에 이어 이루어진 대한 제국의 군대 해산 상황임을 알 수 있어요. 일본은 헤이그 특사 파견을 구실로 고종을 강제 퇴위시키고 순종을 황제에 앉혀 한·일 신협약을 강제로 체결하였어요. 이어 부속 각서를 작성하여 대한 제국의 군대를 해산하였지요. 고종 황제가 강제로 물러나고 군대가 해산되자 전국 각지에서 항일 의병 운동이 더욱 거세게 일어났어요. 이때에 일부 해산 군인이 의병에 참여하여 의병의 전투력이 강화되었고, 각지의 의병 부대가 연합하여 ② 13도 창의군을 결성하고 서울 진공 작전을 전개하였습니다. 하지만 우세한 화력을 가진 일본군에게 막혀 작전은 성공하지 못하였어요.

① 을사늑약이 체결되자 민영환, 조병세 등이 자결로써 항거하였어요.

③ 제1차 한·일 협약 체결 후 재정 고문으로 부임한 메가타의 주도로 1905부터 화폐 정리 사업이 시작되었어요.

④ 고종은 을사늑약의 부당성을 국제 사회에 알리기 위해 헤이그 만국 평화 회의에 특사를 파견하였어요. 이를 빌미로 일제는 고종을 강제로 퇴위시켰어요.

⑤ 1882년에 구식 군인들이 별기군과의 차별 대우에 반발하여 임오군란을 일으켰어요. 이들은 별기군의 일본인 교관을 살해하고 정부 고관의 집과 일본 공사관 등을 습격하였어요.

---

506 정미의병

정답 ⑤

> 서울 근처 각 지방에 의병이 모여 서울 공격,
> 해산된 군인들이 선봉이 되어 기동 → 정미의병

서울 근처 각 지방에 의병이 많이 모여 서울을 치고자 하며, 해산된 군인들이 선봉이 되어 움직이고 있다는 내용을 통해 정미의병 시기의 상황임을 알 수 있어요. 1907년에 일제는 헤이그 특사 파견을 빌미로 고종을 강제 퇴위시킨 후 순종을 황제에 세워 한·일 신협약을 강제로 체결하고 부속 각서까지 작성하였어요. 이로써 통감의 내정 간섭이 강화되었고, 대한 제국의 각 부에 일본인 차관이 임명되었으며, 대한 제국의 군대가 강제 해산되었어요. 이에 반발하여 전국 각지에서 의병이 일어났는데, 이를 정미의병이라고 합니다. 이때 해산된 군인 중 일부가 의병 투쟁에 합류하였고, 각지의 의병 부대가 연합하여 13도 창의군을 결성하고 서울 진공 작전을 전개하였어요.

따라서 정미의병이 전개된 시기는 한·일 의정서 체결과 국권 피탈 사이인 ⑤ (마)입니다.

---

507 나철의 활동

정답 ①

> 오기호 등과 함께 대종교 창시 → 나철

오기호 등과 함께 대종교를 창시하였다는 내용을 통해 밑줄 그은 '그'가 나철임을 알 수 있어요. 나철의 본명은 나인영이며, 전라남도 보성 출신이에요. 나철은 일제의 침략이 심해지자 비밀 단체를 조직하여 구국 운동을 전개하였어요. ① 자신회를 조직하여 을사늑약 체결에 앞장섰던 을사오적 처단을 시도하였어요. 1909년에는 오기호 등과 함께 전통적인 단군 신앙을 부활시켜 단군교(대종교)를 창시하였어요. 대종교는 국권 피탈 후 중심 기구를 간도 지역으로 옮기고 항일 무장 단체인 중광단을 조직하여 무장 독립 전쟁에 크게 기여하였어요.

② 이재명은 명동 성당 앞에서 이완용을 습격하여 중상을 입혔어요.

③ 안중근은 하얼빈에서 을사늑약 체결을 주도한 이토 히로부미를 사살하였어요.

④ 조명하는 타이완에서 일왕의 장인이자 일본 육군 대장인 구니노미야를 습격하여 치명상을 입혔어요.

⑤ 의열단원 나석주는 조선 식산 은행과 동양 척식 주식회사에 폭탄을 투척하였어요.

508 안중근의 활동 정답 ①

정답 잡는 키/워/드

> 하얼빈, 이토 히로부미 저격 → 안중근

이토 히로부미를 저격하였다는 내용을 통해 (가) 인물이 안중근임을 알 수 있어요. 안중근은 만주 하얼빈역에서 침략의 원흉인 이토 히로부미를 처단하고 거사 직후 체포되어 뤼순 감옥에 갇혔어요. 안중근은 불공정한 재판 속에서도 자신은 독립 전쟁 과정에서 침략자를 처단한 것이니 전쟁 포로로 대우해 줄 것을 당당하게 요구하였어요. 또한, 감옥에 갇혀 있는 동안 대등한 위치에서의 한·중·일 상호 협력을 주장한 ① "동양 평화론" 집필에 온 힘을 기울였어요. 하지만 사형 집행이 앞당겨져 저술을 완성하지 못하였어요.

오답 피하기

② 장인환, 전명운은 일제의 한국 침략을 지지한 미국인 스티븐스를 사살하였어요.
③ 나철, 오기호는 을사늑약 체결에 앞장섰던 이완용, 권중현 등 을사오적 처단을 위해 자신회를 조직하였어요.
④ 이재명은 명동 성당 앞에서 친일파 이완용을 습격하여 중상을 입혔어요.
⑤ 의열단원 나석주는 조선 식산 은행과 동양 척식 주식회사에 폭탄을 던졌어요.

본문 176~178쪽

5 경제

509 ②	510 ③	511 ①	512 ③	513 ④	514 ②
515 ⑤	516 ③	517 ②	518 ⑤	519 ⑤	520 ②

509 조·일 통상 장정 정답 ②

정답 잡는 키/워/드

> 관세권을 일정 부분 회복, 일본에 최혜국 대우 인정
> → 조·일 통상 장정

관세권을 일부 회복하였으나 일본에 최혜국 대우를 인정해 주었다는 내용을 통해 밑줄 그은 '장정'이 조·일 통상 장정임을 알 수 있어요. 개항 후 일본에 일방적으로 유리한 무역이 이루어지고 대량의 곡물이 일본으로 유출되자 조선 정부는 이를 개선하려는 노력을 벌였어요. 1883년에 조·일 통상 장정을 체결하여 관세 조항을 설정하고 ② 방곡령 시행에 대한 규정을 명시하였지요. 이에 따라 함경도, 황해도 등 각지의 지방관이 방곡령을 선포할 수 있게 되었어요. 하지만 일본에 최혜국 대우를 인정하는 조항도 추가되었어요.

오답 피하기

① 갑신정변 후 조선은 일본과 한성 조약을 체결하였어요.
③ 임오군란 후 조선 정부는 일본과 제물포 조약을 체결하여 일본 공사관 경비를 위한 일본군 주둔을 허용하였어요.
④ 러·일 전쟁 중에 체결된 제1차 한·일 협약에 일본이 추천하는 일본인 1명을 대한 제국의 재정 고문으로 삼는다는 조항이 담겼어요.
⑤ 강화도 조약에 부산 외 2개 항구를 개항한다는 내용이 포함되었어요.

510 방곡령 정답 ③

정답 잡는 키/워/드

> 쌀과 콩 등의 곡물에 대해 유출 금지, 유출 금지 시행
> 1개월 전까지 일본 공사에 통보 요청 → 방곡령

함경도 관찰사가 흉작으로 쌀과 콩 등의 곡물에 대해서 유출을 금지하며, 유출 금지 시행 1개월 전까지 일본 공사에게 알려줄 것을 정부에 요청하는 내용

을 통해 자료가 방곡령에 관한 것임을 알 수 있어요. 조선 정부는 강화도 조약과 함께 체결한 조·일 무역 규칙에서 관세 부과, 일본으로의 양곡 유출 제한 규정 등을 마련하지 못하였어요. 이에 따라 개항 초기에 일본과 사실상 무관세 무역을 하였고, 대량의 양곡이 일본으로 반출되는 것을 막지도 못하였어요. 뒤늦게 문제의식을 갖게 된 조선 정부는 ③ 1883년에 조·일 통상 장정을 체결하여 일본과의 무역에서 관세 규정과 양곡 유출을 막을 수 있는 방곡령에 관한 규정을 마련하였어요. 이에 따라 함경도와 황해도의 지방관이 방곡령을 선포하였어요.

오답 피하기

① 제1차 한·일 협약 체결 후 파견된 일본인 재정 고문 메가타의 주도로 시행된 화폐 정리 사업은 백동화의 가치를 제대로 평가하지 않고 화폐 상태에 따라 등급을 나누어 교환해 주는 규정에 따라 진행되었어요. 이로 인해 국내 자본가와 상인, 농민이 큰 피해를 입었어요.
② 일제는 자국의 식량 부족 문제를 해결하기 위해 1920년부터 한국에서 산미 증식 계획을 추진하였어요. 그 결과 쌀 생산량은 조금 늘어났지만 일본으로 더 많은 양의 쌀이 반출되어 한국의 식량 사정이 악화되었어요.
④ 일제는 1910년부터 1918년까지 토지 조사 사업을 실시하였어요. 정해진 기간 내 소유자가 토지에 관한 사항들을 직접 신고해야만 토지 소유권을 인정받을 수 있었고, 미신고지와 소유가 불분명한 토지는 총독부 소유가 되었어요.
⑤ 대한 제국은 광무개혁 과정에서 근대적 토지 제도 수립을 위해 양지아문과 지계아문을 설치하고 양전 사업을 실시하여 지계를 발급하였어요.

511 일본의 경제 침략 정답 ①

정답 잡는 키/워/드

> • 일본에 양미와 잡곡의 수출입 허용, 일본 정부에 속한 선박은 항세를 납부하지 않음
> → (가) 조·일 무역 규칙(1876)
> • 관세 납부, 쌀 수출을 금지할 때 1개월 전에 지방관이 일본 영사관에게 통지 → (나) 조·일 통상 장정(1883)

(가)는 일본에 양미와 잡곡의 수출입을 허용하며, 일본 정부 소속 선박은 항세를 납부하지 않는다는 내용을 통해 1876년에 체결된 조·일 무역 규칙임을 알 수 있어요. 강화도 조약의 후속 조치로 체결된 조·일 무역 규칙에서 조선 정부는 일본 상품에 대한 관세 규정을 두지 못하였어요. (나)는 관세가 부과되며, 쌀 수출을 금지하려고 할 때 1개월 전에 지방관이 일본 영사관에게 통지해야 한다는 내용을 통해 1883년에 체결된 조·일 통상 장정임을 알 수 있어요. 조·일 통상 장정으로 조선은 일본과의 무역에서 관세권을 일정 부분 회복하였으며, 조선의 지방관은 천재지변이나 변란으로 식량 부족의 우려가 있을 때 방곡령을 선포할 수 있게 되었어요. ① 1882년에 청의 알선으로 조·미 수호 통상 조약이 체결되었어요. 조·미 수호 통상 조약에서 조선의 관세 자주권이 최초로 인정되었어요.

오답 피하기

② 대한 제국에 영향력을 행사하던 러시아가 1903년에 용암포를 점령하고 조차를 요구하였어요.
③ 1885년에 영국이 러시아의 남하를 견제한다는 구실로 거문도를 불법적으로 점령하였어요(~1887).
④ 1875년에 일본 군함 운요호가 영종도를 공격한 운요호 사건이 일어났어요. 운요호 사건을 계기로 강화도 조약이 체결되었어요.
⑤ 대한 제국 수립 이후인 1899년에 대한 제국과 청이 대등한 입장에서 한·청 통상 조약을 체결하였어요.

512 조·미 수호 통상 조약 정답 ③

정답 잡는 키/워/드

> 조선국 군주와 미국 대통령, 거중 조정, 최혜국 대우
> → 조·미 수호 통상 조약

조약의 제1관은 거중 조정 조항, 제14관은 최혜국 대우 조항이에요. 이를 통해 자료의 조약이 조·미 수호 통상 조약임을 알 수 있어요. 조·미 수호 통상 조약은 조선이 ③ 청의 알선과 "조선책략"의 영향을 받아 서양 국가와 맺은 최초의 조약이었습니다. 이 조약에는 거중 조정과 최혜국 대우 조항 외에 낮은 세율의 관세 부과, 치외 법권 등의 규정도 담겼어요. 조선 정부는 조약 체결 후 미국이 공사를 파견해 오자 이에 대한 답례로 민영익, 홍영식, 서광범, 유길준 등을 보빙사로 미국에 파견하였어요.

오답 피하기

① 강화도 조약의 부속 조약인 조·일 무역 규칙에 양곡의 수출입을 허용하는 조항이 포함되었어요. 이 조항에 수출입 양에 대한 제한이 설정되지 않아 곡물이 대량으로 일본에 반출되었어요.
② 외국 상인의 내지 통상권을 최초로 규정한 조약은 조·청 상민 수륙 무역 장정이에요.
④ 제1차 한·일 협약이 체결된 후 일본인 메가타가 재정 고문, 미국인 스티븐스가 외교 고문으로 부임하였어요.
⑤ 강화도 조약(조·일 수호 조규)에 따라 부산, 원산, 인천이 개항되었어요.

513 조·미 수호 통상 조약

정답 잡는 키/워/드	최혜국 대우 규정, 조선이 서양 국가와 최초로 체결한 조약 → 조·미 수호 통상 조약

최혜국 대우를 규정한 조항이 있고, 조선이 서양 국가와 최초로 체결한 조약이라는 내용을 통해 자료의 조약이 조·미 수호 통상 조약임을 알 수 있어요. 조선 정부는 "조선책략"의 영향과 청의 알선으로 1882년에 서양 국가들 가운데 미국과 가장 먼저 조약을 맺었어요. 조·미 수호 통상 조약에는 양국 중 한쪽이 다른 나라의 침입을 받으면 서로 돕고 분쟁을 원만히 해결하도록 주선한다는 ④ 거중 조정에 대한 규정이 포함되었어요. 또 미국 상품에 대한 낮은 세율의 관세 부과 규정도 두었지요. 하지만 조·미 수호 통상 조약도 미국에 치외 법권과 최혜국 대우를 인정한 불평등 조약이었어요.

오답 피하기

① 흥선 대원군 집권기에 일어난 병인박해를 빌미로 프랑스 군대가 강화도를 침략하여 병인양요가 일어났어요.
② 갑신정변의 영향으로 조선과 일본은 한성 조약을 체결하고, 청과 일본은 톈진 조약을 체결하였어요.
③ 1905년에 체결된 을사늑약으로 대한 제국은 외교권을 빼앗겼고, 이듬해 한성에 통감부가 설치되었어요.
⑤ 제1차 한·일 협약 체결을 계기로 재정 고문으로 메가타, 외교 고문으로 스티븐스가 부임하였어요.

514 화폐 정리 사업

정답 잡는 키/워/드	백동화에 대한 처분안, 이른바 폐제 개혁 → 화폐 정리 사업

'백동화에 대한 처분안', '이른바 폐제 개혁'을 통해 자료에 나타난 사업이 대한 제국 시기에 시행된 화폐 정리 사업임을 알 수 있어요. 1905년에 시행된 화폐 정리 사업은 백동화를 일본 제일 은행권으로 교환하는 일종의 화폐 개혁이었어요. ② 제1차 한·일 협약에 따라 대한 제국의 재정 고문으로 파견된 메가타의 주도로 시행되었어요. 사업 과정에서 백동화의 가치가 제대로 평가되지 않고 화폐의 형체와 품질 등 상태에 따라 등급이 나뉘어 이에 따라 교환이 이루어졌어요. 화폐 상태가 좋지 않은 병종은 매수하지도 않았으며 교환 기간도 짧았지요. 그 결과 국내 자본가와 상인, 농민이 피해를 입었어요.

오답 피하기

① 독립 협회는 1898년에 만민 공동회를 열어 러시아를 비롯한 열강의 이권 요구에 반대하는 이권 수호 운동을 전개하였어요.

③ 1908년에 설립된 동양 척식 주식회사가 중심이 되어 국가 소유의 미개간지, 역둔토 등을 약탈하여 일본인에게 싼값에 판매하였어요.
④ 1894년에 제1차 갑오개혁을 추진하는 과정에서 은 본위제가 실시되었어요.
⑤ 일본 상인이 곡물을 대량으로 수입해 가면서 국내의 곡식 가격이 폭등하고 식량 사정이 악화되었어요. 이에 함경도 관찰사 조병식 등 일부 지방관은 1883년에 체결된 조·일 통상 장정에 근거하여 방곡령을 선포하였어요.

515 열강의 이권 침탈

아관 파천 이후 열강의 경제적 침탈이 치열해졌어요. 광산, 삼림, 철도 등과 관련된 많은 이권을 미국, 러시아, 독일, 일본 등이 차지하였어요. ⑤ 경인선 철도 부설권은 미국에서 일본으로 넘어갔어요. 프랑스는 경의선 철도 부설권을 차지하였다가 자금 부족으로 이를 상실하였고, 이후 일본이 경의선 철도 부설권도 차지하였어요.

오답 피하기

① 독일은 강원도의 당현 금광 채굴권, 평안도의 선천 광산 채굴권 등을 차지하였어요.
② 일본은 철도 이권에 많은 관심을 두어 미국인이 가지고 있던 경인선 철도 부설권을 사들이고 경부선 철도 부설권도 차지하였어요.
③ 미국은 운산 금광 채굴권, 경인선 철도 부설권 등을 차지하였으나 이후 경인선 철도 부설권을 일본에 넘겼어요.
④ 러시아는 울릉도와 압록강, 두만강 유역의 삼림 채벌권을 차지하였어요.

516 상권 수호 운동

정답 잡는 키/워/드	시전 상인이 외아문 앞에서 외국 상인의 퇴거 요구 → 상권 수호 운동

시전 상인이 외아문(통리교섭통상사무아문) 앞에서 외국 상인의 퇴거를 요구하는 연좌시위를 시작하였다는 내용을 통해 상권 수호 운동이 전개되는 상황임을 알 수 있어요. ③ 1882년에 조·청 상민 수륙 무역 장정이 체결되면서 허가받은 청 상인의 내지 통상이 가능해졌어요. 이러한 권리는 최혜국 대우 규정에 따라 일본을 비롯한 다른 나라 상인도 동일하게 보장받았지요. 이에 따라 외국 상인, 특히 청과 일본 상인들이 상권을 점점 넓혀 상권 침탈이 심해지자 시전 상인의 주도로 상권 수호 운동이 전개되었어요. 한성의 시전 상인들은 청 상인과 일본 상인의 점포 철수를 요구하는 시위를 벌이며 가게의 문을 닫는 철시 운동을 전개하였어요. 1898년에는 시전 상인이 황국 중앙 총상회를 조직하여 외국 상인의 불법적인 상업 활동을 중단시켜 줄 것을 정부에 강력하게 요구하였어요.

오답 피하기

① 일제는 1908년에 한국의 토지와 자원을 수탈할 목적으로 동양 척식 주식회사를 설립하였어요.
② 일제가 1904년 한·일 의정서 체결 이후 황무지 개간권을 요구하자 보안회 등이 일제의 황무지 개간권 요구에 반대하는 운동을 전개하여 일제의 요구를 저지하는 데 성공하였어요.
④ 제1차 한·일 협약 체결 후 재정 고문으로 부임한 메가타의 주도로 1905년에 화폐 정리 사업이 실시되었어요. 그 결과 국내 자본가와 상인, 농민이 큰 피해를 입었어요.
⑤ 일제는 1910년에 회사 설립 시 조선 총독의 허가를 받도록 하는 회사령을 공포하여 민족 자본의 성장을 억제하고 한국인의 기업 활동을 제한하였어요.

517 보안회의 활동

정답 잡는 키/워/드	외부에서 진황지를 일본인에게 빌려주는 일을 청함, 일본인이 황무지 등을 청구 → 일제의 황무지 개간권 요구

일본은 러·일 전쟁을 도발한 직후 자신들이 대한 제국에서 전략적 요충지를 마음대로 사용할 수 있도록 하는 내용의 한·일 의정서 체결을 강요하였어요. 이후 전세가 유리해지면서 일본은 대한 제국 전 국토의 약 4분의 1에 해당하는 황무지 개간권을 50년 기한으로 일본인에게 위임하라고 요구하였어요. 이에 반발하여 전직 관료와 유생들이 중심이 되어 서울 종로의 백목전에서 보안회를 결성하고 이를 중심으로 연일 집회를 열어 반대 운동을 전개하였어요. ② 1904년에 결성된 보안회는 일본의 황무지 개간권 요구에 반대하는 운동을 전개하여 일본의 요구를 철회시켰어요.

오답 피하기

① 1911년에 일제가 조작한 105인 사건으로 신민회의 조직이 드러나 해체되었어요.
③ 독립 협회는 모금 활동으로 자금을 마련하여 1897년에 청의 사신을 맞이하던 영은문 자리 부근에 독립문을 건립하였어요.
④ 조선 형평사는 1923년에 진주에서 조직되어 백정에 대한 사회적 차별 철폐 운동인 형평 운동을 전개하였어요.
⑤ 외국 상인의 상권 침탈이 심화되자 시전 상인들은 1898년에 황국 중앙 총상회를 조직하여 상권 수호 운동을 전개하였어요.

---

518 보안회의 활동 　　정답 ⑤

정답 잡는 키/워/드 | 보안회 → 일본의 황무지 개간권 요구 반대 운동

러·일 전쟁의 전세가 일본에 유리해지면서 일본은 대한 제국의 각종 이권을 탈취하려고 하였어요. 이러한 가운데 일본은 대한 제국 전 국토의 약 4분의 1에 해당하는 황무지의 개간권을 일본인에게 넘겨줄 것을 요구하였어요. 이에 관리와 유생들이 상소를 올리고 각 언론도 사설을 실어 반대 여론 형성을 주도하였어요. 하지만 일본이 요구를 철회하지 않자 송수만, 심상진 등이 중심이 되어 서울 종로의 백목전에서 보안회를 결성하고, ⑤ 일본의 황무지 개간권 요구에 반대하는 운동을 전개하여 일본의 요구를 저지하였어요.

오답 피하기

① 외국 상인의 상권 침탈에 피해가 커지자 시전 상인들이 황국 중앙 총상회를 조직하여 상권 수호 운동을 전개하였어요.
② 1884년에 김옥균, 박영효 등 급진 개화파가 일으킨 갑신정변은 우리나라 최초의 정치 개혁 운동이었어요.
③ 일제 강점기에 백정이 자신들에 대한 사회적 차별 철폐를 주장한 형평 운동을 전개하였어요.
④ 1930년대 전반에 동아일보가 '배우자 가르치자 다 함께 브나로드'라는 구호를 제시하고 농촌 계몽을 위한 브나로드 운동을 전개하였어요.

---

519 국채 보상 운동 　　정답 ⑤

정답 잡는 키/워/드 | 대황제 폐하께서 진 외채 1,300만 원, 의연금을 내어 채무를 청산하자고 호소 → 국채 보상 운동

대황제 폐하께서 외채 1,300만 원을 청산할 방법이 없어 걱정하고 있으니, 국민이 의연금을 내어 채무를 상환하고 채노에서 벗어나자고 호소하는 내용을 통해 자료에 나타난 민족 운동이 국채 보상 운동임을 알 수 있어요. 1907년에 국민이 성금을 모아 일본에 진 국채를 갚아 경제적 예속에서 벗어나 국권을 회복하자는 국채 보상 운동이 대구에서 김광제, 서상돈 등의 발의로 시작되었어요. 국민들은 금주, 금연 등을 통해 성금을 모았으며 비녀와 반지 등을 내놓기도 하였어요. ⑤ 국채 보상 운동은 대한매일신보, 황성신문 등 당시 언론이 적극적으로 참여하여 전국적으로 확산되었으나 통감부의 방해와 탄압으로 중단되었습니다.

오답 피하기

① 일제는 1925년에 치안 유지법을 제정하여 사회주의 운동과 독립운동을 탄압하였어요.

---

② 1920년대에 백정들이 형평 운동을 전개하여 백정에 대한 사회적 차별 철폐를 요구하였어요.
③ 독립 협회는 모금 활동을 전개하여 1897년에 독립문을 건립하였어요.
④ 1920년대 초에 전개된 물산 장려 운동 당시 자작회, 토산 애용 부인회 등의 단체가 활동하였어요.

---

520 국채 보상 운동 　　정답 ②

정답 잡는 키/워/드 | 일본에서 도입한 차관을 갚기 위해 전개, 대한매일신보가 성금을 낸 명단 보도 → 국채 보상 운동

일본에서 도입한 차관을 갚기 위해 전개되었다는 내용을 통해 (가)에 들어갈 민족 운동이 국채 보상 운동임을 알 수 있어요. 일본은 을사늑약 이후 여러 명목으로 대한 제국에 차관을 강요하였어요. 이런 이유로 대한 제국의 재정이 점차 일본에 예속되자 1907년 대구에서 ② 김광제, 서상돈 등의 발의로 국민이 성금을 모아 일본에 진 나랏빚을 갚고 국권을 회복하자는 국채 보상 운동이 시작되었어요. 남자들은 금주와 금연을 통해 성금을 냈으며, 여자들은 비녀와 반지를 내놓는 방법 등으로 동참하였어요. 국채 보상 운동은 대한매일신보와 황성신문 등 언론의 지원을 받아 전국으로 확대되었어요.

오답 피하기

① 1920년에 일제가 일본 기업과 자본의 한국 침투를 쉽게 만들기 위해 회사령을 폐지하였어요.
③ 1920년대 천도교 소년회의 주도로 시작된 소년 운동은 색동회가 창립되면서 본격적으로 전개되었어요.
④ 1926년에 순종의 인산일을 기해 일어난 6·10 만세 운동의 준비 과정에서 민족주의 계열과 사회주의 계열이 함께하였어요.
⑤ 1929년에 원산 총파업이 일어나자 중국, 프랑스 등 해외의 노동 단체가 격려 전문을 보내 지지하였어요.

본문 179~181쪽

6 문화

| 521 ① | 522 ③ | 523 ④ | 524 ③ | 525 ⑤ | 526 ① |
| 527 ⑤ | 528 ② | 529 ⑤ | 530 ① | 531 ③ | 532 ⑤ |

---

521 개항기 신문 　　정답 ①

ㄱ. 한성순보는 우리나라 최초의 근대 신문이에요. 정부에서 설립한 박문국에서 열흘에 한 번씩 순 한문으로 발행하였어요. ㄴ. 독립신문은 우리나라 최초의 민간 신문으로 서재필의 주도로 창간되었어요. 순 한글로 발행되었으며, 영문판도 발행되어 국내 정세를 외국에 알리는 역할도 하였어요.

오답 피하기

ㄷ. 1936년 조선중앙일보와 동아일보는 베를린 올림픽의 마라톤 우승자 손기정의 사진을 게재하면서 그의 운동복에 그려진 일장기를 삭제하였어요. 황성신문은 1898년에 국한문 혼용으로 발행된 신문으로, 을사늑약 체결을 규탄한 장지연의 논설 '시일야방성대곡'을 처음으로 게재하였어요. 국권 피탈 이후 곧 폐간되었어요.
ㄹ. 상업 광고가 처음으로 게재된 신문은 1886년에 창간된 한성주보입니다. 대한매일신보는 1904년에 양기탁과 베델이 함께 창간한 신문이에요. 영국인 베델이 발행인으로 참여하였기 때문에 일본의 검열에서 비교적 자유로울 수 있었어요. 대한매일신보는 국채 보상 운동을 적극적으로 후원한 언론이었어요.

---

522 대한매일신보

 정답 ③

정답 잡는 키/워/드 베델과 양기탁이 함께 창간, 항일 언론 활동 → 대한매일신보

영국인 베델과 양기탁이 함께 창간하였으며, 항일 언론 활동을 전개하였다는 내용을 통해 (가) 신문이 대한매일신보임을 알 수 있어요. 1904년에 창간된 대한매일신보는 영국인 베델이 발행인으로 참여하였기에 일본의 사전 검열을 거의 받지 않고 일본의 간섭으로부터 비교적 자유로웠어요. 이런 이유로 황성신문이 정간된 후 장지연의 '시일야방성대곡'을 게재하는 등 ③ 을사늑약의 부당성을 주장하고, 항일 논설과 의병 투쟁에 호의적인 기사 등을 실었습니다.

오답 피하기
① 한성순보는 박문국에서 열흘에 한 번씩 발행한 우리나라 최초의 근대 신문이었으며, 관보의 성격을 띠었어요.
② 최초로 상업 광고가 게재된 신문은 한성주보입니다. 한성주보는 1886년에 한성순보의 복간 형식으로 박문국에서 발행되었어요.
④ 우리나라 최초의 민간 신문은 독립신문이에요.
⑤ 1936년에 조선중앙일보와 동아일보는 베를린 올림픽 대회의 마라톤 우승자 손기정의 사진을 게재하면서 그의 운동복에 그려진 일장기를 삭제하였어요.

523 독립신문

정답 ④

정답 잡는 키/워/드 서재필이 창간, 한글판과 영문판으로 발행 → 독립신문

1896년 4월 7일에 서재필이 창간한 근대적 민간 신문이라는 내용을 통해 (가) 신문이 ④ 독립신문임을 알 수 있어요. 갑신정변이 실패한 뒤에 일본을 거쳐 미국으로 망명하였던 서재필은 갑오개혁 과정에서 갑신정변 주동자에 대한 사면령이 내려지자 10여 년 만에 귀국하였어요. 그는 정부의 개혁 정책을 알리고 국민의 여론을 전달하는 역할을 담당할 매체로 신문의 발행이 필요함을 깨닫고 정부의 지원을 받아 독립신문을 간행하였어요. 독립신문은 우리나라 최초의 민간 신문이며 순 한글 신문이에요. 영문판도 발행되어 국내 정세를 외국인에게 알리는 역할을 하였어요.

오답 피하기
① 해조신문은 1908년에 러시아 블라디보스토크에서 발행되었어요. 해외에서 우리글로 발행된 최초의 신문이에요.
② 제국신문은 1898년에 창간되었으며, 순 한글로 발행되어 서민층과 부녀자에게 호응을 얻었어요.
③ 한성순보는 1883년에 박문국에서 발행한 우리나라 최초의 근대 신문이며, 순 한문으로 열흘에 한 번씩 나왔어요. 갑신정변 이후 발행이 중단되었다가 한성주보로 다시 발행되었어요.
⑤ 황성신문은 1898년에 국한문 혼용으로 발행된 신문으로, 을사늑약 체결을 규탄한 장지연의 '시일야방성대곡'이 처음으로 게재되었어요.

524 대한매일신보

정답 ③

정답 잡는 키/워/드 양기탁과 베델이 창간 → 대한매일신보

양기탁과 베델이 창간하였다는 내용을 통해 (가) 신문이 대한매일신보임을 알 수 있어요. 1904년에 창간된 대한매일신보는 영국인 베델이 발행인으로 참여하였기 때문에 일제의 감시와 검열에서 비교적 자유로워 항일 논조의 기사를 실을 수 있었어요. 박은식, 신채호 등이 쓴 항일 논설을 게재하고 의병 투쟁에 호의적인 기사를 싣기도 하였어요. 또한, 황성신문이 정간된 후 장지연의 '시일야방성대곡'을 게재하는 등 을사늑약의 부당성을 주장하였어요. ③ 대한매일신보는 국채 보상 운동을 적극적으로 후원하여 국채 보상 운동이 전국으로 확산되는 데 기여하였어요.

오답 피하기
① 상업 광고를 처음 실은 신문은 한성주보입니다. 한성주보는 1886년에 한성순보의 복간 형식으로 박문국에서 발행되었어요.
② 만세보는 천도교의 기관지로 발행되었으며 민중 계몽에 힘썼어요.
④ 조선중앙일보와 동아일보는 1936년 베를린 올림픽의 마라톤 우승자 손기정의 사진을 게재하면서 그의 운동복에 그려진 일장기를 삭제하였어요.
⑤ 한성순보는 순 한문으로 제작된 우리나라 최초의 근대 신문으로, 열흘마다 발행하는 것이 원칙이었어요. 박문국에서 발간하였으며 관보의 성격을 띠었어요.

525 근대 문물의 수용

 정답 ⑤

정답 잡는 키/워/드 건청궁에 조선 최초의 전등 가설 → 1887년

개항 이후 근대 문물의 도입에 관해 묻는 문제입니다. 경복궁 내 건청궁에 최초의 전등이 가설된 것은 1887년이에요. ⑤ 경인선은 우리나라 최초의 철도로 1899년에 노량진~제물포 구간이 개통되었어요. 같은 해에 서대문~청량리 노선을 운행하는 전차도 개통되었어요.

오답 피하기
① 광혜원은 1885년에 우리나라 최초로 세워진 서양식 병원이에요. 설립 직후 제중원으로 이름이 바뀌었어요.
② 1883년에 설립된 박문국에서 최초의 근대 신문인 한성순보가 순 한문으로 발행되었어요.
③ 청에 파견되었던 영선사와 유학생 및 기술자들이 귀국한 뒤 1883년에 기기창 설립을 주도하였어요.
④ 조선 정부는 통역관을 양성할 목적으로 1883년에 외국어 교육 기관인 동문학을 세웠어요.

526 광혜원(제중원) 운영 시기의 모습

정답 ①

정답 잡는 키/워/드 우리나라 최초의 근대식 병원, 알렌 → 광혜원(제중원)

우리나라 최초의 근대식 병원이며 초기에 알렌이 운영을 주도하였다는 내용을 통해 밑줄 그은 '이곳'이 광혜원임을 알 수 있어요. 광혜원은 1885년에 선교사이자 의사였던 알렌이 고종에게 건의하여 설립되었어요. 얼마 지나지 않아 '대중을 구제한다'는 의미의 제중원으로 이름이 바뀌었습니다. 광혜원은 초기에는 국립 병원으로 운영되었으나, 1894년에 미국 선교회로 경영권이 이관되었고, 1904년부터 세브란스 병원이라 불렸어요. ① 배재 학당은 1885년에 선교사 아펜젤러가 세운 근대식 중등 교육 기관이에요.

오답 피하기
② 조선 정부는 1881년에 영선사와 유학생 및 기술자 등을 청에 파견하여 근대식 무기 제조법을 배워 오게 하였어요.
③ 1884년에 우편 업무를 담당하는 관청인 우정총국의 개국 축하연이 있던 날 갑신정변이 일어났어요.
④ 1876년에 강화도의 연무당에서 조선과 일본은 강화도 조약(조·일 수호 조규)을 체결하였어요.
⑤ 1866년에 제너럴 셔먼호가 대동강을 거슬러 평양에 들어와 통상을 요구하며 횡포를 부리다가 분노한 평양 관민에 의해 불태워졌어요. 이 사건을 빌미로 미국이 강화도를 침공한 신미양요가 일어났어요.

527 근대 문물의 수용

 정답 ⑤

정답 잡는 키/워/드 한성 전기 회사에서 전차 개통 → 1899년

전차 운행 중에 사망 사고가 일어났다는 내용을 통해 가상 대화가 이루어진 시기가 1899년 이후임을 알 수 있어요. 1899년에 우리나라 최초의 전차가 개통되어 서대문과 청량리 사이를 운행하였어요. 많은 사람이 새롭고 편리

한 교통수단인 전차의 개통을 반겼지만, 운행 과정에서 여러 차례 참혹한 사고가 일어나 일부 사람들의 반감을 사기도 하였어요. ⑤ 러·일 전쟁 중에 일본이 군사적 목적으로 경부선 철도 부설 공사를 시작하여 1905년에 개통시켰어요.

오답 피하기

① 흥선 대원군은 신미양요 직후인 1871년에 서양과의 통상 수교 거부 의지를 널리 알리기 위해 전국 각지에 척화비를 세웠어요. 척화비는 1882년 임오군란 때 흥선 대원군이 청으로 납치된 이후 대부분 철거되었어요.
② 영국군은 1885년에 러시아의 남하를 견제한다는 구실로 거문도를 불법으로 점령하였어요(~1887).
③ 1876년에 강화도 연무당에서 조선과 일본 사이에 강화도 조약이 체결되었어요.
④ 조·미 수호 통상 조약 체결 이후 미국 공사가 한성에 부임하자 그에 대한 답례로 1883년에 보빙사가 미국에 파견되었어요.

528 개항기 사회 모습

정답 잡는 키/워/드	우리나라 최초의 전차가 개통된 해 → 1899년

1899년에 우리나라 최초의 전차가 개통되어 서대문과 청량리 사이를 운행하였어요. 이때의 전차는 양반이 타는 칸과 그 외 일반인이 타는 칸으로 나뉘어 있었어요. 많은 사람이 새로운 교통수단인 전차의 등장에 환호하였지만, 운행 과정에서 수차례 불행한 사고가 일어나 사회 문제가 되기도 하였어요. ② 대한 제국 수립 후 1899년에 황제의 절대 권한을 규정한 대한국 국제가 반포되었어요.

오답 피하기

① 조선 후기에 청에 다녀온 박제가는 "북학의"를 저술하였어요.
③ 1885년에 영국군이 러시아의 남하를 저지한다는 명분으로 거문도를 불법 점령하였어요(~1887).
④ 조선 세종 때 학술 연구 기관으로 집현전이 설치되었지만, 세조 때 폐지되었어요.
⑤ 1866년에 미국 상선 제너럴 셔먼호가 평양에 들어와 통상을 요구하며 횡포를 부리자 분노한 평양 관민이 배를 불태워 침몰시켰어요.

529 근대 시설

정답 잡는 키/워/드	• 덕원부, 원산사에 학교 설치 → (가) 원산 학사 설립(1883) • 경기 철도 회사에서 개업 예식 거행 → (나) 경인선 개통(1899)

(가)는 개항지 덕원부의 원산사에 학교를 설치하였다는 내용을 통해 원산 학사가 설립된 1883년의 상황임을 알 수 있어요. (나)는 경인 철도 회사에서 어제 개업 예식을 거행하였다는 내용을 통해 경인선이 개통된 1899년의 모습임을 파악할 수 있어요. 1883년과 1899년 사이 시기에 볼 수 있는 모습으로 적절하지 않은 것을 찾으면 됩니다. ⑤ 대한매일신보는 1904년에 창간되었으며 영국인 베델이 사장으로 있어 일본의 간섭을 비교적 덜 받았어요. 이에 일제의 침략을 비판하고 의병 활동에 호의적인 기사를 많이 실어 큰 호응을 얻고 많은 독자층을 확보하였어요.

오답 피하기

① 1884년에 부산과 일본 나가사키 구간의 전신이 연결되었고, 1885년에는 인천과 서울, 의주를 연결하는 전신선이 개통되었어요.
② 이화 학당은 1886년에 미국인 선교사가 설립한 우리나라 최초의 여성 교육 기관이에요.
③ 제중원은 1885년에 설립된 우리나라 최초의 근대식 병원으로, 처음에는 광혜원이라는 이름을 사용하였어요.
④ 한성 전기 회사는 1898년에 설립된 우리나라 최초의 전기 회사로, 한성 시내의 전차와 전등 사업을 운영하였어요.

530 근대 학교

개항 이후 근대 문물을 접하면서 부국강병을 이루는 데 서양식 근대 교육이 필요하다는 인식이 퍼져 근대 교육 기관이 설립되기 시작하였어요. ① 육영 공원은 1886년에 정부가 설립한 서양식 근대 교육 기관이에요. 헐버트, 길모어 등 외국인 교사를 초빙하여 주로 고관 자제들을 대상으로 영어, 수학, 정치학 등 근대 학문을 가르쳤어요.

오답 피하기

② 교육 입국 조서 반포를 계기로 설립된 학교는 한성 사범 학교, 소학교, 외국어 학교 등이에요.
③ 간도에 만들어진 민족 교육 기관으로 서전서숙, 명동 학교, 신흥 강습소 등이 있어요.
④ 덕원 지방의 관민들이 합심하여 세운 학교는 우리나라 최초의 근대 교육 기관인 원산 학사입니다. 대성 학교는 신민회의 안창호가 설립한 중등 교육 기관이에요.
⑤ 개신교 선교사가 선교 목적으로 세운 학교는 배재 학당, 이화 학당 등이에요.

531 원산 학사

정답 잡는 키/워/드	덕원부의 관민이 힘을 합쳐 설립, 우리나라 최초의 근대 학교 → 원산 학사

우리나라 최초의 근대 학교는 개항지 덕원부(지금의 원산시)의 주민과 관리들이 힘을 합쳐 설립한 ③ 원산 학사입니다. 1883년에 설립된 원산 학사에서는 근대 학문과 외국어 교육이 이루어졌어요.

오답 피하기

① 동문학은 1883년에 설립된 관립 외국어 교육 기관이에요.
②, ④ 명동 학교와 서전서숙은 북간도 지역에 설립된 민족 교육 기관이에요.
⑤ 배재 학당은 개신교 선교사 아펜젤러가 세운 근대식 사립 학교입니다.

532 원각사

정답 잡는 키/워/드	한국 최초의 서양식 극장 → 원각사

한국 최초의 서양식 극장이라는 내용을 통해 원각사에 대한 조사 보고서임을 알 수 있으며, (가)에는 원각사에 대한 내용이 들어가야 합니다. 원각사에서는 판소리가 창극 형태로 공연되기도 하였고, ⑤ 신소설 "은세계", "치악산" 등이 연극으로 상연되기도 하였어요.

오답 피하기

① 우리나라 최초의 서양식 병원인 광혜원은 선교사 알렌의 건의로 1885년에 설립되었어요.
② 나운규의 영화 '아리랑'은 1926년에 단성사에서 처음으로 개봉되었고 큰 인기를 얻었어요.
③ 신간회는 원각사가 소실된 후인 1927년에 창립되었어요.
④ 1897년에 고종은 러시아 공사관에서 경운궁으로 돌아온 뒤 환구단에서 황제 즉위식을 거행하고 대한 제국 수립을 선포하였어요.

VII 일제 강점기

1 일제 식민 통치

본문 190~195쪽

533 ⑤	534 ④	535 ③	536 ⑤	537 ④	538 ⑤
539 ②	540 ②	541 ①	542 ②	543 ③	544 ①
545 ⑤	546 ④	547 ③	548 ①	549 ④	550 ⑤
551 ④	552 ④	553 ①	554 ①	555 ③	556 ③

533 1910년대 일제 식민 통치
정답 ⑤

정답 잡는 키/워/드
헌병이 치안 유지에 관한 경찰 및 군사 경찰 담당, 조선 총독이 규정을 정함 → 1910년대 헌병 경찰 통치

헌병이 치안 유지에 관한 경찰 및 군사 경찰을 담당하며, 이와 관련된 규정을 조선 총독이 정한다는 내용을 통해 제시된 법령이 1910년대 시행된 헌병 경찰 제도에 관한 것임을 알 수 있어요. 따라서 1910년대에 볼 수 있는 모습을 찾으면 됩니다. ⑤ 일제는 1912년에 조선 태형령을 제정하여 한국인에게만 태형을 적용하였어요. 조선 태형령은 3·1 운동 이후 일제가 이른바 문화 통치를 시행한 시기인 1920년에 폐지되었어요.

오답 피하기
① 경성 제국 대학은 1924년에 설립되었어요.
② 원산 총파업은 1929년에 전개되었어요.
③ 1921년에 설립된 한글 연구 단체인 조선어 연구회는 1931년에 조선어 학회로 이름을 바꾸었어요.
④ 암태도 소작 쟁의는 1923년에 일어났어요.

534 1910년대 일제 식민 통치
정답 ④

정답 잡는 키/워/드
즉결, 태형 → 1910년대 일제 식민 통치 방식

피고인에 대한 즉결 처분과 태형 시행에 관한 규정을 둔 것으로 보아 제시된 법령이 시행된 시기가 1910년대임을 알 수 있어요. 제시된 법령은 일제가 1910년에 제정한 범죄 즉결례입니다. 일제는 1910년에 우리의 국권을 침탈한 후 ④ 헌병 경찰제를 실시하여 강압적인 무단 통치를 하였어요. 전국 곳곳에 배치된 헌병 경찰을 앞세워 한국인의 사소한 일상생활까지 간여하였으며, 범죄 즉결례와 경찰범 처벌 규칙을 만들어 헌병 경찰이 정식 재판도 없이 한국인에게 벌금이나 구류 등의 처벌을 내릴 수 있게 하였어요. 또한, 조선 태형령을 제정하여 한국인에게만 태형 처벌을 내렸어요.

오답 피하기
① 1883년에 조선 정부는 박문국을 설치하고 한성순보를 발행하였어요.
② 1898년에 시전 상인은 외국 상인의 상권 침탈에 맞서 황국 중앙 총상회를 조직하고 상권 수호 운동을 전개하였어요.
③ 1894년에 조선 정부는 군국기무처를 설치하고 왕실 사무와 정부 사무의 분리, 노비제 혁파, 신분제 철폐 등의 근대적 개혁을 추진하였어요.
⑤ 1907년에 일본에 진 나랏빚을 갚아 국권을 회복하자는 국채 보상 운동이 전개되었어요.

535 1910년대 일제 식민 통치
정답 ③

정답 잡는 키/워/드
교원이 칼을 차고 수업, 헌병이 일반 경찰 업무를 맡음, 태형 → 1910년대 무단 통치 시기

교원이 제복을 입고 칼을 차고 수업을 하였으며, 헌병이 일반 경찰 업무를 맡아 태형에 처하기도 했다는 내용을 통해 밑줄 그은 '시기'가 1910년대 무단 통치 시기임을 알 수 있어요. 국권을 강탈한 일제는 1910년대에 강압적인 무단 통치를 폈어요. 헌병 경찰 제도를 실시하였으며, 조선 태형령을 제정하여 한국인에게만 태형을 적용하였어요. 또한, 범죄 즉결례를 만들어 헌병 경찰이 정식 재판 없이 벌금이나 구류, 태형 등의 처벌을 할 수 있게 하였어요. 교원이나 일반 관리도 제복을 입고 칼을 차게 하여 일상에서도 위압적인 분위기를 조성하였습니다. 그러나 일제는 1919년 3·1 운동이 일어나자 무단 통치의 한계를 느끼고 이른바 문화 통치로 통치 방식을 바꾸었어요. ③ 일제는 1910년대에 식민지 지배에 필요한 재정을 확보하기 위해 토지 조사 사업을 실시하였어요.

오답 피하기
① 중·일 전쟁을 도발한 일제는 1938년에 국가 총동원법을 공포하여 인력과 물자를 강제 동원하였어요.
② 일제는 일본 내 부족한 식량을 한국에서 확보하기 위해 1920년부터 산미 증식 계획을 시행하였어요.
④ 일제는 1937년에 일왕에 대한 충성 맹세문인 황국 신민 서사를 제정한 뒤 학교, 관공서, 회사 등에서 암송을 강요하였어요.
⑤ 1941년에 일제는 독립운동을 탄압하기 위해 치안 유지법 위반으로 처벌받은 전력이 있는 사람 가운데 재범의 우려가 있다고 판단되는 경우 예방의 목적으로 구금을 허용한다는 조선 사상범 예방 구금령을 제정하였어요.

536 1910년대 일제 식민 통치
정답 ⑤

1910년대 시행된 일제의 식민 통치 정책을 찾으면 됩니다. 일제는 1911년에 제1차 조선 교육령을 공포하여 ⑤ 한국의 보통학교 수업 연한을 일본보다 2년 짧은 4년으로 하였어요. 또 수업 과목도 농업, 상업 등의 실무적인 업무에 도움이 되는 과목만 개설하였어요.

오답 피하기
① 국민 교육 헌장은 1968년에 박정희 정부가 발표하였어요.
② 1920년대 초반에 한국인을 위한 고등 교육 기관의 설립을 목표로 민립 대학 설립 운동이 전개되자, 일제는 한국인의 불만을 무마하기 위해 1924년에 경성 제국 대학을 설립하였어요.
③ 제2차 갑오개혁 과정에서 교육 입국 조서가 반포되었고, 이에 따라 교원 양성을 위한 한성 사범 학교 관제가 마련되었어요.
④ 일제는 1941년에 소학교의 명칭을 황국 신민을 육성한다는 의미를 가진 국민학교로 변경하였어요.

537 1910년대 일제 식민 통치
정답 ④

정답 잡는 키/워/드
토지 조사 사업이 진행되던 시기 → 1910년대

토지 조사 사업이 진행되었다는 내용을 통해 밑줄 그은 '이 시기'가 1910년대임을 알 수 있어요. 일제는 1910년대에 헌병 경찰을 앞세워 위압적인 무단 통치를 실시하였어요. 경제적으로는 식민지 수탈 정책을 모색하여 식민 지배를 위한 재정을 확보하고 일본인의 토지 소유를 쉽게 할 목적으로 1910년부터 1918년까지 토지 조사 사업을 추진하였어요. 또한, 민족 자본의 성장을 억제하기 위해 한국인의 기업 설립을 제한하는 ④ 회사령을 제정하여 회사 설립 시 총독의 허가를 받도록 하였어요. 이외에 산업 발전을 억제하는 어업령, 광업령 등을 제정하였어요.

오답 피하기
① 일제는 1938년에 국가 총동원법을 제정하여 전쟁에 필요한 노동력, 병력, 물자 등을 본격적으로 수탈하였어요.
② 일제는 3·1 운동을 계기로 이른바 문화 통치를 표방하면서 한국인에게 참정권을 주고 지방 자치제를 실시하겠다고 선언하여 도 평의회, 부·면 협의회 등 명목상의 자문 기구를 설치하였어요.

③ 화폐 정리 사업은 1905년에 일본인 재정 고문 메가타의 주도로 실시되었어요. 그 결과 국내의 자본가와 상인, 농민들이 크게 피해를 입었어요.
⑤ 일제는 1936년에 독립운동가를 감시하고 탄압하기 위해 조선 사상범 보호 관찰령을 공포하였어요.

538 1910년대의 사회 모습 정답 ⑤

정답 잡는 키/워드

조선 태형령 시행 → 1910년대

조선 태형령을 시행하였다는 내용을 통해 밑줄 그은 '시기'가 일제가 무단 통치를 실시한 1910년대임을 알 수 있어요. 일제는 한국의 국권을 강탈한 후 헌병 경찰제를 실시하여 강압적인 무단 통치를 하였어요. 관리와 교사에게 제복을 입고 칼을 차게 하여 사회적으로 공포 분위기를 조성하였으며, 한국인에게만 적용하는 조선 태형령을 제정하여 시행하였어요. 1919년에 3·1 운동이 일어나자 일제는 무단 통치의 한계를 느끼고 이른바 문화 통치로 통치 방식을 바꾸었어요. ⑤ 일제는 1915년에 경복궁의 일부 건물을 훼손하여 전국의 물품을 수집·전시한 조선 물산 공진회를 개최하였어요.

오답 피하기

① 조선 정부는 1886년에 근대 교육 기관인 육영 공원을 설립하고 헐버트, 길모어 등 외국인 교사를 초빙하여 근대 학문을 교육하였어요. 육영 공원은 국권 피탈 이전인 1894년에 폐교되었습니다.
② 일제는 1938년에 국민 정신 총동원 조선 연맹을 조직하고, 그 말단 조직으로 애국반을 만들어 한국인의 일상생활을 통제하였어요.
③ 1923년에 진주에서 조선 형평사가 창립되어 백정에 대한 사회적 차별 철폐 운동인 형평 운동을 전개하였어요.
④ 1926년에 나운규가 제작한 영화 '아리랑'이 단성사에서 처음 개봉되었어요.

539 1910년대 일제 식민 통치 정답 ②

정답 잡는 키/워드

교원이 제복을 입고 칼을 차고 수업을 함,
3·1 운동 이전 식민지 → 1910년대 무단 통치 시기

교원이 제복을 입고 칼을 차고 수업을 하는 모습 등 3·1 운동 이전 식민지의 사회 현실이 담긴 소설이라는 내용을 통해 밑줄 그은 '이 시기'가 1910년대 무단 통치 시기임을 알 수 있어요. 국권을 강탈한 일제는 1910년대에 강압적인 무단 통치를 폈어요. 헌병 경찰 제도를 실시하였으며, 조선 태형령을 제정하여 한국인에게만 태형을 집행하였어요. 또한, 교원이나 일반 관리도 제복을 입고 칼을 차게 하여 일상에서도 위압적인 분위기를 조성하였지요. 한편, 일제는 식민지 지배에 필요한 재정을 확보하기 위해 1910년부터 1918년까지 토지 조사 사업을 실시하고, 민족 자본의 성장을 억제하려는 목적으로 ② 1910년에 회사령을 제정하였어요.

오답 피하기

① 일제는 1938년에 애국반을 조직하여 한국인에 대한 감시와 통제를 강화하였어요.
③ 일제는 천황제와 사유 재산 제도를 부인하는 반정부, 반체제 운동을 통제하기 위해 1925년에 치안 유지법을 제정하였어요.
④ 일제는 1939년에 미곡 배급 통제법 등을 제정하여 식량 배급 및 미곡 공출 제도를 실시하였어요.
⑤ 일제는 1938년에 국가 총동원법을 공포하여 전쟁에 필요한 인력과 물자를 본격적으로 수탈하였어요.

540 1910년대 일제 식민 통치 정답 ②

정답 잡는 키/워드

한·일 병합 이후 일본 정부가 한인의 사업 경영에
제한을 주기 위해 공포, 허가주의 채택 → 회사령(1910)

한·일 병합 이후 일본 정부가 한국인의 사업 경영에 제한을 주기 위해 공포하였으며, 허가주의를 채택하였다는 내용을 통해 (가) 법령이 1910년에 제정된 회사령임을 알 수 있어요. 1910년에 한국을 강점한 일제는 통치 기구로 조선 총독부를 설치하고 한국인의 저항을 누르기 위해 헌병 경찰을 앞세운 무단 통치를 실시하였어요. 이 시기에 헌병이 일반 경찰 업무와 행정 업무까지 관여하였으며, ② 범죄 즉결례에 따라 즉결 처분권을 행사하여 한국인을 처벌하였어요. 한편, 일제는 식민지 지배에 필요한 재정을 확보하기 위해 1910년부터 1918년까지 토지 조사 사업을 실시하고, 민족 자본의 성장을 억제하기 위해 회사령을 제정하였어요.

오답 피하기

① 일제는 1922년에 제2차 조선 교육령을 시행하여 보통학교의 수업 연한을 6년으로 연장하고 한국어(조선어) 수업을 필수로 지정하였어요.
③ 일제는 1941년에 독립운동을 사전에 차단하기 위해 조선 사상범 예방 구금령을 제정하여 독립운동을 탄압하였어요.
④ 일제는 1930년대에 소작 쟁의를 억제하고 효율적으로 농촌을 통제하기 위해 농민의 자력갱생을 내세우며 농촌 진흥 운동을 전개하였어요.
⑤ 중·일 전쟁을 도발한 일제는 1938년에 국가 총동원법을 제정하여 인력과 물자를 강제 동원하였어요.

541 '문화 통치' 시행의 배경 정답 ①

정답 잡는 키/워드

총독의 임용 범위를 확장·조선에서 문화적 정치의 기초를
확립한다고 발표, 조선인을 기만하는 통치 방식
→ '문화 통치' 시행

총독의 임용 범위를 확장하는 등 조선에서 문화적 정치의 기초를 확립한다고 발표한 신문 기사의 내용을 통해 일제의 이른바 문화 통치 시행에 관한 기사임을 알 수 있어요. ① 1919년에 일어난 3·1 운동을 계기로 일제는 무단 통치의 한계를 인식하였어요. 이에 문관 출신 총독의 임명이 가능하도록 규정을 바꾸고, 보통 경찰제 시행 등을 내세운 이른바 문화 통치를 표방하였어요. 하지만 우리 민족이 광복을 맞을 때까지 문관 출신 총독은 한 명도 없었어요. 또한, 헌병 경찰제는 폐지되었지만 '문화 통치' 표방 이후 경찰 관서나 경찰의 수는 늘어나 한국인에 대한 감시가 강화되었지요. 일제가 내세운 이른바 문화 통치는 가혹한 식민 통치를 은폐하고 친일파를 양성하려고 한 기만적인 민족 분열 정책에 불과하였어요.

오답 피하기

② 1941년에 일제는 실제 행위가 없더라도 범죄를 일으킬 우려가 있다는 판단만으로 사상범을 미리 체포하거나 구금할 수 있다는 내용을 담은 조선 사상범 예방 구금령을 시행하여 독립운동에 대한 탄압을 강화하였어요.
③ 1930년대 전반에 '배우자 가르치자 다 함께 브나로드'라는 구호 아래 동아일보를 중심으로 브나로드 운동이 추진되었어요.
④ 1927년에 조선 노농 총동맹이 분리되어 조선 노동 총동맹과 조선 농민 총동맹이 설립되었어요.
⑤ 일제는 1937년에 일왕에 대한 충성 맹세문인 황국 신민 서사를 제정한 뒤 우리 민족에게 암송을 강요하였어요.

542 1920년대 일제 식민 통치 정답 ②

정답 잡는 키/워드

조선인 중 친일 인물을 물색하여 친일 단체를 만들게 함
→ '문화 통치'(1920년대)

1919년 3·1 운동을 계기로 일제는 무력을 통한 식민 통치의 한계를 깨달았어요. 그래서 우리 민족의 문화와 관습을 존중하겠다는 미명 아래 친일 인물과 친일 단체를 육성하고 이를 이용하여 우리 민족을 분열시키는 이른바 문화 통치를 표방하였어요. 이에 따라 헌병 경찰제를 폐지하고 보통 경찰제를 시행하는 등 겉으로는 위압적인 분위기를 완화하였지만, 실제로는 경찰 관

서와 경찰 인원 등을 크게 늘렸지요. 그리고 ② 1925년에 사회주의 운동을 탄압하기 위한 치안 유지법을 마련하여 독립운동가를 탄압하는 데에도 적용하였어요.

오답 피하기

① 일제는 1912년에 조선 태형령을 제정·공포하여 한국인에게만 태형을 적용하였어요.

③ 일제는 1912년에 토지 조사령을 제정하고 1918년까지 토지 조사 사업을 실시하였어요.

④ 일제는 1910년에 경무총감부를 신설하여 헌병대 사령관이 치안을 총괄하게 하였어요. 헌병 경찰 제도가 폐지되면서 경무총감부도 폐지되었어요.

⑤ 일제는 1910년에 회사 설립 시 총독의 허가를 받도록 하는 회사령을 발표하여 민족 자본의 성장을 억압하였어요.

543 '문화 통치' 시기의 식민 정책 정답 ③

정답 잡는 키/워/드

일본인과 조선인 사이의 차별 대우 철폐, 조선인을 군수·학교장 등에 발탁 → '문화 통치'

조선 총독 사이토 마코토가 지방 자치를 실시하고 교육 제도를 개정하였으며, 조선인 소장층 중 유력자를 발탁하여 군수·학교장 등에 임명하였다고 쓴 내용을 통해 이른바 문화 통치 시기에 작성된 문서임을 알 수 있어요. ③ 제1차 세계 대전을 계기로 일본에서는 산업화가 진전되고 도시 인구가 늘어나면서 쌀 부족 현상이 심각해졌어요. 이로 인해 쌀 소동까지 일어나자 일제는 자국의 식량 부족 문제를 해결하기 위해 1920년부터 한국에서 쌀 수탈을 목적으로 산미 증식 계획을 실시하였어요. 이로 인해 쌀 생산량은 늘어났지만 일본으로 더 많은 양의 쌀이 반출되어 한국인의 식량 사정이 악화되었어요.

오답 피하기

① 일제는 전쟁 수행에 필요한 노동력을 동원하기 위해 1939년에 국민 징용령을 시행하였어요.

② 일제는 1912년에 조선 태형령을 공포하여 한국인에 한하여 태형을 적용하였어요. 조선 태형령은 일제가 3·1 운동을 계기로 '문화 통치'를 표방하면서 폐지되었어요.

④ 일제는 1936년에 조선 사상범 보호 관찰령을 공포하여 독립운동가를 감시하고 탄압하였어요.

⑤ 일제는 1910년에 회사 설립 시 조선 총독의 허가를 받도록 하는 회사령을 제정하였어요. 이후 일제는 일본 기업과 자본의 한국 진출을 쉽게 만들기 위해 1920년에 회사령을 폐지하고 회사 설립을 신고제로 완화하였어요.

544 산미 증식 계획 정답 ①

정답 잡는 키/워/드

내지의 심각한 식량 부족, 조선인들이 생산한 쌀을 내지로 반출, 만주산 잡곡의 수입 증가 → 산미 증식 계획

'내지의 심각한 식량 부족', '조선인들이 생산한 쌀을 내지로 반출' 등의 내용을 통해 자료가 일제의 식량 수탈 정책인 산미 증식 계획과 관련 있음을 알 수 있어요. 일본에서는 제1차 세계 대전을 계기로 산업이 발달하면서 도시 인구가 크게 늘어났지만, 농업 생산력은 이에 미치지 못하여 쌀 부족 문제가 심각하였어요. 이러한 일본 내 쌀 부족 문제를 해결하기 위해 일제는 한국에서 ① 산미 증식 계획을 추진하였어요. 품종 개량, 수리 시설 구축 등 증산을 위한 다양한 방식을 시행한 결과 쌀의 생산량은 증가하였지요. 하지만 일본으로 반출되는 양이 더 많아져 한국의 식량 사정은 더욱 나빠졌습니다. 이에 일제는 만주에서 값싼 잡곡을 들여와 이를 보충하게 하였어요.

오답 피하기

② 제1차 한·일 협약에 따라 대한 제국에 들어온 일본인 재정 고문 메가타의 주도로 화폐 정리 사업이 실시되었어요. 이 사업의 결과 한국인이 설립한 은행과 국내 자본가, 상인, 농민이 큰 타격을 입었어요.

③ 1904년에 결성된 보안회는 일본의 황무지 개간권 요구에 반대하는 운동을 전개하여 이를 철회시켰어요.

④ 조선 정부는 1883년에 조·일 통상 장정을 체결하여 방곡령에 관한 규정을 두었어요. 이에 따라 함경도, 황해도 등 각지의 지방관이 방곡령을 선포하여 쌀 유출을 막고자 하였어요.

⑤ 일제는 1908년에 한국의 토지와 자원을 수탈할 목적으로 동양 척식 주식회사를 설립하였어요.

545 1930년대 후반 이후 일제 식민 통치 정답 ⑤

정답 잡는 키/워/드

중·일 전쟁 이후 일제가 침략 전쟁을 확대 → 1930년대 후반 이후

중·일 전쟁 이후 일제가 침략 전쟁을 확대하였다는 내용을 통해 밑줄 그은 '시기'가 1930년대 후반 이후임을 알 수 있어요. 일제는 1929년에 시작된 대공황의 경제 위기를 대외 침략으로 극복하기 위해 1931년에 만주 사변을 일으켜 일본과 만주를 하나의 경제권으로 묶고자 하였어요. 1937년에는 중·일 전쟁을 일으키고, 1941년에는 태평양 지역으로 침략 전쟁을 확대하였어요. 이 시기에 일제는 우리 민족을 전쟁에 쉽게 동원하기 위해 민족 말살 정책을 본격적으로 추진하였어요. 또한, 1938년에는 국가 총동원법을 제정하여 직접적이고 강제적인 방식으로 전쟁 수행에 필요한 인력과 물적 자원을 빼앗아 갔어요. ⑤ 1941년에 일제는 실제 행위가 없더라도 범죄를 일으킬 우려가 있다는 자의적인 판단만으로 사상범을 미리 체포하거나 구금할 수 있다는 내용의 조선 사상범 예방 구금령을 공포하였어요.

오답 피하기

① 1910년에 일제는 회사 설립 시 조선 총독의 허가를 받도록 하는 회사령을 제정하였어요.

② 1925년에 일제는 만주 지역의 군벌과 미쓰야 협정을 체결하여 만주 지역에서의 독립군 탄압을 강화하였어요.

③ 1920년대 초 한국인을 위한 대학을 설립하자는 민립 대학 설립 운동이 전개되자 일제는 1924년에 경성 제국 대학을 설립하여 고등 교육에 대한 한국인의 열망을 잠재우고 운동을 저지하려고 하였어요.

④ 1910년대에 일제는 토지 조사 사업을 실시하여 식민 지배에 필요한 재정을 확보하는 한편 한국으로 이주해 온 일본인이 쉽게 토지를 차지할 수 있는 여건을 마련하였어요.

546 1930년대 후반 이후 일제 식민 통치 정답 ④

정답 잡는 키/워/드

중·일 전쟁 시작, 황국 신민 서사 → 1930년대 후반 이후

중·일 전쟁이 시작되었으며 황국 신민 서사를 외워야 했다는 내용을 통해 밑줄 그은 '시기'가 1930년대 후반 이후임을 알 수 있어요. 일제는 중·일 전쟁(1937)을 일으켜 침략 전쟁을 확대하는 가운데 한국인을 전쟁에 쉽게 동원하기 위해 민족의식을 말살하는 정책을 폈어요. 황국 신민 서사 암송과 신사 참배를 강요하였으며 강제로 성과 이름을 일본식으로 바꾸게 하였어요. 또한, 전쟁에 필요한 물자를 조달하기 위해 한반도를 병참 기지로 삼았어요. ④ 중·일 전쟁을 도발한 일제는 1938년에 국가 총동원법을 제정하여 인력과 물자를 본격적으로 수탈하였어요.

오답 피하기

① 1929년에 원산 인근의 라이징 선 석유 회사에서 일본인 감독관이 한국인 노동자를 구타한 사건이 발단이 되어 원산 총파업이 일어났어요.

② 일제는 1925년에 중국 군벌과 미쓰야 협정을 체결하여 만주 지역의 독립군에 대한 탄압을 강화하였어요.

③ 1923년에 진주에서 조선 형평사가 조직되어 백정에 대한 사회적 차별 철폐 운동인 형평 운동을 전개하였어요.

⑤ 일제는 1910년에 우리 국권을 빼앗은 직후 조선 총독부 산하에 임시 토지 조사국을 설립하여 본격적인 토지 조사 사업을 수행하였어요.

547 1930년대 후반 이후의 사실 정답 ③

정답 잡는 키/워/드 | 국가 총동원법 시행 → 1938년 이후

국가 총동원법이 시행되었다는 내용을 통해 밑줄 그은 '시기'가 1938년 이후임을 알 수 있어요. 일제는 중·일 전쟁을 일으키고 침략 전쟁을 확대하면서 전쟁에 필요한 자원을 수탈하기 위해 국가 총동원법을 제정하였어요. 공출제와 식량 배급 제도 등을 통해 전쟁에 필요한 물자를 강제 동원하였으며, 지원병제, 학도 지원병제, 징병제 등을 통해 한국인 청년들을 전쟁터로 끌고 갔어요. 또한, 국민 징용령을 실시하여 군수 공장이나 전쟁 시설에 한국인 청장년을 강제 동원해 노동력을 착취하였어요. 한국인을 전쟁에 쉽게 동원하기 위해 민족의식을 말살하는 정책을 본격적으로 추진하여 신사 참배와 궁성 요배를 강요하고 성과 이름을 일본식으로 바꾸게 하였어요. ③ 1937년 이후 일제는 일왕에 대한 충성 맹세문인 황국 신민 서사를 학교, 관공서, 회사 등에서 암송하도록 강요하였어요.

오답 피하기

① 1910년대에 일제는 헌병 경찰 제도를 실시하고 조선 태형령을 제정하여 한국인에게만 태형을 집행하였어요. 헌병 경찰 제도와 조선 태형령은 3·1 운동 이후 폐지되었어요.
② 1929년에 원산 인근의 석유 회사에서 일본인 감독이 한국인 노동자를 폭행한 사건이 계기가 되어 원산 총파업이 일어났어요.
④ 1924년에 일제는 경성 제국 대학을 설립하여 고등 교육에 대한 한국인의 교육열을 약화하려고 하였어요.
⑤ 정미의병 당시 이인영을 총대장, 허위를 군사장으로 하는 13도 창의군이 조직되었어요. 13도 창의군은 1908년에 서울 진공 작전을 전개하였어요.

548 1930년대 후반 이후 일제 식민 통치 정답 ①

정답 잡는 키/워/드 | 국가 총동원법 시행 → 1938년

국가 총동원법이 시행되었다는 내용을 통해 밑줄 그은 '이 시기'가 법령이 제정된 1938년 이후에 해당함을 알 수 있어요. 일제는 중·일 전쟁 이후 침략 전쟁을 확대하면서 국가 총동원법을 제정하여 이를 근거로 전쟁에 필요한 자원을 본격적으로 수탈하였어요. ㄱ. 식량 배급 및 미곡 공출 제도 등을 통해 전쟁 물자를 강제 동원하였으며, 지원병제, 학도 지원병제, 징병제를 실시하여 한국인 청년들을 전쟁터로 끌고 갔어요. 또 국민 징용령을 실시하여 광산이나 군수 공장에 청장년을 끌고 가 노예처럼 일하게 하였어요. 전쟁 막바지에는 여자 정신 근로령을 제정하여 여성들도 군수 공장에서 일하게 하였지요. 그리고 한국인을 전쟁에 쉽게 동원하기 위해 내선일체, 일선동조론 등을 내세워 민족 말살 정책을 본격화하였습니다. 일왕에 대한 충성 맹세문인 ㄴ. 황국 신민 서사를 강제로 암송하게 하고, 신사 참배와 궁성 요배를 강요하였지요. 그뿐만 아니라 한국인의 성과 이름도 일본식으로 바꾸도록 강요하였어요.

오답 피하기

ㄷ. 일제는 1910년에 회사 설립을 허가제로 하는 회사령을 실시하여 민족 자본의 성장을 억제하였어요. 회사령은 1920년에 폐지되었어요.
ㄹ. 대한민국 정부 수립 이후인 1949년에 유상 매수, 유상 분배를 규정한 농지 개혁법이 제정되었어요.

549 1930년대 후반 이후 일제 식민 통치 정답 ④

정답 잡는 키/워/드 | 중·일 전쟁 이후 침략 전쟁 확대 → 1937년 이후

중·일 전쟁 이후 침략 전쟁을 확대하였다는 내용을 통해 밑줄 그은 '시기'는 1937년 이후임을 알 수 있어요. 이 시기에 일제는 한국인의 민족의식을 말살

하고, 전쟁에 필요한 인적·물적 자원을 수탈하였어요. 1938년에 국가 총동원법을 제정하여 인력과 물자를 강제 동원하는 법적 근거를 마련하였어요. 또한, 황국 신민 서사 암송을 강요하고 성과 이름을 강제로 일본식으로 고치게 하는 등 한국인의 민족의식을 없애기 위한 정책을 본격적으로 시행하였어요. ④ 일제는 1939년에 미곡 배급 통제법 등을 제정하여 식량 배급 및 미곡 공출 제도를 시행하였어요.

오답 피하기

① 일제는 1925년에 국가 통치 체제나 사유 재산 제도를 부정하는 사상을 단속하기 위해 치안 유지법을 공포하였어요. 한국에서도 독립운동가를 탄압하는 데 이를 이용하였어요.
② 일제는 1912년에 토지 조사령을 제정하여 본격적으로 토지 조사 사업을 추진하였어요.
③ 일제는 1910년대에 헌병이 일반 경찰의 업무를 맡거나 사무에 관여하는 헌병 경찰 제도를 실시하였어요.
⑤ 일제는 1911년에 제1차 조선 교육령을 시행하여 보통학교의 수업 연한을 4년으로 정하고 농업, 상업 등의 실무적 업무에 도움이 되는 과목만 개설하였어요.

550 1930년대 후반 이후 일제 식민 통치 정답 ⑤

정답 잡는 키/워/드 | 일제의 징용령 → 1930년대 후반

일제는 1939년에 국민 징용령을 제정하여 전쟁 수행에 필요한 노동력을 강제 동원하였어요. 이로 인해 많은 한국인 청장년들이 광산이나 군수 공장 등에 끌려가 혹독한 노동에 시달렸어요. 따라서 1939년 이후의 사실을 찾으면 됩니다. 일제는 1937년에 중·일 전쟁을 도발한 후 침략 전쟁을 확대하면서 전시 동원 체제를 강화하였어요. 전쟁에 필요한 자원을 효율적으로 조달하기 위해 1938년에 인적·물적 자원에 대한 광범위한 통제권을 국가에 부여한 국가 총동원법을 제정하였어요. 이를 근거로 식량과 금속 등 각종 자원을 공출하였으며, 지원병제, 국민 징용령 등을 통해 인력을 강제 동원하였어요. 한편, 일제는 한국인의 민족의식을 말살하여 저항 의식을 잠재우고 전쟁에 쉽게 동원하고자 하였어요. 이를 위해 내선일체와 일선동조론을 내세우면서 황국 신민 서사를 제정하여 강제로 암송하게 하고 신사 참배를 강요하였어요. 또 ⑤ 한국인의 성과 이름을 일본식으로 바꾸도록 강요하였어요.

오답 피하기

① 1920년에 봉오동 전투와 청산리 전투에서 패배한 일본군은 간도의 한인 마을을 습격하여 한국인을 학살하는 간도 참변을 일으켰어요.
② 미쓰야 협정은 1925년에 일제가 만주 지역의 중국 군벌과 맺은 협정이에요. 이로 인해 만주 지역에서 독립군의 활동이 크게 위축되었어요.
③ 동아일보는 1931년부터 '배우자 가르치자 다 함께 브나로드'라는 구호를 제시하고 농촌 계몽을 위한 브나로드 운동을 전개하였어요.
④ 지청천이 이끄는 한국 독립군은 1933년에 중국 호로군과 연합하여 대전자령 전투에서 승리하였어요.

551 민족 말살 통치 정답 ④

정답 잡는 키/워/드 | 일본식 씨명을 사용하도록 강요 → 창씨개명(1940년대)

1939년 11월에 일제가 조선 민사령을 개정하고, 이후 이를 근거로 한국인에게 일본식 성명을 사용하도록 강요하였어요. 일제는 1937년에 중·일 전쟁을 일으키고 침략 전쟁을 확대하면서 한국인을 전쟁에 쉽게 동원하기 위해 한국인의 민족의식을 말살하는 정책을 본격적으로 추진하였어요. 일왕에 대한 충성 맹세문인 황국 신민 서사를 제정하여 강제로 암송하게 하고, 일왕이 사는 곳을 향해 허리를 굽혀 절을 하는 궁성 요배와 신사 참배를 강요하였어요. 그뿐만 아니라 1940년부터는 한국인의 성과 이름도 일본식으로 바꾸도록 강요하였어요. ④ 일제는 1944년에 여자 정신 근로령을 공포하여 한국 여성의 노동력을 강제로 동원하였어요.

① 일제는 1905년에 체결된 을사늑약에 따라 1906년에 통감부를 설치하였어요. 이후 이토 히로부미가 초대 통감으로 부임하여 내정 전반을 간섭하기 시작하였어요.
② 일제는 1910년대에 강압적인 무단 통치를 실시하여 한국인에게만 태형을 적용하는 조선 태형령을 시행하였어요.
③ 일제는 1910년대에 강압적 통치를 목적으로 군사 경찰인 헌병이 일반 경찰 업무와 행정 업무까지 관여하는 헌병 경찰제를 실시하였어요.
⑤ 일제는 1908년에 한국의 토지와 자원을 수탈할 목적으로 동양 척식 주식회사를 설립하였어요.

552 민족 말살 통치　　정답 ④

정답 잡는
키/워/드
중·일 전쟁 이후 침략 전쟁 확대 → 1930년대 후반 이후

중·일 전쟁 이후 침략 전쟁을 확대하였다는 내용을 통해 밑줄 그은 '시기'는 일제가 중·일 전쟁을 일으킨 1937년 이후에 해당함을 알 수 있어요. 일제는 침략 전쟁을 확대하면서 우리 민족을 전쟁에 쉽게 동원하기 위해 민족 말살 정책을 본격화하였으며, 1938년에는 국가 총동원법을 만들어 전쟁 수행에 필요한 인적·물적 수탈을 강화하였어요. 전투 병력이 필요하였던 일제는 지원병제, 학도 지원병제, 징병제를 실시하여 한국인 청년들을 전쟁터로 끌고 갔고, 국민 징용령을 실시하여 광산이나 군수 공장 또는 전쟁 시설에도 한국인을 끌고 가 노예처럼 일하게 하였어요. 전쟁 막바지에는 여자 정신 근로령을 만들어 여성들도 군수 공장에서 강제로 일하게 하였고, 많은 여성을 전쟁터로 끌고 가 일본군 '위안부'로 만들어 성 노예 생활을 강요하였어요. 또한, 일왕에 대한 충성 맹세문인 황국 신민 서사를 제정하여 강제로 암송하게 하고, ④ 전국 곳곳에 신사를 세워 참배할 것을 강요하였으며, 일왕이 사는 궁성 방향인 동쪽을 향해 고개를 숙여 절을 하는 궁성 요배를 강요하였어요. 그뿐만 아니라 한국인의 성과 이름조차 일본식으로 바꾸도록 강요하였으며 우리말과 글 사용을 금지하였어요.

① 일제는 1910년대에 헌병 경찰을 앞세워 무단 통치를 하였으며, 조선 태형령을 제정하여 한국인에게만 태형을 적용하였어요.
② 1929년에 원산 인근의 라이징 선 석유 회사에서 일본인 감독관이 한국인 노동자를 구타한 사건이 발단이 되어 원산 총파업이 일어났어요.
③ 일제는 1910년에 회사 설립 시 조선 총독의 허가를 받도록 하는 회사령을 제정하였어요.
⑤ 1923년에 전라남도 목포 인근의 암태도에서 지주의 높은 소작료 착취에 반발하여 소작 쟁의가 일어났어요.

553 1930년대 후반 이후 일제 식민 통치　　정답 ①

정답 잡는
키/워/드
국민 징용령 공포 → 1939년

국민 징용령이 공포되었다는 내용을 통해 밑줄 그은 '시기'가 법령이 공포된 1939년 이후에 해당함을 알 수 있어요. 중·일 전쟁을 일으킨 일제는 1938년에 국가 총동원법을 제정하여 직접적이고 강제적인 방식으로 인력과 물자를 수탈하여 침략 전쟁을 수행하고 확대해 갔어요. 또 ① 국민 정신 총동원 조선 연맹을 조직하고, 그 말단 조직으로 애국반을 만들어 한국인의 생활을 통제하고 전쟁에 필요한 인력과 자원을 효과적으로 동원하였어요. 1939년에는 국민 징용령을 공포·시행하여 한국인 청장년들을 당시 전장이었던 일본, 중국, 사할린 등지의 탄광, 철도와 군용 활주로의 건설 공사, 군수 공장에 끌고 갔어요.

② 일제는 1910년대에 강압적 통치를 목적으로 헌병 경찰 제도를 실시하였어요. 3·1 운동 이후 헌병 경찰 제도는 폐지되고 보통 경찰 제도가 시행되었어요.

③ 일제는 1925년에 사유 재산과 천황제를 부정하는 사회주의자를 탄압하기 위해 치안 유지법을 제정하였어요.
④ 일제는 1910년에 회사령을 만들어 회사 설립 시 총독의 허가를 받게 하였어요.
⑤ 일제는 1910년대에 근대적 토지 소유권 확립을 명분으로 토지 조사 사업을 실시하였어요.

554 1930년대 후반 이후의 사회 모습　　정답 ①

정답 잡는
키/워/드
**중·일 전쟁 이후 국가 총동원법 시행
→ 1930년대 후반 이후**

중·일 전쟁 이후 일제가 국가 총동원법을 시행하였다는 내용을 통해 밑줄 그은 '시기'가 1930년대 후반 이후임을 알 수 있어요. 일제는 1937년 중·일 전쟁을 일으키고 침략 전쟁을 확대하면서 1938년 국가 총동원법을 제정하여 전쟁에 필요한 자원을 본격적으로 수탈하였어요. 공출제와 식량 배급 제도 등을 통해 전쟁에 필요한 물자를 강제 동원하였으며 지원병제, 학도 지원병제, 징병제를 실시하여 한국인 청년들을 전쟁터로 끌고 갔어요. ① 일제는 한국인의 일상생활을 감시·통제하기 위해 1938년부터 애국반을 조직하고, 애국반을 통해 남성에게는 국민복, 여성에게는 몸뻬 착용을 강요하였어요.

② 일제는 1924년에 경성 제국 대학을 설립하여 한국인의 고등 교육에 대한 열망을 억누르려 하였어요.
③ 일제는 1910년대에 헌병 경찰 제도를 실시하였으며, 한국인에게만 태형을 적용하는 조선 태형령을 시행하였어요. 헌병 경찰 제도와 조선 태형령은 이른바 문화 통치가 시작되면서 폐지되었어요.
④ 1929년에 원산 인근의 라이징 선 석유 회사에서 일본인 감독관이 한국인 노동자를 구타한 사건이 발단이 되어 원산 총파업이 일어났어요.
⑤ 일본에서 비행술을 배운 안창남은 1922년에 동아일보사 후원으로 고국 방문 비행을 하여 성황리에 마쳤어요.

555 1940년대 일제 식민 통치　　정답 ③

정답 잡는
키/워/드
일제가 연합국과 전쟁, 쌀을 강제로 공출 → 1940년대

일제가 연합국을 상대로 전쟁을 벌였다는 내용을 통해 밑줄 그은 '시기'가 1940년대임을 알 수 있어요. 일제는 1937년에 중·일 전쟁을 일으킨 이후 침략 전쟁을 확대하였고, 한반도를 병참 기지로 삼아 전쟁 수행에 필요한 인적·물적 자원을 본격적으로 빼앗아 갔어요. ③ 1944년에는 여자 정신 근로령을 제정하여 한국 여성의 노동력을 강제로 동원하였어요.

① 1905년에 재정 고문 메가타의 주도로 화폐 정리 사업이 실시되었어요.
② 1925년에 일제는 만주 군벌과 미쓰야 협정을 체결하여 독립군에 대한 탄압을 강화하였어요.
④ 1923년에 목포 근해 암태도에서는 고율의 소작료를 징수하는 지주 문재철의 횡포에 맞서 소작 쟁의가 전개되었어요.
⑤ 1910년에 일제는 회사령을 만들어 회사 설립 시 총독의 허가를 받게 하였어요.

556 일제 식민 통치 방식의 변화　　정답 ③

정답 잡는
키/워/드
- 총독은 문무관 어느 쪽이라도 임용 가능, 보통 경찰관에 의한 경찰 제도 → (가) 1920년대 '문화 통치'
- 경찰서장이나 그 직무를 취급하는 자가 범죄 즉결
  → (나) 1910년대 무단 통치
- 치안 유지법의 죄를 범한 자를 보호 관찰에 부침
  → (다) 1930년대 조선 사상범 보호 관찰령

(가)는 1919년 9월에 나온 사이토 마코토 총독의 시정 방침이에요. 총독은 문무관 어느 쪽이라도 임용 가능하며, 헌병 경찰 제도를 보통 경찰 제도로 대신한다는 내용을 통해 1920년대에 시행된 이른바 문화 통치와 관련된 자료임을 알 수 있어요. 3·1 운동을 계기로 일제는 한국인에 대한 무단 통치의 한계를 느끼고 이른바 문화 통치를 실시하여 친일파 양성을 통한 민족 분열을 꾀하였어요. (나)는 경찰서장이나 그 직무를 취급하는 자가 범죄를 즉결할 수 있다는 내용을 통해 1910년대에 공포된 범죄 즉결례임을 알 수 있어요. 일제는 1910년대에 강압적인 무단 통치를 실시하였어요. 그 일환으로 군사 경찰인 헌병이 일반 경찰 업무까지 담당하는 헌병 경찰 제도를 시행하였어요. 또한, 범죄 즉결례를 제정하여 헌병 경찰이 정식 재판 없이 벌금이나 구류, 태형 등의 처벌을 할 수 있게 하였어요. (다)는 치안 유지법의 죄를 범한 자를 보호 관찰에 부칠 수 있다는 내용을 통해 1936년에 제정된 조선 사상범 보호 관찰령임을 알 수 있어요.

따라서 옳은 순서는 ③ (나)-(가)-(다)입니다.

557 임병찬의 활동   정답 ②

정답 잡는 키/워드   조선 총독에게 국권 반환 요구서를 발송하려 함 → 임병찬

조선 총독에게 국권 반환 요구서를 발송하려고 하였다는 내용을 통해 (가) 인물이 임병찬임을 알 수 있어요. 임병찬은 을사늑약이 체결되자 최익현과 함께 태인에서 의병을 일으켰다가 체포되어 쓰시마섬으로 끌려갔어요. 유배에서 돌아와 의병 봉기를 도모하는 가운데 ② 고종의 밀지를 받아 1912년에 독립 의군부를 조직하였고, 조선 총독에게 국권 반환 요구서를 발송하려다가 조직이 발각되어 체포되었어요.

오답 피하기
① 이재명은 을사늑약 체결에 앞장선 친일파 이완용을 명동 성당 앞에서 습격하여 중상을 입혔어요.
③ 박은식은 "한국통사"에서 고종 즉위 이후 개항기의 역사와 일제의 침략 과정을 서술하였어요.
④ 이인영은 정미의병 당시 13도 창의군의 총대장으로 추대되어 서울 진공 작전을 지휘하였어요.
⑤ 황성신문은 담배를 끊어 나랏빚을 갚자는 내용의 논설인 '단연보국채'를 게재하여 국채 보상 운동에 적극 참여하였어요.

558 독립 의군부   정답 ⑤

정답 잡는 키/워드   임병찬이 고종의 밀지를 받음, 복벽주의를 내걺 → 독립 의군부

고종이 내린 밀지를 받은 임병찬이 복벽주의를 내걸고 조직하였다는 내용을 통해 (가) 단체가 독립 의군부임을 알 수 있어요. 국권 피탈 후 의병장 출신 임병찬은 고종의 밀지를 받고 의병과 유생들을 모아 독립 의군부를 조직하였어요(1912). 독립 의군부는 복벽주의를 내걸고 대한 제국의 회복과 고종의 복위를 도모하였으며, ⑤ 조선 총독에게 국권 반환 요구서를 보내려고 계획하였으나 사전에 조직이 발각되어 실현하지 못하였어요.

오답 피하기
① 1919년에 일본에 있던 한국 유학생들이 중심이 되어 도쿄에서 2·8 독립 선언서를 발표하였어요.
② 일제는 1925년에 치안 유지법을 제정하여 사회주의 세력은 물론 독립운동가들에 대한 탄압을 강화하였어요.
③ 신민회 회원이 중심이 되어 서간도에 신흥 강습소를 세워 독립군을 양성하였어요. 신흥 강습소는 후에 신흥 무관 학교로 발전하였어요.
④ 대한민국 임시 정부는 독립운동 자금을 모으기 위해 독립 공채를 발행하고 의연금을 거두었어요.

559 대한 광복회   정답 ①

정답 잡는 키/워드   총사령 박상진, 군자금 모금 → 대한 광복회

총사령 박상진이 이끌었으며, 군자금 모금 활동을 하였다는 내용을 통해 (가) 단체가 대한 광복회임을 알 수 있어요. 1915년에 대구에서 박상진 등을 중심으로 결성된 대한 광복회는 ① 공화 정체의 근대 국가 건설을 지향한 비밀 결사였어요. 군대식 조직을 갖추고 군자금을 모아 만주에 무관 학교를 세우고자 하였으며, 친일파 처단 등의 활동을 벌였습니다. 군자금 마련을 위해 활동하던 중 일제 경찰에게 조직이 드러나 주요 인물들이 체포되면서 큰 타격을 받아 활동을 중단하였어요.

오답 피하기
② 대한 광복회는 대한민국 임시 정부 수립 이전에 결성되었어요. 대한민국 임시 정부는 1924년에 직할 부대인 육군 주만 참의부를 조직하여 무장 투쟁을 전개하였어요.
③ 홍범도가 이끄는 대한 독립군을 비롯한 독립군 연합 부대가 봉오동에서 일본군을 상대로 승리를 거두었어요.
④ 대한민국 임시 정부는 미국 워싱턴에 구미 위원부를 설치하여 외교 활동을 전개하였어요.
⑤ 양세봉이 이끄는 조선 혁명군은 항일 중국군과 연합하여 영릉가 전투 등에서 일본군에 맞서 싸워 큰 승리를 거두었어요.

560 대한 광복회의 활동   정답 ②

정답 잡는 키/워드   박상진 등이 조직, 국권 회복을 위한 자금 마련 → 대한 광복회

박상진 등이 조직하였으며 국권 회복을 위한 자금 조달 활동을 전개하였다는 내용을 통해 (가) 단체가 대한 광복회임을 알 수 있어요. 1915년에 대구에서 박상진 등이 공화 정체의 국민 국가 수립을 목표로 ② 군대식 조직을 갖춘 비밀 결사인 대한 광복회를 조직하였어요. 대한 광복회는 국내 각지와 만주에 지부를 설치하여 독립군 양성에 노력하였어요. 군자금을 모금하여 만주에 무관 학교를 세우고자 하였으며, 친일파 처단 등의 활동을 벌였어요.

오답 피하기
① 대한 광복회는 중·일 전쟁(1937)이 발발하기 이전에 결성되었어요. 중·일 전쟁 발발 직후에 조선 민족 전선 연맹이 결성되었으며, 1938년에 산하의 군사 조직으로 조선 의용대가 창설되어 일본군에 대한 심리전이나 후방 공작 활동 등을 벌였어요.
③ 신한 청년당은 중국 상하이에서 결성된 단체로, 파리 강화 회의에 김규식을 대표로 파견하였어요.

④ 신민회는 일제가 조작한 105인 사건으로 조직이 드러나 와해되었어요.
⑤ 독립 협회는 민중 집회인 만민 공동회를 열어 열강의 이권 침탈을 비판하고 이권 수호 운동을 전개하였어요.

561 서간도 지역의 민족 운동

 정답 ②

정답 잡는 키/워/드 | **삼원보, 서로 군정서 → 서간도**

삼원보에서 서로 군정서가 결성되었다는 내용을 통해 (가) 지역이 남만주의 서간도임을 알 수 있어요. 일제가 국권을 침탈하고 가혹한 무단 통치를 펴자 국내에서 민족 운동이 어려워진 애국지사들은 만주, 연해주 등 국외로 이동하여 장기적인 독립 항전을 위한 독립운동 기지를 건설하였어요. ② 서간도로 이주한 신민회의 이회영, 이상룡 등은 삼원보에 자치 기관인 경학사를 만들고, 민족 교육과 군사 교육을 함께 실시한 신흥 강습소를 세워 독립군 양성에 노력하였어요. 경학사는 이후 부민단을 거쳐 한족회로 발전하였으며 군정부를 설치하였어요. 그 뒤 군정부는 서로 군정서로 개편되었어요.

오답 피하기

① 해조신문은 러시아 블라디보스토크에서 해외 한인들이 발간한 최초의 한글 신문이에요.
③ 미국 샌프란시스코에서 대한인 국민회가 조직되어 독립을 위한 외교 활동을 벌이는 한편 대한민국 임시 정부에 독립운동 자금을 지원하였어요.
④ 미국 하와이에서 박용만 등이 대조선 국민군단을 창설하여 군사 훈련을 하였어요.
⑤ 민족 자결주의에 영향을 받은 일본의 한국인 유학생들이 도쿄에서 2·8 독립 선언서를 발표하였어요.

562 서간도 지역의 민족 운동

 정답 ①

정답 잡는 키/워/드 | **신흥 강습소 → 서간도**

신흥 강습소가 세워졌다는 내용을 통해 (가) 지역이 서간도(남만주) 지역임을 알 수 있어요. 일제가 국권을 침탈하고 가혹한 무단 통치를 펴자 국내에서 민족 운동이 어려워진 독립운동가들은 만주, 연해주 등 국외로 이동하여 독립운동 기지를 건설하였어요. 서간도(남만주)로 이주한 신민회의 이회영, 이상룡 등은 삼원보에 독립운동 기지를 건설하였어요. 신민회 회원들을 중심으로 ① 한인 자치 기구인 경학사를 조직하고 민족 교육과 군사 교육을 위해 신흥 강습소를 설립하였어요. 경학사는 이후 부민단을 거쳐 한족회로 발전하였으며, 신흥 강습소는 신흥 무관 학교로 발전하였습니다.

오답 피하기

② 1919년 일본 도쿄에서 민족 자결주의에 영향을 받은 한국인 유학생들이 2·8 독립 선언서를 발표하였어요.
③ 미국 하와이에서 박용만 등이 대조선 국민군단을 결성하여 군사 훈련을 하였어요.
④ 연해주에서 이상설, 이동휘 등이 권업회를 토대로 대한 광복군 정부를 수립하여 무장 독립 투쟁을 준비하였어요.
⑤ 대한민국 임시 정부는 미국 캘리포니아주에 독립군 비행사 양성을 위한 한인 비행 학교를 설립하였어요.

563 대종교

정답 ⑤

정답 잡는 키/워/드 | **나철이 만주에서 단군 신앙을 기반으로 창시 → 대종교**

나철이 만주에서 단군 신앙을 기반으로 창시하였다는 내용을 통해 (가) 종교가 대종교임을 알 수 있어요. 대종교는 나철이 오기호와 함께 1909년에 창시한 민족 종교로, 단군 숭배 사상을 통해 민족의식을 고취하였어요. 국권 피탈 이후 종단의 중앙 기구를 간도 지역으로 옮긴 대종교는 ⑤ 1911년에 항일 무장 단체인 중광단을 조직하였어요. 중광단은 후에 북로 군정서로 발전하였어요.

오답 피하기

① 천도교는 민중 계몽을 위해 "개벽", "신여성" 등의 잡지를 발간하였어요.
② 불교계에서는 한용운 등이 주축이 되어 사찰령 폐지 운동을 전개하였어요.
③ 박중빈이 창시한 원불교는 허례 폐지, 근검절약 등을 강조한 새 생활 운동을 펼쳤어요.
④ 유교계는 김창숙의 주도로 유림 대표 137명 명의의 독립 청원서를 파리 강화 회의에 보내는 파리 장서 운동을 전개하였어요.

564 북간도 지역의 민족 운동

 정답 ②

정답 잡는 키/워/드 | **명동 학교, 봉오동 전투 → 북간도**

명동 학교와 봉오동 전투 전적비 사진을 통해 (가) 지역이 만주의 북간도임을 알 수 있어요. 1910년대 일제가 독립운동을 철저하게 탄압하자 독립운동가들은 만주와 연해주 지역으로 이동하였어요. 당시 북간도 지역에는 용정촌, 명동촌 등 한인 집단촌이 형성되어 있었으며, 명동 학교 등 민족 교육 기관도 있었어요. 1920년에는 홍범도가 이끄는 대한 독립군을 비롯한 독립군 연합 부대가 봉오동 일대에서 일본군과 맞서 싸워 승리를 거두었습니다. ② 북간도 지역에서 대종교도가 중심이 된 중광단이 결성되었어요. 중광단은 이후 북로 군정서로 발전하였어요.

오답 피하기

① 권업회는 연해주에서 조직된 독립운동 단체였으며, 기관지로 권업신문을 발행하였어요.
③ 숭무 학교는 멕시코 지역 한인들이 설립한 독립군 양성 교육 기관이에요.
④ 중국 화북 지역에서 사회주의자가 중심이 되어 결성한 조선 독립 동맹은 화북 지역으로 이동해 온 일부 조선 의용대원을 기반으로 조선 의용군을 편성하여 대일 항전을 준비하였어요.
⑤ 일본 도쿄의 한국인 유학생들이 조선 청년 독립단을 조직하고 2·8 독립 선언서를 배포하였어요.

565 연해주 지역의 민족 운동

 정답 ②

정답 잡는 키/워/드 | **대한 국민 의회 결성, 대한 광복군 정부 수립 → 연해주**

대한 국민 의회가 결성되었으며, 대한 광복군 정부가 세워진 지역은 연해주입니다. 연해주는 19세기 후반부터 우리 민족이 이동하여 살기 시작한 지역이에요. 일제의 국권 침탈 이후에 한인 집단촌인 신한촌이 건설되었어요. 이상설, 이동휘 등이 ② 권업회를 조직하고 기관지로 권업신문을 발행하여 민족의식을 고취하였으며, 이를 토대로 1914년에는 대한 광복군 정부가 조직되어 무장 독립 투쟁을 준비하기도 하였어요. 또한, 연해주에서는 3·1 운동을 계기로 임시 정부 성격의 단체인 대한 국민 의회가 결성되었어요.

오답 피하기

① 신민회 회원들이 서간도 지역에 독립군 양성을 위한 신흥 강습소를 세웠어요. 신흥 강습소는 이후 신흥 무관 학교로 발전하였어요.
③ 멕시코 지역의 한인 동포는 독립군 양성을 위해 숭무 학교를 설립하여 무장 투쟁을 준비하였어요.
④ 대한민국 임시 정부는 미국 캘리포니아주에 독립군 비행사 양성을 위한 한인 비행 학교를 설립하였어요.
⑤ 1942년 중국 화북 지역에서 활동하던 사회주의자들이 대일 항전을 준비하기 위해 타이항산에서 조선 독립 동맹을 결성하였어요.

566 이상설의 활동

 정답 ①

정답 잡는 키/워/드 | **헤이그 특사로 파견, 연해주에서 성명회와 권업회 조직 → 이상설**

헤이그 특사로 파견되었으며, 연해주에서 성명회와 권업회를 조직하였다는 내용을 통해 (가) 인물이 이상설임을 알 수 있어요. 이상설은 북간도 용정에 서전서숙을 설립하여 민족 교육을 실시하였으며, 을사늑약의 부당함을 알리고자 한 고종의 특사로 헤이그에 파견되기도 하였어요. 이후 연해주에서 성명회와 권업회를 조직하고 권업신문을 발행하였으며, 1914년에는 이동휘 등과 함께 ① 대한 광복군 정부 수립을 주도하였어요.

오답 피하기

② 안중근은 1909년에 만주 하얼빈역에서 한국 침략의 원흉인 이토 히로부미를 사살하였어요.
③ 김원봉은 1919년에 일제 요인 암살, 식민 통치 기관 파괴 등의 의열 활동을 목적으로 의열단을 조직하였어요.
④ 이근영, 조병하 등을 중심으로 한 멕시코 지역의 한인들은 1910년에 숭무 학교를 설립하여 독립군을 양성하였어요.
⑤ 박은식은 "한국통사"에서 고종 즉위 이후 개항기 역사와 일본의 침략 과정을 서술하였어요.

---

567 하와이 지역의 민족 운동   정답 ⑤

정답 잡는 키/워/드 사탕수수 농장에서 일함, 호놀룰루 → 미국 하와이

할아버지가 갤릭호를 타고 가서 사탕수수 농장에서 일하였고, 호놀룰루에 터전을 잡았다는 내용을 통해 밑줄 그은 '이곳'이 미국 하와이임을 알 수 있어요. 1900년대 초에 농장 노동자로 머나먼 미주 지역으로 이주한 한인들은 고달픈 생활 속에서도 고국의 독립운동을 지원하기 위해 다양한 조직을 만들고 군자금을 모금하는 등의 활동을 하였어요. ⑤ 하와이에서 박용만의 주도로 대조선 국민군단이 조직되어 군사 훈련을 하는 등 무장 투쟁을 준비하였어요.

오답 피하기

① 북간도에서 대종교도를 중심으로 중광단이 결성되어 항일 무장 투쟁을 전개하였어요.
② 연해주에서 한인 자치 단체인 권업회가 조직되어 권업신문을 발행하였어요.
③ 러시아 하바롭스크에서 이동휘 등을 중심으로 사회주의 계열의 한인 사회당이 조직되었어요.
④ 서간도 삼원보 지역에서 신민회 회원들이 신흥 강습소를 설립하여 독립군을 양성하였어요. 신흥 강습소는 이후 신흥 무관 학교로 발전하였어요.

---

568 하와이 지역의 민족 운동   정답 ④

정답 잡는 키/워/드 박용만이 대조선 국민군단 조직 → 하와이

박용만이 대조선 국민군단을 조직하여 독립 전쟁을 준비한 곳은 미국 하와이입니다. 1900년대 초에 농장 노동자로 머나먼 미주 지역으로 이주한 한인들은 고달픈 생활 속에서도 고국의 독립운동을 지원하기 위해 대한인 국민회를 만들고 군자금을 모금하는 등의 활동을 하였어요. ④ 1914년에 대한인 국민회의 박용만이 하와이에서 대조선 국민군단을 창설하여 군사 훈련을 하였어요. 대조선 국민군단의 대원들은 병영에 기숙하면서 군사 훈련과 파인애플·사탕수수 농사를 병행하였습니다.

오답 피하기

① 서간도에서는 신민회 회원인 이회영, 이상룡 등이 삼원보에 한인 자치 기관인 경학사를 조직하고, 민족 교육과 군사 교육을 함께 실시하는 신흥 강습소를 설립하였어요.
② 연해주에서는 권업회가 조직되었으며, 권업회를 바탕으로 이상설 등이 대한 광복군 정부를 조직하였어요.
③ 상하이에서는 신한 청년당이 조직되었으며, 3·1 운동 이후 대한민국 임시 정부가 수립되었어요.
⑤ 멕시코 지역의 한인들은 숭무 학교를 세워 항일 무장 투쟁을 준비하였어요.

---

569 멕시코 지역의 독립운동   정답 ②

정답 잡는 키/워/드 유카탄반도, 에네켄 농장 → 멕시코

유카탄반도로 가는 화물선을 탄 노동 이민자들이 에네켄 농장에 도착하였다는 내용을 통해 (가) 지역이 멕시코임을 알 수 있어요. 에네켄은 멕시코와 중앙아메리카 북서부 지역에서 많이 나는 식물입니다. 대한 제국 시기에 하와이, 미국 본토, 멕시코 등지로 노동 이민이 시작되었는데, 당시 하와이로 이주한 사람들은 사탕수수 농장, 멕시코로 이주한 사람들은 에네켄 농장에서 주로 일하였습니다. 이들은 열악한 환경에서 고된 노동에 시달렸지만, 어려움 속에서도 성금을 모아 독립운동을 지원하였어요. ② 멕시코 지역의 한인들은 독립군 양성을 위한 숭무 학교를 세워 무장 투쟁을 준비하였어요.

오답 피하기

① 연해주의 한인 동포는 권업회를 조직하였어요. 권업회는 기관지로 권업신문을 발간하였어요.
③ 북간도에서는 중광단에서 발전한 북로 군정서가 무장 투쟁을 전개하였어요.
④ 1917년에 중국 상하이에서 신규식, 신채호, 조소앙 등이 주권 재민을 천명한 대동단결 선언서를 작성하였어요.
⑤ 일본 도쿄에서 유학생들이 중심이 되어 2·8 독립 선언서를 발표하였어요.

---

570 1910년대 국외 독립운동   정답 ⑤

⑤ 19세기 말부터 우리 민족이 많이 이주한 연해주 지역에서 자치 단체로 권업회가 조직되어 동포 사회를 이끌었어요. 1914년에는 권업회를 이끈 이상설, 이동휘 등이 대한 광복군 정부를 수립하여 무장 독립 전쟁을 준비하였어요.

오답 피하기

① 신민회 회원들이 서간도(남만주) 삼원보에 신흥 강습소를 세웠어요. 신흥 강습소는 1919년에 신흥 무관 학교로 개편되었습니다.
② 이상설 등이 북간도 용정에서 서전서숙을 설립하여 민족 교육에 노력하였어요.
③ 일본 도쿄에서 한국인 유학생들이 2·8 독립 선언서를 발표하였어요.
④ 대조선 국민군단은 박용만의 주도로 미국 하와이에서 결성되었어요.

---

571 대동단결 선언   정답 ①

정답 잡는 키/워/드 상하이에서 신규식, 신채호, 조소앙 등이 발표, 대동단결 선언(1917) → 대한민국 임시 정부 수립 이전

1917년 신규식, 신채호, 조소앙 등 14인의 명의로 발표된 대동단결 선언은 국민이 나라의 주인이 되었음을 밝히고, 임시 정부 수립을 위한 해외 독립운동가들의 민족 대회 개최를 제창한 선언입니다. 신규식, 신채호 등은 경술년(1910, 국권 피탈)에 융희 황제(순종)가 토지, 인민, 정치에 대한 주권을 포기하면서 국민에게 주권이 넘어왔다고 보았어요. 하지만 일제의 국권 강탈로 국내 동포들의 주권 행사가 어렵기 때문에 해외 독립운동가들이 주권 행사의 권한을 위임받아 임시 정부를 만들어야 한다고 주장하여 임시 정부 수립의 당위성을 밝혔어요. 이러한 대동단결 선언은 3·1 운동을 계기로 실현된 대한민국 임시 정부 수립에 영향을 끼쳤어요. 따라서 대동단결 선언이 발표된 시기는 국권 피탈과 3·1 운동 사이인 ① (가)입니다.

---

572 3·1 운동의 배경   정답 ⑤

정답 잡는 키/워/드 민족 대표 33인, 탑골 공원에서 만세 시위 → 3·1 운동

민족 대표들이 태화관에 모여 대한 독립 만세를 외치고, 탑골 공원에 모인 학생들도 대한 독립 만세를 외치며 거리로 쏟아져 나왔다는 내용으로 보아

1919년에 일어난 3·1 운동과 관련된 자료임을 알 수 있어요. 제1차 세계 대전이 끝나갈 무렵 ㄷ. 미국의 대통령 윌슨이 '각 민족은 정치적 운명을 민족 스스로가 결정할 권리가 있다'는 내용의 민족 자결주의를 제창하였어요. 민족 자결주의가 제기되었다는 소식이 독립운동가들 사이에 알려지는 가운데 ㄹ. 일본에서 유학 중이던 한국인 학생들이 민족 자결주의에 자극을 받아 1919년 2월 8일에 도쿄에서 독립 선언서를 발표하였어요(2·8 독립 선언). 이러한 국외의 소식을 접한 국내의 민족 지도자와 학생들이 중심이 되어 고종의 국장일에 즈음하여 독립 선언을 준비하고 3·1 운동을 일으켰어요.

 피하기

ㄱ. 순종의 인산일을 기해 6·10 만세 운동이 일어났어요.
ㄴ. 6·10 만세 운동 후 사회주의 세력이 비타협적 민족주의 세력과의 제휴를 밝힌 정우회 선언을 발표하였어요. 이는 신간회 창립의 계기가 되었어요.

---

573 2·8 독립 선언 이후의 사실   정답 ⑤

정답 잡는 키/워/드 **재일본 동경 조선 청년 독립단 → 2·8 독립 선언**

일본 동경(도쿄)의 조선 청년 독립단이 독립을 성취할 것을 선언한다는 내용을 통해 자료가 1919년에 도쿄에서 발표된 2·8 독립 선언임을 알 수 있어요. 미국 대통령 윌슨이 민족 자결주의를 제창하고, 파리 강화 회의에 우리 민족의 독립을 호소할 민족 대표가 파견되었다는 소식을 접한 재일본 동경 유학생들이 1918년 12월 초에 조선 청년 독립단을 조직하였어요. 이들은 유학생 대표를 국내에 들여보내 민족 지도자들에게 거사 계획을 알렸고, 1919년 2월 8일에 동경(도쿄) 시내에서 조선 독립 선언식을 거행하여 2·8 독립 선언을 발표하였어요. 2·8 독립 선언은 국내에서 민족 지도자와 학생들을 중심으로 3·1 운동이 일어나는 데 영향을 끼쳤지요. ⑤ 1919년 3월 1일 태화관에서 민족 대표 33인 명의의 독립 선언서가 발표되었어요. 비슷한 시각 탑골 공원에 모여 있던 학생과 시민들이 독립 선언서를 낭독하고 대한 독립 만세를 외치면서 3·1 운동이 시작되었어요.

오답 피하기

① 1915년 대구에서 박상진 등이 대한 광복회를 결성하여 군자금 모금과 친일파 처단 등의 활동을 벌였어요.
② 1905년에 장지연은 을사늑약 체결을 비판하는 논설인 '시일야방성대곡'을 황성신문에 게재하였어요.
③ 1897년에 독립 협회가 중심이 되어 조선의 독립 의지를 드러내기 위해 중국 사신을 맞이하던 영은문이 있던 자리 부근에 독립문을 건립하였어요.
④ 1912년에 임병찬 등이 고종의 밀지를 받아 독립 의군부를 조직하고 대한 제국의 회복과 고종 복위를 위해 활동하였어요.

---

574 3·1 운동   정답 ③

정답 잡는 키/워/드 **일제 강점기 최대 민족 운동, 대한민국 임시 정부 수립에 영향 → 3·1 운동**

일제 강점기 최대 민족 운동으로 대한민국 임시 정부 수립에 영향을 주었다는 내용을 통해 (가) 운동이 3·1 운동임을 알 수 있어요. 미국 대통령 윌슨의 민족 자결주의가 국내에 전해지고 국외에서 독립 선언이 이어지는 가운데 국내에서도 독립 선언의 움직임이 일어났어요. 그러던 중에 고종이 갑자기 승하하자 종교계 지도자와 학생 대표들이 모임을 갖고 고종의 인산일에 즈음하여 대대적인 만세 시위를 계획하였어요. 1919년 3월 1일, 민족 대표는 탑골 공원에 나아가 독립 선언서를 낭독하고 시위를 전개할 계획이었으나, 시위가 과격해질 것을 우려하여 태화관이라는 음식점에 모여 독립 선언서를 낭독하고 일제에 스스로 체포되었어요. 비슷한 시각 탑골 공원에 모여 있던 학생과 시민들은 민족 대표들이 나타나지 않자 독립 선언서를 가져와 낭독

하고 만세 운동을 시작하였어요. 이후 만세 운동은 전국은 물론 간도, 연해주, 일본, 미주 등 국외로도 확산되었어요. ③ 만세 시위가 확산되자 일제는 헌병 경찰과 군대를 동원하여 탄압하였고, 경기도 화성 제암리에서는 주민을 교회에 모이게 한 뒤 문을 잠그고 무차별 사격을 가하여 학살하는 등의 만행을 저질렀어요.

 피하기

① 1907년에 대구에서 김광제, 서상돈 등의 발의로 나랏빚을 갚아 국권을 회복하자는 국채 보상 운동이 본격적으로 전개되었어요.
② 천도교계 민족주의 세력과 사회주의 세력, 그리고 학생들이 순종의 인산일을 기회로 삼아 6·10 만세 운동을 준비하였어요.
④ 광주 학생 항일 운동이 일어나자 신간회에서 진상 조사단을 파견하여 지원하였어요.
⑤ 광주 학생 항일 운동은 광주 지역 학생들이 결성한 비밀 결사인 성진회와 각 학교 독서회에 의해 전국적으로 확산되었어요.

---

575 3·1 운동   정답 ④

정답 잡는 키/워/드 **일본군이 제암리에서 주민 학살 → 3·1 운동**

일본군이 제암리 주민을 학살하였다는 내용을 통해 밑줄 그은 '만세 시위 운동'이 3·1 운동임을 알 수 있어요. 3·1 운동은 종교계 지도자와 학생들을 중심으로 시작되어 신분과 직업, 종교의 구별 없이 도시와 농촌 등 거의 모든 지역에서 전 계층이 참여한 거족적인 민족 운동으로 전개되었어요. 이를 통해 우리 민족의 독립 의지를 전 세계에 알렸지요. ④ 3·1 운동을 계기로 조직적인 독립운동을 위해 지도부가 필요하다는 공감대가 형성되어 민주 공화제의 대한민국 임시 정부가 수립되었어요.

오답 피하기

① 3·1 운동 이후 국내에 사회주의가 퍼졌어요. 이후 1926년에 사회주의 세력과 천도교 세력, 학생 단체가 모여 6·10 만세 운동을 계획하였어요.
② 순종의 인산일인 1926년 6월 10일에 6·10 만세 운동이 일어났어요.
③ 1923년에 진주에서 결성된 조선 형평사는 백정에 대한 사회적 차별을 철폐하기 위해 형평 운동을 전개하였어요. 형평 운동은 언론과 사회주의 계열의 지지를 받아 전국적인 운동으로 발전하였어요.
⑤ 대한 광복회는 3·1 운동 이전인 1915년에 박상진의 주도로 대구에서 결성되었어요.

---

576 3·1 운동   정답 ③

정답 잡는 키/워/드 **고종의 인산일을 계기로 시작, 독립 선언서 → 3·1 운동**

고종의 인산일을 계기로 시작된 만세 운동으로 당시에 독립 선언서가 발표되었다는 내용을 통해 밑줄 그은 '운동'이 1919년에 일어난 3·1 운동임을 알 수 있어요. 제1차 세계 대전이 끝나갈 무렵 미국 대통령 윌슨이 민족 자결주의를 발표하였어요. 이에 식민 지배를 받던 약소민족은 독립에 대한 희망을 갖게 되었고 국내외의 민족 운동가들도 영향을 받았어요. 일본 도쿄에서 한국인 유학생들이 2·8 독립 선언서를 발표하였고, 국내에서도 독립 선언의 움직임이 일어났어요. 그러던 중 고종이 갑자기 승하하자 종교계 지도자와 학생 대표들은 고종의 인산일에 즈음하여 대규모 만세 시위를 벌이기로 계획하였어요. 3월 1일 민족 대표는 탑골 공원에서 독립 선언서를 낭독하고 시위를 전개할 계획이었으나, 시위가 과격해질 것을 우려하여 태화관이라는 음식점에 모여 독립 선언서를 낭독하고 일제에 스스로 체포되었어요. 비슷한 시각 탑골 공원에 모여 있던 학생과 시민들은 민족 대표들이 나타나지 않자 스스로 독립 선언서를 낭독하고 만세 운동을 시작하였어요. 이후 만세 운동은 전국 각지와 해외로 확산되었어요. ③ 3·1 운동을 계기로 일제는 한국인에 대한 무단 통치의 한계를 인식하고 이른바 문화 통치를 실시하였어요.

① 을사늑약 체결로 설치된 통감부는 1910년에 조선 총독부가 설치되면서 폐지되었어요. 국채 보상 운동 등이 통감부의 방해와 탄압으로 중단되었어요.
② 1921년 천도교 소년회가 창립된 후 방정환, 김기전 등이 중심이 된 소년 운동이 본격화되었어요.
④ 광주 학생 항일 운동은 광주 지역 학생들이 결성한 비밀 결사인 성진회와 각 학교 독서회에 의해 전국으로 확산되었어요.
⑤ 6·10 만세 운동을 준비하는 과정에서 계획이 발각되어 시위를 준비하던 사회주의자들이 대거 검거되었어요.

---

577 대한민국 임시 정부의 활동 정답 ⑤

정답 잡는 키/워/드
3·1 운동의 영향으로 상하이에서 수립
→ 대한민국 임시 정부

3·1 운동의 영향으로 상하이에서 수립되었다는 내용을 통해 (가)가 대한민국 임시 정부임을 알 수 있어요. 대한민국 임시 정부는 임시 의정원, 국무원, 법원의 삼권 분립에 기초한 민주 공화제 정부였어요. 연통제와 교통국을 두어 독립운동 자금을 모금하고 국내와 연락을 취하고자 노력하였으며, ㄷ. 외교 활동에 주력하여 미국 워싱턴에 구미 위원부를 두었어요. 또한, 독립신문을 간행하여 임시 정부의 활동과 독립운동 상황을 국내외에 알렸고, ㄹ. 임시 사료 편찬회를 두어 일제의 잔혹한 식민 통치 및 우리 민족의 독립운동과 관련된 사료를 모아 "한·일 관계 사료집"을 편찬하였어요.

ㄱ. 신민회는 민족 교육을 위해 오산 학교와 대성 학교를 설립하였어요.
ㄴ. 신간회는 광주 학생 항일 운동 때 진상 조사단을 파견하여 지원하였어요.

---

578 대한민국 임시 정부의 활동 정답 ④

정답 잡는 키/워/드
"한·일 관계 사료집" 편찬 → 대한민국 임시 정부

"한·일 관계 사료집"을 편찬하였다는 내용을 통해 (가) 단체가 대한민국 임시 정부임을 알 수 있어요. 3·1 운동을 계기로 독립운동을 이끌어 갈 통일된 지도부의 필요성이 제기되어 중국의 상하이에서 대한민국 임시 정부가 수립되었어요. 대한민국 임시 정부는 독립을 위한 다양한 활동을 전개하였는데, 국내외의 항일 세력과 연락하기 위한 연통제와 교통국을 두었으며, ④ 독립운동 자금을 마련하기 위해 독립 공채를 발행하였어요. 초기에는 외교 활동에 주력하여 김규식을 중심으로 한 파리 위원부, 이승만을 중심으로 한 구미 위원부를 두었어요. 또한, 독립신문을 간행하여 국내외 동포에게 독립운동 소식을 알렸으며, 일제의 침략과 잔혹한 식민 통치, 우리 민족의 독립운동과 관련된 사료 등을 모아 "한·일 관계 사료집"을 편찬하였어요.

① 의열단의 단장 김원봉은 중국 국민당 정부의 지원을 받아 1932년에 독립군 간부를 양성하기 위한 조선 혁명 간부 학교를 설립하였어요.
② 조선어 학회는 한글 맞춤법 통일안과 표준어를 제정하는 등 한글 표준화에 힘썼어요.
③ 신민회는 태극 서관을 운영하며 계몽 서적을 보급하였고, 자기 회사를 세워 민족 산업의 육성에도 힘썼어요.
⑤ 신간회는 광주 학생 항일 운동이 일어나자 진상 조사단을 파견하여 지원하였어요.

---

579 대한민국 임시 정부의 활동 정답 ④

정답 잡는 키/워/드
김규식을 외무총장 겸 주 파리 위원부의 대표 위원으로 선임
→ 대한민국 임시 정부

신한 청년단(신한 청년당) 대표로 파리 강화 회의에 파견된 김규식이 외무총장 겸 주 파리 위원부의 대표 위원으로 선임되었다는 내용을 통해 (가)가 대한민국 임시 정부임을 알 수 있어요. 대한민국 임시 정부는 신한 청년단(당)의 대표로 파리 강화 회의에 파견된 김규식을 임시 정부의 전권 대사로 임명하였어요. 또한, 미국 워싱턴에 구미 위원부, 프랑스 파리에 파리 위원부를 설치하여 외교 활동을 펼쳤습니다. ④ 신민회는 오산 학교와 대성 학교를 세워 민족 교육을 실시하였어요.

① 대한민국 임시 정부는 비밀 행정 조직으로 연통제와 교통국을 두어 독립운동 자금을 모금하고 국내와의 연락망을 구축하였어요.
② 대한민국 임시 정부는 독립신문을 간행하여 독립 의식을 고취하고, 국내외 동포에게 독립운동 소식을 알렸어요.
③ 대한민국 임시 정부는 독립운동 자금을 마련하기 위해 독립 공채를 발행하거나 의연금을 거두었어요.
⑤ 대한민국 임시 정부는 임시 사료 편찬 위원회를 두고 일제의 침략과 잔혹한 식민 통치, 우리 민족의 독립운동과 관련된 사료를 모아 "한·일 관계 사료집"을 발간하였어요.

---

580 국민 대표 회의 정답 ①

정답 잡는 키/워/드
독립운동의 새로운 활로와 방향 모색, 상하이에서 개최,
창조파와 개조파 등으로 나뉘어 격론 → 국민 대표 회의

독립운동의 새로운 활로와 방향을 모색하기 위해 상하이에서 개최되었다는 내용을 통해 밑줄 그은 '회의'가 국민 대표 회의임을 알 수 있어요. 1920년대 초에 독립운동 노선을 둘러싼 내부 갈등과 대통령 이승만의 독선 등으로 대한민국 임시 정부의 활동은 난국을 맞았어요. 이런 위기를 해결하기 위해 민족 지도자들이 회의 소집을 요구하여 1923년 상하이에서 국민 대표 회의가 개최되었어요. 그러나 회의는 창조파와 개조파의 대립으로 성과를 거두지 못하였어요. 국민 대표 회의가 결렬된 이후 이승만은 대통령직에서 탄핵되고 박은식이 대통령에 추대되었어요.
따라서 국민 대표 회의가 개최된 시기는 대한민국 임시 정부 수립과 박은식 대통령 취임 사이인 ①(가)입니다.

---

581 대한민국 임시 정부의 변천 과정 정답 ②

1923년에 대한민국 임시 정부는 독립운동의 새로운 방향을 모색하고자 국민 대표 회의를 개최하였어요. 하지만 회의는 임시 정부를 해체하고 새로운 조직을 만들자는 창조파와 임시 정부의 조직만 개선하자는 개조파의 대립으로 성과 없이 끝이 났어요. 이후 많은 독립운동가가 임시 정부에서 이탈하였고, 일제의 감시와 탄압이 심해져 대한민국 임시 정부의 활동이 크게 위축되었어요. 이러한 가운데 1925년에 임시 의정원에서 이승만을 탄핵한 뒤 박은식이 제2대 대통령으로 추대되었으며, 이어 국무령 중심의 내각 책임제로 개헌이 이루어져 (가) 초대 국무령에 이상룡이 취임하였어요. 이후 1931년에 김구가 임시 정부의 침체를 극복하기 위해 한인 애국단을 결성하여 의열 활동을 계획하고 실행하였어요. 단원 이봉창이 일본 도쿄에서 일왕이 탄 마차에 폭탄을 던진 의거가 실패한 뒤 1932년 4월에는 윤봉길이 상하이 홍커우 의거를 단행하여 일본군 장성을 처단하였습니다. 하지만 윤봉길의 의거 후 일제의 탄압이 더욱 심해져 대한민국 임시 정부는 이를 피하기 위해 상하이를 떠나야 했어요. (다) 항저우(1932), 창사(1937), 광저우(1938) 등지로 옮겨 다니다가 1940년에 충칭에 정착한 대한민국 임시 정부는 중국 국민당 정부의 지원을 받아 정규군으로 한국 광복군을 창설하였어요. 1941년에 태평양 전쟁이 일어나자 (나) 대일 선전 성명서를 발표하고 한국 광복군을 연합군의 일원으로 참전시켰어요.
따라서 옳은 순서는 ②(가)-(다)-(나)입니다.

582 대한민국 임시 정부의 활동 정답 ⑤

정답 잡는 키/워/드 주석 김구, 외무부장 조소앙 → 대한민국 임시 정부

주석이 김구, 외무부장이 조소앙이라는 내용을 통해 (가) 단체가 대한민국 임시 정부임을 알 수 있어요. 1932년 윤봉길의 의거 이후 항저우, 창사 등 중국 각지로 옮겨 다니던 대한민국 임시 정부는 1940년에 충칭에 정착한 뒤 중국 국민당 정부의 지원을 받아 체제를 정비하였어요. 개헌을 거쳐 김구를 주석으로 선출하고 대한민국 임시 정부의 정식 군대로 한국 광복군을 창설하였어요. 1941년에는 조소앙이 새로운 국가 건설의 이념으로 제시한 ⑤ 삼균주의를 기초로 하는 건국 강령을 선포하였어요. 건국 강령은 보통 선거를 통한 민주 공화국 건설, 토지 개혁, 주요 산업 국유화, 남녀평등, 의무 교육 제도 실시 등의 주장을 담았어요. 이어 일제가 미국 하와이의 진주만을 기습하여 태평양 전쟁을 일으키자 대한민국 임시 정부는 대일 선전 성명서를 발표하고 한국 광복군을 연합군의 일원으로 참전시켰어요.

오답 피하기
① 광복 후 제1차 미·소 공동 위원회가 무기 휴회되고 이승만이 남한만의 단독 정부 수립을 주장한 상황에서 여운형, 김규식 등 중도 세력이 좌우 합작 위원회를 결성하고 좌우 합작 7원칙을 발표하였어요.
② 천도교는 "개벽", "신여성" 등의 잡지를 발행하였어요.
③ 의열단은 민중의 직접 혁명을 강조한 신채호의 '조선 혁명 선언'을 활동 지침으로 삼아 의열 투쟁을 전개하였어요.
④ 조선어 학회는 한글 맞춤법 통일안과 표준어를 제정하였어요.

583 대한민국 임시 정부의 활동 정답 ⑤

정답 잡는 키/워/드 추축국에 전쟁 선포, 왜구를 한국 등에서 완전히 축출하기 위한 혈전 선언 → 대일 선전 성명서

추축국과의 전쟁 및 1910년 합병 조약 등이 무효임을 선포하고 왜구를 완전히 축출하기 위한 혈전을 선언한 것으로 보아 자료는 대한민국 임시 정부가 발표한 대일 선전 성명서임을 알 수 있어요. 1940년에 충칭에 정착한 대한민국 임시 정부는 중국 국민당 정부의 지원을 받아 체제를 정비하였어요. 개헌을 거쳐 김구를 주석으로 선출하고 대한민국 임시 정부의 정식 군대로 한국 광복군을 창설하였으며, 민주 국가 건설을 위한 건국 강령을 발표하였어요. 그리고 1941년 일본군이 미국 하와이의 진주만을 기습 공격하여 태평양 전쟁이 일어나자 김구 주석과 조소앙 외무부장의 명의로 대일 선전 성명서를 발표하고 한국 광복군을 연합군의 일원으로 참전시켰어요. 일본의 패망이 가까워진 1945년 초반에 ⑤ 미국 전략 정보국(OSS)과 연계하여 국내 진공 작전을 추진하였어요. 이를 위해 한국 광복군의 일부 대원으로 국내 정진군을 조직하여 국내 진공 작전을 위한 특수 훈련을 받게 하였어요.

오답 피하기
① 대한민국 임시 정부는 1940년 충칭에서 한국 광복군을 창설하였어요.
② 대한민국 임시 정부는 1919년에 국내 비밀 행정 조직으로 연통제를 두었어요.
③ 대한민국 임시 정부는 1919년에 파리 강화 회의에 독립 청원서를 제출하여 한국의 독립 문제를 국제 여론화하였어요.
④ 김구는 의거 활동을 위해 1931년에 한인 애국단을 조직하였어요.

584 한국 광복군 정답 ②

정답 잡는 키/워/드 인도 전선에서 영국군의 작전에 협조 → 한국 광복군

인도 전선에서 영국군의 작전에 협조하였다는 내용을 통해 (가) 부대가 한국 광복군임을 알 수 있어요. 한국 광복군은 1940년에 충칭에서 창설된 대한민국 임시 정부의 정식 군대였으며, 지청천이 총사령관이었어요. 대한민국 임

시 정부가 일본에 선전 포고한 이후 영국군의 요청에 따라 병력 일부가 인도·미얀마 전선에 파견되어 활동하였어요. 일본의 패색이 짙어지자 한국 광복군은 ② 미군과 연계하여 국내 진공 작전을 계획하였어요. 이에 따라 한국 광복군의 일부 대원들이 국내 정진군을 조직하여 특수 훈련을 받는 등 작전을 준비하였지요. 하지만 미군의 원폭 공격을 받은 일본이 갑작스럽게 항복하여 계획은 실현되지 못하였어요.

오답 피하기
① 청산리에서 북로 군정서를 중심으로 대한 독립군 등 독립군 연합 부대가 일본군에 맞서 대승을 거두었어요.
③ 한국 독립군은 쌍성보 전투에서 한·중 연합 작전을 전개하여 일본군을 격퇴하였어요.
④ 조선 혁명군은 중국 의용군과 연합하여 흥경성에서 일본군을 상대로 싸워 승리하였어요.
⑤ 만주 지역에서 중국 공산당의 주도로 조직된 동북 인민 혁명군은 민족이나 이념에 관계없이 항일 연합 전선을 만들기 위해 동북 항일 연군으로 개편되어 유격전을 펼쳤어요.

---

3 1920년대 저항 본문 203~211쪽

585 ②	586 ②	587 ③	588 ③	589 ⑤	590 ④
591 ④	592 ①	593 ④	594 ⑤	595 ③	596 ⑤
597 ⑤	598 ④	599 ①	600 ④	601 ④	602 ③
603 ④	604 ⑤	605 ④	606 ②	607 ③	608 ①
609 ⑤	610 ⑤	611 ④	612 ⑤	613 ①	614 ⑤
615 ③	616 ③	617 ④	618 ④	619 ②	620 ④

585 물산 장려 운동 정답 ②

정답 잡는 키/워/드 조선 관세령 폐지 → 1920년

제1차 세계 대전 과정에서 산업을 크게 일으켜 호황을 누리던 일본은 종전 후에 경제가 과잉 생산에 따른 공황에 빠져들자, 본격적으로 한국을 상품 수출 시장이자 자본 투자처의 용도로 이용하려고 하였어요. 이를 위해 일제는 1920년에 회사령을 폐지하여 회사 설립을 신고제로 전환하였고, 이어 조선 관세령을 폐지하고 일본 상품에 대한 관세를 완전히 철폐하는 방안을 적극적으로 검토하기 시작하였어요. 당시 일본의 자본가들은 일본이 한국을 병합하였는데도 두 나라 간 관세를 유지하는 것은 '일선융화'를 해치는 일이라며 관세 폐지를 요구하고 있었어요. 한편, 회사령이 폐지되고 한국과 일본 사이의 관세가 철폐된다는 소식이 국내에 전해지면서 일본 기업에 비해 그 수나 자본금이 훨씬 적고 기술력도 뒤처지는 한국 기업과 자본가들의 위기의식이 높아졌어요. 이러한 가운데 ② 민족 산업을 보호·육성하여 민족 경제의 자립을 이루자는 물산 장려 운동이 일어나 전국으로 퍼져 나갔어요.

오답 피하기
① 1908년에 일제는 한국의 토지와 자원을 수탈할 목적으로 동양 척식 주식회사를 설립하였어요.
③ 제1차 한·일 협약 체결 후 재정 고문으로 부임한 메가타의 주도로 1905년에 화폐 정리 사업이 실시되었어요.
④ 일제는 1910년에 회사 설립 시 총독의 허가를 받게 하는 회사령을 제정하였어요.
⑤ 외국 상인의 상권 침탈이 심화되자 시전 상인은 1898년에 황국 중앙 총상회를 조직하여 상권 수호 운동을 전개하였어요.

586 물산 장려 운동 정답 ②

> **정답 잡는 키/워/드**
> 평양에서 조만식 등의 주도로 시작, '조선 사람 조선 것'
> → 물산 장려 운동

평양에서 조만식 등의 주도로 시작되었으며 '조선 사람 조선 것' 등의 구호를 내세웠다는 내용을 통해 밑줄 그은 '이 운동'이 1920년대에 전개된 물산 장려 운동임을 알 수 있어요. ② 1920년에 회사 설립이 신고제로 바뀌고, 조선 관세령이 폐지되었어요. 이로 인해 일본 기업에 비해 그 수나 자본금이 훨씬 적고 기술력도 뒤처지는 한국인 자본가와 기업들의 위기의식이 높아진 가운데 민족 산업과 자본을 보호·육성하여 민족 경제의 자립을 이루자는 물산 장려 운동이 확산되었어요. 평양에서 시작된 물산 장려 운동은 자작회, 토산 애용 부인회 등의 단체들이 활발히 참여하면서 전국으로 확대되었어요.

오답 피하기

① 통감부는 1910년 8월까지 존속되었어요. 국채 보상 운동 등이 통감부의 탄압과 방해로 중단되었어요.
③ 1898년에 외국 상인의 상권 침탈에 대응하여 서울의 시전 상인들이 황국 중앙 총상회를 조직하였어요.
④ 1890년대 후반에 일본 금융 기관의 침투에 대응하여 한성 은행, 대한 천일 은행 등이 설립되었어요.
⑤ 1929년에 원산 총파업이 일어나자 일본, 프랑스 등 해외의 노동 단체가 격려 전문을 보내 지지하였어요.

587 물산 장려 운동 정답 ③

> **정답 잡는 키/워/드**
> '조선 사람 조선 것', 조선 물산의 생산과 소비를 장려함
> → 물산 장려 운동

'조선 사람 조선 것'이라는 구호를 내세웠으며 조선 물산의 생산과 소비를 장려하였다는 내용을 통해 밑줄 그은 '운동'이 1920년대에 전개된 물산 장려 운동임을 알 수 있어요. 1920년대에 들어 회사령이 철폐되고 ③ 일본과 한국 사이의 관세를 대부분 철폐하는 조선 관세령 폐지를 배경으로 물산 장려 운동이 전국적으로 확산되었어요. 평양에서 조만식 등의 주도로 시작된 물산 장려 운동은 '조선 사람 조선 것', '내 살림 내 것으로'라는 구호를 내걸고 민족 산업을 보호·육성하기 위해 토산품 애용, 근검저축, 금주, 금연 등의 실천을 주장하였어요.

오답 피하기

① 조선 노동 총동맹은 1927년에 결성된 노동 운동 단체로 사회주의 계열의 지원을 받아 조직적으로 노동 쟁의를 전개하였어요.
② 동학 농민 운동 당시 동학 농민군은 보국안민, 제폭구민 등의 기치를 내걸고 봉기하였어요.
④ 외국 상인의 상권 침탈이 심화되자 1898년에 서울의 시전 상인들이 상권 수호 운동을 전개하여 황국 중앙 총상회를 조직하였어요.
⑤ 제1차 한·일 협약 체결(1904) 후 대한 제국의 재정 고문으로 파견된 메가타의 주도로 화폐 정리 사업이 추진되었어요. 화폐 정리 사업은 백동화를 일본의 제일 은행권으로 교환해 주는 일종의 화폐 개혁으로, 이를 계기로 일본 제일 은행권 화폐가 한국에서 유통되었어요.

588 민립 대학 설립 운동 정답 ③

> **정답 잡는 키/워/드**
> 조선 민립 대학 기성회, 민립 대학의 설립 제창
> → 민립 대학 설립 운동

일제가 이른바 문화 통치를 내세우자 국내에서 민족주의계 인사들이 중심이 되어 실력 양성 운동을 전개하였어요. 민립 대학 설립 운동은 우리 민족의 힘으로 고등 교육을 실시할 대학을 설립하자는 실력 양성 운동이었어요. 조선

민립 대학 기성회를 주도한 ③ 이상재 등이 '한민족 1천만이 한 사람 1원씩'이라는 구호를 내세워 모금 활동 방식으로 운동을 전개하였습니다. 하지만 일제의 탄압과 모금 부족으로 운동은 실패하였어요.

오답 피하기

① 3·1 운동은 중국의 5·4 운동과 인도의 비폭력·불복종 운동 등 외국의 민족 운동에 영향을 주었어요.
② 1900년대 후반에 한국인이 설립한 사립 학교의 수가 많이 늘자 1908년 일본의 강요로 사립 학교를 규제하기 위한 사립 학교령이 공포되었어요.
④ 을사늑약 체결로 설치된 통감부는 1910년에 조선 총독부가 설치되면서 폐지되었어요. 통감부의 방해와 탄압으로 실패한 대표적인 민족 운동으로 국채 보상 운동을 들 수 있어요. 민립 대학 설립 운동은 1920년대에 전개되었습니다.
⑤ 1898년에 서울 북촌의 양반 여성들이 여성 교육의 중요성을 강조한 여권통문을 발표하였어요.

589 민립 대학 설립 운동 정답 ⑤

> **정답 잡는 키/워/드**
> • 보통학교의 수업 연한 4년 → (가) 제1차 조선 교육령(1911)
> • 경성 제국 대학 설립 → (나) 1924년

(가)는 조선에서 보통학교의 수업 연한을 4년으로 정한다는 내용을 통해 제1차 조선 교육령임을 알 수 있어요. (나)는 '경성 제국 대학'을 통해 경성 제국 대학 설립(1924)과 관련된 자료임을 알 수 있어요. 3·1 운동 이후 일제는 이른바 문화 통치를 내세워 식민 지배에 대한 한국인의 반발을 무마하고자 하였어요. 1922년에는 제2차 조선 교육령을 발표하여 보통학교를 증설하고 대학 설립도 가능하게 하였지요. 이런 가운데 보통 교육과 실업 교육 위주의 식민지 교육 체계에 불만이 컸던 우리 민족 내에서 한국인의 고등 교육을 담당할 대학을 설립하자는 움직임이 일어났어요. 이상재 등을 중심으로 ⑤ 조선 민립 대학 기성회가 창립되어 대학 설립을 위한 모금 운동을 벌였습니다. 그러자 일제는 이를 감시하고 탄압하였으며, 1924년에는 경성 제국 대학을 설립하여 한국인의 고등 교육에 대한 열망과 불만을 잠재우려고 하였어요. 민립 대학 설립 운동은 당시 자연재해로 모금 실적이 저조한 데다가 일제의 탄압으로 모금 활동이 어려워져 성공하지 못하였어요.

오답 피하기

① 1886년에 근대적 관립 학교인 육영 공원이 설립되어 주로 고관 자제들을 대상으로 근대 학문을 교육하였어요.
② 대한 제국 정부는 1907년에 학부 안에 한글 연구 기관인 국문 연구소를 설치하였어요.
③ 1895년 제2차 갑오개혁 추진 과정에서 교육의 기본 방향을 제시한 교육 입국 조서가 반포되었어요.
④ 박정희 정부 시기인 1968년에 국민 교육 헌장이 발표되었어요. 국민 교육 헌장에는 개인보다 국가의 발전을 우선시하는 국가주의가 반영되었어요.

590 1920년대 농민·노동 운동 정답 ④

> **정답 잡는 키/워/드**
> • 전라남도 신안에서 지주 문재철의 횡포에 맞서 소작인들이 전개 → (가) 암태도 소작 쟁의
> • 문평 라이징 선 석유 회사에서 일본인 감독이 조선인 노동자를 구타한 사건이 발단 → (나) 원산 총파업

(가) 사건은 전라남도 신안에서 고율의 소작료 징수에 저항하여 일어났다는 내용을 통해 1923년에 일어난 암태도 소작 쟁의이고, (나) 사건은 라이징 선 석유 회사에서 일본인 감독이 조선인 노동자를 구타한 사건이 발단이 되어 해당 지역 노동자들이 총파업에 돌입하였다는 내용을 통해 1929년에 일어난 원산 총파업임을 알 수 있어요. ④ 원산 총파업은 국외로도 알려져 일본, 프랑스 등지의 노동 단체로부터 격려 전문을 받았어요.

① 3·1 운동이 중국의 5·4 운동에 영향을 주었어요.
② 농민 운동은 1930년대 들어서 사회주의 세력과 연대하여 혁명적 농민 조합을 중심으로 전개되었어요.
③ 3·1 운동을 계기로 민주 공화제의 대한민국 임시 정부가 수립되었어요.
⑤ 일제는 1919년에 일어난 3·1 운동을 계기로 이른바 문화 통치를 내세웠어요.

---

591 1920년대 농민 운동   정답 ④

정답 잡는 키/워/드   소작 쟁의가 전개된 암태도 → 1923년 암태도 소작 쟁의

일제의 토지 조사 사업과 산미 증식 계획의 실시로 소작농이 늘어났고 농민의 생활은 더욱 열악해졌어요. 소작농은 고율의 소작료뿐만 아니라 지주가 부담해야 하는 세금까지 떠맡아 고통을 받았어요. 이에 농민들은 열악한 경제적 처지를 개선하기 위해 소작인 조합을 만들어 쟁의를 일으켰지요. 1920년대 농민들은 소작료 인하와 소작권 이동 반대 등 생존권을 요구하는 소작 쟁의를 벌였어요. 사회주의 운동의 영향으로 쟁의 횟수와 참여 인원이 점차 늘어갔고, 1924년에는 조선 노농 총동맹과 같은 전국적인 단체가 조직되기도 하였어요. 자료의 암태도 소작 쟁의는 이 시기에 있었던 대표적인 소작 쟁의로 지주 문재철이 자행한 고율의 소작료 징수에 반발하여 일어났어요 (1923). ④ 노동자와 농민 조직으로 결성된 조선 노농 총동맹은 1927년에 조선 노동 총동맹과 조선 농민 총동맹으로 분화되었어요.

오답 피하기

① 일제는 1910년에 회사령을 제정하여 민족 자본의 성장을 억제하였어요.
② 1904년에 일부 정부 관리와 실업가들이 일제의 토지 침탈에 맞서 개간 사업을 목적으로 농광 회사를 설립하였어요.
③ 일제는 1910년부터 1918년까지 토지 조사 사업을 실시하였어요.
⑤ 1889년에 함경도 관찰사 조병식이 조·일 통상 장정의 방곡령 규정에 따라 1개월 전에 외교 담당 관청에 알리고 방곡령을 선포하였어요.

---

592 신간회   정답 ①

정답 잡는 키/워/드   정치적·경제적·사회적 각성을 촉진함, 단결을 공고히 함, 일체 기회주의를 부인함 → 신간회

'우리는 정치적·경제적·사회적 각성을 촉진함', '우리는 단결을 공고히 함', '우리는 일체의 기회주의를 부인함'이라는 3대 강령을 통해 (가) 단체가 신간회임을 알 수 있어요. 신간회는 자치론에 반대하는 비타협적 민족주의 세력과 사회주의 세력의 연대로 이루어진, ① 민족 유일당 운동의 결과물이었어요. 일제 강점기 최대 규모의 민족 운동 단체로 성장하였으며, 광주 학생 항일 운동에 진상 조사단을 파견하는 등의 활동을 전개하였어요.

오답 피하기

② 연해주 블라디보스토크에서 이상설, 이동휘를 정·부통령으로 하는 대한 광복군 정부가 수립되었어요.
③ 신민회는 일제가 조작한 105인 사건으로 조직이 드러나 해체되었어요.
④ 임병찬이 조직한 독립 의군부는 조선 총독부에 국권 반환 요구서를 발송하려 하였어요.
⑤ 신민회는 오산 학교와 대성 학교를 세워 민족 교육을 실시하고, 태극 서관과 자기 회사를 운영하는 등 민족 산업 육성에도 힘썼어요.

---

593 민족 유일당 운동   정답 ④

정답 잡는 키/워/드
• 왕조의 마지막 군주 서거 → (가) 6·10 만세 운동(1926)
• 광주 학생 사건에 대한 지지 요청 → (나) 광주 학생 항일 운동(1929)

(가)는 왕조의 마지막 군주(순종)가 서거하였다는 내용을 통해 6·10 만세 운동 당시에 작성된 격문임을 알 수 있어요. (나)는 광주 학생 사건에 대한 지지와 성원을 호소하고 일제 경찰에 의해 광주의 조선 학생들이 투옥되었음을 알리는 내용을 통해 광주 학생 항일 운동 당시에 작성된 격문임을 알 수 있어요. 따라서 1926년 6·10 만세 운동과 1929년 광주 학생 항일 운동 사이 시기에 있었던 사실을 찾으면 됩니다. 6·10 만세 운동의 준비 과정에서 사회주의 계열과 민족주의 계열이 연대한 경험을 바탕으로 민족 유일당 결성의 공감대가 형성되었어요. 이러한 가운데 치안 유지법의 제정으로 활동에 어려움을 겪고 있던 ④ 사회주의 세력이 비타협적 민족주의 세력과 연대한다는 활동 방향을 밝힌 정우회 선언을 발표하였어요.

오답 피하기

① 의열단원 김상옥이 종로 경찰서에 폭탄을 투척한 의거는 6·10 만세 운동 이전인 1923년에 일어났어요.
② 동아일보는 1930년대에 '배우자 가르치자 다 함께 브나로드'라는 구호 아래 농촌 계몽 운동인 브나로드 운동을 전개하였어요.
③ 암태도 소작 쟁의는 1923년에 암태도의 소작 농민들이 지주 문재철이 자행한 고율의 소작료 징수에 반발하여 일으킨 농민 운동이에요.
⑤ 일제는 1911년에 데라우치 총독 암살 미수 사건을 확대 조작하여 독립운동가 105명을 체포·투옥하였어요(105인 사건).

---

594 신간회   정답 ⑤

정답 잡는 키/워/드   좌우가 힘을 합쳐 창립, 일제 강점기 최대 규모의 사회 단체 → 신간회

좌우가 힘을 합쳐 창립하였으며, 일제 강점기 최대 규모의 사회 단체라는 내용을 통해 (가) 단체가 신간회임을 알 수 있어요. 6·10 만세 운동을 통해 민족주의 세력과 사회주의 세력 간 연대의 공감대가 형성된 가운데 정우회 선언을 계기로 비타협적 민족주의 세력과 사회주의 세력이 연합하여 1927년에 신간회를 조직하였어요. 신간회는 일제 강점기 최대 규모의 민족 운동 단체로 성장하였으며, 각지에 지회를 설치하고 강연회를 개최하여 민족의식을 고취하는 등 활발하게 활동하였어요. 또한, ⑤ 광주 학생 항일 운동이 일어나자 진상 조사단을 파견하여 지원하였어요.

오답 피하기

① 신민회는 평양에 자기 회사를 설립하여 민족 산업 육성에 힘썼어요.
② 민족 자결주의에 영향을 받은 일본의 한국인 유학생들이 조선 청년 독립단을 조직하고 2·8 독립 선언서를 작성하여 발표하였어요.
③ 대한 제국 시기에 이종일이 제국신문을 발행하여 민중 계몽에 힘썼어요. 순 한글의 제국신문은 서민과 부녀자를 주된 독자층으로 삼았어요.
④ 방정환, 김기전 등이 중심이 된 천도교 소년회는 어린이날을 제정하고 잡지 "어린이"를 간행하는 등 소년 운동을 주도하였어요.

---

595 6·10 만세 운동   정답 ③

정답 잡는 키/워/드   순종의 인산일에 일어남 → 6·10 만세 운동

대한 제국의 마지막 황제인 순종의 인산일에 일어난 (가) 민족 운동은 6·10 만세 운동이에요. 순종이 세상을 떠나자 천도교계 민족주의 세력과 사회주의 세력, 학생 단체 등이 함께 만세 시위를 계획하였어요. 시위 준비 과정에서 일제에 발각되어 지도부가 검거되었으나, 일제의 감시를 피한 학생들은 예정대로 순종의 인산일인 6월 10일에 만세 시위를 전개하였어요. 일제의 탄압으로 전국으로 확산되지는 못하였지만 6·10 만세 운동은 학생들이 항일 민족 운동의 주체로서 더욱 적극적인 역할을 하는 계기가 되었어요. 또한, ③ 준비 과정에서 민족주의 진영과 사회주의 진영이 함께하면서 민족 유일당 결성의 공감대가 형성되었어요.

① 김광제, 서상돈 등이 대구에서 시작한 국채 보상 운동은 대한매일신보 등 언론의 지원을 받아 전국으로 확산되었어요.
② 3·1 운동을 계기로 독립운동을 체계적으로 이끌 지도부의 필요성이 커지면서 대한민국 임시 정부가 수립되었어요.
④ 3·1 운동을 계기로 일제는 이른바 문화 통치로 식민 통치 방식을 전환하였어요.
⑤ 신간회는 광주 학생 항일 운동의 진상 규명을 위한 진상 조사단을 파견하였어요.

596 6·10 만세 운동

정답 ⑤

 융희 황제의 인산일 → 6·10 만세 운동

융희 황제의 인산일에 학생들이 격문을 뿌리고 만세를 외쳤다는 내용을 통해 대화에 나타난 민족 운동이 6·10 만세 운동임을 알 수 있어요. 1926년 4월 순종(융희 황제)이 세상을 떠나자, 사회주의 세력과 천도교계 민족주의 세력, 학생 단체들이 모여 황제의 인산일을 기해 만세 운동을 계획하였어요. 하지만 이 계획이 사전에 일제에 발각되면서 많은 사람이 체포되어 일제의 감시를 피한 학생들의 주도로 만세 운동이 전개되었어요. 6·10 만세 운동은 일제의 감시와 탄압 때문에 전국으로 확대되지는 못하였지만, 그 준비 과정에서 사회주의 세력과 민족주의 세력이 연대한 경험을 바탕으로 민족 유일당 결성의 공감대가 형성되었어요. ⑤ 이를 계기로 민족주의 세력과 사회주의 세력이 연대를 모색하는 민족 유일당 운동이 전개되었고, 민족 협동 전선인 신간회가 결성되었어요.

① 1929년에 원산 총파업이 일어나자 일본, 프랑스 등지의 노동 단체가 격려 전문을 보내 연대 의지를 보였어요.
② 1925년에 일제는 천황제나 사유 재산 제도를 부정하는 사회주의 운동을 단속하기 위해 치안 유지법을 제정하였어요.
③ 1920년대 초에 대한민국 임시 정부의 독립운동 노선을 둘러싸고 갈등이 나타나는 가운데 이승만이 미국 정부를 통해 국제 연맹에 한국 위임 통치를 요청한 사실이 알려지자 이를 문제 삼아 임시 정부를 개편하자는 요구가 제기되었어요. 이에 1923년에 상하이에서 대한민국 임시 정부의 새로운 독립운동 방향을 모색하기 위한 국민 대표 회의가 개최되었어요.
④ 1929년에 한국인 학생과 일본인 학생 간의 충돌이 발단이 되어 광주 학생 항일 운동이 일어났어요.

597 광주 학생 항일 운동

정답 ⑤

1929년 한·일 학생 간 충돌을 계기로 광주에서 일어나 전국으로 확산 → 광주 학생 항일 운동

1929년에 한·일 학생 간 충돌을 계기로 광주에서 일어나 전국으로 확산되었다는 내용을 통해 밑줄 그은 '이 운동'이 광주 학생 항일 운동임을 알 수 있어요. 광주역 부근 일대에서 벌어진 한·일 학생 간 충돌에 대한 일본 경찰의 편파적인 태도에 분노한 광주 지역의 학생들이 민족 차별, 식민지 교육 제도 철폐 등을 주장하며 대규모 시위를 벌였어요. 광주 학생 항일 운동이 일어나자 ⑤ 신간회 중앙 본부가 광주에 진상 조사단을 파견하여 지원하였어요. 광주 학생 항일 운동은 3·1 운동 이후 전개된 최대 규모의 항일 운동이었어요.

① 조선 형평사는 백정에 대한 사회적 차별 철폐를 주장하는 형평 운동을 주도하였어요.
② 천도교계 민족주의 세력과 사회주의 세력, 그리고 학생들이 순종의 인산일을 기회로 삼아 6·10 만세 운동을 준비하였어요.
③ 3·1 운동을 계기로 독립운동을 체계적으로 이끌어 갈 지도부의 필요성이 제기되어 대한민국 임시 정부가 수립되었어요.
④ 6·10 만세 운동은 그 준비 과정에서 민족주의 진영과 사회주의 진영이 함께하여 국내에서 민족 유일당 운동이 시작되는 계기가 되었어요.

598 광주 학생 항일 운동

정답 ④

신간회가 간부를 특파, 전남 광주에서 고등 보통학교 학생과 중학생이 충돌 → 광주 학생 항일 운동

전남 광주에서 고등 보통학교 학생과 중학생이 충돌하였으며 이에 신간회가 최고 간부를 광주로 특파하였다는 내용을 통해 밑줄 그은 '사건'이 광주 학생 항일 운동임을 알 수 있어요. 광주 학생 항일 운동은 1929년에 광주에서 나주로 가는 통학 열차에서 일본인 남학생이 한국인 여학생을 희롱한 일을 계기로 벌어진 한·일 학생 간 충돌이 발단이었어요. 이 사건을 수습하는 과정에서 일제 경찰이 한국인 학생과 일본인 학생을 차별하자 이에 분노한 광주 지역의 학생들이 민족 차별 중지, 식민지 교육 제도 철폐 등을 주장하며 대규모 시위를 전개하였어요. ④ 시위는 전국적으로 확대되고 동맹 휴학으로 확산하였습니다. 신간회도 운동의 진상을 규명하기 위한 조사단을 파견하고 일제의 탄압에 항의하였으며, 시민들도 가세하였어요. 시위는 이듬해까지 계속되었으며 만주와 일본 지역까지 확산되었어요.

① 천도교계 민족주의 세력과 사회주의 세력, 그리고 학생들이 순종의 인산일을 기회로 삼아 6·10 만세 운동을 준비하였어요.
② 일제가 조작한 조선어 학회 사건으로 이윤재, 최현배, 이극로 등의 회원들이 구속되어 조선어 학회의 조직이 와해되었어요.
③ 비타협적 민족주의 세력과 사회주의 세력은 민족이라는 이름 아래 하나로 뭉쳐 독립운동의 역량을 강화하려는 민족 유일당 운동을 전개하였어요. 이후 일부 사회주의 세력을 중심으로 비타협적 민족주의 세력과의 제휴를 결정한 정우회 선언이 발표되었어요.
⑤ 3·1 운동을 계기로 일제는 무단 통치의 한계를 인식하고 이른바 문화 통치를 실시하였어요.

599 1920년대 국내 민족 운동

정답 ①

- 순종의 죽음 → (가) 6·10 만세 운동(1926)
- 신간회가 3개 조의 강령 발표 → (나) 신간회 창립(1927)
- 광주 학생들이 중상을 입고 철창 속에 갇혀 있음 → (다) 광주 학생 항일 운동(1929)

(가)는 순종의 죽음이 언급된 것을 통해 1926년에 일어난 6·10 만세 운동과 관련된 자료임을 알 수 있어요. 1926년 순종의 인산일(장례일)을 기회로 삼아 사회주의 세력과 천도교계 민족주의 세력 그리고 학생 단체들이 대규모 만세 운동을 계획하였어요. 그러나 사전에 계획이 발각되면서 사회주의 세력과 민족주의 세력은 참여하지 못한 채 학생들의 주도로 만세 운동이 전개되었어요. 6·10 만세 운동은 일제의 탄압으로 전국으로 확산되지는 못하였지만, 국내에서 민족 유일당 운동이 전개되는 계기가 되었어요. (나)는 신간회가 3개 조의 강령을 발표하였다는 내용을 통해 신간회 창립과 관련된 자료임을 알 수 있어요. 6·10 만세 운동을 통해 민족주의 세력과 사회주의 세력 간 연대의 공감대가 형성되었어요. 사회주의 세력이 발표한 정우회 선언을 계기로 비타협적 민족주의 세력과 사회주의 세력이 연합하여 1927년에 신간회를 창립하였어요. 신간회는 일제 강점기 최대 규모의 민족 운동 단체로 성장하였으며, 각지에 지회를 설치하고 강연회를 개최하여 민족의식을 고취하는 등 활발하게 활동하였어요. (다)는 광주 학생 수십 명이 중상을 입고 불법으로 철창 속에 갇혀 있다는 내용을 통해 1929년에 일어난 광주 학생 항일 운동 당시에 발표된 자료임을 알 수 있어요. 광주 학생 항일 운동은 통학 열차에서 일어난 한·일 학생 간의 충돌이 발단이 되어 일어났어요. 이를 수습하는 과정에서 일제 경찰이 한국인 학생과 일본인 학생을 차별하자 이에 분노한 광주 지역의 학생들이 민족 차별 중지, 식민지 교육 제도 철폐 등을 주장하며 대규모 시위를 전개하였고, 항일 시위는 전국으로 확산되었어요.
따라서 옳은 순서는 ① (가)-(나)-(다)입니다.

600 천도교 소년회의 활동

정답 ④

정답 잡는 키/워/드 어린이의 날 → 천도교 소년회

5월 1일을 '어린이의 날'이라고 이름하였다는 내용을 통해 (가) 단체가 소년 운동을 전개한 천도교 소년회임을 알 수 있어요. ④ 1921년에 김기전, 방정환 등을 주축으로 결성된 천도교 소년회는 천도교의 인내천 사상을 바탕으로 소년 운동을 전개하였어요. 천도교 소년회는 창립 1주년을 맞이한 1922년 5월 1일에 처음으로 어린이날을 제정하고, 1923년에는 우리나라 최초의 순수 아동 잡지인 "어린이"를 창간하여 소년 운동을 대중화하는 데 힘썼어요.

오답 피하기
① 조선어 학회는 한글 맞춤법 통일안과 표준어를 제정하였으며, "우리말(조선말) 큰사전"의 편찬을 추진하였어요.
② 이병도 등은 진단 학회를 창립하고 기관지로 진단 학보를 발행하였어요.
③ 신민회의 이승훈은 인재 양성을 위해 정주에 오산 학교를 설립하여 민족 교육을 실시하였어요.
⑤ 1898년에 서울 북촌의 양반 여성들이 여성 교육의 중요성을 강조한 여권통문을 발표하였어요.

601 소년 운동

정답 ④

정답 잡는 키/워/드 어린이날 기념 선전문 → 소년 운동

'어린이날 기념 선전문'이라는 것으로 보아 자료에 나타난 사회 운동이 일제 강점기에 전개된 소년 운동임을 알 수 있어요. ④ 천도교 세력은 어린이를 소중하게 대하라는 2대 교주 최시형의 뜻을 이어받아 어린이를 하나의 인격체로 대우하자는 소년 운동을 적극적으로 전개하였어요. 특히 방정환 등이 주도하여 창립한 천도교 소년회는 '어린이날'을 정하였어요.

오답 피하기
① 일제가 한국의 국권을 강탈하고 총독부를 설치하면서 통감부는 폐지되었어요.
② 1907년에 김광제, 서상돈 등이 대구에서 시작한 국채 보상 운동은 대한매일신보 등 언론의 지원 속에 전국으로 확산되었어요.
③ 일제가 민족 교육을 실시하는 사립 학교를 압박하자 재래 서당에서 가르치던 내용에 근대적 교육을 추가한 개량 서당을 설립하자는 개량 서당 운동이 확산되었어요. 그러자 일제는 서당 규칙을 발표하여 이를 탄압하였어요.
⑤ 1920년대에 물산 장려 운동이 평양에서 시작되어 전국으로 확산되었어요.

602 1920년대 사회 모습

정답 ③

정답 잡는 키/워/드 천도교 소년회, 잡지 "어린이" 간행 → 1920년대

1920년대에 사회 운동이 활발하게 일어나 학생·여성·소년 운동 등이 전개되었어요. 방정환 등이 이끈 천도교 소년회는 소년 운동을 주도하여 1920년대 초 어린이날을 제정하고 잡지 "어린이"를 발간하였어요. ③ 1926년에 나운규가 제작한 영화 '아리랑'이 단성사에서 처음 개봉되었어요.

오답 피하기
① 조선 광문회는 1910년에 설치된 고전 연구 기관이에요.
② 안국선의 신소설 "금수회의록"은 1908년에 출간되었어요.
④ 원각사는 1908년에 건립되었어요.
⑤ 국문 연구소는 1907년에 설치되었어요.

603 근우회

정답 ④

정답 잡는 키/워/드 신간회의 자매단체 → 근우회

신간회의 자매단체로 결성되었다는 내용을 통해 (가) 단체가 근우회임을 알수 있어요. 1920년대에 민족주의 계열과 사회주의 계열로 나누어 있던 여성 단체들은 신간회 결성을 계기로 통합을 추진하여 근우회를 조직하였어요. 여성계의 민족 유일당으로 결성된 근우회는 ④ 조선 여성의 단결과 지위 향상을 목표로 하였으며, 야학과 강연회 등을 개최하여 노동 여성의 조직화와 여성 계몽에 힘썼어요.

오답 피하기
① 1917년 상하이에서 신규식, 신채호, 조소앙 등이 주권 재민 사상을 담은 대동단결 선언을 발표하였어요.
② 1904년에 결성된 보안회는 일본의 황무지 개간권 요구에 반대하는 운동을 전개하여 일본의 요구를 철회시켰어요.
③ 1898년에 선교사 캠벨이 개신교 전파와 여성 교육을 목적으로 배화 학당을 설립하였어요.
⑤ 천도교 소년회는 어린이날을 제정하고 잡지 "어린이"를 발간하는 등 소년 운동을 주도하였어요.

604 근우회

정답 ⑤

정답 잡는 키/워/드 여성에 대한 사회적·법률적 일체 차별 철폐 → 근우회

여성에 대한 사회적·법률적 일체 차별 철폐, 조혼 폐지, 농민 부인의 경제적 이익 옹호 등의 행동 강령을 발표한 단체는 여성 단체인 근우회입니다. 1927년에 신간회 결성을 계기로 ⑤ 민족주의 계열과 사회주의 계열로 나누어 있던 여성 단체들이 연합하여 근우회를 조직하였어요. 근우회는 여성 교양 강좌와 야학, 토론회를 열어 여성들을 대상으로 하는 계몽 활동에 힘썼으나 신간회가 해소되면서 1931년에 해체되었어요.

오답 피하기
① 1919년에 일어난 3·1 운동에는 남녀노소 모두가 참여하였어요. 근우회는 3·1 운동 이후에 창립된 여성 단체입니다.
② 1917년 상하이에서 신규식, 신채호, 조소앙 등이 주권 재민 사상을 담은 대동 단결 선언을 발표하였어요.
③ 1886년에 선교사 스크랜턴이 이화 학당을 설립하여 근대적 여성 교육에 기여하였어요.
④ 1898년에 서울 북촌의 양반 여성들이 우리나라 최초의 여성 권리 선언문인 여권통문을 공표하였어요.

605 형평 운동

정답 ④

정답 잡는 키/워/드 진주에서 시작, '공평은 사회의 근본이요, 애정은 인류의 본량' 이라는 구호 → 형평 운동

진주에서 시작되었으며, 공평은 사회의 근본임을 표방하였다는 내용을 통해 (가) 운동이 형평 운동임을 알 수 있어요. 갑오개혁이 추진되는 과정에서 법적으로 신분제가 철폐되었지만 백정에 대한 차별은 사라지지 않았어요. 이들에 대한 사회적 편견과 차별은 일제 강점기에도 계속되었지요. 일제는 호적에 붉은 점 등을 표시하여 백정 신분을 구별하고, 입학 원서나 관공서에 제출하는 서류에도 신분을 표시하게 하여 백정 자녀의 학교 입학을 거부하는 등의 차별을 하였어요. 백정들은 1923년에 경상남도 진주에서 조선 형평사를 조직하고 ④ 백정에 대한 사회적 차별 철폐를 주장하며 형평 운동을 전개하였어요.

오답 피하기
① 일제가 대한 제국의 국권을 강탈하고 조선 총독부를 설치하면서 통감부는 폐지되었어요. 통감부의 탄압으로 중단된 대표적인 운동으로는 일본에 진 나랏빚을 국민의 힘으로 갚자는 취지로 전개된 국채 보상 운동이 있어요.
② 3·1 운동은 중국의 5·4 운동, 인도의 비폭력·불복종 운동 등 외국의 민족 운동에 영향을 주었어요.

③ 을사늑약 체결을 전후하여 애국 계몽 운동이 전개되는 가운데 헌정 연구회를 계승하여 대한 자강회가 결성되었어요. 이 단체는 월보를 간행하고 연설회를 개최하는 등 주권 회복과 자주독립을 이루기 위한 국민 계몽에 힘썼어요.
⑤ 1898년에 서울 북촌의 양반 여성들이 여성 교육의 중요성을 강조한 여권통문을 발표하였어요.

606 형평 운동
 정답 ②

정답 잡는 키/워/드 **백정에 대한 권익 보호 → 형평 운동**

백정에 대한 권익 보호를 목적으로 전개되었다는 내용을 통해 밑줄 그은 '이 운동'이 형평 운동임을 알 수 있어요. 갑오개혁 때 법적으로 신분제는 폐지되었지만, 백정에 대한 사회적 편견과 차별은 사라지지 않고 계속되었어요. 이에 백정들은 1923년에 진주에서 ② 조선 형평사를 조직하고 백정에 대한 사회적 차별 철폐를 요구하는 형평 운동을 시작하였어요. 형평 운동은 백정이 사용하는 저울처럼 공평하고 평등한 사회를 만들겠다는 신념 아래 전개되었어요.

오답 피하기
① 방정환이 중심이 된 천도교 소년회는 소년 운동을 주도하여 어린이날을 제정하고 잡지 "어린이"를 발간하였어요.
③ 신민회는 계몽 서적의 보급을 위해 태극 서관을 설립하였어요.
④ 3·1 운동을 계기로 일제는 한국인에 대한 무단 통치의 한계를 인식하고 이른바 문화 통치로 식민 통치 방식을 바꾸었어요.
⑤ 원산 총파업은 1929년에 원산 인근의 라이징 선 석유 회사에서 일본인 감독관이 조선인 노동자를 구타한 사건이 계기가 되어 시작되었어요.

607 의열단
정답 ③

정답 잡는 키/워/드 **김상옥, 단장 김원봉 → 의열단**

판결문에 김상옥이 언급되고 있으며, 단장 김원봉의 지휘하에 조선 내 관리를 암살하고 주요 관아와 공서를 폭파하였다는 내용을 통해 (가) 단체가 의열단임을 알 수 있어요. 의열단은 신채호가 작성한 '조선 혁명 선언'을 활동 지침으로 삼아 일제에 맞서 개인별로 무력 투쟁을 전개한 의거 단체로 박재혁, 김익상, 김상옥, 김지섭, 나석주 등이 단원으로 활동하였어요. ③ 의열단 소속의 나석주는 조선 식산 은행과 동양 척식 주식회사에 폭탄을 투척하는 의거를 일으켰어요.

오답 피하기
① 보안회는 일제의 황무지 개간권 요구에 반대하는 운동을 전개하여 일본의 요구를 철회시켰어요.
② 비밀 결사로 조직된 신민회는 일제가 조작한 105인 사건으로 조직이 드러나 해체되었어요.
④ 국권 피탈 이후 임병찬의 주도로 국내에서 조직된 독립 의군부는 조선 총독부에 국권 반환 요구서를 제출하고자 하였으나 사전에 조직이 발각되어 실현하지 못하였어요.
⑤ 대한민국 임시 정부는 이륭양행에 통신 기관인 교통국을 설치하여 국내와 연락을 취하였어요.

608 의열단
정답 ①

정답 잡는 키/워/드 **김원봉이 조직, 김상옥이 일원 → 의열단**

김원봉이 조직한 단체이며, 김상옥이 일원으로 참여하여 종로 경찰서에 폭탄을 투척하였다는 내용을 통해 (가) 단체가 의열단임을 알 수 있어요. 의열단은 1919년 만주에서 김원봉의 주도로 조직되었으며, ① '조선 혁명 선언'을 행동 강령으로 삼아 일제 요인 암살과 식민 통치 기관 파괴 등의 활동을

벌였어요. 1920년대 후반에 의열단은 개인 폭력 투쟁 방식에 한계를 느끼며 조직적인 무장 투쟁 노선으로 전환하였어요. 김원봉을 비롯한 단원들은 중국의 군관 학교에 들어가 체계적인 군사 교육을 받았고, 1932년에는 조선 혁명 간부 학교를 세워 군사 훈련을 실시하고 독립군 간부를 양성하였어요.

오답 피하기
② 대한민국 임시 정부는 독립운동 자금을 모으기 위해 연통제를 운영하였어요.
③ 의병장 임병찬 등이 고종의 밀지를 받아 비밀 단체로 독립 의군부를 결성하였어요.
④ 한인 애국단은 도쿄에서 있었던 이봉창의 의거, 상하이 훙커우 공원에서 있었던 윤봉길의 의거를 계획하였어요.
⑤ 신민회 회원들이 서간도(남만주) 삼원보 지역에 신흥 강습소를 설립하여 독립군을 양성하였어요. 이후 신흥 강습소는 신흥 무관 학교로 개편되었어요.

609 의열단
 정답 ⑤

정답 잡는 키/워/드 **간부 김원봉, 단원 나석주 → 의열단**

김원봉이 간부였으며, 단원인 나석주가 조선 식산 은행과 동양 척식 주식회사에 폭탄을 던졌다는 내용을 통해 (가) 단체가 의열단임을 알 수 있어요. 의열단은 일제 요인 암살, 식민 통치 기관 파괴 등의 의열 활동을 목적으로 조직되었어요. 단원 김익상, 김상옥, 나석주 등은 조선 총독부, 종로 경찰서, 동양 척식 주식회사 등에 폭탄을 투척하는 의열 투쟁을 전개하여 일제를 위협하였어요. 의열단은 1920년대 후반에 개별적인 의열 투쟁의 한계를 느껴 조직적인 항일 무장 투쟁으로 노선을 전환하였어요. 의열단의 활동이 조직적 무장 투쟁으로 전환된 이후 ⑤ 김원봉과 일부 단원이 중국의 황푸 군관 학교에 입학하여 군사 훈련을 받기도 하였지요. 또한, 김원봉은 중국 국민당 정부의 지원을 받아 조선 혁명 간부 학교를 설립하였습니다.

오답 피하기
① 의열단은 1919년에 만주에서 조직되었어요. 태평양 전쟁은 1941년에 일본이 하와이 진주만의 미군 기지를 기습 공격하면서 시작되었어요.
② 고종의 밀지를 받아 결성된 비밀 단체는 독립 의군부입니다.
③ 만민 공동회를 개최한 단체는 독립 협회입니다.
④ 일제가 조작한 105인 사건으로 큰 타격을 입은 단체는 신민회입니다.

610 1920년대 중반의 사실
 정답 ⑤

정답 잡는 키/워/드 **'아리랑', 나운규가 감독과 주연을 맡은 영화가 처음 제작 발표됨 → 영화 '아리랑' 개봉(1926)**

나운규가 감독과 주연을 맡은 영화 '아리랑'은 1926년에 서울 종로의 단성사에서 처음 개봉되었어요. 따라서 1926년, 즉 1920년대 중반에 볼 수 있는 모습을 찾으면 됩니다. ⑤ 사회주의 혁명을 목적으로 한 신경향파 문인들이 1920년대 중반에 카프(KAPF)를 형성하여 활동하였어요.

오답 피하기
① 1898년에 정부 대신과 학생, 시민들이 함께 참여한 관민 공동회가 열렸어요.
② 1895년 제2차 갑오개혁 추진 과정에서 교육의 기본 방향을 제시한 교육 입국 조서가 발표되었어요.
③ 우리나라 최초의 서양식 극장인 원각사에서 1908년에 신소설 "은세계"가 연극으로 상연되었어요. 원각사는 1914년에 화재로 소실되었어요.
④ 1899년에 서대문에서 청량리를 오가는 최초의 전차가 개통되었어요. 한성 전기 회사는 대한 제국 황실과 미국인이 공동 출자하여 1898년에 설립되었어요.

611 신채호의 활동
 정답 ④

정답 잡는 키/워/드 **"조선상고사", "이순신전", "을지문덕전" 집필 → 신채호**

"조선상고사"에서 역사를 '아(我)와 비아(非我)의 투쟁'으로 정의하고 "이순신전"과 "을지문덕전"을 집필하였다는 내용을 통해 (가) 인물이 신채호임을 알 수 있어요. 신채호는 민족을 역사 서술의 중심에 둔 ④ '독사신론'을 발표하여 민족주의 사학의 연구 방향을 제시하였어요. 또한, "조선사연구초", "조선상고사" 등을 저술하고, 고대사를 연구하여 낭가사상을 강조하였어요.

 피하기

① 정인보, 안재홍 등은 정약용의 저술을 모아 "여유당전서"를 간행하고 조선학 운동을 전개하였어요.
② 유길준은 "서유견문"을 집필하여 서양 근대 문명을 소개하였어요.
③ 박은식은 "한국독립운동지혈사"에서 민족의 독립 투쟁 과정을 서술하였어요.
⑤ 백남운은 유물 사관을 바탕으로 저술한 "조선사회경제사"에서 우리 역사도 세계사의 보편적인 역사 법칙에 따라 다른 민족과 거의 같은 궤도로 발전해 왔다고 주장하며 식민 사학의 정체성 이론을 반박하였어요.

612 신채호의 활동   정답 ⑤

정답 잡는 키/워/드 "이순신전"과 "을지문덕전" 집필, "조선상고사" → 신채호

"이순신전"과 "을지문덕전"을 집필하였으며, "조선상고사"에서 역사를 '아와 비아의 투쟁'으로 정의하였다는 내용을 통해 밑줄 그은 '나'가 신채호임을 알 수 있어요. 민족주의 역사 연구의 방향을 제시한 신채호는 민족주의 사관에 입각하여 '독사신론'을 저술하였어요. 또한, 대한민국 임시 정부 수립에도 참여하는 등 독립운동에도 적극적으로 나섰고, 의열단장 김원봉의 요청을 받아들여 ⑤ 민중의 직접 혁명을 주장한 '조선 혁명 선언'을 작성하였어요. '조선 혁명 선언'은 의열단의 활동 지침이 되었어요.

 피하기

① 민족주의 사학을 계승한 정인보 등은 "여유당전서"를 간행하고 조선학 운동을 주도하였어요.
② 박은식은 유교의 개혁을 주장하며 실천적인 유교 정신을 강조한 유교 구신론을 제창하였어요.
③ 조선사 편수회는 일제가 우리 역사를 왜곡하기 위해 설치한 연구 기관이에요. 이완용, 권중현, 박영효 등이 조선사 편수회에 고문으로 들어가 "조선사" 편찬에 참여하였어요.
④ 백남운은 "조선사회경제사"에서 한국사도 세계사의 보편적인 역사 법칙에 따라 발전하였다고 주장하며 식민 사학의 정체성론을 반박하였어요.

613 일제 강점기 역사 연구   정답 ①

정답 잡는 키/워/드
• 나라는 멸망할 수 있으나 그 역사는 없어질 수 없음 → (가) 박은식
• 조선의 역사는 세계사적·일원론적 역사 법칙에 의해 다른 민족과 거의 같은 궤도로 발전 → (나) 백남운

(가) 인물은 나라는 멸망할 수 있으나 역사는 없어질 수 없다는 주장을 통해 박은식임을 알 수 있어요. 박은식은 "한국통사"를 저술하여 국혼의 중요성을 강조하였으며, ① "한국독립운동지혈사"에서는 우리 민족의 독립 투쟁 과정을 서술하였어요. (나) 인물은 조선의 역사가 세계사적·일원론적 역사 법칙에 의해 다른 민족과 거의 같은 궤도로 발전하였다는 주장을 통해 백남운임을 알 수 있어요. 백남운은 유물 사관에 바탕을 둔 사회 경제 사학을 연구하여 한국사가 세계사의 보편적인 역사 법칙에 따라 발전하였음을 강조하였어요.

 피하기

② 백남운은 저서 "조선사회경제사"에서 우리 역사도 세계사의 보편적인 역사 법칙에 따라 발전하였다고 주장하며 식민 사학의 정체성론을 반박하였어요.
③ 이병도 등은 진단 학회를 창립하고, 문헌 고증을 통해 객관적으로 역사를 서술하려고 하였어요.

④ 신채호는 1908년에 대한매일신보에 '독사신론'을 발표하여 민족을 역사 서술의 중심에 두는 민족주의 사학의 연구 방향을 제시하였어요.
⑤ 정인보, 안재홍 등은 정약용에 대한 연구를 중심으로 조선학 운동을 전개하여 "여유당전서"를 간행하였어요.

614 박은식의 활동   정답 ⑤

정답 잡는 키/워/드 "한국독립운동지혈사" 저술 → 박은식

"한국독립운동지혈사"를 저술하였다는 내용을 통해 가상 인터뷰의 주인공이 박은식임을 알 수 있어요. ⑤ 박은식은 독립운동의 일환으로 역사를 연구한 역사학자로 민족주의 사학의 기초를 닦았어요. "한국통사", "한국독립운동지혈사"를 저술하여 일제의 침략을 비판하였으며, 나라를 빼앗겨도 국혼이 살아 있다면 독립을 쟁취할 수 있다고 주장하였어요.

 피하기

① 민족주의 사학을 계승한 정인보는 민족의 얼을 강조하고 조선학 운동을 추진하였으며 "여유당전서"를 간행하였어요.
② 이병도 등은 진단 학회를 창립하고, 문헌 고증을 통해 객관적으로 역사를 서술하는 실증주의 사학을 발전시켰어요.
③ 이완용, 권중현, 박영효 등이 조선사 편수회에 고문으로 들어가 식민 사관에 입각한 "조선사" 편찬에 참여하였어요.
④ 백남운은 유물 사관을 바탕으로 쓴 "조선사회경제사"에서 우리 역사도 세계사의 보편적인 역사 법칙에 따라 발전하였다고 주장하였어요.

615 일제 강점기 종교계 활동   정답 ③

③ 원불교는 박중빈이 창시한 종교로, 간척 사업과 저축 장려 등의 새 생활 운동을 전개하였어요.

오답 피하기

① 단군 숭배 사상을 통해 민족의식을 높인 종교는 대종교입니다. 일제 강점기에 개신교는 교육 사업을 주도하였으며 신사 참배 거부 운동을 전개하기도 하였어요.
② 의민단을 조직하여 무장 투쟁을 전개한 종교는 천주교입니다. 대종교는 만주 지역에서 항일 무장 단체인 중광단을 조직하였어요.
④ 개신교 선교사 아펜젤러가 배재 학당을 세워 신학문 보급에 기여하였어요. 천도교는 "개벽", "신여성" 등의 잡지를 발행하여 민족의식을 고취하였어요.
⑤ 어린이날을 제정하고 소년 운동을 추진한 종교는 천도교입니다.

616 홍범도의 활동   정답 ③

정답 잡는 키/워/드 대한 독립군 총사령관, 소련에 의해 연해주에서 중앙아시아 지역으로 강제 이주당함 → 홍범도

대한 독립군 총사령관이었으며, 옛 소련의 강제 이주 정책에 의해 중앙아시아 지역으로 이주하였다는 내용을 통해 (가) 인물이 홍범도임을 알 수 있어요. 홍범도는 함경남도 지역에서 의병 활동을 하다가 간도로 건너가 대한 독립군을 창설하고 무장 투쟁을 전개하였어요. ③ 1920년에 홍범도가 이끄는 대한 독립군 등 독립군 연합 부대는 봉오동 전투에서 일본군을 상대로 승리를 거두었어요. 홍범도는 이후 청산리 전투에도 참여하였어요.

오답 피하기

① 양기탁, 안창호, 이동녕 등이 중심이 되어 신민회를 조직하였어요. 신민회는 국권 피탈 이후 일제가 조작한 105인 사건으로 해체되었어요.
② 여운형이 일제의 패망과 광복에 대비하기 위해 국내에서 비밀리에 조선 건국 동맹을 결성하였어요.
④ 이회영을 비롯한 신민회 회원들이 서간도 삼원보에 신흥 강습소를 설립하여 독립군 양성에 힘썼어요.
⑤ 박은식은 "한국독립운동지혈사"를 저술하여 독립 투쟁 과정을 정리하였어요.

617 북로 군정서

정답 잡는 키/워드 | 김좌진이 지휘, 청산리 전투에 참가 → 북로 군정서

김좌진이 지휘하는 부대로 청산리 전투에 참가하였다는 내용을 통해 (가) 부대가 북로 군정서임을 알 수 있어요. 김좌진이 지휘한 북로 군정서와 홍범도의 대한 독립군 등 독립군 연합 부대는 청산리 일대에서 일본군에 대승을 거두었어요. ④ 1911년에 북간도에서 대종교도가 중심이 된 중광단이 결성되었어요. 이후 중광단은 북로 군정서로 발전하였어요.

오답 피하기

① 지청천이 이끄는 한국 독립군은 항일 중국군과 연합하여 대전자령 전투 등에서 일본군에 대승을 거두었어요.
② 양세봉이 이끄는 조선 혁명군은 항일 중국군과 연합하여 영릉가 전투 등에서 일본군에 승리를 거두었어요.
③ 만주 지역에서 중국 공산당의 주도로 조직된 동북 인민 혁명군은 민족이나 이념에 관계없이 항일 연합 전선을 만들기 위해 동북 항일 연군으로 개편되어 유격전을 펼쳤어요.
⑤ 한국 광복군의 일부 대원은 영국군의 요청으로 인도·미얀마 전선에 파견되어 연합군의 일원으로 활동하였어요.

618 1920년대 독립군의 시련

정답 ④

정답 잡는 키/워드 | 천수평에서 북로 군정서의 기습 공격에 일본군이 참패, 어랑촌 전투 → 청산리 대첩(1920)

천수평에서 북로 군정서의 공격으로 일본군이 참패하였으며, 어랑촌 전투에서 북로 군정서 등 독립군 연합 부대가 일본군에 큰 승리를 거두었다는 내용을 통해 자료의 사건이 청산리 대첩임을 알 수 있어요. 1920년 10월에 김좌진이 이끄는 북로 군정서와 홍범도가 이끄는 대한 독립군 등 독립군 연합 부대는 청산리 일대에서 일본군에 맞서 싸워 대승을 거두었어요. 봉오동 전투에 이어 청산리 일대의 전투에서 패배한 일본군은 보복으로 간도의 한인 마을을 습격하여 많은 한국인을 학살한 간도 참변을 일으켰지요. 이후 ㄹ. 독립군은 전열을 정비하기 위해 러시아령 자유시로 이동하였어요. 하지만 지휘권을 둘러싸고 독립군 내부에서 분쟁이 일어나고 러시아 적군에 의해 무장 해제를 당하는 과정에서 수많은 독립군이 희생되는 자유시 참변을 겪어 다시 만주로 돌아왔어요. 만주로 돌아온 독립군은 참의부, 정의부, 신민부의 3부를 조직하여 체제를 재정비하고 무장 독립 전쟁을 전개하였어요. 한편, 일제는 ㄴ. 1925년에 만주 지역의 중국 군벌과 미쓰야 협정을 체결하여 독립군 탄압을 강화하였어요.

오답 피하기

ㄱ. 한·일 신협약(정미7조약) 체결을 계기로 일어난 정미의병 당시 각지의 의병 부대는 이인영을 총대장으로 의병 연합 부대인 13도 창의군을 결성하였어요. 이들은 서울을 탈환할 목적으로 서울 진공 작전을 전개하였어요.
ㄷ. 서울 진공 작전 실패 이후 호남 지역을 중심으로 의병 활동이 활발해지자 일본은 의병의 근거지를 초토화하기 위해 이른바 남한 대토벌 작전을 전개하였어요.

619 간도 참변의 배경

정답 ②

정답 잡는 키/워드 | 독립군의 성과에 대한 일본군의 보복, 경신참변 → 간도 참변(경신년, 1920)

만주 지역에서 일어난 독립군의 성과에 대한 일본군의 보복이었으며, 경신 참변이라고도 한다는 내용을 통해 자료의 상황이 1920년에 일어난 간도 참변임을 알 수 있어요. ② 1920년에 홍범도가 이끄는 대한 독립군 등이 봉오동에서 일본군을 격파하였어요. 이후 일제는 훈춘 사건을 조작한 후 대규모

군대를 만주로 파견하였지만, 청산리 일대에서 북로 군정서와 대한 독립군 등 독립군 연합 부대와 싸워 크게 패배하였어요. 일본군은 이에 대한 보복으로 간도 참변을 일으켰어요.

오답 피하기

① 1941년에 조선 의용대 일부 대원이 화북으로 이동하여 구성한 조선 의용대 화북 지대는 중국 공산당의 팔로군과 함께 호가장 전투에서 일본군과 싸웠어요.
③ 1932년에 조선 혁명군이 항일 중국군과 연합하여 영릉가 전투에서 일본군에 승리를 거두었어요.
④ 1933년에 한국 독립군이 항일 중국군과 연합하여 대전자령 전투에서 일본군을 격퇴하였어요.
⑤ 대한민국 임시 정부는 군사 활동에도 힘을 기울여 1924년에 직할 부대인 육군 주만 참의부를 결성하였어요.

620 1920년대 항일 무장 투쟁

정답 ④

정답 잡는 키/워드 |
• 참의부, 정의부, 신민부 등 3부 성립 → (가) 1920년대 중반
• 대한 독립군 등이 봉오동에서 일본군 격퇴 → (나) 봉오동 전투(1920. 6.)
• 북로 군정서 등이 청산리 일대에서 일본군에 대승을 거둠 → (다) 청산리 대첩(1920. 10.)

(가) 학생의 발표는 1920년대 중반 3부 성립에 관한 것입니다. (나) 학생의 발표는 봉오동 전투에 관한 것입니다. 1920년 6월에 홍범도가 이끄는 대한 독립군 등 독립군 연합 부대가 봉오동에서 일본군에 맞서 싸워 승리하였어요. (다) 학생의 발표는 청산리 대첩에 관한 것입니다. 1920년 10월에 북로 군정서와 대한 독립군 등 독립군 연합 부대가 청산리 일대에서 일본군과 싸워 큰 승리를 거두었어요. 이를 정리해 보면, (나) 봉오동 전투에서 패배한 일본은 만주 출병의 구실을 만들기 위해 훈춘 사건을 조작하고 이를 빌미로 간도를 침략하여 독립군을 소탕한다는 명목 아래 초토화 작전을 감행하였어요. 그러나 (다) 북로 군정서 등 독립군 연합 부대가 청산리 일대에서 일본군을 크게 격파하였어요. 일본군은 이에 대한 보복으로 간도의 한인 마을을 습격하여 무차별적 학살을 자행하였어요(간도 참변). 이후 만주 지역의 독립군은 밀산에 모여 대한 독립군단을 조직하고, 약소민족의 민족 운동을 지원하겠다는 러시아 혁명군(적군)의 약속을 믿고 자유시로 이동하였다가 참변(자유시 참변, 1921)을 당하였어요. 다시 만주 지역으로 돌아온 독립군은 흩어진 전열을 정비하여 독립 전쟁을 효율적으로 수행하기 위해 힘썼어요. 그 결과 (가) 1920년대 중반에 참의부, 정의부, 신민부의 3부가 성립되었어요. 따라서 옳은 순서는 ④ (나)-(다)-(가)입니다.

본문 212~218쪽

4 1930년대 이후 저항

621 ②	622 ③	623 ①	624 ③	625 ③	626 ①
627 ①	628 ④	629 ⑤	630 ③	631 ④	632 ③
633 ④	634 ④	635 ①	636 ②	637 ⑤	638 ②
639 ⑤	640 ②	641 ③	642 ⑤	643 ③	644 ③
645 ④	646 ⑤				

621 한인 애국단

 정답 ②

정답 잡는 키/워/드 | 윤봉길 → 한인 애국단 소속 단원

윤봉길의 상하이 훙커우 공원 의거를 일으킨 단체는 한인 애국단이에요. 1931년에 결성된 한인 애국단은 ② 김구를 단장으로 하여 활발한 의열 활동을 펼쳤어요. 1932년에 단원 이봉창이 도쿄에서 일왕에게 폭탄을 투척하였고, 단원 윤봉길이 상하이 훙커우 공원에서 열린 일왕의 생일과 상하이 사변의 승리를 축하하는 기념식 단상에 폭탄을 던져 일본군 장성과 고위 관리들을 처단하였어요. 이들의 의거는 중국 국민당 정부가 대한민국 임시 정부를 적극적으로 지원하는 계기가 되었습니다.

오답 피하기

① 의열단은 신채호가 작성한 '조선 혁명 선언'을 활동 지침으로 삼았어요.
③ 대한 노인 동맹단 소속의 강우규는 서울역 앞에서 사이토 총독이 탄 마차에 폭탄을 투척하였어요.
④ 이상재 등이 주도한 조선 민립 대학 기성회가 한국인을 위한 고등 교육 기관을 설립하자는 취지로 민립 대학 설립 운동을 전개하였어요.
⑤ 신간회는 광주 학생 항일 운동이 일어나자 진상 조사단을 파견하여 지원하였으며, 대규모 민중 대회도 계획하였어요.

622 한인 애국단

 정답 ③

정답 잡는 키/워/드
- 동북 3성의 군벌과 일본 사이에 협정 성립
  → (가) 미쓰야 협정
- 상해의 프랑스 조계를 떠나 가흥으로 피신
  → (나) 윤봉길 의거 후 대한민국 임시 정부의 이동

(가)는 동북 3성의 군벌과 일본과의 협정이 성립되었다는 내용을 통해 미쓰야 협정 체결 상황임을 알 수 있어요. 1925년에 일제는 만주 지역의 독립군 활동을 탄압하기 위해 중국 군벌이 독립군을 일본에 넘기면 돈을 지불하기로 하는 미쓰야 협정을 체결하였어요. 이후 만주 지역에서의 독립군 활동은 크게 위축되었어요. (나)는 "백범일지"의 기록이며, 김구 등이 상해(상하이)의 프랑스 조계를 떠나 가흥으로 피신하였다는 내용을 통해 대한민국 임시 정부가 근거지였던 상하이를 떠나는 상황임을 알 수 있어요. 1932년에 있었던 윤봉길의 상하이 훙커우 공원 의거 이후 일제는 대한민국 임시 정부에 대한 탄압을 강화하였어요. 이에 김구를 비롯한 임시 정부의 요인들은 상하이를 떠나 중국 여러 지역을 옮겨 다니다가 1940년에 충칭에 정착하였어요. ③ 1931년에 김구는 침체된 대한민국 임시 정부에 활기를 불어넣기 위해 한인 애국단을 조직하여 의거 활동을 전개하였어요. 1932년 1월 도쿄에서 단원 이봉창이 일왕의 마차에 폭탄을 투척하는 의거를 일으켰고, 그해 4월에 단원 윤봉길이 상하이 훙커우 공원에서 의거를 일으켰어요.

오답 피하기

① 봉오동 전투와 청산리 전투에서 패배한 일본군은 이에 대한 보복으로 1920년에 간도 참변을 일으켰어요.
② 한국 광복군은 1945년에 미군과 연계하여 국내 진공 작전을 준비하였어요.
④ 농광 회사는 러·일 전쟁 중에 진행된 일제의 토지 침탈에 맞서 개간 사업을 목적으로 1904년에 설립되었어요.
⑤ 1941년에 대한민국 임시 정부는 조소앙의 삼균주의에 입각한 대한민국 건국 강령을 발표하였어요.

623 1920년대 후반 이후 의열단의 활동

 정답 ①

정답 잡는 키/워/드 | 김원봉을 비롯한 단원들이 황푸 군관 학교에 입교, 조선 혁명 간부 학교 설립 → 1920년대 후반 이후 의열단의 활동

김원봉 등이 조직한 의열단은 1920년대 후반에 들어서 개별적인 의열 투쟁에 한계를 느꼈어요. 이에 황푸 군관 학교에 입교하여 군사 훈련을 받는 등 조직적인 무장 투쟁을 모색하였어요. 1932년에 독립군 간부 양성을 위해 중국 국민당 정부의 지원을 받아 조선 혁명 간부 학교를 세웠으며, 1935년에는 중국 관내에서 활약하던 항일 단체와 정당들을 모아 민족 협동 전선을 구축하여 ① 민족 혁명당을 결성하였어요.

오답 피하기

② 1923년에 신채호는 의열단장 김원봉의 요청에 따라 의열단의 활동 지침이 된 '조선 혁명 선언'을 작성하였어요.
③ 민족 유일당 운동의 영향으로 1926년에 중국 베이징에서 한국 독립 유일당 북경 촉성회가 조직되었어요.
④ 1912년에 임병찬은 고종의 밀지를 받아 독립 의군부를 조직하였어요.
⑤ 3·1 운동을 계기로 한성, 상하이, 연해주 지역에 수립되었던 여러 임시 정부가 통합되어 1919년 9월에 대한민국 임시 정부가 수립되었어요.

624 한국 독립군

 정답 ③

정답 잡는 키/워/드 | 한국대독립당 조직, 지청천 총사령 → 한국 독립군

한국대독립당(한국 독립당)이 조직되었으며, 지청천이 총사령이라는 내용을 통해 (가) 부대가 한국 독립군임을 알 수 있어요. 자유시 참변 이후 만주로 돌아온 독립군은 참의부, 정의부, 신민부의 3부를 결성하였어요. 이후 3부 통합 운동이 전개되어 남만주의 국민부와 북만주의 혁신 의회로 재편되었어요. 얼마 지나지 않아 북만주에서는 혁신 의회가 해체되고 이후 한국 독립당이 조직되었고, 그 산하 군사 조직으로 한국 독립군이 창설되었어요. ③ 한국 독립군은 지청천을 총사령으로 하였으며, 중국 호로군과 연합하여 쌍성보 전투, 대전자령 전투 등에서 일본군을 격퇴하였어요.

오답 피하기

① 북로 군정서와 대한 독립군 등 독립군 연합 부대가 청산리 일대에서 일본군을 크게 격파하였어요.
② 대한민국 임시 정부가 창설한 한국 광복군은 제2차 세계 대전에서 일본의 패색이 짙어지자 1945년 초부터 미군과 연계하여 국내 진공 작전을 준비하였으나 일본이 패망하면서 실행에 옮기지는 못하였어요.
④ 조선 의용대는 김원봉 등이 중국 국민당 정부의 지원을 받아 우한에서 조직한 군사 조직으로, 중국 관내에서 결성된 최초의 한인 무장 부대였어요.
⑤ 홍범도가 이끄는 대한 독립군은 대한 국민회군 등과 연합하여 봉오동 전투에서 승리하였어요.

625 지청천의 활동

 정답 ③

정답 잡는 키/워/드 | 한국 광복군 총사령관 역임 → 지청천

한국 광복군 총사령관을 역임한 인물은 지청천이에요. 북만주 지역에서 조직된 한국 독립군의 총사령관이었던 지청천은 항일 중국군과 연합 작전을 전개하여 ③ 쌍성보 전투, 대전자령 전투에서 일본군을 격파하였어요. 또한, 지청천은 대한민국 임시 정부가 충칭에 정착한 후 창설한 정규 군대인 한국 광복군의 총사령관을 역임하였어요.

오답 피하기

① 의열단 소속의 나석주는 조선 식산 은행과 동양 척식 주식회사에 폭탄을 투척하는 의거를 단행하였어요.
② 박상진 등은 대구에서 비밀 결사 형태로 대한 광복회를 조직하여 친일파 처단 등의 활동을 벌였어요.
④ 홍범도가 이끄는 대한 독립군은 대한 국민회군과 연합하여 봉오동 전투에서 일본군을 상대로 승리를 거두었어요.
⑤ 신채호는 의열단장 김원봉의 요청을 받아 민중의 직접 혁명을 주장하는 '조선 혁명 선언'을 집필하였어요.

626 조선 혁명군 정답 ①

정답 잡는
키/워/드

> 양세봉이 총사령, 중국 의용군과 함께 항일 투쟁 전개
> → 조선 혁명군

남만주 일대에서 양세봉의 지휘를 받았으며, 중국 의용군과 함께 항일 투쟁을 전개하였다는 내용을 통해 (가) 독립군 부대가 조선 혁명군임을 알 수 있어요. 일제가 1931년 만주를 침략하고 만주국을 세워 중국 내에서 항일 감정이 고조되었어요. 이러한 가운데 만주의 독립군 부대와 항일 중국군의 연합 작전이 전개되었어요. 남만주 지역에서는 조선 혁명군과 중국 의용군이, 북만주 지역에서는 한국 독립군과 중국 호로군이 한·중 연합 작전을 전개하였어요. ① 조선 혁명군은 중국 의용군과 함께 영릉가 전투, 흥경성 전투에서 일본군에 승리를 거두었어요.

오답 피하기

② 중광단을 중심으로 조직된 독립군 부대는 북로 군정서입니다. 김좌진이 지휘한 북로 군정서는 청산리 전투 등에서 일본군을 크게 물리쳤어요.
③ 만주 지역의 독립군은 간도 참변 이후 밀산에 모여 대한 독립군단을 조직하고 러시아의 자유시로 이동하였다가 자유시 참변(1921)으로 수많은 독립군이 희생당하는 피해를 입었어요.
④ 1920년대 후반 조직적인 무장 투쟁 노선으로 전환한 의열단은 중국 국민당 정부의 지원으로 조선 혁명 간부 학교를 세워 군사 훈련을 실시하고 독립군 간부를 양성하는 등 군사력을 강화하였어요.
⑤ 영국군의 요청으로 인도·미얀마 전선에 투입된 부대는 대한민국 임시 정부의 정규군인 한국 광복군이에요.

627 조선 혁명군 정답 ①

정답 잡는
키/워/드

> 총사령 양세봉, 영릉가성 점령 → 조선 혁명군

총사령 양세봉이 이끄는 병력이 중국 의용군 부대와 연합하여 영릉가성을 점령하였다는 내용을 통해 (가) 단체가 조선 혁명군임을 알 수 있어요. 조선 혁명군은 1930년대 전반에 남만주 지역에서 항일 중국군과 연합 작전을 전개하였어요. 1932년에는 영릉가 전투에서, ① 1933년에는 흥경성 전투에서 승리하였어요.

오답 피하기

② 1920년에 만주 지역의 독립군 부대들이 대한 독립군단을 결성하여 자유시로 이동하였으나 자유시 참변을 겪어 세력이 약화되었어요.
③ 조선 의용군은 중국 공산당의 군사 조직인 중국 팔로군에 편제되어 항일 전선에 참여하였어요.
④ 한국 광복군의 일부 대원은 영국군의 요청으로 인도·미얀마 전선에 파견되어 활동하였어요.
⑤ 한국 독립군은 북만주 지역에서 활동한 한국 독립당의 산하 부대로, 중국 호로군과 연합하여 쌍성보 전투, 대전자령 전투 등에서 일본군에게 승리하였어요.

628 조선 의용대 정답 ④

정답 잡는
키/워/드

> 1938년에 조직, 한국 광복군과 통합 편성 → 조선 의용대

1938년에 조직되었으며 한국 광복군과 통합 편성되었다는 내용을 통해 (가) 부대가 조선 의용대임을 알 수 있어요. ④ 김원봉, 윤세주 등이 중국 국민당 정부의 지원을 받아 중국 우한에서 창설한 조선 의용대는 중국 관내에서 조직된 최초의 한인 무장 부대였으며, 주로 일본군에 대한 심리전이나 후방 교란, 포로 심문 등의 활동으로 중국군을 지원하였어요. 이러한 가운데 조선 의용대의 다수 병력이 적극적인 항일 운동을 전개하기 위해 화북 지역으로 이동하였고 이후 이들은 조선 의용군으로 재편되었어요. 화북 지역으로 이동하지 않은 김원봉과 조선 의용대의 일부 대원은 한국 광복군에 합류하였어요.

629 조선 의용대 정답 ⑤

정답 잡는
키/워/드

> 일본 군벌의 중화민국 침략 전쟁 개시 후 조직됨,
> '조선 민족 전선 연맹'의 기치 아래 일치단결을 내세움
> → 조선 의용대

중국에서 활동하는 조선 혁명가들이 '조선 민족 전선 연맹'의 기치 아래 일치단결하여 조직하였다는 내용을 통해 (가) 군사 조직이 조선 의용대임을 알 수 있어요. 1938년에 김원봉 등이 중국 국민당 정부의 지원을 받아 조선 민족 전선 연맹의 군사 조직인 조선 의용대를 창설하였는데, 이는 ⑤ 중국 관내에서 결성된 최초의 한인 무장 부대였어요. 조선 의용대는 중국 국민당 정부의 대일 전선에 배치되어 정보 수집, 투항 권고, 포로 심문, 후방 교란 등 중국군을 지원하는 활동을 벌였어요.

오답 피하기

① 남만주 지역에서 활동한 조선 혁명군은 항일 중국군과 연합하여 영릉가 전투, 흥경성 전투 등에서 일본군에게 승리하였어요.
② 한국 광복군은 미국 전략 정보국(OSS)과 협력하여 국내 진공 작전을 계획·준비하였으나 일제의 패망으로 실현하지 못하였어요.
③ 만주 지역에서 중국 공산당의 주도로 조직된 동북 인민 혁명군이 민족과 노선에 관계없이 반일 통일 전선을 만들기 위해 동북 항일 연군으로 개편되어 유격전을 펼쳤어요.
④ 북만주 지역에서 활동한 한국 독립군은 중국 호로군과 연합 작전을 전개하여 쌍성보 전투, 대전자령 전투 등에서 일본군을 격퇴하였어요.

630 조선 의용대 정답 ③

정답 잡는
키/워/드

> 중국 관내에서 결성된 최초의 한인 무장 조직 → 조선 의용대

중국 관내에서 결성된 최초의 한인 무장 조직이라는 내용을 통해 (가) 군사 조직이 조선 의용대임을 알 수 있어요. 조선 의용대는 1938년에 김원봉 등이 우한에서 중국 국민당 정부의 지원을 받아 창설한 군사 조직이에요. 조선 의용대는 중국 국민당 정부의 대일 전선에 배치되어 정보 수집, 투항 권고, 포로 심문, 후방 교란 등 중국군을 지원하는 활동을 벌여 성과를 올렸어요. 이러한 가운데 중국 국민당 정부가 항일 투쟁에 소극적인 태도를 보이는 것에 불만을 가진 조선 의용대의 다수 병력이 적극적인 항일 투쟁을 펼치기 위해 중국 공산당 세력이 항일전을 펼치고 있는 화북 지방으로 이동하였어요. 화북으로 이동하지 않은 ③ 김원봉이 이끄는 일부 대원은 충칭의 한국 광복군에 합류하였어요.

오답 피하기

① 홍범도는 대한 독립군의 총사령관으로 봉오동 전투에서 일본군에 큰 승리를 거두었어요.
② 양세봉이 이끄는 조선 혁명군은 항일 중국군과 연합하여 영릉가 전투에서 일본군을 격퇴하였어요.
④ 민족 자결주의에 영향을 받은 일본의 한국인 유학생들이 도쿄에서 조선 청년 독립단을 조직하고 2·8 독립 선언을 발표하였어요. 2·8 독립 선언은 3·1 운동에 영향을 끼쳤어요.

⑤ 1917년 상하이에서 신규식, 신채호, 조소앙 등이 국민 주권론을 담은 대동단결 선언을 발표하였어요.

631 조선 의용대 정답 ④

정답 잡는 키/워/드	한국 광복군 제1지대로 개편, 1938년 우한에서 성립, 김원봉 대장 → 조선 의용대

1938년에 우한에서 성립되었으며, 김원봉이 대장이고 한국 광복군 제1지대로 개편되었다는 내용을 통해 (가) 부대가 조선 의용대임을 알 수 있어요. 김원봉의 주도로 1919년에 만주에서 의열단이 조직되었어요. 이들은 개별 무력 투쟁을 통해 항일 운동을 전개하였으나 1920년대 후반에 투쟁 방식에 한계를 느끼고 조직적인 무장 투쟁 노선으로 전환하였어요. 김원봉을 비롯한 일부 의열단 단원들은 중국의 황푸 군관 학교에 입학하여 체계적인 군사 훈련을 받았고, 1932년에는 조선 혁명 간부 학교를 세워 독립군 간부를 양성하였어요. 한편, 1935년에 김원봉, 조소앙, 지청천 등 중국 관내에서 활동하던 독립운동 세력들이 연합하여 민족 혁명당을 결성하였어요. 하지만 김원봉을 중심으로 한 의열단 계열이 주도하면서 민족주의 계열이 이탈하고 민족 혁명당은 조선 민족 혁명당으로 개편되었어요. 중·일 전쟁 발발 직후 ④ 조선 민족 혁명당을 중심으로 사회주의 계열 단체들이 연합하여 조선 민족 전선 연맹을 결성하였고, 1938년에 산하 군사 조직으로 조선 의용대를 창설하였어요.

오답 피하기

① 만주 지역에서 중국 공산당의 주도로 조직된 동북 인민 혁명군은 민족이나 이념에 관계없이 항일 연합 전선을 만들기 위해 동북 항일 연군으로 개편되어 유격전을 전개하였어요.
② 간도 참변 이후 만주 지역의 독립군 부대들이 밀산에 집결하였다가 러시아 혁명군의 지원 약속을 믿고 자유시로 이동하였어요.
③ 1930년대 전반에 한국 독립군은 중국 호로군과 연합하여 쌍성보 전투, 대전자령 전투 등에서 일본군을 격퇴하였어요.
⑤ 김좌진이 이끄는 북로 군정서는 홍범도의 대한 독립군 등과 연합하여 청산리에서 일본군과 교전하였어요.

632 한국 광복군 정답 ③

정답 잡는 키/워/드	지청천을 총사령관으로 하여 충칭에서 창립됨 → 한국 광복군

지청천을 총사령관으로 하여 충칭에서 창립되었다는 내용을 통해 (가)가 한국 광복군임을 알 수 있어요. 대한민국 임시 정부는 1932년에 상하이를 떠나 항저우, 창사, 광저우 등지로 근거지를 옮겨 다니다가 1940년에 충칭에 정착하였어요. 이곳에서 중국 국민당 정부의 지원을 받아 정규군으로 한국 광복군을 창설하였어요. 지청천을 총사령관으로 한 한국 광복군은 점차 군대로서의 모습을 갖추게 되었고, 태평양 전쟁이 발발하자 연합군의 일원으로 대일 전쟁에 참여하였어요. 1945년에 ③ 미국 전략 정보국(OSS)과 협력하여 국내 정진군을 편성하고 국내 진공 작전을 추진하였으나 일본의 갑작스러운 항복으로 실행에 옮기지 못하였어요.

오답 피하기

① 남만주 지역에서 활동한 조선 혁명군은 항일 중국군과 연합하여 영릉가 전투에서 일본군에게 승리하였어요.
② 조선 의용군은 중국 공산당의 군사 조직인 팔로군에 편제되어 항일 전선에 참여하였어요.
④ 김원봉의 주도로 창설된 조선 의용대는 중국 관내에서 결성된 최초의 한인 무장 부대였어요.
⑤ 간도 참변 이후 만주 지역의 독립군 부대들이 밀산에 집결하였다가 러시아 혁명군의 지원 약속을 믿고 자유시로 이동하였어요.

633 한국 광복군 정답 ④

정답 잡는 키/워/드	대한민국 임시 정부, 총사령관 지청천, 인도·미얀마 전선에서 작전 → 한국 광복군

충칭에서 대한민국 임시 정부가 총사령부 성립 전례식을 열었으며, 총사령관이 지청천이고 영국군의 요청으로 인도·미얀마 전선에서 작전을 펼쳤다는 내용을 통해 (가) 부대가 한국 광복군임을 알 수 있어요. 대한민국 임시 정부의 정규군으로 창설된 한국 광복군은 대한민국 임시 정부의 대일 선전 성명서 발표 이후 연합군과 수행하는 합동 작전에 주력하였어요. 영국군의 요청에 따라 병력 일부가 인도·미얀마 전선에 파견되어 주로 일본군을 상대로 한 포로 심문, 정보 수집, 선전 활동 등을 수행하였어요. 그리고 일본의 패색이 짙어지자 1945년에 ④ 미군과 연계하여 국내 정진군을 조직하고 국내 진공 작전을 준비하였어요. 하지만 국내 정진군이 국내에 투입되기 직전에 일제가 갑작스럽게 항복하여 실행에 옮기지 못하였어요.

오답 피하기

① 간도 참변 이후 만주 지역의 독립군 부대들이 러시아 혁명군의 지원 약속을 믿고 자유시로 이동하였다가 자유시 참변을 당하여 세력이 약화되었어요.
② 조선 혁명군은 중국 의용군과 연합하여 영릉가 전투에서 일본군에 승리를 거두었어요.
③ 홍범도가 이끄는 대한 독립군 등 독립군 연합 부대가 봉오동 전투에서 일본군을 크게 물리쳤어요.
⑤ 한국 독립군은 쌍성보 전투에서 중국 호로군과 한·중 연합 작전을 전개하여 일본군을 격퇴하였어요.

634 브나로드 운동 정답 ④

정답 잡는 키/워/드	문맹 타파, 1931년부터 신문사에서 주최 → 브나로드 운동

고향으로 돌아가 문맹 타파에 힘쓰자는 운동을 1931년부터 신문사가 주최하였다는 내용을 통해 밑줄 그은 '이 운동'이 1930년대에 동아일보가 전개한 브나로드 운동임을 알 수 있어요. ④ 동아일보는 1931년부터 '배우자 가르치자 다 함께 브나로드'라는 구호를 내세우며 농촌 계몽 운동인 브나로드 운동을 전개하였어요.

오답 피하기

① 물산 장려 운동 당시 '조선 사람 조선 것', '내 살림 내 것으로' 등의 구호가 등장하였어요.
② 방정환이 주도한 천도교 소년회가 '잘살려면 어린이를 위하라'라는 구호를 내걸고 소년 운동을 전개하였어요.
③ 조선 민립 대학 기성회를 주도한 이상재 등이 '한민족 1천만이 한 사람 1원씩'이라는 구호를 내세워 모금 활동 방식으로 민립 대학 설립 운동을 전개하였어요.
⑤ 1920년대 백정들이 '천차만별의 천시를 철폐하자'라는 구호를 내걸고 형평 운동을 전개하였어요.

635 조선어 학회 정답 ①

정답 잡는 키/워/드	한글 맞춤법 통일안 제정, 일제가 1942년에 치안 유지법 위반 명목으로 회원들을 구속 → 조선어 학회

한글 맞춤법 통일안을 만들었으며, 1942년에 일제가 치안 유지법 위반 명목으로 회원들을 구속하여 활동이 중단되었다는 내용을 통해 (가) 단체가 조선어 학회임을 알 수 있어요. 조선어 학회는 1921년에 결성된 조선어 연구회를 계승하여 우리말과 글을 연구하였어요. 잡지 "한글"을 다시 발행하고 한글 맞춤법 통일안과 표준어를 제정하였으며, 이를 기초로 ① "우리말 큰사전"의 편찬을 시도하였어요. 하지만 일제가 조선어 학회 사건을 일으켜 회원들을 구속하고 학회를 강제 해산하여 사전은 완성되지 못하였어요.

② 이종일은 순 한글 신문인 제국신문을 간행하였어요.
③ 선교사 존 로스는 1877년에 한국어 교재인 "조선어 첫걸음"에서 최초로 한글에 띄어쓰기를 도입하였어요. 이후 서재필, 주시경, 선교사 헐버트 등이 독립신문에 띄어쓰기를 본격적으로 적용하였어요.
④ 유희는 조선 후기 음운학자로, 우리말 음운 연구서인 "언문지"를 저술하였어요.
⑤ 1907년에 대한 제국은 학부 안에 한글을 연구하기 위한 기관으로 국문 연구소를 설립하였어요.

---

636 조선어 학회   정답 ②

정답 잡는 키/워/드	조선말 사전 편찬 → 조선어 학회

조선말 사전 편찬을 위해 원고를 작성하였다는 내용을 통해 (가) 단체가 조선어 학회임을 알 수 있어요. 조선어 학회는 조선어 연구회를 계승하였으며, 최현배, 이윤재 등이 활동한 한글 연구 단체였어요. 한글 강습 교재를 만들어 문맹 퇴치 운동을 지원하고 한글 강습회를 개최하기도 하였어요. 또한, ② 한글 맞춤법 통일안과 표준어를 제정하였으며, 이를 바탕으로 "우리말 큰사전"의 편찬을 추진하였어요. 하지만 일제가 조작한 조선어 학회 사건으로 회원들이 검거·투옥되어 사전은 완성되지 못하였지요. 광복 후 한글 학회로 이름을 바꾸고 사전 편찬 사업을 이어 가 "큰사전"을 완성하였어요.

① "대한문전"은 1908년에 유길준이 지은 국어 문법서입니다.
③ "언문지"는 조선 후기 음운학자 유희가 저술한 우리말 음운 연구서입니다.
④ 1907년에 대한 제국은 학부 안에 한글을 연구하기 위한 기관으로 국문 연구소를 설립하였어요.
⑤ 주시경과 지석영 등은 국문 연구소에서 국문 정리와 맞춤법 연구를 하였어요.

---

637 윤동주의 활동   정답 ⑤

정답 잡는 키/워/드	작품으로 서시를 남김, 일본 유학 중 치안 유지법 위반 혐의로 체포되어 순국함 → 윤동주

'서시'라는 작품을 썼으며, 일본 유학 중 치안 유지법 위반 혐의로 체포되어 옥중에서 순국하였다는 내용을 통해 (가) 인물이 저항 시인 윤동주임을 알 수 있어요. 윤동주는 북간도 출신으로 명동 학교를 졸업하였으며, 연희 전문 학교를 졸업한 뒤 일본으로 유학을 갔어요. 1943년 귀국 직전에 항일 운동 혐의로 체포되어 후쿠오카 형무소에서 복역하던 중 옥중에서 생을 마쳤어요. ⑤ 윤동주는 '서시'를 비롯하여 '별 헤는 밤', '참회록' 등의 시를 남겼고, 그가 죽은 뒤에 "하늘과 바람과 별과 시"라는 유고 시집이 발간되었어요.

① 신채호는 고대사 연구를 바탕으로 "조선상고사"를 저술하였어요.
② 심훈은 농촌 계몽 운동을 소재로 한 소설 "상록수"를 동아일보에 연재하였어요.
③ 이육사는 의열단에 가입하여 적극적으로 독립운동을 전개하는 한편, 민족의식을 일깨우기 위한 문학 활동을 전개하여 저항시 '광야', '절정' 등을 발표하였어요.
④ 나운규는 영화 '아리랑'의 제작 및 감독, 주연을 맡았어요. 1926년에 영화 '아리랑'이 단성사에서 처음으로 상영되었어요.

---

638 이육사의 활동   정답 ②

정답 잡는 키/워/드	'청포도'라는 시를 남긴 문학가 → 이육사

'청포도'라는 시를 남긴 독립운동가이자 문학가라는 내용을 통해 (가) 인물이 이육사임을 알 수 있어요. 이육사의 본명은 이원록이에요. 이육사라는 이름은 조선 은행 대구 지점 폭파 사건에 연루되어 수감 생활을 하던 당시의 수

인 번호(264)에서 따온 것입니다. 이육사는 의열단에 가입하고 조선 혁명 간부 학교에 입교하는 등 독립운동에 적극 참여하였으며, 민족의식을 일깨우기 위한 문학 활동을 전개하여 ② 저항시 '광야', '절정' 등을 발표하였어요.

① 심훈은 브나로드 운동을 소재로 한 소설 "상록수"를 동아일보에 연재하였어요.
③ 조명하는 타이완에서 일본 육군 대장인 구니노미야를 습격하여 치명상을 입혔어요.
④ 조소앙은 삼균주의를 바탕으로 한 대한민국 건국 강령의 초안을 작성하였어요.
⑤ 민족주의 사학을 계승한 정인보 등은 "여유당전서" 간행 사업을 추진하면서 조선학 운동을 전개하였어요.

---

639 심훈의 활동   정답 ⑤

심훈은 일제 강점기에 활동한 문인이자 영화인이었어요. 3·1 운동에 참여하였다가 투옥되었으며, 동아일보사에 입사하여 기자 생활을 하다가 일본으로 건너가 영화를 공부하였어요. 귀국 후 영화 '먼동이 틀 때'의 원작을 쓰고 각색, 감독까지 맡아 제작하였어요. 심훈은 저항시 '그날이 오면'을 발표하였으며, ⑤ 브나로드 운동을 소재로 한 소설 "상록수"를 동아일보에 연재하여 민중의 큰 호응을 얻었어요.

① 윤동주는 '서시'를 비롯하여 '별 헤는 밤', '참회록' 등의 시를 남겼어요. 사후에 유고 시집 "하늘과 바람과 별과 시"가 발간되었어요.
② 주시경, 지석영 등은 대한 제국 정부가 학부 아래 설립한 국문 연구소에서 연구 위원으로 활동하였어요.
③ 1923년에 일본 도쿄에서 박승희 등 한국인 유학생들이 중심이 되어 토월회라는 극단을 조직하였어요.
④ 박은식은 시대의 흐름을 따라가지 못하는 유교를 비판하며 실천적인 유교 정신을 강조하는 '유교 구신론'을 저술하였어요.

---

640 1930년대 민족 문화 수호 운동   정답 ②

정답 잡는 키/워/드	한국 역사와 문화의 독자성·주체성 탐구, 정인보, 안재홍 → 조선학 운동

우리 역사와 문화의 독자성·주체성을 탐구하는 민족 운동이고, 정인보, 안재홍, 문일평 등의 활동이 발표 주제로 선정된 것으로 보아 (가)는 1930년대에 전개된 조선학 운동임을 알 수 있어요. ② 조선학 운동은 정약용의 저술을 정리하는 "여유당전서" 간행 사업을 계기로 전개되었으며, 실학을 중심으로 우리 문화의 고유성과 주체성을 탐구하고자 하였어요.

① 신경향파 문학은 1920년대 사회주의의 영향을 받아 등장하였어요.
③ 조선사 편수회는 1920년대 조선 총독부에 의해 설치된 기관으로, 식민 사관에 입각한 "조선사"를 편찬하였어요.
④ 민립 대학 설립 운동은 1920년대에 전개되었어요. 이상재 등이 주도한 조선 민립 대학 기성회가 대학 설립을 위한 모금 운동을 벌였습니다.
⑤ 1907년에 비밀 결사 형태로 조직된 신민회는 오산 학교와 대성 학교를 세워 민족 교육을 실시하였어요.

---

641 민족 문화 수호 운동   정답 ③

일제는 한국인의 역사와 전통을 말살하여 식민 지배를 안정적으로 유지하려고 하였어요. 식민 사관을 날조하여 침략을 합리화하고, 꾸준히 일본어 교육의 비중을 늘리고 우리말 사용을 금지하기까지 하였어요. 이러한 일제의 정책에 맞서 우리말과 글, 역사와 문화를 지키려는 움직임이 전개되었습니다. ③ 정인보는 민족의 얼을 강조하고 조선학 운동을 추진하였으며 "여유당전서" 간행 사업에 참여하였어요.

① 3·1 운동 이후 장지영 등이 조선어 연구회를 만들어 한글 연구와 보급을 위해 노력하였으며, 잡지 "한글"을 간행하였어요.

② 1931년에 조선어 연구회는 최현배, 이윤재 등이 중심이 된 조선어 학회로 발전하였어요. 조선어 학회는 한글 맞춤법 통일안을 제정하였어요.

④ 신채호는 국난을 극복한 영웅의 전기인 "이순신전"과 "을지문덕전" 등을 집필하여 애국심을 고취하였어요.

⑤ 백남운은 유물 사관을 바탕으로 세계사의 보편성 위에서 우리 역사를 체계화한 "조선사회경제사"를 저술하여 식민 사학의 정체성론을 반박하였어요.

642 백남운의 활동

정답 ⑤

정답 잡는 키/워/드

조선의 역사적 발전 과정은 세계사적인 일원론적 역사 법칙에 의해 다른 여러 민족과 거의 같은 궤도의 발전 과정을 거쳐 옴 → 백남운

조선의 역사 발전이 다른 민족처럼 세계사적인 일원론적 역사 법칙에 따라 이루어졌다고 주장하는 것으로 보아 글을 쓴 인물이 백남운임을 알 수 있어요. 백남운은 유물 사관을 토대로 세계사의 보편성 위에서 우리 역사를 체계화하고자 하였으며, 그 일환으로 ⑤ 식민 사학을 반박하는 "조선봉건사회경제사"를 저술하였어요.

① 조선사 편수회는 일제가 한국사 왜곡을 위해 설치한 기관으로, 이완용, 권중현, 박영효 등을 고문으로 앉히고 식민 사관에 입각한 "조선사"를 편찬하였어요.

② 이병도 등은 실증주의 사학의 연구를 위해 진단 학회를 창립하고 진단 학보를 발간하였어요.

③ 박은식은 "한국독립운동지혈사"에서 독립 투쟁 과정을 정리하였어요.

④ 임시 사료 편찬(위원)회는 대한민국 임시 정부의 산하 기구로, 일제의 침략 및 우리 민족의 독립운동과 관련된 사료를 모아 "한·일 관계 사료집"을 편찬하였어요.

643 백남운의 활동

정답 ③

정답 잡는 키/워/드

"조선사회경제사" 저술 → 백남운

"조선사회경제사"를 저술하였다는 내용을 통해 가상 인터뷰의 주인공이 백남운임을 알 수 있어요. 백남운은 유물 사관을 토대로 세계사의 보편성 위에서 우리 역사를 체계화하였어요. 한국사도 세계사의 보편적인 발전 법칙에 따라 발전하였다고 주장하며 ③ 식민 사학의 정체성론을 반박하였어요.

① 이병도 등은 진단 학회를 조직하고 실증주의 사학을 발전시켰어요.

② 박은식은 "한국독립운동지혈사"를 저술하여 독립 투쟁 과정을 정리하였어요.

④ 이윤재, 최현배 등은 조선어 학회를 조직하고 "우리말(조선말) 큰사전" 편찬 사업을 추진하였어요.

⑤ 민족주의 사학을 계승한 정인보는 민족의 얼을 강조하고 "여유당전서" 간행을 계기로 조선학 운동을 주도하였어요.

644 원산 총파업 이후의 사실

정답 ③

정답 잡는 키/워/드

노동 정지, 원산 상업 회의소 → 원산 총파업

자료는 1929년에 일어난 원산 총파업 시기에 발표된 성명서입니다. 원산 총파업은 원산 인근의 석유 회사에서 일본인 감독관이 한국인 노동자를 구타한 사건이 발단이 되어 일어났어요. 파업 투쟁은 4개월 동안 지속되었으나 결국 일제의 탄압으로 끝이 났어요. ③ 1931년 평양에 있는 고무 공장의 노동자 강주룡이 임금 삭감에 저항하여 을밀대 지붕에서 고공 농성을 벌였어요.

① 1927년에 조선 노농 총동맹이 분화되어 조선 노동 총동맹과 조선 농민 총동맹이 성립되었어요.

② 경성 고무 여자 직공 조합이 아사 동맹을 결성한 것은 1923년이에요.

④ 조선 노동 공제회는 1920년에 서울에서 조직된 최초의 전국적인 노동 운동 단체입니다.

⑤ 백정은 자신들에 대한 사회적 차별과 멸시를 철폐하기 위해 1923년에 진주에서 조선 형평사를 창립하여 형평 운동을 전개하였어요.

645 1930년대 노동 운동

정답 ④

정답 잡는 키/워/드

을밀대, 강주룡의 항의 농성 → 1930년대 노동 운동

3·1 운동 이후 본격적으로 국내에 퍼진 사회주의 사상의 영향으로 1920년대부터 농민 운동과 노동 운동이 활발하게 일어났어요. 농민 운동과 노동 운동은 1930년대에 사회주의 세력과 연계하면서 항일 민족 운동의 성격을 띠었습니다. 자료의 대화에 등장하는 평원 고무 공장의 노동자 강주룡은 1931년에 ④ 임금 삭감 반대 및 노동 조건 개선을 주장하며 을밀대 지붕 위에서 고공 농성을 하다가 경찰에 의해 강제 연행되었어요.

① 조선 노동 총동맹은 강주룡의 을밀대 농성 이전인 1927년에 결성되었어요.

② 원산 총파업은 1929년에 문평 라이징 선 석유 회사의 일본인 감독관이 한국인 노동자를 구타한 사건이 발단이 되어 일어났어요.

③ 대한매일신보 등 언론 단체들이 국채 보상 운동을 확산시키는 데 중요한 역할을 하였어요. 대한매일신보는 국권 피탈 이후 조선 총독부에 인수되어 매일신보로 이름이 바뀌었어요.

⑤ 백정은 자신들에 대한 사회적 차별을 철폐하기 위해 1923년에 조선 형평사를 조직하고 형평 운동을 전개하였어요.

646 1930년대의 모습

정답 ⑤

정답 잡는 키/워/드

일제가 농촌 진흥 운동 추진, 남면북양 정책 → 1930년대

일제가 농촌 진흥 운동과 남면북양 정책을 추진하였다는 내용을 통해 밑줄 그은 '시기'가 1930년대임을 알 수 있어요. 1930년대 초에 대공황의 여파로 농촌 경제가 몰락하고 소작 쟁의가 격렬해졌어요. 일제는 농촌을 통제하고 소작 쟁의를 억제하여 식민 지배 체제를 안정시키려는 목적에서 1932년에 조선 총독부 농촌 진흥 위원회 설치를 위한 규정을 공포하고 농촌 진흥 운동을 시작하였어요. 그리고 일본 방직업에 필요한 원료를 확보하기 위해 한반도 남부 지방에는 면화 재배, 북부 지방에는 양 사육을 강요하는 남면북양 정책을 실시하였습니다. ⑤ 1930년대에 일제의 탄압이 심해지는 가운데 농촌에서는 사회주의 세력과의 연대를 강화하여 혁명적 농민 조합이 조직되었어요. 이 시기 농민 운동은 점차 일제에 저항하는 항일 투쟁으로 성격이 변하였어요.

① 1927년 신간회 결성을 계기로 민족주의 계열과 사회주의 계열로 나뉘어 있던 여성 단체들이 연대하여 근우회를 조직하였어요.

② 일제는 1924년에 경성 제국 대학을 설립하였어요.

③ 우리나라 최초의 서양식 극장인 원각사에서 1908년에 신소설 "은세계"가 연극으로 상연되었어요. 원각사는 1914년에 화재로 소실되었어요.

④ 정미의병 당시 이인영을 총대장, 허위를 군사장으로 하는 13도 창의군이 조직되었어요. 13도 창의군은 1908년에 서울 진공 작전을 전개하였어요.

현대

본문 226~230쪽

1 광복~6·25 전쟁

647 ③	648 ④	649 ⑤	650 ③	651 ④	652 ③
653 ③	654 ⑤	655 ③	656 ③	657 ③	658 ⑤
659 ②	660 ②	661 ④	662 ②	663 ③	664 ①

647 모스크바 3국 외상 회의 정답 ③

정답 잡는 키/워드
신탁 통치, 4개국 → 모스크바 3국 외상 회의

미군정청 장관이 신탁 통치에 관한 질문에 자신의 견해를 표명하며 신탁 통치가 조선 임시 민주 정부를 수립하는 데 목적이 있다고 말하는 내용으로 보아 모스크바 3국 외상 회의의 결정 사항과 관련된 기자 회견임을 알 수 있어요. ③ 1945년 12월에 제2차 세계 대전의 전후 처리를 논의하기 위해 모스크바 3국 외상 회의가 열렸어요. 이 회의에서 한국에 임시 민주 정부 수립, 미·소 공동 위원회 설치, 4개국에 의한 최대 5년간의 신탁 통치 실시가 결의되었어요. 신탁 통치를 논의하였다는 소식이 국내에 알려지면서 신탁 통치 반대 운동이 거세게 일어났어요. 이에 미군정청 장관이 기자 회견을 열고 정치 지도자들과 면담을 통해 모스크바 3국 외상 회의의 진의를 설명하고 신탁 통치 반대 운동의 자제를 요청하였어요. 하지만 김구, 이승만 등 우익 진영을 중심으로 신탁 통치에 반대하는 운동이 대대적으로 전개되었어요.

오답 피하기

① 제1차 미·소 공동 위원회가 무기 휴회되고 이승만이 남한만의 단독 정부 수립을 주장하자 통일 정부 수립을 추구한 여운형, 김규식 등이 좌우 합작 위원회를 조직하고 좌우 합작 7원칙을 발표하였어요.

② 모스크바 3국 외상 회의의 결정에 따라 제1차 미·소 공동 위원회가 개최되었으나 미·소 양국이 임시 민주 정부 구성에 참여할 단체의 범위를 두고 대립하여 회의가 결렬되었어요.

④ 대한민국 정부 수립 이후 친일파 청산을 위한 반민족 행위 특별 조사 위원회(반민특위)가 구성되었어요. 하지만 이승만 정부가 반공을 앞세워 친일 반민족 행위자 청산을 방해하여 반민특위는 제 역할을 다하지 못한 채 해체되었어요.

⑤ 제2차 미·소 공동 위원회가 결렬된 후 유엔 총회에서 남북한 총선거를 의결하고 유엔 한국 임시 위원단을 파견하였으나, 소련이 유엔 한국 임시 위원단의 입북을 거부하자 유엔 소총회에서 남한만의 단독 총선거가 결의되었어요.

648 미군정 시기의 사실 정답 ④

정답 잡는 키/워드
**하지 중장, 헬믹 준장 등의 군정청
→ 미군정 시기(1945년~1948년)**

하지 중장, 헬믹 준장 등이 군정청의 주요 인사라는 내용을 통해 밑줄 그은 '군정청'이 미군정청임을 알 수 있어요. 1945년 광복 직후 미군과 소련군이 38도선을 경계로 한반도의 남과 북에 각각 주둔하여 군정을 실시하였어요. 남한 지역의 미군정은 1948년 8월 15일에 대한민국 정부가 수립되고 9월에 행정권 이양이 이루어지면서 종결되었어요. ④ 1946년에 귀속 재산 처리를 위해 신한 공사가 설립되었어요.

오답 피하기

① 6·25 전쟁의 정전 협정이 체결된 뒤 1953년 10월에 한·미 상호 방위 조약이 체결되었어요.

② 박정희 정부 시기인 1962년에서 1966년까지 제1차 경제 개발 5개년 계획이 추진되었어요.

③ 제헌 국회에서 제정된 반민족 행위 처벌법에 따라 1948년 10월에 반민족 행위 특별 조사 위원회가 설치되었어요.

⑤ 이승만 정부 시기인 1958년에 여당이 국회에서 야당 의원들을 폭력적으로 몰아내고 국가 보안법 개정안을 통과시킨 보안법 파동이 일어났어요.

649 미·소 공동 위원회 정답 ⑤

정답 잡는 키/워드
• 모스크바 삼상 회의 결정에 의거하여 구성, 덕수궁 석조전에서 출범 → (가) 1946년 제1차 미·소 공동 위원회 개최
• 미국이 조선의 독립과 통일 문제를 유엔 총회에 제출 → (나) 1947년 제2차 미·소 공동 위원회 결렬 후

모스크바 삼상 회의의 결정에 따라 구성되었으며, 덕수궁 석조전에서 출범하였다는 내용을 통해 ㉠ 기구는 미·소 공동 위원회임을 알 수 있어요. 1945년 12월에 개최된 모스크바 3국 외상 회의에서는 한반도에 임시 민주 정부를 수립하고 이를 지원할 미·소 공동 위원회를 설치하며 4개국에 의한 최대 5년간의 신탁 통치 실시 등을 결의하였어요. 그런데 공식적인 발표 전에 회의의 결정 내용이 국내에 잘못 알려지면서 신탁 통치를 둘러싸고 좌우익이 극렬하게 대립하였어요. 이러한 가운데 1946년 3월에 미·소 공동 위원회가 개최되었지만, ⑤ 임시 민주 정부 수립을 위한 협의에 참여할 단체의 범위를 두고 미국과 소련의 의견 대립이 계속되어 회의는 무기 휴회되었어요.

오답 피하기

① 박정희 등이 주도한 5·16 군사 정변 후 구성된 군사 혁명 위원회가 반공을 국시로 내건 혁명 공약을 발표하였어요.

② 전두환 등 신군부 세력이 구성한 국가 보위 비상 대책 위원회가 정치인들의 활동을 규제하고 언론 기관을 통폐합하였어요.

③ 유신 헌법에 따라 구성된 통일 주체 국민 회의는 정수의 3분의 1에 해당하는 국회 의원 선출권을 행사하였어요.

④ 광복 직후에 여운형 등이 조직한 조선 건국 준비 위원회(건준)는 미군의 한반도 진주에 대비하여 조선 인민 공화국의 수립을 선포하였어요.

650 좌우 합작 운동 정답 ③

미국과 소련의 의견 대립으로 제1차 미·소 공동 위원회가 무기 휴회되고 남한만의 단독 정부를 수립하자는 주장이 대두하자 통일 정부 수립을 추구한 ③ 여운형, 김규식 등 중도 세력이 좌우 합작 위원회를 결성하여 좌우 합작 7원칙을 발표하였어요. 하지만 7원칙은 좌우 세력 모두에게서 지지를 얻지 못하였어요. 이러한 가운데 미·소 공동 위원회가 다시 재개되었지만 회의는 결렬되었고 미국은 한반도 문제를 유엔에 넘겼어요.

오답 피하기

① 유엔에서 남한만의 단독 선거가 결정되면서 1948년 4월에 김구, 김규식 등이 통일 정부 수립을 위해 평양에서 개최된 남북 협상에 참석하였어요. 회의에서는 통일 정부 수립, 외국 군대의 즉시 철수 등을 요구하는 성명서가 발표되었어요. 하지만 냉전이 심화되는 가운데 남북에서 각기 단독 정부를 세우는 절차가 진행되어 남북 협상은 실패하였어요.

② 1948년 8월 대한민국 정부가 수립된 후 제헌 국회가 반민족 행위 처벌법을 제정하고 반민족 행위 특별 조사 위원회를 구성하였어요.

④ 1949년 제헌 국회에서 유상 매수, 유상 분배 원칙의 농지 개혁법이 제정되었어요.

⑤ 유엔 한국 임시 위원단의 감시 아래 1948년 5월, 우리나라 최초의 보통 선거인 5·10 총선거가 실시되었고, 그 결과로 제헌 국회가 구성되었어요.

651 대한민국 정부 수립 과정 정답 ④

정답 잡는 키/워드
• 미·소 공동 위원회 무기 휴회 발표 → (가) 1946년 5월
• 제2차 미·소 공동 위원회 개막 → (나) 1947년 5월

(가) 미·소 공동 위원회 무기 휴회 결정부터 (나) 제2차 미·소 공동 위원회가 열리기 전까지 해당 시기에 있었던 사실을 찾으면 됩니다. 모스크바 3국 외상 회의의 합의 사항에 따라 열린 미·소 공동 위원회는 미국과 소련의 의견 대립이 이어지고 합의점을 찾지 못하여 무기 휴회에 들어갔어요. 이러한 상황에서 이승만이 남한만의 단독 정부 수립을 주장하자 중도 성향의 여운형과 김규식 등이 미군정의 지원을 받아 좌우 합작 위원회를 조직하였어요. ④ 좌우 합작 위원회는 통일 정부 수립을 지향하여 좌우 양측의 의견을 아우른 좌우 합작 7원칙을 발표하였지만(1946. 10.), 좌우 세력 모두에게서 지지를 얻지 못하였어요. 결국 좌우 합작 운동은 미군정이 지지를 철회하고 여운형이 암살(1947. 7.)됨으로써 실패하였어요.

 피하기

① 1948년에 제주 4·3 사건 진압을 위해 이승만 정부가 여수와 순천에 주둔한 군대에 출동 명령을 내렸지만 군대 내 일부 세력이 명령을 거부하고 무장봉기하였어요. 이를 여수·순천 10·19 사건이라고 합니다.
② 1945년 12월에 제2차 세계 대전의 전후 처리를 위해 모스크바 3국 외상 회의가 개최되었어요. 이 회의에서 한국 문제도 논의되어 미·소 공동 위원회 설치가 결정되었어요.
③ 1948년에 제헌 국회가 제정한 반민족 행위 처벌법에 따라 반민족 행위 특별 조사 위원회가 출범하였어요.
⑤ 제2차 미·소 공동 위원회가 사실상 결렬 상태에 이르자 미국이 한반도 문제를 유엔으로 넘겼고, 1947년 11월에 유엔 총회에서 인구 비례에 의한 남북한 총선거가 의결되었어요.

---

652 좌우 합작 위원회 정답 ③

정답 잡는 키/워/드
합작 원칙에 합의, 좌우 합작으로 민주주의 임시 정부 수립, 토지 개혁 → 좌우 합작 위원회

좌우 합작으로 민주주의 임시 정부를 수립하고, 토지 개혁을 실시한다는 등의 합작 원칙에 합의하였음을 알린 밑줄 그은 '위원회'는 좌우 합작 위원회입니다. 모스크바 3국 외상 회의의 결정에 따라 개최된 미·소 공동 위원회가 미국과 소련의 의견 대립으로 무기 휴회에 들어가고 좌우 대립이 격렬해지는 가운데 단독 정부를 수립하자는 주장까지 제기되자 ③ 여운형, 김규식 등 중도 세력을 중심으로 좌우 합작 위원회가 조직되었어요. 좌우 합작 위원회는 좌우익의 의견을 아우른 좌우 합작 7원칙을 발표하였어요.

 피하기

① 유엔 소총회에서 남한만의 단독 선거 결정의 분위기가 형성되자 김구, 김규식은 통일 정부 구성을 위해 남북 협상을 추진하였어요. 1948년 4월에 이들은 직접 평양으로 건너가 남북 지도자 회담을 개최하였으나 성과를 거두지 못하였어요.
② 유엔 총회에서 인구 비례에 의한 남북한 총선거 실시가 결의되어 유엔 한국 임시 위원단이 파견되었으나 소련이 입북을 거부하였어요. 이에 유엔 소총회에서 남한만의 단독 선거 실시가 결정되어 1948년에 5·10 총선거가 치러졌어요. 좌우 합작 위원회가 주도한 좌우 합작 운동은 1947년 7월에 여운형이 암살되고 유엔으로 한반도 문제가 이관되어 실질적으로 종료되었어요.
④ 대한민국 정부 수립 이후 친일파 처벌을 위해 제헌 국회에서 반민족 행위 처벌법이 제정되고, 반민족 행위 특별 조사 위원회(반민특위)가 구성되었어요. 그러나 이승만 정부는 친일파 청산에 소극적 태도를 보였어요. 결국 국회 프락치 사건, 경찰의 반민특위 습격 사건, 반민특위 공소 시효 축소 법안 통과를 거치면서 반민특위는 해체되었어요.
⑤ 대한민국 정부 수립 이후 제헌 국회에서 일제 강점기에 일본인 소유였다가 이양된 귀속 재산을 처리하기 위해 귀속 재산 처리법이 제정되었어요.

---

653 제주 4·3 사건 정답 ③

정답 잡는 키/워/드
제주도, 남한만의 단독 선거를 반대하는 무장대와 토벌대 간의 무력 충돌로 수많은 사람이 희생됨 → 제주 4·3 사건

제주도에서 일어났으며, 남한만의 단독 선거를 반대하는 무장대와 토벌대 간 무력 충돌이 있었고, 진압 과정에서 많은 사람이 희생되었다는 내용을 통해 (가) 사건이 제주 4·3 사건임을 알 수 있어요. 제주 4·3 사건은 남한만의 단독 선거에 반대하는 무장대와 이를 진압하는 토벌대 간의 무력 충돌, 그 뒤 토벌대의 진압 과정에서 수많은 제주도민이 희생된 사건을 말해요. ③ 제주 4·3 사건으로 많은 사람들이 목숨을 잃거나 억울하게 옥살이를 하였어요. 이에 2000년에 진상 규명 및 희생자들의 명예 회복을 위한 제주 4·3 특별법이 제정되었어요.

 피하기

① 박정희 정부가 1972년 유신 헌법을 제정한 이후에 유신 헌법의 철폐를 요구하는 유신 반대 운동이 전개되었어요.
② 유신 헌법이 제정되고 이에 따라 통일 주체 국민 회의가 설치되었어요.
④ 1987년 6월 민주 항쟁 당시에 시민들은 4·13 호헌 철폐와 독재 타도 등의 구호를 내세우며 시위를 전개하였어요.
⑤ 일제의 패망 뒤 남한 지역에 들어선 미군정은 한국 내에 있던 일제나 일본인 소유의 재산 등 귀속 재산 처리를 위해 신한 공사를 설립하였어요.

---

654 제주 4·3 사건 정답 ⑤

정답 잡는 키/워/드
남한만의 단독 선거에 반대, 수많은 제주도민이 희생됨 → 제주 4·3 사건

남한만의 단독 선거에 반대하는 무장대와 이를 진압하는 토벌대 간의 무력 충돌, 그 뒤 토벌대의 진압 과정에서 수많은 제주도민이 희생되었다는 내용을 통해 (가) 사건이 제주 4·3 사건임을 알 수 있어요. 제2차 미·소 공동 위원회가 결렬된 후 유엔 총회에서 남북한 총선거를 의결하고 유엔 한국 임시 위원단을 파견하였으나, 소련이 유엔 한국 임시 위원단의 입북을 거부하자 유엔 소총회에서 남한만의 단독 총선거가 결의되었어요. 이에 남한만의 단독 선거에 반대하여 일어난 움직임이 제주 4·3 사건으로 이어졌어요. 이러한 상황으로 제주도 지역에서 5·10 총선거가 정상적으로 치러지지 못하였어요. ⑤ 제주 4·3 사건으로 많은 제주도민이 희생되거나 억울하게 옥살이를 하였어요. 이에 김대중 정부 시기인 2000년에 제주 4·3 사건 진상 규명 및 희생자 명예 회복에 관한 특별법이 제정되었고, 이어 노무현 정부 시기인 2003년에는 정부 차원에서 진상 조사 보고서를 발간하고 공식 사과하였어요.

오답 피하기

① 4·19 혁명으로 이승만 정부가 무너지고 허정을 수반으로 하는 과도 정부가 구성되었어요.
② 12·12 사태로 정권을 장악한 전두환 등 신군부 세력은 1980년에 광주에서 일어난 5·18 민주화 운동을 무력으로 진압한 직후 국가 보위 비상 대책 위원회(국보위)를 설치하였어요.
③ 박정희 정부 시기에 유신 체제에 반대하여 장기 독재를 비판하는 3·1 민주 구국 선언이 발표되었어요.
④ 박정희 정부 시기에 장준하, 백기완 등 재야인사들이 유신 헌법 철폐를 요구하며 민주 회복을 위한 개헌 청원 100만 인 서명 운동을 전개하였어요.

---

655 대한민국 정부 수립 과정 정답 ③

정답 잡는 키/워/드
• 좌우 합작으로 민주주의 임시 정부 수립 지향
→ (가) 좌우 합작 7원칙(1946)
• 제 정당·단체들의 공동 명의로써 전 조선 정치 회의 소집
→ (나) 남북 협상(1948)

(가)는 좌우 합작 운동 과정에서 발표된 좌우 합작 7원칙의 일부 내용이에요. (나)는 외국 군대가 철수한 후 제 정당·단체들의 공동 명의로써 전 조선 정치 회의를 소집하여 민주주의 임시 정부를 수립한다는 내용을 통해 1948년 남

북 협상 당시 발표된 공동 성명서임을 알 수 있어요. 1946년에 개최된 미·소 공동 위원회가 무기 휴회되고 이승만이 정읍에서 남한만의 단독 정부 수립을 주장하였어요(정읍 발언). 이에 분단의 우려가 커지자 여운형과 김규식을 중심으로 한 중도 세력이 좌우 합작 위원회를 구성하고 각계의 주장을 아우른 좌우 합작 7원칙을 발표하였어요. 이후 제2차 미·소 공동 위원회가 개최되었으나 미국과 소련이 이견을 좁히지 못하여 결렬되었어요. 이에 미국은 한반도 문제를 유엔에 이관하였고, ③ 1947년 11월 유엔 총회는 남북한 총선거 실시를 의결하고 이를 관리 감독할 유엔 한국 임시 위원단을 파견하였어요. 그러나 소련이 유엔 한국 임시 위원단의 입북을 거부하자 유엔 소총회에서 선거 가능 지역에서의 총선거를 결의하였어요. 한반도가 분단될 위기에 놓이자 김구와 김규식 등이 통일 정부 수립을 위한 남북 협상을 추진하여 1948년 4월 평양으로 들어가 주요 정치 단체 지도자들과 회담을 가졌어요.

오답 피하기

① 농지 개혁법은 대한민국 정부 수립 이후 1949년에 제정되었어요.
② 1946년 6월 이승만의 정읍 발언 후 좌우 합작 위원회가 결성되고 그해 10월에 좌우 합작 7원칙이 발표되었어요.
④ 1945년 일본의 패망이 가시화되자 여운형의 주도로 조선 건국 동맹을 계승한 조선 건국 준비 위원회가 조직되었어요.
⑤ 1958년 이승만 정부 시기 여당이 국회에서 야당 의원들을 폭력적으로 몰아내고 국가 보안법 개정안을 통과시킨 보안법 파동이 일어났어요.

---

656 대한민국 정부 수립 과정　　정답 ③

정답 잡는 키/워/드
김구와 김규식의 제안으로 실현되는 남북 정치 협상 지지
→ 남북 협상 추진(1948)

김구와 김규식의 제안으로 실현되는 남북 정치 협상을 지지하고 성공을 위해 협력한다는 내용을 통해 자료에 나타난 상황이 1948년 남북 협상 개최와 관련 있음을 알 수 있어요. 1947년에 제2차 미·소 공동 위원회가 결렬된 후 유엔 총회에서 인구 비례에 따른 남북한 총선거를 결의하고 선거 관리를 위해 유엔 한국 임시 위원단을 파견하였지만, 소련이 유엔 한국 임시 위원단의 입북을 거부하였어요. 이에 ③ 유엔 소총회가 개최되어 선거가 가능한 지역에서의 총선거, 즉 남한만의 총선거를 결의하였어요. 한반도가 분단될 위기에 놓이자 김구와 김규식 등이 통일 정부 수립을 위한 남북한 정치 지도자 회담을 북측에 제안하여 남북 협상이 이루어졌지만 성과를 거두지 못하였고, 통일 정부 수립은 좌절되었어요.

오답 피하기

① 1960년 4·19 혁명의 결과로 수립된 허정 과도 정부에서 헌법이 개정되어 내각 책임제가 채택되었어요.
② 1972년 유신 헌법 공포 이후 통일 주체 국민 회의에서 대통령이 선출되었어요. 통일 주체 국민 회의는 1980년에 이루어진 제8차 개헌에 따라 폐지되었어요.
④ 대한민국 정부 수립 이후 1949년에 제헌 국회에서 유상 매수, 유상 분배 원칙의 농지 개혁법이 제정되었어요.
⑤ 1958년에 국회에서 여당인 자유당 의원들이 야당 의원들을 폭력적으로 몰아내고 국가 보안법 개정안을 통과시킨 보안법 파동이 일어났어요.

---

657 대한민국 정부 수립 과정　　정답 ③

정답 잡는 키/워/드
• 좌우 합작으로 민주주의 임시 정부를 수립할 것
　→ (가) 좌우 합작 7원칙(1946)
• 공동 위원회, 신탁 통치 협약 작성
　→ (나) 모스크바 3국 외상 회의 결정문(1945)
• 제 정당·사회단체들이 남조선 단독 선거의 결과를 인정·지지하지 않을 것
　→ (다) 남북 제 정당·사회단체 대표자 공동 성명서(1948)

(가)는 좌우 합작으로 민주주의 임시 정부를 수립해야 하며, 합작 위원회에서 입법 기구에 제안하여 친일파 및 민족 반역자 처벌을 논의하자는 것으로 보아 좌우 합작 위원회가 1946년 10월에 발표한 좌우 합작 7원칙임을 알 수 있어요. (나)는 '공동 위원회', '최고 5년 기한의 4개국 신탁 통치 협약을 작성' 등을 통해 1945년 12월에 있었던 모스크바 3국 외상 회의의 결정 사항임을 알 수 있어요. (다)는 제 정당·사회단체가 남한만의 단독 선거를 인정·지지하지 않을 것이라는 내용을 통해 1948년 4월에 있었던 남북 협상 당시 발표된 남북 제 정당·사회단체 대표자 공동 성명서임을 알 수 있어요.
따라서 옳은 순서는 ③ (나)-(가)-(다)입니다.

---

658 대한민국 정부 수립 과정　　정답 ⑤

정답 잡는 키/워/드
• 유엔 한국 임시 위원단을 환영, 단독 정부 절대 반대
　→ (가) 단독 정부 수립 반대 성명
• 10월 19일 여수 제14연대 소속 군인들이 반란을 일으킴
　→ (나) 여수·순천 10·19 사건

(가)는 1947년 12월에 김구가 유엔 한국 임시 위원단의 입국을 앞두고 발표한 단독 정부 수립 반대 성명의 일부분이에요. 1948년 1월에 유엔 한국 임시 위원단이 입국하였으나 소련이 유엔 한국 임시 위원단의 입북을 거부하자 유엔 소총회에서 선거 가능 지역에서의 총선거를 논의하고 구체화하였어요. 분단의 위기가 커지자 단독 정부 수립에 반대한 김구, 김규식 등은 통일 정부 수립을 위해 남북 협상을 추진하였어요. 하지만 남북에 각기 단독 정부 수립을 준비하는 세력이 있었기에 통일 정부 수립을 위한 노력은 성과를 내지 못하였어요. 한편, 남한만의 단독 선거 결정에 반대하여 제주도에서 좌익 세력과 일부 주민이 단독 선거 저지와 통일 정부 수립을 내세우며 무장봉기를 일으켰어요. 무장대와 이를 진압하는 토벌대 간의 무력 충돌, 그 뒤 토벌대의 진압 과정에서 수많은 제주도민이 희생되었어요(제주 4·3 사건). 이러한 가운데 ⑤ 우리나라 최초의 보통 선거인 5·10 총선거가 예정대로 실시되었고, 이어 1948년 8월 15일에 대한민국 정부가 수립되었어요. (나)는 이승만 정부가 제주 4·3 사건의 진압을 위해 여수에 주둔하고 있던 군대에 출동 명령을 내렸지만 부대 내 일부 군인이 이에 불복하여 무장봉기한 여수·순천 10·19 사건에 관한 발표입니다.

오답 피하기

① 1946년 5월에 제1차 미·소 공동 위원회가 결렬되었어요.
② 1945년 12월에 모스크바 3국 외상 회의가 개최되었어요.
③ 1946년 10월에 좌우 합작 위원회에서 좌우 합작 7원칙을 발표하였어요.
④ 유상 매수, 유상 분배 원칙의 농지 개혁법은 1950년 3월부터 시행되었어요.

---

659 5·10 총선거　　정답 ②

정답 잡는 키/워/드
우리나라 최초로 실시된 총선거 → 5·10 총선거

유엔 한국 임시 위원단의 감시하에 우리나라 최초로 실시된 총선거는 1948년에 치러진 5·10 총선거입니다. 1947년에 제2차 미·소 공동 위원회가 결렬된 후 유엔 총회에서 인구 비례에 따른 남북한 총선거를 결의하고 선거 관리를 위해 유엔 한국 임시 위원단을 파견하였지만, 소련이 유엔 한국 임시 위원단의 입북을 거부하였어요. 이에 유엔 소총회가 개최되어 선거가 가능한 지역에서의 총선거를 결의하였어요. 이에 따라 1948년 5월 10일에 우리나라 최초의 보통 선거인 5·10 총선거가 실시되었어요. 이로써 ② 임기 2년의 제헌 국회 의원이 선출되고 제헌 국회가 구성되었어요.

오답 피하기

① 박정희를 비롯한 일부 군인들이 1961년에 5·16 군사 정변을 일으켰고, 이들에 의해 헌법이 개정되어 1963년 11월에 제6대 국회 의원 총선거가 실시되었어요.

③ 1972년에 유신 헌법에 따라 설치된 통일 주체 국민 회의의 대의원은 제8대~제11대 대통령 선거에 참여하여 간선제로 대통령을 선출하였어요. 통일 주체 국민 회의는 1980년에 이루어진 제8차 개헌에 따라 폐지되었어요.

④ 1960년 4·19 혁명 후 내각 책임제를 골자로 한 제3차 개헌이 이루어졌고, 개정된 헌법에 따라 치러진 제5대 국회 의원 총선거에서 민의원과 참의원으로 구성된 양원제 국회가 탄생하였어요.

⑤ 1985년 1월에 창당한 신한 민주당은 창당 한 달 만에 치러진 제12대 국회 의원 총선거에서 제1 야당이 되었어요.

660 제헌 헌법 정답 ②

5·10 총선거의 결과로 구성된 초대 국회는 국호를 '대한민국'으로 정하고 헌법을 제정·공포하였는데, 이때 제정된 헌법을 제헌 헌법이라고 합니다. 제헌 헌법 전문에는 3·1 운동의 정신을 담았으며 대한민국이 민주 공화국임을 명문화하고 주권 재민의 원칙을 기재하였어요. ② 제헌 헌법에 근거하여 제헌 국회는 반민족 행위자를 처벌할 수 있는 반민족 행위 처벌법을 제정하였어요. 또한, 농지를 농민에게 적정히 분배하기 위해 유상 매수, 유상 분배 원칙의 농지 개혁법을 제정하였어요.

오답 피하기

① 제3차 개헌에서 민의원과 참의원으로 구성된 양원제 국회를 규정하였어요. 제1차 개헌(발췌 개헌)에서도 양원제 국회를 규정하였으나 실제로 운영되지는 않았어요.

③ 6월 민주 항쟁의 결과 5년 단임의 대통령 직선제를 주요 내용으로 하는 제9차 개헌이 이루어졌어요.

④ 1954년에 자유당은 초대 대통령에 한해 중임 제한을 철폐하는 내용을 담은 제2차 개헌을 사사오입의 억지 논리를 내세워 통과시켰어요.

⑤ 박정희 정부는 1972년에 대통령이 국민의 기본권을 제한할 수 있도록 하는 긴급 조치권을 포함한 제7차 개헌(유신 헌법)을 통과시켰어요.

661 제헌 국회 정답 ④

정답 잡는 키/워/드

5·10 총선을 통해 구성,
반민족 행위자를 처벌할 수 있는 법안 통과 → 제헌 국회

5·10 총선을 통해 구성되었으며, 반민족 행위자를 처벌할 수 있는 법안을 통과시켰다는 내용을 통해 밑줄 그은 '국회'가 제헌 국회임을 알 수 있어요. 5·10 총선거를 통해 구성된 제헌 국회는 일제에 협력한 자들을 처단하기 위한 반민족 행위 처벌법을 통과시키고 이에 근거하여 반민족 행위 특별 조사 위원회(반민특위)를 설치하였어요. 또한, 농가 경제의 자립과 국민 경제의 균형 발전을 위해 ④ 1949년에 유상 매수와 유상 분배를 원칙으로 하는 농지 개혁법을 제정하고, 1950년 3월부터 농지 개혁을 시행하였어요.

오답 피하기

① 양원제 국회는 4·19 혁명 이후에 구성된 제5대 국회입니다. 제1차 개헌에서도 양원제 국회를 규정하였으나 실제로 구성되지는 않았어요.

② 한·미 자유 무역 협정(FTA)은 이명박 정부 시기의 제18대 국회에서 비준되었어요.

③ 1954년 이른바 사사오입 개헌이라고 불리는 제2차 개헌으로 초대 대통령에 한해 중임 제한이 철폐되었어요. 당시 국회는 제3대 국회였어요.

⑤ 박정희 정부가 유신 헌법을 공포한 이후 통일 주체 국민 회의에서 국회 의원 3분의 1을 선출하였는데, 제9대, 제10대 국회가 이에 해당합니다.

662 6·25 전쟁 정답 ②

정답 잡는 키/워/드

중국군의 개입 → 6·25 전쟁

1950년 6월 25일에 북한의 기습 남침으로 6·25 전쟁이 발발하였어요. 북한의 남침을 침략 행위로 규정한 유엔 안전 보장 이사회에서 유엔군을 파병하

였고, 낙동강 지역까지 밀렸던 국군과 유엔군은 반격에 나섰어요. 1950년 9월 15일에 국군과 유엔군은 인천 상륙 작전을 전개하여 서울을 탈환하고, 여세를 몰아 38도선을 돌파하여 압록강 일대까지 진격하였어요. 하지만 중국이 국군과 유엔군의 북진을 경계하여 대규모의 군대를 보내 공세를 폈어요. 이로 인해 국군과 유엔군이 북한 지역에서 밀려났고, 1951년 1월에는 서울을 다시 빼앗겼어요(1·4 후퇴). 국군과 유엔군은 전열을 가다듬어 서울을 재탈환하였지만, 이후 38도선 일대에서 서로 밀고 밀리는 공방전이 지속되었어요. 이러한 가운데 소련의 제안으로 1951년 7월에 첫 번째 정전 회담이 시작되었고, 1953년 7월 27일에 정전 협정이 체결되었어요. ② 6·25 전쟁 초기 북한군의 공세에 밀린 이승만 정부는 피란하여 부산을 임시 수도로 정하였어요.

오답 피하기

① 6·25 전쟁 발발 이전인 1950년 1월에 미국의 태평양 지역 방위선에서 한국과 타이완을 제외한 애치슨 라인이 발표되었어요.

③ 6·25 전쟁의 정전 협정이 체결된 뒤 1953년 10월에 한·미 상호 방위 조약이 체결되었어요.

④ 1968년에 북한 원산항 앞 공해상에서 미국의 정보 수집함인 푸에블로호가 북한에 나포되는 사건이 발생하였어요.

⑤ 12·12 사태로 정권을 장악한 전두환 등 신군부 세력은 1980년에 5·18 민주화 운동을 무력으로 진압한 직후 국가 보위 비상 대책 위원회를 설치하였어요.

663 6·25 전쟁 정답 ③

정답 잡는 키/워/드

유엔군이 중국군의 남하를 지연시키기 위해 철교 파괴
→ 6·25 전쟁

유엔군이 중국군의 남하를 지연시키기 위해 대동강 철교를 파괴하였다는 내용을 통해 (가) 전쟁이 6·25 전쟁임을 알 수 있어요. 1950년 6월 25일에 북한의 기습 남침으로 6·25 전쟁이 발발하였어요. 북한의 남침을 침략 행위로 규정한 유엔 안전 보장 이사회에서 유엔군을 파병하였고, 낙동강 지역까지 밀렸던 국군과 유엔군은 반격을 시도하였어요. 1950년 9월에 국군과 유엔군은 ㄴ. 인천 상륙 작전에 성공하여 서울을 탈환하였고, 여세를 몰아 38도선을 돌파하여 압록강 일대까지 진격하였어요. 하지만 중국이 국군과 유엔군의 북진을 경계하여 대규모의 군대를 보내 공세를 폈어요. 이로 인해 국군과 유엔군이 북한 지역에서 밀려났고, 유엔군은 중국군의 남하를 지연시키기 위해 대동강 철교를 파괴하기도 하였어요. ㄷ. 6·25 전쟁 중이던 1952년 7월에 당시 임시 수도였던 부산에 비상계엄이 선포된 가운데 국회에서 기립 표결로 발췌 개헌안이 통과되었어요.

오답 피하기

ㄱ. 6·25 전쟁 발발 이전인 1950년 1월에 미국의 태평양 지역 방위선에서 한국과 타이완을 제외한 애치슨 라인이 발표되었어요.

ㄹ. 6·25 전쟁 발발 이전인 1945년 12월에 제2차 세계 대전의 전후 처리를 위해 모스크바 3국 외상 회의가 개최되었어요.

664 1·4 후퇴 이후의 사실 정답 ①

정답 잡는 키/워/드

유엔군과 국군이 서울에서 퇴각하고 한강 이북의 부대를
철수시키기로 결정 → 1·4 후퇴(1951)

유엔군과 국군이 서울에서 퇴각하고 한강 이북의 부대를 철수시키기로 하였다는 내용을 통해 6·25 전쟁 당시 1·4 후퇴 상황임을 알 수 있어요. 1950년 6·25 전쟁 발발 이후 낙동강 전선까지 물러났던 국군과 유엔군은 9월 인천 상륙 작전을 전개하여 서울을 탈환하고, 여세를 몰아 38도선을 돌파하여 압록강 일대까지 진격하였어요. 그러나 중국군이 참전하면서 대대적인 공세에 밀려 1951년 1월 4일 다시 서울을 북한군에 넘겨주었어요(1·4 후퇴). 반격

에 나선 국군과 유엔군은 3월에 다시 서울을 수복하고 38도선 일대까지 진출하였지요. 이후 1953년 7월 정전 협정이 맺어질 때까지 38도선 부근에서 일진일퇴를 거듭하는 공방전이 지속되었어요. ① 정전 협정이 체결된 뒤 1953년 10월에 한·미 상호 방위 조약이 체결되었어요.

오답 피하기

② 1950년 11월 말에서 12월 초까지 함경남도 장진 일대에서 중국군에 포위된 유엔군이 치열한 전투를 벌였어요(장진호 전투).

③ 1949년 6월에 일부 친일 경찰이 반민족 행위 특별 조사 위원회를 습격하여 반민족 행위자 처벌을 위한 활동을 방해하였어요.

④ 1950년 1월에 미국이 태평양 지역 방위선에서 한국과 타이완이 제외된 애치슨 선언을 발표하였어요.

⑤ 1948년 5월 10일에 유엔 한국 임시 위원단의 감시 아래 우리나라 최초의 보통 선거인 5·10 총선거가 실시되었어요.

본문 230~241쪽

2 민주주의의 발전

665 ④	666 ③	667 ③	668 ②	669 ②	670 ⑤
671 ②	672 ③	673 ①	674 ③	675 ②	676 ⑤
677 ③	678 ⑤	679 ④	680 ②	681 ⑤	682 ④
683 ⑤	684 ③	685 ③	686 ④	687 ①	688 ⑤
689 ②	690 ④	691 ④	692 ①	693 ①	694 ②
695 ④	696 ⑤	697 ①	698 ②	699 ①	700 ④
701 ④	702 ⑤	703 ②	704 ③	705 ②	706 ⑤
707 ②	708 ⑤	709 ⑤	710 ①		

665 발췌 개헌
정답 ④

정답 잡는 키/워/드

- 국회 프락치 사건 → (가) 1949년
- 사사오입 개헌 → (나) 1954년

(가)는 반민족 행위 특별 조사 위원회(반민특위)가 본격적인 활동을 시작하자 1949년 5월부터 이승만 정부가 반민특위 소속 일부 국회 의원들을 공산당과 내통하였다는 혐의로 구속한 국회 프락치 사건에 관한 자료입니다. (나)는 사사오입의 논리를 내세워 개헌안이 통과된 것으로 번복되었다는 내용을 통해 1954년에 이루어진 사사오입 개헌에 관한 자료임을 알 수 있어요. ④ 이승만 정부는 6·25 전쟁 중인 1952년에 임시 수도 부산에서 대통령 직선제와 양원제 국회를 주 내용으로 하는 개헌안을 통과시켰어요(제1차 개헌). 정부가 제출한 개헌안과 국회에서 제시한 개헌안 중 일부를 발췌하여 만들었기 때문에 발췌 개헌이라고도 합니다. 발췌 개헌안 통과 이후 이승만은 직선제를 통해 제2대 대통령에 당선되었어요.

오답 피하기

① 4·19 혁명의 결과로 구성된 허정 과도 정부가 개헌을 추진하였고, 새 헌법에 따라 정부 형태가 내각 책임제로 바뀌었어요(1960). 이어 치러진 총선거에서 민주당이 압승하여 장면 내각이 출범하였어요.

② 1972년에 장기 독재를 가능하게 한 유신 헌법이 제정·공포되었어요.

③ 1958년에 이승만 정부가 평화 통일론을 주장한 진보당의 조봉암을 간첩 혐의로 구속하였어요.

⑤ 이승만과 여당인 자유당 정권이 대통령 유고 시 그 지위를 승계할 수 있는 부통령에 이기붕을 당선시키기 위해 1960년에 3·15 부정 선거를 자행하였어요. 이로 인해 4·19 혁명이 일어났어요.

666 발췌 개헌
정답 ③

정답 잡는 키/워/드

부산에서 국회 의원 통근 버스가 헌병대로 강제 연행됨, 국제 공산당 사건 혐의로 국회 의원이 구속됨
→ 부산 정치 파동(1952)

부산에서 출근 중이던 야당 의원 50여 명이 헌병대로 강제 연행되어 구금당하는 사태가 벌어졌다는 내용을 통해 해당 사건이 6·25 전쟁 중인 1952년에 임시 수도 부산에서 일어난 '부산 정치 파동'임을 알 수 있어요. 6·25 전쟁이 발발하기 직전에 실시된 제2대 국회 의원 선거에서 정부에 비판적인 무소속 출마자가 다수 당선되었어요. 이승만 정부는 국회에서 대통령을 뽑는 간선제로는 이승만이 대통령에 재선될 가능성이 매우 낮다고 판단하고 대통령 직선제 개헌을 추진하였으나 국회의 반대에 부딪혔어요. 이에 부산 정치 파동을 일으켜 야당 의원을 탄압하고 공포 분위기를 조성한 가운데 ③ 정·부통령 직접 선거를 주 내용으로 하는 발췌 개헌안을 통과시켰어요.

오답 피하기

① 6·25 전쟁은 1950년 6월 25일에 북한군의 기습 남침으로 발발하였어요. 부산 정치 파동은 6·25 전쟁 중이던 1952년에 일어났습니다.

② 1949년 6월에 일부 경찰이 반민족 행위 특별 조사 위원회를 습격하여 반민족 행위자 처벌을 위한 활동을 방해하였어요.

④ 1948년 4월에 김구와 김규식 등이 북한 지역에 건너가 북한 지도자들과 전 조선 정당 사회단체 지도자 협의회를 진행하고 외국 군대의 즉시 철수, 통일 정부 수립 등을 주요 내용으로 한 성명서를 발표하였어요.

⑤ 귀속 재산 처리법은 1949년에 처음 제정되었어요.

667 사사오입 개헌
정답 ③

정답 잡는 키/워/드

단수는 계산에 넣지 않아야 한다는 견해를 내세워 개헌안을 통과시킴 → 사사오입 개헌

민의원 재적수 203명의 3분의 2는 135와 3분의 1(135.3333···)이지만 단수, 즉 소수점 이하의 수는 계산에 넣지 않아야 한다는 논리를 내세워 찬성 135표로 개헌안이 통과되었다는 정부 견해를 실은 기사 내용이에요. 이를 통해 밑줄 그은 '개헌안'이 이승만 정부 시기에 이루어진 이른바 사사오입 개헌임을 알 수 있어요. 이승만 정부와 자유당은 장기 집권을 위해 개헌 당시 대통령, 즉 초대 대통령에 한하여 중임 제한을 철폐한다는 부칙을 추가한 개헌안을 발의하고 헌법 개정을 추진하였어요. 국회에서 개헌안 통과를 위해서는 재적 의원 203명 중 3분의 2인 136명의 동의가 필요하였는데, 투표 결과 1명이 부족한 135명이 동의하여 부결이 선언되었어요. 그러나 이틀 후 자유당은 수학의 '사사오입(반올림)' 논리를 억지로 적용하여 개헌안이 통과되었다고 다시 선언하였습니다. 이에 따라 ③ 개헌 당시의 대통령에 한하여 중임 제한이 철폐되었어요.

오답 피하기

① 4·19 혁명으로 이승만이 하야한 뒤 제3차 개헌을 통해 대통령 중심제가 의원 내각제로 바뀌었어요.

② 박정희 정부는 제7차 개헌을 통해 유신 헌법을 제정하여 통일 주체 국민 회의에서 대통령을 선출하도록 하였어요.

④ 12·12 사태를 통해 정권을 장악한 전두환은 통일 주체 국민 회의에서 대통령에 선출된 뒤 곧이어 선거인단이 7년 단임의 대통령을 간접 선출하는 제8차 개헌을 단행하였어요. 이에 따라 전두환이 다시 대통령으로 선출되었어요.

⑤ 1948년에 5·10 총선거가 실시되어 제헌 국회가 구성되었어요.

668 사사오입 개헌 이후의 상황
정답 ②

정답 잡는 키/워/드

사사오입 → 사사오입 개헌(제2차 개헌, 1954)

1954년에 국회의 여당인 자유당이 억지 논리를 앞세워 이른바 사사오입 개헌을 통과시킴으로써 다시 대통령 선거에 나선 이승만이 제3대 대통령 선거에서 승리하여 자유당은 정권을 유지하였어요. 그런데 선거 과정에서 무소속 대통령 후보로 출마한 조봉암이 예상보다 많은 득표를 하였어요. 이러한 지지를 바탕으로 조봉암이 선거 뒤에 혁신 세력을 규합하여 진보당을 창당하자 이승만과 자유당 정부는 위기를 느꼈어요. 이에 이승만 정부는 평화 통일론을 주장한 조봉암을 비롯한 진보당 간부들을 국가 변란 혐의로 체포하였어요(진보당 사건, 1958). 그리고 1959년에 ② 진보당의 당수 조봉암에게 간첩 혐의를 씌워 사형에 처하였어요.

오답 피하기

① 1948년에 제주 4·3 사건 진압을 위해 이승만 정부가 여수와 순천에 주둔한 군대에 출동 명령을 내렸지만 군대 내 일부 세력이 명령을 거부하고 무장봉기하였어요. 이를 여수·순천 10·19 사건이라고 합니다.
③ 제헌 국회에서 제정된 반민족 행위 처벌법에 따라 1948년 10월에 반민족 행위 특별 조사 위원회가 설치되었어요.
④ 1949년에 공산당과 내통하였다는 혐의로 현역 국회 의원 10여 명이 검거·기소된 국회 프락치 사건으로 정부에 비판적인 의원들이 제거되어 반민족 행위 처벌법의 공소 시효를 단축시키는 개정안이 통과되었어요.
⑤ 1946년에 여운형, 김규식 등이 통일 정부 수립을 위해 좌우 합작 위원회를 조직하고 좌우 합작 7원칙을 발표하였어요.

669 제3대 대통령 선거 이후의 사실 정답 ②

자유당과 민주당 후보 출마, 여당은 현 대통령의 3선 주장
→ 제3대 대통령 선거(1956)

자유당과 민주당 후보가 출마하였으며, 여당에서 현 대통령의 3선을 주장한다는 내용을 통해 밑줄 그은 '선거'가 1956년에 있었던 정·부통령 선거(제3대 대통령, 제4대 부통령 선출)임을 알 수 있어요. 1954년에 이승만과 자유당 정부는 정권 유지를 위해 억지 논리를 앞세운 이른바 사사오입 개헌을 통과시켜 개헌 당시 대통령에 한하여 중임 제한 규정을 폐지하였어요. 이후 치러진 1956년 제3대 대통령 선거에서 사사오입 개헌에 따라 출마한 이승만과 여당인 자유당은 현 대통령인 이승만의 3선을 주장하였고, 야당인 민주당에서는 신익희를 대통령 후보로 내세워 정권 교체를 주장하였어요. 선거 운동 기간에 신익희가 갑작스럽게 사망하면서 이승만이 제3대 대통령으로 당선되었어요. ② 제3대 대통령 선거에서 무소속으로 출마하여 돌풍을 일으킨 조봉암이 대통령 선거 이후에 진보당을 창당하였어요. 이에 위기를 느낀 이승만 정부는 진보당이 내세운 평화 통일론을 문제 삼아 조봉암을 구속하고 진보당을 해체하였어요.

오답 피하기

① 6·25 전쟁 중에 조직된 국민 방위군의 간부들이 방위군의 예산을 횡령하고 착복하여 1·4 후퇴 시기에 군수 물자가 제대로 보급되지 않아 많은 군인이 굶주림과 추위로 사망한 국민 방위군 사건이 일어났어요. 1951년 봄에 국회에서 이 사건이 폭로되어 당시 국방부 장관이 물러나고 국민 방위군이 해산되었어요.
③ 제헌 국회에서 제정된 반민족 행위 처벌법에 따라 출범한 반민족 행위 특별 조사 위원회(반민특위)는 친일파 청산을 위한 활동을 벌였어요. 하지만 1949년 6월에 경찰이 반민특위 사무실을 습격하여 사실상 활동이 중단되었어요.
④ 미군의 한반도 진주에 대비하기 위해 1945년 9월에 조선 건국 준비 위원회(건준)가 조선 인민 공화국의 수립을 선포함에 따라 건준의 지부가 인민 위원회로 개편되었어요.
⑤ 1954년에 자유당은 초대 대통령에 한해 중임 제한을 폐지하는 개헌안을 사사오입의 억지 논리를 내세워 통과시켰어요.

670 이승만 정부 시기의 사실 정답 ⑤

조봉암을 간첩 혐의로 수사·처형 → 이승만 정부

조봉암을 간첩 혐의로 수사하고 처형하였다는 내용을 통해 (가) 정부가 이승만 정부임을 알 수 있어요. 제3대 대통령 선거에서 돌풍을 일으켜 많은 지지를 얻었던 조봉암이 평화 통일론을 주장하며 진보당을 창당하였어요. 이에 위기를 느낀 이승만 정부는 1958년 1월에 조봉암 등 진보당 간부들에게 국가 보안법 위반과 간첩죄를 씌워 체포하였어요. ⑤ 1958년 12월에 여당인 자유당이 국회에서 야당 의원들을 폭력적으로 몰아내고 국가 보안법 개정안을 통과시킨 이른바 보안법 파동이 일어났어요.

오답 피하기

① 통일 주체 국민 회의는 박정희 정부 시기인 1972년에 유신 헌법에 따라 설치된 기관이에요.
② 박정희 정부 시기에 농촌 환경 개선과 소득 증대를 내세운 새마을 운동이 전개되었어요.
③ 전두환 등 신군부 세력은 사회 정화를 명분으로 군부대 내에 삼청 교육대를 설치하였어요.
④ 박정희 정부는 경제 개발 자금을 확보하기 위해 한·독 근로자 채용 협정을 체결하고 서독에 광부와 간호사를 파견하였어요.

671 이승만 정부 시기의 사실 정답 ②

자유당이 보안법을 통과시킴, 부산 정치 파동
→ 이승만 정부

자유당이 강도적으로 보안법을 통과시켰다는 내용을 통해 이승만 정부 시기에 보도된 뉴스임을 알 수 있어요. 이승만 정부는 6·25 전쟁 중인 1952년에 이승만의 재선을 목적으로 대통령 직선제 개헌을 시도하였으나 국회의 반대에 부딪혔어요. 이에 이승만 정부는 임시 수도였던 부산 일대에 계엄령을 선포하고, 국회 의원을 태운 통근 버스를 통째로 헌병대로 끌고 가 반대하는 국회 의원들을 공산주의자로 몰아 구속하는 등 공포 분위기를 조성하여 정국을 혼란에 빠뜨렸어요(부산 정치 파동). 이러한 가운데 발췌 개헌안이 국회에서 통과되었고, 이승만은 재선에 성공하였어요. 이후 사사오입 개헌을 통해 3선까지 성공한 이승만은 1958년에 자유당을 통해 정치 활동과 언론 자유를 광범위하게 제한할 수 있는 국가 보안법 개정안을 국회에 상정하였어요. 당시 자유당 의원들은 반대하는 야당 의원들을 폭력적으로 몰아내고 이를 통과시켰어요. 이 사건을 '보안법 파동'이라고도 해요. ② 박정희 정부는 유신 체제에 반대하는 세력을 억압하기 위해 인민 혁명당 재건위 사건(2차 인혁당 사건)을 조작하여 관련자를 탄압하였어요.

오답 피하기

① 이승만 정부는 평화 통일론을 주장한 진보당의 조봉암에게 간첩 혐의를 씌워 사형에 처하였어요.
③ 이승만 정부는 정부에 비판적인 기사를 게재하는 경향신문을 폐간하는 등 언론을 통제하였어요.
④ 이승만 정부는 정권 유지를 목적으로 1960년 정·부통령 선거에서 여당 부통령 후보의 당선을 위해 3·15 부정 선거를 자행하였어요.
⑤ 이승만 정부는 친일파 처벌보다 반공을 우선시하며 반민특위 활동에 비협조적이었고 반민특위를 이끌던 국회 의원들을 간첩으로 몰아 체포하기도 했어요.

672 4·19 혁명 정답 ③

대구의 2·28 민주 운동, 마산의 3·15 의거를 계기로
전국적으로 확산됨 → 4·19 혁명

장면이 부통령 후보로 나섰고, 대구의 2·28 민주 운동과 마산의 3·15 의거를 계기로 전국적으로 확산되었다는 내용을 통해 (가) 민주화 운동이 1960년 정·부통령 선거에서의 부정이 원인이 되어 일어난 4·19 혁명임을 알 수 있어요. 이승만 정부는 정권 유지를 위해 1960년 정·부통령 선거에서 대대적인 선거 부정을 자행하였어요. 야당인 민주당 부통령 후보 장면의 유세에 사

람이 모이지 않도록 일요일에 학생들을 등교하도록 하고, 선거 당일인 3월 15일에는 3인조·9인조 공개 투표, 투표함 바꿔치기 등의 부정을 저질러 이에 항의하는 시위가 전국 각지에서 일어났어요. 이승만 정부가 군대와 경찰까지 동원하여 시위대를 강제 진압하였음에도 부정 선거와 정권의 부도덕성을 규탄하는 시위는 연일 계속되었고, ③ 대학교수단도 대통령 퇴진을 요구하며 시위행진을 벌였어요. 결국 국민적 요구에 굴복한 이승만 대통령이 하야 성명을 발표하였어요.

① 박정희 정부의 한·일 국교 정상화에 반대하여 일어난 민주화 운동은 1964년에 있었던 6·3 시위입니다.

② '호헌 철폐'와 '독재 타도' 등의 구호를 내세운 민주화 운동은 1987년에 있었던 6월 민주 항쟁이에요.

④ 긴급 조치 철폐 등을 요구한 3·1 민주 구국 선언은 유신 반대 운동이에요.

⑤ 5년 단임의 대통령 직선제 개헌이 이루어지는 계기가 된 민주화 운동은 1987년에 있었던 6월 민주 항쟁이에요.

---

673 4·19 혁명 정답 ①

정답 잡는 키/워드
경무대 앞 경찰의 발포, 교수단 시위 → 4·19 혁명

경무대 앞에서 경찰의 발포가 있었고 교수단이 시위를 벌였다는 내용을 통해 (가) 민주화 운동이 4·19 혁명임을 알 수 있어요. 이승만 정부는 정권 유지를 위해 1960년에 3·15 부정 선거를 저질렀고 이에 항의하여 전국에서 시위가 일어났어요. 마산에서 시위에 가담하였다가 최루탄을 맞고 숨진 고등학생 김주열의 시신이 4월 11일에 마산 앞바다에서 발견되자 시민들의 분노가 절정에 달하여 시위는 전국으로 빠르게 확산되었어요. 이러한 가운데 서울에서 학생과 시민들이 4월 19일에 이승만의 독재와 부정 선거를 규탄하며 대통령이 있는 경무대로 향하였어요. 이때 경찰이 시위대를 향해 발포하여 사상자가 발생하였고 정부는 비상계엄을 선포하였습니다. 4월 25일에는 대학교수단이 시국 선언을 발표하고 시민과 학생들을 지지하는 가두시위를 벌였어요. 이승만 정부는 대통령 퇴진을 요구하는 학생과 시민들의 시위를 더 이상 막을 수 없었어요. 결국 4월 26일에 이승만이 하야 성명을 발표하고 대통령직에서 물러났어요. ① 4·19 혁명 이후 구성된 허정 과도 정부가 내각 책임제와 양원제 국회를 골자로 한 개헌을 추진하였고, 새 헌법에 따라 총선을 거쳐 장면 내각이 출범하였어요.

② 부·마 민주 항쟁에 대처할 방안을 두고 정권 내 갈등이 커지는 가운데 대통령 박정희가 측근에 의해 총에 맞아 사망한 10·26 사태가 일어나 유신 체제는 사실상 붕괴되었어요.

③ 박정희 정부의 굴욕적인 한·일 국교 정상화에 반대하여 6·3 시위가 일어났어요.

④ 전두환, 노태우가 중심이 된 신군부의 비상계엄 확대에 반발하여 광주에서 5·18 민주화 운동이 전개되었어요.

⑤ 전두환 정부의 4·13 호헌 조치에 반발하여 일어난 6월 민주 항쟁 당시에 '호헌 철폐'와 '독재 타도' 등의 구호가 등장하였어요.

---

674 4·19 혁명 정답 ③

정답 잡는 키/워드
부정 선거 규탄 시위, 김주열 학생 사망 → 4·19 혁명

1960년 정·부통령 선거에서 대대적인 부정 행위가 나타났어요. 선거 이전부터 이승만 정부와 자유당의 선거 개입에 대한 저항이 일어났고, 3월 15일 선거 당일에는 마산을 비롯한 전국 각지에서 부정 선거에 항의하는 시위가 전개되었어요. 마산에서 시위에 가담하였다가 최루탄을 맞고 숨진 고등학생 김주열의 시신이 4월 11일에 마산 앞바다에서 발견되자 시민들의 분노가 절정에 달하였어요. 이승만 정부는 시위의 배후에 공산당이 있다고 발표하였

지만, 시위는 전국으로 빠르게 확산되었고 이러한 가운데 4월 19일에 서울에서 학생과 시민들이 이승만의 독재와 부정 선거를 규탄하며 대통령이 있는 경무대로 향하였어요. 이때 경찰이 시위대를 향해 발포하였고 정부는 비상계엄을 선포하였어요. 하지만 정권의 퇴진을 요구하는 학생과 시민들을 막을 수는 없었지요. 4월 25일에는 대학교수단이 시국 선언을 발표하고 시민과 학생들을 지지하는 가두시위를 벌였어요. 결국 이승만은 4월 26일에 하야 성명을 발표하고 하와이로 망명하였어요. 이후 ③ 허정을 수반으로 하는 과도 정부가 수립되어 내각 책임제와 양원제 국회를 주요 내용으로 하는 개헌이 단행되었어요.

① 1956년에 조봉암을 중심으로 진보당이 창당되었으나 1958년에 진보당 사건으로 해체되었어요.

② 제헌 국회는 1948년에 친일파 청산을 위한 반민족 행위 처벌법을 제정하였고, 이에 따라 반민족 행위 특별 조사 위원회가 설치되었어요.

④ 미군정 시기인 1946년에 동양 척식 주식회사와 일본인이 소유하였던 공장, 농지 등 귀속 재산 관리를 위해 신한 공사가 설립되었어요.

⑤ 6·25 전쟁 중이던 1952년에 임시 수도 부산에서 자유당이 정권 연장을 위해 대통령 직선제 개헌안을 통과시켰어요(발췌 개헌).

---

675 4·19 혁명 정답 ②

정답 잡는 키/워드
3·15 부정 선거, 김주열 군의 시신 → 4·19 혁명

'3·15 부정 선거'와 김주열의 시신이 마산 앞바다에서 발견되었다는 내용을 통해 자료의 민주화 운동이 4·19 혁명임을 알 수 있어요. 이승만 정부는 정권 유지를 위해 1960년에 치러진 정·부통령 선거에서 대대적인 부정 선거를 자행하였어요. 이에 항의하는 시위가 전국 각지에서 일어났고, 마산에서 시위에 참여하였다가 실종된 김주열의 시신이 마산 앞바다에서 발견되면서 시위는 격화되었어요. 이러한 가운데 서울에서 학생과 시민들이 이승만 정부의 독재와 부정 선거를 규탄하며 대통령의 집무실인 경무대로 향하였어요. 그러자 경찰이 시위대를 향해 발포하였고 정부는 비상계엄을 선포하였어요. 하지만 이승만의 퇴진을 요구하는 시위는 연일 계속되었으며 대학교수단도 시국 선언문을 발표하고 시민과 학생들을 지지하는 가두시위에 나섰어요. 결국 ② 이승만 대통령은 하야 성명을 내고 대통령직에서 물러났고, 허정 과도 정부가 수립되었어요.

① 5·18 민주화 운동 당시 광주의 학생과 시민들은 계엄군의 발포 등 무력 진압에 대항하여 자발적으로 시민군을 조직하였어요.

③ 6월 민주 항쟁 당시 시민들은 '호헌 철폐', '독재 타도' 등의 구호를 외치며 시위를 전개하였어요.

④ 박정희 정부가 대통령 3회 연임을 허용하는 개헌을 추진하자 3선 개헌 반대 범국민 투쟁 위원회가 조직되어 3선 개헌 반대 운동을 주도하였어요.

⑤ 1976년에 유신 반대 운동 과정에서 재야인사들이 중심이 되어 박정희 정부의 장기 독재를 비판하는 3·1 민주 구국 선언을 발표하였어요.

---

676 4·19 혁명~5·16 군사 정변 시기의 사실 정답 ③

정답 잡는 키/워드
• 국민이 원한다면 대통령직에서 사임, 정·부통령 선거에 부정이 많았음 → (가) 4·19 혁명(1960)
• 반공을 국시로 삼음, 정치인들에게 정권 이양 약속 → (나) 5·16 군사 정변(1961)

(가)는 대통령직에서 사임할 것이며, 많은 부정이 있었던 정·부통령 선거를 다시 치를 것을 지시하였다는 내용을 통해 1960년 4·19 혁명이 이끌어 낸 이승만 대통령의 하야 성명임을 알 수 있어요. (나)는 반공을 국시로 삼고, 과업이 성취되면 정치인들에게 정권을 이양하겠다고 약속한 내용을 통해 1961년

5·16 군사 정변 직후 발표된 혁명 공약임을 알 수 있어요. 4·19 혁명의 결과로 이승만 정부가 무너지고 허정 과도 정부가 수립되어 ③ 의원 내각제를 골자로 하는 개헌이 이루어졌어요. 새 헌법에 따라 치러진 총선거에서 민주당이 압승하여 장면 내각이 출범하였지만 5·16 군사 정변으로 무너졌어요.

오답 피하기

① 1956년에 조봉암을 중심으로 진보당이 창당되었어요.
② 12·12 사태로 정권을 장악한 전두환 등 신군부는 1980년에 5·18 민주화 운동을 무력으로 진압한 직후 국가 보위 비상 대책 위원회를 설치하였어요.
④ 1949년에 유상 매수, 유상 분배를 규정한 농지 개혁법이 제정되었어요.
⑤ 1976년에 긴급 조치 철폐를 요구하는 3·1 민주 구국 선언이 발표되었어요.

---

677 제3차 개헌 이후의 사실 정답 ③

정답 잡는 키/워/드

> 내각 책임제 개헌안 통과, 허정 과도 정부가 총선 실시
> → 제3차 개헌(1960)

내각 책임제 개헌안이 통과되었으며, 개헌안에 따라 허정 과도 정부가 총선을 실시한다는 내용을 통해 밑줄 그은 '개헌안'이 4·19 혁명의 결과로 추진된 제3차 개헌임을 알 수 있어요. 제3차 개헌에서 국무총리를 중심으로 하는 내각이 국정을 책임지는 내각 책임제와 양원제 국회가 채택되었고, 새 헌법에 따라 치러진 총선거에서 민주당이 승리하여 국회 다수당이 되었습니다 (제5대 국회). 이 국회에서 민주당 소속의 윤보선이 대통령으로 선출되고 장면이 총리로 지명되어 장면 내각이 수립되었어요. ③ 제3차 개헌에 따라 치러진 1960년 국회 의원 선거로 국회가 민의원과 참의원으로 구성된 양원제로 운영되었어요.

오답 피하기

① 1948년에 제헌 국회에서 반민족 행위 처벌법이 제정되었어요.
② 1947년에 제2차 미·소 공동 위원회가 개최되었으나 임시 정부에 참여할 단체의 범위를 두고 의견이 대립하여 결렬되었어요.
④ 1958년에 이승만 정부는 평화 통일론을 주장한 진보당의 조봉암을 간첩죄로 몰아 구속하였어요.
⑤ 1949년에 제헌 국회에서 농가 경제의 자립과 경제의 균형 발전을 위해 유상 매수, 유상 분배 원칙의 농지 개혁법을 제정하였어요.

---

678 박정희 정부의 외교 정책 정답 ⑤

정답 잡는 키/워/드

> 월남에 추가 파병하는 대가로 군사·경제 원조를 받음
> → 박정희 정부

월남(베트남)에 추가 파병하는 대가로 군사적·경제적 지원을 받는다는 내용으로 보아 문서가 박정희 정부 시기에 있었던 베트남 파병과 관련된 것임을 알 수 있어요. 박정희 정부는 1964년부터 베트남에 국군을 파견하기 시작하였고, 미국과 1966년에 브라운 각서를 체결하여 추가 파병에 대한 대가로 군사적·경제적 지원을 약속받았어요. 한편, 박정희 정부는 경제 개발에 필요한 자금을 마련하기 위해 한·일 회담에 나섰어요. 대학생과 시민들이 일본의 사죄와 배상이 없는 국교 정상화에 반발하여 대규모 시위(6·3 시위, 1964)를 벌였지만, 박정희 정부는 비상계엄을 선포하고 군대를 동원하여 시위를 탄압하였고, 이듬해 ⑤ 한·일 협정을 체결하여 국교 정상화를 추진하였어요.

오답 피하기

① 노태우 정부 시기에 남북한이 유엔에 동시 가입하였어요.
② 노태우 정부는 북방 외교를 추진하여 소련, 중화 인민 공화국(중국) 등 사회주의 국가와 국교를 수립하였어요.
③ 김영삼 정부 시기인 1996년에 경제 협력 개발 기구(OECD)에 가입하였어요.
④ 김대중 정부 시기에 한·칠레 자유 무역 협정(FTA)이 합의·체결되었고, 노무현 정부 시기에 협정이 발효되었어요.

---

679 박정희 정부 시기의 사실 정답 ②

정답 잡는 키/워/드

> • 일본이 3억 달러를 10년에 걸쳐 공여하는 조건 건의, 국교 정상화 이전이라도 협력 추진 건의
>   → (가) 김종필·오히라의 비밀 메모(1962)
> • 대한 제국과 일본 제국 간에 체결된 모든 조약이 무효임을 확인 → (나) 한·일 협정(1965)

(가)는 김종필·오히라의 비밀 메모, (나)는 한·일 협정(한·일 기본 조약)의 내용으로 모두 박정희 정부 시기 한·일 국교 정상화 과정에서 작성된 문서입니다. 박정희 정부는 경제 개발 자금을 마련하기 위해 일본과 국교 정상화를 추진하였어요. 이를 위해 1962년 중앙정보부장 김종필과 일본 외무장관 오히라는 비밀리에 만나 관련 합의 사항을 교환하였어요. 이후 ② 김종필·오히라 비밀 메모의 내용이 알려져 1964년에 수많은 학생과 시민들이 굴욕적인 한·일 회담에 반대하는 6·3 시위를 전개하였으나, 박정희 정부는 계엄령을 선포하고 군대를 동원하여 이를 진압하였어요. 그리고 1965년 한·일 협정(한·일 기본 조약)을 체결하였습니다.

오답 피하기

① 이승만 정부는 6·25 전쟁의 정전 협정 체결 후 1953년에 10월에 한·미 상호 방위 조약을 체결하였어요.
③ 반민족 행위 특별 조사 위원회(반민특위)는 1948년에 제헌 국회에서 제정한 반민족 행위 처벌법에 따라 구성되었지만, 이승만 정부의 방해와 국회 프락치 사건, 경찰의 반민특위 습격 사건 등으로 제대로 활동하지 못하고 해체되었어요.
④ 이승만 정부는 1958년에 평화 통일론을 주장한 진보당의 조봉암을 간첩죄로 몰아 체포·구속하였어요.
⑤ 이승만 정부는 1949년 유상 매수·유상 분배 원칙의 농지 개혁법을 제정한 뒤 일부 개정하여 1950년부터 농지 개혁을 시행하였어요.

---

680 박정희 정부 시기의 사실 정답 ②

정답 잡는 키/워/드

> • 국가 재건 최고 회의 출범 → (가) 5·16 군사 정변 직후
> • 통일 주체 국민 회의 발족 → (나) 유신 헌법 제정 직후

(가)는 국가 재건 최고 회의가 출범하였다는 내용을 통해 1961년 5·16 군사 정변 직후임을 알 수 있어요. (나)는 통일 주체 국민 회의가 발족하였다는 내용을 통해 1972년 유신 헌법 제정 직후임을 알 수 있어요. 5·16 군사 정변으로 권력을 장악한 박정희 등 일부 군인 세력은 국가 재건 최고 회의를 설치하고 군정을 실시하였어요. 이후 1963년에 치러진 제5대 대통령 선거에서 박정희가 대통령에 당선되었어요. 박정희 정부는 정권의 정당성을 확보하고자 경제 개발에 힘을 기울였어요. 이에 필요한 자금을 마련하기 위해 일본과 국교 정상화를 추진하여 한·일 협정(한·일 기본 조약)을 체결하였으며, ㄷ. 베트남 파병에 대한 대가로 미국이 한국에 경제적, 군사적 원조를 한다는 약속을 담은 브라운 각서를 체결하였어요. 그리고 ㄱ. 장기 집권을 위해 1969년에는 대통령 3회 연임을 허용하는 개헌을 단행하였으며, 1972년에는 유신 헌법을 제정하고 통일 주체 국민 회의를 설치하여 이를 토대로 영구 독재 체제인 유신 체제를 구축하였어요.

오답 피하기

ㄴ. 1970년대 후반에 제2차 석유 파동이 일어나 경제 불황이 심화되었어요.
ㄹ. 1993년 김영삼 정부 시기에 금융 거래의 투명성을 확보하고자 대통령 긴급 명령으로 금융 실명제가 실시되었어요.

---

681 3선 개헌 이후의 사실 정답 ⑤

정답 잡는 키/워/드

> 3선 개헌 추진 → 박정희 정부(1969)

대화에 나타난 사건은 박정희 정부 시기에 정부와 여당인 민주 공화당이 추진한 3선 개헌과 이에 저항한 야당과 재야 세력, 학생들의 반대 투쟁입니다. 박정희 정부는 1969년에 국가 안보 강화와 지속적인 경제 발전을 명분으로 대통령의 3회 연임을 허용하는 3선 개헌을 추진하였어요. 국민의 반발이 거세게 일어났지만 국회에서 편법으로 개헌안이 통과되었고 이후 국민 투표를 통해 확정되었습니다. 박정희 정부는 3선 개헌을 통해 장기 집권의 길을 마련한 후 독재 체제를 공고히 구축하기 위해 안보와 통일 대비 등을 내세우며, ⑤ 1972년에 국회 해산, 헌법의 일부 효력 정지를 담은 10월 유신을 선포하였어요.

오답 피하기

① 1960년 4·19 혁명 후 내각 책임제와 양원제 국회 구성을 골자로 한 개헌이 이루어졌고, 새 헌법에 따라 장면 내각이 출범하였어요.
② 1959년에 이승만 정부는 정부에 비판적인 기사를 게재하는 경향신문을 폐간시켰어요.
③ 1961년에 5·16 군사 정변을 일으킨 박정희를 비롯한 군인 세력이 국가 재건 최고 회의를 설치하였어요.
④ 1958년에 이승만 정부는 평화 통일론을 주장한 진보당의 조봉암과 간부들을 간첩죄로 몰아 구속하였어요.

---

682 3선 개헌과 유신 헌법 정답 ④

정답 잡는 키/워/드
· 대통령의 3기 재임 가능 → (가) 3선 개헌(1969)
· 통일 주체 국민 회의, 대통령이 국회 해산 가능 → (나) 유신 헌법(1972)

(가)는 대통령을 직선제로 선출하며 3기에 한하여 계속 재임할 수 있다고 규정한 것으로 보아 1969년에 이루어진 이른바 3선 개헌임을 알 수 있어요. 박정희 정부는 국가 안보 강화와 지속적인 경제 발전을 명분으로 내세워 대통령의 3회 연임을 허용하는 내용의 3선 개헌안을 국회에서 통과시켰어요. (나)는 통일 주체 국민 회의에서 토론 없이 무기명으로 대통령을 선출하며, 대통령에게 국회 해산권을 허용한 것으로 보아 1972년에 제정된 유신 헌법임을 알 수 있어요. 박정희는 3선 개헌으로 장기 집권의 기반을 마련하였지만 대내외적으로 위기를 맞았어요. 닉슨 독트린으로 국제 정세가 반공에 기반을 둔 박정희 정부에게 불리하게 작용하였고 경기 침체로 국민의 불만도 커졌어요. 이러한 가운데 박정희 정부는 냉전 체제 완화의 국제 정세를 반영하여 ④ 1972년 7월에 남북한이 평화 통일의 3대 원칙에 합의한 7·4 남북 공동 성명을 발표하였어요. 성명 발표는 평양에서도 동시에 이루어졌어요. 그러나 곧이어 경제 난국 극복과 안보 및 통일 대비를 내세워 10월 유신을 선포하고 유신 헌법을 공포하여 영구 집권을 위한 독재 체제를 구축하였어요.

오답 피하기

① 김영삼 정부는 1995년에 지방 자치제를 전면 시행하여 주민들이 지방 자치 단체장을 직접 선출하게 하였어요.
② 이승만 정부 시기인 1948년에 제주 4·3 사건 진압을 위해 이승만 정부가 여수와 순천에 주둔한 군대에 출동 명령을 내리자 군대 내 일부 세력이 명령을 거부하고 무장봉기한 여수·순천 10·19 사건이 일어났어요.
③ 박정희를 비롯한 일부 군인들이 1961년에 5·16 군사 정변을 일으켜 정권을 장악하였어요.
⑤ 박정희 정부의 굴욕적인 한·일 국교 정상화에 반대하여 1964년에 6·3 시위가 전개되었으나, 박정희 정부는 비상계엄을 선포하고 군대를 동원하여 이를 진압하였어요.

---

683 유신 헌법 정답 ⑤

정답 잡는 키/워/드
대통령 긴급 조치 제9호 선포 → 유신 헌법

대통령 긴급 조치 제9호가 선포되었다는 내용을 통해 밑줄 그은 '당시 헌법'이 유신 헌법임을 알 수 있어요. 1969년에 편법을 동원하여 3선 개헌을 통과시킨 박정희는 1971년에 치러진 제7대 대통령 선거에서 야당의 김대중 후보를 힘겹게 누르고 3선에 성공하였어요. 이후 1972년에 안보와 통일 대비 등을 내세워 10월 유신을 단행하고 유신 헌법을 제정하였어요. 유신 헌법은 대통령의 중임 제한 규정을 두지 않아 사실상 박정희의 영구 집권을 가능하게 만들었고, ⑤ 대통령을 통일 주체 국민 회의에서 간선제 방식으로 선출하게 하였어요. 또한, 대통령에게 국회 의원 3분의 1 추천권, 긴급 조치권 등의 막강한 권한을 부여하였어요. 유신 헌법은 1980년 10월 제8차 개헌이 단행될 때까지 적용되었습니다.

오답 피하기

① 1950년 이승만 정부 시기에 국민 방위군 설치법이 공포되었어요. 6·25 전쟁 당시 중국군의 개입으로 전세가 불리해지자 이를 타개하기 위해 17세에서 40세 미만의 장정이 국민 방위군으로 소집되었으나, 1951년에 일어난 국민 방위군 사건으로 해체되었어요.
② 김대중 정부 시기에 6·15 남북 공동 선언에 따라 남북한 교류 협력의 하나로 개성 공업 지구 건설에 대한 남북 합의가 이루어졌고, 노무현 정부 시기인 2003년부터 개성 공업 지구 건설 공사가 시작되었어요.
③ 1946년 3월에 미·소 공동 위원회가 개최되었으나 임시 민주 정부에 참여할 단체 선정을 두고 미국과 소련의 의견이 달라 입장 차이를 좁히지 못하여 무기 휴회를 선언하였어요. 이후 한국 문제 처리가 지연되는 데 따른 내외적 압력이 높아지자 미국과 소련은 1947년에 미·소 공동 위원회를 재개하였어요.
④ 노태우 정부는 1991년에 남북 기본 합의서를 채택하였어요.

---

684 박정희 정부 시기의 사실 정답 ③

정답 잡는 키/워/드
인민 혁명당 재건위 사건, 긴급 조치 제4호 → 유신 헌법(박정희 정부)

인민 혁명당 재건위 사건 당시 긴급 조치 제4호 등에 의거하여 처벌되었다는 내용을 통해 (가) 헌법이 박정희 정부가 제정한 유신 헌법임을 알 수 있어요. 유신 헌법은 박정희의 영구 집권을 실현하고 대통령의 권한을 비정상적으로 강화하는 폭압적 지배 체제의 기초였어요. 유신 체제 아래 국민은 언론·출판·결사 등 민주 사회의 기본적인 권리를 제대로 누릴 수 없었고, 일상생활까지 통제받기도 하였어요. 재야인사, 학생, 종교인 등을 중심으로 유신 체제에 반대하는 운동이 치열하게 전개되었고, 유신 헌법 폐지를 요구하는 목소리가 높아졌어요. 이에 박정희 정부는 긴급 조치를 연이어 발표해 이를 억압하고 탄압하였어요. 대표적인 사례가 인민 혁명당 재건위 사건이에요. ③ 1973년에 장준하, 백기완 등 재야인사들을 중심으로 유신 헌법 개정을 요구하는 개헌 청원 100만 인 서명 운동이 전개되었어요.

오답 피하기

① 1960년에 이승만 정부가 자행한 3·15 부정 선거에 항의하는 시위가 전국 각지에서 일어났고, 마산에서 시위에 참여하였다가 실종된 김주열의 시신이 발견되면서 시위는 격화되었어요.
② 전두환 정부 시기인 1986년에 부천 경찰서에서 여성 노동자에 대한 조사 과정에서 성 고문 사건이 일어났어요.
④ 국민 보도 연맹은 1949년에 좌익 운동을 하다 전향한 사람들로 조직된 반공 단체였어요. 하지만 이승만 정부 시기인 6·25 전쟁 초기에 북한군에 밀려 정부와 경찰이 후퇴하는 과정에서 국민 보도 연맹원에 대한 학살이 자행되었어요.
⑤ 노태우 정부 시기인 1991년에 대학생 강경대가 노태우 정부의 반민주적 통치에 반대하는 시위를 벌이다가 경찰의 과잉 진압으로 사망하였어요.

---

685 유신 헌법 정답 ③

정답 잡는 키/워/드
장준하, 개정을 요구하는 100만 인 청원 운동 전개 → 유신 헌법 반대 개정을 요구하는 100만 인 청원 운동을 전개한다는 장준하의 발표 내용을 통해 밑줄 그은 '현행 헌법'이 박정희 정부 때 제정된 유신 헌법임을 알 수 있어요. 박정희 정부는 1972년에 안보와 통일 등을 내세워 10월 유신을 단행하고 유신 헌법을 제정하였어요. 유신 헌법은 통일 주체 국민 회의에서 간선으로 대통령을 선출하도록 규정하였어요. 그리고 대통령의 임기를 6년으로 하고 중임 제한 규정을 두지 않았으며, ③ 대통령에게 국회 해산권과 국회 의원 3분의 1 추천권, 긴급 조치권 등을 부여하였습니다. 박정희 정부는 유신 헌법을 토대로 영구 집권을 실현하고 대통령의 권한이 비정상적으로 강화된 독재 체제를 구축하였어요. 이에 1973년에 장준하 등 재야인사들이 유신 헌법 개정을 요구하며 개헌 청원 100만 인 서명 운동을 전개하였어요.

오답 피하기
① 1960년 4·19 혁명 후 추진된 제3차 개헌에서 내각 책임제를 채택하였어요.
② 1969년에 제6차 개헌(3선 개헌)에서 대통령의 연임을 3회로 제한하였어요.
④ 1980년에 추진된 제8차 개헌에서 대통령을 선거인단에서 선출하게 하고 대통령의 임기를 7년 단임제로 정하였어요.
⑤ 제3차 개헌에서 참의원과 민의원의 양원제 국회를 규정하였고, 이 헌법에 따라 양원제 국회가 구성되었어요.

---

686 박정희 정부 시기의 사실 정답 ④

정답 잡는 **키/워/드**
전국 민주 청년 학생 총연맹 사건 → 박정희 정부

민주화 운동 탄압 사례로 전국 민주 청년 학생 총연맹 사건(민청학련 사건)이 있다는 내용을 통해 (가) 정부가 박정희 정부임을 알 수 있어요. 박정희 정부는 유신 체제에 반대하는 시위가 이어지자 전국 민주 청년 학생 총연맹 사건과 인민 혁명당 재건위 사건(제2차 인민 혁명당 사건) 등을 조작하여 관련자를 잡아들이고 유신 반대 운동을 탄압하였어요. 이러한 탄압 속에도 재야인사, 학생, 종교인 등을 중심으로 한 민주 세력은 민주화 요구를 이어 갔어요. 1973년에 장준하, 백기완 등이 개헌 청원 100만 인 서명 운동을 전개하였고, ④ 1976년에는 함석헌, 김대중 등이 장기 독재에 반대하고 긴급 조치 철폐 등을 요구하는 3·1 민주 구국 선언을 발표하였어요.

오답 피하기
① 이승만 정부는 정부에 비판적인 기사를 게재하는 경향신문을 폐간하는 등 언론을 통제하였어요.
② 이승만 정부 시기 3·15 부정 선거가 발단이 되어 일어난 4·19 혁명으로 이승만이 대통령직에서 물러났어요.
③ 노태우 정부 시기인 1991년에 대학생 강경대가 노태우 정부의 반민주적 통치에 항거하는 시위를 벌이다가 경찰의 과잉 진압으로 사망하였어요.
⑤ 전두환 정부는 국민의 대통령 직선제 개헌 요구를 거부하고 기존의 헌법을 유지하겠다는 4·13 호헌 조치를 발표하였어요.

---

687 박정희 정부 시기의 모습 정답 ①

정답 잡는 **키/워/드**
통일 주체 국민 회의에서 대통령을 선출하도록 헌법을 개정함 → 박정희 정부

통일 주체 국민 회의에서 대통령을 선출하도록 헌법을 개정하였다는 내용을 통해 (가) 정부가 박정희 정부임을 알 수 있어요. 박정희 정부는 1960~1970년대 정부 주도의 경제 성장을 추진하는 과정에서 경범죄를 처벌한다는 구실로 개인의 자유를 규제하기도 하였어요. ① 1970년대에 사회악과 퇴폐풍조를 일소한다는 구실로 거리에서 장발과 미니스커트를 단속하였어요.

오답 피하기
② 전두환 정부 시기에 강압 정책에 대한 불만을 무마하기 위해 야간 통행금지 해제, 중고등학생 두발과 교복 자율화 등이 추진되었어요.
③ 김영삼 정부 시기에 금융 거래의 투명성을 확보하고자 대통령 긴급 명령으로 금융 실명제가 실시되었어요.

---

④ 칠레와의 자유 무역 협정(FTA)은 2003년 김대중 정부 시기에 정식 서명이 이루어졌고, 노무현 정부 시기인 2004년에 국회에서 비준되었어요.
⑤ 김영삼 정부 시기인 1995년에 전국 민주 노동조합 총연맹(민주노총)이 창립되었어요.

---

688 박정희 정부 시기의 사실 정답 ⑤

정답 잡는 **키/워/드**
긴급 조치 제9호 → 박정희 정부

대통령 긴급 조치 제9호를 시행한 정부는 박정희 정부입니다. 박정희 정부는 1972년에 유신 헌법을 제정하여 영구적인 독재 체제의 토대를 마련하였어요. 유신 헌법은 대통령에게 국회 해산권과 국회 의원 3분의 1 추천권 등의 초헌법적인 권한을 부여하였으며, 긴급 조치를 통해 헌법이 보장하는 국민의 권리까지도 통제할 수 있게 하였어요. ⑤ 1976년에 유신 체제에 반대하여 김대중, 함석헌 등 재야인사들이 긴급 조치 철폐를 요구하는 3·1 민주 구국 선언을 발표하였어요.

오답 피하기
① 국민 방위군 설치법은 1950년 이승만 정부 시기에 공포되었어요. 6·25 전쟁 당시 중국군의 개입으로 전세가 불리해지자 이를 타개하기 위해 공포·실시되어 17세에서 40세 미만의 장정이 제2국민병으로 조직되었어요.
② 1960년에 4·19 혁명으로 이승만 대통령이 하야하고 허정 과도 정부가 수립되어 내각 책임제와 양원제 국회 구성을 골자로 한 개헌이 이루어졌어요.
③ 광복 후 미군정은 일제 강점기에 동양 척식 주식회사와 일본인의 소유였던 토지 등 귀속 재산의 처리를 위해 신한 공사를 설립하였어요.
④ 이승만 정부는 1958년에 평화 통일론을 주장한 진보당의 조봉암을 간첩 혐의로 구속하였어요.

---

689 박정희 정부 시기의 사실 정답 ②

정답 잡는 **키/워/드**
향토 예비군 창설, 북한 무장 공비의 청와대 습격 시도 사건 → 박정희 정부

북한 무장 공비의 청와대 습격 시도 사건을 계기로 향토 예비군을 창설하였다는 내용을 통해 박정희 정부 시기의 뉴스 보도임을 알 수 있어요. 1968년 1월 21일에 김신조 등 북한 무장간첩들이 청와대 습격을 시도한 사건이 벌어졌어요. 이후 정부는 청와대 보호 차원에서 인왕산과 북악산, 청와대 앞길까지 일반인의 통행을 금지하였으며, 향토 예비군을 창설하였어요. ② 박정희 정부는 1968년에 대한민국 교육이 지향해야 할 이념과 근본 목표를 담은 국민 교육 헌장을 선포하였어요.

오답 피하기
① 노무현 정부는 양성평등의 실현과 평등한 가족 관계 형성을 위해 호주제를 폐지하였어요.
③ 이명박 정부는 다문화 가족 지원법을 시행하였어요.
④ 김영삼 정부는 공직자 윤리법을 개정하여 재산 등록을 의무화하였어요.
⑤ 전두환 정부는 언론 통폐합을 단행하고 언론 기본법을 제정하였어요.

---

690 박정희 정부 시기의 사실 정답 ⑤

정답 잡는 **키/워/드**
국민 교육 헌장 선포 → 박정희 정부

국민 교육 헌장을 선포한 정부는 박정희 정부입니다. 박정희 정부는 1968년에 우리나라 교육이 지향해야 할 근본 목표를 담은 국민 교육 헌장을 발표하였어요. 또한, 학교 교육이 확장되고 교육열이 지나치게 높아지는 가운데 과도한 입시 경쟁이 벌어지자 이를 해소하기 위해 ⑤ 1969년에 중학교 입시 제도를 폐지하고 무시험 추첨제를 실시하였어요.

---

691 박정희 정부 시기의 사실   정답 ②

정답 잡는 키/워/드   인민 혁명당 재건위 사건, 긴급 조치 → 박정희 정부

'인민 혁명당 재건위 사건'은 박정희 정부가 유신 체제에 반대하는 세력을 억압하기 위해 조작한 사건이에요. 따라서 박정희 정부 시기에 있었던 사실을 찾으면 됩니다. 1979년에 박정희 정부는 회사의 부당 폐업 공고에 반대한 ② YH 무역 회사의 여성 노동자들이 신민당사에서 농성 투쟁을 벌이자 경찰을 투입하여 강경 진압하였어요. 이 과정에서 여성 노동자 1명이 사망하였고, 사건에 항의하며 유신 정권을 비판한 당시 신민당 총재였던 김영삼이 국회 의원직에서 제명되었어요. 이에 김영삼의 정치적 본거지인 부산과 마산, 창원 일대에서 대규모 유신 반대 시위가 일어났어요(부·마 민주 항쟁).

오답 피하기

① 이승만 정부는 1953년 10월에 미국과 한·미 상호 방위 조약을 체결하였어요.
③ 김영삼 정부는 금융 거래의 투명성을 확보하기 위해 금융 실명제를 시행하였어요.
④ 전두환 등 신군부가 주도한 국가 보위 비상 대책 위원회는 사회 정화를 명분으로 삼청 교육대를 전국 각지의 군부대 내에 설치하였어요.
⑤ 이승만 정부는 간첩 혐의를 씌워 진보당의 조봉암을 제거하였어요.

---

692 박정희 정부 시기의 사실   정답 ①

정답 잡는 키/워/드   YH 무역 사건 → 박정희 정부 말기

유신 체제에 반대하는 운동이 계속되는 가운데 박정희 정부는 긴급 조치권을 발동하여 이를 탄압하였어요. 이러한 상황에서 1979년에 YH 무역 노동자들이 회사의 일방적인 폐업 조치에 맞서 신민당사에서 농성하자 정부는 무장 경찰을 투입하여 폭력적으로 농성을 진압하였어요. 이에 김영삼 등 신민당 의원들이 정부를 비판하고 항의 농성을 벌이자 국회에서는 당시 신민당 총재였던 김영삼을 국회 의원직에서 제명하였어요. 그러자 김영삼의 정치적 본거지인 ① 부산과 마산 일대에서 학생을 중심으로 정치 탄압 중단과 유신 정권 타도 등을 외치며 대규모 시위(부·마 민주 항쟁)가 일어났고, 시민들도 동참하여 시위는 확산되었어요. 이러한 가운데 대통령 박정희가 측근에 의해 피살된 10·26 사태가 일어나 유신 체제가 사실상 붕괴되었어요.

오답 피하기

② 1976년 3월 1일에 김대중, 함석헌 등 재야인사들이 유신 체제를 비판하는 3·1 민주 구국 선언을 발표하였어요.
③ 1960년 4·19 혁명으로 수립된 허정 과도 정부가 내각 책임제와 양원제 국회를 골자로 하는 개헌을 단행하였고, 새 헌법에 따라 치러진 총선거로 민의원과 참의원의 양원제 국회가 출범하였어요.
④ 1964년에 한·일 국교 정상화에 반대하여 6·3 시위가 전개되자 박정희 정부가 비상계엄령을 선포하였어요.
⑤ 1970년에 서울 청계천의 평화 시장에서 재단사로 일하던 전태일이 근로 기준법 준수를 요구하며 분신하였어요.

---

693 부·마 민주 항쟁   정답 ①

정답 잡는 키/워/드   부산과 마산 지역의 시민과 학생들이 일으킴, 야당 총재의 국회 의원직 제명으로 촉발됨 → 부·마 민주 항쟁

부산과 마산 지역의 시민과 학생들이 일으켰으며, 야당 총재의 국회 의원직 제명으로 촉발되었다는 내용을 통해 (가) 민주화 운동이 유신 체제 붕괴의 배경이 된 부·마 민주 항쟁임을 알 수 있어요. 1979년에 회사 측의 부당 폐업 공고에 반대한 YH 무역의 여성 노동자들이 야당인 신민당 당사에서 농성 투쟁을 벌이자 경찰이 강제 진압하였는데, 그 과정에서 노동자 1명이 사망하는 사건이 일어났어요. 이 사건에 항의하며 야당(신민당) 총재 김영삼이 유신 정권을 강하게 비판하자 여당은 김영삼을 국회 의원직에서 제명하였어요. 이를 계기로 부·마 민주 항쟁이 일어났습니다. ① 부·마 민주 항쟁이 확산되자 대처 방안을 두고 정권 내 갈등이 커지는 가운데 대통령 박정희가 중앙정보부장 김재규의 총탄에 사망한 10·26 사태가 일어나 유신 체제는 사실상 붕괴되었어요.

오답 피하기

② 5·18 민주화 운동 당시 광주의 학생과 시민들은 자발적으로 시민군을 조직하여 계엄군에 대항하였어요.
③ 4·19 혁명으로 이승만 대통령이 하야하고 허정 과도 정부가 구성되었어요.
④ 4·19 혁명과 5·18 민주화 운동의 관련 기록물이 유네스코 세계 기록 유산으로 등재되었어요.
⑤ 4·19 혁명 당시 대통령 하야를 요구하는 대학교수단의 시위행진이 있었어요.

---

694 5·18 민주화 운동   정답 ②

정답 잡는 키/워/드   계엄 당국이 공수 부대를 대량으로 투입 → 5·18 민주화 운동

계엄 당국이 공수 부대를 대량으로 투입하여 학생과 젊은이들을 무차별 살상하였다는 내용을 통해 자료에 나타난 민주화 운동이 5·18 민주화 운동임을 알 수 있어요. 1979년에 12·12 사태로 정권을 장악한 전두환, 노태우 등 신군부가 비상계엄을 확대하자 이에 반발하여 1980년 5월에 광주의 학생과 시민들이 시위를 전개하였어요. 당시 시위에 나선 이들은 계엄 철폐와 신군부 퇴진을 요구하였어요. ② 신군부가 공수 부대, 계엄군을 앞세워 무력 진압해 오자 시위대는 자발적으로 시민군을 조직하여 대항하기도 하였어요. 하지만 탱크와 헬기까지 동원한 계엄군의 무자비한 진압에 수많은 광주의 시민들이 희생되었습니다. 5·18 민주화 운동의 발생과 탄압에서부터 진상 조사 활동과 보상에 이르기까지의 관련 기록물은 그 의미와 가치를 인정받아 2011년에 유네스코 세계 기록 유산으로 등재되었어요.

오답 피하기

① 전두환 정부의 4·13 호헌 조치에 반발하여 일어난 6월 민주 항쟁 당시에 '호헌 철폐', '독재 타도' 등의 구호가 등장하였어요.
③ 3·15 부정 선거를 규탄하는 마산 시위에 참여하였다가 실종된 김주열이 최루탄에 맞아 숨진 채 마산 앞바다에서 발견되었어요. 이에 분노한 시민과 학생들의 시위가 전국으로 확산되며 4·19 혁명으로 이어졌습니다.
④ 6월 민주 항쟁의 결과 대통령 직선제 개헌을 약속한 6·29 민주화 선언이 발표되었어요.
⑤ 4·19 혁명의 결과 이승만이 하야 성명을 발표하고 대통령직에서 물러났으며, 이후 허정을 수반으로 하는 과도 정부가 수립되었어요.

---

695 5·18 민주화 운동   정답 ④

정답 잡는 키/워/드   계엄군에 맞서 시민군으로 활동 → 5·18 민주화 운동

계엄군에 맞서 시민군으로 활동하였다는 내용을 통해 (가) 민주화 운동이 5·18 민주화 운동임을 알 수 있어요. 1979년에 12·12 사태로 정권을 장악한 ④ 신군부가 비상계엄을 확대하자 이에 반발하여 1980년 5월에 광주의 학생과 시민들이 시위를 전개하였어요. 신군부는 계엄군을 투입하여 무자비하게 시위를 진압하였고, 이 과정에서 수많은 광주의 시민들이 희생되었어요.

① 1987년에 박종철 고문치사 사건에 대한 진실이 폭로되어 폭압적인 전두환 정부를 규탄하는 시위가 확산되는 가운데 대학생 이한열이 경찰이 쏜 최루탄에 피격된 사건이 일어났어요. 이에 분노한 많은 시민과 학생들이 6·10 국민 대회에 참여하고 대규모 시위를 전개하였어요(6월 민주 항쟁).

② 4·19 혁명 당시 3·15 부정 선거에 항의하며 대통령이 있는 경무대로 향하던 시위대를 향해 경찰이 발포하여 사상자가 발생하였어요.

③ 6월 민주 항쟁 과정에서 학생과 시민들은 박종철 고문치사 사건의 진상 규명을 요구하였어요.

⑤ 박정희 정부 시기에 유신 반대 운동 과정에서 김대중 등 재야인사들이 중심이 되어 긴급 조치 철폐 등을 요구하는 3·1 민주 구국 선언을 발표하였어요.

696 5·18 민주화 운동 정답 ⑤

정답 잡는 키/워/드 | 광주, 공수 부대를 투입하여 시민과 학생을 무차별 살육 → 5·18 민주화 운동

광주에 공수 부대를 투입하여 시민과 학생을 무차별 살육하였다는 내용을 통해 자료에 나타난 민주화 운동이 5·18 민주화 운동임을 알 수 있어요. 1980년에 광주에서 일어난 5·18 민주화 운동은 전두환 등 신군부의 불법적 정권 탈취와 비상계엄 확대에 대한 저항이었어요. 신군부는 계엄군을 투입하여 무자비하게 시위를 진압하였고, 이 과정에서 수많은 광주의 시민들이 희생되었어요. ⑤ 국가 폭력에 대한 저항이었던 5·18 민주화 운동의 발생과 탄압에서부터 진상 조사 활동과 보상에 이르기까지의 관련 기록물은 그 의미와 가치를 인정받아 2011년에 유네스코 세계 기록 유산으로 등재되었어요.

① 4·19 혁명으로 이승만이 대통령직에서 물러나고 허정 과도 정부가 출범하였어요. 과도 정부는 3·15 부정 선거를 무효로 하고, 내각 책임제, 양원제 국회를 특징으로 개헌을 단행하였어요.

② 박정희 정부가 추진한 굴욕적인 한·일 국교 정상화에 반대하여 6·3 시위가 일어났어요.

③ 6월 민주 항쟁 당시 시민들은 '호헌 철폐', '독재 타도' 등의 구호를 외치며 시위에 참여하였어요.

④ 4·19 혁명은 3·15 부정 선거에 대한 항의 시위에서 시작되었어요.

697 전두환 정부 시기의 사실 정답 ①

정답 잡는 키/워/드 | 야간 통행금지 해제 → 전두환 정부

야간 통행금지가 해제되었다는 내용을 통해 전두환 정부 시기에 보도된 기사 내용임을 알 수 있어요. 5·18 민주화 운동을 무력으로 진압한 후 들어선 전두환 정부는 ㄴ. 언론 통폐합, 언론 기본법 제정, 삼청 교육대 운영 등 강압적인 정책을 폈어요. 한편으로는 정권에 반대하는 여론을 무마하기 위한 유화 정책을 펴 야간 통행금지를 해제하고 중고등학교 학생의 두발과 교복을 자율화하였어요. 또 프로 스포츠를 도입하여 ㄱ. 한국 프로 야구가 6개 구단으로 출범하였어요.

ㄷ. 가정 의례 준칙은 박정희 정부 시기에 제정되었어요.

ㄹ. 박정희 정부는 재건 국민 운동 본부를 중심으로 혼·분식 장려 운동을 전개하였어요.

698 전두환 정부 시기의 사실 정답 ②

정답 잡는 키/워/드 | 교복과 두발 자율화, 야간 통행금지 해제 → 전두환 정부

중고등학생의 교복과 두발을 자율화하고, 야간 통행금지 해제가 본격 적용되었다는 내용을 통해 전두환 정부 시기에 보도된 뉴스임을 알 수 있어요. 전두환 정부는 ② 매일 각 언론사에 기사 보도를 제한하는 보도 지침을 내려보내 언론 통제를 강화하는 등 강압적인 정책을 폈어요. 한편으로는 중고등학생의 교복과 두발 자율화, 야간 통행금지 해제, 프로 스포츠 도입 등의 유화 정책을 추진하여 국민의 불신과 불만을 무마하려고 하였어요.

① 노태우 정부 시기인 1988년에 서울 올림픽 대회가 개최되었어요.

③ 김영삼 정부 시기에 삼풍 백화점 붕괴 사고가 일어나 많은 인명 피해가 발생하였어요.

④ 노무현 정부 시기에 양성평등의 실현과 평등한 가족 관계 형성을 위해 호주제가 폐지되었어요.

⑤ 이명박 정부 시기에 다문화 가족의 삶의 질 향상과 사회 통합을 위한 다문화 가족 지원법이 시행되었어요.

699 전두환 정부 시기의 사실 정답 ①

정답 잡는 키/워/드 | 보도 지침 → 전두환 정부

정부의 보도 지침 자료를 공개하는 기자 회견 장면이라는 내용을 통해 밑줄 그은 '이 정부'가 전두환 정부임을 알 수 있어요. 전두환 정부는 민주화 운동과 노동 운동을 탄압하고 효과적인 언론 통제를 위해 매일 각 언론사에 기사 보도를 제한하는 '보도 지침'을 내려보내는 등 강압 정책을 폈어요. 한편으로는 37년 만에 야간 통행금지를 해제하고, 중고등학생의 두발과 교복 자율화, 해외여행 자유화, 프로 야구단과 프로 축구단 창단 등 유화적인 정책을 펴기도 하였어요. 그러나 각종 권력형 부정과 비리 사건으로 전두환 정부에 대한 국민의 불신과 불만이 커져 갔어요. ① 노태우 정부 시기인 1988년에 서울 올림픽 대회가 개최되었어요.

② 전두환 정부 시기에 야간 통행금지가 해제되었어요.

③ 전두환 정부 시기인 1987년 1월에 남영동 대공분실에서 박종철 고문치사 사건이 발생하였어요.

④ 전두환 정부 시기인 1982년에 프로 야구가 6개 구단으로 출범하였어요.

⑤ 전두환 정부 시기인 1985년에 남북 이산가족 고향 방문단과 예술 공연단의 교환 방문이 최초로 이루어졌어요.

700 전두환 정부 시기의 사실 정답 ④

정답 잡는 키/워/드 | 대통령 선거인단, 7년 단임 대통령제 → 제8차 개헌(1980), 전두환 정부

대통령 선거인단에서 무기명 투표로 대통령을 뽑고, 대통령의 임기가 7년 단임이라는 내용을 통해 제시된 헌법이 1980년에 이루어진 제8차 개헌임을 알 수 있어요. 12·12 사태로 정권을 잡은 신군부 세력의 전두환은 유신 헌법에 따라 통일 주체 국민 회의에서 제11대 대통령으로 선출되었어요. 곧이어 대통령 임기 7년 단임제와 대통령 선거인단에 의한 간선제를 내용으로 한 제8차 개헌을 단행하였어요. 그리고 새 헌법에 따라 전두환은 제12대 대통령에 당선되었습니다. 이 헌법은 1987년 6월 민주 항쟁의 결과로 대통령 직선제 개헌이 이루어지기 전까지 적용되었어요. ④ 전두환 정부는 강압 정책에 대한 불만을 무마하기 위해 야간 통행금지 해제, 중고등학생의 두발과 교복 자율화, 프로 야구단 창단 등 유화 정책을 추진하였어요.

① 박정희 정부는 긴급 조치 9호를 발동하여 민주화 운동을 탄압하였어요.

② 박정희 정부는 개인보다 국가의 발전을 우선시하는 국가주의가 반영된 국민 교육 헌장을 공포하였어요.

③ 김영삼 정부는 지방 자치제를 전면 시행하여 주민들이 지방 자치 단체장을 직접 선출하게 하였어요.
⑤ 노무현 정부는 한·미 자유 무역 협정(FTA)을 체결하였어요.

701 전두환 정부 시기의 사실 정답 ④

정답 잡는
키/워/드
신한 민주당이 제1야당, 민주 정의당이 여당
→ 전두환 정부 시기 제12대 총선(1985)

김대중과 김영삼이 이끈 신한 민주당이 제1야당이 되었고, 민주 정의당이 여당이며 정부의 권위주의적 통치에 국민의 반발이 있었다는 내용을 통해 밑줄 그은 '총선'이 전두환 정부 시기에 치러진 제12대 총선임을 알 수 있어요. 12·12 사태로 정권을 차지한 신군부 세력이 중심을 이룬 전두환 정부는 출범과 동시에 정권에 반대하는 정치인들의 정치 활동을 금지하였고, 여당인 민주 정의당은 정부의 정책이 수월하게 추진될 수 있도록 힘을 보탰어요. 1985년 약 4년 동안의 정치 활동 금지 조치가 해제된 김대중, 김영삼이 이끈 신한 민주당은 창당 직후 치러진 제12대 총선에서 제1야당으로 급부상하였어요. ④ 1986년에 신한 민주당의 주도로 전두환 정부의 독재를 끝내고 민주화를 이루기 위해 대통령 직선제 개헌을 청원하는 1천만 명 서명 운동이 전개되었어요.

오답 피하기
① 1960년 4·19 혁명 직후 구성된 허정 과도 정부 시기에 의원 내각제와 양원제 국회를 골자로 하는 개헌이 이루어졌어요. 새로운 헌법에 따라 양원제 국회가 구성되고 장면 내각이 출범하였어요.
② 1960년 3·15 부정 선거로 여당의 부통령 후보인 이기붕이 당선되었어요. 이러한 부정 선거에 항의하여 4·19 혁명이 일어났어요.
③ 1980년 봄, 신군부 퇴진을 요구하는 대학생들의 대규모 집회가 이어지자 전두환 등 신군부 세력이 비상계엄을 전국으로 확대 선포하였어요.
⑤ 1976년 유신 체제의 논리를 정면으로 비판하고 긴급 조치의 철폐를 요구하는 3·1 민주 구국 선언이 발표되었어요.

702 6월 민주 항쟁 정답 ⑤

정답 잡는
키/워/드
박종철 고문 은폐 조작 발표, 6·10 국민 대회
→ 6월 민주 항쟁

'박종철 고문 은폐 조작 발표', '6·10 국민 대회'를 통해 (가) 민주화 운동이 6월 민주 항쟁임을 알 수 있어요. 전두환 정부의 강압적 통치에 대한 국민의 불만이 커지고 직선제 개헌 요구가 거세었음에도 불구하고 정부는 기존 헌법을 유지하고 개헌 논의를 금지한다는 4·13 호헌 조치를 발표하였어요. 그러나 직선제 개헌을 향한 국민의 열망은 사그라지지 않았고, 이러한 상황 속에 남영동 대공분실 조사실에서 벌어진 박종철 고문치사 사건에 대한 진실이 폭로되어 폭압적인 정부를 규탄하는 시위가 확산되었어요. 이때 시위에 참가한 대학생 이한열이 경찰이 쏜 최루탄에 피격되는 사건이 일어났지요. 이를 계기로 민주화에 대한 요구는 더욱 커졌고 ⑤ 수많은 시민이 민주 헌법 쟁취 국민운동 본부가 개최한 6·10 국민 대회에 참여하여 '호헌 철폐', '독재 타도' 등을 외치며 시위를 벌였어요.

오답 피하기
① 전두환이 이끄는 신군부의 비상계엄 확대가 원인이 되어 광주에서 5·18 민주화 운동이 일어났어요.
② 4·19 혁명과 5·18 민주화 운동의 관련 기록물이 유네스코 세계 기록 유산으로 등재되었어요.
③ 4·19 혁명 당시 시위대가 3·15 부정 선거에 항의하며 대통령이 있는 경무대로 향하는 중에 경찰이 시위대를 향해 발포하여 사상자가 발생하였어요.
④ 1976년에 김대중, 함석헌 등 재야인사들이 3·1 민주 구국 선언을 통해 긴급 조치 철폐 등을 요구하며 유신 반대 운동을 전개하였어요.

703 6월 민주 항쟁 정답 ②

정답 잡는
키/워/드
호헌 철폐, 민주 헌법 쟁취 국민운동 본부 → 6월 민주 항쟁

'호헌 철폐'와 민주 헌법 쟁취 국민운동 본부가 활동하였다는 내용을 통해 (가) 민주화 운동이 6월 민주 항쟁임을 알 수 있어요. 전두환 정부는 시민들의 직선제 개헌 요구를 무시하고 기존 헌법에 따라 선거를 치르겠다는 4·13 호헌 조치를 발표하였어요. 이러한 상황에서 박종철 고문치사 사건에 대한 진실이 폭로되어 폭압적인 정부를 규탄하는 시위가 확산되었어요. 이때 시위에 참가한 대학생 이한열이 경찰이 쏜 최루탄에 피격되는 사건이 일어났어요. 이를 계기로 민주화에 대한 요구는 더욱 커졌고, 수많은 시민이 민주 헌법 쟁취 국민운동 본부가 개최한 6·10 국민 대회에 참여하여 '호헌 철폐', '독재 타도' 등을 외치며 시위를 벌였어요. 전국 각지에서 연일 대규모 시위가 이어지고 정부의 강경 진압에도 불구하고 시민들의 저항이 계속되자 결국 정부는 국민의 요구를 수용하였어요. ② 1987년 6월 민주 항쟁의 결과 5년 단임의 대통령 직선제 개헌이 이루어졌어요.

오답 피하기
① 박정희 정부의 굴욕적인 한·일 국교 정상화에 반대하여 6·3 시위가 일어났어요.
③ 5·18 민주화 운동 과정에서 광주의 학생과 시민들은 계엄군의 발포 등 무력 진압에 대항하여 자발적으로 시민군을 조직하였어요.
④ 박정희 정부가 대통령 3회 연임을 허용하는 개헌을 추진하자 3선 개헌 반대 범국민 투쟁 위원회가 결성되어 3선 개헌 반대 운동을 주도하였어요.
⑤ 4·19 혁명을 통해 이승만 정부가 무너지고 허정 과도 정부가 수립되어 의원 내각제와 양원제 국회 구성을 골자로 한 개헌이 이루어졌어요.

704 6월 민주 항쟁 정답 ③

정답 잡는
키/워/드
4·13 호헌 조치 무효 선언 → 6월 민주 항쟁

민주 헌법 쟁취 국민운동 본부가 국민 대회를 열고 4·13 호헌 조치가 무효임을 선언한다는 내용을 통해 기사에 보도된 민주화 운동이 6월 민주 항쟁임을 알 수 있어요. 전두환 정부는 국민의 대통령 직선제 개헌 요구를 무시하고 기존 헌법을 고수하겠다는 4·13 호헌 조치를 발표하였어요. 이에 국민의 저항이 확산되는 가운데 정부가 박종철 고문치사 사건을 은폐·조작하였다는 사실이 폭로되면서 민주 헌법 쟁취 국민운동 본부가 결성되어 항쟁을 체계적으로 펼치기 시작하였어요. 이러한 상황에서 대학생 이한열이 박종철 고문치사 사건의 진상 규명을 요구하는 시위에 참여하였다가 경찰이 쏜 최루탄에 피격되는 사건이 벌어졌어요. 이에 분노한 수많은 학생과 시민들이 '호헌 철폐', '직선제 개헌 쟁취', '독재 타도' 등을 외치며 민주 헌법 쟁취 국민운동 본부가 개최한 6·10 국민 대회에 참여하였고, 시위는 전국적·범국민적으로 확산되었어요. 정부는 강경 대응에 나섰지만 국민의 저항을 막을 수 없었어요. 마침내 여당의 차기 대통령 후보였던 노태우가 6·29 민주화 선언을 발표하였고, 이에 따라 ③ 5년 단임의 대통령 직선제 개헌이 이루어졌어요.

오답 피하기
① 전두환 등 신군부가 5·18 민주화 운동을 무력으로 진압한 후 국가 보위 비상 대책 위원회를 설치하였어요.
② 1980년 5월에 신군부 퇴진과 계엄령 철폐 등을 요구하는 민주화 시위가 확산되자 신군부는 비상계엄을 전국으로 확대하였어요.
④ 4·19 혁명으로 이승만 대통령이 하야하고 허정 과도 정부가 수립되었어요.
⑤ 제3대 대통령 선거에 무소속으로 출마하여 돌풍을 일으킨 조봉암은 1956년에 혁신 세력을 규합하여 진보당을 창당하였어요.

705 노태우 정부 시기의 사실 정답 ②

정답 잡는
키/워/드
제24회 서울 올림픽 개회식 → 노태우 정부

제24회 서울 올림픽 개회식이 열렸다는 내용을 통해 노태우 정부 시기에 보도된 신문 기사임을 알 수 있어요. 노태우 정부는 1988년에 제24회 서울 올림픽 대회를 성공적으로 개최하고 북방 외교를 추진하여 소련, 중국 등의 사회주의 국가와 수교를 맺었어요. 서울 올림픽 대회 개최에 앞서 치러진 제13대 국회 의원 총선거에서 여당인 민주 정의당이 원내 과반수 의석 확보에 실패하면서 노태우 정부 초기에 여소야대 정국이 형성되어 야당 주도하에 여러 현안들이 처리되었어요. 이에 여당인 민주 정의당은 당시의 정치 국면을 돌파하기 위해 통일 민주당 및 신민주 공화당과 ② 3당 합당을 추진하여 민주 자유당을 창당하였어요(1990).

오답 피하기

① 박정희 정부는 1968년에 우리나라 교육이 지향해야 할 이념과 근본 목표를 담은 국민 교육 헌장을 발표하였어요. 국민 교육 헌장에는 개인보다 국가의 발전을 우선시하는 국가주의적 입장이 반영되었어요.

③ 김영삼 정부는 1993년에 군 개혁을 통해 군 내부의 사조직인 하나회를 해체하였어요.

④ 전두환 등 신군부 세력이 신설한 국가 보위 비상 대책 위원회(국보위)가 1980년에 사회 정화를 명분으로 삼청 교육대를 설치하였어요.

⑤ 우리나라는 김영삼 정부 시기인 1997년 말에 외환 보유액 부족으로 경제 위기를 맞아 국제 통화 기금(IMF)에 구제 금융을 요청하였어요. 이후 민간 차원에서 금 모으기 운동이 추진되었고 1998년 1월에 한국방송공사(KBS)의 '금 모으기 캠페인' 방송을 통해 전국으로 확산되었어요. 김대중 정부 시기까지 이어진 금 모으기 운동은 국제 통화 기금(IMF)에서 지원받은 자금을 조기에 상환하는 원동력이 되었습니다.

706 김영삼 정부 시기의 사실 정답 ⑤

정답 잡는 키/워/드 : 군 내부의 사조직 해체, 문민정부 → 김영삼 정부

'군 내부의 사조직을 해체하려는 문민정부'라는 내용을 통해 김영삼 정부 시기에 있었던 뉴스 보도임을 알 수 있어요. 제14대 대통령 선거에서 3당 합당으로 만들어진 민주 자유당(여당)의 후보로 나선 김영삼이 당선되었어요. 김영삼 대통령은 당선 이후 새 정부의 명칭을 군부 출신이 아니라는 점을 부각시켜 문민정부로 정하였어요. 김영삼 정부는 군대 내의 사조직이었던 하나회를 중심으로 하는 신군부 세력을 해체하기 위해 대대적인 군 개혁에 착수하여 하나회를 척결하였어요. 또한, 전두환, 노태우 두 전직 대통령을 비롯한 신군부 핵심 인물들을 12·12 사태와 5·18 민주화 운동 당시 무력 진압과 부정부패 등의 혐의로 재판정에 세웠어요. ⑤ 김영삼 정부 시기에 '역사 바로세우기' 운동의 일환으로 일제 잔재 청산을 추진하여 옛 조선 총독부 건물을 철거하였어요.

오답 피하기

① 박정희 정부 시기에 굴욕적인 대일 국교 정상화에 반대하여 6·3 시위가 일어났어요.

② 노태우 정부 시기에 냉전이 해체되는 국제 정세의 변화 속에서 북방 외교를 추진하여 소련, 중국 등 사회주의 국가들과 수교를 맺었어요.

③ 박정희 정부 시기에 남북한은 7·4 남북 공동 성명에 따라 남북 조절 위원회를 설치하여 통일 방안을 논의하였어요.

④ 김대중 정부 시기에 경제적 취약 계층을 위해 국가가 생계비, 주거비, 의료비 등을 보조하는 국민 기초 생활 보장법을 시행하였어요.

707 김대중 정부 시기의 사실 정답 ②

정답 잡는 키/워/드 : 한·일 월드컵 개막식 → 김대중 정부

한·일 월드컵 개막식이 열렸다는 내용을 통해 김대중 정부 시기에 보도된 신문 기사임을 알 수 있어요. 김대중 정부 시기인 2002년에 한·일 공동으로 월드컵 축구 대회가 개최되었고, 부산에서는 제14회 아시아 경기 대회가 개최되었어요. 김대중 정부는 외환 위기를 계기로 경제적 취약 계층을 위한 국민

기초 생활 보장법을 제정하여 생활이 어려운 사람들에게 생계비, 주거비, 의료비 등을 보조하였어요. 또한, 금융 기관과 대기업에 대한 강도 높은 구조 조정과 국민의 자발적인 금 모으기 운동 등을 통해 국제 통화 기금(IMF)으로부터 받은 구제 금융 지원금을 조기에 상환하였어요. ② 김대중 정부 시기인 2001년에 국가 공권력과 사회적 차별 행위에 의한 인권 침해를 구제할 목적으로 국가 인권 위원회가 출범하였어요.

오답 피하기

① 박정희 정부 시기인 1961년에 국가 재건 최고 회의 산하의 국가 정보·수사 기관으로 중앙정보부가 창설되었어요.

③ 김영삼 정부 시기인 1995년에 우리나라는 세계 무역 기구(WTO)의 출범과 함께 회원국으로 가입하였어요.

④ 이명박 정부 시기인 2010년에 세계 주요 20개국을 회원으로 하는 국제기구인 G20 정상 회의를 서울에서 개최하였어요.

⑤ 전두환 정부 시기인 1982년에 일부 지역을 제외한 전국에서 야간 통행금지가 해제되었어요.

708 노무현 정부 시기의 사실 정답 ⑤

정답 잡는 키/워/드 : 대통령 탄핵 소추 심판 청구 기각 → 노무현 정부

대통령 탄핵 소추 심판 청구가 기각되었다는 내용을 통해 노무현 정부 시기의 뉴스 보도임을 알 수 있어요. 2004년에 제16대 국회에서 야당을 중심으로 노무현 대통령의 정치적 중립 의무 위반을 주장하며 대통령 탄핵 소추 결의안을 발의·가결하여 대통령의 권한이 중단되었어요. 하지만 헌법 재판소에서 탄핵 소추 심판 청구를 기각함으로써 63일 만에 노무현 대통령이 직무에 복귀하였어요. ⑤ 노무현 정부 시기인 2005년에 일제 강점기 친일 반민족 행위와 관련된 사료 수집과 조사 대상자를 선정하는 친일 반민족 행위 진상 규명 위원회가 출범하였어요.

오답 피하기

① 노태우 정부 시기인 1988년에 서울 올림픽 대회가 개최되었어요.

② 김대중 정부 시기인 2001년에 국가 인권 위원회가 설립되었어요.

③ 김영삼 정부 시기인 1995년에 전국 민주 노동조합 총연맹(민주노총)이 창립되었어요.

④ 박근혜 정부 시기인 2015년에 중국과 자유 무역 협정(FTA)이 체결되었어요.

709 노무현 정부 시기의 사실 정답 ⑤

정답 잡는 키/워/드 : 질병 관리 본부 출범, 아시아·태평양 경제 협력체(APEC) 정상 회의 주최 → 노무현 정부

질병 관리 본부가 출범하였으며 아시아·태평양 경제 협력체(APEC) 정상 회의를 주최하였다는 내용을 통해 (가) 정부가 노무현 정부임을 알 수 있어요. 노무현 정부는 각종 질병의 통합 관리를 위해 기존의 국립 보건원을 확대·개편하여 질병 관리 본부를 설치하였으며, 국토 균형 발전을 위해 행정 중심 복합 도시 건설을 추진하였어요. 2005년에는 아시아·태평양 경제 협력체(APEC) 정상 회의를 주최하였습니다. 그리고 과거사 청산을 국정 개혁의 과제로 정하고 이를 해결하기 위해 노력하였어요. 이에 따라 과거 국가 폭력의 진실을 규명할 목적으로 ⑤ 진실·화해를 위한 과거사 정리 위원회가 처음으로 출범하였어요.

오답 피하기

① 김영삼 정부 시기인 1995년에 전국 민주 노동조합 총연맹이 창립되었어요.

② 김대중 정부 시기인 2001년에 국제 통화 기금(IMF)으로부터 받았던 구제 금융 지원금을 예정보다 3년이나 앞당겨 상환하였어요.

③ 노태우 정부 시기인 1989년에 경제 정의 실천 시민 연합(경실련)이 창립되었어요.

④ 박정희 정부 시기인 1969년에 과도한 입시 경쟁을 해소하고자 서울을 시작으로 중학교 무시험 추첨제가 실시되었어요.

710 개헌의 역사 정답 ①

정답 잡는 키/워/드

- 임기 4년, 대통령의 계속 재임은 3기에 한함
  → (가) 제6차 개헌(3선 개헌, 1969)
- 통일 주체 국민 회의에서 대통령 선거, 임기 6년
  → (나) 제7차 개헌(유신 헌법, 1972)
- 대통령 선거인단, 임기 7년 → (다) 제8차 개헌(1980)
- 보통·평등·직접·비밀 선거, 5년 임기, 중임 불가
  → (라) 제9차 개헌(1987)

(가)는 대통령의 임기가 4년이고 재임이 세 번까지 가능하다는 내용으로 보아 1969년 제6차 개헌(3선 개헌)임을 알 수 있고, (나)는 대통령을 통일 주체 국민 회의에서 뽑고 임기가 6년이라고 규정한 내용으로 보아 1972년 제7차 개헌(유신 헌법)임을 알 수 있어요. (다)는 대통령 선거인단에서 대통령을 선출하고 임기가 7년 단위라는 내용으로 보아 1980년 제8차 개헌임을 알 수 있으며, (라)는 대통령을 국민이 직접 선출하고 임기가 5년 단위라는 내용으로 보아 1987년 6월 민주 항쟁 이후 이루어진 제9차 개헌임을 알 수 있습니다.

따라서 옳은 순서는 ① (가)-(나)-(다)-(라)입니다.

본문 242~247쪽

3 경제 발전과 통일 정책

711 ③	712 ①	713 ①	714 ⑤	715 ⑤	716 ①
717 ①	718 ③	719 ⑤	720 ④	721 ②	722 ④
723 ⑤	724 ④	725 ①	726 ⑤	727 ④	728 ③
729 ①	730 ⑤	731 ③	732 ③		

711 이승만 정부 시기의 경제 상황 정답 ③

정답 잡는 키/워/드

한·미 원조 협정 → 이승만 정부

한·미 원조 협정은 이승만 정부가 1948년 12월에 미국과 맺은 협정이며 1961년 2월까지 유지되었어요. 따라서 이승만 정부 시기의 경제 상황을 찾으면 됩니다. ③ 이승만 정부 시기에 미국으로부터 들어온 원조 물자는 밀, 사탕수수, 면화 등에 집중되어 이를 원료로 삼아 가공하는 제분·제당·면방직의 삼백 산업이 성장하였어요.

오답 피하기

① 박정희 정부가 추진한 제2차 경제 개발 계획 시기인 1970년에 경부 고속 국도가 개통되었어요. 제2차 경제 개발 계획 시기에는 정유·시멘트 등 기간산업 육성과 경부 고속 국도 등 사회 간접 자본의 확충에 중점을 두었어요.
② 김영삼 정부 시기에 경제 협력 개발 기구(OECD)에 가입하였어요.
④ 전두환 정부 시기에 저유가, 저금리, 저달러의 3저 호황으로 물가가 안정되고 수출이 증가하였어요.
⑤ 김영삼 정부 시기에 금융 거래의 투명성을 확보하고자 대통령의 긴급 명령으로 금융 실명제가 실시되었어요.

712 박정희 정부 시기의 경제 상황 정답 ①

정답 잡는 키/워/드

서울-부산 간 고속 도로 준공식 → 박정희 정부

서울-부산 간 고속 도로 준공식이 열렸다는 내용을 통해 박정희 정부 시기에 보도된 뉴스임을 알 수 있어요. 박정희 정부는 정부가 주도하는 성장 중심의 경제 정책을 세우고, 1962년부터 5년 단위로 네 차례에 걸쳐 경제 개발 5개년 계획을 추진하였어요. 1962년~1966년까지 제1차, ① 1967년부터 1971년까지 제2차 경제 개발 5개년 계획을 추진하여 노동 집약적 경공업을 육성하였어요. 이 시기에 서울과 부산을 잇는 경부 고속 도로가 개통되었어요. 1970년대에는 제3, 4차 경제 개발 5개년 계획을 추진하여 중화학 공업 중심의 경제 발전을 추구하였어요. 이 시기에 포항 종합 제철 준공, 100억 달러 수출 달성 등이 이루어졌어요.

오답 피하기

② 이승만 정부 시기에 미국의 경제 원조로 밀가루, 설탕, 면직물을 생산하는 삼백 산업이 발달하였어요.
③ 광복 후 미군정 시기에 일제의 동양 척식 주식회사와 일본인이 소유하였던 공장, 농지 등 귀속 재산 처리를 위해 신한 공사가 설립되었어요.
④ 김영삼 정부 시기에 금융 거래의 투명성을 확보하고자 대통령 긴급 명령으로 금융 실명제가 실시되었어요.
⑤ 전두환 정부 시기에 낮은 임금의 노동자를 보호하기 위한 취지로 최저 임금법이 제정되었고, 최저 임금 결정을 위한 최저 임금 (심의) 위원회가 설치되었어요.

713 박정희 정부 시기의 경제 상황 정답 ①

정답 잡는 키/워/드

제2차 경제 개발 5개년 계획 실시
→ 1960년대 후반~1970년대 초

박정희 정부가 추진한 제2차 경제 개발 5개년 계획이 실시된 시기의 경제 상황을 묻는 문제입니다. 박정희 정부는 1962년부터 1971년까지 경공업 중심의 제1, 2차 경제 개발 5개년 계획을 추진하였어요. 제1차 경제 개발 계획 시기에는 신발·의류·가발 등 노동 집약적 경공업 제품의 수출에 집중하였고, 제2차 경제 개발 계획 시기에는 정유·시멘트 등 기간산업 육성과 ① 경부 고속 도로 개통(1970) 등 사회 간접 자본의 확충에 중점을 두었어요.

오답 피하기

② 대한민국 정부에 이양된 일제 강점기 일본인 소유였던 귀속 재산의 처리를 위해 1949년에 귀속 재산 처리법이 제정되었어요.
③ 김영삼 정부는 1996년에 경제 협력 개발 기구(OECD)에 가입하였어요.
④ 노무현 정부는 2007년에 미국과 자유 무역 협정(FTA)을 체결하였어요.
⑤ 김영삼 정부는 1993년에 대통령의 긴급 명령으로 금융 실명제를 전격 실시하였어요.

714 박정희 정부 시기의 경제 상황 정답 ⑤

정답 잡는 키/워/드

경부 고속 도로 준공, 100억 달러 수출 달성 → 박정희 정부

경부 고속 도로를 준공하고 100억 달러 수출을 달성하였다는 내용을 통해 (가) 정부가 박정희 정부임을 알 수 있어요. 박정희 정부는 1962년부터 1971년까지 경공업 중심의 제1, 2차 경제 개발 5개년 계획을 추진하였어요. 제1차 경제 개발 계획 시기에는 노동 집약적 경공업 제품의 수출에 집중하였고, 제2차 경제 개발 계획 시기에는 기간산업 육성과 사회 간접 자본의 확충에 중점을 두었어요. 1970년대에는 제3, 4차 경제 개발 5개년 계획을 추진하여 중화학 공업 육성에 집중하였어요. 이 시기에 포항 종합 제철 준공, 100억 달러 수출 달성 등이 이루어졌습니다. ⑤ 박정희 정부 시기인 1970년부터 환경 개선 등 농촌의 근대화를 표방한 새마을 운동이 전개되었어요.

① 노무현 정부 시기에 한·미 자유 무역 협정(FTA)이 체결되었고 이명박 정부 시기에 국회에서 비준되었어요.

② 전두환 정부 시기에 저유가, 저금리, 저달러의 3저 호황으로 물가가 안정되고 수출이 증가하였어요.

③ 이승만 정부 시기에 원조 물자를 가공하여 밀가루, 설탕, 면직물을 생산하는 삼백 산업이 발달하였어요.

④ 김영삼 정부는 1993년에 대통령의 긴급 명령으로 금융 실명제를 전격 실시하였어요.

---

715 박정희 정부 시기의 사실 정답 ⑤

정답 잡는 **키/워/드**

포항 제철소 착공, 제1차 석유 파동, 100억 불 수출 달성 → 박정희 정부

포항 제철소를 짓기 시작하였고, 제1차 석유 파동을 겪었으며, 100억 불 수출을 달성하였다는 내용을 통해 박정희 정부 시기의 경제 상황임을 알 수 있어요. 박정희 정부는 1960년대에 경공업 중심의 제1, 2차 경제 개발 5개년 계획을 추진하였어요. 1970년대에는 제3, 4차 경제 개발 5개년 계획을 추진하여 철강, 화학, 조선 등 중화학 공업 위주의 성장을 꾀하였지요. 이러한 경제 정책 추진으로 1977년에 100억 불 수출을 달성하였습니다. 한편, 1970년대에 두 차례 석유 파동을 겪었는데, 1973년에 일어난 제1차 석유 파동 때에는 우리 기업이 중동 건설 사업에 대거 진출해 오일 달러를 벌어들여 피해를 줄일 수 있었으나 1978년에 일어난 제2차 석유 파동 때에는 우리나라도 심각한 경제적 타격을 입었어요. ⑤ 박정희 정부 시기인 1971년에 서울의 철거민 대책으로 조성된 경기도 광주 대단지(지금의 성남 지역)에 이주한 주민들이 상하수도, 도로 등의 기반 시설이 제대로 갖추어지지 않은 상태에 반발하여 대규모 시위를 벌였어요.

① 전두환 정부 시기인 1986년에 낮은 임금의 노동자를 보호하기 위한 취지로 최저 임금법이 제정되었어요.

② 김영삼 정부는 1993년에 금융 거래 투명성을 실현하고자 대통령 긴급 명령으로 금융 실명제를 시행하였어요.

③ 칠레와의 자유 무역 협정(FTA)은 2003년 김대중 정부 시기에 정식 서명이 이루어졌고, 노무현 정부 시기인 2004년에 국회에서 비준되었어요.

④ 김영삼 정부 시기인 1995년에 전국 민주 노동조합 총연맹(민주노총)이 창립되었어요.

---

716 박정희 정부 시기의 경제 상황 정답 ①

정답 잡는 **키/워/드**

경기도 광주 대단지 주민들이 대규모 시위를 벌임 → 박정희 정부

경기도 광주 대단지에서 주민들이 대규모 시위를 벌였다는 내용을 통해 광주 대단지 사건이 일어난 박정희 정부 시기임을 알 수 있어요. 광주 대단지는 박정희 정부 시기에 서울시의 철거민 대책으로 조성된 정착지로, 현재 경기도 성남 지역에 해당합니다. 1969년부터 철거민의 이주가 이루어지고 각 지역의 빈민도 유입되어 1971년에는 거주 인구가 15만 명이 넘었어요. 서울시가 처음 내건 이주 조건과 달리 당시 철거민이 이주한 광주는 상하수도, 도로 등의 기반 시설이 제대로 갖추어지지 않은 상태였어요. 이런 상황에서 서울시가 처음 약속한 것보다 몇 배나 인상된 토지 대금을 청구하자 이에 분노한 광주 대단지 주민들이 기반 시설 조성과 대지 가격 인하 등을 요구하며 시위를 벌였어요. ① 박정희 정부 시기인 1970년에 경부 고속 도로가 개통되었어요.

② 김영삼 정부 시기에 자유 무역 추세가 확대되자 시장 개방 정책을 추진하고 경제 협력 개발 기구(OECD)에 가입하였어요.

---

③ 이승만 정부 시기에 원조 물자를 가공하여 밀가루, 설탕, 면직물을 생산하는 삼백 산업이 발달하였어요.

④ 전두환 정부 시기에 저유가, 저금리, 저달러의 3저 호황으로 물가가 안정되고 수출이 증가하였어요.

⑤ 김대중 정부 시기에 외환 위기 극복을 위한 국민적 합의를 이끌어 내기 위해 대통령 직속 자문 기구로 노사정 위원회가 구성되었어요.

---

717 박정희 정부 시기의 사실 정답 ①

정답 잡는 **키/워/드**

전태일 분신 → 박정희 정부

전태일이 분신한 사건은 박정희 정부 시기인 1970년에 일어났어요. 박정희 정부는 경제 성장을 위해 국가 주도로 산업을 육성하였어요. 1960년대에 값싼 노동력을 이용한 경공업을 중심으로 경제 성장을 추진하였는데, 이 과정에서 노동자들은 낮은 임금과 열악한 환경 속에서 장시간 노동에 시달렸습니다. 근로 기준법 준수와 열악한 노동 환경 개선을 요구하는 시위가 전개되었지만, 정부는 수출 경쟁력 확보를 위해 저임금 정책을 고수하였어요. 이에 평화 시장에서 일하며 노동 운동을 하던 전태일이 근로 기준법 준수를 요구하며 분신 투쟁을 벌였어요. ① 박정희 정부 시기인 1976년에 함평군 농협이 고구마 전량 수매를 약속해 놓고 이를 이행하지 않아서 농민들이 피해를 보는 사건이 일어났어요. 농민들은 피해 보상을 요구하며 투쟁을 전개하여 1978년에 보상을 약속받았어요.

② 전두환 정부 시기에 저유가, 저금리, 저달러의 3저 호황으로 물가가 안정되고 수출이 증가하였어요.

③ 노무현 정부 시기에 미국과의 자유 무역 협정(FTA)이 체결되었고, 이명박 정부 시기에 국회에서 비준되었어요.

④ 김영삼 정부 시기에 자유 무역 추세가 확대되자 시장 개방 정책을 추진하고 경제 협력 개발 기구(OECD)에 가입하였어요.

⑤ 전두환 정부는 1987년에 최저 임금 결정을 위한 최저 임금 심의 위원회를 설치하였어요. 이후 2000년에 최저 임금 위원회로 명칭이 바뀌었어요.

---

718 김영삼 정부 시기의 경제 상황 정답 ③

정답 잡는 **키/워/드**

금융실명거래 및 비밀보장에 관한 대통령 긴급재정경제명령 반포 → 김영삼 정부

금융 실명제를 실시한 정부는 김영삼 정부입니다. 금융 실명제는 가짜 이름이나 다른 사람의 이름을 이용한 금융 거래로 부정부패가 자행되자 이를 금지하고 본인의 실제 이름으로만 금융 거래를 하게 한 제도입니다. 대통령 긴급 명령 형식으로 실시되었지요. ③ 김영삼 정부 시기에 시장 개방 정책을 추진하고 경제 협력 개발 기구(OECD)에 가입하였어요.

① 박정희 정부 시기에 경부 고속 도로가 준공되었어요.

② 박정희 정부 시기에 제1차 경제 개발 5개년 계획이 추진되었어요.

④ 노무현 정부 시기에 미국과의 자유 무역 협정(FTA)이 체결되었고, 이명박 정부 시기인 2011년에 국회에서 비준되었어요.

⑤ 미군정 시기인 1946년 3월에 귀속 재산 처리를 위해 신한 공사가 설립되었어요.

---

719 외환 위기 이후의 사실 정답 ⑤

정답 잡는 **키/워/드**

국제 통화 기금(IMF)에 차관 요청 → 외환 위기

국제 통화 기금(IMF)에 차관을 요청한다는 내용을 통해 김영삼 정부 말기에 외환 위기를 맞아 작성한 문서임을 알 수 있어요. 우리나라는 1997년 말에 외환 보유액 부족으로 경제 위기를 맞아 국제 통화 기금(IMF)에 구제 금융을 요청하고, 그들의 관리를 받게 되었지요. 외환 위기 가운데 출범한 김대중 정부는 우선적으로 경제 위기를 극복하기 위해 금융 기관과 대기업의 구조 조정을 단행하고 부실기업을 정리하였어요. 이 과정에서 발생하는 다양한 문제 해결 방안을 논의하고 경제 위기 극복을 위한 국민적 합의를 이끌어 내기 위해 ⑤ 대통령 직속 자문 기구로 노사정 위원회를 설치하였어요.

오답 피하기

① 김영삼 정부 시기인 1995년에 전국 민주 노동조합 총연맹이 창립되었어요.
② 전두환 정부 시기인 1980년대 중·후반에 국제적으로 나타난 저유가, 저금리, 저달러(3저)의 영향으로 수출에 역점을 두고 있던 한국 경제는 호황을 누렸어요.
③ 박정희 정부 시기인 1970년대 후반에 제2차 석유 파동이 일어나 그 여파로 경제 불황이 심화되었어요.
④ 김영삼 정부 출범 직후 대통령 긴급 명령으로 금융 실명제가 실시되었어요.

---

720 김대중 정부 시기의 사실 정답 ④

정답 잡는
키/워/드
월드컵과 부산 아시안 게임 개최 → 김대중 정부

월드컵과 부산 아시안 게임이 개최되는 해라는 내용을 통해 2002년 대통령 신년사에 관한 뉴스이며, 밑줄 그은 '정부'는 김대중 정부임을 알 수 있어요. 김대중 정부 시기인 2002년에 한·일 공동으로 월드컵이 개최되었으며, 부산에서는 '아시아를 하나로, 부산을 세계로'라는 슬로건 아래 제14회 아시안 게임이 개최되었어요. ④ 김대중 정부는 국민 기초 생활 보장법을 실시하여 생활이 어려운 사람들에게 생계비, 주거비, 의료비 등을 보조하였어요.

오답 피하기

① 노무현 정부 시기에 호주제가 폐지되었어요.
② 전두환 정부는 과외 전면 금지와 대학 졸업 정원제를 시행하였어요.
③ 노무현 정부는 노인 장기 요양 보험법을 제정하여 노인들에게 신체 활동과 가사 활동 지원 등의 서비스를 제공하였어요.
⑤ 박정희 정부 시기에 과도한 입시 경쟁을 해소하고자 중학교 무시험 진학 제도가 시작되었어요.

---

721 박정희 정부 시기의 통일 정책 정답 ②

정답 잡는
키/워/드
**대한 적십자사의 남북 회담 제의, 제26주년 광복절
→ 박정희 정부**

대한 적십자사가 남북 회담을 제의하였다는 점, 제26주년 광복절 경축사 내용이라는 점 등을 통해 박정희 정부 시기에 발표된 자료임을 알 수 있어요. 닉슨 독트린(1969)으로 냉전 완화의 분위기가 형성되면서 반공을 내세운 정권의 기반이 약화되고 독재 체제와 경제 침체에 대한 국민의 불만이 커지면서 박정희 정부는 위기를 맞았어요. 이러한 위기를 극복하기 위해 박정희 정부는 북한에 남북 대화를 제안하고 이산가족 찾기를 위한 남북 적십자 회담을 추진하였어요. 1972년에는 남북이 자주·평화·민족 대단결이라는 통일의 원칙에 합의한 ㄷ. 7·4 남북 공동 성명을 발표하였어요. 그리고 공동 성명에 따라 ㄱ. 남북 조절 위원회를 구성하여 평화 통일을 위한 실무자 회의를 진행하였어요. 하지만 성과를 거두지는 못하였습니다.

오답 피하기

ㄴ. 노태우 정부는 북한과 유엔에 동시 가입하고, 남북 사이의 화해와 불가침 및 교류·협력에 관한 합의서인 남북 기본 합의서를 채택하였어요.
ㄹ. 노태우 정부는 남북 고위급 회담에서 한반도 비핵화 공동 선언에 합의하였어요.

---

722 박정희 정부 시기의 통일 정책 정답 ④

정답 잡는
키/워/드
광주 대단지에서 대규모 시위 발생 → 박정희 정부

기사의 사건은 박정희 정부 시기인 1971년에 있었던 광주 대단지 사건입니다. 광주 대단지 사건은 서울시의 철거민 대책으로 조성된 광주 대단지로 이주한 주민 수만 명이 무계획적인 도시 정책과 졸속 행정에 반발하여 일으킨 시위였어요. 1969년부터 철거민의 이주가 이루어져 1971년에는 이주민이 10만여 명이 넘었는데, 당시 이들이 이주한 광주는 상하수도, 도로 등의 기반 시설이 제대로 갖추어지지 않은 상태였어요. 여기에 서울시가 처음 약속한 것보다 몇 배나 인상된 토지 대금을 청구하자 이에 분노한 광주 대단지 주민들이 기반 시설 조성과 대지 가격 인하 등을 요구하며 시위를 벌였어요. ④ 박정희 정부 시기에 남북한은 7·4 남북 공동 성명에 따라 남북 조절 위원회를 설치하여 통일 방안을 논의하였어요.

오답 피하기

① 노태우 정부 시기에 남북한이 유엔에 동시 가입하였어요.
② 노무현 정부 시기에 남북한은 제2차 남북 정상 회담을 개최하고 10·4 남북 공동 선언을 발표하였어요.
③ 노태우 정부 시기에 남북한은 한반도 비핵화 공동 선언에 서명하였어요.
⑤ 노무현 정부 시기에 남북한의 교류 협력을 위한 개성 공업 지구 건설 공사가 시작되었어요.

---

723 전두환 정부 시기의 사실 정답 ⑤

정답 잡는
키/워/드
**프로 야구 6개 구단 창단, 보도 지침, 호헌 철폐 국민 대회
→ 전두환 정부**

'프로 야구 6개 구단 창단', '보도 지침', '호헌 철폐 국민 대회' 등을 통해 (가) 정부가 전두환 정부임을 알 수 있어요. 1979년 12·12 사태로 정권을 장악한 전두환 등 신군부는 1980년 광주에서 일어난 5·18 민주화 운동을 무력으로 진압하였어요. 이후 수립된 전두환 정부는 민주화 운동과 노동 운동을 탄압하고 언론 통제를 강화하는 등 강압적인 정책을 펴는 한편, 야간 통행금지 해제, 프로 야구단과 축구단 창단 등 유화적인 정책을 펴 국민의 불신과 불만을 무마하려고 하였어요. ⑤ 전두환 정부 시기에 최초로 남북 이산가족 상봉 행사가 이루어졌어요.

오답 피하기

① 7·4 남북 공동 성명은 박정희 정부 시기에 발표되었어요.
② 개성 공단 착공은 노무현 정부 시기에 이루어졌어요.
③ 금강산 해로 관광은 김대중 정부 시기에 시작되었어요.
④ 한반도 비핵화 공동 선언은 노태우 정부 시기에 발표되었어요.

---

724 노태우 정부 시기의 사실 정답 ④

정답 잡는
키/워/드
**남북 사이의 화해와 불가침 및 교류 협력에 관한
합의서 채택 → 노태우 정부**

남북 고위급 회담을 통해 남북 사이의 화해와 불가침 및 교류 협력에 관한 합의서가 채택되었다는 내용을 통해 노태우 정부 시기에 보도된 뉴스임을 알 수 있어요. 노태우 정부는 냉전이 해체되는 국제 정세의 변화 속에서 ④ 북방 외교를 추진하여 소련, 중국 등 사회주의 국가들과 수교를 맺었어요. 북한도 사회주의 진영 붕괴의 위기 속에서 남한과 관계 개선을 모색하였어요. 이러한 변화는 남북 간 대화로 이어져 성과를 가져왔어요. 1991년에 남북한은 유엔에 동시 가입한 뒤 남북 기본 합의서(남북 사이의 화해와 불가침 및 교류 협력에 관한 합의서)를 채택하였으며, 그해 말에 한반도 비핵화 공동 선언에 서명하였어요.

오답 피하기

① 노무현 정부 시기에 제2차 남북 정상 회담이 개최되고 10·4 남북 공동 선언이 발표되었어요.
② 김영삼 정부는 1996년에 경제 협력 개발 기구(OECD)에 가입하였어요.

③ 박정희 정부 시기에 남북한은 7·4 남북 공동 성명에 따라 남북 조절 위원회를 설치하여 통일 방안을 논의하였어요.

⑤ 김대중 정부는 2000년 남북 정상 회담에서 발표된 6·15 남북 공동 선언에 따라 남북한의 교류 협력을 위한 개성 공업 지구 건설에 합의하였어요.

---

725 노태우 정부의 통일 노력

정답 잡는 키/워/드
대한민국 대통령으로는 최초로 중국을 공식 방문,
한·중 수교 → 노태우 정부

대통령이 최초로 중국을 공식 방문하였으며 중국과 수교를 맺었다는 내용을 통해 (가) 정부가 노태우 정부임을 알 수 있어요. 노태우 정부는 이른바 북방 외교를 추진하여 사회주의 국가들과의 교류에 나서 소련, 중국 등과 국교를 맺었어요. 또한, 북한과의 대화에도 나서 남북한 유엔 동시 가입, 한반도 비핵화 공동 선언을 이루어 냈으며, ① 남북한의 상호 체제 인정과 상호 불가침 등에 합의하여 남북 기본 합의서를 채택하였어요.

오답 피하기
② 박정희 정부는 자주·평화·민족 대단결의 통일 원칙에 합의한 7·4 남북 공동 성명을 발표하였어요.
③ 김대중 정부는 '햇볕 정책'이라고도 불린 대북 화해 협력 정책을 추진하여 분단 이후 최초로 남북 정상 회담을 성사시켰어요.
④ 전두환 정부는 북한의 수해 지원을 계기로 남북 이산가족 고향 방문단의 교환 방문을 최초로 실현하였어요.
⑤ 김대중 정부는 6·15 남북 공동 선언에 따라 남북 경제 협력을 위한 개성 공단 조성에 합의하였어요. 이후 노무현 정부 시기에 개성 공단 건설 공사가 시작되었어요.

---

726 노태우 정부의 통일 노력 정답 ③

정답 잡는 키/워/드
남북한의 유엔 동시 가입 → 노태우 정부

석 달 전 남북한이 유엔에 동시 가입하였다는 내용을 통해 연설문을 발표한 정부가 노태우 정부임을 알 수 있어요. 1988년에 출범한 노태우 정부는 냉전이 해체되는 국제 정세의 변화 속에서 남북 교류 및 대공산권 외교 정책의 기본 방향을 담아 ③ 민족자존과 통일 번영을 위한 특별 선언인 7·7 선언을 발표하였어요. 이에 따라 북방 외교를 추진하여 소련, 중국 및 동유럽 사회주의 국가와 외교 관계를 맺고 교류를 확대하였어요. 또한, 남북 대화에도 적극적으로 나서 여러 차례 남북 고위급 회담을 개최하여 남북한이 유엔에 동시 가입하는 성과를 이루어 냈으며, 이어 남북 기본 합의서를 채택하고 한반도 비핵화 공동 선언에도 합의하였어요.

오답 피하기
① 문재인 정부는 판문점에서 남북 정상 회담을 개최하고 한반도의 평화와 번영, 통일을 위한 4·27 판문점 선언을 발표하였어요.
② 전두환 정부는 남북 이산가족의 고향 방문을 최초로 성사시켰어요.
④ 박정희 정부는 7·4 남북 공동 성명의 합의 사항을 이행하기 위해 남북 조절 위원회를 구성하였어요.
⑤ 노무현 정부는 제2차 남북 정상 회담을 성사시키고 남북 관계 발전과 평화 번영을 위한 10·4 남북 정상 선언에 서명하였어요.

---

727 노태우 정부의 통일 노력 정답 ④

정답 잡는 키/워/드
소련, 중국을 비롯한 사회주의 국가들과의 관계 개선 추구 → 노태우 정부

사회주의 국가들과의 관계 개선을 추구한다는 내용을 통해 노태우 정부 시기에 발표된 민족자존과 통일 번영을 위한 특별 선언인 7·7 선언임을 알 수

있어요. 이 선언은 남북 대화를 모색하고 사회주의 국가와 적극 교류하는 이른바 북방 정책의 출발점이 되었어요. ④ 노태우 정부는 북한과 국제 연합(UN)에 동시 가입하고, 남북 기본 합의서를 채택하였어요.

오답 피하기
① 박정희 정부는 7·4 남북 공동 성명의 합의 사항을 이행하기 위해 남북 조절 위원회를 구성하였어요.
② 김대중 정부는 6·15 남북 공동 선언을 채택하고, 남북한의 교류 협력을 위한 개성 공업 지구 건설에 합의하였어요.
③ 노무현 정부는 제2차 남북 정상 회담을 개최하고 10·4 남북 정상 선언을 발표하였어요.
⑤ 전두환 정부는 남북 이산가족 고향 방문을 최초로 실현하였어요.

---

728 김대중 정부의 통일 노력

정답 잡는 키/워/드
정주영 소 떼 방북, 금강산 관광 사업 시작 → 김대중 정부

정주영 소 떼 방북을 계기로 금강산 관광 사업이 시작되었다는 내용을 통해 김대중 정부 시기의 뉴스 보도임을 알 수 있어요. 김대중 정부가 '햇볕 정책'이라고 불린 대북 화해 협력 정책을 추진하면서 남북 간에 화해의 분위기가 형성되었어요. 이런 가운데 기업인 정주영이 소 떼를 이끌고 북한을 방문하면서 남북 간에 교류와 협력을 위한 논의가 본격적으로 진행되어 해로를 통한 금강산 관광 사업이 시작되었어요. 그리고 2000년에는 분단 이후 최초로 남북 정상 회담이 개최되고 ③ 6·15 남북 공동 선언이 채택되었어요.

오답 피하기
① 박정희 정부 시기에 7·4 남북 공동 성명의 합의 사항을 이행하기 위해 남북 조절 위원회가 구성되었어요.
② 노태우 정부 시기인 1991년에 남북한이 유엔에 동시 가입하였어요.
④ 노태우 정부 시기에 한반도 비핵화 공동 선언이 발표되었어요.
⑤ 전두환 정부 시기인 1985년에 남북 이산가족의 교환 방문이 최초로 이루어졌어요.

---

729 김대중 정부의 통일 노력

정답 잡는 키/워/드
김정일 국방 위원장과 분단 이후 처음으로 정상 회담 개최 → 김대중 정부

김정일 국방 위원장과 분단 55년 만에 처음으로 정상 회담을 가졌다는 내용을 통해 김대중 정부 시기에 있었던 대통령 연설임을 알 수 있어요. 김대중 정부는 '햇볕 정책'이라고도 불린 대북 화해 협력 정책을 추진하여 남북 간 화해 분위기를 조성하였어요. 그리고 분단 이후 최초로 남북 정상 회담을 개최하고 6·15 남북 공동 선언을 채택하였어요. 이에 따라 ① 남북한은 남북 교류 협력을 위한 개성 공업 지구 조성에 합의하였어요.

오답 피하기
② 박정희 정부는 1973년에 조국의 평화 통일 및 개방·선린 외교를 표방한 6·23 특별 성명을 발표하였어요.
③ 노태우 정부는 북한과 유엔에 동시 가입하고, 남북 사이의 화해와 불가침 및 교류·협력에 관한 합의서(남북 기본 합의서)를 채택하였어요.
④ 노무현 정부는 제2차 남북 정상 회담을 개최하고 남북 관계 발전과 평화 번영을 위한 10·4 남북 정상 선언에 서명하였어요.
⑤ 박정희 정부는 7·4 남북 공동 성명을 발표하고 합의 사항을 이행하기 위한 기구로 남북 조절 위원회를 구성하였어요.

---

730 노무현 정부의 통일 노력 정답 ⑤

정답 잡는 키/워/드
참여 정부, 개성 공단 방문 → 노무현 정부

참여 정부에서 공사를 시작한 개성 공단에 와 보고 싶었다는 방문 소감을 통해 개성 공단을 건설하여 운영을 본격화한 노무현 정부 시기의 연설임을 알 수 있어요. 노무현 정부는 김대중 정부의 대북 화해 협력 정책을 계승·발전시켜 개성 공단 사업을 시작하고, 경의선과 동해선 철도를 연결하는 등 남북 간 경제 교류를 확대하였어요. ⑤ 노무현 정부는 제2차 남북 정상 회담을 개최하고 10·4 남북 정상 선언을 발표하였어요.

오답 피하기
① 노태우 정부는 북한과 함께 유엔에 동시 가입하였어요.
② 노태우 정부는 민족자존과 통일 번영을 위한 7·7 선언을 발표하고 북방 정책을 추진하였어요.
③ 전두환 정부는 남북 이산가족 고향 방문단과 예술 공연단의 교환 방문을 최초로 성사시켰어요.
④ 박정희 정부는 7·4 남북 공동 성명의 합의 사항을 이행하기 위해 남북 조절 위원회를 구성하였어요.

731 노무현 정부의 통일 노력
정답 ③

정답 잡는 키/워/드
질병 관리 본부 설치, 과거사 정리 위원회 구성
→ 노무현 정부

질병 관리 본부를 설치하고 진실·화해를 위한 과거사 정리 위원회를 구성하는 등의 정책을 시행한 정부는 노무현 정부입니다. 노무현 정부는 이전 김대중 정부의 대북 화해 협력 정책을 계승하여 평화 번영 정책을 제시하고 한반도의 평화 증진과 남북한의 경제 협력을 활성화하였어요. 이에 따라 개성 공단 건설을 실현하였어요. 그리고 2007년에는 제2차 남북 정상 회담을 개최하고 ③ 10·4 남북 정상 선언을 발표하였어요.

오답 피하기
① 노태우 정부 시기에 남북한은 남북 기본 합의서에 서명하였어요.
② 박정희 정부 시기에 7·4 남북 공동 성명의 합의 사항을 이행하기 위해 남북 조절 위원회가 구성되었어요.
④ 한반도 비핵화 공동 선언은 노태우 정부 시기에 채택되었어요.
⑤ 전두환 정부 시기에 이산가족 고향 방문이 최초로 성사되었어요.

732 통일을 위한 노력
정답 ③

정답 잡는 키/워/드
· 7·7 선언 발표 → (가) 노태우 정부
· 남북 이산가족 상봉 행사 처음 개최 → (나) 전두환 정부
· 개성 공단 조성에 합의 → (다) 김대중 정부

(가) 학생이 발표한 민족자존과 통일 번영을 위한 7·7 선언은 1988년 7월 7일, 노태우 정부 시기에 발표되었어요. 이를 시작으로 남북 대화와 사회주의 국가와의 경제 교류 및 수교 등이 추진되었어요. (나) 학생이 발표한 최초의 남북 이산가족 상봉 행사는 전두환 정부 시기에 있었어요. 1985년에 서울과 평양 간에 남북 이산가족 고향 방문단과 예술 공연단의 교환 방문이 이루어지면서 처음으로 남북 이산가족 상봉 행사가 개최되었어요. (다) 학생이 발표한 개성 공단 조성 합의는 김대중 정부 시기에 이루어졌어요. 이후 노무현 정부 시기인 2003년 6월에 개성 공단 착공식이 있었어요.
따라서 옳은 순서는 ③ (나)-(가)-(다)입니다.

본문 254쪽

1 세시 풍속

733 ③ **734** ④ **735** ④ **736** ②

733 삼짇날
정답 ③

강남 갔던 제비가 돌아오는 봄의 시작을 알리는 날이며, 음력 3월 3일이라는 내용을 통해 자료의 세시 풍속이 삼짇날임을 알 수 있어요. ③ 삼짇날에는 들판에 나가 꽃놀이를 하고 새잎을 밟으며 봄을 즐겼어요. 또한, 새로운 농사를 시작하며 한 해의 건강과 평화를 빌었어요.

오답 피하기
① 칠석은 음력 7월 7일이며, 옥황상제의 노여움을 사 떨어져 살게 된 견우와 직녀 부부가 까마귀와 까치들이 놓은 오작교에서 한 해에 한 번씩 만난다는 이야기가 전해집니다.
② 한식은 동지에서 105일째 되는 날이며, 이날에는 불을 멀리하고 찬 음식을 먹었어요. 또한, 손이 없는 날이라고 하여 이장을 하거나 산소에 잔디를 새로 입히는 개사초를 하기도 하였어요.
④ 동지는 양력 12월 22일경으로, 일 년 중 밤이 가장 긴 날이에요. 이날에는 팥죽과 동치미를 먹었어요.
⑤ 단오는 음력 5월 5일이며, 이날에는 창포물에 머리를 감고 그네뛰기, 씨름, 석전 등의 놀이를 하였어요.

734 단오
정답 ④

음력 5월 5일로 수릿날이라고도 하며, 관련 풍습으로 창포물에 머리 감기 등이 있다는 내용을 통해 (가)에 들어갈 세시 풍속이 ④ 단오임을 알 수 있어요. 단오는 수릿날 또는 천중절이라고도 불립니다. 단옷날에는 창포물에 머리 감기를 하고, 수리취떡, 쑥떡, 앵두 화채 등을 먹었으며 그네뛰기와 씨름, 석전 등의 놀이를 즐겼습니다.

오답 피하기
① 한식은 동지에서 105일째 되는 날로, 이날에는 성묘를 하였으며 불을 사용하지 않고 찬 음식을 먹었어요.
② 백중은 음력 7월 15일로 김매기가 끝난 후 여름철 휴한기에 휴식을 취하는 날이었으며, 머슴날이라고도 했어요.
③ 추석은 음력 8월 15일로 한가위 또는 중추절이라고도 해요. 추석에는 풍성한 수확에 감사하며 조상에게 차례를 지내고 성묘를 하였어요. 또한, 강강술래, 줄다리기, 씨름 등을 하였으며 송편, 토란국 등을 먹었어요.
⑤ 정월 대보름은 음력 1월 15일로 부럼 깨기, 달맞이, 쥐불놀이 등을 하고, 오곡밥, 귀밝이술, 부럼 등을 먹었어요.

735 유두
정답 ④

음력 6월 보름날(15일)이며, 동쪽으로 흐르는 물에 머리를 감는 풍습이 있고 탁족을 하고 수단을 만들어 먹는 것으로 보아 (가)에 들어갈 세시 풍속이 ④ 유두임을 알 수 있어요. 유둣날에는 햇과일과 햇곡식을 몇 가지 음식과 함께 조상에게 올리는 유두천신을 지내기도 하였어요.

오답 피하기
① 동지는 양력 12월 22일경으로 일 년 중 밤이 가장 긴 날이며, 팥죽과 동치미 등을 먹었어요.
② 한식은 동지에서 105일째 되는 날이며, 이날에는 불을 사용하지 않고 찬 음식을 먹었어요.

③ 칠석은 음력 7월 7일로 견우와 직녀가 만나는 날이라 전해지며, 햇볕에 옷과 서적을 말리는 풍속이 있었어요.
⑤ 삼짇날은 음력 3월 3일로 '강남 갔던 제비가 오는 날'이라고도 합니다. 진달래화채, 진달래화전 등을 먹었어요.

'견우와 직녀가 오작교에서 만난다는 전설', '음력 7월 7일' 등의 내용을 통해 밑줄 그은 '이날'이 칠석임을 알 수 있어요. 칠석에는 옥황상제의 노여움을 사 떨어져 살게 된 견우와 직녀 부부가 까마귀와 까치들이 놓은 오작교에서 한 해에 한 번씩 만난다는 이야기가 전해집니다. ② 칠석은 음력 7월 7일이며, 이날에는 각 가정에서 여성들이 바느질 솜씨가 좋아지기를 비는 풍속이 있었어요. 또 옷과 책을 햇볕에 말리는 풍속도 있었어요.

오답 피하기

① 단오는 음력 5월 5일이며, 이날에는 창포물에 머리를 감고 그네뛰기, 씨름, 석전 등의 놀이를 하였어요.
③ 백중은 음력 7월 15일로, 김매기가 끝난 후 여름철 휴한기에 휴식을 취하는 날이었으며, 머슴날이라고도 했어요.
④ 동지는 양력 12월 22일경으로, 일 년 중 밤이 가장 긴 날이에요. 이날에는 팥죽과 동치미를 먹었어요.
⑤ 한식은 동지에서 105일째 되는 날로, 이날에는 성묘를 하였으며 불을 사용하지 않고 찬 음식을 먹었어요.

본문 255~259쪽

2 근·현대 인물

진주에서 농민 봉기가 일어나자 안핵사로 파견되었으며 자신의 사랑방에서 양반 자제들에게 세계정세를 전하였다는 내용을 통해 (가) 인물이 박규수임을 알 수 있어요. 진주 농민 봉기(1862) 수습을 위한 안핵사로 파견된 박규수는 당시 전국으로 확산된 농민 봉기의 주요 원인을 조사하고 이를 바로잡기 위해 삼정이정청의 설치를 건의하였어요. 한편, 박규수는 서양의 문물을 받아들이고 통상해야 한다는 통상 개화론을 주장하였으며, 김옥균, 박영효, 홍영식 등 양반 자제들에게 영향을 끼쳐 그들이 서양 문물과 국제 정세를 폭넓게 이해할 수 있도록 하였어요. ③ 1866년에 미국 상선 제너럴 셔먼호가 대동강을 거슬러 올라와 통상을 요구하며 살인과 약탈을 자행하자 평안 감사 박규수의 지휘 아래 평양 관민이 제너럴 셔먼호를 불태워 침몰시켰어요.

오답 피하기

① 영국이 거문도를 불법 점령하자 유길준은 유럽의 벨기에, 불가리아와 같이 조선도 열강이 보장하는 중립국이 되어야 한다는 조선 중립화론을 주장하였어요. 조선에 주재하던 독일 외교관 부들러도 조선 중립화론을 주장하였어요.

② 양기탁은 영국인 베델과 함께 대한매일신보를 창간하여 항일 언론 활동을 전개하였어요.
④ 최한기는 서양의 과학 기술과 천문·지구 등에 관한 내용을 정리한 "지구전요"를 저술하였어요.
⑤ 신헌은 강화도 조약 체결의 전말을 기록한 공무 일기인 "심행일기"를 남겼어요.

흥선 대원군의 하야를 요구하는 상소를 올렸으며, 지부복궐척화의소를 올려 왜양일체론을 주장하였다는 내용을 통해 (가) 인물이 최익현임을 알 수 있어요. 최익현은 서원 철폐 등 흥선 대원군의 정책을 비판하며 흥선 대원군의 하야를 요구하는 상소를 올렸어요. 이를 계기로 흥선 대원군이 물러나고 고종이 친정을 선포하였어요. 대표적인 위정척사파 인물인 최익현은 일본과 강화도 조약 체결 논의가 진행되자 일본과 서양 세력이 다르지 않다는 왜양일체론을 내세우며 개항에 반대하였어요. 이후 일본의 간섭하에 추진된 개혁에 반발하여 이를 주도한 박영효, 서광범 등을 처벌하라는 상소를 올리기도 하였어요. ③ 을사늑약이 체결되자 을사오적의 처단을 주장하고, 태인에서 의병을 일으켜 항거하였어요.

오답 피하기

① 박상진은 대구에서 대한 광복회를 조직하여 친일파를 처단하였어요.
② 박은식은 고종 즉위 이후 개항기 역사와 국권 피탈 과정을 정리한 "한국통사"를 집필하였어요.
④ 정미의병 당시 허위는 의병 연합 부대인 13도 창의군의 군사장을 맡아 서울 진공 작전을 전개하였어요.
⑤ 전봉준이 이끄는 동학 농민군은 보국안민을 기치로 우금치에서 일본군과 관군에 맞서 싸웠으나 패배하였어요.

제2차 수신사로 일본에 파견되었고, 국내에 "조선책략"을 가져왔다는 내용을 통해 (가) 인물이 김홍집임을 알 수 있어요. 김홍집은 제2차 수신사로 일본에 다녀오면서 청의 외교관 황준헌이 쓴 "조선책략"을 가져와 고종에게 바쳤어요. ① 갑오개혁 당시 총리대신으로 개혁을 주도하였던 김홍집은 아관 파천 후 친러 정권이 수립되면서 '왜대신'으로 지목되어 광화문 앞에서 성난 군중에게 살해되었어요.

오답 피하기

② 양기탁은 영국인 베델과 함께 대한매일신보를 창간하여 총무 겸 주필로 활동하였어요.
③ 최한기는 서양의 과학 기술과 천문·지구 등에 관한 내용을 정리한 "지구전요"를 저술하였어요.
④ 신헌은 강화도 조약 체결의 전말을 기록한 공무 일기인 "심행일기"를 남겼어요.
⑤ 개항 후 조선 정부는 김윤식을 유학생과 기술자들을 이끄는 영선사로 삼아 청에 파견하였어요. 이들은 청에서 근대 무기 제조 기술을 습득하고 귀국 후에 무기 제조 공장인 기기창 설립을 주도하였어요.

초대 주미 공사로 임명된 (가) 인물은 박정양이에요. 조·미 수호 통상 조약 체결 이후 미국이 조선에 공사를 파견하자 이에 대한 답례로 조선 정부는 1883년에 민영익, 홍영식, 유길준 등으로 구성된 보빙사를 미국에 파견하였어요. 1887년에는 청의 내정 간섭을 견제하고 자주 외교를 펴기 위해 박정양을 초대 주미 공사로 파견하였습니다. ⑤ 독립 협회가 의회 설립 운동을 추진하면서 보수적인 대신들을 퇴진시키고 개혁적 성향을 가진 박정양 중심의 내각을 수립하는 데 성공하였어요. 박정양 내각은 독립 협회의 제안을 받아들여 중추원 관제 개편을 추진하였어요.

① 안창호는 미국 샌프란시스코에서 재미 한인을 중심으로 흥사단을 창립하였어요.

② 제2차 수신사로 일본에 파견된 김홍집은 청의 외교관 황준헌이 쓴 "조선책략"을 국내에 들여왔어요.

③ 신민회의 이승훈은 정주에 오산 학교를 설립하여 민족 교육을 실시하였어요.

④ 국문 연구소는 대한 제국 정부가 한글 연구를 위해 학부 아래 설치한 기관이에요. 주시경과 지석영 등은 국문 연구소에서 국문 정리와 맞춤법 연구를 하였어요.

---

741 최재형 정답 ①

연해주에서 권업회를 조직하고 권업신문을 발간하였으며, 제2회 전로 한족 대표 회의에서 이동휘와 함께 명예 회장으로 추대된 인물은 최재형이에요. 최재형은 연해주로 건너가 사업으로 돈을 모았으며, 러시아 한인 노동자들의 어려움을 대변하여 한인 사회에서 높은 명망을 얻었어요. 또한, 일제의 국권 침탈에 맞서 의병 활동을 전개하였으며 권업회의 초대 회장에 선임되기도 하였어요. ① 최재형은 안중근이 이토 히로부미를 처단하러 떠나기 전 거처를 제공하고 여비를 지원하는 등 안중근의 하얼빈 의거를 지원하였어요. 안중근 이 순국한 후 그의 가족을 보살폈어요.

② 숭무 학교는 이근영을 중심으로 한 멕시코 이주 동포들이 세운 독립군 양성 기관 이에요.

③ 신채호는 김원봉의 요청에 따라 민중의 직접 혁명을 주장하는 '조선 혁명 선언' 을 작성하였어요. 이는 의열단의 활동 지침이 되었어요.

④ 박용만은 미국 하와이에서 대조선 국민군단을 조직하여 군사 훈련을 하는 등 무장 투쟁을 준비하였어요.

⑤ 김규식은 여운형, 신규식 등과 함께 신한 청년당을 결성하였으며, 신한 청년당 대표로 파리 강화 회의에 파견되었어요.

---

742 이동녕 정답 ①

국회 의사당 중앙홀에 흉상이 있으며, 신민회를 조직하고 경학사와 신흥 강습소 설립을 주도하였다는 내용을 통해 (가) 인물이 이동녕임을 알 수 있어요. 이동녕은 이상설 등과 함께 북간도의 용정에 서전서숙을 설립하여 민족 교육을 실시하였고, 서간도 지역에서는 경학사 결성을 주도하고 신흥 강습소를 설립하여 초대 소장으로 취임하였어요. 또한, 연해주에서는 권업회를 조직하고 권업신문을 발간하는 데 참여하기도 하였습니다. 이후 1919년에 대한민국 임시 정부가 수립되면서 입법 기관에 해당하는 ① 대한민국 임시 의정원의 초대 의장을 맡았어요.

② 임병찬은 고종의 밀지를 받고 1912년에 독립 의군부를 조직하였어요.

③ 박은식은 "한국독립운동지혈사"를 저술하여 일제의 침략과 우리 민족의 독립 투쟁 과정을 정리하였어요.

④ 여운형은 1944년에 일제의 패망과 광복에 대비하여 비밀리에 조선 건국 동맹을 결성하였어요.

⑤ 이상설, 이준, 이위종은 네덜란드 헤이그에서 열린 만국 평화 회의에 고종의 특사로 파견되어 을사늑약의 부당성을 국제 사회에 알리고자 하였어요.

---

743 남자현 정답 ④

조선 총독 암살을 기도하였으며 국제 연맹 조사단에 혈서를 전달하고자 했던 인물은 여성 독립운동가인 남자현이에요. 남자현은 간도로 건너가 서로 군정서에서 활동하였으며, ④ 여자 권학회를 조직하여 계몽 활동에 힘썼어요. 1925년에 국내로 들어와 조선 총독의 암살을 기도하였으나 실패하였고, 1932년에 일제의 만주 침략과 관련하여 파견된 국제 연맹 조사단이 하얼빈 에 도착하자 '조선 독립원'이라는 혈서를 써서 전달하고자 하였어요.

① 의열단 소속의 나석주는 조선 식산 은행과 동양 척식 주식회사에 폭탄을 투척하 였어요.

② 안중근은 하얼빈역에서 을사늑약 체결에 핵심적 역할을 한 이토 히로부미를 사 살하였어요.

③ 이재명은 명동 성당 앞에서 을사오적 중 한 명인 이완용을 습격하여 중상을 입혔 어요.

⑤ 평양에 있는 고무 공장의 노동자 강주룡은 임금 삭감에 반대하고 노동 조건의 개 선을 주장하며 평양 을밀대 지붕에서 농성을 벌였어요.

---

744 이동휘 정답 ①

한인 사회당을 창당하였으며, 대한민국 임시 정부의 국무총리를 역임하였다 는 내용을 통해 검색창에 들어갈 인물이 독립운동가 이동휘임을 알 수 있어 요. 이동휘는 신민회에서 활동하였으며, 교육과 문화 사업도 전개하여 여러 지역에 학교를 설립하였어요. 국권 피탈 이후 이상설 등과 함께 연해주 블라 디보스토크에서 ① 대한 광복군 정부 수립을 주도하였어요. 대한 광복군 정 부는 대통령에 이상설, 부통령에 이동휘를 선임하였어요.

② 김두봉 등 중국 화북 지역에서 활동하던 사회주의자들이 중심이 되어 옌안에서 조선 독립 동맹을 결성하였어요.

③ 이상설, 이동녕 등은 북간도에서 민족 교육을 위해 서전서숙을 설립하였어요.

④ 임병찬은 고종의 밀지를 받아 국내에서 비밀리에 독립 의군부를 조직하였어요.

⑤ 신채호는 의열단장 김원봉의 요청을 받아 '조선 혁명 선언'을 작성하였어요. 의 열단은 '조선 혁명 선언'을 활동 강령으로 삼았어요.

---

745 주시경 정답 ①

국어 연구에 앞장섰으며 호가 '한힌샘'이었던 (가) 인물은 주시경이에요. 주 시경은 한글 보급을 위해 노력한 국어학자로, ① 지석영 등과 함께 대한 제국 정부의 학부 아래 국문 연구소에서 연구 위원으로 활동하였어요. 국문법을 정리하고 한글을 체계적으로 연구하여 "국어문법", "말의 소리" 등을 저술 하였어요.

② 1942년에 일어난 조선어 학회 사건으로 이극로, 이윤재, 최현배 등이 구속되어 옥고를 치렀어요.

③ 박은식은 국권 피탈 과정을 정리한 "한국통사"를 집필하였어요.

④ 헐버트는 세계 지리 교과서인 "사민필지"를 한글로 저술하였고, 을사늑약 직후 고종의 친서를 미국 정부에 전달하였으나 도움을 얻지는 못하였어요.

⑤ 정인보, 안재홍 등은 "여유당전서"를 간행하고 조선학 운동을 전개하였어요.

---

746 안창호 정답 ⑤

공립 협회, 대한인 국민회, 흥사단 등을 조직하는 데 주도적인 역할을 하였다 는 내용을 통해 (가) 인물이 안창호임을 알 수 있어요. 안창호는 독립 협회에 서 활동하였으며, 1902년에 미국으로 건너가 샌프란시스코에서 한국인 친 목회를 조직하고 이를 기반으로 공립 협회를 설립하여 한인 동포들의 생활 향상과 의식 계몽을 위해 힘썼어요. 공립 협회는 이후 하와이 한인 합성 협회 등과 통합되어 대한인 국민회로 재조직되었어요(1910). 한편, 을사늑약 체 결 소식을 듣고 귀국한 안창호는 1907년에 이승훈, 양기탁 등과 신민회 결성 을 주도하였으며, 대성 학교를 설립하여 민족 교육에 힘썼어요. 국권을 빼앗 긴 뒤 일제의 탄압을 피해 다시 미국으로 건너간 안창호는 샌프란시스코에 서 흥사단을 창립하였고, ⑤ 3·1 운동 직후에 상하이로 건너가 대한민국 임 시 정부에 합류하여 내무총장 겸 국무총리 대리직을 맡았어요.

① 박은식은 "한국통사"를 저술하여 국혼의 중요성을 강조하고 일제의 침략 과정을 다루었어요.

② 민족주의 사학을 계승한 정인보 등은 조선학 운동을 전개하여 "여유당전서"를 간행하였어요.

③ 안희제는 독립운동 자금 마련을 위해 부산에 백산 상회를 설립하고 대한민국 임시 정부에 독립운동 자금을 지원하였어요.

④ 장인환과 전명운은 미국의 샌프란시스코에서 일제의 한국 침략이 정당하다고 선전한 친일 미국인 스티븐스를 사살하였어요.

747 허위와 김창숙   정답 ④

허위는 을미의병 당시 의병 활동을 하였으나 고종의 해산 권고 조칙에 따라 의병을 해산하고 귀향하였어요. 이후 고종이 강제 퇴위당하고 군대가 해산되자 다시 의병을 일으켰으며, ㄴ. 의병 연합 부대인 13도 창의군의 군사장을 맡아 서울 진공 작전을 전개하였어요. 김창숙은 을사늑약이 체결되자 반대 상소를 올리고 이완용을 비롯한 을사오적을 규탄하였어요. 3·1 운동이 일어나자 전국의 유림을 규합해 진정서를 작성하여 파리에서 개최된 만국 평화 회의에 제출하였어요. 또한, 대한민국 임시 정부에 참여하였으며, 중국에 머물고 있던 시기에 ㄹ. 동양 척식 주식회사에 폭탄을 투척할 계획을 가지고 나서는 의열단원 나석주에게 무기를 지원하였어요.

ㄱ. 최익현은 을사의병 때 관군에게 체포되어 쓰시마섬에 유배를 가게 되었고, 그곳에서 순국하였어요.

ㄷ. 박은식은 일본의 침략 과정을 서술한 "한국통사"와 우리 민족의 항일 독립운동사를 정리한 "한국독립운동지혈사"를 저술하였어요.

748 한용운   정답 ③

"님의 침묵" 등을 지었다는 내용을 통해 (가) 인물이 한용운임을 알 수 있어요. 만해 한용운은 1919년 3·1 운동 당시 민족 대표 33인에 속한 불교계 지도자이자 독립운동가입니다. ③ 한용운은 월간지 "유심"을 발간하여 불교 개혁 운동에 힘썼으며, 일제의 통제에 맞서 사찰령 폐지 운동을 전개하였어요. 또한, 문인으로도 활동하여 시집인 "님의 침묵"과 장편 소설인 "흑풍" 등을 남겼습니다.

① 최현배, 이윤재 등이 참여한 조선어 학회는 "우리말 큰사전" 편찬을 추진하였으나 조선어 학회 사건으로 사실상 활동이 중단되어 사전 편찬을 완수하지 못하였어요.

② 박은식은 유교 개혁을 주장하는 '유교 구신론'을 제창하였어요.

④ 이병도 등은 진단 학회를 설립하고, 문헌 고증을 통해 객관적으로 역사를 서술하는 실증주의 사학을 발전시켰어요.

⑤ 신채호는 '독사신론'을 저술하여 민족주의 사학의 기반을 마련하였어요.

749 김규식   정답 ④

파리 강화 회의에 민족 대표로 파견되었으며, 1944년 대한민국 임시 정부에서 부주석의 역할을 맡았다는 내용을 통해 자료의 인물이 김규식임을 알 수 있어요. ④ 김규식은 유엔 소총회에서 선거 가능 지역에서의 총선거안이 가결되자 남한만의 총선거에 반대하여 민족 자주 연맹을 이끌고 38도선을 넘어 평양으로 가 김구와 함께 남북 협상에 참여하였어요.

① 김원봉은 일제 요인 암살, 식민 통치 기관 파괴 등의 의열 활동을 목적으로 1919년 만주에서 의열단을 조직하고 단장으로 활동하였어요.

② 안창호는 105인 사건으로 신민회가 해체된 후 미국으로 건너가 재미 한인을 중심으로 흥사단을 창립하였어요.

③ 이회영 등 신민회 요인들이 서간도(남만주) 삼원보에 독립군을 양성하는 신흥 강습소를 설립하였어요.

⑤ 여운형은 일제의 패망과 광복에 대비하여 국내의 좌우 인사들과 함께 조선 건국 동맹을 결성하였어요.

750 조소앙   정답 ⑤

대한민국 임시 정부 건국 강령 초안을 작성하였다는 내용을 통해 밑줄 그은 '나'가 조소앙임을 알 수 있어요. 조소앙은 대한민국 임시 정부 수립에 참여하였으며 임시 정부에서 외교 문제를 전담하였어요. ⑤ 조소앙은 개인과 개인, 민족과 민족, 국가와 국가 간의 완전한 균등을 표방하고 이의 실현을 위한 정치·경제·교육의 균등을 강조한 삼균주의를 주장하였어요. 삼균주의를 바탕으로 광복 이후 국가 건설의 계획을 담은 대한민국 임시 정부 건국 강령 초안을 작성하였어요.

① 신채호는 의열단장 김원봉의 요청으로 '조선 혁명 선언'을 작성하였어요. '조선 혁명 선언'은 의열단의 활동 지침이 되었어요.

② 박은식은 "한국독립운동지혈사"를 저술하여 우리 민족의 독립 투쟁 과정을 정리하였어요.

③ 1922년 러시아 모스크바에서 동아시아 각국의 공산당 및 민족 혁명 단체 대표자들이 참여한 극동 인민 대표 대회가 열렸어요. 이 대회에서 김규식과 여운형이 의장단으로 선출되었어요.

④ 고종은 을사늑약의 부당성을 국제 사회에 알리기 위해 헤이그에서 열린 만국 평화 회의에 이상설, 이준, 이위종을 특사로 파견하였어요.

751 김원봉   정답 ②

의열단과 민족 혁명당을 조직하였으며, 조선 의용대를 창설하였다는 내용을 통해 자료의 인물이 김원봉임을 알 수 있어요. 김원봉은 조선 민족 전선 연맹의 군사 조직으로 조선 의용대를 창설하였어요. 1938년에 우한에서 창설된 조선 의용대는 중국 국민당 정부의 지원을 받아 주로 일본군에 대한 심리전이나 후방 공작 활동 등을 하였어요. 이런 가운데 소극적인 항일 투쟁에 불만을 가졌던 조선 의용대의 일부 병력이 적극적인 항일 투쟁을 펼치기 위해 화북 지방으로 이동하였고, ② 김원봉은 남은 대원들을 이끌고 한국 광복군에 합류하여 한국 광복군 부사령관으로 활약하였어요.

① 박용만은 미국 하와이에서 대조선 국민군단을 조직하여 군사 훈련을 하는 등 무장 투쟁을 준비하였어요.

③ 안중근은 만주 하얼빈역에서 초대 통감이자 을사늑약 체결에 앞장섰던 이토 히로부미를 사살하였어요.

④ 지청천은 한국 독립군을 이끌고 항일 중국군과 연합 작전을 전개하여 쌍성보 전투, 대전자령 전투 등에서 일본군을 격퇴하였어요.

⑤ 여운형은 일제의 패망과 광복에 대비하여 조선 건국 동맹을 결성하였어요.

752 최현배   정답 ①

최현배는 '외솔'이라는 호를 썼으며, 주시경으로부터 한글과 문법 등을 배웠어요. 일제 강점기에 "우리말본", "한글갈" 등을 저술하였으며, 일제의 민족 말살 정책에 맞서 우리말과 글을 지키기 위해 노력하였어요. 조선어 학회 창립에 주도적 역할을 하였으며, 한글 맞춤법 통일안 제정에도 참여하였어요. 광복 이후에는 조선어 학회를 개칭한 한글 학회의 이사장을 지냈어요. ① 최현배는 1942년에 일어난 조선어 학회 사건으로 이극로, 이윤재 등과 구속되어 옥고를 치렀어요.

753 여운형
 정답 ⑤

'몽양'이라는 호를 썼으며, 신한 청년당을 조직하고 조선 건국 준비 위원회를 결성하였다는 내용을 통해 사진 속 인물이 여운형임을 알 수 있어요. 여운형은 상하이에서 신한 청년당 조직에 참여하고 김규식을 파리 강화 회의에 한국 대표로 파견할 것을 결정하였어요. 이후 상하이 임시 정부 수립에 힘썼으며 정부 요인으로 활동하였어요. 1933년에 조선중앙일보사 사장직에 취임하였으나 베를린 올림픽 마라톤 우승자 손기정의 사진을 게재하면서 그의 운동복에 그려진 일장기를 삭제한 일로 신문이 폐간되어 사장직에서 물러났어요. 광복 직후에는 조선 건국 동맹을 기반으로 조선 건국 준비 위원회를 결성하여 새로운 국가 건설을 위해 노력하였어요. ⑤ 광복 이후 여운형, 김규식 등은 통일 정부 수립을 위해 좌우 합작 위원회를 조직하고 좌우 합작 7원칙을 발표하였어요.

오답 피하기

① 1945년 9월에 송진우, 김성수 등 우익 인사들이 중심이 되어 한국 민주당을 창당하였어요.

② 1948년 5월에 실시된 5·10 총선거에서 제헌 국회 의원이 선출되었어요. 여운형은 1947년 7월에 서울 혜화동에서 피살되었어요.

③ 이승만은 제1차 미·소 공동 위원회가 무기 휴회되자 정읍에서 남한만의 단독 정부 수립을 주장하였어요.

④ 신채호는 의열단장 김원봉의 요청을 받아 민중의 직접 혁명을 주장한 '조선 혁명 선언'을 작성하였어요.

754 김병로
정답 ④

김병로는 최익현 의병 부대에서 활동하였으며, 일본에서 유학하여 변호사가 된 후 독립운동 관련 사건을 무료로 변론하였어요. 대표적으로 여운형, 안창호 등의 치안 유지법 위반 사건, 김상옥 의사 사건, 광주 학생 항일 운동 등을 담당하였어요. 또한, 신간회에 참여하여 광주 학생 항일 운동의 진상 조사 위원으로 활동하기도 하였고, 광복 이후에는 남조선 과도 정부 사법부장을 지냈어요. ④ 김병로는 대한민국 정부의 초대 대법원장에 임명되어 사법 제도의 기초를 다졌어요.

오답 피하기

① 김구와 김규식 등이 남한만의 단독 선거에 반대하며 통일 정부 수립을 위한 남북 협상에 참석하였어요.

② 제1차 미·소 공동 위원회가 결렬되자 이승만은 정읍에서 남한만의 단독 정부 수립을 주장하였어요.

③ 조소앙은 삼균주의를 바탕으로 한 대한민국 건국 강령의 초안을 작성하였어요. 대한민국 임시 정부는 국무 회의에서 약간의 수정을 거쳐 이를 발표하였어요.

⑤ 여운형은 1944년에 일제 패망과 광복에 대비하여 국내에서 비밀리에 조선 건국 동맹을 결성하였어요.

755 장준하
정답 ②

학병으로 강제 징집되었으며, 1970년대 유신 독재 체제에 저항하여 민주 회복을 위한 개헌 청원 백만 인 서명 운동을 주도하였다는 내용을 통해 자료의

인물이 장준하임을 알 수 있어요. 장준하는 학병으로 일본군에 강제 징집되었다가 6개월 만에 탈출에 성공하여 한국 광복군에 합류하였어요. 이후 한국 광복군 제2지대 이범석 예하 부대에 배속되었고, ② 한국 광복군의 일원으로 국내 진공 작전을 준비하였습니다.

오답 피하기

① 조소앙은 개인과 개인, 민족과 민족, 국가와 국가 사이의 완전한 균등을 추구하는 삼균주의를 바탕으로 건국 강령을 기초하였어요. 대한민국 임시 정부는 1941년에 조소앙의 삼균주의에 바탕을 둔 건국 강령을 발표하였습니다.

③ 신채호는 민중의 직접 혁명을 주장하는 '조선 혁명 선언'을 집필하였어요. 김원봉의 요청에 따라 작성된 '조선 혁명 선언'은 의열단의 활동 지침이 되었어요.

④ 여운형은 일제의 패망이 가시화되자 광복을 준비하기 위해 국내에서 비밀리에 조선 건국 동맹을 결성하였어요.

⑤ 김원봉은 중국 국민당 정부의 지원을 받아 중국 난징에 조선 혁명 간부 학교를 설립하고 독립군 간부 양성에 힘썼어요.

756 한국의 독립을 도운 외국인
정답 ②

"사민필지"를 저술하고 을사늑약 직후 고종의 친서를 미국 정부에 전달한 (가) 인물은 미국인 헐버트입니다. 아일랜드계 영국인으로 김구 등이 상하이로 갈 수 있도록 도운 (나) 인물은 조지 루이스 쇼입니다. ㄱ. 헐버트는 근대식 관립 학교인 육영 공원에 초빙되어 학생들에게 영어를 가르쳤어요. ㄷ. 조지 루이스 쇼는 무역 회사인 이륭양행을 운영하며 이곳에 대한민국 임시 정부의 교통국을 설치하도록 지원하는 등 우리나라 독립운동에 기여하였어요. 이러한 활동이 일제에 발각되어 내란죄로 체포되었지요.

오답 피하기

ㄴ. 우리나라 최초의 서양식 병원인 광혜원은 알렌의 건의로 설립되었어요.

ㄹ. 우리나라 최초의 여성 교육 기관인 이화 학당은 개신교 선교사인 스크랜턴이 설립하였어요.

757 평양의 역사
정답 ②

조위총이 반란을 일으켰으며, 동녕부가 설치되었다는 내용을 통해 검색창에 들어갈 지역이 서경(평양)임을 알 수 있어요. 고려를 세운 태조 왕건은 건국 초에 평양을 서경으로 삼아 중시하였으며, 훈요 10조에서도 서경을 중시할 것을 강조하였어요. ② 고려 인종 때 묘청을 비롯한 서경 세력은 서경 천도를 추진하다가 개경 세력의 반대로 실패하자 국호를 '대위', 연호를 '천개'라고 정하고 서경에서 반란을 일으켰어요.

① 고려 말에 정몽주는 새로운 나라를 세우는 데 반대하다가 개경(개성)에서 이방원 세력에게 피살되었어요.
③ 고려 시대에 몽골의 침략으로 경주의 황룡사 9층 목탑이 소실되었어요.
④ 고려 말에 청주 흥덕사에서 금속 활자로 "직지심체요절"이 간행되었어요. "직지심체요절"은 현존하는 세계에서 가장 오래된 금속 활자 인쇄본이에요.
⑤ 고려 의종 때 정서가 동래에서 유배 중에 정과정이라는 고려 가요를 지었어요.

758 개성의 역사 정답 ④

지도에 '왕건릉', '공민왕릉', '선죽교' 등이 있는 것으로 보아 (가) 지역이 고려의 수도 개경, 즉 개성임을 알 수 있어요. ④ 고려 무신 집권기에 사노비 만적이 개경(지금의 개성)에서 노비들을 모아 신분 해방을 위한 봉기를 계획하였다가 발각되었어요.

오답 피하기

① 조선 인조는 병자호란 때 남한산성으로 피신하여 청군에 항전하였어요.
② 광복 이후 열린 모스크바 3국 외상 회의의 결정에 따라 서울 덕수궁 석조전에서 제1차 미·소 공동 위원회가 개최되었어요.
③ 독일 상인 오페르트가 덕산(충청남도 예산군)에 있는 흥선 대원군의 아버지인 남연군의 묘를 도굴하려다가 실패하였어요.
⑤ 현존하는 세계에서 가장 오래된 금속 활자본인 "직지심체요절"은 고려 시대에 청주 흥덕사에서 간행되었어요.

759 개성의 역사 정답 ④

송악, 개주라고 불린 도시는 개성이에요. 개성(개경)은 고려가 몽골의 침입을 받아 강화도로 도읍을 옮겼던 시기를 제외하고는 고려가 멸망할 때까지 고려 왕조의 수도로서 정치, 경제, 문화의 중심지 역할을 하였어요. 고려를 건국한 태조가 철원에서 송악으로 도읍을 옮겨 개주라고 칭하였으며, 후에 개경으로 명칭이 바뀌었어요. ④ 일제 강점기에 고무 공장 노동자 강주룡은 회사의 임금 삭감 결정에 반발하여 평양의 을밀대 지붕 위에서 고공 농성을 하였어요.

오답 피하기

① 고려 태조 왕건은 자신의 세력 근거지인 개성(개경)을 도읍으로 삼았어요.
② 개성 경천사에 원의 영향을 받아 축조된 경천사지 10층 석탑이 있었어요. 경천사지 10층 석탑은 대한 제국 시기에 일본으로 불법 반출되었다가 반환되어 경복궁에 설치되었다가 현재는 국립 중앙 박물관 내부에 전시되어 있어요.
③ 조선 후기에 활동한 송상은 개성을 근거지로 삼았으며, 전국에 송방이라는 지점을 설치하기도 하였어요.
⑤ 개성은 광복 이후 북위 38도선을 기준으로 남북 지역으로 나뉠 때 남한에 속하여 개성시로 편성되었으나, 6·25 전쟁이 일어나고 정전 협정이 체결되면서 북한 지역이 되었어요.

760 강화도의 역사 정답 ⑤

강화도는 조선 후기에 일어난 외세의 침략 및 대응과 관련된 역사 유적들을 살펴볼 수 있는 역사의 현장이에요. ⑤ 1885년에 영국군 함대가 러시아의 남하를 견제한다는 명분을 내세워 거문도를 불법 점령하였어요. 초지진은 신미양요 때 미군이 점령하였던 곳이에요. 이후 일본 군함 운요호가 초지진을 포격하기도 하였어요.

오답 피하기

① 병인양요 때 강화도에 침입한 프랑스군이 조선군의 항전에 밀려 퇴각하면서 외규장각에 보관되어 있던 의궤를 비롯한 많은 도서를 약탈하였어요.
② 운요호 사건을 계기로 강화도의 연무당에서 조·일 수호 조규(강화도 조약)가 체결되었어요. 조·일 수호 조규는 우리나라가 외국과 맺은 최초의 근대적 조약이지만 일본에 일방적으로 유리한 불평등 조약이었어요.

③ 신미양요 때 강화도에 침입한 미군에 맞서 어재연 부대가 광성보에서 결사 항전하였으나 패배하였어요.
④ 병인양요 때 강화도의 정족산성에서 양헌수 부대가 프랑스군을 물리쳤어요.

761 강화도의 역사 정답 ①

강화도에서는 유네스코 세계 유산으로 지정된 부근리 고인돌을 비롯하여 많은 고인돌을 볼 수 있어요. 또 단군이 하늘에 제사를 올리기 위해 쌓은 제단으로 알려진 마니산의 참성단, 신미양요 당시 어재연 부대가 항전을 벌인 광성보 유적을 둘러볼 수 있습니다. ① 고려 정부는 몽골의 침입을 받자 강화도로 천도하여 장기 항쟁에 대비하였어요. 강화도는 40여 년간 고려의 임시 수도였으며, 이 시기에 승하한 고려 왕과 왕비의 능이 조성되어 있어요.

오답 피하기

② 조선 후기 제주도의 상인 김만덕은 제주에 기근이 들었을 때 자신의 재산을 들여 육지에서 곡식을 사 와 굶주리는 빈민을 구제하였어요.
③ 조선 후기 흑산도로 유배된 정약전은 인근의 수산 생물을 조사하여 "자산어보"를 저술하였어요.
④ 신라 지증왕은 이사부를 보내 지금의 울릉도 일대인 우산국을 복속시켰어요.
⑤ 1885년에 영국군은 러시아의 남하를 견제한다는 명분을 내세워 거문도를 불법 점령하였어요.

762 강릉의 역사 정답 ①

경포대는 강원특별자치도 강릉시 경포호에 있는 누각이에요. 선교장은 강릉에 있는 고택으로 양반의 주거 생활을 살펴볼 수 있어요. 강릉 굴산사지는 신라 말에 창건된 굴산사가 있던 터입니다. 지금은 승탑과 당간지주가 남아 있어요. ① 율곡 이이는 강릉 오죽헌에서 태어났어요. 검은 대나무가 집 주변을 둘러싸고 있어서 오죽헌이라는 이름이 붙여졌어요.

오답 피하기

② 송산리 고분군에서 무령왕릉이 발견되었는데, 송산리 고분군은 백제의 두 번째 수도였던 공주에 있어요.
③ 신미양요 당시 강화도에 침입한 미군에 맞서 어재연 부대가 광성보에서 항전하였어요.
④ 합천에 있는 해인사 장경판전에 팔만대장경판이 보관되어 있어요.
⑤ 삼별초는 강화도에서 진도, 진도에서 제주도로 근거지를 옮겨 가며 대몽 항쟁을 이어 갔어요. 삼별초의 마지막 근거지인 항파두리 항몽 유적은 제주도에 있어요.

763 충주의 역사 정답 ④

김윤후가 대몽 항쟁을 벌였으며, 임진왜란 때 신립 장군이 탄금대 전투에서 결사 항전하였다는 내용을 통해 (가) 지역이 충청북도 충주임을 알 수 있어요. 탑평리 7층 석탑은 통일 신라 시대에 축조된 석탑으로, 한반도의 중앙부에 위치하여 중앙탑이라고도 불립니다. 다인철소는 충주 지역에 있었던 고려 시대의 특수 행정 구역인 소 가운데 하나로, 철을 생산하여 고려 정부에 바쳤어요. 몽골의 침입을 받았을 때 다인철소 주민들이 항전하여 몽골군을 물리치자 고려 조정에서 그 공을 인정하여 다인철소를 일반 군현으로 승격시켜 주었어요. ④ 충주 지역에 있는 충주 고구려비는 국내에 남아 있는 유일한 고구려 비석으로, 이를 통해 고구려가 한강 이남 지역까지 진출하였음을 알 수 있어요.

오답 피하기

① 1946년에 서울 덕수궁 석조전에서 제1차 미·소 공동 위원회가 개최되었어요.
② 조선 숙종 때 임진왜란 당시 조선을 도와준 명의 신종을 기리는 만동묘가 충청북도 괴산에 세워졌어요.
③ 일제 강점기에 고무 공장의 노동자 강주룡이 평양의 을밀대 지붕에서 임금 삭감 반대 및 노동 조건 개선을 주장하며 고공 농성을 벌였어요.
⑤ 일제 강점기에 의열단원 박재혁은 부산 경찰서에 폭탄을 투척하였어요.

764 청주의 역사 정답 ③

흥덕사지, 용두사지 철당간, 청남대 등이 위치한 지역은 충청북도 청주입니다. ③ 고려 우왕 때 청주 흥덕사에서 금속 활자로 "직지심체요절"이 간행되었어요. 현재 프랑스 국립 도서관에 보관되어 있는 "직지심체요절"은 현존하는 세계에서 가장 오래된 금속 활자본이며, 2001년에 유네스코 세계 기록 유산으로 등재되었어요.

오답 피하기

① 조선 후기 실학자 유형원은 전북 부안에 은거하며 "반계수록"을 저술하였어요.
② 고구려 멸망 후 부흥 운동을 전개하던 일부 고구려 유민들이 신라에 투항하였어요. 이들은 신라의 지원을 받아 지금의 전라북도 익산 지역인 금마저에 정착하여 안승을 왕으로 하는 보덕국을 세웠어요.
④ 황산벌은 지금의 충청남도 논산 지역이에요. 660년에 계백이 이끄는 백제군과 김유신이 이끄는 신라군이 이곳에서 전투를 벌였어요.
⑤ 전태일은 1970년에 서울 청계천의 평화 시장에서 근로 기준법 준수를 요구하며 분신하였어요.

765 여러 지역에서 있었던 역사적 사실 정답 ②

② 조·청 상민 수륙 무역 장정 체결 이후 외국 상인들이 개항장 밖 내륙까지 진출하여 국내의 상권을 위협하자 서울의 시전 상인이 황국 중앙 총상회를 조직하고 상권 수호 운동을 전개하였어요.

오답 피하기

① 지주 문재철의 횡포에 맞서 소작 쟁의가 일어난 지역은 (다) 목포 근해의 신안군 암태도입니다.
③ 김광제 등의 발의로 국채 보상 운동이 시작된 지역은 (마) 대구입니다.
④ 조선 물산 장려회가 발족된 지역은 (가) 평양과 (나) 서울이에요.
⑤ 백정들은 (라) 진주에서 조선 형평사를 창립하고 형평 운동을 전개하였어요.

766 천안의 역사 정답 ③

임종국은 "실록 친일파" 등을 저술하는 등 친일파 연구에 매진하였으며 천안 신부 문화 공원에 그의 흉상이 세워져 있어요. 또한, 천안에는 일본군 '위안부' 묘역인 '망향의 동산'이 있으며, 독립운동에 관한 유물과 자료를 전시한 독립 기념관도 있습니다. ③ 3·1 운동 당시 고향에 내려온 유관순의 주도로 천안의 아우내 장터에서 독립 만세 운동이 일어났어요.

오답 피하기

① 1948년 제주도에서는 5·10 총선거를 앞두고 많은 주민이 희생된 사건이 일어났어요. 이를 제주 4·3 사건이라고 해요. 남한만의 단독 선거에 반대하는 무장대와 이를 진압하는 토벌대 간의 무력 충돌, 그 뒤 토벌대의 진압 과정에서 수많은 제주도민이 희생된 사건이었어요.
② 독일 상인 오페르트는 조선 정부와의 통상 협상에 이용하기 위해 충청남도 예산군 덕산면에 있는 흥선 대원군의 아버지 남연군의 묘를 도굴하려 시도하였어요.
④ 강우규는 지금의 서울역에서 사이토 총독이 탄 마차에 폭탄을 던졌어요.
⑤ 지주 문재철의 횡포에 맞서 소작 쟁의가 일어난 지역은 목포 근해의 암태도입니다.

767 공주의 역사 정답 ②

고구려 장수왕은 수도를 평양으로 옮기고 남진 정책을 본격적으로 추진하였어요. 475년에 장수왕은 백제를 공격하여 한성을 함락하고 개로왕을 전사시켰어요. 개로왕에 이어 즉위한 문주왕은 위기를 수습하기 위해 웅진(지금의 공주)으로 도읍을 옮겼어요. ② 무령왕은 웅진에 도읍하던 시기에 왕위에 올랐으며 중국 남조의 양과 활발히 교류하였어요. 무령왕과 왕비의 무덤은 충청남도 공주에 있으며, 중국 남조의 영향을 받아 벽돌무덤으로 축조되었어요.

오답 피하기

① 무왕은 지금의 전라북도 익산 지역인 금마저에 미륵사를 창건하였어요.
③ 성왕은 신라 진흥왕과 손을 잡고 고구려를 공격해 한강 하류 지역을 되찾았으나, 곧이어 진흥왕의 공격을 받아 한강 유역을 빼앗겼어요. 분노한 성왕은 신라 공격에 나섰다가 지금의 충청북도 옥천 지역인 관산성 전투에서 전사하였어요.
④ 윤충은 의자왕의 명을 받아 지금의 경상남도 합천 지역에 있던 신라의 대야성을 공격하여 함락시켰어요.
⑤ 나·당 연합군이 백제를 공격하자 계백이 이끄는 5천 명의 결사대가 지금의 충청남도 논산 지역인 황산벌에서 신라군에 맞서 싸웠어요(황산벌 전투).

768 전주의 역사 정답 ③

태조 이성계의 어진을 봉안하고 제사하는 경기전, 후백제의 왕성으로 알려진 동고산성이 있다는 내용을 통해 자료의 지역이 전북특별자치도 전주임을 알 수 있어요. 전주에는 조선 시대에 전라도 관찰사가 거처한 전라 감영이 있었어요. ③ 동학 농민군이 관군에 승리하며 전주성까지 점령하자 조선 정부는 농민군과 전주 화약을 체결하였어요.

오답 피하기

① 조선 후기에 유형원은 부안에서 "반계수록"을 저술하였어요.
② 후백제의 견훤은 왕위 계승에 불만을 품은 큰아들 신검에 의해 김제 금산사에 유폐되었어요.
④ 조선 중종 때 조광조는 기묘사화로 능주(지금의 화순)에 유배되고 그곳에서 사사되었어요.
⑤ 임병찬은 을사늑약이 체결되자 최익현과 태인(지금의 정읍)의 무성 서원에서 의병을 일으켰어요.

769 나주의 역사 정답 ⑤

'전라도'라는 이름은 전주와 우리 고장의 앞 글자를 딴 것이며, 광주 학생 항일 운동의 도화선이 된 사건과 관련된 역이라는 내용을 통해 답사 지역이 전라남도 나주임을 알 수 있어요. 1929년 광주에서 출발한 통학 열차가 나주역에 도착하여 학생들이 나오고 있을 때 일본인 남학생들이 한국인 여학생의 댕기 머리를 잡아당기며 조롱하자 이에 격분한 한국인 학생들이 일본인 학생들과 충돌하였어요. 이 사건은 광주 학생 항일 운동의 도화선이 되었어요. ⑤ 후고구려를 세운 궁예의 휘하에 있던 왕건은 후백제를 배후에서 견제하기 위해 수군을 이끌고 가 후백제의 금성군을 공격하여 차지하였어요. 이때에 궁예가 금성군을 나주라고 바꾸어 불렀어요.

오답 피하기

① 병자호란 때 조선 인조는 남한산성으로 피신하여 청군에 항전하였어요.
② 유인석은 을미사변과 단발령 시행에 반발하여 복수보형의 기치를 내걸고 제천에서 의병을 일으켰어요.
③ 임진왜란 때 정문부는 왜군에 맞서 북관 대첩을 이끌어 길주, 성진 등 함경도 북부 지역을 되찾았어요.
④ 1907년에 대구에서 김광제 등의 발의로 나라의 빚을 갚아 국권을 회복하자는 국채 보상 운동이 시작되었어요.

770 안동의 역사 정답 ①

고려 공민왕 때 홍건적이 고려에 침입하여 개경을 향해 내려오자 공민왕과 왕비인 노국 대장 공주가 안동으로 피란하였어요. 안동 하회 마을은 풍산 류씨가 터를 잡고 살아온 씨족 마을이자 우리 민속 문화를 살펴볼 수 있는 유·무형의 요소가 잘 보존·전승된 민속 마을이에요. 2010년에 경주 양동 마을과 함께 세계 유산으로 지정되었어요. 안동 봉정사에는 현존하는 우리나라에서 가장 오래된 목조 건물인 극락전이 있어요. 안동 봉정사 극락전은 고려 시대에 지어진 주심포 양식의 건물이에요. 안동 도산 서원은 조선의 성리학자 퇴계 이황이 고향 안동에서 제자들을 가르쳤던 서당 자리에 세워진 서원이에요. 따라서 (가) 지역은 안동입니다. ① 왕건은 930년에 지금의 안동 지역에서 벌어진 고창 전투에서 견훤에게 승리하면서 후백제와의 경쟁에서 우위를 차지하였어요.

② 고려 인종 때 묘청 등 서경 세력은 국호를 '대위', 연호를 '천개'로 정하고 지금의 평양인 서경에서 반란을 일으켰어요.
③ 고려 우왕 때인 1377년에 청주 흥덕사에서 현존하는 세계에서 가장 오래된 금속 활자본인 "직지심체요절"이 간행되었어요.
④ 1170년 지금의 개성 인근의 보현원에서 정중부를 비롯한 무신들이 정변을 일으켜 정권을 장악하였어요.
⑤ 고려 말에 이성계를 중심으로 한 고려군이 지금의 전라도 남원 지역인 지리산 부근 황산에서 왜구를 격퇴하였어요.

771 대구와 광주의 역사 〔정답〕 ②

(가) 지역은 2·28 민주 운동이 일어났다는 내용을 통해 대구임을 알 수 있어요. 1960년에 이승만 정부와 자유당이 민주당의 대구 지역 선거 유세장에 학생들이 가지 못하도록 일요일에도 등교할 것을 지시하자 이에 항거하는 2·28 민주 운동이 일어났어요. (나) 지역은 5·18 민주화 운동이 일어났다는 내용을 통해 광주임을 알 수 있어요. 1980년 광주에서 전두환, 노태우 등 신군부의 불법적 정권 탈취와 비상계엄 확대에 저항하여 5·18 민주화 운동이 전개되었어요. 이 과정에서 신군부가 공수 부대와 계엄군을 앞세워 시위대를 무력 진압하여 수많은 광주 시민이 희생되었어요. ㄱ. 1907년 대구에서 김광제 등을 중심으로 나랏빚을 갚아 국권을 회복하자는 국채 보상 운동이 시작되었어요. ㄷ. 1929년 통학 열차에서 일어난 한·일 학생 간의 충돌 사건이 발단이 되어 광주 학생 항일 운동이 일어났어요. 당시 일제의 민족 차별에 분노한 광주 지역의 학생들이 대규모 시위를 전개하였어요.

ㄴ. 1979년 가발 제조 업체인 YH 무역이 일방적으로 폐업 조치를 취하자 여성 노동자들이 이에 항의하며 서울에 있는 신민당사에서 농성을 벌였어요.
ㄹ. 1960년 4월 11일 마산 앞바다에서 3·15 부정 선거에 항의하는 시위에 참여하였던 학생 김주열의 시신이 발견되었어요. 이를 계기로 시민들의 시위가 전국으로 확산되어 4·19 혁명으로 이어졌어요.

772 창녕의 역사 〔정답〕 ③

'신라 진흥왕 척경비'를 통해 (가) 지역이 경상남도 창녕임을 알 수 있어요. 창녕에는 인위적인 훼손이 거의 없어 멸종 위기종을 포함한 다양한 생물들이 서식하고 있는 국내 최대 규모의 천연 늪인 우포늪이 있어요. 또한, 삼국 시대 무덤군인 교동과 송현동 고분군, 통일 신라의 전형적인 석조 불탑인 술정리 동 3층 석탑 등이 남아 있어요. ③ 창녕에는 신라 진흥왕이 가야 지역으로 영토를 확장하고 세운 신라 진흥왕 척경비가 남아 있어요. 진흥왕은 영토 확장을 기념하여 단양 신라 적성비와 4개의 순수비(북한산 순수비, 창녕 척경비, 황초령 순수비, 마운령 순수비)를 세웠어요.

① 충주에는 고구려 장수왕이 영토 확장을 기념하여 세운 충주 고구려비가 있어요. 고려 시대에는 몽골의 침략에 대항하여 김윤후가 충주성 관민과 함께 몽골군을 격퇴하였어요.
② 안동에서는 후백제와 고려 간의 고창 전투가 일어났으며, 고려 시대에 홍건적의 침입을 피해 공민왕이 안동으로 피란하였어요.
④ 전주는 견훤이 도읍으로 삼아 후백제를 건국한 곳이에요. 조선을 세운 태조의 어진을 모신 경기전이 이곳에 건립되었으며, 동학 농민 운동 당시 농민군과 정부가 이곳에서 화약을 체결하였어요.
⑤ 강화도에서는 병인양요와 신미양요가 일어났으며, 운요호 사건을 계기로 강화 연무당에서 조·일 수호 조규, 즉 강화도 조약이 체결되었어요.

773 부산의 역사 〔정답〕 ④

신석기 시대의 유적인 동삼동 패총 전시관, 임진왜란 때 부산에서 순절한 부산첨사 정발의 충절을 기리기 위한 제단인 정공단, 임시 수도 대통령 관저와 기념관 등이 있는 것으로 보아 역사 여행 지역이 부산임을 알 수 있어요. ④ 일제 강점기에 의열단원 박재혁은 부산 경찰서에서 폭탄을 투척하는 의거를 일으켰어요.

① 2·28 민주 운동은 이승만 정부 시기인 1960년에 대구에서 일어났어요. 3·15 정·부통령 선거를 앞두고 야당의 선거 유세장에 학생들이 가지 못하도록 하기 위해 유세가 예정된 일요일에 정부 당국이 등교 지시를 내린 것이 발단이 되었어요.
② 1947년 5월에 서울에 있는 덕수궁 석조전에서 제2차 미·소 공동 위원회가 개최되었어요.
③ 1931년에 고무 공장 노동자였던 강주룡은 임금 삭감에 반대하며 평양의 을밀대 지붕에서 고공 농성을 전개하였어요.
⑤ 1923년에 목포 인근 신안군 암태도의 농민들은 지주 문재철의 횡포에 맞서 소작 쟁의를 벌였어요.

774 제주도의 역사 〔정답〕 ④

몽골군에 항전한 삼별초의 마지막 근거지인 항파두리 항몽 유적지가 있고, 일제가 주민을 강제 동원하여 건설한 군사 시설인 알뜨르 비행장과 송악산 해안 동굴 진지가 있는 (가) 지역은 제주도입니다. ④ 1948년에 일어난 제주 4·3 사건은 남한만의 단독 선거에 반대하는 무장대와 이를 진압하는 토벌대 간의 무력 충돌, 그 뒤 토벌대의 진압 과정에서 수많은 제주도민이 희생된 사건이었어요. 송악산에 위치한 섯알오름, 조천읍 북촌리의 너븐숭이 등지에서 많은 주민이 학살당하였어요.

① 조선 후기 정약전은 흑산도에서 유배 생활을 하면서 인근의 해양 동식물을 조사하여 명칭·형태·습성 등을 정리한 "자산어보"를 저술하였어요.
② 병인양요 때 프랑스군이 강화도에서 퇴각하면서 외규장각에 보관되어 있던 "의궤"를 비롯한 많은 도서를 약탈해 갔어요.
③ 일제 강점기 전라남도 목포 인근의 암태도 농민들이 고율의 소작료를 요구하는 지주 문재철에 맞서 소작 쟁의를 벌였어요.
⑤ 러시아가 저탄소(석탄 저장고) 설치를 위해 부산의 절영도 조차를 요구하였어요.

775 섬 지역의 역사 〔정답〕 ②

② 완도는 통일 신라 때 장보고가 해상 기지인 청해진을 설치한 곳이에요. 장보고는 청해진을 기반으로 해상 무역을 장악하였어요.

① 영국이 러시아의 남하를 구실로 불법 점령한 섬은 (다) 거문도입니다.
③ 6·25 전쟁 때 포로수용소가 설치되었던 섬은 (라) 거제도입니다.
④ 러시아가 저탄소 설치를 명분으로 조차를 요구한 섬은 절영도라고 불린 지금의 (마) 영도입니다.
⑤ 삼별초가 용장성을 쌓고 몽골에 대항하였던 섬은 (가) 진도입니다.

776 독도의 역사 〔정답〕 ⑤

신라의 우산국 복속 사실, "세종실록 지리지"의 기록, 안용복의 일본 도해 사실, 울릉과 함께 우산국의 땅이라는 "동국문헌비고"의 기록 등을 통해 (가)에 해당하는 섬이 독도임을 알 수 있어요. ⑤ 대한 제국 시기에 고종은 칙령 제41호를 반포하여 울릉도와 독도의 영유권이 대한 제국에 있음을 분명히 밝혔어요.

① 몽골이 고려를 침략하자 당시 실권자였던 최우는 일단 강화를 맺어 몽골군을 물러가게 한 후 수도를 강화도로 옮겨 장기 항전을 준비하였어요.

② 정약전은 흑산도에 유배되었을 때 흑산도 근해의 수산 생물을 조사하여 "자산어보"를 저술하였어요.

③ 조선 효종 때 일본으로 향하던 네덜란드의 상인 하멜 일행이 배가 난파되어 제주도에 도착하였어요.

④ 양헌수가 이끄는 부대가 병인양요 때 강화도의 정족산성에서 프랑스군을 격퇴하였어요.

---

4 문화유산

본문 266~268쪽

777 ⑤	**778** ①	**779** ①	**780** ④	**781** ①	**782** ①
783 ⑤	**784** ②				

777 창덕궁

정답 ⑤

유네스코 세계 유산으로 등재된 조선의 궁궐이며, 돈화문과 인정전이 있는 것으로 보아 (가) 궁궐이 창덕궁임을 알 수 있어요. 돈화문은 창덕궁의 정문이며, 인정전은 창덕궁의 정전이에요. ⑤ 조선 태종 때 개경에서 한양으로 다시 도읍을 옮기면서 기존에 있던 경복궁은 법궁으로 그대로 두고 이궁으로 창덕궁이 새로 건립되었어요. 광해군 때 임진왜란 중 소실된 궁궐 가운데 가장 먼저 복구되어 고종 때까지 왕이 거처하는 정궁으로 사용되었어요.

① 일제는 창경궁에 동물원과 식물원을 설치하는 등 창경궁을 훼손하고, 이름마저 창경원으로 격하시켰어요.

② 도성의 서쪽에 있어 서궐이라고 불린 궁궐은 경희궁이에요. 창덕궁은 창경궁과 함께 동궐이라고 불렸어요.

③ 광해군은 선조의 계비인 인목 대비를 경운궁에 유폐하였어요. 경운궁은 지금의 덕수궁이에요.

④ 정도전은 경복궁의 명칭과 주요 전각의 이름을 정하였어요.

778 경복궁

정답 ①

조선의 법궁이며 광화문, 근정전, 경회루 등의 건물이 있는 것으로 보아 (가)에 들어갈 궁궐이 경복궁임을 알 수 있어요. 경복궁과 주요 전각의 이름은 조선 건국에 큰 공을 세운 정도전이 지었어요. ① 고종이 아관 파천 이후 환궁한 곳은 경운궁으로, 현재의 덕수궁이에요.

② 경복궁은 조선을 세운 태조 이성계가 개경에서 한양으로 천도하면서 지은 궁궐로 조선의 궁궐 가운데 가장 먼저 지어졌어요.

③ 일제 강점기인 1915년에 일제는 경복궁의 일부 건물을 헐어 내고 전국의 물품을 수집·전시한 조선 물산 공진회를 개최하였어요.

④ 일제는 일본군과 일본인 낭인을 경복궁에 난입시켜 건청궁에서 명성 황후를 시해하는 을미사변을 저질렀어요.

⑤ 일제는 경복궁 근정전 앞에 식민 통치 기관인 조선 총독부 건물을 세웠어요. 조선 총독부 건물은 김영삼 정부 때 역사 바로 세우기 운동의 일환으로 일제 잔재 청산에 나서면서 철거되었어요.

779 덕수궁

정답 ①

고종이 러시아 공사관에서 환궁한 곳이며, 중명전을 비롯한 서구식 건축물을 지었다는 내용을 통해 (가) 궁궐이 덕수궁임을 알 수 있어요. 덕수궁의 원래 이름은 경운궁이었으나 고종이 퇴위 후 이곳에 머물게 되면서 고종의 장수를 빈다는 의미가 담긴 덕수궁으로 바뀌었어요. 고종이 러시아 공사관에서 경운궁(덕수궁)으로 거처를 옮긴 이후 정관헌, 중명전, 돈덕전, 석조전 등 서양식 건축물이 지어졌어요. 이 가운데 중명전은 1905년에 을사늑약이 체결된 곳이기도 합니다. ① 1946년 3월, 덕수궁 석조전에서 제1차 미·소 공동 위원회가 개최되었어요.

② 경희궁은 도성 내 서쪽에 있어 서궐이라고 불렸고, 창덕궁과 창경궁은 동궐이라고 불렸어요.

③ 일제는 창경궁에 동물원과 식물원을 설치하는 등 창경궁을 훼손하고, 이름마저 창경원으로 격하시켰어요.

④ 경복궁은 조선 건국 이후 가장 먼저 건립된 궁궐로, 궁궐과 주요 전각의 명칭은 건국을 주도한 정도전이 정하였어요.

⑤ 태종은 개경에서 한양으로 다시 도읍을 옮기면서 기존에 있던 경복궁은 그대로 두고 창덕궁을 새로 건립하였어요.

780 백제의 도읍

정답 ④

(가) 지역은 '풍납동 토성'과 '석촌동 고분군'을 통해 백제의 첫 번째 도읍지였던 한성(지금의 서울)임을 알 수 있어요. 풍납동 토성과 석촌동 고분군은 지금의 서울 송파구에 있는 백제의 유적이에요. 풍납동 토성은 판축 기법을 활용하여 성벽을 쌓은 백제 토성이며, 석촌동 고분군은 백제 초기의 계단식 돌무지무덤이 모여 있는 유적이에요. (나) 지역은 '공산성'과 '무령왕릉'을 통해 백제가 고구려 장수왕의 공격으로 한성이 함락된 후 천도한 웅진(지금의 공주)임을 알 수 있어요. 공산성은 백제가 웅진으로 천도한 후 도읍을 방어하기 위해 쌓은 산성이에요. 무령왕릉은 공주의 송산리 고분군 안에 위치해 있으며, 무덤 안에서 무덤의 주인이 누구인지 알려 주는 묘지석이 발견되었어요. (다) 지역은 '부소산성'과 '왕릉원(능산리 고분군)'을 통해 사비(지금의 부여)임을 알 수 있어요. 부소산성은 성왕 때 웅진에서 사비로 도읍을 옮기면서 축조한 것으로 추정되는 산성으로, 사비성이라고도 합니다. 부여 왕릉원(능산리 고분군)은 부여에 있는 백제 무덤군으로 모두 7기의 무덤이 있어요. ④ 왕궁리 5층 석탑은 백제의 궁궐터 유적인 익산의 왕궁리 유적에 있어요.

① 고구려에서 남하한 온조는 서울 한강 유역의 하남 위례성을 도읍으로 삼아 나라를 세웠어요.

② 고구려 장수왕의 공격으로 한성이 함락되고 개로왕이 죽임을 당하자 개로왕의 뒤를 이은 문주왕 때 지금의 공주 지역인 웅진으로 천도하였어요.

③ 공주의 무령왕릉은 중국 남조의 영향을 받아 벽돌무덤으로 축조되었어요.

⑤ 백제 금동 대향로는 부여 능산리 절터에서 출토되었어요.

781 처용무

정답 ①

궁중 무용 중 유일하게 사람 형상의 가면을 쓰고 추는 춤이며, 유네스코 무형 문화유산으로 등재되었다는 내용을 통해 (가)는 처용무임을 알 수 있어요. 처용무는 '오방 처용무'라고도 해요. 5명의 무용수가 각각 동서남북과 중앙의 다섯 방향, 즉 오방(五方)을 상징하는 색깔의 옷을 입고 악귀를 물리치는 의미가 담긴 춤을 추는 궁중 무용입니다. ① 처용무는 동해 용왕의 아들로 사람 형상을 한 처용이 춤을 추어 천연두를 옮기는 역신으로부터 인간 아내를 구해 냈다는 처용 설화를 바탕으로 하였어요.

② 종묘 제례에 대한 설명이에요. 종묘 제례 및 종묘 제례악은 2001년에 유네스코 무형 문화유산으로 등재되었어요.

③ 영산재에 대한 설명이에요. 영산재는 불교에서 행하는 49재(사람이 죽은 지 49일째 되는 날에 지내는 제사 의례)의 한 형태입니다. 2009년에 유네스코 무형 문화유산으로 등재되었어요.

④ 판소리에 대한 설명이에요. 판소리는 고수(북치는 사람)의 장단에 맞추어 소리꾼이 창과 아니리(말), 너름새(몸짓)로 구연하는 공연이에요. 2003년에 유네스코 무형 문화유산으로 등재되었어요.

⑤ 탈놀이에 대한 설명이에요. 양주 별산대놀이, 하회 별신굿 탈놀이 등 '한국의 탈춤' 18개 종목이 2022년에 유네스코 무형 문화유산으로 등재되었어요.

782 천문 관련 문화유산 정답 ①

별자리 등 천문 현상의 관측 및 연구와 관련 없는 문화유산을 찾으면 됩니다.
① 조선 후기 실학자인 정약용이 "기기도설"을 참고하여 제작한 거중기는 무거운 물건을 들어 올리는 데 사용한 기구입니다.

② 금동 천문도는 양산 통도사에 보관되어 있는 조선 시대 천문도로, 별자리를 관측할 수 있게 원판에 별자리가 새겨져 있어요.

③ 천체의 운행과 위치를 측정하는 기구인 혼천의는 삼국 시대 후기부터 만들어진 것으로 보입니다. 자료의 것은 조선 시대에 만들어졌어요.

④ 조선 세종 때 편찬된 "칠정산 내편"은 최초로 한양을 기준으로 천체 운동을 계산한 역법서입니다.

⑤ 천상열차분야지도는 조선 태조 때 하늘의 별자리를 돌에 새긴 천문도입니다. 고구려의 천문도를 바탕으로 만들어졌어요.

783 의궤 정답 ⑤

조선 시대 왕실이나 국가의 큰 행사가 있을 때 일체의 관련 사실을 글과 그림으로 기록한 (가) 문화유산은 "의궤"입니다. 2007년에 유네스코 세계 기록 유산으로 등재된 조선 왕조의 "의궤"는 왕실이나 국가의 큰 행사에 관해 후세가 참고할 수 있도록 만든 기록이에요. ㄷ. "의궤"는 왕의 열람을 위해 고급 재료를 이용해서 화려하게 만든 어람용이 따로 제작되었어요. ㄹ. 병인양요 때 프랑스군이 퇴각하면서 외규장각에 보관되어 있던 "의궤"와 여러 도서를 약탈해 갔어요.

ㄱ. "조선왕조실록"은 춘추관에 설치된 실록청에서 사초와 시정기 등을 바탕으로 편찬되었어요.

ㄴ. 편년체는 연대순으로 역사를 기록하는 방식으로, "조선왕조실록"이 편년체로 구성된 대표적인 역사서입니다.

784 승정원일기 정답 ②

조선 시대 왕명의 출납 등에 관해 기록한 일기이며, 승지가 국왕의 재가를 받아 완성하였다는 내용을 통해 검색창에 들어갈 문화유산이 "승정원일기"임을 알 수 있어요. ② "승정원일기"는 국왕의 비서 기관인 승정원의 승지가 승정원의 업무를 일기 형식으로 적은 업무 일지입니다. 역대 국왕의 하루 일과, 지시와 명령, 6조의 보고, 각종 회의 및 상소 등을 모두 기록하였어요. 승정원의 업무 일지는 조선 초부터 기록되었지만, 임진왜란과 이괄의 난 등으로 인조 이전의 것은 남아 있지 않습니다. 단일 기록으로는 세계에서 가장 방대한 역사 기록물인 "승정원일기"는 그 가치를 인정받아 2001년에 유네스코 세계 기록 유산으로 등재되었어요.

① '비국'은 비변사의 약칭입니다. "비국 등록"은 비변사에서 논의, 결정된 사항을 기록한 "비변사등록"을 말합니다.

③ "승정원일기"는 편년체로 기록되었어요. 세가, 지, 열전 등으로 구성된 조선 시대의 기전체 역사서로 "고려사"가 있어요.

④ 현존하는 우리나라에서 가장 오래된 역사서는 "삼국사기"입니다.

⑤ "일성록"은 정조가 세손 시절부터 자신의 언행과 학문을 기록한 일기에서 유래하였으며, 왕의 동정과 국정을 기록한 일기입니다. 2011년에 유네스코 세계 기록 유산으로 등재되었어요.

본문 269~271쪽

5 시대 통합

785 ②   786 ④   787 ⑤   788 ②   789 ③   790 ④
791 ①   792 ③

785 우리 역사 속의 교육 기관 정답 ②

(가)는 관등이 대나마, 나마에 이르면 졸업한다는 내용을 통해 신라의 교육 기관인 국학임을 알 수 있어요. (나)는 7재가 설치되었다는 내용을 통해 고려의 교육 기관인 국자감임을 알 수 있어요. (다)는 생원과 진사가 입학하였으며 원점 300점을 얻으면 관시에 응시할 수 있었다는 내용을 통해 조선의 최고 교육 기관인 성균관임을 알 수 있어요. (라)는 좌원에는 젊은 현직 관리가, 우원에는 명문가 자제들이 입학하였으며 외국인 교사가 초빙되었다는 내용을 통해 문호 개방 뒤에 설립된 근대식 관립 학교인 육영 공원임을 알 수 있어요. ㄱ. 신문왕은 왕권을 강화하고 유교적 소양을 갖춘 인재를 양성하기 위해 국학을 설치하였어요. ㄷ. 매년 두 차례 성균관의 대성전(문묘)에서 공자 등 성현을 기리는 석전대제가 거행되었어요.

ㄴ. 조선 정부는 유학 교육을 위해 전국의 부·목·군·현에 관립 교육 기관인 향교를 하나씩 설립하였어요. 중앙에서는 향교에 교수나 훈도를 파견하여 교육을 담당하게 하였어요.

ㄹ. 교육 입국 조서는 제2차 갑오개혁 과정에서 반포(1895)되었으며, 이를 계기로 한성 사범 학교, 외국어 학교 등이 세워졌어요. 1886년에 설립된 육영 공원은 1894년에 폐교되었어요.

786 역사 속 대외 관계 정답 ④

(가) 조선 세종 때 왜구의 잦은 침입으로 백성들의 피해가 크자 이종무가 군사를 이끌고 가 왜구의 근거지인 대마도(쓰시마섬)를 정벌하였어요. (나) 원 간섭기에 원은 일본 정벌을 위해 고려에 정동행성을 설치하고 고려군을 일본 원정에 동원하였어요. 1274년에 고려의 김방경과 원의 홀돈, 홍다구 등이 군사를 이끌고 일본 정벌에 나섰으나 태풍으로 인해 피해를 입고 퇴각하였어요. 이후 한 차례 더 일본 정벌을 추진하였으나 실패하였어요. (다) 고려 말에 왜구의 침입이 잦아 해안 지방에 피해가 컸어요. 이에 최무선의 건의로 화통도감이 설치되어 화약 무기와 화포가 제작되었어요. 1380년에 왜구가 전라도 해안 지역에 침입하자 나세, 심덕부, 최무선 등이 진포에서 크게 격퇴하였는데, 이때 최무선이 제조한 화포가 큰 역할을 하였어요. (라) 조선 선조 때인 1592년에 일본군이 조선을 침략하여 임진왜란이 시작되었어요. 당시 진주 목사 김시민은 병력과 무기의 열세에도 진주성에서 일본군을 크게 물리쳤어요.

따라서 옳은 순서는 ④ (나)-(다)-(가)-(라)입니다.

787 역사서 편찬 인물 정답 ⑤

(가)는 왕명을 받아 해동 삼국의 역사를 책으로 펴냈다는 내용을 통해 고려 인종 때 김부식이 편찬한 "삼국사기"와 관련된 자료임을 알 수 있어요. 인종의 명을 받은 김부식은 유교적 합리주의 사관에 입각하여 "삼국사기"를 저술하였어요. "삼국사기"는 현존하는 우리나라에서 가장 오래된 역사서입니다. (나)는 고려가 발해사를 편찬하지 않은 것은 잘못이라고 말하고 있으며, 내규장각 관리로 있으면서 발해에 관한 일을 차례로 편찬하였다는 내용을 통해 조선 후기에 유득공이 저술한 "발해고"와 관련된 자료임을 알 수 있어요. 유득공은 "발해고"에서 발해의 역사를 다루면서 신라와 발해를 지칭하여 '남북국'이라는 용어를 처음 사용하였어요. (다)는 역사를 '아(我)'와 '비아(非我)'의 투쟁을 기록한 것이라고 정의하는 내용으로 보아 일제 강점기 독립운동가이자 역사학자로 활동한 신채호가 쓴 "조선상고사"와 관련된 자료임을 알 수 있어요. 신채호는 '독사신론'을 발표하여 민족주의 사학의 연구 방향을 제시하였으며, 고대사 연구에 주력하여 "조선상고사" 등을 저술하였어요. '역사는 아와 비아의 투쟁'은 신채호의 자주적 민족 사관을 보여 주는 문구입니다. ⑤ 신채호는 의열단장 김원봉의 요청을 받아 폭력을 통한 민중의 직접 혁명을 주장한 '조선 혁명 선언'을 작성하였어요. '조선 혁명 선언'은 의열단의 활동 지침이 되었어요.

오답 피하기

① 만권당은 고려 후기에 충선왕이 원의 연경에 있는 자신의 거처에 만든 독서당이에요. 이제현 등 고려의 학자들은 만권당에서 원의 학자들과 교유하며 성리학을 연구하였어요.

② 고려 문종 때 최충은 9재 학당을 세워 유학 교육을 실시하고 후진을 양성하였어요. 9재 학당은 최충의 시호를 따 '문헌공도'라고도 불렸어요.

③ 조선 후기에 김정희는 금석학을 연구하여 저술한 "금석과안록"에서 북한산비가 진흥왕 순수비임을 고증하였어요.

④ 박은식은 일제의 침략 과정을 담은 "한국통사"를 저술하였어요. 또한, 1925년에 임시 의정원에서 이승만이 탄핵된 뒤 추대를 받아 대한민국 임시 정부의 제2대 대통령을 역임하였어요.

788 역사서 편찬 정답 ②

② "삼국사기"는 본기, 연표, 잡지, 열전 등으로 나누어 역사를 기록하는 기전체 형식으로 서술되었어요.

오답 피하기

① 고려 후기에 일연이 불교사를 중심으로 고대의 민간 설화 등을 수록한 "삼국유사"를 저술하였어요.

③ 조선 시대에 왕이 사망한 뒤 사초와 시정기 등을 바탕으로 실록청에서 "조선왕조실록"을 편찬하였어요.

④ 고려 후기에 이규보는 고구려 건국 시조인 동명왕(주몽)의 일대기를 장편 서사시로 표현한 '동명왕편'을 지었어요.

⑤ 우리 역사의 시작을 단군 조선으로 본 대표적인 역사서로는 "삼국유사", "제왕운기" 등이 있어요. "삼국사기"는 유교적인 입장에서 역사를 서술하였기 때문에 신화나 전설을 다루지 않아 단군 조선은 빠져 있어요. "발해고"는 발해의 역사를 다룬 책으로 단군 조선은 포함되지 않았어요.

789 역사 속 화폐 정답 ③

③ 흥선 대원군 집권 시기에 경복궁 중건을 위해 제작된 화폐는 당백전이에요. 은병은 은 1근으로 제작된 고려의 화폐로 활구라고도 불렸어요.

오답 피하기

① 명도전은 우리나라 철기 시대 유적에서 발견되는 중국 화폐로, 이를 통해 당시 중국의 연과 교류하였음을 짐작할 수 있어요.

② 고려 숙종은 아우 의천의 건의를 받아들여 주전도감을 설치하고 은병, 해동통보 등 화폐를 주조하였어요.

④ 조선 숙종 때 허적 등의 건의에 따라 상평통보가 법화로 발행되어 전국적으로 유통되었어요.

⑤ 1883년에 화폐 주조 기관인 전환국이 설치되었어요. 전환국에서는 1892년부터 백동화를 발행하였어요.

790 역사 속 천문 관련 사례 정답 ④

④ 조선 선조 때 이장손이 날아가서 폭발하는 병기인 비격진천뢰를 개발하였어요. 비격진천뢰는 임진왜란 때 사용되어 성과를 거두기도 하였어요.

오답 피하기

① 무용총을 비롯한 고구려의 여러 고분에는 별자리를 그린 벽화가 그려져 있어요. 고구려는 높은 수준의 천문 과학 기술을 가진 것으로 보입니다. 조선 태조 때 제작된 천상열차분야지도는 고구려의 천문도를 바탕으로 하였어요.

② 고려 인종 때 김부식 등이 편찬한 "삼국사기"에는 일식, 월식을 포함한 많은 천문 관측 기록이 수록되어 있어요.

③ 고려 충선왕은 천문, 기상 관측, 역법 등을 담당한 사천감과 태사국을 통합하여 서운관이라 하고, 천체 운행 등 천문 현상을 관측하도록 하였어요.

⑤ 조선 후기에 홍대용은 "의산문답"에서 천문에 대한 지식을 바탕으로 지구가 스스로 돈다는 지전설과 지구가 우주의 중심이 아닌 무수한 별 가운데 하나라는 무한 우주론을 주장하며 중국 중심의 세계관을 비판하였어요.

791 역사 속 토지 제도의 변화 정답 ①

(가) 신라 신문왕은 조세만 거둘 수 있는 관료전을 지급하고 조세를 거두고 백성의 노동력까지 징발할 수 있는 녹읍을 폐지하여 귀족 세력의 경제 기반을 약화하였어요. (나) 고려 경종은 관리에게 관직 복무에 대한 대가로 전지와 시지를 지급하는 전시과 제도를 처음 마련하였어요(시정 전시과). (다) 위화도 회군으로 정권을 장악한 이성계와 신진 사대부는 과전법을 마련하여 토지 개혁을 추진하였어요. 과전법은 관직 복무에 대한 대가로 전·현직 관리에게 수조지를 지급하는 제도로, 고려 말 공양왕 때 제정되어 조선 초기까지 시행되었어요. (라) 조선 세조는 수신전, 휼양전 등의 명목으로 토지가 세습되어 신진 관리에게 지급할 과전이 부족해지자 직전법을 제정하여 현직 관리에게만 수조권을 지급하였어요.

따라서 옳은 순서는 ① (가)-(나)-(다)-(라)입니다.

792 신라 신문왕과 조선 세조의 정책 정답 ③

ㄴ. 신라 신문왕은 전국에 9주 5소경을 설치하여 지방 행정 제도를 정비하였어요. ㄷ. 조선 세조는 계유정난을 통해 즉위한 이후 왕권 강화를 위해 6조 직계제를 시행하였어요.

오답 피하기

ㄱ. 신라 법흥왕은 군사와 관련된 업무를 담당하는 병부를 처음으로 설치하였어요.

ㄹ. 조선 정조는 젊은 문신 중에서 재능 있는 자를 선발하여 규장각에 소속시켜 재교육하는 초계문신제를 실시하였어요.

큰별쌤 최태성의

별★별한국사

시대별
기출문제집

한국사능력검정시험
심화(1·2·3급)